Droit et administration de l'environnement

Domat droit public

Droit et administration de l'environnement

Raphaël ROMI
Professeur agrégé de droit public,
Chaire Jean Monnet de droit européen
de l'environnement,
Doyen honoraire de la faculté de droit
et de sciences politiques de Nantes,
Conseiller « Agenda 21 » auprès du président
de l'Université de Nantes

6e édition

Montchrestien

DU MÊME AUTEUR

- *L'administration de l'environnement*, Erasme, 1990.
- *Les espaces humides entre protection et mise en valeur*, L'Harmattan, 1992.
- En collaboration avec G. Koubi, *État, Constitution, Loi : fondements d'une lecture du droit constitutionnel au prisme de la Déclaration de 1789*, Litec, 2e éd., 1993.
- *Collectivités locales et environnement*, LGDJ, coll. « Décentralisation et développement local », 1998.
- *L'Europe et la protection de l'environnement*, éd. Victoire, PUF, 3e éd., 2004.
- *Droit du cinéma*, en collaboration avec G. Bossis, Systèmes, LGDJ, 2004.
- *Droit européen et international de l'environnement*, Montchrestien, coll. « Précis Domat Droit Public » 2005.
- *Thomas Patafume, juriste, une vie, une œuvre*, L'Harmattan, coll. « Logiques Juridiques », 2005.
- En collaboration avec D. Linotte, *Droit public économique*, Litec, 6e éd., 2006.
- *Méthodologie de la recherche en droit, masters et doctorat*, Litec, coll. « Objectif Droit », 2006.
- En collaboration avec D. Linotte, *Droit des services publics*, Litec, coll. « Objectif Droit », 2007.

31, rue Falguière, 75741 Paris Cedex 15
ISBN 978-2-7076-1516-9

À Gaëlle, ma source d'énergie éternellement renouvelable,
et à Noah, Samuel et Julie, ma galaxie personnelle.

ABRÉVIATIONS

AJDA	Actualité juridique – droit administratif
AJPI	Actualité juridique – propriété immobilière
ALD	Actualité législative Dalloz
CAA	Cour administrative d'appel
CE	Conseil d'État
Code de l'urb.	Code de l'urbanisme
D.	Dalloz-Sirey (recueil)
Dr. env.	Droit de l'environnement
Dr. et société	Droit et société
Dr. adm.	Droit administratif
Dr. ville	Droit et ville
JCP	Juris-Classeur périodique
J.-Cl. Env.	Juris-Classeur Environnement
JO	Journal officiel
JOCE	Journal officiel – Communauté européenne
LPA	Les Petites Affiches
OMC	Organisation mondiale du commerce
Quot. jur.	Quotidien juridique
Rec.	Recueil des décisions du Conseil d'État
Rev. adm.	Revue administrative
RDR	Revue de droit rural
RF adm. publ.	Revue française d'administration publique
RFDA	Revue française de droit administratif
RFSP	Revue française de science politique
RDP	Revue de droit public
REDE	Revue européenne de droit de l'environnement
RJE	Revue juridique de l'environnement
TA	Tribunal administratif
TC	Tribunal des conflits

TITRE PRÉLIMINAIRE
LES DIFFICULTÉS D'UNE DÉFINITION DE LA MATIÈRE

Introduction générale

Les différentes perceptions du droit de l'environnement

Le droit de l'environnement a acquis droit de cité. Mais le mot « environnement » peut faire l'objet d'acceptions diverses : en conséquence, les perceptions du droit de l'environnement sont multiples. Certains voient dans cette branche du droit un moyen de régénérer des techniques juridiques anciennes, ressourcées dans le contexte motivant d'un militantisme de tous les jours en faveur de la protection de l'environnement (ce qui laisse évidemment la place à la diversité des opinions). D'autres découvrent la matière au détour d'une pratique occasionnelle. Selon les cas et les personnes, les façons de concevoir, de décrire, de comprendre, de pratiquer, et même de fabriquer le droit de l'environnement peuvent changer du tout au tout.

C'est que le sujet est – au sens traditionnel du mot – politique.

L'importance de l'écologie revendicative dans la formation d'un droit de l'environnement

Il est incontestable, par exemple, que l'adoption de la loi de 1976 sur la protection de la nature – véritable acte de naissance du droit de l'environnement en temps que matière – a été, en partie, une réponse institutionnelle à la candidature de R. Dumont aux élections présidentielles. Plus généralement, il est certain que les pressions d'ordre politique ou associatif poussent le pouvoir politique à adopter des textes d'environnement et qu'elles freinent parfois l'adoption de mesures incompatibles avec la protection de l'environnement (1). Cela suppose que les écologistes (« associatifs » ou « politiques ») soient aptes à convaincre d'autres forces ou

(1) V. G. SAINTENY, « L'émergence d'un nouvel enjeu de politique publique : le pouvoir face à l'environnement », *Revue Politiques et management public* n° 2, juin 1998, p. 129 et s.

d'autres groupes de la nécessité d'accepter une part de leurs idées (2) : à ce prix, le droit peut les intégrer en partie – souvent par le biais d'actions contentieuses, par exemple – ou au moins répondre à leurs revendications. À cet égard, l'action de Nicolas Hulot, qui a réussi à faire signer son « pacte écologique » à dix des candidats aux présidentielles de 2007, est à tous égards exemplaire... au moins en théorie.

Car bien évidemment les contraintes économiques de notre temps sont là, qui peuvent interdire que l'on s'arrête aux seules pensées généreuses pour faire avancer une société démocratique. Pour lever l'« équivoque écologique » (3), il faut faire la part de l'utopie et des revendications gradualistes. Force est au moins de constater que les écologistes ont des programmes (4), que ces programmes constituent au pire une utopie au sens traditionnel du terme, et au mieux la base d'un nouveau compromis social. Quant à ces îlots d'ambiguïté qui ont pu faire parler de cette *équivoque écologique*, ils fournissent l'essentiel des signaux qui justifient que les écologistes, pour reprendre l'expression cent fois répétée par Y. Cochet, soient et s'affirment démocrates avant d'être écologistes. P. Alphandéry, P. Bitoun et Y. Dupont ont bien perçu (5) que « lorsqu'il ouvre dans l'espace démocratique des brèches inattendues et favorise l'éclosion d'un droit des gens, le civisme écologique ouvre la voie à l'écologie politique ».

Mais l'inverse est aussi vrai : dans la mesure où elle ne se réduit pas à la défense de la nature, l'écologie ne peut faire l'économie de choix institutionnels compatibles avec la recherche d'un développement soutenable, certes, mais surtout avec un certain idéal de la transparence, et une certaine vision du politique fondé sur une alliance conflictuelle entre son radicalisme idéologique et la recherche permanente et patiente de compromis. Une part de son discours est reçue nécessairement en même temps que le sentiment de l'urgence et le désir plus ou moins confus de changer le mode de production et de consommation actuel : le droit de l'environnement, qui est une expression parmi d'autres de ce compromis social en devenir, se retrouve en conséquence tout entier teinté de cette recherche d'un profond renouvellement de la démocratie et des pratiques démocratiques. Sans doute aucun, la présence parmi les principes du droit de l'environnement du *principe de participation* est la marque de cette « imprégnation » démocratique.

(2) Dans ce contexte, l'élection de députés écologistes à l'Assemblée nationale en 1997 a induit un changement de mentalités au sein de la gauche parlementaire comme chez les écologistes.

(3) V. P. ALPHANDÉRY, P. BITOUN, Y. DUPONT, *L'équivoque écologique,* La Découverte/essais, 1991.

(4) V. G. SAINTENY, *L'introuvable écologisme français,* PUF, 2001. Il faut insister sur la pluralité de ces programmes : A. Waechter, B. Lalonde, C. Lepage et D. Voynet expriment des positionnements différents ; au sein même des Verts, devenus l'incarnation légitime, sur le plan politique, du mouvement écologiste, il y a au moins quatre tendances, et ni D. Cohn-Bendit, ni D. Voynet ou Y. Cochet, ni N. Mamère ou G. Hascoët, ne sont toujours sur les mêmes positions. Pour une présentation facile à lire et très complète, R. CANS, *Petite histoire du mouvement écolo en France*, Delachaux et Nestlé, 2007.

(5) *Op. cit.,* p. 129 ; dans les pages qui suivent, jusqu'à la fin de l'ouvrage, ces auteurs analysent avec l'exactitude et la distance requises les paradigmes de l'écologie politique.

Le poids de l'histoire dans la formation du droit de l'environnement

Cela ne signifie pas, au contraire, que le droit de l'environnement, s'il a une histoire récente, ne soit pas influencé par une histoire qui soit plus ancienne (6) : c'est évidemment son cas, comme pour la formation de tout droit, ni plus ni moins. Encore que comme le droit social, le droit de l'environnement soit marqué par un fort particularisme (l'usage du droit est, dans le domaine de l'environnement plus clairement encore que dans d'autres, tout à la fois une réponse, un relais, un moyen de limiter les revendications). L'importance de ce poids de l'histoire est encore difficile à déterminer : l'histoire « livresque » du droit de l'environnement est récente (le premier ouvrage – dû à J. Lamarque – date de 1973, la première thèse, celle de J. Untermaier, en est contemporaine). Mais l'histoire des textes « fondateurs » (1810 – installations classées, 1906 – patrimoine) commence à être faite ; J. Fromageau, dans son ouvrage « La police de la pollution à Paris de 1666 à 1789 » (th., Paris II, 1990) montre à l'évidence que le droit de l'environnement a commencé sa formation bien auparavant. Il y a eu simplement évolution, par un passage du *spécial* (textes sur les sites ou les « pollutions et nuisances ») au *général* (textes novateurs reposant sur la recherche d'une gestion plus globale – loi du 22 juillet 1960 sur les parcs naturels nationaux – accompagnés par la mise en place, par un réflexe bien français mais aussi universel, d'institutions jugées adéquates – ministère de l'Environnement en 1971).

En clair, le droit de l'environnement est certes un droit récent, mais qui a une histoire. Il a aussi des *spécificités*, dues partiellement à ces héritages (Chapitre 1), et partiellement à sa vocation essentielle, qui est d'assurer vaille que vaille une certaine *régulation de la science*, en contrepoids à une certaine conception, peut-être dominante, du progrès (Chapitre 2).

(6) V. J. Fromageau, « Histoire de la protection de la nature jusqu'en 1976 », *20 ans de protection de la nature, Hommage à M. Despax*, PULIM, 1998, p. 19 et s.

CHAPITRE 1

LES CARACTÉRISTIQUES DU DROIT DE L'ENVIRONNEMENT

Le droit de l'environnement ne peut être limité à une dimension du droit : voué à la prise en compte d'un objet, influencé par l'écologie, qui suppose que soit développée une vision globale des problèmes, il ne peut être qu'un *droit carrefour*.

SECTION 1 UN DROIT CARREFOUR

§ 1. UNE MATIÈRE AU CARREFOUR DE PLUSIEURS DROITS

Le droit de l'environnement est avant tout au carrefour du droit international et du droit interne, et à l'intersection entre droit public et droit privé.

A. UNE MATIÈRE AU CARREFOUR DU DROIT INTERNE ET DU DROIT INTERNATIONAL

Il y a à cela des raisons pratiques : pour traiter des problèmes ne connaissant pas les frontières, le droit international *inter-* ou *supra-*étatique constitue par essence une réponse adéquate. Le droit international de l'environnement se veut alors, face à des échanges générateurs de dysfonctionnements (1), la réplique d'un certain humanisme et la marque du rejet d'un excessif anthropocentrisme. Mais il y a aussi des raisons philosophiques ou de politique juridique : l'universalisme, la solidarité

(1) R. DUMONT, *Un monde intolérable, Le libéralisme en question,* Politique Points Seuil, 1991.

internationale des peuples comme la solidarité des États permettent à bien des égards au droit international de l'environnement de relayer le « NOEI » (« nouvel ordre économique international ») en essayant de maintenir ou d'établir un *lien entre développement et environnement* (2). À bien des égards, sur ce point, R. Dumont a été un précurseur ; l'engouement médiatique pour le sommet de Rio a montré qu'une partie de ses idées avait profondément pénétré les discours et – quoique un peu moins ! – les pratiques des États.

B. UNE MATIÈRE AU CARREFOUR DU DROIT PRIVÉ ET DU DROIT PUBLIC

Le droit de l'environnement, droit public ou droit privé ? La détermination est impossible, tant les normes s'interpénètrent : pire, elle est sans doute inutile et nocive. « Les questions d'environnement accentuent cette tendance à l'interpénétration : droit international public et droit international privé s'y rencontrent et parfois s'y enchevêtrent. La situation de l'État français dans le procès de l'*Amoco Cadiz* a été symptomatique à cet égard ; pour obtenir le remboursement de ses dépenses de nettoyage et l'indemnisation de son dommage, l'État s'en est allé plaider aux côtés des pêcheurs et des hôteliers, comme un particulier parmi d'autres » (3).

Le droit de l'environnement fait des emprunts à toutes les branches du droit, le plus souvent sans ordre, devant l'urgence (comme le notait pour la matière un pénaliste, même « le recours au droit criminel se fait dans le désordre le plus absolu » (4)), ce qui n'est pas sans susciter « un sentiment de suffocation chez les juristes » (5).

Cependant, la reconnaissance de la validité du concept d'*ordre public écologique* pourrait conduire à accepter que le droit de l'environnement présente une forte connotation de droit public. À l'analyse, ce présupposé ne tient pas, car si la notion d'ordre public sert bien à déterminer le champ des polices administratives, elle sert aussi, en droit privé, à définir des comportements admissibles comme à clarifier des éléments de procédure. En admettant que l'ordre public écologique soit défini, il sert de fondement à la construction de systèmes juridiques, à l'usage de principes de normes et de voies contentieuses qui peuvent relever du droit public comme du droit privé... ou de droits qu'il n'est plus concevable de placer dans l'un de ces champs (droit du travail, droit pénal). *L'absence de troubles écologiques*, pour reprendre l'expression de F. Caballero, peut – et sans doute doit – se rechercher, voire s'atteindre, par toutes voies. Et si la prévention de ces troubles relève à l'évidence plus clairement des polices administratives générale ou spéciale, la réparation, la compensation, la répression de ces troubles relèvent de branches du droit public comme de branches du droit privé.

Patchwork, donc, le droit de l'environnement ne s'est pas moins construit progressivement une autonomie.

(2) V. l'introduction de J.-P. Beurier et A. Kiss, *Droit international de l'environnement,* Pedone, 2000 et l'introduction de R. Romi *et alii, Droit international de l'environnement*, cette collection, 2005.
(3) M. Rémond-Gouilloud, *Du droit de détruire,* PUF, coll. « Les Voies du droit », 1989, p. 257.
(4) M. Rémond-Gouilloud, *Du droit de détruire, op. cit.,* p. 105.
(5) J.-H. Robert, M. Rémond-Gouilloud, *Droit pénal de l'environnement,* Masson, 1983, p. 29.

§ 2. UN DROIT AU CARREFOUR DE L'ÉCONOMIE ET DE L'ÉCOLOGIE SCIENTIFIQUE

Dans toute présentation de quelque matière que ce soit, il y a des conventions. Pour le droit de l'environnement, les conventions sont modernes, auxquelles souscrivent tous les auteurs de manuels « anciens » ou récents (6) : le droit de l'environnement serait caractérisé par sa transversalité (7), condition *sine qua non* de son érection en branche autonome.

A. UNE TRANSVERSALITÉ REVENDIQUÉE DANS LA CONCEPTION DU DROIT

Aucune difficulté n'existe à l'évidence quand il s'agit de revendiquer, dans la conception du droit de l'environnement, la part de ces mélanges intimes. Pour J. Morand Deviller, par exemple, au moins « sur la scène internationale, le débat sur l'environnement est sans doute celui qui rencontre le plus aisément un consensus, voire une réelle solidarité » (8). Mais, fort prudemment, l'auteure du « Que sais-je ? » sur le droit de l'environnement introduit une nuance : sur la scène nationale, il en est autrement, malgré les rencontres inévitables entre disciplines et au sein du droit (exactement comme, au stade de l'élaboration concrète du droit, ce sera aussi le cas entre les différentes branches du droit, on le verra).

C'est que surtout, et en réalité, la nature de la pénétration du droit par l'écologie scientifique est toute différente de l'imprégnation réalisée par l'économie. La prégnance du libéralisme, sans doute, a abouti à ce que le « développement durable » vienne, à contre-emploi apparemment, limiter l'encadrement logique du court terme qu'induit la prise en compte de la diversité biologique.

1. La pénétration du droit par l'écologie scientifique

Sans nul doute, l'affaire est tranchée : l'écologie scientifique a imprégné le droit de l'environnement. Sans doute ne faut-il pas mythifier ce mouvement, et doit-on remarquer que la traduction essentielle en est souvent que les textes sont très orientés au premier abord par les experts et consultants des sciences dures dès qu'on aborde quelques sujets, comme les OGM. L'équilibre que supposerait une vraie transdisciplinarité n'est de toute manière pas facile à bâtir pour des raisons de langage et de méthode souvent évoquées, et qui restent à analyser. C'est pourtant sur cet aspect – le langage, et à travers lui sans doute les concepts – que l'influence de l'écologie scientifique sur le droit de l'environnement se mesure le plus facilement.

(6) V. INSERGUET-BRISSET, *Droit de l'environnement*, Presses Universitaires de Rennes, 2005, p. 10-14.

(7) L'usage de ce vocable présente l'avantage extraordinaire de transcender les débats souvent fort savants (V. E. RUDE-ANTOINE et J. ZANARIARIS (dir.), *Croisée des champs disciplinaires et recherches en sciences sociales*, PUF, coll. « Publication de l'EDSHS », 2006) sur transdisciplinarité, pluridisciplinarité, interdisciplinarité : entre les trois, les lignes bougent au point que le maniement de ces concepts est difficile dans la perspective pragmatique qui est ici la nôtre.

(8) Préc., p. 5.

La notion de « diversité biologique » par exemple est de toute évidence, en premier lieu, devenue un véritable centre de gravité du droit de l'environnement (v. *infra*). C'est à partir de cette connexion et à cause d'elle que l'on a pu voir douze États s'accorder, dans la rédaction de la déclaration de Cancun, le 18 février 2002, à demander la création d'un régime international garantissant un partage équitable, la création d'un fonds mondial, l'application du principe de précaution (9). Plus clairement, la terminologie du droit de l'environnement a repris sans difficultés et sans ambigüité les mots et les notions d'« espèces », de « milieux », d'« écosystèmes ». Par contre, et on le remarquera tout au long de cette étude, c'est dans la difficile construction de passerelles internes au droit que (et c'est le cas par exemple pour la notion d'« espèce », et secondairement et de façon moins grave, pour la notion de « milieu ») des ambigüités resurgissent, avec par exemple, pour les espèces, la récurrente problèmatique des « espèces suceptibles d'être classées nuisibles ».

On notera, pour terminer sur ce premier aspect qui est le plus simple à cerner, que les *principes d'analyse des risques* sont intégrés au stade de la conception même du droit de l'environnement à partir des recherches des épistémologues des sciences de la vie, et que le droit de l'environnement en tire des procédures d'alerte ou d'urgence qui, si d'essence juridique que soit leur « fabrication », correspondent aux lignes des codes de conduites respectés par les « savants » dans les cas d'expérimentation risquée. La *procédure d'accord préalable en connaissance de cause* ou procédure AIA (pour *Advance Informed Agreement*) prévue par le Protocole de Carthagène sur les OGM en est un exemple. Dans le cadre de cette procédure, la partie exportatrice adresse, ou exige que l'exportateur veille à adresser, par écrit, à l'autorité nationale compétente de la partie importatrice certaines informations sur l'OVM destinés à être introduits intentionnellement dans l'environnement de la partie importatrice. Parmi les informations requises, figure un rapport d'évaluation des risques, effectuée suivant les critères fixés dans le protocole.

On remarquera d'ailleurs que dans la mise en œuvre de cette transversalité-là, si l'équilibre se réalise de manière finalement harmonieuse entre écologie scientifique et droit dans la pensée de cet ensemble fusionnel qu'est le droit de l'environnement, les déséquilibres resurgissent dès lors qu'il faut en assurer la traduction pratique, à travers la conception technique, d'abord, la conception politique, ensuite, des systèmes juridiques, et ce avant même leur élaboration concrète.

2. L'irrigation du droit par l'économie

J'avais tenté, il y a quelques années, de montrer qu'il n'était pas fondé de penser que l'écologisation du droit était en marche et qu'elle était simple (10). L'intégration de l'économie par le droit de l'environnement pourrait bien ne se faire que dans le sens où, de *droit de résistance à l'origine* peut-être, cette branche du droit se transformerait – pour des raisons économiques traduites en droit – soit en droit d'accompagnement d'un libéralisme triomphant soit, et c'est plus probable, en un *droit de correction à la marge* des régulations publiques opérantes dans nos sociétés

(9) *Le Monde* 12 avril 2002.
(10) « L'écologisation du droit économique », *Dr. société* 2-1998.

de marché. Évidemment, bien au delà de « l'analyse économique du droit » (11) traditionnelle, le mérite du droit de l'environnement – surtout au niveau européen et au niveau du droit international – est de poser la *question de la pyramide des normes* en ne l'inscrivant pas dans le champ de l'inéluctabilité de la domination de la recherche du libre échange : soit se bâtit un « champ d'exceptionnalité » à la prégnance du libre échange autour des exigences sanitaires et environnementales des États ou du jeu compliqué du principe de précaution, soit se construisent des systèmes de régulation écologique et sanitaire de la concurrence, encore bien balbutiants, comme le système REACH (12). Mais en regard de ces champs d'activité, la notion de *développement durable*, dont la mode est curieusement présentée comme une victoire du droit de l'environnement, constitue de manière de plus en plus visible un cantonnement du droit de l'environnement. À bien des égards, comme cela sera expliqué *infra* à propos de l'objectif de développement durable, la prétendue « *pluridiciplinarité entre économie et droit* » est en réalité une *économicisation du droit de l'environnement.*

Comme l'a très bien expliqué Chantal Cans (13), d'abord le « développement durable » est un discours, au sens où l'entendent la plupart des dictionnaires (14) : c'est soit un développement oratoire, soit – plus exactement – un « *ensemble de manifestations verbales, orales ou écrites, représentatives d'une idéologie ou d'un état des mentalités à une époque* », à rapprocher par exemple du *discours sécuritaire*. Le juriste et l'analyse juridique ne sauraient s'arrêter au discours – l'existence d'un discours ne garantit pas, ni ne suffit à traduire, juridiquement la construction d'un système juridique : sans quoi, pour reprendre encore une fois l'exemple le plus connu de la distance entre les mots juridiques et les faits, compte tenu de la formulation constitutionnelle d'un droit au travail, le chômage serait inexistant.

En second lieu, le développement durable reçoit en droit – et en droit constitutionnel, qui plus est – une définition contestable et étroite qui révèle sa fonction limitative de tout bouleversement trop élaboré de l'économique et surtout des régulations publiques de l'économie.

Le principe de l'article 6 de la Charte constitutionnelle de l'environnement (v. *infra*) (15) peut bien être perçu comme l'énoncé d'un principe de développement durable, et il y a certes une précision sur ce que pourrait être son contenu : l'effort de conciliation devra nécessairement être assuré par le Conseil constitutionnel, dès lors que sera mise en cause une autre liberté ou un autre droit constitutionnellement protégé, comme la liberté du commerce, la liberté d'aller et de venir, ou le droit de propriété. Mais à défaut de définition précise, la conciliation tournera à l'avantage

(11) V. « Analyse économique du droit, quelques points d'accroche », numéro spéc., *LPA* 19 mai 2005.

(12) V. notre analyse, « À propos du projet REACH : quel rythme pour quelle révolution sanitaire ? », *RDSS* avril 2006.

(13) « Le développement durable en droit interne : apparence du droit et droit des apparences », *AJDA* 10 février 2003, p. 211 ; v. aussi G. Pierratti et J. L. Prat, « Droit, économie, écologie et développement durable : des relations nécessairement complémentaires mais inévitablement ambiguës », *RJE* 3/2000, p. 421 et s.

(14) V., par exemple, *Petit Larousse*, 2004, p. 370.

(15) Selon lequel « Les politiques publiques doivent promouvoir un développement durable. À cet effet, elles prennent en compte la protection et la mise en valeur de l'environnement et les concilient avec le développement économique et social ».

d'une lecture productiviste : la conciliation d'une liberté à forte formalisation juridique (par exemple, la liberté du commerce ou le droit de propriété) et d'un objectif flou volontairement mal défini est déséquilibrée dès l'origine. Si bien qu'encore une fois, on est vraiment fondé à se demander pourquoi cet article ne figure pas dans l'exposé des motifs, où il n'aurait pas pollué de non-juridicité l'entreprise.

Il en est, en droit, des équilibres du développement durable comme de toutes les conciliations : si l'on essaie de concilier le faible et le fort, il y a tout de même plus de chances pour que le faible y laisse plus de plumes que le fort... et dans un contexte où l'on conviendrait de vraiment insuffler de l'écologie dans la conception de l'économie, la question peut être posée de savoir s'il en faudrait pas substituer à la notion de *conciliation,* induite par le choix de la référence au développement durable, la notion de *hiérarchisation*, induite par le principe *d'écologisation*, dont la première étape est le *principe d'intégration.* Cette question peut d'autant plus être – pour des raisons juridiques – posée qu'à bien des égards le discours du développement durable s'avère un *discours de limitation de l'écologisation* qui n'aboutit pas à l'érection d'une *nouvelle régulation économique*, qui suppose d'autres appareillages juridiques plus radicaux.

D'une part, « protection » et « mise en valeur » doivent être prises en compte par les politiques publiques. Comme l'environnement est pris en compte dans et par les études d'impact (v. *infra*), finalement, il n'y a donc pas de choix de hiérarchisation favorable à l'environnement. Mais surtout, la constitutionnalisation peut s'avérer être en réalité une machine de guerre contre l'écologisation car, surtout, cette « protection » et cette « mise en valeur » doivent être « conciliées » avec « le développement économique et social ». La formulation inverse eût été beaucoup moins étonnante, et cette écriture-là relève peut-être plus de l'explication psychanalytique que de l'analyse juridique : elle n'en est pas moins claire, en tout cas, sur ce que sont et ont vocation à demeurer les priorités hiérarchiques du constituant ! Les impératifs de protection de l'environnement sont, si l'on en croit la structure de la phrase, des dangers tels qu'il est vraiment temps d'en stopper l'éventuel cheminement... par la barrière du développement économique et social.

On nous dira, certes, que c'est le propre du « développement durable » de lier aspects sociaux, économiques et environnementaux : sans doute, mais, d'une part, n'importe quelle liaison suffit-elle devant les urgences écologiques ? Et d'autre part, si on accepte de rester dans ce cadre de conciliation et si l'on accepte que la protection et la mise en valeur de l'environnement doivent être conciliées avec le développement économique et social, de deux choses l'une : soit pour des raisons d'équilibre, l'inverse devait être aussi énoncé, et la rédaction est mauvaise. Soit cela ne devait pas être fait, et il n'y a pas oubli, mais volonté d'orienter la conciliation en marquant une hiérarchisation à respecter lors de toute réalisation de la conciliation concernée... et l'environnement est donc second par rapport au développement économique et social (en traduction libre, cela donne : « les écologistes doivent cesser de pouvoir stopper le progrès », et on devine de quel type de progrès il s'agit). C'est d'ailleurs pour sortir de ces impasses que quelques théoriciens prônent désormais, en lieu et place de la recherche d'une « soutenabilité » du développement, le « pari de la décroissance », pour reprendre le titre d'un livre récent, très argumenté, de Serge Latouche (16) (v. *infra*).

B. UNE TRANSVERSALITÉ DE FACTO REFUSÉE DANS L'ÉLABORATION DU DROIT

De manière pragmatique, on pourrait considérer que la puissance de ce simple discours, si sacralisé et sacré que soit désormais son véhicule, ne peut pas peser vraiment sur l'élaboration concrète du droit (17) et qu'il ne faut pas y accorder trop de considération.

Sans doute : mais il est possible d'y voir la concrétisation au stade de la conception du droit de l'environnement d'une volonté d'orientation limitative. Mais il s'agit aussi d'une excellente traduction d'un état d'esprit plus général, dont les lignes directrices sont efficientes pour ce qui concerne l'élaboration du droit, et qui marque celle-ci en en limitant drastiquement l'ambition et le caractère novateur.

Pour l'essentiel, ces résistances sont le fait de secteurs techniques du droit mais elles sont aussi le fait de faiblesses structurelles de l'écriture du droit (18).

1. La résistance des secteurs techniques du droit

L'idée que dans la perception de la nature, des ressources naturelles et de l'environnement humain, une hiérarchie nouvelle soit mise en œuvre qui ne place pas l'individu prédateur au centre de toute chose se heurte de toute manière, au sein même du droit, aux secteurs les plus techniques – prétendument « écologiquement neutres ».

Le meilleur exemple en est constitué par le *principe d'indépendance des législations* développé par le Conseil d'État. C'est tout de même de manière très péremptoire que le Conseil d'État a, par exemple, le 20 avril 2005 (19), estimé que l'usage par le maire de ses pouvoirs d'urbanisme en matière d'antennes de téléphonie mobile ne devait pas être apprécié en regard du principe de précaution. Les dispositions de l'article L. 110-1 du Code de l'environnement, dit-il, *« ne sont pas au nombre de celles que doit prendre en compte l'autorité administrative quand elle se prononce sur l'octroi d'une autorisation délivrée en fonction de la législation sur l'urbanisme »* (20). Le principe d'indépendance des législations ainsi entendu marque une réticence certaine et permanente (21) du Conseil d'État, de même que son estimation de l'incompétence des maires opposés aux OGM, dont il sera traité *infra*. S'agit-il d'un épiphénomène, celle-ci peut-elle « céder » devant la

(16) S. LATOUCHE, *Le pari de la décroissance*, Fayard, 2006.

(17) Ce que certains appellent la « fabrication du droit », mais c'est un peu étroit.

(18) Ce que j'ai essayé de décrire dans « Les mots et les images », *Mélanges en l'honneur de J. Y. Colson*, PUG, 2004, p. 81 et s.

(19) *Société Bouygues Telecom*, n° 248233, *AJDA* 6 juin 2005, p. 11912, concl. Y. AGUILA.

(20) *Contra* CAA, Marseille 13 juin 2002, *Association intercommunale pour la défense des quartiers Peyre-Long, des Espinets et sites environnants*, *Environnement* décembre 2002, n° 130. Dans cette affaire, le juge est marqué par le fait que les expertises étaient contradictoires.

(21) V., par exemple, CE, 22 août 2002, *SFR*, note M. C. DE MONTECLER, *AJDA* 10/2002, p. 722.

constitutionnalisation du principe de précaution dont il sera traité *infra ?* Ce n'est pas garanti : si le Commissaire du gouvernement relevait dans ses conclusions dans l'affaire *Bouygues Telecom* que « ... *que les faits sont antérieurs à l'adoption de la charte... et que, dès lors, la réponse que vous apporterez aujourd'hui à cette question ne préjuge pas, selon nous, celle que vous pourriez y apporter demain, à la lumière d'un nouveau contexte juridique* ». Et, si l'article 5 de la charte rend « les autorités publiques » garantes du respect du principe de précaution, il est souligné que ce texte précise que celles-ci ne peuvent agir que « *dans leurs domaines d'attribution* », ce qui renvoie à l'évidence aux décisions relatives aux maires ayant usé de leurs pouvoirs de police pour interdire les OGM (22), mais est également l'argument idéal pour justifier que le droit de l'urbanisme ne soit pas l'objet de raisonnements fondés sur le principe de précaution. La ville aurait donc une existence en elle-même, en dehors de l'existence de ses acteurs, et son évolution aurait tout à y gagner ? D'abord sur le plan esthétique ? Pourquoi pas ! Ensuite et surtout, par voie de conséquence, sur le plan prospectif : l'esthétique n'aurait donc pas à s'encombrer de parasitages sociaux et économiques ? Ne pas penser aux habitants, ni aux usagers (23) en dehors des strictes catégories de pensée structurées par le seul Code de l'urbanisme... quelle conception moderne de la politique de la ville ! Que pèsent donc les arguties juridiques face à la raison ? Trop lourd pour l'instant, donc.

Pour prendre un second exemple, s'il est une disposition qui est d'une part économique, et d'autre part écologiquement vertueuse, c'est bien *l'obligation de remise en état des sites pollués,* dont il sera traité également *infra* à propos des installations classées.

Or c'est à propos de cette obligation que le Conseil d'État a marqué, sous couvert de réalisme, les limites de son respect pour les « droits des générations futures ». En effet, outre le fait qu'il a estimé (17 novembre 2004, *Société nationale d'archives*) (24) que l'obligation de remise en état du dernier exploitant se limite aux effets de sa seule activité, par une autre jurisprudence encore plus critiquable, il estime (CE Ass., 8 juillet 2005, *Société Alusuisse-Lonza-France*, n° 24976), en « découvrant » un principe général du droit (25), que cette remise en état est concernée par la prescription trentenaire : ce qui fait reposer sur le seul contribuable d'aujourd'hui l'irresponsabilité des acteurs économiques et des autorités publiques d'hier !

On pourra dévider tous les arguments techniques que l'on voudra : en réalité, l'on passe ainsi du développement durable, sans coup férir, à la *pollution durable.* On pourra toujours avancer à l'appui de cette solution qu'elle obligera les pouvoirs publics à agir avant l'échéance de cette prescription, sous la menace d'une éventuelle action en responsabilité... et qu'il y aurait des arguments écologiques – en termes d'efficacité – à tenir cette ligne.

(22) V. MANSUY, « Le principe de précaution : un principe en quête de méthodologie ? », *Environnement* juin 2004, p. 6.

(23) On pense ici aux pratiques et conceptions d'architectes comme Jean Nouvel et de l'esprit qui a gouverné la réalisation du Palais de justice de Nantes : esthétique, sans doute, mais au quotidien sombre, noir, avec plein de métal dans des halls angoissants pour les clients et surtout pas de bureaux pour les magistrats, ou si petits...

(24) Req. n° 252514, *AJDA* 28 mars 2005, p. 675 et s.

(25) V. *AJDA* 3 octobre 2005 et s.

Admettons... Mais ce n'est pas d'un raisonnement marqué par la transversalité dont il s'agit là, on nous l'accordera ! Force du discours, faiblesses de la pratique !

2. Les faiblesses structurelles de l'écriture du droit

Comment expliquer ces blocages, comme l'argument tiré de la *contingence des compétences* opposé aux applications du principe de précaution ? Sur ce dernier point, l'impossibilité d'appliquer le principe de précaution pour les maires opposés aux OGM ne vient pas de ce qu'ils ont tort, mais de ce qu'ils ne peuvent, pour des raisons formelles, tirer les conclusions de ce qu'ils n'ont pas tort ! Comme on l'expliquera, la compétence en matière d'autorisation d'OGM ne leur appartient pas, l'application du principe de précaution ne peut passer que par le biais de la procédure mise en place pour cette autorisation, alors même que l'objet de leurs actions dépasserait le champ direct de la police des OGM (prévention des troubles causés à des productions de l'agriculture biologique par exemple). Quoique très compréhensible d'après les canons du droit public traditionnel, cette appréciation révèle une tout de même singulière conception de l'urgence... le traitement de l'urgence ne supposerait-il pas plutôt l'acceptation d'une certaine exceptionnalité ?

La mesure du blocage juridique a d'ailleurs été prise par les juges des tribunaux pénaux qui ont usé de *l'état de nécessité* dans ces occurrences de résistance aux OGM, même si les cours d'appel judiciaires, les unes après les autres, donnent et peut-être donneront tort aux audacieux juges de première instance. Il ne s'agit là que de pis-allers qui ne réparent pas les effets extrêmement pervers d'écritures du droit de l'environnement qui font la part belle à une procéduralisation excessive du droit, en France sûrement, en Europe sans doute, qui aboutit à réduire l'influence de la transversalité en la rendant moins opératoire par le jeu de complexifications techniques.

L'examen des modalités de transcription puis d'exécution en France de la directive *Natura 2000* montre, par exemple, comment cette procéduralisation peut conduire à une mauvaise articulation du droit européen et des pratiques rurales françaises (26). Mais il y a pléthore d'autres exemples, et le droit européen peut être en la matière épinglé comme le droit français, comme le peuvent illustrer les ambiguïtés de l'élaboration du système REACH (27), partagée entre le *principe de substitution* et le *principe du contrôle adéquat.*

La substitution est économiquement radicale, mais juridiquement efficace : c'est *l'utilité réelle* d'un produit nouveau qui fonde la capacité de le produire ou de l'importer. S'il n'emporte pas d'avantage nouveau, et s'il existe un produit équivalent et moins nocif, on lui préfère celui-ci. Au contraire, pour réduire les coûts, les lobbies appuient la notion plus classique de « contrôle adéquat » : il suffit que chaque innovation fasse l'objet d'un contrôle adéquat. Il ne s'agit plus d'assurer des choix écologiquement fondés, mais d'assurer qu'on ne prend pas un risque démesuré. Les ONG d'environnement, qui critiquent le principe du contrôle adéquat, ont

(26) Pour une analyse complète, J. DUBOIS et S. MALJEAN-DUBOIS (dir.), *Natura 2000, de l'injonction européenne aux négociations locales*, coll. « Monde européen et international », La Documentation française, 2005.

(27) V. notre comm., *Revue de droit sanitaire et social* avril 2006.

sur un point objectivement raison : l'existence d'alternatives plus sûres et à des prix comparables n'interdit pas la production d'un produit chimique nocif s'il fait l'objet d'un contrôle adéquat. On comprend qu'elles préfèrent une proclamation plus radicale du *principe de substitution* qui garantirait vraiment la substitution des produits les plus sûrs aux produits les plus discutables (28). Le compromis auquel sont arrivés le Conseil et le Parlement européens, retient – mais c'était déjà le cas dans une autre formulation de la version originelle du projet REACH – la solution d'une connexion procédurale du *contrôle adéquat* et du *principe de substitution*, et non la seule affirmation de la généralisation du principe de substitution.

Ce type d'écriture peut, par exemple, permettre aux industries chimiques européennes de développer l'attitude très « légaliste » qu'a développé la société Disney quand Greenpeace a prouvé la présence de produits dangereux (notamment du nonylphénol) dans la ligne de vêtements Disney : un refus de substitution étayé, juridiquement, par la conformité à la législation existante de l'emploi de ces produits dont la dangerosité était pourtant prouvée et connue ! Il pourrait en outre aboutir au développement de législations nationales dérogatoires comme le permet le dispositif prévu par ce type de règlements, sur le mode de ce qu'a admis la Cour de justice – mais sur le fondement de l'article 30 (ancien article 36) du traité – à propos de l'interdiction de l'usage du thrichloéthylène à des fins professionnelles par l'autorité compétente suédoise (la *Kemikalienspektionen*) (29). Au contraire, l'application du principe de substitution, pour éviter l'un et l'autre écueil, aurait pu être construite de manière réaliste, sur les fondements des analyses avancées par Greenpeace. Le critère pour refuser l'autorisation aurait été alors un *critère de disponibilité*, selon lequel l'existence d'un substitut s'entend comme l'existence d'un substitut techniquement efficace à un coût raisonnable, et l'alternative fournie par un produit ne rentrant pas dans les catégories de produits soumises à autorisation dans le système REACH étant considéré de manière automatique comme constituant une *alternative plus sûre* dès lors qu'elle satisfait au *critère de disponibilité*. Elle aurait permis une homogénéisation des contraintes en réduisant de facto les possibilités de dérogations nationales. En clair, alors qu'au stade de la conception du système il était acquis que la vocation de la nouvelle régulation était de *traiter globalement* les pollutions directes et combinées de tous les produits présents et pas seulement des produits qui devaient être nouvellement introduits sur le marché, la *procéduralisation* excessive aboutit à un système qui, pour représenter cependant un vrai progrès du contrôle, constitue un véritable nid à conflits et à contentieux.

En définitive, on le voit à travers les exemples qui précèdent, et comme l'écrit J. Morand-Deviller, « bien que jeune, ce droit a rapidement cédé à la tentation de juridisme et à une excès de réglementation technique qui obscurcissent le droit fondamental que les juristes aiment à servir. Stratifié, construit par sédimentation et juxtaposition, il traduit le pouvoir exercé par les « bureaux », ceux de Bruxelles n'étant pas les moins ardents ». Gouvernés plus clairement par la transversalité qui en devrait être le moteur naturel, les acteurs de l'élaboration du droit, légistes,

(28) V. la critique de Greenpeace, http://eu.greenpeace.org/downloads/chem/BriefingOnREACH-F.pdf.

(29) CJCE, 11 juillet 2000, *Kemikalienspektionen et Toolex Alpha AB*, affaire C-473/98, *Revue européenne de droit de l'environnement (REDE)*, 2/2001, p. 183 et s.

magistrats, hommes et femmes des bureaux ne seraient-ils pas à même de faire plus clair en la forme et plus net au fond ?

C'est tout *l'enjeu de la pérennisation du droit de l'environnement comme droit autonome*, qui est assez violemment – quoique souterrainement – combattue par certains milieux juridiques.

SECTION 2 UN DROIT AUTONOME

Il est vrai qu'en l'état du droit, « l'on a peine à discerner, au travers de la prolifération de textes, ce corps de règles cohérent, animé de principes propres sans lesquels on ne saurait parler d'un droit » (30). Mais il a au moins un objet, des objectifs cohérents, et pour tout dire une philosophie : cela ne suffit-il pas à en dire qu'il constitue une branche autonome ?

§ 1. LA DÉFINITION D'UN OBJET

Elle n'est certes pas simple : mais, à travers la notion d'environnement, la notion de nature, la notion de pollution et celle de nuisance, c'est une même stratégie qui s'énonce, quelque peu anthropocentrique en un sens, mais d'un anthropocentrisme qui serait moins absolu, plus respectueux des ressources et du patrimoine naturel, que l'anthropocentrisme régnant dans le monde du droit comme dans le monde de la science.

A. L'ENVIRONNEMENT

1. La définition de la notion d'« environnement »

L'« environnement » est selon le Larousse « l'ensemble des éléments naturels ou artificiels qui conditionnent la vie de l'homme » ; et la définition est si large que, comme le soulignait J. Lamarque dans son traité de « Droit de la protection de la nature et de l'environnement » (31) et comme le rappelle F. Caballero (*op. cit.*), elle peut à la limite désigner l'ensemble de ce qui conditionne ou désigne le contexte des activités humaines et ces activités elles-mêmes en tant qu'elles utilisent ce contexte et l'influencent. En fait, pour reprendre le mot de J. de Lanversin (32), « le mot... correspond à une idée relativement claire dans son noyau central et imparfaitement précise dans ses contours ».

(30) M. Rémond-Gouilloud, *Du droit de détruire, op. cit.,* p. 24.
(31) LGDJ, 1973, p. XV.
(32) « Contribution du juge au développement du droit de l'environnement », *Mélanges M. Waline, Le Juge et le droit public,* t. II, 1974, p. 519.

Quand on considère les textes, la loi n° 2005-1319 du 26 octobre 2005 portant diverses dispositions d'adaptation au droit communautaire dans le domaine de l'environnement (33) livre la dernière définition en date de l'environnement en droit positif français. Cette définition de l'environnement est extensive, quoique pas exagérément, et assez classique dans ses pourtours.

Selon le nouveau texte (art. L. 122-1 du Code de l'environnement) les informations relatives à l'environnement sont celles qui ont « pour objet :

1° l'état des *éléments de l'environnement*, notamment l'air, l'atmosphère, l'eau, le sol, les terres, les paysages, les sites naturels, les zones côtières ou marines et la diversité biologique, ainsi que les interactions entre ces éléments ;

2° les *décisions, les activités et les facteurs*, notamment les substances, l'énergie, le bruit, les rayonnements, les déchets, les émissions, les déversements et autres rejets, *susceptibles d'avoir des incidences sur l'état des éléments visés au 1°* ;

3° *l'état de la santé humaine, la sécurité et les conditions de vie des personnes, les constructions et le patrimoine culturel,* dans la mesure où ils sont ou peuvent être altérés par des éléments de l'environnement, des décisions, des activités ou des facteurs mentionnés ci-dessus ;

4° les *analyses des coûts et avantages* ainsi que les *hypothèses économiques* utilisées dans le cadre des décisions et activités visées au 2° ;

5° les *rapports établis par les autorités publiques ou pour leur compte sur l'application des dispositions législatives et réglementaires relatives à l'environnement.* »

On retiendra donc, tranchant avec un débat de la doctrine, que la santé est intégrée à l'environnement, pour autant qu'elle « est » ou « puisse être » « altérée par des éléments de l'environnement », mais aussi par des décisions, des activités ou des facteurs liés aux éléments cités dans le 1° et le 2°. Par exemple, donc, l'air, l'eau, mais aussi les substances et les rayonnements.

Sont intégrés aussi les risques (la « sécurité ») mais également la qualité de la vie (les « conditions de vie »).

Sur ce dernier point, d'ailleurs, on peut même dire que la systématisation du discours du développement durable a partiellement fait son office : car, très exactement, le législateur, traitant des « conditions de vie » et non de la « qualité de la vie », *inclut une part sociale et une part économique* dans le droit de l'environnement, pour ce qui touche à l'obligation d'information en tout cas, et au-delà peut-être. Pour parler clair, si le droit de l'environnement n'a pas intégré tout le droit social, il en intègre une partie désormais, dont il conviendra de définir les contours. La connexion entre ces deux droits de la modernité est par cette reconnaissance de points de contacts encore affirmée, s'il en était besoin.

Le « noyau dur » de la définition figure dans le 1° : c'est *l'existence d'atteintes aux éléments de l'environnement ou à leur interrelation* qui fait l'appartenance au droit de l'environnement... celui-ci se définit donc comme tout le droit qui touche à l'air, l'atmosphère, l'eau, le sol, les terres, les paysages, les sites naturels, les zones côtières ou marines et la diversité biologique, et au-delà, si le juge ou le législateur le veulent puisque celui-ci a – judicieusement ou imprudemment – inclus dans sa

(33) *JO* n° 251, 27 octobre 2005, p. 16929.

rédaction un « notamment » qui laisse une large place à l'évolution des mœurs et des appréciations !

2. L'anthropocentrisme de la référence à l'environnement

La définition française de l'« environnement » n'en est en tout cas pas moins principalement *anthropocentriste*.

Mais, au-delà des textes, la référence, par cette branche du droit, à l'environnement est cependant teintée de la vision *organiciste* développée, entre autres, par J. Lovelock (*La Terre est un être vivant*, éd. du Rocher, 1986). Mais cette vision organiciste est aussi une vision *systémique* (34) : Gaïa, risquant dans ses nouveaux équilibres de ne pas laisser de place à l'espèce humaine, mérite que celle-ci régule ses activités en conséquence. Dès lors, le droit de l'environnement obéit clairement à un *critère finaliste* qui le conduit aussi à un « anthropocentrisme inéluctable » (35). La référence à la nature pourrait ne pas conduire aux mêmes voies, mais cela dépend des choix idéologiques faits. Elle complète et précise la référence à l'environnement, et ne s'identifie que partiellement à elle. De toute manière, elle ne la remplace pas.

B. LA NATURE

1. L'existence de la nature

Comme le rappelle J. Untermaier (36), « la nature est une réalité mouvante, dont seules les limites extrêmes sont connues » (37). Cela ne constitue ni une bonne raison pour la croire inexistante, ni une cause d'impossibilité de traitement juridique. En un sens, comme l'écrit S. Charbonneau, « ... la technique de la Déclaration des droits constitue la manifestation la plus caractéristique de l'affirmation selon laquelle il y a dans la nature même de l'homme certains droits qui doivent être considérés comme naturels » (38)... et « le droit à la nature fait aujourd'hui partie du droit naturel » (39). Mais il serait tout aussi dangereux de la mythifier.

(34) V. O. GODARD, « Le concept d'environnement, une hiérarchie enchevêtrée », *in La crise environnementale,* C. Larrère, R. Larrère éditeurs, éd. INRA, 1998, p. 97 et s.

(35) M. RÉMOND-GOUILLOUD, *Le droit de détruire, essai sur le droit de l'environnement,* PUF, coll. « Les voies du droit », 1989, p. 45.

(36) *La conservation de la nature et le droit public,* th., Lyon II, 1972, p. 3.

(37) J.-M. BESSE et I. ROUSSEL (dir.), *Environnement, représentations et concepts de la nature,* L'Harmattan, 1998.

(38) F. CABALLERO, *op. cit.,* p. 301.

(39) S. CHARBONNEAU, *L'État et le droit de l'environnement,* Esprit, 1976, p. 405.

2. La mythification de la nature

De la question posée par C. Stone (40) (v. *infra* nos développements sur la diversité biologique) à quelques passages troublants des œuvres complètes d'A. Waechter (41) (qui, répudiant les « matériaux industriels anonymes et apatrides », et faisant appel à « une autre référence culturelle que l'universelle, anonyme et déterritorialisée », donne peut-être à son corps défendant l'impression d'entamer un « hymne néo-ruraliste... » (42)), nombreuses ont été les mythifications de la nature qui donnent l'impression de ne constituer que des anthropocentrismes inversés.

Il convient plutôt par prudence de considérer la nature à la manière dont le faisait dès 1965 J. Dorst (43) : « le vieux pacte qui unissait l'homme à la nature a été brisé, car l'homme croit maintenant posséder suffisamment de puissance pour s'affranchir du vaste complexe biologique qui fut le sien depuis qu'il est sur terre ».

Dès lors, l'érection d'un nouveau contrat naturel (v. *infra*) peut constituer un objectif d'un nouveau droit ; et dès avant la réalisation – peut-être impossible – de cet objectif, la mise en place de dispositifs modérateurs peut constituer le mobile de la construction d'une nouvelle branche du droit. Le point de départ de cette nouvelle construction peut parfaitement être en un sens l'homme lui-même : en dehors d'une revendication partagée par un grand nombre d'un droit à la nature, la lutte contre les pollutions et les nuisances, constitutives d'agressions directes contre le bien-être, peut fournir une motivation.

Comme l'explique F. Ost dans *La nature hors la loi, l'écologie à l'épreuve du droit*, après une phase durant laquelle l'appréhension anthropocentrique de la notion de nature n'étant pas contestée, la nature ne constituait aux yeux des juristes qu'un objet juridique, il était normal qu'une réaction se soit produite, conduisant à proposer sans grand succès que le droit la considère comme un sujet de droits. À une mystification – reposant sur l'idée que le droit devait produire les paradigmes et les procédures sanctionnant et favorisant la maîtrise humaine de la nature – l'on tentait de substituer une véritable mythification de la nature, qui recelait des dangers pour la démocratie, bien perçus quoique trop violemment exposés par L. Ferry. Elle n'en était pas moins défendable sur le strict plan juridique. La première approche demeure malgré cette « offensive » aussi prégnante que naguère, et teinte encore bien des branches du droit positif, jusqu'au droit de l'environnement. F. Ost oppose à ces deux approches extrêmes une démarche médiane, qui consisterait à développer un projet pour la nature (la « nature-projet » relayant la « nature-objet », sans tomber dans les travers de la « nature-sujet ») (44).

Le juriste ne peut guère aborder la nature en des termes mystiques, il ne peut plus se comporter en cartésien obtus. Il lui faut accepter les enseignements de *l'interdisciplinarité* développée par les

(40) *Schould trees have standings ? Toward legal rights for natural objects, Southern California Law Rewiew*, 1972, n° 2, vol. 45. V. comm. F. Caballero, *op. cit.*, p. 310-313, et les développements de F. Ost, *La nature hors la loi,* La Découverte, 1995.

(41) *Dessine-moi une planète,* Albin Michel, 1990.

(42) V. comm. Alphandéry, Bitoun, Dupont, p. 148.

(43) *La nature dénaturée,* Points/Delachaux et Niestlé, 1970, p. 12 ; v. comm. *in* Alphandéry, Bitoun, Dupont, *op. cit.*, p. 47 et s.

(44) V. F. Ost, « La crise écologique : vers un nouveau paradigme ? Contribution d'un juriste à la pensée du lien et la limite », *in La crise environnementale,* C. Larrère, R. Larrère éditeurs, éd. INRA, 1998, p. 39 et s.

« écologues » (45), et donc s'écarter de la logique cartésienne comme d'une logique purement utilitariste. Il doit, au nom de la simplicité des concepts, en un mot, choisir d'assumer la complexité de la recherche. Le droit de l'environnement ne peut en conséquence que suivre le trajet difficile de l'écologie scientifique ; mais l'on n'aurait garde d'oublier qu'il doit aussi rester un droit, c'est-à-dire un *ensemble d'outils et de concepts juridiques effectifs*. La consécration de la responsabilité comme moteur de la conscience du monde des juristes est dès lors une voie toute tracée. Mais cette responsabilité ne joue pas que pour nous, notre lieu, ou notre époque : le sommet de Rio – dont on pourra dire des choses bien négatives, à juste titre -aura au moins eu le mérite de dépasser un tant soit peu l'européocentrisme et de contribuer à ce qu'il soit aussi question, dans notre droit, des générations futures. F. Ost use de ce premier socle, comme de la pensée de philosophes classiques (Kant) ou contemporains (J. Rawls et J. Passmore, H. Jonas (46) surtout, B. Barry), pour amorcer son plaidoyer pour une « nature-projet ». L'adoption de la notion de « patrimonialisation de la nature », en ce sens, permettrait au droit de l'environnement une démarche juridique volontaire et audacieuse. Cette démarche est militante ; elle se veut telle, et ne peut qu'être telle, sauf à choisir, comme l'affirme en ses dernières pages F. Ost, de rester dans « l'injuste milieu ». F. Ost a le mérite, dans cette logique, de réactualiser les interrogations déjà anciennes sur la fonction sociale de la propriété en les inscrivant dans la ligne du « développement durable ». Il ouvre ce faisant de nouvelles pistes de recherche, tout en nous offrant sans complaisance une manière de bilan de la pensée de notre temps sur la nature. Cette pensée est par ailleurs immanquablement marquée par la faillite des idéologies.

La recherche d'une troisième voie entre le libéralisme extrême et le communisme n'est pas étrangère à la deuxième chance de concepts déjà promus par le droit international, dans le cadre de la recherche d'un « nouvel ordre international économique », comme celui de « patrimoine commun de l'humanité ». À cet égard, la filiation entre le « solidarisme » et différentes utopies du XIXe siècle et le droit de l'environnement contemporain peuvent à bon droit être soulignées (47).

C. LES POLLUTIONS ET LES NUISANCES

1. Les notions de « pollution » et de « nuisance »

La définition du mot « nuisance » est, *stricto sensu,* incapable de faciliter l'identification d'un droit autonome de l'environnement : il est une multiplicité de nuisances. F. Caballero signalait à juste titre en introduction de sa thèse (*op. cit.,* p. 1) que l'origine en est le mot latin *nocumentum,* qui « revêt à l'origine, en vieux français, un sens très large puisqu'il recouvre d'une façon générale toute action susceptible de nuire ».

Il y a certes eu une évolution moderne du concept de nuisance, et l'on entend par là désigner désormais « toute action susceptible de nuire à l'environnement » (F. Caballero, *op. cit.,* p. 3). Il subsiste une relative indétermination de la notion, qui peut désigner des bruits, des effets de déchets, des troubles « multiformes » (F. Caballero, *op. cit.,* p. 7). Mais, comme le souligne dans sa remarquable thèse cet auteur, « envisagée en tant qu'agression contre l'environnement génératrice d'effets

(45) Par commodité de langage, on qualifiera d'écologues les écologistes scientifiques pour les distinguer des écologistes politiques.

(46) V. O. FUCHS, « Le principe de responsabilité de Hans Jonas, contribution à l'étude de la médiation juridique des rapports de l'homme à la nature », *Revue de la recherche juridique – droit prospectif*, 2006-2, p. 1027 et s.

(47) V. J. ATTARD, « Le fondement solidariste du concept environnement-patrimoine commun », *RJE* n° 2, 2003, p. 163 et s.

de droit, la notion de nuisance constitue une catégorie juridique autonome justiciable d'un traitement particulier » (*op. cit.*, p. 13). Plus exactement, la définition est opérationnelle en tant que l'on considère la nuisance comme un « fait juridique nuisible à l'environnement ».

La définition du mot « pollution » recouvre une réalité large également, mais qui détermine à l'évidence des actions conscientes ou inconscientes portant atteinte à un ou des éléments naturels qui peuvent être déterminés, identifiés, localisés : pollution de l'air, pollution de l'eau, pollution des sols.

Si les mots « pollution » et « nuisance » sont parfois utilisés indifféremment, on trouvera souvent, quoique peu clairement formulée, une distinction entre les deux notions construites autour de leur localisation, de la localisation de leurs effets plutôt, de leur territoire, pourrait-on dire : ainsi P. Fouquié, dans son vocabulaire des sciences sociales (48), désigne-t-il la nuisance comme une « dégradation nocive de l'environnement due essentiellement aux conditions de l'existence dans les grandes agglomérations et aux déchets de la production industrielle ».

2. Les limites d'un droit des pollutions et nuisances

En tant que telle, la différenciation des deux concepts n'est guère opérationnelle : peu importe à la victime que l'origine du dommage soit désignée par le terme « nuisance » ou par le terme « pollution », seule lui importe la réalité du dommage. Mais la différence entre les deux notions (49), dans l'approche du droit, peut servir à déterminer des différences de méthode : ne serait-ce que parce que l'identification d'une cause de dommage en « nuisance » sera plus marquée d'anthropocentrisme que son identification en « pollution ». Il n'en reste pas moins que, à bien des égards, les régimes juridiques des pollutions et nuisances constituent un droit parcellisé, un droit cloisonné, parce qu'il s'agit essentiellement d'un droit de résistance fortement marqué par leur caractère sectoriel.

Seule son incorporation dans un droit plus large (le droit de l'environnement) est à même, on le verra, de susciter une relative unification de ces régimes par le biais de la mise en proximité de techniques différentes, modifiables et susceptibles d'être traitées dans un même esprit commandé par la poursuite d'objectifs communs et sous-tendues par une philosophie commune et des principes communs.

§ 2. LA DÉFINITION DES OBJECTIFS

Car il s'agit bien, pour et avec le droit de l'environnement, de la création d'un *« particularisme » autour d'un objet nouveau.* Création qui, à défaut de poursuivre un impossible objectif unique – qui peut demeurer ou devenir une référence – en poursuit plusieurs, de mieux en mieux identifiés.

(48) PUF, 1978, p. 237 ; v. comm. F. CABALLERO, *op. cit.*, p. 5 et note 25.

(49) Qui n'est pas, il faut le redire, facile à faire, mais qui est faite couramment (v. M. RÉMOND-GOUILLOUD, *Le droit de détruire, essai sur le droit de l'environnement,* PUF, coll. « Les voies du droit », 1989, p. 40 et s.).

A. L'IMPOSSIBLE CHOIX DE L'UNICITÉ DE L'OBJECTIF : LE « NOUVEAU CONTRAT NATUREL »

Dans cette optique, la philippique en faveur du « contrat naturel » de M. Serres, qui commence certes à dater, a donné aux juristes de l'environnement une leçon de communication (50).

L'homme est un animal, expose M. Serres, et a comme les autres animaux développé une approche « stercoraire du droit de propriété » (51). Et nous serions arrivés à « une bifurcation de l'histoire : ou la mort ou la symbiose » avec la nature. L'auteur replace l'homme dans la nature et à sa place : significatif le fait qu'il utilise pour ce faire le concept peu usité pour l'humanité de « niche » (52). Il en dérive inéluctablement une prise de position politique – au sens étymologique premier du terme. Tous les rapports de l'homme et de la femme sont repensés dans leur globalité, et dans leur contexte : c'est bien la niche de l'homme et les maillons de la chaîne écologique qui sont en jeu, et leurs interactions qui comptent. Il s'agit d'un autre discours politique, mais pas d'un discours a-politique : la Cité en question (53) est simplement plus large que la petite cité « Humanité ». M. Serres ne le nie pas : « désormais le gouvernant doit... inventer un nouveau contrat naturel en redonnant au mot nature son sens originel des conditions dans lesquelles nous naissons... ». Par ailleurs, si M. Serres dresse un tableau des mauvais procès infligés par le droit à la science (54), il n'innocente pas la science : « ... toute science de la nature, sorcière ou apprentie sorcière, irresponsable des affaires sociales, se livra ou se livre encore pendant un temps au sabbat. Elle creuse des ronds dans l'herbe, elle troue la couche d'ozone en cercle... » (55).

Partant, le droit de l'environnement obéit à un nouveau type de recherche de conciliation, en fonction d'objectifs qui ne sont pas réductibles à la seule limitation des progrès de la science – le droit de l'environnement n'étant qu'un moyen, et parmi d'autres, de cette conciliation – et ne le sont pas non plus à la construction d'un droit de la nature ou à la pérennisation d'un droit des pollutions et nuisances, fabriqué par strates et pêchant en conséquence par défaut de logique d'ensemble. Si la conclusion d'un « contrat naturel » demeure un idéal (56), le droit de l'environnement doit tendre à la satisfaction de cet idéal en cherchant à atteindre des objectifs plus immédiatement opérationnels.

(50) Fort justement, M. Rémond-Gouilloud, dans son livre *Le droit de détruire, essai sur le droit de l'environnement* (PUF, coll. « Les voies du droit », 1989), relevait que « de la science au droit » il y avait comme « des difficultés de communication » et tentait d'y proposer des remèdes (p. 289 à 296).

(51) M. Serres, p. 59.

(52) P. 60.

(53) Ce que M. Serres appelle « Monde-Nature ».

(54) P. 101 et s.

(55) P. 103.

(56) Dont les expressions peuvent être diverses, et pour certaines riches d'ambiguïtés : v. F. Ost, *La nature hors la loi,* La Découverte 1995, p. 182 et s.

B. LE CHOIX RAISONNABLE : PLURALITÉ ET CLARTÉ DES OBJECTIFS

En tout cas, et au-delà des textes, ainsi que cela sera expliqué *infra* (troisième et quatrième parties), le droit de l'environnement, même si ce choix n'apparaît pas encore nettement faute d'être suffisamment éclairci, poursuit principalement deux objectifs : le maintien de la diversité biologique et la promotion d'un développement soutenable.

L'objectif de *maintien d'une diversité biologique* fournit une recette de traitement principal de la nature et des éléments des écosystèmes (57) ; il s'agit de rendre moins anthropocentrique le droit de l'environnement, au moyen d'une autre définition du rapport aux écosystèmes et aux espèces voisines, plus respectueuse de la nature et des ressources naturelles.

L'objectif de promotion d'un *développement soutenable* – ou *éco-développement* – n'est jamais qu'un autre aspect de la même chose, en un sens : il s'agit de la description de nouvelles attitudes de l'homme dans le traitement et dans l'exploitation des ressources naturelles et des siennes propres, caractérisées, selon les termes définis par I. Sachs, par la recherche d'une « *durabilité sociale, d'une durabilité économique, d'une durabilité écologique, d'une durabilité spatiale et d'une durabilité culturelle* ». Comme on verra, au contraire de la recherche de la protection de la diversité biologique, la promotion d'un *développement durable* – *durable* est plus souvent utilisé que *soutenable* – peut s'accommoder à tant de sauces que, sans doutes, il faudrait renoncer à l'usage de ces termes pour amorcer une révolution linguistique qui, sans doute, évacuerait les oxymores (58)...

L'enjeu immédiat de la poursuite de ces objectifs est évident : s'il s'agit d'éviter ou à tout le moins de freiner l'irréversible détérioration des ressources naturelles et des rapports humains, il s'agit surtout dans l'immédiat de tenter que les choses ne soient pas aggravées par la perpétuation d'une attitude de démiurges. En cela, le développement du droit de l'environnement a comme premier enjeu la *régulation des excès potentiels de la science*, dont il est – on l'a dit – un vecteur qui devrait devenir essentiel : au même titre que le fanatisme qui conduit à ne croire qu'à un modèle de *croissance*, celui qui ne conduit à ne concevoir *qu'un type de progrès*, de manière quasi-religieuse, suscite quasi naturellement ces tentatives d'encadrement.

(57) Que la juridiction administrative utilise, considérant même qu'il existe un « principe » de protection de la diversité biologique : ainsi, à propos de la réintroduction d'une ourse dans les Pyrénées (v. *infra* p. 286 et s.), le TA de Pau a rendu une décision remarquée (2 juillet 1997, *Commune de Belle*, concl. PAGÈS, *RJE* 4/1997, p. 537 et s.), à l'occasion de laquelle le commissaire du gouvernement a développé l'importance des textes évoquant ce « principe ».

(58) Il ne serait sans doute pas surprenant, la théorie juridique avançant peut-être moins vite que la théorie économique, que des auteurs de doctrine avancent dans les prochaines années l'idée de l'inéluctabilité d'un droit de la décroissance...

CHAPITRE 2
L'ENJEU PRINCIPAL : ASSEOIR UNE COLLABORATION MESURÉE ENTRE SCIENCE ET DROIT

Ce n'est en effet nullement un hasard si, dans le débat entre science et droit, le droit de l'environnement occupe une place à part et délicate. Si l'environnement est en danger (1), c'est en grande partie parce que la science a donné à l'humanité l'illusion de maîtriser la nature, avant que de la détromper cruellement. Et maintenant que, à peu de chose près, toute avancée scientifique d'un peu d'envergure est considérée comme potentiellement créatrice de nouveaux dangers, la tentation est grande de croire que le droit de l'environnement est un ennemi irréductible de la science. Risque alors de se développer une vision réductrice de leurs rapports (2), rassurante à certains égards (3). Les limites imparties par les dimensions de cette introduction ne permettent pas de lever cette ambiguïté génératrice de plus de questions que de solutions (4), mais il est possible de tracer quelques pistes.

Toutes montrent que, si, à bien des égards, la collaboration entre droit de l'environnement et science est inévitable (5), la confrontation de ces deux « blocs de savoir », objets et résultats de recherches et de démarches radicalement différentes, n'est pas une confrontation en champ clos, mais bien une opposition influencée par des facteurs socio-culturels, économiques et politiques extrêmement complexes... Elle ne peut en conséquence, moralement parlant, rester l'apanage de seuls

(1) V. F. OST, *La crise écologique : vers un nouveau paradigme ? Contribution d'un juriste à la pensée du lien et la limite, op. cit.*, p. 39 et s.

(2) Et une conception tronquée de la science, tant il est vrai que, comme le droit, elle est avant tout un outil. Par ailleurs, il y a science et science : l'écologie politique est en grande partie le fruit des avancées épistémologiques de l'écologie scientifique. Les avancées de cette branche des sciences dites « exactes » sont à la mesure des inquiétudes que suscite (surtout depuis une vingtaine d'années) chez les scientifiques l'usage de la science par les sociétés modernes.

(3) En ce que la responsabilité des risques encourus et des dommages subis peut être rejetée à bon compte sur les « autres » : les scientifiques, les hommes politiques, le système... dont, bien entendu, l'on ne fait pas partie.

(4) C'est une des dimensions intéressantes de la problématique du livre de M. SERRES, *Le contrat naturel,* François Bourin, 1989.

(5) Elle est d'ailleurs consacrée par l'instauration de multiples processus et lieux de concertation.

spécialistes, qu'ils soient « scientifiques » ou « juristes ». Elle ne peut non plus se résumer à un affrontement stérile et manichéen entre scientifiques et juristes de l'environnement (6), ni d'ailleurs à une collaboration qui aboutirait à une soumission des uns aux autres (7). Elle ne saurait, enfin et surtout, être négligée par les juristes de droit public, tant elle les interroge sur les concepts qui constituent le fondement même de leurs raisonnements, au premier rang desquels figure le concept d'intérêt général...

Le droit ne naît pas de rien.

Dans une économie de marché, l'apparition de normes de prévention ou de répression des pollutions (8) résulte de phénomènes qui sont considérés comme autant de *perturbations de fonctionnement du « marché »*... La collaboration entre scientifiques et juristes – et donc entre science et droit – dans la résolution et le traitement des problèmes d'environnement est avant tout une collaboration obligée, de l'extérieur. Ceci explique et implique qu'elle ne résulte pas clairement de compromis fondés sur des bases claires (9). Il est dès lors tout à fait logique – c'est d'ailleurs aussi le fruit du caractère éclaté de nos sociétés occidentales, complexifiées par l'économie moderne – que cette collaboration soit multiforme : si, paradoxalement, l'existence d'une collaboration obligée entre scientifiques et juristes est inconsciemment ou consciemment non posée, non pensée, elle ne s'en rencontre pas moins à toutes les étapes du processus juridique (10) ; elle mériterait en conséquence d'être re-pensée.

§ 1. UNE COLLABORATION NÉCESSAIRE ET MULTIFORME

Il ne s'agit nullement d'une collaboration facile, ni toujours très volontaire. Elle résulte d'une nécessité perçue comme incontournable, à laquelle correspond une diversité qui est source de richesses.

(6) Lire à cet égard le petit historique pétri d'humour fait par M. SERRES, *in Le contrat naturel*, p. 85-149.

(7) Il s'agirait alors d'une transcription pure et simple d'une des images les plus stupides qui aient été livrées par le monde politique et quelques vedettes médiatiques : l'écologiste obscurantiste ne saurait être qu'un partisan du retour à la caverne et aux bougies... de là à penser que son auxiliaire, le juriste de l'environnement, est à mettre dans le même sac, il n'y a qu'un pas. Accepter cette image équivaut à refuser toute confrontation équilibrée, c'est-à-dire raisonnable, entre droit et science, comme à interdire toute approche de l'économie qui ne serait pas fondée sur un modèle de croissance infinie que permettrait le « progrès scientifique ».

(8) Nous ne confondons pas le droit de l'environnement et les normes de prévention et de répression des pollutions : le premier a un champ d'action plus étendu, mais le droit des pollutions est le socle d'un droit de l'environnement en devenir, en formation.

(9) M. Serres ne dit pas autre chose quand il propose la conclusion d'un « contrat naturel » en lieu et place du contrat social, ou, mieux, pour prendre le relais de celui-ci.

(10) Il en est ainsi dans d'autres domaines, et en particulier dans les domaines économiques ou médicaux. Pour ce qui concerne le droit économique, cependant, les argumentations « scientifiques » sont susceptibles de plus d'interprétations que les argumentations des écologues : v. B. MARIS, *Des économistes au-dessus de tout soupçon,* Albin Michel, 1989.

A. LA NÉCESSITÉ...

Pour une large part, le droit de l'environnement est « né de la pression irrésistible du mouvement écologiste » (11). Plus encore, le droit de l'environnement a vu ses avancées *rythmées par des catastrophes* (12). Il est par ailleurs exact qu'une demande émane des scientifiques, eux-mêmes, en rapport avec ces grandes peurs... et avec les leurs (13). Ces demandes, jointes à celles des associations (14) et aidées par la guérilla contentieuse que celles-ci ont entamé depuis les années 1970 (15), ont contribué à l'émergence de normes nombreuses et diverses, certes articulées autour du texte fondateur – pour ce qui concerne la France – de 1976, ou plus exactement, autour des nouveaux concepts introduits dans le droit français par ce texte puis codifiés. Mais à cette collaboration, les juristes aspirent aussi : la finalité première du droit est de rendre possible le fonctionnement d'une société... c'est-à-dire de « ... fournir des éléments fondés sur une rationalité extérieure aux parties. C'est la condition pour départager les intérêts sur une base que l'on dira objective » (16).

Quelle base apparemment plus « objective », pour estimer les limites à poser à la mainmise de l'homme sur la nature et sur l'espace, qui dépend pour une large part des outils inventés par la science, que de s'en remettre aux données fournies par elle ? C'est bien sûr loin d'être un fait nouveau, mais c'est en quelque sorte un fait inversé : la logique cartésienne *(« la science permet de mener un projet de maîtrise de la nature »)* devant coexister – et non exactement laisser la place (17) – avec une logique relativiste (« *la science montre que la nature n'est pas toujours maîtrisable et qu'il convient parfois de ne pas chercher à la maîtriser – la science maîtrise, via la légitimité qu'elle confère à des normes et attitudes juridiques, l'emprise de l'homme sur la nature* »).

C'est là une situation éminemment conflictuelle, qui explique en partie que se soit construit en marge d'autres branches du droit un droit qui aspire à l'autonomie et à l'interdisciplinarité : le droit de l'environnement (18). Cette construction est le fruit

(11) J. MORAND-DEVILLER, « Le droit français de l'environnement : progrès, carences », *RF adm. publ.* janvier-mars 1990, p. 23.

(12) Cf. M. RÉMOND-GOUILLOUD, *Du droit de détruire... essai sur le droit de l'environnement,* PUF, coll. « Les voies du droit », 1989, p. 75 à 83, chap. « Les grandes peurs ».

(13) Cf. R. CARBIENER, « La demande de scientifiques », *in L'écologie et la loi,* sous la direction d'A. KISS, L'Harmattan, 1989 ; cf. également, dans une problématique un peu différente, B. KALAORA et G.-R. LARRÈRE, « Les sciences sociales et les sciences de la nature, au péril de leur rencontre », *in Du rural à l'environnement,* sous la direction de M. JOLLIVET et N. MATHIEU, L'Harmattan, 1989, p. 81 et s.

(14) Cf. S. DOUMBÉ-BILLÉ, « La demande des associations », *in L'écologie et la loi, op. cit.,* 272.

(15) Symptomatiques de cette vocation « contentieuse » des associations, leurs très nombreux recours contre les arrêtés d'ouverture et de fermeture de la chasse.

(16) M. CHEMILLIER-GENDREAU, *Introduction générale au droit,* Eyrolles, 1990, p. 4.

(17) V. E. PISIER-KOUCHNER et F. CHÂTELET, *Les conceptions politiques du XXe siècle,* PUF, coll. « Thémis science politique », p. 605 et s. et 613 et s. Les débats sur les inséminations artificielles par donneur ou sur la génétique montrent bien que la science sert encore à maîtriser la nature, d'où le renouveau des débats sur l'éthique (cf. B. EDELMAN *et alii, L'homme, la nature et le Droit,* L'Harmattan, 1989 ; R. DRAÏ, *Science administrative, éthique et gouvernement*, Aix-en-Provence, Librairie de l'Université, 2002 ; C. GIRARD, S. HENNETTE-VAUCHEZ, *La dignité de la personne humaine*, PUF, 2005.

(18) Qui suit le sort de l'écologie politique : de même que les idéologues de l'écologie politique ont construit leurs organisations politiques propres (parce qu'ils considèrent les partis politiques traditionnels comme incapables d'assumer leur « nouvelle » approche globalisante de la société et du monde) pour « écologiser » la politique de leur lieu propre, de même le droit de l'environnement se construit parce que

d'une généralisation de la recherche d'une *approche globale de la société moderne*, qui transcende ou tente de le faire, on l'a dit *supra*, les obstacles de la monodisciplinarité.

L'impact d'une telle recherche sur le droit ne se laisse pas facilement appréhender ; mais, d'une manière générale, les juristes ont perçu qu'autour d'eux la logique qui préside à l'approche des ressources naturelles et de l'espace a évolué. « *Les changements sociaux interviennent quand les individus modifient la façon dont ils perçoivent certains des éléments qui composent le monde où ils vivent* », affirme L. Brown. Ils franchissent un « *seuil de perception* » (19)... Il en a été ainsi pour la société civile, pour les pouvoirs publics à leur suite, et pour les juristes en conséquence : le droit, l'interprétation du droit, la critique du droit et jusqu'à la façon d'en user se sont modifiés, quant à l'approche de l'environnement, de manière irréversible, dans les vingt dernières années. C'est ainsi que – sans pour cela résoudre les implications économiques de telles constatations – le droit et notamment le droit public, poussés dans leurs retranchements, ont dû commencer à concevoir autrement qu'il ne le faisait des phénomènes tels que la désertification. Il n'est plus possible, par exemple, de ne penser le maintien d'activités économiques en milieu rural ou en montagne que comme un moyen de faire vivre des hommes : la désertification (20) n'est pas seulement un problème humain, c'est une pièce d'un problème plus vaste. « *Les avalanches existent évidemment avec la non-fenaison, ou le non-pacage des prairies d'altitude... comme on ne tond plus, les herbes poussent, puis elles se couchent sous la neige, formant un tremplin pour les avalanches... en outre dans les zones menacées par les avalanches, on construit au bas des couloirs* ». L'approche anthropocentrique qui a présidé au traitement de ce type de problèmes par les pouvoirs publics, secondés efficacement par les juristes, a conduit à ces aberrations qu'a tenté – avec un succès très relatif – de traiter la loi *Montagne* (v. *infra*).

En clair, *le droit de l'environnement, dans son appréhension globale des problèmes, contribue à enrichir le droit public économique comme le droit de l'aménagement du territoire* en suggérant et en légitimant des orientations, par exemple pour les aides consenties aux entreprises, qui se situent quelquefois aux antipodes de celles qui étaient adoptées officiellement il n'y a pas si longtemps (21). C'est ainsi, également, qu'il se retrouve confronté à de nouveaux concepts, que les scientifiques ont contribué à fonder rationnellement, tels celui de « *diversité biologique* » (22) ou celui, plus fondamental, d'*écosystème* : d'où l'introduction dans le droit français de mesures de limitation d'activités pourtant liées aux

les branches existantes du droit ne peuvent intégrer sans stimuli extérieurs les impératifs de protection de l'environnement ; v., significatif à cet égard, la conclusion de *L'écologie et la loi,* L'Harmattan, 1989, rédigée par A.-C. Kiss.

(19) L. Brown, *L'état de la planète, op. cit.,* p. 4.

(20) Le constat est ancien : H. Tazieff, « La désertification facteur de risques », *Aménagement et Nature,* automne 1980, n° 91, p. 4 et s.

(21) L'angélisme n'est pas de mise : dans les faits, la procédure UTN, par exemple, n'a en rien ou presque ralenti le développement d'une économie univoque fondée sur cet or blanc de plus en plus rare : preuve que, si les orientations de la loi *Montagne* sont bonnes, le mécanisme juridique qui prétend les traduire n'est pas adapté aux rapports de force sur le terrain.

(22) C. de Klemm, « La conservation de la diversité biologique », *RJE* 4-1989, p. 397 ; M. A. Hermitte, « Pour un statut juridique de la diversité biologique », *RF adm. publ.* janvier-mars 1990, p. 33 et s.

conquêtes de la Révolution française (23) ou à l'idéologie de la révolution industrielle (24). Mais ces « découvertes » ne sont pas traduites en normes juridiques sans résistances.

C'est toute la difficulté d'une approche globale et non mercantile de la place de l'humanité, dans une société fragmentée où les intérêts catégoriels l'emportent souvent sur l'intérêt général : il n'est pas faux de dire que le droit de l'environnement est avant tout un droit « contre », un droit de « réaction », qui, à partir d'une volonté de cantonner la science, puis au-delà de réfléchir sur la notion de *progrès*, rétroagit inévitablement sur l'économie.

Cela induit, dans un premier temps au moins, que les règles adoptées soient des règles éclatées, que le droit de l'environnement soit un droit en miettes (25) et, conséquence inéluctable même si dramatique, que la mauvaise rédaction des normes soit, on l'a dit, malgré la codification, une constante du droit français de l'environnement (26).

B. LA DIVERSITÉ...

Une place notable est d'abord reconnue à la science et aux scientifiques dans l'élaboration par l'État d'un droit de prévention. Ce droit, qui fait partie intégrante du droit de l'environnement (27), est « *essentiellement composé de règles préventives dont la conception et le respect relèvent du monopole de la puissance publique* » (28) ; ces règles s'appuient sur l'appréciation de données scientifiques dont l'exactitude importe peu en fait (29), pourvu qu'elles soient reconnues comme norme à un moment donné. L'on retrouve également cette fonction d'auxiliaire d'objectivation dans le cadre du recours, fréquent en matière de protection de la nature, à des organismes consultatifs.

Mais ce n'est pas toujours dans le cadre d'institutions préexistantes, pérennisées, que les pouvoirs publics recourent aux scientifiques : la désignation d'experts et la

(23) La chasse...

(24) La liberté du commerce, avec par exemple la législation des installations classées.

(25) M. Chemillier Gendreau préfère pour sa part parler de « droit balbutiant » ; sa définition des causes de cet état de certaines branches du droit est à retenir (*op. cit.*, p. 140) : « Il s'agit de ces situations très nombreuses dans lesquelles le rapport de forces n'est pas dépassé, les termes de la contradiction sont confus, les intérêts dominants rencontrent des résistances qui s'organisent et suffisent à empêcher la formulation de la norme souhaitée par certains groupes »...

(26) Ainsi que du retard dans l'adoption des décrets d'application des lois d'environnement : cf. R. Romi, « Le droit public de l'environnement vers la maturité », *RDP* 4, 1990, p. 1121. L'on pourrait également gloser à l'infini sur les problèmes du non-respect par les autorités elles-mêmes des décisions juridictionnelles... et du peu de portée de celles-ci, prises souvent quand les situations considérées sont devenues irréversibles.

(27) S. Charbonneau, « La nature du droit de la prévention des risques techniques », *RFDA* 4-1988, p. 529. V. la présentation stimulante de F. Ost, « Le juste milieu, pour une approche dialectique du rapport homme-nature », *in Images et usages de la nature en droit,* p. 13 et s.

(28) S. Charbonneau, « La nature du droit de la prévention des risques technologiques », *RFDA* 4 (3), mai-juin 1988, p. 530.

(29) Le concept d'exactitude serait lui-même à mettre en cause : l'on ne savait rien il y a quelques années des effets de produits dont on découvre qu'ils sont en fait, accumulés, extrêmement dangereux ; les données scientifiques de l'époque qui ont présidé à leur mise sur le marché n'étaient pas inexactes ; elles étaient incomplètes... ce n'est pas la même chose (pourquoi n'a-t-on pas cherché plus avant ? Pourquoi n'y avait-il pas de crédits ? Quels crédits ? etc.).

prise en compte de facteurs scientifiques sont courantes dans les procédures préalables à l'adoption de normes, et c'est à ce stade que se pose essentiellement le problème de *l'expertise scientifique*. Celui-ci resurgit dans le cours de ce que l'on pourrait appeler « la phase contentieuse » (30). En effet, ce n'est pas qu'au stade de l'évaluation des dommages éventuels que surgissent la science et le scientifique, mais aussi, souvent, à d'autres stades de la procédure, voire, d'une façon plus originale, à l'occasion de la mise en place ou de la « redécouverte » d'une procédure. Très significatif à cet égard sont les recours du ministre de l'Environnement à des rapports du Muséum d'histoire naturelle et de l'ONC pour ce qui concerne l'interprétation des termes de la directive de 1979 sur les oiseaux de passage (31).

Évidemment, la mise en place des procédures de l'étude d'impact et de la notice d'impact, comme la tentative d'imposer la mise en place de « Plans d'exposition aux risques » – voir *infra,* Première partie – ont ouvert aux scientifiques et à la science de nouveaux domaines d'intervention. En l'occurrence, cette ouverture est l'occasion de poser le problème le plus délicat de cette « collaboration » obligée : celui de l'indépendance – ou plutôt, souvent, de la dépendance – des scientifiques. Souvent remarqué, le fait que les études d'impact et les notices d'impact soient réalisées non seulement à la charge de l'initiateur du projet – ce qui est tout à fait normal eu égard aux objectifs des textes – mais aussi sous leur autorité marque l'équivoque des dispositions de la loi de 1976, même révisée, et de ses décrets d'application (32). Ces textes ont été édictés dans un contexte qui n'est plus le nôtre : ni les rapports économiques ni les rapports sociaux, ni notre rapport avec l'environnement ne se sont améliorés ou simplifiés, et les exigences sociales se sont accrues.

(30) V. R. ENCINAS DE MUNAGORRI, « Quel statut pour l'expert », *RF adm. publ.*, n° 103, 2002, p. 379 et s. V. également J. MORAND-DEVILLER, *Le système expert, expertise scientifique et gestion de l'environnement*, Études offertes à Jacques Dupichot, Bruylant, 2004, p. 359 et s.

(31) Excellent exemple que celui-ci : car il permet de traiter des rapports entre pouvoir administratif et science d'une manière claire, démystificatrice à bien des égards. En effet, alors que les associations ont obtenu du CE l'adoption d'une interprétation du rapport en gros conforme à leurs vues (on doit entendre par période de reproduction et de nidification la période comprise entre le début des périodes de nidification et de reproduction et la fin de ces périodes, et non la période comprise entre la date moyenne des débuts et la date moyenne des fins comme le proposait à mots plus ou moins couverts le commissaire du gouvernement), l'on a assisté avec surprise à l'envoi d'une lettre circulaire du directeur de la protection de la nature aux préfets invitant ceux-ci à adopter leurs arrêtés en fonction de ces conclusions, non suivies par le CE (v. les observations de P. LE MIRE sous la décision du CE, 25 mai 1990, *AJDA* octobre 1990, p. 730 et s.).

(32) On remarquera à ce propos que les membres de l'Association française des ingénieurs écologues ont adopté un *code de déontologie :* celui-ci préconise notamment que soient évitées « les situations où l'ingénieur écologue est juge et partie » : le membre de cette association qui participe à l'élaboration d'une étude d'impact s'engage à ne pas servir d'expert à l'occasion du contrôle de cette étude d'impact, ce qui est bien le moins : cette situation où l'expert est « juge » et « partie » est possible en l'état actuel du droit.

Mais, phénomène induit par cette augmentation (et inéluctable, puisque l'État et les pouvoirs publics sont les principaux acteurs de la régulation normative (33)), la « *surréglementation* » (34) devait susciter, tôt ou tard, une réaction.

Elle s'est très normalement exprimée de deux manières :

— la recherche d'une *harmonisation* (qui n'est pas toujours mais peut être une codification) ;

— la revendication – pas toujours partagée, loin de là, par les juristes de l'environnement (35) – de *déréglementation*.

Occasion de recourir à des scientifiques, à qui l'on délègue naturellement le soin d'évaluer le bien-fondé d'une procédure, d'une norme, ou d'une appréciation, cette délégation présente plusieurs dangers, qui ne sont pas toujours appréciés : d'une part, « ... l'harmonisation des normes tend à provoquer un alignement sur la norme minimale » (36). Ce phénomène, qui dérive du besoin de favoriser l'acceptabilité d'une norme, est directement cautionné par la recherche de l'efficacité qui caractérise certains scientifiques. Même s'il ne faut pas faire de procès d'intention, quand ils se posent, comme les juristes, aidés en cela par le cloisonnement disciplinaire en vigueur dans nos universités et organismes de recherche, l'excellente question de savoir s'il faut toujours réglementer ou légiférer ? » (37), ils manifestent souvent un agacement certain devant toute tentative de normalisation juridique, reprochant au droit son excessive rigidité. Ils reprochent surtout aux juristes d'empiéter sur leur discipline, qu'ils jugent bien souvent seule à même d'énoncer la vérité (38).

L'inévitable dialogue entre juristes et scientifiques est donc pétri d'ambiguïtés.

§ 2. UN DIALOGUE À RENOVER

Souvent conflictuel et marqué par, au pire, des affrontements et, au mieux, des incompréhensions, ce dialogue ne peut être rénové que par une approche dynamique assise sur des questionnements, qui pour l'essentiel tournent autour de la notion d'*objectivité* et d'une certaine remise en cause du *scientisme* (39).

(33) Ce qui est incontestablement le cas en matière de protection de l'environnement, mais est de plus accusé par l'intervention de l'union européenne.

(34) A. TURCK (*Le droit public français face au progrès technologique,* th., Lille, 1984) est « l'inventeur » de ce concept heureux.

(35) V. M. PRIEUR, « La déréglementation en matière d'environnement », *RJE* 3-1987, p. 319.

(36) M. RÉMOND-GOUILLOUD, *op. cit.,* p. 290.

(37) H. OBERDORFF, « Quelle intervention pour le droit ? », *in Le droit au contact de l'innovation technologique,* Université J. Monnet, CERCRID, Saint-Étienne, 1989, p. 12.

(38) Il ne s'agit pas d'une caricature : en mai 1990, lors d'un colloque pluridisciplinaire sur la loi *Littoral* à Nantes, un géographe ne prononça-t-il pas un réquisitoire contre la loi *Littoral*, et surtout contre la prétention des juristes à comprendre l'environnement, et plus particulièrement l'action de la mer ?... Ce n'est pas un cas isolé. Éclairant à cet égard, la faible part réservée au droit de l'environnement dans les quelques MST de valorisation des ressources naturelles qui existent en France.

(39) La difficulté étant ici d'éviter la caricature : on ne verra pas de juristes de l'environnement plaider pour le créationnisme...

A. LA QUESTION DE L'OBJECTIVITÉ

Que les pouvoirs publics et les juristes soient à la recherche de critères fiables est naturel. Mais cela n'en pose pas moins quelques questions *d'ordre épistémologique :* l'on est en effet passé d'une objectivité à une autre sans lever les hypothèques qui pèsent sur le concept même d'objectivité. Or, « *non seulement l'objectivité n'est pas exclusive d'erreur, mais elle ne l'est pas non plus d'un choix – qui peut être parfaitement arbitraire – dans l'orientation de la recherche* » (40). C'est bien là que le bât blesse : disposer de critères qui apparaissent fiables parce que d'autres, qui pourraient être contradictoires et tout aussi dignes d'intérêt, sont passés sous silence ou simplement évacués du champ de la recherche faute de crédits, peut induire en erreur les auteurs du choix. Surtout si ceux-ci ne sont pas soumis au feu nourri de la critique et du débat. C'est ce qui se produit souvent en France, avec un certain désaisissement du pouvoir politique, et plus particulièrement des parlementaires (41), au profit d'administrations qui ont conquis, à partir des marges qui leur étaient reconnues, une large latitude de choix (42)... C'est aussi le problème des juristes que de constater cet état des choses. Tout comme il est de leur ressort de constater, voire de regretter la déresponsabilisation de la société civile, évidente malgré quelques progrès.

En premier lieu, comme le souligne M. Rémond-Gouilloud (43), « le dispositif fondé sur une norme technique n'est pas sans reproche. L'industriel auquel il s'applique tend à la considérer comme un objectif, non comme une moyenne. Se contentant de la respecter, il n'est pas incité à faire mieux. Le jour où ce seuil est dépassé, le retour à la norme s'avère d'autant plus long et difficile que la pollution chronique s'est répandue dans le milieu environnant. Pour pallier cette difficulté, le seuil d'alerte devrait être systématiquement doublé d'un seuil de sécurité propre à réveiller la responsabilité du responsable ». L'institution de ces « marges » est du plein ressort du juriste, apte à les conseiller, et du politique, qui peut y retrouver une légitimité qu'il a souvent abjurée (et, parfois, perdue à ses propres yeux).

D'une manière générale, le principe selon lequel, sans bases fiables, une décision doit être reportée quels que soient les objectifs économiques de l'innovation en cause n'est pas aussi rétrograde qu'il y paraît (44). La place du politique gagnerait à

(40) A. JAUBERT, J.-M. LÉVY LEBLOND, *(Auto) critique de la science,* Points Sciences, 1975, p. 35.

(41) J.-Y. FABERON, « Choix scientifiques et décision parlementaire », *AJDA* 1983, p. 514.

(42) Qui ne penserait aux établissements publics qui interviennent en matière de nucléaire ?... Cf. J.-P. COLSON, *Le nucléaire sans les Français,* Maspéro, 1977.

(43) *Op. cit.,* p. 290.

(44) M. CARBIENER, dans son exposé sur les demandes des scientifiques dans *L'écologie et la loi,* ne dit pas autre chose quand il écrit : *« Parmi les principes que devrait suivre la réglementation aux yeux d'un scientifique, le tout premier est que dans le doute il faut s'abstenir. »* Quant à l'inefficacité économique d'une telle attitude, elle n'est pas évidente : les quelques théoriciens qui raisonnent sur les externalités, proposant pour calculer le vrai coût d'une approche économique d'internaliser les coûts sociaux de cette approche, considèrent souvent la lenteur comme une vertu. On remarquera, sur ce point, que le principe de précaution (v. *infra*) a une portée plus réduite que ce « principe du doute ». Au niveau européen, ce principe du « doute » a inspiré la première mouture de REACH : v. R. ROMI, « À propos du système REACH : quel rythme pour quelle révolution sanitaire ? », *Revue de droit sanitaire et social* mars-avril 2006, p. 238 et s.

sa proclamation (45) au détriment des grands corps ou des fiefs des grandes unités administratives érigées en établissements publics dans un contexte différent du contexte actuel (46). En second lieu, la place et l'image du scientifique dans les processus de consultation en matière d'environnement ne sont pas dénuées d'équivoque. M. Prieur et les auteurs qui ont étudié les enquêtes publiques (47) montrent clairement que l'indépendance des commissaires-enquêteurs (48) n'est pas seulement affaire de désignation. Leur qualification – et donc, il faut bien le dire, leurs orientations idéologiques, leurs déformations professionnelles – peuvent les prédisposer à bien recevoir certains projets ou à tout le moins à ne les considérer qu'à travers un prisme plus ou moins déformant.

Dans ce contexte – mises à part les conséquences financières – on a du mal à concevoir que ne soit pas introduite l'idée d'une double expertise, menée à travers une double enquête, aboutissant à deux rapports – ou plus. Il s'agirait clairement d'une prise de distance du politique par rapport aux scientifiques, qui ne saurait blesser ces derniers, puisque les prenant au piège des règles de l'expérimentation scientifique même (49). L'on pourrait à cet égard évoquer plus longuement les mésaventures de quelques experts (50).

Si le droit limite la science, la science culbute le droit. Si provocatrice que puisse paraître l'affirmation, elle résume l'impression générale qui se dégage du bilan de cette confrontation.

(45) Même s'il ne faut pas espérer de cette proclamation qu'elle entraîne des conséquences immédiates sur le plan pratique.

(46) On sait qu'en la matière, ce sont EDF, le CEA, la COGEMA et FRAMATOME qui sont souvent mis en cause, surtout à propos du nucléaire. Il suffit de lire les conclusions du commissaire du gouvernement D. LANZ dans l'espèce Superphénix (*RJE* 3-1990, p. 399 et s.) pour comprendre que les errances conceptuelles d'EDF agacent depuis longtemps même les magistrats administratifs, alors que ceux-ci se sont montrés dans le passé rétifs à critiquer les bases scientifiques des choix en matière de nucléaire.

(47) « Les enquêtes publiques, quel avenir ? », *La Documentation française,* n° 4910, 1990.

(48) Qui donnent « l'image de l'expert » par excellence, cf. p. 63 et s.

(49) L'exigence ou l'institution de la règle du double rapport ou de la double expertise seront considérées par beaucoup, sans nul doute, comme totalement irréalistes pour des raisons financières, ou plutôt « économistes » : *quid* de la sacro-sainte « productivité » des entreprises et de leurs charges ? Elles pourraient être critiquées également en tant qu'elles créeraient une barrière bureaucratique à l'innovation. C'est affaire de règles du jeu et de choix d'une échelle de temps : l'innovation technologique que représentait il y a quelques années Tchernobyl est-elle perçue, aujourd'hui, comme un grand progrès pour le peuple russe et l'humanité dans son ensemble ? Quant à la première objection, elle avait déjà été avancée contre la procédure d'étude d'impact. Elle vaut ce que valent les réactions ponctuelles.

(50) Ainsi de « l'expertise Carbiener » sur les phosphates. Elles illustrent parfaitement les inconvénients d'une politique d'objectivation ponctuelle d'éventuelles décisions en matière d'environnement : l'on ne saurait s'étonner de ce que cette victime indirecte des phosphates, à la question « *qui devrait exprimer l'avis des scientifiques ?* », énonce en guise de réponse qu'une sorte *d'assemblée des sages* (c'est-à-dire un organisme scientifique de type collégial, réunissant les représentants des différentes spécialités, qui devrait suivre la législation pour proposer les ajustements nécessaires s'il y a lieu...) semblerait être la meilleure solution pour résoudre une confrontation de plus en plus problématique. Faute de place, l'on renverra à l'excellent art. de R. CANS sur l'affaire qui a opposé l'entreprise Haenkel à la société Rhône Poulenc à propos de l'innocuité ou de la nocivité des lessives sans phosphates : *Le Monde* 31 mai 1990, p. 11. En butte à des pressions, émanant de la même entreprise qui en avait exercé sans succès sur le professeur Carbiener, B. Lalonde a fait examiner au dernier moment le rapport de celui-ci par quatre scientifiques qui l'ont relativisé ; par ailleurs, le rapport, remis sous forme manuscrite dès février, aurait été à plusieurs reprises corrigé... V. l'interwiew de l'intéressé *in L'écologie et la loi,* p. 271.

En fait, plusieurs facteurs entrent en ligne de compte, qui expliquent cette impression, et sont autant de problèmes que les juristes de l'environnement doivent résoudre.

La technicité des normes, jugée inévitable, joue contre la transparence des normes : casse-tête chinois... L'obsolescence des textes est de plus en plus importante au fur et à mesure que l'on descend dans la hiérarchie des textes, ce qui entraîne une « insécurité permanente des situations juridiques ». En second lieu, « l'excès des règles et leur mutation constante provoquent leur délégitimation » (51) : c'est entre autres ce qui en fait un « droit aléatoire » (52). « Isolés de l'appareil global, hors de portée des patriciens du droit, bien des textes, bardés de chiffres et de normes, sont pour cette raison d'application difficile... » (53). M. Rémond-Gouilloud le souligne dans son « essai » à propos du système des listes (54), qui sont souvent « des textes d'ingénieurs plus que de juristes » (55). Plus généralement, c'est l'opacité de la science qui joue contre la transparence. Non seulement pour les raisons précédemment énoncées, mais aussi parce que la recherche de l'objectivation par le recours à la science souffre d'une limite que l'on ne peut facilement admettre ou intégrer lors de la confection des normes : nul ne peut tout connaître de la loi, mais même les scientifiques ne peuvent tout connaître des « lois » de la nature ! « *Les juristes tendent à prêter aux normes techniques des vertus d'exactitude que leurs auteurs sont loin de leur reconnaître* ». Et ils découvrent avec surprise que le doute a sa part dans les sciences dites exactes (56).

Mais cette incertitude ne concerne pas les experts ! Sans aller jusqu'à dire, avec J.-L. Fabiani (57), que « l'expertise scientifique est à la fois la garantie et l'instrument d'une domination de type bureaucratique... » (58), l'on est fondé à s'inquiéter de ce que la désignation des experts (finalement aptes à dire le droit) soit souvent – et ces temps-ci de plus en plus dans certains domaines – le fait de l'État (59). À une époque où la vogue des autorités administratives indépendantes ou des agences est à son zénith, ne peut-on s'étonner de ce que cette désignation n'émane pas d'une telle autorité (60) ? Il est par ailleurs quelques faits plus fâcheux.

(51) S. CHARBONNEAU, « La nature du droit de la prévention des risques technologiques », préc., p. 531.

(52) S. CHARBONNEAU, « La nature du droit de la prévention des risques technologiques », préc., p. 531.

(53) M. RÉMOND-GOUILLOUD, *Du droit de détruire, essai sur le droit de l'environnement,* PUF, coll. « Les voies du droit », 1989, p. 289.

(54) Préc., p. 291 et s.

(55) *Idem,* p. 293.

(56) M. RÉMOND-GOUILLOUD, *Du droit de détruire, essai sur le droit de l'environnement,* préc., p. 290.

(57) « La nature, l'action publique et la régulation sociale », *in Du rural à l'environnement,* sous la dir. de M. JOLLIVET et N. MATHIEU, L'Harmattan, 1989, p. 202.

(58) C'est en effet, continue J.-L. Fabiani, « au nom d'un savoir sur les conditions de reproduction des écosystèmes que l'État peut exercer sa domination légale ».

(59) Ce n'est plus le cas pour le commissaire-enquêteur dans les procédures d'enquête publique ; mais, par exemple, la procédure d'agrément de laboratoires est une procédure administrative centralisée.

(60) Deux considérations complémentaires : évidemment, cette procédure n'aboutirait pas *ipso facto* à un désaisissement de l'État ni à ce qu'une plus grande confiance soit placée dans les dits organismes désignés ; tout dépendrait de la composition de l'organe habilité à prononcer l'agrément ; en second lieu, le projet de M. Barnier – seule voix parmi les politiques à avoir préconisé l'institution d'une autorité

Quand on considère par exemple les choix opérés par le législateur en matière nucléaire, force est de constater que certains domaines sont ouvertement réservés à des modes de gestion échappant au droit commun. Les dispositions de la loi du 13 juin 2006 ne figurent pas dans le Code de l'environnement, l'expertise et une partie de l'information et de la surveillance sont confiée à une *autorité ad hoc* dont le mode de composition ne garantit pas la pluralité d'opinion : aucun membre d'association, cinq membres nommés par décret en raison de leurs compétences, trois nommés par le Président de la République, et deux par le Président du Sénat et le Président de l'Assemblée nationale... ce qui est à peine nuancé par l'existence des commissions locales d'information et de surveillance prévue par l'article 22 de la loi sur chaque site.

B. LES FACTEURS DE RÉSISTANCE AU SCIENTISME

Ce n'est donc pas, en fait, le recours aux données scientifiques qui mérite d'être remis en cause, mais la façon dont on y a recours, ou dont on veut interdire que certains puissent y avoir recours ou même en avoir connaissance.

Et, en dehors des experts eux-mêmes, c'est le résultat de leurs travaux qui pose problème (un *problème de lisibilité*). Si l'on considère par exemple les études et notices d'impact, instruments d'appréciation, les données qu'elles livrent sont souvent d'un accès abrupt pour le citoyen moyen, ce qui fausse quand même un peu les diverses consultations mises en place. Le juge n'est pas lui-même sans rencontrer quelques difficultés d'appréciation quant à leur valeur exacte. Ce n'est certes pas la faute des scientifiques, mais l'hermétisme des données, s'il est souvent inévitable, pourrait au moins être compensé. Hors le recours à une quelconque « assemblée des sages » ou à des instances analogues, décentralisées, il n'est pas impossible qu'un retour à quelques concepts fondamentaux, ou l'adaptation au droit de l'environnement de quelques-uns de ces concepts puissent constituer un début de réappropriation « intellectuelle » de la part trop technique du droit de l'environnement par les juristes. Pourrait alors être amorcée, sur ces bases, une meilleure communication avec les administrés. Comme le signalait A. Kiss dans une présentation générale des défis qui attendent les juristes de l'environnement (61), « *la véritable finalité, la sauvegarde des possibilités pour les générations futures, est elle-même en dehors des perspectives habituelles du droit* ». La doctrine était donc et demeure confrontée à des interrogations fondamentales.

Celles-ci ont « conduit les chercheurs à réfléchir sur une meilleure utilisation des possibilités qu'offre le droit actuel mais aussi sur une nouvelle lecture du droit de l'environnement dans son ensemble ». De fait, ces deux approches se heurtent manifestement à trois écueils. Les deux premiers sont directement liés au système économique qui tend à devenir universel et aux valeurs qui le sous-tendent (ce qui ne signifie pas qu'elles ne soient pas évolutives).

Schématiquement, on peut les énoncer comme constitués par :

administrative indépendante en matière d'environnement dans son fameux rapport – ne considère pas ce problème.

(61) « Droit et protection de l'environnement », *in Le Courrier du CNRS,* Dossiers scientifiques, Les Sciences du Droit, avril 1990, p. 38-40.

— *l'importance du facteur « argent »* et par l'existence de lobbies...

— la place centrale d'une certaine idéologie du progrès caractérisée par une *mystique de la croissance* (62).

Ces deux facteurs constituent autant de résistances à toute avancée de la protection de l'environnement : on a l'impression d'enfoncer des portes ouvertes quand on le dit... et pourtant !

Le troisième facteur, d'ordre épistémologique, qui tient aux *difficultés de la réappropriation conceptuelle de l'écologie par les juristes*, dérive certainement des deux précédents. Toute réflexion sur ce troisième facteur implique que certains choix, idéologiques, soient faits (63). Au nombre de ceux-là, la généralisation du principe pollueur / payeur et son intégration par les acteurs économiques et sociaux paraît être la première et essentielle étape (64). Mais il en est d'autres... qui justifient bien l'existence de manuels, parce qu'ils prouvent l'existence d'une matière autonome qui en est l'objet.

BIBLIOGRAPHIE

N.B. concernant les indications bibliographiques *infra*, tout au long de ce manuel : la matière « droit de l'environnement » devenant adulte, les écrits sont de plus en plus nombreux. Quelques auteurs ont manifesté à propos des précédentes éditions leur déplaisir de ne pas voir leurs écrits tous ou suffisamment cités : il devient pourtant impossible, sauf à considérablement alourdir le propos ou les rubriques bibliographiques, de tout citer. D'une façon générale, donc, quand les écrits sont cités en note de bas de page, ils ne seront pas repris dans les bibliographies de fin de rubrique, dont on remarquera qu'elles sont notées comme « indicatives » et « additionnelles ». Sauf rare exception, un écrit cité à propos d'une rubrique n'est jamais repris dans une autre, mais peut être signalé ou évoqué en note de page (*op. cit.*). Enfin, les oublis sont inévitables.

F. BILLAUDOT, M. BESSON-GUILLAUMOT, *Environnement, urbanisme, cadre de vie*, Montchrestien, 1979, et *addendum* 1984 ▪ M. DESPAX, *Droit de l'environnement,* Litec, 1988 ▪ J. FROMAGEAU et P. GUTTINGER, *Droit de l'environnement,* Eyrolles, 1993 ▪ J.-P. BEURIER, A. KISS, *Droit international de l'environnement*, Pedone, 3e éd., 2004 ▪ A. KISS et D. SHELTON, *Traité de droit européen de l'environnement*, éd. Frison-Roche, AUPELF, 1996 ▪ V. INSERGUET-BRISSET, *Droit de l'environnement,* PUR, 2005 ▪ J. MORAND-DEVILLER, *Le droit de l'environnement*, PUF, coll. « Que sais-je ? », n° 2334, 2005 ▪ *idem, L'environnement et le droit*, coll. « Politiques locales »,

▪ (62) Les conséquences juridiques et plus particulièrement contentieuses de cet état de fait sont parfaitement résumées par la jurisprudence des juridictions administratives françaises en matière de nucléaire.

▪ (63) L'option pour une déréglementation constitue l'un des choix possibles ; il en est d'autres, d'ordre institutionnel (le recours à des autorités administratives indépendantes, largement adopté par l'Union européenne, v. « La gouvernance dans l'Union européenne », *Les cahiers de la cellule de prospective de la commission européenne,* 2001 – ou le recours à des établissements publics, le choix de la décentralisation, le choix de la déconcentration, etc.) et d'ordre juridique, d'envergures diverses (la consécration d'un droit constitutionnel à un environnement sain, la « récupération » par le droit interne du concept de « patrimoine commun de l'humanité », mais aussi une systématisation d'un recours suspensif pour certains aménagements importants, etc.).

▪ (64) Franchie, même si imparfaitement, par le droit public économique : v. D. LINOTTE, R. ROMI, *Droit public économique,* Litec, 2006, p. 189-196.

2001 ■ F. Ost, *La nature hors la loi*, La Découverte, série « Écologie et société », 1995 ■ C. Noiville, *Du gouvernement du risques*, PUF, coll. « Les Voies du droit », 2005 ■ M. Prieur, *Droit de l'environnement,* Dalloz, 2004 ■ M. Rémond-Gouilloud, *Du droit de détruire*, PUF, coll. « Les Voies du droit », 1989 ■ C. Roche, *Droit de l'environnement,* Gualino, coll. « Mémentos LMD », 2006 ■ R. Romi *et alii*, *Droit international et européen de l'environnement*, coll. « Domat », 2005 ■ A. Van Lang, *Droit de l'environnement,* PUF, coll. « Thémis », 2002 ■ C. Huglo, J. de Malafosse, *Code de l'environnement*, coll. « Codes Bleus », Litec, 2006 ■ C. Cans, P. Billet, *Code de l'environnement annoté et commenté*, 2007.

Adde : F. Caballero, *Essai sur la notion juridique de nuisance*, LGDJ 1991 ■ M. Kergoät, *Libéralisme et protection de l'environnement,* L'Harmattan, 1999 ■ A. Kiss (dir.), *L'écologie et la loi, le statut juridique de l'environnement*, coll. « Environnement », éd. L'Harmattan ■ A. Noury, *La notion d'expertise dans le droit de l'administration*, th. dact., Nantes, 1996 ■ E. Naim-Gersbert, *Les dimensions scientifiques du droit de l'environnement*, th. dact., Lyon III, 1997 ■ R. Romi, *Les collectivités locales et l'environnement*, LGDJ, coll. « Décentralisation », 1998 ■ J. Untermaier, *La conservation de la nature et le droit public*, th., Lyon, 1972 ■ *20 ans de protection de la nature, Hommage à M. Despax*, PULIM, 1998 ■ Rapport annuel de la Cour de cassation, 2005, La Documentation française, 2006, « *L'innovation technologique* » ■ *Droit et environnement, propos pluridisciplinaires sur un droit en construction*, Laboratoire de théorie juridique de la faculté de droit d'Aix-en-Provence, 1995 ■ Dossier « Environnement et santé », *RDSS* n° 2, 2006 ■ *Mélanges en l'honneur de M. Prieur*, PULIM, 2007.

Et « autour » du droit : N. Hulot, *Pour un pacte écologique*, Calmann Lévy, 2006 ■ S. Latouche, *Le pari de la décroissance*, Fayard, 2006 ■ J.-M. Pelt, *Le tour de France d'un écologiste*, Fayard, 1990 ■ F. Ramade, *Des catastrophes naturelles,* Dunod, 2006 et *Écologie fondamentale*, Dunod 2003 ■ *idem, Écologie des ressources naturelles*, Masson, 1981 ■ I. Sachs, *L'écodéveloppement*, Syros, coll. « Alternatives économiques » ■ J. Vernier, *L'environnement*, coll. « Que sais-je ? », n° 2667 et *Les énergies renouvelables*, même coll. n° 3240.

Enfin, parmi les nombreuses revues qui intéressent la matière : *Revue juridique de l'environnement* (articles de fond) ■ *Revue européenne de droit de l'environnement* (*idem* pour les sujets de droit européen et de droit comparé) ■ *Droit de l'environnement* (actualité législative, réglementaire et jurisprudentielle) ■ *Environnement* (Lexis Nexis).

Adde : « La Lettre du Hérisson », *Revue de France Nature Environnement* ■ *L'Environnement Magazine* (informations générales et techniques) ■ *LPA* et *AJDA* publient régulièrement des articles en droit de l'environnement, et la *Revue de droit public (RDP)* publie pour sa part de temps à autre une chronique de droit public de l'environnement.

PREMIÈRE PARTIE
LA PRISE EN COMPTE DE L'ENVIRONNEMENT PAR LE DROIT

TITRE I
L'OBLIGATION DE PRENDRE EN COMPTE L'ENVIRONNEMENT

La consécration par le droit d'une obligation de prendre en compte l'environnement ne la rend pas automatiquement effective, loin de là. Et il serait imprudent de croire que cette éventuelle consécration équivaut à un engagement de protection : la « prise en compte » n'interdit pas la destruction.

Elle n'en constitue pas moins une étape nécessaire et difficile, que la conjonction des avancées du droit international, du droit européen, des droits nationaux ne réussit pas toujours à inscrire dans les faits. Mais la prise en compte de l'environnement par le droit dépasse ce cadre étroit, jusqu'à tracer des principes clairs d'action et énoncer des obligations de conciliation entre développement et environnement.

CHAPITRE 1

LA DIVERSITÉ DES SOURCES

Il n'est plus de société qui puisse prétendre vivre en autarcie. Les problèmes écologiques sont intimement mêlés aux questions économiques ; ils sont générés ou influencés par des déséquilibres dont l'on ne peut croire qu'ils puissent être réglés autrement que par des normes internationales. L'étrangeté du droit français en la matière vient de ce que, malgré l'incontestable impulsion du droit européen et l'apparition d'un droit international de l'environnement, le « corpus » national en matière de protection de l'environnement semble encore immature, tant pour ce qui concerne sa place dans la hiérarchie des normes que sa cohérence formelle et ceci malgré une entreprise de « constitutionnalisation » qui a ramené à la surface d'âpres débats jusque là discrets.

SECTION 1 L'ENCADREMENT NORMATIF INTERNATIONAL ET EUROPÉEN

La dimension internationale ne peut être absente des politiques en matière d'environnement, les problèmes posés ne connaissant ni ne respectant les frontières (1). Dès lors, deux manières de faire correspondre le droit et les besoins de droit existent, et se mêlent : l'une consiste à tenter d'user du droit international traditionnel – conventionnel – en l'adaptant au mieux, l'autre de parvenir à ce que des organisations ou systèmes mondiaux ou régionaux intègrent les problématiques écologiques.

(1) V. J.-P. BEURIER, A. C. KISS, *Droit international de l'environnement,* Pedone, 2004.

§ 1. L'ENCADREMENT INTERNATIONAL

La Conférence mondiale sur l'environnement de Stockholm (5 au 16 juin 1972) organisée dans le cadre de l'ONU a abouti à une déclaration, bien entendu sans force obligatoire, constituée d'un préambule de sept points et de vingt-six articles qui posa quelques-uns des principes qui gouvernent encore la recherche de l'élaboration d'un droit international de l'environnement. On remarquera en particulier la liaison entre droits de l'homme et protection de l'environnement, énoncée dans le principe 1 : « L'homme a un droit fondamental à la liberté, à l'égalité et à des conditions de vie satisfaisantes, dans un environnement dont la qualité lui permette de vivre dans la dignité et le bien-être ». L'homme a d'ailleurs le « devoir solennel de protéger et d'améliorer l'environnement pour les générations présentes et futures ».

L'ONU a mis en place dans la foulée le Programme des Nations unies pour l'environnement, sans que ce prolongement soit très performant sur le plan strictement juridique... ni d'ailleurs sur le plan pratique. Le PNUE est doté d'un conseil qui se réunit théoriquement chaque année et établit un rapport à l'Assemblée générale de l'ONU *via* le Conseil économique et social, et dispose d'un budget en provenance du budget général de l'ONU (de l'ordre de 50 millions de dollars l'an). Le PNUE remplit une triple fonction de programmation, d'évaluation et d'incitation. Il a en particulier fourni l'infrastructure du Sommet de Rio de juin 1992, qui, vingt ans après celui de Stockholm, a porté sur la conservation et la gestion de ressources aux fins de développement. Les résultats juridiques comme politiques n'en ont pas été aussi importants que ce que certains des initiateurs ou des participants espéraient, mais les prolongements idéologiques peuvent encore – malgré l'échec du sommet de New York de 1997 (2) et la pauvreté du sommet de Johannesburg (3) – en être significatifs, au point que ponctuellement – comme au sommet de Paris initié par J. Chirac à la fin de son mandat – resurgisse l'idée de le transformer en organisation mondiale de l'environnement (4).

Les diverses conventions internationales conclues dans le domaine de l'environnement présentent en fin de comptes plus d'intérêt que cette recherche de la définition d'une politique publique mondiale. Au total, plus de trois cents traités multilatéraux ont été recensés et plus d'un millier d'accords bilatéraux fournissent une base plus solide. Les conceptions de la protection de l'environnement développées par le droit international sont au total très variables. Si certaines sont purement utilitaristes, on notera que d'autres, plus généreuses mais souvent moins effectives, reposent sur des notions et principes souvent liés à la recherche d'un nouvel ordre économique international et axés sur le développement : ainsi, par exemple, la notion de développement soutenable préconisée par le rapport *Bruntland* (*Our*

(2) V. *Le Monde* 24 juin 1997, p. 15, et 27 juin 1997, p. 2.

(3) En réalité, Il est inutile de même traiter de ce sommet qui devait, dix ans après Rio, en élargir la portée : cela a été tout le contraire. Les États, dans un contexte peu porteur, ont tout au plus conclu un pacte au contenu faible, vague plan d'action non contraignant en retrait sur Rio (v. *Le Monde* 5 septembre 2002).

(4) Après plusieurs appels de personnalités, le dernier appel résulte d'un texte signé par 46 états après ce sommet.

common future), ou celle plus ancienne de « patrimoine commun de l'humanité » (5) sont-elles souvent utilisées par les textes d'environnement, pour mieux lier le développement à la nécessité de préserver les ressources naturelles d'une surexploitation.

On notera d'ailleurs que ces notions, floues, sont l'objet de doubles lectures : là où M. Rémond-Gouilloud (6) ou A. Sériaux (7) voient une « sacralisation de la *res communis* », tout de même riche de perspectives, B. Edelman a par exemple critiqué vigoureusement l'emploi du concept de « patrimoine commun de l'humanité » (8), dont il estime au contraire que l'usage permet une gestion rigoureuse de ressources inexploitées jusque-là. Elles n'en fournissent pas moins des énoncés de principes de bon sens (9) qui teintent les mesures nationales :

— principe de *gestion écologiquement rationnelle et efficace* (déchets dangereux en particulier, mais aussi forêts) (10) ;

— *principe d'anticipation* (point 8 du préambule de la Convention de Rio sur la diversité biologique) ;

— *principe de précaution* (principe 15 de la Déclaration de Rio) ;

— *principe de participation* (participation aux décisions, à la protection, mais aussi aux avantages qui en découlent, en contrepartie, point 12 de la Convention sur la diversité biologique) ;

— *principe d'interdépendance entre développement et protection de l'environnement* (§ 21 du préambule de la Convention de Rio sur les changements climatiques, et point 4 de la déclaration de Rio : « ... pour parvenir à un développement durable, la protection de l'environnement doit faire partie intégrante du processus de développement et ne peut être considérée isolément ») (11).

Mais la valeur du droit international dépend plus de *l'effectivité des normes posées* (12) que de la valeur philosophique de ces principes et notions, qui ne sauraient être en l'absence de traductions normatives que fort relatifs : ils consti-

(5) V. R. Romi, « Sur la notion de patrimoine commun de l'humanité en droit de l'environnement », *Quot. jur.* 9 septembre 1989 : la notion figure par exemple dans le traité sur l'Antarctique du 1er décembre 1959 (Washington), dans la convention de Canberra sur la conservation de la faune et la flore de l'Antarctique du 20 mai 1980, dans le traité sur l'espace atmosphérique du 27 janvier 1967, dans les textes élaborés en droit de la mer dans le cadre de la IIIe Conférence sur le droit de la mer. V. A. C. Kiss, *La notion de patrimoine commun de l'humanité,* rec. des cours de l'Académie internationale de La Haye, t. 175, p. 103 et s. V. J. Charpentier, « L'humanité, un patrimoine mais pas de personnalité juridique », *in Les hommes et l'environnement, Hommage à A. Kiss,* éd. Frison-Roche, 1997, p. 17 et s.

(6) M. Rémond-Gouilloud, *Du droit de détruire, op. cit.,* p. 148-151.

(7) « La notion de choses communes », *in Droit et environnement,* Laboratoire de théorie juridique, Aix-en-Provence, 1995, p. 23 et s.

(8) Livre collectif, *L'homme, la nature et le droit,* éd. Bourgeois, 1988.

(9) V. M. Flory, « Le patrimoine commun de l'humanité dans le droit international de l'environnement », *in Droit et environnement,* Laboratoire de théorie juridique, Aix-en-Provence, 1995, p. 39 et s. ; et J. Charpentier, « L'humanité, un patrimoine mais pas de personnalité juridique », *in Les hommes et l'environnement, Hommage à A. Kiss,* éd. Frison-Roche, 1997, p. 17 et s.

(10) La déclaration de principes sur les forêts de Rio utilise dans son préambule la formule et traite de « la gestion, la conservation et l'exploitation écologiquement viable des forêts ».

(11) V. les art. de M. Kamto, J. Piette, M. Prieur, S. Doumbé-Billé, A. C. Kiss sur « L'après-Rio, perspective nationale et internationale », *RJE* 1, 1993, p. 5 à 74.

(12) V. C. Imperiali, *L'effectivité du droit international de l'environnement,* Économica-CERIC, 1998.

tuent tout au plus un « vivier de normes coutumières potentielles » (13) quand ils ne figurent pas dans l'instrumentum de conventions dûment ratifiées par un nombre suffisant de nations.

Pour ce qui concerne le *droit « obligatoire »* – par opposition au *droit « déclamatoire »* –, il est coutumier et normal, dans le système juridique et le contexte psychologique français, que le respect du droit international soit assuré par l'État, par le biais de sanctions en cas d'irrespect (14), par le biais d'incitations financières et de pressions, voire par l'adoption de textes.

Le Conseil d'État (par exemple, 7 juillet 2004, n° 262645, *Eurl Ecosphère et Sarl General Services Applications*) a précisé que les mesures prises par les autorités nationales pour assurer l'application des normes internationales auxquelles la France a adhéré doivent être édictées dans le respect des règles de répartition des compétences en droit interne. Et pour ce qui concerne les collectivités locales, comme l'affirme avec force J.-F. Flauss (15), « ... le Conseil constitutionnel a très explicitement érigé le principe de respect des engagements internationaux de la France en norme de référence du contrôle exercé par le représentant de l'État au titre de l'article 72 de la Constitution » (16). Mais, apparemment, « il n'a de par la loi aucun moyen de prévenir la violation du droit international » (17). Tout au plus « le préfet peut recourir à toutes les voies de droit qui lui sont offertes par la législation de mars et juillet 1982 » (18)... mais les seuls exemples cités – rares au demeurant – ne concernent que des actes communautaires dérivés (19). Et l'on ne s'interroge pas plus avant sur le rôle spécifique des collectivités locales. Le problème est tout de même de savoir si l'État, sur le plan contentieux, est seul responsable, et toujours seul responsable du respect du droit international, y compris si c'est une collectivité locale qui transgresse le droit international. L'on peut faire en l'espèce un raisonnement par analogie. Quand, par exemple, se pose le problème – à dimension internationale – de la compatibilité du rejet d'effluents salins dans le Rhin par les Mines de potasse d'Alsace avec la Convention de Bonn ou une norme de droit international coutumier, le tribunal administratif de Strasbourg et le Conseil d'État (20) recherchent s'il existe une norme internationale, à la demande d'un requérant étranger (la province de Hollande (21)). La dimension internationale est

(13) Selon l'expression de M. KAMTO, « Les nouveaux principes du droit international de l'environnement », *RJE* 1, 1993, p. 19.

(14) On notera un embryon de prise en charge par la Cour internationale de justice des problèmes d'environnement, avec l'arrêt rendu dans l'affaire du projet de Gabcikovo-Nagymaros le 25 septembre 1997 entre la Hongrie et la Slovaquie ; v. prés. et comm. J. SOHNLE, *RGDIP* 1998-1, p. 85-119.

(15) « Les sources internationales du droit administratif français », *JCA*, fasc. 104, n° 186.

(16) Décision cons. const. n° 82-137, 25 février 1982, *AJDA* 1982, p. 303, note J. BOULOUIS ; *RDP* 1982, p. 1259, comm. FAVOREU ; *Rev. adm.* 1982, n° 207, p. 271, note R. ETIEN.

(17) J.-F. FLAUSS, *JCA, op. cit.*, n° 187. Le CE estime qu'il dispose d'un recours gracieux lui permettant de demander à la collectivité locale de rapporter la mesure considérée (16 mai 1984, *Commune de Vigneux sur Seine c/ Dame Pannetier*, *Lebon*, p. 182, décision dont J.-F. FLAUSS souligne qu'elle a été rendue sous l'empire de la législation antérieure à 1982 mais qu'elle s'applique à la situation actuelle, « éclairée par les conclusions de M. ROUX »).

(18) *Idem.*

(19) TA, Pau, *Ville de Biarritz c/ Steinhauser*, *Lebon*, tables, p. 514.

(20) CE, 18 avril 1986, *Société les Mines de potasse d'Alsace*, v. note J.-D. RAYMOND, *RJE* 2/3, 1986, p. 296 et s.

(21) V. également comm. J.-F. FLAUSS, *D.* 31 janvier 1991, p. 49 et s.

certaine, mais le pouvoir qui est en cause est un pouvoir d'État. L'autorité locale en cause est le préfet : mais le commentaire, naturel, d'A. C. Kiss (22) ouvre une perspective qui tient compte de ce que ce pouvoir d'autorisation eût pu appartenir à une autorité – une « entité » – locale disposant d'une autonomie de gestion : « qui doit appliquer les obligations internationales de la France comme de n'importe quel autre pays ?... Quelles que soient les règles de répartition de compétences à l'intérieur de l'État, ces règles doivent être respectées, quitte à ce que le gouvernement, représentant unique de l'État vers l'extérieur, assume sa responsabilité internationale : il nous semble évident qu'un préfet, agent de l'exécutif, doit respecter et faire respecter les obligations internationales de la France... ». C'est tout à fait reconnu par la jurisprudence administrative, qui annule couramment des arrêtés préfectoraux pris en violation de normes communautaires (23) ; par ailleurs, les préfets incarnant l'État, de telles violations peuvent entraîner la mise en cause de la responsabilité de l'État devant les juridictions administratives.

L'on ne voit pas, *a priori*, pourquoi, théoriquement, la remarque ne vaudrait pas pour les collectivités territoriales ou toute « entité locale » française, quel que soit son degré d'autonomie.

D'ailleurs, il arrive que le droit conventionnel le prévoit : ainsi, l'article 2 de la Convention nordique sur la protection de l'environnement prévoit que « lorsqu'une autorité située dans un État contractant envisage l'opportunité d'autoriser une activité nuisible à l'environnement, toute nuisance subie ou qui pourrait être subie par un autre État contractant est considérée comme équivalente à une nuisance causée dans l'État qui accorde l'autorisation ». Ce sont donc les règles contentieuses en vigueur dans l'État concerné qui jouent. Et il revient en conséquence à l'État contractant, comme par un effet de cascade, d'endosser ou d'assumer – le cas échéant par la mise en place d'un mécanisme contentieux ou administratif adéquat – la responsabilité – devant les juridictions nationales ou internationales – des agissements de toute autorité qui léserait l'environnement sur le territoire d'un autre État contractant... Mais même sans que cela soit expressément prévu, et toujours sous l'angle théorique, cette démarche semble être logique parce qu'en rapport avec l'essence interétatique du droit conventionnel. Toujours sous l'angle théorique, depuis que par l'arrêt *Nicolo* (24) le Conseil d'État s'est aligné sur l'attitude de la Cour de cassation qui, dès 1975 (25), admettait cette primauté en toute hypothèse, depuis que par l'arrêt *Boisdet*, du 24 septembre 1990 (26), il a clairement confirmé qu'une loi nationale ne pouvait faire obstacle à l'application d'un règlement communautaire, même si elle était postérieure au règlement, il semble bien qu'une étape soit franchie dans la perception contentieuse du droit international (27). Cette

(22) *RJE* préc., p. 307.

(23) V. les excellentes remarques de N. Rubio sur l'influence du droit communautaire sur l'action des collectivités locales, *in* S. Maljean-Dubois (dir.), *L'effectivité du droit européen de l'environnement*, Documentation française, 2000, p. 101 et s.

(24) CE Ass., 20 décembre 1989, *AJDA* 1989, p. 788, note D. Simon ; *RFDA* 1989, concl. P. Frydman, p. 813, note Genevoix, p. 824, note L. Dubouis, p. 1000.

(25) Cass. ch. mixte, 24 mai 1975, *Adm. des douanes c/ Soc. des Cafés J. Vabre*, *AJDA* 1975, p. 567, note J. Boulouis.

(26) *LPA* 12 octobre 1990, concl. Laroque.

(27) Encore faut-il évidemment que les requérants apportent à l'appui de leurs démarches des éléments de fait probants : le CE a par exemple refusé d'annuler la déclaration d'utilité publique de

évolution est à même de donner une nouvelle dimension à l'approche théorique énoncée ci-dessus : mais pour l'heure, cela ne semble pas encore être le cas de manière générale.

D'abord parce que justement, en France, la répartition des compétences en matière d'environnement, surtout quand il s'agit de mettre clairement en œuvre des conventions internationales, privilégie encore à bien des égards les instances étatiques, malgré le mouvement de dévolution de compétences aux communes, aux départements, aux régions et aux établissements publics locaux (v. *infra*, Titre 2). Il faut bien tenir compte de la subsistance de cette spécificité de l'administration de l'environnement en France : en effet, même si cela ne dispense pas les collectivités locales de respecter le droit de l'environnement dans l'exercice de leurs autres compétences, d'une part on a tendance à induire de ce mode de répartition, confondant compétences et devoirs, compétences et actions, compétences et obligations, compétences et responsabilités politiques enfin, que seul l'État est – juridiquement et politiquement cette fois-ci – responsable et qu'il n'appartient pas aux collectivités locales de se soucier de l'effectivité du droit international de l'environnement, autrement qu'indirectement, c'est-à-dire par l'intermédiaire des textes nationaux de mise en œuvre du droit international. Ce premier argument est évidemment moins fondé aujourd'hui qu'il y a quelques années.

Mais, d'autre part et surtout, on considère un peu légèrement, et l'on considérera encore longtemps, que c'est « affaire d'État » que de transposer et de faire respecter les normes internationales acceptées par la France ; certes, c'est « affaire locale » que de respecter les actes de transposition, mais qui demeurent et ne sont que des actes de droit interne. Les remèdes à cette véritable déresponsabilisation des collectivités locales existent : le prouve la volonté affirmée des pouvoirs publics, à travers par exemple les « plans municipaux de l'environnement », de développer un partenariat avec les collectivités locales désireuses de mener des actions en matière de protection. La mise en œuvre de la logique des textes internationaux peut passer par là : le problème est qu'on n'a nullement l'assurance que ce sera fait, et que ce sera fait partout où c'est nécessaire. Accessoirement, l'identification de cette mise en œuvre n'est guère facile...

Le « miracle » des droits internationaux « intégrés » comme le droit communautaire (v. *infra*) est que la nécessité de dépasser cet angle restrictif soit reconnue dans tous les articles de doctrine, à défaut de l'être toujours par une jurisprudence nationale pourtant abondante. On remarquera par exemple qu'en droit communautaire européen, « ... l'autonomie des structures régionales ou des entités décentralisées ou l'incompétence du gouvernement central pour se substituer au pouvoir de décision appartenant à l'échelon local ne constitue pas une circonstance exonératoire » (28) et la Cour de justice des Communautés a admis ce principe tant pour les États unitaires (29) que pour les États fédéraux (30). Théoriquement, l'on ne voit

l'autoroute A3 Caen-Avranches pour violation de l'engagement de limiter les émissions d'oxyde *Natura 2000* contenu par la convention sur les changements climatiques. Le CE examine le moyen, mais les requérants ne prouvent pas que la réalisation de l'autoroute contestée emporterait violation de l'accord (25 mai 1998, req. 159385, *Lebon*, tables).

(28) D. Simon et A. Rigaux, « Les contraintes de la transcription en droit français des directives communautaires », *RJE* 3/1991, p. 320.

(29) 14 janvier 1988, *Commission c/ Belgique* et 5 juillet 1990, *idem*.

pas pourquoi un texte clair de droit conventionnel n'entraînerait pas les mêmes effets sur ce point... s'il existait une juridiction – internationale ou nationale – qui puisse et veuille jouer un rôle de sanction de l'ineffectivité d'une norme régulièrement publiée : l'on se situerait alors bien dans une logique d'obligation reconnue de mise en œuvre.

Et, en dehors de la mise en cause de la responsabilité internationale de l'État, quel est ou quel pourrait être le moyen pour un particulier d'obtenir d'une collectivité locale ou d'une autorité d'État subordonnée qu'elle respecte un texte international ? L'on ne voit guère, sur le plan juridique, que l'exercice des voies contentieuses internes aux États, sauf à se contenter des moyens difficilement identifiables offerts par un contexte flou dans lequel la mise en œuvre de la norme considérée résulterait – à supposer qu'elle en résulte vraiment – d'on ne sait quelles tractations aboutissant à des déclarations d'intention, assorties certes d'engagements financiers conjoints, mais dont on ne mesurera jamais le degré exact de conventionnalité. Or, en France, l'intégration du droit international comme source de référence n'est pas sur le plan contentieux très facile, ni complète (31).

L'on a néanmoins aucun mal à trouver des textes internationaux qui, même sans autre mesure nationale que la publication de la convention, livrent quelques dispositions qui devraient, en toute bonne logique, induire ou interdire des comportements de la part des autorités publiques. Elles peuvent, moyennant un raisonnement peut-être un peu plus volontariste que d'ordinaire, être considérées comme « dispositions auto-exécutoires » (32), au sens où l'entend la Section du rapport et des Études du Conseil d'État (33), surtout si elles sont manifestement « self-sufficient ». Par exemple, l'interdiction qui figure dans l'article 6 de la Convention de Berne (34) de « détérioration des sites de reproduction ou des aires de repos » et de « perturbation, notamment durant la période de reproduction et d'hibernation » pour toutes les espèces strictement protégées, est tout à fait claire. Il n'y a aucune raison pour que l'on n'exige pas de la part des autorités publiques (y compris des collectivités locales, qui, à des degrés divers, disposent d'outils juridiques) qu'elles œuvrent au respect par les particuliers ou leurs services de cette interdiction précise (35). On relève d'ailleurs, dans cet état d'esprit, quelques hypothèses d'application directe : la Cour de cassation a par exemple consacré le 8 mars 2005,

(30) CJCE, 3 juillet 1990, *Com. c/ Allemagne*.

(31) Le CE marque beaucoup d'attention à affirmer – par exemple en matière d'environnement, CE, 7 juillet 2004, n° 262645, *Eurl Ecosphère et Sarl General Services Applications* – que les mesures prises par les autorités nationales pour assurer l'application des normes doivent être édictées dans le respect des règles de répartition des compétences en droit interne.

(32) V. sur cette notion R. ABRAHAM, *Droit international, droit communautaire et droit français*, Hachette, 1989, p. 201-202.

(33) *Notes et études documentaires*, n° 4803, 1986.

(34) V. ci-après.

(35) Ce qui n'empêche pas que les juridictions administratives soient rétives à l'accepter : la formule selon laquelle les dispositions de cette convention ne créent « que des obligations entre États parties et ne produisent pas d'effets directs dans l'ordre juridique interne » est couramment utilisée (v., pour deux applications significatives de cette option, CE, 30 décembre 1998, *Chambre d'agriculture des Alpes-Maritimes*, à propos du loup, et CE, 30 décembre 1998, *Association Artus*, à propos de l'ours). Pour une confirmation de ces réticences, en matière de protection des espèces végétales, mais toujours à propos de la Convention de Berne, v. CE, 11 janvier 1999, *Fédération pour les espaces naturels et l'environnement catalan*, req. 17660, bref comm. P. BILLET, *in RJE* 2/2000, p. 273-274.

l'effet direct de la Convention de Barcelone pour la protection de la Méditerranée contre la pollution. Mais avant de se prononcer sur la question, elle a posé une question préjudicielle à la Cour de justice des Communautés européennes, s'agissant d'un accord conclu par la Communauté. La réponse de cette dernière a été très claire : « Selon la jurisprudence constante de la Cour, une disposition d'un accord conclu par la Communauté avec des pays tiers doit être considérée comme étant d'application directe lorsque, eu égard à ses termes ainsi qu'à l'objet et à la nature de l'accord, elle comporte une obligation claire et précise qui n'est subordonnée, dans son exécution ou dans ses effets, à l'intervention d'aucun acte ultérieur (voir, notamment, arrêts *Demirel*, précité, point 14, et du 8 mai 2003, *Wählergruppe Gemeinsam*, C-171/01, rec. p. I-4301, point 54) » (36).

De même, la Convention d'Aarhus (37) contient des stipulations d'effet direct, selon le Conseil d'État (20 avril 2005, req. n° 258968 et 259221) (38).

Par ailleurs, il entre dans la logique du droit international de l'environnement que même les « entités locales » ne violent pas la lettre ou l'esprit de conventions internationales régulièrement publiées (39) : pour prendre un autre exemple, la Convention de Ramsar (v. *infra*) définit comme étant des zones humides dignes d'égards les « étendues de marais, de fagnes, de tourbières, ou d'eaux naturelles ou artificielles, permanentes ou temporaires, où l'eau est stagnante ou courante, douce, saumâtre ou salée, y compris des étendues d'eau marine dont la profondeur à marée basse n'excède pas six mètres ». L'obligation générale énoncée à l'article 3.1 de la Convention de favoriser autant que possible une utilisation rationnelle de ces zones est certes imprécise, mais elle ne saurait être niée, et devrait être prise en compte par toute personne publique, y compris par une commune qui modifie son PLU pour ce qui concerne un site de prairies humides ou un canal. C'est, parmi d'autres fondements, sur cette base par exemple, que, dans la banlieue de Nantes, à Frossay, une association de protection de la nature a demandé au tribunal administratif l'annulation de la modification d'un plan d'urbanisme (40). Mais de la théorie à la pratique et de la logique à la mise en œuvre effective, il y a un fossé culturel. Les choses sont plus faciles quand il s'agit d'un droit « intégré » comme le droit européen. On citera pour mémoire la directive 80/778 fixant des teneurs maximales dans l'eau alimentaire distribuée : de fait les communes sont astreintes à son respect, sous peine de sanction contentieuse, et ce n'est pas la seule. Mais de fait, le contentieux n'est pas encore, c'est le moins qu'on en puisse dire, abondant en la matière ! Il n'est pas simple à admettre que ce soit faute de recours sur ces bases... mais cela semble être le cas : l'on peut par exemple relever des décisions du Conseil d'État reconnaissant que la carence des autorités administratives à prendre les mesures nécessaires pour mettre en œuvre des directives ouvre un droit d'action aux

(36) Cass. 1re civ., 8 mars 2005, pourvoi n° 00-22093 ; CJCE, 15 juillet 2004, C-213/03.

(37) V. R. Romi *et alii*, *Droit international et européen de l'environnement*, cette coll., 2005, p. 74 et s.

(38) *AJDA* 26 septembre 2005, p. 1787 et s., comm. B. Delaunay.

(39) On verra *infra* que ce n'est pas acquis ; le meilleur exemple est constitué par les battues aux loups, décidées par les maires en violation de la Convention de Berne : v. C. Bohbot, « Les battues administratives aux loups mises en échec par la Convention de Berne », *RJE* 1999, p. 391 et s.

(40) Elle l'a obtenu, mais sur une autre base (il fallait une révision du plan) : v. TA, Nantes, *Les Verts du Pays de Retz c/ Commune de Frossay*, 23 avril 1993, *Dr. env.*, octobre 1993 ; confirmé par CE, 28 juillet 1999, req. 204433.

administrés... mais elles semblent bien ne concerner que l'État (41)... En ce qui concerne le droit conventionnel, la jurisprudence admet que la violation d'une norme internationale par une décision administrative constitue une illégalité de nature à engager la responsabilité de son auteur : mais il ne semble pas en exister – encore – qui concerne une collectivité locale.

Les normes internationales sont aussi importantes en tant qu'elles constituent des habilitations à agir.

Prenons un dernier exemple, tiré de la Convention de Berne également ; ce texte énonce une obligation (à la fois de résultat et de moyens) pour ce qui concerne les habitats (article 4) de « protéger les habitats des espèces sauvages de la flore et de la faune, en particulier de celles énumérées dans les annexes I et II, et pour sauvegarder les habitats naturels menacés de disparition » (42). Pour atteindre ce but, les États doivent prendre « les mesures législatives et réglementaires appropriées et nécessaires ». Les parties devront coordonner leurs efforts et soigner leurs mesures réglementaires en matière de chasse pour limiter les exploitations de la faune sauvage, en particulier, dans l'esprit de la Convention. Ils devront aussi – mais pour toutes les espèces végétales et animales et non seulement pour les oiseaux de passage – encourager les réintroductions des espèces indigènes et de la flore et de la faune sauvages lorsque cette mesure contribuerait à la conservation d'une espèce menacée d'extinction. Rien n'interdit, au contraire, aux collectivités locales de mener des politiques de réintroduction : celles-ci coûtent de fait cher (indemnités en cas de dégâts, suivis) et à tout le moins une participation d'une commune, d'une région, peut constituer un facteur déclenchant. On est certes loin d'une application directe d'une norme internationale, mais il y a usage et application indirects. C'est là affaire de politique, de décision politique et de rapports de force politiques au sein des instances délibérantes des collectivités locales, voire de rapports de force créés à l'extérieur des assemblées délibérantes. Et ce n'est pas parce que seul l'État est, selon la lettre des textes, dans l'obligation de prendre les « mesures appropriées » que les collectivités secondes ne peuvent le faire. Elles sont parties de l'État, même si elles « s'administrent librement »... car elles le font dans le cadre des lois de la République (43), et, *lato sensu*, les conventions internationales régulièrement rati-

(41) CE, 28 septembre 1984, *Confédération nationale des sociétés de protection des animaux*, *AJDA* 1984, p. 697 (légalité) et CE, Ass., 22 décembre 1978, *Cohn Bendit*, *D.* 1979, 155.

(42) On notera l'ambiguïté de cette phrase, qui à notre avis n'est qu'apparente : les habitats naturels menacés de disparition ne sont pas seulement ceux qui hébergent les espèces visées dans les annexes I et II, ni même seulement ceux qui hébergent les espèces notées à l'annexe III. La portée de cette obligation dépend en réalité de l'interprétation qu'on en fait.

(43) République qui, l'on s'en souvient, « ... fidèle à ses traditions, se conforme aux règles du droit public international... » (Préambule de la Constitution du 27 octobre 1946, art. 14)... Les collectivités locales sont des créations républicaines et des émanations de la République : l'on ne saurait admettre leur indifférence à l'esprit du Préambule... Certes, si l'on se range à l'interprétation restrictive de l'art. 14 (qui consiste, en gros, à affirmer que ce principe n'engage la République que pour ce qui concerne ses rapports internationaux *stricto sensu,* cf. G. TEBOUL, « Le droit international non écrit devant le juge administratif, quelques réflexions », *RGDIP,* 1991/2, p. 328-329), cela ne concerne ni ne contribue à répondre à la question qui nous retient ici.

fiées et publiées en font partie, ne serait-ce qu'en vertu de l'article 55 de la Constitution (44).

Reste, et ce n'est pas rien, à considérer, même dans des hypothèses favorables, le problème de la réciprocité quand ce problème n'est pas réglé – écarté ? – par les conventions elles-mêmes : mais, comme l'a souligné la Section du rapport et des Études du CE (*op. cit.*, p. 17), « ... certaines conventions multilatérales excluent par leur nature même l'idée de réciprocité : les conventions conclues dans le cadre de l'Organisation internationale du travail, la Convention européenne des droits de l'homme, et très fréquemment, les conventions qui peuvent être regardées comme des traités-lois ». Ne peut-on considérer, eu égard à l'évolution des mentalités et au contenu même des textes considérés, que certaines conventions de protection de l'environnement ou tout au moins certaines de leurs dispositions peuvent être concernées, parce que rentrant en tout ou en partie dans cette troisième catégorie ?

On peut faire des remarques analogues pour ce qui concerne les possibilités ouvertes (puisque non fermées) aux collectivités locales d'user de leurs pouvoirs d'urbanisme, de leurs finances et de leur force de persuasion, voire de leur droit d'instance devant les juridictions des différents ordres, pour faire respecter les recommandations de la Convention de Ramsar sur les zones humides, malgré la rareté des mesures nationales d'application. Sur ce dernier point comme en d'autres domaines, et surtout pour ce qui concerne la responsabilité du fait de pollutions transfrontières, le principe de l'égalité d'accès des résidents étrangers aux procédures administratives et judiciaires de l'État où se situe l'origine de la pollution-joue, soit en vertu de principes de droit international privé, soit en vertu de quelques textes spécifiques, et ouvre des perspectives de responsabilisation des entités locales. Il suffit souvent en effet d'« élargir » l'horizon juridique pour que soient découvertes des solutions juridiques à des problèmes que l'on se garde d'évoquer par peur de ne pas pouvoir y apporter de réponses performantes pour la protection de l'environnement.

Enfin, l'on n'aurait garde d'oublier que les régions françaises, frontalières ou pas, développent des coopérations avec des régions étrangères, et que ce peut être là un des meilleurs moyens de rendre effectives des normes internationales de protection (voire de contribuer à en créer qui le soient). Mais, sur ce point, et plus nettement encore, nul autre moyen que politique n'est à la disposition des citoyens pour les « pousser » ou les « sanctionner ». Le fait est que la loi du 6 février 1992 sur l'administration territoriale (titre IV) donne une base légale à ces coopérations : mais les régions ne peuvent conclure des conventions que « dans le cadre de leurs compétences et dans le respect des engagements internationaux de la France ». Certes, les régions ne pourraient guère dans ce cadre que participer à la gestion de territoires, mettre en place des mécanismes d'aides ou d'incitation, ou gérer des procédures d'information : ce n'est déjà pas si mal, pourvu que leur capacité d'invention et surtout d'initiative se développe encore un peu plus.

En guise de conclusion et pour résumer, le problème semble pouvoir s'énoncer, pour ce qui concerne la France, ainsi : les normes internationales de protection

(44) On savourera à cet égard la formule employée par le CE, 15 mai 1987 en sa décision *Ordre des avocats à la Cour de Paris*, *RFDA* 1988, p. 149, concl. MARIMBERT, p. 145 : « règles du droit international ayant force de loi sur le territoire national ».

peuvent être considérées comme habilitant les autorités publiques à développer des pratiques, et comme leur interdisant certaines pratiques ; elles ne peuvent que rarement en l'état actuel des choses et de la jurisprudence être considérées comme les obligeant à développer certaines pratiques. L'effectivité du droit international n'est donc sur ce point que réduite : il en est autrement, on l'a déjà suggéré, pour le droit communautaire.

§ 2. L'ENCADREMENT EUROPÉEN

« Derrière les enjeux de la communauté se profile le spectre des disparités propres à chaque pays, à chaque région. Chacun bénéficiera-t-il d'un partage équitable du gâteau européen ? Ou bien les "petits" continueront-ils à être mangés par les "gros"... en toute impunité ? » (45).

La question mérite d'autant plus d'être posée qu'elle ne concerne pas que l'économie, mais également la qualité de la vie dans chaque État membre, et plus largement les ressources naturelles et l'environnement de toute l'Europe.

Le traité de la CE n'intégrait pas initialement la protection de l'environnement dans les objectifs poursuivis par la Communauté. Mais dès lors que la volonté politique de mener une politique existait, les moyens juridiques adéquats ont été dégagés. L'article 100 du Traité de Rome assignait aux institutions européennes le soin de réaliser une harmonisation des dispositions nationales pour éviter les distorsions de la concurrence ; son article 235 permettait à ces institutions d'intervenir quand le traité n'avait pas prévu d'attributions spécifiques pour réaliser l'un des objectifs inscrits à l'article 2 du Traité CEE, dont « l'amélioration constante des conditions de vie et de travail dans les États membres »... Ces deux articles pouvaient fournir les fondements juridiques à l'élaboration du corps de règles européennes en matière d'environnement. Mais leur emploi supposait l'unanimité, ce qui rendait cependant difficile l'élaboration d'une véritable politique communautaire de l'environnement. Quand le Parlement européen a élaboré un projet de révision du Traité CEE et quand le Conseil s'en est inspiré pour adopter en décembre 1985 l'Acte unique européen, cette difficulté a été prise en compte, et l'Acte unique fournit aux institutions communautaires une base d'intervention plus solide en matière de protection de l'environnement.

Le Traité de Rome tel que réformé par l'Acte unique, entré en vigueur le 1er juillet 1987, comporte en effet un titre spécial consacré à l'environnement (le titre VIII). L'article 130 R § 1 définit l'objectif poursuivi par la politique communautaire de l'environnement : « préserver, protéger, améliorer la qualité de l'environnement », « contribuer à la protection de la santé des personnes et assurer une utilisation prudente et rationnelle des ressources naturelles ». La définition est assez large pour permettre un maximum d'interventions, dans le respect des principes énoncés par l'article 130 R § 2 et § 4 (principe de prévention, fixation, si possible, de valeurs d'émission pour les nuisances, principe « pollueur-payeur »). L'arti-

(45) « Une Europe à quatre vitesses », *Courrier international* mai 1992, « Europe 93 : alerte à l'écologie », p. 67.

cle 130 R § 2, *in fine*, prévoit en outre que « les exigences en matière de protection de l'environnement sont une composante des autres politiques de la Communauté ».

Mais toute intervention des États n'est pas exclue, et l'article 130 R § 4 fixe que la CE ne saurait intervenir que si les objectifs définis devaient être mieux atteints dans le cadre communautaire que par l'action de seuls États. L'unanimité demeure par ailleurs, sous l'empire de l'Acte unique, la règle pour toute mise en œuvre de la politique communautaire en matière d'environnement. Le système de décision est complexe et comprend deux phases : « Le Conseil, statuant à l'unanimité sur proposition de la Commission, et après consultation du Parlement européen et du Comité économique et social, décide de l'action à entreprendre par la Communauté. Le Conseil définit, dans les conditions prévues à l'alinéa précédent, ce qui relève des décisions à prendre à la majorité qualifiée ». Le Conseil peut donc, pour une ou des phases de l'action considérée, estimer que la majorité qualifiée suffira... Il est remarquable que « l'environnement est le seul secteur où une procédure si rigoureuse a été maintenue » (46). Et même si la formulation de la règle laissait ouverte la possibilité d'évolutions coutumières ou concertées ; cela représentait une faiblesse du processus de décision en matière environnementale. Par ailleurs, n'accordant au Parlement qu'une faible place, le système ne pouvait vraiment se targuer d'être profondément démocratique, et ce même si, malgré tout, les membres du Conseil, possesseurs de l'essentiel du pouvoir, sont – on l'oublie trop souvent – des autorités politiques élues dans le cadre des systèmes démocratiques nationaux.

Malgré ses imperfections, le traité de Maastricht s'inscrit, pour ce qui concerne la politique de l'environnement, dans la suite logique de l'Acte unique. Il introduit l'environnement dans le texte du préambule, et sa protection est insérée parmi les objectifs de l'Union, qui devra « renforcer la protection de l'environnement ». Il opte pour une « croissance durable respectant l'environnement ». Le titre XVI consacré à l'environnement énonce que « les exigences en matière de protection de l'environnement doivent être intégrées dans la définition et la mise en œuvre des autres politiques de la Communauté » : la formulation est au moins aussi précise que celle de l'article 130 R paragraphe 2... Les institutions européennes devront viser un niveau de protection élevé, agir en respectant le principe pollueur/payeur, et s'attaquer en priorité à réduire les pollutions à la source... Cette reconnaissance (traduction au niveau européen des principes de Rio) n'aurait qu'un intérêt purement intellectuel si le traité ne représentait pas également une avancée – certes insuffisante – en matière de démocratisation des prises de décision. Le texte des articles 130 R et S prévoit en effet que la procédure d'adoption des décisions en matière d'environnement sera en principe la majorité qualifiée ; et le Parlement européen, sans devenir pour cela un « vrai » parlement, se voit reconnaître un rôle important par le jeu des amendements. Mais ne sont pas concernées (et devront donc être encore adoptées à l'unanimité) les décisions touchant aux « dispositions de nature essentiellement fiscale, les mesures concernant l'affectation des sols, à l'exclusion de la gestion des déchets et des mesures à caractère général, ainsi que la gestion des ressources hydrauliques, les mesures affectant sensiblement le choix d'un État membre entre différentes sources d'énergie et la structure générale de son approvisionnement énergétique ».

(46) J.-P. Jacqué, « L'Acte unique européen », *RTDE* 1986, p. 608.

Le Conseil – comme sous l'empire de l'Acte unique – peut « définir les questions... au sujet desquelles des décisions doivent être prises à la majorité qualifiée ». Le traité institue en outre un droit de pétition – reprenant la pratique du Parlement européen – et la Cour de justice pourra infliger aux récalcitrants des amendes et leur infliger des astreintes. Enfin, la place du Parlement européen dans le processus d'élaboration du droit européen pourrait évoluer. Pour l'essentiel, le Parlement ne dispose actuellement, dans la procédure « législative » européenne, que d'une compétence consultative. Avec l'Acte unique, le Parlement n'a vu son rôle que très légèrement renforcé, l'article 149 nouveau pouvant être utilisé pour l'application de l'article 100 A : en clair, pour les dispositions visant au rapprochement des législations nationales en vue de la réalisation du Marché intérieur, le Parlement se voyait reconnaître le droit de procéder à une deuxième lecture après que Commission et Conseil aient discuté ses amendements. L'article 189 du traité de Maastricht renforce cette possibilité.

L'Accord d'Amsterdam (47), sur ces points, ne modifiait pas substantiellement la situation ; sur d'autres, il a précisé les choses. La capacité d'autonomie des États est nettement précisée sinon renforcée. Les États les plus sensibles à une « écologisation » du droit économique n'ont pas hésité à faire usage de la possibilité laissée par l'article 100 A d'adopter ou de maintenir des mesures plus protectrices que d'autres, malgré l'objectif de réalisation d'un marché intérieur. Source évidente et inévitable de conflits, cette possibilité n'est heureusement pas supprimée, mais précisée. La distinction est désormais faite entre *maintien de mesures plus protectrices* (48) et *introduction des mesures plus protectrices* (49). Le maintien de mesures existantes peut se justifier par des « exigences importantes... relatives à la protection du milieu de travail ou de l'environnement » ; l'introduction peut se faire dès lors que des preuves scientifiques « nouvelles relatives à la protection de l'environnement » valident la nouvelle intervention, ou dès lors qu'un « problème spécifique » intervient dans l'État concerné. Le contrôle de la Commission sur ces dérogations doit s'exercer désormais dans les six mois suivant la notification : le silence – ou plus exactement l'absence de réponse – vaudra autorisation. La légitimité de ces dérogations pourra être trouvée dans les nouveaux concepts que l'Accord d'Amsterdam tente d'inscrire dans les textes fondateurs. La référence au développement durable figure désormais clairement dans les principes qui devront inspirer les politiques communautaires (8e alinéa du préambule du Traité sur l'Union européenne). Le développement durable devient aussi un « objectif » de l'Union (art. 8 du Traité) et une mission (art. 2 du Traité sur l'Union européenne : « la promotion d'un développement harmonieux et durable ») : les États pourront d'autant mieux s'en inspirer pour justifier leurs politiques propres et leurs pressions sur le droit européen qu'il doit s'entendre comme favorisant et exigeant un « niveau élevé de protection ».

L'Accord d'Amsterdam fait aussi appel à d'autres références plus matérielles : l'article 95 al. 4 du Traité sur la Communauté européenne (ancien art. 100 A3) fait appel aux notions de « faits scientifiques » et « preuves scientifiques » pour légitimer les interventions de la Commission. L'usage de l'article 95 (ancien article 100 A) suppose de la part de la Commission des preuves, alors même que l'usage de l'article 174 (ancien art. 130 R) se fonde sur la référence au principe de précaution initié par la Déclaration de Rio. Dans le premier cas, la décision se prendra à la majorité qualifiée, dans le second, elle devra dans certains cas être prise à l'unanimité. Il pourrait s'agir là d'un retour en arrière conséquent, même s'il est encore difficile à mesurer. Car en définitive, à défaut de pouvoir produire des preuves scientifiques, la Commission – dans des cas où n'existe qu'un doute sur l'innocuité d'un produit, qui pourrait justifier l'application d'une fiscalité dissuasive, par exemple –

(47) V. R. Romi, « Le Traité d'Amsterdam et l'environnement », *LPA* 8 mai 1998.
(48) Art. 100 A 4.
(49) Art. 100 A 5.

a du mal à trouver un consensus acceptable par tous les États. Et surtout, la rédaction introduit une contradiction paradoxale entre les mesures relatives à l'harmonisation du marché intérieur, pour lesquelles on recherchera l'existence de faits scientifiques avérés (des « preuves ») alors même que l'article 174 (ancien 130 R) spécifique aux mesures de protection de l'environnement *stricto sensu* fait appel au principe de précaution, conformément à la déclaration de Rio : or, selon le principe de précaution, l'absence de certitudes, compte tenu des connaissances scientifiques et techniques du moment, ne doit pas retarder l'adoption de mesures effectives et proportionnées visant à prévenir un risque de dommages graves et irréversibles à l'environnement.

Les arbitrages de la Cour de justice sont donc d'autant plus essentiels, et ils ne sont pas près d'être acceptés par tous...

Le maintien partiel de l'exigence de l'unanimité reflète les difficultés que rencontre l'Union européenne face aux résistances nationales. Les décisions concernant la fiscalité, l'aménagement du territoire, l'affectation des sols et la gestion des ressources hydrauliques demeureraient soumises à la règle de l'unanimité. Comme sous l'empire du Traité dans son ancienne version, seules les décisions en matière de déchets et les mesures « à caractère général » concernant l'affectation des sols peuvent faire l'objet de décisions à la majorité qualifiée. Sur ces points, les modifications apportées par le Traité de Nice en décembre 2000 ne sont que de pure forme. L'extension du rôle du Parlement est en fait, pour ce qui concerne les processus de prise de décision, la seule avancée. L'article 130 S1 fait l'objet d'une modification : pour parler clair, l'énonciation des actions visant à la réalisation des objectifs que s'assigne l'Union en matière d'environnement suit dorénavant la procédure de codécision. Cette procédure présente par rapport à la procédure dite « de coopération » le double avantage de laisser une place accrue au Parlement européen et – surtout compte tenu de modifications de délai initiées par l'Accord d'Amsterdam – d'accélérer les prises de décision.

Dispositions du TITRE XIX (ex-titre XVI)
ENVIRONNEMENT
Article 174 (ex-article 130 R)

1. La politique de la Communauté dans le domaine de l'environnement contribue à la poursuite des objectifs suivants :

– la préservation, la protection et l'amélioration de la qualité de l'environnement,

– la protection de la santé des personnes,

– l'utilisation prudente et rationnelle des ressources naturelles,

– la promotion, sur le plan international, de mesures destinées à faire face aux problèmes régionaux ou planétaires de l'environnement.

2. La politique de la Communauté dans le domaine de l'environnement vise un niveau de protection élevé, en tenant compte de la diversité des situations dans les différentes régions de la Communauté. Elle est fondée sur les principes de précaution et d'action préventive, sur le principe de la correction, par priorité des atteintes à l'environnement et sur le principe du pollueur-payeur. Dans ce contexte, les mesures d'harmonisation répondant aux exigences en matière de protection de l'environnement comportent, dans les cas appropriés, une clause de sauvegarde autorisant les États membres à prendre, pour des motifs environnementaux non économiques, des mesures provisoires soumises à une procédure communautaire de contrôle.

3. Dans l'élaboration de sa politique dans le domaine de l'environnement, la Communauté tient compte :

– des conditions de l'environnement dans les diverses régions de la Communauté,

– des avantages et des charges qui peuvent résulter de l'action ou de l'absence d'action,

– du développement économique et social de la Communauté dans son ensemble et du développement équilibré de ses régions.

4. Dans le cadre de leurs compétences respectives, la Communauté et les États membres coopèrent avec les pays tiers et les organisations internationales compétentes. Les modalités de la coopération de la Communauté peuvent faire l'objet d'accords entre celle-ci et les tierces parties concernées, qui sont négociés et conclus conformément à l'article 300. L'alinéa précédent ne préjuge pas la compétence des États membres pour négocier dans les instances internationales et conclure des accords internationaux.

Article 175 (ex-article 130 S)

1. Le Conseil, statuant conformément à la procédure visée à l'article 251 et après consultation du Comité économique et social et du Comité des régions, décide des actions à entreprendre par la Communauté en vue de réaliser les objectifs visés à l'article 174. 2. Par dérogation à la procédure de décision prévue au paragraphe 1 et sans préjudice de l'article 95, le Conseil, statuant à l'unanimité sur proposition de la Commission, après consultation du Parlement européen, du Comité économique et social et du Comité des régions, arrête :

– des dispositions essentiellement de nature fiscale ;

– les mesures concernant l'aménagement du territoire, l'affectation des sols, à l'exception de la gestion des déchets et des mesures à caractère général, ainsi que la gestion des ressources hydrauliques ;

– les mesures affectant sensiblement le choix d'un État membre entre différentes sources d'énergie et la structure générale de son approvisionnement énergétique. Le Conseil, statuant selon les conditions prévues au premier alinéa, peut définir les questions visées au présent paragraphe au sujet desquelles des décisions doivent être prises à la majorité qualifiée. 3. Dans d'autres domaines, des programmes d'action à caractère général fixant les objectifs prioritaires à atteindre sont arrêtés par le Conseil, statuant conformément à la procédure visée à l'article 251 et après consultation du Comité économique et social et du Comité des régions. Le Conseil, statuant selon les conditions prévues au paragraphe 1 ou au paragraphe 2, selon le cas, arrête les mesures nécessaires à la mise en œuvre de ces programmes. 4. Sans préjudice de certaines mesures ayant un caractère communautaire, les États membres assurent le financement et l'exécution de la politique en matière d'environnement. 5. Sans préjudice du principe du pollueur-payeur, lorsqu'une mesure fondée sur le paragraphe 1 implique des coûts jugés disproportionnés pour les pouvoirs publics d'un État membre, le Conseil prévoit, dans l'acte portant adoption de cette mesure, les dispositions appropriées sous forme :

– de dérogations temporaires et/ou – d'un soutien financier du Fonds de cohésion créé conformément à l'article 161.

Article 175 version du Traité de Nice

À l'article 175, le paragraphe 2 est remplacé par le texte suivant : « 2. Par dérogation à la procédure de décision prévue au paragraphe 1 et sans préjudice de l'article 95, le Conseil, statuant à l'unanimité sur proposition de la Commission, après consultation du Parlement européen, du Comité économique et social et du Comité des régions, arrête :

a) des dispositions essentiellement de nature fiscale ;

b) les mesures affectant :

– l'aménagement du territoire ;

– la gestion quantitative des ressources hydrauliques ou touchant directement ou indirectement la disponibilité desdites ressources ;

– l'affectation des sols, à l'exception de la gestion des déchets ;

c) les mesures affectant sensiblement le choix d'un État membre entre différentes sources d'énergie et la structure générale de son approvisionnement énergétique.

Le Conseil, statuant selon les conditions prévues au premier alinéa, peut définir les questions visées au présent paragraphe au sujet desquelles des décisions doivent être prises à la majorité qualifiée. »

Article 176 (ex-article 130 T)

Les mesures de protection arrêtées en vertu de l'article 175 ne font pas obstacle au maintien et à l'établissement, par chaque État membre, de mesures de protection renforcées. Ces mesures doivent être compatibles avec le présent traité. Elles sont notifiées à la Commission.

La Charte des droits fondamentaux est un peu plus floue que les textes fondateurs, pour ce qui concerne l'environnement (50) : l'article 37 énonce qu'« un niveau élevé de protection de l'environnement et l'amélioration de sa qualité doivent être intégrés dans les politiques de l'Union et assurés conformément au principe de développement durable ». Il faut également prendre en considération l'article 35 alinéa 2 : « ... Un niveau élevé de protection de la santé humaine est assuré dans la définition et la mise en œuvre de toutes les politiques et actions de l'union ».

Le Traité de Nice soumet (article 175 § 2 b) à l'unanimité les mesures affectant – et non plus concernant – l'aménagement du territoire, et surtout la gestion *quantitative* des ressources hydrauliques ou touchant directement ou indirectement la disponibilité des dites ressources, ce qui semble faire échapper la gestion qualitative des ressources hydrauliques à la règle de l'unanimité.

Enfin, le projet de Constitution rejeté par la France (partie 3, article III-129, légitimait les « Programmes » mais ne changeait rien de significatif au dispositif précédent, à la réserve près, évidemment, que les « lois » et « lois cadre » d'environnement remplaçant directives et règlements auraient été adoptés selon une nouvelle procédure, comme toutes les autres.

L'encadrement de l'action de l'Europe en matière d'environnement n'est pas seulement institutionnel ou juridique, mais aussi politique. Le Ve programme d'action sur l'environnement (1992-2000), adopté par la Commission le 18 mars 1992, a tenu compte à la fois des engagements et discussions de Rio et des perspectives positives et négatives de l'achèvement du Marché intérieur. Axé sur cinq secteurs (industrie, énergie, transport, agriculture et tourisme), il accordait plus d'importance aux outils financiers, fiscaux et contractuels qu'aux normes « législatives » (51). Le sixième se situe dans la même ligne.

Quant à l'effectivité du droit communautaire de l'environnement, dont on a touché déjà quelques mots, l'évolution des juridictions françaises semble modérément favorable aux thèses paneuropéennes. Le Conseil d'État, dès l'arrêt *Cohn-Bendit* du 22 décembre 1978, accepte l'idée d'une « contestation sur la légalité des mesures réglementaires prises par le gouvernement français pour se conformer aux directives arrêtées par le Conseil des ministres des Communautés européennes ». Il en tire concrètement les conséquences, en matière de droit de l'environnement, par son arrêt du 28 septembre 1984, Confédération nationale des sociétés de protection des animaux de France et des pays d'expression française (52). Pour le Conseil d'État, dès lors que « la directive lie tout État membre quant au résultat à atteindre, tout en laissant aux instances nationales la compétence quant à la forme et aux moyens », les États membres disposent bien d'une latitude de décision, mais ils ne peuvent adopter des mesures contraires aux buts définis par la directive visée ou aux objectifs définis par celle-ci. Le Conseil l'a clairement posé dans une décision de la

(50) V. Conseil européen du droit de l'environnement, *Le droit à l'environnement, un droit fondamental dans l'Union européenne*, dact., 2001.

(51) V. C. London, « Instruments économiques et droit communautaire », *RJE* 1-1998, p. 31 et s.

(52) *AJDA* décembre 1984, p. 695, concl. du commissaire du gouvernement Jeanneney.

même année, Fédération française des sociétés de protection de la nature (le 7 décembre).

Avec l'arrêt d'Assemblée Alitalia rendu le 3 février 1989, la jurisprudence franchit – sur le plan général – un nouveau pas : le principe selon lequel l'autorité administrative est obligée d'abroger un règlement qui viole les objectifs d'une directive ou leur est contraire est acquis. Ce principe demeurait inopérant quand une loi postérieure faisait écran entre la directive et le règlement incriminé, jusqu'au revirement du Conseil d'État (53). Plusieurs éléments militaient pour que le Conseil d'État évolue sur ce point, d'une importance extrême en droit de l'environnement. L'acceptation de la confrontation entre les termes du Traité et une loi postérieure, longtemps recherchée sans succès, met fin, apparemment, à une phase trouble de latence durant laquelle les lobbies anti-écologistes pouvaient jouer le parlement français contre les institutions européennes (54). Tout aussi importantes sont, en droit de l'environnement, les conséquences de l'arrêt *Boisdet* (55) (qui explicite l'arrêt *Nicolo*, en faisant application du principe de la supériorité du droit international sur le droit national, mais pour des actes communautaires – en l'occurrence un règlement communautaire) et les deux décisions de l'Assemblée du Conseil d'État du 28 février 1992 (*SA Rothmans et SA Philipp Morris, SA Arizona Tobacco et P. Morris* (56), qui font ouvertement la même démarche pour ce qui concerne les directives communautaires).

On notera cependant (CE, 14 décembre 1992, *Commune de Frischeménil ;* CE, 7 mars 1994, *Association pour le tracé ouest du contournement routier de Carling ;* CE, 29 juillet 1994, *Blum* (57)) que les limites contentieuses du recours aux directives (58) ont des effets particulièrement pervers en environnement. Le CE continue d'estimer qu'elles ne peuvent pas être invoquées par des requérants à l'appui de recours intentés contre des actes non réglementaires (59). Ce qui n'interdit pas à des tribunaux administratifs, peut-être plus radicaux, de contourner cet obstacle, quand l'état des textes nationaux et des textes européens le permet, par la technique de l'interprétation conforme. Ainsi, avant l'entrée en vigueur de la réforme de l'étude d'impact de 1993, le TA de Pau (2 décembre 1992, *France-Nature-Environnement*) a-t-il interprété le décret de 1977 sur les études d'impact (cf. *infra*) comme n'étant pas en contradiction avec la directive « études d'impact », et interprété le texte français à la lumière de la directive européenne, annulant la déclaration d'utilité publique du tunnel du Somport (en particulier parce que l'étude

(53) CE Ass., 20 octobre 1989, *RFDA* 1989, p. 815, concl. P. FRYDMAN, note B. GENEVOIS. V. également G. LEBRETON, « La supériorité des traités sur les lois postérieures », *LPA* 11 décembre 1989, et surtout L. DUBOUIS, « L'arrêt *Nicolo* et l'intégration de la règle internationale et communautaire dans l'ordre juridique français », *RFDA* 5-1989, p. 1000.

(54) V., pour un tableau d'ensemble, en particulier D. DE BÉCHILLON, « L'applicabilité des directives communautaires selon la jurisprudence du CE », *RDP* 3/1991, p. 751 et s. comme on le verra, ce n'est qu'en matière de chasse que cette stratégie, vouée à l'échec, est soouvent développée.

(55) CE, 26 septembre 1990, *AJDA* 1990, p. 863, chron. HONORAT et SCHWARTZ ; *RFDA* 1991, p. 172 note DUBOUIS.

(56) *AJDA* 1992, p. 210 et s. concl. M. LARROQUE.

(57) V. *Dr. env.* décembre 1994, p. 17-18.

(58) Pour une présentation actualisée de la jurisprudence : Y. GALLAND, « L'autolimitation du juge administratif face aux directives communautaires », *AJDA* 10/2002, p. 725 et s.

(59) Y compris malheureusement les déclarations d'utilité publique, par exemple, qui ne sont pas considérées comme des actes réglementaires.

d'impact jointe au dossier ne prenait pas en compte la totalité de l'impact du projet sur l'ensemble de la vallée) (60). Par ailleurs, le Conseil d'État a poussé sa logique à son extrême limite en la matière, avec la décision *Tête* (CE Ass., 6 février 1998) (61). Cette affaire, qui aurait pu « être l'occasion d'une remise en cause de la jurisprudence *Cohn-Bendit* », n'a pas abouti à ce que le CE remette en cause le dogme du refus de l'effet direct des directives consacré dans la jurisprudence *Cohn-Bendit.* Il s'est contenté – mais en pratique, c'est déjà beaucoup – de considérer qu'en l'absence de textes nationaux de transposition d'une directive introduisant une obligation de transparence et de concurrence en matière de marchés, les décisions des instances délibératives et exécutives de l'agglomération lyonnaise créant un périphérique étaient incompatibles avec la directive et donc entachées d'illégalité. Enfin, le Conseil d'État, Assemblée du contentieux, 8 février 2007 (req. n° 287110) *Société arcelor Atlantique et Lorraine et autres* semble vouloir épouser la jurisprudence du Conseil constitutionnel rendue à propos de la « loi sur l'économie numérique ». Confrontée à un recours contre un décret de mise en œuvre de la directive communautaire sur le marché des quotas de CO_2 (lutte contre le changement climatique), il préfère ne pas annuler le décret qui, selon son raisonnement, semble violer le principe constitutionnel d'égalité, mais renvoie à la CJCE pour statuer sur la validité de la directive de référence, non sans se réserver la possibilité de ne pas faire dans tous les cas de même (62)...

Les tribunaux administratifs ont été dès avant cette jurisprudence parfois plus audacieux – mais pas toujours plus clairs – dans leur acception des principes du droit communautaire que ne l'est le Conseil d'État. On remarquera à cet égard la décision du TA de Nantes, *Association Estuaire-Écologie* du 13 juillet 1994. Le port autonome de Nantes-Saint-Nazaire, établissement public industriel et commercial, prévoyait de s'étendre en aval de l'estuaire de la Loire. L'État et la région des Pays de la Loire en avaient fait l'une de leurs priorités dès 1989, dans le cadre d'un contrat de plan. Cette stipulation n'ayant pas été réalisée, les cocontractants ont réaffirmé leur volonté dans le cadre du contrat de plan qui vient d'être signé cette année. De tels aménagements industriels nécessitant une mise en compatibilité des dispositions d'occupation des sols, la commune de Donges avait révisé son POS pour le conformer aux nouvelles volontés des pouvoirs publics. Or, aux termes de l'article 2 de la directive du Conseil de la Communauté européenne n° 79/409 du 2 avril 1979 (63), modifiée par la directive communautaire n° 85/ du 25 juillet 1985 (64), concernant la conservation des oiseaux sauvages, des mesures de conservation sont prises par les États membres « à l'égard des espèces migratrices non visées à l'annexe 1 dont la venue est régulière compte tenu des besoins de protection dans la zone géographique maritime et terrestre que la présente directive, en ce qui concerne leur aire de reproduction, de mue d'hivernage et les zones de relais dans leur aire de migration. À cette fin, les États membres attachent une

(60) V. concl. J.-L. Rey et note Hostiou, *RFDA* 2-1993, p. 277 et 288 et s.

(61) *AJDA* 20 mai 1998, p. 403 et s., chronique générale de jurisprudence administrative française, par F. Raynaud et P. Fombeur.

(62) V. F. Chastiel, « D'une pierre deux coups : primauté et responsabilité renforcées », *LPA* 28 février 2007, p. 5 et s.

(63) *JOCE,* L. 103, 25 avril 1979.

(64) *JOCE,* L. 233, 30 août 1985.

importance particulière à la protection des zones humides et tout particulièrement de celles d'importance internationale ». Selon le tribunal administratif de Nantes, le rapport de présentation du plan d'occupation des sols dont il s'agit ne satisfait pas aux dispositions de l'article R. 123-17 du Code de l'urbanisme, dans la mesure où « les incidences de la mise en œuvre du plan, et notamment les opérations d'urbanisme projetées dans les sites de Donges-Est, sur l'évolution de l'environnement dans ces milieux qui présentent un intérêt ornithologique, ne sont pas mentionnées ». Cette absence est constatée autant que prouvée. Le tribunal administratif de Nantes envisage d'abord les divers classements dont les secteurs litigieux ont fait l'objet, à savoir d'une part en ZNIEFF, zone naturelle d'intérêt écologique, faunistique et floristique, d'autre part en ZICO, zone d'intérêt communautaire pour les oiseaux, le tribunal précisant que ce dernier classement est établi « dans le cadre de l'application de la directive n° 79/409/CEE du 2 avril 1979 ». Il exploite ensuite comme élément de preuve un « rapport établi en 1991, à la demande du ministère de l'Environnement sous l'égide de membres du Muséum d'histoire naturelle, pour l'application de la directive européenne précitée à l'estuaire de la Loire ». Enfin, le tribunal utilise le rapport de présentation du plan d'occupation des sols lui-même pour en faire ressortir les incohérences du parti d'aménagement, incohérences se traduisant par un zonage différencié, passant de la qualification NA à ND, pour des zones écologiquement homogènes. De ces éléments de preuve, le juge dégage une erreur manifeste d'appréciation. Le jugement mentionne par deux fois que, tant en ce qui concerne le classement en ZNIEFF que celui en ZICO, ces études ont été réalisées sous l'égide du Muséum d'histoire naturelle. Le jugement mentionne la directive dans ses visas. Il la mentionne aussi par deux fois dans l'avant-dernier considérant, dans lequel le juge constate et sanctionne l'erreur manifeste d'appréciation. Il utilise expressément comme élément de preuve des documents ayant été réalisés dans le cadre de la transposition, toujours attendue plus de treize ans après la forclusion du délai à l'époque de ladite directive. Il considère le cadre d'analyse sur lequel ces documents reposent comme sien, et estime donc que le fait que ces zones de l'estuaire de la Loire satisfont aux critères de la directive, et constituent des lieux de reproduction et de nidification d'espèces d'oiseaux mentionnées à l'annexe I de ladite directive, illustre la valeur écologique et ornithologique des dits sites.

Enfin, et par ailleurs, on aurait tort de croire que l'influence du droit européen est toujours favorable à la cause de la protection de l'environnement ; l'acceptation de certains principes du droit communautaire par les juridictions administratives peut avoir des effets pervers. Ainsi, c'est expressément au nom du « principe de la confiance légitime » que le TA de Strasbourg (65) – peut-être en raison d'un effet de « proximité » des institutions européennes – a considéré que l'État français avait engagé sa responsabilité en modifiant par le décret du 18 août 1992, sans ménager une phase de transition, le régime juridique de l'importation de déchets allemands en France (66).

(65) *AJDA* juillet 1995, p. 555, concl. POMMIER.

(66) On remarquera que le TA préfère engager la responsabilité de l'État sur ce fondement plutôt que sur le fondement de la responsabilité sans faute du fait de règlements légalement pris.

§ 3. L'ORGANISATION MONDIALE DU COMMERCE, OBSTACLE À LA CONSTRUCTION D'UN DROIT INTERNATIONAL DU DÉVELOPPEMENT SOUTENABLE ?

La mondialisation – ou globalisation – des échanges (67) est – encore – à l'ordre du jour. Le débat a gagné les sphères de la recherche scientifique et n'épargne pas les États-Unis (68). Il impose aux juristes, et spécialement aux juristes de l'environnement, un *aggiornamento* difficile et des choix douloureux.

Les termes de ce débat sont clairs : si le droit des échanges n'est commandé que par les règles économiques que transposent les accords de l'OMC et ses différents avatars, actuels ou virtuels (69), si ni les États ni les organisations intégrées comme l'Union européenne ne peuvent développer leurs propres conceptions des régulations macro-économiques, la référence au développement soutenable ne constitue qu'un discours creux, sans conséquences et sans puissance ; le projet de Rio n'était que fumée ; le droit de l'environnement n'a vocation qu'à illustrer l'impuissance des États à juguler les marchés... Si ce n'est pas le cas, la mondialisation – ou plus exactement le modèle de mondialisation qui nous est proposé – n'est ni inéluctable, ni sûrement aussi prédominant que l'on veut bien le croire ou le dire. La situation mérite pour le moins une analyse juridique, qui réserve d'ailleurs quelques surprises.

L'OMC ne détient pas une légitimité supérieure qui lui permettrait de phagocyter les débats mondiaux. Comme le démontre une simple lecture de ses textes fondateurs, elle ne gouverne en effet qu'une seule dimension de l'économie. Comme le prouvent les décisions réglant les différends qu'ont fait naître des décisions inspirées par le respect des droits des consommateurs, leur santé ou la protection de la biodiversité, elle ne développe trop souvent qu'une conception politiquement univoque de la notion de libre-échange.

Le préambule de l'accord principal de Marrakech mentionne certes que les rapports des parties signataires « ... dans le domaine commercial et économique devraient être orientés vers le relèvement des niveaux de vie... l'accroissement de la production et du commerce des marchandises et des services, tout en permettant l'utilisation optimale des ressources mondiales conformément à l'objectif de développement durable, en vue à la fois de protéger et de préserver l'environnement et de renforcer les moyens d'y parvenir d'une manière qui soit compatible avec leurs besoins et soucis respectifs à différents niveaux de développement économique ». Mais il ne s'agit là que d'un écrit non contraignant.

Les initiateurs de l'OMC ont certes mis en place une institution dont la vocation est d'étudier les problèmes posés par les interférences entre environnement et échanges et d'émettre des recommandations adéquates. Plus exactement, ce *Comité du commerce et de l'environnement* a pour objectif « d'identifier les liens entre les dispositions commerciales et les mesures environnementales de manière à promou-

(67) *Mondialisation et développement durable, quelles instances de régulation ?,* Solagral, 1999.

(68) J. Mander, E. Goldmith (éditeurs) : *The case against the global economy and for turn tower the local,* Sierra club books, San Francisco, 1998.

(69) En particulier le projet d'accord multilatéral sur les investissements, cf. *infra.*

voir le développement durable et de faire les recommandations appropriées pour déterminer s'il y a lieu de modifier les dispositions du système commercial multilatéral, et en respectant le caractère ouvert, équitable, et non discriminatoire ». Mais cette instance n'a pas encore formulé de recommandations, ce qui – pour parler pudiquement – nuit à sa crédibilité. Et sa vocation est – le texte est éloquent – enserré dans une logique qui subordonne toute problématique environnementale à la protection et à la promotion de la mondialisation.

Les autres grands points de débat sont, en droit, clairs.

Pour ce qui concerne la subsistance d'un « principe de subsidiarité », qui permettrait aux États de posséder une marge de manœuvre pour des raisons environnementales ou sanitaires d'abord. L'article XX du GATT, que l'OMC reprend à son compte, les autorise à imposer à leurs partenaires des règles d'environnement ou sanitaires. Mais ce n'est qu'à la condition que ces normes portent exclusivement sur les caractéristiques finales des produits, et non sur les processus et méthodes de production. L'« accord sur les obstacles techniques au commerce » admet cependant les normes sur les processus et les méthodes : mais ce n'est que dans la mesure où les processus et méthodes de production (PMP) modifient les caractéristiques finales du produit (« les caractéristiques des produits ou les PMP connexes »). Les panels GATT/OMC qui ont eu à arbitrer les conflits entre commerce et environnement ont tous conclu que l'adoption de normes PMP constituait des violations du principe de non-discrimination. À commencer par celui sur le bœuf aux hormones, le plus connu, mais ce n'est ni le premier ni le dernier cas (70). En droit comme en fait, l'OMC privilégie une logique axée sur la primauté de la recherche de la liberté mondiale des échanges sur les autres préoccupations. Nombreuses sont les études, plus ou moins scientifiques, qui ont souligné à quel point cette logique et cette recherche étaient antithétiques de la promotion d'un développement soutenable, et surtout de la diversité biologique. Si l'on s'en tient au droit « pur », aux données juridiques brutes, il suffit de lire les différentes décisions rendues dans le cadre de l'OMC sur les différents dossiers confrontant préoccupations sanitaires et circulation de marchandises pour en être convaincu.

Ainsi, quand une loi américaine sur la protection des espèces en voie de disparition a interdit la production et l'importation de crevettes capturées par chalutiers qui n'appliquaient pas les techniques protectrices des tortues de mer (71), sur saisine de plusieurs pays (Inde, Pakistan, Malaisie, Thaïlande), le panel constitué dans le cadre de l'OMC reconnaît bien, en avril 1998, que les tortues sont des ressources naturelles communes et à ce titre dignes de protection, mais n'en condamne pas moins la législation en cause parce qu'elle a trait aux processus et méthodes de protection.

Dans « l'affaire du bœuf aux hormones », le panel de l'OMC condamne l'interdiction d'importation prononcée par l'Union européenne (72), parce qu'elle est contraire aux règles de l'accord sur les mesures sanitaires et phytosanitaires de l'OMC. Cet accord fixe en effet que pour déterminer le niveau de protection sanitaire, les États « doivent tenir compte de l'objectif qui consiste à réduire au

(70) Le dernier en date étant celui des organismes génétiquement modifiés.

(71) Filets « turtle excluder devices » permettant de relâcher les tortues.

(72) Décision 98/258 du 16 mars 1998, *JOCE*, L. 118 du 21 avril 1998, p. 1.

minimum les effets négatifs sur le commerce ». La décision d'interdiction, par ailleurs, ne repose pas sur une norme internationale comme celles définies par le *codex alimentarius* créé en 1962 par la FAO et l'OMS. Enfin, la mesure européenne n'était pas « scientifiquement justifiée », car le risque encouru n'avait pas été évalué précisément (73). C'est bien là que se situe pour l'essentiel le débat. Car les Européens estiment que leur décision est fondée dès lors que l'on sait que l'utilisation d'hormones de croissance dans la viande peut nuire à la santé publique... et leurs experts scientifiques « sont sur ce point formels ».

L'article V-7 de l'accord sur les mesures sanitaires et phytosanitaires énonce pourtant que « dans les cas où les preuves scientifiques pertinentes seront insuffisantes, un membre pourra adopter des MSP sur la base de renseignements pertinents disponibles ». Mais l'OMC n'en exige pas moins des certitudes sur le danger, et ne se contente pas de doutes même sérieux ni de données parcellaires, alors que l'Europe veut des certitudes sur l'innocuité et entretient des sérieux doutes sur les effets des hormones sur la santé des consommateurs, à partir de données non complètes mais certaines... mêmes données, mais conclusions radicalement inverses : on appelle cela, en langage de tous les jours, un dialogue de sourds. Mais il ne s'agit pas vraiment d'un dialogue, et les acteurs ne sont pas sourds : ils sont simplement animés par des lignes de conduite politiques et juridiques différentes.

La logique qui est à l'œuvre constitue un véritable rouleau compresseur qui vise à laminer les textes et logiques juridiques nationaux ou émanant d'autres systèmes juridiques qui ne seraient pas orientés vers les mêmes priorités. Ce caractère univoque, qui fait prédominer l'économisme libéral sur toute autre préoccupation ou tout autre choix politique ou juridique est pour le moins gênant en l'affaire, d'autant plus qu'il s'accompagne naturellement d'une absence ou d'un refus de débats démocratiques transparents (74). Faut-il, sans discussion, que le juriste constate et renonce, au motif que ce droit est mondial, et qu'en cela son champ d'application implique que les autres modes de régulation juridique de l'économie, existant ou à venir, sont par nature obsolètes ?

La réponse à cette question suppose que d'autres soient posées. Et d'abord, l'une des questions éternelles du droit, qui porte sur sa vocation. Faut-il ne concevoir le droit que dans une perspective utilitariste (le droit est une technique, il n'est qu'un instrument, il n'a pas d'identité propre et aucun rapport avec l'éthique) ? Peut-on d'ailleurs faire autrement (75) ? Peut-on penser qu'au contraire il existe une éthique du droit, que le droit peut et doit être politique, en ce sens que le pouvoir politique détient une légitimité à contrarier les mouvances dominantes de l'économie et qu'il ne peut tenter de le faire qu'en faisant du droit ? Ensuite, et à supposer que les

(73) D. J. Caldwell, *WTO panel décision on EU-US beef hormone dispute : preliminary analysis*, Sierra Club, dact., septembre 1997.

(74) V. R. Nader, L. Walach, *GATT, NAFTA, and the subversion of the démocratic process, in* J. Mander, E. Goldmith (éditeurs), *The case against the global economy and for turn tower the local*, préc. p. 92 et s. : les auteurs résument un sentiment assez répandu aux US : *Most people would suppose that the United States could impose whatever standards it wants on products that will be enter our market place and be consumed in this country without being second-guesed by anonymous trde bureaucrats. But in approving GATT and NAFTA, the United States has surrended such laws to the secret judgment of trade bureaucrats* (p. 98).

(75) Question qui rejoint celle, récurrente, sur la capacité de l'État à réguler l'économie.

réponses soient positives, quel droit (contraignant ou « mou », ou les deux ?) utiliser ?

Il convient d'abord de considérer que, dans nos sociétés, le droit n'est pas qu'un livre de recettes ; il est aussi une collection de principes. Si à bien des égards, le « principe de développement soutenable » relève de la *soft law* et peut être mis à toutes les sauces, un autre d'entre eux mérite au moins, en raison de sa dimension éthique, d'être confronté à la logique juridique actuelle qui gouverne la mondialisation – et est gouvernée par elle. Le juriste ne le ferait-il pas de lui-même que les consommateurs, qui apparaissent de plus en plus comme des acteurs du droit, l'y pousseraient sans nul doute. C'est d'ailleurs déjà fait.

Le principe de précaution (v. *infra*), inscrit dans les traités européens (76) comme dans la plupart des législations des pays développés, en tout cas des pays d'Europe (77), est unanimement plébiscité par les consommateurs, qui ont eu à subir quelques désastres ou désagréments de santé publique ces dernières années en raison des conséquences d'un développement un peu trop rapide de la recherche du profit. Selon l'expression d'O. Godard (78), on assiste à un « glissement subreptice de la reconnaissance de la possibilité légitime de l'intervention publique à l'obligation pour les autorités de prendre des mesures restrictives ». Le principe de précaution n'a pas seulement des implications procédurales sur la présentation des options, mais aussi des implications réelles sur la substance des choix eux-mêmes. Il est de nature à justifier, à promouvoir et à réguler l'emploi par les différentes institutions publiques d'un second principe : celui de subsidiarité. Ce n'est pas parce qu'une autorité « supérieure » aura fait des choix que ceux-ci ne seraient pas contestables dès lors que des facteurs humains – au sens large, englobant les droits des générations futures – en mettraient en doute la pertinence.

Ces attitudes de résistance peuvent paraître équivoques, car à coup sûr elles peuvent être teintées ou qualifiées de protectionnisme. Mais l'équivoque permet et implique le débat, là où l'univoque ferme et bloque tout contrôle social sur le droit.

Et c'est bien ce contrôle social qui est en cause (79). La méfiance des citoyens envers une conception univoque du progrès ne peut être ignorée par le juriste, car elle produit des effets de droit. Elle est à l'origine, par exemple, du rejet de l'Accord multilatéral sur l'investissement. Elle a sans doute aussi impulsé une recherche, par les institutions de l'Union européenne, d'une plus grande transparence dans la circulation des produits.

Le rejet du projet d'Accord multilatéral sur les investissements (AMI) est significatif. L'OCDE, qui en l'occurrence s'était déjà montrée fort maladroite en n'assurant pas une transparence suffisante de ses débats, était persuadée et avançait que l'AMI tenait suffisamment compte du développement durable en ce que le

(76) Il est vrai que la confrontation entre principe de précaution et harmonisation des législations et réalisation du marché intérieur ne sont pas aussi simples que cela, sur le territoire européen lui-même.

(77) V. les pages que consacre au principe de précaution E. NAIM-GIESBERT, *Les dimensions scientifiques du droit de l'environnement,* éd. Bruylant, 1998, p. 555 et s.

(78) O. GODARD, « L'ambivalence de la précaution et la transformation des rapports entre science et décision », *in*, O. GODARD (dir.), *Le principe de précaution dans la conduite des affaires humaines,* éd. Maison des sciences de l'homme, 1998, p. 37 et s.

(79) Et qui est en œuvre, en Europe tout particulièrement : cf. S. CHARBONNEAU, « L'acceptabilité sociale du risque sanitaire en droit européen de l'environnement », *Revue européenne de l'environnement* 4-1998, p. 384 et s.

préambule faisait référence aux principes environnementaux, et en ce que ce préambule serait pris en compte dans le règlement des différends. De même, le texte contenait une clause de non-abaissement des normes, visant à favoriser la lutte contre le dumping environnemental et social. Mais certains États refusaient d'accepter que cette norme soit contraignante. Enfin, si le texte prévoyait d'une part une exception générale sur les mesures de protection de l'environnement, et d'autre part la possibilité d'une suspension de l'accord lorsque des questions d'environnement ou de santé publique seraient en jeu, cette exception n'était pas acceptée par plusieurs États.

En regard de cela, en revanche, le principe selon lequel des normes nationales différenciées selon l'activité d'une entreprise ou son lieu d'implantation constituaient par nature une discrimination entre investisseurs nationaux et étrangers était un soubassement essentiel du système proposé. Et il était énoncé que toute modification des législations nationales privant l'investisseur de tout ou partie de ses bénéfices devait s'analyser en une expropriation. Ce type de clause est connu, et l'on connaît ses effets dans le cadre de l'ALENA. En juillet 1998, le gouvernement canadien a été obligé de lever son interdiction de l'importation d'essence contenant un additif toxique, le MMT, car la société américaine Ethyl Corporation, unique producteur, avait engagé une procédure judiciaire et réclamait 250 millions de dollars. Le Canada a été obligé de transiger et a accepté la levée de l'embargo plus le paiement d'une indemnité de 13 millions de dollars en échange de l'abandon des poursuites. Dans une autre procédure, 15 millions de dollars ont été réclamés au Canada en raison de l'arrêt des importations de PCB de novembre 1995 à février 1997, par une autre firme américaine, S. D. Myers... On comprend mieux, en fonction de ces éléments et en raison d'une forte mobilisation – en particulier relayée par internet (80) – au vu d'un rapport de C. Lalumière (81), qui n'était pas fondamentalement défavorable, mais soulignait l'impopularité du projet et ses insuffisances juridiques, que le gouvernement français ait annoncé son refus et le report des négociations le 4 décembre 1998.

BIBLIOGRAPHIE ADDITIONNELLE INDICATIVE

C. Imperiali, *L'effectivité du droit international de l'environnement*, Économica-CERIC, 1998 ■ S. Maljean-Dubois (dir.), *L'effectivité du droit européen de l'environnement : Contrôle de la mise en œuvre et sanction du non-respect*, éd. La Documentation française, coll. « Monde européen et international », novembre 2000 ■ *L'outil économique en droit international et européen de l'environnement*, éd. La Documentation française, février 2002 ■ *Droit de l'organisation mondiale du commerce et la protection de l'environnement*, Travaux du CERIC, Bruylant, 2003 ■

■ (80) En particulier par l'intermédaire du site de l'organisation ATTAC, qui livre tous les documents existant sur les négociations commerciales multilatérales, dont ceux fournis par l'Observatoire mondial de la globalisation de Susan George (http://www.attac.org).

■ (81) C. Lalumière et J.-P. Landau, *Rapport sur l'Accord multilatéral sur l'investissement (AMI)*, rapport intérimaire au gouvernement français, ministère de l'Économie, des Finances et de l'Industrie, septembre 1998.

C. LONDON, *Commerce et environnement*, coll. « Que sais-je ? », 2001 ▪ M. PÂQUES, M. FAURE (dir.), *La protection de l'environnement au cœur du système juridique international et du droit interne. Acteurs, valeurs et efficacité*, éd. Bruylant, 2003 ▪ *adde* : S. MALJEAN-DUBOIS, « Sources du droit international de l'environnement », fasc. 146-10, *J.-Cl. Env.*

SECTION 2 LA PRISE EN COMPTE DE L'ENVIRONNEMENT ET LA CONSTITUTION

L'existence de sources internationales ou communautaires peut aider à l'émergence de normes nationales ; elle ne peut s'y substituer. Le système retenu en France marque les réticences à accepter l'émergence d'un droit nouveau.

Le droit « à un environnement écologiquement équilibré en tant que chose commune au peuple et en tant qu'élément essentiel à une saine qualité de vie » figure dans la Constitution brésilienne du 5 octobre 1988 (article 225) comme, en d'autres termes dans des constitutions occidentales (82). Ainsi, le texte portugais de 1976, dans son article 66, proclame que « chacun a droit à un environnement sain et écologiquement équilibré en même temps qu'il a le devoir de le défendre ». La Belgique a profité de sa dernière révision constitutionnelle, le 17 février 1994, pour introduire dans son article 23 le « droit à la protection d'un environnement sain » (83). Il en est de même des constitutions du Belarus, de la Bulgarie, de la Croatie, de la Pologne, de la république tchèque, de la Slovaquie, de la Slovénie, de la Turquie ; de même pour l'Ontario et le Québec au Canada, et les constitutions de l'Illinois, du Massachusetts et de la Pennsylvanie aux États-Unis. S'il est vrai que cette inscription ne résout pas, loin de là, tous les problèmes et n'empêche pas la destruction de l'environnement, elle revêt, à défaut d'être juridiquement effective, une importance symbolique importante. En France, les différentes majorités n'ont, avant 2005, jamais franchi ce pas, et ni la réforme d'une certaine envergure initiée le 30 novembre 1992 par le Président Mitterrand, ni celle menée par son successeur ne l'ont envisagé, alors qu'un certain nombre de propositions argumentées, formulées depuis longtemps (84), existaient, qui auraient pu fournir un sérieux point de

▪ (82) V., sur l'Italie et sur l'Espagne, D. AMIRANTE, *Dirito ambiantale e costituzione*, D. Franco Angeli, 2001 ; et D. AMIRANTE (dir.), *La forza normativa dei principi*, CEDAM, Milani, 2006. Sur la Suisse, v. A. FLUCKIGER, « Le développement durable en droit constitutionnel suisse », *Umweltrhct in der praxis*, Séminaire de l'ADE, 21 juin 2006, Berne.

▪ (83) F. OST, « Un environnement de qualité, droit individuel ou responsabilité collective ? », *in L'actualité du droit de l'environnement,* éd. Bruylant, 1995.

▪ (84) L'on mettra à part la position formulée en 1977 par E. FAURE, qui présidait alors une commission spéciale qui inscrivit dans une proposition de loi constitutionnelle un art. 10 consacrant un droit de l'homme à l'environnement, et le plaidoyer de J. Untermaier, v. réf. note suivante (J. Untermaier proposait pour sa part à l'époque la formulation suivante : « La République garantit à chacun le droit de vivre dans un environnement de qualité. Ce droit est exercé individuellement ou collectivement dans le cadre des lois qui le réglementent »).

départ (85). L'on remarquera par exemple que M. Barnier mettait en 1990 en premier rang de ses « cent propositions » l'inscription dans la Constitution d'un « droit de l'homme à l'environnement » (86).

Dans le concert des nations qui ont procédé à une constitutionnalisation du droit à l'environnement ou d'une partie du droit de l'environnement (87), ce retard français ne serait dû qu'à l'antériorité, et à la pérennité, du texte constitutionnel français. C'est une explication qui n'est que pour partie convaincante, et encore seulement si l'on prend garde de tenir compte de la difficulté des révisions constitutionnelles sous la Ve République.

Les réflexions fournies par la doctrine (88) constituaient des fondements légitimes et utiles à une entreprise de mise à niveau : de manière très démonstrative, J. Chirac a imposé une autre solution, à coup sûr plus médiatique – et cet aspect n'est évidemment pas anecdotique, car il a teinté la rédaction, comme toute la procédure. Une commission présidée par un scientifique reconnu et composée de personnalités de sensibilités divergentes, comptant très peu de juristes, a été préférée aux instances plus techniques ou politiques habituellement compétentes pour ces entreprises. Elle a tenu plusieurs réunions, développé un site internet, collecté des avis. Cette mise en œuvre du principe de participation a eu l'avantage de mettre sur orbite le principe de la constitutionnalisation de la matière environnementale. Mais elle a aussi généré bien des frustrations – en particulier de spécialistes soit du droit de l'environnement soit du droit constitutionnel qui ont pris du temps pour préparer puis participer aux différentes réunions ou conférences, sans retrouver bien souvent la moindre de leur suggestions dans le rapport final, ni a fortiori dans le texte très court issu des arbitrages très opaques qui ont abouti à la mouture finale.

Il ressort de cette première phase un texte composé de dix articles courts au contenu pour le moins prudent. Le fait le plus marquant est que si l'acceptation de la constitutionnalisation d'un droit à l'environnement est largement partagée, l'intégration du droit de l'environnement, à travers l'énoncé de ses principes, relève au mieux de la timidité et au pire de l'approximation, laissant un sentiment de vide au lecteur de la charte.

(85) V. J. UNTERMAIER, « Droit de l'homme à l'environnement et libertés publiques », *RJE* 1976, p. 329 ; A. KISS, « Peut-on définir le droit de l'homme à l'environnement ? », *RJE* 1976-1, p. 15 ; F. MÉLIN-SOUCRAMANIEN et J. PINI, « L'émergence d'un droit constitutionnel de l'environnement en France », *Les Cahiers du CNFPT* avril 1993, p. 41 et s. V., pour une étude plus récente, A.-M. COHENDET, « Vers la constitutionnalisation du droit de l'homme à un environnement équilibré », *20 ans de protection de la nature, Hommage à M. Despax*, PULIM, 1998, p. 251 et s.

(86) É. Balladur a repris cette proposition dans le cadre de sa campagne pour les élections présidentielles.

(87) V. C. CANS (dir.), « Le droit de l'homme à l'environnement en droit constitutionnel comparé dans les États de la Communauté européenne », *RJE* 4/1994, ou pour une présentation synthétique R. ROMI, « Droit à l'environnement », *in* D. CHAGNOLLAUD et G. DRAGO, *Dictionnaire des droits fondamentaux*, Dalloz, 2006.

(88) V. J. UNTERMAIER, « Droit de l'homme à l'environnement et libertés publiques », *RJE* 1976, p. 329 ; A. KISS, « Peut-on définir le droit de l'homme à l'environnement ? », *RJE* 1976-1, p. 15 ; F. MÉLIN-SOUCRAMANIEN et J. PINI, « L'émergence d'un droit constitutionnel de l'environnement en France », *Les Cahiers du CNFPT* avril 1993, p. 41 et s. ; A.-M. COHENDET, « Vers la constitutionnalisation du droit de l'homme à un environnement équilibré », *20 ans de protection de la nature, Hommage à M. Despax*, PULIM, 1998, p. 251 et s.

§ 1. L'ACCEPTATION DE LA CONSTITUTIONNALISATION DU DROIT À L'ENVIRONNEMENT

La France réussissant le tour de force de ne vraiment rien faire comme les autres États, que ce soit dans l'absence de reconnaissance comme, désormais peut-être, dans la reconnaissance, ce n'est pas exactement à une constitutionnalisation du droit à l'environnement que l'on assiste, ni d'ailleurs à une constitutionnalisation du droit de l'environnement.

A. LE CURIEUX DU VÉHICULE

C'est un peu des deux, et rien complètement. La formule retenue est le renvoi, par le biais de l'inscription dans le préambule de la constitution de 1958 du membre de phrase ainsi qu'aux droits et devoirs définis dans la Charte de l'environnement, à un document annexe sensé constituer le pendant moderne de la déclaration de 1789 et du préambule de la constitution de 1946. Elle présente l'avantage de fournir un texte qui puisse décliner un contenu ; en regard, elle a l'inconvénient évident de souffrir de ce mal moderne du droit qu'est la prolixité.

Elle est tout de même marquée par une maladresse d'origine : l'expression utilisée pour le désigner (« charte adossée à la Constitution ») est doublement malheureuse, étymologiquement d'abord (la Charte tournerait le dos à la Constitution, ce qui semble curieux) et politiquement (comme le soulignait G. Drago, le terme « charte » renvoie à une histoire constitutionnelle bien peu démocratique, et en tout cas pas à la tradition républicaine) (89). C'est pour le moins curieux s'agissant d'une « déclaration » dont il est ouvertement souhaité qu'elle vienne renforcer et moderniser la Déclaration des droits de l'homme et le préambule de la Constitution de 1946.

Mais il est vrai, même si l'on peut le regretter (90), que les modes d'écriture du droit, sa place dans la société, son abondance aussi, se sont mis au diapason d'une société devenue folle de communication : la quantité et le clinquant l'emportent sur la qualité et la discrétion de l'élégance. Jusque dans la production de la part d'imaginaire que l'on trouve dans toute tentative constitutionnelle, jusque dans la configuration littéraire du document suprême, les influences de cette modernité expliquent des dérives langagières qui constituent sans doute la négation de la part artistique du droit. L'annonce d'une révision n'est plus de l'ordre de la poésie, elle est de l'ordre du clip : elle en a donc la rapidité, l'élasticité et une certaine vacuité.

Il ne convient peut-être pas de s'arrêter à cela. Dans le fond, si futile que soit l'annonce commerciale, c'est la marchandise finale qui compte pour le consommateur : c'est la valeur du texte, ici donc, pour le citoyen. En conséquence, comme le

(89) G. DRAGO, « Principes directeurs d'une charte constitutionnelle de l'environnement », *AJDA* 26 janvier 2004, p. 133 et s.
(90) V. nos remarques sur le langage du droit, « Des mots et des images, libres propos sur l'impuissance publique du droit », *Mélanges Colson*, PUG, 2004, p. 81 et s.

signale P. Billet (91), il convient bien plutôt de retenir l'acception « pronominale de s'appuyer ».

Et il serait peu objectif d'oublier que la France est effectivement le premier pays à retenir une constitutionnalisation qui passe par une déclaration spéciale (92). Cet aspect novateur pose évidemment la question de la valeur constitutionnelle du texte.

Dans la mesure où le Conseil constitutionnel a accepté la pleine valeur constitutionnelle de la déclaration de 1789 et du préambule de 1946, l'on ne voit guère comment il ne le ferait pas pour la charte. Encore convient-il d'être prudent, car il n'est évidemment pas anodin que le Conseil ait refusé de « créer » ou de « découvrir » un objectif de valeur constitutionnelle ayant trait au droit à l'environnement : le refus le plus circonstancié ayant porté, fort significativement, sur le principe de précaution (93). De même, le doyen Favoreu n'avait pas manqué de souligner (94) que cette méthode rendait assimilable le droit à l'environnement avec des droits ineffectifs « consacrés » sensiblement de la même manière (comme le droit à l'emploi) et qu'il convenait de ne pas le rendre « directement invocable ».

L'énoncé précis en est d'autant plus important à considérer, évidemment. La mention de l'article 1er du projet de loi constitutionnel consacre « *le droit à une environnement équilibré et favorable à sa santé* » : Agathe Van Lang (95) critique cette référence à la santé et le caractère insuffisamment précis du mot « équilibré ». Il est vrai que l'on a du mal à comprendre comment l'environnement peut être défini en tant que tel sans une référence à la diversité biologique. Cette référence eut été plus mobilisatrice que ne le sera la référence à un « équilibre » que nul ne peut objectivement définir. À l'extrême, il n'y a pas d'environnement plus équilibré ni plus sain qu'un milieu stérile. Sans aller jusqu'à développer cet ordre de critiques radicales, il y a beaucoup à dire sur la référence à la santé.

Le droit de l'environnement intègre les préoccupations de santé publique (96). Au plan des techniques et des principes, la familiarité est également patente. Et à tout prendre la connexion du droit de la santé et du droit de l'environnement est devenue si intense qu'il n'est plus interdit, par exemple, de s'interroger sur de nouvelles pistes de réponses institutionnelles aux risques modernes, qui entérine l'intégration réciproque de ces deux domaines juridiques. Mais de là à fournir les repères nécessaires à la définition d'un droit objectif de l'homme à partir de cette référence à la santé, il y a un pas. On peut en être partisan par souci d'efficacité. La mobilisation citoyenne sur le terrain de l'environnement sera bien plus commode

(91) P. Billet, « La constitutionnalisation du droit de l'homme à l'environnement », *RJE* n° spécial 2003, p. 37.

(92) Y. Jegouzo, « La génése de la Charte de l'environnement », *RJE* n° spécial, préc., p. 31.

(93) Conseil constitutionnel, 27 juin 2001, n° 2001-446 DC, *Loi relative à l'IVG*, *JO* 7 juillet ; D. 2001, 2533, note B. Mathieu.

(94) Cité dans *Le Figaro*, 14 mars 2003 ; *contra*, v. A. M. Cohendet, préc., p. 65.

(95) *Droit de l'environnement,* Thémis, p. 24-25.

(96) V. par exemple à ce propos les différents articles publiés dans le numéro spécial de *Dr. env.* consacré à « Environnement et santé », juillet/août 2000, part. l'article, opposé aux vues défendues ici, de C. Cans, « Plaidoyer pour un droit de l'environnement moins anthropocentriste ». V. C. London, « Santé et environnement, des approches complémentaires ? », *LPA* 8 mars 2001 et surtout la note de X. Bioy, sous la décision (référé) par laquelle le CE semble refuser de considérer que le droit à la santé constitue une liberté fondamentale (8 septembre 2005) : « Le tabagisme est un domaine propice au développement de nouveaux principes relatifs aux libertés », *D.* 2006, n° 2, p. 124 et s.

par ce biais que par toute invocation de mère nature. Mais on sait que sur ce point il y a un net clivage au sein de la doctrine, et que ce mélange de genres fait l'objet de sévères critiques.

Elles n'auraient sûrement pas lieu d'être si les rédacteurs n'avaient laissé en chemin toute mention de la diversité biologique et la nécessité de sa protection et de sa promotion. La référence à la santé n'aurait alors été qu'un plus, un substitut ou un terme d'une alternative, l'approche du droit à l'environnement et sa définition pouvant se faire sans inconvénient pour la pertinence de la matière par une *double entrée* (santé et diversité biologique) (97).

Avec ce choix du terme polysémique et imprécis « équilibré », la référence la plus efficiente ne risque-t-elle pas d'être *de facto* celle à la santé ? Si c'était le cas, toute mobilisation sur la nature et particulièrement sur la protection de certaines espèces (le loup ?) ou de certains espaces (les marais ?) en serait rendue difficile !

B. LE RISQUE DU PILOTE

Le droit à un environnement sain et équilibré aurait pu, par ailleurs, être, peut-être isolément, inscrit dans le corps de la Constitution. Le Conseil constitutionnel aurait eu alors, seul, la capacité de donner ou de refuser un contenu à ce « droit ». Ce choix simple et fort aurait eu l'avantage de la concision, qui supposait aussi une confiance dans les juges que le législateur n'a manifestement pas. Il ne l'a d'ailleurs jamais eu à l'égard du Conseil constitutionnel.

La méthode de la « déclaration » a peut-être l'inconvénient de noyer le poisson, mais, en un sens, la prolixité aboutit aussi à reconnaître en la matière la force créatrice du Conseil. Comme on le verra en effet, les dispositions effectives de la charte n'ont pas un sens clair ni lourd, et il revient au législateur d'effectuer réglages et précisions – ou de n'en rien faire. Les interventions législatives feront l'objet d'un contrôle par le Conseil constitutionnel du respect de la charte, et donc, théoriquement du droit de l'homme à un environnement équilibré et qui ne nuise pas à sa santé. Et A. M. Cohendet a raison de souligner que, toujours théoriquement, ce contrôle devrait s'exercer sur toutes les lois, y compris celles qui ne traitent pas ou plus exactement pas directement de l'environnement. Cette interprétation relève d'une compréhension logique de la constitutionnalisation elle-même mais aussi de son contexte : l'exercice généralisé de ce contrôle serait une manifestation naturelle du principe d'intégration.

À titre principal, le contrôle portera sur les textes d'environnement *lato sensu*, y compris sur une éventuelle dérégulation. Le législateur devra veiller à maintenir une législation favorable à une concrétisation du principe, mais même s'il ne le faisait pas, comme le remarquent G. Drago ou A. M. Cohendet, tout ajustement d'un texte d'environnement devra faire l'objet d'un examen attentif de la part du Conseil constitutionnel, qui sera « contraint par la charte... ». « Chaque fois qu'il souhaitera modifier une législation... il ne pourra le faire que dans le sens de la réalisation de

(97) À laquelle il est permis de se demander si l'on ne devait pas y ajouter une troisième, par le biais du droit des générations futures, bien plus clair que le biais du développement durable.

l'un des objectifs définis par la charte » (98). C'est la fonction essentielle de ce qu'il convient d'appeler « l'effet cliquet » : reprenant ce qu'il a déjà fait pour les libertés universitaires, ou la liberté de la presse, il pourra et devra déclarer inconstitutionnelle toute abrogation de dispositions protectrices qui ne seraient pas assorties de nouvelles garanties équivalentes.

La seule réserve – mais elle est importante – que l'on puisse faire à ce constat vient de ce que tout cela est étroitement dépendant de la capacité du Conseil à intégrer la modernité du droit de l'environnement.

Dans sa pratique antérieure à la réforme constitutionnelle, le Conseil a bien validé (99) la modification du Règlement intérieur de l'Assemblée nationale par la résolution du 18 juin 1990 instituant une étude d'impact écologique des textes législatifs (100). Mais il n'a jamais relevé les violations de ce texte (101). Et il n'a jamais développé pour la protection de l'environnement un processus itératif comme celui qu'il a su articuler pour la protection de la santé publique par sa décision du 8 janvier 1991 sur le texte relatif à la lutte contre le tabagisme et l'alcoolisme. La connection entre environnement et santé le lui aurait rationnellement permis. Par ailleurs, dans sa décision n° 2000-441 du 28 décembre 2000 annulant les dispositions de la deuxième loi de finances rectificative pour 2000 étendant la TGAP (taxe générale sur les activités polluantes) à la consommation d'énergie intermédiaire, il se contente de valider sur le plan théorique le principe pollueur/payeur, mais c'est pour mieux légitimer l'énergie nucléaire, d'une manière assez catégorique qui tranche avec les discours très juridiques qu'il déploie en général.

Pourtant, à propos de la loi relative à la création du registre international français en matière maritime, il a pour la première fois examiné la conformité d'une loi à la charte de l'environnement. Les requérants invoquaient la violation de l'article 6 de la charte au motif que « le moins disant social, sciemment organisé, ne peut aboutir qu'au moins disant en matière de sécurité maritime ». Le Conseil a en l'espèce écarté leur argument en reprenant la formule de l'article 4 de la loi déférée. Ce dernier prévoit en effet que « les navires immatriculés seraient soumis à l'ensemble des règles de sécurité et de sûreté maritimes et de protection de l'environnement applicables en vertu de la loi française, de la réglementation communautaire et des engagements internationaux de la France ». C'est, au moins, un début.

Et, cela dit, le Conseil constitutionnel n'est pas la seule juridiction susceptible de tirer les conséquences de cette constitutionnalisation : ainsi doit-on remarquer l'ordonnance rendue par le TA de Châlons-en-Champagne le 29 avril 2005. Il ne s'agit certes que d'un jugement rendu en formation de juge unique, mais il revêt une certaine importance symbolique : partant du principe que le droit à un environnement sain a été érigé en liberté fondamentale, le juge des référés considère qu'un

(98) G. Drago, *op. cit.*, p. 135

(99) Décision du 90-276 du 5 juillet 1990 *JO* 7 juillet 1990, p. 8051, v. T. Renoux, chron. constit., *Rev. française de droit constitutionnel*, 1990, n° 4, p. 727.

(100) Qui énonce que les rapports sur tout « projet ou... proposition de loi dont l'application est susceptible d'avoir un impact sur la nature », doivent comporter « ... en annexe un bilan écologique, constitué d'éléments d'information quant aux incidences de la législation proposée notamment sur l'environnement, les ressources naturelles et les consommations d'énergie ».

(101) M. Prieur a montré comment le législateur avait contourné sciemment lors du vote de la loi sur les déchets radioactifs : *in RJE* 1/1992, p. 19.

préfet a porté une atteinte grave et manifestement illégale en autorisant qu'une *rave-party* se tienne dans une zone abritant des espèces d'intérêt communautaire, classée en zone naturelle d'intérêt faunistique et floristique, désignée au titre de la directive de 1979 sur les oiseaux et destinée à être intégrée dans le réseau *Natura 2000*. Le fait est cependant que cette *rave-party* s'est déroulée, subissant les foudres de chenilles processionnaires apparemment plus redoutables que le juge administratif, dont on peut ainsi mesurer certaines limites (102).

On notera que le Conseil d'État (103) dans deux espèces du 19 juin 2006 (v. notamment *Association eaux et rivières de Bretagne* – req. n° 282456) a pour la première fois vérifié la compatibilité d'un arrêté avec la charte. Mais on notera aussi, finalement de manière très classique, qu'il refusera que la charte puisse être invoquée dès lors qu'une loi postérieure à la charte semble mettre en œuvre les articles 1, 2 et 6 du texte, position qui peut à certains égards être critiquée (104).

Il est à cet égard et par ailleurs significatif que la rédaction de la charte marque un refus de constitutionnaliser les principes du droit de l'environnement.

§ 2. LE REFUS DE LA CONSTITUTIONNALISATION DU DROIT DE L'ENVIRONNEMENT

Quand on considère en effet les articles 2 à 10 du projet, la musique que dégage le texte n'a rien de solennel.

Soit elle ne porte pas, les principes énoncés n'ayant aucune juridicité : les instruments sont là, mais les notes ne sont que des mineures, laissant le choix entre dissonance et tristesse, devant une écriture faible et sans même d'énergie joyeuse.

Soit la musique est là, mais son support n'est pas réellement constitutionnel : l'orchestration constitutionnelle renvoie à une instrumentalisation législative, ce qui la rend partiellement inaudible, surtout quand les premiers violons sont des seconds couteaux.

A. UNE MUSIQUE SANS PORTÉE

On remarquera – sans s'appesantir car ces critiques ont maintenant été largement faites – que certains énoncés n'auront une valeur juridique qu'au prix d'un singulier effort de conceptualisation du Conseil constitutionnel : ainsi de l'énoncé selon lequel « L'éducation, la formation et l'information en matière d'environnement sont nécessaires au libre exercice de ce droit et au plein accomplissement de ce devoir ». La Commission nationale du développement durable le préconisait dans sa contribution *Au nom du vivant* de décembre 2003, mais personne n'en a rien su car le

(102) V. note H. Groud et S. Pugeault, *AJDA* 27 juin 2005, p. 1358-1360.
(103) *AJDA* 2006, p. 1303, brève de M. C. de Montecler.
(104) V. Chronique générale de jurisprudence administrative française, C. Landais et F. Lenica, *AJDA* 11 septembre 2006, p. 1584 et s.

gouvernement n'a en réalité donné aucune suite. Et on accordera que la constitutionnalisation de ce principe n'est pas plus de nature à garantir l'inscription des crédits nécessaires dans la loi de finances ou la mise en place effective de cycles, de diplômes ou d'enseignements que ne l'a été l'inscription du droit au travail dans un autre texte...

Le même pessimisme est de mise pour ce qui concerne l'énoncé de l'article 9. Inscrire dans la Constitution que « La recherche et l'innovation doivent apporter leur concours à la préservation et à la mise en valeur de l'environnement », c'est comme inscrire le bonheur suprême au fronton de la Convention. La confusion entre principes juridiques et lignes directrices de nature éthique et politique est totale. Comme on l'a dit, il n'est pas insupportable, dans un texte constitutionnel, qu'un usage politique et conscient de cette confusion soit fait. Encore faut-il que cela apporte du feu, et que pour cela la déclaration soit crédible. Ce n'est à l'évidence, dans le contexte de la recherche que l'on connaît, pas le cas.

Le principe de l'article 6 du projet a une rédaction apparemment moins inutile, mais on a déjà dit ses limites *supra*, page 10. Et la rédaction en est curieusement chantournée.

Pour des raisons différentes, l'article 10 (« La présente charte inspire l'action européenne et internationale de la France ») n'aura pas non plus une grande portée. D'une part, les prérogatives du Président de la République en matière de politique étrangère ne devraient pas en être bousculées par cela, et le Conseil se refuse à juger de la conventionnalité d'une loi. D'autre part, et en sens inverse, le Conseil n'a pas attendu la charte pour interpréter la Constitution de manière compatible avec les obligations internationales ou européennes de la France, et la France n'a donc pas les moyens juridiques de ne pas respecter les normes internationales ou les dispositions du traité, autrement plus précises et audacieuses que celles à peine effleurées par la charte (105).

B. UNE PORTÉE SANS MUSIQUE

Dans la version adoptée par le Parlement, seul le principe de précaution apparaît comme un « principe sous la forme édulcorée d'un énoncé d'obligation d'action pour les autorités publiques dont la portée doit être précisée par le législateur » : l'article 5 énonce que : *« Lorsque la réalisation d'un dommage, bien qu'incertaine en l'état des connaissances scientifiques, pourrait affecter de manière grave et irréversible l'environnement, les autorités publiques veillent, par application du principe de précaution, à l'adoption de mesures provisoires et proportionnées afin d'éviter la réalisation du dommage ainsi qu'à la mise en œuvre de procédures d'évaluation des risques encourus ».*

On notera d'abord que dès la confection du rapport de la Commission Coppens une vraie constitutionnalisation du principe de précaution était mal partie.

(105) M. A. Cohendet, *op. cit.* p. 63.

La Commission (page 38 du rapport) signalait que la formulation *« " principe de précaution " n'est pas retenue, pour ne pas donner à cette disposition la portée d'un principe matériel, alors que l'exigence d'une démarche de précaution implique en premier lieu la mise en œuvre de procédures de recherche et d'évaluation et, s'il y a lieu, dans l'attente de leurs résultats, des mesures adaptées. Il s'agit surtout d'une approche de l'action en situation d'incertitude, dont les conditions doivent être définies et précisées par la loi »*. Il était précisé un peu plus loin que, si le principe est en définitive quand même retenu, *« il ne s'agit pas nécessairement, au contraire de la définition actuelle du code de l'environnement, de mesures pour " prévenir le risque ", ce qui constitue une obligation de résultat beaucoup trop lourde »*.

Il n'est donc pas étonnant que l'application de ce principe en soit « retenue » par l'exigence de ce que le risque affecte de manière « grave et irréversible » l'environnement. L'importance du « et » est évidente.

Importante d'abord parce qu'elle confirme la réserve entretenue par le droit français, en regard par exemple de la formulation internationale. Importante aussi parce que, même ainsi bridée, la définition de la mise en œuvre du principe par la constitutionnalisation risque d'aboutir à un plus grande limitation encore : un certain nombre d'amendements présentés a illustré la sévérité du rejet par un certain nombre de parlementaires (106), rejet bien imparfaitement compensé par les amendements visant à adjoindre au mot environnement une mention de la santé qui aligne l'énoncé constitutionnel sur la pratique des jurisprudences française et européenne (107). Importante enfin parce que les rédacteurs ne renvoient pas ici au législateur – et c'est exceptionnel – et qu'ils ne visent que les autorités publiques. Il n'est donc pas tout à fait exact que le principe soit consacré comme une « norme autoportante » (108), ou, plus exactement, il ne l'est que médiatisé par une intervention publique.

L'énoncé de l'article 7 (109) constitutionnalise certes un droit à l'information et un droit à la participation, mais on remarquera que, d'une part, cela n'ajoute rien à la situation législative en vigueur (110) et que d'autre part, cet accès à l'information ne vaut que pour les informations des autorités publiques. La participation, sa définition et la portée de l'obligation de la prévoir font également l'objet d'un renvoi au législateur.

Quant à la portée de la série de devoirs énoncée par le texte, elle est soit limitée par l'expression très générale retenue, soit relativisée par un renvoi de la concrétisation de la mise en œuvre au législateur. Ainsi, si l'article 2 énonce que *« toute personne a le devoir de prendre part à la préservation et à l'amélioration de*

(106) V. particulièrement l'amendement à l'AN présenté par M. Gonnot, visant à remplacer le mot « irréversible » par le mot « définitif ».

(107) Mais qui dans le même temps, prennent le parti de préciser que ce principe s'exerce dans le cadre défini par la loi.

(108) L. Baghestani-Perrey, « La constitutionnalisation du principe de précaution dans la charte de l'environnement ou la consécration d'un principe à effet direct », *LPA* 30 juillet 2004.

(109) « Toute personne a le droit, dans les conditions et les limites définies par la loi, d'accéder aux informations relatives à l'environnement détenues par les autorités publiques et de participer à l'élaboration des décisions publiques ayant une incidence sur l'environnement »

(110) V. R. Romi, « Le droit de l'information en matière d'environnement », fasc. 657, *J.-Cl droit de la presse et des médias*, 2002, mise à jour 2007.

l'environnement », bien évidemment, cette obligation n'a pas d'autre valeur que programmatique, puisqu'à l'évidence on ne voit guère de chances qu'émerge une quelconque sanction juridique d'une éventuelle « non-assistance » à environnement en danger ! Et, surtout, si l'article 3 énonce que *« toute personne doit contribuer à la réparation des dommages qu'elle cause à l'environnement, dans les conditions définies par la loi »*, il ne s'agit à l'évidence pas d'une consécration ni, a fortiori, d'une précision du principe pollueur / payeur. Le devoir porte sur une contribution à la réparation, et non sur le paiement, des dommages que l'on cause. Cela a pu être interprété, peut-être justement, comme constitutif d'une volonté de limiter la portée du principe. Le renvoi au législateur produit le même effet, mais aussi et en plus un effet de hiérarchisation entre le principe de précaution, directement défini par le constituant, et les autres principes définis par le législateur. Il est vrai que quand on considère la rédaction restrictive de la formule constitutionnelle retenue pour le principe de précaution, ce n'est évidemment pas sûr que les tenants du principe pollueur/payeur y aient perdu beaucoup...

BIBLIOGRAPHIE ADDITIONNELLE INDICATIVE

X. BIOY, « L'environnement, nouvel objet du droit constitutionnel ou : qu'est-ce que "constitutionnaliser" ? », *in Les nouveaux objets du droit constitutionnel*, Presses de l'Université des Sciences sociales de Toulouse, sous la direction de H. ROUSSILLON et X. BIOY, 2005 ▪ O. CARTON, De l'inutilité d'une constitutionnalisation du droit de l'environnement ? », *LPA* 2 septembre 2005 ▪ Numéro spécial de la *RJE*, 2003, sur la charte de l'environnement.

SECTION 3 LES RÔLES DÉVOLUS AU POUVOIR LÉGISLATIF ET AU POUVOIR RÉGLEMENTAIRE

Dans la mesure où l'article 34 de la Constitution réserve au législateur la matière des « principes fondamentaux de la propriété » et celle des « garanties fondamentales accordées aux citoyens pour l'exercice des libertés publiques », le rôle premier revient indéniablement, pour ce qui concerne le droit de l'environnement au Parlement : organiser une législation limitatrice de l'emploi de ressources, instituer une protection de territoires, limiter la liberté de commercer des dépouilles d'animaux protégés, imposer la réduction de rejets polluants sont autant de remises en cause de l'étendue du droit de propriété ou de libertés fondamentales (liberté du commerce et d'industrie, liberté d'aller et de venir, etc.). Mais ce n'est pas inutilement que la constitutionnalisation du droit à l'environnement vient le rappeler.

Car s'il est logique qu'à première impression le droit de l'environnement paraisse être un droit dont les sources ont fait l'objet d'une « légalisation » (111), cette impression, sans être vraiment fausse, mérite d'être sérieusement nuancée. Il est vrai que l'évolution du droit de l'environnement a été et demeure rythmée par des lois (de la loi de 1976 sur la protection de la nature à sa réforme en 1995 en passant par les lois *Montagne* et *Littoral*, la loi sur l'eau, la loi sur les déchets...). Mais, d'une part, le Conseil constitutionnel a souvent admis que des problèmes fondamentaux sont du domaine réglementaire : ainsi de la désignation de l'autorité compétente pour autoriser des rejets dans les eaux (112). D'autre part et surtout, le renvoi par le législateur à des textes réglementaires d'application est systématique (113) et laisse le soin à ceux-ci de nuancer les ardeurs de la loi en en livrant une conception qui, le plus souvent, s'avère restrictive.

L'abondance des textes, au total, s'avère être l'élément le plus surprenant. S. Charbonneau (114) parlait déjà en 1976 à ce propos de « pollution réglementaire ». L'expression n'est pas imméritée ni infondée, qu'elle soit considérée au sens large (incluant les normes législatives et réglementaires : un auteur a pu, dans le cadre d'un travail sur la codification (115), trouver des dispositions intéressant l'environnement dans huit codes constitués (116)), ou au sens étroit (n'incluant que les normes réglementaires).

En conséquence, le problème de la codification mérite en droit de l'environnement une attention particulière : il n'existait pas avant l'ordonnance du 18 septembre 2000 de codification des textes touchant à l'environnement, quoique Dalloz ait édité une collection commentée par le professeur J. Lamarque, sous le titre de *Code de l'environnement*. Le livre II du Code rural consacré à la protection de la nature ne pouvait en faire office.

Brice Lalonde, dans le droit fil de ce que prévoyait le Plan national pour l'environnement, a dans un premier temps mis en place un groupe *ad hoc* qui a amorcé une réflexion sérieuse sur sa faisabilité et sur les avantages et inconvénients qu'elle présenterait. Il en ressortait que les « dangers d'une codification du droit de l'environnement par morceaux » rendaient nécessaire une approche sur le long terme, qui devrait prendre garde à intégrer le droit pénal de l'environnement comme les dispositions européennes communautaires – ce que fait par exemple le projet allemand – mais aussi les dispositions internationales. M. Prieur, dans le rapport de synthèse de cette recherche, préconisait pour cette raison une codification législa-

(111) F. Mélin-Soucramanien et J. Pini, « L'émergence d'un droit constitutionnel de l'environnement en France », *Les Cahiers du CNFPT* avril 1993, *op. cit.*, p. 42. V. aussi le numéro spécial de la *RJE* 2003.

(112) Décision du 7 novembre 1973, n° 73-78, rec. p. 41.

(113) Ce qui aboutit à des effets pervers notables si le pouvoir réglementaire est tenté de ne pas adopter ces textes : ainsi, par exemple, la loi de 1976 prévoyant un décret pour préciser les modalités de l'exigence d'une étude d'impact, le pouvoir réglementaire a pu impunément différer l'entrée en vigueur de l'exigence ; ainsi, la protection des espaces fragiles du littoral supposait la livraison par le pouvoir réglementaire d'une définition de ces espaces : on l'a attendu longtemps. L'on pourrait donner bien d'autres exemples...

(114) « L'État et le droit de l'environnement », *Esprit* octobre 1976, p. 399.

(115) P. Billet, dans le cadre des recherches sur la codification conduites par M. Prieur à la demande du SRETIE en 1991.

(116) Codes de la voirie routière, du domaine de l'État, forestier, rural, de la route, des impôts, des communes, des douanes.

tive, plutôt qu'une codification administrative qui ne serait, pour reprendre son expression sévère mais vraisemblablement juste, qu'une « codification à la sauvette ». Sur le point de savoir si cette codification devait se faire à droit constant ou pas, des désaccords subsistaient. Un projet de loi relatif à la partie législative du Code de l'environnement a été déposé sur le bureau de l'AN et mis en distribution le 27 février 1996 (doc. AN n° 2583). Le choix a été fait de réunir les « textes qui tendent, exclusivement ou principalement, à la protection de la qualité des milieux naturels et à prévenir les atteintes que les activités humaines sont susceptibles d'y apporter » (exposé des motifs, p. 3), et n'apportait que des « adaptations mineures » aux énoncés intégrés. Mais dans le même temps, un projet de loi d'harmonisation avait été déposé, ce qui semblait refléter, sur ces points, une absence de choix clairs... C'est peut-être pour cela, mais aussi à cause du changement de majorité parlementaire que le projet initial n'a pas été débattu ni voté.

Le choix minimal a été finalement fait d'une *codification pour l'essentiel à droit constant*, par le biais d'une délégation du pouvoir législatif : l'ordonnance du 18 septembre 2000 (*JO* 21 septembre) en est le fruit imparfait, tout comme le décret du 1er août 2003 (117) qui a fait du livre II du Code rural le livre II du Code de l'environnement, constituant de manière subreptice sa partie « réglementaire » et encore récemment, de manière tout aussi discrète, le décret n° 2007-397 du 22 mars 2007 relatif à la partie réglementaire du Code de l'environnement et sa copieuse annexe.

BIBLIOGRAPHIE ADDITIONNELLE INDICATIVE

S. CAUDAL-SIZARET, *La protection intégrée de l'environnement en droit public français,* th. dact. Lyon III, 1993 ■ M. RÉMOND-GOUILLOUD, *Du droit de détruire,* PUF, coll. « Les voies du Droit », 1989.

(117) *JO* 8 septembre 2003.

CHAPITRE 2
LA PRISE EN COMPTE DE L'ENVIRONNEMENT DANS LE DROIT POSITIF INTERNE

La consécration de l'obligation de prise en compte de l'environnement est au moins nécessaire, en tant qu'elle introduit cette nécessité dans la hiérarchie des intérêts généraux que le droit se doit de traiter ou tout au moins de ne pas négliger. Il s'agit tout autant de créer l'amorce d'un *noyau dur de protection de l'environnement* – au sens large – que de travailler à l'intégration par toutes les politiques publiques et tous les agissements privés de cet impératif de protection (1).

La prise en compte de l'environnement par le droit ne date cependant pas vraiment, on l'a dit, de 1976. La lutte contre les pollutions et les nuisances, en particulier, fait l'objet de nombreux textes d'habilitation d'autorités de police dès 1810 (2), et les premiers textes concernant les installations classées sont bien sûr antérieurs à 1976 : il y a, pour reprendre l'expression de S. Caudal-Sizaret, « reconnaissance implicite » ou « reconnaissance partielle » d'un impératif. Mais elle souffrait de n'être ni claire ni surtout globale. Peut-être à la suite de la montée politique (pourtant toute relative) des écologistes après 1974, un projet de loi est déposé en 1975 qui conduit à l'adoption de la loi du 10 juillet 1976 relative à la protection de la nature (3) ; ce texte a le mérite de considérer les préoccupations d'environnement comme un tout... et d'en tirer quelques conséquences pratiques. Il constitue l'acte de naissance et encore aujourd'hui le socle symbolique et juridique du droit de l'environnement.

(1) V. S. CAUDAL-SIZARET, *La protection intégrée de l'environnement en droit public français*, th. dact., Lyon III, 1993.

(2) Décret du 15 octobre 1810 : v. th. S. CAUDAL-SIZARET préc., p. 79 et s. Ce décret ne se préoccupe principalement que des troubles olfactifs causés au voisinage, mais il concernait également les établissements causant de « graves inconvénients pour la salubrité publique, la culture et l'intérêt général ». La loi du 5 avril 1884 est plus radicale, et moins restrictive, puisqu'elle attribue aux autorités de police municipale une mission de sauvegarde de la tranquillité publique et de la salubrité publique sans s'arrêter aux limites inhérentes au décret de 1810.

(3) Pour les antécédents étrangers et le déroulement de la discussion, v. M. PRIEUR, *Droit de l'environnement,* Précis Dalloz, 1984, p. 87-88.

SECTION 1 L'OBLIGATION LÉGISLATIVE DE PRENDRE EN COMPTE L'ENVIRONNEMENT

Cette première législation globale était certes insuffisante. Sa seule existence ne compensait pas le fait que l'environnement ait beaucoup tardé à être considéré comme un « intérêt constitutionnellement protégé » (4) au même titre que la santé ou l'éducation. Mais il revenait au législateur d'énoncer au moins, si l'on peut dire, un nouvel « intérêt public ». L'article 1 de la loi de 1976 a fixé – c'était bien mieux que rien – que « la protection des espaces naturels et des paysages, la préservation des espèces animales et végétales, le maintien des équilibres biologiques auxquels ils participent et la protection des ressources naturelles contre toutes les causes de dégradation qui les menacent sont d'intérêt général ».

La loi initiée par M. Barnier a repris en 1995, en la formulant mieux, cette conception. Le nouvel article L. 200-1 du Code rural issu de ce texte – devenu l'article L. 110-1 du Code de l'environnement (5)) place le droit de l'environnement sous le signe du *développement durable.* C'est d'autant plus remarquable que la loi n° 95-115 du 4 février 1995 d'orientation pour l'aménagement et le développement du territoire (*JO* 5 février, p. 1973 et s.), qui ajoute à la notion et à l'expression d'« aménagement du territoire » celle de « développement » (6), use également de l'expression « développement durable » dans la définition de l'aménagement du territoire.

(4) V. notre introduction. Le Conseil constitutionnel s'est certes penché sur des textes touchant l'environnement, mais a eu surtout à trancher de problèmes de répartition des compétences entre pouvoir réglementaire et pouvoir législatif.

(5) « Les espaces, ressources et milieux naturels, les sites et paysages, les espèces animales et végétales, la diversité et les équilibres biologiques auxquels ils participent font partie du patrimoine commun de la nation. Leur protection, leur mise en valeur, leur restauration, leur remise en état et leur gestion sont d'intérêt général et concourent à l'objectif de développement durable qui vise à satisfaire les besoins de développement des générations présentes sans compromettre la capacité des générations futures à répondre aux leurs ». Version qui remplace l'art. 1 de la loi de 1976 qui fixait que « la protection des espaces naturels et des paysages, la préservation des espèces animales et végétales, le maintien des équilibres biologiques auxquels ils participent et la protection des ressources naturelles contre toutes les causes de dégradation qui les menacent sont d'intérêt général ». Il faut relier le nouvel énoncé avec celui de l'art. 1er de la loi du 7 juillet 1982 qui énonce que « les communes, les départements et les régions règlent par leurs délibérations les affaires de leur compétence. Ils concourent avec l'État à l'administration, à l'aménagement du territoire, au développement économique, social, sanitaire, culturel et scientifique ainsi qu'à la protection de l'environnement et à l'amélioration du cadre de vie ». L'art. 35 de la loi du 7 janvier 1983 (art. L. 110 du Code de l'urbanisme), qui dispose que « le territoire français est le patrimoine commun de la nation ; chaque collectivité publique en est le gestionnaire et le garant dans le cadre de ses compétences. Afin d'aménager le cadre de vie, de gérer le sol de façon économe, d'assurer la protection des milieux naturels et des paysages ainsi que la sécurité et la salubrité publiques et de promouvoir l'équilibre entre les zones urbaines et rurales, les collectivités publiques harmonisent, dans le respect réciproque de leur autonomie, leurs prévisions et leurs décisions d'organisation de l'espace » ne doit pas non plus être oublié. Enfin, la loi sur l'air ajoute aux éléments énoncés – après « paysages » – la « qualité de l'air ».

(6) Ce qui est en soi parlant, et critiquable en un sens : v. R. BRUNET, « Les mots pour le dire », *Pouvoirs locaux* octobre 1994, p. 80.

Le problème était de savoir s'il ne s'agirait là que d'un vœu pieux ou si naissait ainsi l'embryon d'un « droit à l'environnement », comme peut le laisser croire la rédaction de l'article L. 200-2. nouveau du Code rural issue de la loi *Barnier* devenu l'article L. 110-2 du Code de l'environnement : « Les lois et règlements organisent le droit de chacun à un environnement sain et contribuent à assurer un équilibre harmonieux entre les zones urbaines et les zones rurales. Il est du devoir de chacun de veiller à la sauvegarde et de contribuer à la protection de l'environnement. Les personnes publiques et privées doivent, dans toutes leurs activités, se conformer aux mêmes exigences. »

Depuis, dès avant l'inscription constitutionnelle de l'intérêt de l'environnement, la directive n° 2001/42 du 27 juin 2001 relative à l'évaluation des incidences de certains plans et programmes dans le domaine de l'environnement (7), qui complète la directive *Études d'impact* (8) en assurant une prévention en amont des prises de décision, a conduit le législateur français à aller plus loin dans la concrétisation de l'obligation de rendre en compte l'environnement... Les aménagements dangereux pour l'environnement découlent souvent de plans d'ensemble ; les travaux font l'objet d'une organisation programmatique. Il est donc très difficile de les faire évoluer après l'adoption du « moule » ainsi tracé. Et il est donc, théoriquement, plus efficace de procéder à une évaluation au stade de décision initial : celui du plan ou celui du programme. Le droit européen a incité la France à le faire. Les plans et programmes obligatoirement concernés sont ceux qui sont toujours susceptibles d'avoir « des incidences notables sur l'environnement ». Cette obligation, transcrite par ordonnance du 3 juin 2004, est susceptible de modifier notablement les pratiques, sinon les esprits (9).

En la matière, évidemment, beaucoup de choses dépendent du juge...

§ 1. L'AFFIRMATION ORIGINELLE : LA PRISE EN COMPTE PONCTUELLE

Le texte de 1976 énonce l'obligation de prendre en compte l'environnement à l'occasion de toute action ou décision publique ou privée risquant d'avoir un impact sur l'environnement. L'exigence d'une étude d'impact est la conséquence de cette affirmation (10). Le projet gouvernemental n'exigeait pourtant qu'un « respect des préoccupations d'environnement », et l'exigence d'une étude d'impact a une origine parlementaire. C'est peut-être pour cette raison que le décret d'application n'a été pris qu'avec quinze mois de retard, le 12 octobre 1977 (11) ; de plus, son entrée en vigueur a été fixée au 1er janvier 1978, ce qui a permis la

(7) *JOCE*, L. 197/30 du 26 juillet 2001.

(8) Dir. 85/337 du 27 juin 1985, *JOCE*, L. 175 du 5 juillet 1985 modifiée par la dir. n° 97/11 du 3 mars 1997, *JOCE*, L. 73 du 14 mars 1997.

(9) G. MICHEL, « La jurisprudence de la CJCE sur les plans et programmes en matière d'environnement », *REE* 1/2003, p. 3 et s.

(10) Et n'est nullement une spécificité française : v. A. C. KISS et Cl. LAMBRECHTS, « Les procédures d'étude d'impact en droit comparé », *RJE* 1976, p. 239.

(11) Ce qui augurait mal de la réalité du changement de mentalités dans les hautes sphères administratives. Il est vrai que le retard des textes d'application est une tradition bien française, qui sévit

réalisation sans études d'impact de certaines installations lourdes (12). Le droit de l'environnement était mal parti !

Ce texte d'application réalise d'abord l'introduction dans des procédures déjà existantes de la préoccupation environnementale, par la création de ce que l'on appelle couramment une « mini-notice d'impact » (par exemple pour les POS – maintenant PLU). Il sera vérifié par la juridiction compétente, à tout le moins, que l'administration a pris en compte les préoccupations d'environnement (un rapport spécial devant le prouver) et que l'incidence sur l'environnement n'est pas trop grossièrement négative (13). Par ailleurs, il introduit une nuance entre « notice d'impact » et étude d'impact qui n'était pas contenue dans la loi (14). Sont soumis à l'exigence d'une notice les travaux figurant sur une liste limitative, pour lesquels les engagements financiers sont inférieurs au seuil fixé au-delà duquel il y a exigence d'une étude d'impact. Les modalités d'établissement en sont vagues, mais l'exigence et l'existence d'une notice peuvent au moins aider le juge compétent dans l'exercice de son contrôle. Le Conseil d'État a par exemple annulé l'autorisation relative à l'établissement d'un mini-barrage hydraulique au motif que la notice afférente ne contenait pas d'indications sur les conséquences sur la faune aquatique de la réalisation ni n'énonçait de mesures de protection (CE, 11 février 1983, *Coutras* (15)). Au fil du temps, il se montre de plus en plus rigoureux pour ce qui concerne le contenu des notices, particulièrement sur l'existence d'une réelle analyse de l'état initial du site (CE, 21 mai 1997, *Association haute tension charolais en Brionnais* ; CE, 4 juillet 1997, *Commune d'Héloup*, CJEG, 1997, p. 371-375, note F. Martin).

Les études d'impact à proprement parler sont mieux définies, plus organisées : le principe est que tous les ouvrages ayant quelque incidence (16) doivent être soumis à une étude d'impact.

Deux critères permettent de fixer si et quand une étude est nécessaire :

— *l'importance de l'incidence ;*

— *l'importance de la dimension des ouvrages.*

Ce texte primitif était surtout critiquable en ce qu'il dispensait de l'accomplissement de la procédure les travaux d'entretien, les grosses réparations, les travaux d'installation de réseaux de distribution, les travaux soumis à autorisation ou déclaration préalable, et enfin ceux accomplis dans le cadre d'une procédure d'urbanisme. Il précisait, pour quelques-uns des travaux, un seuil en deçà duquel

surtout en matière d'environnement, aujourd'hui encore. Il a fallu plusieurs années pour que certains décrets d'application de la loi *Littoral* de 1986 ou de la loi *Déchets* de 1988 soient adoptés, et l'on en attend encore certains pour la loi *Pêche* de 1984.

(12) Entre autres, les centrales nucléaires de Gravelines, Creys Malville, Flamanville.

(13) À ce propos, même si il a été émis à propos des seules études d'impact, le mot de J. CHAPUISAT (*AJDA* 1985, p. 238) résume bien les faits : il s'agit « plus d'un procédé d'autodiscipline que d'une procédure répressive ».

(14) Cf. B. LALONDE, « Un décret d'inapplication », *Le Monde* 16 octobre 1977 ; ceci dit, le CE ne l'en a pas annulé pour cela (CE, 30 janvier 1985, *AJDA* 1985, p. 382).

(15) Rec. 57. Cette affaire a connu un développement intéressant : CE, 31 mars 1989, *Dame Coutras*, *RJE* 4/1989, p. 455. L'État a en effet vu sa responsabilité engagée pour avoir délivré une autorisation malgré l'insuffisance de la notice d'impact.

(16) Sur les milieux naturels, selon la loi, mais le décret parle d'incidence sur l'environnement...

l'étude d'impact n'était plus requise (17). Plus grave : le décret fixait un seuil financier en deçà duquel l'étude n'était plus exigée : 6 millions de francs (soit 914 694 €). Il s'agit là, selon l'expression de M. Prieur, d'une « dispense générale à caractère financier qui semble aller à l'encontre de la volonté du législateur ». Elle n'est pas de fait vraiment générale, car sont soumis sans condition de coût ou de dimension à l'exigence d'une étude des opérations considérées comme en – elles même dangereuses pour l'environnement, comme les travaux d'exploitation de mines, les aménagements de stockage souterrain de gaz, d'hydrocarbures ou de produits chimiques, les installations classées soumises à autorisation, les centrales nucléaires, les défrichements soumis à autorisation, les remembrements. Il n'empêche que, dès l'origine, le champ de l'exigence est réduit et que l'appréciation du juge importait beaucoup : l'on pouvait, par exemple, espérer au moins que les juridictions administratives se montreraient strictes en ce qui concerne l'évaluation du seuil financier. Certes, le décret (article 3) précisait qu'en cas de réalisation fractionnée de travaux, le montant à retenir est le montant global, mais il y avait là matière à interprétation. Si le Conseil d'État avait adopté fort heureusement une interprétation restrictive en matière de déclaration d'utilité publique (précisant que l'achat d'un terrain et son aménagement n'étaient pas dissociables (18)), il n'a pas toujours fait de même en matière d'étude d'impact, considérant par exemple que des opérations d'urbanisme entreprises dans le cadre d'une rénovation d'un centre urbain peuvent être « des opérations indépendantes les unes des autres » (CE, 20 janvier 1987, *Commune de Gif-sur-Yvette* (19)). Il y avait donc matière à perfectionnement.

La directive 85-337 sur les études d'impact posait par ailleurs, pour ce qui concerne la France, un problème gênant. Cette directive adoptée le 27 juin 1985 et entrée en vigueur le 3 juillet 1988 distingue dans une annexe 1 des projets qui doivent toujours faire l'objet d'une étude d'impact (20), des projets qui peuvent, quand les États « considèrent que leurs caractéristiques l'exigent » (21), en faire l'objet (22). Son article 6 pose l'obligation de consultation du public avant que le projet ne soit entamé, les avis alors recueillis devant être pris en compte lors de la décision finale ; l'article 9 précise que le public doit être informé de la décision prise, mais celle-ci n'a à être motivée que si la législation de l'État considéré l'exige. Ce n'est que fin 1989 que le Danemark, l'Allemagne, la région flamande de

(17) L'on peut citer par exemple les lignes à haute tension de moins de 225 kilovolts, ainsi que les barrages hydroélectriques d'une production inférieure à 500 kW, les terrains de camping et de caravaning de moins de deux cents places.

(18) CE, 21 janvier 1983, *Bayle*, *Lebon*, tables, p. 794.

(19) *AJDA* 1987, p. 430-431, note X. PRÉTOT. À noter : d'autres juridictions de rang similaire dans d'autres pays européens semblent sur ce point plus radicales, v. CE grec, 11 mai 1994, *WWF Grèce*, note M. HAIDARLIS, *Revue européenne de l'environnement,* 2/1997, p. 227-229. Et il arrive que le CE soit plus sévère : cf. à propos d'une base de loisirs, CE, 19 mai 1993, *Consorts Guerrier de Dumast*, *Lebon*, tables, p. 893.

(20) 9 seulement : raffineries de pétrole brut ; centrales thermiques d'au moins 300 MW ; constructions d'autoroutes, de voies rapides, d'aéroports, de chemin de fer ; installations chimiques ; installations d'élimination de déchets dangereux.

(21) Les États peuvent à cet égard fixer des seuils.

(22) Ce qui laisse une très large marge d'appréciation aux États ; cette marge devient d'ailleurs trop grande si l'on considère en outre l'art. 2.3. de la directive, qui prévoit que les États peuvent s'exempter de l'étude d'impact « dans des cas exceptionnels »...

Belgique ont opéré cette transcription, le Portugal ne l'a fait qu'en février 1990. L'Irlande pour sa part n'a opéré la transcription que par circulaires... Mais la France n'était pas en reste, car quelque peu en coquetterie avec l'esprit de la directive jusqu'à l'édiction du décret du 25 février 1993 (23) qui modifie le décret de 1977. Contrairement à ce que prévoit l'article 3 de la directive, les études d'impact ne prenaient pas en compte les effets sur les biens matériels et le patrimoine culturel. Par ailleurs, la procédure dite de « notice d'impact » ne permet pas au public d'être informé ni consulté avant l'adoption de la décision considérée, ni avant « que le projet soit entamé » comme l'exige l'article 6, § 2 de la directive pour les projets soumis à étude d'impact, mais il est vrai que le champ de l'exigence des notices d'impact couvre des domaines et opérations pour lesquels la directive n'exige pas d'étude d'impact : l'on peut donc dire que l'existence des notices d'impact est un « plus » par rapport aux exigences minimales de la directive... Il en était de même pour les études d'impact, lorsque les projets concernés ne sont pas soumis à enquête publique. Mais, en regard de ces éléments, l'absence d'un « résumé non technique » des données de l'étude ne paraissait pas conforme à la directive (24).

Le décret de 1993, sans modifier substantiellement la procédure originelle d'étude d'impact, réalise une harmonisation avec le contenu et l'esprit de cette directive. Le contenu des études d'impact est précisé et étendu (v. *infra*). Un *résumé non technique* est rendu obligatoire. Le décret prend en compte le problème du fractionnement (dans l'espace ou dans le temps) des travaux en précisant que « lorsque la totalité des travaux... prévus au programme est réalisée de manière simultanée, l'étude d'impact doit porter sur l'ensemble du programme. Lorsque la réalisation est échelonnée dans le temps, l'étude d'impact de chacune des phases de l'opération doit comporter une *appréciation des impacts de l'ensemble du programme* » (art. 2, *in fine*) (25). De même, « en cas de réalisation fractionnée, le montant à retenir est celui du programme général des travaux » (art. 3, I). Mais, dans le même temps, c'est vrai, le seuil financier d'exigence d'une étude d'impact est portée au double de l'ancien ce qui est évidemment à même de réduire l'intérêt de la réforme et de la procédure elle-même, et l'étendue des dispenses sérieusement augmentée.

Le seuil financier de droit commun avait été fixé en francs, et naturellement, on s'était, au moment du passage à l'euro, contenté de le « traduire ». Il est dorénavant fixé (décret du 23 août 2003) officiellement à « 1,9 million d'euros » au lieu de « 12 millions de francs »... il s'agit d'une revalorisation qui tient compte de la

(23) *JO* 26 février 1993.

(24) Même si l'on a pu dire dans certains milieux industriels que la directive européenne était correctement transcrite en France, du fait que le champ d'application de l'exigence d'une étude d'impact était plus étendu que ne le prévoyait l'annexe 1 de la directive de 1985 : c'est vrai, mais cela ne dispense pas, quand l'étude d'impact est exigée, d'appliquer les principes généraux énoncés pour toute étude d'impact par les premiers articles de la directive. Il ne faut pas confondre entre le champ d'application d'une exigence et les modalités d'une exigence. La directive européenne laisse aux États une marge d'appréciation pour ce qui concerne le champ d'application de l'exigence, mais dicte des principes applicables au champ déterminé par les États, au-delà du champ incompressible défini par la directive elle-même.

(25) On a vu que le TA de Pau avait en quelque sorte d'office transcrit cette obligation par une lecture extensive du décret de 1977, opérée à la lumière de la directive : outre les références déjà citées, v. O. LAMBERT, note sous TA, Pau, *RJE* 1993, 1, p. 91 et s.

sensible augmentation des prix depuis 1993... elle n'était simplement pas obligatoire, et maintenir le seuil à l'équivalent strict en euros des 12 millions aurait manifesté une volonté bienvenue d'étendre l'évaluation des impacts, plus conforme à l'air du temps, aux tendances du droit européen et à la logique internationale.

Cela dit, l'extension du champ de l'exigence d'étude d'impact est réalisée par *l'inclusion de plusieurs nouvelles rubriques*, dont les « travaux d'installation des ouvrages de production d'énergie éolienne dont la puissance maximum est supérieure à 2,5 MW » et les « projets d'affectation de terres incultes ou d'étendues semi-naturelles à l'exploitation agricole intensive portant sur une superficie d'au moins 50 hectares ». La première permettra de juguler les protestations et conflits que font naître quelques implantations d'éoliennes ici ou là, mais pourrait évidemment ne pas faciliter le développement de ces énergies alternatives. La seconde est beaucoup plus « écologiste » dans son esprit, puisqu'il s'agit d'évaluer les remises en culture intensive des terres délaissées.

Cela dit, quant au contenu, les études doivent, en l'état actuel du droit positif, comporter des parties obligatoires :

— *l'analyse de l'état initial du site ;*

— *l'analyse des effets sur l'environnement* (26) ;

— *les raisons du choix du projet* (27) ;

— *les mesures envisagées* et *l'estimation des dépenses ;*

— l'article 2 du décret y ajoute l'exigence d'une *déclaration d'intention sur les mesures de préservation de l'environnement.*

Le décret modificatif de 1993 précise que l'analyse des effets s'entend comme une analyse des effets « directs et indirects, temporaires ou permanents... et en particulier sur la faune et la flore, les sites et les paysages, le sol, l'eau, l'air, le climat, les milieux naturels et les équilibres biologiques, sur la protection des biens et du patrimoine culturel et, le cas échéant, sur la commodité du voisinage (bruits, vibrations, odeurs, émissions lumineuses) ou sur l'hygiène, la sécurité ou la salubrité publique ».

Il ajoute en outre une rubrique susceptible d'aider à apprécier le sérieux des quatre précédentes et à les mieux comprendre et utiliser : l'étude d'impact devra comprendre une « *analyse des méthodes utilisées* pour évaluer les effets du projet sur l'environnement mentionnant les difficultés éventuelles de nature technique ou scientifique rencontrées pour établir cette évaluation ».

(26) Y compris de ses effets à l'étranger : le TA de Strasbourg l'avait exigé dans une décision du 3 août 1989, *Province de Hollande septentrionale*, *RJE* 1990, p. 125 ; cette exigence figure, de manière limitée, dans le décret de 1993, mais pour les seuls États membres de la CEE (art. 4), et seulement dans certains cas : dans le cas où une demande d'autorisation d'un projet « est susceptible d'avoir des incidences notables sur l'environnement d'un autre État membre de la CEE, l'autorité compétente pour organiser l'enquête publique transmet le dossier au ministre des Affaires étrangères ». Cette obligation ne concerne donc que les hypothèses où l'exigence d'une étude d'impact se conjugue avec une obligation d'enquête publique. Et le ministre ne communique lui-même le dossier à l'État membre que s'il le demande.

(27) Ce qui ne signifie pas que la présentation des différentes variantes soit obligatoire : v. la jurisprudence citée par M. PRIEUR, « Étude d'impact et protection de la nature », *20 ans de protection de la nature, Hommage à M. Despax*, PULIM, 1998, p. 72.

La loi du 20 décembre 1996 sur l'air (v. *infra*) a ajouté (28) au septième alinéa de l'article 2 de la loi n° 76-629 du 10 juillet 1976 relative à la protection de la nature, après le mot : « engendreront », les mots : « *l'étude de ses effets sur la santé* », et après les mots : « dommageables pour l'environnement », les mots : « *et la santé et, en outre, pour les infrastructures de transport, l'étude d'impact comprend une analyse des coûts collectifs des pollutions et nuisances et des avantages induits pour les collectivités ainsi qu'une évaluation des consommations énergétiques résultant de l'exploitation du projet notamment du fait des déplacements qu'elle entraîne ou permet d'éviter* ».

À cela, le décret n° 2000-258 du 20 mars 2000 a expressément ajouté aux exigences de l'étude d'impact *une analyse des effets directs ou indirects sur la santé* (v. *infra*), et le décret n° 2003-767 du 1er août 2003 transcrit la convention d'Espoo en augmentant la *prise en compte des effets des projets français sur le territoire des États voisins :*

« Lorsque l'autorité compétente estime qu'un projet est susceptible d'avoir des incidences notables sur l'environnement d'un autre État, membre de l'Union européenne ou partie à la convention d'Espoo, ou lorsque les autorités de cet autre État en font la demande, cette autorité, sitôt après avoir pris l'arrêté ouvrant l'enquête publique, transmet un exemplaire du dossier aux autorités de cet État, en leur indiquant les délais de la procédure. Elle en informe au préalable le ministre des affaires étrangères ».

Le public et les juridictions voient ainsi mis à leur disposition, au moins théoriquement, un ensemble de données leur permettant de vérifier (toujours théoriquement) le respect des préoccupations d'environnement... ce qui constitue l'essentiel des conséquences de l'institution de cette procédure, car les effets juridiques directs en sont assez limités à une exception près.

L'article 2 de la loi de 1976 (29) prévoyait en effet que l'absence d'étude d'impact, quand elle est exigée, entraîne l'octroi automatique du sursis à exécution par les juridictions administratives, sans que les traditionnelles conditions quant au préjudice entrent en ligne de compte. À compter du 1er janvier 2001, l'article L. 122-2 du Code de l'environnement spécifie, ce qui est plus clair à tous égards, que le juge des référés prononcera dans ce cas la « *suspension* » *de la décision* (30). Reste à savoir à partir de quand il y a « absence d'étude d'impact » : le Conseil d'État s'est employé à préciser l'expression, épaulé par quelques tribunaux administratifs, mais il n'est pas sûr que l'interprétation dégagée soit suffisamment sévère pour rendre le système opératoire (v., pour le bilan contentieux de la loi de 1976, *infra*). Autant dire trop tard, souvent, l'annulation ne pouvant intervenir qu'alors que l'ouvrage est construit et l'atteinte irrémédiable ou difficile à réparer.

Cela dit, même si des doutes peuvent être exprimés dès un premier examen du texte de 1976 et de ses décrets d'application successifs quant à leur efficacité, celle-ci est difficile à apprécier. Il est au moins sûr que l'exigence d'étude d'impact a changé des choses, et avant tout l'état d'esprit de l'administration et du public. Il est au moins possible de jauger cette efficacité à travers l'examen de trois conséquences de l'institution de la procédure d'impact.

(28) Exigence intégrée dans l'art. L. 122-3.
(29) Art. L. 122-2.
(30) Soit celles énoncées à l'art. R. 96 du Code des tribunaux administratifs.

Les études d'impact, en premier lieu, *sont à même de faciliter le contrôle par le public.*

Évidemment, ce contrôle a des limites. D'abord, si l'opération considérée est soumise à enquête publique, l'étude d'impact fait partie du dossier soumis à l'enquête, le public peut donc en prendre connaissance avant la réalisation de l'opération... mais les limites de cette publicité sont celles inhérentes à la procédure d'enquête publique, examinées plus avant. Quand il n'y a pas enquête publique, la publicité de l'étude d'impact n'est en fait que postérieure à la prise de décision (31). Celle-ci doit alors mentionner l'étude d'impact, et le public peut en demander communication. Cette publicité pourtant insuffisante n'est pas assurée pour les notices d'impact. Études d'impact et notices deviennent, qu'elles accompagnent des décisions prises par des personnes publiques ou privées, des documents administratifs communicables au sens de l'article 1er de la loi du 17 juillet 1978 dès lors qu'elles sont transmises à l'administration ou qu'elles sont incorporées à un dossier administratif d'instruction. Elles deviennent par ailleurs communicables dès leur achèvement si elles ont fait l'objet d'une signalisation dans un bulletin officiel. Il y a donc progrès... mais modeste (32).

En second lieu, les études d'impact pourraient *permettre un contrôle par l'administration.*

L'article 7 du décret de 1977 a ouvert au ministre de l'Environnement un droit d'autosaisine sur toute étude d'impact, à travers l'Atelier central de l'environnement placé sous la tutelle de la Délégation à la qualité de la vie du ministère. Encore pour en user faudrait-il qu'il en soit informé... et pour cette raison le décret ouvre à toute personne le droit de le saisir. Le problème est que le ministre ne reçoit pas un droit de veto, mais seulement le droit de donner au ministre de tutelle ou concerné son avis, et le CE a jugé que cet avis n'avait aucun effet sur la décision finale (CE, *Association de défense de la qualité de la vie en Val-de-Loire* (33)). Seule mesure un peu plus rigoureuse : pour les opérations projetées dans les parcs naturels nationaux ou régionaux, l'avis du directeur du parc est requis (34). Le décret de 1993 (art. 6) réaffirme ce droit de saisine ou d'autosaisine, et précise – preuve, peut-être, que cela n'allait pas de soi, ce qui semble en dire long sur certaines pratiques administratives – que l'autorité compétente a quinze jours pour déférer à la demande de communication du ministre, qui a lui-même trente jours à compter de la réception pour lui donner son avis. Sauf les cas où une disposition législative oblige cette autorité à respecter un délai d'instruction précis, l'ouverture de l'enquête – si celle-ci n'est pas déjà intervenue – ou la prise d'une décision d'approbation ou d'autorisation sont différées d'autant (35). Il eût été bien préférable de donner un effet juridique à ces

(31) Une circulaire du Premier ministre en date du 12 octobre 1977 (*JO* 13 octobre 1977) émettait le vœu que les études soient dans ce cas communiquées au public avant toute prise de décision. Mais une réponse à une question écrite d'un sénateur (M. VALLON, *JO* Questions-Réponses Sénat, 30 juillet 1980) avait précisé qu'il ne s'agissait là que d'un vœu sans valeur contraignante. Le décret de 1993 n'a malheureusement rien modifié sur ce point.

(32) V. S. CHARBONNEAU, « Des résultats modestes pour les études d'impact », *Combat Nature,* août 1998, p. 48-50.

(33) *AJDA* 1982, p. 478.

(34) Art. 16 du décret.

(35) Et les délais d'instruction *ipso facto* prolongés (de deux mois au maximum).

avis en conférant au ministre une authentique capacité de blocage (36). La formule choisie ne constitue qu'un pis-aller (37).

Enfin et surtout, la procédure de l'étude d'impact facilite le *contrôle du juge,* et c'est de fait à travers le bilan contentieux (38) de cet aspect de la loi de 1976 (les autres étant évoqués dans nos développements ultérieurs) que l'on peut évaluer si l'impression première selon laquelle la loi de 1976 représente un tournant est exacte ou pas.

§ 2. LA TRANSCRIPTION DE LA DIRECTIVE PLANS – PROGRAMMES

Dans la directive *Plans – Programmes*, sont par exemple visés les plans et programmes prévus par la directive *Natura 2000* et ceux qui tracent le cadre des décisions concernés par les annexes I et II de la directive sur l'évaluation des impacts de 1985. Peuvent aussi être concernés ceux qui « fixent le cadre de décisions ultérieures d'autorisation de projets ». L'exigence est modulée selon l'incidence réelle, évaluée en fonction de critères énoncés dans l'annexe 2. Les textes qui sont de la compétence législative sont aussi concernés (article 4, 1), comme les décisions administratives. Les informations communiquées dans le cadre de la procédure d'évaluation sont énoncées de manière exhaustive dans l'annexe 1.

La liste ressemble à celle qui existe pour les études d'impact, y compris les incidences sur la santé humaine. La directive renforce également le droit à la consultation de la population. L'avis du public, qui doit autant que possible être recueilli participe du rapport final, et en même temps, la procédure permet au public d'être informé en temps utile pour influer sur la décision (39). Il est donc évidemment très significatif que ce texte ait été introduit dans le droit français.

Le texte de l'ordonnance du 3 juin 2004 (40) puis le décret n° 2005-613 du 27 mai 2005 pris pour son application (41) modifie la donne en énonçant que, pour les projets concernés, « Le projet de plan ou de document et le rapport environnemental sont adressés à l'autorité mentionnée au II au moins trois mois avant l'ouverture de l'enquête publique, le début d'une procédure équivalente de consultation du public prévue par un texte particulier ou le début de la procédure de mise à disposition du public prévue à l'article 5 du présent décret. L'avis est réputé favorable s'il n'est pas émis dans un délai de trois mois ».

Selon l'article 4 de ce texte, « Le rapport environnemental comprend :

(36) Qu'il peut posséder d'ailleurs pour de grands projets publics nationaux, par le jeu du refus du contreseing : tout dépend en la matière du décret d'attributions de compétences au ministre.

(37) Pis-aller que proposait, faute de mieux, M. Prieur, *in* « Le contrôle par le juge des études d'impact », *RJE* 1/ 1991, p. 23 et s., spéc. p. 29.

(38) V. sur le problème des études d'impact en France, M. Prieur, « Le contrôle par le juge des études d'impact », *RJE* 1/ 1991, p. 23 et s.

(39) Art. 6 de la directive.

(40) *JO* 5 juin 2004.

(41) *JO* n° 124, 29 mai 2005, p. 9523.

1° Une présentation résumée des objectifs du plan ou du document, de son contenu et, s'il y a lieu, de son articulation avec d'autres plans et documents visés à l'article 1er du présent décret et les documents d'urbanisme avec lesquels il doit être compatible ou qu'il doit prendre en considération ;

2° Une analyse de l'état initial de l'environnement et des perspectives de son évolution exposant, notamment, les caractéristiques des zones susceptibles d'être touchées de manière notable par le projet ;

3° Une analyse exposant :

– les effets notables probables de la mise en œuvre du plan ou document sur l'environnement et notamment, s'il y a lieu, sur la santé humaine, la diversité biologique, la faune, la flore, les sols, les eaux, l'air, le bruit, le climat, le patrimoine culturel architectural et archéologique et les paysages ;

– les problèmes posés par la mise en œuvre du plan ou document sur la protection des zones revêtant une importance particulière pour l'environnement telles que celles désignées conformément aux articles R. 214-18 à R. 214-22 du Code de l'environnement ainsi qu'à l'article 2 du décret susvisé du 8 novembre 2001 ;

4° L'exposé des motifs pour lesquels le projet a été retenu au regard des objectifs de protection de l'environnement établis au niveau international, communautaire ou national et les raisons qui justifient le choix opéré au regard des autres solutions envisagées ;

5° La présentation des mesures envisagées pour éviter, réduire et, si possible, compenser les conséquences dommageables du plan ou du document sur l'environnement et en assurer le suivi ;

6° Un résumé non technique des informations prévues ci-dessus et la description de la manière dont l'évaluation a été effectuée.

Le rapport environnemental peut se référer aux renseignements relatifs à l'environnement figurant dans d'autres études, plans ou documents ».

Ce rapport figure en principe dans tous les dossiers importants servant à l'information ou à la participation des citoyens, dont évidemment les enquêtes publiques. Il favorise donc une *évaluation globale* et permet une perception exacte des enjeux des choix proposés. On va, semble-t-il, plus loin que ne le permettent ou l'impliquent les évaluations précédemment organisées, qu'il s'agisse de l'étude d'impact ou des évaluations prévues par le Code de l'urbanisme. Les 4° et 5° – mais le 4° surtout – montrent des velléités d'inscription écologique de l'évaluation, qui doivent être confirmée par la jurisprudence. La circulaire du 12 avril 2006 adressée par la ministre de l'époque, Nelly Olin, aux préfets fait clairement état, malgré une grande prudence soulignée pour ce qui concerne l'influence et la nature des évaluations, de ce que le rapport est un moyen d'accroître la qualité réglementaire en assurant que les actes publics soient un moyen de respecter les objectifs des conventions internationales.

BIBLIOGRAPHIE ADDITIONNELLE INDICATIVE

Y. JEGOUZO, « L'évaluation des incidences sur l'environnement des plans et programmes », *AJDA* 16 novembre 2005, p. 2100 et s. ■ « Loi du 26 octobre 2005 portant diverses dispositions d'adaptation au droit communautaire dans le domaine de l'environnement », *Dr. env.* n° 134, décembre 2005 p. 293 et s., comm. Y. RAZAFINDRATANDRA et E. TRUILHÉ MARENGO.

§ 3. LE CONTRÔLE CONTENTIEUX DE L'OBLIGATION DE PRENDRE EN COMPTE L'ENVIRONNEMENT

Le contrôle du *respect des préoccupations d'environnement* est le plus limité.

Il n'est que très peu d'exemples de décisions du CE qui aille – sans le dire bien sûr – jusqu'à considérer l'opportunité d'un projet : la Haute Juridiction se contente dans la plupart des cas comme les tribunaux administratifs de vérifier s'il n'y a pas eu d'« erreur manifeste d'appréciation » (42). Le CE ne se montre plus audacieux que dans des contextes rares et très précis, mais sans jamais remettre en cause cette « autolimitation » qui lui fait préférer logiquement, en ce domaine comme en d'autres, un contrôle sur les formes à un contrôle sur le fond. Sous cette réserve, le Conseil d'État tient cependant compte de l'incidence réelle sur l'environnement des projets qui lui sont déférés, dans la mesure où il exigera plus de précision d'une étude d'impact si l'incidence est importante que si elle est mineure : mais ce contrôle de proportionnalité-là est bien imparfait en regard du contrôle qu'exerce en d'autres domaines la Haute Juridiction (43).

La juridiction administrative n'a pas fait preuve cependant d'une indifférence totale aux préoccupations d'environnement. En matière forestière, par exemple, si le Conseil d'État refuse de reconnaître que les mesures nécessaires à l'ouverture au public d'une forêt ne relèvent pas de l'accomplissement d'un service public (CE, 28 novembre 1975, *ONF c/ Abamonte*, *RDP* 1976, note Waline, p. 1051, et J.-M. Auby, *D.* 1976, J., p. 356), il n'en a pas moins considéré la même année qu'il existe une « *mission de service public de protection de la forêt, présentant un caractère administratif* » (CE, 3 mars 1975, *Courrière*, *AJDA* 1975, p. 240 : autorisation de coupes de bois dans une forêt domaniale d'État). Et l'on peut relever dans des conclusions de commissaire du gouvernement des formulations on ne peut plus claires sur ce sujet ; ainsi M. Théry (44) a-t-il pu relever que la forêt domaniale « est aussi un élément essentiel des équilibres climatiques ou hydrographiques, de l'environnement et de la qualité de la vie ». Ainsi encore (mais en l'espèce les conclusions ne sont pas suivies par le Conseil d'État), le commissaire du gouvernement Kahn a-t-il pu suggérer que les mesures de police de la chasse s'étaient muées en un « accessoire d'un plus vaste dessein », le service public de l'environnement (45).

En ce qui concerne *le contrôle sur les formes*, qui s'exerce désormais principalement à travers le contrôle des études d'impact, les juridictions administratives se montrent plus strictes, mais leur contrôle connaît également des limites critiquables.

(42) Pour un exemple, v. CE, 23 avril 1982, *Société pour l'étude et la protection de la nature en Bretagne*, *AJDA* 1982, p. 587 et s.

(43) V. S. Doumbé-Billé, note sous CE, *Min. de l'Industrie c/ FLEPNA*, *RJE* 1986, p. 281, avec les concl. Jeanneney.

(44) Concl. sous l'arrêt *Courrière*, cité par chron. Franc et Boyon, *AJDA* 1975, p. 233.

(45) V. S. Caudal-Sizaret, th. préc., p. 99. Concl. sous CE, Sect., 20 juillet 1971, *Bolusset*, *AJDA* 1971, p. 547, chron. Labetoulle et Cabannnes, p. 527, spéc. p. 529.

La jurisprudence s'accorde à accepter de considérer comme constituant des études d'impact des dossiers qui ne portent pas ce nom et ne s'oppose pas à ce que les renseignements nécessaires au titre de l'exigence d'une étude d'impact figurent en ordre dispersé dans plusieurs documents (46). L'absence d'étude d'impact alors qu'elle est exigée entraîne bien sûr l'illégalité de la décision contestée (47). Quant aux cas d'insuffisance d'études ou des notices, la jurisprudence est mesurée : l'arrêt *Coutras* (précité) montre que le CE entend exiger au moins que les notices soient assez étoffées (48). Les conséquences sur l'environnement doivent être envisagées de façon « sérieuse ».

Il exige plus des études d'impact : elles doivent satisfaire aux conditions fixées par le décret de 1977. Les juridictions sanctionnent le caractère trop sommaire des estimations et descriptions requises par l'annulation (49). Il suffira pour cela que l'insuffisance soit « substantielle » (50). Il pourra arriver exceptionnellement que cette insuffisance soit tellement substantielle que la juridiction l'assimilera à une absence, et pourra à ce titre accorder un sursis automatique (51) (v. ci-dessous). Cependant, le CE ne va pas aussi loin qu'on pourrait le penser, en particulier et d'abord sur le plan procédural, quand il considère que l'absence d'une étude d'impact, si elle n'est pas invoquée en première instance, n'est pas un moyen d'ordre public qui puisse être invoqué en appel ou soulevé d'office (52). Cela dit, une étude comportant des contradictions et des incertitudes sur la consistance exacte du projet sera refusée (53), de même qu'une étude qui date de trop et n'a pas fait

(46) CE, 23 avril 1982, *Association des propriétaires et exploitants sarthois*, cité par M. Prieur, *in* « Le contrôle par le juge des études d'impact », *RJE* 1991-1, p. 28.

(47) Car bien entendu, un recours contentieux ne peut être intenté que contre la décision dont l'étude d'impact est un support, pas contre l'étude elle-même, qui demeure une mesure préparatoire.

(48) La notice d'impact portant sur une usine hydraulique de 500 KV ne comportait pas d'indication sur les effets sur la faune aquatique. Le CE a, dans un second arrêt *Coutras* rendu le 31 mars 1989 (*Dr. env.* janvier 1990, p. 7, et *RJE* 1989, p. 455), déclaré partiellement responsable l'État qui avait accordé à la légère son autorisation pour la réalisation sans avoir vérifié la teneur de la notice. Par une décision du 28 juillet 1993, SARL Bau-Rouge (note Hostiou, *RFDA* mars-avril 1994, p. 323), le CE confirme que l'administration engage sa responsabilité sur la base de la faute en accordant des autorisations d'urbanisme sur la base d'études d'impact insuffisantes.

(49) V. pour une annulation significative, CE, *Decroix*, 29 juillet 1983, *AJDA* octobre 1983, p. 551, chron. Lasserre et Delarue, *idem*, p. 538-540.

(50) V. CE, *COGEMA c/ FRAPNA*, 7 mars 1986, *RJE*, 2-3 1986, p. 281. En l'espèce, pour une mise en service d'une mine d'uranium, l'étude d'impact ne comportait pas d'analyse assez précise du niveau de radioactivité ni des conséquences sur les équilibres biologiques de cette éventuelle mise en service ; elle ne comportait pas d'exposé des mesures de radioactivité.

(51) Mais cette hypothèse est rarissime : cf. CE, *Rondeau, Chemouny et Clavel*, 28-9-1984, *RJE* 1985, p. 330. Dans ce cas extrême, il s'agissait d'une autorisation préfectorale délivrée pour l'exploitation d'une porcherie, sur la base de fiches de renseignements comportant des éléments normalement présents dans une étude d'impact, mais sans étude d'impact. Le TA estimait que dans ce cas l'insuffisance de « l'étude » équivalait à une absence ; le CE annule le jugement, au motif qu'à l'exception du cas où, en raison de sa gravité, elle équivaut à une absence, l'insuffisance d'une étude d'impact ne permet pas de faire application de cette disposition législative (*id est* : l'art. 2 de la loi du 10 juillet).

(52) *Idem*. Il y a tout de même une évolution notable : une décision *Giordano*, CE, 29 janvier 1993 (*Gaz. Pal.* 30 juin 1993) a précisé que le moyen tiré de l'absence d'une étude d'impact à l'appui d'une demande de sursis à exécution fondée sur l'art. 2 de la loi de 1976 peut être soulevé pour la première fois en appel.

(53) CE, 4 mai 1988, *Sauveur Cardoso*, 4 mai 1988, *Quot. jur.* 31 décembre 1988, note Romi.

l'objet d'une actualisation (54), ou – mais plus rarement – qu'une étude d'impact qui ne comporterait pas d'estimation des dépenses correspondant aux mesures destinées à compenser les effets dommageables du projet sur l'environnement (55). Et même s'il subsiste une multiplicité dommageable des textes en matière d'étude d'impact, l'attitude de la jurisprudence traduit une harmonisation des exigences quant à leur contenu. La décision de la CAA de Nancy du 13 avril 2000, *Société routière et de dragages de l'Est*, par exemple, en est une bonne illustration : les prévisions des atteintes à la tranquillité publique susceptibles d'être causées par les augmentations de trafics des camions font l'objet d'une attention particulière de la part du juge, quels que soient les textes qui énoncent l'exigence de l'étude d'impact, comme c'est aussi le cas, par exemple, pour les nuisances sonores (56), pour les bruits, odeurs et nuisances lumineuses (57), ou, plus récemment, pour les pollutions atmosphériques (58).

Par ailleurs, dès avant 2002, (TA, Rennes, 14 octobre 1999, *Ameline*, req. 9901695 et 9901923), des tribunaux ont prononcé des sursis à exécution d'arrêtés d'autorisation qui n'avaient pas tenu compte de l'absence d'évaluation des impacts sur la santé dans l'étude d'impact. La circulaire DGS n° 2001-185 du 11 avril 2001 relative à l'analyse des effets sur la santé dans les études d'impacts, non publiée, est très précise sur ces sujets : l'évaluation des études d'impacts doit être menée par les DRIRE en collaboration avec les DASS, qui sont les mieux à même de mener les études sanitaires nécessaires. Les effets sur la santé doivent être abordés dans des chapitres thématiques (eau, air, sols, transports, déchets, etc.) et synthétisés dans un chapitre spécifique. La jurisprudence y est attachée (59).

(54) TA, Bordeaux, 22 octobre 1977, *Association pour la défense de Génissac*, *RJE* 1988, p. 163, note CHARBONNEAU.

(55) CE, 27 juillet 1988, *Alberdi*, *RJE* 1989, p. 179. TA, Nantes, 15 octobre 1992, *Association de défense du cadre de vie marsien*, concl. THOMAS, *RJE* 1-193, p. 101 et s. : dans cette dernière espèce, l'étude, entre autres carences, ne comportait pas d'analyse sérieuse de l'état initial du site, ni de chiffrage sérieux de la réduction des nuisances censée résulter des mesures de compensation prévues par le demandeur. Les conclusions du commissaire du gouvernement mettent en outre en relief le manque de fiabilité de ces mesures de compensation, eu égard au fait que le pétitionnaire travaillait seul sur l'exploitation. Les cours administratives d'appel, qui désormais se prononcent, semblent s'orienter vers une réelle sévérité sur ce point : v. CAA, Nantes, 28 mars 1996, *Manche Nature*, *Dr. env.* juin 1996 (à propos d'une piste de karting, la cour annule le refus de sursis de l'acte d'autorisation de travaux opposé par le TA, Nantes ; le problème était pourtant ici, sur ce terrain, très particulier. Car, de fait, la piste était achevée. On aurait donc pu craindre que la CAA estime que le préjudice ayant été réalisé, le sursis devenait inutile puisque sans objet. Cela n'a pas été le cas. On est donc en droit de se demander – comme les requérants – si le préjudice – que le sursis « sanctionne » en quelque sorte – n'est pas plus – ou au moins autant – constitué par la mise en fonctionnement de la piste que par les travaux). En revanche, l'inefficacité des mesures envisagées n'est pas « une circonstance de nature à faire regarder l'étude d'impact comme insuffisante », CE, 29 juin 1994, *Consorts Pierard*, req. n° 126.959.

(56) V. par exemple CE, 29 juillet 1994, *Dumont*, *RJE* 1995, p. 328.

(57) Et ce depuis plus longtemps encore, CE, 10 juin 1983, *Decroix*, *AJDA* 1983, p. 550, chron. jur. adm. LASSERRE et DELARUE.

(58) CAA, Paris, 16 mars 2000, *Association de défense et de sauvegarde de l'environnement de la Pomponette*, n° 97PA02510 : élargissement à deux fois trois voies d'une autoroute annulée en raison d'une étude d'impact insuffisante, en particulier parce qu'elle ne comportait pas d'analyse des effets du trafic en matière de pollution atmosphérique.

(59) Ainsi la CAA, Nantes, n° 98NT00484, *Association Authonaise pour la qualité de l'eau dans le canton*, 22 novembre 2000, a-t-elle validé l'étude d'impact produite à l'appui d'une demande d'autorisation d'une porcherie après avoir vérifié qu'elle précisait les niveaux en décibels de l'ensemble des bruits

Le sursis à exécution automatique – désormais transformé en référé, v. *infra* – pose des problèmes particuliers (60). Étant tout à fait « atypique » (61), parce que construit de manière dérogatoire sur l'exigence de la seule condition de fond d'une absence d'étude d'impact, il n'eût pu être que d'un emploi marginal par le juge pour peu que celui-ci ne développe qu'une conception restrictive du système. Cela n'a pas été le cas, le juge (62) ne se cantonnant pas à la seule appréciation d'une « absence matérielle » de l'étude d'impact. En dehors de l'absence totale, le juge considère – parfois – qu'il y a « absence » quand « l'étude jointe au dossier ne répond pas aux questions minima énumérées par le législateur de 1976 » (CE, *Commune de Roquevaire*, 29 juillet 1983 (63) et CE, *Rondeau et Chemouny*, *Ministre de l'Environnement c/ Cavel et Gillet*, 28 septembre 1984 (64)) et quand elle s'avère « extrêmement sommaire et imprécise » (65). En revanche, si l'étude n'est pas vraiment indigente, même s'il se pourrait qu'elle soit insuffisante, les juridictions refusent fréquemment le sursis et ne jugeront de cette insuffisance qu'avec le fond de l'affaire (TA, Strasbourg, *Association fédérative régionale pour la protection de la nature*, 26 septembre 1984 (66)). Et la jurisprudence considère en outre que l'absence d'étude d'impact n'est pas un moyen d'ordre public (67).

La modification de l'article L. 122-2, qui a remplacé à compter du 1er janvier 2001 le mécanisme du sursis « automatique » par un référé d'urgence (68) n'a pas modifié substantiellement la pratique jurisprudentielle, mais peut, au prix d'une plus stricte application, accélérer les décisions. Cela risque d'être au prix d'une moindre qualité, comme souvent quand il y a généralisation du juge unique.

Enfin, et surtout, il ne faut pas perdre de vue le fait que ces annulations – quand la suspension n'est pas accordée – n'interviennent qu'après (deux à trois ans souvent) que la décision ait été exécutée. C'est surtout pour cela que l'on peut mettre en doute le caractère idéal de cette procédure, qui peut certes aider les

pouvant provenir de l'exploitation, les périodes où ils seront les plus élevés, leur périodicité et les mesures prises pour les limiter, que l'analyse des niveaux sonores estimés de l'installation projetée était donc en conséquence suffisamment précise pour permettre d'en apprécier l'ampleur, que l'association requérante n'avait pas prouvé que eu égard à leur orientation, les vents dominants ne devraient pas avoir d'incidence sur la propagation des odeurs, seraient entachées d'inexactitude et que l'étude d'impact précise l'état des locaux, leur ventilation ainsi que les procédés d'épandage et les jours où il y sera procédé en tenant compte des vents dominants..

(60) V. R. Babadji, « Le sursis à exécution pour absence d'étude d'impact », *RJE* 1992, p. 313 et s.

(61) Comme le prouve R. Babadji dans son art. préc., p. 315 et s.

(62) Ou plus exactement : les juges. Car, comme le rappelle R. Babadji, « le sursis à exécution a souvent été une procédure qui a mis à jour une sorte de divergence entre les tribunaux administratifs, portés à un plus grand libéralisme dans son octroi, et le CE plus soucieux de protéger les prérogatives de l'administration ».

(63) *Lebon*, p. 353.

(64) *RJE* 1984, p. 330.

(65) TA, Rennes, 25 août 1989, *RJE* 1990, p. 113 ; *contra* : C. Huglo, *Gaz. Pal.* 17 novembre 1987, p. 11 et s.

(66) *RJE* 1985-1, p. 52, avec une note de J.-D. Raymond, p. 53-56.

(67) Ainsi, pour une carrière, CE, 23 novembre 1984, *Société des ciments français*, rec. p. 390, *AJDA* 1985, p. 164, note J. C.

(68) « Le juge administratif des référés, saisi d'une demande de suspension de la décision attaquée, y fait droit dès que cette absence est constatée. »

requérants à obtenir la reconnaissance du bien-fondé de leurs griefs (69), voire des réparations par des recours ultérieurs en responsabilité, mais ne peut en tout état de cause toujours aboutir à redresser les torts causés aux écosystèmes.

Les mêmes remarques peuvent être faites pour des procédures voisines.

Toute une série de novations du contentieux administratif est particulièrement importante en matière d'environnement :

— *astreintes ;*

— possibilité d'*injonction* (70) ;

— *référé-constat* (71).

Au total, que ce soit du fait de textes spécifiques ou du fait de textes plus généraux, le contentieux de l'environnement s'est retrouvé en quelques années doté d'un nouveau régime juridique. Malheureusement, les recours associatifs, et plus largement la capacité des requérants à contester au contentieux les décisions d'urbanisme ont violemment contrarié des élus et des lobbies qui disposent de relais efficaces au Parlement. D'où les tentatives visant à annihiler, à l'occasion du vote de la loi sur la solidarité urbaine, le droit des associations au recours : consignation d'argent avant tout recours, amendes abusives très lourdes pour les « recours abusifs ».

Un exemple des difficultés du juge dans la prise en compte de l'environnement : la jurisprudence en matière d'éoliennes.

Le sujet des éoliennes est un révélateur des possibles contradictions internes, largement inévitables, de la pensée écologiste et des politiques publiques d'environnement. D'un côté, sur le plan « macro – écologique », il est nécessaire de développer des ressources énergétiques alternatives à celles qui « produisent » de l'effet de serre. D'un autre côté, « micro – écologique », l'implantation d'éoliennes est vécue comme portant atteinte à des paysages, peut porter atteinte à des écosystèmes, et peut produire des nuisances sonores. Évidemment, le droit doit et/ou peut essayer de marier les deux logiques en favorisant au maximum l'implantation d'éoliennes tout en garantissant autant que faire se peut la prévention des dommages « collatéraux »... et les marges de choix des pouvoirs publics sont assez étendues, entre les champs d'éoliennes de grande envergure jusqu'aux installations domestiques de faible intensité sonore. On connaît les prolégomènes législatifs et réglementaires de l'arbitrage fait par les pouvoirs publics en France. Face à un débat très caractéristique des ambiguïtés du développement durable, le juge fait avec les armes qu'on lui donne. Mais sa manière de considérer ce sujet brûlant permet d'éclairer – sans jeux de mots – les tensions sociales. L'acceptabilité sociale des éoliennes se construit d'abord par le formalisme. Les formes du droit – et au-delà l'existence de procédures de recours conter leur insuffisant respect – canalisent en premier lieu les oppositions. Quand vient – si le contrôle du respect des formes n'a pas permis de trancher le débat – le moment de savoir, sur le fond, si les éoliennes participent d'une remise en cause de l'environnement et de la santé publique telles qu'il doive la sanctionner, le juge se montre, comme à

■ (69) Encore faut-il qu'il sache qu'il doit utiliser ce moyen d'argumenter, car le défaut d'étude d'impact n'est pas, comme on l'a dit (v. également M. PRIEUR dans son art. préc., p. 27-28) un moyen d'ordre public... du moins le juge se refuse-t-il à s'en saisir d'office et, pour l'expliquer, maintient cette vision étroite qui résulte, selon M. PRIEUR, d'une décision du CE, 23 novembre 1984, *Société des Ciments Français*, *AJDA* 1985, p. 164, note J. C.

■ (70) Pour des zones particulièrement fragiles, sur le littoral par exemple : v. CAA, Nantes, 4 février 1998, *M. Veau c/ ministre de l'Équipement*, comm. L. LECORRE, *Dr. env.* avril 1998, p. 3 et 4.

■ (71) V. B. DAUGERON, « L'intérêt de la procédure du référé-constat : l'exemple du droit de l'environnement », *AJDA* 2 janvier 2004, p. 17 et s.

l'habitude dans ces litiges, attentif à ne trancher qu'en fonction du cas d'espèce. Si bien que, pour autant qu'on puisse en juger pour un domaine où l'apparition de contentieux est encore très récente, l'attitude du juge envers les éoliennes peut aisément se résumer en deux remarques, qui ne sauraient surprendre et peuvent sans doute aucun s'appliquer à bien d'autres catégories de litiges environnementaux : le juge assure une régulation par un contrôle formaliste qui lui permet de faire mine de se détacher de l'appréciation concrète des faits, et, si cela ne lui permet pas de clore le litige, il se cantonne à développer un contrôle juridictionnel là où l'on attendrait de lui une fondation jurisprudentielle qu'en la matière il ne peut guère fournir.

Il n'y a en la matière rien de bien exceptionnel. La matière environnementale n'est pas, en regard d'autres domaines, spécifique : le juge administratif tranche d'abord du respect des formes, ce qui lui permet, le cas échéant, de manière indolore de traiter le fond du litige. Classicisme plus pur on ne peut faire ! On remarquera seulement à l'examen de la jurisprudence une relative sévérité dans l'appréciation des formes imposées. C'est surtout à propos des études d'impact que cette sévérité est évidente. Le caractère très récent, tout de même, de ces implantations l'explique peut-être, comme elle explique sans doute que, face à des procédures d'urgence, le juge affirme qu'il considère les impacts des implantations d'éoliennes comme remarquables.

On notera d'abord qu'il est d'une part naturel que le contentieux des éoliennes soit – apparemment – très récent, l'expansion des éoliennes l'étant lui-même, et surtout qu'il n'y a pas *stricto sensu*, en réalité, de contentieux spécifique aux éoliennes : plus exactement, les éoliennes sont, principalement, des immeubles avant tout jugés disgracieux, et secondairement jugés bruyants. Le fait qu'elles aient une destination doublement particulière (elles produisent de l'énergie et de l'énergie « douce ») n'a pas eu, à titre principal en tout cas, d'influence notable sur la manière de juger des tribunaux. Comme tout immeuble, par exemple, dès lors qu'il est suffisamment important pour entrer dans la nomenclature « études d'impact », une implantation d'éolienne doit faire l'objet d'une étude d'impact. L'insuffisance de l'étude d'impact, en raison « du défaut d'analyse des méthodes utilisées pour évaluer le projet eu égard à la nature volumineuse de l'ouvrage éolien », rendra impossible, au moins dans un premier temps, l'implantation : ainsi la CAA de Marseille a-t-elle pu énoncer (27 janvier 2005, n° 00MA02734) que : « Considérant, d'une part, que l'étude d'impact présentée par la société Jeumont industrie au mois de mars 1998 à l'appui de ces demandes de permis de construire en vue de réaliser une centrale éolienne avec raccordement au réseau 63 KV sur le territoire des communes d'Escales et de Conilhac-Corbières ne comporte pas l'analyse des méthodes utilisées pour évaluer les effets du projet sur l'environnement, comme le prévoient les dispositions du 5°) de l'article 2 du décret du 12 octobre 1977 ; que cette étude se limite, en effet, sur ce point, à faire état en quelques lignes dans d'autres chapitres des expériences issues de la mise en œuvre de projets de même nature à l'étranger ou sur le territoire national sans les mettre en corrélation avec la réalité du projet en cause ; que, d'autre part, si conformément aux dispositions du 4°) de l'article 2 de ce même décret, l'étude d'impact comprend un chapitre sur les mesures compensatoires destinées à minimiser les impacts négatifs du projet sur le milieu physique, le milieu humain, le milieu naturel et les paysages, elle ne comporte aucune estimation des dépenses correspondantes ; Considérant que, compte tenu de l'importance et en particulier de la hauteur des constructions projetées et donc de leur incidence directe sur les paysages et l'environnement, ces insuffisances revêtent un caractère substantiel ; que, dès lors, l'étude d'impact ne peut être regardée comme satisfaisant aux conditions posées par les dispositions réglementaires précitées ; que l'insuffisance de cette étude, est en conséquence, de nature à vicier la légalité des permis de construire délivrés par le préfet de l'Aude, le 4 septembre 1998, à la société Jeumont industrie ; que, par suite, la commune de Montbrun-des-Corbières est fondée à soutenir que lesdits permis sont entachés d'illégalité ».

Pour ce qui concerne non plus les études d'impact, mais les enquêtes publiques, il n'y a pas non plus de grande originalité, mais une sévérité habituelle dans ces cas d'espèce, dans le fait, par exemple, que le refus d'accès au dossier à certaines associations, dans un contexte de très faible participation, soit considéré comme viciant l'enquête publique (TA, Lille, 9 mars 2005, *Association de défense de l'environnement Frugeois,* n° 04005629 et autres). Quant à l'articulation entre les études d'impact et les enquêtes publiques, on ne relève pas non plus d'originalité, sauf dans une espèce particulière – mais qui aurait pu concerner une quelconque installation contestée ou dangereuse autre qu'une éolienne – où un entrepreneur réalise une étude d'impact alors qu'il n'y était pas obligé : dans ce contexte, était-il dans l'obligation de joindre l'étude d'impact au dossier d'enquête publique ? Dans cette espèce, après une analyse précise des faits, la CAA de Lyon (5 avril 2005, n° 04LY00431) estime qu'il n'y avait pas obligation de soumettre au public les enquêtes publiques avant l'obligation légale d'organiser l'enquête publique : *« Considérant en quatrième lieu qu'il résulte des stipulations combinées de l'article 4 et du 2 de l'article 6 de la directive susvisée du 27 juin 1985, modifiée par la directive du 3 mars 1997, que lorsqu'un État membre décide de soumettre un projet à une évaluation de ses incidences sur l'environnement, il doit veiller à ce que la demande d'autorisation de ce projet et le contenu de l'étude d'impact soient mis à la disposition du public dans un délai raisonnable afin de lui permettre d'exprimer son avis avant que le projet ne soit autorisé ; que cette dernière exigence ne trouve donc à s'appliquer que dans des cas où l'étude d'impact est faite à la demande de l'administration ; qu'il résulte des pièces du dossier que la société Enselia qui, dans l'état de la législation alors applicable à la date d'intervention des permis contestés et malgré le coût des travaux d'installation des éoliennes, était dispensée de suivre la procédure de l'étude d'impact, a réalisé une telle étude de sa propre initiative, et non à la demande de l'Etat ; qu'au demeurant des réunions publiques d'information sur le projet ont été organisées ; que, dans ces conditions, le moyen tiré de ce que l'étude d'impact relative aux parcs éoliens litigieux, réalisée par le pétitionnaire de sa propre initiative, n'a pas été mise à la disposition du public avant la délivrance des permis contestés ne peut qu'être écarté ».*

Quant au Conseil d'État, sur ces problèmes de forme, il ne prend pas non plus en matière d'éoliennes d'attitude qu'il ne prendrait pas pour d'autres immeubles (CE, 7 juillet 2004, n° 258051), alors même que son absence de formalisme peut surprendre et être quant au fond gênant. Ainsi, par exemple, le permis de construire peut être délivré avant que la commission des sites et paysage ait rendu son avis : *« Considérant qu'aucune des dispositions figurant aux articles R. 421-12 et suivants du code de l'urbanisme n'imposait, à la date à laquelle l'indivision Albatros Énergie représentée par son mandataire M. Cordeau a obtenu le permis de construire deux éoliennes dans la commune de La Repara-Auriples, la consultation de la commission départementale des sites ; qu'ainsi, la circonstance que la commission départementale des sites, perspectives et paysages de la Drôme, saisie du projet par le préfet, n'a rendu son avis, d'ailleurs favorable, que le 13 décembre 2002 soit postérieurement à la délivrance, le 13 novembre précédent, du permis sollicité, est sans incidence sur la légalité de celui-ci ».*

Par ailleurs, un bon test de l'attitude du juge face à un problème d'environnement consiste à considérer comment il se comporte quand il est confronté à des demandes en urgence. Si on le fait pour les éoliennes, on peut se rendre compte que le juge estime que les impacts des éoliennes sont par nature, au moins sur le plan de l'esthétique, considérées comme lourdes. Ainsi, dans une décision du 3 mars 2004 (req. n° 259001), estime-t-il que *« Considérant, en premier lieu, qu'eu égard aux caractéristiques particulières d'installation des éoliennes en cause et de leur impact sur l'environnement, la condition d'urgence doit être regardée comme remplie ».*

Dans une autre espèce voisine (CE, 15 avril 2005, req. n° 273398), il estime que *« Considérant qu'il ressort des pièces du dossier que la propriété de M. et Mme X est située en bordure d'agglomération, face à un paysage agricole plat offrant une vue dégagée, à une distance d'environ 900 mètres des éoliennes à construire, lesquelles s'élèveront, ainsi qu'il a été dit, à une hauteur de 120 mètres, pales comprises ; qu'ainsi, alors même que les nuisances sonores de ces machines sont inexistantes au-delà de 400 mètres, les intéressés justifient d'un intérêt suffisant pour attaquer le permis litigieux ; Considérant qu'eu égard à l'importance de ces ouvrages et au caractère difficilement réversible de la construction de leurs supports, la condition d'urgence à laquelle est subordonnée la suspension de ce permis doit être regardée en l'espèce comme remplie ; Considérant que le moyen tiré de ce que le permis a été accordé avant que ne soient transmis au préfet les résultats de l'enquête publique et l'avis du commissaire enquêteur est, à la différence de tous les autres moyens invoqués, de nature, en l'état de l'instruction, à faire naître un doute sérieux quant à la légalité de ce permis ; qu'il y a lieu, dans ces conditions, d'en ordonner la suspension ».*

Il confirme ici que ce sont surtout les problèmes esthétiques et d'acceptabilité qui posent problème en la matière. Mais quelle que soit leur envergure, le juge doit évidemment réaliser un arbitrage entre les différents intérêts publics en présence, et il ne saurait en l'absence de texte privilégier l'esthétique sur d'autres arguments qui, au demeurant peuvent être tout aussi écologiques. Ainsi doit-il tenir compte des arguments économiques favorables à l'implantation des éoliennes, en tenant évidemment compte des faits de l'espèce : mais il le fait d'une manière globale, et donne le temps au juge du fond de statuer sereinement sur la légalité des implantations. Aussi est-il normal que, dans une espèce où le refus pouvait annihiler les efforts de l'investisseur (CE, 25 novembre 2002 – trois espèces, inédit), il annule la suspension d'un refus de permis de construire par un TA au moyen d'une argumentation très détaillée selon laquelle *« Considérant qu'en jugeant remplie la condition d'urgence prévue par les dispositions du code de justice administrative sans rechercher quelle place il convenait d'accorder respectivement aux considérations propres à la situation personnelle de M. X et à celles tenant à l'intérêt général, invoqué par le préfet, lié à la préservation de l'intégrité des paysages concernés dans l'attente du jugement à intervenir sur la légalité de la décision dont la suspension était demandée, le juge des référés du tribunal administratif de Rennes a commis une erreur de droit ; qu'il y a lieu, par suite, d'annuler l'ordonnance attaquée ; Considérant qu'en application de l'article L. 821-2 du code de justice administrative, il y a lieu, dans les circonstances de l'espèce, de régler l'affaire au titre de la procédure de référé engagée par M. X ; Considérant que, si le rejet de sa demande de permis de construire par le préfet du Finistère comporte pour M. X des conséquences dommageables, du fait du retard qu'elle implique pour la réalisation de son projet et la perception par lui des revenus qu'il escompte en retirer ainsi que des risques que ce retard peut entraîner sur la prise en compte de son projet par Électricité de France (EDF), l'octroi du permis sollicité et l'installation de l'éolienne, avant l'intervention du jugement à rendre sur la légalité de la décision du préfet, porterait atteinte à l'intérêt public qui s'attache à la protection contre une atteinte non justifiée de la zone naturelle dans laquelle M. X souhaite l'installer ; que, dans ces conditions, l'urgence, qui doit, ainsi qu'il a été dit, s'apprécier globalement, ne justifie pas la suspension de ladite décision ».*

Quant au juge du fond, pour les éoliennes comme pour toute installation soumise à étude d'impact, le contrôle de l'erreur manifeste d'appréciation permet, dans le cas d'éoliennes dont l'étude d'impact démontre que leur implantation est un danger avéré pour les riverains, de réaliser au mieux cet arbitrage en tenant compte – et en en ayant le temps – de tous les intérêts en présence. L'intérêt esthétique d'abord (72), en faisant preuve d'un grand sens de la

(72) CAA, Lyon, 5 avril 2005, n° 04LY00431.
« Considérant en second lieu qu'en application de l'art. R. 111-2 du Code de l'urbanisme : le permis de construire peut être refusé ou n'être accordé que sous réserve de l'observation de prescriptions spéciales si les constructions, par leur situation ou leurs dimensions, sont de nature à porter atteinte à la salubrité ou à la sécurité publique. Il en est de même si les constructions projetées, par leur implantation à

mesure (73), et secondairement seulement, l'intérêt des voisins susceptibles d'être gênés par le bruit (74).

Enfin, la juridiction administrative a intégré que la question des éoliennes n'est pas une question d'environnement : elle est une question d'écologie. Il ne s'agit pas seulement de savoir – en tout cas pas seulement – si les éoliennes dérangent les oiseaux et le cas échéant des riverains, mais en premier lieu de savoir si le gouvernement français a pris, prend et prendra les dispositions pour favoriser et pérenniser un effort de production d'énergie alternative, pour se permettre de respecter ses engagements en matière de climat. Ce n'est qu'en second lieu que, dans la manière de le faire, la conciliation entre ce nouvel intérêt général et des droits et libertés doit être assurée. À l'occasion de l'application des quelques dispositions de la loi n° 2000-108 du 10 février 2000 qui ont dans cette logique visé à l'émergence de l'énergie éolienne, le juge a eu à trancher de la légalité des dispositifs favorisant, notamment, l'achat de l'électricité produit par les éoliennes. Le décret n° 2001-410 du 10 mai 2001 relatif aux conditions d'achat de l'électricité produite par des producteurs bénéficiant de l'obligation d'achat a été déférée au CE par l'Association France énergie éolienne. Le Conseil a validé le décret par un arrêt du 21 mai 2003 n° 235836. Pour sa part, l'Union des industries utilisatrices d'énergie (UNIDEN) a attaqué l'arrêté ministériel du 8 juin 2001 fixant les conditions d'achat de l'électricité produite par les installations utilisant l'énergie mécanique du vent. Par un arrêt du 21 mai 2003 n° 237466. Le CE a validé l'arrêté en considérant que l'aide à la production d'électricité d'origine éolienne ne constituait pas une aide d'État au sens de la jurisprudence de la CJCE car l'effort financier n'est pas proprement parlé imposé à l'État (CE, 21 mai 2003, n° 237466) (75) : on ne peut pas dire

proximité d'autres installations, leurs caractéristiques ou leur situation, sont de nature à porter atteinte à la salubrité ou à la sécurité publique ; que les éoliennes présentent des risques d'accident, en particulier de rupture du mât et de détachement de tout ou partie de la pale, même s'ils sont limités ; qu'il ressort des pièces du dossier, et notamment de l'étude d'impact jointe aux demandes de permis de construire, que les risques de rupture ou de chute de pales sont statistiquement plus importants que ceux d'un mât, la projection de fragments de pales ayant été observée jusqu'à une distance de 300 mètres, une distance de 500 mètres ayant été atteinte dans un cadre expérimental ; qu'en l'espèce les éoliennes, dont la puissance installée est de 24 MW, se caractérisent par une hauteur de mât de 80 m et un rotor de 70 m de diamètre ; que si les quelques constructions présentes sur le site d'implantation du parc éolien sont éparses et isolées, il ressort des pièces du dossier que l'éolienne C1 est à une distance de près de 450 m de l'habitation des consorts G, que l'éolienne C4 doit être édifiée à environ 200 mètres d'un bâtiment à vocation d'habitation appartenant à Mme E. et que l'éolienne S6 doit se situer à quelques dizaines de mètres d'une maison cantonnière utilisée en hiver par les services de l'équipement ; que l'environnement proche est peu marqué par le relief ; que, compte tenu des risques d'accident décrits ci-dessus, tant pour les personnes que pour les biens, les emplacements retenus pour l'installation de machines de l'importance de ces éoliennes ne permettent pas, du fait de leur proximité avec des constructions et de la topographie des lieux, de satisfaire aux exigences de sécurité publique prescrites par l'art. R. 111-2 préc. ; que dès lors, l'appréciation à laquelle s'est livré le Préfet de la Haute-Loire pour autoriser la mise en place des éoliennes C1, C 4 et S6 procède d'une erreur manifeste ».

(73) CA, Orléans, 19 mai 2003, n° 02/00042 *Baloge et le Couviour* : la construction d'une éolienne située à 400 mètres d'une habitation, ne constitue pas un trouble anormal du voisinage dès lors que le pylône n'altère que de manière assez limitée l'environnement de la propriété, qui reste pour l'essentiel préservé et que la gêne causée, d'ordre purement esthétique, demeure relativement modérée, eu égard notamment à son éloignement, qui se trouve ainsi englobé dans un large champ de vision.

(74) Dont le juge tient compte dans la plupart des espèces citées, mais jamais indépendamment ou principalement, tout au moins pour l'instant et à nôtre connaissance.

(75) « Aux termes de l'art. 5 de la loi du 10 février 2000, les surcoûts ainsi imposés à EDF et aux distributeurs non nationalisés font l'objet d'une compensation intégrale par un fonds du service public de l'électricité alimenté par des contributions dues par les producteurs, fournisseurs et distributeurs mentionnés au septième alinéa de l'art. 5 de la loi préc. ; que la Cour de justice des communautés européennes dans son arrêt *Preussen Elebstra AG et Schdeswag AG* du 13 mars 2001, a jugé que seuls les avantages accordés directement ou indirectement au moyen de ressources d'État sont considérées comme

qu'en statuant ainsi, il ait démesurément marqué son enthousiasme pour les énergies douces, mais ce n'était pas le problème qui lui était soumis. Par contre, il pourrait être amené à plus de netteté, aidé par la plus grande clarté des questions qui lui seraient posées, quand des requérants porteront à nouveau devant lui le débat sur le risque pour les paysages engendré soit par un accroissement à 20 MW ou 30 MW (risque du gigantisme) soit du maintien du seuil 12 MW (risques de mitage). Il lui faudra en effet tenir compte désormais de ce que de la Charte de l'environnement, dans son article 6, énonce que « *Les politiques publiques doivent promouvoir un développement durable. À cet effet, elles concilient la protection et la mise en valeur de l'environnement, le développement économique* ». Avant lui, le Conseil constitutionnel aura-t-il déminé le terrain ? Il pourrait, certes, être invité à s'assurer que la future loi de programme sur l'énergie est compatible avec la Charte, et il n'a pas hésité à le faire, on l'a dit dans sa décision du 28 avril 2005 (n° 2005-514 DC), rendue sur la loi relative à la création du registre international français. Mais comment serait-il armé pour dire ce qui, du « risque du mitage » ou du « risque du gigantisme », convient mieux aux exigences constitutionnelles quand celles-ci sont formulées par le constituant avec sa précision habituelle (quel est donc le sens de l'expression de « développement durable », sorte de fourre-tout de l'hypocrisie et des bonnes intentions) ? Il laissera sans doute, sauf nouveau débordement en forme de discours inintelligible des deux assemblées, au juge administratif le loisir et le risque de parfaire comme il le pourra ses lignes d'arbitrage.

BIBLIOGRAPHIE ADDITIONNELLE SÉLECTIVE

C. HERMON, *Le juge administratif et l'environnement*, th. dact., Nantes. 1996.

S. BRACONNIER, « La technique de l'étude d'impact et le renouveau de l'action publique », *RDP* 3-1998, p. 817 et s. ■ X. BRAUD, « Commentaire partiel de la loi n° 2000-597 du 30 juin 2000 », *RJE* 4/2000, p. 575 et s. ■ F. CABALLERO, « Le Conseil d'État, ennemi de l'environnement ? », *RJE* 1984-1, p. 42 ■ J. CAILLOSSE, « Sur le contentieux nucléaire, Superphénix devant ses juges », *RA* 1980, p. 36 et s. ■ J.-P. COLSON, « Gravelines, Cattenom, Tchernobyl et les autres », *RJE* 1986, p. 179 et s. ■ J.-M. HUON DE KERMADEC, « Le décret du 25 février 1993 relatif à la réforme des études d'impact », *JCP* G n° 15-1994 ■ M. PRIEUR, « Étude d'impact et protection de la nature », *20 ans de protection de la nature, Hommage à M. DESPAX*, PULIM, 1998, p. 201 et s., p. 61 et s.

Adde, pour une approche globale et récente des difficultés de l'exécution des décisions de justice, J.-M. PONTIER (dir.), *L'injonction et l'exécution des décisions de justice*, CRA, PUAM, 2006.

des aides au sens de l'art. 92 [87], paragraphe 1 du Traité [instituant la Communauté européenne] ; que la charge financière de l'obligation d'achat dont bénéficient les installations utilisant l'énergie mécanique du vent est, ainsi qu'il a été dit ci-dessus, répartie entre un certain nombre d'entreprises, sans que des ressources publiques contribuent, directement ou indirectement, au financement de l'aide ; qu'il est, par suite, clair que l'arrêté attaqué n'a pas institué une aide d'État au sens des stipulations de l'art. 87 du Traité instituant la Communauté européenne ; qu'il en résulte que le moyen tiré de ce que, en application du paragraphe 3 de l'art. 88 du Traité, cet arrêté aurait dû être transmis à la Commission européenne doit être écarté. »

SECTION 2 LES PROLONGEMENTS ET LES COMPLÉMENTS DE LA LOI DE 1976 : L'OBLIGATION DE PRENDRE EN COMPTE L'ENVIRONNEMENT DANS LES DOCUMENTS D'URBANISME ET PROCÉDURE D'AMÉNAGEMENT

Il est naturel, ou en tout cas logique, que l'obligation de prendre en compte les préoccupations d'environnement soient intégrées par le droit de l'urbanisme, dont les implications environnementales sont inévitables. Malheureusement, cette intégration ne coule pas de source, principalement en raison de réticences historiques, traduites notamment par le principe de l'indépendances des législations : le Conseil d'État, par exemple, rappelle couramment quoique de manière non systématique que la contestation contentieuse de décisions d'urbanisme ne peut se faire au nom du principe de précaution (76). Et il faut le plus souvent une intervention du législateur pour garantir que cette prise en compte ne se heurtera pas à ce principe, ce qui ne contribue pas à la désinflation réglementaire !

§ 1. LA PRISE EN COMPTE PAR LES DOCUMENTS D'URBANISME : RÉCEPTION DU PRINCIPE ET AMBIGUÏTÉ DE SES APPLICATIONS

La prise en compte de l'environnement par les documents d'urbanisme est une obligation. L'article L. 121-10 du Code de l'urbanisme fixait jusqu'à l'adoption et l'entrée en vigueur de la loi sur la solidarité et le renouvellement urbain (loi SRU) du 21 novembre 2000 (77) que « les documents d'urbanisme déterminent les conditions permettant, d'une part, de limiter l'utilisation de l'espace, de préserver les activités agricoles, de protéger les espaces forestiers, les sites et les paysages et, d'autre part, de prévoir suffisamment de zones réservées aux activités économiques et d'intérêt général, et de terrains constructibles pour la satisfaction des besoins présents et futurs en matière de logement ».

Selon la nouvelle rédaction, les schémas de « cohérence territoriale », comme les PLU, remplissent *grosso modo* les mêmes fonctions, mais de manière plus différenciée selon les communes et territoires. Les « SCOT » définissent principalement les orientations générales de l'organisation de l'espace et de la restructuration des espaces urbanisés, les espaces et sites naturels ou urbains à protéger dont il peut

(76) V. CE, 20 avril 2005, *Société Bouygues Télécom*, n° 248233, à propos de l'implantation d'antennes de télécommunications.

(77) V. Dossier spécial de l'*AJDA* janvier 2001, part. H. JACQUOT et J-P. LEBRETON, « La refonte de la planification urbaine », p. 27 et s.

définir la localisation ou la délimitation, les grands équilibres entre les espaces urbains et à urbaniser et les espaces naturels et agricoles ou forestiers. POS et désormais PLU, SDAU et désormais schémas de cohérence territoriale, sont donc des *instruments de conciliation*. Et l'obligation, dans le cadre de leur élaboration, de prendre en compte l'environnement est affirmée ; elle a été renforcée dès 1976 et 1977 ; l'article 2 de la loi de juillet 1976 a énoncé qu'ils doivent « respecter les préoccupations d'environnement », l'article 1er du décret du 12 octobre 1977 fixant que « les préoccupations d'environnement sont prises en compte par les documents d'urbanisme dans le cadre des procédures réglementaires qui leur sont propres ». Le transfert de la maîtrise de l'élaboration des POS aux communes par la loi du 7 janvier 1983 n'a pas supprimé cette obligation de prendre en compte l'environnement, le décret du 9 septembre 1983 précisant en effet que le rapport de présentation des POS « analyse en fonction de la sensibilité du milieu l'état initial du site et de l'environnement et les incidences de la mise en œuvre du POS sur leur évolution ainsi que les mesures prises pour leur préservation et leur mise en valeur » (article R. 123-7 du Code de l'urbanisme ancien) (78). La mise en œuvre de la loi SRU ne change rien de fondamental sur ce plan.

Le « rapport de présentation » des PLU comprend un *diagnostic*, une *analyse de l'état initial de l'environnement*, une *explication des choix* retenus pour établir le projet d'aménagement et de développement durable et la délimitation des zones ; en cas de modification ou de révision, il doit entre autres comporter une *évaluation des incidences des orientations du plan sur l'environnement* et un exposé de la manière dont le plan prend en compte le souci de sa préservation et de sa mise en valeur.

Les différents textes qui depuis 1983 organisent la « démocratisation des enquêtes publiques » (analysée ci-après) soumettent d'ailleurs les POS puis les PLU au régime qu'elle institue ; et la loi du 18 juillet 1985 relative à la définition et à la mise en œuvre de principes d'aménagements affirme le caractère indissociable de l'environnement et de l'aménagement. La loi SRU, même s'il a pu lui être reproché d'utiliser des termes qui semblent permettre que les plans d'urbanisme soient moins prescriptifs que par le passé, confirme cette complémentarité, puisque, pour chaque territoire couvert par un PLU, un « ... projet d'aménagement et de développement durable doit définir les orientations d'urbanisme et d'aménagement retenues par la commune, notamment en vue de favoriser le renouvellement urbain et de préserver la qualité architecturale et l'environnement ». C'est dans ce cadre que peuvent être précisées « 1° Les mesures de nature à préserver les centres-villes et les centres de quartiers, les développer ou en créer de nouveaux ; 2° Les actions et opérations relatives à la restructuration ou à la réhabilitation d'îlots, de quartiers ou de secteurs, les interventions destinées à lutter contre l'insalubrité et à restructurer, restaurer ou réhabiliter des îlots ou des immeubles ; 3° Les caractéristiques et le traitement des rues, sentiers piétonniers et pistes cyclables et des espaces et ouvrages publics à conserver, à modifier ou à créer ; 4° Les actions et opérations d'aménagement de nature à assurer la sauvegarde de la diversité commerciale des quartiers ; 5° Les conditions d'aménagement des entrées de ville en application de l'article L. 111-1-4 ; 6° Les mesures de nature à assurer la préservation des paysages ».

(78) V. Y. JEGOUZO, « Le rapport de présentation du POS et la prise en compte de l'environnement », *RFDA* 1988, nº 2, p. 327 et s.

S'ajoutent à ces dispositions d'ordre général les dispositions résultant de la loi du 22 juillet 1987 relative à la prévention des risques majeurs (79) et de la loi sur les risques de 2003 ainsi d'ailleurs que celles qui résultent de l'article 3 de la loi de 1976 relative aux installations classées : le permis de construire peut, par exemple, « être refusé en l'absence de PLU si les constructions sont susceptibles... en raison de leur localisation d'être exposées à des nuisances graves dues notamment au bruit » (80). Les autorisations de construire ou d'étendre des installations classées peuvent d'ailleurs être conditionnées par les dispositions des PLU, ce qui tendrait à confirmer l'importance de la responsabilité des concepteurs des PLU en ce domaine.

Articulation PPR et PLU

Élaboration du dossier d'un PPR	**Procédure administrative**	**Application du PPR par les PLU**
– Recueil des données ; – Élaboration des cartes d'aléas ; – Étude de la vulnérabilité ; – Élaboration du zonage réglementaire (zones bleues et rouges du PPR, règlement associé, prescriptions, recommandations) ; – Porté à connaissance du projet de PPR.	– Arrêté préfectoral de prescription du PPR ; – Envoi officiel du PPR à la commune (pour délibération du conseil municipal) ; – Enquête publique en mairie ; – Arrêté préfectoral d'approbation du PPR.	– Annexion du PPR au PLU ; – Mise en conformité du PLU (par procédure de révision, s'il est compatible avec le PPR) ; – Mise en œuvre des mesures de prévention, de protection et de sauvegarde du PPR.

Enfin, deux lois sont venues – preuve d'une relative méfiance envers les édiles municipaux – limiter entre autres les pouvoirs des maires : la loi *Littoral* du 3 janvier 1986 et la loi *Montagne* de 1985 – qui seront analysées dans notre deuxième partie – visent à augmenter encore la prise en compte de l'environnement dans les processus décisionnels d'aménagement de ces milieux fragiles.

Mais, en ce domaine, le droit de l'environnement se développe au moins autant sur le plan contentieux qu'au seul plan des textes législatifs et réglementaires.

Le rapport de présentation du PLU, en premier lieu, a fait l'objet de quelques décisions marquantes : s'il ne s'agit pas d'exiger une étude d'impact, ce rapport doit quand même réellement marquer que l'environnement a été pris en compte ; il ne peut se borner à « décrire sommairement le cadre naturel de la commune » (81). Les TA sanctionnent l'insuffisance dans la description de l'état des lieux (82).

Mais pour ce qui concerne le respect par les POS et désormais les PLU des préoccupations d'environnement, *stricto sensu*, les juridictions administratives n'exercent qu'un contrôle de l'erreur manifeste d'appréciation. Quand une telle

(79) V. pour un commentaire général : M. PRIEUR, *RFDA* 3-1987, et, du même auteur, « La maîtrise de l'urbanisation autour des installations industrielles », *RJE* 3-1988, p. 282.

(80) Cf. M. PRIEUR, « La maîtrise de l'urbanisation autour des installations industrielles », *RJE* 3-1988, p. 282.

(81) TA, Rennes, *Dame Paoli*, *RJE* 1984, p. 69.

(82) TA, Nantes, 8 mars 1984, CE, 22 novembre 1985, *Daniau*, *AJDA* 1985, p. 723, chron. AZIBERT.

erreur est avérée, ils n'hésitent pas à annuler : ainsi, le CE a annulé une autorisation d'implantation d'une aire de stationnement de 300 places dans un site classé (CE, *Association pour la Sauvegarde du Pays de Rhuys*) (83). Ainsi, le TA d'Orléans a annulé un POS classant en zone urbaine un secteur se situant au sein d'une zone naturelle à côté d'une vallée et d'un château inscrit à l'inventaire des monuments historiques (24 mai 1981, *Association pour la défense de la vallée de Launay*) (84).

En troisième lieu, les PLU qui n'intégreraient pas, par exemple, les exigences de la loi *Littoral* ou celles de la loi *Montagne*, ou qui ne les respecteraient pas sont susceptibles d'annulation (85).

Les permis de construire, en l'absence de PLU, sont aussi susceptibles d'annulation : l'article R. 111-12 du Code impose en particulier la prise en compte d'éventuelles pollutions des eaux ; ainsi, pour une maison individuelle dépourvue d'installations suffisantes (86) ou pour un bloc sanitaire de camping avec assainissement par épandage (87). Il revient d'ailleurs aux autorités d'urbanisme, en particulier celles investies de compétences en matière de PLU de régler ces problèmes par un zonage adéquat, car le CE considère (ce qui ôte à ces autorités tout argument dirimant pour ne pas le faire) que ces zonages « ne portent pas d'atteintes illégales à la liberté du commerce et de l'industrie » (88).

Enfin, toutes les opérations d'aménagement urbain sont soumises aux mêmes impératifs : ainsi, dans une affaire *Société de promotion immobilière Jean Ache* (CE, 6 décembre 1985, inédit), le Conseil d'État annule la création d'une ZAC au motif que le dossier « ne contenait ni analyse des effets du projet sur l'environnement, ni, s'agissant d'une importante opération en milieu urbain, aucune indication sur les effets des travaux et aménagements sur la commodité du voisinage et sur les mesures envisagées pour supprimer ou atténuer les nuisances que la réalisation des équipements prévus pouvait entraîner ».

§ 2. LA PRISE EN COMPTE DE L'ENVIRONNEMENT DANS LE CADRE DES ENQUÊTES PUBLIQUES

À travers la procédure dite d'« enquête publique » (89), il est naturel que se soit dégagée une prise en compte des préoccupations d'environne-

(83) *AJDA* 1980, p. 110.
(84) Rec., p. 961.
(85) V. par exemple TA, Nice, 17 novembre 1987 : annulation du POS en tant qu'il permet le classement en zone à urbaniser d'une portion de terrain comprise dans la « bande des cent mètres » inconstructible alors que ce terrain se situe en dehors des zones urbanisées. L'exemption prévue par la loi au bénéfice des services publics ou activités économiques exigeant la proximité immédiate de l'eau ne joue pas, en l'espèce, pour un centre de thalassothérapie.
(86) CE, 25 juillet 1986, *De Talhonet*, inédit.
(87) CE, 11 février 1987, *Veyret*, inédit.
(88) CE, 26 novembre 1986, *Fol*, rec. p. 266.
(89) R. Hostiou, J. F. Struillou, *Expropriation et préemption*, Litec, Immo 2001 et R. Hostiou, *Code de l'expropriation annoté et commenté*, Litec, 2006.

ment. La jurisprudence administrative d'abord, le législateur ensuite ont intégré ces préoccupations à leur logique. Mais leur manière de le faire n'en prête pas moins le flanc à la critique.

Le paramètre « écologique » est présent dans la jurisprudence administrative en matière d'opérations d'aménagement. Depuis l'arrêt *Ville de Lille-Nouvelle Est* (90), le CE applique pour juger de l'utilité publique d'un projet la *méthode dite du bilan*. Il va plus loin que le simple contrôle de la légalité de l'opération, mettant en balance les coûts de l'opération et ce que l'on peut appeler la « rentabilité socio-économique » du projet (91). En 1975, dans une décision *Syndicat des marins pêcheurs de la rade de Brest* (92), le CE considère expressément les inconvénients écologiques d'une opération comme devant entrer en ligne de compte. Depuis, il peut être recensé quelques annulations pour des motifs « écologiques » : ainsi, le CE a annulé le 9 décembre 1977 (93) l'acte déclaratif d'utilité publique de la création d'un lotissement à Andlau, qui « nuirait gravement au caractère des lieux dans un site pittoresque ». Il a de même refusé la création d'une ZAC dans l'île d'Oléron, parce que « située en bord de plage sur 64 kilomètres de forêt domaniale, et implantée sur un site inscrit à l'inventaire de sites pittoresques, (elle) nuirait gravement au caractère des lieux » (94). Il a clairement incorporé « la sauvegarde des monuments et des sites ayant fait l'objet de mesures de protection » dans les éléments du bilan (95). Même si la tendance générale n'est pas à une excessive sévérité du juge, il y a donc une évolution perceptible des TA (on a vu, par exemple, le TA de Pau annuler – en raison de la présence d'arbres centenaires, entre autres causes – la DUP d'une ligne à moyenne tension (96), et le CE a annulé pour la première fois la DUP d'une autoroute en 1997 (97)). Et, en raison d'une évolution des mœurs indiscutable, dans quelques espèces particulièrement significatives et, il faut bien le dire, d'un enjeu financier relativement peu important, quelques présidents de TA ont fait usage de leur pouvoir de suspension (98). Surtout, le Conseil d'État a considéré que la déclaration d'utilité publique concernant un

(90) V. *AJDA* 1971, chron. jur. LABETOULLE et CABANES, et concl. BRAIBANT ; v. également J. CAILLOSSE, « La jurisprudence *Ville de Lille-Nouvelle Est*, théorie et pratique de l'utilité publique », *Dr. ville* 1978, n° 5, p. 223 et 6, p. 275 et s.

(91) Selon l'expression de J. CAILLOSSE, « Enquête publique et protection de l'environnement », *RJE* 2-3-1986, p. 151 et s. ; v. également A. HOLLEAUX, « La jurisprudence du bilan », *Rev. adm.* 1980, p. 593 et s.

(92) 25 juillet 1976, *RJE* 1976, p. 63 ; il est vrai que dès avant cela, le CE intégrait les coûts sociaux à son évaluation.

(93) *Ministre de l'Équipement c/ Weber*, *RJE* 1978, 2, p. 181, comm. FLAUSS.

(94) CE, *Beau de Loménie*, *D.*, IR, p. 54, obs. P. BON.

(95) CE Ass., 3 mars 1993, V. comm. M. C. ROUAULT, « Un nouvel élément du bilan coûts-avantages », *LPA* 30 avril 1993.

(96) Labeyrie, 22 juin 1994, *Dr. env.* octobre/novembre 1994, p. 92.

(97) Il s'agit de la Transchablaisienne : v. S. CHARBONNEAU, comm. sous CE, 28 mars 1997, *Dr. env.* juin 1997, p. 16-17.

(98) Ainsi TA, Nice, ordonnance 14 octobre 1996, *Dame Gasiglia*, *Dr. env.* février 1997 : ordonnance de suspension de l'arrêté d'approbation du tracé d'une ligne basse tension, du fait que « les inconvénients du tracé litigieux notamment l'abattage d'arbres centenaires sont excessifs eu égard aux avantages d'une opération destinée à desservir une population très limitée ».

barrage, celui de la Trezence, devait faire l'objet d'une annulation, après une mise en balance très argumentée des inconvénients écologiques de la création des plans d'eau induits et du coût élevé de la réalisation de l'ouvrage, mais surtout en raison de ce que cette réalisation ne produirait pas les effets recherchés (principalement une augmentation de l'eau disponible pour les huîtres de Marennes Oléron) (99).

Mais il ne faut pas croire pour autant que l'usage de la théorie du bilan est satisfaisante : le CE dispose d'une considérable latitude d'appréciation, et dans la mesure où, parfois, « il règne au Palais-Royal un climat, un état d'esprit qui n'est guère réceptif aux thèses écologistes » (100), il n'est guère étonnant que ces exemples soient en définitive peu nombreux. Il est surtout remarquable que dans des domaines « sensibles » comme l'énergie nucléaire (101), la Haute Juridiction utilise souvent pour évacuer quelques recours trop gênants « une motivation stéréotypée que l'on croirait tout droit sortie d'un discours ministériel » (102). Par ailleurs, « la jurisprudence n'a jamais beaucoup valorisé l'enquête » (103). Le CE a accepté en particulier que des enquêtes ouvertes après que des expropriations de fait aient eu lieu couvrent l'irrégularité de ces « procédures » (104). Il ne se montre pas toujours très exigeant sur le contenu et la conduite des enquêtes. Pour ces raisons, d'aucuns espéraient d'une réforme qu'elle renforcerait à tout le moins les capacités d'information et de critique du public et revaloriserait lors des prises de décision en matière d'aménagement la part des impératifs de protection (105). Il s'agissait, selon le rapport de M. de Caumont, « de répondre à l'attente de tous ceux qui souhait(ai)ent pouvoir participer plus activement à l'élaboration de décisions qui peuvent avoir un impact considérable sur leur cadre de vie » (106).

La loi du 12 juillet 1983 (107) n'apporte pourtant que des aménagements limités ; l'incidence des projets pour l'environnement est surtout prise en compte pour définir et étendre le champ de l'exigence d'une enquête publique ; incidence qui, précise le texte, peut varier selon la nature et la consistance du projet, mais aussi selon « le

(99) V. note de R. HOSTIOU, *AJDA* 14 juin 2004, avec une reproduction de l'arrêt, p. 1192 et s.

(100) F. CABALLERO, « Le CE, ennemi de l'environnement ? », *RJE* 1984, 1, p. 42 ; il est vrai que cet état d'esprit a notablement évolué depuis.

(101) V. J. CAILLOSSE, « Sur le contentieux nucléaire, Superphénix devant ses juges », *Rev. adm.* 1980, p. 36 et s. et J.-P. COLSON, « Gravelines, Cattenom, Tchernobyl et les autres », *RJE* 1986, p. 179 et s. Concernant les tentatives de faire abroger des décrets d'autorisation ou des DUP, v. CE, 26 février 1996, *Land de Sarre et autres*, note J.-P. COLSON, *RJE* 1-1997, p. 39 et s.

(102) J. CAILLOSSE, *op. cit.*, *RJE* 1986, p. 160. Selon S. CHARBONNEAU, plus sévère encore (« Le juge et le TGV », note sous CE, 17 novembre 1995, *Union juridique Rhône-Méditerranée*, *Dr. env.* novembre 1996) : « en matière de grands équipements nationaux, particulièrement pour les infrastructures linéaires de transport et d'énergie, les arrêts du CE se suivent et se ressemblent. Qu'il s'agisse d'autoroutes, de lignes à haute tension, de centrales électronucléaires ou de TGV, la jurisprudence de notre Haute Juridiction Administrative est d'une extrême monotonie qui aboutit régulièrement à rejeter tous les recours pour excès de pouvoir déposés contre les déclarations d'utilité publique sans aucune exception ».

(103) J. CAILLOSSE *op. cit.*, p. 161.

(104) CE, 3 mai 1972, *Société des établissements Testut*, *AJDA* 1973, p. 143, note HOMONT ; CE, 17 octobre 1984, *Association de dessèchement du marais d'Arles*, *Dr. adm.* 1985, n° 460.

(105) V. par exemple S. CHARBONNEAU, « Le contrôle contentieux des opérations d'aménagement du territoire », *RJE* 1981-3, p. 221 et s.

(106) Rapport n° 1432, *JOAN*, 19 avril 1983, p. 3.

(107) V. art. L. 123-1 et s. du Code de l'environnement.

caractère de la zone concernée » (108). Pour le reste, la loi a pour ambition de favoriser le droit à l'information des populations concernées : l'annonce de l'enquête doit se faire au moins quinze jours avant son ouverture (au lieu de huit) ; l'enquête doit durer au moins un mois (au lieu de quinze jours en général auparavant) ; elle peut être prolongée par décision motivée du commissaire pendant quinze jours supplémentaires ; mais la durée de validité de l'enquête est fixée à cinq ans et peut être validée cinq ans de plus, ce qui est extrêmement critiquable compte tenu de la mutabilité des zones naturelles. Surtout, le statut des commissaires enquêteurs est modifié : ils sont désignés dorénavant par les présidents des TA (sur une liste départementale dont l'article 12 de la loi *Paysages* – v. *infra*, quatrième partie – précise qu'elle est présidée par le représentant de l'État et composée de magistrats, de représentants des collectivités locales et des services de l'État, et de deux personnalités qualifiées en matière de protection de l'environnement) et on exige d'eux qu'ils n'aient ni intérêt personnel ni intérêt fonctionnel à ce que l'opération aboutisse (109). Ils bénéficient d'un pouvoir d'instruction, et peuvent procéder à des *public hearings* (mais seulement avec l'accord de l'autorité compétente sous l'empire de la loi *Bouchardeau*, la loi *Paysages* substituant à cette exigence la seule exigence de l'accord du président du TA et la présence du maître de l'ouvrage). Ils doivent rendre des conclusions et un rapport motivés, dont la publicité est de plein droit. Le rapport doit faire état des éventuelles contre-propositions produites durant l'enquête ; enfin, selon cette loi, des conclusions défavorables entraînent l'octroi d'un sursis à exécution de la décision administrative si celui-ci est demandé, et dès lors que « l'un des moyens de la requête apparaît sérieux et de nature à justifier l'annulation » de la dite décision. L'article L. 123-12 du Code de l'environnement, à compter du 1er janvier 2001, substitue à cette formule une expression plus claire, selon laquelle « le juge administratif des référés, saisi d'une demande de suspension d'une décision prise après avis défavorable du commissaire-enquêteur... fait droit à cette demande si elle comporte un moyen propre à créer, en l'état de l'instruction, un doute sérieux quant à la légalité de

(108) Sont concernées les opérations des personnes publiques et privées « lorsqu'en raison de leur nature, de leur consistance, ou du caractère des zones concernés », « elles sont susceptibles d'affecter l'environnement ».

(109) L'impartialité des commissaires-enquêteurs a pu être sérieusement contestée, car il est de fait que les personnalités désignées sont parfois des anciens « fonctionnaires – aménageurs », plus sensibles, peut-on dire, à l'aspect « développement des infrastructures » qu'aux aspects de protection. Le CE s'est longtemps borné à vérifier si le commissaire n'a pas d'intérêt personnel à ce que l'opération aboutisse : CE, 2 mars 1983, *Comité régional de défense antinucléaire du Rhône et de la vallée du Rhône*, *CJEG* 1983, p. 175. Il va à peine plus loin aujourd'hui. Sont ainsi par exemple jugés intéressés à l'opération, s'agissant d'un projet de déclaration d'utilité publique portant sur une déviation d'un boulevard périphérique, un ingénieur des travaux publics, ayant eu un poste à responsabilités à la direction départementale de l'équipement et qui, à ce titre, avait pris part à l'élaboration du projet, alors même qu'il était au jour de sa désignation en qualité de commissaire enquêteur, à la retraite depuis plus de cinq ans (CE, 19 janvier 1996, *Association Quartiers et avenir*, *AJDA* 1996, p. 465) ; s'agissant d'un projet de centre d'élimination de déchets industriels, projet soutenu par le maire de la commune, une personne qui avait des liens politiques avec ledit maire qui allait lui apporter son soutien, après l'enquête, pour des élections cantonales, CAA, Nancy, 1er mars 2004, *Société Cedilor*, *Environnement*, mai 2004, p. 25, mais aussi, s'agissant d'un projet de carrière, la personne membre d'une association qui avait pris publiquement position contre l'exploitation des carrières dans la vallée concernée, TA, Amiens, 30 octobre 1997, *Compagnie des sablières de la Seine*, *Dr. adm.* janvier 1998 n° 9.

celle-ci » (110). Les décrets d'application de la loi de 1983 (111) pris le 23 avril 1985 (avec presque deux ans de retard donc !) en précisent le champ d'application par une nomenclature assez longue (112).

Une circulaire du 27 novembre 1985 (113) fixe que l'appréciation des seuils et critères résultant de la loi et des décrets doit se faire sur la base de la totalité de l'opération envisagée, mettant ainsi théoriquement le holà à une pratique de fractionnement des opérations qui visait et aboutissait à faire échapper à l'exigence d'une enquête publique un certain nombre d'aménagements jugés sensibles (114). Il résulte également de ces décrets que la « pré-publicité » de l'enquête doit se réaliser par voie d'affiches, de presse, et par tout autre moyen, « au moins dans les communes sur le territoire desquelles l'opération doit avoir lieu ainsi que sur les lieux ou à proximité de l'opération projetée ». Le commissaire – enquêteur – dorénavant, pour les opérations concernées par les nouveaux textes – reçoit, outre ceux qui lui étaient reconnus auparavant (visite des lieux en particulier), des pouvoirs renforcés : il peut demander la communication des documents qui lui paraissent nécessaires pour se forger une opinion, et il peut les mettre à la disposition du public, il peut proposer au préfet d'organiser des réunions publiques, il peut surtout par décision motivée et sans l'accord du préfet cette fois prolonger l'enquête. À la clôture de l'enquête, le commissaire – enquêteur exprime son avis personnel (115) et peut assortir son avis de réserves ou de recommandations. Celles-ci n'ont pas au contraire des réserves (116) de valeur juridique. L'avis du commissaire-enquêteur est d'ailleurs considéré comme viciant l'acte lorsqu'il ne fait pas l'objet d'une motivation suffisante (117).

(110) On notera que même dans cette nouvelle formule, c'est l'éventuelle illégalité de la décision qui motive la suspension, en aucun cas ce n'est directement le caractère défavorable des conclusions, qui n'a finalement d'importance qu'en tant qu'il refléterait l'illégalité potentielle...

(111) Cf. R. HOSTIOU, « Démocratisation des enquêtes publiques et protection de l'environnement, analyse des décrets du 32 octobre 1985 », *RJE* 1986-1, p. 6 et s. et, plus critique, S. CHARBONNEAU, *Combat Nature,* novembre 1985, p. 45-46.

(112) Toujours susceptible de révision : v. par exemple le décret du 11 mars 1996, pris pour l'application aux installations nucléaires de base de la loi de 1983, *JO* 15 mars 1996.

(113) *Le Moniteur*, n° 41, 11 octobre 1985, textes officiels.

(114) Cf. CE, 18 décembre 1981, *Préfet du Puy de Dôme*, *Dr. adm.* 1982, n° 20 et CE, 21 janvier 1983, *Bayle AJPI* 1984, chron. HOSTIOU, p. 140.

(115) Et non celui du public.

(116) Un avis favorable sous réserve n'est considéré comme favorable que si ces réserves sont suivies d'effets. V. Par exemple, à propos du barrage de Serre de la Fare, CAA, Paris, 8 juillet 1996, *M. et Mme Naret*, *RJE* chron. jur., 1/1997, p. 88 et 89, comm. J.-C. HÉLIN. R. HOSTIOU : l'avis favorable émis avec des « réserves contraignantes » n'est pas considéré comme un avis favorable si ces réserves ne sont pas levées ; en conséquence le préfet n'est pas compétent pour prendre la DUP. V. aussi CE, 3 novembre 2003, *Commune de Luzarches*, *RJE* 1-2005, p. 101 : « le commissaire enquêteur avait mis comme condition, qu'il qualifiait de draconienne et irréversible, à l'avis favorable qu'il rendait sur le projet de POS... l'exclusion de toute construction de logements (dans une zone déterminée) ». Or, la commune n'avait que limité les constructions de logements dans ladite zone, ne prenant donc ainsi en compte la réserve du commissaire enquêteur que partiellement. Partant, l'avis est jugé être défavorable et l'art. 6 de la loi du 12 juillet 1983 pouvait trouver application.

(117) V. par exemple CAA, Nantes, 29 juin 2001, *M. Gérard Raffaud*, *RJE* 1-2002, p. 104 : « au soutien de l'avis favorable qu'il a émis au projet de révision du POS..., le commissaire enquêteur s'est borné à indiquer qu'aucune des observations formulées lors de l'enquête publique ne faisait opposition à cette révision ; que cette simple indication... ne peut être regardée comme constituant une motivation », ou CAA, Lyon, 25 juin 2002, *Syndicat intercommunal à vocation multiple des services du canton de*

L'ensemble présente encore des carences notables.

Pour reprendre l'expression de J. Caillosse (118), « même réformée, l'enquête publique n'offre toujours pas les garanties d'une procédure démocratique ». Les décrets de 1985 ne modifient pas, quant à la constitution du dossier, les exigences déjà existantes, dans les hypothèses où une étude d'impact n'est pas requise ; le dossier devra seulement comme avant 1985 mentionner « les raisons pour lesquelles, notamment du point de vue de l'environnement, parmi les partis envisagés par le maître de l'ouvrage, le projet soumis à enquête a été retenu ». Le juge a choisi d'interpréter de manière assez restrictive la notion de parti « envisagé ». L'administration n'a pas à motiver le choix qu'elle a effectué entre divers tracés, par exemple, si les différents tracés ne « présentent pas de différences significatives » (119), ni s'ils sont de « simples variantes du trajet retenu » (120). Par ailleurs, un arrêt du CE, *Montfort et Bonnet*, du 17 juin 1983 (121) a précisé que l'administration pouvait passer sous silence les projets n'émanant pas de ses services. S'il est vrai que cette jurisprudence concerne les « notices d'impact » et non les enquêtes publiques, il n'est pas prouvé que l'administration se montre plus ouverte aux contre-propositions depuis 1985 qu'avant. Enfin, le juge semble prendre pour argent comptant les assurances fournies par les auteurs des dossiers : il se contente souvent de remarquer, en présence d'un énoncé de mesures de compensation ou de prévention d'atteintes graves, que ces mesures sont prises « sur recommandation des organismes spécialisés régionaux et nationaux » (à propos de l'autoroute de contournement de Lyon, CE, 23 mai 1991, *Collectif d'associations de l'environnement lyonnais*, req. 107603). Comme le souligne S. Charbonneau (122), la référence à l'expertise dédouane le juge et lui évite de s'interroger au fond sur la validité des mesures. Il pourrait sans nul doute se risquer à étudier la validité des différents partis retenus (v. à ce sujet les remarques de B. SEILLER, « le contrôle de la légalité externe des déclarations d'utilité publique », *AJDA* 1er septembre 2003, p. 1472-1477) : le contrôle de la légalité extrinsèque des déclarations d'utilité publique peut se faire, il est dans la logique même de l'attitude du juge).

Et même les exigences relatives à l'information préalable ne sont pas à l'excès développées par le juge.

Ainsi, par exemple, s'agissant d'une enquête publique préalable à l'autorisation d'exploiter une porcherie, alors qu'il n'y avait pas eu d'affichage sur le lieu prévu pour l'implantation de l'élevage, mais que l'enquête publique avait été annoncée

Saint-Péray, *RJE* 1-2004, p. 84 : enquête portant sur un projet d'aménagement d'un espace aquatique de loisirs. Le commissaire « s'est borné, pour justifier son avis favorable au projet, à faire état de l'intérêt collectif « évident » de celui-ci ; ... même si aucune opposition ne s'est manifestée au cours de l'enquête à l'encontre du projet, une telle motivation ne répond pas » aux exigences réglementaires.

(118) *Op. cit.*, note 11, *RJE* 1986 2/3, p. 166.

(119) V. par exemple CE, 24 novembre 1982, *Colcombet*, *D.* 1983, IR, p. 289 ; v. CAILLOSSE, préc., *RJE* 1986 2/3, p. 182.

(120) À propos d'autoroutes, v. CE, 7 décembre 1979, *Association fédérative régionale pour la protection de la nature à Strasbourg*, *D.* 1980, IR, obs. BON, p. 357.

(121) *RJE* 1984, p. 52.

(122) « Le contentieux de l'aménagement du territoire », *RJE* 1981, 3, p. 246 et s. Il faut cependant souligner quelques « frémissements » dans la jurisprudence des TA : cf., par exemple, l'annulation de la DUP d'une ligne à moyenne tension, TA, Pau, 22 juin 1994, *Labeyrie*, *Dr. env.* octobre-novembre 1994, p. 92.

dans dix communes situées dans un rayon de trois kilomètres autour du site de la porcherie. Dans la commune d'implantation, les affiches avaient été cependant placardées dans trois endroits différents et fréquentés. Partant, la Cour administrative juge que l'absence de publicité sur le terrain d'assiette ne constitue pas un vice de procédure substantiel, en relevant les « nombreuses observations recueillies sur le registre d'enquête ». CAA, Nancy, 14 mai 1998, *Association Groupe écologique du Sanon ; RJE* 1-1999 p. 119. Ou encore, CE, 19 novembre 2004, *SARL Centrale des carrières*, *Environnement*, février 2005, p. 17, n° 11 : « s'il ne résulte pas de l'instruction que l'avis relatif à l'ouverture de l'enquête publique sur le projet d'exploitation de carrière... ait été affiché dans le voisinage de l'installation projetée, une telle omission n'est pas de nature dans les circonstances de l'espèce, à avoir empêché les personnes intéressées de prendre connaissance du projet et de formuler des observations, dès lors d'une part que le site concerné est très faiblement urbanisé et que, d'autre part, les formalités d'affichage en mairie et de publication de presse ont bien été accomplies ».

Au total, donc, si démocratisation des enquêtes publiques il y a eu, la réforme de 1983-1985 n'a pas réglé le problème de la démocratisation des prises de décision en matière d'aménagement (123). Et, même si quelques décisions importantes sur le plan symbolique, comme la déjà datée décision constatant l'illégalité de la déclaration d'utilité publique de l'aménagement du pont de l'île de Ré (124), montrent que le contentieux est une arme utile pour les associations, le fait que ces décisions soient rendues bien après que les projets soient achevés est de nature à discréditer toute la procédure de l'enquête publique : le dispositif est nettement insuffisant et inopérant.

Il est d'autant plus regrettable qu'à l'occasion du vote de la loi *Paysages*, de la loi *Barnier* puis de la loi sur la démocratie de proximité et de son décret d'application, le droit des enquêtes publiques n'ait fait l'objet que de toilettages de très faibles portées (125).

En particulier, l'article L. 23-2, introduit dans le Code de l'expropriation par la loi *Barnier*, a certes institué un *lien entre déclaration d'utilité publique et protection de l'environnement*, puisqu'il crée la possibilité d'assortir la déclaration de prescriptions protectrices et de compensations ; mais il convient de s'interroger sur la portée de ces prescriptions et sur les difficultés que ne manqueront pas de présenter le contrôle de leur respect – surtout dans la durée – et leur exécution.

Par ailleurs, et ce peut être un véritable recul, les déclarations d'utilité publiques sont désormais prises par arrêté préfectoral ou ministériel, depuis le décret du 9 février 2004 (126) : il résulte des nouveaux articles R. 11-1 et R. 11-2 du Code de l'expropriation que les conclusions défavorables d'un commissaire enquêteur, dans

(123) Cette revendication a d'ailleurs constitué l'un des points forts du programme d'A. Waechter aux présidentielles de 1988, comme il avait constitué un axe prioritaire de B. Lalonde en 1981.

(124) V. J. MORAND-DEVILLER, « Le pont de l'île de Ré et le juge », *LPA* 23 septembre 1988. L'on ne peut que souscrire aux considérations désabusées de l'auteur du commentaire... V. aussi, sur les prolongements de l'affaire, du même auteur, « Le pont de l'île de Ré », *LPA* 6 février 1991, p. 15 et s.

(125) V. J.-P. COLSON, « La réforme des enquêtes publiques en France », *RJE* 2-1993, p. 223 et s., et R. HOSTIOU, « Loi *Barnier*, protection de l'environnement et droit de l'expropriation pour cause d'utilité publique », *RJE* 2-1995, p. 235 et s.

(126) V. comm. P. THIERRY, *AJDA* 29 mars 2004, p. 658 et s.

le cadre d'une procédure n'impliquant que l'État, n'emportent plus comme autrefois de glissement conséquent de compétence – sauf pour (article L. 541-3 du Code de l'environnement *in fine*) le cas très particulier des expropriations nécessaires pour la remise en état par l'ADEME sur demande de l'État de sites pollués par des déchets pour lesquelles l'avis négatif entraîne encore obligation d'adoption par décret en Conseil d'État.

En fait, et surtout, force est de faire remarquer que rien n'a été dit et fait qui permette d'ajouter aux concertations et consultations une *authentique part de co-décision.* Or, l'absence de pouvoir décisionnel collectif dans le cadre des enquêtes publiques est peut-être l'aspect qui montre le mieux pourquoi l'enquête publique n'est plus perçue comme un outil démocratique, à supposer qu'elle l'ait jamais été. Qu'est-ce qui est démocratique dans l'enquête ? Pas le processus de décision, qui échappe à l'enquête. De fait le commissaire enquêteur livre en gros ce qu'il désire livrer malgré les remarques faites à l'enquête, et ses conclusions négatives ou ses réserves ne sauraient faire plus qu'aider à l'octroi d'un sursis à exécution par la juridiction administrative compétente ou, au mieux, depuis la loi *Barnier*, induire à une délibération spéciale de l'instance délibérative quand la décision dépend d'une collectivité locale.

La première conséquence n'est pas une garantie du caractère démocratique de la décision et paradoxalement inciterait plutôt les commissaires à la retenue – ils formuleront des réserves plus que des conclusions contraires ; et d'autre part des conclusions négatives ne suffisent pas à l'octroi d'une suspension. La deuxième possible conséquence n'a que peu de portée : le mérite en est d'impliquer un débat en toute transparence, mais celui-ci est verrouillé dans l'immense majorité des cas du fait de la structure du pouvoir dans les collectivités locales. Au moins la juridiction administrative fait-elle le nécessaire pour que cette procédure d'information remplisse son office : elle considère avec sévérité et sanctionne, même dans des domaines politiquement sensibles, les décisions marquant un changement radical de la destination du projet par rapport à l'enquête publique (ainsi pour le changement de destination de Superphényx : CE 28 février 1997, *WWF-Genève et autres*, *JCP* 1997, II, 22925, p. 444-447).

On notera que la Convention d'Aarhus adoptée les 23 et 24 juin 1998 (127), dans son article 6 prévoit dans son alinéa 2 que « lorsqu'un processus décisionnel touchant l'environnement est engagé, le public concerné est informé comme il convient, de manière efficace et en temps voulu, par un avis public ou individuellement, selon le cas, au début du processus... ». Il faut attendre encore un peu pour savoir ce qu'auront été les implications réelles de cette adoption (128). À noter, pour en juger, que, par exemple, l'obligation de diffusion sur les réseaux publics de télécommunications des données relatives à l'environnement ne concernerait cependant pas les dossiers d'enquête publique, selon le ministère de l'Environnement (129) !

(127) Ratifiée par la France, loi du 28 février 2002, *JO* du 1er mars 2002.

(128) V. G. MONÉDIAIRE, « Les droits à l'information et à la participation du public auprès de l'Union européenne », *Revue européenne de l'environnement* 2/1999, p. 149 et s.

(129) Réponse à question R. G. SCHWARTZENBERG, 21 septembre 1998, *JOAN* 30-11-1998, p. 6535.

BIBLIOGRAPHIE ADDITIONNELLE INDICATIVE

C. BLATRIX, « Vers une démocratie participative », *in* J. CHEVALLIER (dir.), *La gouvernabilité*, PUF/CURAPP, 1996, p. 299-313 ■ J. CAILLOSSE, « Quelle participation aux affaires communales », *Pouvoirs* n° 95 /2000, p. 117 et s. ■ J.-C. HÉLIN, « La loi *Barnier* et la participation du public : innovations et ajustements », *RJE* 2-1995, p. 219 et s. ■ J.-C. HÉLIN, « La participation des citoyens aux politiques urbaines d'environnement », *Dr. ville* 41-1996 ■ R. HOSTIOU, « Démocratisation des enquêtes publiques et protection de l'environnement, analyse des décrets du 32 octobre 1985 », *RJE* 1986-1, p. 6 et s. ■ J. MORAND-DEVILLER, « Renforcement de la protection de l'environnement », *AJDA* juin 1995, chron. lég., p. 439 et s. ■ P. THIERRY, « La nouvelle répartition des compétences en matière d'utilité publique », *AJDA* 29 mars 2004, p. 658 et s.

M. H. BACQUE, H. REY, ET Y. SINTOMER, *Gestion de proximité et démocratie participative, Une perspective comparative*, éd. La Découverte, coll. « Recherches », Paris, 2005 ■ L. BLONDIAUX, G. MARCOU, F. RANGEON (dir.), *La démocratie locale, représentation, participation et espace public*, PUF, 1999 ■ P. ZÉMOR, *Pour un meilleur débat public*, Presses de Sciences Po, 2003.

TITRE II
LES PRINCIPES DU DROIT DE L'ENVIRONNEMENT

Une efficace protection de l'environnement repose au premier chef sur la prévention des atteintes trop importantes à l'environnement. Malgré l'instauration – limitée – de l'exigence d'une étude d'impact, cette recherche est difficile à organiser. Ses résultats concrets ne suffisent pas à eux seuls à résoudre les conflits d'environnement. Quand ceux-ci se sont noués, des systèmes de responsabilité efficaces peuvent et doivent – sans oublier le nécessaire aspect préventif de toute norme juridique en droit de l'environnement – rétablir une certaine justice dans la répartition des charges et dommages nés de l'inobservation – ou de l'insuffisance – des normes. Mais pour l'essentiel, le droit de l'environnement devant concilier des intérêts antinomiques par définition, la *recherche d'une « acceptabilité » des décisions* s'avère être une priorité, pour faire admettre le respect des normes de prévention ou leur faire remplir pleinement leur office, et pour rendre marginal le recours aux systèmes de responsabilité.

Elle s'articule – et le droit à l'environnement aussi, donc et en partie au moins – sur des zonages, sur l'institution de seuils, et sur des principes dont l'importance doit en préalable être soulignée. Selon l'article L. 110-1 du Code de l'environnement en effet, le droit de l'environnement s'inspire dans le cadre des lois qui en définissent la portée, des principes suivants (1) :

— « le *principe de précaution*, selon lequel l'absence de certitudes, compte tenu des connaissances scientifiques et techniques du moment, ne doit pas retarder l'adoption de mesures effectives et proportionnées visant à prévenir un risque de dommages graves et irréversibles à l'environnement à un coût économiquement acceptable ;

(1) V. pour une présentation générale, C. Ribot, « *L'influence des principes généraux du droit de l'environnement* », *Mélanges Colson*, PUG, 2004, p. 394 et s. et Y. Jegouzo, « Les principes généraux du droit de l'environnement », *RFDA* 2-1996, p. 209 et s. ; S. Charbonneau, « De l'inexistence des principes juridiques en droit de l'environnement », *ALD* 1995, p. 146-148.

— le *principe d'action préventive et de correction, par priorité à la source,* des atteintes à l'environnement, en utilisant les meilleures techniques disponibles à un coût économiquement acceptable ;

— le *principe pollueur-payeur,* selon lequel les frais résultant des mesures de prévention, de réduction de la pollution et de lutte contre celle-ci doivent être supportés par le pollueur ;

— le *principe de participation*, selon lequel chacun a accès aux informations relatives à l'environnement, y compris celles relatives aux substances et activités dangereuses, et le public est associé au processus d'élaboration des projets ayant une incidence importante sur l'environnement ou l'aménagement du territoire (2) ».

On peut s'interroger sur le point de savoir si, en dehors de ces principes légalement reconnus, il n'en existerait pas un autre plus structurant : le *« principe de développement durable ».* Cela peut être discuté en particulier depuis que des textes internationaux ou européens (point 3 de la Déclaration de Rio, article 37 de la Charte européenne des droits fondamentaux (3)) en font mention, en liaison avec les *« droits des générations futures ».* On entend, en droit, par principe, une « règle générale qui guide les conduites » (4). Pour qu'il existe un « principe de développement durable », il conviendrait au moins qu'existe un minimum d'accord sur son contenu mais aussi sur les conséquences de son existence, et qu'il soit impératif et sanctionnable : ce n'est pas encore le cas. À bien des égards, et en attendant que les discussions doctrinales, le législateur ou la jurisprudence s'accordent sur ce point, il semble que le « développement durable » constitue plutôt un objectif des politiques d'environnement plutôt qu'un principe du droit de l'environnement. À moins que l'on ne considère qu'il existe bien un « principe de développement durable », mais qui ne saurait « s'exprimer » pour l'heure autrement que par la médiation de principes plus effectifs du droit européen (l'obligation d'intégrer les impératifs de protection de l'environnement dans toutes les politiques européennes).

(2) Formulation issue de la loi sur la démocratie de proximité du 7 février 2002, *JO* 28 février. L'ancienne formulation était encore plus modeste : « – le principe de participation, selon lequel chaque citoyen doit avoir accès aux informations relatives à l'environnement, y compris celles relatives aux substances et activités dangereuses ».

(3) « Un niveau élevé de protection de l'environnement et l'amélioration de sa qualité doivent être intégrés dans les politiques de l'Union et assurés conformément au principe de développement durable. »

(4) *Petit Larousse illustré.*

CHAPITRE 1
LE PRINCIPE DE PRÉCAUTION

La loi relative au renforcement de la protection de l'environnement de 1995 a en premier lieu la transcription dans le droit français du principe de précaution (article 1er portant nouvel article l. 200-1 du livre II du Code rural, actuel article L. 110-1 du Code de l'environnement) : il faut en souligner évidemment les ambiguïtés (1), que la Charte constitutionnelle de l'environnement n'a pas réglées, au contraire. Mais cette transcription ne traduit qu'imparfaitement l'influence du principe, alors que la jurisprudence communautaire le consacre pourtant, au-delà de son inscription dans les traités successifs, comme un principe général du droit communautaire (2).

SECTION 1 DE LA LÉGALISATION À LA « CONSTITUTIONNALISATION » DU PRINCIPE DE PRÉCAUTION

De la conjonction de ce principe et du principe d'action préventive (qui parfois ne sont pas aisément distingués (3), il résulte d'abord que les risques induits par une activité potentiellement dommageable doivent être étudiés préalablement au démarrage de l'activité.

Le principe de précaution, de façon très prosaïque, emporte que l'on prenne les mesures nécessaires pour prévenir les risques. Pour reprendre l'expression

(1) V. Sous la direction d'O. GODARD, *Le principe de précaution dans la conduite des affaires humaines*, éd. de la Maison des sciences de l'homme, 1998, part. O. GODARD, « L'ambivalence de la précaution et la transformation des rapports entre science et décision », p. 37 et s.

(2) TPICE, 28 janvier 2003, *Laboratoires Servier*, aff. T-147/00, v. extraits et un bref comm. F. KAUFF-GAZIN, Europe, mars 2003, p. 9.

(3) V. M. GROS, « L'appréciation par le juge du principe de précaution et du principe de prévention », note sous CE, 4 août 2006, *CRILAN*, req. n° 25498, *Dr. env.* n° 144, décembre 2006, p. 365-367.

d'O. Godard (précité), on assiste à un « glissement subreptice de la reconnaissance de la possibilité légitime de l'intervention publique à l'obligation pour les autorités de prendre des mesures restrictives ». Mais une conception *a minima* – plus souvent développée – du principe de précaution suppose que l'existence d'effets graves sur l'environnement n'emporte jamais, en soi, le report de l'aménagement ou de la décision. Une acception plus audacieuse veut que le principe de précaution n'ait pas seulement des implications procédurales sur la présentation des options ou projets, mais aussi des implications réelles sur la substance et l'avenir des choix eux-mêmes. Produisant le cas échéant les effets d'un moratoire et orientant les choix publics, le principe de précaution aurait alors une autre portée, car son application jouerait sur les structures des modes de décision. Dans la conception minimale, le principe de précaution induit une obligation de moyens, et soumet la prise de précautions à des considérations économiques. Dans sa conception extensive, il constitue une véritable obligation de résultat, et pourrait induire l'abandon de projets dont la mise en œuvre pourrait dégager des risques qui, pour des raisons techniques ou économiques, ne sauraient être prévenus (il s'agirait, pour reprendre l'expression de S. Charbonneau, de « l'affirmation d'un droit au moratoire sur les risques techno-scientifiques inacceptables » (4))...

Le choix fait pour le Code de l'environnement et l'énoncé constitutionnel sont évidemment modérés : le principe de précaution ne peut se muer en un principe de moratoire et ne joue que sur les modes de réalisation des projets présentant des risques, et pas sur cette réalisation elle-même. L'allusion à l'acceptabilité économique des « précautions » à prendre laisse planer une ambiguïté sur la portée effective du principe ainsi entendu, particulièrement sur les régimes de responsabilité, comme l'exigence cumulée d'une gravité *et* d'une irréversibilité du dommage (5).

Les auteurs de doctrine s'accordent à dire que la consécration du principe de précaution peut impliquer une résurgence de la responsabilité pour faute : le respect du principe vaudrait alors circonstance exonératoire, ce qui est certes de nature à valoriser son respect. Mais la tendance actuelle – concrétisée par des textes internationaux comme la Convention de Lugano – semble autant favorable à la responsabilité objective. Il faudra bien s'interroger sur la compatibilité entre cette tendance et l'instauration du principe de précaution, susceptible d'interprétations diverses. Tout au plus, comme le souligne L. Boy (6), ainsi compris, le principe de précaution « ... traduit un intérêt général, mais "sectorisé"... Celui-ci est érigé en principe d'action – ne pas retarder l'adoption de mesures effectives et proportionnées visant à prévenir un risque de dommages graves et irréversibles – mais dans un domaine relativement précis : l'environnement ». Dès lors, tout dépendra de ce que l'on entend par « environnement »...

(4) « De l'inexistence des principes juridiques en droit de l'environnement », *ALD* 1995, p. 146-148.

(5) V. G. Martin, « La responsabilité civile pour les dommages à l'environnement et la Convention de Lugano », *RJE* 2/3 1994, 121 et s. Sur ces problèmes, v. C. Cans, « Grande et petite histoire des principes généraux du droit de l'environnement dans la loi du 2 février 1995 », *RJE* 2-1995, p. 195 et s., et M. Rémond-Gouilloud, « L'incertitude et le droit », *Responsabilité et environnement*, 1996-2, p. 101-106.

(6) « La référence au principe de régulation et l'émergence de nouveaux modes de régulation », *LPA* 8 janvier 1997, p. 5.

Dans l'affaire de la reprise des essais nucléaires dans le Pacifique (7), le commissaire du gouvernement M. Sanson avait pour sa part développé la conception la plus restrictive du principe de précaution en affirmant que les dispositions concernées « n'ont pas de contenu normatif et auraient dû figurer plutôt dans l'exposé des motifs de la loi ». Par ailleurs, selon M. Sanson, « elles visent non pas les mesures susceptibles de porter atteinte à l'environnement, mais les mesures qui visent la protection, la mise en valeur et la restauration de l'environnement ». Cette position va à l'encontre même de la vocation du principe et des termes même de la loi, puisqu'il est évident que sont concernés les risques pour l'environnement en général. *A contrario,* on peut faire remarquer que le législateur a au contraire entendu faire figurer ces principes dans l'article 1er de la loi et non dans l'exposé des motifs. La volonté des auteurs était en conséquence de leur conférer une normativité (8), et la formulation constitutionnelle finalement retenue (9) le confirme même si l'énoncé de la charte est plus restrictif que l'énoncé communautaire (art. 5. – « Lorsque la réalisation d'un dommage, bien qu'incertaine en l'état des connaissances scientifiques, pourrait affecter de manière *grave et irréversible* l'environnement, les autorités publiques veillent, par application du principe de précaution et dans leurs domaines d'attributions, à la mise en œuvre de procédures d'évaluation des risques et à l'adoption de mesures provisoires et proportionnées afin de parer à la réalisation du dommage » ; voir *infra*).

SECTION 2 LES IMPLICATIONS DU PRINCIPE DE PRÉCAUTION

On remarquera cependant que, même formulé ainsi, ce principe n'est pas dénué d'effectivité. Au contraire de ce que préconisait le commissaire du gouvernement Stahl, le CE a le 18 septembre 1998 sur recours de Greenpeace (10) prononcé le sursis à exécution de l'autorisation de mise sur le marché de trois semences de maïs génétiquement modifiées en prenant en compte le principe de précaution, pour, certes, le 22 novembre 2001, estimer finalement sur la base de la réponse de la CJCE à la question préjudicielle posée par le Conseil d'État qu'il n'y avait pas lieu de lui faire produire en l'affaire des effets (11).

D'autres décisions vont dans le même sens, quoique encore moins clairement.

(7) CE Ass., 29 septembre 1995, *Greenpeace*, *RDP* p. 256 et s., note J. DE MALAFOSSE ; *JCP* 1998, II, 10216, note M. RÉMOND-GOUILLOUD ; *Gaz. Pal.*, 1999, n°s 22-23, p. 13-15.

(8) V. S. CHARBONNEAU, « Principe de développement et principe de précaution », *Nature, Sciences et Sociétés*, 1998-3, p. 45-47.

(9) Il peut en pas être indifférent que le principe de précaution soit le seul à être ainsi expressément énoncé : cela reflète à tout le moins qu'il s'agit du principe le plus conflictuel, au point sans doute que ses partisans ont vu dans son inscription constitutionnelle une garantie de sa pérennité, dans le même temps que ses opposants y voyaient la constitutionnalisation de l'exigence de dommages graves et irréversibles...

(10) Req., n° 194348.

(11) V. *infra*, à propos des OGM.

Ainsi par exemple, la CAA de Bordeaux a rendu le 5 novembre 1998 une décision dans le cadre d'un recours pour excès de pouvoir contre un arrêté autorisant la COGEMA à exploiter un site d'entrepôt d'oxyde d'uranium appauvri à Bessines, qui annule une décision du TA de Limoges défavorable à la COGEMA... mais elle le fait après avoir expressément vérifié que le principe de précaution « n'avait pas été méconnu en l'occurrence ». Et le CE a examiné, dans le même esprit, le 28 juillet 1999 (12), la légalité d'une déclaration d'utilité publique d'une ligne à haute tension en se référant au principe de précaution. Dans une espèce très commentée (13), le TA de Lille a annulé l'approbation du schéma directeur de l'agglomération de Lille parce que celui-ci était en contradiction avec le schéma directeur d'aménagement et de gestion des eaux concerné, mais aussi et surtout parce que la décision d'approbation violait le principe de précaution. On notera aussi la décision du Conseil d'État, octobre 2002, *Union nationale de l'apiculture française* (14), portant annulation du refus du ministre de l'Agriculture de suspendre l'utilisation de l'insecticide « Gaucho » pour le traitement des semences de maïs. Prenant en compte la diminution de la production de miel, le Conseil d'État juge qu'il incombait au ministre « de procéder au réexamen des causes possibles de ces troubles, en particulier de celles qui pourraient être liées aux utilisations encore autorisées du gaucho ». En n'examinant pas « l'intégralité des éléments nécessaires à l'appréciation de l'innocuité du produit », le ministre de l'Agriculture a commis une erreur de droit. Enfin, l'aventure du Clémenceau (CE, 15 février 2006, *Association Ban Abestos*) (15) n'élude pas les raisonnements impliqués en matière de gestion des déchets par l'introduction de ce principe.

On remarquera par contre que, de manière tout à fait radicale le Conseil d'État – 20 avril 2005, *Société Bouygues Telecom*, n° 248233 (16) – a estimé que l'usage par le maire de ses pouvoirs d'urbanisme en matière d'antennes de téléphonie mobile ne devait pas être apprécié en regard du principe de précaution. Les dispositions de l'article L. 110-1 du Code de l'environnement « ne sont pas au nombre de celles que doit prendre en compte l'autorité administrative quand elle se prononce sur l'octroi d'une autorisation délivrée en fonction de la législation sur l'urbanisme » (17). Le juge infirme une décision de la CAA de Marseille qui avait estimé le contraire. En réalité, le principe d'intégration suppose et impose une prise en compte des principes du droit de l'environnement par toutes les politiques publiques, et ce genre de décision y est directement contraire. Mais le principe d'intégration n'est nulle part énoncé dans le droit français, à l'avantage de la notion, inodore, sans saveur et surtout sans implication juridique de « développement durable » ! Le Conseil d'État lui préfère celui d'indépendance des législations. Dans l'absolu, sur le pur plan intellectuel, le principe d'indépendance des législations a ses raisons d'être.

(12) Association intercommunale « Morbihan sous très haute tension », req. 184268.

(13) V. particulièrement note D. DEHARBE, *AJDA* septembre 2000, p. 752 et s., comm. L. BENOÎT, *AJDA* 6 juin 2005, p. 1191.

(14) *DE* décembre 2002, n° 104, p. 295.

(15) *Dr. env.* mars 2006, concl. Y. AGUILA.

(16) *AJDA* 6 juin 2005, p. 11912, concl. Y. AGUILA.

(17) *Contra* CAA, Marseille, 13 juin 2002, *Association intercommunale pour la défense des quartiers Peyre-Long, des Espinets et sites environnants* ; *Environnement,* décembre 2002, n° 130. Dans cette affaire, le juge est marqué par le fait que les expertises étaient contradictoires.

Pratique, il permet de ne juger, ici, les autorisations d'urbanisme qu'à l'aune du droit de l'urbanisme. La logique qu'illustre le principe de l'indépendance des législations correspond à une société sectorisée, que reflète un droit sectorisé. Notre droit est ainsi fait que le Conseil d'État peut faire respecter ce principe et donc pérenniser cette société sectorisée. Que l'on ne vienne pas dans ces conditions tenir des grands discours sur le fait que la protection de l'environnement inspire toutes les politiques publiques : mieux vaut le prouver en inscrivant dans le code de l'urbanisme l'obligation de juger les actes et décisions d'urbanisme par référence au Code de l'environnement.

Celle-ci peut-elle « céder » devant la constitutionnalisation ? Ce n'est pas garanti : si le Commissaire du gouvernement relevait dans ses conclusions dans l'affaire *Bouygues Telecom* « ... que les faits sont antérieurs à l'adoption de la Charte... et que, dès lors, la réponse que vous apporterez aujourd'hui à cette question ne préjuge pas, selon nous, celle que vous pourriez y apporter demain, à la lumière d'un nouveau contexte juridique » et si l'article 5 de la Charte rend « les autorités publiques » garantes du respect du principe de précaution, ce texte précise que celles-ci ne peuvent agir que « dans leurs domaines d'attribution », ce qui renvoie à l'évidence aux maires ayant interdit les OGM (18).

Cela dit, l'application du principe de précaution présente aussi l'avantage de constituer un *pont entre le droit de l'environnement stricto sensu et le droit de la santé.*

Ainsi le TA de Marseille (30 mai 2000, *Xuereff et Botella*) (19) a assuré une intéressante connexion entre l'obligation de transposer les directives communautaires et le principe de précaution, à propos de l'amiante. L'adoption des directives communautaires de 1983 et 1991 sur l'amiante ne permettait pas à l'État français de prétexter d'incertitudes scientifiques pour ne pas prendre de mesures : « ... le danger ne pouvait plus être ignoré dès que la France en a eu connaissance ». Sa responsabilité est donc engagée. Dans le même genre, on remarquera la décision du Conseil d'État du 28 juillet 2000, *Association Force ouvrière consommateurs et autres* (20) : ne sont pas disproportionnés, en particulier eu égard aux exigences du principe de précaution, la suspension et le retrait du marché de jouets pour bébés contenant du *phtatalate*. On notera, dans le même sens, la décision du TA de Strasbourg, 22 févier 2002 (21), *Association de défense des intérêts des quartiers centre-est de Strasbourg c/ préfet du Bas-Rhin et société SOGEMA*, qui annule les arrêtés préfectoraux de réquisition d'entrepôts pour stocker des farines animales destinées à l'incinération, au motif que les risques de pollution ne « peuvent être considérés comme négligeables, dès lors qu'ils ne sont pas improbables et qu'ils auraient pour conséquence... de porter atteinte à toutes les précautions prises pour le confinement ». Dans l'arrêt, le principe de précaution sous-tend la décision, étant visé dès le début de la rédaction. Mais évidemment, pour que celui-ci justifie une mesure de police, encore faut-il qu'un doute scientifique existe... et que le juge, évidemment souvent saisi, en accepte l'existence.

(18) V. MANSUY, « Le principe de précaution : un principe en quête de méthodologie ? », *Environnement* juin 2004, p. 6.

(19) *Europe* janvier 2001, p. 7-8, note E. SAULNIER.

(20) Note C. EOCHE-DUVAL, *Dr. env.* mars 2001, p. 45-48.

(21) *AJDA* 9/2002, p. 766 et s., avec les conclusions R. COLLIER.

La façon dont, par exemple, plusieurs TA ont considéré que les maires ne pouvaient pas interdire des expérimentations d'OGM sur le territoire de leur commune (22) sur le fondement de leurs pouvoirs de police administrative générale, en l'absence d'un « danger potentiel clairement identifié », montre le raisonnement du juge en la matière : le danger n'a pas à être certain, il suffit qu'il soit « potentiel », et donc, le juge admet le principe de précaution – comment pourrait-il ne pas le faire ? – mais il faut cependant et évidemment que l'auteur de l'acte contesté puisse établir l'existence de ce risque « potentiel » par des éléments solides (23).

On notera que les juridictions judiciaires semblent parfois un peu plus audacieuses, sur les mêmes sujets pourtant, tout en s'appuyant sur leurs habitudes solides : ainsi le TGI de Toulon a-t-il le 20 mars 2006 (24) considéré que le principe de précaution justifiait qu'il ordonne le déplacement d'un pylône de téléphonie mobile, précisant qu'« il ne peut être imposé à un voisin, contre son gré, l'exposition à un risque même hypothétique, avec la seule alternative de devoir déménager s'il se refuse à assumer ce risque ».

Évidemment, compte tenu de ces facteurs, une redéfinition du principe pourrait avoir quelque utilité. P. Kourilsky et G. Viney, dans un rapport remis au ministre de l'Environnement le 15 octobre 1999 (et qui date donc, désormais, un peu !), avaient émis quelques propositions, usant des apports d'une doctrine déjà fournie. Ils préconisaient en particulier « une évaluation permanente et de plus en plus précise du risque », « la recherche d'une réduction du risque au niveau minimal », le « coût de mesures de précaution »... devant « être acceptable ou supportable par la collectivité qui aura à l'assumer », et devant « être proportionné au bénéfice attendu de la mesure de précaution ». Enfin, « le principe de révisibilité et de réversibilité des mesures de précaution doit également être affirmé par la loi car il est consubstantiel à la précaution ».

BIBLIOGRAPHIE ADDITIONNELLE INDICATIVE

Le principe de précaution, numéro spécial, *RJE*, 2000 ■ *Dr. env.*, numéro spécial, juillet/août 2001 p. 176 et s. ■ S. BOUSSARD, *Principe de précaution et référé suspension*, note sous CE 31 mars 2003 ■ « Union nationale de l'apiculture française », *AJDA* 28 juillet 2003, p. 1388 ■ C. CANS, « Le principe de précaution, nouvel élément du contrôle de légalité », *RFDA*, juillet-août 1999, p. 750 ■ N. DE SAADELER, « Réflexions sur le statut juridique du principe de précaution », *in Le principe de précaution, significations et conséquences*, éd. de l'Université de Bruxelles, 2000.

■ (22) V. TA, Poitiers, 22 octobre 2002, *Commune d'Ardin*, *AJDA* 2 décembre 2002, p. 1351 et s., note Y. JEGOUZO.

■ (23) On remarquera, comme cela a déjà été dit, que le CE, dans ces affaires, se place pour sa part sur le terrain de la compétence pour rejeter les arrêtés des maires opposés aux OGM.

■ (24) M. RICHARD, n° 06/110, *Dr. env.* n° 139 juin 2006, p. 164, note D. DEHARBE.

CHAPITRE 2
LE PRINCIPE DE PRÉVENTION

Le principe de prévention est plus classique et son application en droit de l'environnement est mieux admise. Elle se concrétise par l'usage des pouvoirs de police administrative pour prévenir les pollutions, et par la création de régimes spéciaux de police adaptés aux exigences spécifiques de la protection de l'environnement. Ces régimes seront examinés plus avant dans les différentes parties de cet ouvrage, notamment celles ayant trait au droit des pollutions et nuisances. Pour prendre un autre exemple que ceux-là, la « reconnaissance d'un lien étroit entre protection de l'environnement et prévention des sinistres et catastrophes » (1) est une des manifestations les plus significatives et complexes de l'inscription du principe de prévention dans le droit de l'environnement. Si elle date de 1987 – conséquence psychologique des catastrophes de Bhopal ou Tchernobyl – après de multiples tempêtes et inondations, corrélées à des catastrophes technologiques comme celle d'AZF, l'urgence de réformes s'est faite jour, qui a notamment abouti à la loi du 1er août 2003 sur les risques. Il sera dans ce chapitre fait allusion aux risques technologiques – dont la présentation sera développée *infra* à propos du droit des pollutions et nuisances – mais principalement traité à titre d'illustration des risques naturels.

SECTION 1 L'INTÉGRATION JURIDIQUE DES RISQUES DE CATASTROPHES

La loi du 22 juillet 1987 confirmait l'importance de la planification (par exemple des très connus plans ORSEC) dans le mécanisme français de prévention et de lutte contre les catastrophes naturelles, et secondairement techno-

(1) M. Prieur, « Le nouveau dispositif de prévention et de lutte contre les risques majeurs », *RFDA* 6, 1987, p. 926 et s.

logiques. Les différents plans – il y en a peut-être trop ! – effectuent des zonages, dénombrent les moyens susceptibles d'être utilisés en cas de risques graves (quelle qu'en soit la source) – pour les plans ORSEC, à un double niveau, départemental d'abord (ce n'est pas une innovation, car ils existent depuis 1952), au plan des « zones de défense » ensuite. S'y ajoutent des « *plans d'urgence* » : les plans particuliers d'intervention par exemple, qui énoncent les mesures à prendre aux abords de certaines installations ; les plans de secours généraux et les plans de secours spécialisés qui sont liés à l'existence de dangers particuliers. Les deux catégories de plans peuvent être employées simultanément.

Les *plans d'exposition aux risques,* prévus par la loi du 13 juillet 1982 sur l'indemnisation des victimes de catastrophes naturelles, et les *plans de prévention des risques naturels* qui ont pris leur suite sont des pièces maîtresses des dispositifs de prévention. Quoique établis à l'initiative des préfets, les PER étaient des outils communaux ou intercommunaux ; le projet d'arrêté devait être soumis pour avis aux communes ; cet arrêté (« de prescription ») fixait le périmètre mis à l'étude, les risques pris en compte, la désignation du service d'État instructeur ; le PER, une fois élaboré, soumis à enquête publique puis éventuellement corrigé, devait faire l'objet d'une approbation par le préfet. Il comportait un rapport de présentation, des documents d'illustration et un règlement et avait pour effet de créer trois zones, une blanche (sans risques), une bleue (exposée à des risques susceptibles d'être maîtrisés), une rouge (la plus exposée, dans le périmètre de laquelle la construction est prohibée, sauf pour assurer la protection des constructions préexistantes) et d'instituer des servitudes administratives modulées selon les zones concernées, qui s'imposent, à peine d'illégalité, aux Plans d'urbanisme. Le PER pouvait imposer aux particuliers la réalisation des travaux nécessaires à la réduction des risques recensés (dans la limite de 10 % de la valeur vénale du bien menacé) et la loi de 1987 ajoutait à ces éléments qui datent de 1982 l'obligation pour les PER de déterminer les mesures nécessaires pour parer aux risques d'inondations. Une procédure de déclaration préalable était instituée pour tous dépôt, remblais, clôtures, plantations, ou constructions situées dans les zones définies par le PER (2).

Le dispositif de l'article L. 562-1 du Code de l'environnement remplaçant les PER par des PPR (plans de prévention des risques) n'a que fort peu modifié le système antérieur :

> « I. – L'État élabore et met en application des plans de prévention des risques naturels prévisibles tels que les inondations, les mouvements de terrain, les avalanches, les incendies de forêt, les séismes, les éruptions volcaniques, les tempêtes ou les cyclones.
>
> II. – Ces plans ont pour objet, en tant que de besoin :
>
> 1° De délimiter les zones exposées aux risques, dites « zones de danger », en tenant compte de la nature et de l'intensité du risque encouru, d'y interdire tout type de construction, d'ouvrage, d'aménagement ou d'exploitation agricole, forestière, artisanale, commerciale ou industrielle ou, dans le cas où des constructions, ouvrages, aménagements ou exploitations agricoles, forestières, artisanales, commerciales ou industrielles pourraient y être autorisés, prescrire les conditions dans lesquelles ils doivent être réalisés, utilisés ou exploités ;
>
> 2° De délimiter les zones, dites " zones de précaution ", qui ne sont pas directement exposées aux risques mais où des constructions, des ouvrages, des aménagements ou des exploitations agricoles, forestières, artisanales, commerciales ou industrielles pourraient aggraver des risques ou

(2) V. M. PRIEUR, préc., *RFDA*, 1988, p. 931.

en provoquer de nouveaux et y prévoir des mesures d'interdiction ou des prescriptions telles que prévues au 1° ;

3° De définir les mesures de prévention, de protection et de sauvegarde qui doivent être prises, dans les zones mentionnées au 1° et au 2°, par les collectivités publiques dans le cadre de leurs compétences, ainsi que celles qui peuvent incomber aux particuliers ;

4° De définir, dans les zones mentionnées au 1° et au 2°, les mesures relatives à l'aménagement, l'utilisation ou l'exploitation des constructions, des ouvrages, des espaces mis en culture ou plantés existants à la date de l'approbation du plan qui doivent être prises par les propriétaires, exploitants ou utilisateurs.

III. – La réalisation des mesures prévues aux 3° et 4° du II peut être rendue obligatoire en fonction de la nature et de l'intensité du risque dans un délai de cinq ans, pouvant être réduit en cas d'urgence. A défaut de mise en conformité dans le délai prescrit, le préfet peut, après mise en demeure non suivie d'effet, ordonner la réalisation de ces mesures aux frais du propriétaire, de l'exploitant ou de l'utilisateur. »

Il n'est pas évident que ce dispositif aura eu plus de succès que le précédent : les dégâts causés par les inondations, nombreuses en 2000 et 2001, ne semblent pas le prouver... Il participe en tout cas de la même logique, et présente de fait les mêmes traits. Les seules modifications sont la mise en place d'une possibilité élargie d'expropriation et la prise en charge des coûts par un fonds d'indemnisation des risques naturels.

Les maires, en vertu des articles L. 2212-1, 2212-2, et L. 2212-4 du Code général des collectivités locales, sont les autorités de police compétentes pour faire face (3) aux catastrophes (au sens large), mais ils partagent la capacité d'intervention avec les préfets : ainsi le soin de déclencher les plans ORSEC appartient aux préfets (4). Il en est de même pour les plans d'urgence même si pour ces derniers, il est prévu une consultation des maires et des personnes privées concernées.

La mise en place de plans modifie le cours des choses en matière de responsabilité et de compétence. Jusqu'en 1982 (5), il n'y avait pas de transfert exprès de pouvoirs de police du maire au préfet, et la commune demeurait responsable ; désormais, l'on considère que le déclenchement d'un plan entraîne normalement transfert de la responsabilité (6). Mais la réparation des dommages subis par les requis éventuels est à la charge des requérants, et une procédure accélérée d'indemnisation est mise en place (7). La collectivité publique qui a « bénéficié des secours » est responsable de cette indemnisation. Il existe cependant trois exceptions : le Service départemental d'incendie et de secours peut se substituer à la collectivité débitrice ; en cas d'engagement d'un plan ORSEC départemental ou zonal, il n'y a pas normalement de remboursement, et enfin l'État est seul débiteur quand les secours sont mis au service d'un État étranger.

Depuis 1987, la partie législative du Code de l'urbanisme compte en outre quatre dispositions qui renforcent la prise en compte des risques naturels dans les documents d'aménagement du territoire : ces documents doivent prendre en compte

(3) V. notre deuxième partie.
(4) V. M. PRIEUR, « Les plans ORSEC », *Dr. ville* 1986, p. 199.
(5) CE, *Ranchoud*, 19 mars 1982, rec., p. 735.
(6) Art. 101 de la loi du 2 mars 1982, confirmé par l'art. 5 de la loi de juillet 1987 ; v. M. PRIEUR, *op. cit., RFDA* 1987, p. 932.
(7) Une provision est en tout état de cause versée, les TA étant compétents pour statuer sur le montant des réparations.

(art. L. 110 et L. 111-1) et prévenir les risques naturels prévisibles et les risques technologiques (art. L. 121-1). Les schémas directeurs doivent prendre en compte de tels risques (art L. 122-1) et les PLU doivent en tenir compte dans la délimitation des différentes zones (art. L. 123-1). De plus, l'article L. 2212-2 du Code général des collectivités territoriales précise en effet dans son alinéa 5 que les maires « doivent prendre le soin de prévenir par des précautions convenables... les accidents et les fléaux calamiteux... ainsi que... les avalanches ». Cette obligation de prévention implique la réalisation de paravalanches et la signalisation des risques ; pour ce qui concerne les inondations (8), elle implique la signalisation des zones submersibles et la réalisation des travaux nécessaires (9) même sur des propriétés privées (10). L'article L. 562-2 du Code de l'environnement ajoute que « Lorsqu'un projet de plan de prévention des risques naturels prévisibles contient certaines des dispositions mentionnées au 1° et au 2° du II de l'article L. 562-1 et que l'urgence le justifie, le préfet peut, après consultation des maires concernés, les rendre immédiatement opposables à toute personne publique ou privée par une décision rendue publique. Ces dispositions cessent d'être opposables si elles ne sont pas reprises dans le plan approuvé ou si le plan n'est pas approuvé dans un délai de trois ans ».

La loi de 2003 a accusé la logique des textes « fondateurs », sans clarifier la nature juridique de la prise en compte des risques (11).

La loi n° 2004-811 du 13 août 2004 de modernisation de la sécurité civile ajoute à ces planifications un plan communal de sauvegarde (article 13 de la loi sur la sécurité civile). Il ne s'agit pas cependant d'ajouter aux plans existants, puisque la vocation de ce document est de regrouper « ... l'ensemble des documents de compétence communale contribuant à l'information préventive et à la protection de la population. Il détermine, en fonction des risques connus, les mesures immédiates de sauvegarde et de protection des personnes, fixe l'organisation nécessaire à la diffusion de l'alerte et des consignes de sécurité, recense les moyens disponibles et définit la mise en œuvre des mesures d'accompagnement et de soutien de la population ». Mais ce plan n'est obligatoire que dans les communes dotées d'un plan de prévention des risques naturels prévisibles approuvé ou comprises dans le champ d'application d'un plan particulier d'intervention, alors même que son inscription systématique dans les PLU aurait été plus simple (12). C'est en second lieu l'objet des « schémas départementaux d'analyse et de couverture des risques » est réaffirmée. Créés en 1996, ces schémas doivent, comme sous l'empire de selon la loi du 27 février 2002 dresser « ... l'inventaire des risques de toute nature pour la sécurité des personnes et des biens auxquels doit faire face le service départemental

(8) V. J. Untermaier, « Les crues, luttes contre les inondations et protection de l'environnement », *Dr. ville* préc., p. 12 et s.

(9) Ce qui n'est pas sans ambiguïté : on sait que des projets de barrages constituent souvent des « écocides ».

(10) V. CE, 16 octobre 1964, *Ville de Tulle c/ Roume*, *AJDA* 1965, p. 180, note Moreau ; 6 février 1970, *Kerguelen*, *RDP* 1970, note Waline. Les coûts en incombent à la commune.

(11) La fonction du droit des assurances, notamment, a considérablement évolué dans le nouveau contexte : v. P. Savin et Y. Martinet, « Risques technologiques et réparation des dommages : points saillants de la loi du 30 juillet 2003 », *LPA* 10 octobre 2003, n° 203, p. 4-8 ; L. Lanoy, « L'indemnisation et l'évaluation des dommages de catastrophes technologiques », *Dr. env.*, 2003, n° spécial, « Risques technologiques et naturels, loi du 30 juillet 2003 », p. 226-228.

(12) V. notre comm., *Dr. env.* octobre 2004.

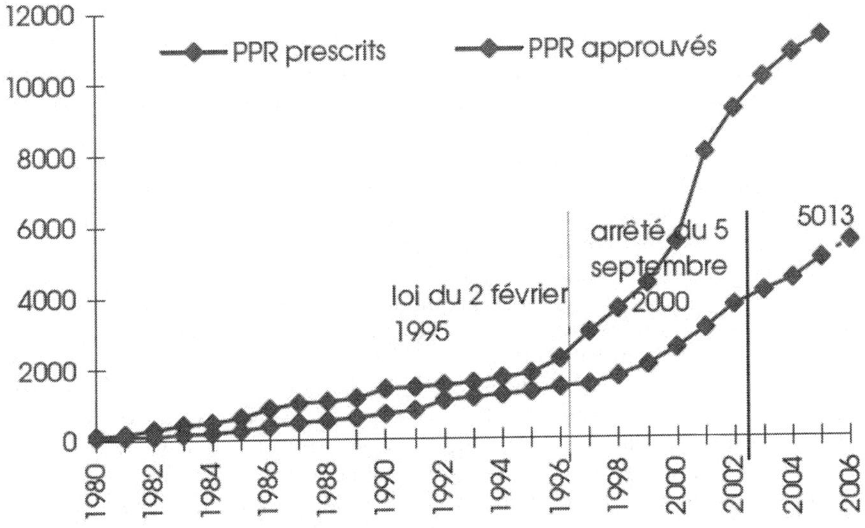

Source : http://www.ecologie.gouv.fr/IMG/pdf/Fiche45_Pprn.pdf

d'incendie et de secours dans le département et détermine les objectifs de couverture de ces risques par ce service ». Le seul changement vient de ce que si, comme avant, « le représentant de l'État dans le département arrête le schéma départemental », après avis du Conseil général et « avis conforme du conseil d'administration du service départemental d'incendie et de secours », la composition de ce conseil réserve désormais une nette majorité des trois cinquièmes aux représentants des départements (13). La formule confirme le rôle de chef de file dévolu aux départements en la matière, même si l'État continue à contrôler les compétences d'action en matière de secours.

SECTION 2 LA NATURE JURIDIQUE DE LA PRISE EN COMPTE DES RISQUES NATURELS

En tant qu'outil privilégié de prévention, ces outils de planification – PER et maintenant PPR – méritent mieux qu'un simple descriptif. Certes, s'interroger sur leur nature peut à première vue sembler vain. L'essentiel n'est-il pas de mesurer leur utilité pratique et leur adaptation aux tâches assignées ? L'exercice

(13) Au lieu de 14 sur 22, peut-être surtout, l'élection ne se fait plus à la proportionnelle à la plus forte moyenne, mais selon des modalités analogues à celles en vigueur pour les élections régionales.

n'est pourtant, même pour ceux qui voudraient s'arrêter à une pure approche existentielle ou matérielle de ces outils, pas gratuit. En effet, même si l'on peut penser qu'un texte, une disposition ou un dispositif peuvent à la pratique ne pas être exactement ce que le pouvoir législatif ou l'autorité réglementaire voulaient qu'ils soient (14), il est rare qu'ils deviennent exactement le contraire de ce que les auteurs de la norme entendaient instituer.

Si ces plans sont ce qu'ils sont, c'est tout de même parce qu'à l'origine, consciemment ou inconsciemment, on les a inscrit dans une logique. *A priori*, même le fait qu'ils soient le fruit de compromis et de discussions – ce qui est d'ailleurs bien le moins puisqu'ils ont été créés par une loi ayant fait l'objet d'un réel débat parlementaire – ne peut faire accroire à leur bâtardise absolue : des logiques différentes ont pu se mélanger plus ou moins harmonieusement, mais elles n'en demeurent pas moins repérables. L'approche sémantique de la dénomination montre que trois choix pouvaient être faits. Le mot « plan », en droit, est caractéristique de deux branches : le droit de l'urbanisme et le droit de l'aménagement du territoire (15) ; le mot « exposition » n'est pas en lui-même caractéristique d'une quelconque branche du droit ; le mot « risque » est directement lié au droit administratif, à travers la théorie de la responsabilité pour risque, mais aussi au droit de l'environnement, dont la vocation essentielle est de prévenir les risques encourus par notre « environnement ». Sémantiquement, donc, les PPR sont – si l'on ose dire – un carrefour. L'on peut tenter d'appliquer à ce « carrefour » un schéma de recherche scientifique à base d'hypothèses que l'on cherchera à vérifier. Soit les PPR sont des instruments d'un *droit des risques* qui « appartient » au droit de l'urbanisme et au droit administratif : les préoccupations écologiques en sont absentes, et l'on ne cherche qu'à mieux occuper l'espace pour gérer les risques dans une logique à dominante anthropocentrique qui repose sur les idées que le droit peut gérer la nature, et que nature et droit doivent être au seul service de l'homme. Soit ils sont – ils sont aussi – la pièce d'un *droit plus « écologique »* qui vise à clarifier les rapports de l'homme et de la nature, qui repose sur des paramètres plus globaux, et qui, à bien des égards, suppose une « internalisation » des coûts sociaux des

(14) À supposer évidemment que le pouvoir législatif ou le détenteur d'un pouvoir réglementaire aient vraiment la capacité de « vouloir » : il est vrai que des entités collectives – composées d'unités ou de groupes – peuvent donner l'impression de ne pas avoir de « volonté » au sens où on l'entend pour une personne physique unique ; mais il n'est guère possible de faire à cet égard un procès d'intention aux générations de juristes et de jurisconsultes qui n'ont « juré » que par « la volonté du législateur »... qu'ils l'aient fait ne prouvent pas qu'elle existe, mais permet de penser au moins qu'il émane de tout organe délibératif créateur de norme, sinon une volonté créatrice, au moins une logique normative – c'est-à-dire un acte dynamique concrétisé par l'expression d'une norme, si maladroit ou ambigu que soit le résultat.

(15) On pourrait être tenté de les unir en une seule : elles ont pourtant leur originalité propre, et il est difficile de réduire l'aménagement du territoire à l'urbanisme : v. par exemple ce qu'entend par « aménagement du territoire » M. MADIOT dans « L'effacement de la politique d'aménagement du territoire », *AJDA* 12-1989, p. 731. Et il est vrai que la vocation de l'urbanisme comme celle de l'aménagement du territoire est d'organiser l'espace ; la vocation des droits qui organisent ces « activités » n'est pas obligatoirement de le faire dans un sens favorable à la protection de l'environnement. La vocation du droit de l'environnement est théoriquement de faire prédominer l'impératif de protection ou de faire qu'il soit considéré... Si bien qu'il n'est pas faux, bien que les droits de l'urbanisme et de l'aménagement aient été, en quelque sorte, contaminés par les préoccupations de protection de l'environnement, de les situer tous deux d'une part, et le droit de l'environnement d'autre part, représentant deux logiques qui, bien qu'ayant des contacts, et s'imbriquant parfois, sont différentes en ce qu'elles n'ont pas les mêmes axes, ni les mêmes supports philosophiques.

atteintes à l'environnement. La tentation est grande de statuer sans entendre la défense. Pourtant, mesurer ce qui, dans désormais dans les PPR, relève d'une logique et ce qui relève d'une autre permet de s'interroger en toute connaissance de cause sur la notion de risque et le mode de traduction des risques que constituent ces plans, et donc sur leur utilité. Et pourquoi ne pas, dans cet esprit, envisager, pour le cas où l'envie d'une révision prendrait les gouvernants ou le législateur, comment pourrait être modifiée leur nature ? Cette interrogation peut déboucher, sans coup férir, sur une cogitation plus générale sur les rapports de la science et du droit, et ce n'est pas son moindre intérêt.

En premier lieu, ces outils sont présentés comme des instruments d'aménagement concerté analogues ou assimilables à ou complémentaires des documents d'urbanisme. Il est vrai que pour le Conseil d'État (16), ils sont des documents d'urbanisme au sens de l'article L. 602 du Code de l'urbanisme.

Mais cette nature juridique « reconnue » n'empêche pas de dire que « La pire des attitudes pour l'auteur du PER serait de donner l'impression que l'administration veut, par le biais des PER, récupérer une part du pouvoir de décision qui lui a échappé en matière de POS depuis la décentralisation. Le PER peut au contraire être une excellente occasion de prise de conscience, de concertation, de négociation entre les techniciens et les responsables locaux », expliquait par exemple un spécialiste pour caractériser les PER (17). Clairement, donc, les PER étaient replacés dans le contexte des rapports de force tels qu'ils ont été créés, en matière d'urbanisme, par les lois de décentralisation. Aux élus locaux, la décision ; à l'État, la correction, la péréquation, l'harmonisation, et encore, pas toujours. Il est vrai que les PER étaient des « documents étatiques », comme l'a rappelé F. Bouyssou (18), et que, généralement, les compétences de protection de l'environnement sont des compétences d'État, ou en tout cas « rétives » à la décentralisation (19). La même logique préside à l'adoption des PPR. Il serait abusif d'en tirer argument pour dire que les PER et PPR présentent les caractéristiques des mesures de protection de l'environnement : l'auteur de l'acte n'est pas une caractéristique fondamentale suffisant tout à coup à classer un acte ou une catégorie d'actes dans une branche du droit. Il faut remarquer par ailleurs – ce qui plaide pour reconnaître aux PPR des caractéristiques de documents d'urbanisme – que « le processus décisionnel est tout à fait semblable à celui qui existait pour les plans d'urbanisme directeur selon le décret du 31 décembre 1958, c'est-à-dire avant l'institution des POS... » (20). De là à ne penser les PPR que comme des outils d'une recentralisation larvée des pouvoirs d'urbanisme, il n'y a qu'un pas, dont on sait (v. ci-dessus) que la crainte de le voir franchi explique nombre d'atermoiements... Sous le prétexte de l'existence de risques, il y aurait ainsi recul en matière de décentralisation : conjoint à une certaine conception de l'aménagement, voilà qui ne plaide pas, on en conviendra, pour que les maires acceptent de bon cœur de jouer le jeu. Les PER et PPR semblent aussi pouvoir être considérés comme des plans de sécurité civile (21) autant que des

(16) 12 juin 2002, note J. P. LEBRETON, *AJDA* 16/2002, p. 1080.
(17) L. DE CRÉCY, « Les risques en montagne », *Aménagement et nature*, été 1988, p. 13.
(18) « Les plans d'exposition aux risques naturels », *Dr. ville* 20-1985, p. 139 et s.
(19) V. *infra*, deuxième partie.
(20) F. BOUYSSOU, *op. cit.*, p. 242.
(21) V. V. DYE, *La sécurité civile en France*, coll. « Que sais-je ? », n° 1682, PUF.

documents d'urbanisme (22). Ils présentent en fait à la fois les caractères de ces deux types de documents. C'est ce que semble soutenir M. Prieur dans son commentaire des adaptations des PER postérieures à 1982. C'est aussi ce qui peut être conclu de l'exposé de J.-P. Marty sur les avalanches, et dans quelques autres prononcés lors du colloque consacré par l'IEJUC aux risques technologiques et naturels les 14-15 octobre 1985 (23).

Le fait que les PPR tentent de régler le problème de risques au moyen de la création de *servitudes d'utilité publique* viendrait de là : la notion de risque étant prévue au moins autant au plan des conséquences de sa réalisation qu'au plan de la réelle prévention de sa survenance. Le PPR localise le risque, le traite territorialement par une influence sur les documents d'urbanisme auxquels il s'impose ou s'intègre. Mais surtout, et pas seulement au plan des assurances, il permet une *socialisation des risques en amont*, par la prise en charge collective des éventuels effets d'une catastrophe. C'est bien le propre des documents de « sécurité civile ».

Les caractéristiques des PPR sont donc multiples et sujettes à diverses interprétations : l'interrogation sur leur nature n'en est que plus utile... si elle n'est bien sûr pas simple. Les mesures de prévention sont, ainsi, conçues avant tout « comme des réponses techniques à des problèmes techniques » (24). Cela ne dit pas si l'on peut classer les outils en question dans le droit de l'environnement, supposant ainsi qu'il obéit à quelques-unes des priorités que cette « intégration » emporterait (25). Cette indétermination n'est pas le propre des PPR, mais est caractéristique du droit des risques (26). S. Charbonneau, à propos de « la nature du droit de la prévention des risques techniques » (27), expliquait que « le régime juridique de la gestion des risques technologiques fait partie intégrante du droit de l'environnement... cependant, contrairement au droit de l'environnement, il englobe également toutes les formes d'activités dangereuses susceptibles de porter atteinte à l'intégrité physique des individus et des sociétés humaines ». On ne peut mieux dire, et même si la problématique des PPR est plus étroite et plus large tout à la fois (28) que celle traitée par l'auteur, l'essentiel est dit et peut être repris : le droit de l'environnement est un nœud de normes, un carrefour articulé autour d'un noyau dur ; à ce droit-carrefour peut parfaitement appartenir pour partie un droit dont l'objet fait qu'il déborde largement le droit de l'environnement *stricto sensu*.

(22) V. M. PRIEUR, « Le nouveau dispositif de prévention et de lutte contre les risques majeurs », « La réorganisation de la sécurité civile et la prévention des risques majeurs », *RFDA* 6-1987, p. 926 et s., surtout p. 930.

(23) V. *Dr. ville* n° 20, 1985, p. 87 et s.

(24) Selon l'expression de B. DE VASSAY, « L'évaluation des risques naturels », *in Aménagement et Nature*, été 1988, p. 10.

(25) Il est certain, on l'a dit, que la sphère du droit de l'environnement est mal définie : mais cette indéfinition, d'ailleurs très relative, est l'une des conditions *sine qua non* d'un développement de cette branche du droit ; il s'agit plus dans notre optique d'un esprit qui doit se développer que d'une discipline dont il faudrait absolument défendre le pré carré – ce qui n'interdit pas de la considérer comme *autonome*, ce qui ne veut pas dire hermétique !

(26) Dont on admettra qu'il existe, en tant que corpus de règles hétérogènes constituées de normes diverses, de droit public comme de droit privé, corpus définissable par rapport à son objet : il existe un droit des risques comme il existe – toutes proportions gardées – un droit de la famille ou un droit de la ville.

(27) *RFDA* 4 1988, p. 529.

(28) Les PPR ne représentent qu'une partie du droit des risques.

Pour rendre compte de la réalité, il faudrait imaginer une représentation de cette nébuleuse en un *ensemble doté de sous-ensembles groupés autour d'un noyau*, dont les intersections, mouvantes au gré des pressions et des innovations textuelles et jurisprudentielles, ne seraient pas elles-mêmes toujours définies par une ligne franche.

L'on pourrait donc dire, adoptant ainsi une position mesurée, que les PER et PPR se situeraient aux confluents du droit de l'environnement et d'autres branches du droit ; plus exactement, d'ailleurs, aux confluents du droit de l'environnement et du droit administratif le plus traditionnel... En effet, ce qu'écrit S. Charbonneau – à propos du droit des risques en général – peut s'appliquer aux PPR : « le droit de la gestion des risques est essentiellement composé de règles préventives dont la conception et le respect relèvent du monopole de la puissance publique » (29). Que l'on s'attache à cet aspect des choses ou que l'on préfère ne voir dans ces plans, comme M. Bouyssou, que des servitudes d'urbanisme, des servitudes de droit public comme les autres, le résultat est le même. *Le rapport de l'homme à la nature est ici réglé par un procédé caractéristique du droit administratif.* Il n'est pas, c'est certain, fait allusion à un quelconque souci de protection de l'environnement à propos des PPR... et c'est bien ce qui brouille les cartes. Mais l'environnement n'est-il pas tout ce qui entoure l'homme ? Et est-il vraiment logique de ne considérer comme faisant partie du droit de l'environnement que ce qui a trait aux rapports de l'homme à l'environnement ? Les PPR ont trait aux rapports de l'environnement à l'homme : la perspective n'est pas la même, la problématique est identique : comment traiter la niche écologique de l'humanité et réguler les rapports de l'homme et de son milieu ? C'est peut-être pour n'avoir eu qu'une vision relative et relativiste des PER et des nécessités qui impliquaient leur institution que le législateur les a inscrits dans une logique équivoque : l'équivoque est ici due à une conception univoque des rapports de l'homme à la nature.

Le titre deuxième de la loi n° 2003-699 du 30 juillet 2003, qui a trait aux « risques naturels », et que mettent en œuvre les décrets du 9 juin 2004, du 15 février 2005, du 14 mars 2005 (30) et du 7 septembre 2005 (31) cherche à régler ces rapports en définissant trois objectifs prioritaires :

— *chercher à réduire les risques en amont des zones urbanisées ;*

— *tenter de susciter une attitude de prévention* de la part de nos concitoyens les plus exposés ;

— *essayer de protéger les biens et les personnes* en milieux construits.

C'est en cinq chapitres que sont déclinés les outils préconisés pour parvenir à ces buts dont il est évident qu'ils ne seront atteints que progressivement tant la tâche assignée est lourde.

C'est à *l'information* qu'est attribué le chapitre de tête. Que les maires des communes dont les territoires sont concernés par un plan de prévention des risques naturels prévisibles doivent informer leurs administrés au moins une fois tous les

(29) Ce qui est, on en conviendra, la marque du droit administratif.

(30) Le premier a trait à l'information des citoyens sur les risques majeurs, le second à l'information des acheteurs ou loueurs de biens, le troisième aux repères de crues. V. pour une présentation générale N. JOUTEUR, « Les décrets d'application du volet " risques naturels " de la loi n° 2003-699 », *Dr. env.* n° 129, juin 2005, p. 135 et s.

(31) Décret n° 2005-1130, v. présentation, *in AJDA* 19 septembre 2005, p. 1710.

deux ans de façon exhaustive ne nous semble pas une gageure ! Que l'État modernise et réorganise le réseau de surveillance des crues, cherche à en assurer la cohérence et la complémentarité avec d'autres dispositifs mis en œuvre par des collectivités territoriales par le biais de schémas définis au niveau des bassins principaux tels que délimités par le préfet coordonnateur, affirme la gratuité d'accès aux données recueillies nous paraît relever du minimum espéré ! Que la mémoire du risque d'inondation soit ravivée et conservée grâce à des repères bien entretenus et protégés est indispensable ! On ne pouvait faire moins ni plus tard. Mais il ne sera pas possible de se contenter trop longtemps de ces mesures.

Le chapitre suivant porte sur *l'utilisation du sol et l'aménagement*. Servitudes et interventionnisme public en sont les piliers majeurs. Le texte affirme la primauté de l'intérêt collectif sur des aménagements et pratiques culturales dictés par la recherche d'avantages privés ou, tout simplement, reflets de techniques de travail irréfléchies quand elles ne sont pas induites par le souci d'une rentabilité à court terme. La multiplication espérée des zones d'expansion des crues, l'interdiction de certaines digues ou l'arasement de divers remblais, la prohibition des labours parallèles au sens de la pente, la réimplantation de haies entre autres devraient permettre une gestion plus pertinente des inondations, ce risque dit « naturel » auquel est consacré pour l'essentiel ce titre II du projet de loi. L'important est dans la démarche adoptée qui ne vise pas en premier lieu à chercher à corseter les cours d'eau entre des murs de béton ou de terre battue tôt ou tard submergés ou emportés ni à croire en la capacité de barrages de rétention impuissants relativement face à des précipitations exceptionnelles mais nous entraînant dans une fausse tranquillité d'esprit.

Le chapitre troisième est quasiment entièrement dédié aux *modalités d'action offertes aux collectivités territoriales*. Il confirme leur prééminence dans la conduite des travaux à engager dans le cadre général défini précédemment et, par le biais de l'invocation de l'urgence, leur ouvre de larges possibilités d'intervention, les exonérant par exemple pour œuvrer du passage par l'enquête publique. En outre l'article L. 211-12 du Code de l'environnement précise :

« I. – Des servitudes d'utilité publique peuvent être instituées à la demande de l'État, des collectivités territoriales ou de leurs groupements sur des terrains riverains d'un cours d'eau ou de la dérivation d'un cours d'eau, ou situés dans leur bassin versant, ou dans une zone estuarienne.

II. – Ces servitudes peuvent avoir un ou plusieurs des objets suivants :

1° Créer des zones de rétention temporaire des eaux de crues ou de ruissellement, par des aménagements permettant d'accroître artificiellement leur capacité de stockage de ces eaux, afin de réduire les crues ou les ruissellements dans des secteurs situés en aval ;

2° Créer ou restaurer des zones de mobilité du lit mineur d'un cours d'eau en amont des zones urbanisées dans des zones dites “ zones de mobilité d'un cours d'eau ”, afin de préserver ou de restaurer ses caractères hydrologiques et géomorphologiques essentiels.

III. – Les zones soumises à ces servitudes sont délimitées par arrêté préfectoral. Celui-ci est pris après enquête publique menée conformément au Code de l'expropriation pour cause d'utilité publique.

IV. – Dans les zones de rétention temporaire des eaux de crues ou de ruissellement mentionnées au 1° du II, l'arrêté préfectoral peut obliger les propriétaires et les exploitants à s'abstenir de tout acte de nature à nuire au bon fonctionnement, à l'entretien et à la conservation des ouvrages destinés à permettre l'inondation de la zone. À cet effet, l'arrêté préfectoral peut soumettre à déclaration préalable, auprès des autorités compétentes en matière d'urbanisme, les travaux qui, en raison de leur nature, de leur importance ou de leur localisation, sont susceptibles de faire obstacle au stockage ou à l'écoulement des eaux et n'entrent pas dans le champ d'application des autorisations ou déclarations instituées par le Code de l'urbanisme.

L'arrêté préfectoral peut également soumettre à déclaration préalable les ouvrages qui, en raison de leur nature, de leur importance ou de leur localisation, sont susceptibles de faire obstacle au stockage ou à l'écoulement des eaux et n'entrent pas dans le champ d'application des autorisations ou déclarations instituées par le Code de l'urbanisme. Le préfet peut, par décision motivée, dans un délai de deux mois à compter de la réception de la déclaration, s'opposer à la réalisation de ces ouvrages ou prescrire les travaux nécessaires. Les travaux de réalisation de ces ouvrages ne peuvent commencer avant l'expiration de ce délai. Pour les travaux visés au premier alinéa du présent IV, ainsi que pour les travaux et ouvrages soumis à une autorisation ou à une déclaration instituée par le Code de l'urbanisme et qui sont susceptibles, en raison de leur nature, de leur importance ou de leur localisation, de faire obstacle au stockage ou à l'écoulement des eaux, l'autorité compétente pour statuer en matière d'urbanisme recueille l'accord du préfet qui dispose d'un délai de deux mois à compter de la réception de la déclaration ou de la demande d'autorisation pour s'opposer à l'exécution des travaux ou prescrire les modifications nécessaires. Les travaux ne peuvent commencer avant l'expiration de ce délai. En outre, l'arrêté préfectoral fixe les dispositions nécessaires dans un délai déterminé pour évacuer tout engin mobile pouvant provoquer ou subir des dommages. »

Ces avancées notables du principe de prévention ne lèvent pas toute équivoque, ce qui laisse aux juridictions une large marge de manœuvre.

La difficile acceptation des PER ET PPR à travers le contentieux – Quatre décisions rendues en 2000 par le TA de Nice et la CAA de Nantes (32) illustrent les difficultés d'acceptation des PPR par les administrés comme par les élus locaux. L'espace constructible est cher, l'attrait de la proximité des cours d'eau existe, et les élus locaux ont parfois le plus grand mal à refuser des permis de construire. Quand ils le font, ils risquent des contentieux qui, même s'ils ne peuvent normalement pas les perdre, les embarrassent. Il n'en résulte pas moins de la situation du droit qu'en la matière – et la fréquence des inondations conduit à une plus grande prudence – la prévention gagne du terrain.

Dans l'affaire *Carbone*, le TA de Nice rappelle que le traitement différencié de parcelles en raison de leur caractère inondable ne constitue pas une rupture du principe d'égalité. La réalisation de travaux pour protéger des terrains contre les inondations ou qui aboutissent à les protéger ne suffit pas à les rendre constructibles : il y faudra une révision du PPR. Cela permet le cas échéant de vérifier la réalité des effets des travaux, mais surtout, cela oblige à traiter sereinement – puisqu'il faudra donc à nouveau respecter les différentes étapes requises – le traitement foncier des terrains menacés.

Il en est de même dans l'affaire *Commune Mandelieu-la-Poule*. En outre, la CAA de Nantes précise à cet égard que les PPR peuvent être considérés comme divisibles, puisqu'ils traitent par nature des terrains qui peuvent être dans des situations différentes selon leur position et la réalité du risque d'inondation auquel ils sont confrontés ; mais leur caractère divisible n'interdit en aucun cas qu'un requérant mette en jeu la légalité de la totalité du PPR. Cette possibilité est ouverte à partir du moment où l'économie générale du PPR s'avère contestable, et ce peut être le cas même si le traitement d'un seul terrain est marqué par une erreur manifeste d'appréciation : cela sera affaire d'espèce. Cela dit, le problème était de savoir si les PPR étaient des documents d'urbanisme : au-delà du problème théorique, cela entraîne des effets pratiques. Car au cas où la réponse à la question avait été positive, il résultait de l'article L. 600-3 du Code de l'urbanisme que les

(32) TA, Nice, *Carbone c/ préfet des Alpes-Maritimes*, 27 juin 2000 ; TA, Nice, *Commune de Mandelieu-La-Napoule*, 27 juin 2000 ; CAA, Nantes, 22 novembre 2000, *Bassaistéguy ;* CAA, Nantes, 22 novembre 2000, *SA AD UNRTZ MRBU*.

requérants devaient notifier, à peine d'irrecevabilité, leur recours à l'auteur de l'acte – ici à l'État. Pour la CAA de Nantes, la réponse est négative ; les PPR sont des documents qui relèvent de la catégorie des planifications des risques, et non de celle des documents d'urbanisme. Ils relèvent à ce titre de l'application, tout à la fois, selon la Cour, du principe de prévention et du principe de précaution.

L'affaire *Bassaistéguy* permet à la même cour d'appel de justifier l'usage de plusieurs outils de protection contre les risques et de traitement des zones soumises à ces risques : si les PPR constituent le *nec plus ultra*, il est toujours loisible à l'État de mener sur ces zones des projets d'intérêt général, et aux communes d'établir des maillages fins du territoire en fonction des risques.

La même juridiction, dans l'affaire *SA AD UNTZ MRBU*, rappelle que les anciens plans de surface submersibles demeurent des fondements valables pour refuser les permis de construire en zone inondable. Elle rappelle aussi que l'interdiction de construire peut ne pas constituer seulement une mesure de protection, prise dans l'intérêt du demandeur, mais qu'elle peut aussi être motivée par le fait que la construction projetée entraverait l'écoulement des eaux.

Si les PPR permettaient ne serait-ce que d'éviter que les inondations, phénomène naturel à l'origine admis, causent des dégâts à des habitations, il y a fort à parier qu'une bonne part des sommes qu'elles coûtent à la France pourraient être affectées à des tâches plus utiles. En fait, l'on peut faire à ces plans deux sortes de critiques : des critiques d'ordre technique (ponctuelles comme ci-dessus ou plus générales) et des critiques plus politiques.

Critiques techniques : comme l'explique S. Charbonneau à propos de la gestion des risques technologiques (33), « ... la valeur de la norme juridique est inversement proportionnelle à celle de la norme technique et réciproquement ». L'on a voulu, pour les PPR, faire clair sur le plan technique, et le droit des PPR est perçu comme ayant peu de valeur pour cette raison par les techniciens – autres que les techniciens du droit.

Critiques politiques : l'existence d'un PPR étant considérée comme ouvrant un droit à la solidarité nationale devient objet de séduction et objet de marchandage. L'établissement en est donc perçu d'abord par le public comme le résultat de marchandages, et par le monde politique local comme un danger séduisant, mais un danger quand même.

C'est en fait tout le problème de la *mémorisation de la culture historique* qui devrait être reconsidéré : dans le cas de Nîmes (34), par exemple, le dimensionnement des réseaux d'évacuation des eaux fluviales « s'appuyant à l'origine sur l'intuition et à partir de 1946 sur les séries statistiques disponibles à la Météorologie nationale, n'a jamais intégré les caractéristiques d'un phénomène tel que celui de 1988 ». « En raison de leur caractère exceptionnel, les inondations de Nîmes révèlent la fragilité et l'insuffisance du seul recours à la technique et à la science pour prévenir le retour d'un tel désastre » (35). La conservation de traces par une *mémorisation cartographique* des conditions climatiques et géographiques nîmoises eût peut-être été une bonne chose, si elle avait été constamment rappelée par les services d'État aux promoteurs et élus locaux...

Trop souvent, quand on prévoit, on ne prévoit jamais le pire, c'est-à-dire le risque le plus dommageable, celui que l'homme au grand jamais ne doit même affronter parce qu'il ne s'en tire pas, tout simplement. Plus largement, dès lors que l'on parle de « prévention » des risques, la question doit être « quelle intervention du

(33) Préc., p. 541.

(34) V. G. Fabre et M. Macorps, « Une inondation éclair », *Aménagement et nature* automne 1989, p. 1 et s.

(35) C. Dourlens, « La domestication d'une catastrophe », *Aménagement et nature* automne 1989, p. 10 et s.

droit » (36) ? Souvent posée dans le seul cadre de l'innovation technologique, elle gagnerait à être clairement posée dans le cadre plus général de la gestion des risques, ou plutôt de la vie de l'homme dans son écosystème. L'interrogation mène à une question simple, tellement qu'on ne la pose pas assez : « ... faut-il toujours réglementer et légiférer ? » (37). Plus exactement, faut-il toujours le faire sans tenir compte de ce que les rapports de l'homme et de la nature sont devenus dramatiques par absence de responsabilisation plus que par absence de législation ? Il y a certes des cas où des textes législatifs s'imposent de fait. Mais à tout prendre il est peut-être d'autres moyens. Ceux qu'offrent la domanialité publique ou plus sûrement la maîtrise foncière par un organisme public adapté, type conservatoire, n'ont pas été exploités. Quoi de plus logique pourtant – cela a bien été reçu pour le littoral – que de dire de certaines terres qui sont à la fois d'un grand intérêt écologique et d'une dangerosité certaine pour l'habitat que dorénavant elles seront gérées dans l'intérêt général par un Conservatoire des sites naturels (ou par des conservatoires) ? Cela réglerait au moins une partie des problèmes, plus particulièrement, il est vrai, pour les zones de risques naturels : pour ceux-là, le rôle de l'organisme serait de responsabiliser les habitants potentiels, par des interdictions, cela va de soi, pour ce qui concerne les zones inondables fréquemment, par des impossibilités d'assurance pour ceux qui s'aventureraient à habiter en zone potentiellement inondable.

Encore faut-il qu'existe au niveau local une volonté politique d'aller jusqu'au bout de cette logique, qui n'existe qu'en filigrane, révélée par exemple par quelques efforts comme celui, bien modeste, auquel procède le législateur à l'occasion de la réforme de la sécurité civile (38).

Ce n'est qu'au prix d'efforts plus globaux que peut se construire – par le droit de l'environnement – une régulation des rapports entre la nature et l'homme, qui, comme la régulation des rapports entre science et droit (v. titre préliminaire, chap. 2), est un des problèmes essentiels du droit de l'environnement, qui sous-tend son existence et oriente ses évolutions.

BIBLIOGRAPHIE ADDITIONNELLE INDICATIVE

S. CHARBONNEAU, *La gestion de l'impossible, la protection contre les risques technologiques majeurs*, Economica, 1992 ■ H. J. SCARWELL, R. LAGANIER, *Risque d'inondation et aménagement durable des territoires*, Septentrion, 2004 ■ P. TRONCHON, « La prévention des catastrophes naturelles : échec ou adaptation d'une politique publique ? », *RJE 3-1995.*

B. HAGÈGE, « Vers une harmonisation des techniques de prévention des risques majeurs : la loi sur la prévention des risques technologiques et naturels et la réparation des dommages », *LPA*

■ (36) Pour reprendre le titre d'une intervention d'H. OBERDORFF, dans le cadre d'un colloque sur « le droit au contact de l'innovation technologique » organisé par le CERCRID de St-Étienne, en 1987 (Université J. Monnet, *Actes*, 1989, p. 9 et s.).
■ (37) Posée par A. TURK, *Le droit public face au progrès technologique*, th. Lille, 1984 ; on trouve dans cet ouvrage développé le concept intéressant de « société surréglementée ».
■ (38) R. ROMI, « La loi n° 2004-811 du 13 août 2004 de modernisation de la sécurité civile et le droit de l'environnement », *Dr. env.* octobre 2004.

19 octobre 2004 ■ C. HERMON, « Police administrative et environnement : plaidoyer pour une police municipale environnementale », *Dr. env.* septembre 2004, n° 121, pp. 164-170.

J.-M. PONTIER, « La puissance publique et la prévention des risques », n° spécial, *AJDA* n° 33, 6 octobre 2003 ■ « Risques technologiques et naturels, loi du 30 juillet 2003 », n° spécial, *Dr. env.* 2003 ■ « Territoires face aux risques », *Pouvoirs locaux* n° 56/2003.

Adde : La décision publique face aux risques : rapport du séminaire « risques », animé par M. MATHEU, Commissariat général du plan, ministère de l'Écologie et du développement durable, ministère de l'Économie, des Finances et de l'Industrie, Direction de la prévision, Paris, La Documentation française, 2002, disponible en ligne : http://www.ladocumentationfrancaise.fr/rapports-publics/024000521/index.shtml.

CHAPITRE 3
LE PRINCIPE « POLLUEUR – PAYEUR »

Une mesure de prévention ne se peut concevoir qu'en fonction de repères (1), qui peuvent et doivent par réalisme faire l'objet de compromis entre les différents intérêts. Qui est visé par la prévention ? Qui en doit assumer le coût, et qui, si elle échoue, doit payer ? Ce sont ces interrogations qui ont présidé à l'émergence du principe « pollueur – payeur » et de ses différents aspects et prolongements techniques. Partant de questions techniques complexes et nombreuses, imbriquées les unes dans les autres (à partir de quand est-on un pollueur, à partir de quand la pollution doit-elle ne plus être admise sans contrepartie, comment paye-t-on quand on a pollué, et qui paye exactement en réalité, et combien, etc.), la réflexion sur le principe « pollueur – payeur » est au moins aussi politique que celle sur le principe de « précaution ».

SECTION 1 L'ÉNONCIATION DE NORMES ET LA FIXATION DE SEUILS

F. Caballero (2) expliquait en 1981 dans sa thèse que c'est *parce que les interdictions absolues sont souvent irréalistes que l'administration s'est décidée à fixer des seuils admissibles* : « le seul souci de réalisme juridique n'est d'ailleurs pas le seul facteur qui milite en faveur de cette définition... un facteur technique – la *prise en compte du donné réel écologique* – et un facteur

(1) Tous ces « repères » ne sont pas énoncés sous forme de norme. Ils peuvent l'être de façon littéraire et plus ou moins vague – on parle souvent alors de *standard* : ainsi des quelques interdictions de porter atteinte à l'état naturel d'un site. Mais dès lors qu'on ne considère qu'une pollution isolée, que l'atteinte portée par un produit est individualisable, l'énonciation de normes chiffrées devient souvent inévitable.

(2) *Essai sur la notion juridique de nuisance,* LGDJ, p. 71 et s.

économique – la *non-discrimination entre les activités productrices* – viennent renforcer les considérations purement juridiques ».

Cependant, pour les activités dont on admet qu'elles puissent être nécessaires malgré leur nocivité pour l'environnement, la fixation de normes peut se concevoir différemment selon que l'on entend taxer ou réprimer tout dépassement, ou selon que l'on considère les normes comme modulables (auquel cas l'on peut envisager de les négocier) ou comme susceptibles d'être énoncées unilatéralement (auquel cas il revient à l'État ou à d'autres autorités administratives de le faire par la voie réglementaire). Ces choix sont par essence politiques. Il en est d'autres plus techniques, qui offrent au décideur politique toute une palette. Les pouvoirs publics doivent ou estiment devoir par réalisme tenir compte des capacités financières des pollueurs et des coûts des innovations technologiques susceptibles de réduire les pollutions, ce qui conduit trop souvent à ce que les « coûts externes » de la pollution (3) ne soient pas pris en compte dans les divers chiffrages.

Les normes peuvent viser les techniques de fabrication de matériels et de production ; l'on parle alors de *normes à la source.*

Elles peuvent, sans s'attacher directement ou ouvertement aux causes des rejets, en limiter l'émission ; on parle alors de *normes d'émission.* Ce sont les normes en vigueur pour les installations classées soumises à déclaration ou autorisation.

Elles peuvent enfin viser à maintenir une qualité du milieu ambiant ou de l'écosystème considéré. Ces *normes de qualité* ou *de milieu ambiant* sont théoriquement les plus performantes, dans une optique favorable à la protection de l'environnement, parce que définies à partir des implications des pollutions considérées sur les milieux, et permettant que soit menée une action (publique ou privée) visant à la réhabilitation des milieux ou écosystèmes concernés.

Pour l'air et pour l'eau principalement, le système a été retenu d'une fixation de *normes en unités de polluants par unité d'effluent.* Le danger est, si le système n'est pas assez précis, de permettre aux producteurs de tourner le système ou d'en limiter les effets par une plus forte dilution des polluants, la quantité de polluants rejetés au total n'étant que peu modifiée. Plus difficile à contrôler, le procédé qui consiste en la fixation en *unité de polluant par unité de production* peut être plus efficace car plus difficile à tourner, sauf à remplacer par de petites unités une plus grande, trop manifestement polluante (4). Quant à définir, pour un produit ou un groupe de produits et par zone des *niveaux moyens différenciés selon les zones de pollution admissible*, cela peut s'analyser comme une autorisation de polluer (5) ; mais ce procédé permet aussi d'avoir une perception plus globale des impacts de la pollution, une meilleure définition des objectifs et le cas échéant une meilleure constatation des progrès effectués. Les pouvoirs publics ont en France par exemple institué des *normes d'émission des gaz* (6), des *normes de fabrication de matériels industriels* ou autres (7), des *normes de pollution industrielle*, des *normes de qualité*

(3) Impacts de santé, impacts psychologiques, etc.

(4) Ce n'est pas un hasard si, et de loin, les entreprises les plus polluantes sont parfois les plus petites...

(5) Comme toutes les autres, mais plus clairement peut-être.

(6) Fixation par arrêtés interministériels ; en matière de pollution automobile, la difficulté est illustrée par la non-application notoire du Code de la route (carte de pollution).

(7) Pour les installations d'incinération par exemple.

pour l'eau (8). L'économie française et les rapports de force étant ce qu'ils sont, le bilan est pour le moins contrasté, en particulier pour ce qui concerne les problèmes de pollution industrielle ou automobile.

SECTION 2 DE L'ÉNONCÉ DU PRINCIPE « POLLUEUR – PAYEUR » À LA RÉPARATION DES DOMMAGES ÉCOLOGIQUES

Le principe « pollueur-payeur », consacré dans le droit français par l'article L. 110-1 du Code de l'environnement issu de la loi *Barnier*, n'a rien de nouveau.

La déclaration de Rio énonce que « les autorités nationales devraient s'efforcer de promouvoir l'internalisation des coûts de protection de l'environnement et l'utilisation d'instruments économiques, en vertu du principe selon lequel c'est le pollueur qui doit, en principe, assumer le coût de la pollution, dans le souci de l'intérêt public et sans fausser le jeu du commerce international et de l'investissement ».

La même idée figure dans le traité de Maastricht : « La politique de la Communauté dans le domaine de l'environnement est fondée sur les principes de précaution et d'action préventive, sur le principe de la correction, par priorité à la source, des atteintes à l'environnement et sur le principe du " pollueur – payeur " ».

Il a en conséquence d'ores et déjà une valeur juridique. On relèvera que toutes les instances européennes l'ont d'ailleurs intégré. Ainsi a-t-on pu lire dans un rapport de la Cour des comptes de la CE (9) que : « le coût environnemental ne peut être systématiquement supporté par la collectivité mais doit davantage être pris en charge par l'activité qui le provoque ». Il semble même y avoir une forte pression politique au plan européen pour que l'intégration de ce principe s'accélère et se généralise (10) à toutes les décisions de nature économique adoptées par la Communauté.

Évidemment, à côté de ces formulations, celle retenue par l'article 4 de la Charte constitutionnelle de l'environnement selon laquelle « Toute personne doit contribuer à la réparation des dommages qu'elle cause à l'environnement, dans les conditions définies par la loi » peut laisser perplexe : elle peut laisser penser qu'il est impossible ou impensable de faire payer au seul pollueur le poids de la réparation du dommage. En conséquence, la rédaction est regrettable. Malgré cette maladresse,

(8) Qui seront étudiées en détail ultérieurement. Le principe est l'interdiction de rejets d'effluents sans autorisation préalable, appliqué en fait seulement pour les rejets dangereux. S'y ajoutent des interdictions absolues pour certains produits particulièrement nocifs. En la matière, le droit européen entraîne une plus grande rigueur.

(9) *JOCE* C249 19, 23/9/92.

(10) V. le rapport au parlement européen (A 31112/94 du 23 février 1994) présenté par C. Pimenta, qui invitait fortement la CE à procéder à une intégration de la dimension environnementale dans le calcul économique.

si maladresse il y a, au delà de ses possibles implications sur les questions de responsabilité, la nouvelle consécration pose la question de la fiscalité écologique (11).

S'agit-il de procéder à une *écologisation de la fiscalité dans son ensemble*, ou s'agit-il seulement d'instaurer une *fiscalité de l'environnement* (12) ?

Les débats sur le projet *Barnier*, déjà en 1995, avaient montré qu'à cet égard les choix n'étaient pas nets. L'énonciation du concept de fiscalité écologique et son acceptation supposent une réorientation volontaire de la fiscalité existante. Quelques essais sont prometteurs, comme celui qui permet aux communes ou institutions intercommunales procédant à des actions de protection de leurs espaces naturels d'instituer la taxe de séjour, comme celles bénéficiant de la dotation touristique ou celles de montagne ou les communes littorales (13). En revanche, le regroupement des diverses taxes (pollution atmosphérique, déchets, huiles usagées, déchets industriels spéciaux, nuisances sonores des aéroports) auquel a procédé la loi de finances pour 1999 peut être interprété de diverses façons : un regroupement de ce type est de nature à faciliter la perception des fonds, et peut laisser croire à une globalisation des manifestations fiscales du principe « pollueur – payeur ». Mais d'un autre côté, ne peut-on dire que la fin de la catégorisation des pollueurs est de nature à déresponsabiliser les différents contributeurs (14) ? En tout cas, la mode actuelle semble ne plus être à la globalisation mais à l'individualisation symbolique, avec la proposition « phare » formulée par N. Hulot dans son pacte écologique d'une « taxe carbone » (15).

Principe slogan (16) dont l'énonciation doit beaucoup aux théories économiques libérales néoclassiques (17), le principe « pollueur – payeur » est par ailleurs évidemment susceptible de plusieurs acceptions correspondant à des logiques divergentes. La *théorie des externalités* permet de mieux percevoir les motifs de ce cloisonnement.

On appelle « " effet externe " tout effet indirect d'une activité de production ou de consommation sur des ensembles de production ou de consommation ou sur les

(11) V. G. Sainteny, « Quelle fiscalité de l'environnement ? », *RFFP* septembre 1998, p. 109 et s.

(12) V. à ce propos R. Hertzog, « Finances locales et environnement : quelques réflexions sur un couple méconnu » et T. Schmitt, « Fiscalité et environnement, l'impôt, la forêt et le marais », *Revue française fin. publ.*, n° spécial « Environnement et Finances publiques », 1985, n° 10, respectivement p. 23 et s. et 43 et s. V. également J.-P. Brard, « Vers un PIB vert ? Pour la prise en "comptes" de l'environnement », Rapport n° 1912, Commission des Finances, 25 janvier 1995.

(13) V. C. Sanson, « Communes, gestion des espaces naturels et moyens financiers », *L'Environnement Magazine*, novembre 1994, p. 77-78. On remarquera à ce titre que le CE a validé le 10 juin 1998 (*Association pour la protection de l'environnement et le développement économique de l'île d'Oléron, Annales de la voierie*, juillet-août 1998, p. 8-9) la redevance écologique instituée sur la base du décret 96-26 du 1er janvier 1996 pris pour l'application de la loi *Barnier*, en remplacement de l'ancien péage.

(14) V. pour une discussion des avantages et surtout des inconvénients de cette « nouvelle » taxe, R. Hertzog, « La TGAP, un revirement dans la fiscalité de l'environnement ? », *Dr. ville* n° 47/1999, p. 105 et s.

(15) V. S. Rousseaux, « La taxe carbone de Nicolas Hulot, analyse et alternative », *Dr. env.* janvier-février 2007, p. 31 et s.

(16) Comme l'affirme M. Prieur, *Précis, op. cit.*, p. 170.

(17) V. R. Hertzog, « Les trois âges de la fiscalité de l'environnement », *Cahiers du CNFPT* n° 38, 1 avril 1993, p. 136 et s., spéc. p. 141.

préférences des agents économiques » (18). En résumé, les recherches des économistes qui ont travaillé sur les moyens d'« internaliser » ces effets externes (coûts et bénéfices sociaux ou/et écologiques des activités économiques), c'est-à-dire de réaliser une véritable *analyse coûts/bénéfices* qui prenne en compte l'intégralité des effets des activités économiques considérées, ne sont pas toutes porteuses d'un espoir de voir l'environnement – au sens écologique – réellement pris en compte par les aménageurs. Il n'en demeure pas moins possible d'élargir le champ de références des décideurs, en pratiquant une « analyse de bilan » (19) qui réintroduise la *notion d'utilité sociale* dans leur processus de réflexion et le *bien-être collectif* dans les critères de choix des projets. La notion de « taxation » des pollutions, introduite dans le droit de l'environnement, tient de cette logique. Ajoutons que le Conseil d'État, dans sa jurisprudence en matière d'expropriation pour cause d'utilité publique, affirme prendre en compte ces valeurs (20). Mais ce ne sont là que des débuts à envergure limitée, des prémisses qui ne sont pas destinés à connaître à court terme des développements significatifs, en raison des difficultés du chiffrage des « bénéfices » que retirent d'un patrimoine naturel les usagers, les voisins et les usagers potentiels d'un site.

L'article 1395 D du Code général des impôts (21) par exemple est une réalisation ce que depuis trente ans préconisent des économistes et juristes de l'environnement. A hurler dans le désert sans relâche, ils ont fini, avec la complicité de l'écho peut-être et de la raison sans doute, par être entendus : dorénavant, la personne qui dans l'intérêt général n'assèchera pas une parcelle en eau, mais au contraire, parce qu'elle a une valeur écologique ou/et constitue une ressource en eau, acceptera de s'engager à la gérer de manière « écolocompatible » se retrouvera en situation fiscale correcte sinon favorisée au regard de la taxe foncière. On retiendra qu'ici naturellement le contrat – c'est-à-dire un engagement qui est de la nature d'un contrat d'adhésion – décline les spécificités d'un lieu qui fait l'objet de ce que l'on peut nommer une protection « générique ». Et, sur le plan technique, on a retenu, fort justement, un dispositif parmi les plus simples, qui consiste à garantir surtout « la conservation du caractère humide des parcelles ainsi que sur leur maintien en nature de prés et prairies naturels, d'herbages, de pâturages, de landes, de marais, de pâtis, de bruyères et de terres vaines et vagues » et secondairement, quand c'est nécessaire, c'est-à-dire quand les écosystèmes en cause se situent dans un zone *Natura 2000*, s'inscrivent – c'était juridiquement inutile mais cela va peut-être mieux en le disant – dans les documents déjà existants en raison de ce classement. Cela garantit à tout coup, au moins, que l'articulation entre les documents *Natura 2000* et les engagements ici concernés sera « travaillé » par les services de l'État avant signature des seconds... voire en même temps si possible.

(18) J.-P. AMIGUES, « Approche économique des impacts sur l'environnement », *SFDE WWF France*, dact. 1987, p. 4. V. S. FAUCHEUX, J.-F. NÖEL, *Économie des ressources naturelles et de l'environnement*, Armand Colin.

(19) V. pour une présentation des études d'économistes intégrant l'écologie : « L'économie écologique, nouvelle discipline née d'un choc culturel », *Le Monde* 9 octobre 1998, p. 23.

(20) Dans le cadre de son analyse « coûts/avantages », dite « du bilan », il lui est arrivé d'annuler des déclarations d'utilité publique en raison de leur coût social excessif. V. CE, 26 mars 1980, *Beau de Loménie*, *D.* 1980, obs. P. BON, IR, p. 542 et surtout CE Ass., 20 octobre 1972, *SCI Sainte Marie de l'Assomption*, *RDP* 1973, p. 843 avec les conclusions du commissaire du gouvernement Morissot.

(21) V. le décret n° 2007-511 du 3 avril 2007 pris pour son application *JO* 5 avril 2007, p. 6443

	Exonération prévue par l'article 13 de la loi de finances pour 2006	
Exonérations temporaires à 100 %, de plein droit	**Exonérations en cours**	**Exonérations futures**
– **article 1395-1°** : exonérations à 100 % pendant 10, 30 ou 50 ans pour les terrains ensemencés, plantés ou replantés en bois. – **article 1395-1° bis :** exonération à 100 % pendant 30 ou 50 ans pour les terrains boisés en nature de lutaies ou de taillis sous futaie ayant fait l'objet d'une régénération naturelle. – **article 1395 D – II** : exonération à 100 % pendant 5 ans pour les terrains en zones humides. – **article 1395 E** : exonération à 100 % pendant 5 ans pour les terrains situés dans les sites *Natura 2000.*	Maintien de l'exonération temporaire de 100 % jusqu'à expiration avec compensation. À l'expiration, application de l'exonération de 20 % des TA et compensation.	Application de l'exonération temporaire de 100 %. Compensation qui se substitue à la compensation TA. À l'expiration, application de l'exonération de 20 % des TA et compensation.

Cela dit, si ce principe ne doit pas, pour le droit de l'environnement, être entendu comme permettant à qui paye de polluer, il est arrivé que des ultra-libéraux l'interprètent ainsi, sans y voir malice et dans un but d'efficacité ; pour eux, la distribution de droits matérialisant des autorisations de rejeter peuvent faire l'objet de commerce : la création de « marchés des droits de pollution » aboutit selon ces théoriciens à une régulation plus performante que les régulations publiques dont la France est coutumière (22). Dans son acception traditionnelle, le but affirmé est de favoriser ou d'obliger à la mise en œuvre d'une dépollution par les pollueurs eux-mêmes. Il s'agit de les inciter à préférer investir dans les techniques propres ou les dispositifs de lutte contre les pollutions. Ce n'est qu'à défaut qu'on leur imposera une réparation des dommages écologiques réparation des dommages écologiques, assez pesante pour être dissuasive. La taxation des pollueurs – puisque c'est de cela qu'il s'agit – a été instituée en France en particulier pour l'eau, mais aussi pour les déchets, et non sans mal pour les bruits et vibrations des aéronefs et aéroports et pour l'élimination des huiles usagées dans cette optique-là.

Les origines de ces applications « fiscales » du principe sont vraisemblablement la recommandation de l'OCDE du 26 mai 1972 et une recommandation du Conseil de la CE du 7 novembre 1974 : il était préconisé et il est évidemment nécessaire que

(22) V. le livre collectif *Écologie et liberté,* sous la direction de M. FALQUE et G. MILLIÈRE, Litec, 1992. V., sur des bases plus scientifiques, S. FAUCHEUX, J.-F. NÖEL, *Économie des ressources naturelles et de l'environnement,* préc.

les taux des taxes et redevances ne soient ni trop minimes (les industriels préféreraient conserver leurs techniques de production, quitte à payer pour ce faire) ni trop élevés (pour ne pas alourdir à l'excès les charges des entreprises). Il s'agit d'affecter le coût de dysfonctionnements de l'économie à leurs responsables plutôt que d'entretenir la déresponsabilisation inhérente à la diffusion de ce coût par l'imposition du revenu des ménages. Il n'en est pas moins vrai que le principe ainsi entendu peut aussi s'analyser comme une possibilité de « payer pour détruire », selon l'expression de M. Rémond-Gouilloud (23).

C'est également le grief que l'on peut faire à la *mise en place de marchés de droits à polluer,* dans le cadre de la lutte contre le changement climatique. Pour présenter brièvement ce mécanisme (24), une directive communautaire du 13 octobre 2003 a confié à chaque État le soin de fixer les quantités de CO_2 que les sites industriels sont en droit d'émettre. En France, le plan national d'affectation des quotas alloue, pour 2005-2007, un montant de quotas à 1 126 établissements. Pour assurer le fonctionnement du marché européen des permis à polluer, la France est dotée, depuis le 18 mai 2005, d'un registre national de quotas d'émission de gaz à effet de serre servant à comptabiliser les quotas délivrés et d'enregistrer les transactions de quotas entre entreprises. On notera que cette construction est un peu baroque, les industries sidérurgiques ayant souligné dans un recours au Conseil d'État combien il était peu compréhensible que certaines industries comparables (celles du plastique) ne soient pas intégrées au marché. Sur conclusions du commissaire du gouvernement Guyomar, le Conseil d'État a admis qu'il y avait là sans doute une rupture d'égalité, mais pris sur lui, plutôt que d'annuler le décret qui lui était conféré, de poser une question préjudicielle à la CJCE (25).

Même si toute la panoplie est ainsi progressivement déployée, l'élaboration d'un système rigoureux de réparation des atteintes à l'environnement n'en demeure pas moins nécessaire, dans la mesure où, comme l'explique F. Ost, *« la responsabilité » constitue un « ... fil d'Ariane du droit de l'environnement ».*

Il s'agit en premier lieu d'appliquer des principes déjà dégagés par les jurisprudences des divers ordres de juridictions, complétés par de nouveaux principes.

La difficulté principale vient de ce que le dommage « écologique » (26), souvent diffus, voire indirect, est, selon les règles traditionnelles de la responsabilité, susceptible de ne pas entraîner d'obligation de réparation. Sur le terrain de la responsabilité civile, la responsabilité peut être recherchée sur la base des articles 1382 et suivants du Code civil ; une conception extensive du lien de causalité et de la notion de faute peut parfois être retenue par les juridictions et conduire à ce que des négligences et imprudences soient sanctionnées par des dommages et

(23) *Du droit de détruire,* PUF, coll. « Les voies du droit », 1989, p. 161-168.
(24) V. pour de plus amples détails les différents écrits de S. ROUSSEAUX sur ces sujets, notamment sa th., *Changement climatique et droit communautaire, étude sur la régulation juridique des émissions de gaz à effet de serre par des mesures internes*, th. dact., Nantes, 2001.
(25) CE Ass. sur le rapport de la 6e sous-section Séance du 26 janvier 2007, Lecture du 8 février 2007, n° 287110, *Société Arcelor Atlantique et Loraine et autres.*
(26) V., G. MARTIN (dir.), *Le dommage écologique en droit interne, communautaire et comparé,* SFDE/Economica, coll. « Droit et économie de l'environnement », 1992.

intérêts (27). La responsabilité des pollueurs a aussi été recherchée sur la base de la *responsabilité du fait des choses*, une conception extensive permettant par exemple que soit considérée comme gardienne de ses installations polluantes une entreprise industrielle (28). La *théorie des risques de voisinage* est également utilisable et dès l'origine, cette jurisprudence a trouvé application en matière de pollution industrielle (29). Il est à remarquer cependant, comme l'énonce M. Prieur (30), que « sous son aspect libéral et progressiste dans la mesure où la faute n'est pas exigée et la responsabilité présumée, la théorie des troubles de voisinage est en réalité un régime désuet et ségrégationniste qui sert la politique de développement industriel et de croissance illimitée ». Le fait est qu'un trouble de voisinage n'entraîne droit à réparation que si le juge civil estime qu'il est manifestement excessif (il a donc une marge considérable de liberté) et qu'il existe des textes dégageant les pollueurs de leur responsabilité dans les cas où ils étaient installés avant les plaignants (31). Le juge ne s'estime en la matière même pas lié par les normes réglementaires, qui ne s'imposent pas à la cour pour caractériser ou non l'existence de troubles anormaux du voisinage mais constituent un facteur d'appréciation du caractère anormal du trouble. Il est vrai que l'on peut soutenir que cela peut servir le requérant, des « engins même conformes à la réglementation en vigueur pouvaient entraîner des dommages pour les tiers » (Cass., 8 mars 1978, *D.* 1978, p. 641, note Larroumet).

Les obstacles sont de toute manière nombreux, de la *difficulté de prouver l'existence d'un préjudice* (32) à l'impossibilité de prouver un *intérêt à agir,* en passant par les nombreux problèmes financiers impliqués par une action au civil ou en responsabilité administrative et l'impossibilité de détermination du ou des responsables d'un préjudice provoqué par une pollution diffuse. L'embarras de la juridiction administrative, en particulier, est manifeste, et se concrétise parfois par des solutions particulièrement significatives des insuffisances de notre droit de la responsabilité : ainsi le TA de Bastia a-t-il, à propos de la pollution diffuse de l'étang de Biguglia, accepté de réparer le préjudice professionnel subi par les pêcheurs, y compris sa perte d'exploitation mais refusé de réparer les dommages dus à la perte de richesse biologique (33).

Sur le plan de la responsabilité civile en général, les solutions divergent selon les espèces... et vraisemblablement les juridictions, les lieux et les époques. Ainsi, pour ce qui concerne les problèmes d'imputabilité, dans un cas, l'exploitant d'une cheminée ne sera pas tenu responsable d'une pollution, l'existence de nombreuses autres sources de pollution rendant impossible l'imputation du préjudice subi (Cass. civ., 21 novembre 1978, *RJE*, 1979, p. 142). Mais en regard, « la preuve de l'imputabilité des dommages causés par un bang supersonique à un avion militaire a

(27) Cf. pour un déversement de cyanure de potassium dans un ruisseau, Cass. civ., 7 décembre 1960, *Bull. civ.,* p. 510.

(28) Pour des gaz : Cass. civ., 17 décembre 1969, *Bull. civ.,* p. 261 ; pour des bruits, Cass. civ., 8 mars 1978, *D.* 1978, p. 62.

(29) Cass. civ., 27 novembre 1844, *S.,* 1844 1-911.

(30) *Précis, op. cit.,* p. 1043.

(31) Loi sur l'urbanisme du 31 décembre 1976, art. 70 ; disposition reprise avec généralisation dans la loi d'orientation agricole du 4 juillet 1980 (irresponsabilité quand un permis de construire a été délivré aux plaignants après l'installation des pollueurs).

(32) V. M. Rémond-Gouilloud, « Du préjudice écologique », *D.* 1989, chron. 259.

(33) TA, Bastia, 16 juillet 1993, *Planet, RJE* 4-199, p. 623 et s.

été jugée établie en l'absence d'autre cause possible du dommage » (Cass. 2e civ., 13 oct. 1971, *Bull. civ.* II, n° 274).

Le problème est maintenant de savoir si le droit communautaire a ou aura une influence sur cet état des choses.

La directive du 21 avril 2004 (34) a un champ réduit aux dommages causés à la qualité de l'eau, à l'état des sols et aux espèces et habitats naturels protégés (35). Sur ce dernier point, la responsabilité des exploitants, pour les dommages causés aux espèces et habitats naturels protégés, peut n'être engagée (hors les cas listés) que si est prouvée une faute ou une négligence. La directive de 2004 n'ouvre au demeurant qu'un droit de saisine de *« l'autorité compétente »* par une *« demande d'action »,* et le fait d'être titulaire d'une autorisation est exonératoire. Comme le souligne Carole Hermon, le texte ne prévoit par ailleurs qu'une réparation sous forme de restauration, aux frais de l'exploitant. En droit français, l'impact principal est d'augmenter la compétence du juge administratif, puisqu'en définitive les recours ne pourront viser que les carences des autorités publiques dans l'exercice de leur pouvoir de police, de contrôle, ou de surveillance, d'information ou d'alerte.

Comment évaluer un dommage « écologique » ? – Une cruelle absence de définition universelle (36) rend toute réponse périlleuse, mais il existe désormais plusieurs approches théoriques qui permettent d'apporter des éléments de réponse.

Retenir une conception restrictive pose trois problèmes majeurs

D'une part, elle suppose que l'on sélectionne – et donc que l'on hiérarchise – en fonction de critères les dommages en fonction de leur objet, certains objets étant dignes d'intérêt du point de vue de l'écologie, et d'autres non. Cela est certes faisable, et d'ailleurs fait couramment (37). Mais cela aboutit inéluctablement à exclure les espaces naturels qui ne feraient pas l'objet d'un repérage objectif, alors même que ceux-là ont souvent une utilité et une valeur écologiques. Cela aboutit tout aussi inévitablement à ce que l'on retienne des éléments en fonction de leur utilité, par exemple, pour la diversité biologique, sans y inclure des éléments qui ont une utilité proprement sociale : ainsi des zones humides qui n'abriteraient pas, pour des raisons diverses, d'autre faune ou d'autre flore que banales, mais qui auraient une utilité exceptionnelle pour épurer l'eau destinée à la consommation humaine ou une fonction d'expansion des crues...

D'autre part, et en conséquence, l'homme et l'utilité directe ou indirecte pour l'homme ne sont pas ou peuvent ne pas être pris en compte. Ce qui aboutit à dire que l'homme ne fait pas partie des écosystèmes considérés, ce qui est faux à deux titres. D'abord, il fabrique la nature, la « dénature » ou la « maintient » ; ensuite, il en profite à court et à moyen terme, et pas seulement sur le long terme, et c'est ce qui fait d'ailleurs souvent qu'il la protège, au moins parfois. Adopter la conception restrictive, en un sens, c'est reproduire « à l'inverse » au nom des valeurs écologiques ce que l'économie classique a réalisé au détriment de ces valeurs.

(34) *JOUE* n° L. 143, 30 avril 2004.

(35) V. R. Romi, *Droit international et européen de l'environnement*, préc., p. 71-72 ; C. Hermon, « Les perspectives ouvertes par la directive du 21 avril 2004 », *AJDA* 4 octobre 2004, p. 1792 et s. ; I. Doussan, « Le droit de la responsabilité civile français à l'épreuve de la responsabilité environnementale instaurée par la directive du 21 avril 2004 », *LPA* 25 août 2005 ; A. Van Lang, « La directive " responsabilité environnementale " et le droit administratif : influences prévisibles et paradoxales », *Dr. adm.* juillet 2005, p. 7 et s.

(36) V., sous la direction de G. Martin, *Le dommage écologique en droit interne, communautaire et comparé,* SFDE, Economica, coll. « Droit et économie de l'environnement », 1992.

(37) Ne serait-ce que par la cartographie des ZNIEFF ou les zonages des POS, ou les zonages effectués pour la mise en œuvre de la « directive habitats ».

En troisième lieu, et surtout, on ne sait pas évaluer le dommage écologique – au sens étroit du terme. « On ne sait pas et ne peut pas savoir ce qu'est le dommage écologique. Les progrès des sciences dures ont, de ce point de vue, permis de grandes avancées en faisant prendre conscience de l'ampleur du phénomène... mais elles ont, dans le même temps, élargi encore la marge d'incertitudes en mettant en évidence sa variété et sa complexité » (38).

Retenir une conception raisonnablement extensive reflète plus les réalités et les sensibilités dominantes de notre société. L'analyse des dépenses publiques consenties pour réparer les effets de la tempête permet dans cette optique de dégager des éléments de débat. Les atteintes à la valeur écologique ou paysagère des sites peuvent – au moins approximativement ou en partie – être chiffrées au même titre que les coûts économiques au sens classique : le parti a été pris de considérer tous les chiffrages dès lors qu'ils concernaient les espaces sélectionnés, y compris ceux qui avaient trait à la réfection des installations ou habitations humaines dès lors que celles-ci participaient aux équilibres des sites.

On peut envisager cinq techniques (39), dont trois seulement sont strictement économiques, les deux autres faisant appel à des concepts qui ne relèvent pas de l'économie classique.

L'évaluation des espaces par les prix de leurs usages

La première consiste à évaluer les espaces par les prix : il s'agit de déterminer la valeur des sites en fonction de leur prix sur les marchés. Évidemment, pour évaluer les dommages subis par ces espaces, cette technique, si elle était applicable, serait parfaite. Mais elle n'est pas applicable à tous les usages : la détermination de la valeur des usages des sites est à la limite possible, mais il faudrait s'entendre sur les critères d'évaluation des usages, et même sur l'existence des usages, sans en oublier. Certains ne sont à l'évidence pas chiffrables, même si leur existence ne peut être niée, parmi ceux que les économistes qualifient d'indirects (valeur d'expansion des crues, valeur esthétique, participation à la lutte contre l'effet de serre, participation au maintien de la diversité biologique, etc.), tout simplement, peut-être, parce qu'elles « sont relativement éloignées du marché concurrentiel » (40). Tout au plus cette technique peut-elle permettre – évaluation que l'on peut qualifier d'« évaluation par équivalence » – très simplement, mais de manière que l'on saura incomplète, un chiffrage approximatif des dommages par le biais d'une estimation des coûts de remplacement ou de travaux nécessaires pour la remise en l'état antérieur du site.

L'évaluation par les coûts évités

Il s'agit d'évaluer les valeurs d'usage indirectes d'un espace, celles justement qui n'étant pas dans le marché concurrentiel, ne font pas l'objet d'un calcul courant ni d'un accord sur leur valeur : il faut faire appel à des simulations, le plus souvent, ou à des abstractions : par exemple, la valeur d'un marais peut être chiffrée par l'estimation de ce que coûterait un barrage écrêteur de crues... ou plus généralement par le coût de remplacement du service rendu par l'espace ou le coût du dommage que peut faire éviter l'existence de l'écosystème. Il est possible de réaliser cette estimation.

L'évaluation « contingente »

Il s'agit de « reconstituer un marché pour le non-marchand » (41) : les usagers ont été interrogés selon des méthodes statistiques fiables pour savoir ce qu'ils consentiraient à payer pour un « actif naturel », pour continuer à en user ou pour le préserver et le cas échéant leur capacité à en accepter

(38) V. de G. MARTIN (dir.), *Le dommage écologique en droit interne, communautaire et comparé,* p. 9.

(39) Mises en pratique en particulier pour déterminer la « valeur » des zones humides : l'une des approches les plus exhaustives a été financée par le PNRZH : Y. LAURANS (dir.), « Évaluation économique des services rendus par les zones humides : des données scientifiques aux éléments de décision, quelle démarche, quelle traduction ? », projet de recherche n° 34, rapport intermédiaire, dact., juillet 2000.

(40) Rapport Y. LAURANS, préc., p. 19.

(41) *Idem.*

la suppression. Il s'agit de déterminer une valeur économique monétaire, de « monétariser » la valeur écologique d'un site... encore faut-il pouvoir le faire, vouloir le faire, et percevoir les limites de cette estimation (contingence de l'estimation, fiabilité statistique, opposabilité réelle de cette estimation aux représentants des différents intérêts en présence, etc.).

La méthode des prix hédonistes : méthode de l'économie non-marchande

On cherche selon cette méthode à dégager le surplus de valeur d'un marché proche qui peut être attribué à un écosystème ou à une ou plusieurs de ses qualités (exemple : valeur ajoutée au marché immobilier, ou au marché du tourisme). Idéale pour sentir l'existence d'une valeur potentiellement marchande, cette méthode pêche par là où elle prétend ne pas pêcher : elle est certes rationnelle et potentiellement utilisable, mais elle accepte la mercantilisation de la nature en en rapportant la valeur à un marché dont la légitimité écologique peut parfois être discutée. Plus que la valeur écologique des écosystèmes touchés, cette méthode permet de calculer leur « valeur sociale ajoutée ».

L'analyse coûts/avantages

La plus simple, et la plus fiable en fait, dès lors que l'on cherche à évaluer l'évolution d'un écosystème ou d'un de ses éléments plus que l'écosystème ou l'élément lui-même ; la plus fiable parce que la plus simple et la plus simple parce que la plus fiable, serait-on même tenté de dire, s'il n'existait un obstacle d'envergure (l'on ne peut pas dire d'elle qu'elle est totalement dénuée d'arrière-pensées politiques... (42)) et si elle ne présentait pas les défauts de ses avantages (subjectivité, contestabilité, etc.). Il s'agit en clair de dresser un tableau des avantages et inconvénients d'une attitude, d'un projet, d'une abstention, d'une action, que ceux-ci soient chiffrables ou pas, qu'ils relèvent des catégories marchandes ou pas, et que l'on puisse les rapporter ou pas aux marchés concurrentiels, sans se limiter aux seules catégories d'avantages ou inconvénients économiques. Sur le papier et théoriquement, cette analyse est la plus séduisante. Il faut se garder cependant de l'idéaliser car nombre de paramètres peuvent être retenus ou privilégiés en fonction des connaissances du moment (premier défaut : la relativité) ou des choix effectués dans la sélection des critères ou des priorités ou dans l'affichage des connaissances et des options (second défaut : la propension à l'absence de neutralité). Cette technique n'a par ailleurs de valeur qu'en tant qu'elle s'applique à des actions, projets ou attitudes portant sur des écosystèmes ou des éléments dont on a cerné la valeur patrimoniale, et donc ceux qui sont reconnus comme en ayant une (43). Il n'en reste pas moins que cette technique, à la condition que l'on prenne la précaution méthodologique de signaler ses limites, est la plus à même de permettre une évaluation non fixiste de la valeur d'un écosystème puis, de façon plus satisfaisante encore, d'évaluer la pertinence d'attitudes et de choix, en particulier face à une dépréciation. En clair, et pour ce qui concerne notre propos, si elle ne permet pas d'estimer des dommages, elle permet au moins de les apprécier, y compris à des non-spécialistes de l'économie.

Il est aisément compréhensible, pour ne pas avoir à faire ces choix compliqués, que le législateur ait mis en place, par souci d'équité ou de solidarité, des mécanismes de *responsabilité objective* (*id est* : sans faute) : on citera par exemple le régime juridique prévu par le Code de l'aviation civile pour les dommages causés au sol par des aéronefs. Mais la jurisprudence a en la matière ajouté une condition, celle du *caractère anormal du dommage*, qui lui a rendu une certaine marge de

(42) Mais quelle méthode économique peut se targuer de ne pas être connotée de choix idéologiques ?

(43) Pour des définitions de la notion de patrimoine, v. J. DE MONTGOLFIER, J.-M. NATALI, *Le patrimoine du futur*, Economica, 1987. Pour l'essentiel, les définitions de la notion de patrimoine font appel aux notions d'identité mais aussi de développement durable : il s'agit de préserver non seulement les valeurs d'usage direct ou indirect faciles à repérer mais aussi les chances et les capacités des générations futures à influer sur leurs ressources naturelles.

manœuvre (44). Semblable exigence pose d'ailleurs problème, il faut le signaler, dans tous les domaines de responsabilité objective : peut-être inévitable, elle n'en introduit ou réintroduit pas moins un élément de subjectivité et surtout une variabilité qui peut jouer au détriment de la sécurité juridique revendiquée par les citoyens. Il est à la fois logique, pratique, moralement nécessaire même si parfois générateur de perversions (déresponsabilisation, mécanismes d'exemption injustifiés) que l'on ait aussi procédé à la *socialisation de certains risques* au moyen de la mise en place de fonds d'indemnisation (45). Le système tient alors de la solidarité et peut permettre l'alimentation financière des luttes contre les causes de pollution, mais peut aboutir à une banalisation du risque (46). Le droit international tend pourtant à faire ce choix, comme le prouve l'adoption de la Convention de Lugano, le 8 mars 1993. Cette convention négociée sous les auspices du Conseil de l'Europe repose en effet sur une confirmation d'une responsabilité sans faute pour les dommages commis par des personnes privées comme par des personnes publiques. L'Union européenne a retenu également cette option, même si, au plan des textes, cela tarde encore à se concrétiser.

On remarquera enfin qu'en matière de responsabilité des autorités administratives, le juge considère souvent finalement qu'*une carence d'une autorité dans l'exercice de ses pouvoirs peut constituer une faute engageant sa responsabilité* (47).

Reste que *réparation des dommages écologiques* ne veut pas exactement dire *compensation des dommages écologiques*. « Compenser introduit l'idée de contrepartie. Il s'agit de contrebalancer, de corriger, ou bien encore d'échanger, voire de dédommager. En un sens, la compensation se rapproche de la réparation » (48). Mais en matière écologique, ni compensation parfaite ni réparation parfaite ne sont possibles, car tout dommage est par nature irréversible. La remise en état, certes toujours aléatoire, serait cependant le seul mode convaincant de réparation, le transfert de biotope la seule compensation intelligente. Mais il ne s'agit là que de compromis imparfaits. Comme l'écrit J. Untermaier, dans son étude précitée, « la compensation permet... à l'aménagement d'intégrer à bon compte les exigences de l'environnement, les droits des populations locales... Son utilisation révèle au minimum une situation bloquée où les progrès sont interdits. L'idée même qui la sous-tend, de contrepartie ou d'équilibre, indique bien que l'on accepte la modeste place faite aujourd'hui, dans l'échelle des valeurs sociales, à celles qu'elle est sensée préserver. Compenser, c'est un accommodement médiocre et régressif ».

C'est d'autant plus certain que le « principe de prévention » est insuffisamment intégré.

L'état actuel de la fiscalité prouve que nos sociétés et les pouvoirs politiques sont assez modestes en la matière (49). La fiscalité est un moyen d'orientation de

(44) Cass civ., 8 mars 1978, *D.* 1978, p. 641.
(45) Parfois au plan international : ainsi du FIPOL, Fonds international d'indemnisation des dommages des victimes de pollutions de la mer – Convention de Bruxelles, 18 décembre 1971.
(46) V. M. Rémond-Gouilloud, *Du droit de détruire, op. cit.*, p. 178-179.
(47) Cf. R. Romi, « La responsabilité pour carence des autorités de police administrative », *LPA* 12 décembre 1986.
(48) J. Untermaier, « De la compensation comme principe général du droit... » *RJE* 4-1986, p. 381.
(49) V. R. Hertzog, « Les trois âges de la fiscalité de l'environnement », *Cah. CNFPT* avril 1993, p. 136 et s.

l'économie, qui peut soit drainer les moyens financiers nécessaires à des aménagements peu polluants ou peu destructeurs des écosystèmes (50), soit pénaliser des aménagements coûteux pour l'environnement. Mais par exemple (51), les marais, étant impropres à toute production moderne, sont pénalisés par la fiscalité, en particulier locale. Et si, au contraire, la « forêt... connaît depuis longtemps un statut fiscal privilégié » (52), ce n'est qu'« en sa qualité de système de production de bois, de champ d'arbres, et ses autres fonctions sont pour l'essentiel ignorées ».

Il s'agit là de signes qui ne trompent pas... et cet état des choses est d'autant plus regrettable qu'à bien des égards, une réforme intelligente de la fiscalité pourrait aboutir à une meilleure acceptation des impératifs de la protection. Les décrets du 11 janvier 1996 (*JO*, 14 janvier, article L. 321-11 du Code de l'env.) ont marqué un tournant à cet égard, mais limité à la protection des espaces naturels protégés des îles et des anciennes îles. Ils permettent d'instituer à la charge des passagers maritimes et des usagers des ouvrages d'art reliant le continent aux anciennes îles une taxe (premier cas) ou un droit départemental de passage, qui doivent être affectés, pour contribuer à la défense de l'environnement de ces espaces, aux personnes publiques qui les gèrent.

Enfin, la décision du Conseil constitutionnel n° 2000-441 du 28 décembre 2000 annulant les dispositions de la deuxième loi rectificative pour 2000 étendant la TGAP (taxe générale sur les activités polluantes) à la consommation d'énergie intermédiaire, même si elle constitue un grave échec pour la ministre de l'Environnement de l'époque et une curieuse analyse en opportunité favorable à l'énergie nucléaire, aura au moins eu le mérite de confirmer la *valeur juridique du principe* (53) et surtout de préciser ses limites et exigences.

BIBLIOGRAPHIE COMPLÉMENTAIRE

Revue Française de Finances publiques mai 2005, n° spéc., « Finances publiques et protection de l'environnement » ■ C. LONDON, *Environnement et instruments économiques et fiscaux*, coll. « Systèmes », LGDJ, 2001.

S. CAUDAL, « Un nouvel obstacle pour l'écotaxe sur l'énergie », *RJE* 2/2001, p. 215 et s. ■ I. DOUSSAN, « Le droit de la responsabilité civile français à l'épreuve de la responsabilité environnementale instaurée par la directive du 21 avril 2004 », *LPA* 25 août 2005 ■ G. MARTIN, *Le dommage écologique en droit interne, communautaire et comparé,* SFDE/Economica, coll. « Droit et économie de l'environnement », 1992 ■ G. MARTIN, « La responsabilité civile pour les dommages à l'environnement », *RJE* 2/3 1994, p. 121 et s. ■ G. MARTIN, « La convention du Conseil de l'Europe du 8 mars 1993 dite "Convention de Lugano" », *LPA* 27 avril 1994 ■ G. MARTIN, « Réflexions sur la définition du dommage à l'environnement » et « La notion de responsabilité en matière de dommages écologiques », *in Droit de l'environnement* (dir. J.-Y. CHÉROT), Laboratoire de théorie juridique, Aix-Marseille II ■ G. SAINTENY, « Quelle fiscalité

■ (50) C'est pourquoi, selon le mot de R. HERTZOG (*La fiscalité de l'environnement. Notion et état du droit positif en France,* Année de l'environnement, Actes du colloque, « Fiscalité – Environnement », PUF, 1984), impôt et environnement ne pouvaient que se rencontrer.

■ (51) V. D. LINOTTE, R. ROMI, *Droit public économique,* Litec, 2006, p. 189 et s.

■ (52) P. BELTRAME, « La fiscalité de la forêt », *AJDA* 1979, n° 5, p. 9 et s.

■ (53) Sinon de le constitutionnaliser : v. comm. Y. R., *Dr. env.* mars 2001, p. 43-44.

de l'environnement ? », *RFFP* septembre 1998, p. 109 et s. ▪ H. SMETS, « Examen critique du principe "pollueur – payeur" », *in Les hommes et l'environnement, en hommage à A. Kiss,* éd. Frison-Roche, 1997, p. 17 et s.

Adde : *Entreprises et environnement, Rapport à la commission des comptes et de l'économie de l'environnement*, ministère de l'Écologie et du Développement durable, La Documentation française, 2004

CHAPITRE 4
LA RECHERCHE DE L'ACCEPTABILITÉ DES DÉCISIONS : DU DROIT À L'INFORMATION AU DROIT À LA PARTICIPATION

Il n'est pas de nouvelle branche du droit qui ne se crée sans raisons d'être. Le droit de l'environnement a entre autres bons motifs de création celui d'être un *droit de conciliation*. Il relaye, à bien des égards, d'autres branches du droit, qu'il teinte souvent, au demeurant, de sa sensibilité (droit de l'urbanisme, par exemple) dans une recherche d'une acceptabilité des décisions prises en matière d'aménagement, d'urbanisme, d'occupation du territoire au sens large, voire de toute décision économique ayant ou étant susceptible d'avoir une conséquence sérieuse sur l'environnement. En soi, cette recherche permanente, étant en quelque sorte une règle de comportement juridique, constitue un principe du droit de l'environnement : la liaison récente, officialisée par la Conférence de Rio, montre que *le choix du mode de traitement des problèmes d'environnement entretient des rapports étroits avec la notion de démocratie*.

Si les choses n'y sont certes pas parfaites, le monde occidental a clairement, et au moins officiellement, avalisé, par des concrétisations juridiques, le caractère quasi automatique de cette liaison. Elle passe avant tout par la connaissance, qui conditionne la réalisation d'une véritable participation aux choix, et donc par un *régime d'information* (postérieure ou concomitante, mais aussi et surtout préalable à la prise de décision). Elle passe ensuite par la mise en place de *mécanismes de participation* authentique aux choix. Sur ce dernier point, en matière de gestion et de protection de l'environnement, le rôle des associations peut paraître à juste titre primordial : en temps qu'outil de participation, mais aussi en temps que relais de l'administration, ces institutions de la société civile peuvent servir de contrepoids tant à des lobbies qu'à des élus.

SECTION 1 DÉMOCRATIE ET CHOIX D'ENVIRONNEMENT

« Aujourd'hui, on sait que la puissance technologique peut être synonyme de fragilité sociale... La perversion du système dominant de l'économie privée de marché est telle qu'elle conduit à privilégier les 800 millions de consommateurs solvables en oubliant que la Terre abrite au total 6 milliards de personnes... Dans cet environnement, l'intérêt général collectif est devenu opaque » (1). Si cet égoïsme est certes perçu, et de plus en plus souvent identifié comme un des maux de ce siècle, il n'est pas – ou plus – de modèle de rechange à l'économie de marché qui puisse lui être une référence. Il n'en demeure pas moins du ressort du droit – plus particulièrement du droit international – de participer à sa correction ou à son infléchissement. Car même si, incontestablement, « la libre association de communautés délibérant régulièrement de ce qu'il leur faut produire pour elles-mêmes et comment restera sans doute à jamais une utopie... une utopie est aussi une boussole » (2).

§ 1. DÉMOCRATIE ET ENVIRONNEMENT : LA CONCEPTUALISATION INTERNATIONALE

Même s'il ne faut pas – et la rareté des suites concrètes de ce sommet le prouve bien – l'idéaliser, le Sommet de Rio a été une quadruple échéance : échéance pour les pays riches, qui se prétendant démocratiques ne peuvent plus faire l'impasse sur les revendications écologistes ou de protection de l'environnement et ont tout à gagner à se poser en champions de l'environnement ; échéance pour les pays du tiers monde qui sont dans l'obligation de concilier démocratie économique et démocratie politique ; échéance pour les écologistes et les associations de protection de l'environnement, qui peuvent faire passer leur message et tenter de ne pas être exclus de sa mise en œuvre ; échéance pour le droit international, qui a trouvé, après l'élan que lui avaient donné l'espoir et le mot d'ordre du NOEI (3) un deuxième ou un troisième souffle.

Le résultat peut surtout en l'état actuel des choses et pour ce qui concerne la présente problématique être mesuré à l'aune des lignes directrices que se sont

(1) R. PETRELLA, « Vers un nouveau contrat démocratique », *Les Cahiers du Futur*, Environnement-Développement, août 1992, n° 2, p. 7-10, *op. cit.*, p. 10. R. PETRELLA, loin d'être un « agitateur gauchiste », a été directeur du programme FAST, ensemble des programmes de recherche et de développement de l'Union européenne.

(2) A. LIPIETZ, *Choisir l'audace, une alternative pour le XXIe siècle*, La Découverte, 1989, p. 76-77.

(3) « Nouvel ordre économique international », mot d'ordre qui a servi de synthèse idéologique aux pays du tiers monde dans les années 1970-1980 pour « corriger », dans la mesure du possible et à leur profit, la logique du droit international et des relations internationales. V. M. BETTATI, *Le nouvel ordre économique international*, coll. « Que sais-je ? », n° 2088, PUF.

assigné les États, d'autant plus qu'elles présentent des points communs avec les revendications des ONG (4).

Les dimensions sociales de l'Agenda 21 (5) se concrétisent surtout par un appel à la mobilisation et à l'implication du plus grand nombre possible d'acteurs sociaux, des femmes aux syndicats en passant par les jeunes et les associations. Les chapitres 24 à 32 de la section 3 de l'Agenda 21 préconisent ainsi ce qui a paru être une évidence à certains, un risque à d'autres : la protection de l'environnement ne saurait être réservée aux institutions. Sur ce point, il n'y a guère eu de contestations dans le concert associatif présent au Forum global, ni d'ailleurs au cours du sommet officiel. Mais il est vrai que quelques associatifs et des écologistes politiques ont vu naître avec quelque peur ce qui ressemble à un nouveau schéma corporatiste de gestion de nos sociétés, qui se situerait aux antipodes de la démocratie. Ce n'est pas en effet parce que la démocratie formelle, représentative, a parfois failli, que l'on peut se payer le luxe de renoncer à ses acquis et jouer un « remake » du fascisme pour sauver la Terre. La revendication de l'inscription dans les constitutions d'un droit de l'homme à l'environnement ne s'entend que dans le cadre d'un redressement démocratique des échanges, et l'on voit mal comment pourraient être conciliés un schéma autoritaire et l'« extension du droit à l'information et du droit d'accès aux tribunaux » qui « doit accompagner la consécration du droit de l'homme à l'environnement » (6) ou « la construction d'une démocratie participative » à coup de généralisation des enquêtes publiques, de consultations locales, de débats publics (tous points qui figurent comme objectifs et comme moyens pour arriver à la réalisation de ces objectifs dans l'Agenda 21).

La conservation et la gestion de ressources aux fins de développement constituaient l'objet premier de la Conférence qui s'est tenue en juin 1992. Les aboutissements juridiques en sont quelque peu en dessous de ce que certains attendaient (7) : peu de textes potentiellement effectifs, mais au moins quelques principes sont édictés, qui sont faits pour commander l'évolution juridique future des rapports internationaux : principe de la gestion écologiquement rationnelle et efficace, principe de prévention, principe de précaution, principe de participation, et surtout « principe de l'articulation des mesures de protection de l'environnement avec les exigences du développement » (8). Remarquable entre tous le principe 4 de la déclaration de Rio fixe que « pour parvenir à un développement durable, la protection de l'environnement doit faire partie intégrante du processus de développement et ne peut être considéré isolément ». Cet axe se retrouve dans la convention sur le changement climatique, dont le préambule énonce (article 21) que « les mesures prises pour parer aux changements climatiques doivent être étroitement coordonnées avec le développe-ment social et économique afin d'éviter toute

(4) Telles que retranscrites par exemple dans le Livre blanc des ONG françaises édité par le CEDI en 1992 ou le « Programme *Ya Wananchi*, plan d'action des citoyens pour les années 1990 », publié par ENDA Tiers Monde, 5, rue des Immeubles industriels, 75001 Paris, 1992.

(5) V. M. PRIEUR, « Démocratie et droit de l'environnement et du développement », intervention dans le cadre du Forum Global, Rio, dact., 1992.

(6) M. PRIEUR, *op. cit.* ; F. Z. KSENTINI, *Droits de l'homme et environnement*, Conseil économique et social de l'ONU, août 1991.

(7) V. M. KAMTO, *Les nouveaux principes du droit international de l'environnement*, intervention au Forum Global de Rio, dact.

(8) M. KAMTO, *op. cit.*

incidence néfaste sur ce dernier, compte pleinement tenu des besoins prioritaires légitimes des pays en développement, à savoir une croissance économique durable et l'éradication de la pauvreté ». Il est certain, comme l'a souligné M. Kamto (9), que ces principes n'ont qu'une très faible valeur contraignante. Il n'en demeure pas moins sur le plan idéologique qu'ils énoncent un code, et qu'il appartiendra aux populations (10) d'aider le cas échéant les États à s'en souvenir. Pour l'heure, ce n'est guère le cas, comme en témoigne la très faible portée de la déclaration finale du Sommet sur l'environnement de New York en 1997 (11).

Les moyens d'exécution de l'Agenda 21 ne sont pas en revanche à la mesure de cette générosité. Le secrétaire du Sommet, Maurice Strong, avait estimé nécessaires, pour la réalisation de l'Agenda 21, 125 milliards de dollars par an, à engager par les pays développés pour aider les autres, alors qu'ils y consacraient 55 milliards en 1991. Les États n'ont consenti dans un premier temps à s'engager que pour une partie de cette somme, équivalente *grosso modo* à 0,7 % des produits nationaux bruts de ces pays et ils n'ont promis d'atteindre cet objectif que « dès que possible ». De fait, ce « possible » n'a jamais été réalisé, cette aide étant aujourd'hui inférieure à 0,3 % du PIB en moyenne.

La recherche de la démocratie ne saurait se situer au seul niveau international ou interétatique ; des avancées de droit interne y participent aussi, dans la même logique. Et, en premier lieu, comme l'énonce J.-J. Salomon (12), « au sens d'une démocratie véritable, assumant la nécessité de corriger l'asymétrie entre le pouvoir des décideurs dans l'appareil de l'État et l'impuissance des individus, la régulation technologique suppose en théorie que la décision soit négociable, et, pour commencer, que l'information soit délivrée aux premiers stades d'un projet, non pas quand les plans sont devenus impossibles à modifier ».

BIBLIOGRAPHIE COMPLÉMENTAIRE

« Le Sommet de Rio de Janeiro », *Monde Diplomatique* juin 1992, supp. ■ S. ANTOINE, *Les enjeux du Sommet planète Terre*, Futuribles, déc. 1991, p. 59-67 ■ A. KISS, « Environnement et développement ou environnement et survie ? », *Journal du droit international* juin 1991, p. 263-282 ■ P. LECLANCHE, *Analyse des résistances aux changements de paradigme dans le champ des relations internationales, l'écologie : la Conférence de Rio*, th. dact., Paris-Assas, 1997.

■ (9) *Op. cit.*

■ (10) À défaut d'un tribunal international de l'environnement que certains juristes avaient appelé de leurs vœux, mais qui paraît en l'état ne pas pouvoir être accepté. V. A. POSTIGLIONE, *The global village without regulations*, Giumli, Florence, 1992.

■ (11) *Le Monde* 28 juin 1997, p. 2.

■ (12) *L'enjeu démocratique, op. cit.*, p. 43.

§ 2. LA COMMUNICATION DES DOCUMENTS ADMINISTRATIFS ET DES DONNÉES D'ENVIRONNEMENT, PRÉALABLE NÉCESSAIRE À LA DÉMOCRATISATION DES DÉCISIONS D'ENVIRONNEMENT

La directive 90/313 du Conseil de la CE (7 juin 1990 (13)) a principalement été édictée pour harmoniser les conditions d'accès aux informations, et de diffusion des informations, en posant tout d'abord une obligation de principe, imposée aux autorités publiques mais aussi aux organismes contrôlés par des autorités publiques ou en ayant reçu des compétences déléguées. Elle excepte de cette obligation les informations ayant trait à la sécurité publique, au secret de la défense nationale, et les « données fournies par un tiers non juridiquement tenu de le faire et les données risquant de nuire à l'environnement » ; elle préserve aussi « la confidentialité des délibérations des autorités publiques, des relations internationales... de données ou de dossiers personnels », mais elle n'en prévoit pas moins dans ce cas la possibilité d'une communication partielle. Enfin, les demandes « manifestement abusives » ou qui seraient formulées de manière trop générales devraient être écartées. La décision de refus doit être rendue dans un délai de deux mois et être motivée ; les autorités administratives doivent organiser des voies de recours juridictionnel contre ces refus. La Cour de justice (14) interprète la directive comme imposant aux États – en dehors des exemptions limitativement énoncées dans le texte – la communication de documents administratifs préparatoires avant que la décision finale ne soit prise...

Au niveau français, le droit à l'information est quand même limité. Il n'a d'ailleurs pas, pendant longtemps, existé de droit général à l'information en matière d'environnement. Mais l'on trouve d'une part, dans divers textes, consacré un devoir d'information (15) (ainsi en matière d'installations à risques et de données sur la qualité de l'eau). Le Code de l'environnement a été par ailleurs, sur ce sujet, complété par l'ordonnance du 4 avril 2001 portant transcription de diverses directives communautaires. Un titre nouveau spécifique à l'accès à l'information environnementale renvoie pour l'essentiel aux dispositions de la loi du 17 juillet 1978. Toutes les autorités publiques ayant des responsabilités en matière d'environnement sont concernées par ce principe d'information (art. L. 124-1, I). Dans le respect de l'esprit de la convention sur l'accès à l'information, la participation du public au processus décisionnel et l'accès à la justice en matière d'environnement

(13) *JOCE* n° L. 158, 23 juin 1990.

(14) CJCE, aff. C-321/96, 17 juin 1998, MECKLENBURG et K. PINEBERG, mentionné dans le bulletin n° 252 du 15 septembre 1998 du Code permanent environnement et nuisances, et reproduit dans *Dr. env.* mars 1999, note R. R. et C. F., p. 3-4.

(15) À noter, pour ceux qui espéraient que le droit européen des droits de l'homme pouvait faire évoluer les choses : la Cour a refusé – au contraire de la Commission – de considérer, dans une affaire de pollution, que la liberté d'information consacrée par l'art. 10 de la Convention n'emportait pas obligation pour l'État compétent d'obligation positive de collecte et de diffusion des informations (*Guerra c/ Italie*, 19 février 1998, v. comm. J. F. FLAUSS, *AJDA* n° 12/1998, *Actualité de la Convention européenne des droits de l'homme*, p. 995).

(Convention d'Aarhus, 25 juin 1998) dont elle est signataire, la France prévoit une communication partielle d'informations lorsqu'il est possible d'en retirer les mentions qui peuvent justifier un refus de communication (art. L. 124-1 III). Puis La Charte constitutionnelle de l'environnement a posé le principe que (art. 7.) « Toute personne a le droit, dans les conditions et les limites définies par la loi, d'accéder aux informations relatives à l'environnement détenues par les autorités publiques et de participer à l'élaboration des décisions publiques ayant une incidence sur l'environnement ».

Ce droit d'accès à l'information est depuis l'ordonnance du juin 2005 (v. *infra*) et la loi du 26 octobre 2005 précitée portant adaptation au droit communautaire confirmé comme un droit général, dont l'exercice se réalise d'abord dans le champ et par les moyens de droit commun. En dehors des décisions administratives ayant un impact direct sur l'environnement, sont également concernées celles qui ont un impact indirect (autorisations) ou un rapport quelconque avec des décisions ou actes privés en matière d'environnement (rapports administratifs, enquêtes procès-verbaux, etc.) :

« Art. L. 124-1. – Le droit de toute personne d'accéder aux informations relatives à l'environnement détenues, reçues ou établies par les autorités publiques mentionnées à l'article L. 124-3 ou pour leur compte s'exerce dans les conditions définies par les dispositions du titre Ier de la loi n° 78-753 du 17 juillet 1978 portant diverses mesures d'amélioration des relations entre l'administration et le public et diverses dispositions d'ordre administratif, social et fiscal, sous réserve des dispositions du présent chapitre ».

C'est donc d'abord par l'exercice d'un droit à la communication que se réalise l'accès des citoyens à l'information sur l'environnement. L'exercice de ce droit s'adresse – ce n'est pas nouveau – tant aux personnes publiques qu'à des personnes privées investies d'une mission de service public, dont sont exclues les juridictions et le parlement :

« Art. L. 124-3. – Toute personne qui en fait la demande reçoit communication des informations relatives à l'environnement détenues par :

1° L'État, les collectivités territoriales et leurs groupements, les établissements publics ;

2° Les personnes chargées d'une mission de service public en rapport avec l'environnement, dans la mesure où ces informations concernent l'exercice de cette mission.

Les organismes ou institutions agissant dans l'exercice de pouvoirs juridictionnels ou législatifs ne sont pas soumis aux dispositions du présent chapitre ».

Les exclusions sont énoncées comme précédemment :

« Art. L. 124-4. – I. – Après avoir apprécié l'intérêt d'une communication, l'autorité publique peut rejeter la demande d'une information relative à l'environnement dont la consultation ou la communication porte atteinte :

1° Aux intérêts mentionnés à l'article 6 de la loi n° 78-753 du 17 juillet 1978 précitée, à l'exception de ceux visés aux sixième et dernier alinéas du I de cet article ;

2° A la protection de l'environnement auquel elle se rapporte ;

3° Aux intérêts de la personne physique ayant fourni, sans y être contrainte par une disposition législative ou réglementaire ou par un acte d'une autorité administrative ou juridictionnelle, l'information demandée sans consentir à sa divulgation ;

4° A la protection des renseignements prévue par l'article 6 de la loi n° 51-711 du 7 juin 1951 sur l'obligation, la coordination et le secret en matière de statistiques.

II. – Sous réserve des dispositions du II de l'article L. 124-6, elle peut également rejeter :

1° Une demande portant sur des documents en cours d'élaboration ;
2° Une demande portant sur des informations qu'elle ne détient pas ;
3° Une demande formulée de manière trop générale.

Art. L. 124-5. – I. – Lorsqu'une autorité publique est saisie d'une demande portant sur des informations relatives aux facteurs mentionnés au 2° de l'article L. 124-2, elle indique à son auteur, s'il le demande, l'adresse où il peut prendre connaissance des procédés et méthodes utilisés pour l'élaboration des données.

II. – L'autorité publique ne peut rejeter la demande d'une information relative à des émissions de substances dans l'environnement que dans le cas où sa consultation ou sa communication porte atteinte :

1° A la conduite de la politique extérieure de la France, à la sécurité publique ou à la défense nationale ;

2° Au déroulement des procédures juridictionnelles ou à la recherche d'infractions pouvant donner lieu à des sanctions pénales ;

3° A des droits de propriété intellectuelle.

Art. L. 124-6. – I. – Le rejet d'une demande d'information relative à l'environnement est notifié au demandeur par une décision écrite motivée précisant les voies et délais de recours. L'article 5 de la loi n° 79-587 du 11 juillet 1979 relative à la motivation des actes administratifs et à l'amélioration des relations entre l'administration et le public ne s'applique pas.

II. – Lorsque ce rejet est fondé sur le 1° du II de l'article L. 124-4, cette décision indique le délai dans lequel le document sera achevé, ainsi que l'autorité publique chargée de son élaboration. Lorsque ce rejet est fondé sur le 2° du II de l'article L. 124-4, cette décision indique, le cas échéant, l'autorité publique détenant cette information. Une demande ne peut être rejetée sur le fondement du 3° du II de l'article L. 124-4 qu'après que l'autorité publique a préalablement invité le demandeur à la préciser et l'a aidé à cet effet. »

La nouveauté – relative – vient de ce que la puissance publique doit faciliter l'information et cela suppose que soit développée une pédagogie de l'information :

« Art. L. 124-7. – I. – Les autorités publiques prennent les mesures permettant au public de connaître ses droits d'accès aux informations relatives à l'environnement qu'elles détiennent, et veillent à ce que le public puisse accéder aux informations recherchées. A cet effet, elles établissent des répertoires ou des listes de catégories d'informations relatives à l'environnement en leur possession, accessibles gratuitement et indiquant le lieu où ces informations sont mises à la disposition du public.

II. – Les autorités publiques veillent à ce que les informations relatives à l'environnement recueillies par elles ou pour leur compte soient précises et tenues à jour et puissent donner lieu à comparaison. Elles organisent la conservation de ces informations afin de permettre leur diffusion par voie électronique. »

En matière d'environnement, la loi du 17 juillet 1978 sur la communication des documents administratifs modifiée par l'ordonnance du 5 juin 2005 (16) est donc le principal vecteur de l'information. Elle semble très légèrement en retrait en regard de ce que l'on est en droit d'attendre d'une société démocratique. Si, par exemple, l'on peut obtenir communication de la plupart des rapports administratifs (ainsi des rapports sur les solutions techniques à un problème de pollution ou d'environne-

(16) *JO* n° 131, 7 juin 2005, p. 10022 – ord. n° 2005-650 du 6 juin 2005 relative à la liberté d'accès aux documents administratifs et à la réutilisation des informations publiques.

ment (17)), les avis ne sont considérés comme communicables qu'après que la décision dont ils sont l'occasion ou le support ait été prise (18). Et les renseignements ou informations non contenus dans des documents ne sont pas dans le champ d'application de la loi. Les documents préparatoires ne sont communiqués qu'à la clôture du processus de décision dont ils ne sont qu'une pièce (19), et les documents inachevés ne figurent pas dans les documents communicables au titre de la loi ni d'ailleurs au titre de la directive européenne. Cela dit, à coups de demandes, les associations ont réussi à faire évoluer la jurisprudence jusqu'à obtenir des résultats satisfaisants, et l'ordonnance du 6 juin 2005, puis la loi du 26 octobre 2005, sont de nature à faciliter l'accès aux données et informations, dans le respect des limites énoncées ci-dessus. Par exemple :

« Art. 4. – Le droit de toute personne à l'information est précisé et garanti par les dispositions des chapitres Ier, III et IV du présent titre en ce qui concerne la liberté d'accès aux documents administratifs. Sont considérés comme documents administratifs, au sens des chapitres Ier, III et IV du présent titre, quel que soit le support utilisé pour la saisie, le stockage ou la transmission des informations qui en composent le contenu, les documents élaborés ou détenus par l'État, les collectivités territoriales ainsi que par les autres personnes de droit public ou les personnes de droit privé chargées de la gestion d'un service public, dans le cadre de leur mission de service public. Constituent de tels documents notamment les dossiers, rapports, études, comptes rendus, procès-verbaux, statistiques, directives, instructions, circulaires, notes et réponses ministérielles, correspondances, avis, prévisions et décisions. »

« Art. 17. – Les administrations qui produisent ou détiennent des informations publiques tiennent à la disposition des usagers un répertoire des principaux documents dans lesquels ces informations figurent. »...

« Art. 25. – Toute décision de refus d'accès aux documents administratifs ou décision défavorable en matière de réutilisation d'informations publiques est notifiée au demandeur sous la forme d'une décision écrite motivée comportant l'indication des voies et délais de recours. Lorsqu'un tiers est titulaire de droits de propriété intellectuelle portant sur un document sur lequel figure une information publique, l'administration qui a concouru à l'élaboration de l'information ou qui la détient indique à la personne qui demande à la réutiliser l'identité de la personne physique ou morale titulaire de ces droits ou, si celle-ci n'est pas connue, l'identité de la personne auprès de laquelle l'information en cause a été obtenue. »

Art. 11. – III. – Le deuxième alinéa de l'article L. 3121-17 du même code est remplacé par quatre alinéas ainsi rédigés : « Toute personne a le droit de demander communication des délibérations et procès-verbaux des séances publiques du conseil général, des délibérations de la commission permanente, des budgets et des comptes du département ainsi que des arrêtés du président. Chacun peut les publier sous sa responsabilité... Les dispositions du présent article s'appliquent aux établissements publics administratifs des départements. »

IV. – Le deuxième alinéa de l'article L. 4132-16 du même code est remplacé par quatre alinéas ainsi rédigés : « Toute personne a le droit de demander communication des délibérations et procès-verbaux des séances publiques du conseil régional, des délibérations de la commission permanente, des budgets et des comptes de la région ainsi que des arrêtés du président. »...

(17) CADA, Avis 2 juillet 1980, *Ami de la Terre*, à propos du rapport Gruson sur les déchets radioactifs.

(18) Ainsi des avis rendus par les services des installations classées, Avis CADA 23 janvier 1986, préfet du Val d'Oise.

(19) Ou s'il apparaît clairement qu'il n'y aura pas de décision. Le juge administratif a même pu exiger une renonciation expresse de l'administration à prendre une décision, dans une espèce peut-être marginale (TA, Versailles, 11 juillet 1985, *SA A Montenay c/ Préfet de l'Essonne*, *Lebon*, p. 636).

On notera également l'institutionnalisation progressive du droit à l'information, par la généralisation possible des comités locaux d'information et de concerttion ou « CLIC » : par exemple le décret n° 2005-82 du 1er février 2005 relatif à la création des comités locaux d'information et de concertation en application de l'article L. 125-2 du Code de l'environnement (20) énonce que « Le préfet de département crée, par arrêté, un comité local d'information et de concertation » à proximité de la plupart des installations présentant des risques notables.

Cela dit, l'information, même élargie, ne vaut pas pouvoir de choisir, et quand on essaie de passer de l'accès à l'information à l'exercice d'un pouvoir de choix, on rencontre bien des obstacles malgré l'omniprésence de la rhétorique de la participation.

§ 3. QUEL POUVOIR DE CHOISIR ?

Or, l'importance du choix ne constitue pas seulement un enjeu pour nous, mais aussi et sans doute surtout pour ces *générations futures* que le droit déclare vouloir de plus en plus considérer.

Cet aspect des choses ne peut être réglé, si utile que soit la concertation, par les seules procédures évoquées, ni par la création d'un « *Conseil pour les droits des générations futures* » (21) qui n'a d'autre pouvoir que de consultation... Si celui-ci peut être saisi, outre par les autorités politiques nationales, par les associations de protection de la nature agréées ayant une vocation générale et nationale (article 2), s'il peut s'autosaisir de toute question relative à la protection de l'environnement, et s'il compte dans ses rangs, sur neuf membres, trois membres d'associations choisies parmi celles proposées par ces associations (22), si ses auditions peuvent être publiques et si ses avis sont publics, il n'a aucun pouvoir décisionnel ou de blocage. Le sort du Haut Comité de l'environnement, qu'il remplace, et qui n'a jamais correctement fonctionné, montre le peu d'importance de ces institutions. Pour ce qui concerne le temps présent, faut-il imposer des décisions d'aménagement, doit-on les imposer quand elles sont prises démocratiquement, à partir de quand sont-elles prises démocratiquement ? La démocratie peut-elle se permettre l'irréversibilité ? On pourrait pousser le feu des questions ainsi longtemps, au risque de ne pouvoir y répondre sans développer des conceptions alternatives et globales. L'on peut ne pas s'y essayer, et concentrer dans un premier temps la réflexion sur des aspects techniques limités qui peuvent inspirer peut-être des progrès réels et à court terme : le reste est clairement affaire de politique, et plus sûrement affaire de culture. Mais, dans un second temps, l'on ne peut faire l'économie d'une réflexion conceptuelle, qui commande la cohérence des choix techniques, dont on sait qu'ils existent, mais supposent une volonté politique de mise en œuvre.

(20) *JO* n° 29 4 février 2005, p. 1876.

(21) Décret 8 mars 1993, *JO* 10 mars 1993, p. 3710. L'art. 1 précisait que « ce conseil est saisi des questions relatives à l'intégration de l'environnement dans les politiques publiques et de leur cohérence avec les objectifs définis à l'occasion de la Conférence des Nations unies sur l'environnement et le développement ». Il l'a réremetn été et es conclusion sont été ignorées, en tout cas du grand public.

(22) Mais nommées par décret en CE.

L'on dit souvent des décisions d'aménagement, même refusées par une partie de la population sur un territoire donné, qu'elles sont prises démocratiquement, et l'on en prend pour preuve qu'elles sont précédées d'une enquête publique et/ou adoptées par des autorités élues (23).

Peu importe, par exemple, que tel maire accepte, contre une bonne partie de sa population et les intérêts des générations futures, l'implantation d'un site d'enfouissement, car à court terme – avant le renouvellement de son mandat – il ne pourra que difficilement être « renvoyé » par « son » conseil, et ne peut juridiquement pas l'être par les électeurs. Certes, l'on peut maintenir que cette solution est nécessaire à garantir la capacité de choix à long terme des maires et présidents de conseils généraux ou régionaux : singulière conception de la démocratie qui repose sur l'absence, concrète, de toute responsabilité institutionnelle et de toute parole organisée des électeurs en cours de mandat. La porte est ainsi ouverte à des déviations anti-environnementales.

S'il est vrai qu'il n'est pas du ressort du juriste seul, ni des experts de décider du bien-fondé des opérations d'aménagement, il n'est pas du ressort des seuls élus de décider du sort de leurs administrés et de leur cadre et conditions de vie. En effet, la représentation n'est qu'une *délégation conditionnelle :* l'irréversibilité de certains projets (24)rend hypothétique toute « responsabilisation » qui ne passerait que par la menace d'une non réélection. Expliquer que ces travers de l'organisation française de l'administration territoriale sont compensés par une extension, récente au demeurant, de la démocratie participative est abusif.

Certes, en vertu de la loi du 6 février 1992, « le droit des habitants de la commune à être informés des affaires de celle-ci et à être consultés sur les décisions qui les concernent, indissociable de la libre administration des collectivités locales, est un principe essentiel de la démocratie locale ». Et nombre de dispositions de cette loi permettent une meilleure information. De fait, le texte (25) organise même la consultation des électeurs des communes. Mais, en matière d'environnement peut-être plus qu'ailleurs, il était critiquable que ces consultations ne se puissent déclencher qu'à l'initiative du maire ou sur demande du tiers des membres du conseil municipal concerné (communes de plus de 3 500 habitants) ou de la moitié des conseillers (communes de moins de 3 500 habitants). À cette démocratie participative, l'on préféra une participation consultative, au prix, bien dérisoire, de la consécration de commissions extra municipales, baptisées « comités consultatifs », qui n'apporte rien à la situation antérieure, d'autant plus que leur création est à l'initiative du conseil municipal – c'est-à-dire de la majorité du conseil municipal – et la composition fixée sur proposition du maire... Dès lors, comme a pu le souligner A. Grosser (26),un *malaise général de la représentation* perdure. Cela suppose, dans l'intérêt même de la démocratie, une rénovation des procédures

(23) V. en particulier sur les rapports conflictuels de l'urbanisme et de la démocratie, J.-C. HÉLIN, « Urbanisme et démocratie », *AJDA* numéro spécial, 20 mai 1993, p. 184 et s. ; J. MORAND-DEVILER, « Les instruments juridiques de la participation et de la contestation des décisions d'aménagement », 1992/4, p. 493 et s.

(24) V. M. RÉMOND-GOUILLOUD, « À la recherche du futur, la prise en compte du long terme par le droit de l'environnement », *RJE* 1/1992, p. 5.

(25) Codifiés aux art. L. 2142-1 à L. 2142-6 du Code général des collectivités territoriales.

(26) Dans son intervention au Colloque de l'EEE, préc.

démocratiques de décision en matière d'aménagement : dans l'immédiat, le droit de l'environnement ne peut guère se fixer comme principe que la recherche d'une acceptabilité des décisions d'aménagement. La loi d'orientation pour l'aménagement et le développement du territoire du 4 février 1995 a pris d'ailleurs – modestement – en compte les insuffisances de la loi de 1992 (27) et cette nécessité de rénovation en permettant au cinquième des électeurs inscrits sur les listes électorales de « saisir le conseil municipal en vue de l'organisation d'une consultation sur une opération d'aménagement relevant de la décision des autorités municipales ». Mais on remarquera, d'une part, que ce vœu ne semble pas devoir obliger le conseil compétent à organiser la consultation et d'autre part que la consultation ne constitue qu'un avis, et enfin que subsiste une réserve portant sur la compétence de la collectivité consultante, puisque cette possibilité n'est ouverte que sur « une opération d'aménagement » qui serait de la compétence de la commune.

Avec la réforme constitutionnelle portant sur l'article 72 de la constitution, dans le même temps que la capacité d'expérimentation des collectivités locales est consacrée, le referendum, dans certains cas, peut être décisionnel (28). « Des projets de délibération ou d'acte d'une collectivité territoriale peuvent, à son initiative, être soumis, par la voie du referendum, à la décision des électeurs de cette collectivité ». S'il faudra voir sur une durée assez longue comment la pratique fait évoluer cette nouvelle voie de la démocratie directe locale, il est raisonnablement possible qu'elle soit utilisée en matière d'environnement, puisqu'elle permettra à une collectivité volontaire de tenter d'obtenir une adhésion consensuelle, comme à une collectivité timide de s'abriter derrière une éventuelle réaction conservatrice de son « corps électoral » de référence... Mais en tout cas, la loi organique du 1er août 2003 limite le recours à cet instrument (29), parce qu'elle exige une mobilisation d'une moitié des électeurs inscrits, outre l'obtention d'une majorité des suffrages exprimés (30).

(27) V. Droniou, *La médiation, étude d'une nouvelle forme de participation du public aux décisions d'aménagement*, th. dact., Dijon, 1999, p. 125-146.

(28) V. M. Verpeaux, « Referendum local, consultations locales et constitution », *AJDA* 11 /2003, p. 540 et s.

(29) V. J. P. Duprat, « La prudente avancée du referendum local dans la loi organique du 1er août 2003 », *AJDA* 35/2003 du 25 octobre 2003, p. 1862 et s.

(30) « Section 2 du livre Ier de la première partie du Code général des collectivités territoriales : Consultation des électeurs

Art. L. 1112-15. – Les électeurs d'une collectivité territoriale peuvent être consultés sur les décisions que les autorités de cette collectivité envisagent de prendre pour régler les affaires relevant de la compétence de celle-ci. La consultation peut être limitée aux électeurs d'une partie du ressort de la collectivité, pour les affaires intéressant spécialement cette partie de la collectivité.

Art. L. 1112-16. – Dans une commune, un cinquième des électeurs inscrits sur les listes électorales et, dans les autres collectivités territoriales, un dixième des électeurs, peuvent demander à ce que soit inscrite à l'ordre du jour de l'assemblée délibérante de la collectivité l'organisation d'une consultation sur toute affaire relevant de la décision de cette assemblée. Dans l'année, un électeur ne peut signer qu'une seule demande tendant à l'organisation d'une consultation par une même collectivité territoriale. Le ou les organisateurs d'une demande de consultation dans une collectivité territoriale autre que la commune sont tenus de communiquer à l'organe exécutif de cette collectivité une copie des listes électorales des communes où sont inscrits les auteurs de la demande. La décision d'organiser la consultation appartient à l'assemblée délibérante de la collectivité territoriale.

Art. L. 1112-17. – L'assemblée délibérante de la collectivité territoriale arrête le principe et les modalités d'organisation de la consultation. Sa délibération indique expressément que cette consultation n'est qu'une demande d'avis...

Le droit de pétition locale, mis en place par la même révision, peut être tout aussi porteur de dynamique démocratique et locale.

Les difficultés concrètes de la consultation des habitants en matière d'environnement : quelques exemples – TA, Nantes, 28 janvier 1993 et CE, 16 décembre 1994, *Préfet du Maine-et-Loire c/ Commune d'Avrillé* – CAA, Paris, *Association les Amis de la Terre*, 22 avril 2005, req. 01PA04331.

Dans les espèces tranchées par le TA de Nantes et le CE en 1994, la commune d'Avrillé a décidé de s'opposer au tracé de l'autoroute qui devrait servir de contournement de la ville d'Angers, parce que ce tracé met en cause sa politique urbanistique : le projet d'autoroute a d'ailleurs longtemps paralysé celle-ci, pour une part (la DUP date de 1977, et a été prolongée le 8 janvier 1982 !). Le tracé, compte tenu de l'évolution d'Avrillé, coupait la ville et la traversait. Le contexte a donc changé, mais le projet demeure fondé sur des études qui n'ont pas été refaites en en tenant compte, non plus qu'en intégrant les nouveaux textes ni la nouvelle logique juridique, largement plus protecteurs de l'environnement qu'autrefois. Et la municipalité avait en préparation un plan municipal pour l'environnement, dont les orientations dépendaient pour une part des options retenues par l'État quant au tracé de la voie contestée. Dans cette situation, comment ne pas comprendre que la municipalité cherche à obtenir de la population un appui, ou en tout cas un avis ? La loi du 6 janvier 1992 lui a semblé en offrir l'opportunité, puisqu'en son article 21 elle prévoit que peut faire l'objet d'un référendum communal toute question relevant de la compétence communale, et qu'elle estimait que l'aménagement de la commune relevait bien de ses compétences. La question posée (31) n'a pas semblé au préfet correspondre à celles pouvant faire l'objet d'un usage de cet article novateur. Le problème pour le Tribunal administratif de Nantes était simple : soit il développait une interprétation restrictive de l'article 21 (32), considérant, comme l'y invitait sans surprise le préfet, que la consultation portait sur le tracé de l'autoroute et pas sur une compétence communale, soit il adoptait une interprétation extensive, développée par les requérants. La consultation organisée par la municipalité d'Avrillé visait bien à la production d'un avis. La question pouvait valablement être considérée comme relevant du champ de compétences communal. Une décision rendue par le TA Nantes, le 12 novembre 1992, avait repoussé la demande de sursis à exécution formulée par le préfet (33), au motif qu'« aucun des moyen invoqués... ne paraît de nature, en l'état du dossier soumis au tribunal, à justifier l'annulation de cette décision ». Ce rejet n'anticipait pas sur la réponse au fond, mais pouvait laisser augurer d'une tendance favorable à la légalité du procédé. Par sa décision du 28 janvier 1993, il annule pourtant la délibération

Art. L. 1112-20. – Les électeurs font connaître par « oui » ou par « non » s'ils approuvent le projet de délibération ou d'acte qui leur est présenté. Après avoir pris connaissance du résultat de la consultation, l'autorité compétente de la collectivité territoriale arrête sa décision sur l'affaire qui en a fait l'objet.

Art. L. 1112-21. – ... Pendant le délai d'un an à compter de la tenue d'un référendum local ou d'une consultation des électeurs à l'initiative d'une collectivité territoriale, celle-ci ne peut organiser une autre consultation portant sur le même objet ».

II. – L'art. L. 5211-49 du même code est ainsi modifié :

...

2° Le troisième alinéa est ainsi rédigé : « Un cinquième des électeurs inscrits sur les listes électorales des communes membres de l'établissement public de coopération intercommunale peuvent demander à ce que soit inscrite à l'ordre du jour de l'organe délibérant l'organisation d'une consultation sur une affaire relevant de sa décision. Dans l'année, tout électeur ne peut signer qu'une seule demande tendant à l'organisation d'une consultation. La décision d'organiser la consultation, selon les dispositions prévues à l'alinéa ci-dessus, appartient à l'organe délibérant de l'établissement public. »...

(31) « Considérez-vous que la politique d'urbanisme, d'environnement et de la qualité de la vie conduite par les municipalités successives soit compatible avec le passage d'une autoroute urbaine sur le territoire d'Avrillé, au sud comme au nord ? »

(32) V. P. Soubelet, « Du bon usage des référendums locaux », *Revue Administrative* mars-avril 1993, p. 156 et s.

(33) V. le texte de la décision *in Dr. env.* n° 17, janvier-février 1993, p. 19.

attaquée. Cette décision est semble-t-il principalement motivée par le fait qu'un amendement tendant à élargir la consultation des électeurs aux affaires ne relevant pas des compétences de la commune a été par deux fois repoussé par le Sénat. La traversée d'une agglomération par une autoroute ou un TGV (évoqué dans le débat lors des discussion afférentes aux amendements repoussés) concerne la commune concernée, mais ne rentre pas dans ses compétences (34). Le raisonnement du tribunal peut être discuté. Les magistrats ont bien sûr raison d'interpréter les dispositions législatives à la lumière des débats. Mais il faut lire, et lire en fonction de ce contexte, tout le texte de 1992 : son article 10 proclame que « Le droit des habitants de la commune à être informés (35) des affaires de celle-ci et à être consultés sur les décisions qui les concernent, indissociable de la libre administration des collectivités locales, est un principe essentiel de la démocratie locale ». Certes l'article renvoie ensuite aux dispositions suivantes, qui ne prévoient de consultation référendaire que celle des électeurs sur les affaires relevant de la compétence des communes (article 21), pour la mise en œuvre de ce droit. Mais, dans l'article 10, il n'est pas question seulement d'une consultation des électeurs, mais d'une consultation des habitants (y compris bien entendu, peut-on légitimement croire, ceux qui ne sont pas électeurs) ; il ne s'agit pas par ailleurs d'une consultation limitée expressément aux compétences communales (seule la consultation des électeurs est ainsi expressément limitée), mais d'une consultation des habitants « sur les affaires qui les concernent » (ce qui peut être considéré à l'évidence comme dépassant les compétences strictement communales)... La commune d'Avrillé n'aurait peut-être pas dû se fonder sur l'article 21 de la loi, mais à coup sûr son initiative peut être défendue en regard de son article 10. Le Conseil d'État (v. Chron. jur. *RFDA*, 1-1995 p. 211; *AJDA* 11-1995, p. 838, note Y. Jegouzo et *LPA* 31 mai 1995, comm. G. Koubi) reprend l'idée que la traversée de l'autoroute n'est pas de la compétence de la commune (36). En fait, l'article 21 de la loi de 1992 n'avait pas d'autre « vertu » que de limiter en l'encadrant l'expression des populations locales en la forme électorale (c'est-à-dire avec l'usage des infrastructures « électorales », bureaux de vote, organisation publique de l'information, légitimation « politique » par l'autorité des résultats), et pas de l'élargir (37). Mais la tâche était tout simplement impossible : les « débordements de la démocratie locale » ne sont pas de ceux qui se contiennent facilement d'un article de loi. Quant aux perversions du système, qui ne sont ni négligeables ni contestables, elles ne sont pas de celles qui s'éliminent en ne les regardant pas, et donc en ne les traitant pas : l'équilibre est difficile à trouver, l'exercice périlleux. Mais qui a jamais osé dire que la démocratie était une exigence facile ? L'on conclura, sur le plan pratique, qu'en l'état actuel du droit et eu égard aux réticences des

(34) Les commentateurs les plus autorisés de la loi du 6 février 1992 ne manquèrent pas de remarquer que la nuance posait et poserait problème ! V. J.-M. AUBY, « La loi du 6 février 1992 et la citoyenneté locale », *RFDA* janvier-février 1993, p. 41.

(35) On remarquera d'ailleurs, à titre incident, que l'information des administrés peut mieux être effectuée par le biais d'un débat aboutissant à un vote indicatif que par une information traditionnelle : dans une société qui souffre d'un trop-plein de communications, seules celles qui sont marquées d'une importance symbolique sont à coup sûr perçues : v. P.-J. MAAREK, *Communication et marketing de l'homme politique*, Litec, 1992, p. 58-60. L'art. L. 2142-4 organise à cet effet, lors de référendums locaux, une information par le dépôt d'un dossier à consulter quinze jours au moins avant le scrutin.

(36) On remarquera sur le sujet la décision *Commune de Ventabren* (14 avril 1995, *Commune de Ventabren*) qui est du même ordre : la traversée de terres situées sur la commune par un TGV n'est pas de la compétence de la commune. L'interprétation du champ du référendum est donc toujours aussi restrictive (v. P. SOUBELET, « Du bon usage des référendums locaux », *Rev. adm.* mars-avril 1993, p. 156 et s.). Il n'en subsiste pas moins un « espace de consultation » : la décision rendue par le CE, 29 décembre 1995, l'affaire *Géniteau* (v. *AJDA* février 1996, chron. STAHL et CHAUVAUX, p. 111 et s.) précise en revanche que les communes peuvent procéder à un référendum sur le point de savoir, par exemple, si un permis de construire peut être accordé, pour autant que le maire ne soit pas en situation de compétence liée...

(37) V. R. ROMI, « Chronique de droit public de l'environnement », *RDP*, 1992, n° 6, p. 1788-1790 ; R. HOSTIOU, « Référendum communal et déféré préfectoral », note sous TA, Nantes, *Pouvoirs locaux*, 1993, n° 19, p. 104.

juridictions, une constatation désabusée s'impose : les municipalités désireuses de pratiquer le même type de consultation ont intérêt, dorénavant, pour éviter un débat juridique aléatoire, chronophage et politiquement peu opportun, à éviter la forme délibérative, quitte, quoique la formule puisse faire perdre en solennité, à avoir recours aux associations pour organiser la consultation. La participation conjointe des émanations de la société politique (les « pouvoirs municipaux institués ») et de la société civile (les associations) aura peut-être l'avantage d'assurer le débat préalable nécessaire aux futures consultations. À ce prix, le blocage opposé par la loi et par le droit aura paradoxalement servi la démocratie participative. Car celle-ci se fabrique plus qu'elle ne s'érige. A cet égard, le droit européen peut servir d'aiguillon : sans être très catégorique, la CJCE 26 juin 2003, affaire *Commission c/ France*, aff. C/233/00 a porté condamnation de la France pour transposition incomplète de la directive de 1990, particulièrement en tant que la législation française permet de manière générale d'opposer un refus dès lors que ce refus serait motivée par un « secret protégé par la loi ». Il s'agit, pour la Cour, d'une dérogation non prévue par l'article 3 de la directive.

Dans l'espèce tranchée par la CAA Paris, *Association les Amis de la Terre*, 22 avril 2005, req. 01PA04331, le problème était de savoir si le Conseil municipal était en situation de compétence liée pour organiser la consultation dès lors qu'il était saisi. Pour le juge, le fait qu'un cinquième des électeurs inscrit ait demandé une consultation populaire n'obligerait pas le Conseil municipal destinataire à se plier à la demande. En réalité deux lectures du dispositif pouvaient être développées, ce qui a d'ailleurs été fait à propos de la décision de première instance examinée par la CAA de Paris (*AJDA* 2002, p. 45, note Y. Jegouzo, conforme à la décision de la CAA ; *contra*, X. Braud, *Dr. adm.* juillet 2002 n°120). Mais force est de constater (v. concl. A. Lercher sous CAA) que l'intention du législateur était de retenir la formule la plus favorable à la démocratie représentative.

Malgré cela, rien n'interdit d'élargir notre conception de la démocratie et de l'environnement (38) : transposer, pour autant que faire se peut, l'idée économique du « sustainable développement » (v. *infra*, quatrième partie) aux institutions chargées de prendre des décisions d'aménagement, et surtout aux rapports qu'ils entretiennent avec leurs mandataires et avec les générations futures.

L'argent préféré au temps, le court terme contre le long terme : telles peuvent être résumées les impressions qui se dégagent de certaines décisions d'aménagement. Il faut faire vite, au détriment d'un patrimoine existant, pour le développement d'un « patrimoine » qui n'est que futur et d'une qualité hypothétique. « L'aventurisme technologique », que reflète par exemple la loi sur les déchets nucléaires (39), privilégie l'irréversibilité contre la démocratie. Il fait clairement le pari d'une maîtrise technologique et scientifique de la nature, qui est pourtant clairement déniée par les faits, sans en mesurer les conséquences. Très significatif de l'état d'esprit qui préside aux prises de décisions en la matière, au plus haut niveau, est le fait que l'Assemblée nationale, à l'occasion du vote de cette loi, est allée jusqu'à sciemment violer son règlement intérieur dans lequel elle avait introduit l'obligation d'une évaluation des impacts sur l'environnement de ce type de textes (40), si peu de temps auparavant (juin 1991) que l'on ne peut même pas l'excuser au nom des facultés d'oubli de l'humanité. Ces tentations de négliger transparence, démocratie locale, expertises contradictoires, considérations patrimoniales, intérêts des généra-

(38) V. V. Droniou, « La médiation, étude d'une nouvelle forme de participation du public aux décisions d'aménagement », préc.

(39) Pour reprendre l'expression de M. Prieur, dont nous partageons sans réserve l'opinion sur ce texte : v. le commentaire de la loi, *RJE* 1-1992, p. 19 et s.

(40) V. l'exposé de M. Prieur, et son commentaire de la loi, *in RJE* 1/1992, p. 19.

tions futures, au nom d'impératifs du court terme ne sont guère contrariées par les dispositions juridiques en vigueur, qui ne correspondent plus aux incertitudes et aux demandes de la société civile. Le syndrome *« Not in My Back Yard »* (NIMBY) doit dès lors être resitué dans ce contexte : il est une réaction localiste et primaire à l'aventurisme, il est même une réaction saine à l'absence de transparence dans les prises de décisions, il peut aussi s'analyser en une réaction de type « syndical » contre une démarche aveugle. Dès lors que l'intérêt général ne semble plus inspirer les décisions qui s'imposent à ces populations, comment leur faire transcender leurs options particulières ? Leurs intérêts privés sont au moins aussi importants que les intérêts privés de technocrates rémunérés à la prime lors de réalisations contestées.

Cela ne signifie aucunement que le NIMBY soit une attitude positive. Mais le choix d'une société qui préfère Eurodisney au maintien d'hectares ruraux dans la région la plus urbanisée de France peut-il *a priori* être considéré comme plus rationnel et plus positif ? La positivité s'analyse-t-elle d'ailleurs en termes d'emplois ? Se mesure-t-elle sur une dimension, ou sur plusieurs ? C'est, encore une fois, affaire de philosophie et de politique. Pour autant que le droit de l'environnement soit une matière apolitique (sinon a-philosophique), il n'en obéit pas moins à des impératifs : son existence consiste au moins à réconcilier économie et environnement, sauf à accepter qu'elle ne constitue qu'une caution au productivisme et que ce droit embryonnaire perde son identité déjà très problématique et sa légitimité déjà très contestée.

Dès lors, ne peut-on pas s'engager vers et pour l'octroi d'un pouvoir décisionnel collectif dans le cadre des enquêtes publiques, comme remède au régime présidentiel local ? Renouvellement de l'enquête publique, expertise indépendante, référendum local, droit de pétition suspensive, institution d'une Haute Autorité de l'Environnement, mise en place de sursis à exécution vraiment automatiques, création de fonds de compensation des frais encourus en raison de retard, et pourquoi pas responsabilité en cours de mandat (41) – ou obligation de rendre compte devant un jury tiré au sort ! – peuvent être autant de revendications pragmatiques, inspirées par une recherche du compromis, qui pourraient rythmer son avenir.

On remarquera d'ailleurs que les exemples existent d'autres systèmes qui semblent présenter plus d'ouverture à la négociation, dans le processus même de l'enquête. Ainsi, « l'Audience publique » québécoise, si elle ne doit pas être idéalisée, donne une meilleure impression que la procédure française (42) : la direction de l'enquête est authentiquement collective, l'enquête comporte une phase d'information et une phase de discussion (l'audience à proprement parler) ; l'audience est l'occasion d'une confrontation directe, organisée rigoureusement, entre les citoyens et le promoteur de l'opération soumise à l'enquête ; les commissaires rendent un rapport à l'issue de ces deux phases, et font une recommandation au ministre compétent.

(41) Faut-il rappeler que le statut de la Corse, région « juridiquement » métropolitaine, prévoit, par le jeu du vote d'une motion de défiance constructive, une telle possibilité ? Au nom de quel impératif logique ou politique ce qui serait bon pour la région Corse ne le serait-il pas pour les autres, pour les départements ou les communes ?

(42) V. Droniou, « La participation du public comme instrument de développement durable en France et au Québec », *LPA* 28 mai 1993 ; M. Grandbois, « Information et participation des citoyens au Canada et au Québec », *RJE* 1989, hors-série, p. 23-31.

SECTION 2 VERS UNE EFFECTIVITÉ DU PRINCIPE DE PARTICIPATION ?

En tout cas, dans ce domaine surtout, les discours sont une chose, les pratiques et les effets réels une autre. Et les recettes de la « démocratie participative », n'étant ni toutes claires, ni toutes praticables, sont loin d'être unanimement admises.

§ 1. LES BALBUTIEMENTS DE LA PARTICIPATION

L'ancienne formule de l'article L. 111 du Code de l'environnement cantonnait de fait la participation à l'information. Cette assimilation réductrice ne reflétait pas, et ne reflète toujours pas la réalité : dans la pratique, les principaux problèmes d'environnement (comme par exemple la circulation des poids lourds dans la vallée de Chamonix, ou le choix de l'implantation d'un aéroport en région parisienne ou dans la banlieue de Nantes) font l'objet de pratiques de participation qui vont bien au-delà des seules procédures informatives.

A. CONCERTATION, INFORMATION, PARTICIPATION

Et au-delà de ces concertations « juridiques », les « conférences de citoyens » ou autres concertations non formalisées juridiquement font florès, manifestant une demande sociale et une volonté des pouvoirs publics d'y répondre. La loi sur la démocratie de proximité a donc étendu le contenu de la participation : en sus de l'information, elle recouvre désormais le « débat public », ou plus exactement le « droit au débat public ». Ce débat « porte sur l'opportunité, les objectifs et les caractéristiques principales du projet ». La différence essentielle avec le texte précédent (présenté ci-dessous) porte sur la possibilité de débattre de l'opportunité du projet, qui n'était pas ouverte auparavant. Mais le passage à une démocratisation plus accusée de la décision par une connexion systématique entre les débats et la décision finale n'est pas encore institué. Le « nouveau » principe de participation fait seulement l'objet d'un léger travail de requalification et il est aussi l'objet d'un accompagnement institutionnel et procédural, qui participe de la « nouvelle » définition du principe.

La *Commission du débat public* en est le premier accompagnateur, ou, pour céder à un néologisme acceptable, le principal « facilitateur ». Il s'agit d'une autorité administrative indépendante chargée selon l'article L. 121-1. du Code de l'environnement « ... de veiller au respect de la participation du public au processus d'élaboration des projets d'aménagement ou d'équipement d'intérêt national de l'État, des collectivités territoriales, des établissements publics et des personnes privées, relevant de catégories d'opérations dont la liste est fixée par décret en

Conseil d'État, dès lors qu'ils présentent de forts enjeux socio-économiques ou ont des impacts significatifs sur l'environnement ou l'aménagement du territoire » (43).

Mais le législateur ne s'est pas arrêté à cela, tant pour ce qui concerne le champ d'application du principe que sur le plan de ses traductions institutionnelles : le commissaire enquêteur, d'une part, les commissions consultatives des services publics locaux ont au fil du temps vu leur rôle originel légèrement revalorisés. Pour ce qui concerne la dimension « informationnelle » du principe, enfin, le législateur a opéré également un *glissement de l'information vers la transparence*. On dispose au total d'une palette large, peut-être trop, de lieux et de procédures *qui lient concertation, information et participation,* dans un flou nébuleux qui révèle une dynamique ou au moins un frémissement.

Formule	**Domaine (exemples)**	**Textes de référence**	**Ajouts principaux de la loi sur la démocratie de proximité**
Études d'impact	Projets ayant un impact significatif sur l'environnement et/ou la santé publique	Articles L. 122-1 et s. du Code de l'environnement	Publicité du « devenir » des études d'impact, consultation des études après décision
Enquêtes publiques	Projets ayant un impact significatif sur l'environnement et/ou la santé publique	Articles L.123 et s. du Code de l'environnement	suite donnée aux remarques de la commission ou du commissaire
Autres canaux : commission consultative des services publics locaux	Eau, déchets	Article L. 2143-4 du Code général des collectivités territoriales : supprimé	Article L. 1411-3 du Code général des collectivités territoriales : commission consultative des services publics locaux
Publicité	Permis de construire	Articles R. 421-1 et s. du Code de l'urbanisme	
Communication sur demande	Déchets	Articles L. 125-1 du Code de l'environnement	
Mise à disposition	Utilisation confinée d'OGM	Articles L. 532-4 du Code de l'environnement	
Réunion	Enquêtes publiques	Articles L.123 et s. du Code de l'environnement	Extension dans le cadre de la procédure de débat public

(43) Par rapport à l'ancien intitulé, est ajouté la mention des impacts sur l'aménagement du territoire ; c'est logique, eu égard à l'extension – pendant un moment en tout cas – des compétences du ministère de l'environnement.

Formule	Domaine (exemples)	Textes de référence	Ajouts principaux de la loi sur la démocratie de proximité
Débat public	Projets ayant un impact significatif	Articles L. 121-3. du Code de l'environnement	Précision de la composition, de la saisine, extension à l'aménagement du territoire, et création du débat général sur un problème national
Rapports publics	Prix et qualité du service public d'eau potable, services d'assainissement et services de collecte, d'évacuation ou de traitement des ordures ménagères	Articles L. 2224-5. du Code général des collectivités territoriales	Soumission à commission consultative des services publics locaux : article L. 1411-3 du Code général des collectivités territoriales

Ce n'est pas qu'un perfectionnement de l'information soit négligé (à cet égard le rôle des bulletins locaux, qui doit être ouvert aux minorités, a été consacré (44), mais c'est surtout sur son inclusion dans une dynamique qui la dépasse que porte l'effort, avec par exemple l'obligation désormais faite à l'auteur d'une décision d'assurer la mise à la disposition du public des différentes conditions qui ont aidé à la prise de décision et qui conditionnent la prise de décision, en particulier celles ayant trait à l'étude d'impact (45). Sur ce dernier point, en vertu de l'article L. 122-3 du Code de l'environnement, « ... l'étude d'impact est rendue publique » ; doréna-

(44) « Art. L. 2121-27-1. – Dans les communes de 3 500 habitants et plus, lorsque la commune diffuse, sous quelque forme que ce soit, un bulletin d'information générale sur les réalisations et la gestion du conseil municipal, un espace est réservé à l'expression des conseillers n'appartenant pas à la majorité municipale. Les modalités d'application de cette disposition sont définies par le règlement intérieur. »

II. – Après l'art. L. 3121-24 du même code, il est inséré un art. L. 3121-24-1 ainsi rédigé :

« Art. L. 3121-24-1. – Lorsque le département diffuse, sous quelque forme que ce soit, un bulletin d'information générale sur les réalisations et la gestion du conseil général, un espace est réservé à l'expression des groupes d'élus. Les modalités d'application de cette disposition sont définies par le règlement intérieur. »

III. – Après l'art. L. 4132-23 du même code, il est inséré un art. L. 4132-23-1 ainsi rédigé :

« Art. L. 4132-23-1. – Lorsque la région diffuse, sous quelque forme que ce soit, un bulletin d'information générale sur les réalisations et la gestion du conseil régional, un espace est réservé à l'expression des groupes d'élus. Les modalités d'application de cette disposition sont définies par le règlement intérieur. »

(45) Art. 147

I. – L'art. L. 122-1 du Code de l'environnement est complété par quatre alinéas ainsi rédigés :

« Sans préjudice de l'application des dispositions des art. L. 11-1-1 du Code de l'expropriation pour cause d'utilité publique et L. 126-1 du présent code relatives à la motivation des déclarations d'utilité publique et des déclarations de projet, lorsqu'une décision d'octroi ou de refus de l'autorisation concernant le projet soumis à l'étude d'impact a été prise, l'autorité compétente en informe le public et, sous réserve du secret de la défense nationale, met à sa disposition les informations suivantes :

– la teneur de la décision et les conditions dont celle-ci est le cas échéant assortie ;

– les motifs qui ont fondé la décision ;

– les lieux où peuvent être consultées l'étude d'impact ainsi que, le cas échéant, les principales mesures destinées à éviter, réduire et si possible compenser les effets négatifs importants du projet. »

vant, la publicité est étendue, puisque « ... sont rendues publiques l'étude d'impact, ainsi que les principales mesures destinées à éviter, réduire, et si possible compenser les effets négatifs importants du projet ». Il s'agit de renforcer le rôle d'appui au contrôle social que joue l'étude d'impact : une meilleur publicité de l'étude, mais surtout des mesures préventives et compensatoires pourra permettre aux requérant potentiels d'exercer non seulement une vigilance citoyenne – nécessairement ponctuelle – sur le contenu ou l'existence de l'étude, mais aussi un contrôle continu sur son respect.

On rappellera aussi que la loi n° 2005-1319 du 26 octobre 2005 portant diverses dispositions d'adaptation au droit communautaire dans le domaine de l'environnement (46), qui a introduit dans le droit français plusieurs dispositions de droit communautaire sur l'évaluation des incidences des projets, sur les produits chimiques, sur les déchets et sur le bruit (ratification de l'ordonnance de 2004), présente bien le droit d'accès à l'information comme un *droit général,* dont l'exercice se réalise d'abord dans le champ et par les moyens de droit commun, mais aussi comme un *vecteur de la participation*, car constituant son support. La logique en œuvre veut donc que ce soit *par l'exercice d'un droit à la communication,* déjà décrit *supra*, *que commence à se réaliser toute participation efficace*.

B. LES CONCRÉTISATIONS DU PRINCIPE DE PARTICIPATION

Par ailleurs, la consécration répétée du principe de participation depuis 1995 est accompagnée d'innovations qui ne sont pas minces, quoique leur portée soit relative, et qui vont au-delà d'un droit actif à l'information.

La création d'une *Commission nationale du débat public* a constitué la première de celles-ci. Elle semble plus efficiente que ne le sont les instances comparables précédemment créées (47).

La loi sur la démocratie de proximité n'a introduit que d'infimes variations dans le régime juridique du débat public, à l'image de celle de la composition de la Commission. Elle est sensiblement identique à celle adoptée par le décret du 26 juin 1996 (48).

(46) *JO* n° 251, 27 octobre 2005, p. 16929.

(47) La « Commission française du développement durable » en particulier, qui a déçu : créée par le décret du 29 mars 1993, elle a vu sa composition modifiée par le décret du 21 janvier 1994 (les ONG n'y étant plus représentées, v. le rapport à l'AN de S. ROYAL, *in* R. NUNGESSER et S. ROYAL, « Rio, deux ans après », Rapport d'information, n° 1362 1994, p. 37-38).

(48) V. R. ROMI, « La Commission du débat public », *LPA* 26 juin 1996, n° 77, et B. BUSSON, « LA MISE EN PLACE DE LA COMMISSION NATIONALE DU DÉBAT PUBLIC », *DR env.* 1998 n° 55, p. 18. Les seules différences portent sur les élus locaux (six élus nommés par décret au lieu de au lieu de un président de Conseil général, un président de Conseil régional, deux maires), les magistrats (un de moins), les personnalités qualifiées (même nombre, mais une précision : « dont l'une ayant exercé des fonctions de commissaire enquêteur »).

Composition de la CNDP au 8 février 2007

Le Président : Yves MANSILLON, Préfet
• *Les Vice-présidents* : Georges MERCADAL et Philippe MARZOLF
• *Un député et un sénateur nommés respectivement par le Président de l'Assemblée nationale et par le Président du Sénat* :
Jean LASALLE, Député des Pyrénées Atlantiques (64),
André DULAIT, Sénateur des Deux-Sèvres (79).
• *Six élus locaux nommés par décret sur proposition des associations représentatives des élus concernés* :
Dominique LEFEBVRE, Maire de Cergy (95),
Claude GUILLERME, Maire de Laxou (54),
Jacques AUXIETTE, Président du Conseil régional du Pays de la Loire,
Dominique PLANCKE, Président de la Commission des transports du Conseil régional Nord-Pas-de-Calais,
Mathieu KLEIN, Vice-président du Conseil général de Meurthe-et-Moselle (54),
Philippe LEROY, Président du Conseil général de la Moselle (57).
• *Un membre du Conseil d'Etat, élu par l'assemblée générale du Conseil d'Etat* :
Charles GOSSELIN, Conseiller d'État Honoraire.
• *Un membre de la Cour de cassation, élu par l'assemblée générale de la Cour de cassation* :
François CACHELOT, Conseiller à la Cour de Cassation.
• *Un membre de la Cour des comptes, élu par l'assemblée générale de la Cour des comptes* :
Jean-Luc MATHIEU, Conseiller Maître à la Cour des Comptes.
• *Un membre du corps des membres des tribunaux administratifs et des cours administratives d'appel, nommé par décret sur proposition du Conseil supérieur des tribunaux administratifs et des cours administratives d'appel* :
Paul VIALATTE, Président de Chambre à la Cour administrative d'appel de Lyon.
• *Deux représentants d'associations de protection de l'environnement agréées exerçant leur activité sur l'ensemble du territoire national, nommés par arrêté du Premier ministre sur proposition du ministre chargé de l'environnement* :
– Jean-Stéphane DEVISSE, Représentant du WWF,
– Patrick LEGRAND, Président d'honneur de France Nature Environnement.
• *Deux représentants des consommateurs et des usagers, respectivement nommés par arrêté du Premier ministre sur proposition du ministre chargé de l'économie et du ministre chargé des transports* :
Claude LEROI, Président d'honneur de Transports logistiques de France,
Reine-Claude MADER-SAUSSAYE, Secrétaire Générale, puis Présidente de l'association « Consommation, Logement, Cadre de Vie ».
• *Deux personnalités qualifiées, dont l'une ayant exercé des fonctions de commissaire enquêteur, respectivement nommées par arrêté du Premier ministre sur proposition du ministre chargé de l'industrie et du ministre chargé de l'équipement :*
Daniel RUEZ, Président honoraire de la Compagnie nationale des Commissaires-enquêteurs,
Jean BERGOUGNOUX, Président d'honneur de la SNCF.

Selon l'article L. 121-9 (49), il revient à la commission d'évaluer si un débat doit être organisé ; elle le fait en fonction de l'intérêt national du projet, de son incidence

(49) La Commission « ... détermine les modalités de participation du public au processus de décision dans les conditions suivantes : I. – La commission apprécie, pour chaque projet, si le débat public doit être organisé en fonction de l'intérêt national du projet, de son incidence territoriale, des enjeux socio-économiques qui s'y attachent et de ses impacts sur l'environnement ou l'aménagement du territoire. Si la commission estime qu'un débat public est nécessaire, elle peut soit l'organiser elle-même

territoriale, des enjeux socio-économiques qui s'y attachent et de ses impacts sur l'environnement ou l'aménagement du territoire. la formulation est la même que celle qui résultait de la loi de 1995, avec comme seul ajout la mention des projets ayant un impact sur l'aménagement du territoire. Elle peut l'organiser elle-même, le déléguer au maître d'ouvrage, ou à une commission particulière. Elle a deux mois pour se prononcer, à ce premier stade par une décision motivée. « En l'absence de décision explicite à l'issue de ce délai, la commission est réputée avoir renoncé à organiser le débat public ou à en confier l'organisation au maître d'ouvrage ou à la personne publique responsable du projet ». Le coût du débat est à la charge du maître d'ouvrage, sauf si des expertises complémentaires sont nécessaires, auquel cas l'État les prend en charge (50).

Saisine	**Caractéristiques du projet**	**Conditions (délais, etc.)**
Maître d'ouvrage ; personne publique responsable du projet ; dix parlementaires ; un conseil régional, un conseil général, un conseil municipal ou un établissement public de coopération intercommunale ayant une compétence en matière d'aménagement de l'espace, territorialement intéressés ; associations agréées de protection de l'environnement exerçant son activité sur l'ensemble du territoire national	Projet aux caractéristiques comprises entre le seuil bas et le seuil haut (objectifs et caractéristiques essentielles)	Deux mois maximum à compter du moment où ces projets sont rendus publics par le maître d'ouvrage
Saisine obligatoire	Projet aux caractéristiques au-dessus du seuil haut	Sur dossier présentant les objectifs et les principales caractéristiques du projet, ainsi que les enjeux socio-économiques, le coût estimatif et l'identification des impacts significatifs du projet sur l'environnement ou l'aménagement du territoire
Ministre chargé de l'environnement, conjointement avec le ministre intéressé	Débat public portant sur des options générales en matière d'environnement ou d'aménagement	

et, dans ce cas, elle en confie l'animation à une commission particulière qu'elle constitue, soit en confier l'organisation au maître d'ouvrage ou à la personne publique responsable du projet. Dans ce cas, elle définit les modalités d'organisation du débat et veille à son bon déroulement. Si la commission estime qu'un débat public n'est pas nécessaire, elle peut recommander au maître d'ouvrage ou à la personne publique responsable du projet l'organisation d'une concertation selon des modalités qu'elle propose. »

(50) « III. – Les dépenses relatives à l'organisation matérielle d'un débat public sont à la charge du maître d'ouvrage ou de la personne publique responsable du projet. En revanche, le coût des expertises complémentaires est à la charge de la Commission nationale du débat public ».

Pour que le débat soit utile, encore faut-il qu'il y ait une articulation avec la procédure d'enquête publique : il résulte de l'article. L. 121-12. nouveau du Code de l'environnement que « En ce qui concerne les projets relevant de l'article L. 121-8, l'ouverture de l'enquête publique prévue à l'article L. 123-1 ne peut être décidée qu'à compter soit de la date à partir de laquelle un débat public ne peut plus être organisé, soit de la date de publication du bilan ou à l'expiration du délai imparti au président de la Commission nationale du débat public pour procéder à cette publication et au plus tard dans le délai de cinq ans qui suivent ces dates. Au-delà de ce délai, la commission ne peut décider de relancer la concertation avec le public que si les circonstances de fait ou de droit justifiant le projet ont subi des modifications substantielles. »

Sur un second point, la loi sur la démocratie de proximité répond à la soif inextinguible de débat de la société française sur les problèmes écologiques de société par la création d'une possibilité de débat général d'orientation en énonçant que (art. L. 121-10) « Le ministre chargé de l'environnement, conjointement avec le ministre intéressé, peut saisir la Commission nationale du débat public en vue de l'organisation d'un débat public portant sur des options générales en matière d'environnement ou d'aménagement ». La durée n'en peut excéder quatre mois, celle-ci pouvant être prolongée de deux mois par une décision motivée de la Commission nationale du débat public. « La Commission nationale du débat public peut demander au maître d'ouvrage ou à la personne publique responsable de compléter le dossier qu'il est prévu de soumettre au débat public. Dans un délai de deux mois à compter de la date de clôture du débat public, le président de la Commission nationale du débat public publie un compte rendu du débat et en dresse le bilan. »

Enfin, le nouvel article L. 121-13 du Code (51) impose que, quand un débat public a été mené, le public ait droit à la publication des suites qui ont été données au débat public.

C'est dans la même logique qu'à la suite d'une enquête publique les autorités publiques devront désormais adopter une « déclaration de projets » (52) ; le législateur recherche en la matière le même effet que quand (v. ci-dessus) il impose une transparence supplémentaire des effets de l'étude d'impact ou que quand il modifie

(51) « Lorsqu'un débat public a été organisé sur un projet, le maître d'ouvrage ou la personne publique responsable du projet décide, dans un délai de trois mois après la publication du bilan du débat public, par un acte qui est publié, du principe et des conditions de la poursuite du projet. Il précise, le cas échéant, les principales modifications apportées au projet soumis au débat public. Cet acte est transmis à la Commission nationale du débat public. Lorsque le maître d'ouvrage ou la personne publique responsable du projet est une collectivité territoriale, cet acte donne lieu à une délibération ».

(52) « Art. L. 126-1. – Lorsqu'un projet public de travaux, d'aménagements ou d'ouvrages a fait l'objet d'une enquête publique en application du chapitre III du présent titre, l'autorité de l'État ou l'organe délibérant de la collectivité territoriale ou de l'établissement public responsable du projet se prononce, par une déclaration de projet, sur l'intérêt général de l'opération projetée. La déclaration de projet mentionne l'objet de l'opération tel qu'il figure dans le dossier soumis à l'enquête et comporte les motifs et considérations qui justifient son caractère d'intérêt général. Elle indique, le cas échéant, la nature et les motifs des principales modifications qui, sans en altérer l'économie générale, sont apportées au projet au vu des résultats de l'enquête publique. Si la déclaration de projet n'est pas intervenue dans le délai d'un an à compter de la clôture de l'enquête, l'opération ne peut être réalisée sans une nouvelle enquête. En l'absence de déclaration de projet, aucune autorisation de travaux ne peut être délivrée... »

en 1995 (53) les conséquences de conclusions défavorables des commissaires enquêteurs et par une réactivation des assemblées délibérantes des collectivités territoriales en énonçant que : « Tout projet d'une collectivité territoriale ou d'un groupement de collectivités territoriales ayant donné lieu à des conclusions défavorables du commissaire-enquêteur ou de la commission d'enquête doit faire l'objet d'une délibération de l'organe délibérant de la collectivité ou du groupement concerné » (voir *supra*).

Le décret du 22 octobre 2002 (54) ne précise le texte législatif qu'à la marge, en distinguant en particulier deux hypothèses de participation : la Commission peut organiser un *débat public* stricto sensu, mais aussi une *concertation*. Si la Commission estime qu'un débat stricto sensu ne s'impose pas, elle peut (art. 9) recommander au maître d'ouvrage d'organiser une concertation : il ne s'agit absolument pas d'une décision, mais bien d'un simple vœu. Plus important, les frais du débat sont imputés sur le budget de la Commission ; le fait qu'ils ne pèsent plus sur le maître de l'ouvrage est de nature, selon les commentateurs du décret, à favoriser l'indépendance de l'instance : c'est certain ou possible, mais cela met le débat à la merci de restrictions budgétaires, et c'est un risque qui n'est pas non plus négligeable.

Enfin, assurant la connexion entre les diverses procédures, le décret n° 2006-578 du 22 mai 2006 confirme la « *lente mais irrésistible montée en puissance du principe de participation* » (55). Il introduit notamment un nouvel article R.122-12 du Code de l'environnement modifiant la procédure de consultation sur deux points. La consultation a lieu « avant toute décision d'autorisation » et oblige le maître d'ouvrage à publier un avis fixant les conditions dans lesquelles l'étude d'impact est consultable, qui doit être affiché dans les communes concernées et publié dans deux journaux. Un bilan de cette consultation doit être publié et tenu à disposition du public. Les rôles s'inversent donc : ce n'est plus au public d'aller chercher l'information auprès du maître d'ouvrage, *mais bien au maître d'ouvrage de faire en sorte que le public soit informé des possibilités de consultation.* Dans les arrêtés d'ouverture de l'enquête publique doit figurer la mention de l'existence d'une étude d'impact, l'identité de l'autorité compétente pour prendre la décision ainsi que l'identité de la personne responsable du projet (nouvel article R.123-13) (56).

On aurait pu penser que la Convention d'Aarhus aurait une influence sur le rythme de ce glissement de l'information active à la participation : pour le Conseil d'État (20 avril 2005, req. n° 258968 et 259221) (57), cependant, la Commission du débat public ne se trouve pas plus contrainte après la ratification de cette Convention par la France en 2002 qu'avant, quoique le CE admette l'effet direct de ses stipulations.

(53) V. sur ce point J.-C. THOENIG, « La décentralisation du pouvoir local », *Annuaire des collectivités locales*, 1996, p. 17 et s.

(54) V. Commentaire B. DELAUNAY, « La réforme de la procédure du débat public entre en vigueur », 16 décembre 2002, p. 1447 et s.

(55) R. HOSTIOU, « La lente mais irrésistible montée en puissance du principe de participation », *Dr. env.* 2003, n° 112, p. 182.

(56) L'art. 6 du décret fait de même avec le décret n° 77-1133 du 21 septembre 1977 relatif aux installations classées pour la protection de l'environnement.

(57) *AJDA* 26 septembre 2005, p. 1787 et s., comm. B. DELAUNAY.

L'état de la pratique (58) est à cet égard très correctement reflété par le contentieux administratif du débat public. L'ouverture du débat est un acte qui fait grief et peut faire l'objet d'un recours : en d'autres termes, *la concrétisation du principe de participation est effective* (*id est* : elle produit des effets de droit). Au contraire, l'organisation des débats est confiée à la seule Commission, et le juge ne s'immisce pas dans cette organisation : *la concrétisation du principe de participation demeure enserrée dans une démarche institutionnellement cantonnée.*

Sur le premier point, dans le cadre de la loi de 1995, le CE avait déjà jugé que le refus d'organiser un débat, privant les citoyens d'une possibilité de participer à l'élaboration d'un projet, « n'a pas le caractère d'une mesure préparatoire », et peut être déférée au juge de l'excès de pouvoir (59), tout comme la décision d'ouvrir le débat (60). Même solution dans le cadre de la loi de 2002, sans distinguer les débats organisés sur saisine automatique et les autres. Pour le Conseil d'État, la CNDP conserve dans les deux cas un pouvoir d'appréciation sur la décision d'organiser le débat, et en conséquence (61) « la délibération par laquelle la CNDP, après qu'elle a le cas échéant été saisie d'une demande en ce sens pour un projet relevant de l'une ou de l'autre des deux catégories (saisine automatique ou pas), décide d'ouvrir ou de ne pas ouvrir un débat public constitue une décision susceptible de faire l'objet d'un recours pour excès de pouvoir ».

En revanche, les décisions relatives à l'organisation du débat ne peuvent l'être. Dans le cadre de la loi de 1995, le CE avait déjà jugé que « les mesures que (la CNDP) ou la commission particulière arrête pour déterminer les modalités de déroulement d'un tel débat, ne constituent pas des décisions susceptibles d'être déférées au juge de l'excès de pouvoir » (62). Dans le nouveau contexte de la loi du 27 février 2002, le CE (63) estime que « les différentes décisions que la commission peut être appelée à prendre après qu'elle a décidé d'ouvrir un débat public et qui peuvent notamment porter sur ses modalités, le calendrier et les conditions de son déroulement ne constituent pas des décisions faisant grief ». Celles-ci sont qualifiées par le Commissaire du gouvernement de décisions préparatoires.

Cela dit, la décision du TA de Bordeaux rendue le 1er mars 2007 (64) sur saisine, notamment, de l'association Aquitaine-Alternatives, renforce la perception de la participation et la légitimité de la procédure de débat public : le TA annule la décision de principe de lancer le contournement autoroutier alors même que la Commission particulière désignée pour mener le débat public n'avait pas fini son travail, ce qui avait conduit celle-ci à démissionner.

Irrésistiblement, au vu de ces *distinguo*, deux pistes pour les évolutions futures du droit du débat public peuvent venir à l'esprit.

▒ (58) Dressé par C. Hermon pour la confection du cours de droit de l'environnement de l'UNJF.
▒ (59) CE, 17 mai 2002, *Association France Nature environnement*, *LPA* 2003, n° 142, p. 13, note V. Inserguet-Brisset.
▒ (60) CE, 14 juin 2002, *Association pour garantir l'intégrité rurale restante*, même ref., sur conclusions contraires du Commissaire du gouvernement.
▒ (61) 5 avril 2004, *Association citoyenne intercommunale des populations concernées par le projet d'aéroport de Notre-Dame-des-Landes*, *AJDA* 8 novembre 2004, p. 2100, note B. Delaunay.
▒ (62) CE, 14 juin 2002, *Association pour garantir l'intégrité rurale restante*, préc.
▒ (63) 5 avril 2004, *Association citoyenne intercommunale des populations concernées par le projet d'aéroport de Notre-Dame-des-Landes*.
▒ (64) Comm. S. Charbonneau, *Annales de la Voierie et de l'environnement*, avril-mai 2007, p. 55-56.

La première, choix d'un *statu quo* évolutif, consiste à maintenir le débat public dans cette voie institutionnelle, la Commission du débat public continuant sans contrôle contentieux à disposer d'une autonomie d'organisation du débat. Cela n'interdirait nullement, on le notera, de doter celle-ci d'une mission plus globale, à côté du débat public, et de lui permettre d'exercer une compétence supplémentaire, tout à fait compatible avec sa nature, lui permettant d'imposer une consultation au maître d'ouvrage quand elle ne juge pas opportun d'ouvrir un débat public. Il n'est pas non plus interdit qu'elle l'organise elle-même, aux frais du maître d'ouvrage, ou d'imaginer les deux possibilités (compétence d'obliger, compétence pour organiser).

La seconde consisterait sans doute à considérer le débat comme une procédure devant être plus clairement déconnectée de toute procédure de consultation et d'information qu'aujourd'hui. Cela amènerait peut-être à penser à sortir de la pratique « institutionnelle » actuelle, en ouvrant par exemple et en tout cas au contrôle contentieux l'organisation du débat par la Commission, ou/et à organiser le débat public aussi précisément que les nouvelles procédures référendaires décisionnelles.

Cela n'interdirait pas non plus de penser à doter la Commission de la compétence à l'égard du maître d'ouvrage évoquée ci-dessus, cette adjonction pouvant cependant, dans ce contexte, paraître moins cohérente que si le premier choix était fait.

§ 2. LA PARTICIPATION DES ASSOCIATIONS

« Vouloir que son projet devienne dominant, c'est accepter qu'un autre s'en empare, le déforme, le défigure, mais c'est aussi faire admettre à l'autre ses propres valeurs (même de mauvais gré, même édulcorées), lui faire accepter un compromis plus avancé » (65) : le parti pris associatif se situe bien là. Les associations de protection de l'environnement ont à assumer le pari de participer, sans espoir autre que d'influencer, à des mécanismes qu'ils pourront paraître par leur présence cautionner. Reste que, en tant que canaux d'information, en temps qu'actrices du contentieux et parfois de l'administration active, elles constituent des rouages essentiels de la démocratisation des décisions d'environnement (66).

Sans même parler de la place donnée aux associations dans l'administration consultative en matière d'environnement au plan national (67), les attributions

(65) A. LIPIETZ, *Choisir l'audace..., op. cit.*, p. 13.

(66) Le mouvement associatif en France ne se porte pas, contrairement à ce qui est souvent avancé, si mal que cela : v. *Le Monde* 7 mars 1996, p. 9, art. de J.-M. NORMAND. Le nombre de groupes actifs est évalué à 5 000 ou 6 000, pour un nombre d'adhérents qui atteint 2,5 % des Français.

(67) Participation au Conseil national de la protection de la nature, art. 2 du décret du 25-11– 1977 modifié par le décret n° 95-1082 du 3 octobre 1995 (*JO* 7 octobre 1995, p. 14649), Conseil supérieur de la forêt, Comité national de l'eau, Commission supérieure des sites, conseil d'administration du Conservatoire, Commission du débat public, etc. La mode ne semble pas être favorable à l'extension de cette place. On notera avec un relatif amusement que le décret n° 2001-1039 du 5 novembre 2001 relatif au Conseil national de la chasse et de la faune sauvage ne prévoit aucune place pour les associations en tant que telles... preuve s'il en est besoin que dans le domaine de la chasse, la participation s'arrête aux seuls chasseurs...

consultatives dévolues aux associations sont assez nombreuses... mais leur importance douteuse. L'on peut distinguer selon que les organismes consultatifs considérés sont ouverts aux seules associations agréées ou à toutes les associations jugées représentatives.

A. LA PLACE DES ASSOCIATIONS AGRÉÉES DANS LES INSTANCES CONSULTATIVES LOCALES

Les organismes consultatifs ouverts aux associations agréées étaient, avant l'intervention de la loi *Barnier*, assez nombreux : commission départementale d'urbanisme (art. 2 du décret du 25-12-1977 : deux représentants (68)), groupe de travail des organes de publicité autorisée (article 13-1 de la loi du 29-12-1979) (69), Comité de bassin, collège régional du patrimoine et des sites (article 1er du décret du 25-4-1984 ; au moins deux représentants d'associations agréées au titre de l'article L. 160-1 du Code de l'urbanisme), conseil départemental de la chasse et de la faune sauvage (article 3, 4° du décret du 7-3-1986 : 2 représentants d'associations agréées au titre de l'article 40 de la loi de 1976, choisies parmi les plus représentatives (70)).

Assez faibles, ces représentations avaient et ont au moins l'intérêt de garantir une certaine information. Il en est de même pour toutes les participations, ouvertes localement aux associations représentatives qu'elles soient agréées ou non.

B. LA PLACE DES ASSOCIATIONS REPRÉSENTATIVES DANS LES INSTANCES CONSULTATIVES LOCALES

Pour ce qui concerne la place des associations représentatives, le principe de participation implique, outre la participation à des instances de consultation regroupées, une capacité d'action contentieuse qui semble mieux définie.

On relèvera, parmi les organismes qui offraient ou offrent une ou des places à ces associations :

— les commissions départementales des sites et des paysages ;
— les commissions communales de remembrement ;
— les conseils d'administration des parcs nationaux ;
— les conseils d'architecture, d'urbanisme et de l'environnement ;
— les collèges régionaux du patrimoine et des sites ;
— les commissions de bassin ;
— et les comités de massif prévus par la loi *Montagne*.

L'article 9 de la loi *Barnier* (art. L. 131-1 du Code de l'environnement) avait procédé à un profond changement en instituant dans chaque département un conseil départemental de l'environnement, composé notamment de membres de la commission des sites, perspectives et paysages, du conseil départemental de la chasse et de la faune sauvage, de la commission départementale des carrières, du conseil

(68) Sur 19.
(69) Associations locales d'usagers.
(70) Sur 17.

départemental d'hygiène, représentant de façon équilibrée et en tenant compte de leur représentativité les différents intérêts en présence. Il pouvait être saisi pour avis par le préfet et/ou le président du conseil général sur toute question relative à l'environnement ou au cadre de vie du département et qui ne relève pas de la compétence exclusive de l'un des organismes mentionnés au premier alinéa. Lorsque le conseil délibère sur une compétence détenue par le département, la présidence en était assurée par le président du conseil général ou son représentant. Dans la pratique, ces conseils n'ont que peu fonctionné.

De manière très significative de l'importance accordée par le gouvernement Raffarin à l'administration consultative et à l'environnement, ce conseil a été supprimé par l'ordonnance n° 2004-637 du 1er juillet 2004, comme le comité régional créé pour faciliter la consultation en matière d'élaboration des plans en matière de pollution de l'air (v. *infra*). Au contraire, un décret de 2005 déjà cité semble devoir inaugurer une institutionnalisation systématique des CLIC, dont les associations font partie (71). On est manifestement en pleine valse hésitation !

Rien n'interdit par ailleurs la mise en place de structures de concertation ou de consultation, par exemple par les régions. Certaines de ces dernières n'ont pas hésité : ainsi de la région Midi-Pyrénées, qui a mis en place un Conseil permanent régional des associations d'environnement (COPRAE) (72) où siègent 56 membres de groupements. Mais tant pour celles-ci que pour les deux catégories précédentes, la situation est parfaitement résumée par l'appréciation de F. Caballero (73) selon laquelle « la pénétration des défenseurs de l'environnement est inversement proportionnelle à l'importance de l'organe en cause en matière d'aménagement. Correcte quand celui-ci n'a qu'une influence lointaine et limitée sur le processus de décision, elle devient médiocre ou inexistante lorsque cette influence augmente ». C'est par exemple patent en agriculture. De là à penser que d'autres formes d'action, plus directes, sont plus intéressantes, il n'y a qu'un pas finalement vite franchi. Parmi elles, l'action contentieuse est de plus en plus souvent privilégiée.

BIBLIOGRAPHIE INDICATIVE ADDITIONNELLE

J.-C. HÉLIN, « Le citoyen et la décision d'aménagement » et G. MONÉDIAIRE, « À propos de la décision publique en matière d'environnement », *in Les transformations de la régulation juridique,* J. CLAM et G. MARTIN (dir.), LGDJ, coll. « Droit et Société », 1998, p. 91-104 et 105-136 et F. ROBBE (dir.), *La démocratie participative*, L'Harmattan, coll. « Grale », 2007.

(71) Sur les CLIC, Selon le décret n° 2005-82 du 1er février 2005 relatif à la création des comités locaux d'information et de concertation en application de l'art. L. 125-2 du Code de l'environnement, art. 2 le collège « riverains » comprend entre autres des représentants du monde associatif local, des riverains situés à l'intérieur de la zone couverte par le comité local et, le cas échéant, des personnalités qualifiées.

(72) V. le site http://www.grainemidipy.org/html/acteurs/associations_3.html.

(73) *Essai sur la notion juridique de nuisance*, LGDJ, 1981, p. 160.

§ 3. LA FONCTION CONTENTIEUSE DES ASSOCIATIONS

La loi *Barnier* avait franchi sur ce point un pas important : la possibilité des associations agréées de se constituer partie civile est élargie, en énonçant (art. L. 142-1 et s. du Code de l'environnement) une habilitation générale. De plus, la reconnaissance d'une fonction de mandataire de personnes physiques leur est reconnue, puisque lorsque plusieurs personnes physiques identifiées ont subi des préjudices individuels qui ont été causés par le fait d'une même personne et qui ont une origine commune, toute association agréée peut, si elle a été mandatée par au moins deux des personnes physiques concernées, agir en réparation devant toute juridiction au nom de celles-ci.

Cette extension a facilité l'action des associations – en particulier dès lors que des personnes ont subi des dommages et mandatent une ou des associations – en responsabilité, y compris devant les juridictions administratives.

Par ailleurs, l'attitude restrictive des TA (74) et du Conseil d'État en matière de recours pour excès de pouvoir est concernée par une autre adjonction, opérée par un amendement parlementaire (75) puisque toute association agréée au titre de l'article L. 142-1 justifie d'un intérêt pour agir contre toute décision administrative ayant un rapport direct avec son objet et ses activités statutaires et produisant des effets dommageables pour l'environnement sur tout ou partie du territoire pour lequel elle bénéficie de l'agrément. Il est évident que le juge continuera à opérer un contrôle de la recevabilité des actions des autres associations. Le problème est de savoir si ce n'est pas avec plus de sévérité encore (76)...

Ces nouveaux avantages s'accompagnent de nouvelles contraintes : la procédure de l'agrément est modifiée.

Il résulte de la loi et du décret du 28 février 1996 (*JO*, 7 mars) relatifs à l'agrément des associations que l'agrément, qui ne peut être accordé qu'aux associations faisant la preuve d'une activité d'au moins trois ans dans le domaine de l'environnement, doit être motivé, et qu'il n'y a plus dorénavant d'agrément implicite, le silence gardé pendant six mois valant rejet (art. R. 242-40 du Code rural). L'agrément peut être retiré, ou suspendu, si les conditions qui ont justifié l'agrément originel ne sont plus réunies.

(74) On notera par exemple la décision du TA de Caen du 6 décembre 1994, déclarant irrecevable l'action de l'association TOS (*Truites-Ombres-Saumons*), agréée au plan national, contre une autorisation préfectorale de détournement de cours d'eau prise sur la base de l'art. 10 de la loi sur l'eau. Les statuts de TOS prévoit pourtant explicitement que sa vocation est d'assurer « la protection des rivières et des milieux aquatiques », et l'enjeu n'était pas seulement local : la décision permettait un détournement d'une rivière l'écartant d'un marais cotentin inscrit en ZICO et concerné par la Convention de Ramsar sur les zones humides.

(75) À l'origine, le texte résulte d'une proposition n° 372, P. ALBERTINI, à l'instigation de France Nature Environnement, retirée au cours du débat. *AN Débats,* 6 décembre 1994, p. 8343.

(76) J.-P. BRARD, dans le débat (*AN Débats*, 6 décembre 1994, p. 8343), a souligné les risques de v. ainsi se créer deux catégories d'associations : les unes recommandables, les autres moins parce que marquées au sceau du « NIMBY ». Le risque est réel, mais ce sera aux juridictions administratives de le gérer... Pour l'instant, la sévérité n'est pas de mise, en tout cas pour les associations agréées avant la réforme : ainsi, confronté au refus d'une demande de retrait d'agrément visant une fédération de chasseurs, le TA de Caen a adopté la même attitude, assez laxiste, qu'avant la réforme (TA, Caen, *Manchenature*, 24 octobre 2000).

Ces conditions représentent-elles un danger pour l'activité associative ? Cela se discute, mais les garanties existent, en ce que les décisions administratives sont soumises au contrôle du juge, qui est un contrôle de plein contentieux. Le juge peut donc délivrer lui-même l'agrément (77).

BIBLIOGRAPHIE INDICATIVE ADDITIONNELLE

X. BRAUD, *L'influence des associations de protection de l'environnement sur l'évolution du droit administratif de l'environnement : potentialités et réalités,* th. dact., Nantes, 1997 ▪ V. DRONIOU, *La médiation, étude d'une nouvelle forme de participation du public aux décisions d'aménagement*, th. dact., Dijon, 1999 ▪ Ch. CANS, « Associations agréées de protection de l'environnement », *J.-Cl.*, fasc. n° 240 ; F. ROBBE (dir.), *La démocratie participative*, L'Harmattan, coll. « Grale », 2007.

B. BUSSON, « La mise en place de la commission du débat public », *Dr. env.* janvier/février 1998, p. 18 à 21 ▪ C. CANS, « Une association agréée doit œuvrer principalement en faveur de l'environnement pour prétendre conserver son agrément », *AJDA* 15 mars 2004 ▪ M.-P. CAMPROUX-DUFFRENE, « Des perspectives d'un meilleur accès à la justice civile pour les associations de protection de l'environnement », *Environnement* décembre 2003 ▪ B. DELAUNAY, « De la loi du 17 juillet 1978 au droit à l'information en matière d'environnement », *AJDA* n° 25/2003, 14 juillet 2003, p. 1316-1324 ▪ J.-Cl. HELIN et R. HOSTIOU, « La loi SRU et la participation du public », *Dr. env.* janvier 2002 ▪ P. LE LOUARN, « Démocratie de proximité et protection de l'environnement : participation du citoyen local : loi n° 2002-276 du 27 février 2002 relative la démocratie de proximité », *RJE* janvier 2003 ▪ J. MORAND-DEVILLER, « Les associations de défense de l'environnement et la décision administrative », *LPA* 24 avril 1996, p. 67 et s. ▪ J. MORAND-DEVILLER, « Les réformes apportées au droit des associations et de la participation publique », *RFDA* 2-1996, p. 218 et s. ▪ D. PICHOUSTRE, La simplification de l'accès aux documents administratifs par l'ordonnance du 6 juin 2004, *LPA* 111-14 novembre p. 3 et s.

Adde : http://www.debatpublic.fr.

▪ (77) R. LÉOST, « L'agrément des associations », *RJE* 2-1995, p. 265-286.

DEUXIÈME PARTIE
L'ADMINISTRATION DE L'ENVIRONNEMENT

Introduction

Pour l'administration de l'environnement comme pour toutes les autres administrations, la décentralisation aurait dû ou pu entraîner un partage rationnel des compétences entre toutes les collectivités qui les exerceraient en harmonie et en collaboration. Les choses sont évidemment moins simples. Les compétences respectives des diverses collectivités ne sont pas toujours clairement réparties, même si un mouvement d'envergure favorable aux régions se dessine. Les collectivités locales ne sont pas toutes servies de la même manière. Enfin, selon les domaines, l'importance de telle ou telle collectivité varie. L'idée de permettre qu'une des collectivités intéressées à la gestion d'un dossier puisse être « tête de file » est encore trop récente pour qu'on puisse en mesurer les effets et donc savoir si une vraie décentralisation efficace est possible en France pour ce qui concerne la gestion de l'environnement.

L'administration locale de l'environnement présente, dans ce contexte, quelques particularités significatives. La décentralisation y est plus limitée qu'ailleurs, à quelques exceptions près (1) ; les compétences de l'État sont préservées et définies ; même quand est opéré un « découpage différentiel » du territoire au profit du littoral et de la montagne, ce n'est pas toujours, malgré les apparences, pour renforcer les prérogatives des « pouvoirs locaux », mais parfois pour mieux les limiter. La décentralisation technique, ou dite telle, y tient une place à part, bien plus importante (surtout qualitativement) que partout ailleurs, avec sans doute une tendance certaine à la dispersion des institutions. L'appel ou le recours à des personnes privées y est peut-être plus fréquent et en tout cas plus divers que dans d'autres domaines. Quant à l'administration centrale, elle n'a à ce jour pas vraiment bénéficié de cette complexité dans la répartition des tâches : l'apparition d'une administration d'État spécialisée dans la protection de l'environnement est récente

(1) V. R. Romi, « Les compétences particulières de la région Corse en matière d'environnement : mythe ou réalité ? », *RJE* 1-1988, p. 5 et s.

et a été souvent mal acceptée ; ses moyens sont encore, à tout prendre, plus proches de la fronde de David que de la force de Goliath (2), pour reprendre l'expression imagée de B. Lalonde.

Il est vrai cependant qu'avec les exigences nouvelles qui se font jour en matière de protection de l'environnement, cet état de choses peut évoluer, et les différentes forces politiques s'engagent régulièrement à y contribuer.

C'est d'ailleurs ce consensus qui rend toute réflexion sur l'administration de l'environnement passionnante par ce qu'elle révèle sur les structures administratives, politiques et sociales de la France : une chose est le discours, une autre la pratique, comme le montrent les régulières compressions budgétaires, qui ont frappé tant le budget du ministère que les collectivités locales (avec par exemple la suppression ou la diminution des contributions étatiques aux initiatives locales en matière de transports en commun en site propre).

▩ (2) Dans sa déclaration d'intronisation : « l'idée de construire sa propre bastille à côté des autres me paraît obsolète... il vaut mieux être David que Goliath ». Il a vite changé d'avis, aidé en cela par les blocages des autres ministères.

TITRE I
L'ADMINISTRATION D'ÉTAT

L'administration d'État spécialisée dans la gestion et la protection de l'environnement n'est apparue qu'à une date récente. Encore sa place n'est-elle pas très clairement établie. Tant au niveau de l'administration centrale qu'au niveau de l'administration déconcentrée, malgré des efforts récents, on est surpris de la faiblesse des moyens humains et financiers affectés à la gestion et à la protection de l'environnement.

CHAPITRE 1
L'ADMINISTRATION CENTRALE : UNE ADMINISTRATION ÉCLATÉE AUX TROP FAIBLES MOYENS

Au niveau gouvernemental, l'administration de l'environnement est personnalisée par un ministre ou un secrétaire d'État, dont le poids a varié selon les époques et la personnalité des divers ministres. Mais ce poids n'a jamais été bien important en face des ministères aménageurs, en raison d'une faiblesse structurelle et financière endémique.

SECTION 1 UN MINISTÈRE AU RABAIS ?

Quand, dans les années 1970 (1), il s'est avéré nécessaire de créer une structure centrale politico-administrative de gestion des problèmes d'environnement, il a fallu faire un choix entre diverses formules : administration de mission, ministère de plein exercice, secrétariat d'État, ministère délégué, superministère. De ces formules, la première a été éliminée mais son esprit récupéré, la dernière esquivée jusqu'à sa résurgence originale sous la forme de projet – phare dans le Pacte écologique de N. Hulot (2).

§ 1. LE « MINISTÈRE DE L'IMPOSSIBLE »

Le premier ministère (qualifié de « ministère de la Protection de la nature et de l'environnement » et confié à R. Poujade) fut créé par un décret du

(1) Cf. R. Poujade, *Le ministère de l'impossible*, Calmann Lévy, 1975.

(2) N. Hulot ne préconise pas exactement un super ministère de l'environnement, mais, comme il croit dans le développement durable, prône un Vice-Premier ministre du Développement durable chargé en réalité d'impulser une intégration écologique de tous les ministères. Il ne semble pas que le ministre de l'Environnement, en tant que ministre « d'intervention », doive en être supprimé pour cela, mais il pourrait durablement – si l'on ose dire – être rétrogradé dans la hiérarchie ministérielle.

27 janvier 1971 ; il lui était donné comme vocation d'« à la fois coordonner l'exercice d'attributions dévolues à différents ministères et regrouper un certain nombre de services existants ». Si l'on met à part le premier titulaire de ce portefeuille (qui tint trois ans et fut congédié en 1974), il faut bien dire que l'apparence et l'idée d'un super-ministère de l'Environnement disparurent vite du paysage politique français : l'environnement devint un satellite des affaires culturelles (mars à mai 1974, puis mars 1977 à mai 1977) ou de la « Qualité de la vie » (mai 1974 à mars 1977).

Des secrétaires d'État se succédèrent sans marquer outre mesure de leur empreinte ni l'histoire ni le droit. A. Bombard ne fut pas mieux loti en 1981, M. Crépeau se contenta d'un pont qui ne fut pas vraiment en prise avec la logique de la protection de l'environnement, et il fallut attendre 1983 avec la nomination de H. Bouchardeau (en qualité de secrétaire d'État directement rattachée au Premier ministre, puis, assez rapidement, en qualité de ministre) pour voir se produire une timide rupture avec cet état des choses. A. Carignon fut pour sa part (mars 1986-mai 1988) rattaché au ministère de l'Équipement, ce qui augurait mal du rôle qu'on entendait lui faire jouer. Avec la nomination de B. Lalonde comme secrétaire d'État rattaché au Premier ministre, un retour à 1983 s'amorça, mais il était clair que le « ministère de l'impossible » demeurerait un « petit », perdu parmi les grands.

De fait, lors de sa nomination, B. Lalonde adopta un profil bas, déclarant préférer jouer dans l'ombre du Premier ministre un simple rôle d'impulsion, de conseil, et refusant l'idée d'un super ministère, même si sa conception a ensuite évolué (3).

Les choix de M. Barnier et de C. Lepage ont en la matière été modestes. Au contraire, évidemment, la nomination de D. Voynet aux lendemains des législatives de 1997 a été d'une autre envergure, sur le plan politique mais aussi juridique : l'intéressée a été nommée en effet « ministre de l'Aménagement du territoire et de l'Environnement ». Lui échappaient cependant – alors qu'une interprétation de l'accord Verts/PS semblait impliquer le contraire – les transports et l'équipement (4). La situation de Roseline Bachelot, nommée en 2002, à la suite de l'élection ambiguë à la présidence de J. Chirac, a été bien plus faible. Certes, l'appellation a évolué, marquant que le langage a progressé : elle est désormais non plus ministre de l'Environnement, mais « ministre de l'Écologie et du Développement durable » ; elle est d'ailleurs – de manière éphémère et un peu inefficace – flanquée d'un secrétaire d'État au développement durable. Mais elle a perdu dans l'affaire une grande partie de ses compétences et de ses moyens, puisque l'aménagement du territoire lui échappe à nouveau. Les réelles capacités d'action d'un secrétaire d'État au développement durable, sans moyens financiers ni compétences économiques *stricto sensu* se sont vite avérées nulles, tant administrativement que médiatiquement. Peut-être ne s'est-il agi que d'une rémanence, au demeurant peu logique, du secrétariat d'État à l'économie solidaire occupée sous Lionel Jospin par l'écologiste G. Hascoët ? Cela a en tout cas conduit au même résultat : la disparition, puisque le poste a été remplacé par un simple délégué interministériel lors du remplacement de R. Bachelot par S. Lepeltier, qui n'y a gagné aucune

(3) Le tournant se situe officiellement à la date du colloque « Écologie et Pouvoir » v. *Le Monde* 17-18 décembre 1989.

(4) V. le décret d'attribution des compétences du 11 juin 1997, *JO* 12 juin, p. 8349 et s.

compétence supplémentaire. Nelly Olin, le successeur de S. Lepeltier n'a pas obtenu plus.

Au plan des réalités, l'autonomie des responsables a de toute manière toujours été réduite. La sujétion au ministère de la Culture a un temps traduit le côté anecdotique de la préoccupation environnementale des gouvernants, le rattachement à l'équipement a marqué pour le moins une conception réduite et réductrice de ces préoccupations, et à cet égard, l'impuissance ou l'inaction d'A. Carignon face à la construction du pont de l'île de Ré a en son temps résumé parfaitement la situation. Le rattachement au Premier ministre ou la pleine autonomie valorisent la fonction et font dépendre l'importance du responsable de sa personnalité et des compétences qui lui sont reconnues ou au contraire refusées. Quant à la personnalité des responsables, les choses ont un peu changé : depuis 1983, en effet, la dimension symbolique du responsable de l'environnement au plan gouvernemental semble avoir une certaine importance. Le contexte (Bhopal, Seveso, Tchernobyl...) et la permanence relative d'un électorat ou d'une sensibilité écologistes, la popularité des actions de préservation de l'environnement peuvent expliquer ce fait. Les nominations d'A. Carignon, de B. Lalonde, de S. Royal, de M. Barnier, de C. Lepage, de D. Voynet puis d'Y. Cochet, et même de R. Bachelot, répondent chacune à leur manière à cette exigence.

Mais au plan des compétences reconnues aux responsables, il n'en a longtemps pas été de même. Le ministère souffrait – au moins jusqu'à la nomination de D. Voynet – d'un mal rédhibitoire : il n'était conçu que comme une structure de réflexion et de concertation, de coordination ou de conseil au maximum. N'ont été réellement – de manière pérenne en tout cas, car les lignes bougent parfois – de sa compétence ni les monuments historiques et la police des abords (ministère de la Culture), ni la protection des sites autres que naturels (ministère de l'Équipement ou de l'Aménagement selon les gouvernements), ni la totalité des problèmes maritimes (pour une large part de la compétence du ministère de la Mer), ni ceux de la forêt ou de l'agriculture (ministère de l'Agriculture), ni même la totalité des risques technologiques (malgré la disparition de l'éphémère secrétariat d'État aux risques majeurs).

Le décret d'attribution des compétences concernant C. Lepage (5) était à cet égard significatif. L'intervention du secrétaire d'État ou du ministre de l'Environnement relevait du combat d'avant-garde et de la guerre d'usure plus que de l'action administrative, de la coordination et de la participation plus que de la décision.

Cette dure réalité se mesure au plan des effectifs du ministère et de son administration déconcentrée (6)... La totalité des emplois de l'administration centrale se montait au maximum à 227 en 1991 : l'on est passé à 520 en 1993 (*idem* en 1994, 496 en 1995, 600 en 1998 (7)). À quoi l'on peut ajouter les emplois des DIREN (1 066 en 1993 ; 1 076 en 1994 ; 1 100 en 1995, 1102 en 1996, 1100 en 1998, contre 472 en 1991). Ce que constatait en 1990 Madame Morand-Deviller (« ... alors même que l'environnement est perçu comme un enjeu capital des décennies à venir, il est paradoxal de constater que la structure ministérielle qui, en

(5) 8 juin 1995, *JO* 9 juin, p. 8967.

(6) Dont la gestion dépendait jusqu'en 1990 du ministère de l'Équipement, pour l'essentiel.

(7) Enquête de C. M. VADROT pour *L'Environnement Magazine*, décembre 1998, p. 26-27.

France, en a reçu la charge, n'a pas encore été dotée de moyens à hauteur des ambitions et n'a jamais pu échapper à la tutelle, souvent paralysante, des grands ministères » (8)) est encore partiellement exact, même si les dernières années ont vu s'amorcer un mouvement (9). La loi de finances pour 1999 a permis la création de 140 emplois pour l'administration centrale, DIREN et Inspection des installations classées, et 312 dans les établissements sous tutelle, celle de 2000 140 emplois. La loi de finances pour 2001 a créé 300 nouveaux postes dont près de la moitié pour les DIREN. Mais la crise conduit ensuite, sauf pour l'inspection des installations classées (plus cent en 2004), à une stagnation des personnels.

Évolution des effectifs du ministère

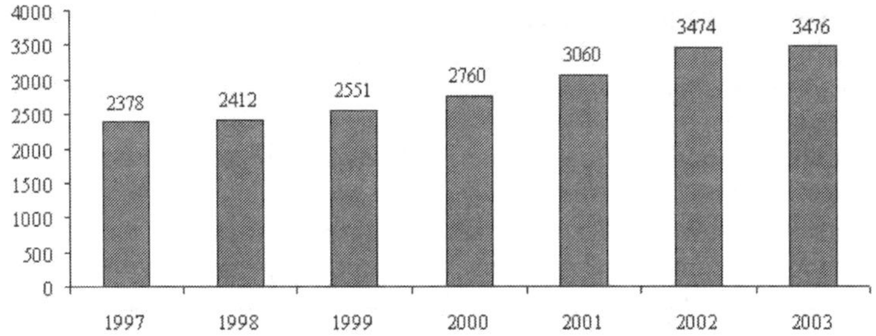

Source : PLF 2003.

Évolution du plafond d'emplois depuis 2003

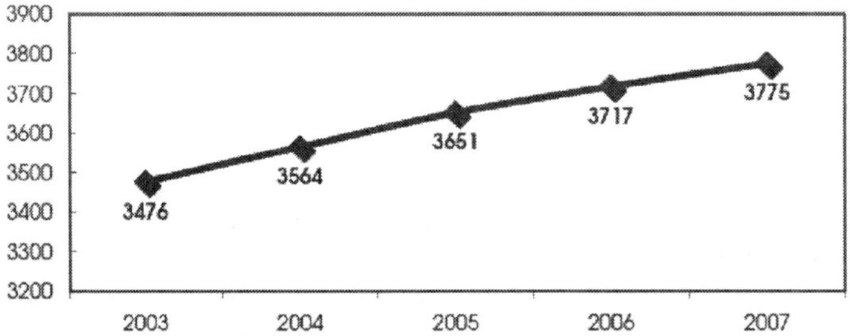

Il est vrai qu'avec la nomination de D. Voynet, une nouvelle conception s'était dégagée (10). L'aménagement du territoire était confié au ministre de l'Environne-

(8) *In* « L'environnement, protections nationales et enjeux internationaux », *RF adm. publ.* janvier-mars 1990, p. 26.

(9) Accentué par deux réformes successives de l'organisation des structures centrales du ministère (décret n° 92-432 du 12 mai 1992 et décret n° 94-30 du 11 janvier 1994). Le ministère a en outre déménagé début 1994 au 20 avenue de Ségur, afin de réaliser de substantielles économies de loyer et de rapprocher le ministre, son cabinet et ses services.

(10) V. le décret d'attribution des compétences, *JO* 12 juin 1997, p. 8348.

ment, accompagné des moyens et des compétences qui s'imposaient : la mise à la disposition de la DATAR, les compétences d'aménagement et de développement y compris pour la conclusion et le suivi des contrats de plan. Évidemment, sur le terrain de l'environnement, il faut noter aussi que le ministre partageait ou était associé à toutes les décisions en matière d'énergie comme au contrôle de la sûreté nucléaire *lato sensu*. Et l'administration du ministère a été réorganisée et dotée d'une inspection générale. Au plan des moyens financiers, les conséquences de cette extension en avaient été partiellement tirées. Avec la nomination de R. Bachelot, malgré son franc parler et ses compétences, le retour de la droite au pouvoir marque évidemment un net recul en termes de conception du pouvoir, et surtout de moyens et de compétences. Et cela s'est traduit, malgré un changement bienvenu de titre, par la simple rédaction des décrets d'attribution de compétences, particulièrement pour la bien mal lotie secrétaire d'État au développement durable.

Les nominations de S. Lepeletier et surtout de N. Olin ont démontré le peu de cas de la protection de la nature que faisaient les premiers ministres successifs lors du dernier quinquennat : peu de moyens, et peu d'autonomie pour ces ministres faiblement médiatisés, si désireux de s'affirmer que puissent être les titulaires de ce portefeuille.

Le lobbying de Nicolas Hulot durant les élections aura eu le mérite de faire bouger les lignes, avec l'engagement pris par la plupart des candidats de mettre en place soit un Vice-Premier ministre chargé du développement durable – ce que préconise le Pacte écologique, soit de regrouper les compétences de protection de l'environnement avec d'autres compétences méritant d'être « recalibrées » en fonction des impératifs du développement durable.

À cet égard, la nomination d'un « poids lourd », A. Juppé, puis J.-L. Borloo est évidemment le fait marquant des dernières années. Il reste à savoir, ce que la pratique seule peut prouver, si la protection de l'environnement et la promotion d'une politique tenant compte de la diversité biologique ne perdra pas à voir la mission et l'administration anciennes noyées dans l'ensemble nouveau constitué par un grand ministère regroupant notamment les transports et l'énergie. Son appellation – ministère de l'Ecologie, du Développement et de l'Aménagement durables – et le fait qu'il s'agisse du seul ministère d'État reflète en tout cas un choix théorique et administratif clair. Le décret d'attribution des compétences le confirme : le ministre « prépare et met en œuvre la politique du gouvernement dans les domaines du développement durable et de l'environnement », mais aussi « de l'énergie et des matières premières, de la sécurité industrielle, des transports et de leurs infrastructures, de l'équipement, de l'aménagement foncier et rural, de l'urbanisme, de l'aménagement et du développement du territoire et de la mer, à l'exception de la pêche ».

***JO* n° 125 du 1 juin 2007, page 9959**

Décret n° 2007-995 du 31 mai 2007 relatif aux attributions du ministre d'État, ministre de l'Écologie, du Développement et de l'Aménagement durables

NOR : DEVX0755105D

Le Président de la République,

Sur le rapport du Premier ministre,

Vu le décret n° 59-178 du 22 janvier 1959 relatif aux attributions des ministres ;

Vu le décret n° 93-1272 du 1er décembre 1993 modifié relatif à l'organisation de l'administration centrale du ministère de l'industrie, des postes et télécommunications et du commerce extérieur ;
Vu le décret n° 2000-426 du 19 mai 2000 modifié portant organisation de l'administration centrale du ministère chargé de l'environnement ;
Vu le décret n° 2005-470 du 16 mai 2005 relatif au Conseil général des ponts et chaussées ;
Vu le décret n° 2005-471 du 16 mai 2005 modifié fixant l'organisation de l'administration centrale du ministère de l'équipement, des transports, de l'aménagement du territoire, du tourisme et de la mer ;
Vu le décret n° 2005-1791 du 31 décembre 2005 créant une délégation interministérielle à l'aménagement et à la compétitivité des territoires ;
Vu le décret n° 2006-260 du 6 mars 2006 portant création du centre d'analyse stratégique ;
Vu le décret du 17 mai 2007 portant nomination du Premier ministre ;
Vu le décret du 18 mai 2007 relatif à la composition du Gouvernement ;
Le Conseil d'État (section des travaux publics) entendu ;
Le conseil des ministres entendu,
Décrète :
Article 1
Le ministre d'État, ministre de l'écologie, du développement et de l'aménagement durables prépare et met en œuvre la politique du Gouvernement dans les domaines du développement durable et de l'environnement, de l'énergie et des matières premières, de la sécurité industrielle, des transports et de leurs infrastructures, de l'équipement, de l'urbanisme et de l'aménagement foncier, de l'aménagement de l'espace rural et de la forêt, de l'aménagement et du développement du territoire et de la mer, à l'exception de la pêche, des cultures marines et de la construction et de la réparation navales.
Il participe à l'élaboration des programmes de recherche concernant ses attributions.
I. – Au titre du développement durable :
Il veille à l'intégration des objectifs de développement durable dans l'élaboration et la mise en œuvre de l'ensemble des politiques conduites par le Gouvernement ainsi qu'à leur évaluation environnementale. Il contribue au développement de la politique destinée à associer les citoyens à la détermination des choix concernant les projets ayant une incidence importante sur l'environnement ou l'aménagement du territoire, propose toute mesure propre à améliorer la qualité de la vie et contribue au développement de l'éducation, de la formation et de l'information des citoyens en matière d'environnement.
Il élabore, anime et coordonne la politique de lutte contre l'effet de serre et les changements climatiques, la politique de l'eau et la protection de la biodiversité.
Il peut présider, par délégation du Premier ministre, le comité interministériel pour le développement durable mentionné à l'article D. 134-8 du Code de l'environnement.
II. – Au titre de la politique de l'environnement, il exerce notamment les attributions suivantes :
1° Il est responsable des actions de protection de la nature, des paysages et des sites ainsi que de celles concernant la protection du littoral et de la montagne ;
2° Il assure :
a) La police et la gestion de la chasse et de la pêche en eau douce ;
b) La police de l'exploitation des carrières ;
c) La protection, la police et la gestion des eaux ;
d) En liaison avec les ministres intéressés, la police des installations classées et la politique de réduction et de traitement des déchets ;
3° Il participe, en liaison avec les ministres intéressés :
a) A la réduction des nuisances sonores et à la préservation de la qualité de l'air ;
b) A la détermination de la politique d'aménagement de l'espace rural et de la forêt ;

c) A la détermination de la politique de la santé en tant que cette dernière est liée à l'environnement ;
d) A l'élaboration de la législation fiscale en matière d'environnement et d'énergie ;
4° Il assure la coordination des actions concernant la prévention des risques majeurs d'origine technologique ou naturelle et propose toute mesure destinée à développer les industries et services de l'environnement ;
5° Il élabore et met en œuvre, conjointement avec le ministre chargé de l'industrie, la politique en matière de sûreté nucléaire, y compris en ce qui concerne le transport des matières radioactives et fissiles à usage civil.
III. – Au titre de l'énergie et des matières premières, il élabore et met en œuvre la politique de l'énergie et des matières premières, afin notamment d'assurer la sécurité d'approvisionnement, la lutte contre le réchauffement climatique et la compétitivité de l'économie. Il prépare les actions relatives à ce dernier objectif conjointement avec le ministre de l'économie, des finances et de l'emploi.
IV. – Au titre des transports et de leurs infrastructures, il exerce notamment les attributions relatives aux transports ferroviaires, guidés et routiers, à la sécurité et à la circulation routières, aux voies navigables, à l'aviation civile, aux applications satellitaires, à la météorologie et à l'organisation des transports pour la défense. Il prépare la réglementation sociale dans le domaine des transports, en contrôle l'application et suit les questions sociales du secteur.
Il élabore la politique d'intermodalité et veille en particulier au développement des plates-formes multimodales ferroviaires et portuaires.
Il contribue à la politique industrielle concernant le secteur des transports.
V. – Au titre de l'équipement, il exerce notamment les attributions suivantes :
1° Il a la charge des questions économiques du secteur de l'équipement, du bâtiment et des travaux publics et, en liaison avec le ministre de l'économie, des finances et de l'emploi, de l'ingénierie ; il suit les questions sociales dans ces secteurs ; il met en œuvre les actions de politique industrielle concernant ces secteurs ;
2° Il élabore et met en œuvre la politique d'équipement routier et autoroutier ;
3° Il élabore les règles techniques relatives à la construction des bâtiments et des ouvrages de génie civil et veille à leur application.
VI. – Au titre de l'urbanisme, il exerce notamment les attributions suivantes :
1° Il élabore les règles relatives à la planification urbaine, à l'occupation du sol, à l'urbanisme opérationnel et veille à leur application ;
2° Il participe à l'élaboration de la législation de l'expropriation et en suit l'application ;
3° Il participe à l'élaboration de la législation fiscale et financière en matière d'urbanisme et d'aménagement et en suit l'application.
VII. – Au titre de la mer, il exerce notamment les attributions relatives aux transports maritimes et à la marine marchande, à la plaisance et aux activités nautiques, aux ports, au littoral et au domaine public maritime, à la sécurité, à la navigation, à la formation et à l'inspection du travail maritime et, sous réserve de celles dévolues au ministre de l'agriculture et de la pêche, aux gens de mer. Il suit les questions sociales dans le domaine maritime.
Il peut présider, par délégation du Premier ministre, le comité interministériel de la mer mentionné au décret n° 95-1232 du 22 novembre 1995.
VIII. – Au titre de l'aménagement du territoire, il participe à la détermination de la politique nationale d'aménagement et de développement du territoire, veille à la mise en place des instruments, notamment contractuels, permettant d'assurer le développement économique et social équilibré de l'ensemble du territoire national dans l'Espace européen et met en œuvre la politique d'implantation des administrations et des services publics.
Il est responsable de la mise en œuvre de la politique d'aménagement du territoire et de son évaluation.

Il peut présider, par délégation du Premier ministre, le comité interministériel d'aménagement et de compétitivité des territoires mentionné au décret n° 2005-1270 du 12 octobre 2005.

Article 2

I. – Le ministre d'État, ministre de l'écologie, du développement et de l'aménagement durables, a autorité sur les services mentionnés dans le décret n° 2005-471 du 16 mai 2005 susvisé relatif à l'organisation de l'administration centrale du ministère de l'équipement, des transports, de l'aménagement du territoire, du tourisme et de la mer, et notamment :

1° Le Conseil général des ponts et chaussées ;
2° L'inspection générale des services des affaires maritimes ;
3° L'inspection générale de l'enseignement maritime ;
4° L'inspection générale du travail des transports ;
5° Le service de défense et de sécurité ;
6° Le délégué à l'action foncière ;
7° Le secrétariat général ;
8° La direction générale du personnel et de l'administration ;
9° La direction générale de l'urbanisme, de l'habitat et de la construction, conjointement avec le ministre du logement et de la ville ;
10° La direction générale des routes ;
11° La direction générale de la mer et des transports ;
12° La direction générale de l'aviation civile ;
13° La direction de la sécurité et de la circulation routières ;
14° La direction de l'Établissement national des invalides de la marine,

à l'exception de l'inspection générale du tourisme et de la direction du tourisme placées sous l'autorité du ministre de l'économie, des finances et de l'emploi.

II. – Le ministre d'État, ministre de l'écologie, du développement et de l'aménagement durables, a autorité sur les services mentionnés dans le décret du 19 mai 2000 relatif à l'organisation de l'administration centrale du ministère de l'environnement, et notamment :

1° Le service de l'inspection générale de l'environnement ;
2° Le secrétaire général ;
3° La direction générale de l'administration ;
4° La direction des études économiques et de l'évaluation environnementale ;
5° La direction de l'eau ;
6° La direction de la prévention des pollutions et des risques ;
7° La direction de la nature et des paysages ;
8° La délégation au développement durable ;
9° Le haut fonctionnaire de défense et de sécurité mentionné au décret du 19 mai 2000 susvisé.

Il dispose de la mission interministérielle de l'effet de serre instituée par le décret n° 92-528 du 16 juin 1992.

Conjointement avec le ministre de l'économie, des finances et de l'emploi et le ministre de la santé, de la jeunesse et des sports, le ministre d'État, ministre de l'écologie, du développement et de l'aménagement durables, a en outre autorité sur la direction de l'action régionale, de la qualité et de la sécurité industrielle lorsque celle-ci exerce ses compétences en matière de sûreté nucléaire et de radioprotection.

III. – Pour l'exercice de ses attributions en matière de politique de l'énergie et des matières premières et de sécurité industrielle, le ministre d'État, ministre de l'écologie, du développement et de l'aménagement durables :

1° A autorité sur la direction générale de l'énergie et des matières premières ;
2° A autorité, conjointement avec le ministre de l'économie, des finances et de l'emploi, sur la direction générale des entreprises pour l'exercice de ses attributions en matière de sécurité industrielle ;
3° Dispose du Conseil général des mines ;

4° Dispose en tant que de besoin du secrétariat général mentionné au décret n° 2006-947 du 28 juillet 2006 et de la direction des affaires juridiques mentionnée au décret n° 98-975 du 2 novembre 1998 placés sous l'autorité du ministre de l'économie, des finances et de l'emploi.
IV. – Pour l'exercice de ses attributions au titre de la mer, le ministre d'État, ministre de l'écologie, du développement et de l'aménagement durables, dispose du secrétariat général de la mer.
V. – Pour l'exercice de ses attributions en matière d'aménagement et de développement du territoire, le ministre d'État, ministre de l'écologie, du développement et de l'aménagement durables, dispose de la délégation interministérielle à l'aménagement et à la compétitivité des territoires et, en tant que de besoin, des services des ministères qui peuvent concourir à la préparation et à la mise en œuvre de cette politique. Il peut notamment faire appel au Conseil général de l'agriculture, de l'alimentation et des espaces ruraux, à la direction générale de la forêt et des affaires rurales et au secrétariat général du ministère de l'agriculture.
VI. – Le ministre d'État, ministre de l'écologie, du développement et de l'aménagement durables, peut faire appel au centre d'analyse stratégique.
Article 3
Le Premier ministre, le ministre d'État, ministre de l'écologie, du développement et de l'aménagement durables, le ministre de l'économie, des finances et de l'emploi, la ministre de la santé, de la jeunesse et des sports et la ministre du logement et de la ville sont responsables, chacun en ce qui le concerne, de l'application du présent décret, qui sera publié au Journal officiel de la République française.
Fait à Paris, le 31 mai 2007.
Nicolas Sarkozy

L'allocation au nouveau ministère des directions de l'énergie et des matières premières, des routes, de la direction générale de l'urbanisme, de l'habitat et de la construction, de la direction générale de la mer et des transports et de la direction de la sécurité et de la circulation routière sont évidemment les faits notables de ce redécoupage qui fait, plus encore que ce n'avait été le cas pour D. Voynet, du ministre en charge de l'environnement la plaque tournante d'une possible réforme d'envergure des politiques administratives de l'État.

On notera cependant que, dans ce nouveau contexte, l'environnement (« l'écologie ») n'est confié qu'à un secrétariat d'État.

§ 2. LA FAIBLESSE DES MOYENS BUDGÉTAIRES DU MINISTÈRE CHARGÉ DE L'ENVIRONNEMENT

Madame Morand-Deviller soulignait, dans sa présentation de la situation du droit français de l'environnement en 1990 (11), que « si certaines autorisations de programme connaissent une légère progression, le budget de l'environnement a vu sa part dans le budget de l'État stagner de 1980 à 1989, les crédits passant de 0,062 % à 0,111 % des crédits civils de l'État ». Selon le

(11) *In* « L'environnement, protections nationales et enjeux internationaux », *RF adm. publ.*, janvier-mars 1990, p. 26-28.

ministère lui-même (12), la situation était bien pire en fait. Le budget de l'environnement arrivait en 1990 péniblement à 0,058 % du budget de l'État (d'après les chiffres livrés par le rapport préalable à l'établissement du « Plan national pour l'environnement »). Certes, les crédits ont augmenté de 9 % de 1989 à 1990 – mais ils avaient baissé de 6,9 % en 1988. Le résultat était en tout cas qu'en 1990, le budget de l'environnement, en pourcentage sinon en francs constants, était inférieur à ce qu'il était en 1988 ! Il représentait en effet 0,059 % du budget de l'État en 1988, et était redescendu à 0,049 % en 1989. Jamais en tout cas le budget de l'environnement n'a atteint de nouveau le niveau de 1981 (0,081 %). C'est pourquoi l'augmentation pour 1991 (plus 15 %) parut en définitive peu spectaculaire même si bienvenue. De 1991 à 1993, ces crédits ont cependant progressé régulièrement (le budget du ministère ne représentant toujours que 0,09 % du budget de l'État (13)). L'effort réalisé en 1994 et 1995 devait donc être notable pour constituer un véritable rattrapage. De fait, ce n'a pas été tout à fait le cas : le budget du seul ministère s'établissant à 0,13 % du budget de l'État contre en 1994 0,16 % du budget de l'État, en 1993, et en 1992 ; quant à l'année 1996, marquée par la rigueur, la loi de finances initiale prévoyait que le budget du ministère devrait être à nouveau 0,13 % du budget de l'État (14)), ceux de l'année 1997 sont sensiblement similaires. Les crédits inscrits dans le projet de loi de finances pour 1998 sont en augmentation de 3,6 % par rapport à 1997, mais en intégrant le budget de l'aménagement du territoire ce qui ne facilite pas la comparaison (15), d'autant plus que les compétences d'environnement *stricto sensu* du nouveau ministre sont élargies ; pour autant, le budget « environnement » représente une augmentation de 12,5 %. Pour ce qui concerne la loi de finances pour 1999, les crédits du budget environnement – à fonctions constantes – enregistrent une progression notable de l'ordre de 15 % (0,3 % du budget de l'État). Il s'agissait là d'un saut qualitatif important, qui s'accompagnait d'un regroupement des diverses taxes existantes en une taxe unique (la taxe générale sur les activités polluantes, ou TGAP) affectée au budget général de l'État (16). En 2000, le budget du ministère pour la partie « environnement » était de 656 millions d'euros à peu près, soit une augmentation de 8,6 % (17). Il était

(12) Rapport préliminaire au débat sur le Plan national de l'environnement, L. CHABASON et J. THEYS, juin 1990, p. 41.

(13) Rapport M. BARNIER sur la loi de finances pour 1993, *AN* 1992, n° 2945.

(14) Rapport AN, D. MERVILLE, Commission des finances AN, doc. 1560, 5 octobre 1994 et n° 2270, 9 novembre 1995.

(15) À noter cependant la création de 34 postes à la DGAD et une augmentation bienvenue de 14 % du budget d'aide aux associations.

(16) V. le dossier spécial loi de finances de la revue *Dr. env.* mars 1999, particulièrement P. ARNAUD, « La TGAP, future éco-taxe ? », p. 19 et s.

(17) Le budget de la partie « aménagement du territoire » en 2000 était de 1 930 MF, soit une augmentation de 7,2 %. Mais il est à noter que le Conservatoire du littoral (documents préparatoires à la réunion exceptionnelle du Conseil de rivages Atlantique-Bretagne, 24 février 2000) a dû supporter du fait des tempêtes de décembre 1999 un coût global de 66 millions de francs ; il avait dépensé dès les jours qui ont suivi la tempête 4 millions de francs. Il a décidé de redéployer ses lignes pour dégager 22 millions de francs sur 2000 et 2001 et en conséquencedemandé un concours exceptionnel de 40 millions de francs qui lui ont été accordés par le CIAT (30 en investissement, 10 en entretien imputés sur le fonctionnement). L'allocation de ces crédits exceptionnels est de nature à faire croire pou l'année de référence à une augmentation du budget de l'environnement plus conséquente qu'elle n'est en réalité : ces crédits sont demeurés exceptionnels.

prévu qu'en 2001 le budget soit en augmentation de 9 % en crédits de paiement et de 30 % en crédits d'engagement. La réalité a conduit à une stagnation réelle en 2002. Et pour 2003, le budget a été, à obligations plus étendues, en baisse (770 millions d'euros), et encore plus pour 2004 (860 millions d'euros, mais avec des obligations encore supérieures, dont le financement des PPR). Et il faut surtout compter avec la baisse des moyens de l'ADEME, que les associations ont estimé à 26 % en 2003. Pour ce qui concerne la loi de finances pour 2005 (18), aucun effort nouveau n'est notable, et pas plus pour 2006 : le budget 2006 du ministère se montait à 893 millions d'euros contre 825 millions d'euros en 2005. Il demeure extrêmement faible donc (0,33 % du budget de l'État), cette augmentation ne rattrapant pas même les reculs précédents. Il s'est redressé depuis, mais la mesure est rendue difficile par la présentation de la loi de Finances, et il faut compter avec la forte augmentation des crédits consacrés aux crues, dont il n'est pas sûr que la gestion soit toujours très écologique... Si l'on se fie aux chiffres du ministère, le pourcentage monte lentement vers les 0,4 % du budget civil de l'État, avec 915 millions prévus pour 2007. Il faut y ajouter évidemment les crédits ouverts au bénéfice des établissement publics de l'État et divers fonds.

Par des crédits du MEDD dans le budget civil de l'État
(en loi de finances initiale (LFI) et en pourcentage)

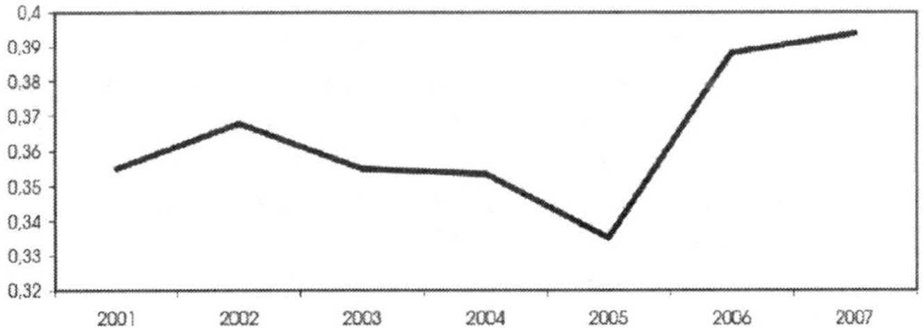

SECTION 2 — LES ÉTABLISSEMENTS PUBLICS DE L'ÉTAT : OUTILS OU DOUBLONS ?

À la suite de la publication du « Plan vert » commandé par B. Lalonde en 1989, la formule fut choisie de s'en tenir à un débat d'orientation plutôt que de promouvoir une grande réforme d'ensemble de l'administration de l'environnement. Le gouvernement Rocard n'était pas prêt à assumer un sort identique à celui subi par le gouvernement hollandais en 1989 (19) et avait préféré manifestement ne pas entamer une course d'obstacles législative. Ce qui n'empêche pas de considérer ce débat comme, au moins, significatif de l'attitude supposée des

(18) *Environnement*, note P. Billet, février 2005, p. 4.
(19) V. *Pouvoirs*, « Repères étrangers », 1990, n° 51. Le plan présenté par le Premier ministre F. M. Lubbers était pour le moins rigoureux... et a entraîné la chute du gouvernement et de nouvelles élections législatives après une dissolution (« Repères étrangers », *Pouvoirs*, 1990, n° 52).

parlementaires de tous bords face aux propositions concrètes ultérieures : à ce titre, il mérite un bref examen. On remarquera d'abord le peu d'empressement des prédécesseurs de B. Lalonde : R. Poujade n'a pas dit un mot, alors que M. Crépeau et H. Bouchardeau soulignaient que le changement d'échelle projeté supposait au moins une cohérence dans les attributions du ministère (20). Et M. Barnier, fort de l'antériorité de son rapport, a eu beau jeu à l'époque de renchérir, en particulier sur le nucléaire, demandant une commission d'enquête parlementaire « sur l'énergie nucléaire, les installations et leur coût réel », pour en fin de comptes avancer ses idées sur la nécessité de faire confiance aux collectivités locales (21).

B. Lalonde était pour sa part resté fidèle à sa stratégie des petits pas : plaidant pour un redéploiement de l'administration de l'environnement (22), il a préféré, se positionnant en gestionnaire, présenter ses projets pour l'administration territoriale et la fiscalité, et faire de la pédagogie, cherchant manifestement le consensus sur les points institutionnels de son programme (23). Le plus curieux dans l'affaire fut qu'au total les députés de l'opposition se montrèrent à quelques exceptions près (24) plus favorables aux développements de B. Lalonde que les socialistes... ce qui augurait mal de la suite. Elle ne fut pourtant pas trop catastrophique, mais ne devait pas s'avérer conforme aux espoirs du ministre : bilan contrasté, en bref. Lors d'une communication au conseil des ministres du mercredi 19 décembre 1990, B. Lalonde axa, dans la droite ligne de son attitude lors du débat parlementaire, sa stratégie sur la réforme des institutions (création des directions régionales nouvelle manière, mise en place de l'Agence – ainsi récupérée par qui n'en fut pas l'initiateur (25) ! – et mise en place d'un observatoire nommé Institut français de l'environnement) et sur l'institution de nouvelles taxes, au nombre desquels la fameuse taxe sur les déchets qui constitua le premier *casus belli* aux yeux de M. Charasse et de M. Beregovoy. Les mesures qui ne nécessitaient qu'une intervention du pouvoir réglementaire ne devaient théoriquement poser que peu de problèmes. Discrètement, le 30 novembre, le ministre récupérait de fait le CERCHAR (26) et l'IRCHA (27) en inaugurant

(20) Et donc, en particulier, que ne lui échappent ni l'eau, ni l'arbre, ni le nucléaire : M. Crepeau donnait B. Lalonde vaincu.

(21) Et surtout aux départements. Au contraire, S. Royal – en réaction il est vrai à l'apologie de l'initiative privée faite par M. De Villiers – affirmait qu'« il ne faut surtout pas de loi de décentralisation en matière d'environnement »...

(22) « La question n'est donc pas de craindre une super-administration, mais de créer par redéploiement ce qui est nécessaire à l'application de la loi ».

(23) La rénovation des outils : « ... l'administration pour appliquer la loi, les agences chargées du conseil technique et de l'incitation financière et économique,... et... les "lunettes", c'est-à-dire les organismes chargés de l'évaluation, chacun de ces pans faisant l'objet d'articulations locales et centrales », *JOAN Débats*, préc., p. 3539. B. Lalonde bénéficiait d'un contexte favorable qui lui permit d'esquiver les critiques des « décentralisateurs »...

(24) M.-N. Lienneman, S. Royal, J.-Y. Le Déant.

(25) Ainsi que cela sera expliqué, le projet de « grande agence » a été sorti sans concertation des cartons des services de Matignon, à la surprise quasi générale, en pleines vacances d'été.

(26) Centre d'études et de recherches de Charbonnages de France. Cet organisme (470 personnes dont 140 ingénieurs), pour l'instant implanté à Verneuil-en-Halatte (Oise), fut pendant longtemps spécialisé dans les essais sur les explosions et incendies propres aux mines de charbon, mais s'est reconverti dans diverses recherches, dont certaines portant sur les nouvelles sources d'énergie – déchets – et sur les poudres et explosifs (*Le Monde* 2-3 décembre 1990, p. 9).

(27) L'Institut de recherches appliquées, créé en 1958, dépendait du ministère de l'Industrie ; cet organisme en perte de vitesse n'emploie que 140 personnes à des études sur la qualité de l'air et des eaux

l'Institut national de l'environnement industriel et des risques (INERIS) (28) destiné à devenir, en utilisant les moyens, expériences et personnels des organismes précités, le laboratoire du ministère pour tous les problèmes de pollution et de risques technologiques (29). Mais sur le plan des réalisations, finalement, ce fut la fusion des agences qui constitua l'opération de référence.

Le principal décret d'application (30) de la loi portant création de la « Grande Agence » (31) a apporté quelques précisions sur la portée de cette invention. L'Agence devait être placée sous une triple tutelle : cela résulte tant de la composition du conseil scientifique que de celle du conseil d'administration. La loi (32) prévoyait que celle du conseil scientifique, prévu à l'article 3 de la loi (33), serait « arrêtée conjointement par les ministères de l'Environnement, de la Recherche et de l'Industrie ». Pour la composition du conseil d'administration, l'article 2 de la loi énonçait seulement que le conseil d'administration... devait être composé :

a) de représentants de l'État ;

b) de représentants du Parlement ;

c) de représentants de collectivités locales ;

d) de personnalités qualifiées, de représentants d'associations de protection de l'environnement agréées au titre de l'article L. 252-1 du livre II (nouveau) du Code rural et de représentants des groupes professionnels intéressés ;

e) de représentants du personnel....

Le décret (article 4) fixe le nombre de représentants de l'État à sept, qui, nommés par décret « pris sur rapport des ministres de tutelle », représentent respectivement le ministre de l'Environnement, le ministre chargé de l'Énergie, le ministre de la Recherche, celui chargé des Transports, celui chargé de la Santé, celui de l'Agricul-

et des études d'écotoxicologie, à Vert-le Petit (Essonne) (documentation ministère de l'Environnement et *Le Monde* préc.).

(28) Avant même sa création officielle par le décret n° 90-1089 du 7 décembre 1990, *JO* 9 décembre, p. 15109 -15911 : ce n'est pas nouveau mais la pratique surprend toujours. L'INERIS voit sa gestion partagée en fait entre divers ministères. Le commissaire du gouvernement est bien nommé par arrêté du ministère de l'Environnement ; le directeur général est bien nommé par décret en conseil des ministres « sur le rapport du ministre chargé de l'Environnement ». Mais le conseil d 'administration comporte huit représentants des ministres intéressés (Industrie, Environnement, Budget, Sécurité civile, Travail, Transports, Recherche et Santé) nommés par décret sur proposition de ces ministres, 5 personnalités représentant les activités économiques concernées par les actions de l'établissement et trois personnalités qualifiées (nommées par décret sur le rapport du ministre chargé de l'Environnement), huit représentants du personnel élus par le personnel. Cependant, cet établissement industriel et commercial est placé sous la tutelle du seul ministre de l'Environnement. On remarquera que la loi fixe ces points dans le détail, alors que la loi sur la « Grande Agence » renvoie à un décret en CE la répartition des postes entre les catégories de membres du CA : ces différences ne sont pas négligeables.

(29) Mais, bien évidemment, l'Institut de protection et de sûreté nucléaire conserve l'étude des risques nucléaires : sur ce point, B. LALONDE n'a pas avancé d'un pouce, et le nucléaire n'est pas destiné à tomber dans la sphère de compétences du ministère de l'Environnement. Outre sa mission de recherche, l'INERIS a pour mission seconde « de fournir toute prestation destinée à favoriser l'adaptation des entreprises » à la prévention des risques « que les activités économiques font peser sur la santé ».

(30) 26 juillet 1991, *JO* 28 juillet.

(31) Codifiée aux art. L. 131-3 à L. 131-7 du Code de l'environnement.

(32) V. pour un commentaire notre chron., *RDP* 4-1991, p. 1089 et s.

(33) Le Sénat avait introduit une disposition créant un « conseil de surveillance » au sein duquel les parlementaires auraient été majoritaires... L'AN l'a supprimé, mais accepté (en compensation ?) l'institution de ce conseil scientifique sur la proposition de C. Birreaux, député de la Haute-Savoie, apparenté UDC. L'UDC a d'ailleurs voté, avec le PS, le texte à l'AN, contre le RPR et l'UDF, le PC s'abstenant.

ture, et, *last but not least*, l'inévitable ministère du Budget. Les « personnalités extérieures » sont minoritaires : sur vingt-trois, elles ne sont que 5. Elles sont désignées par décret pris sur rapport des ministres de tutelle, à raison de trois au titre de l'environnement et deux au titre de l'énergie. Il peut s'agir soit de personnalités qualifiées, soit de membres d'associations agréées au titre de la loi de 1976 sur la protection de la nature, soit de « représentants de groupements professionnels intéressés ». Il y a donc possibilité que ne soit nommé à ce titre aucun membre des associations de protection de la nature ! Il est par ailleurs curieux et pour le moins maladroit de mêler en un seul collège des personnes qui défendront des intérêts différents. Il n'est pas prévu, pour les associations, une participation plus conséquente au conseil scientifique : l'article 14 précise qu'il est composé de quinze personnalités nommées pour cinq ans par arrêté conjoint des ministres de tutelle, et, sur l'origine de ces personnalités, le décret est muet...

Certes, le président est nommé par décret en conseil des ministres (sur rapport du seul ministre de l'Environnement originellement, depuis le décret n° 2005-806 du 18 juillet 2005 modifiant le décret n° 91-732 du 26 juillet 1991 relatif à l'Agence de l'environnement et de la maîtrise de l'énergie (34) sur le rapport des ministres chargés de l'environnement, de l'industrie et de la recherche) mais sur proposition du conseil d'administration et au sein de celui-ci ; le directeur général est nommé lui aussi par décret en conseil des ministres et sur proposition du président (article 12) sur rapport de tous les ministres de tutelle. Quant au directeur scientifique, il est nommé (art. 13) par le président sur proposition du directeur général après avis du ministre de la Recherche. Il est donc vérifié, pour le moins, que la « Grande Agence » n'est pas que l'outil du seul ministre de l'Environnement.

L'articulation de cette institution avec d'autres – et en particulier les agences de l'eau – comme avec les administrations d'État – en particulier les DIREN – pose inéluctablement problème. D'où le dernier alinéa de l'article 3 du décret : « Elle (l'Agence) tient les administrations concernées, et notamment les agences financières de bassin, informées de ses projets et reçoit de leur part les informations nécessaires à son action, notamment celles recueillies en application des textes législatifs et réglementaires en vigueur ». C'est bien le moins que l'on pouvait exiger. Par ailleurs, l'Agence a été touchée par les « délocalisations » de 1991-1992, et est partagée entre plusieurs sites (Cergy-Pontoise et Angers). Au total, l'Agence, partiellement récupérée par les grands corps, échappant pour une part au ministre de l'Environnement, constitue un démembrement du ministère de l'Environnement et concrétise une réelle perte de pouvoir effectif, voire une perte de compétences, de ce ministère.

Il n'y a pas grand-chose à dire sur *l'Institut français de l'environnement*.

Un décret du 18 novembre 1991 l'avait mis en place sous la forme d'un établissement public administratif, qui devrait être le pendant français de l'Agence européenne dès que celle-ci aura effectivement vu le jour (c'est-à-dire dès que son siège aura été choisi). L'IFEN avait à ce titre (articles 2 et 3 du décret) « pour mission d'élaborer et de diffuser la documentation et l'information à caractères scientifique et statistique » concernant « l'utilisation du sol et des ressources naturelles, l'occupation du territoire et des paysages, l'état de la faune, de la flore, et des écosystèmes terrestres et marins, la protection du littoral, de la montagne, et des

(34) *JO* n° 166, 19 juillet 2005, p. 11764.

autres espaces protégés et sensibles, la qualité de l'eau et les déversements de polluants, la qualité de l'air et les émissions de polluants atmosphériques, la qualité des sols, la gestion des déchets, les émissions sonores, l'environnement urbain, la dissémination des substances chimiques dangereuses pour l'environnement et leurs effets, les risques naturels et technologiques, la perception et les pratiques socio-économiques de l'environnement ». Le décret de création confiait à l'IFEN, à côté d'activités de recensement, de collecte, de documentation, toutes activités qui conviennent et correspondent à sa nature administrative, la possibilité de « créer, éventuellement avec d'autres établissements, des laboratoires de terrain, des observatoires et des prototypes et assurer des réalisations expérimentales... d'apporter son concours financier ou technique aux personnes et établissements publics ou privés pour les études et investissements que ceux-ci entreprennent dans les domaines de son ressort et participer à l'activité de groupements d'intérêt économique, groupements d'intérêt public ou associations concourant aux mêmes fins » qui pourraient, selon le contexte, être considérés comme des activités de service public industriel et commercial, autant que des activités de service public administratif. La composition du conseil d'administration reflétait la volonté du gouvernement d'impliquer tous les ministères et les secteurs de la société civile concernés (35). L'IFEN a été « délocalisé » dès sa création à Orléans.

Signe d'une reprise en mains de ses outils par l'État, un décret a supprimé en 2004 l'établissement public pour faire de l'IFEN un simple service de l'État, sans remettre en cause ou modifier ses fonctions.

_JO_ n° 206 du 4 septembre 2004 page 15681

Décret n° 2004-936 du 30 août 2004 créant un service à compétence nationale au ministère de l'Écologie et du Développement durable et portant dissolution de l'établissement public national dénommé « Institut français de l'environnement »

NOR : DEVG0420047D

Le Premier ministre,

Sur le rapport du ministre de l'écologie et du développement durable,

Vu le Code de l'environnement, notamment l'article L. 124-1 ;

...

Article 1-Il est créé au ministère de l'écologie et du développement durable un service à compétence nationale, dénommé « Institut français de l'environnement », rattaché directement au ministre.

(35) Neuf représentants de l'État (sont représentés chacun par un membre les ministères de l'Environnement, de l'Économie, de la Recherche, des Affaires étrangères, de l'Industrie, de l'Agriculture, de l'Équipement, de la Santé, de la Mer), cinq personnalités qualifiées, deux membres d'organismes ou professions concernés par la collecte ou l'utilisation des informations sur l'état de l'environnement. Ces membres sont nommés par arrêtés du ministre chargé de l'Environnement. S'y ajoutaient des membres de droit : le président de l'Office parlementaire d'évaluation des choix scientifiques et technologiques, le président du conseil scientifique de l'Institut, le directeur général de l'INSEE, et le président de l'ADEME. Enfin, trois élus locaux, nommés par arrêté conjoint du ministre chargé de l'Environnement et celui des Collectivités locales, et des élus du personnel de l'IFEN, au nombre de deux, complétaient ce CA. Le président et le directeur étaient nommés par décret sur rapport du ministre de l'Environnement.

Article 2-I. – L'Institut français de l'environnement est chargé, en liaison avec les institutions nationales, européennes et internationales intéressées, de recueillir, d'élaborer et de diffuser l'information sur l'environnement, notamment en ce qui concerne :
1. L'état des éléments de l'environnement, tels que l'air et l'atmosphère, l'eau, le sol, les terres, les paysages et les sites naturels, les biotopes humides, les zones côtières et marines, la diversité biologique et ses composantes, y compris les organismes génétiquement modifiés, l'interaction entre ces éléments ainsi que les risques naturels ;
2. Les facteurs, tels que les substances, l'énergie, le bruit, les rayonnements ou les déchets, y compris les déchets radioactifs, les émissions, les déversements et autres rejets dans l'environnement, qui ont ou sont susceptibles d'avoir des incidences sur les éléments de l'environnement ;
3. Les activités économiques, industrielles et humaines qui ont ou sont susceptibles d'avoir des incidences sur les éléments et les facteurs mentionnés aux points 1 et 2 ;
4. Les pratiques socio-économiques, les représentations sociales de l'environnement et les métiers de l'environnement ;
5. L'établissement des comptes de l'environnement.
II. – Dans l'exercice de ses missions, l'Institut français de l'environnement :
1. Organise et anime la collecte et le traitement des données sur l'environnement et les risques naturels et technologiques en vue de la production et de la diffusion de l'information sur l'environnement. Cette fonction d'animation et d'organisation s'exerce vis-à-vis du réseau des principaux producteurs et utilisateurs de l'information environnementale ;
2. Développe et harmonise les méthodes afférentes au traitement des données, à la construction des statistiques, à la synergie entre la statistique et l'information géographique, à l'élaboration et la production des indicateurs environnementaux et d'indicateurs de développement durable dans les domaines de compétences du ministère chargé de l'environnement ;
3. Participe à l'élaboration et à l'administration des éléments nécessaires à la constitution de l'information environnementale ;
4. Réalise des études tendant à améliorer la connaissance de l'état de l'environnement et de son évolution, notamment par l'élaboration d'indicateurs, de modèles de prévision et d'analyses ou contribue à leur réalisation ;
5. Participe à l'élaboration et à la mise en œuvre de programmes nationaux, européens et internationaux d'observation et de surveillance.
III. – L'Institut français de l'environnement est l'organisation chargée de la coordination et de la transmission des informations à l'Agence européenne pour l'environnement. A ce titre, il organise et anime la partie française du réseau européen d'observation et d'information pour l'environnement.
Article 3 – L'Institut français de l'environnement est le service statistique du ministère chargé de l'environnement au sens de la loi du 7 juin 1951 susvisée. Il exécute notamment, au nom de l'État, les enquêtes concernant l'environnement prévues au programme annuel établi par le Conseil national de l'information statistique et arrêté par le ministère dont relève l'Institut national de la statistique et des études économiques.
Article 4 – Les administrations et établissements publics de l'État, dans le respect des dispositions de la loi du 7 juin 1951 et de la loi du 6 janvier 1978 susvisées. Les données qu'il collecte et élabore sont accessibles au public selon les modalités fixées à l'article L. 124-1 du Code de l'environnement.
Article 5 – L'institut publie, au moins tous les quatre ans, un rapport sur l'état général de l'environnement en France. Il présente à la commission des comptes et de l'économie de l'environnement le rapport annuel sur les comptes de l'environnement.
Article 6 – Le service à compétence nationale créé par le présent décret est dirigé par un directeur, nommé par arrêté du ministre chargé de l'environnement.
...

Article 7 – Un comité d'orientation émet un avis sur le programme d'activités de l'institut. Il examine, oriente et suit la politique de diffusion et de communication de l'institut. Il est composé de représentants des administrations, de représentants du personnel et de personnalités qualifiées issues notamment du milieu associatif. La composition et les règles de fonctionnement du comité d'orientation sont fixées par arrêté du ministre chargé de l'environnement.
Article 8 – Un conseil scientifique veille à la qualité et à la cohérence des travaux de l'institut. Il donne son avis sur la qualité des méthodes mises en œuvre dans les travaux d'observations, de surveillance et d'études entrepris par l'institut ou dans lesquels celui-ci intervient, dans le choix des indicateurs et sur le rapport sur l'état de l'environnement. Ses avis sont communiqués au directeur de l'institut et au comité d'orientation. Le conseil scientifique peut se réunir en formations spécialisées. Les règles de fonctionnement et de nomination de ses membres sont fixées par arrêté du ministre chargé de l'environnement.
...
Article 10 – L'établissement public national de l'État à caractère administratif dénommé « Institut français de l'environnement » est dissous...

L'Agence de sécurité sanitaire de l'environnement, créée en 2001, à la suite d'une proposition de loi déposée par l'écologiste A. Aschiéri en avril 2000, est placée sous la double tutelle des ministères de la Santé et de l'Environnement. Elle peut soit être sollicitée par le gouvernement, soit s'autosaisir. Elle a pour mission de compléter la veille sanitaire effectuée par l'Agence des produits de santé (AFSSPS) et l'Agence des aliments (AFSSA).

L'INERIS aurait pu être intégrée dans cette nouvelle structure, ou dans l'ADEME, mais la solution n'a pu être retenue faute d'accord au sein du gouvernement et de l'opposition d'une partie du personnel de l'INERIS.

Les gouvernements des États européens font aussi de manière générale appel à des établissements publics ou à des agences publiques. Ce recours semble dû à plusieurs facteurs : la technicité des problèmes, l'absence de rentabilité immédiate et évidente de certains processus, une certaine réticence face à la décentralisation, mais aussi une demande forte et les besoins réels de financement des collectivités décentralisées, l'adaptabilité des structures créées qui se dotent souvent d'antennes locales. La fonction assumée le plus généralement relève des activités de conseil technique et de financement : ainsi, au Danemark, pour ce qui relève de la gestion de l'eau, interviennent le *Geological Survey of Denmark – Denmark Geologiske Undersogelse* (l'expression est difficile à traduire sans trahir en français, le terme « survey » signifiant à la fois « surveiller » et « expertiser ») et le *National Environment Research Institue* (*Denmark Miljoundersogel*ser). Le premier surtout est un partenaire pour les conseils municipaux et régionaux. Un comité de coordination des activités concernant l'environnement aquatique existe, au sein duquel cet organisme est représenté, tout comme l'association des conseils municipaux et celle des conseils régionaux. En Irlande, la très récente Agence de protection de l'environnement, créée en juillet 1993, a principalement une fonction de conseil ; mais du conseil à l'action tutélaire, il n'y a souvent qu'un pas, que cet organisme semble habilité à franchir en cas de manquement d'une collectivité locale à ses obligations en matière environnementale.

Mais ces personnes morales se voient parfois également reconnaître des compétences réglementaires et de régulation. Ainsi, en matière d'eau, l'Agence pour la protection de l'environnement du Danemark définit les lignes de conduite générales des activités des autorités municipales et régionales ; elle est aussi l'autorité d'appel administrative des décisions prises par ces autorités municipales et régionales. Le cas de figure de la gestion des déchets en Norvège est relativement similaire : la « state pollution control authority » est compétent pour accorder les permis d'incinération, mais adopte également des règlements et règlements techniques, et est responsable de l'information des citoyens. L'on rencontre d'ailleurs dans ce pays une répartition des compétences originale entre le ministre de l'Environnement, la « state pollution control authority », et une société de droit privé, la NORSAS (Norsk Spesialalavfallsselsakap A/S, dont les capitaux sont publics – État – à 52 %, le reste étant partagé entre l'équivalent norvégien du Centre national du patronat français, la Confédération norvégienne du commerce et de l'industrie à hauteur de 24 % et l'Association des autorités locales de Norvège à hauteur de 24 % également). Il appartient au ministre de définir les objectifs et les lignes de conduite, tandis que la « state pollution control authority » reçoit d'authentiques pouvoirs de régulation, de réglementation et de contrôle ; la NORSAS, organe de cogestion sociale un peu particulier, reçoit des pouvoirs administratifs et des fonctions de contrôle et d'information. Le schéma est dans la plupart des pays légèrement différent : le rôle des agences de l'environnement se cantonne à des activités de conseil, de surveillance générale – sans pouvoir de sanction – et d'attribution d'aides techniques et financières. L'Agence nationale pour la protection de l'environnement (ANPA) italienne, à cet égard, comme l'Agence nationale pour la protection de l'environnement suédoise ou l'AEME française, correspondent à ce modèle plus répandu. Ces organismes sont clairement les répondants – entre autres – de l'Agence européenne de l'environnement. Les pays de dimension réduite ont naturellement tendance à confier à un organisme unique et spécialisé un certain nombre de tâches de gestion et de régulation : ainsi, en Estonie, une entreprise d'État, « Estonian Water », est responsable de la distribution et de l'assainissement. Certains n'ont cependant pas eu recours pour l'heure à des établissements spécialisés (Slovénie). D'autres ont institué une agence ayant une compétence globale en matière d'environnement (Slovaquie : Agence slovaque de protection de l'environnement, sous l'autorité directe du ministre de l'Environnement), bénéficiant souvent d'antennes locales ou de branches (sept en Slovaquie, par exemple). Quant aux États fédéraux, la situation eût pu être de manière générale différente, par égard pour les compétences des États fédérés. Mais, par exemple, en Suisse, l'Office fédéral de l'environnement, des forêts et du paysage (qui dépend, cela mérite d'être souligné, du département fédéral de l'Intérieur et non du ministre de Environnement) occupe une place importante : préparation de la législation, appréciation des problèmes d'application des normes et de leurs implications économiques, évaluation des procédures de consultation, suivi des travaux de recherches, conseil aux services spécialisés des cantons, collaborations aux niveaux international et national. Il dispose pour ce faire d'un personnel important (340 personnes en 1994) dont un fort corps scientifique. En Autriche (36), l'ancienne agence de contrôle écologique a été transformée en 1998 en société à responsabilité limitée dont la fédération détient 100 % du capital : elle garde sa fonction d'observation, d'évaluation, et de communication des résultats au public. En Belgique, l'environnement étant de la compétence exclusive des régions, c'est au niveau régional que de telles créations institutionnelles apparaissent : ainsi, en région flamande, on en trouve une dans chaque secteur, dotée de pouvoirs différents et souvent étendus.

On notera pour terminer que de nombreux autres établissements publics d'État développent des activités d'expertise ou de contrôle qui touchent de près ou de loin à la protection de l'environnement, comme l'AFSSA. On remarquera que le ministère de l'environnement ne figure pas au nombre des ministres qui en assurent la co-tutelle, et ce n'est pas un exemple isolé.

Article L. 794-1 Code de la santé publique

I. – Il est créé un établissement public de l'État dénommé Agence française de sécurité sanitaire des aliments. Cet établissement est placé sous la tutelle des ministres chargés de la santé, de l'agriculture et de la consommation.

(36) F. MERLI, M. RITTER, « Chronique nationale », *REDE* 2000/2, p. 162.

Dans le but d'assurer la protection de la santé humaine, l'agence a pour mission de contribuer à assurer la sécurité sanitaire dans le domaine de l'alimentation, depuis la production des matières premières jusqu'à la distribution au consommateur final. Elle évalue les risques sanitaires et nutritionnels que peuvent présenter les aliments destinés à l'homme ou aux animaux, y compris ceux pouvant provenir des eaux destinées à la consommation humaine, des procédés et conditions de production, transformation, conservation, transport, stockage et distribution des denrées alimentaires, ainsi que des maladies ou infections animales, de l'utilisation des denrées destinées à l'alimentation animale, des produits phytosanitaires, des médicaments vétérinaires, notamment les préparations extemporanées et les aliments médicamenteux, des produits antiparasitaires à usage agricole et assimilés, des matières fertilisantes et supports de culture, ainsi que des conditionnements et matériaux destinés à se trouver en contact avec les produits susmentionnés. De même, elle participe à la mission de défense nationale dans le domaine alimentaire.
Dans le cadre du Centre national d'études vétérinaires et alimentaires, placé en son sein et géré par elle, l'agence fournit l'appui technique et scientifique nécessaire à la mise en œuvre des mesures prévues par le Code rural, notamment par les titres 3, 4, 4bis et 5 de son livre 2 et par le chapitre 3 du titre 2 du livre 5 du présent code.
Pour l'accomplissement de ses missions, les laboratoires des services de l'État chargés du contrôle de la sécurité sanitaire des aliments et ceux qui leur sont rattachés sont mis à disposition de l'agence en tant que de besoin.

CHAPITRE 2
LES SERVICES EXTÉRIEURS DU MINISTÈRE DE L'ENVIRONNEMENT

Pour l'exercice de ses attributions, le ministre de l'Environnement dispose de services extérieurs qui lui sont propres et – ainsi que cela a été dit – d'établissements publics qui lui sont rattachés (1). Il dispose aussi de services et de structures qui relèvent de l'autorité d'autres ministères et sont mis en tant que de besoin à sa dispositions. Évidemment, cette organisation de l'administration ne permet pas, de fait, au ministre de bénéficier d'une structure administrative complète. S'il dispose d'une administration centrale groupant plusieurs directions, il n'a pas sous son autorité des services extérieurs correspondant aux différents niveaux de l'administration d'État. En effet, les seuls services extérieurs relevant strictement et exclusivement de son autorité se situent à l'échelon régional : jusqu'à l'institution des DIREN, les délégués régionaux à l'architecture et à l'environnement, créés par un décret du 6 mars 1979 (2), constituaient l'essentiel des répondants territoriaux du ministère. Récemment remplacés, ils n'ont pas toujours laissé une mauvaise image de leur action, compte tenu du contexte flou qui y présidait.

C'est pourtant dès les années 1970 que s'ébauchent les premières structures administratives territoriales agissant dans le domaine de la préservation du cadre de vie : les ateliers régionaux des sites et paysages, institués à partir de 1972 principalement pour « remédier à l'absence sur le territoire d'organismes spécialisés en matière de sites et paysages dans les services et établissements publics s'occupant d'aménagement du territoire » (3). Une instruction du ministre chargé de la Protection de la nature et de l'Environnement du 23 mars 1973 définissait leur rôle comme un rôle d'assistance technique. Mais, en 1975, des délégués régionaux à l'environnement furent nommés comme représentants du ministère de l'Environnement, chargés à la fois de missions d'inspection et de la mise en œuvre au niveau régional de certains aspects de la politique ministérielle. Ces délégués, fonction-

(1) Et dont l'autonomie est toute relative, si bien qu'on peut plutôt les analyser comme étant des services déconcentrés que comme d'authentiques organes décentralisés.

(2) Décret n° 79-181 du 6 mars 1979, *JO* 7 mars 1979.

(3) Note du 2 décembre 1976 de l'Amicale des délégués régionaux à l'environnement.

naires de mission, se sont vus reconnaître dans la pratique une certaine autorité. C'est à l'occasion du regroupement sous une seule autorité ministérielle des compétences en matière d'aménagement et de protection, d'urbanisme et d'environnement, d'architecture et de construction que furent créés les DRAE. En effet, l'institution d'un grand ministère de l'Environnement et du Cadre de vie en 1978 (4) s'accompagna dès 1979 de la nomination de délégués régionaux à l'architecture et à l'environnement, qui, placés sous l'autorité du préfet, ont une « activité missionnaire de promotion, de consultant et plus généralement de conseil » (5).

SECTION 1 DES COMPÉTENCES RÉDUITES DES DRAE...

Les compétences d'attribution reconnues aux DRAE correspondaient en conséquence au regroupement des attributions au niveau ministériel ainsi qu'au redécoupage qu'il implique ; les DRAE exerçaient les fonctions précédemment dévolues aux conservateurs régionaux des bâtiments de France et aux délégués régionaux de l'environnement. D'une manière générale, les DRAE se voyaient ainsi confiées :

— la protection des sites, paysages et abords des monuments historiques ;
— la promotion d'un urbanisme et d'une production architecturale de qualité ;
— la protection de la nature et de l'environnement.

C'est l'article 2 du décret du 6 mars 1979 qui, précisant leurs domaines d'attribution, énonçait que les DRAE étaient chargés :

— de promouvoir un urbanisme et une architecture de qualité, s'intégrant harmonieusement dans le milieu environnant. À cet effet, ils coordonnent les activités des services départementaux de l'architecture et sont tenus informés des affaires traitées en commun par ces services et par les directions départementales de l'équipement ;

— de veiller à l'application des législations concernant les sites, les secteurs sauvegardés, et, pour ce qui est de leurs abords, les monuments historiques, de proposer toutes mesures de protection au titre de ces législations, et, selon les cas, d'instruire ces mesures ou d'en suivre l'instruction ;

— de contribuer à l'application de la loi du 3 janvier 1977 (6) et de représenter le ministre de l'Environnement auprès des conseils régionaux de l'ordre des architectes ;

— de participer à la mise en œuvre des actions conduites en matière d'environnement et de qualité de vie, notamment de conseiller les autorités et administrations locales pour la protection de la nature, la prévention et le traitement des pollutions et nuisances, l'amélioration du cadre de vie en milieu rural ou urbain, l'aménagement des rythmes de vie et le développement de la vie associative ;

(4) Décret n° 78-533 du 12 avril 1978.
(5) J. MORAND-DEVILLER, *Le droit de l'environnement*, PUF, coll. « Que sais-je ? », n° 2334, p. 19.
(6) Loi n° 77-2 du 3 janvier 1977 sur l'architecture, *JO* 4 janvier 1977.

— de donner des avis sur les études d'impact dont ils étaient saisis en application de la loi du 10 juillet 1976 (7) et de veiller à une bonne insertion des grands équipements dans le milieu environnant.

D'autres textes ont par la suite confié aux DRAE des compétences nouvelles dans le domaine de la sauvegarde du patrimoine architectural et urbain. Il leur appartenait en effet d'assurer le secrétariat du collège régional du patrimoine et des sites et de participer à la création et à la gestion de zones de protection du patrimoine architectural et urbain (ZPPAU) prévues par la loi du 7 janvier 1983 et par deux décrets du 25 avril 1984 (8).

Ces activités diverses faisaient du DRAE à la fois un chef de service régional, un conseiller du préfet de région et un chef de service interdépartemental ; elles peuvent en fait être regroupées en deux catégories :

— les missions spécifiques des DRAE tant au niveau régional que départemental ;

— les missions d'animation, de conseil et de coordination générale en faveur de l'architecture et de l'environnement.

Cette rationalité ne leur a pas épargné d'être remplacés par les DIREN.

SECTION 2 ... AUX COMPÉTENCES INCOMPLÈTES DES DIREN

Le décret n° 91-343 du 9 avril 1991 relatif à la mise sous l'autorité du ministre de l'Environnement des services d'aménagement des eaux des directions régionales de l'agriculture et de la forêt (9) annonçait la couleur : il aura fallu quand même longtemps pour que les DIREN soient mises en place. Il s'agit d'authentiques directions régionales, qui récupèrent pour l'essentiel les compétences des DRAE et se voient attribuer plusieurs compétences qu'elles ne possédaient pas, ou pas clairement, en matière d'eau en particulier (10) : les DIREN remplacent et intègrent les délégations de bassin. Les missions d'étude et de diffusion de connaissances, de contribution à la planification locale (11), de coordination dans

(7) Loi n° 76-629 relative à la protection de la nature, *JO* 13 juillet 1976.

(8) Loi relative à la répartition des compétences entre les communes, les départements, les régions et l'État du 7 janvier 1983, *JO* 9 janvier, et décret 84-304 du 25 avril 1984 relatif aux zones de protection du patrimoine architectural et urbain, décret n° 84-405 du 25 avril 1984 relatif au collège régional du patrimoine et des sites (*JO* 27 avril 1984).

(9) *JO* 10 avril 1991, p. 4771-4772.

(10) Art. 6 et art. 10 du décret.

(11) Ce qui, compte tenu du développement des plans départementaux et municipaux d'environnement, n'est pas sans importance. On remarquera que la pratique des chartes de l'environnement (v. P. LE LOUARN, « Les chartes de l'environnement entre décentralisation et déconcentration : conception et mise en œuvre d'une politique publique de l'État », *RJE* 1-1995, p. 27 et s.) permet à l'État, à travers la mise en place de co-financements, d'initier des politiques locales en collaboration avec les collectivités locales, sur une base conventionnelle. Les DIREN ont, dans la phase de négociation comme dans le suivi, l'opportunité de privilégier des approches globales.

l'application des législations de protection, d'aménagement (12), de mise en valeur, et de représentation de l'État qui leur sont attribuées devraient en faire des administrations dignes de ce nom si le budget suit... Cette mise en place et l'appellation retenue pour la nouvelle institution manifestent de plus une conception large, globale, de l'environnement, qui intègre les milieux naturels comme les milieux urbains, les préoccupations écologiques comme les préoccupations esthétiques (paysage et architecture). D'autre part, les DIREN sont mises à la disposition des autres ministères pour l'exercice des compétences qu'ils conservent (ministère de l'Agriculture en matière d'eau par exemple) : jusque-là, on était plutôt habitué au contraire ! Il y a indubitablement rationalisation administrative et renforcement relatif du rôle central du ministère de l'Environnement sur le territoire (car en matière d'administration déconcentrée, préfets et préfets de région conservent leurs pouvoirs de décision, et en reçoivent même – cf. nos remarques sur la loi sur l'eau – d'autres).

L'aspect restrictif du décret n° 91-1140 publié dans le même *JO* et relatif aux conditions de nomination dans l'emploi de directeur régional de l'environnement : si les titulaires de ces emplois sont nommés par le seul ministre de l'Environnement « après consultation du ministre de l'Équipement », ils ne peuvent être recrutés que « dans un corps de catégorie A ou dans le corps judiciaire », et encore seulement parmi ceux qui, dans ces corps, peuvent justifier « de l'accomplissement de dix ans au moins de services effectifs » dans ces corps, ce qui relativise la latitude de choix du ministère. Et, de fait, sur les vingt et une premières nominations (*JO* du 8 février 1991), on recensait 7 IGREF (ingénieurs du génie rural, des eaux et forêts), deux ingénieurs des ponts et chaussées, un ingénieur agronome, un ingénieur divisionnaire des travaux publics, un ingénieur en chef du génie sanitaire, un administrateur civil, un sous-préfet. Le profil des DIREN s'avère beaucoup plus classique, et en partie plus « technicien » que celui des anciens DRAE.

On remarquera enfin que, contemporain du recul des compétences et de l'importance politique des ministres de l'écologie, l'on assiste parfois à une valse hésitation sur les compétences des DIREN. Après le décret n° 2004-1430 du 23 décembre 2004 relatif aux directions régionales des affaires culturelles et modifiant les attributions des directions régionales de l'environnement (13), le décret n° 2006-665 du 7 juin 2006 (14) énonce ainsi les compétences des DIREN :

Article 7 : « Sous réserve des attributions des autres services déconcentrés de l'État et des compétences propres des architectes de Bâtiments de France, la direction régionale de l'environnement :

a) Est chargée de l'application des législations relatives à l'eau, à la protection des sites, à la protection de la nature, à l'architecture, à la protection et à la mise en valeur du patrimoine architectural et urbain, aux études d'impact, à la publicité et aux enseignes et à la protection des paysages, notamment pour le littoral et la montagne, et assure des missions d'inspection et de police relatives à la mise en œuvre des mesures de protection

(12) On notera en particulier la rédaction précise de l'art. 8 alinéa 1er : « La direction régionale de l'environnement contribue à promouvoir un urbanisme et une architecture de qualité s'intégrant harmonieusement dans le milieu environnant »...

(13) *JO* n° 302, 29 décembre 2004.

(14) *JO* 8 juin 2006.

b) Instruit les demandes d'autorisation de travaux dans les sites classés et rapporte devant la commission départementale de la nature, des paysages et des sites les dossiers qui lui sont soumis ;

c) Instruit les affaires relatives aux réserves naturelles et aux biotopes protégés qui sont examinées par la commission départementale de la nature, des paysages et des sites les dossiers qui lui sont soumis ;

d) Peut être chargée par le préfet de rapporter devant la commission des sites les projets d'ouverture à l'urbanisation des espaces proches du rivage, tels que les prévoient les articles L. 146-4, alinéa 2, et L. 146-6 du Code de l'urbanisme ;

e) Donne des avis sur les études d'impact dont elle est saisie et veille à une bonne insertion des grands équipements dans le milieu environnant.

Le directeur régional de l'environnement représente l'État au conseil régional de l'ordre des architectes. Il assure le secrétariat du collège régional du patrimoine et des sites. Il est le secrétaire général du comité technique de l'eau et peut représenter le préfet de région dans les organismes de bassin. Il participe dans chaque département aux travaux de la commission départementale de la nature, des paysages et des sites. »

Article 8

« La direction régionale de l'environnement contribue à promouvoir un urbanisme et une architecture de qualité s'intégrant harmonieusement dans le milieu environnant. Elle contribue à la préparation et à l'exécution des contrats de plan État-région dans le domaine de l'environnement. Elle concourt à la préparation et à la révision des chartes des parcs nationaux et des parcs naturels régionaux. Elle contribue à informer le public sur l'environnement et l'architecture, en liaison avec les conseils d'architecture, d'urbanisme et de l'environnement, notamment par des actions de communication, de formation et d'initiation à l'environnement. Elle participe à la mise en œuvre des fonds structurels communautaires. Elle est associée à l'application des mesures de protection des espaces prises sur le fondement de l'article 19 du règlement du Conseil des communautés européennes du 15 juin 1987 susvisé. Elle concourt aux politiques de mise en valeur :

a) Des ensembles urbains protégés tels que les zones de protection du patrimoine architectural et urbain, les secteurs sauvegardés, les sites urbains et les abords des monuments historiques ;

b) Des milieux naturels protégés tels que les sites naturels, les réserves naturelles, les biotopes protégés, les zones périphériques des parcs nationaux ou les parcs naturels régionaux ;

c) Des milieux aquatiques et des ressources en eau. »

On notera que le relatif illogisme de l'éclatement des moyens et des compétences entre DRIRE et DIREN a été perçu par les pouvoirs publics sans que, pendant longtemps, ils en tirent complètement les conséquences. Mais une expérience a été menée dans cinq régions (Corse, Haute Normandie, Picardie, PACA, Nord-pas-de-Calais), d'abord par la nomination d'un directeur unique puis par la mise en place d'un comité commun de direction, présenté comme le prélude à une fusion réelle et officielle, qui serait imitée ensuite dans les autres régions (15).

(15) « Écologie et développement durable », *Journal du MEDD* novembre 2006.

Arrêté du 2 mai 2007 portant nomination (directions régionales de l'environnement)
NOR : DEVG0753365A

Par arrêté de la ministre de l'écologie et du développement durable en date du 2 mai 2007, Mme Marie-Claire Beltrame-Devoti, administratrice civile hors classe, directrice régionale de l'industrie, de la recherche et de l'environnement de Picardie, est nommée directrice régionale de l'environnement de la région Picardie à compter du 15 mai 2007 et pour la durée de l'expérimentation de rapprochement de la DIREN et DRIRE engagée en application des dispositions de la circulaire du 19 octobre 2004 relative à la réforme de l'administration territoriale de l'État, création de pôles régionaux, organisation des préfectures de région.

BIBLIOGRAPHIE

P. Lascoumes, J.-P. Le Bourhis, *L'environnement ou l'administration des possibles, la création des DIREN*, L'Harmattan, 1997 ■ R. Romi, *Les collectivités locales et l'environnement*, LGDJ, coll. « Décentralisation », 1998.

CHAPITRE 3

LE RÔLE CENTRAL DU PRÉFET ET LA FRÉQUENCE DU RECOURS AU MINISTRE ET AU GOUVERNEMENT

Il est tout à fait intéressant de mesurer combien le préfet, malgré la décentralisation, et peut-être plus encore qu'avant 1982, détient un grand nombre de pouvoirs en matière de protection et d'administration de l'environnement, que ne remettent que peu en cause les plus récentes évolutions. On l'a vu, déjà, en matière d'urbanisme. Mais c'est tout aussi flagrant pour bon nombre de procédures de protection et de gestion. Soit il se voit reconnaître – ou plutôt l'État possède, mais il « personnifie » l'État – le monopole de mise en œuvre effective de ces procédures ; soit il intervient à un titre ou à un autre dans ces procédures, qu'elles soient entamées à l'initiative de personnes privées ou de collectivités locales. Et ce ne sont pas les DIREN, bien trop faibles, qui peuvent lui faire ombrage... Il a également des pouvoirs importants en matière de police, qui font de lui une pièce importante du dispositif français d'administration de l'environnement. Ceci est la conséquence logique de la conjonction entre l'augmentation de ses pouvoirs en 1982 (la décentralisation est allée de pair, on le sait, avec une clarification et une augmentation des pouvoirs de ces « délégués du gouvernement », « représentant(s) direct(s) du Premier ministre et de chacun des ministres », « dépositaire(s) de l'autorité de l'État » (1)) et de la traditionnelle méfiance envers les collectivités locales en matière d'environnement. Autant dire donc qu'ils sont incontournables : tant en matière de protection de la nature, qu'en matière de gestion de la faune, c'est évident ; c'est un fait acquis, aussi, quand ils interviennent en tant qu'autorités de police ; pour le reste, ils servent le plus souvent de relais, mais n'en perdent pas pour cela leur place centrale. Mais, en fin de compte, le pouvoir central, soit qu'il soit saisi par le préfet, soit parce qu'il est seul compétent en vertu des textes existants, a souvent le dernier mot.

(1) V. T. MICHALON, R. ROMI, *Les régimes d'administration locale*, Syros, coll. « Décentralisation », t. 10.

SECTION 1 LE PRÉFET, GARANT DE LA PROTECTION DE LA NATURE ET AUTORITÉ DE POLICE SPÉCIALE

L'« omnicompétence » du préfet est le trait marquant de cette construction qui voit donc le préfet « réguler » la nature, comme les risques technologiques !

§ 1. LE RÔLE DU PRÉFET EN MATIÈRE DE PROTECTION DE LA NATURE

Pour la création des parcs naturels nationaux, le ou les préfets concernés *formulent des avis* lors de la transmission du dossier d'enquête publique au ministre chargé de la Protection de la nature. Il en est de même pour les projets de création de parcs naturels régionaux avancés par une région, après que celle-ci ait mené à bien les diverses étapes de la procédure. Lors des créations de réserves naturelles, ce sont les « services de l'État » qui procèdent à la consultation des collectivités locales concernées préalablement à la mise en route réelle de la procédure de création. Ce sont encore eux qui notifient le projet aux propriétaires (et il y a façon et façon de le faire : ce n'est pas innocent car, si les propriétaires donnent tous leur accord écrit, l'enquête publique est inutile). Il est pour le moins rare voire impossible que le préfet n'émette pas d'opinion ou de directives en la matière à ce stade. Le dossier lui est de toute façon transmis après cette phase préalable pour qu'il le soumettre pour avis à la commission départementale des sites. À l'un ou l'autre de ces stades, le préfet peut faire preuve de diligence ou pas (2)... Ce facteur est encore plus important pour les réserves naturelles volontaires (3) : la demande d'agrément est adressée au préfet du département, qui procède à la consultation du ou des conseils municipaux intéressés, des administrations concernées et le cas échéant (s'il est prévu d'interdire la chasse) aux ACCA ou à la fédération départementale de chasseurs. C'est aussi lui qui donne l'agrément (valable 6 ans et renouvelable par tacite reconduction).

C'est bien évidemment la formule de *l'arrêté de protection de biotope* (4) (v. *infra*) qui lui laisse la plus grande latitude de décision.

(2) Car finalement, rares sont les textes qui fixent un délai maximum au préfet pour agir, comme les art. L. 411-1 et suivants et art. R. 411-1 et suivants du Code forestier (pour les « forêts de protection », le préfet a un mois, à partir de la transmission du dossier effectuée par le directeur départemental de l'agriculture et de la forêt, pour ouvrir une enquête dans les communes concernées). Cette tendance est de toute manière générale : le préfet dispose toujours, dans l'usage de ses pouvoirs, d'une possibilité d'apprécier l'opportunité d'une plus ou moins grande discrétion. C'est même le cas, on le sait depuis l'arrêt Brasseur rendu par le CE, le 25 février 1991, en matière de déféré, et la chose est loin d'être négligeable, particulièrement en matière d'environnement urbain.

(3) Art. 24 de la loi du 10 juillet 1976 sur la protection de la nature, art. 17 et suivants du décret n° 77-1298 du 25 novembre 1977 et décret n° 86-1136 du 17 octobre 1986 (*JO* 23 octobre).

(4) Art. 4 du décret n° 77-1295 du 25 novembre 1977, *JO* 27 novembre.

Le rôle du préfet en matière de *gestion de la faune* est extrêmement important, tant en matière de chasse qu'en matière de gestion des espèces dites nuisibles et en matière de pêche. En matière de chasse, le préfet est tout d'abord l'autorité de tutelle des ACCA ; l'article 53 du décret du 6 octobre 1966 (texte d'application de la loi *Verdeille*) lui attribue la compétence de dissoudre le conseil d'administration d'une ACCA (5) « ... en cas de violation de ses statuts ou de son règlement de chasse, de déficit grave ou continu, d'atteinte aux propriétés, aux récoltes, aux libertés publiques, et d'une manière générale de la loi du 10 juillet 1964 et des textes pris pour son application » ; il peut aussi, sans en arriver jusque-là, « par arrêté, décider des mesures provisoires, telles que suspension de l'exercice de la chasse sur tout ou partie du territoire... ». Il demeure dans les limites fixées nationalement juge du bien-fondé des dates même si dans la réalité il lui arrive de suivre trop fidèlement les avis des fédérations de chasseurs (6) et si le législateur (v. *infra*) intervient ces dernières années pour encadrer de plus en plus ses pouvoirs. Il possède en matière de chasse aussi quelques pouvoirs d'usage plus exceptionnels :

— interdiction de chasse ou limitation des jours et heures de chasse dans le but de favoriser la protection et le repeuplement du gibier ;

— autorisation exceptionnelle et pour certaines espèces de chasse par temps de neige, et fixation des conditions restrictives nécessaires à la protection des différentes espèces de gibier ;

— suspension totale ou pour certaines espèces du droit de chasse, pour une période de dix jours renouvelable « en cas de calamité, incendie, gel prolongé, susceptible de provoquer ou de favoriser la destruction du gibier ».

Le préfet est également une *autorité consultative :* pour la détermination des modes d'élaboration des plans de chasse, le préfet doit donner son avis au ministre compétent (7) ; il est membre de droit de la commission compétente pour l'établissement des plans de chasse au grand gibier et au petit gibier et désigne de plus certains membres de ces deux commissions (8). L'établissement des plans de chasse individuels est aussi de sa compétence (9) : il n'est donc pas faux de dire que le succès de ce mode de régulation cynégétique dépend pour une large part de la capacité des préfets à appréhender la réalité cynégétique de leur département (10). C'est aussi à cette même autorité qu'incombe la détermination des nuisibles dans chaque département, même si en la matière le décret du 30 septembre 1988 réserve l'essentiel du pouvoir au ministre (cf. ci-après).

En matière de *pêche et de gestion des ressources de l'eau*, le préfet n'est pas moins présent. Par exemple, c'est à lui que les demandes d'autorisation de pisciculture sont adressées (art. L. 431-6 du Code de l'environnement). Il lui appartient donc de vérifier le respect des dispositions de ce titre III et, en particulier,

(5) Qui est alors remplacé « ... par un comité de gestion nommé par arrêté pour un délai maximum d'un an pendant lequel de nouvelles élections devront avoir lieu ».

(6) Encourant de ce fait les foudres des TA : v. R. Romi, « Chronique de droit de la chasse », *RJE* 1989-2, préc. V. également, pour un cas flagrant de violation de la directive européenne de 1979 les observations de V. Lévy-Bruhl sous l'arrêt du TA, Grenoble du 28 novembre 1987, *CORA et ROC*, *RJE* 3-1988, p. 333 et s.

(7) Art. R. 225-2 du Code rural pour les plans de chasse au grand gibier.

(8) Art. R. 225-7 et R. 226-8 du Code rural.

(9) Art. R. 225-8, 9, 10, 13 et 14 du Code rural.

(10) V. R. Romi, « Chronique de droit de la chasse », *RJE* 2-1990.

d'exiger une étude d'impact ou une notice d'impact quand elles sont exigées par les textes (11). Dans le cas où une étude d'impact est exigée, c'est évidemment à lui qu'incombe le soin d'ouvrir une enquête publique. Il statue enfin sur la demande d'autorisation d'exploitation piscicole, et il lui incombe de fixer un certain nombre de conditions concernant la libre circulation des peuplements piscicoles sauvages et les mesures nécessaires à la protection du milieu aquatique et d'en vérifier le respect. On retrouve le préfet pour ce qui concerne l'introduction de certaines espèces. De même, en matière de pêche de loisir, le retrouve-t-on comme pour la gestion du droit de pêche de l'État. Il a aussi la possibilité, comme en matière de chasse, d'assurer la conciliation entre la « prédation » et la « protection ». L'on remarquera en particulier que le préfet peut en vue de protéger certaines espèces... réduire par arrêté la durée du temps d'ouverture de la pêche pour toutes les espèces ou pour certaines d'entre elles seulement soit pour tout le département, soit pour certains cours d'eau, canaux ou plans d'eau ou interdire la pêche de certaines espèces.

§ 2. L'IMPORTANCE DES POUVOIRS DE POLICE DES PRÉFETS

Avec la chasse et la pêche, les pouvoirs de police du préfet ont été déjà évoqués. De même que l'étude de ses compétences en matière de bruit, ou des autres prolongements nécessaires de son action de police administrative générale à la gestion des troubles de l'environnement, l'examen du régime des installations classées prouve – voir *infra*, quatrième partie, titre 1 – que le préfet est peut-être, en matière de politique de l'environnement industriel et urbain, l'autorité administrative la mieux pourvue en moyens juridiques d'intervention. Il est en la matière la principale autorité. La place de l'État n'a pas été pas réellement influencée par le texte de la loi *Barnier* de 1995, qui s'est contentée de renforcer – de manière modérée – le rôle du préfet (12) tout en préservant – voir *infra* – la possibilité de transfert aux collectivités locales, et de favoriser l'usage de l'expropriation par l'État en matière de risques naturels. Le rôle essentiel de l'État est de planifier et de coordonner, et en la matière le préfet a évidemment un rôle notable à jouer.

Tous les textes postérieurs à 1995 l'ont d'ailleurs confirmé, comme par exemple, pour ce qui concerne la direction des opérations de secours. Au-delà des compétences des autorités de police administrative classiquement énoncées par les articles L. 2211-1, L. 2212-2 et L. 2215-1 du Code général des collectivités territoriales, ils

(11) Soit les « créations de salmonicultures et d'élevages à des fins scientifiques ou expérimentales... les créations de piscicultures dont la production ou la commercialisation annuelle est égale ou supérieure à deux tonnes ou dont la surface en eau est égale ou supérieure à trois hectares, ainsi que les extensions de piscicultures qui ont pour effet de porter leur production ou leur commercialisation annuelles ou leur surface en eau à un niveau supérieur ou égal aux seuils ainsi fixés » ; pour les autres piscicultures, n'est exigée qu'une étude d'impact.

(12) Qui demeure de fait, notamment, l'autorité essentielle en matière de prévention des risques naturels. L'élaboration et l'adoption des plans de prévention des risques naturels, destinés à relayer les PER dépendent de son efficience.

confirment la place prééminente du préfet : « En cas d'accident, sinistre ou catastrophe dont les conséquences peuvent dépasser les limites ou les capacités d'une commune, le représentant de l'État dans le département mobilise les moyens de secours relevant de l'État, des collectivités territoriales et des établissements publics. En tant que de besoin, il mobilise ou réquisitionne les moyens privés nécessaires aux secours. Il assure la direction des opérations de secours. Il déclenche, s'il y a lieu, le plan Orsec départemental ».

Mais dans beaucoup de cas, il n'est qu'un relais, soit en vertu des textes, soit en vertu des pratiques administratives : la fréquence du recours au ministre ou plus rarement au gouvernement est aussi une constante de l'administration locale de l'environnement que l'on aurait tort de négliger.

SECTION 2 **LA FRÉQUENCE DU RECOURS AU MINISTRE ET AU GOUVERNEMENT : UNE DÉCONCENTRATION VOLONTAIREMENT INACHEVÉE**

Le mouvement de déconcentration gagne l'environnement, mais la « remontée » vers le ministre est encore très fréquente.

§ 1. LES LIMITES DE LA DÉCONCENTRATION EN MATIÈRE DE PROTECTION DE LA NATURE ET DE GESTION DE LA FAUNE

Un rapide inventaire montre bien qu'en matière de protection de la nature la déconcentration a des limites. La *création d'une réserve naturelle* par l'État doit être le fait d'un décret simple ou d'un décret en Conseil d'État s'il y a opposition d'un propriétaire ; toute modification ou destruction d'un élément du milieu est interdite sauf autorisation ministérielle. De même, la notification aux propriétaires concernés par la création d'une réserve, qui leur interdit toute modification des lieux pendant quinze mois, est le fait du ministre de l'Environnement. Le *classement d'un territoire en parc naturel national* (13) se fait par décret en Conseil d'État ; et, si le préfet ou les préfets formulent un avis et s'occupent de l'enquête publique requise, ce sont les services du ministre de l'Environnement qui instruisent le dossier, et c'est au premier chef le chef du gouvernement qui décide de la création. Le *classement d'un territoire en parc naturel régional* (14) est de la compétence du ministre chargé de la Protection de la nature de même que le renouvellement de ce classement à l'issue d'une période de dix ans.

(13) La procédure en sera étudiée en détail ultérieurement.
(14) *Idem*.

En matière de chasse, par exemple pour les *créations de réserves,* l'intervention du pouvoir central (la plupart du temps de plusieurs ministres) est tout aussi déterminante. Pour les réserves de chasse approuvées (15), l'approbation émane du ministre chargé de la Chasse, sur présentation d'un dossier transmis par le préfet, avec avis du président de la fédération départementale de chasse et du directeur départemental de l'agriculture et de la forêt. Pour les réserves nationales de chasse (16), le classement est opéré par arrêté du ministre chargé de la Chasse (c'est-à-dire celui de l'Environnement) à l'initiative de l'ONC, de l'ONF ou des propriétaires ; une convention est de plus passée entre ces derniers et l'ONC ou l'ONF, qui est soumise à l'approbation du ministre de l'Agriculture. Pour les *réserves biologiques domaniales* (17), le projet élaboré par l'ONF doit être soumis pour accord au ministre de l'Environnement par le ministre chargé de l'Agriculture et de la Forêt, qui prend l'arrêté d'aménagement. Pour l'institution de forêts de protection (18), même si l'essentiel de la procédure se déroule au plan local, le classement est opéré par décret en Conseil d'État.

En matière de *gestion des espèces dites « nuisibles »,* c'est le jeu de va-et-vient entre ministre et préfet qui doit retenir l'attention, comme constituant un mode particulier d'administration locale de l'environnement. Le décret du 30 septembre 1988 effectue un toilettage des dispositions éparses du Code rural concernant les espèces dites nuisibles. Cette remise en ordre a en particulier pour effet de retirer au seul ministre de l'Agriculture (art. 372, ancien, alinéa 3 du Code rural) le soin de « réglementer la mise en vente, la vente, l'achat, le transport et le colportage des animaux classés comme nuisibles et régulièrement détruits », après avis du Conseil national de la chasse ; un décret sera dorénavant nécessaire, la consultation du Conseil étant maintenue. Le pouvoir perdu par le ministre de l'Agriculture n'est donc pas à proprement parler gagné par le ministre de l'Environnement. Celui-ci reçoit cependant le droit de déterminer par arrêté les espèces susceptibles d'être classées nuisibles, ou plus exactement il revient à un décret en Conseil d'État de désigner cette autorité, et le décret cité désigne le ministre de l'Environnement. Mais le classement lui-même est réservé aux préfets, par l'article 3 du décret. Il ne revient donc au ministre chargé de la Chasse (*id est*, pour l'instant donc, le ministre de l'Écologie) de fixer par arrêté une liste d'espèces susceptibles d'être classées « en fonction des dommages que ces animaux peuvent causer aux activités humaines et aux équilibres biologiques ». Par ailleurs, l'article 9 du décret pose le principe selon lequel « les pièges doivent être sélectifs par leur principe ou leurs conditions d'emploi » ; cette sélectivité est assurée par une procédure d'homologation, qui dépend aussi du ministre. Quant à la fixation des modalités de destruction par chasse à tir, si l'article 13 énonce que « la chasse à tir par armes à feu s'exerce de jour dans les conditions fixées par le ministre chargé de la Chasse », l'article 15 énonce que « les destructions à tir s'effectuent sur autorisation individuelle délivrée par le

(15) Arrêté du 2 octobre 1951, modifié par arrêté du 17 avril 1979 (*JO* 10 octoble 1951 et 9 mai 1979).

(16) Arrêté du 19 mai 1982 (*JO* 13 juin 1982) et arrêté du 26 février 1986 (*JO* 14 mars 1986).

(17) Convention générale concernant les réserves biologiques domaniales entre le ministère de l'Environnement, le ministère de l'Agriculture et l'ONF du 3 février 1981.

(18) Art. L. 411-1 et suivants du Code forestier et R. 411-1 et suivants du Code forestier.

préfet ». Ici aussi, donc, partage. Bien entendu, le juge contrôle le tout, de la validité de l'inscription sur la liste nationale (19) à la décision concrète du préfet...

Quant à l'institution de sites classés ou inscrits, à bien des égards, le partage entre déconcentration et maintien de la centralisation est topique et gagne à être examiné un peu plus longuement.

§ 2. UN EXEMPLE TOPIQUE : LE PARTAGE DES POUVOIRS EN MATIÈRE D'INSCRIPTION ET DE CLASSEMENT DES SITES (20) ET DE GESTION DU PATRIMOINE

Les sites d'intérêt artistique, historique, scientifique, culturel ou tout simplement pittoresque peuvent faire l'objet d'une protection par l'inscription (21) ; l'initiative dépend théoriquement de la commission départementale des sites, et le dossier est instruit par la DIREN ; les communes sont consultées dans les trois mois ; la procédure d'instruction est donc logiquement locale ; mais l'inscription est prononcée par arrêté du ministre de l'Environnement (pour les sites naturels) (22) ou de la Culture. Ils peuvent faire l'objet d'un classement, toujours théoriquement à l'initiative de la commission départementale des sites. La notification aux propriétaires de l'ouverture de la procédure leur interdit d'entamer aucune modification à l'état des lieux (23). C'est certes le préfet qui, fort classiquement, ouvre l'enquête publique nécessaire si les propriétaires sont des personnes privées ; mais le classement est pris soit par arrêté du ministre de l'Environnement ou du ministre de la Culture si les propriétaires (personnes privées ou collectivités locales) souscrivent au classement, soit par décret en Conseil d'État si un propriétaire s'y oppose (24).

(19) Par exemple, pour l'inscription contestée des mustélidés, v. CE, 3 décembre 2003, *ASPAS et autres*, req. n° 251908 et autres, *RDR* 2004, p. 412.

(20) Loi du 2 mars 1930, décret n° 69-607 du 13 juin 1969, décret du 15 décembre 1988 (*JO* 17 décembre 1988).

(21) Elle a en particulier pour effet d'imposer aux propriétaires une déclaration préalable à tous travaux, auprès de l'Architecte des bâtiments de France. Surtout, elle limite l'exercice des activités touristiques, interdites en principe, mais des dérogations sont possibles, qui sont, c'est vrai, octroyées par le préfet.

(22) V. pour une présentation globale le livre « Lieux de beauté, lieux de mémoire, 100 ans de protection des sites », publié par le ministère de l'Environnement à l'occasion du centième anniversaire du texte originel (la loi de 1906 : v. notre dernier chapitre sur le droit du paysage, *infra*).

(23) Et, si dérogation il peut y avoir aussi, elle est le fait du ministre, et non plus du préfet.

(24) Le classement a pour effet d'interdire tous travaux susceptibles d'altérer les lieux, sauf autorisation du ministre ; l'autorisation du préfet ne suffit que pour les travaux non soumis à l'exigence d'un permis de construire et la modification de clôtures (après avis de l'ABF, et, si le préfet le juge utile, de la commission départementale des sites). Pour l'interdiction du camping, de la création de villages de vacances, de l'affichage, de la publicité qu'implique le classement, seul le ministre peut consentir des dérogations. À noter que cette « centralisation », si elle est théoriquement une garantie, n'empêche pas que des travaux importants soient quelquefois autorisés, la juridiction administrative (le CE) n'étant pas d'une sévérité absolue. C'est par exemple ce que démontre A. OUSTRIC dans un art. consacré à la gestion

Ceci dit, en matière de gestion du patrimoine monumental (25), le partage des compétences est un peu particulier. Comme l'énonce M. Pontier dans un article consacré au sujet, « ... il existe différentes structures ministérielles qui peuvent être concernées par la protection du patrimoine, et qui interviennent dans le cadre de leurs attributions sans qu'il y ait toujours totale cohérence entre les actions de ces administrations » ; sont en effet « concernés » par exemple le ministre de la Culture (26), le secrétariat d'État à l'enseignement Supérieur ou le ministre de l'Éducation nationale, et le ministère de la Défense. Mais, si l'on ne regarde que la propriété des bâtiments, ce sont les communes qui sont les plus « concernées » ! Tout simplement parce qu'elles « sont les plus gros propriétaires de patrimoine : ... les communes possèdent 61 % du patrimoine classé » (27). La centralisation qui règne en matière de classement s'éclaire au vu de ces chiffres d'un jour nouveau... Où l'on retrouve, tout simplement, en matière de patrimoine, cette tendance, déjà soulignée en d'autres domaines de l'administration de l'environnement, à considérer que l'État possède, peut-être mieux que les collectivités locales, les vertus nécessaires pour dire le beau et faire le bien... de même que dans des domaines tout à fait différents, comme celui de la gestion des animaux nuisibles, pour lequel le ministre de l'Environnement exerce une fonction d'encadrement de l'action des autorités déconcentrées.

Ce n'est que depuis une date récente (2004) que dans le cadre du transfert de nouvelles responsabilités aux collectivités locales semble se dessiner une politique marquée par une moindre méfiance (avec, notamment, une politique de transfert de patrimoine bâti de l'État aux collectivités locales assorti de conventions organisant la gestion des biens) (28).

Mais il est évident que l'action de l'administration d'État ne peut toujours se mener directement. En matière d'environnement plus encore que dans d'autres domaines, on comprendra que la perception de la population est des facteurs importants de la réussite d'une politique. La formule dite de « décentralisation technique » est souvent utilisée pour rapprocher ou faire mine de rapprocher la gestion déconcentrée d'une authentique gestion décentralisée, pour permettre une prise en compte particulière d'un problème spécifique (en droit, en dehors de la personnalité juridique, c'est le respect du principe dit de « spécialité » qui caractérise les établissements publics).

L'administration locale de l'environnement est pour une large part prise en charge par des institutions « de décentralisation technique » dont il n'est pas toujours facile de dire, on va le voir, si elles sont seulement des services déconcentrés de l'État (placés sous son contrôle et sans autonomie) ou des organismes qui tendent vers une

des espaces boisés, « Réflexions sur la gestion des espaces boisés en sites protégés au titre de la loi du 2 mai 1930 », *RJE* 1-1985, p. 7 et s.

(25) V. J.-M. Pontier, « La protection du patrimoine monumental », *RFDA* n° 5, sept.-oct. 1989, p. 758 et s.

(26) Le budget qu'il consacre à la protection du patrimoine est, à l'échelle du budget total de ce département, tout à fait conséquent : v. J.-M. Pontier, *op. cit.*, p. 769. Il dépasse en particulier la part dépensée pour « l'action culturelle » ou la « production artistique ».

(27) J.-M. Pontier, *idem*, p. 771.

(28) Décret n° 2005-836, du 20 juillet 2005 pris en application de l'art. 97 de la loi n° 2004-809 du 13 août 2004 relative aux libertés et responsabilités locales et relatif aux conditions de transfert de la propriété de monuments historiques aux collectivités territoriales, *JO* n° 170, 23 juillet 2005, p. 12025.

authentique décentralisation. Il n'est pas impossible que cette ambiguïté soit voulue : elle permet d'éviter que ne soit trop apparente la méfiance dont la tradition française fait preuve à l'égard des autorités décentralisées en matière de protection de l'environnement, même à l'heure de la décentralisation.

TITRE II
L'ADMINISTRATION DE L'ENVIRONNEMENT ET LA DÉCENTRALISATION

SOUS-TITRE I
LES LIMITES DE LA DÉCENTRALISATION TERRITORIALE EN MATIÈRE D'ENVIRONNEMENT

On l'a vu, la gestion du « local » par l'État n'est pas exempte d'ambiguïté. L'une des façons de les lever aurait pu être d'épouser, pour ce qui concerne l'administration de l'environnement, le mouvement de décentralisation qui s'est amorcé en 1982. C'est le contraire qui s'est produit, mais l'on s'interroge de plus en plus sur la valeur de ce particularisme.

CHAPITRE 1
LES POLITIQUES DÉPARTEMENTALES EN MATIÈRE DE PROTECTION DE L'ENVIRONNEMENT

Les propositions du rapport *Barnier* sur la politique de l'environnement (1) avaient marqué, car nettement favorables à une restructuration de l'administration d'État couplée à la promotion d'« une nouvelle étape de la décentralisation » (2). Elles posaient surtout le problème rarement traité du rôle du département en matière de protection de l'environnement. Celui-ci, pour l'heure, sans être négligeable, n'est pas – au moins au plan des compétences – prédominant, malgré le passage de l'auteur du rapport de référence au ministère du gouvernement et l'adoption de la loi qu'il a portée devant le Parlement.

SECTION I — LA GESTION D'ESPACES NATURELS SENSIBLES PAR LES DÉPARTEMENTS

Le champ de la compétence des départements est déterminé de telle manière que la politique des espaces naturels sensibles constitue l'axe central des compétences d'environnement du département. L'évolution probable de cette politique ne semble pas devoir remettre en cause cette place.

§ 1. LE CHAMP DE LA COMPÉTENCE EN MATIÈRE D'ESPACES NATURELS SENSIBLES

Instituée au bénéfice des départements dès 1960, la procédure des « périmètres sensibles » avait pour vocation de permettre l'acquisition de sites et

(1) Rapport remis le 14 avril 1990, effectué au nom de la commission des finances de l'AN, *Doc. AN* n° 1227

(2) V. R. Romi, « La répartition des compétences en matière d'environnement : une décentralisation très retenue et trop orientée », *Cahiers du CNFPT* 1992-6.

l'ouverture au public d'espaces verts. Après qu'un décret du 26 juin 1959, pris pour le seul littoral de la région Provence-Côte d'Azur, puis un décret du 7 décembre 1960 en étendant les dispositions au littoral corse, aient servi d'expérience, l'article 61 de la loi de finances pour 1961 (loi du 23 décembre 1960) la généralise : « à l'intérieur des périmètres dits périmètres sensibles, les départements ont un droit de préemption sur tous terrains compris dans des zones fixées par arrêté du ministre après avis du conseil général ». Un décret du 5 août 1961 précise les conditions d'exercice de ce droit de préemption et détermine les modalités de perception de la « redevance départementale d'espaces verts » dont le produit devait permettre l'acquisition de terrains et les aménagements d'espaces verts. Aucune construction autre « que celles nécessaires à la gestion des espaces, ne peut être édifiée » sur ces terrains. Les collectivités départementales n'ont dans cette première période guère apprécié ce nouvel outil : dix départements seulement avaient institué des périmètres sensibles au premier janvier 1976, et sur les 33599 hectares définis en périmètres sensibles, 4076 hectares seulement avaient été acquis (3).

La loi du 31 décembre 1976 portant réforme de l'urbanisme et son décret d'application du 7 juillet 1977 déconcentrèrent la procédure de délimitation des périmètres sensibles, créèrent la « taxe d'espaces verts », reconnurent aux communes un droit de préemption dans certains cas, et autorisèrent l'établissement de mesures spéciales de protection pour les espaces boisés, les sites et les paysages. Le mécanisme étant ainsi rendu plus attractif, cinq départements décidèrent d'élargir leurs périmètres sensibles à l'ensemble de leur territoire (le Var en 1976, puis les Bouches-du-Rhône, l'Hérault, le Pas-de-Calais et la Vendée en 1978).

L'article 12 de la loi du 18 juillet 1985 (4) relative à la définition et à la mise en œuvre de principes d'aménagement pérennisait le système en affirmant la compétence de principe des départements : « afin de préserver la qualité des sites, des paysages et des milieux naturels..., le département est compétent pour élaborer et mettre en œuvre une politique de protection, de gestion et d'ouverture au public des espaces naturels sensibles boisés ou non » (article L. 142-1 du Code de l'urbanisme). Cette compétence est confirmée et clarifiée par la loi Barnier relative au renforcement de la protection de l'environnement : l'assise de la taxe afférente est étendue, le champ d'application de la compétence de préemption et de gestion est précisé (article 39 de la loi) (5), et le premier alinéa de l'article L. 142-1 du Code de l'urbanisme est dorénavant ainsi rédigé : « Afin de préserver la qualité des sites, des

(3) B. TOULEMONDE, « Les périmètres sensibles », *AJDA* décembre 1978, p. 649.

(4) *JO* 19 juillet 1985, p. 8152, art. L. 142-1 à L. 142 13 du Code de l'urbanisme.

(5) La particularité la plus notable sur ce point de la loi relative au renforcement de la protection de l'environnement réside dans le fait qu'elle énonce que « sur le territoire d'un parc national ou d'un parc naturel régional et dans les réserves naturelles dont la gestion leur est confiée, l'établissement public chargé du parc national ou du parc naturel régional ou, à défaut, la commune peut se substituer au département et, le cas échéant, au Conservatoire de l'espace littoral et des rivages lacustres, si ceux-ci n'exercent pas leur droit de préemption ». Curieusement, les départements se voient reconnaître une capacité de blocage en la matière, quand le droit de préemption est dévolu à un parc naturel régional (« Pour un parc naturel régional, l'exercice de ce droit de préemption est subordonné à l'accord explicite du département. »). Il y a là une double confirmation : l'institution départementale – moins dotée en nouvelles compétences que ne le désirait M. Barnier – occupe cependant une place centrale en matière d'administration décentralisée de l'environnement ; les parcs naturels régionaux demeurent les mal-aimés de la décentralisation technique en matière d'environnement.

paysages, des milieux naturels et d'assurer la sauvegarde des habitats naturels selon les principes posés à l'article L. 110, le département est compétent pour élaborer et mettre en œuvre une politique de protection, de gestion et d'ouverture au public des espaces naturels sensibles, boisés ou non. »

En outre, « La politique du département doit être compatible avec les orientations des schémas directeurs » – désormais des schémas de cohérence territoriale – « et des chartes intercommunales de développement et d'aménagement, lorsqu'elles existent, ainsi que des prescriptions nationales ou particulières à certaines parties du territoire fixées en application de l'article L. 111-1-1 ». La politique départementale doit en particulier s'inscrire dans les cadres tracés par la loi *Montagne* (loi 85-30 du 9 janvier 1985, art. L. 145-1 et s., art. R. 145 et s. du Code de l'urbanisme) et la loi *Littoral* (86-2 du 3 janvier 1986, art. L. 146-1 et s. et art. R. 146-1 et s. du Code de l'urbanisme). Sous ces réserves, c'est assez librement que le conseil général peut agir ; il lui appartient de définir les zones de préemption, soit en accord avec le conseil municipal concerné quand la commune est dotée d'un POS approuvé ou publié, soit après accord du préfet si ce n'est pas le cas. Tous les terrains inclus dans ce périmètre sont susceptibles, en cas de vente, de préemption ; à défaut d'exercice de ce droit par le département, il peut être exercé soit par le conservatoire du littoral soit par une commune ou un établissement intercommunal. Le département peut en outre acquérir à l'amiable ou exproprier des espaces naturels, les entretenir et procéder à leur aménagement en vue d'une ouverture au public, participer à des aménagements ou entretiens de terrains dans le même but, que ces terrains appartiennent à des personnes publiques ou privées (après définition dans ce dernier cas des modalités de gestion par une convention).

Représentant 103 millions d'euros par an ces cinq dernières années (6), la taxe départementale des espaces naturels sensibles permet de trouver les ressources nécessaires. Perçue dans tout le département (fin 2005, 73 avaient décidé de la percevoir), elle est assise sur la valeur des ensembles immobiliers et porte sur la construction, la reconstruction et l'agrandissement des bâtiments, à l'exclusion, principalement, « des bâtiments à usage agricole ou forestier liés à l'exploitation », de certains bâtiments liés à l'exploitation d'un service public, les immeubles classés parmi les monuments historiques ou inscrits à l'inventaire des sites historiques. Elle peut varier selon les constructions sans aller au-delà de 2 % de la valeur de l'ensemble concerné. Des exonérations sont possibles (art. L. 142-2, 16, Code de l'urb.), en particulier pour des motifs économiques et d'aménagement du territoire.

Le montant de la taxe est affectée à l'achat et l'entretien d'espaces par les collectivités locales, et à « l'acquisition, l'aménagement, et la gestion des sentiers figurant sur les itinéraires de promenades et de randonnées ainsi que des chemins et servitudes de halage et de marchepied des voies d'eau domaniales concédées qui ne sont pas ouvertes à la circulation ». Elle peut aussi servir à l'aménagement ou l'entretien d'espaces appartenant à des personnes privées signataires de conventions, dans le cadre de l'article L. 130-5 du Code de l'urbanisme (« Les collectivités

(6) Rapport de l'Inspection générale des finances sur « La contribution des départements à la politique des espaces naturels », 5 mars 2003 ; v. C. Delivre-Gilg, « La taxe départementale des espaces naturels sensibles », *TJE* 2/2006, p. 139, qui signale fort justement que cela correspond au montant consacré par l'État à la protection des espaces naturels.

territoriales ou leurs groupements peuvent passer avec les propriétaires de bois, parcs et espaces naturels des conventions tendant à l'ouverture au public de ces bois, parcs et espaces naturels. Dans le cas où les bois, parcs et espaces naturels sont situés dans des territoires excédant les limites territoriales de la collectivité contractante ou du groupement, le projet est soumis pour avis à la ou aux collectivités intéressées ou à leur groupement. Cet avis est réputé favorable si un refus n'est pas intervenu dans un délai de trois mois. Dans ce cadre, ces collectivités peuvent prendre en charge tout ou partie du financement des dépenses d'aménagement, d'entretien, de réparation et des coûts d'assurances nécessités par l'ouverture au public de ces espaces. Les conventions peuvent également prévoir le versement au propriétaire d'une rémunération pour service rendu » (7)). Par ailleurs, des conventions de gestion peuvent permettre d'impliquer des personnes privées non propriétaires, y compris des associations.

Mais il ne devrait pas être admissible que certains départements consacrent leurs fonds affectés à toute autre chose que ces missions. Le contrôle du juge administratif le doit garantir : le souci de préserver des espaces agricoles n'est pas au nombre des objectifs recevables (CE 16 juin 1995, *Préfet des Yvelines* (8)).

Le Conseil d'État, le 22 février 2002 (9), a par ailleurs précisé que l'objectif de protection l'emportait sur l'objectif d'ouverture aux pêcheurs et promeneurs (10), dans une espèce où le département des Côtes d'Armor avait principalement motivé sa décision de préemption par la nécessité de rétablir une continuité de cheminement le long d'un cours d'eau. Cette opinion est loin d'être partagée, notamment par la doctrine (11) et la CAA de Marseille a estimé pour sa part le 25 novembre 2004, *Département du Var,* req. n° 00MA02384) que la décision de préemption n'est légale qu'au double titre de la protection et de l'ouverture au public. Cependant, l'ouverture au public de ces espaces n'est pas systématique selon le Conseil d'État, 7 juin 2006, *Département du Var* (12) : contre l'avis de la CAA, le CE considère que des motifs de sécurité publique liés au caractère escarpé du site justifient le refus d'ouverture.

Le juge établit ainsi une hiérarchie entre les intérêts publics justifiant la préemption, la protection de la nature étant le premier d'entre eux, au demeurant suffisant pour autoriser des préemptions.

(7) Rédaction issue de la L. n° 2001-602 du 9 juillet 2001 art. 4-II-2°, 3°, 4°, *JO* 11 juillet 2001, et de l'ord. n° 2006-596 du 23 mai 2006 art. 3-II, *JO* 25 mai 2006.

(8) *DA* 1995 n° 475, obs. C. MAUGÜE.

(9) *AJDA* 2002, p. 645, note C. CHEVILLEY-HIVER.

(10) V. B. PHEMOLANT, « Déclaration d'utilité publique, projets d'intérêt général, et documents d'urbanisme », *AJDA* n° 17/2002, p. 1101 et s., notamment p. 1106-1107.

(11) V. F. BOUIN, dossier spécial préc., « Les conditions d'ouverture au public dans les espaces naturels sensibles », *RJE* 2/2006, p. 163 et s.

(12) Req. n° 27762, note S. GRATRAUD, *Dr. env.* septembre 2006.

§ 2. L'AVENIR DE LA POLITIQUE DÉPARTEMENTALE D'ESPACES SENSIBLES

Les données du problème (13) sont en gros les mêmes depuis vingt ans : le choix de la décentralisation n'est guère plus rationalisé que celui du « développement durable » n'est précis.

A. LES DIFFICULTÉS DU SYSTÈME

En l'état la définition de la politique départementale dépend fortement des marchandages inévitables que suppose toute négociation en matière d'utilisation des sols, ce que laissait présumer, il est vrai, l'article L. 121-10 du Code de l'urbanisme qui précise qu'il ressort de la compétence communale de « déterminer les conditions permettant de limiter l'utilisation de l'espace, de préserver les activités agricoles, de protéger les espaces forestiers, les sites et les paysages ». Le conseil général n'a certes pas à procéder à des consultations préalables pour établir la taxe départementale, mais il a intérêt à le faire. Et l'accord de la commune concernée est nécessaire si celle-ci s'est dotée d'un POS et désormais d'un PLU (approuvé ou publié) pour la délimitation des périmètres ; quand ce n'est pas le cas, c'est alors le préfet qui doit accepter la délimitation (14). Toutes les mesures de protection ne peuvent être prises sans consultation préalable de la commune et que si le conseil général a auparavant établi la taxe. Il est vrai que l'article L. 142-11 du Code de l'urbanisme fixe qu'« à compter de la décision du département de percevoir la taxe départementale des espaces naturels sensibles, le président du conseil général peut, par arrêté pris sur proposition du conseil général, après délibération des communes concernées et en l'absence de plan d'occupation des sols opposable, déterminer les bois, forêts et parcs, qu'ils soient soumis ou non au régime forestier, enclos ou non, attenants ou non à des habitations, dont la préservation est nécessaire et auxquels est applicable le régime des espaces boisés classés défini par l'article L. 130-1 et les textes pris pour son application ».

Cette compétence « conservatoire », autrefois dévolue au préfet, est de nature à renforcer la cohérence de l'action départementale en matière d'espaces naturels sensibles.

Mais l'objet même de cette politique est en fait limité si l'on s'en tient à la lettre du texte, car la notion d'équipement ouvert au public « privilégie la notion d'équipement vert contre celle d'espace naturel » (15). Et il n'est pas sûr que l'ouverture au public d'espaces naturels soit compatible avec leur maintien en l'état ou leur réhabilitation : c'est d'ailleurs pour cela que cette ouverture au public connaît une exception, quand (art. L. 142-10, 1er al. *in fine*) elle est justifiée « par la fragilité du milieu naturel ». Mais des milieux, dont pour des raisons politiques l'on

(13) V. M. Prieur, « Quel avenir pour les espaces naturels sensibles ? », *RJE* 2/2006 préc., p. 185 et s.

(14) V. P. Le Louarn, « Du périmètre à l'espace, une évolution attendue de la législation des espaces sensibles », *RJE* 2/3 1986, p. 188 et s.

(15) P. Le Louarn, *op. cit.*, p. 198.

ne reconnaîtrait pas la fragilité, peuvent être dégradés par une ouverture au public, si organisée qu'elle soit.

B. LES ADAPTATIONS DU SYSTÈME

Le système est malgré cela suffisamment souple, et les départements disposent de ressources financières suffisantes pour l'adapter en inventant de nouveaux modes d'intervention, de gestion et de collaboration. Les contrats avec l'État ou d'autres collectivités locales – y compris bien sûr les contrats de plan – peuvent aider à l'énonciation de politiques innovantes. Et, dans la mesure où la juridiction administrative n'exerce sur la décision de définition des zones préemptées qu'un contrôle de l'erreur manifeste d'appréciation (16), la politique des espaces sensibles peut varier fortement d'un département à l'autre.

Les *conventions de gestion* fournissent un moyen d'associer le Conservatoire du littoral, des fédérations de chasseurs, des associations et surtout les communes. La politique ainsi initiée peut être étendue, par l'exploitation des libertés offertes par la politique conventionnelle : l'État et des départements peuvent négocier et décider d'élargir les champs d'activité des départements, par la conclusion de plans départementaux d'environnement. Celui conclu entre l'État et la Haute-Vienne en 1992, par exemple, prévoyait sur trois ans un engagement conjoint de 120 MF pour juguler les décharges sauvages, mieux gérer l'eau, protéger des sites et assurer une formation des « usagers de la nature ». Les six conseils départementaux (Puy-de Dôme, Cantal, Corrèze, Lot, Dordogne et Gironde) intéressés à la gestion de la Dordogne ont conclu pour leur part, le 2 février 1992, une charte servant de fondement à la création de l'EPIDOR (Établissement public interdépartemental Dordogne) (17), dont l'action est généralement moins critiquée que celle de l'EPALA, puisque définissant comme priorité la protection de l'écosystème.

À partir d'une politique réservée à la protection d'espaces aux dimensions finalement mesurées, et par une extension de la politique conventionnelle introduite le plus souvent à l'occasion de l'élaboration d'une politique d'espaces sensibles, il devient possible d'initier *une intégration de la dimension écologique dans les autres politiques départementales* (18). Il serait en effet contradictoire – et à terme difficilement gérable, ne serait-ce que sur le plan de l'image médiatique du conseil général – que les efforts faits pour protéger soient réduits à néant par des aides financières non sélectives accordées par le même département, par exemple à des opérations d'aménagement foncier.

C'est ainsi, pour reprendre l'exemple de l'Ille-et-Vilaine, que le conseil général qui participait au programme « Bretagne Eau Pure » ne pouvait décemment refuser de prendre en compte les

(16) Cf. les conclusions de L. Lainé sous TA, Besançon, 31 décembre 1992, *SAFER de Franche-Comté c/ département du Doubs*, *RDR*, mars 1993, p. 119 et s. ; à remarquer cependant que, dans cette espèce, le TA annule la délibération attaquée au motif que constituait une erreur manifeste d'appréciation l'assimilation des espaces non urbanisés à des « espaces naturels » au sens de la réglementation des espaces sensibles.

(17) V. M.-A. Rendu, « Un exploit pour la Dordogne », *Le Monde* 16-17 février 1992 ; S. Charbonneau, « Une charte pour la Dordogne », *Combat Nature* août 1992, p. 12.

(18) V. S. Caudal-Sizaret, *La protection intégrée de l'environnement en droit public français*, th. dact., Lyon III, 1993.

remarques critiques émises par l'association Eaux et Rivières de Bretagne à l'encontre de sa politique de remembrement (19). Il en a résulté la mise en place à l'automne 1991 d'une structure de consultation en forme de commission d'études sur trois thèmes (eau, faune piscicole, milieux aquatiques et aménagement foncier ; paysage, faune terrestre, avifaune, flore, randonnées, et aménagement foncier ; devenir de l'espace rural, environnement et aménagement foncier). De la même manière, le département de la Savoie a dû essuyer des critiques sévères sur les implications environnementales de la mise en place des jeux Olympiques d'hiver de 1992 et en tirer des conclusions : le conseil général a commandé un rapport sur les jeux Olympiques d'hiver à un bureau d'études de Grenoble, pris un certain nombre de précautions, parfois jugées, certes, insuffisantes, et adopté des mesures de rattrapage et de compensation plus conséquentes (financement de stations d'épuration en particulier) (20).

Le département est en effet et avant tout en l'état du droit une puissance financière, et les ventilations de crédit qu'il opère revêtent évidemment une grande importance pour notre domaine. Les textes l'autorisent d'ailleurs de plus en plus à intervenir. Il peut, par exemple, depuis la loi sur l'eau (loi n° 92-3 du 3 janvier 1992, *JO* 4 janvier, p. 187 et s.), « ... mettre à la disposition des communes ou de leurs groupements une expertise du fonctionnement des dispositifs d'épuration et d'assainissement publics. Ce service d'assistance technique aux stations d'épuration publiques est dirigé par un comité auquel sont associés l'État et ses établissements publics s'ils participent à son financement » (art. 40 de la loi précité). Cette « intégration » passe par la mise en place d'outils adaptés et par des choix institutionnels, dont la nature reflète les choix politiques effectués en matière d'environnement par les départements considérés.

Les conseils généraux peuvent créer, comme les y autorise l'article 32 de la loi du 2 mars 1982, une *agence départementale* susceptible de jouer un rôle d'impulsion et de servir de conseil aux communes ou aux personnes privées pour la gestion des espaces sensibles ou des espaces naturels. Certains départements, plutôt que de créer une instance limitée à la seule gestion d'espaces sensibles, ont choisi de créer des outils à compétence plus large.

Le département de l'Hérault, par exemple, a en 1981 suscité la création d'une agence foncière départementale, association dont sont membres des élus et des acteurs institutionnels et administratifs (CAUE, DDE, DDA). Elle assure la gestion des fonds de la TDENS. Elle développe également des activités de conseil en direction des communes. Le bilan de l'Hérault en matière d'acquisition (6000 hectares) plaiderait pour cette formule favorisant une manière d'administration négociée (21). La Savoie a pour sa part ajouté à son arsenal institutionnel une société d'économie mixte « Agriculture-Environnement » en 1992. Mais la plupart des départements se contentent – quand ils en ont créé un, et cela a souvent été tardif (la Loire-Atlantique a par exemple attendu 1990, le conseil général d'Ille-et-Vilaine a créé son « bureau des espaces naturels » en 1982) – d'un service environnement et qualité de la vie, aux effectifs souvent réduits. Le conseil général d'Ille-et-Vilaine a restructuré en 1989 sa direction de l'aménagement et de l'environnement, au sein de laquelle agit le bureau des espaces naturels renommé bureau de l'environnement ; ce bureau de l'environnement assume depuis la mise en œuvre et le suivi des politiques d'aménage-

(19) V. P. Méhaignerie, « Le maintien du bocage est une nécessité », *Ouest-France* 23 septembre 1991 ; M.-P. Grevèche, *La prise en compte de l'environnement dans les procédures d'aménagement foncier en Ille-et-Vilaine,* mémoire DEA de droit de l'environnement, dact., Paris I et Paris II, 1991.

(20) V. « Aménager la Savoie pour 1992 », *Combat Nature* février 1989, p. 13 à 18 ; « La Savoie malade de ses jeux », *Combat Nature* novembre 1991, p. 11 à 16 ; J. Kouchner, « La marmotte de M. Barnier », *L'Environnement Magazine* juin 1993, p. 26-27.

(21) V. *Décision Environnement*, novembre-décembre 1991, p. 76.

ment foncier, d'équipement rural, des déchets en sus de celles des espaces sensibles et des itinéraires de promenade et de randonnée. Mais il lui revient aussi d'assurer la part départementale des programmes « Bretagne Eau Pure » (22).

On ajoutera pour mémoire – cette compétence étant complémentaire des précédentes – que le département a hérité des compétences en matière *d'itinéraires de promenades et des randonnées* ; l'article 56 de la loi du 22 juillet 1983 leur permet à cet effet de dresser un plan départemental après avis des communes concernées. Le transfert de compétences a pris effet au premier janvier 1986 (décret du 6 février 1986, *JO* 12 février). Ce plan permet de définir des itinéraires dont la continuité sera garantie : toute suppression de chemin rural ne peut être décidée que par le conseil municipal concerné et suppose que soit assurée la continuité de l'itinéraire ; pour le cas où cette définition porterait sur des propriétés privées ou des parcelles du domaine privé de personnes publiques, le département doit passer une convention avec le propriétaire ou le responsable. S'il n'y a rien là que de très normal, il faut constater que, même pour une compétence aussi réduite, le département ne dispose pas d'une totale liberté d'action. Cela n'interdit nullement à certains départements de développer une politique touristique innovante (23)ou d'y participer financièrement ou techniquement : le département de l'Indre-et-Loire a par exemple contribué à la mise en place de sentiers littéraires (sentier George Sand, sentier Rabelais) (24).

Le département a en outre reçu dès la loi n° 91-92 du 3 janvier 1991 la compétence d'établir un plan pour les *itinéraires de randonnée motorisée* « dont la création et l'entretien demeurent à sa charge ».

SECTION 2 LES COMPÉTENCES « SECONDES » : LUTTE CONTRE LES INCENDIES, PRÉVENTION DES RISQUES, POLITIQUES DES DÉCHETS ET DE L'EAU, ET COMPÉTENCES CONSULTATIVES

On ajoutera à l'examen des compétences présentées une compétence qui n'est pas anodine mais ne relève pas seulement de l'environnement *stricto sensu*, la compétence en matière d'incendies qui s'est prolongée au fil du temps en compétence de prévention des risques, et toute une panoplie de compétences consultatives qui permettent aux départements de développer une politique d'influence.

(22) V. fasc. n° 163 sur les compétences et l'action des régions en matière d'environnement, *J.-Cl. Env.*

(23) V. P. Grevèche : « Le plan départemental des itinéraires de promenade et de randonnée », rapport dact. ministère de l'Environnement – Fédération française de la randonnée pédestre – 1995.

(24) V. « Des sentiers de grande randonnée historiques, littéraires et ludiques », *Annales de la voierie et de l'environnement*, août 1990, p. 26-27.

§ 1. LE RÔLE DES DÉPARTEMENTS EN MATIÈRE DE LUTTE CONTRE LES INCENDIES ET DE PRÉVENTION DES RISQUES

En matière de prévention des incendies et d'action contre les incendies (25) le département occupe une place conséquente, mais il n'est pas autonome. Le service départemental d'incendie et de secours est en effet créé par délibération du conseil général, mais, si, selon l'article 56 de la loi du 2 mars 1982, « les pouvoirs exercés par le préfet relatifs au SDIS sont transférés au président du conseil général », c'est « à l'exception de ceux concernant la mise en œuvre opérationnelle des moyens relevant de ce service qui continuent d'être exercés par le représentant de l'État dans le département ». Et, si le président est depuis le décret n° 82-694 du 4 août 1982 à la tête de la « commission administrative » du SDIS, la direction effective de cet établissement public départemental est assurée par le directeur départemental des services d'incendie et de secours nommé par « le ministre de l'Intérieur et de la Décentralisation après avis du représentant de l'État dans le département et avec l'accord du président du conseil général » (article 115 de la loi n° 83-8 du 7 janvier 1983), assisté d'une commission administrative comprenant certes quatre conseillers généraux, mais aussi le préfet et cinq représentants de communes ou de groupements de communes. Il est vrai par ailleurs que le département est compétent pour créer les unités de sapeurs forestiers dont la mission consiste essentiellement à prévenir les incendies de forêts ; gérées par l'ONF, ces unités sont financées à 40 % par le département, le reste étant pris en charge par l'État.

En matière de prévention des risques majeurs et de sécurité civile (26), le département ne joue pas de rôle essentiel. Il ne résulte en effet pas des textes en vigueur (en particulier la loi du 22 juillet 1987 relative à l'organisation de la sécurité civile, à la protection des forêts contre les incendies et à la prévention des risques majeurs) que les instances départementales doivent être systématiquement consultées ou associées en la matière. On retiendra cependant qu'il résulte de l'article 1 du décret 88-623 du 6 mai 1988 (*JO*, 8 mai) que le SDIS participe à la « protection des personnes, des biens et de l'environnement », ce qui est de nature à élargir ses missions traditionnelles, et que ce service participe aux missions définies dans le cadre de la loi de 1987.

L'article 51 de la loi sur la sécurité civile de 2004 modifie l'article L. 1424 24 du Code général des collectivités territoriales et le complète par 6 alinéas à la structure assez compliquée : « le service départemental d'incendie et de secours est administré par un conseil d'administration composé de représentants du département, des

(25) V. P. P. Muscatelli et R. Romi, « L'organisation juridique de la prévention et de la lutte contre les incendies de forêts », *RDR* juin/septembre 1986, p. 235 et s. ; J.-C. Douence, « Le statut des services d'incendie et de secours et la défense de la forêt contre l'incendie », *RFDA* 6-1987, p. 941 et s. ; S. C. Bouzely, « Les services départementaux d'incendie et de secours », *Quot. jur.* 10 novembre 1990 ; M. Degoffe, « Les conditions de transfert des biens, équipements et personnels de lutte contre l'incendie au services départementaux », *AJDA* 2003, p. 287.

(26) V. M. Prieur, « Le nouveau dispositif de prévention et de lutte contre les risques majeurs », *RFDA* 6-1987, p. 926 et s.

communes et des établissements publics de coopération intercommunale compétents en matière de secours et de lutte contre l'incendie » qui comprend quinze membres au moins et trente membres au plus. Le département, qui comptait 14 membres au moins sur 22 dans la formule ancienne, y sera plus nettement majoritaire, et les communes et regroupements intercommunaux mieux représentés (4 au minimum sur 22 dans l'ancienne formule) : « Les sièges sont répartis entre, d'une part, le département, et, d'autre part, les communes et établissements publics de coopération intercommunale. Le nombre des sièges attribués au département ne peut être inférieur aux trois cinquièmes du nombre total des sièges, celui des sièges attribués aux communes et aux établissements publics de coopération intercommunale ne peut être inférieur au cinquième du nombre total des sièges ». L'article L. 1424-24-2 prévoit un mode de scrutin qui concilie représentation des minorités et majorité stable, sur un mode de plus en plus répandu pour les élections locales (27) – sauf pour le Conseil général justement : celui-ci se substitue – et cela peut s'interpréter formellement comme une régression démocratique – à la formule prévue par la loi du 28 février 2002 (élection proportionnelle à la plus forte moyenne).

Il y a en tout cas confirmation du rôle de *chef de file* du département.

D'ailleurs, selon le nouvel article L. 1424-27 du Code général des collectivités territoriales, « Le conseil d'administration est présidé par le président du conseil général ou l'un des membres du conseil d'administration désigné par le président du conseil général après le renouvellement des représentants du département et celui des représentants des communes et des établissements publics de coopération intercommunale », alors que dans l'ancienne rédaction, le président du conseil d'administration était élu « parmi les membres ayant voix délibérative à la majorité absolue de ces derniers ». Le nouvel article L. 1424-51 du Code des collectivités territoriales précise que « Plusieurs services départementaux d'incendie et de secours peuvent décider, par délibérations concordantes de leur conseil d'administration, de créer un établissement public interdépartemental d'incendie et de secours ».

§ 2. POLITIQUES DES DÉCHETS ET DE L'EAU

La loi n° 95-101 du 2 février 1995 dite loi *Barnier* avait en outre modifié la loi n° 83-663 du 22 juillet 1983 relative à la répartition de compétences entre les communes, les départements, les régions et l'État en ajoutant que « les départements ou leurs groupements sont compétents pour aménager, entretenir et exploiter les cours d'eaux, canaux, lacs et plans d'eau domaniaux, rayer de la nomenclature des voies navigables ou n'y ayant jamais figuré, qui leur sont transférés par décret en Conseil d'État sur proposition du ou des conseils généraux concernés ».

(27) « Les représentants du département sont élus au scrutin de liste à un tour par le conseil général en son sein dans les quatre mois suivant son renouvellement. Il est attribué à la liste qui a obtenu le plus de voix un nombre de sièges égal à la moitié du nombre de sièges à pourvoir, arrondi, le cas échéant, à l'entier supérieur. Les autres sièges sont répartis entre toutes les listes à la représentation proportionnelle suivant la règle de la plus forte moyenne. »

La loi prévoyait en outre que les départements peuvent dorénavant à leur demande recevoir une compétence en matière d'élaboration de planification des déchets ménagers (« le projet de plan est élaboré à l'initiative et sous la responsabilité de l'État. Toutefois, cette compétence est transférée, à sa demande, au conseil général »)... Il faut bien dire d'ailleurs que les départements ne se sont guère montrés motivés par la gestion de ces problèmes souvent générateurs de frictions : en mars 1996, seuls quatre départements (Savoie, Charente, Lozère, Tarn-et-Garonne) avaient demandé ce transfert : le législateur a donc tenté de relancer cette décentralisation en 2002 (v. *infra* nos développements sur le droit des déchets).

§ 3. LES COMPÉTENCES CONSULTATIVES ET DE PROPOSITION

Elles demeurent de loin les plus nombreuses. Il ne convient pas de les négliger, car elles peuvent être l'occasion pour le département de rappeler, budgets en main, que ses aides futures peuvent être conditionnées par le respect des orientations.

A. EN MATIÈRE D'ENVIRONNEMENT ET DE LUTTE CONTRE LES POLLUTIONS ET NUISANCES

Le conseil général est consulté, par exemple, lors de l'élaboration de schémas de vocation piscicole et halieutique (28). La loi du 13 juillet 1992 relative à la gestion des déchets pose pour sa part que dans un délai de 3 ans à compter de la parution du décret d'application de la loi, chaque département devra être couvert par un plan départemental ou interdépartemental. Ce plan, qui énonce un certain nombre de priorités pour la création d'installations nouvelles ainsi que pour la collecte, le tri et le traitement des déchets, est élaboré à l'initiative de l'État, en concertation avec une commission du plan composée notamment de représentants des collectivités territoriales, à laquelle participent en conséquence des conseillers généraux qui pourront se faire l'écho des préoccupations de la collectivité départementale. Comme cela sera expliqué *infra*, les SAGE sont lancés à l'initiative des préfets, qui conduisent la procédure, en commençant par une définition du périmètre. Celle-ci est en fait induite par le schéma directeur s'il en existe un ; à défaut, il est arrêté par un ou plusieurs préfets, selon que le périmètre touche un seul ou plusieurs départements. Les collectivités locales (et donc les départements) peuvent proposer un périmètre, et en tout état de cause les projets leur sont transmis. Mais on ne laisse aux départements comme aux autres collectivités locales aucune chance de retarder l'échéance par une attitude dirimante : faute de réponse dans les deux mois à compter du jour où elles ont été saisies, « leur avis est réputé favorable ».

(28) V. P. Billet, *Le schéma de vocation piscicole et halieutique du département de l'Ain*, mémoire pour le DEA de droit de l'environnement, dact., Lyon III, 1989.

Il en est de même pour l'adoption des SAGE. La composition de la commission locale de l'eau ne laisse que peu de place aux représentants des départements, car, comme cela sera expliqué, le texte organise une domination des communes (29).

La même remarque peut être faite pour la planification mise en place par la loi du 31 décembre 1992 relative au bruit (*JO* 1er janvier 1993, p. 14 et s) : en effet, les « plans de gêne sonore » font l'objet d'une consultation, pour chaque aérodrome, d'une commission composée (article 19 de la loi) par « des représentants de l'État, des collectivités territoriales intéressées, des exploitants d'aéronefs, des associations de riverains, et du gestionnaire de l'aérodrome ». Il pourra donc ici aussi y avoir représentation des conseils généraux intéressés, mais elle est nettement minoritaire.

Par ailleurs, d'autres consultations sont ouvertes aux départements, et sont institutionnalisées au plan départemental : ainsi les *commissions départementales du patrimoine et des sites* (30), qui ne comptaient parmi leurs membres, jusqu'à la loi *Paysages* (qui en a fait des « commissions départementales du patrimoine, des sites et des paysages »), que deux conseillers généraux et qui, depuis, comptent sept élus des collectivités locales (au lieu de quatre – deux conseillers généraux et deux maires), et dix personnalités qualifiées en matière de protection des sites, du cadre de vie et de sciences de la nature, désignées pour moitié par le préfet compétent, et pour moitié par le président du conseil général concerné – au lieu de dix toutes nommées par le préfet. Ainsi également le *conseil départemental d'hygiène*, compétent en matière de pollutions et intervenant beaucoup dans le cadre de la régulation des installations classées, qui est présidé par le préfet, et ne compte dans ses rangs que deux conseillers généraux (sur 25 membres).

Enfin, l'article 9 de la loi *Barnier* (art. L. 131-1 du Code de l'environnement) avait procédé à un profond changement en instituant dans chaque département un *conseil départemental de l'environnement*, composé notamment de membres de la commission des sites, perspectives et paysages, du conseil départemental de la chasse et de la faune sauvage, de la commission départementale des carrières, du conseil départemental d'hygiène, représentant de façon équilibrée et en tenant compte de leur représentativité les différents intérêts en présence. Il pouvait être saisi pour avis par le préfet et/ou le président du conseil général sur toute question relative à l'environnement ou au cadre de vie du département et qui ne relève pas de la compétence exclusive de l'un des organismes mentionnés au premier alinéa. Lorsque le conseil délibère sur une compétence détenue par le département, la présidence en était assurée par le président du conseil général ou son représentant. Dans la pratique, ces conseils n'ont que peu fonctionné. De manière très significative de l'importance accordée par le gouvernement Raffarin à l'administration consultative et à l'environnement, ce conseil a été supprimé par l'ordonnance n° 2004-637 du 1er juillet 2004, comme le comité régional créé pour faciliter la consultation en matière d'élaboration des plans en matière de pollution de l'air.

Au total, dans l'administration consultative locale de l'environnement, la collectivité départementale n'est pas laissée de côté, mais elle n'est informée que comme d'autres collectivités ou d'autres acteurs de décisions qui seront au final et pour la

(29) V. R. Romi, « Chronique de droit de l'eau », *RJE* 2-1993.

(30) V. A. H. Mesnard, « Anciens et nouveaux lieux de concertation en matière d'abords des monuments historiques, des sites et patrimoine », *RJE* 1/1989, p. 17-32.

plupart des décisions étatiques et clairement identifiées comme telles. Seul son poids financier, répétons-le, sera à même de faire que son avis ou la parole des conseillers généraux seront plus écoutés que ne le laisserait croire un examen superficiel des rapports de force.

B. EN MATIÈRE D'AMÉNAGEMENT

L'aménagement du territoire participe de la gestion de l'environnement. Les départements n'ont pas de compétences spécifiques de décision en la matière. Mais, à l'occasion de leur consultation, ils peuvent être à même de développer des orientations dont la prise en compte pourra être comprise comme conditionnant la participation départementale à des projets.

Les départements sont en effet consultés lors de l'élaboration des SCOT, en particulier par le préfet à l'occasion de la définition du périmètre couvert. De même, l'établissement public de coopération intercommunale peut associer les départements, comme les régions, « à leur demande », lors de la procédure. Dans le cadre de l'élaboration de schémas de mise en valeur de la mer (31), les conseils généraux sont également intéressés, et participent au financement du projet. Il leur appartient donc de convaincre. Ils en ont les moyens, en raison de leur position stratégique et financière, on l'a dit.

Enfin, l'article 24 de la loi du 9 janvier 1985, dite loi *Montagne*, confère au président du Conseil Général le droit de demander au préfet de lancer un recensement des périmètres dans lesquels il serait d'intérêt général de remettre en valeur des parcelles « manifestement incultes ou sous-exploitées depuis plus de deux ans en zone de montagne », depuis plus de trois ans pour les autres départements.

La place, stratégiquement importante, du département ne saurait s'inscrire dans un ordre rationnel que si elle est dûment organisée ; M. Barnier, dans un entretien accordé au *Monde* le 7 juillet 1993, précisait que tout transfert de compétences aux départements suppose que soit effectuée une remise à plat des contraintes écologiques et juridiques existantes, qui puisse aussi fournir une base à une future planification des actions publiques dans le département : « ... Actuellement, un président de conseil général est incapable de lire sur la carte de son département les espaces protégés à un titre ou à un autre. Certains le sont pour la flore ou la faune, d'autres pour la beauté du site, bâti ou archéologique, d'autres enfin sont interdits de construction en raison de la présence d'un risque naturel ou de la présence d'une installation dangereuse. Il faut mettre tout cela à plat, sur une même carte, pour voir ce qui est compatible ou contradictoire ».

Sous cette réserve encore d'actualité, tout est possible, dans la mesure où un certain nombre de textes législatifs confiant des pouvoirs de police administrative à « l'autorité compétente » ouvrent *une possibilité de transfert de la qualité d'autorité compétente du préfet au président du conseil général*, une marche graduelle vers

(31) V. J.-M. Becet, « Les schémas de mise en valeur de la mer », *RJE* 1990-4, p. 505 et s.

une départementalisation de l'essentiel des compétences d'environnement demeure possible (32). Elle ne semble pas à l'ordre du jour.

BIBLIOGRAPHIE SÉLECTIVE

G. De Lajudie, « Les compétences des collectivités locales en matière d'environnement », *Gaz. Pal.*, 24 juin 1998 ▪ P. Le Louarn, « Du périmètre à l'espace ; une évolution attendue de la législation des espaces sensibles », *RJE* 1, p. 14-40 et 2/3, 1986, p. 189 à 209 ▪ P. Le Louarn, « Les chartes de l'environnement entre décentralisation et déconcentration : conception et mise en œuvre d'une politique publique de l'État », *RJE* 1-1995, p. 27 et s.

N° spécial de la *RJE*, 1997-2, « Les espaces naturels sensibles des départements » ▪ Dossier spécial de la *RJE*, 2/2006, « Les espaces naturels des départements » ▪ P. Le Louarn, « Le droit de la randonnée pédestre », éd. Victoires, 2002 ▪ R. Romi, fasc. 162, *J.-Cl. Env.*, « Les compétences et les actions du département en matière de protection de l'environnement ».

▪ (32) Ce transfert n'est envisagé par la loi *Barnier* que de manière bien modérée et tout à fait facultative en matière d'élaboration de planification des déchets ménagers.

CHAPITRE 2
LES POLITIQUES RÉGIONALES EN MATIÈRE DE PROTECTION DE L'ENVIRONNEMENT

Il eût été dans l'esprit des lois de décentralisation de 1982 que les régions reçoivent des compétences claires en matière de protection. Mais, jusqu'à la loi sur la démocratie de proximité (1), qui leur confère une compétence en matière de réserves naturelles et en matière de planification de l'air et d'élimination des déchets industriels spéciaux, il n'y a pas eu de transfert effectif de compétences en matière de protection de l'environnement au bénéfice des régions de droit commun (2), alors même que le niveau régional paraissait pourtant le plus adapté à une saine gestion des écosystèmes et à une conciliation entre le rural et l'urbain, la protection et le développement.

Leurs compétences juridiques en matière environnementale sont limitées, si on fait abstraction de la compétence qui leur a été confiée, concurremment avec l'État, de créer des réserves naturelles (compétence qui sera analysée *infra*) et de ce que l'article 95 de loi n° 2004-809 du 13 août 2004 relative aux libertés et responsabilités locales confie aux régions la compétence de dresser un inventaire général du patrimoine culturel qui « ... recense, étudie et fait connaître les éléments du patrimoine qui présentent un intérêt culturel, historique ou scientifique ».

Cela ne saurait les empêcher d'intervenir en concevant, à partir de leurs pouvoirs d'initiative et de leurs compétences consultatives, des politiques régionales de protection de l'environnement.

Par ailleurs, elles disposent de la capacité, importante pour amorcer un couplage entre environnement et développement, d'initier la création de parcs naturels régionaux. Et le statut des régions « périphériques » (Corse, régions d'outre-mer)

(1) V. J.-C. Helin, R. Hostiou, « Participation, décentralisation et déconcentration : une nouvelle donne en matière de grands projets », *AJDA* avril 2002, p. 291 et s. ; R. Romi, « La loi sur la démocratie de proximité, un renouveau du droit de l'environnement ? », Chronique de droit public de l'environnement, *RDP* 2-2002.

(2) M. Prieur, « La répartition des compétences entre la CEE, les États et les collectivités locales en matière d'environnement », *in La protection de l'environnement par les Communautés européennes*, J. Charpentier (dir.), Pedone, 1988, p. 88 et s.

leur offre des perspectives intéressantes : rien n'interdit de considérer ces régimes dérogatoires comme pouvant être étendus à toutes les régions.

Enfin, les compétences juridiques sont moins importantes que l'on ne pourrait le croire : la volonté politique peut aboutir à des réalisations concrètes que l'octroi de nouvelles compétences ne saurait à lui seul garantir... ce qui, pour le moins, relativise l'importance du droit et permet de repenser l'importance de la volonté politique en regard des contraintes du droit. C'est d'autant plus évident que toute gestion spatiale permet une administration de l'environnement (... et la suppose) : or, les régions agissent en matière de planification : ce n'est pas indifférent, malgré les contraintes financières. L'Europe – à travers les aides des fonds structurels – peut permettre aux régions de se construire un rôle gratifiant de plaque tournante des initiatives en contribuant au financement de diverses opérations qu'elles initient ou coordonnent.

À terme, l'enjeu peut être de ne pas se limiter à protéger des réserves de nature, mais aussi de transformer les pratiques économiques et les aménagements par une intégration des préoccupations d'environnement dans la détermination et l'accomplissement du maximum de politiques publiques locales.

SECTION 1 — DES COMPÉTENCES ENCORE EXTENSIBLES MAIS LARGEMENT UTILISÉES

Les compétences des régions de droit commun ont notablement évolué ces dernières années, mais ne sont pas encore au niveau des compétences des régions « périphériques ».

§ 1. LES COMPÉTENCES DES RÉGIONS DE DROIT COMMUN

A. COMPÉTENCES D'INITIATIVE ET COMPÉTENCES CONSULTATIVES

Dès le décret du 24 octobre 1975, l'établissement public régional se voyait reconnaître un droit d'initiative en matière de création de parcs naturels régionaux (3). La loi du 7 janvier 1983 conserve à la région cette capacité... mais elle ne s'exerce cependant qu'en collaboration avec les autres collectivités intéressées. La rédaction de la charte constitutive du parc, ainsi que cela sera expliqué *infra*, se fait

(3) V. Actes du Colloque de Mazamet sur les parcs naturels régionaux, *RJE* 1985, n° 3.

également en collaboration (4). Quant au pouvoir de créer des réserves naturelles régionales, il est largement dépendant de l'accord des propriétaires et complété par un dispositif centralisé encore très prégnant (v. *infra*).

En application du Code de l'urbanisme, les régions ont la possibilité de proposer à l'État l'édiction de prescriptions particulières d'urbanisme. L'article L. 111-1-1 prévoit que ces adaptations passent par l'édiction de directives territoriales d'aménagement. En l'état, cette compétence de « proposition d'adaptation » a déjà joué avec la loi *Littoral* et la loi *Montagne*, et elle est par ailleurs institutionnalisée pour la région Île-de-France, à travers la prévision d'un schéma directeur d'aménagement de l'Île-de-France (SDAURIF : v. *infra*). En la matière, le pouvoir appartient à l'État : mais rien n'interdit à une région de proposer qu'elle fasse l'objet d'un traitement identique à celui dont fait l'objet la région Île-de-France (5) et de développer des arguments persuasifs, par exemple en s'assurant le soutien d'autres régions. Et, évidemment, dans le cadre de semblables initiatives, les préoccupations d'environnement peuvent tenir une place non négligeable. Une telle initiative suppose que la région considérée présente des spécificités : mais l'existence de spécificités pour chaque région constitue une évidence, et la reconnaissance n'en présente aucune difficulté juridique (elle a bien été reconnue par l'État, en matière d'établissement de listes d'espèces végétales protégées – v. *infra*).

Cette possibilité concerne surtout les régions de montagne, qui peuvent au minimum influer sur « l'adaptation au niveau des régions des dispositions législatives ou réglementaires et des autres mesures de portée générale lorsque les particularités de la montagne le justifient », que rend possible – et préconise – l'article 1 de la loi *Montagne*. Elles ont la faculté, en particulier, de proposer des modalités particulières de traitement des unités touristiques nouvelles (6). Les régions du littoral, pour leur part, ont parfois pris sur elles de proposer ou de participer à l'élaboration de schémas régionaux du littoral, concernant directement ou indirectement l'environnement, dans le cadre de comités réunissant des élus des diverses collectivités locales et des représentants de l'État, sanctionnés ensuite par l'approbation du gouvernement et transcrits sous forme de directives à la valeur juridique pour le moins aléatoire (Bretagne, Basse-Normandie, Haute-Normandie, Corse (7)).

Les régions ont pu aussi, et très tôt, en vertu de l'article 65 de la loi du 2 mars 1982, amorcer des coopérations frontalières avec des collectivités locales étrangères : mais normalement, ces collaborations ne pouvaient s'engager qu'avec des collectivités ayant une frontière commune, et surtout, ne le pouvaient qu'avec l'accord de l'État. Cependant, si le contrôle de l'État n'avait pas été, sous l'empire de ces dispositions, mis en cause, il n'en est pas de même de la première condition

(4) V. T. Michalon, *La décentralisation. Les régimes d'administration locale*, Syros, ADELS Décentralisation, t. 10, 1988, p. 122.

(5) V. P.-A. Jeanneney, « Réflexions sur les outils juridiques de l'aménagement en Île-de-France », *AJDA* 1989, p. 411.

(6) V. P. Subra de Bieusses, « Développement et protection de la montagne, la protection négligée », *RJE* 2, 1985, p. 171 ; F. Ogé, R. Romi, « D'un hiver sans neige à un été chaud : les contradictions entre protection de l'environnement et tourisme », *LPA* 25 mars 1991.

(7) V. J.-P. Thévenot, *La région et l'environnement*, th. dact., Limoges, octobre 1992, p. 302 ; F. Moderne, « En attendant la loi *Littoral* », *LPA* 2 décembre 1985.

restrictive. Des accords ont été passés – sans opposition des pouvoirs publics – entre des collectivités régionales françaises et des collectivités étrangères même n'ayant pas de frontières communes. Une circulaire du Premier ministre du 26 mai 1983 a entériné cet état de fait, en mettant en place un délégué chargé de coordonner et de contrôler ces initiatives, dont certaines ont des rapports étroits avec les préoccupations environnementales (v. *infra*). La loi du 6 février 1992 (*JO* 8 février p. 2064), dont l'article 131-1 énonce que « les collectivités territoriales et leurs groupements peuvent conclure des conventions avec des collectivités territoriales étrangères et leurs groupements dans les limites de leurs compétences et dans le respect des engagements internationaux de la France... Ces conventions entrent en vigueur dès leur transmission au représentant de l'État... », a entériné cet état de fait.

Les problèmes de pollution ne connaissant pas, par nature, les frontières, les collaborations transfrontalières sont donc bienvenues, en premier lieu pour les régions frontalières : mais elles peuvent dépasser ce cadre étroit, pour se muer en véritables actions de coopération décentralisée. On citera par exemple l'expérience de la « Charte des régions sur l'environnement », par laquelle le land du Bade-Wurtenberg s'est associé à la généralité de Catalogne, à la région de Lombardie, à la province d'Ontario et à la région Rhône-Alpes en novembre 1990. Quatre groupes de réflexion fonctionnent : déchets toxiques, tourisme doux, données sur milieux naturels et pollutions atmosphériques (région Rhône-Alpes), actions de développement de l'éducation et de la formation à l'environnement. On relèvera de même la création de l'IRCOD (Institut régional de coopération décentralisée) en 1987, à l'initiative de la région Alsace, et financé dans le cadre du contrat de plan État-Région, qui a participé à quelques actions symboliques au Cameroun (adduction d'eau et politique patrimoniale (8)). Même des majorités régionales relativement peu ouvertes, et ne dépendant absolument pas des élus écologistes, ont inscrit dans leur budget des lignes réservées au moins à des études préalables ou à des expériences, comme cela s'est fait en Pays de Loire en 1992-1993. Les relations paraissent néanmoins plus logiques, sur le plan environnemental, quand elles sont nouées entre régions frontalières : favorisée par un financement conséquent de l'Union européenne, la collaboration de l'Alsace, du Bade Wurtemberg et de la Rhénanie-Palatinat, organisée par l'accord de Kandel de novembre 1989 (9), porte par exemple sur la réalisation d'un programme PAMINA prévoyant entre autres la création d'une réserve naturelle transfrontalière. La région Corse est engagée aux côtés de la région de Sardaigne et des deux États concernés dans la mise en place d'un parc international au large de Bonifacio.

D'autre part, les régions sont dotées de compétences consultatives qui sont concrétisées soit par le jeu des institutions consultatives propres à la collectivité régionale soit par le jeu de toutes les procédures mettant en jeu un intérêt spatial régional. Cependant, seules les régions à statut particulier – voir *infra* – sont ou ont été un temps dotées d'une institution consultative spécifique à l'environnement ou au « cadre du vie ». Les régions de droit commun ne connaissent qu'une institution consultative, le comité économique et social. Au sein de celui-ci, la place des associations de protection de l'environnement est bien sûr imputée sur les 25 % des

(8) V. J.-P. Thévenot, *op. cit.*, p. 212.
(9) V. J.-P. Thévenot, *op. cit.*, p. 355.

sièges réservés aux représentants des « organismes qui participent à la vie collective de la région » en vertu du décret du 11 octobre 1982. Elle est réduite à la portion congrue (une place le plus souvent, parfois deux comme en Champagne-Ardennes, en Haute-Normandie, en Midi-Pyrénées et dans la région Centre). Mais il faut y ajouter les collèges régionaux du patrimoine, des sites et des paysages (article 9 de la loi du 7 janvier 1983 et décret du 25 avril 1984), au sein desquels les associations de sauvegarde des sites et du patrimoine architectural siègent bien sûr en plus grand nombre.

Les régions de montagne sont dotées d'organismes consultatifs spécifiques, les « comités pour le développement, l'aménagement et la protection », créés par l'article 7 alinéa 1er de la loi *Montagne*. Leur composition est fixée par décret, mais ils comprennent tous des élus locaux, des représentants de l'État, des associations, des administrations plus des personnes qualifiées, et sont présidés par le préfet. Ils ont en raison de ce dernier facteur été ressentis comme des outils de recentralisation larvée, mais n'en demeurent pas moins des organes consultatifs régionaux. Il existe évidemment un lien étroit entre l'existence de ces structures consultatives et les pouvoirs d'initiative de la région : les comités de massif peuvent émettre des « recommandations » pour des zones sensibles.

Les collectivités régionales sont également consultées, en temps que telles, lors de l'élaboration par l'État d'outils d'aménagement du territoire ou de protection (les schémas de mise en valeur de la mer, par exemple (10)). Les actions foncières du Conservatoire du Littoral, à travers les consultations des conseils de rivage, qui comptent en leur sein des représentants des conseils régionaux (article 5 de la loi du 10 juillet 1975), donnent l'occasion aux régions d'exprimer leur point de vue. De même, pour les décisions des agences de l'eau, les conseils d'administration de ces agences comportent des membres issus des conseils régionaux (article 14 de la loi du 16 décembre 1964). L'article 5 de la loi du 3 janvier 1992 sur l'eau (11) fixe qu'il en est de même pour l'élaboration des SAGE et des SDAGE, les conseils régionaux étant consultés au stade de leur élaboration. Ce sera aussi le cas pour ce qui concerne la planification de l'élimination de certains déchets (v. *infra*).

Enfin, il résultait de l'article 10 de la loi *Barnier* (devenu art. L. 131-2 du Code de l'environnement) qu'un comité régional de l'environnement pouvait être institué. Présidé par le président du conseil régional ou par son représentant, ce comité composé de conseillers régionaux et, à parité, de représentants des associations agréées de protection de l'environnement et de personnalités qualifiées devait être chargé d'une mission de réflexion, de proposition et de conciliation sur tout sujet ou projet d'intérêt régional ayant trait à l'environnement. À ce titre, il était prévu qu'il établisse en liaison avec les départements concernés un inventaire du patrimoine paysager de la région. Un tant devenu obligatoire, cette création était redevenue facultative, mais les décrets de toute manière n'avaient jamais été pris. L'ordonnance n° 2004-637 du 1er juillet 2004 portant simplification de ce style de commission a purement et simplement supprimé cette institution.

Enfin, l'article L. 411-5 III issu de la loi sur la démocratie de proximité énonce qu'« Il est institué dans chaque région un conseil scientifique régional du patrimoine naturel. Ce conseil est

(10) V. J.-M. Becet, « Les schémas de mise en valeur de la mer », *RJE* 4-1990, p. 505.
(11) V. R. Romi, « La loi sur l'eau et le droit de l'environnement », *ALD* 9 avril 1992.

constitué de spécialistes désignés *intuitu personae* pour leur compétence scientifique, en particulier dans les universités, les organismes de recherche, les sociétés savantes, les muséums régionaux. Il couvre toutes les disciplines des sciences de la vie et de la terre pour les milieux terrestres, fluviaux et marins. Ses membres sont nommés par arrêté du préfet de région après avis du président du conseil régional. » Cet organisme sert d'instance consultative pour tous les problèmes scientifiques touchant à l'environnement, en particulier dans le cadre de la création de réserves naturelles régionales. Il s'agit là d'une opportunité, qu'il convient de saisir, de constituer autour de l'institution régionale un lieu de négociation et de consultation susceptible d'écologiser quelque peu les pratiques publiques.

On notera enfin que les régions peuvent saisir la Commission du débat public. Ainsi le conseil régional de la région Centre a saisi la Commission du dossier du troisième aéroport de la région parisienne (*Le Monde* 5 septembre 1997, p. 13).

B. LA PARTICIPATION DES RÉGIONS À LA PLANIFICATION ET SES PROLONGEMENTS INSTITUTIONNELS

Les régions peuvent depuis 1995 se voir confier des compétences de planification sectorielle en matière d'environnement. La loi relative au renforcement de la protection de l'environnement du 2 février 1995 énonçait en effet que : « Chaque région doit être couverte par un plan régional ou inter-régional d'élimination des déchets industriels spéciaux... Le projet de plan est élaboré à l'initiative et sous la responsabilité de l'État. Toutefois, cette compétence est transférée, à sa demande, au conseil régional. »

La loi sur la démocratie de proximité opère transfert à la région – plus exactement au Conseil régional (12) – de la compétence de planification en matière d'air qui était depuis longtemps projetée, mais ne change pas grand chose au caractère étatique du droit de l'air. Et le maintien d'une possibilité de mise en demeure assortie d'un délai de dix-huit mois, à l'issue duquel l'État reprendra la main, illustre l'absence d'une confiance absolue dans la décentralisation (13). Il en est

(12) L'art. L. 541-13 est ainsi modifié :

1° Le V est ainsi rédigé :

« V. – Le projet de plan est élaboré à l'initiative et sous la responsabilité du président du conseil régional. » ;

2° Dans la première phrase du VI, les mots : « au conseil régional et » sont supprimés ;

3° Au VII, les mots : « l'autorité compétente » sont remplacés par les mots : « délibération du conseil régional ».

B. – Le dernier alinéa de l'art. L. 541-15 est complété par une phrase ainsi rédigée :

« Ce décret détermine également les conditions dans lesquelles l'État élabore le plan prévu à l'art. L. 541-13 lorsque, après avoir été invitée à y procéder, l'autorité compétente n'a pas adopté ce plan dans un délai de dix-huit mois. »

(13) L'art. L. 222-1 est ainsi modifié :

1° Dans la première phrase du premier alinéa, les mots : « Le préfet de région » sont remplacés par les mots : « Le président du conseil régional » ;

2° Après la première phrase du premier alinéa, sont insérées deux phrases ainsi rédigées :

« Les services de l'État sont associés à son élaboration. Le conseil régional recueille l'avis du comité de massif pour les zones où s'applique la convention alpine. »

B. – Dans la deuxième phrase du deuxième alinéa de l'art. L. 222-2, les mots : « aux conseils municipaux des » sont remplacés par les mots : « aux communes, aux établissements publics de exactement de même pour le transfert au conseil régional du soin d'adopter le plan d'élimination des déchets industriels spéciaux (article L. 541-13 du Code de l'environnement (14)).

Les *contrats de plan État région* (qui sont « des accords conclus entre l'État et les régions dans le but d'articuler la planification régionale au plan national », selon l'expression de J. Moreau (15)) permettent par ailleurs au moins aux régions de rechercher, en matière d'environnement, un certain nombre d'appuis et de faire consacrer un certain nombre d'objectifs. Mais la vocation des contrats de plan est par nature plus de favoriser un développement qu'une protection. Dès lors ce n'est que quand développement et protection seront étroitement liés dans les projets soumis par les régions à négociation que, par exemple, la protection d'espaces fragiles pourra être introduite parmi les objectifs du contrat. Si l'on considère à titre d'exemple les contrats 1989-1992, l'environnement apparaît peu, peut-on dire, en temps que tel. Mais la plupart des contrats envisagent le problème des zones défavorisées et des zones fragiles. Cependant, ce sont le plus souvent de grands projets de désenclavement, certes nécessaires en un sens, qui en constituent le noyau dur, sans que les choix faits privilégient la protection des écosystèmes. *A priori* rien ne s'oppose, au contraire, à ce que les contrats dégagent des financements pour des projets de protection (v. *infra*).

Quant aux *plans régionaux*, qui doivent selon l'article 14 de la loi du 29 juillet 1982 définir les « objectifs à moyen terme du développement économique, social et culturel de la région », certains comportent des volets spécifiques consacrés à l'environnement (Plan Nord-Pas de Calais, 1984-1988 : collecte des données, suivi des actions, diffusion des connaissances et formation, sensibilisation). D'autres régions ont préféré adopter des plans spécifiques (Plan de référence Alsace 2005, élaboré par l'Association de prospective rhénane, contrôlé par le conseil régional du fait de la présence d'une majorité de conseillers régionaux dans le comité de pilotage ; Plan Vert de Bourgogne, 1990, élaboré par le conseil régional en

coopération intercommunale et aux syndicats mixtes compétents pour l'élaboration d'un schéma de cohérence territoriale, aux ».

C. – Dans la dernière phrase du deuxième alinéa du même article, les mots : « le préfet après avis du conseil régional » sont remplacés par les mots : « délibération du conseil régional ».

D. – L'art. L. 222-3 est ainsi rédigé :

« Art. L. 222-3. – Un décret en CE fixe les modalités d'application de la présente section, notamment les conditions dans lesquelles le représentant de l'État dans la région élabore ou révise le plan régional pour la qualité de l'air, lorsqu'après avoir été invité à y procéder, le conseil régional ou, en Corse, l'Assemblée de Corse, ne l'a pas adopté dans un délai de dix-huit mois. »

(14) L'art. L. 541-13 est ainsi modifié :

1° Le V est ainsi rédigé :

« V. – Le projet de plan est élaboré à l'initiative et sous la responsabilité du président du conseil régional. » ;

2° Dans la première phrase du VI, les mots : « au conseil régional et » sont supprimés ;

3° Au VII, les mots : « l'autorité compétente » sont remplacés par les mots : « délibération du conseil régional ».

B. – Le dernier alinéa de l'art. L. 541-15 est complété par une phrase ainsi rédigée :

« Ce décret détermine également les conditions dans lesquelles l'État élabore le plan prévu à l'art. L. 541-13 lorsque, après avoir été invitée à y procéder, l'autorité compétente n'a pas adopté ce plan dans un délai de dix-huit mois. »

(15) « Les contrats de plan État-région, nouvelle technique d'aménagement du territoire ? », *AJDA* décembre 1989, p 737.

collaboration avec le conseil économique et social et avec la DRAE ; Plan Vert Midi-Pyrénées, 1990, adopté par le conseil régional à l'issue des assises régionales de l'environnement ; plus récemment élaboration d'Agendas 21). La dernière vogue en la matière semble porter sur les schémas en matière énergétique : ainsi, le Conseil Régional de Poitou-Charentes a adopté le 18 décembre 2006 un « Schéma Régional Éolien » qui vise à ce que d'ici 2010 21 % de la consommation d'électricité soit produite à partir d'énergies renouvelables. La même région a décidé de réduire pour la même échéance de 800 000 tonnes ses émissions de gaz à effet de serre, *via* son Plan Kyoto régional « Initiatives Climat en Poitou-Charentes ».

Le vote des plans et l'adoption des contrats de plan nécessitant dans certaines régions un vote favorable ou une abstention des élus verts et écologistes, les choix, par exemple en matière de transports, ont pu faire la part belle au développement des transports en commun (16). À cet égard, il faut remarquer que les contrats 2000-2006 sont d'un bien meilleur crû (17) et sont significatifs d'un effort considérable (18).

Des *créations institutionnelles* sont souvent initiées à l'occasion de la conclusion des contrats de plan, et figurent parfois au premier rang des priorités régionales. La formule institutionnelle de conciliation la plus adaptée entre développement local et protection de l'environnement demeure malgré quelques échecs celle du parc naturel régional. La création des PNR était à l'origine (décret du 1er mars 1967) une création « centralisée » (v. *infra*) ; il fallait un décret pour opérer le classement, et la Commission interministérielle des PNR créée pour la circonstance contrôlait tout le processus. Mais, dès la première circulaire (1er juin 1967), la vocation régionale des PNR était affirmée. La loi du 5 juillet 1972 confiait aux nouveaux établissements publics régionaux le soin de procéder à « toutes études intéressant le développement régional » ; il était donc logique que le décret de 1967 soit remplacé, ce qui fut fait le 24 octobre 1975 par un texte dont l'article 2 proclamait que « la région a l'initiative de la création d'un parc naturel régional en accord avec les collectivités locales ou groupements de collectivités concernées ou sur leurs propositions ».

Cela dit, le conseil régional ne pouvait procéder à la création d'un parc, qui ne résultait officiellement que d'un acte du ministre de l'Environnement après consultation de la commission interministérielle déjà évoquée, le « déclassement » pour violation de la charte du parc considéré ne pouvant se faire, en vertu de l'article 10 alinéa 2 de ce texte, que par décret. La loi du 7 janvier 1983 ajoute dans son

(16) Ainsi pour les contrats 1993 – 1999 : en Île-de-France, M. Giraud, à l'époque président de la Région, avait dû consentir un effort substantiel et le partage n'a finalement guère été différent de celui qu'exigeaient les Verts au départ (deux tiers, un tiers). Un processus de négociation similaire avait eu lieu en Haute-Normandie, où les écologistes ont « échangé » un vote positif contre la création d'un fonds d'intervention pour l'environnement. Au contraire, dans certaines régions où ce facteur n'existait pas, les sommes allouées aux infrastructures routières sont nettement favorisées.

(17) C. Faber, « Contrat de plan Île-de-France : les transports surtout », *L'Environnement Magazine*, mars 2000, p. 22-23.

(18) Ainsi dans la région Île-de-France, en 1999, le rapport deux tiers pour les transports en commun/un tiers pour la route recherché lors du contrat précédent est respecté. Pour la région PACA (*Le Monde* 16 mai 2000, p. 15), le poste consacré aux transports collectifs a été multiplié par 15. D'une manière générale, la part des routes dans les contrats de plans passe de 35 % à 25 % du montant global des contrats ; les crédits pour le chemin de fer sont dans le même temps presque multipliés par 10 (*Le Monde* 27 avril 2000).

article 29 qu'un territoire géré dans le cadre d'une charte intercommunale de développement et d'aménagement peut être classé en PNR, à l'initiative de la région, et toujours avec l'accord des collectivités concernées. Le décret du 25 août 1988 a depuis précisé que le classement, prononcé par le ministre compétent, est accordé pour une durée de dix ans renouvelable, sur la base d'une charte qui définit le plan du parc, les priorités du parc, l'exposé des mesures nécessaires, la nature, les missions et les modalités de fonctionnement de l'organe de gestion, un programme chiffré d'actions sur trois ans, un plan de financement. Cela étant, une région qui a enclenché la mécanique de création ne semble pas, théoriquement, pouvoir l'arrêter, le classement demeurant une décision purement étatique (19). Il est sûr par ailleurs que la volonté étatique est prédominante, et qu'un parc peut, comme on l'a vu à propos du marais Poitevin, se voir refuser le renouvellement de l'octroi du label (20).

La loi *Paysages* a partiellement modifié les règles du jeu en la matière. Elle précise que les parcs naturels régionaux « constituent un cadre privilégié des actions menées par les collectivités publiques en faveur de la préservation des paysages et du patrimoine naturel et culturel ». L'article L. 333-1 du Code de l'environnement prévoit que doivent être réalisés une cartographie et un zonage du territoire des parcs, et rappelle que les orientations de l'action des parcs doivent être définies par leur charte, dont l'élaboration doit être conduite par les régions, avec l'accord des collectivités locales concernées (21) et en concertation avec les différents acteurs intéressés. C'est sur cette base qu'intervient le décret de classement, toujours valable pour dix ans, ce qui ne change pas grand-chose à la situation antérieure. Mais il en est autrement de la valeur des chartes (v. *infra*), car elles doivent dorénavant faire l'objet d'une « application par l'État et les collectivités locales », au moyen de « ... l'exercice de leurs compétences ». Et dans l'exercice de ces compétences, précise le texte, elles devront assurer « ... la cohérence de leurs actions et des moyens qu'elles y consacrent ». Cette modification est susceptible à la fois d'accroître les réticences des régions et de rendre plus performants les PNR.

La loi relative au renforcement de la protection de l'environnement de 1995 a modifié la place et rationalisé l'organisation des parcs naturels régionaux. « L'aménagement et la gestion des parcs naturels régionaux, créés à compter de la date de publication de la loi n° 95-101 du 2 février 1995 relative au renforcement de la protection de l'environnement, sont confiés à un syndicat mixte au sens des articles L. 166-1 et suivants du Code des communes, regroupant les collectivités territoriales et leurs groupements ayant approuvé la charte ». Si l'on excepte le parc de Lorraine (administré par une association) et celui de Camargue (administré par une fondation pendant longtemps, et, dans des conditions juridiques compliquées, par un GIP

(19) J.-P. Thévenot, *op. cit.*, p. 228, y voit même un « certain recul de la décentralisation », dans la mesure où le décret de 1975 attribuait à la région le soin de décider de la création.

(20) L'examen des demandes de renouvellement permet en outre une adaptation de la charte : il résulte d'un avis du CE du 9 avril 1996 (*Dr. env.* janvier-février 1998, p. 15-17, note E. Le Cornec) que le renouvellement d'un parc suppose la révision de la charte.

(21) V. J.-C. Hélin, « L'écriture des chartes des parcs naturels régionaux et le droit », *RJE* 4/1997, p. 489 et s. V. également « La charte comme outil de gouvernement local », *Actes des journées nationales des parcs naturels régionaux*, mai 1998, sous la dir. de Y. Georgeu, P. Mocquay, F. Poullé, éd. Développement territorial, 1999.

depuis un arrêté interministériel du 24 avril 2003 (22)), cette formule était déjà généralement adoptée. Ces syndicats mixtes sont gérés par des conseils d'administration ou des comités syndicaux composés de représentants des collectivités locales et des administrations, qui élisent un bureau et un président, mais les directeurs des parcs, quelle que soit la formule retenue, doivent être choisis sur une liste établie par la commission interministérielle des parcs naturels régionaux : la loi *Barnier* ne change rien sur ce point, non plus que pour ce qui concerne la composante associative qui existe dans la plupart des PNR (23).

Par contre, ceux-ci sont désormais inscrits dans l'univers de la *participation décentralisée* : dans la création des PNR, les régions sont au premier chef concernées par la rédaction et la négociation des chartes, même si l'État décide et garantit. Même s'il y a, donc, pour les PNR, plutôt matière à parler de « *compétences partagées* » que de « partages de compétences », le décret du 21 novembre 2005 (Décret n° 2005-1456 du 21 novembre 2005 pris pour l'application de l'article L. 333-1 du Code de l'environnement et relatif aux parcs naturels régionaux *JO* n° 275, 26 novembre 2005, p. 18384) renforce dans la cadre de ce processus la place des régions, de manière assez symbolique, puisqu'il consiste à donner au Président du Conseil régional la conduite de l'enquête publique après adoption de la charte. On remarquera qu'à ce titre il ne fait qu'« exercer les compétences attribuées au préfet »...

La plupart des PNR sont concernés par les contrats de plan État-région. Il en existait 27 en 1992, représentant 8 % du territoire, pour environ 2 millions d'habitants. Il en existe désormais 44 (v. plus de détails, *infra*).

Régions concernées	Départements concernés	Communes rurales concernées	Superficie couverte (ha)	Habitants (base 1999)
23	68	3 689	7 078 800	3 056 866

La gestion, diversement assurée, mais toujours « décentralisée », est assurée par référence à la « charte constitutive », qui n'était, jusqu'à l'intervention de la loi *Paysages*, qu'un document d'orientation théoriquement non contraignant. Le financement des PNR est, lui aussi, décentralisé. La circulaire du 1er juin 1967 précisait que « ... l'aide de l'État ne pourra être que subsidiaire ». Il était clair dès lors que les PNR devaient reposer sur une volonté locale. Les financements de base, de fait, continuent à provenir des régions, à hauteur de 15 à 80 % selon les cas pour les dépenses de fonctionnement, de 30 % en moyenne pour les investissements ; la participation de l'État est limitée, en moyenne, à 10 ou 15 % des dépenses de

(22) V. *Le Monde* 29 mai 2004, p. 15. La fondation reste propriétaire du label et des bâtiments du Parc, car elle n'a pas été dissoute par l'arrêté créant le GIP... mais elle n'a ni président ni budget !

(23) Le CE, 23 juin 2004, n° 254926, *Compagnie des salins du midi et salines de l'est*, M. G. et autres, a précisé que si la gestion d'un parc naturel régional créé avant le 3 février 1995 peut continuer à être assurée par l'organisme à qui elle incombait antérieurement, sans qu'il s'agisse nécessairement d'un syndicat mixte, en revanche, la seule possibilité légale, en cas de changement de la personne responsable de sa gestion, est de donner compétence à un syndicat mixte.

fonctionnement des PNR (24). Les partages des frais ont quelque peu évolué, dans le sens d'une forte différenciation selon les parcs, depuis la conclusion des premiers contrats de plan État-région. Dans le Nord-Pas-de-Calais, l'essentiel du financement provient de la région.

Enfin, les éventuelles mesures de protection des milieux doivent résulter de mesures ponctuelles et spécifiques (classements en réserves naturelles, par exemple), ce qui tout à la fois rassure les collectivités locales, qui peuvent peser au coup par coup sur les décisions, et permet souvent d'engager des actions plus incitatives dans une ambiance moins teintée de méfiance que celle régnant dans les rapports entre parcs nationaux et collectivités. Il n'en a pas moins été formulé des reproches à l'encontre des parcs naturels régionaux : on a surtout critiqué qu'ils privilégient le développement économique (25). Dans la réalité, ils préfigurent – malgré les échecs – l'avenir en ce qu'ils participent d'une recherche certes conflictuelle mais prometteuse d'un nouveau type de développement que, faute de mieux, l'on peut qualifier « *écodéveloppement* ». Au niveau régional, ce n'est jamais que le pendant de la recherche internationale et communautaire d'un « développement soutenable » ; elle accompagne, au niveau national, la construction d'un *droit de l'environnement intégré* (v. *infra*).

La création, le maintien et la disparition des PNR constituent – il ne faut pas en douter – des enjeux politiques et non seulement techniques. Ainsi, et par exemple, le parc naturel de Camargue connaît une agitation peu commune (*Le Monde* 3/4 juin 2007, p. 8) du fait de l'annulation contentieuse de la décision de création du syndicat mixte qui devait relayer l'association gestionnaire puis le GIP mis en place de manière provisoire. Le modèle unique du syndicat mixte devait pouvoir s'imposer sans difficulté, n'était le recours d'un propriétaire membre de la fondation de droit privé qui existe sur le même territoire et s'oppose au parc. Le fait est que cette absence de structure de gestion – le parc est placé sous tutelle du sous-préfet d'Arles et du TPG – interdit la révision de la Charte tant qu'un nouveau décret n'est pas publié. En l'espèce, cela peut aboutir à la disparition pure et simple de ce PNR historique.

Mais l'essentiel de l'action régionale passe en fait par le jeu *d'institutions ad hoc*. Les parcs naturels régionaux sont assez souples pour permettre une adaptation des politiques régionales aux spécificités des « pays » concernés et aux priorités des majorités régionales. Mais il n'y a pas matière à en créer partout, et les régions appréhendent parfois les contraintes impliquées par ces créations et par la menace du retrait du label par l'État : il est par exemple évident que les régions Pays-de-Loire et Poitou-Charentes ont vu leur image mise à mal par le retrait du label au parc du marais Poitevin – raison pour laquelle elles essaient de remettre en chantier de manière plus rationnelle le projet de parc (26). Il y a toujours possibilité, pour les

(24) À titre d'indication, selon *L'Environnement Magazine* de juillet-août 1998, p. 23, 18 parcs ayant répondu aux questionnaires envoyés par la revue généraient 900 emplois à temps plein, et entre 1300 et 140 emplois indirects.
Voir le site de la Fédération Nationale des Parcs naturels régionaux : http://www.parcs-naturels-regionaux.tm.fr/fr/decouvrir/parcs.asp.

(25) V. le n° spécial de la *RJE* sur les parcs naturels régionaux, 3-1985.

(26) A la date de mise sous presse du présent ouvrage, la charte est prête et l'institution en place et en fonctionnement : v. http://www.parc-marais-poitevin.fr.

régions qui ne désireraient pas user de cette formule ou désireraient la compléter par un outil au champ d'activité plus large, ou au contraire plus réduit, de créer une agence (27), ou un conservatoire, ou un observatoire, soit seules, soit en liaison avec d'autres institutions ou avec des associations, et soit sous la forme associative, soit sous la forme d'un établissement public.

La région Nord-Pas-de-Calais a créé par exemple une association, l'Espace naturel régional, dont le rôle est de mener diverses actions de gestion de sites, d'information et d'encadrement ; selon M. Prieur, elle compte plus d'agents que n'en comptent les services de l'État chargé du contrôle de la police dans la région. Cette « sorte de démembrement » a acquis une manière de prestige tant auprès de la population en général que des associations et des écologistes. Mais les remarques très critiques de la Chambre régionale des Comptes a conduit à intégrer l'association dans un syndicat avec les syndicats mixtes gestionnaires des parcs naturels de la région et la Région elle-même (28).

On notera que la région Centre a au contraire préféré en février 1991, dans le souci d'éviter qu'une création d'agence n'aboutisse à une conception trop étroite de la protection de l'environnement et de favoriser au contraire une vision transversale des problèmes, juxtaposer à une direction un organe triangulaire consultatif, regroupant à parité des élus régionaux, des scientifiques et des associations, la Conférence régionale de l'environnement. Cet organe propose des actions à la région, qui dispose. Elle a à son actif la mise en place de contrats verts, contrats d'objectifs pluriannuels de trois ans financés totalement ou à 90 % par la région (29).

Région	**Nom**	**Date de création**	**Effectif**	**Budget (en euros)**	**Statut**
Aquitaine	Idea	1999	6	537 000	Association
Corse	ADEC	1992	3	250 000	EPIC
Haute-Normandie	ARHEN	1996	18	1,3 M	Association
Île-de-France	ARENE	1994	18	2,8 M	Association
Languedoc-Roussillon	AME-LR	1991	30	3,05 M	Association
Lorraine	AREL	1993	9	546 000	Association loi 1908
Midi-Pyrénées	ARPE-MIP	1990	30	3 M	Association
PACA	ARPE-PACA	1978	55	4,42 M	Syndicat mixte

(27) Les agences régionales se sont fédérées au sein d'un réseau des agences régionales d'environnement (RARE) qui les regroupe toutes.

(28) V. l'enquête de *L'Environnement Magazine* avril 2003, p. 18-22.

(29) V. M. Canavaggia, « La locomotive verte de la région Centre », *L'Environnement Magazine* janvier-février 1992, p. 20.

Région	Nom	Date de création	Effectif	Budget (en euros)	Statut
Aquitaine	Idea	1999	6	537 000	Association
Poitou-Charentes	APCEDE	1990	17	1,3 M	Association
Rhône Alpes	RAEE	1978	16	1,6 M	Association

Tableau dressé par l'auteur en fonction des données accessibles sur Internet. (30)

Par ailleurs, dans le domaine de l'énergie, alors qu'en 1981 était avancée l'idée de créer des *agences régionales de l'énergie* (31), les régions ne sont pas toutes intervenues de la même manière ni avec la même intensité. Si certaines ont suscité la création d'associations (par exemple la région Aquitaine, avec Aquiternergie, depuis 1980), d'autres y ont renoncé après avoir fait une tentative (le Nord-Pas-de-Calais, qui avait créé en 1978 « Norcalénergie », l'a remplacé par un service administratif classique), d'autres enfin n'ont pas même franchi le pas. La création *d'observatoires régionaux de l'environnement* n'a pas été le fait des seules régions ; la plupart du temps gérées par les DIREN, ces structures de collecte des données et de suivi de l'état de l'environnement ont été « lancées » par les contrats de plan État-région de 1984-1988. 14 régions au moins (Alsace, Aquitaine, Bretagne, Corse, Champagne-Ardennes, Franche-Comté, Guadeloupe, Guyane, Martinique, Languedoc-Roussillon, Midi-Pyrénées, Nord-Pas-de-Calais, PACA, Rhône-Alpes) ont *via* ces contrats contribué à leur financement, en même temps qu'au financement du programme ZNIEFF (32). Dans le même esprit, des régions ont mis en place (Alsace – nucléaire, radioactivité ; Lorraine – qualité de l'air, radioactivité) ou contribué à la création de divers réseaux de mesure ou de surveillance de la qualité de l'air.

La création de *conservatoires des sites* obéit à une autre logique : associations foncières de droit privé, les conservatoires visent à permettre aux régions de mener une politique de protection en usant de moyens fonciers. Le réseau national des conservatoires s'est d'ailleurs structuré, et a obtenu en novembre 1992 la signature d'une convention cadre avec le ministère de l'Environnement, et le 15 juin 1993 une convention avec la Caisse d'Épargne : il s'agit là tout à la fois de moyens de dégager des financements et de reconnaissances de la mission d'intérêt général assurée par les conservatoires régionaux. Ce réseau (*Espaces Naturels de France*) s'est imposé comme un interlocuteur foncier du ministère, des régions et des départements (33).

(30) V. pour un tableau complet des actions de ces institutions les sites de ces agences, notamment http://www.arpe-paca.org, http://www.arehn.asso.fr (Haute Normanadie), http://www.oreb.org (Bourgogne).

(31) V. J.-Y. FABERON, « Les réticences de la décentralisation », *AJDA* 20 novembre 1985, p. 571.

(32) V. M. DESCHAMPS, « L'inventaire du patrimoine naturel », *RJE* 1990-4, p. 573 et s. ; J.-P. THÉVENOT, *op. cit.*, p. 146-149.

(33) V. le site internet http://www.enf-conservatoires.org/Fede_CREN.htm ; v. aussi pour ce qui concerne le conservatoire du Nord Pas-de-Calais : http://www.conservatoiresitesnpc.org/presentation/index.htm.

L'exemple du Conservatoire alsacien, qui a une assez longue et riche histoire (34), montre à l'évidence que le procédé peut être performant car créateur de dynamiques : c'est en effet dès 1972 que l'Association fédérative régionale pour la protection de la nature a commencé à acheter des terrains riediens puis loué des pelouses d'orchidées. Il fallait pour cela des moyens financiers qui ne pouvaient être obtenus qu'en demandant des subventions aux collectivités locales, auxquelles s'opposait souvent l'association... C'est pour gérer cette contradiction que le Conservatoire a été créé, sous la forme associative, comme une institution de gestion « doublant » la première association, structure de « contestation », et indépendante d'elle. Le Conservatoire régional des rives de la Loire et de ses affluents, créé par la région Pays de Loire sous la forme associative, est dominé par le conseil régional et les départements de Loire-Atlantique et de Maine-et-Loire, qui en sont les trois membres fondateurs (art. 5 des statuts). En sont « membres de droit » huit représentants du conseil régional, un représentant de chaque département de la région, un représentant de l'EPALA, le président du CES ou son représentant. En sont « membres actifs » toute personne et morale « qui contribue à la vie de l'association... et a reçu l'agrément du conseil d'administration ». Celui-ci est composé de 13 membres : « les présidents des collectivités membres fondateurs, ou leur représentant, le représentant de l'EPALA, quatre représentants du conseil régional choisis parmi les membres de droit, le président du CES, deux membres actifs ayant la qualité d'associations adhérentes, élus par l'assemblée générale pour trois ans, et deux membres actifs du Conservatoire ayant la qualité de communes adhérentes élus par l'assemblée générale pour trois ans ». Le conseil scientifique est composé de personnalités choisies en dehors des membres en raison de leur compétence par le conseil d'administration. Il a une ambition plus mesurée : celle de participer au maintien des écosystèmes du bord de Loire. Son action est pour l'heure limitée à des études.

La région Île-de-France connaît une spécificité institutionnelle : l'Agence des espaces verts de la région d'Île-de-France qui n'a pas évidemment la même dimension que les parcs naturels régionaux, n'assurant qu'une activité plus réduite. L'agence présente plutôt quant à sa nature des points commun avec l'Office corse, puisqu'il s'agit également d'un établissement public. Le conseil régional la contrôle, du fait de la présence de 17 élus (sur 24) à son conseil d'administration. Son but est de promouvoir et de mener une politique régionale en matière d'espaces verts, et elle dispose pour ce faire de la capacité de procéder à des achats, d'aliénation et d'échange, mais aussi d'une compétence de gestion de ces espaces. Il s'agit au départ – au contraire de l'office corse, qui a un objet plus large – d'un outil foncier, qui peut recevoir délégation des pouvoirs de préemption des espaces naturels sensibles de la part des départements. Son budget provient d'ailleurs pour une large part de la taxe d'espaces naturels sensibles. L'ouverture au public de ces espaces est dans ce contexte la règle, et l'Agence procède par conventions pour assurer cette ouverture comme au sens large la gestion des espaces concernés. Elle le fait dorénavant en tenant compte des impératifs de diversité biologique (http://www.aev-iledefrance.fr), assurant par exemple des inventaires écologiques.

(34) V. le site http://csa.cren.free.fr.

Les autres régions ont parfaitement le droit de se doter d'institutions *ad hoc*, analogues, si ce n'est que pour cette Agence de création législative, les compétences et la fonction sont définies par le texte de création. D'ailleurs, la région Île-de-France elle-même s'est dotée en octobre 1992 (les statuts n'en ont cependant été votés que le 3 février 1994) d'une Agence régionale de l'environnement et de l'énergie, l'ARENE (Agence régionale de l'environnement – voir http://www.areneidf.com).

§ 2. LES COMPÉTENCES DES RÉGIONS À STATUT PARTICULIER

Les régions d'outre-mer et la région Corse se sont vues dotées de pouvoirs spécifiques et d'institutions particulières compétentes en matière de planification et de gestion de l'environnement. Mais il n'est pas sûr que leurs politiques en soient pour cela fondamentalement différentes de celles de certaines régions de droit commun.

A. LES COMPÉTENCES DE LA RÉGION CORSE

On notera, évidemment, qu'à bien des égards les compétences des régions de droit commun en matière d'environnement se sont alignées progressivement sur celles de la Corse qui ont perdu bon nombre de spécificités (35).

L'article 7 de la loi du 30 juillet 1982 (36) précisait que l'Assemblée de Corse « définit les actions qu'elle entend conduire pour la protection de l'environnement après consultation des départements et notamment au vu des propositions qui lui sont adressées par les communes ». L'article 22 de la loi du 30 juillet 1982 attribuait à l'Assemblée de Corse le soin d'élaborer et mettre en œuvre le programme régional de prospection, d'exploitation et de valorisation des ressources énergétiques locales... et de « participer à l'élaboration et à la mise en œuvre d'un plan tendant à couvrir les besoins et à diversifier les ressources énergétiques de l'île en concertation avec les établissements publics nationaux » ; elle devait également adopter un « schéma d'aménagement » qui « fixe les orientations en matière de protection, de mise en valeur et de développement de son territoire » (art. 9 de la même loi), valant schéma de mise en valeur de la mer. Ceci dit, l'élaboration des schémas d'aménagement, compétence finalement la plus originale, était loin d'être décentralisée : le schéma devait – voir *infra* – impérativement respecter un certain nombre de données nationales, la procédure devait concilier tous les intérêts des collectivités locales, des organismes professionnels représentatifs et de l'État ; le schéma était approuvé par décret en Conseil d'État. Surtout, pour la Corse, le fait que ce schéma n'était pas

(35) V. A. Taillefait, fasc. « Corse », *J.-Cl. administratif* n° 124, 2007.
(36) T. Michalon, « Les compétences particulières de la région de Corse », *in Les nouvelles compétences locales*, préc., p. 445 et s., et « Région Corse, maturité des institutions, épilogue du statut particulier », *RFDA* 1986, p. 580 et s.

encore été adopté fin 1989 montre s'il en était besoin que les compétences ne sont pas tout : encore faut-il qu'existe une volonté de les utiliser et que se dégage un relatif consensus sur les orientations à mettre en œuvre.

La manière dont la région Corse a utilisé ces compétences « particulières » en matière d'environnement a pu faire l'objet de critiques (37). Trois arguments militaient, malgré ce bilan, pour que la nouvelle collectivité reçoive plus de moyens : elle avait été desservie sous l'empire de l'ancien statut par la multiplicité des structures intervenant en matière de protection de l'environnement dans l'île et l'imbrication de leurs compétences, elle était confrontée à de très fortes pressions foncières auxquelles aucune institution ne pouvait à elle seule résister dans un contexte économique difficile, et, enfin, le retour en arrière eût été sur ce point plus mal compris encore que sur d'autres (et ce par toutes les familles politiques sans exception). Le législateur a donc décidé d'aménager ces compétences (38) en matière de protection *stricto sensu*, sans oublier d'introduire, dans la définition de ses autres compétences, une dimension environnementale. Surtout, le texte tente de remédier à la relative incohérence structurelle précédente : la création d'un Office de l'environnement, la disparition d'institutions, une définition assez précise des articulations entre les compétences des institutions créées ou maintenues sont autant de novations qui partaient incontestablement d'une bonne intention – mais qui n'ont pas apparemment convaincu, puisque le « troisième statut », marqué par une bien plus grande autonomie, revient sur ces points forts.

La rédaction de l'article 57 du « second statut » a repris les mêmes termes que l'article 7 de la loi de 1982, mais dans un contexte différent : « Dans le cadre de la politique nationale de l'environnement, la collectivité locale de Corse définit les actions qu'elle entend conduire pour la protection de l'environnement dans l'île et détermine ses priorités en matière de développement local ». La disparition de la mention des départements et des communes n'a dans les faits avoir que peu d'importance – la plupart des actions mettent en jeu des financements croisés en provenance de l'État, de la région, d'un département et de communes et d'un ou plusieurs des établissements publics de l'île (syndicats mixtes, Conservatoire du littoral – mais au plan symbolique, cette suppression marque une claire volonté de reconnaître à la région Corse, en matière d'environnement, des compétences au moins égales à celles des départements de Haute-Corse et de Corse-du-Sud (qui n'en perdent pas pour cela la possibilité de mener des politiques foncières de protection, ni d'ailleurs leurs compétences – essentielles en Corse – en matière de lutte contre les incendies). La grande audace, qui n'en est pas vraiment une, réside cependant ailleurs : l'environnement n'est plus couplé – ou plus seulement – avec la culture, mais – aussi et surtout – avec le développement local.

Sur ce point, la loi du 22 janvier 2002 (39) approfondit cette logique, en plaçant, en particulier, le développement local sous le signe du développement durable. La loi du 22 janvier 2002 dote en effet la collectivité de Corse de la pleine compétence

(37) V. R. ROMI, « Les compétences particulières de la région Corse en matière d'environnement : mythe ou réalité ? », *RJE* 1-1988, p. 5 et s.

(38) V. R. ROMI, « Le nouveau statut de la Corse et la protection de l'environnement », *RFDA* septembre 1991.

(39) V. P. FERRARI, « La loi du 22 janvier 2002 relative à la Corse », *AJDA* février 2002, p. 86 et s.

d'adopter un « plan d'aménagement et de développement durable de la Corse » (40), qui « ... fixe les objectifs du développement économique, social, culturel et touristique de l'île ainsi que ceux de la préservation de son environnement ... » et « les orientations fondamentales en matière d'aménagement de l'espace,... de protection et de mise en valeur du territoire de l'île ». Il « ... détermine les principes de localisation... des espaces naturels, des sites et paysages à préserver ».

Déjà, le schéma d'aménagement mêlait les préoccupations d'environnement et le souci légitime de développement : le précédent statut organisait en particulier la soumission du schéma aux législations de protection des sites et des paysages et en matière de protection des monuments classés ou inscrits et aux prescriptions nationales établies en application de l'article L. 111-1-1 du Code de l'urbanisme. Il est évident donc que le schéma était subordonné aux mesures générales de protection de l'environnement. Le confirmait d'ailleurs le fait que les dispositions ayant trait au littoral – mais curieusement pas celles ayant trait à la montagne – font l'objet d'un contrôle particulier du représentant de l'État (41). La volonté d'intégration des exigences de la protection de l'environnement dans les autres politiques résultait donc de l'implication des mesures d'environnement dans le schéma, d'une part, et d'autre part dans l'affirmation naturelle d'une exigence de compatibilité avec les dispositions du schéma pour les schémas directeurs ou schémas de cohérence territoriale, POS ou PLU, décisions d'urbanisme en l'absence de POS ou de PLU. Il n'en restait pas moins – mais on ne peut en tenir rigueur au législateur de 1991, qui ne pouvait anticiper ! – que le mode d'articulation entre le schéma d'aménagement de la région Corse et les éventuels schémas d'aménagement des eaux ou schémas directeurs d'aménagement des eaux, d'une part, les éventuels schémas ou plans de gestion des déchets d'autre part, ainsi qu'avec les différents plans en matière de protection de l'air, demeurait indéfini, ce qui pouvait poser problème à terme : le fait est que le schéma d'aménagement de la Corse était un instrument concerté, et qu'il en est de même pour les SDAGE et SAGE... mais il ne s'agit pas exactement de la même « concertation » : la mise en place de ces derniers instruments suppose l'institution d'organismes (les commissions locales de l'eau en particulier) qi s'ajoutent aux organismes existants, au détriment de la logique du statut, qui visait au contraire à réduire, comme on l'a vu, les risques de doublons intempestifs. Sur ces points, le législateur de 2002 n'a fait que des choix timides.

Le plan doit servir de cadrage aux SCOT et aux PLU qui doivent être compatibles avec lui.

Quant aux articulations avec les planifications sectorielles (v. *infra*, pour ce qu'il en est du territoire métropolitain) en matière de gestion maritime, de déchets et d'eau, la valeur du plan est enrichie par rapport à la valeur de l'ancien schéma. Si, comme le schéma, le Plan vaut schéma de mise en valeur de la mer, la différence réside évidemment dans le fait que l'adoption du Plan est décentralisée. Mais, pour ce qui concerne l'eau, l'air et les déchets, la connexion avec le Plan de développement durable est théoriquement assurée par la décentralisation conjointe de l'adoption des plans. Pour l'air, « En Corse, le plan régional pour la qualité de l'air est élaboré par le président du conseil exécutif. Les services de l'État sont associés à

(40) Toujours dans le respect des textes essentiels du Code de l'urbanisme, mais – v. *infra* – la Collectivité de Corse peut, selon les articles, ajouter aux textes d'application ou y déroger (art. 12 de la loi). Par ailleurs, l'État peut « reprendre la main » pour les projets d'intérêt général ou les « opérations d'intérêt national » : à défaut d'une modification du plan, l'État, à l'issue d'une inaction de six mois, peut procéder à la modification par décret en CE.

(41) « Ces dispositions doivent avoir recueilli l'accord du représentant de l'État préalablement à la mise à disposition du public du projet de schéma d'aménagement » (art. L. 142-2 du Code de l'urbanisme, ancienne version, *in fine*).

son élaboration » (42). Pour les déchets, le transfert à la collectivité territoriale concerne les déchets ménagers et les déchets industriels, et autant l'adoption des plans que « par dérogation au dernier alinéa de l'article L. 541-15 du code de l'environnement, les modalités et procédures d'élaboration, de publication et de révision des plans d'élimination des déchets », qui « sont fixées par délibération de l'Assemblée de Corse ». Il peut y avoir réunion en un seul document des différents plans. Pour l'eau, la loi de 2002 a introduit dans le code général des collectivités territoriales un article L. 4424-36-I qui décentralise la confection et l'adoption du schéma directeur d'aménagement et de gestion des eaux prévu à l'article L. 212-1 du même Code, qui est élaboré à l'initiative de la collectivité territoriale de Corse par le comité de bassin mentionné au II. La loi du 21 avril 2004 (43) a précisé les conditions de cette élaboration et de cette adoption, notamment les garanties de bonne fin par les compétences que se réserve l'État. Il est énoncé que « Le schéma directeur d'aménagement et de gestion des eaux prévu à l'article L. 212-1 du même code est élaboré à l'initiative de la collectivité territoriale de Corse ou, le cas échéant, du représentant de l'État, par le comité de bassin ... », et « En l'absence de transmission du projet de schéma directeur d'aménagement et de gestion des eaux dans le délai prévu au troisième alinéa, le représentant de l'État, après une mise en demeure restée infructueuse, se substitue au comité de bassin pour l'ensemble de ses obligations. À l'issue de la consultation du public prévue à l'article L. 212-2 du Code de l'environnement, il soumet le projet de schéma directeur d'aménagement et de gestion des eaux aux assemblées et organismes mentionnés au troisième alinéa, qui disposent d'un délai de quatre mois pour rendre un avis. Le projet arrêté par le représentant de l'État est approuvé par l'Assemblée de Corse. À défaut d'approbation par l'Assemblée de Corse dans un délai de quatre mois, il peut être mis en vigueur par décret en Conseil d'État ». Dans le même esprit, l'article L. 4424-36-1 précise que « Le représentant de l'État peut demander à la collectivité territoriale de Corse de faire procéder à la modification du schéma directeur d'aménagement et de gestion des eaux pour le rendre conforme aux dispositions des articles L. 212-1 et L. 212-2 du code de l'environnement ». Pour le cas où la modification n'était pas faite dans les huit mois, le préfet dispose d'une procédure identique à celle décrite ci-dessus, et c'est en définitive un décret en Conseil d'État qui opère la modification.

La décentralisation est donc sensiblement parfaite... à la condition que les institutions corses se saisissent de leurs compétences !

Les actions de la région Corse en matière d'environnement étaient essentiellement financées dans le cadre des contrats de plan État/région. En recevant une dotation globale, qui remplace les précédents concours, l'Assemblée et le conseil exécutif ont gagné une souplesse certaine. Cette souplesse aurait peut-être été plus grande si la DIREN de Corse était passée sous la houlette de la région, et certains le désiraient fortement. Mais les DIREN sont des services d'État, et l'État est très loin d'abjurer ses compétences en matière d'environnement en Corse : les agents des

(42) Art. L. 222-1 du Code de l'environnement, v. *infra*.

(43) Art. 8 de la loi n° 2004-338 du 21 avril 2004 portant transposition de la directive 2000/60/CE du Parlement européen et du Conseil du 23 octobre 2000 établissant un cadre pour une politique communautaire dans le domaine de l'eau (*JO* n° 95, 22 avril 2004, p. 732).

DIREN peuvent donc, conformément à l'article 81 de la loi, être « ... en tant que de besoin, mis à la disposition de la collectivité territoriale... ». Ce « partage » prend toute sa dimension avec la loi du 22 janvier 2002. Rien n'était dit en effet dans la loi précédente des compétences de l'État, tant en matière de création de réserves naturelles, d'adoption d'arrêtés de biotopes, de fixation des périodes de chasse que de détermination des listes régionales d'espèces protégées mais la loi du 22 janvier 2002 opère au bénéfice de la collectivité de Corse en ces matières un transfert partiel mais significatif de ces compétences, détenues de manière concurrente ou complémentaire, par l'État et par la Corse.

L'ancien article 332-8-1 du Code de l'environnement (intégré désormais dans l'article L. 332-2 (III), préfigurant une décentralisation généralisée, précisait que « En Corse, les modalités de gestion des réserves naturelles ainsi que de contrôle des prescriptions contenues dans l'acte de classement sont définies par l'Assemblée de Corse, après accord de l'État lorsque la décision de classement a été prise par celui-ci, ou à sa demande ». Aujourd'hui, très logiquement, « En Corse, la décision de classement est prononcée par délibération de l'Assemblée de Corse, après consultation de toutes les collectivités locales intéressées et avis du représentant de l'État. » (article L. 332-2-2 du Code de l'environnement). La règle en la matière obéit à une manière de parallélisme des compétences : « L'Assemblée de Corse peut, après enquête publique, décider le déclassement total ou partiel d'un territoire dont elle a prononcé le classement en réserve naturelle, à l'exception des terrains classés en réserves naturelles à la demande du représentant de l'État. La décision de déclassement fait l'objet des mesures prévues à l'article L. 332-4 ». Et naturellement, « En Corse, l'Assemblée de Corse peut, par délibération prise après consultation des collectivités territoriales intéressées et avis du représentant de l'État, agréer comme réserves naturelles volontaires des propriétés privées à la demande de leur propriétaire ».

Reste que la Corse n'est pas indépendante, et que la France est encore comptable du respect en Corse du respect des conventions internationales et des directives européennes : d'où la disposition prudente de l'article L. 332-2-III du Code de l'environnement la capacité pour l'État de se réapproprier la compétence en matière de création de réserves – et par pure logique, de maintien de réserves, d'ailleurs : le représentant de l'État « ... peut demander à la collectivité territoriale de Corse de procéder au classement d'une réserve naturelle afin d'assurer la mise en œuvre d'une réglementation communautaire ou d'une obligation résultant d'une convention internationale. S'il n'est pas fait droit à cette demande, l'État procède à ce classement selon des modalités définies par décret en Conseil d'État ».

Office de l'environnement Corse – L'octroi du précédent statut s'était accompagné de la création d'une nouvelle structure : l'Office de l'environnement. En matière d'environnement, le recours à la formule de l'Office n'avait rien pour surprendre. Dès 1983, le recours à la « décentralisation technique » en matière agricole, de tourisme, de transports et d'hydraulique a été retenu comme une solution adaptée à la Corse, et la logique voulait qu'à cette sphère de compétences revalorisée l'on accorde la même dignité. Ce parallèle fut d'ailleurs l'argument principal de l'auteur de l'amendement créant l'Office de l'environnement (J. Rossi, rapporteur de l'ensemble du projet de loi). Celui-ci n'avait pas pensé cependant à le poursuivre jusqu'au bout (la création d'un office) et se contentait, par un premier amendement – finalement retiré – de réclamer la création d'une « institution spécialisée » ; il déclarait même ce jour-là que « la création d'une institution spécialisée n'avait qu'une valeur indicative puisqu'il n'était question ni d'un office ni d'une agence et que l'Assemblée de Corse nouvellement installée aurait conservé la possibilité de concevoir l'outil dont elle souhaiterait disposer le moment venu. Il aurait pu s'agir aussi bien d'un office que d'une société d'économie mixte ». Ce n'est qu'en dernière lecture que l'amendement resurgit, fixant cette fois la nature juridique de « l'institution spécialisée ». La mission de l'Office, définie à l'article 57 alinéa 2 (« assurer la mise en valeur, la gestion, l'animation, et la promotion du patrimoine de la Corse »), en fait l'équivalent des agences qu'ont créées d'autres régions (v. *infra*). Mais l'envergure et la nature de l'Office sont destinés à être tout autres (compte tenu du contexte particulier et de la valeur notable de l'environnement en Corse) même si cela n'est pas avoué. Agissant comme le « ministre de l'Environnement » du conseil exécutif, le conseiller qui présidera l'Office pourrait bien avoir à sa disposition l'organisme répondant pour la Corse de l'AEME c'est une première interprétation, *a minima*. Mais l'on peut aussi et plutôt soutenir que la multiplication d'offices placés sous l'autorité de conseillers exécutifs ressemble à s'y méprendre à l'institution d'administrations quasi ministérielles. Contrairement aux autres offices, on notera que l'Office de l'environnement n'a pas été qualifié lors de sa création d'établissement public industriel et commercial.

La loi du 22 janvier 2002 n'ajoute que peu, l'article 23 précisant que « Les deuxième et troisième alinéas de l'article L. 4424-35 du Code général des collectivités territoriales sont ainsi rédigés : “ L'office de l'environnement de la Corse a pour mission, dans le cadre des orientations définies par la collectivité territoriale de Corse, d'assurer la mise en valeur, la gestion, l'animation et la promotion du patrimoine de la Corse. Il est soumis à la tutelle de la collectivité territoriale de Corse. L'office est présidé par un conseiller exécutif désigné par le président du conseil exécutif. Sa gestion est assurée par un directeur nommé sur proposition du président de l'office par arrêté délibéré en conseil exécutif. Le conseil d'administration de l'office est composé à titre majoritaire de représentants élus de l'Assemblée de Corse” ».

Le problème essentiel de la protection de l'environnement en Corse étant la surabondance de structures et d'institutions, l'on ne saurait s'étonner d'en voir éclore de nouvelles qui remplacent plusieurs anciennes. Le Conseil des sites de Corse a remplacé donc non seulement les conseils départementaux des sites, le collège régional du patrimoine et des sites, mais aussi la commission spécialisée des unités touristiques nouvelles prévue par la loi *Montagne*. Dans la mesure où la plupart des monuments naturels et sites classés, inscrits ou susceptibles de l'être, sont par la force des choses soit en montagne soit sur le littoral, il est rationnel qu'une politique homogène puisse être définie par un organisme unique, et il y a ainsi quelque chance que les décisions d'implantation d'unités touristiques nouvelles en montagne soient envisagées avec plus de garanties pour la protection de l'environnement naturel. Sa composition (sur 28 membres, trois personnes qualifiées nommées par le préfet et quatre représentants d'associations, dont un d'une association agréée ; les autres membres sont huit membres de droit dont le préfet et le DIREN, quatre représentants de la collectivité territoriale de Corse, un représentant de chaque département, un représentant des communes de chacun des départements, désignés par les associations de maires, un représentant de l'office de l'environnement, un représentant du parc naturel régional de Corse, un professionnel de la construction, un professionnel de l'architecture et de l'urbanisme, un représentant des « organisations socioprofessionnelles concernées par le développement, l'aménagement et la protection du massif » (*JO* 28 mars 1993, p. 5185) laissait autant de place aux personnes qualifiées en matière d'environnement *lato sensu* ou aux associations de protection de la nature que dans les institutions qu'il remplace (les commissions départementales comptaient la moitié de personnes qualifiées à ce titre, le collège régional un tiers de personnes qualifiées et un tiers de représentants d'associations).

La loi du 22 janvier 2002 énonce sur ce point que « Art. L. 4421-4. – Le conseil des sites de Corse exerce en Corse les attributions dévolues à la commission régionale du patrimoine et des sites prévue à l'article 1er de la loi n° 97-179 du 28 février 1997 relative à l'instruction des autorisations de travaux dans le champ de visibilité des édifices classés ou inscrits et dans les secteurs sauvegardés, à la commission spécialisée des unités touristiques nouvelles prévue par l'article 7 de la loi n° 85-30 du 9 janvier 1985 relative au développement et à la protection de la montagne et à la commission départementale des sites, perspectives et paysages prévue par l'article L. 341-16 du Code de l'environnement. La composition du conseil des sites de Corse, qui comprend des membres nommés pour moitié par le représentant de l'État et pour moitié par le président du conseil exécutif, est fixée par décret en Conseil d'État. Le conseil est coprésidé par le représentant de l'État et le président du conseil exécutif de Corse lorsqu'il siège en formation de commission régionale du patrimoine et des sites ».

Pour ce qui concerne l'eau, la décentralisation entraîne des conséquences institutionnelles. Le législateur crée d'abord un comité de bassin spécifique à la Corse, « ... composé (44) :

1° de représentants de la collectivité territoriale de Corse, des départements et des communes ou de leurs groupements ;

2° de représentants des usagers et de personnalités compétentes ;

3° de membres désignés pour moitié par le représentant de l'État et pour moitié par la collectivité territoriale de Corse, notamment parmi les milieux socioprofessionnels. Les membres des deux premières catégories détiennent au moins deux tiers du nombre total des sièges. La collectivité territoriale de Corse fixe, par délibération de l'Assemblée de Corse, la composition et les règles de fonctionnement du comité de bassin de Corse ».

L'on aurait peut-être pu pousser encore plus loin et supprimer le Comité de massif de la région Corse (c'était délicat, en ce que le Comité de massif gère l'enveloppe insulaire du FIAM (Fonds interministériel d'aménagement de la montagne)). Certains élus locaux auraient peu apprécié... On a donc opéré une décentralisation institutionnelle et financière tout à la fois : l'article 25 énonce que « Le président du conseil exécutif de Corse préside le comité pour le développement, l'aménagement et la protection du massif de Corse » et qu'en « ... Corse, les crédits relatifs à la montagne inscrits à la section locale du fonds mentionné à l'alinéa précédent font l'objet, dans les conditions déterminées par la loi de finances, d'une subvention globale à la collectivité territoriale de Corse. Cette subvention est répartie par l'Assemblée de Corse, sur proposition du conseil exécutif et après avis du représentant de l'État, entre les différents projets à réaliser en zone de montagne. Le comité de massif en est informé au moyen d'un rapport annuel établi par le président du conseil exécutif ». La composition du comité de massif, déterminante dans ce contexte, est fixée « ... par délibération de l'Assemblée de Corse, qui prévoit la représentation des personnes morales concernées par le développement, l'aména-

(44) À comparer avec les comités de droit commun.

gement et la protection du massif, notamment celle de l'État, des autres collectivités locales de l'île et du parc naturel régional ».

Il y a donc permanence d'un souci d'adaptation des structures existantes. La « disparition » du Conseil de la culture, de l'éducation, de l'environnement et du cadre de vie a, en 1991, pu surprendre. L'on a pu écrire que l'existence de cet organe consultatif, prévu à l'article 38 de la loi de 1982, était l'une des preuves de l'existence d'une spécificité de la région Corse pour ce qui concerne les compétences en matière d'environnement. Sur les 26 membres du Conseil, 6 au moins étaient susceptibles de s'attacher à la protection de l'environnement (sur les 8 désignés au titre de l'environnement et du cadre de vie, à part un représentant du comité régional olympique et le représentant des associations de locataires, tous les membres avaient une sensibilité « environnementale » : un membre représentant l'Association des amis du PNRC et du syndicat mixte qui le gère, un représentant des fédérations départementales des chasseurs, un des pêcheurs, un des associations agréées pour la protection de l'environnement, un des associations de protection du patrimoine architectural et monumental, un des architectes et urbanistes...) et dans la pratique aucun des 26 ne s'est désintéressé des débats parfois animés sur les problèmes de protection de la nature en Corse. La diffusion, entre 1983 et 1989, de documents prospectifs sur l'eau, l'urbanisme et la politique énergétique avait eu une certaine portée. Et à tout le moins, l'on peut admettre que l'existence d'une structure consultative si particulière avait le mérite de marquer nettement une volonté de distinguer, sur le plan institutionnel, la région Corse d'entre toutes les autres – mises à part les régions d'outre-mer. Dans ce cas, comment interpréter sa disparition en tant que conseil à part entière ? Ne subsiste plus en effet qu'une section spécialisée du conseil consultatif unique, qui se distingue ainsi – pour l'instant – des conseils consultatifs des régions de droit commun.

Le parc naturel régional de Corse a vu sa place et son rôle redéfinis par le « second statut », d'une manière qui le distingue un peu des autres parcs naturels régionaux, en le mettant plus nettement sous la dépendance de la région. Il conserve cependant son autonomie, théoriquement ; ses liens avec la région sont définis par voie conventionnelle. Mais il est plus clairement qu'auparavant un outil d'exécution de la politique régionale (il « ... contribue à mettre en œuvre les politiques définies par la collectivité territoriale »). Il y perd tout de même, en ce qu'il paraît moins indépendant de la région que naguère : mais il est vrai qu'au plan des financements, la région intervenait largement plus que toute autre collectivité (le financement régional était passé à 50 % en 1984 pour atteindre 75 % en juillet 1986, et, dès 1986 – réunions des 3 et 4 juillet – l'Assemblée avait affirmé qu'elle voulait faire du parc « un outil privilégié de sa politique de protection de la nature et de l'environnement »).

Le vote du troisième statut était l'occasion d'aller plus loin, puisque la collectivité devait se voir dotée d'une capacité d'adaptation de la législation, y compris en matière environnementale, et surtout de son application réglementaire.

Il n'y a rien de bien révolutionnaire à ce que ces spécificités – et d'autres éventuellement à venir et à inventer – soient dans un second temps « assimilées » par les régions de droit commun, soit dans le cadre d'expérimentations, soit à l'occasion de l'approfondissement de la décentralisation.

Rien ne dit cependant que cela soit utile dans la pratique, ni évidemment profitable à l'environnement.

B. LES COMPÉTENCES DES COLLECTIVITÉS D'OUTRE-MER (45)

Les articles 35 et 36 de la loi du 2 août 1984 relative aux compétences des régions de Martinique, de Guyane, de Guadeloupe et de la Réunion (*JO* 3 août 1984) fixent que ces régions « définissent les actions qu'elles entendent mener en matière d'environnement et de cadre de vie, après avis ou le cas échéant sur proposition des collectivités territoriales et du Comité de la culture, de l'éducation et du cadre de vie ».

Les articles 3, 5 et 15 de la loi du 2 août 1984 confient en outre aux régions d'outre-mer citées le soin d'établir un schéma d'aménagement et un schéma de mise en valeur de la mer. L'article 19 du même texte leur donne le pouvoir d'adopter et de mettre en œuvre un « programme régional sur les énergies renouvelables et les économies d'énergie ». Seule la Réunion a élaboré un plan, en cours d'approbation.

On mentionnera pour mémoire, quoiqu'il ne s'agisse pas *stricto sensu* d'une région d'outre-mer, la situation en Nouvelle-Calédonie (46) : la protection de l'environnement y est une compétence provinciale en raison de sa non-attribution à l'État ou au territoire (article 7 de la loi référendaire n° 88-1028 du 9 novembre 1988, *JO* 10 novembre 1988, p. 14087 et s. et loi organique du 19 mars 1999). Un arrêté du haut-commissaire en date du 15 décembre 1989 a opéré ce transfert de compétence aux provinces. Il n'en reste pas moins que l'État continue à intervenir en matière maritime notamment : la réalité juridique y est donc, pour reprendre l'expression de G. Orfila, « complexe » et génératrice de « dysfonctionnements » et d'« incertitudes ». La promotion du développement durable présente quelques spécificités notables (47) : la Nouvelle-Calédonie produit des « lois du pays », actes de nature législative, dont par exemple le régime des terres coutumières, qui connaît justement des particularités du fait de la place de la coutume.

Au plan des structures consultatives spécialisées, les différences entre Corse et régions d'outre-mer sont infimes : l'une a été longtemps dotée d'un Conseil de la culture, de l'éducation et du cadre de vie, maintenant intégrée à un organisme consultatif unique, mais préservé en fait sous la forme d'une section spécifique, les autres de Comités de la culture, de l'éducation et du cadre de vie. Participent à ces institutions, qui sont de la même nature et du même poids, des représentants des associations de protection de l'environnement en nombre conséquent : le décret du 21 janvier 1983 fixe le nombre de ces représentants à 8 sur 26.

Les régions d'outre-mer peuvent en outre créer des *agences*, établissements publics régionaux, pour gérer les services publics régionaux comme pour mener à

(45) On remarquera que le modèle de la Nouvelle-Calédonie est évidemment très porteur : v. C. MARTINI, *Le développement durable en Nouvelle-Calédonie*, éd. SCEREN, CDP de Nouvelle Calédonie, 2006.

(46) V. G. ORFILA, « La répartition des compétences », *in* « Droit de l'environnement et Nouvelle-Calédonie », numéro hors série de la *RJE*, 1993, p. 41-48. On notera que le Code de l'environnement est partiellement applicable en Nouvelle-Calédonie mais qu'il existe un livre spécifique (livre VI : Dispositions applicables en Nouvelle-Calédonie, en Polynésie Française, à Wallis-et-Futuna, dans les Terres Australes)...

(47) C. MARTINI, *Le développement durable en Nouvelle-Calédonie*, éd. SCEREN, CDP de Nouvelle-Calédonie, 2006.

bien des réalisations régionales (art. 7 de la loi du 31 décembre 1982). L'article 37 de la loi du 2 août 1984 a permis aux régions d'outre-mer de définir leurs politiques touristique et de loisirs, qui peuvent être confiées à de tels outils institutionnels. Au demeurant, la région de Guadeloupe a mis en place une Agence de l'environnement à laquelle elle a confié la réalisation d'un schéma directeur régional. En revanche, l'article 7 de la loi de 1982 qui autorisait les régions concernées à se doter d'une agence régionale de l'eau n'a pas été utilisé.

Quant aux provinces de Nouvelle-Calédonie, elles ont procédé très classiquement, pour la plupart, à la création de « services » et, de façon moins classique, à la mise en place de « comités ». Enfin, il résulte de la combinaison des articles 5 et 6 de la loi organique n° 96-312 du 12 avril 1996 portant statut d'autonomie de la Polynésie française (48) que la Polynésie est compétente pour toutes les matières d'environnement à l'exception de la prévention des risques majeurs et catastrophes et de la mise en œuvre des plans et secours en matière de risques majeurs et catastrophes.

Mais la pratique est au moins aussi importante à considérer, pour ce qui concerne la protection de l'environnement, que des compétences dont l'usage est rendu difficile par les contextes historiques, économiques, politiques et par l'enchevêtrement des institutions compétentes sur un seul territoire (49). Bien entendu, aucune raison plausible n'interdit de penser que l'extension de ces compétences aux autres régions constituerait une incitation supplémentaire à l'action....

SECTION 2 LA DIVERSITÉ DES FINANCEMENTS DES POLITIQUES RÉGIONALES D'ENVIRONNEMENT ET SES IMPLICATIONS

§ 1. L'INTÉGRATION DES PRÉOCCUPATIONS ENVIRONNEMENTALES DANS LA PLANIFICATION

Les contrats de plan État-région fournissent avant tout aux régions désireuses d'agir en matière d'environnement une capacité de financement. En Corse, par exemple, l'élimination des déchets, l'information et la sensibilisation du public à l'environnement, l'action du parc naturel de Corse et celle du Conservatoire du littoral comptaient au nombre des axes de cofinancement priori-

(48) Loi organique n° 96-312 du 12 avril 1996 portant statut d'autonomie de la Polynésie française, *JO* 13 avril 1996, p. 5695.

(49) On consultera avec profit à ce propos différents numéros de l'excellente *Revue juridique et économique de Nouvelle-Calédonie*, notamment et par exemple le numéro 8 (2006/2) qui comporte un dossier très complet « Mines, nickel et environnement ».

taires dans le cadre du contrat de plan précédent (50). De même pour la région PACA, le financement de bon nombre d'actions est partagé par moitié entre région et État.

Ces collaborations peuvent être instituées au moyen d'un chapitre du contrat de plan général, mais nombreuses sont les régions qui ont préféré dans un premier temps passer un contrat de plan spécifique avec l'AEME et l'État pour développer, par exemple, un « plan énergétique ». L'exécution annuelle fait l'objet de conventions annuelles. D'autres ont préféré ne passer que des conventions annuelles. Dans l'ensemble, il n'est pas faux de dire donc que, pour ce qui concerne la maîtrise de l'énergie et non pour le domaine de l'énergie tout entier, s'est développée avec quelque bonheur une politique contractuelle qui témoigne de l'existence d'une politique régionale... même si celle-ci est de fait très limitée (51).

Il faut noter à cet égard que lors de la troisième vague de CEPR, toutes les régions ont contractualisé avec l'AEME (52), dans le cadre d'un socle commun de négociation étendant l'objet des contractualisations, en particulier en rapport avec les objectifs du protocole de Kyoto sur le réchauffement climatique. L'AEME a mis dans la balance pour 2000-2005 430 millions d'euros, pour 530 des régions. Le taux d'engagement des crédits a atteint 90 %.

Mais l'on trouve d'autres cofinancements plus ponctuels ou plus spécifiques ayant fait l'objet de conventions dans le cadre du plan ou à l'occasion de la conclusion du contrat de plan État-région : contrat « de rivière Sèvre-Nantaise », pour la région Poitou-Charentes ; contrat « qualité de l'eau », Nord-Pas-de-Calais. Et, en un second temps, les régions peuvent prétexter de l'existence de contrats de plan et de la collaboration dont ils sont une concrétisation pour intervenir plus directement, dégager des financements propres et inciter les autres collectivités locales à y participer.

C'est par exemple le cas en Bretagne, avec les programmes *Bretagne Eau pure* et le schéma d'alimentation en eau potable. Il s'agit d'une hypothèse un peu particulière, puisque son origine réside dans l'échec d'une tentative d'inclusion dans le contrat de plan 1989-1993 d'un volet sur l'eau. Le conseil régional de Bretagne a alors pris l'initiative de proposer à ses partenaires (État, départements, Agence de l'eau) l'adoption d'un programme. Celui-ci, conclu pour sept ans en janvier 1990, vise à réduire la pollution agricole et parfaire l'assainissement du littoral. Ce programme est accompagné de la mise en œuvre d'un schéma régional d'alimentation en eau potable, adopté en juillet 1991 par le conseil régional. Résultat impressionnant, mais dont il faut observer qu'il fait l'objet de critiques émanant des associations de protection de l'environnement et des écologistes, en raison de certains des choix faits (financement de barrages).

Ces interventions ne se font peut-être pas toujours avec une cohérence suffisante, et ne sont pas toujours très heureuses : l'avantage de la formule du schéma d'aménagement est d'impliquer et de permettre cette mise en cohérence des objectifs de développement et des objectifs de protection, ou en tout cas une certaine

(50) V. R. ROMI, « Les compétences spécifiques de la région Corse en matière d'environnement... », *RJE* 1-1988, p. 5 et s.

(51) V. R. ROMI, « La région et l'administration de l'environnement », *AJDA* 20 juin 1990, p. 459.

(52) V. la lettre de l'AEME, juin 2005.

coordination entre les deux catégories d'objectifs. Toutes les régions ne sont pas juridiquement concernées par cette « formule » de planification intégrée du territoire. Mais d'une part, en marge de la loi, elles peuvent parfaitement adopter un schéma, qui, simplement, n'aura pas de valeur obligatoire et ne pourra servir que d'indicateur et fournir par exemple des critères d'attribution des aides régionales ou de participation de la région à des projets, ce qui n'est pas négligeable. D'autre part, si les régions qui se sont vues attribuer par leur statut cette possibilité y voient surtout une possibilité pour l'État de se mêler de leurs compétences, celles qui n'en sont pas dotées, mais développent d'elles-mêmes un schéma, sont moins sensibles à cette possible objection et rien ne leur interdit de profiter de la formulation du plan de la région pour intégrer développement et protection de l'environnement dans un document développant une logique d'ensemble, afin que la protection des écosystèmes ne soit pas toujours moins bien lotie que les actions de développement économique.

On mentionnera pour mémoire que les articles L. 141-1-1 et R. 141-2 du Code de l'urbanisme prévoient que la région d'Île-de-France doit être dotée d'un schéma directeur d'aménagement régional ; cet outil est, on l'a dit, théoriquement adéquat pour traiter des confrontations délicates du développement et de la protection de l'environnement : le problème de la région parisienne est qu'elle ne réussit pas à s'en doter. Mais il est vrai que la compétence lui échappait largement sous l'empire du décret 86-984 du 19 août 1986(53). La loi du 4 février 1995 a opéré un transfert de la responsabilité de la révision du SDRIF à la Région d'Île-de-France. La procédure de révision est ouverte par un décret en Conseil d'État, qui détermine l'objet de la révision, et close par un décret en Conseil d'État. Sur demande de la Région, un décret du 31 août 2005 a lancé la procédure, et il faudra attendre pour juger des résultats concrets de ce mouvement d'ailleurs imparfait (54).

La situation corse est, sur ce plan aussi, notablement différente : l'article 57 du précédent statut de la collectivité locale de Corse énonçait que « dans le cadre de la politique nationale de l'environnement, la collectivité locale de Corse définit les actions qu'elle entend conduire pour la protection de l'environnement dans l'île et détermine ses priorités en matière de développement local ». Cette logique de « couplage » entre développement local et environnement sous-tend clairement la conception de la procédure d'adoption, vraiment décentralisée, du « plan » qui remplace dans la loi du 22 janvier 2002 (art. 12) le schéma d'aménagement de la région Corse (plan en cours d'élaboration (55)).

La place importante du parc naturel régional de Corse et ses réussites expliquent en partie que ce couplage ait été de plus en plus clairement énoncé, puisqu'il est à la base même de sa réussite : mais évidemment, il s'impose de fait.

Il est intéressant à cet égard de mesurer, dans le schéma d'aménagement réalisé et approuvé le 7 février 1992 – sous l'empire des dispositions de l'ancien statut de la collectivité territoriale de

(53) V. Y. Jegouzo, « La révision du schéma directeur de la région Île-de-France, problèmes juridiques et perspectives », *RFDA* 2-1990, p. 185 ; J.-P. Thévenot, *op. cit.*, p. 364-366.

(54) La vice-présidente du Conseil régional à l'aménagement du territoire étant une responsable des Verts, on peut penser que l'axe environnement et développement durable fera l'objet d'un suivi attentif : v. le site de pilotage http://www.sdrif.com.

(55) http://www.corse.fr/amenagement/strategie/padduc.php?id=2&id2=51&id3=59.

Corse (adoption non décentralisée) – quelle place est réservée à la protection et la prise en compte de l'environnement.

La protection de l'environnement en Corse est unanimement reconnue comme nécessaire au développement économique de l'île. Le législateur ne la fait cependant figurer, sur le plan rédactionnel, qu'en second rang des objectifs assignés au schéma d'aménagement, et couplée avec le développement économique (« ... la collectivité locale de Corse établit un schéma d'aménagement qui définit les orientations fondamentales en matière d'aménagement de l'espace, de protection et de mise en valeur de son territoire »). Cette rédaction n'est pas innocente – car aucune ne l'est tout à fait ; il ne faut pas pourtant en surévaluer la signification, mais l'estimer à la lumière d'une analyse globale du dispositif. Pour mesurer quelle est la place respective des différents objectifs poursuivis par un outil juridique d'aménagement, il convient de s'attacher en premier lieu à mesurer le poids respectif des différents acteurs institutionnels intervenant au cours de son élaboration, puis d'examiner ce que le texte fondateur assigne comme priorités au document considéré. Depuis la loi du 13 mai 1991, l'élaboration du schéma est du domaine du conseil exécutif de l'Assemblée de Corse en association avec les chambres d'agriculture, des métiers, du commerce et de l'industrie, avec des représentants des autres collectivités locales et avec le préfet. Ne figurent donc pas parmi les personnes associées en vertu de l'article L. 144-3 al. 2 du Code de l'urbanisme de représentants des associations de protection de l'environnement en temps que tels, mais il est vrai que le conseil régional des sites et le Conseil économique, social et culturel de Corse donnent un avis. Cependant, le poids des associations de protection est plus limité dans ce dernier qu'il ne l'était au sein de l'ancien Conseil de la culture, de l'éducation et du cadre de vie : la section de la culture, de l'éducation et du cadre de vie compte en effet « neuf représentants des organismes qui participent à la protection et à l'animation du cadre de vie en Corse ainsi qu'au développement de la vie collective en Corse » et « une personnalité désignée en raison de sa qualité ou de ses activités en Corse dans les domaines de la culture, de l'éducation et du cadre de vie », sur 22 membres, mais le Conseil en compte au total 51.

À la lecture de la définition normative du contenu du schéma, il faut bien convenir que si, selon les termes de la loi, doivent figurer dans le document « l'implantation des grands équipements d'infrastructure et les principes de localisation des activités industrielles, artisanales, agricoles, et touristiques ainsi que les extensions urbaines », ne doit pas obligatoirement y figurer le repérage des espaces protégés ou à protéger, non plus que « la destination générale des différentes parties de l'île » qui devait y figurer dans l'ancienne rédaction (ancien art. L. 144-1, al. 2, remplacé par le nouveau texte, figurant sous la même numérotation). Mais l'énonciation peut et doit être considérée comme non exhaustive (56). Au total, selon les critères retenus, la protection de l'environnement figure certes au nombre des objectifs du schéma, mais pas expressément ni clairement en premier rang. Il ne faut en aucun cas bien sûr s'en tenir à ce premier constat, quelque peu artificiel dès lors que, évidemment, la protection de l'environnement gagne à être intégrée dans toutes les politiques publiques et que cette intégration peut résulter de divers facteurs dont la seule analyse étroite réalisée ci-dessus ne saurait révéler l'existence, l'absence ou l'importance. Il est par exemple patent que la volonté de cohérence existe – ou plutôt demeure – dans la procédure adoptée en 2002 en ce que le plan – comme l'ancien schéma – vaut schéma de mise en valeur de la mer, d'abord, en ce qu'il revêt la même valeur que les prescriptions définies dans le cadre de l'article L. 111-1-1 du Code de l'urbanisme ensuite : Le Conseil d'État, après la CAA de Marseille, en a tiré les conséquences pour le schéma en consacrant le 29 juin 2001 (*SCI Vetricella*) l'opposabilité du schéma à un permis de construire, et l'on ne voit pas pourquoi les conséquences seraient différentes pour le plan. Pour mémoire, l'on trouve dans le texte du schéma approuvé le 7 février 1992 tout d'abord deux pages, dans l'introduction (p. 7 à 9), qui visent à situer l'esprit dans lequel la gestion de l'environnement doit se mener au gré des auteurs (« préserver l'environnement pour valoriser les potentialités »), puis 15 pages (p. 76 à 90) qui développent les « options de préservation de

(56) V. S. CAUDAL-SIZARET, *La protection intégrée de l'environnement en droit public français*, th. dact., 1993, Lyon III, p. 332.

l'environnement ». Enfin, dans tous les chapitres, figurent des dispositions intégrant la prise en compte de l'environnement dans les politiques sectorielles d'aménagement définies (57).

§ 2. L'IMPORTANCE DES FINANCEMENTS EUROPÉENS DU DÉVELOPPEMENT RÉGIONAL ET DE LA PROTECTION DE L'ENVIRONNEMENT

Dans le contexte de l'élaboration du plan de la région ou de la négociation du contrat de plan, pour les régions qui se doteraient d'un schéma dans le cadre prévu par les textes en vigueur ou en marge comme pour les autres, le problème du financement est crucial. Les limites matérielles des régions sont évidentes, et les obligent à trouver des financements complémentaires. Ceux-ci proviennent ou peuvent provenir, *via* les procédures contractuelles, directement ou indirectement de l'État. Mais il leur est aussi possible de diversifier les sources de financement en en cherchant du côté de l'Europe : certes, ces démarches passent par le filtre de l'État, mais elles permettent de débloquer bien des situations, et les régions commencent timidement à amorcer, en marge de la loi, des contacts directs avec les instances de l'Union européenne. Or l'Union européenne a, en matière de protection de l'environnement, une démarche intéressante à un double titre (58) : elle consiste bien sûr d'une part à consacrer des fonds à des projets de protection *stricto sensu*, mais aussi d'autre part à obliger à la prise en compte de l'environnement dans toute autre participation européenne que ce soit. Cela dit, cette double option théorique ne passe pas obligatoirement dans les faits.

Les possibilités offertes par l'Union européenne aux actions de développement régional dans les États – et plus particulièrement dans les régions du Sud ou dans les régions rurales – peuvent évidemment soit jouer contre la protection des écosystèmes en permettant une destruction aveugle, soit promouvoir des protections intégrées ou au moins limiter les dégradations. Le FEDER (Fonds européen de développement régional) se voit principalement confier la mission de « contribuer à la correction des principaux déséquilibres régionaux dans la Communauté par une participation au développement et à l'ajustement structurel des régions en retard de développement et à la reconversion des régions industrielles en déclin » (article 4 du règlement 1787/84, *JOCE*, 1984 L. 169, p. 1) : c'est dire que la protection de l'environnement ne constitue pas l'un des objectifs premiers de ses interventions. Il est un fait que bon nombre de projets cautionnés par des interventions du FEDER ont conduit à des destructions d'écosystèmes (59) : l'on peut relever par exemple le financement contesté de la route express de la vallée d'Aspe et du tunnel du Somport. À l'inverse, un certain nombre de projets de protection de l'environnement reçoivent son

(57) V. R. Romi, fasc. n° 161, *J.-Cl. Env.*, « Les compétences et les actions des régions en matière d'environnement », *in fine*.

(58) V. C. Huglo, « Les contraintes du droit européen de l'environnement sur le droit interne de l'environnement », *LPA* 1992, n° 2. Pour un bilan de l'efficacité des aides, v. les rapports annuels de la Cour des comptes CE.

(59) V., par exemple, concernant des zones humides, R. Romi, *Les espaces humides, entre protection et gestion*, L'Harmattan, 1992.

concours. La constatation des effets pervers induits par l'usage dispersé des ressources des différents fonds structurels a conduit à une restructuration qui repose sur l'idée d'une programmation pluriannuelle (60). Elle se fonde sur la recherche d'une complémentarité entre les ressources accordées par l'Europe et celles accordées par les autorités nationales, étatiques et régionales ; il s'agit d'amorcer un partenariat en vue d'insérer les aides communautaires dans des plans d'ensemble (règlement CE, n° 2052/88). Les régions ont la possibilité d'influer par des initiatives diverses (propositions, financement) sur le choix des zones aidées, même si ce choix relève des seuls États. D'une part, ces aides peuvent être accordées à des projets « environnementaux ». D'autre part, les actions faisant l'objet d'un financement européen doivent être conformes à la politique de l'environnement.

Et surtout, les crédits ayant trait à la protection de l'environnement sont regroupés sous le poste budgétaire de LIFE.

Compte tenu du montant des dossiers aidés (61), les régions disposent d'une capacité de promouvoir des projets d'envergure. Le règlement n° 1164/94 instituant le fonds de cohésion a prévu que des aides pouvaient être consenties pour la mise en œuvre de projets s'inscrivant dans le cadre du « cinquième programme communautaire de politique et d'action en matière d'environnement et de développement durable ». Les régions demeurent des actrices des politiques d'attribution d'aides, comme elles l'étaient avant ce regroupement.

Financement LIFE – tous pays confondus

2000	2001	2002	2003	2004	2005	2006
29430	28840	28250	27670	27080	27080	26660

En millions d'euros, valeur 1999.

Enfin, les régions jouent un rôle déterminant pour ce qui concerne l'usage des possibilités ouvertes en matière agricole par les récents développements de la politique agricole communautaire. Les régions n'ont comme marge de manœuvre que celle que leur laissent les textes : initiative, proposition, négociation, attribution d'aides complémentaires, participations conventionnelles, le dispositif principal étant du ressort des États – qui assurent des primes éventuellement remboursables par l'Union européenne. Mais elles peuvent trouver et dégager dans cette ouverture vers une agriculture plus respectueuse de l'environnement des espaces d'innovation.

Il est évident qu'en dehors ou en marge des problèmes de compétence, la protection ou le traitement de l'environnement par les régions est un problème de volonté et d'inventivité. L'examen des innovations d'un certain nombre d'entre elles montre qu'en matière de politique régionale de l'environnement, les interstices et les silences des textes sont autant d'occasions offertes... Les régions moins audacieuses

(60) V. F. Célimène, « La réforme des fonds structurels européens », *AJDA* n° 4, 1991, p. 251.

(61) Pour 2001, par exemple, 103 nouveaux projets ont été sélectionnés, pour un montant de 59 millions d'euros sur un montant total de 180 millions d'euros ; v. pour plus de détails G. Desmoulin, « La communauté européenne et la protection des espaces naturels », *Cahiers du CRIDEAU* n° 1, PULIM 2001.

ou moins motivées, et le droit lui-même, peuvent ensuite le cas échéant suivre les exemples de la pratique.

Les politiques d'éco-développement régional – Cette intégration est, au niveau régional et pour ce qui concerne la France, surtout le fait des schémas d'aménagement, pour les régions qui peuvent et veulent en établir ou contribuer à en établir un. Mais il est loisible à toutes les régions de travailler par d'autres biais à ce couplage entre environnement et économie, ou entre protection de l'environnement et développement local. Les agences régionales peuvent jouer un rôle de soutien ; l'Agence régionale pour l'environnement en Picardie a par exemple mis en place un fonds régional d'aide au Conseil en environnement.. Par ailleurs, certaines régions développent des actions de soutien et d'aides aux entreprises dans le même esprit : J.-P. Thévenot cite dans sa thèse l'exemple du Nord-Pas-de-Calais, qui, selon les entretiens qu'il a eus avec des responsables administratifs de la région, « favorisait au niveau des entreprises régionales et notamment les plus polluantes la recherche de nouveaux procédés de fabrication ou de production réducteurs de pollution » (62). La même région Nord-Pas-de-Calais a d'ailleurs innové en 1999 avec la création d'une ligne budgétaire propre « développement durable » : un pourcentage de l'argent dépensé est réservé à « l'accompagnement des projets du point de vue du développement durable » (interview J.-F. Caron, vice-président conseil régional, *L'Environnement Magazine*, mars 2000, p. 22). Mais l'intégration des préoccupations d'environnement ne doit pas se faire seulement à travers les aides à la production industrielle ; elle passe aussi par un lourd travail d'*infra*structures, en matière de transports par exemple. Les régions qui cherchent à développer les transports collectifs à travers la conclusions de contrats de plan avec l'État, mais aussi à travers des conventions avec la SNCF sont nombreuses : celles qui ont cherché à freiner les subventions offertes au développement autoroutier (ainsi de la région Nord Pas-de-Calais depuis le passage à sa présidence de l'écologiste M.-C. Blandin) le sont moins, alors que cette recherche participe aussi de l'action environnementale. Au moins y a-t-il là un gisement pour l'avenir. Mais son exploitation dépend étroitement de la volonté de l'État. Ainsi, en matière de transports, des arrêtés d'application, parus au JO du 30 août 2002, du décret n° 2001-1116 du 27 novembre 2001 (JO 28 novembre) rendent effectif à compter du 1er janvier 2002, sur la base de la loi SRU le transfert des compétences en matière de transport ferroviaire régional. Il s'agit d'une généralisation de l'expérimentation commencée en 1996. Le nouvel 14-1 de la loi n° 82-1153 du 30 décembre 1982 d'orientation des transports intérieurs issu de la loi sur les responsabilités locales de 2004 qu'il appartient désormais aux régions « en association avec l'État, dans le respect des compétences des départements, et en concertation avec les communes et leurs groupements » de décliner le volet « Infrastructures et transports du schéma régional d'aménagement et de développement du territoire prévu à l'article 34 de la loi n° 83-8 du 7 janvier 1983 relative à la répartition de compétences entre les communes, les départements, les régions et l'État par le biais du schéma régional des infrastructures et des transports ». La vocation de ce schéma est de coordonner les volets « *Transports de voyageurs* » et « *Transports de marchandises* » et plus largement d'assurer « *la cohérence régionale et interrégionale des itinéraires à grande circulation et de leurs fonctionnalités dans une approche multimodale* ». La région devient donc la collectivité tête de file en matière de transports, il faut aussi prendre en considération que l'article 33 du chapitre consacré aux transports de la loi sur les responsabilités locales (article 18-1nouveau de la LOTI) précise désormais que, dans le cadre ainsi défini régionalement, les départements peuvent développer une politique propre en créant ou exploitant « *des infrastructures de transports non urbains de personnes, ferrés ou guidés d'intérêt local* ». La région Île-de-France, non seulement compétente pour définir sa politique (article L. 4413-3 du Code général des collectivités territoriales), est également partie prenante de l'« *établissement public chargé de l'organisation des transports publics de personnes en Île-de-France* » dénommé comme la précédente structure Syndicat des transports d'Île-de-France. L'État

(62) V. J.-P. Thévenot, *op. cit.*, p. 129-130 ; v. R. Romi, « Les compétences et les actions des régions en matière d'environnement », fasc. 161, *J.-Cl. Env.*

s'est retiré le 1er juillet 2005 du Conseil d'administration du STIF. Son président est dorénavant le président de la région (63).

Au total, l'existence de politiques régionales innovantes en matière environnementale dépend donc plus largement de leurs initiatives, de l'existence d'une volonté politique, d'une capacité contractuelle, que de l'allocation de compétences qui peuvent ne pas être utilisées. Leur portée est plus importante quand elles ajoutent à une politique de protection des espaces naturels et de lutte contre les nuisances une dimension d'intégration des préoccupations d'environnement dans les autres politiques régionales.

BIBLIOGRAPHIE ADDITIONNELLE

F. ASTIER, « Environnement et région, l'avenir indissociable », *Dr. env.* octobre 1995 ■ C. FABER, « Contrat de plan Île-de-France : les transports surtout », *L'Environnement Magazine* mars 2000, p. 22-23 ■ R. ROMI, « La répartition des compétences d'environnement : une “ décentralisation ” très retenue et trop orientée », *Cahiers du CNFPT* avril 1993, p. 50 et s. ■ R. ROMI et B. TOMASI, « Aides économiques régionales et développement durable », *LPA* 24 janvier 1996 ■ A. ROUYÈRE, « La répartition des pouvoirs locaux, Les approches nationales : la France », « Les problèmes environnementaux urbains, rôle des collectivités territoriales », *Dr. ville*, 1996, n° 42, p. 65 et s.

■ (63) V. http://www.stif-idf.fr.

CHAPITRE 3

LES COMPÉTENCES COMMUNALES

Les attributions des communes qui ont un rapport avec la protection de l'environnement peuvent être regroupées en trois catégories : les communes disposent de quelques pouvoirs (répartis entre le maire et le conseil municipal) en matière de protection et de gestion de l'environnement *stricto sensu*, les communes disposent de compétences en matière d'aménagement ; en certains domaines, enfin, les communes disposent de compétences de proposition et doivent être dans certains domaines consultées. Ces compétences ont pour l'essentiel été déjà examinées dans la première partie du présent ouvrage : aussi n'en sera-t-il ici fait qu'un rapide rappel, illustré le cas échéant par quelques exemples. On notera pour correctement appréhender la réalité locale que les communes essaient notoirement de faire des efforts de conception globale : c'est l'objet des « Agendas 21 locaux ». Par une circulaire du 13 juillet 2006, la ministre de l'Écologie et du Développement durable a fait parvenir aux préfets une circulaire qui décrit le dispositif de reconnaissance de ces Agendas et incite les préfets à mettre en place des comités régionaux « Agendas 21 » chargés d'encourager et d'accompagner les porteurs de projets dans leurs démarches (1).

Par le biais de ces programmes, non obligatoires, les collectivités locales organisent le service public de l'environnement en focalisant l'action des autres services publics autour d'un l'axe « développement durable ». L'État est sensé favoriser l'émergence de ces programmes lors de la distribution des aides publiques.

(1) http://www.ecologie.gouv.fr/IMG/pdf/circulaire_13_07_06.pdf.

SECTION 1 LES COMPÉTENCES EN MATIÈRE DE PROTECTION ET DE GESTION DE L'ENVIRONNEMENT STRICTO SENSU

Elles sont en fait de deux ordres. Il s'agit soit de pouvoirs de police (exercés par le maire) soit de compétences de création et de gestion de services publics locaux (et dans ce cas le conseil municipal intervient et le maire exécute).

§ 1. LES POUVOIRS DE POLICE DU MAIRE

En premier lieu, les pouvoirs de police administrative générale du maire, correctement utilisés, sont à même de lui permettre de jouer un rôle important en matière d'administration de l'environnement.

L'article L. 2112-2 du Code général des collectivités territoriales lui assigne en effet le soin de veiller au « bon ordre », à la « sûreté », à la « sécurité et à la tranquillité publique » ; il donne entre autres au maire compétence pour veiller à la « commodité du passage dans les rues, quais, places et voies publiques », et donc la compétence et le devoir de pourvoir au nettoyage des voies publiques ; l'alinéa 5 lui confère le soin de « prévenir par des précautions convenables et de faire cesser... les pollutions de toute nature ». En fait, malgré l'ajout de cet alinéa par la loi du 7 janvier 1983 (art. 90), il ne faut pas exagérer l'importance de ces pouvoirs :

— d'une part il existe de nombreuses polices administratives spéciales qui sont de la compétence du préfet (installations classées, autorisations de rejet, etc.) ;

— en outre, la même loi de 1983 (art. 89) confirme que (c'est important en matière de lutte contre le bruit) dans les communes où la police est étatisée, c'est le préfet qui est compétent pour réprimer les atteintes à la tranquillité publique (art. 2214-4 du Code général des collectivités territoriales) (2).

Mais – si l'on s'en tient à cet exemple de la pollution par le bruit – un maire bien intentionné peut beaucoup... sur d'autres fondements que ceux dont il est question ici. Dans d'autres domaines, son action ne sera pas négligeable : ainsi de la réglementation de la pratique des sports motorisés en pleine nature (3).

La ratification des Conventions de Bonn et de Berne et leur publication étaient très attendues. Mais elle n'emporte que de rares effets directs (v. *infra*, troisième partie). Il est nécessaire que le législateur et le pouvoir réglementaire en tirent les conséquences pour que leur « esprit » se concrétise par des mesures de protection efficaces et effectives. L'on ne peut dans cet état d'esprit mettre à son crédit, pour ce qui concerne l'extension des compétences communales, que le texte du 2 janvier

(2) V. J. LAMARQUE, « La police municipale et la réglementation des activités et manifestations bruyantes », *Dr. ville* 1980, n° 10, p. 37.

(3) V. V. LÉVY-BRUHL, « La réglementation des sports motorisés en pleine nature », *RJE* n° 2/1989, p. 121.

1991 relatif à la circulation des véhicules terrestres dans les espaces naturels (4). La loi édicte d'abord une interdiction générale en un domaine où existait une « liberté encadrée » (5). « En vue d'assurer la protection des espaces naturels, la circulation des véhicules à moteur est interdite en dehors des voies classées dans le domaine public routier de l'État, des départements et des communes, des chemins ruraux et des voies privées ouvertes à la circulation publique des véhicules à moteur » (6). Dans l'enceinte des parcs naturels régionaux, la situation pourra être différente, et l'interdiction pourrait être étendue ou assortie d'une réglementation restrictive : « la charte de chaque parc naturel régional doit comporter un article établissant les règles de circulation des véhicules à moteur sur les voies et chemins de chaque commune adhérente du parc ». Il faut comprendre par là que, dans ces limites, même les voies ouvertes à la circulation publique pourront ne pas l'être à tous les véhicules. Cette particularisation n'est pas une nouveauté. Les parcs naturels régionaux ont comme vocation (v. *infra*) la préservation de certaines zones présentant un intérêt faunistique et floristique, et, pour ces zones, plusieurs circulaires interministérielles ou émanant du ministre de l'Intérieur ou du ministre de la Qualité de la vie avaient tenté de recommander aux préfets une attitude particulièrement restrictive (7) : elle trouve ici un fondement juridique incontestable. Cependant, les amateurs de ces « sports » ne sont pas complètement oubliés, puisque le texte confie aux départements le soin d'établir des plans départementaux de randonnée motorisée « dont la création et l'entretien demeurent à sa (leur) charge ». Le législateur, là encore, choisit la continuité : le département étant déjà compétent pour la définition et l'entretien des itinéraires de promenades et randonnées (8), il était tout à fait logique que ce soin lui soit confié... Le texte renforce en second lieu les pouvoirs de police des maires et ceux des préfets.

L'article L. 2213-4 du CGCT énonce que « le maire peut, par arrêté motivé, interdire l'accès de certaines voies ou de certaines portions de voies ou de certains secteurs de la commune aux véhicules dont la circulation sur ces voies ou dans ces secteurs est de nature à compromettre soit la tranquillité publique soit la protection des espaces naturels, des paysages ou des sites ou leur mise en valeur à des fins

(4) Loi n° 91-2 du 3 janvier, *JO* 5 janvier 1991, p. 234-236. On notera par exemple (CE, 29 décembre 1997, *Fougerouse*, req. n° 173042) qu'est légal l'arrêté interdisant la circulation des véhicules 4X4 et des motos trial sur les chemins ruraux non goudronnés d'une commune ; cette mesure n'a pas à être motivée ; il n'y a pas de discrimination illégale, compte tenu des caractéristiques des engins concernés. L'arrêté est légalement fondé du fait qu'il a été adopté pour éviter la dégradation des chemins ruraux et qu'il a pour but d'assurer la sécurité et la tranquillité des riverains. De même (CE, *Association les crapahuteurs de la Colombière*, 12 décembre 1997), est légale, dès lors que le résultat recherché n'aurait pas pu être obtenu par des mesures moins rigoureuses, l'interdiction de circulation des véhicules dans une partie de la commune sur les voies non revêtues (le fait que la commune en cause, Aydat, soit adhérente du parc naturel des volcans d'Auvergne est pris en compte par le juge).

(5) V. LÉVY-BRUHL, « La réglementation de la pratique des sports motorisés en pleine nature », *RJE* 2-1989, p. 121 et s. et S. LE MEUR, « La circulation des véhicules à moteur dans les espaces naturels : quel bilan après sept ans d'application de la loi *Lalonde*. Quelles perspectives d'évolution ? », *RJE* 4-1998, p. 503 et s.

(6) Art. 1.

(7) V. LÉVY-BRUHL, dans son art. préc., *RJE* 2-1989, p. 128, cite une circulaire du 13 mars 1973 qui invoque principalement les nuisances sonores, troublant la tranquillité publique et perturbant la faune, pour prôner une intervention des autorités de police administrative – les préfets en l'occurrence.

(8) Il est compétent pour dresser un plan départemental après avis des communes concernées en vertu de l'art. 56 de la loi du 22 juillet 1983.

esthétiques, écologiques, agricoles, forestières ou touristiques ». Une exception est consentie, très classiquement, en faveur des véhicules « utilisés à des fins professionnelles, de recherche, d'exploitation ou d'entretien des espaces naturels » (art. L. 362-2 du Code de l'environnement et – de manière plus contestable par certains côtés (9) – des propriétaires ou de leurs ayants droit « circulant ou faisant circuler des véhicules à des fins privées sur des terrains appartenant auxdits propriétaires ». Les préfets peuvent après mise en demeure au maire ou aux maires compétents prendre, pour les mêmes motivations et dans le respect des mêmes conditions, des arrêtés d'interdiction et de réglementation (10). Ce n'est pas que ces autorités n'intervenaient pas avant l'adoption de ce texte : mais, quand elles le faisaient (11), elles n'étaient pas assurées que leurs arrêtés seraient en cas de recours validés par le juge. Soit les maires se fondaient sur l'article L. 131-2, 2° (12) (les réglementations visaient l'usage des véhicules en tant qu'ils troublaient la tranquillité publique), soit ils préféraient s'appuyer sur l'article L. 131-2, 6° de l'ancien Code des Communes (13) (l'usage des véhicules étant alors assimilé à une « pollution de toute nature ») : les maires et les préfets étaient à la merci de l'interprétation du juge. Avec le « nouveau » texte, les choses deviennent plus claires : la motivation peut expressément être la protection des milieux fragiles, en tous leurs aspects, et, secondairement, l'incitation à des usages non polluants de ces espaces. La loi se situe donc dans le prolongement de l'article 90 de la loi de 1983 précitée : ainsi se bâtit peut-être à petits pas une *police administrative de protection des milieux naturels et de l'environnement* qui gagnerait à être enfin énoncée comme police administrative spéciale en un article spécifique.

C'est un peu l'idée d'une « police verte », commune au rapport *Barnier*, aux déclarations de B. Lalonde (14) et aux revendications des écologistes. La loi relative au renforcement de la protection de l'environnement – article L. 2213-17 du Code des collectivités territoriales (15) – règle ce problème par l'ouverture – solution a minima – de la possibilité de recrutement de « garde nature ».

En second lieu, le maire dispose de pouvoirs « de police portant sur des objets particuliers », qui lui fournissent des moyens plus évidents. Au titre de l'article L. 2213-2, il peut interdire temporairement la circulation dans une rue pour des raisons diverses, ou l'interdire complètement, dans certaines conditions, pour créer une zone piétonne. Il peut interdire le passage des poids lourds sur certaines voies à certaines heures, limiter le tonnage autorisé, fixer des horaires de livraison, interdire

(9) On remarquera que cette exception peut permettre que la loi soit tournée : la relative imprécision de l'expression « à des fins privées » – rien n'interdit qu'il s'agisse de « fins sportives » dès lors qu'il ne s'agit pas de manifestations sportives – peut aboutir à la création d'« enclaves ». La légitimité pourrait pour le moins en être mise en cause autant que celle des « enclaves de chasse »...

(10) Les exceptions préc. subsistent.

(11) V. LÉVY-BRUHL cite (art. préc. p. 134) plusieurs exemples d'arrêtés municipaux, dont certains à la légalité douteuse...

(12) Art. L. 2212 – 2 du Code général des collectivités territoriales.

(13) Depuis la loi du 7 janvier 1983 (art. 90).

(14) L'on peut ainsi lire, p. 133 du rapport préalable : « Au niveau des collectivités locales, la proposition est d'encourager des soutiens financiers des départements à la création de postes de gardes-champêtres intercommunaux au statut aménagé, placés sous l'autorité des maires pour l'exercice des responsabilités de ceux-ci ».

(15) Art. 37 de la loi n° 95-101 du 2 février 1995, *JO* 3 février 1995.

la traversée d'une agglomération la nuit s'il existe un autre itinéraire. L'article L. 2213-4 lui donne la possibilité d'interdire par arrêté motivé certaines portions de voies ou de secteurs de sa commune à diverses catégories de véhicules dont la circulation est de nature « à compromettre soit la tranquillité publique (16), soit la protection des espèces animales et végétales, soit la protection des espaces naturels, des paysages ou des sites ou leur mise en valeur à des fins esthétiques, écologiques, agricoles, forestières ou touristiques ». L'article L. 2213-5 lui donne un pouvoir analogue (mais pour toutes les communes et non plus seulement en zone de montagne) pour les véhicules de transport de matières dangereuses « visées par la directive européenne du 24 juin 1982 (17) et de nature à compromettre la sécurité publique » (18). Il dispose de la police de la baignade et des activités nautiques (19) et de pouvoirs de prescription en matière de « murs, bâtiments ou édifices menaçant ruine ». La loi du 22 juin 1989 parue au *JO* du 24 juin précise de plus que « les maires doivent prendre toutes dispositions propres à empêcher la divagation des chiens et des chats ; ils peuvent ordonner que ces animaux soient tenus en laisse et que les chiens soient muselés... ». De plus, en milieu urbain comme en milieu rural, les maires peuvent prendre des mesures (art. L. 2212-2 7°) pour « obvier ou remédier aux événements fâcheux qui pourraient être occasionnés par la divagation des animaux féroces ou malfaisants ». L'usage de cette compétence n'est pas sans poser de problèmes en matière de gestion des espèces sauvages. Les maires sont enclins à privilégier naturellement la sécurité de leurs habitants et de leurs biens plutôt que la diversité biologique. Une espèce est venue plaisamment illustrer les difficultés des maires. Le tribunal administratif de Pau (*France Nature Environnement c/ Commune d'Orlu*, 18 juillet 2000 (20)) a été amené à valider un arrêté pris par un maire sur la base de cet article et très curieusement rédigé : il était « interdit aux ours » de pénétrer sur le territoire de la commune...

Les maires disposent aussi d'une compétence de régulation des espèces animales sauvages dites « nuisibles » en vertu de l'article L. 2122 21-9° du Code des collectivités territoriales (21).

Ils peuvent aussi « dans les cas de danger grave ou imminent » prendre des mesures de sûreté sous réserve d'en informer le représentant de l'État. Dans le même ordre d'idée, pour l'aider à « prévenir par des précautions convenables... les

(16) Sous la réserve déjà signalée plus avant concernant cet objectif de la police municipale.

(17) Dite « directive *Seveso* » ; v. M. Prieur, « La directive *Seveso* sur les risques d'accidents majeurs », *RJE* 3/1989, p. 261 et s.

(18) Loi du 22 juillet 1987 relative à la sécurité civile et à la prévention des risques majeurs préc.

(19) Loi du 6 janvier 1986 dite loi *Littoral*. On remarquera que l'exercice ou le non-exercice de cette police de la baignade sont de nature, comme tous les pouvoirs de police du maire, à engager la responsabilité de celui-ci, devant les juridictions administratives le plus souvent ; celles-ci développent un système de « responsabilité pour carence », assimilant quand certaines conditions sont remplies et en fonction de l'espèce considéré, les carences à des fautes : v. R. Romi, « La responsabilité pour carence des autorités de police administrative », *LPA* 10 décembre 1986, p. 28.

(20) *Dr. env.* décembre 2000, note R. Romi.

(21) « 9° De prendre, à défaut des propriétaires ou des détenteurs du droit de chasse, à ce dûment invités, toutes les mesures nécessaires à la destruction des animaux nuisibles, de requérir, dans les conditions fixées à l'art. L. 427-5 du Code de l'environnement, les habitants avec armes et chiens propres à la chasse de ces animaux, à l'effet de détruire ces derniers, de surveiller et d'assurer l'exécution des mesures ci-dessus et d'en dresser procès-verbal. »

fléaux calamiteux » tels que les incendies, divers textes lui donnent des pouvoirs notables (22).

Et le Code forestier (art. L. 322-2) précise que « lorsqu'un dépôt d'ordures ménagères présente un danger d'incendie pour les bois, forêts, landes, maquis, plantations ou reboisements, le maire doit prendre toutes mesures utiles pour faire cesser ce danger » (23). Il en est de même au titre de l'article L. 541-1 du Code de l'environnement, en matière de déchets, quand il s'agit de remédier aux atteintes à la santé ou à l'environnement qu'ils génèrent, puisque selon le Conseil d'État il semble bien que « la compétence du maire est première, celle du préfet secondaire » (24). En matière d'indemnisation, le Conseil d'État (25) a précisé que cette police des déchets est bien distincte de celle des installations classées.

Enfin, la loi du 29 décembre 1979 relative à la publicité, aux enseignes et préenseignes donne aux autorités communales certains pouvoirs en matière de publicité : mais l'institution de zones de publicité élargie, autorisée ou restreinte implique la formation d'un groupe de travail au sein duquels sont représentés tous les intérêts en présence ; et les pouvoirs des autorités locales ne sont jamais exclusifs de ceux du préfet ; par ailleurs, quand le maire autorise la publicité sur les véhicules terrestres, sur l'eau ou dans les airs, c'est au nom de l'État... Ces particularités imposent que le régime particulier de la publicité soit envisagé comme un régime faussement décentralisé préservant la place centrale de l'État, parmi d'autres (26)...

Les capacités d'innovation et d'invention sont tout de même limitées par des interprétations souvent restrictives du juge : ainsi par exemple un maire ne peut pas interdire l'implantation d'antennes de téléphonie, les risques pour la santé n'étant pas démontrés. Le Conseil d'État (22 août 2002, SFR (27)) annule une décision de suspension du TA de Nice qui avait estimé que l'intérêt de la protection de la santé publique devait prédominer sur le développement de la téléphonie mobile. Le Conseil d'État se fonde sur trois moyens :

— le principe de l'indépendance des législations, qui veut que le refus d'un document d'urbanisme ne puisse être refusé que pour des motifs liés au droit de l'urbanisme ;

— une erreur manifeste d'appréciation des mesures de sécurité retenues ;

— une atteinte à la liberté du commerce et de l'industrie.

On remarquera qu'effectivement il n'est pas sûr que l'éloignement des constructions constitue une mesure suffisante, car le faisceau des ondes est plus puissant à plus d'une centaine de mètres qu'au pied des pylônes. Mais on notera aussi qu'il est très surprenant de constater que le juge accorde autant d'importance aux « engage-

(22) Dont il ne convient pas d'exagérer la portée en raison de la légèreté des sanctions qui sanctionnent le non-respect de ses décisions.

(23) Art. 62 de la loi du 4 décembre 1985.

(24) V. la note portant ce titre de D. DEHARBE, sous CE, 11 janvier 2007, *Ministre de l'Écologie*, n° 287674, *Dr. env.* avril 2007, p. 84-88.

(25) CE, 17 novembre 2004, *Société Générale d'Archives*, n° 25514, *AJDA* 28 mars 2005, n° 12/2005, p. 675, note A. MOUSTARDIER et F. BRAUD.

(26) V. J. CAILLOSSE, « La publicité vue du droit », *AJDA* septembre 1985, p. 459 et s. Sur la complexité de la situation vue par la jurisprudence, v. CE, 10 novembre 1997, *Commune du Grand-Quevilly*, note P. ZAVOLI, *RJE* 4-1998, p. 517 et s.

(27) Note M. C. de MONTECLER, *AJDA* 10/2002, p. 722.

ments » de SFR envers l'État en matière de développement de la téléphonie mobile... L'on ne sache pas qu'il soit impossible de vivre sans téléphone mobile et qu'il soit si évident que cela que ce développement puisse si naturellement être considéré comme prioritaire en regard des dangers reconnus pour la santé des pylônes en question... Enfin, on notera que la révérence envers le principe d'indépendance des législations s'avère tout à fait contraire à l'air du temps : la préservation de la santé publique constitue, au-delà de toute considération technique absconse, un bon motif de décision en matière d'urbanisme comme en toute autre matière.

Mais le maire est en fait surtout l'initiateur et l'exécutif des décisions du conseil municipal et le gestionnaire direct ou indirect des services publics locaux.

§ 2. LA CRÉATION ET LA GESTION DE SERVICES PUBLICS LOCAUX

Les communes ont en particulier la charge de la distribution de l'eau, l'organisation et la gestion de l'assainissement (28), la collecte et le traitement des déchets des ménages (29) et des transports urbains... tous services publics qui relèvent indiscutablement de l'administration de l'environnement.

(28) Art. L. 2224-7-1 du CGCL issu de la loi n° 2006-1772 du 30 décembre 2006 sur l'eau, art. 53, *JO* 31 décembre 2006 : « Les communes sont compétentes en matière de distribution d'eau potable. Dans ce cadre, elles arrêtent un schéma de distribution d'eau potable déterminant les zones desservies par le réseau de distribution. Elles peuvent également assurer la production d'eau potable, ainsi que son transport et son stockage. Toutefois, les compétences en matière d'eau potable assurées à la date de publication de la loi n° 2006-1772 du 30 décembre 2006 sur l'eau et les milieux aquatiques par des départements, des associations syndicales autorisées ou constituées d'office ne peuvent être exercées par les communes sans l'accord des personnes publiques concernées ».

(29) En matière de déchets, la situation de la répartition des compétences dans les pays d'Europe laisse une place similaire aux communes. En Norvège, si les autorités régionales (le gouverneur du comté) sont compétentes pour accorder les permis et le contrôle de leur respect et de la législation, les municipalités sont compétentes pour la collecte des déchets de consommation. En Italie, les communes sont responsables de l'élimination des ordures ménagères, les provinces assurent le contrôle des décharges et les installations d'élimination et de traitement des déchets. Le Luxembourg est dans une situation particulière en raison de l'exiguïté de son territoire et de l'importance des problèmes frontaliers : mais, toutes proportions gardées, le partage entre communes (ramassage des déchets ménagers), structures de coopérations intercommunales (traitement) et État est tout aussi classique. En Grèce, les communes sont responsables de la collecte et du traitement, et de l'implantation des installations. Plus exactement, c'est l'association départementale des communes qui est responsable du traitement des déchets. Les régions sont compétentes pour ce qui concerne les créations d'installations de traitement desservant moins de 30 000 habitants, et le ministre de l'Environnement pour les plus importantes. L'approbation des conditions de fonctionnement des installations, comme en matière de traitement des eaux, est de la compétence conjointe des ministres de l'Intérieur et de l'Environnement. En Angleterre, le ramassage des déchets est de la compétence des conseils de district, sauf exception (Londres) ; le traitement des déchets est de la compétence des comtés. En Autriche, les communes sont responsables de la collecte des ordures ménagères mais aussi des déchets dangereux ; le traitement est le plus souvent assuré par des syndicats intercommunaux. En Allemagne, la situation en matière de déchets est différente selon les länders, mais la tendance serait plutôt à confier l'élimination aux districts et districts urbains, tandis que les communes sont compétentes pour le ramassage. L'élimination des déchets toxiques est de la compétence des länders. En Suède, les communes détiennent le monopole en matière de transport des déchets des lieux de collecte vers les lieux de traitement. La supervision des activités de collecte et de transport est assurée par un comité muncipal, le « comité pour la protection de

Pour ce qui concerne par exemple la gestion des déchets, cette responsabilité appartient depuis longtemps aux communes (30) et a été réaffirmée par l'article 12 de la loi du 12 juillet 1975 (devenu art. L. 373 du Code des communes, puis L. 2224-13 du Code des collectivités territoriales). Des arrêtés municipaux peuvent intervenir à titre complémentaire et instituer par exemple des collectes sélectives. Il faut ajouter que (article 13 de la loi de 1975) seuls le service communal et le cas échéant les personnes dûment autorisées peuvent collecter et éliminer les déchets pouvant entraîner des risques pour les personnes ou l'environnement (31).

La latitude d'action des communes en matière de transports est plus importante. Les exemples étrangers (Athènes, ou programme *hoy no circula* à Mexico) sont certes plus médiatiques que les expériences françaises. Mais l'usage du tramway à Nantes, de préférence au métro, le choix piétonnier de Strasbourg, les expérimentations de bus alimentés par des « biocarburants », l'inauguration de « quartiers tranquilles » à Paris (vitesse limitée à 30 km à l'heure, ralentisseurs, chaussée surélevée avant chaque passage piétons, trottoirs élargis, chemins cyclistes) montrent que les communes disposent d'une palette de choix, même si elles sont néanmoins fort limitées par leur (relative) faiblesse budgétaire, qu'aggrave la politique de restriction budgétaire de l'État de ces dernières années.

La solution de confier à des entreprises privées certains services d'environnement est largement répandue en France (l'on parle couramment à ce propos, et de manière inexacte, de « privatisations locales »). Les deux principales sociétés se partagent 75 % du marché de la distribution d'eau, et 35 % du marché de l'assainissement. Le déséquilibre entre les collectivités locales et les grandes compagnies est maintenant patent. D'où les dispositions prises par la loi *Barnier* et la loi n° 95-127 du 8 février 1995 relative aux marchés publics et aux délégations de service public (*JO* 9 février, p. 2186 et s.) – voir *infra*. Il est vrai que c'est sur ces points précis que les litiges les plus délicats se sont noués, notamment à Saint-Étienne et Grenoble (32).

l'environnement et la santé publique ». Lui-même fait l'objet d'un contrôle par le Bureau administratif du comté et par l'Agence nationale pour la protection de l'environnement. La Pologne a confié aux communes le ramassage, l'élimination et le recyclage des déchets ménagers.

(30) V. P. Delvolvé, « Les collectivités locales et les déchets », *Dr. ville* 1978, 6, p. 175.

(31) « Les communes ou les établissements publics de coopération intercommunale assurent, éventuellement en liaison avec les départements et les régions, l'élimination des déchets des ménages. Les communes peuvent transférer à un établissement public de coopération intercommunale ou à un syndicat mixte soit l'ensemble de la compétence d'élimination et de valorisation des déchets des ménages, soit la partie de cette compétence comprenant le traitement, la mise en décharge des déchets ultimes ainsi que les opérations de transport, de tri ou de stockage qui s'y rapportent. Les opérations de transport, de tri ou de stockage qui se situent à la jonction de la collecte et du traitement peuvent être intégrées à l'une ou l'autre de ces deux missions. À la demande des communes et des établissements publics de coopération intercommunale qui le souhaitent, le département peut se v. confier la responsabilité du traitement, de la mise en décharge des déchets ultimes et des opérations de transport, de tri ou de stockage qui s'y rapportent. Les opérations de transport, de tri ou de stockage qui se situent à la jonction de la collecte et du traitement peuvent être intégrées à l'une ou l'autre de ces deux missions. Le département et la commune ou l'établissement public de coopération intercommunale déterminent par convention les modalités, notamment financières, de transfert des biens nécessaires à l'exercice de la partie du service confiée au département et précisent les équipements pour lesquels la maîtrise d'ouvrage est confiée au département. »

(32) V. R. Romi, « Quelques réflexions sur les difficultés des communes en matière de gestion de l'eau », *Pouvoirs locaux*, janvier 1995.

Un bref examen des solutions et situations dans les pays d'Europe montre à l'évidence que tous n'ont pas suivi la « voie française ». Elle ne constitue donc pas un « modèle » obligé, même si l'Italie a adopté une loi en 1994 qui, pour rationaliser économiquement la gestion, a ouvert aux capitaux privés des possibilités de participation dans les structures de gestion de la distribution et de l'épuration de l'eau, et même si, en Espagne, la distribution de l'eau est largement gérée par des sociétés privées (33), au nombre desquelles on trouve en particulier – directement ou par l'intermédiaire de filiales – la société Aguas de Barcelona (34) (les réseaux d'assainissement sont gérés majoritairement – que ce soit en nombre de communes ou en nombre d'habitants – en régie municipale). L'on dispose de chiffres globaux permettant de comparer la situation respective des États de l'Union européenne, pour les deux secteurs (35) : pour la distribution de l'eau, la gestion publique – toutes formules confondues – concerne 89 % de la population pour l'Allemagne, 96 % pour la Belgique, 65 % pour le Danemark (36), 60 % pour l'Espagne, 100 % pour l'Irlande, 95 % pour l'Italie, 100 % pour le Luxembourg, 100 % pour les Pays-Bas... mais 25 % et 12 % seulement respectivement pour la France et le Royaume-Uni. Pour l'assainissement, la gestion publique – toujours toutes formules confondues – concerne 99 % de la population pour l'Allemagne, 100 % pour la Belgique, 98 % pour le Danemark, 60 % pour l'Espagne, 100 % pour l'Irlande, 92 % pour l'Italie, 100 % pour le Luxembourg, 100 % pour les Pays-Bas... 60 % pour la France, et 17 % seulement pour le Royaume-Uni.

Il n'en demeure pas moins que ce sont les pouvoirs reconnus à la commune en matière d'aménagement – mais il est vrai qu'en quelque sorte les compétences en matière de transports en font déjà partie – qui sont de loin les plus importants.

SECTION 2 LES COMPÉTENCES DES COMMUNES EN MATIÈRE D'AMÉNAGEMENT DE L'ESPACE

La liberté des communes en la matière est loin d'être une liberté absolue, mais le fait est qu'à travers leurs compétences en matière d'urbanisme, elles peuvent – même si elles ne le font pas toutes – mener une réelle politique de protection de l'environnement. Ce peut être tant dans la manière d'élaborer leurs PLU – il faut bien dire qu'en la matière un minimum leur est imposé, car elles ne peuvent faire n'importe quoi – que par l'utilisation d'autres

(33) Madrid constituant une exception, avec la société publique « Canal de Isabel II ». Il faut remarquer cependant que le nombre de communes optant encore pour la gestion directe (en régie) est largement majoritaire : en revanche, le plus grand nombre d'habitants est desservi par des compagnies privées – R. JUNYENT, J. BERNIS, « Les modes de gestion des services publics en Espagne », G. TERNY (dir.), *La gestion des services publics locaux dans l'Europe de demain*, Litec, 1993, p. 106-107.

(34) Dans le capital de laquelle on trouve la Lyonnaise des eaux. En 1993, 9 millions d'habitants étaient desservis par cette société ou ses filiales.

(35) D. DROUET, « Évolutions structurelles de l'organisation des services publics locaux en Europe depuis le début des années 80 », *in* G. TERNY (dir.), *La gestion des services publics locaux dans l'Europe de demain*, préc., p. 178-179. Les chiffres livrés pour les déchets ne sont pas utilisables, car la collecte n'est pas différenciée du traitement. L'on peut cependant préciser que certains pays excluent en la matière la concession à des personnes privées : la Suède, par exemple, ne confie le traitement des déchets qu'aux communes ou à des établissements dont elles possèdent le capital.

(36) La particularité résidant dans le fait que les 35 % sont des coopératives.

outils ; ce doit être aussi, dans le cadre de toutes leurs compétences d'urbanisme, ou dans le cadre des dispositifs plus précis comme celui institué par la loi du 22 juillet 1987 sur la prévention des risques majeurs.

§ 1. LES PLU : DES OUTILS POUR LA PROTECTION ET LA GESTION DE L'ENVIRONNEMENT ? (RAPPEL)

La loi du 10 juillet 1976 sur la protection de la nature (article 2) est catégorique : « ... les documents d'urbanisme doivent respecter les préoccupations d'environnement ». Et, selon l'article 1er de son décret d'application du 12 octobre 1977, « les préoccupations d'environnement sont prises en compte par les documents d'urbanisme dans le cadre des procédures qui leur sont propres ».

La loi SRU l'est peut-être moins nettement, car les termes sont moins directifs, mais la vocation des PLU demeure la prise en compte de l'environnement. Cette obligation de respect entraîne d'abord l'observation de procédures strictes dans le cadre de l'élaboration des plans : le rapport de présentation des PLU doit comprendre, selon l'article R. 123-2 du Code de l'urbanisme, une analyse en fonction de la sensibilité du milieu, (de) l'état initial du site et de l'environnement et (des) incidences de la mise en œuvre du plan sur leur évolution ainsi que les mesures prises pour leur préservation et leur mise en valeur. Le non-respect de cette exigence rend le plan passible d'annulation contentieuse (37). La procédure d'adoption du plan permet – au moins théoriquement – de vérifier la compatibilité du plan avec les nécessités de la protection de l'environnement, dans la mesure en particulier où dans la phase de publication du projet comme dans la phase d'approbation de ce projet, interviennent d'autres acteurs que les seuls acteurs communaux. Dans la phase de publication, le préfet peut notifier à la commune, s'il constate des illégalités ou des insuffisances ou incompatibilités, les modifications qu'il convient d'apporter – cette notification signifiant concrètement que le plan est inopposable aux tiers tant que la commune ou l'établissement public de coopération intercommunale responsable n'aura pas tenu compte de ces remarques. Surtout, l'approbation des plans est précédée par une enquête publique (38) ; malheureusement, dans le contexte actuel (tel qu'il résulte de la loi du 12 juillet 1983 et du décret d'application du 23 avril 1985), les conclusions du commissaire enquêteur ne lient pas les auteurs du plan, la seule sanction de conclusions défavorables étant procédurale et provisoire (v. *supra*, première partie). Le plan peut être modifié en fonction des remarques issues de l'enquête, mais le juge considère que si ces modifications remettent en cause

(37) V. par exemple l'arrêt du CE du 22 novembre 1985, *Ministère de l'Urbanisme c/ Daniau, AJDA* 1985, p. 732 : « Considérant que ni le rapport de présentation du POS de Longeville, ni aucun autre document afférent à ce plan ne comportent d'analyse de l'état initial de l'environnement... et de la façon dont les auteurs du plan ont entendu en assurer la préservation, que dans ces conditions les art. sus-rappelés du Code n'ont pas été respectés »...

(38) En vertu du décret du 9 septembre 1983, cette enquête se déroule conformément à la loi du 12 juillet 1983 relative à la démocratisation des enquêtes publiques et à la protection de l'environnement (v. J. CAILLOSSE, « Enquête publique et protection de l'environnement », *RJE* 1986, p. 151).

« l'économie générale du plan », une nouvelle enquête publique est nécessaire, ce qui est bien le moins et est bien peu.

Même dans les zones urbaines, le plan peut instituer des emplacements réservés, délimiter des espaces classés boisés, à conserver ou à créer, et des zones de nuisances dans lesquelles les constructions pouvaient être interdites. Le plan peut surtout délimiter les zones naturelles dans lesquelles l'urbanisation sera à titre définitif ou temporaire exclue ou sérieusement limitée : il en est de quatre sortes, dont deux au moins (les zones de richesses naturelles et les zones de sites, de risques et de nuisances – zones NC et ND) servent à gérer des problèmes écologiques au sens strict. Les zones NC « sont le support d'activités productrices actuelles et potentielles » (de nature agricole le plus souvent) ; les zones ND doivent faire l'objet de protection contre l'urbanisation soit par ce qu'il y existe des risques ou des nuisances soit en raison de la qualité des sites, des milieux naturels, des paysages et de leur intérêt notamment du point de vue esthétique, historique ou écologique... Mais le classement en zone naturelle n'est pas réellement subordonné à la valeur agricole des terres ou à l'intérêt d'un site, il « peut concerner des zones partiellement desservies par des équipements publics et comportant certaines constructions » (39). On est en droit de penser que ce classement peut être motivé par le souci des instances communales d'« aérer » leur commune, pourvu qu'il ne repose pas sur une appréciation manifestement erronée, selon la formule consacrée par la jurisprudence (40)... le tout étant bien sûr de ne pas aller trop loin (41). Ni dans un sens ni dans un autre d'ailleurs (42). Il est peut-être critiquable d'assimiler dans une même catégorie des terrains à préserver en raison de leur richesse écologique, des zones de nuisance et des zones dont on estime qu'elles doivent servir de « butoir » à l'urbanisation, mais telle est la situation actuelle et il convient de s'en accommoder.

Dans les changements apportés au plan (nécessaires car les plans d'urbanisme sont des documents évolutifs), la protection de l'environnement reste un impératif. La « révision » est la procédure normale d'adaptation du plan, et doit être conduite en gros selon la même procédure que l'adoption du plan, ce qui est assez lourd (en particulier, malgré la décentralisation, l'État y est associé, ainsi que d'autres personnes publiques) ; aussi a-t-on prévu d'une part que le plan en cours de révision pouvait faire l'objet d'une application anticipée ; d'autre part, que la procédure de la révision pouvait être évitée dans certaines circonstances au profit d'une simple procédure de modification. Mais l'application anticipée du plan en instance de révision, normalement décidée par simple délibération du conseil municipal, valable pour six mois renouvelables, ne peut avoir pour objet (article L. 123-4 du code) de

(39) CE, 3 novembre 1982, *Royer*, *Lebon*, p. 366.

(40) V. par exemple CE, 7 février 1986, *Santini*, req. n° 51561 : « Considérant qu'en classant en zone ND les terrains situés entre la voie ferrée et la rivière, pour des motifs tirés du désir de limiter l'urbanisation de la commune à d'autres secteurs... les auteurs du POS n'ont pas commis d'erreur manifeste d'appréciation »...

(41) Il est évident par exemple qu'une décharge d'ordures n'est pas compatible avec un classement en ND : v. par exemple CE, 4 décembre 1985, *Syndicat intercommunal de voirie du canton de Plancöet*, req. 45 237, 52768 et 62207.

(42) Ainsi, « le classement en zone urbaine d'un secteur permettant la création d'un îlot d'urbanisation au sein d'une zone naturelle de qualité... révèle une erreur manifeste d'appréciation » (TA, Orléans, 24 mars 1981, *Association de défense de la vallée de l'Aunaye*, *Lebon*, tables, p. 961).

« supprimer une protection édictée en faveur d'un espace boisé ou de réduire de façon sensible une protection édictée en raison de la valeur agricole des terres, des risques de nuisance, de la qualité des sites, des paysages ou des milieux naturels ». Et la modification, formule plus souple, quoique nécessitant également une enquête publique, n'est utilisable que si la modification ne porte pas atteinte à « l'économie générale » du plan ni ne concerne des espaces boisés classés ; elle ne doit pas non plus comporter de graves risques de nuisances.

Mais l'on ne peut pas réellement dire que ces limites constituent des garanties absolues de ce qu'une adaptation d'un plan ne portera pas atteinte à l'environnement de la commune, même si, en dehors de l'enquête publique elle-même, une concertation est menée. Les exemples ne manquent pas de communes qui n'hésitent pas à utiliser, par exemple, la formule de la modification pour mettre en place des infrastructures touristiques au détriment de sites fragiles, quelquefois classés (43). À tout prendre, la seule garantie vraiment efficace contre un projet dévastateur vient de ce que, quelle que soit la procédure (adoption primitive, révision, modification), les lois d'aménagement ou d'urbanisme doivent évidemment être respectées. L'État demeure le garant – et la dernière garantie – du respect de l'environnement, en liaison avec le juge. On le voit ici très nettement : la décentralisation et l'administration de l'environnement entretiennent – si l'on peut dire – des rapports conflictuels... Les communes souffrent peut-être de cet encadrement, mais leur action n'a pas jusqu'ici démontré – la jurisprudence administrative le prouve à l'envi – une détermination à protéger qui justifie qu'on leur fasse confiance en amorçant en la matière une déréglementation. Il devient dès lors d'autant plus regrettable que sous prétexte de favoriser une hypothétique relance économique l'on ne cesse de libéraliser les opérations d'urbanisme.

Enfin les plans doivent (article R. 123-3 du Code de l'urbanisme) prendre en considération et traiter les différents éléments caractéristiques des villes et des équilibres qui sont à même de les rendre vivables.

§ 2. LES PERMIS DE CONSTRUIRE ET L'ADMINISTRATION DE L'ENVIRONNEMENT : DES POUVOIRS ET DEVOIRS DU MAIRE À LA TIMIDITÉ DU JUGE (RAPPEL)

La délivrance des permis de construire est également susceptible de permettre une administration et une protection de l'environnement, dans le respect des plans comme en l'absence de plan. Le permis de construire est délivré dans le respect des préoccupations d'environnement. Il peut être assorti (art.

(43) V. par exemple le cas de la modification du plan de Corte annulé par le TA, Bastia, le 24 novembre 1988, cf. le texte de cette décision avec une note P. P. MUSCATELLI et R. ROMI, *LPA* 14 avril 1989. En l'espèce, la faute du maire était grossière : la formule de la modification ne pouvait être utilisée dans la mesure où le projet touristique en cause concernait le fleuve qui alimente en eau la ville, entre autres griefs que le juge n'examine même pas, se contentant du premier pour justifier l'annulation qu'il prononce.

R. 111-14-2) de prescriptions spéciales « si les constructions, par leur situation, leur destination ou leurs dimensions, sont de nature à avoir des conséquences dommageables pour l'environnement ». Le juge n'hésite pas à sanctionner des maires qui ne respectent pas la lettre et l'esprit de ce texte (44). Mais ce contrôle est un contrôle minimum qui ne sanctionne que les erreurs manifestes d'appréciation, le juge répugnant sauf exception (les textes ne semblant pas vraiment lui permettre plus) à juger de l'opportunité des constructions. La formule consacrée en la matière est celle d'« atteinte au caractère et à l'intérêt des lieux avoisinants » ; une telle atteinte sera constituée, par exemple, aux yeux du juge, si la construction contraste avec l'environnement bâti (45) ou si elle dénote dans un ensemble paysager notable comme la route touristique desservant les châteaux de la Loire (46).

Le permis peut par ailleurs être refusé ou être assorti de prescriptions spéciales si la localisation ou la destination des constructions projetées est de nature (art. R. 111-15) « à favoriser une urbanisation dispersée incompatible avec la vocation des espaces naturels avoisinants, en particulier lorsque ceux-ci sont peu équipés »...

C'est en particulier à propos des pylônes de téléphonie et des éoliennes que des débats âpres se sont déroulés dans bon nombre de communes, auxquels le juge a dû s'intéresser, parfois de manière un peu désordonnée (47). Le juge amorce parfois en l'espèce un contrôle apparemment plus poussé, car il peut fonder son appréciation sur des éléments matériels moins difficilement contestables, dont la réalité de l'urbanisation et l'existence d'équipements (48) : son appréciation n'en demeure pas moins aléatoire et subjective... Il en est de même pour ce qui concerne l'article R. 443-10, qui pose le principe que le maire peut refuser l'autorisation si le projet considéré est de nature à compromettre les paysages, la conservation des milieux naturels ou de la flore, la salubrité, la tranquillité publique : car dans ce cas précis, même si le maire ne se voit ouvrir selon la lettre du texte qu'une possibilité, les juridictions n'hésitent plus à admettre que le fait de ne pas utiliser cette compétence

(44) V. CE, 9 mai 1979, *SCI Résidence de Castellan*, *Lebon*, p. 21 : « la réalisation d'un ensemble de 300 logements sur les rives du lac artificiel de Sainte-Croix... aurait, en dépit des dimensions modérées de chacune des constructions et du style provençal prévu pour les bâtiments, profondément altéré, par son importance, le paysage avoisinant dont l'aspect sauvage fait la spécificité et la valeur ; qu'ainsi le permis de construire... reposait sur une erreur manifeste ». *N.B.* : évidemment, la possibilité concerne aussi les permis délivrés par les préfets ; v., dans une hypothèse de délivrance par un préfet d'un permis de construire une ligne à haute tension dans la vallée du Louron, la décision d'annulation, TA, Pau, *UMINATE*, 15 décembre 1994, *RJE* 1995, p. 135 et s., concl. J.-L. Rey.

(45) Par exemple en raison de la faible pente de sa toiture : cf. CE, 27 juillet 1979, *Starck*, *Lebon*, p. 355.

(46) CE, 18 février 1987, *Derecker*, req. n° 58032 (construction sur les bords de l'Indre, dans un site constitué de vergers et de prairies sans implantation de bâtiments).

(47) « Planifier l'éolien », numéro spécial, Actes du colloque 9 juin 2005, Douai, *Dr. env.* janvier-février 2006.

(48) V. par exemple CE, 27 septembre 1985, *Angèle Lafont c/ Ville d'Aix-en-Provence*, req. n° 56271 : « Le terrain... est situé en dehors de l'agglomération... il est environné de terrains cultivés et d'espaces naturels, de garrigues boisées. Si le dit terrain est accessible par un chemin de terre, il n'est relié ni à un réseau d'alimentation en eau potable ni à un réseau d'assainissement ; la construction de l'immeuble projeté contribuerait à favoriser une urbanisation dispersée déjà amorcée... ». L'État est par ailleurs responsable, quand il est compétent pour délier un permis, s'il le délivre sans prescriptions spéciales alors que la construction a lieu en zone inondable : CE, 2 ocotbre 2002, *Époux Grondin*, *AJDA* 27 janvier 2003, n° 3, p. 143-147, note C. Deffigier.

dans des cas où il existe des preuves objectives de l'existence de sites ou espèces de valeur constitue une erreur manifeste d'appréciation (49).

S'ajoutent évidemment à ces exigences, pour les constructions d'installations classées, celles du respect de la procédure existant en la matière, le maire pouvant refuser le permis si n'est pas déposée en même temps que la demande de permis une justification du dépôt de la demande d'autorisation ou de la déclaration (article R. 421-3-2 du code). Enfin, pour ce qui concerne le bruit, l'article R. 111-3-1 permet de refuser le permis ou de l'assortir de prescriptions si « les constructions sont susceptibles en raison de leur localisation d'être exposées à des nuisances graves dues notamment au bruit » (50).

§ 3. LES AUTRES DOCUMENTS D'AMÉNAGEMENT : VERS L'INTÉGRATION DES RISQUES ET DES CONDITIONS ÉCOLOGIQUES DANS LA PLANIFICATION DE L'ESPACE ?

Il s'agit surtout des SCOT (schémas de cohérence territoriale) car les PPR émanent principalement des autorités étatiques, et les instances municipales sont très loin d'en avoir la maîtrise.

L'article L. 122-1 du Code de l'urbanisme énonçait que les schémas fixent les orientations fondamentales de l'aménagement des communes concernées en assurant un équilibre entre les parties urbaines, les activités agricoles, les activités économiques autres et la protection des sites naturels. La loi du 2 juillet 1987 y ajoute l'exigence d'une prise en compte des risques naturels et techniques majeurs. La loi SRU énonce clairement la vocation des schémas de cohérence territoriale (article R. 122-3 du Code déjà cité). Comme pour le POS et le PLU, un certain nombre de règles existent pour imposer le respect des préoccupations d'environnement. Parmi les plus importantes, l'on citera les suivantes :

— les schémas comprennent en premier lieu un rapport qui présente (comme le rapport de présentation du plan) une analyse de l'état initial de l'environnement et la façon dont le schéma prend en compte sa préservation ;

— les associations agréées (du moins celles dont les représentants en ont fait la demande) et toute « personne dont l'avis paraît utile au bon déroulement de la procédure » sont consultées ;

— dans le même temps, le projet de schéma est mis à la disposition du public pendant un mois (cette procédure nouvelle n'est cependant pas assimilable à une enquête publique en ce qu'il n'y pas de commissaire enquêteur, mais des observations peuvent être formulées).

(49) Ainsi, constitue une erreur manifeste d'appréciation le fait de ne pas utiliser cette possibilité pour refuser un permis concernant un parc résidentiel de loisirs de 54 logements dans les dunes de Bréville, alors même que toutes les instances compétentes avaient admis la conformité de ce « hameau nouveau intégré à l'environnement » avec la loi *Littoral*, que l'essentiel du projet était situé en lisière d'une ZNIEFF – mais pas dans la ZNIEFF – et qu'une espèce – le *salix repens arenaria* – présente sur les lieux venait d'être fort opportunément déclassée... mais compte tenu de la nécessité de prendre en compte la valeur des dunes dans leur ensemble (TA, Caen, *Manche Nature*, 27 février 1996).

(50) Une loi relative à l'urbanisme au voisinage des aérodromes complète ce dispositif : v. *infra*.

Les communes retrouvent une certaine autonomie : il est possible pour une commune de se retirer si certaines modifications ne sont pas apportées au projet par l'EPCI qui en est responsable : l'on peut admettre donc qu'une commune qui ne serait pas d'accord avec le parti pris par l'EPCI en matière d'administration de l'environnement peut parfaitement recouvrer une liberté de décision. Cette marge de manœuvre n'existe pas, au moins juridiquement, quoi que l'on en pense, quant aux PPR. Ces derniers ne peuvent être prescrits, ainsi que cela a été expliqué, que par le préfet. Aucune initiative locale ne s'impose en droit strict ; les communes sont au mieux consultées (v. ci-après : les compétences de consultation et de proposition).

Enfin, une tendance à favoriser et compenser financièrement les politiques d'aménagement intégrant les préoccupations écologiques se dessine lentement : certaines des communes se voient reconnaître par la loi relative au renforcement de la protection de l'environnement des moyens financiers supplémentaires. Il s'agit de permettre aux communes ou institutions intercommunales procédant à des actions de protection de leurs espaces naturels d'instituer la taxe de séjour, comme les communes bénéficiant de la dotation touristique ou celles de montagne ou les communes littorales. De manière plus globale, la stratégie des plans et *chartes pour l'environnement* ou *Agendas 21* a le même objet (51).

§ 4. LES COMPÉTENCES DE PROPOSITION ET DE CONSULTATION

Par exemple, en matière de patrimoine, le rôle des communes ne peut être considéré comme mineur : les communes sont les plus gros propriétaires de patrimoine.

La création des zones de protection du patrimoine architectural, urbain et paysager (ZPPAUP) originellement prévues par la loi du 22 juillet 1983 ne dépend pourtant pas entièrement ou seulement des communes : elles peuvent proposer la création d'une ZPPAUP, l'élaboration du règlement afférent se fait dans le dialogue entre communes et État, l'accord des communes est requis lors d'adoption du document, les travaux ne peuvent être effectués qu'avec autorisation des autorités compétentes en matière de permis de construire (et donc normalement du maire) mais l'accord de l'Architecte des bâtiments de France est nécessaire : à tous les stades, la commune intervient, mais elle n'a pas la maîtrise pleine et entière des opérations.

Un second exemple suffira : la création de réserves naturelles n'est pas du ressort des communes ; mais, parallèlement à l'enquête publique qui doit précéder leur création, les conseils municipaux doivent être consultés. Les communes ne disposent pas de pouvoir de blocage en la matière, et le décret de création d'une réserve pourra les obliger à modifier leurs PLU ; mais dans la réalité, il n'est pas rare qu'une commune ou des communes, le cas échéant regroupées, interviennent dans la gestion d'une réserve, dans le cadre d'une convention de gestion ; plus

(51) M. Prieur, « Plans municipaux et chartes pour l'environnement », *Dr. ville* 41-1996, p. 89 et s.

souvent, le décret de création institue un comité consultatif de gestion au sein duquel l'État inclut des élus...

À tous les niveaux, puisque rien ne l'interdit, les communes peuvent proposer, mais elles ne disposent pas. Et dans la première hypothèse (exigence de consultation avec possibilité de blocage) comme dans la seconde (exigence de consultation sans possibilité de blocage), quoiqu'à des degrés différents, la commune est associée mais pas libre de procéder comme elle l'entend.

SECTION 3 L'INTERCOMMUNALITÉ ET L'ENVIRONNEMENT

La loi relative au renforcement de la protection de l'environnement de 1995 a confirmé que l'intercommunalité est destinée à occuper une place de plus en plus importante en matière d'environnement. Son article 32, en effet, énonce que : « Les groupements de communes à fiscalité propre, dans le cadre de leur compétence en matière d'aménagement de l'espace et de protection et mise en valeur de l'environnement, peuvent élaborer des projets intercommunaux de gestion des espaces naturels et du patrimoine, en vue de favoriser la restauration et l'entretien des espaces naturels, du paysage et du patrimoine bâti et d'inciter à des pratiques agricoles respectueuses de l'environnement. Les objectifs définis par les projets de gestion donnent lieu, pour leur réalisation, à la conclusion de contrats avec les propriétaires des immeubles ou avec leurs locataires. Des conventions conclues entre, d'une part, le représentant de l'État dans le département et, d'autre part, les établissements publics de coopération intercommunale ou les collectivités territoriales concernés définissent les conditions de mise en œuvre, de financement et d'éligibilité au Fonds de gestion de l'espace rural, mentionné à l'article L. 112-16 du Code rural, des dispositifs prévus par les projets de gestion ».

Les groupements de communes se voient reconnaître en outre la possibilité de mettre en place des plans de gestion. Il y a ici un risque de reproduction de ce qui se produit en matière économique : l'affrontement entre les « métropoles » et les départements pourrait être inéluctable, dès lors que les départements se considèrent comme investis, au titre de leur compétence en matière d'espaces sensibles, d'une compétence globale en la matière. Mais cette dévolution de compétence est logique, sur le plan juridique, dès lors qu'est reconnue aux communautés de communes et de villes une compétence « environnement » (52).

De manière générale, il faut bien reconnaître que l'échelon communal n'est pas toujours le plus adéquat pour gérer l'environnement et pour concilier développement local et protection des milieux et ressources (53). La tendance à confier aux communautés urbaines les compétences qui touchent à l'environnement est, en zone

(52) J. Caillosse (dir.), *Intercommunalités*, Presses Universitaires de Rennes, notamment R. Romi, « Intercommunalités et environnement », p. 87 et s., et J.-M. Becet, « L'intercommunalité pour une gestion plus rationnelle du littoral », p. 207 et s.

(53) V. J. Kimpe, « La nécessaire intercommunalité », *Cahiers du CNFPT* avril 1993, p. 69 et s.

urbaine, compréhensible, comme le sont les tendances des communes rurales à trouver des méthodes de collaboration. Pourtant, ni les communautés de communes, ni les communautés de villes instituées par la loi du 6 février 1992 ne reçoivent automatiquement de compétences en matière de protection de l'environnement, *stricto sensu*. L'on est donc en droit de croire que l'inclusion des compétences environnementales dans le champ d'action des nouvelles structures est facultative, et, qu'en conséquence, les communes participant à une des nouvelles structures initiées par la loi de février 1992 pourraient se préserver, peut-on dire, une capacité de résistance « environnementale » aux perversions d'un système intégrateur largement dominé par la dynamique d'un développement économique dévoreur d'espace et de ruralité. Mais ces nouvelles structures doivent se voir transférer obligatoirement des « compétences relevant de chacun des deux groupes suivants :

1) aménagement de l'espace ;

2) actions de développement économique intéressant l'ensemble de la communauté ».

De plus, tant les communautés de villes que les communautés de communes se sont vues transférer des compétences dans un groupe supplémentaire à retenir au sein d'une seconde série de groupes, dont le premier porte sur « la protection et la mise en valeur de l'environnement... » et, pour les communautés de communes, « la protection et mise en valeur de l'environnement, politique du cadre de vie, lutte contre la pollution des eaux et de l'air, lutte contre le bruit, assainissement, collecte, traitement et élimination des déchets... ».

Sauf à ne développer qu'une perception très étroite de l'environnement, on ne voit pas comment les communautés ne deviendront pas, de fait, dominantes en matière d'environnement. Les premiers bilans le prouvent d'ailleurs (54).

La loi organique n° 2003-704 du 1er août 2003 (55) relative à l'expérimentation par les collectivités territoriales peut par ailleurs être utilisée, à n'en pas douter, pour mettre en place de nouvelles méthodes de gestion territoriale de la nature et pour opérer en douceur des glissements de compétences au profit des collectivités locales. Elle pourrait permettre à terme un maillage très différencié du territoire, pour tout ce qui concerne l'administration décentralisée de l'environnement.

En l'état des textes, en effet, plusieurs questions se posent : ces glissements de compétences doivent-ils être consentis au bénéfice des mêmes collectivités locales sur tout le territoire, ou préfère-t-on ici transférer, par exemple, des compétences en matière de gestion de police de l'eau ici aux départements, et là aux régions ? Peut-on admettre que la situation administrative se complexifie encore plus, ou l'État doit-il maintenir une harmonie ?

Tout est théoriquement permis, ou presque : l'article LO 1113-2. du Code des collectivités territoriales précise simplement en effet que : « – Toute collectivité territoriale entrant dans le champ d'application défini par la loi mentionnée à l'article LO 1113-1 peut demander, dans le délai prévu à l'article précédent, par une délibération motivée de son assemblée délibérante, à bénéficier de l'expérimentation mentionnée par cette loi. Sa demande est transmise au représentant de l'État qui

(54) V. le dossier de *L'Environnement Magazine*, « Collectivités locales », juillet-août 2004, p. 43 et s.

(55) *JO* n° 177, 2 août 2003, p. 13281.

l'adresse, accompagnée de ses observations, au ministre chargé des collectivités territoriales. Le Gouvernement vérifie que les conditions légales sont remplies et publie, par décret, la liste des collectivités territoriales autorisées à participer à l'expérimentation ». Évidemment, l'expérimentation est limitée dans le temps par la loi qui l'institue, et l'article LO 1113-6 énonce que « – Avant l'expiration de la durée fixée pour l'expérimentation et au vu de son évaluation, la loi détermine selon le cas :

— les conditions de la prolongation ou de la modification de l'expérimentation pour une durée qui ne peut excéder trois ans ;

— le maintien et la généralisation des mesures prises à titre expérimental ;

— l'abandon de l'expérimentation.

Le dépôt d'une proposition ou d'un projet de loi ayant l'un de ces effets proroge cette expérimentation jusqu'à l'adoption définitive de la loi, dans la limite d'un an à compter du terme prévu dans la loi ayant autorisé l'expérimentation. Mention est faite de cette prorogation au *Journal officiel de la République française*. En dehors des cas prévus ci-dessus, l'expérimentation ne peut être poursuivie au-delà du terme fixé par la loi qui l'avait organisée ».

Des dérogations aux compétences définies par voie réglementaire peuvent être autorisées par décret en Conseil d'État (article. L. 1113-7).

Malgré l'éclosion de ces possibilités, la constance dans la retenue en matière de décentralisation paraît malgré tout rester une caractéristique majeure de l'administration de l'environnement : même la commune, qui s'est vue reconnaître un grand nombre de prérogatives par les lois de décentralisation, fait – non sans quelques raisons, on l'a vu – encore l'objet d'une méfiance certaine.

BIBLIOGRAPHIE ADDITIONNELLE

R. ROMI, *Les collectivités locales et l'environnement*, LGDJ, coll. « Décentralisation », 1998 ■ P. ALBERTINI, « Les collectivités locales et l'environnement », *AJDA* décembre 1993, p. 835 et s. ■ F. CUILLANDRE, « Le maire et le bruit, compétences, actions et responsabilités », *RJE* 1-2/1996, p. 67 et s. ■ J. FIALAIRE, « Les délégations de service public d'eau et d'assainissement », *LPA* 28 juin 1996 ■ F. FRAYSSE, « Existe-il une police communale de l'environnement », *Dr. ville*, 42-1996, p. 129 et s. ■ F. GOLIARD, « Le juge administratif et le contentieux de la lutte de la puissance publique contre le bruit », *RJE* 3-1996, p. 261 et s. ■ C. HERMON, « Police administrative et environnement, Plaidoyer pour une police municipale environnementale », *Dr. env.* septembre 2004 p. 164 et s. ■ P. LE LOUARN, « Les chartes de l'environnement », *RJE* 1994-1 ■ V. LÉVY-BRUHL, « La réglementation des sports motorisés en pleine nature », *RJE* n° 2/1989, p. 121 ■ J. M. PONTIER, « La loi organique relative à l'expérimentation par les collectivités locales », *AJDA* 29 septembre 2003, p. 1715 et s.

Adde : *Environnement Magazine*, hors série, octobre 2006, « Les territoires laboratoires du développement durable » et le site des Agendas 21 locaux : http://www.agenda21france.org.

SOUS-TITRE II
LE RECOURS À LA DÉCENTRALISATION TECHNIQUE ET LA PROTECTION DE L'ENVIRONNEMENT : UN MARIAGE DE RAISON ?

Le paradoxe n'est qu'apparent : la décentralisation technique, bien que n'étant qu'une fausse décentralisation, pourrait bien aboutir à une gestnion locale de l'environnement plus souple et plus « décentralisée » en fait que l'on ne pourrait s'y attendre si l'on ne se réfère qu'aux vieilles divisions absolues du droit administratif traditionnel.

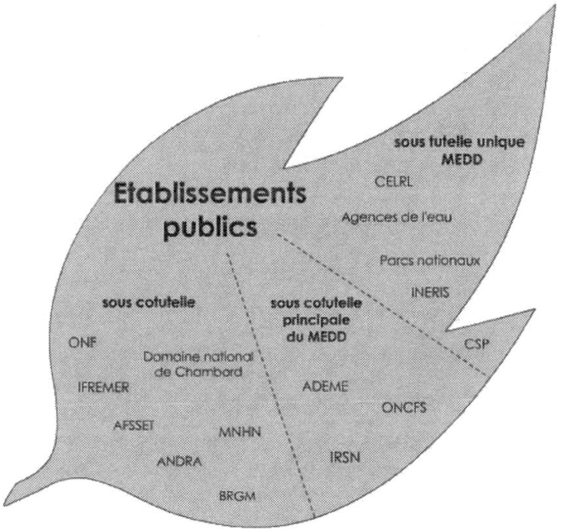

Source : site du ministère.

CHAPITRE 1
LE CONSERVATOIRE DU LITTORAL

SECTION 1 LA NATURE JURIDIQUE ET LES MOYENS DU CONSERVATOIRE (1)

Le Conservatoire du littoral, établissement public administratif, a été créé par la loi du 10 juillet 1975 (v. art. L. 322-1 à L. 322-14 du Code de l'environnement). Le rythme des achats avoisine 2 400 hectares par an en moyenne (au total 103000 hectares en 2006), et le Conservatoire possède 880 km de rivages (2), ce qui n'est pas négligeable.

§ 1. L'ORGANISATION : UN ÉTABLISSEMENT PUBLIC ADMINISTRATIF DE L'ÉTAT, DOTÉ D'ANTENNES LOCALES

Le Conservatoire est administré par un conseil composé par moitié de représentants de l'État et de personnalités qualifiées, et par moitié de représentants du Parlement et des collectivités locales concernées (tous désignés pour un mandat de trois ans par décret) : il relève donc de ces modes d'administration locale que T. Michalon (3) nomme *régimes combinés* (4). Le président est élu

(1) V. sur le problème particulier de la nature juridique des biens du domaine propre du Conservatoire, P. TAVERNIER, « La nature juridique des biens du domaine propre du Conservatoire de l'espace littoral et des rivages lacustres : contribution à l'étude du domaine des établissemens », *AJDA* novembre 1981, p. 513 et s.

(2) Dont 21 % du littoral corse. Pour un tableau complet, v. http://www.conservatoire-du-littoral.fr.

(3) T. MICHALON, R. ROMI, *Les régimes d'administration locale*, Syros, coll. « Décentralisation », t. 10, p. 93 et s.

(4) En ce qu'ils mêlent des éléments de décentralisation et des éléments de déconcentration.

par le conseil en son sein. Les délibérations du conseil (5) sont exécutoires sous réserve que le ministre de tutelle ne formule pas d'observation dans un délai de huit jours, sauf en matière budgétaire (l'approbation expresse du ministre est alors nécessaire, ainsi que pour les délibérations ayant trait à des emprunts). Le directeur détient de fait l'essentiel des pouvoirs ordinaires ; gérant le budget, il est également compétent pour recruter, nommer et gérer la carrière des personnels, ainsi que pour négocier et conclure les conventions et contrats. Ce n'est que pour les acquisitions ou opérations portant sur des immeubles qu'il ne peut que se conformer aux autorisations du conseil.

Mais l'administration des particularités régionales relève des « conseils de rivage » (6) qui sont institués au sein du Conservatoire par la loi de 1975 : ces conseils sont composés de membres élus en leur sein par les conseils des collectivités locales pour un mandat de trois ans renouvelable. Ils élisent eux-mêmes leurs présidents. Ils n'ont que des compétences consultatives : ils s'expriment sur les orientations en matière d'acquisition, sur les modalités des acquisitions et sur les textes et orientations des conventions de gestion des biens du Conservatoire. Il faut ajouter que la plupart des terrains acquis sont gérés en collaboration étroite avec les collectivités locales, sous la forme par exemple de syndicats de communes (7).

Et, donc, il n'est pas faux de parler – même si le terme est juridiquement impropre – de décentralisation.

§ 2. LES MOYENS DU CONSERVATOIRE

Ils sont déterminés par les missions qui lui sont assignées, définies par l'article 1er de la loi de 1975 complété par l'article 42 de la loi *Littoral* : « mener dans les cantons côtiers... et les communes littorales une politique foncière de sauvegarde de l'espace littoral, de respect des sites naturels et de l'équilibre écologique et ce, après avis des conseils municipaux intéressés ». Le Conservatoire peut acheter les terrains nécessaires à cette politique à l'amiable ou procéder par expropriation. Il a en particulier, au titre de l'article L. 142-1 du Code de l'urbanisme, le droit de se substituer aux départements qui n'exerceraient pas le droit de préemption que leur attribue cet article. Mais le Conservatoire, qui doit certes gérer les biens dont il se rend propriétaire, peut se voir confiées soit la propriété soit la gestion (à titre provisoire ou définitive). L'article 160 de la loi sur la démocratie de proximité élargit en conséquence le champ d'action du conservatoire au domaine public maritime, dès lors que celui-ci lui est « affecté ou confié ».

À cet égard on peut noter que le Conservatoire ne dispose que de moyens humains limités (110 gardes pour 300 sites selon le rapport de la Cour des comptes 1996, effectif inchangé en dix ans – pour aujourd'hui 400 sites), ce qui l'a conduit à avoir massivement recours dans les années 90 à des CES (392 en 1992) puis – et encore aujourd'hui à des emplois de formation. Cela dit, la loi (article. L. 322-10-1

(5) Qui se prennent à la majorité simple, sauf si sont en jeu des aliénations de biens immeubles : dans ce cas les décisions doivent être prises à la majorité des trois quarts.

(6) Depuis le décret du 29 août 2003, les conseils de rivages sont au nombre de 9.

(7) C'est le cas en Corse, avec en particulier le syndicat mixte de gestion du désert des Agriates.

du Code de l'environnement) entérine l'existence des « gardes du littoral ». C'était déjà ainsi que, bien souvent, l'on dénommait les personnes chargées par les gestionnaires conventionnés d'assurer la garderie du domaine administré par le Conservatoire de l'espace littoral et des rivages lacustres. Ils sont 150 en 2006, recrutés par les institutions gestionnaires, avec l'assistance d'un nombre double d'emplois précaires ou de formation. La gestion proprement dite est le plus souvent confiée en gestion – à des groupements de communes ou communes, à des départements, plus rarement à des associations (23 sites au 1er juin 2006), à des parcs nationaux.

Il reçoit une dotation annuelle de l'État, ainsi que des avances, subventions, participations de l'État, des collectivités locales, voire de toute personne physique ou morale (dons ou legs). Il dispose des revenus de ses biens ainsi que du produit de la vente de ses biens immeubles ou meubles. Il est vrai que la baisse des dotations annuelles le rend tributaire de ses revenus annexes. La Cour des comptes a d'ailleurs, dans son rapport de 1996 (8), regretté que l'établissement n'ait pas développé ces ressources (droits de stationnements, rémunération de prestations) bien que celui-ci ait fait des efforts en ce sens (mécénat et souscriptions pour des achats). Il est vrai que dans le même rapport, la Cour des comptes soulignait que les fonds nécessaires à la gestion des territoires achetés devraient en toute logique être aussi financés par les collectivités publiques, en particulier par un prélèvement sur la TDENS. C'est pourquoi la loi sur la démocratie de proximité procède à une extension de la possibilité offerte aux départements d'y affecter une partie du produit de la taxe d'espaces sensibles et par une extension des zones de préemption à l'extérieur des zones déterminées par le département et des zones urbaines ou constructibles.

On remarquera, au chapitre des moyens, qu'au-delà des discours sur le développement durable et des textes, la baisse de 40 % du budget du Conservatoire en 2005 concrétise l'absence d'intérêt réel des gouvernements successifs, depuis 2002, pour la « solution foncière ». L'annonce faite par J. Chirac le 18 juillet 2005 d'une revalorisation de 40 % de son budget – par l'affectation de la « taxe de francisation des bateaux » (payée par les propriétaires de bateaux de plaisance sous pavillon français) – ne fait que réparer – momentanément – une injustice faite à un établissement qui a, en termes d'efficacité, fait ses preuves. Pour 2006, le budget total était de 35 millions d'euros dont 30 destinés aux achats et aménagements (9).

SECTION 2 LA PRATIQUE DES OUTILS CONVENTIONNELS

L'on sait, depuis les travaux de P. Lascoumes, quelle place occupent les techniques conventionnelles dans l'administration des nuisances. Les notaires ont contribué par un congrès de Nantes à démontrer que de plus en plus

(8) P. 128-129.
(9) Pour une actualisation, v. http://www.conservatoire-du-littoral.fr/front/process/home.asp.

l'outil contractuel était à même de faciliter aussi l'organisation de la gestion écologique de la nature. Ce faisant, ils se sont tout de même un peu laissés aller à la facilité en intitulant leur réflexion militante en faveur de la voie conventionnelle : « De la contrainte au contrat ». Car à trop vouloir jouer sur des oppositions médiatiquement porteuses, on en risque d'oublier qu'il existe des contraintes induites par les contrats (10), et que l'usage des contrats obéit à des contraintes. Ces deux réalités peuvent, pour ce qui concerne notre propos, être repérées en deux démarches : si l'on tente d'opérer une typologie des conventions utilisées ou utilisables, l'on réalise à quel point, si quelques conventions ne sont pas de l'ordre de la contrainte, d'autres créent du droit et des droits, substituant ainsi des contraintes à celles qui peuvent résulter, pourraient résulter ou résultent d'outils unilatéraux. Cette approche typologique montre déjà, d'ailleurs, que selon les acteurs des contrats et selon leur objet, ces contrats seront plus ou moins proches, quant à la domination de fait de l'une des parties (la partie publique), de ces actes unilatéraux. Cela induit nécessairement une seconde approche, portant sur la qualification de ces conventions. Elle prouve, s'il en était besoin, que les contraintes qui commandent et encadrent l'usage de l'outil conventionnel n'ont rien à envier à celles, tant décriées, qui pèsent sur l'adoption des actes unilatéraux portant protection de territoire : c'est particulièrement vrai sur le littoral.

Des conventions de gestion sont passées par l'établissement avec « les collectivités locales ou leurs groupements, ou les établissements publics ou les fondations et associations spécialisées agréées qui en assurent les charges et perçoivent les produits correspondants » (11). Cette dernière précision, introduite par la loi sur la démocratie de proximité, est un ajout qui a les avantages de la clarté... comme la mention selon laquelle les biens du Conservatoire ne sont ouverts au public que « ... dans la limite de la vocation et de la fragilité de chaque espace », ce qui constitue une pratique courante et logique. On y ajoutera la possibilité ouverte par l'article L. 322-10 du Code de l'environnement de confier à l'un de ces acteurs non seulement la gestion, mais aussi les éventuelles opérations lourdes sur des immeubles assis sur les espaces gérés, pourvu évidemment que ce soit conforme à la mission du Conservatoire. Des autorisations d'occupation du domaine public d'au maximum trente ans peuvent être conclues à cette fin. Le problème de la qualification des contrats en matière de protection de la nature ne se pose réellement que quand une personne publique est partie au contrat ou à la convention, ou dans les

(10) Les contrats ont pour la plupart vocation à créer des contraintes, des normes contraignantes ; il est par ailleurs faux de prétendre qu'elles le peuvent faire en toute liberté, tant sont nombreuses, nécessaires et variées les mesures législatives et réglementaires posant des principes de protection que les contrats ne peuvent que mettre en œuvre ou à tout le moins respecter. S'il s'agit de supprimer ces contraintes de protection en misant sur un relais contractuel, cela s'appelle déréglementation, et c'est une autre histoire et une autre logique que celles officiellement défendues par les notaires lors de leur congrès de 1994...

(11) Art. L. 322-9 du Code de l'environnement : le domaine relevant du Conservatoire de l'espace littoral et des rivages lacustres comprend les biens immobiliers acquis ainsi que ceux qui lui sont affectés, attribués, confiés ou remis en gestion par l'État. Le domaine propre du conservatoire est constitué des terrains dont il est devenu propriétaire et qu'il décide de conserver afin d'assurer sa mission définie à l'art. L. 322-1. Le domaine relevant du Conservatoire du littoral et des rivages lacustres est du domaine public à l'exception des terrains acquis non classés dans le domaine propre.

cas d'existence d'un mandat. Mais il s'agit là d'une question essentielle, surtout quand le Conservatoire du littoral est directement ou indirectement en cause.

Ainsi, alors même que la souplesse de gestion semble commander la qualification de contrat de droit privé pour les conventions de gestion conclues entre le Conservatoire du littoral et les associations ou particuliers pour la gestion d'espaces, il n'est pas sûr que celui-ci possède la liberté de choisir en la matière, et ce quelle que soit la rédaction retenue pour la convention. C'est ce que précise par exemple un arrêt du tribunal d'Amiens (12) : un propriétaire riverain avait conclu une convention avec le Conservatoire en vue de prémunir son immeuble contre les risques d'éboulements ; il y voyait comme second intérêt que ces travaux lui ménageraient une vue sur la mer. Le Conservatoire était réceptif à cette idée de travaux, dans la mesure où ils consisteraient en un remodèlement des dunes considérées, qui les fixerait, dans l'intérêt de leur conservation. L'intérêt privé du propriétaire s'avérait compatible en l'espèce avec l'intérêt général, et il n'y avait dès lors aucune raison pour le Conservatoire de s'opposer aux travaux, dès lors que, de plus, le propriétaire en assumait la charge financière. C'était bien cet intérêt privé qui était à l'origine de l'idée des travaux. Mais dès lors qu'ils supposent occupation du domaine public, et qu'il y a un intérêt général à leur réalisation, ils sont qualifiés de travaux publics. La convention constitue, d'ailleurs, en l'espèce, non un marché de travaux publics, mais une « offre de concours ».

Ce n'est qu'une illustration parmi d'autres, de ce que l'usage des moyens conventionnels en matière de protection de la nature doit tenir compte de plusieurs dimensions dictées par l'environnement juridique. Que des éléments de domanialité publique ou que des éléments de travaux publics soient présents, et le contrat considéré sera administratif. Il en sera ainsi de tout contrat portant occupation du domaine public. Même sans cela, que le contrat entre une personne publique et une personne privée comporte ne serait-ce qu'une clause qualifiable d'exorbitante, et il en sera de même.

Il est d'autres conventions qui s'imposent d'elles même par leur adéquation aux activités de protection, et qui semblent être des conventions de droit privé... mais qui peuvent n'en pas être ? Ainsi des conventions de location gratuite, qui supposent l'existence d'un certain nombre de clauses (maintien en état de clôtures naturelles, de zones humides, contraintes de fauche, etc.). La participation des agriculteurs à l'exécution même du service public de protection de l'environnement pourrait bien faire de ces conventions, en application de la jurisprudence *Époux Bertin*, des contrats administratifs. La protection conventionnelle s'avère donc pour l'essentiel dominée, au moins sur le littoral, par une ambiance de droit public. Il doit y avoir à cela d'autres raisons, d'ordre pratique et culturel, que le prétendu impérialisme du droit public, qui a bon dos, mais ne saurait tout expliquer.

La logique d'administration locale de l'environnement développée par le Conservatoire, qui repose sur la recherche d'une mise en compatibilité de la protection de l'environnement et du développement (13) se rencontre également quand on observe

(12) *Association Espace Littoral c/ Conservatoire du littoral*, 9-11-1993, inédit.

(13) Le rapport de la Cour des comptes pour 1995 livre plusieurs exemples qui illustrent les problèmes logiques, administratifs et financiers que génère cette recherche de compromis. Ainsi la Cour relève-t-elle, par exemple (p. 128), que lors de l'achat d'étangs – ceux de Villepey à Fréjus – la

la mise en place des parcs naturels nationaux et surtout des parcs naturels régionaux. Mais il est tout de même remarquable, pour ce qui concerne le cas particulier du Conservatoire, qu'elle ait été ainsi respectée par un établissement public d'État : preuve, s'il en était besoin, que pour l'administration locale de l'environnement, les schémas traditionnels fondés sur l'opposition binaire déjà évoquée entre décentralisation et centralisation ont peut-être moins de sens qu'en d'autres domaines. Quant à la formule qui consiste à faire passer la protection par le biais de la maîtrise foncière, le fait qu'elle ait été reprise par des associations, avec en particulier les conservatoires départementaux ou régionaux, prouve qu'elle est peut-être parmi les mieux adaptées aux contingences du temps.

BIBLIOGRAPHIE

Espaces naturels et littoral, Actes de la journée d'études, 17 et 18 mai 1994, IEP de Rennes/CRUARAP de Nantes, *LPA* 2 janvier 1995 ■ E. LOPEZ, « L'action du Conservatoire du littoral en Corse, les Agriates, vers la protection aménagement », *Le Courrier de la Nature* n° 103, mai-juin 1986, p. 24 ■ P. TAVERNIER, « La nature juridique des biens du domaine propre du Conservatoire de l'espace littoral et des rivages lacustres : contribution à l'étude du domaine des établissements », *AJDA* novembre 1981, p. 513 et s.

détermination du périmètre d'acquisition a pour le moins été curieuse : deux hôtels enclavés dans le périmètre en ont été exclus, bénéficiant donc, selon les termes utilisés par la Cour, d'une « rente de situation », dans le même temps que des activités économiques, dont des campings situés en périphérie, y ont été incluses.

CHAPITRE 2
LES PARCS NATIONAUX ET LES PARCS NATURELS RÉGIONAUX

L'idée des parcs naturels remonte au XIXe siècle, avec la création du parc de Yellowstone, en 1872 (USA) ; le Canada devait rapidement suivre avec la création du Banff National Park, en 1887, et l'Afrique du Sud en 1892 avec le parc national Kruger (1). Le « concept » de parc naturel n'apparaît pourtant dans les textes français (2) qu'avec la loi du 22 juillet 1960.

SECTION 1 LES PARCS NATIONAUX : PENSER « NATIONALEMENT » L'ADMINISTRATION LOCALE

Les parcs nationaux ont surtout eu du succès dans les années soixante : depuis la création du Mercantour en 1979, tous les projets de création suscitent des levées de boucliers.

§ 1. LES OBJECTIFS ET LA CRÉATION DES PARCS NATIONAUX

L'article 1 de la loi de 1960 (art. L. 331-1 du Code de l'environnement) définit clairement à quels objectifs doit répondre la création d'un parc

(1) En Europe, la Suisse crée le Parc national suisse en 1914, l'Italie le parc national de Gran Paradiso en 1922. Même la Pologne, en 1947, crèe un parc national pour protéger la forêt de Bielowieza.

(2) Malgré les tentatives d'internationaliser ce concept de l'Union internationale pour la conservation de la nature, en 1913 (Berne), 1923 (Paris), 1933 (Londres), 1949 (Washington).

national : « le territoire de tout ou partie d'une ou de plusieurs communes peut être classé, par décret en Conseil d'État, en parc national, lorsque la conservation de la faune, de la flore, du sol, du sous-sol, de l'atmosphère, des eaux, et en général d'un milieu naturel présente un intérêt spécial et qu'il importe de préserver ce milieu contre tout effet de dégradation susceptible d'en altérer l'aspect, la composition et l'évolution. Le décret de classement peut affecter le domaine public maritime et les eaux territoriales et intérieures françaises ».

La loi n° 2006-436 du 14 avril 2006 relative aux parcs nationaux, aux parcs naturels marins et aux parcs naturels régionaux (3) inclut dorénavant les considérations culturelles, esthétiques et paysagères. On peut faire de cette extension deux interprétations : d'une part, il s'agit de concrétiser une perception large de la notion d'environnement qui est le pendant « visuel » de la conception anthropocentriste désormais dominante. Et d'autre part, de facto, de « dénaturer » la conception de la protection des écosystèmes « couverts » par les parcs nationaux. Ce n'est guère étonnant, et cela n'est pas cher payé pour la seconde extension, bienvenue, qui permet une prise en compte des aires marines, d'autant plus que le risque d'une déqualification des parcs nationaux est assez ténu.

Il s'agit donc bien d'administrer l'environnement sur une partie du territoire, principalement dans une perspective de protection de l'environnement.

La procédure est centralisée, mais durant l'étude préliminaire nécessaire, les conseils municipaux intéressés doivent être consultés, tout comme les conseils généraux, ou les autres organismes publics susceptibles d'être concernés (les chambres consulaires en particulier). L'enquête publique ouverte par le préfet compétent, qui suit le choix d'une zone, est l'occasion d'une seconde consultation. L'administration des parcs nationaux est confiée (art. L. 331-8 du Code de l'environnement) à un « organisme pouvant constituer un établissement public où sont représentées les collectivités locales intéressées », l'article 13 du décret d'application pris le 31 octobre 1961 précisant qu'elle est confiée à un établissement public national.

Très classiquement, ces établissements publics sont gérés par un conseil d'administration (qui peut déléguer ses pouvoirs à une commission permanente) et un directeur ; tout au plus peut-on remarquer que dans la pratique les effectifs des conseils sont pléthoriques et que, si représentation des collectivités locales dans les conseils (4) il y a, elle est minoritaire. La loi de 2006 a modifié leur composition, qui est induite par la logique d'un partage, d'une « cogestion » assez proche, en vérité, dans son esprit du modèle de « compétences concurrentes » initié pour les réserves naturelles – et reflétée par la rédaction de l'article L. 331-8. nouveau du code :

> « L'établissement public national créé par le décret en Conseil d'État prévu à l'article L. 331-2 assure la gestion et l'aménagement du parc national. Cet établissement est administré par un conseil d'administration composé de représentants de l'État, de représentants des collectivités

(3) *JO* 15 avril 2006, p. 5682 ; v. pour la mise en œuvre concrète l'arrêté du 23 février 2007 arrêtant les principes fondamentaux applicables à l'ensemble des parcs nationaux, *JO* n° 82 du 6 avril 2007, p. 6509.

(4) 52 membres pour le parc des Pyrénées, 50 pour le parc des Cévennes ; sur 52 pour le premier, 13 sont des représentants des collectivités locales, 14 des fonctionnaires ; pour le second, 15 sont des représentants des collectivités locales, 14 des fonctionnaires.

territoriales intéressées et de leurs groupements, d'un représentant du personnel de cet établissement ainsi que de membres choisis pour partie pour leur compétence nationale et pour l'autre partie pour leur compétence locale dans le domaine d'activité de l'établissement. Les membres choisis en fonction de leur compétence comprennent notamment des représentants des associations de protection de l'environnement, des propriétaires, des habitants et des exploitants, des professionnels et des usagers. Le nombre et le mode de désignation des membres du conseil sont fixés par le décret de création de l'établissement. Les présidents de conseils régionaux et généraux intéressés ou leurs représentants, les maires des communes dont la surface de territoire comprise dans le cœur du parc national est supérieure à 10 % de la superficie totale du cœur de ce parc ainsi que le président du conseil scientifique de l'établissement public du parc national sont membres de droit du conseil d'administration. Les administrateurs représentant les collectivités territoriales intéressées et leurs groupements, y compris les membres de droit, et les membres choisis pour leur compétence locale détiennent la moitié au moins des sièges du conseil d'administration. Un président est élu au sein du conseil d'administration. Il anime et préside les travaux d'élaboration, de suivi et d'évaluation de la charte du parc national. Il représente, avec le directeur, l'établissement dans la mise en œuvre de la politique de communication, de partenariat et de relations internationales définie par le conseil d'administration... ».

Il peut y avoir depuis 2006 des parcs marins, mais le texte prévoit de manière plus large la protection de ces espaces spécifiques, avec la création d'une Agence des aires marines protégées. La connexion entre les deux modes de « protection » de ces espaces spécifiques est assurée par le fait que l'agence, qui est un établissement national administratif (5), pourra gérer, même si ce n'est pas sa mission première et principale, des espaces, dont les parcs marins. Ces parcs marins, les *« parcs naturels marins »*, sont créés par décret en Conseil d'État – après enquête publique – et peuvent inclure le domaine public maritime, des eaux territoriales, ou – mais évidemment dans le cadre d'accords – des eaux internationales. Ils sont gouvernés par des plans de gestion révisables.

(5) 1. « Art. L. 334-1. – I. – Il est créé un établissement public national à caractère administratif dénommé “ Agence des aires marines protégées ”.

II. – L'agence anime le réseau des aires marines protégées françaises et contribue à la participation de la France à la constitution et à la gestion des aires marines protégées décidées au niveau international.

À cette fin, elle peut se v. confier la gestion directe d'aires marines protégées. Elle apporte son appui technique, administratif et scientifique aux autres gestionnaires d'aires marines protégées et suscite des projets d'aires marines protégées afin de constituer un réseau cohérent. Elle contribue ainsi à la mise en œuvre des engagements internationaux de la France en faveur de la diversité biologique marine et côtière. Elle peut en outre être chargée par l'État de toute action en rapport avec ses missions statutaires.

III. – Les aires marines protégées visées au présent art. comprennent :

1° Les parcs nationaux ayant une partie maritime, prévus à l'art. L. 331-1 ;

2° Les réserves naturelles ayant une partie maritime, prévues à l'art. L. 332-1 ;

3° Les arrêtés de biotopes ayant une partie maritime, prévus à l'art. L. 411-1 ;

4° Les parcs naturels marins, prévus à l'art. L. 334-3 ;

5° Les sites *Natura 2000* ayant une partie maritime, prévus à l'art. L. 414-1 ;

6° Les parties maritimes du domaine relevant du Conservatoire de l'espace littoral et des rivages lacustres.

Le décret en CE mentionné à l'art. L. 334-8 définit la procédure au terme de laquelle sont identifiées d'autres catégories d'aires marines protégées concernées par l'agence ».

§ 2. LA RÉGLEMENTATION DANS LES PARCS NATIONAUX

L'article L. 331-3 du Code de l'environnement prévoit que « le décret de création du parc peut soumettre à un régime particulier et le cas échéant interdire à l'intérieur des parcs la chasse et la pêche, les activités industrielles, publicitaires et commerciales, l'exécution des travaux publics et privés, l'extraction des matériaux concessibles ou non, l'utilisation des eaux, la circulation du public, quel que soit le moyen emprunté, toute action susceptible de nuire au développement naturel de la faune et de la flore... et plus généralement d'altérer le caractère du parc national. Il réglemente en outre l'exercice de l'activité agricole, pastorale et forestière ». L'article 3 du décret ajoute que pourront être prises, dans une zone « périphérique », des « mesures pour permettre un ensemble de réalisations, d'amélioration d'ordre social, économique et culturel ». Manifestement, il s'agit de contrebalancer les inconvénients causés aux collectivités locales par la création du parc tout en instaurant une « *zone tampon* » entre la partie vraiment protégée et « l'extérieur » (selon la formule consacrée, et peut-être peu heureuse, il s'agit d'enrober les « joyaux » par un « écrin »).

Dès l'origine, le territoire des parcs est donc divisé en une zone de protection, au cœur de laquelle peut être instituée une « *réserve intégrale* » d'intérêt purement scientifique (une seule a été créée à ce jour, dans le parc des Écrins, par un décret du 9 mai 1995) et une zone périphérique. La première zone, dite parfois « zone parc », est vouée à la protection. La création de la seconde n'est pas obligatoire, elle constitue une base de réception des visiteurs éventuels de la zone centrale et a pour vocation de fixer la population, grâce aux mesures prévues et rendues possibles par l'article 3 du décret. Dans cette zone périphérique, tout doit être fait pour ne pas contrarier l'objectif de protection de la nature, et « les territoires situés à l'intérieur de la zone périphérique doivent faire l'objet de plans d'urbanisme » (article 28 du décret). La loi fixe que les sujétions imposées aux habitants de cette zone doivent faire l'objet de compensations, qui peuvent être des indemnités ; mais les propriétaires touchés peuvent aussi exiger que le parc achète leurs propriétés si les mesures prises ont diminué de plus de la moitié les avantages qu'ils retiraient de celles-ci, en vertu de l'article 31 du décret de 1961. Les activités peuvent y être réglementées par le décret de création (6), et dans certaines limites par le directeur du parc (v. ci-après). Les activités industrielles nouvelles sont interdites, les activités commerciales nouvelles acceptées seulement si elles sont considérées comme nécessaires au fonctionnement du parc. La « zone parc » est régie par des interdictions et limitations plus draconiennes.

La loi n° 2006-436 du 14 avril 2006 effectue sur ces points un rapprochement des parcs nationaux avec les parcs naturels régionaux.

Il s'agit d'une part d'inscrire partiellement l'organisation de la régulation des territoires couverts par des parcs nationaux dans le cadre habituel pour les parcs naturels régionaux, celui d'une *charte*. Le découpage de la protection entre la zone

(6) Ainsi, par exemple, pour le parc de Port-Cros, le décret interdit-il l'élevage des ovins et des caprins et soumet à autorisation les travaux agricoles et forestiers.

centre et la zone périphérique est inscrit et organisé dans la charte. Le traitement des activités humaines dans les zones périphériques est à l'évidence l'enjeu principal : pour mieux travailler à une « acceptabilité sociale » des protections initiées par la création ou l'existence d'un parc national, il s'agira de distinguer ce qui est essentiel de ce qui peut être consenti, et d'assurer des distinctions géographiques cohérentes.

La novation principale réside surtout dans le fait que les communes des zones « périphériques » sont libres d'adhérer ou pas à la charte.

Même si la charte des PN n'est pas celle des PNR – voir *infra* – pour les futurs parcs, l'objet et le contenu prescriptif semblent proches, et ils le sont partiellement quoique pour la zone périphérique seulement.

« Art. L. 331-3. – I. – La charte du parc national définit un projet de territoire traduisant la solidarité écologique entre le cœur du parc et ses espaces environnants.

Elle est composée de deux parties :

1° Pour les espaces du cœur, elle définit les objectifs de protection du patrimoine naturel, culturel et paysager et précise les modalités d'application de la réglementation prévue au 1° de l'article L. 331-2 ;

2° Pour l'aire d'adhésion, elle définit les orientations de protection, de mise en valeur et de développement durable et indique les moyens de les mettre en œuvre.

La charte du parc national comporte des documents graphiques, indiquant les différentes zones et leur vocation. Ces documents sont élaborés à partir d'un inventaire du patrimoine naturel, paysager et culturel, de données socio-économiques et d'un bilan démographique de la population du parc national.

Chaque partie de la charte comprend un volet général rappelant les principes fondamentaux applicables à l'ensemble des parcs nationaux, en raison de leur haute valeur patrimoniale, et un volet spécifique à chaque parc national, comportant des objectifs ou orientations et des mesures déterminés à partir de ses particularités territoriales, écologiques, économiques, sociales ou culturelles. »

Et le plus important : « Le projet de charte du parc national est élaboré par l'établissement public du parc national ou par le groupement d'intérêt public le préfigurant. Il est transmis pour avis aux collectivités territoriales intéressées et à leurs groupements concernés ».

Il faut comparer ces dispositions avec celles de l'article L 333-1 du Code de l'environnement qui gouvernent la charte des PNR (v. *infra*).

En second lieu, pour les parcs nationaux existants, le rapprochement, qui doit certes se faire, aura une portée limitée, mais, il est vrai, un glissement de certains zones « tampons » vers un statut de PNR est ouvert :

« I. – Les dispositions de la présente loi s'appliquent aux parcs nationaux existants à la date de sa publication dans les conditions suivantes :

1° Les espaces ayant été classés par décret en parc national constituent le cœur du parc national. Les territoires classés en zone périphérique constituent les territoires ayant vocation à adhérer à la charte du parc national... » : l'alignement des parcs existants sur les nouveaux qui seraient créés est donc à terme logique et prévu dans un délai de cinq ans. Mais les collectivités locales ont les moyens d'éviter cet alignement en optant pour une conversion de zones périphériques de PN en PNR : « 5° Les communes comprises dans le périmètre d'un parc national ou de sa zone périphérique et classées en parc naturel régional à la date de publication de la présente loi se déterminent pour l'un des deux parcs lors du renouvellement de la charte du parc naturel régional ».

Et comme chaque PN existant est en réalité constitutif d'un cas particulier, outre celui de la Guyane, le parc des Cévennes et celui de Port-Cros font par exemple l'objet de dérogations. Et il ne serait guère étonnant que d'autres suivent.

Le rapprochement est clair, la complémentarité est évidente, mais la fusion des deux modèles est loin d'être réalisée et ceux qui en rêvaient ont pris leurs désirs pour des réalités.

Cette modification revêt cependant d'autant plus d'importance que la généralisation de la charte est d'essence juridique et pas seulement médiatique. Ce n'est pas un effet d'annonce dont il s'agit : la charte des parcs nationaux a une vocation normative, et comme pour les chartes des PNR, une obligation de compatibilité pèse sur les PLU et SCOT. C'est sur ce point et par ce biais que le rapprochement est le plus notable et sans doute très réel. L'uniformité et le caractère unilatéral de la protection ne sont plus seuls à l'ordre du jour : mais la « modulation » jouera pour l'essentiel pour les zones périphériques. Et le cœur du parc demeure cependant directement concerné par le décret de classement et l'importance du rapprochement peut en être, dans la pratique, limitée. Les établissements publics gestionnaires demeurent aussi, et c'est essentiel tout de même, des établissements publics nationaux.

Et c'est aussi ce décret qui fixe quelles communes ont « vocation » à entrer dans la zone périphérique. Celles qui le « *veulent* » adhérent... c'est sans doute, dans une optique de protection de la nature ce qui peut paraître le plus inquiétant : quid d'une commune qui refuserait catégoriquement ? La rédaction n'est guère ambiguë, elle le « peut ». Évidemment, elle y perdra des avantages financiers, et son adhésion ultérieure pourra être rendue difficile par l'exigence d'un accord du Conseil d'administration...

La principale particularité des parcs nationaux vient de ce que les directeurs se voient reconnaître des pouvoirs de police (7) : ils exercent la police des cours d'eau, peuvent réglementer l'accès, la circulation et le stationnement sur les voies communales, rurales et départementales, peuvent prendre les mesures nécessaires à l'application des réglementations en vigueur dans le parc. Il s'agit donc déjà, là, d'une entorse à la décentralisation, qui peut être mal perçue. Cela risque d'être d'autant plus le cas que ces pouvoirs se doublent d'un pouvoir de contrôle sur les maires des communes concernées qui se voient, piètre consolation prévue par l'article 20 du décret de 1961, communiquer 8 jours au moins avant intervention les actes de police du directeur. Même si cette intervention a pour contrepartie le fait que c'est l'État qui finance pour l'essentiel la gestion des PNN, elle est pour beaucoup dans le développement d'un certain rejet par les élus locaux de la formule, qui n'a pas pu servir, en montagne, depuis 1979 (année de la création du Mercantour (8)). Il est vrai aussi que ces parcs sont soumis à une forte pression touristique, et que nombre de communes prisonnières du mythe de l'or blanc

(7) « Art. L. 331-10. – Le directeur de l'établissement public du parc national exerce, dans le cœur du parc, les compétences attribuées au maire pour :

1° La police de la circulation et du stationnement prévue aux art. L. 2213-1 à L. 2213-6 du Code général des collectivités territoriales, hors agglomération ;

2° La police des chemins ruraux prévue à l'art. L. 161-5 du Code rural ;

3° La police des cours d'eau prévue à l'art. L. 215-12 du présent code ;

4° La police de destruction des animaux nuisibles prévue aux art. L. 427-4 et L. 427-7 ;

5° La police des chiens et chats errants prévue à l'art. L. 211-22 du Code rural. »

(8) Et non sans mal : le décret en CE de création du parc a été annulé sur requête d'une association parce que permettant un déclassement par simple décret.

considèrent l'existence de ces institutions de protection comme le signe de la présence de Lucifer dans les bureaux du ministère de l'Environnement.

Parc national des Cévennes :
Date de création : 2 septembre 1970
Budget : 7 817 278 €
Effectif : 76 permanents
Siège : 6 bis place du Palais, 48400 FLORAC
Zone de compétence : superficie totale de 321 380 ha (dont 91 270 ha en zone centrale) répartis aux confins de la Lozère, du Gard et de l'Ardèche, sur les versants méditerranéens et atlantiques des Cévennes.
Site Internet : www.cevennes-parcnational.fr
Mél. : accueil@cevennes-parcnational.fr

Parc national de la Guadeloupe :
Date de création : 20 février 1989
Budget : 3 048 979 €
Effectif : 80 personnes
Zone de compétence : Île de la Basse-Terre (Archipel de la Guadeloupe)
– zone centrale : 17 300 ha (forêt tropicale dense)
– zone périphérique : 16 200 ha
Autres espaces gérés par l'établissement :
– réserve naturelle du Grand Cul-de-Sac marin (3 200 ha)
Site Internet : www.guadeloupe-parcnational.com

Parc national des Ecrins :
Date de création : 27 mars 1973
Budget : 7 M €
Effectifs : 95 personnels permanents
Siège : Charance GAP (05)
Zone de compétence :
270 000 ha sur 61 communes, 2 départements (05 et 38) et 2 régions (Rhône-Alpes et PACA)
Site Internet : www.les-ecrins-parc-national.fr

Parc national du Mercantour :
Date de création : 18 août 1979
Budget : 5.082.442 €
Effectifs : 62 personnes
Siège : NICE (06)
Zone de compétence : 28 communes sur 2 départements (Alpes-Maritimes et Alpes-de-Haute-Provence) réparties en 7 secteurs territoriaux et correspondant à une superficie totale de 68.495 ha classés en territoire du parc et 146.270 ha en zone périphérique.
Sites Internet : www.parc-mercantour.fr

Parc national de Port-Cros :
Date de création : 14 décembre 1963
Budget : 3,5 M€
Effectif : 80 personnes
Siège : Hyères (83)
Zones de compétence : Port-Cros, Porquerolles, le Cap Lardier, Salins d'Hyères, Presqu'île de Giens
Site Internet : www.portcrosparcnational.fr

Parc national des Pyrénées :
Date de création : 23 mars 1967
Budget : 5,2 M€
Effectif : 69 agents
Siège : Tarbes (65)
Zone de compétence : ZC : 15 communes pour 45 707 ha sur deux départements Pyrénées-Atlantiques et Hautes-Pyrénées
ZP : 86 communes pour 206 352 ha sur deux départements Pyrénées– Atlantiques et Hautes-Pyrénées
Site Internet : www.parc-pyrenees.com

Parc national de la Vanoise :
Date de création : 6 juillet 1963
Budget : 5,1 M€
Effectif : 62 personnes
Siège : Chambéry (73)
Zone de compétence : 28 communes dans le département de la Savoie
Sites Internet : www.vanoise.com

L'existence d'un « problème » des parcs nationaux se perçoit facilement : d'abord, il y en a peu ; ensuite on a le plus grand mal à en créer (celui du Parc Amazonien de Guyane qui pourrait voir le jour en 2007 se heurte entre autres à l'orpaillage (9)). Et surtout, leur action en matière de nature est sévèrement critiquée, comme l'illustre par exemple le dossier du loup. Ni le projet de parc en mer d'Iroise, ni celui plus original de Corse, ni celui de Guyane, n'ont rencontré toujours des échos favorables auprès des acteurs locaux (10). Les deux premiers ont comme point commun de concerner des espaces maritimes, et la formule de 1960 a été présentée comme inadaptée à ces espaces, souvent assimilés à des domaines de liberté. Sur ce dernier point évidemment, les catastrophes maritimes à répétition peuvent au contraire faire naître un besoin de régulation – que ne peut assurer un parc national – et un besoin de sanctuaire – ce qui correspond mieux à la vocation d'un parc national. C'est pour répondre à ces questions que la réforme est intervenue. Le projet corse et le projet guyanais partagent, pour leur part, une image qui leur est opposée par les autonomistes : véhicules nationaux d'une idéologie de protection qui ne tiendrait pas compte des besoins de développement local et perçus, de par leur nature nationale, comme un outil colonialiste, les projets ne reçoivent même pas toujours l'appui des naturalistes, écologistes et associations locales. De fait, le centre n'arrive plus à imposer ses vues protectrices, et cela semble devenir un fait juridique : en son temps, D. Voynet avait relié les atermoiements de l'État en Corse à sa réforme de l'utilité publique, en expliquant que les résultats du débat public en cours à travers l'enquête publique seraient de nature à modifier le projet. C'est un peu pour tourner ces « difficultés de réception » que la formule des parcs naturels régionaux a été en son temps créée et pensée, mais le développement y a une place supérieure à celle de la protection de la nature, trop souvent en tout cas...

(9) Pour une actualisation, v. http://www.parc-guyane.gf/accueil.php.

(10) V. *Le Monde* 25 novembre 2000, p. 13. Sur celui de la mer d'Iroise, le conseil général du Finistère a émis un avis réservé. Sur celui de Corse, six des neuf communes concernées ont émis un avis négatif. Sur celui de Guyane, en projet depuis 1975, les avis sont partagés.

On pourrait d'ailleurs sur ce dernier point remettre les choses à leur place – la formule protectrice des parcs nationaux n'est pas antithétique du fédéralisme – en citant l'exemple américain : les parcs y existent et y jouent un rôle bien supérieur à celui que les parcs français jouent. L'esprit de la réforme des parcs nationaux, dans ce contexte, est à l'apaisement et au rapprochement avec les PNR (11).

SECTION 2 LES PARCS NATURELS RÉGIONAUX : À LA RECHERCHE DE L'ÉQUATION RÉCONCILIANT PROTECTION ET DÉCENTRALISATION

Dès l'origine, l'objectif recherché – en particulier dans les milieux gravitant autour de la DATAR (12) – était de concilier développement local et protection du milieu. L'essentiel est dans la recherche de la souplesse.

§ 1. LES OBJECTIFS : RÉELLEMENT CONCILIER PROTECTION ET DÉVELOPPEMENT LOCAL

L'élément humain fut donc très logiquement valorisé : il résulte de l'article 1er du décret du 24 octobre 1975 que les parcs naturels régionaux servent à « la protection et à l'organisation d'un territoire qui présente un intérêt particulier pour la détente, l'éducation, le repos des hommes et le tourisme en raison de la qualité de son patrimoine naturel et culturel ». Comme le précisa une circulaire du Premier ministre en 1979 (13), « il s'agit sur un vaste territoire de préserver et de mettre en valeur un patrimoine naturel et culturel, de favoriser une activité économique et sociale suffisante pour que ses habitants puissent rester au pays, d'accueillir des visiteurs pour les activités de détente et d'initiation à la nature ».

Les PNR ont été conçus comme des lieux d'expérimentation, dont la logique épouse au plus près les réalités locales ; la recherche d'un développement intégré fait la part belle à la revalorisation par des aides de toutes sortes de l'agriculture traditionnelle, à la valorisation – s'il le faut par une prise en mains directe – du tourisme alternatif, à la réfection des circuits artisanaux et commerciaux. Une Fédération des parcs naturels de France, née en 1972, vise à fournir aux PNR un appui logistique. Le choix d'une procédure partiellement contractuelle et partielle-

(11) V. C. Cans, « Les parcs nationaux sont morts... vive les parcs nationaux... de développement local », *AJDA* 17 juillet 2006, p. 1431 et s. et J. M. Février, « Les parcs à l'heure de la réforme », *Environnement* juin 2006, p. 9 et s.
(12) V. O. Vallet, *L'administration de l'environnement*, 1975, Berger Levrault.
(13) *JO* 22 septembre 1979.

ment décentralisée de création (14) et d'une formule souple de gestion correspond à cette logique, à laquelle on a pu reprocher parfois d'oublier la protection au détriment du développement (15). Le décret du 1er mars 1994 précisant le statut des parcs naturels régionaux n'a sur ce point rien changé : ainsi, le futur parc des Grands Causses, qui inclut une bonne part du Larzac, risque d'être impunément traversé par la future A 75. Ainsi, le parc du Vexin (16) français doit s'accommoder d'une zone spéciale d'agrandissement des carrières de calcaire de 750 hectares.

§ 2. LA CRÉATION ET LA GESTION DES PNR : UNE RECHERCHE DE LA SOUPLESSE ET DE LA DÉCENTRALISATION (RAPPEL)

Perceptible dès l'examen des procédés de création des PNR, cette recherche se reflète aussi pour ce qui concerne la gestion des PNR, qui est, on l'a dit, différenciée, mais toujours « décentralisée » et « multipolaire ». Elle est assurée par référence à une « charte constitutive » (17).

Il convient certes, pour bien comprendre ce que sont les parcs naturels régionaux et à quoi ils servent, de donner une définition de ces termes.

Qu'est-ce que l'obligation de cohérence d'abord ? Qu'est-ce que l'on désigne par le vocable compatibilité ? Mais d'abord, existe-t-il une obligation de respecter la charte ? Elle résulte des textes, sans doute. Et sa nature et son étendue sont précisées. Ces précisions elles même laissent une marge évidente aux négociateurs d'abord, à l'État ensuite, qui valide ou pas la charte, et *in fine* aux juges et à ceux qui, au long cours auront à faire la charte...

Présentée sous l'angle théorique, la construction intellectuelle repose sur un subtil mariage de l'administration négociée et de la recherche de l'efficacité juridique. Quand on descend dans les détails, il n'est pas si sûr que le mariage soit si heureux que l'on ait pu, peut-être, le croire au vu de la seule architecture des textes. Les orientations de l'action des parcs doivent être définies par leur charte, dont l'élaboration doit être conduite par les régions, avec l'accord des collectivités

(14) V. Y. JEGOUZO, « La création des parcs naturels régionaux : valeur et limite du processus contractuel dans le domaine de l'aménagement et de la protection de l'environnement », *RJE* 4/1997, p. 473.

(15) V. A. DEBIÈVRE, « Les faiblesses persistantes des parcs naturels régionaux », *Environnement Magazine* avril 1995, p. 20 et 21.

(16) L'un des derniers parcs naturels régionaux agréés en même temps que celui de la Chartreuse est celui des Grands Causses (*JO* 7 mai 1995).

(17) La nature de ces chartes est l'un des points qui a le plus focalisé l'attention des participants au colloque de Mazamet portant sur les PNR organisé sous l'égide de la SFDE en 1985, dont les actes ont été publiés dans un numéro spécial de la *Revue juridique de l'environnement* en 1985 (n° 3). Elle est maintenant plus claire, depuis l'intervention de la loi *Paysages*, cf. J.-C. HÉLIN, « L'écriture des chartes des parcs naturels régionaux et le droit », *RJE* 4/1997, p. 489 et s. et D. LUCAS, « Questions sur les nouvelles chartes », *idem*, p. 511 et s. L'examen des demandes de renouvellement des parcs naturels régionaux permet une adaptation de la charte : il résulte d'un avis du CE du 9 avril 1996 (*Dr. env.* janvier/février 1998, p. 15-17, note E. LE CORNEC) que le renouvellement d'un parc implique la révision de la charte.

locales concernées (18) et en concertation avec les différents acteurs intéressés. Les chartes font ensuite l'objet d'une application par l'État et les collectivités locales, au moyen de « ... l'exercice de leurs compétences ». Et dans l'exercice de ces compétences, elles doivent assurer « ... la cohérence de leurs actions et des moyens qu'elles y consacrent ». L'affirmation de l'opposabilité est claire, ce qui ne veut pas dire qu'elle soit radicale. La charte n'entraîne aucune servitude ni réglementation directes à l'égard des citoyens. La charte est en revanche opposable, en ce que les décisions et documents susceptibles de compromettre ses orientations doivent être compatibles avec ses orientations et ses mesures de mise en œuvre. L'obligation de compatibilité serait donc le mode d'opposabilité retenue. Qu'est-ce que cela signifie ? Il faut pour le dire – cela est plus technique et relève du prosaïque et du ponctuel – chercher quelles sont les conséquences de l'incompatibilité. Sans nul doute, elles ne se résument pas à de simples conséquences contentieuses, qui n'ont en définitive que peu d'intérêt. Elles sont plus efficaces en prendre en compte au moment de la conception, par exemple, d'actes d'urbanisme classiques, et il est évident que le choix de ce moment adéquat et le respect du bon timing sont la responsabilité principale des autorités locales et étatiques. La modalité essentielle de mise en œuvre de l'obligation de compatibilité est l'énoncé d'une obligation d'exécution ou d'application : l'État et les collectivités territoriales concernées, dans l'exercice de leurs compétences sur le territoire du parc, doivent appliquer les orientations et les mesures énoncées dans la charte. Ils assurent, en conséquence, la cohérence de leurs actions et des moyens qu'ils y consacrent. La convention d'application de la charte qui doit être signée entre le président du syndicat mixte et l'État, représenté par le préfet de région, dans les trois mois suivant la publication du décret de classement a pour fonction de préciser les engagements de l'État pour la mise en œuvre de la charte, et « notamment les moyens que l'État ou ses services consacrent à leurs actions dans ce domaine ».

Quant au syndicat mixte qui met en œuvre la charte, il a pour fonction d'assurer la cohérence et la coordination des actions de protection, de mise en valeur, de gestion, d'animation et de développement menées par ses partenaires. Il donne son avis lors des études ou des notices d'impact des aménagements, ouvrages ou travaux envisagés sur le territoire du parc, ainsi que sur une liste de documents de planification dans les domaines fixés par la loi du 14 avril 2006. Il est associé à sa demande à l'élaboration des schémas de cohérence territoriale et des plans locaux d'urbanisme. Il peut également exercer par substitution ou par délégation le droit de préemption des espaces naturels sensibles du département sous certaines conditions. La vocation de la charte est en ce sens sans doute plus politique que contentieuse, et c'est là ce que l'on entend par obligation de cohérence. Il faut entendre par là en premier lieu que le contenu et l'esprit de la charte négociée et validée, mais aussi ses interprétations doivent épouser l'objet du traitement juridique de la zone concernée et donc ses caractéristiques écologiques – *id est* : au sens large, il ne s'agit pas que d'environnement, mais aussi de social et de développement écono-

(18) J.-C. HÉLIN, « L'écriture des chartes des parcs naturels régionaux et le droit », *RJE* 4/1997, p. 489 et s. V. également *La charte comme outil de gouvernement local*, Actes des journées nationales des parcs naturels régionaux, mai 1998, sous la dir. de Y. GEORGEU, P. MOCQUAY, F. POULLÉ, éd. Développement territorial, 1999.

mique – culturelles et historiques... il faut en ce sens convenir donc que l'obligation de cohérence peut voir sa teneur évoluer dans le temps au – delà de ce que l'interprétation littérale originelle de la charte autorise et implique.

Cela dit, quand on cherche à préciser encore les choses, si l'existence des obligations ne pose pas problème, leur essence mérite quelques développements critiques en ce qu'ils mettent en relief l'incohérence substantielle du système global d'articulation des documents en cause. Quelques réflexions d'abord au sujet de l'objet de l'opposabilité. Elle est en effet limitée quant à son objet. On dit souvent que la compatibilité s'impose aux documents d'urbanisme : ce n'est pas évident. Par souci d'exactitude, on peut se référer sans doute à la liste dressée par le décret adopté en juillet 2006 pour les parcs nationaux (art. R. 331-14-I du Code de l'environnement déjà évoqué), même s'il ne s'agit pas à l'évidence d'une automaticité parfaite (les deux institutions ont, on l'a dit, des vocations différentes).

Quand on examine la jurisprudence, l'exactitude de la liste – et donc son caractère limité et partant le caractère limité de l'obligation de compatibilité avec la charte des PNR quant à son objet – semble probable. Ainsi, pour le Conseil d'État, 27 février 2004, n° 198124, Centre régional de la propriété foncière de Lorraine-Alsace et autres, « Si l'article L. 244-1 du Code rural institue une obligation de compatibilité des documents d'urbanisme avec les orientations et mesures contenues dans la charte d'un parc naturel régional, celle-ci n'a pas pour objet principal de déterminer les prévisions et règles touchant à l'affectation et à l'occupation des sols. Ses dispositions ne sont pas opposables aux demandes d'autorisation d'utilisation ou d'occupation des sols. Dès lors, la charte d'un parc naturel régional ne constitue pas un document d'urbanisme au sens des dispositions précitées de l'article L. 600-3, devenu R. 600-1, du Code de l'urbanisme ». Le Conseil d'État énonce dans cet arrêt que la charte d'un parc naturel régional ne peut légalement contenir de règles opposables aux tiers, qu'il s'agisse de règles de fond ou de règles de procédure. Son contentieux n'entre pas dans le champ de l'article R. 600-1 du Code de l'urbanisme (19).

On peut aussi, au vu de la jurisprudence, mesurer le caractère limité de l'obligation de compatibilité quant à sa vocation. Ainsi le Conseil d'État, 10 juillet 2006, *Association interdépartementale et intercommunale pour la protection du lac de Sainte-Croix et de son environnement* (20) considère qu'il « ... résulte des dispositions des articles L. 333-1 et suivants du Code de l'environnement, applicables aux parcs naturels régionaux, que la charte d'un parc est un acte destiné à orienter l'action des pouvoirs publics dans un souci de protection de l'environnement, d'aménagement du territoire, de développement économique et social, d'éducation et de formation du public sur le territoire du parc et à assurer la cohérence de cette action avec les objectifs qui y sont définis ; qu'il appartient ainsi aux différentes collectivités publiques intéressées de prendre les mesures et de mener les actions propres à assurer la réalisation des objectifs de cette charte et de mettre en œuvre les compétences qu'elles tiennent des différentes législations, dans toute la mesure où elles leur confèrent un pouvoir d'appréciation, dans un souci de cohérence qui est une condition de leur légalité ». Il considère que dans l'affaire

(19) *J.-Cl. Env.*, mai 2004, p. 23.
(20) N° 289274, 289275.

« l'association requérante soutient que les arrêtés attaqués méconnaissent la charte du parc naturel régional du Verdon », mais « elle n'apporte aucun élément susceptible d'établir qu'ils ne seraient pas cohérents avec les objectifs définis dans cette charte ; qu'ainsi, le moyen doit être écarté ».

La compatibilité s'entend donc classiquement comme un rapport lâche, que le juge ne sanctionne que s'il constate une erreur manifeste d'appréciation des personnes publiques dans l'exercice de leurs compétences. Il s'agit en France d'un vrai problème culturel, ce qui se vérifie d'ailleurs quand on essaie de voir si la compatibilité est vraiment une obligation en regard du champ qui lui est donc assigné : car là aussi, on rencontre des limites, même si pour l'essentiel l'obligation de compatibilité « fonctionne ». Les différentes jurisprudences citées à ce sujet par C. Cans et P. Billet dans leur *Code Dalloz* (21) situent bien le débat : l'environnement au sens le plus strict constitue bien le champ d'influence de cette exigence de cohérence, et dans le même esprit que celui qui inspire le très regrettable principe d'indépendance des législations, il semble que l'urbanisme ne soit pas directement concerné, au contraire de ce que l'on peut souvent lire. L'obligation de compatibilité joue pour les ICPE, pour les carrières, pour l'implantation d'une décharge, pas pour l'autorisation d'aménagement d'un parc d'attraction (22) ou une DUP d'autoroute qui traverse pourtant le Parc considéré.

Par contre, et toujours pour ces documents d'urbanisme, la cohérence devra passer nécessairement et progressivement par le biais des SCOT, puisque ceux-ci doivent être compatibles avec les chartes (23). Il en est de même pour les PLU en vertu de l'article L. 123-1 (24).

(21) Éd. 2006, p. 1098.

(22) TA, Rouen, 22 septembre 1999, *Association pour la défense et le développement de la presqu'île de Brotonne*, *AJDA* 2000, p. 176.

(23) Art. L. 122-1 du Code de l'urbanisme (notamment réformé par les L. n° 2000-1208 du 13 décembre 2000 art. 3, *JO* 14 décembre 2000 en vigueur le 1er avril 2001, L. n° 2003-590 du 2 juillet 2003 art. 97 V, *JO* 3 juillet 2003, L. n° 2004-338 du 21 avril 2004 art. 7, *JO* 22 avril 2004, L. n° 2005-157 du 23 février 2005 art. 74 I, art. 190 II, art. 235 III, *JO* 24 février 2005, L. n° 2006-11 du 5 janvier 2006 art. 36 II, III, *JO* 6 janvier 2006, L. n° 2006-436 du 14 avril 2006 art. 25 IV, *JO* 15 avril 2006 :

« Les schémas de cohérence territoriale exposent le diagnostic établi au regard des prévisions économiques et démographiques et des besoins répertoriés en matière de développement économique, d'agriculture, d'aménagement de l'espace, d'environnement, d'équilibre social de l'habitat, de transports, d'équipements et de services... Ils présentent le projet d'aménagement et de développement durable retenu, qui fixe les objectifs des politiques publiques d'urbanisme en matière d'habitat, de développement économique, de loisirs, de déplacements des personnes et des marchandises, de stationnement des véhicules et de régulation du trafic automobile... Pour mettre en œuvre le projet d'aménagement et de développement durable retenu, ils fixent, dans le respect des équilibres résultant des principes énoncés aux art. L. 110 et L. 121-1, les orientations générales de l'organisation de l'espace et de la restructuration des espaces urbanisés et déterminent les grands équilibres entre les espaces urbains et à urbaniser et les espaces naturels et agricoles ou forestiers. Ils apprécient les incidences prévisibles de ces orientations sur l'environnement... Ils déterminent les espaces et sites naturels, agricoles ou urbains à protéger et peuvent en définir la localisation ou la délimitation... Les schémas de cohérence territoriale... Ils doivent être compatibles avec les chartes des parcs naturels régionaux et des parcs nationaux. Ils doivent également être compatibles avec les orientations fondamentales d'une gestion équilibrée de la ressource en eau et les objectifs de qualité et de quantité des eaux définis par les schémas directeurs d'aménagement et de gestion des eaux en application de l'art. L. 212-1 du Code de l'environnement ainsi qu'avec les objectifs de protection définis par les schémas d'aménagement et de gestion des eaux en application de l'art.

C'est la Charte qui définissait jusqu'en 1995 quelle formule d'administration était retenue, car les décrets successifs n'obligeaient pas au choix d'une structure particulière. Si le parc de Lorraine est administré par une association, celui de Camargue par un GIP, c'est la formule du syndicat mixte – par exemple utilisée par le Conservatoire du littoral pour la gestion du désert des Agriates – qui rencontre le plus grand succès. Ces syndicats mixtes sont gérés par des conseils d'administration ou des comités syndicaux composés de représentants des collectivités locales et des administrations, qui élisent un bureau et un président. Sur ce point, la loi *Barnier* a apporté quelques modifications (25), en généralisant la formule la plus retenue. En effet l'article L. 333-3 du Code de l'environnement fixe que « l'aménagement et la gestion des parcs naturels régionaux créés à compter du 3 février 1995 sont confiés à un syndicat mixte au sens des articles L. 5721-1 et suivants du Code général des collectivités territoriales ».

Mais les directeurs des parcs, quelle que soit la formule retenue, doivent être choisis sur une liste établie par la commission interministérielle des parcs naturels régionaux ; ils sont les exécutifs des parcs, mais ne possèdent pas, au contraire de leurs homologues des parcs nationaux, de pouvoirs de police. En outre, dans la plupart des parcs, une composante associative existe, qui joue un triple rôle d'animation, d'aide scientifique et de contrepoids à l'instance officielle administrative.

Pour ce qui concerne le financement, on l'a dit (v. *supra*), le choix de la décentralisation a été clairement fait. La circulaire du 1er juin 1967 précisait déjà que « ... l'aide de l'État ne pourra être que subsidiaire ». Dès lors, les dés étaient jetés : les PNR devaient reposer sur une volonté locale. Les financements de base, de fait, continuent à provenir des régions, à hauteur de 15 à 80 % selon les cas pour les dépenses de fonctionnement, de 30 % en moyenne pour les investissements ; la participation de l'État est limitée, en moyenne, à 10 ou 15 % des dépenses de fonctionnement des PNR. Les partages des frais ont quelque peu évolué, dans le sens d'une forte différenciation selon les parcs, depuis la conclusion des premiers contrats de plan État-région.

L. 212-3 du même code. Lorsqu'un de ces documents est approuvé après l'approbation d'un schéma de cohérence territoriale, ce dernier doit, si nécessaire, être rendu compatible dans un délai de trois ans... »

(24) « Le plan local d'urbanisme doit, s'il y a lieu, être compatible avec les dispositions du schéma de cohérence territoriale, du schéma de secteur, du schéma de mise en valeur de la mer et de la charte du parc naturel régional ou du parc national, ainsi que du plan de déplacements urbains et du programme local de l'habitat. Il doit également être compatible avec les orientations fondamentales d'une gestion équilibrée de la ressource en eau et les objectifs de qualité et de quantité des eaux définis par les schémas directeurs d'aménagement et de gestion des eaux en application de l'art. L. 212-1 du Code de l'environnement ainsi qu'avec les objectifs de protection définis par les schémas d'aménagement et de gestion des eaux en application de l'art. L. 212-3 du même code ».

(25) Très modérées, et qui ne changent pas notablement le rapport de forces – problématique – entre les PNR et les collectivités territoriales : ainsi, pour ce qui concerne les compétences, seul peut être relevé l'art. 47 (après l'art. L. 121-8 du Code de l'urbanisme, il est inséré un art. L. 121-9 ainsi rédigé : « Art. L 121-9. Les organismes de gestion des parcs naturels régionaux sont consultés, à leur demande, pour l'élaboration des schémas directeurs et des plans d'occupation des sols »). Quant à la possibilité des PNR de bénéficier du pouvoir de préemption des espaces naturels sensibles, son exercice est subordonné, comme il a été dit, à l'accord du département. Pour plus de détails, v. C. SANSON, « La gestion des parcs naturels régionaux : syndicat mixte, intercommunalité et financement », *idem*, p. 515 et s.

Enfin, les éventuelles mesures de protection des milieux doivent résulter de mesures ponctuelles et spécifiques (classements en réserves naturelles, par exemple), ce qui tout à la fois rassure les collectivités locales, qui peuvent peser au coup par coup sur les décisions, et permet souvent d'engager des actions plus incitatives dans une ambiance moins teintée de méfiance que celle régnant dans les rapports entre parcs nationaux et collectivités (26). Cet état de choses peut être vérifié par l'étude d'un cas particulier : celui du PNR de Corse (27).

C'est à la suite d'une demande du président du conseil général de Corse, en 1965, qu'une mission scientifique présidée par le professeur Bourlière, président de l'UICN, produit un rapport (écrit en fait par le professeur Molinier) soulignant que « l'établissement d'un parc national s'impose avec une évidence toute particulière ». C'est à l'unanimité que le conseil général de Corse demanda donc en conséquence au ministre de l'Agriculture alors compétent cette mise en place. Elle fut refusée, principalement pour des motifs budgétaires. La suite était logique : à défaut de parc national, on aurait un parc régional. Démarrée le 10 octobre 1967 (par la réunion d'une commission d'étude) la procédure aboutit à l'adoption d'une charte et à son approbation par la commission interministérielle le 27 avril 1972. Le décret du 12 mai 1972 prononce le classement. Administré par un syndicat mixte, le PNRC regroupe 83 communes de Haute-Corse et de Corse du Sud, les deux départements et la région de Corse. C'est sa première spécificité, de taille quand on connaît les effets pervers du morcellement administratif sur la gestion de l'île. Il emploie une cinquantaine de salariés (seconde spécificité, car les autres PNR n'emploient en moyenne que 15 à 20 personnes) ; sur ce nombre, il faut signaler l'existence de 5 « agents de développement », mis à la disposition de SIVOM (syndicats intercommunaux à vocation multiple) (28). Enfin, l'Association des amis du parc, créée en 1972, regroupe environ 500 membres. On lui reconnaît une double fonction de protection et de développement économique, comme à tous les parcs régionaux. On l'a dit, la structure doit assumer sa fonction de protection sans disposer d'une réglementation spécifique – toujours comme les autres PNR ; le PNRC a choisi d'impulser la création de réserves naturelles sur les sites les plus menacés (29) ; mais il a fait porter aussi son effort sur la sensibilisation, avec des opérations de promotion touristique (30) et l'organisation de classes vertes. Des activités plus symboliques, comme la réintroduction du cerf corse (« *Servus elaphus corsicanus* ») ont été plus discutées. En matière de développement, l'utilité du PNRC n'est pas contestée : on peut relever à son actif la création et le soutien d'une boutique corse de gestion, la création de la « *casa pasturesccia* » à Venaco, qui héberge en particulier une « Association pour la formation aux métiers artisanaux » largement soutenue par le parc et surtout la réfection de bergeries et de caves à fromage et la mise en place et l'entretien du GR 20.

(26) Mais cela peut conduire également à l'échec, comme le montre l'affaire du parc naturel du marais Poitevin, auquel B. Lalonde a « retiré » son label pour n'avoir pas su préserver les zones humides des assèchements. La renaissance du PNR est rendue difficile encore ajourd'hui par les tensions politiques et économiques sur une zone concernant deux régions et plusieurs départements.

(27) La documentation et le travail de préparation nécessaires pour la rédaction du passage consacré au PNR de Corse sont dus à E. CECCARINI-ORSINI et ont été réalisés dans le cadre de la rédaction d'un mémoire de droit de l'environnement sur *La protection des espèces menacées de disparition en Corse* soutenu pour l'obtention du DEA d'administration locale de l'Université de Corse en 1987. Qu'elle soit ici remerciée de m'avoir autorisé à utiliser son mémoire et sa documentation.

(28) On remarque également la présence dans les effectifs d'un ethnologue et d'un « agent pastoraliste ».

(29) Réserve de Scandola en 1975, puis des îles Cerbicale et Lavezzi.

(30) Opération « train vert », et opération « île verte » en 1986.

BIBLIOGRAPHIE INDICATIVE

Numéro spécial *RJE*, 1986-3, « 30 ans de parcs naturels régionaux », *L'Environnement Magazine*, juin 1997 ▒ « Les parcs naturels régionaux ont trente ans », *RJE* 4/1997 ▒ M.-C. BLANDIN, « Notre action dans la région Nord-Pas-de-Calais », *Revue politique et parlementaire*, septembre-octobre 1997, p. 32 et s. ▒ D. DUPILET : « Un exemple de politique d'environnement : le Pas-de-Calais », *in Revue politique et parlementaire*, septembre-octobre 1997, p. 76 et s. ▒ M.-L. LAMBERT, « Parcs naturels régionaux », fasc. 537 du *J.-Cl. Env.* ▒ R. ROMI, « Nature, effectivité et valeur des chartes des Parcs naturels Régionaux », *RJE* février 2007 ▒ « Les parcs nationaux : novations et innovations », *RJE* avril 2007.

CHAPITRE 3

L'ADMINISTRATION DE L'EAU EN FRANCE : UNE CONCILIATION MIRACULEUSE ENTRE DÉCONCENTRATION ET DÉCENTRALISATION ?

S'il a fallu attendre 1987 (1) pour que les compétences relatives à la gestion de l'eau soient principalement dévolues au ministère de l'Environnement, cette dévolution n'a pas été vraiment complète ou plutôt pas vraiment parfaite en ce que les services extérieurs qui interviennent pour son compte sur le plan local développent naturellement une logique propre à leur vocation et à la formation de leurs cadres administratifs. Et l'organisation locale de la gestion de l'eau est surtout marquée par la structuration mise en place par la loi du 16 décembre 1964 relative au régime et à la répartition des eaux et à la lutte contre leur pollution, qui limite son autorité. En dehors de cet aspect du problème, les particularités de cette structuration ne sont pas sans poser des problèmes juridiques et techniques (écologiques aussi).

SECTION 1 **L'ORGANISATION DE LA GESTION**

§ 1. LE BASSIN, UNITÉ GÉOGRAPHIQUE DE GESTION

Le choix de cette unité de gestion – qui n'est pas propre à la France (2) – relève d'une double prise en compte de la solidarité naturelle entre utilisateurs de l'eau et en est la conséquence : il s'agit de concrétiser une solidarité physique, en arrivant à ce que les utilisateurs d'un même réseau fluvial se retrouvent juridiquement liés comme ils le sont par les nécessités et implications physiques de

(1) Décret du 27 février 1987 relatif à la coordination interministérielle et à l'organisation de l'administration dans le domaine de l'eau, *JO* 8 mars 1987.

(2) L'on trouve par exemple en Espagne des établissements publics de même nature, les *confédérationes hydrograficas*, qui datent de 1926 et ont été conservées par la *ley de aguas* de 1985 : v. B. BARRAQUÉ (dir.), *Les politiques de l'eau en Europe*, La Découverte, 1995, p. 94.

l'accès à une même eau, et en « construisant » une solidarité financière (en ce que le but recherché par le mécanisme est de faire une stricte application du principe « pollueur-payeur »). Six bassins ont été délimités à l'origine, de manière parfois un peu arbitraire en regard des seuls critères hydrographiques ou culturels : Rhône-Méditerranée-Corse, Rhin-Meuse (3), Artois-Picardie, Seine-Normandie, Loire-Bretagne, Adour-Garonne. En tout cas, il s'agissait manifestement de dépasser le cadre des régions administratives, aux frontières géographiquement irréelles. Ce découpage a semblé donner satisfaction, puisqu'il a été repris comme base pour l'institution des « commissions de bassin » qu'un décret du 6 avril 1988 (4) charge de faire des propositions en matière de protection des milieux aquatiques au ministre de l'Environnement.

§ 2. L'ADMINISTRATION DES BASSINS

Elle est confiée à des agences financières de bassin – désormais appelées *agences de l'eau* – et à des comités de bassin.

La loi de 1964 définit les premières comme des « établissement(s) public(s) administratif(s) doté(s) de la personnalité civile et de l'autonomie financière » (la formulation est curieuse mais peut-être pas dénuée de signification... (5)). Leur « rôle est de développer, par l'attribution sélective d'aides financières, les opérations d'intérêt commun et de créer, par ses redevances, une incitation à un comportement plus rationnel des usagers » (6). Elle use pour ce faire du double système de redevances institué par la loi de 1964 (une redevance sur la pollution (7), une sur la consommation). Chaque agence était gérée jusqu'en 2007 par un conseil d'administration composé d'un tiers de représentants des collectivités locales, d'un tiers de représentants des usagers, et d'un tiers de représentants de l'État, auxquels s'ajoutent un représentant du personnel et son président. Pouvaient s'y ajouter des personnalités qualifiées (ce n'était pas la pratique). La loi de 2006 sur l'eau a modifié cette composition en y ajoutant un représentant du personnel et en valorisant les membres extérieurs, puisque toutes les catégories devront désormais comporter un nombre égal de représentants.

Adour-Garonne
90, rue du Férétra
31078 TOULOUSE CEDEX
Tél : 05.61.36.37.38 – Fax : 05.61.36.37.28

(3) Qui associe deux bassins, celui de la Moselle et de la Meuse, d'une part, celui d'Alsace d'autre part.

(4) *JO* 8 avril 1988.

(5) Elle sonne comme un aveu bien inutile de ce que certaines instances relevant officiellement ou théoriquement de la « décentralisation technique » ne sont en fait que des services déconcentrés.

(6) J.-F. Théry, « Législation, réglementation et organisation administrative dans le domaine de l'eau », *Études et Documents du Conseil d'État*, 1969, p. 124.

(7) Qui a une vocation incitative mais qui, si son taux est trop faible, s'apparente plutôt à l'achat d'un droit à polluer.

Artois Picardie
200, rue Marceline– B. P. 818
59508 DOUAI CEDEX
Tél : 03.27.99.90.00 – Fax : 03.27.99.90.15

Loire-Bretagne
Avenue de Buffon – B. P. 6339
45063 ORLEANS CEDEX 2
Tél : 02.38.51.73.73 – Fax : 02.38.51.74.74

Rhin-Meuse
B. P. 30019 – Route de Lessy
57161 MOULINS LES METZ CEDEX
Tél : 03.87.34.47.00 – Fax : 03.87.60.49.85

Rhône-Méditerranée et Corse
2 et 4 allée de Lodz
69363 LYON CEDEX 7
Tél : 04.72.71.26.00 – Fax : 04.72.71.26.01

Seine-Normandie
51, rue Salvador Allende
92027 NANTERRE CEDEX
Tél : 01.41.20.16.00 – Fax : 01.41.20.16.09

Les comités de bassin connaissent une composition de même nature. En revanche, leur nombre est fixé par le Premier ministre, et, actuellement, est de 7 (un comité ayant été institué pour la Corse).

Leur compétence est essentiellement consultative (8) et électorale (ce qui est évidemment important) (9) mais ils approuvent également les programmes d'action pluriannuels des agences (10). La loi sur l'eau du 29 décembre 2006 a modifié à la marge leur composition. Le nouvel article L. 213-8. du Code de l'environnement énonce que les comités de bassin sont constitués de :

« 1° Pour 40 %, d'un premier collège composé de représentants des conseils généraux et régionaux et, majoritairement, de représentants des communes ou de leurs groupements compétents dans le domaine de l'eau ;

2° Pour 40 %, d'un deuxième collège composé de représentants des usagers de l'eau et des milieux aquatiques, des organisations socioprofessionnelles, des associations agréées de protection de l'environnement et de défense des consommateurs, des instances représentatives de la pêche et de personnes qualifiées ;

3° Pour 20 %, d'un troisième collège composé de représentants de l'État ou de ses établissements publics concernés.

Le président est élu par les représentants des deux premiers collèges.

(8) Le Premier ministre doit les consulter pour tout aménagement dans leur bassin. Mais leur avis conforme est exigé pour la fixation de l'assiette et du taux des redevances.

(9) Ils élisent les représentants des collectivités locales et des usagers aux conseils d'administration des agences.

(10) Dont deux rapports de la Cour des comptes et du Commissariat au plan considèrent que le contenu « n'est ni à la hauteur des enjeux écologiques ni des sommes investies » (*Le Monde* 14 novembre 1997, p. 13).

Le comité de bassin est consulté sur l'opportunité des actions significatives d'intérêt commun au bassin envisagées et, plus généralement, sur toutes les questions faisant l'objet des chapitres Ier à VII du présent titre.

Il définit les orientations de l'action de l'agence de l'eau et participe, dans les conditions fixées à l'article L. 213-9-1, à l'élaboration des décisions financières de cette agence.

Les membres des trois collèges visés ci-dessus représentant un sous-bassin peuvent se constituer en commission territoriale. Elle a pour mission de proposer au comité de bassin les priorités d'actions nécessaires à ce sous-bassin et de veiller à l'application de ces propositions.

Art. L. 213-8-1. – Dans chaque bassin ou groupement de bassins visé à l'article L. 212-1, une agence de l'eau, établissement public de l'État à caractère administratif, met en œuvre les schémas visés aux articles L. 212-1 et L. 212-3, en favorisant une gestion équilibrée et économe de la ressource en eau et des milieux aquatiques, l'alimentation en eau potable, la régulation des crues et le développement durable des activités économiques ».

Les « *commissions du milieu naturel aquatique de bassin* » (11), instances consultées principalement à propos des SAGE, SDAGE et schémas départementaux de vocation piscicole, sont composées (12) du préfet, des agents des services déconcentrés siégeant aux comités de bassin, et « à parité », de représentants d'associations agréées, de représentants des pêcheurs, et d'un collège partagé entre les représentants des collectivités locales, des riverains, des usagers, et de personnalités qualifiées.

Le mécanisme est complété par l'institution au niveau national d'un *Comité national de l'eau*, qui comprend actuellement 23 représentants des usagers, 20 représentants des conseils généraux et municipaux, 18 représentants de l'État plus 8 personnalités qualifiées et les présidents des comités de bassin, et qui n'a qu'une compétence consultative.

SECTION 2 LES PROBLÈMES DE LA GESTION DE L'EAU

Depuis le décret du 2 décembre 1982 relatif à la coordination interministérielle en matière d'environnement et du cadre de vie, au niveau national, le ministre chargé de l'Environnement assure normalement la coordination des actions des ministères concernant l'eau. Mais le véritable enjeu en la matière se situe plutôt au niveau local ; car, dans la mesure où se superpose aux niveaux administratifs traditionnels de l'administration d'État une circonscription qui ne correspond à aucun de ces niveaux, les problèmes de coordination entre ces niveaux traditionnels – qui sont déjà délicats dans la réalité – se doublent de problèmes de coordination dans le bassin entre les diverses administrations d'État...

(11) Décret nº 96-563 du 18 juin 1996, *JO* 25 juin.
(12) Cette composition étant précisée pour chaque bassin par un arrêté du ministre de l'Écologie.

§ 1. LES PROBLÈMES DE COORDINATION AU NIVEAU DES BASSINS

C'est le préfet de la région où le comité de bassin a son siège qui reçoit le soin de coordonner les actions des administrations d'État concernant l'eau dans le ressort du bassin. Il est ainsi compétent en matière de police de l'eau, de gestion des milieux aquatiques, mais aussi pour mener à bien la mise au point des cartes départementales d'objectifs de qualité des eaux (13) et de schémas d'aménagement des eaux (14). De plus, la loi pêche de 1984 prévoit que soient dressés des schémas départementaux de vocation piscicole, pour lesquels évidemment le « préfet de bassin » bénéficie du concours des préfets des départements, mais dont il a à impulser et suivre l'élaboration.

Il existe cependant des institutions de coordination propres aux bassins. D'abord, un délégué de bassin, désigné par le ministre de l'Environnement, est placé sous l'autorité du préfet compétent ; il est chargé de collecter les données et les études sur l'eau dans le bassin ; son activité est donc principalement, pourrait-on dire, d'assistance technique. Une mission déléguée de bassin joue le même rôle de conseil et de préparation des décisions, mais pour les problèmes d'aménagement du bassin (15). Elle est présidée par le préfet compétent pour le bassin et les préfets des autres régions incluses dans le bassin, plus le directeur de l'agence, plus les fonctionnaires représentant l'État dans le conseil d'administration de l'agence.

§ 2. LA PLACE DES NIVEAUX TRADITIONNELS D'ADMINISTRATION DÉCONCENTRÉE DANS LA GESTION DE L'EAU

Il revient au préfet de région de diriger les actions de l'État dans le domaine de l'eau. Il dispose pour ce faire des SRAE, services régionaux de l'aménagement des eaux, désormais rattachés au ministère de l'Environnement et intégrés dans les DIREN. La formation des anciens personnels des SRAE est quelquefois critiquée comme ne privilégiant pas le souci de la protection des écosystèmes mais plutôt un certain état d'esprit que faute de mieux l'on peut qualifier « d'aménageur ». Le préfet préside également le comité technique de l'eau (16) compétent pour procéder à des études sur les problèmes de l'eau dans la région, qui est composé des représentants des administrations concernées, des représentants des collectivités territoriales, des usagers, des associations et des

(13) Prévues par une circulaire du 29 juillet 1971 parue au *JO* du 27 du même mois.
(14) Circulaire du 19 juillet 1978.
(15) Le décret du 27 février 1987, en son art. 6, définit ainsi sa mission : « préparer les travaux de la mission interministérielle de l'eau en ce qui concerne les problèmes intéressant sa circonscription ; contribuer au niveau du bassin à la coordination, notamment entre les régions, des responsabilités de l'État ; rassembler pour le compte des administrations centrales les éléments permettant une planification nationale dans le domaine de l'eau ; donner son avis sur les questions qui lui sont soumises ».
(16) Créé par le décret du 5 avril 1968.

personnalités qualifiées. Il préside également à la confection des schémas départementaux d'aménagement et de gestion des eaux (SDAGE). Quant aux DIREN, comme toutes les autres directions concernées, elles sont tenues informées, participent au comité technique, suivent la confection des SDAGE et de leurs répondants locaux, les SAGE (v. *infra*) : c'est en fait peu, même s'il ressort de leurs attributions naturelles qu'elles sont compétentes pour protéger les écosystèmes aquatiques. C'est moins en tout cas que les DRE (directions régionales de l'équipement) qui pèsent lourd en tant qu'elles sont parties prenantes des actions contre les inondations, par exemple. La situation dans les départements n'est pas fondamentalement différente. Sauf à remarquer encore qu'il n'y a pas – ou pas pour l'instant – de directions départementales de l'environnement ou de délégations départementales à l'environnement, ce qui n'est certes pas indifférent. Les DDE et les DDAF interviennent aussi, pour leur domaine, et il revient au préfet d'assurer une coordination bien problématique dans ces conditions.

Au total, la multiplicité des services et des échelons d'intervention, qui peut être critiquée, est encore la caractéristique marquante de la gestion de l'eau ; mais elle ne doit pas occulter qu'en la matière au moins, une certaine cogestion existe, qui ouvre une possibilité d'expression tant aux collectivités locales qu'aux usagers. Même si elle peut être jugée insuffisante, elle constitue un acquis qui n'existe pas en d'autres domaines.

BIBLIOGRAPHIE INDICATIVE

Rapport général au gouvernement, Commissariat Général du Plan, 1997, *Évaluation du dispositif des agences de l'eau*, Documentation française, 1998 ▪ Rapport n° 3081, Commission des finances AN, Y. TAVERNIER, 20 décembre 2002 ▪ B. BARRAQUÉ (dir.), *Les politiques de l'eau en Europe*, La Découverte, 1995, p. 94 ▪ P. MARC, *Les cours d'eau et le droit*, éd. Johanet, 2006.

*
* *

Si l'on fait donc le bilan de l'action des institutions dites « de déconcentration technique », trois constatations s'imposent :

— elles jouissent d'une *certaine autonomie*, qui leur permet de s'adapter aux contingences locales mieux que ne le feraient sans nul doute des services déconcentrés ;

— elles ont le mérite d'établir un *lien entre administration déconcentrée et institutions locales ;*

— elles semblent plus *efficaces*, en tant que système d'administration de l'environnement, que tout autre système (mais cette efficacité est peut-être due, paradoxalement, à l'inefficacité de l'administration déconcentrée de l'environnement).

En clair, l'avenir de l'administration de l'environnement dépend peut-être de leur pérennisation.

CONCLUSION DE LA DEUXIÈME PARTIE

À bien des égards, la décentralisation territoriale a parfois abouti à confier à des notables soucieux d'un développement local non soutenable le soin de gérer l'espace local, sans que soient toujours mesurés ni compensés les inconvénients pour l'environnement de cette situation de fait. C'est ce qui a expliqué dans un premier temps un certain nombre de retours en arrière, pour la montagne et le littoral. Ces « recentralisations » ont elles aussi eu des effets pervers car elles ont encore aggravé l'impression de complexité qui se dégage de l'observation du système d'administration locale de l'environnement. Et l'intervention des institutions dites de décentralisation technique, parfois commode, présente l'inconvénient de ne pas clairement traiter l'environnement comme un tout. Elle n'en demeure pas moins inévitable, parce que la plus efficace par défaut, et a donné de bons résultats. Les associations, pour une large part, ont pu profiter des créneaux de collaboration que leur offrait par exemple le Conservatoire du littoral. Par ailleurs et enfin, le maintien de législations qui dévoient la nature même de l'institution associative (la loi *Verdeille* sur la chasse en particulier, même si atténuée désormais : voir *infra*) semble antinomique de toute stratégie démocratique d'administration locale de l'environnement.

Le bilan est donc contrasté, ce qui est relativement logique si l'on veut bien considérer que l'exigence de prise en compte de l'environnement ne date finalement, en droit français, que de 1976 : même s'il existait une administration locale de l'environnement avant, la philosophie officielle est devenue plus radicale, même si dans les faits elle a quelque mal à passer, depuis cette date seulement. À l'échelle d'une organisation administrative, trente ans sont peu de chose et il est normal qu'une certaine absence de cohérence règne ; elle n'est pas même sans permettre un certain nombre de pratiques qui présentent un certain intérêt.

Dans ces conditions, et si l'on veut faire un peu de prospective, que proposer ?

Avant tout, que soit nettement renforcée la place de l'administration déconcentrée de l'environnement, par une revalorisation de ses moyens et une solide implantation au niveau départemental. Que les personnels de cette administration, et ceux des collectivités locales, soient formés à mieux percevoir que le développement local ne doit pas se concevoir comme n'étant qu'économique et que préserver une zone humide peut être de « la belle ouvrage » au même titre que la construction d'une route. Que soient établis et renforcés les contrepoids aux notabilités et bureaucraties, en favorisant l'expression et donc l'information locales.

Il revient donc au premier chef au législateur et au gouvernement – c'est-à-dire à l'État – de relancer l'administration locale de l'environnement dans une perspective plus cohérente, en gardant les acquis de la période actuelle et en prenant acte du changement de mentalités. C'est peut-être là le principal enjeu du respect par le nouveau Président de la République du *Pacte écologique* qu'il a signé.

TROISIÈME PARTIE
LE RÉGIME JURIDIQUE DE LA FAUNE ET DE LA FLORE

TITRE PRÉLIMINAIRE
LA DÉFINITION DES OBJECTIFS : LE MAINTIEN DE LA DIVERSITÉ BIOLOGIQUE

L'intégration de l'objectif de protection de la diversité biologique peut ne pas être simple : la perception en est sans doute moins immédiate que d'autres, d'autant plus que l'essentiel de la communication publique se mobilise plutôt sur le discours du développement durable. Les données du problème sont en tout cas incontournables. Quant à la traduction juridique de cet objectif, elle suppose des choix, souvent d'ordre théorique.

SECTION 1 LES DONNÉES DU PROBLÈME

L'urgence de la protection peut sans doute être mesurée, et sa perception assurée, à partir de données simples, et à la condition que l'importance du paramètre humain soit énoncée.

§ 1. LA NÉCESSAIRE PRISE EN COMPTE DE LA BIODIVERSITÉ

La biodiversité (1) s'entend comme la diversité des écosystèmes y compris la diversité des paysages et la diversité interne de chaque écosystème : « généralement, l'exploitation d'un écosystème appauvrit cette diversité de manière plus ou moins profonde... Une hétérogénéité spatiale minimale dans

(1) V. pour un examen général de la notion, R. Larrère, « Biodiversités », *in La crise environnementale*, C. Larère, R. Larrère éditeurs, éd. INRA, 1998, p. 145 et s. ; ou, plus récent, B. Fady, F. Médail, *Peut-on préserver la biodiversité ?*, éd. Le Pommier, coll. « Les Petites Pommes du savoir », 2006.

un écosystème est nécessaire au maintien d'une richesse spécifique suffisante pour permettre une bonne exploitation des éléments nutritifs du milieu et assurer les conditions de vie de populations participant à la protection naturelle contre les parasites » (2). Dès lors, « les systèmes écologiques les plus diversifiés seraient les plus stables, dans le sens d'une capacité élevée de régulation homéostatique... » (3). Et par ailleurs, l'uniformité génétique est créatrice de risques : en 1970, les hybrides de maïs américains ont été détruits en grande quantité (15 milliards de dollars de pertes estimées) car ils étaient tous porteurs du cytoplasme mâle stérile « Texas », sensible à une nouvelle espèce de champignon.

« Les conditions de vie dans la biosphère, telles qu'elles résultent de l'interaction entre la dynamique des milieux et celle des usages qui en sont faits, amènent une érosion croissante du patrimoine naturel qui est le bien commun de l'humanité » (4). Et, s'il n'est pas facile d'accepter l'idée que « la nouvelle catastrophe qui se prépare et qui sera entièrement le fait de l'homme aura vraisemblablement pour effet la disparition, en quelques dizaines d'années, de plusieurs millions d'espèces » (5), il est en tout cas désormais admis que « ... la destruction de la diversité biologique signifierait la disparition d'un capital scientifique d'une valeur inestimable et encore extrêmement mal connu » (6). Ce premier facteur suffirait à lui seul pour susciter une réflexion.

Les interventions humaines ne sont bien sûr pas étrangères à cette mise en cause de la biodiversité, et peuvent faire l'objet d'une régulation juridique : le problème étant de savoir si elle est utile... Et surtout si elle est voulue : de ce dernier point à bien des égards on peut parfois douter.

§ 2. LE PARAMÈTRE HUMAIN

Trois autres facteurs que celui déjà cité militent pour que cette réflexion porte le plus rapidement possible ses fruits.

D'abord, la dangereuse rareté de nos ressources agricoles : « ... l'uniformisation de la production agricole a abouti au fait qu'une trentaine de plantes seulement constituent 90 % de l'alimentation humaine » (7).

Ensuite, la non moins dangereuse accélération des destructions impliquées par le mercantilisme ambiant : il se négociait chaque année « ... un million d'orchidées, 40 000 primates, les défenses d'au moins 90 000 éléphants d'Afrique, 4 millions d'oiseaux, 10 millions de peaux de serpents, 15 millions de peaux d'animaux à fourrure, plus de 300 millions de poissons tropicaux », et « près de 40 % des espèces

(2) J.-M. BETSCH, « Sur quelques aspects scientifiques relatifs à la protection des écosystèmes, des espèces et de la diversité biologique », *RJE* 4-1991, p. 443 et s.
(3) *Idem*, p. 448.
(4) *Idem*, p. 443.
(5) C. DE KLEMM, « La conservation de la diversité biologique : obligation des États et devoir des citoyens », *RJE* 1989-4, p. 397 et s.
(6) L'on admet en général que deux millions d'espèces ont été décrites... sur un minimum de cinq millions existantes !
(7) *Idem*, p. 449.

vertébrées vivant à l'état sauvage sont menacées de disparition par la chasse commerciale », selon le numéro spécial de *Courrier international* consacré à l'écologie en mai 1992 (8), et les choses ne se sont pas vraiment ralenties depuis. Selon « L'état de la planète 1998 » publié sous la direction de L. Brown en 1999, les espèces en danger d'extinction (données de 1996) étaient déjà extrêmement nombreuses (9). Aujourd'hui, selon le catalogage de l'UICN pour 2006 (10), 16119 espèces sont menacées, dont certaines emblématiques : par exemple, l'hippopotame (*Hippopotamus amphibius*) est menacé, puisque au Congo (son deuxième habitat principal avec la Zambie), 95 % de la population a disparu depuis 1996 !

Groupe	Nombre d'espèces décrites	Nombre d'espèces évaluées en 2004	Nombre d'espèces éteintes	Nombre d'espèces éteintes à l'état sauvage	Nombre d'espèces menacées
Vertébrés	57 739	22 733	338	22	5 188
Mammifères	5 416	4 853	73	4	1 101
Oiseaux	9 917	9 917	129	4	1 213
Reptiles	8 163	499	21	1	304
Amphibiens	5 743	5 743	34	1	1 770
Poissons	28 500	1 721	81	12	800
Invertébrés	1 190 200	3 487	359	14	1 992
Insectes	950 000	771	59	1	559
Mollusques	70 000	2 163	291	12	974
Crustacés	40 000	498	7	1	429
Autres	130 200	55	2	0	30
Végétaux	287 655	11 824	86	24	8 321
Total	1 535 594	38 044	783	60	15 501

IFEN http://www.ifen.fr/publications/syntheses/ree2006.htm

Enfin, comme l'ont fait remarquer 1300 chercheurs dans un rapport élaboré à la demande de l'ONU sur l'état de la planète (11), cet épuisement de la nature hypothèque le progrès économique, au point qu'on a du mal à comprendre comment ces enjeux ne sont pas appréhendés avec tout le sérieux requis par les pouvoirs publics.

(8) *Europe 93, Alerte à l'écologie*, hors-série n° 2, p. 19.

(9) Deux espèces étaient données disparues dans l'année : Pika sarde (*Prolagus sardus*), Scarabée de la grotte de Perrine (*Siettitia balsetensis*).

(10) http://www.iucn.org/en/news/archive/2006/05/02_pr_red_list_fr.htm.

(11) *Le Monde* 1er avril 2005, p. 2.

C'est sans doute dans cette incompréhension que résident les raisons du succès, par exemple, des actions de Nicolas Hulot et sa Fondation Ushaïaa, au-delà des personnes habituellement motivées par l'écologie.

SECTION 2 LES DIFFICULTÉS D'UNE TRADUCTION JURIDIQUE ET POLITIQUE DU PROBLÈME

Il est donc salubre que l'on en soit arrivé à affirmer que la conservation de la diversité biologique est une « obligation des États » et un « devoir des citoyens » (12) alors même que « la destruction d'éléments de la diversité biologique... n'affecte aucun intérêt humain protégé par le droit ». Cette nécessaire « reconnaissance par l'opinion publique de l'existence d'un intérêt humain à la préservation de la diversité biologique au moins équivalent aux autres intérêts protégés par le droit » ne peut pas, seule, changer les choses, mais elle peut y participer. Elle ne saurait cependant permettre au juriste de faire l'économie d'une réflexion juridique plus approfondie, visant à faire émerger un droit qui produise plus directement des effets (13). Mais cette réflexion est tout sauf simple.

La « diversité biologique » n'est ni une *res nullius*, ni une *res propriae*, ni une *res communis,* en l'état actuel du droit effectif (14) : le principal problème posé par la recherche d'un traitement juridique de la biodiversité réside dans sa définition. En la matière, les textes internationaux, pourtant plus attentifs que les textes de droit interne à la problématique de la diversité biologique, n'apportent guère de clarification. La Charte de la nature adoptée par l'Assemblée générale de l'ONU le 28 octobre 1982 énonce que (principe général n° 2) « la viabilité génétique de la terre ne sera pas compromise ; la population de chaque espèce, sauvage ou domestique, sera maintenue au moins au niveau nécessaire pour en assurer la survie ». La Convention sur la diversité biologique, ratifiée par la France (15), pose dans son préambule le principe que la conservation de la diversité biologique est une « préoccupation commune de l'humanité » (16), dont les États sont responsables.

Selon M.-A. Hermitte (17), « pour arracher le vivant à l'asservissement qui résulte de sa qualification comme objet de droit, il me semblait qu'il fallait faire de la diversité biologique un véritable sujet de droit ».

(12) C. de Klemm, « La conservation de la diversité biologique, obligation des États et devoir des citoyens », *RJE* 4-1989, p. 397 et s.

(13) V. M. A. Hermitte, « L'accès aux ressources biologiques », *Mélanges en l'honneur de J. C. Hélin*, Litec, 2004, p. 333-344.

(14) V. A. Guyvarc'h, *Les aspects juridiques de la biodiversité*, th. dact., Nantes, 1996.

(15) *JO* 11 février 1995.

(16) Élaborée à Nairobi le 22 mai 1992, signée par 153 pays à Rio, son entrée en vigueur était prévue pour le trentième jour suivant la trentième ratification (elle est donc effective depuis le 29 décembre 1993).

(17) Entretien, *in* A. Roger et F. Guéry, *Maîtres et protecteurs de la nature*, Champvallon, coll. Milieux, 1991, p. ; v. également M. Rémond-Gouilloud et M.-A. Hermitte, « Pour un statut juridique de la diversité biologique », *RF adm. publ.*, janvier-mars 1990.

La question s'était déjà posée pour la nature ou des éléments naturels en général, à la suite de la controverse ouverte par C. Stone (« Should trees have standings ? » – v. notre introduction). La suggestion est tout à fait recevable sur le plan juridique, ou en tout cas sur le plan de la technique juridique : l'intérêt à agir ne suppose pas automatiquement l'existence d'une personnalité juridique ni la capacité d'expression d'une volonté (nouveaux-nés, personnes morales, associations de fait, incapables peuvent être les acteurs d'un procès). Il s'agirait d'un moyen, parmi d'autres, d'intégrer les coûts externes des pollutions et des nuisances. Mais la personnification juridique de la diversité biologique est un peu différente : la notion qui ferait l'objet de la « subjectivation » serait un ensemble et une valeur morale et scientifique à la fois, pas une réalité comme un arbre, une forêt, une terre ou un fleuve. De perception plus facile que la notion de « nature », la notion de diversité biologique peut plus aisément être décrite, et peut au moins aussi facilement faire l'objet d'une protection juridique, en utilisant par exemple la notion de « trust » (18). Les motivations de cette protection pourraient en être mieux expliquées et mieux acceptées, s'agissant d'éléments moins mythiques, plus précis et teintés d'économie. Autant la personnification juridique de la nature pourrait être perçue, de la manière dont l'expose – avec quelque exagération – L. Ferry, comme portant des germes de négation de la démocratie (19), autant la « personnification juridique » de la diversité biologique ne traduirait-elle que la reconnaissance raisonnable – et non d'essence religieuse – par l'homme de sa dépendance envers les ressources qu'il exploite et de ses besoins écologiques. Elle serait à cet égard, d'ailleurs, teintée d'anthropocentrisme, certes, mais d'un anthropocentrisme plus réaliste que celui qui aboutit à la négation des risques qu'a fait naître l'homme pour la planète, pour sa propre survie... et surtout pour ses conditions de vie. La question est ouverte, sa résolution ne semble pas à l'ordre du jour... et les traitements juridiques des problèmes de la biodiversité manquent encore d'une cohérence et d'une logique dont, à vrai dire, les États ne semblent pas avoir perçu – autrement que sur le plan des principes – l'utilité et l'urgence.

Cela dit, les États en développement commencent à réagir contre le pillage de leurs ressources : dans la déclaration de Cancun, le 18 février 2002, douze états ont demandé la création d'un régime international garantissant un partage équitable, la création d'un fonds mondial, l'application du principe de précaution (20). Il y a là une véritable reconnaissance de la valeur patrimoniale de la diversité biologique. On notera à cet égard, d'ailleurs, que, significativement, le chapitre 1er du titre consacré par le Code français de l'environnement à la protection de la faune et de la flore s'intitule « préservation et surveillance du *patrimoine biologique* ».

(18) Un contrat de trust est un contrat de transfert temporaire de propriété pour assurer la gestion du bien considéré dans un but déterminé.

(19) À bien des égards, comme le souligne de façon très pertinente F. Ost (*op. cit.*, p. 166-167 en particulier), cette tendance à la « personnification juridique » de la nature relève de la deep écology et charrie les risques de dictature religieuse dont cet ensemble disparate d'idéologies s'accommode ou s'alimente.

(20) *Le Monde* 12 avril 2002.

BIBLIOGRAPHIE COMPLÉMENTAIRE

M.-A. BONNIN, *Les aspects juridiques des corridors biologiques, vers un troisième temps de la conservation de la nature*, th. dact., Nantes, 2003 ▪ *Colloque international en hommage à Cyrille de Klemm, La diversité biologique et le droit de l'environnement*, Conseil de l'Europe, 2000.

J.-P. BEURIER, « Le droit de la biodiversité », *RJE* 1-2/1996, p. 5 et s. ▪ S. DOUMBÉ-BILLÉ, « L'apport du droit international à la protection de la biodiversité : la Convention des Nations unies sur la conservation de la diversité biologique », *20 ans de protection de la nature, Hommage à M. Despax*, PULIM, 1998, p. 179 et s. ▪ A. KISS, « L'apport du droit international à la protection de la biodiversité », *20 ans de protection de la nature, Hommage à M. Despax*, PULIM, 1998, p. 171 et s.

TITRE I

DE LA PRÉSERVATION DES ESPÈCES

CHAPITRE 1
LA PROTECTION DES ESPÈCES MENACÉES

SECTION 1 L'ÉDICTION DE LISTES D'ESPÈCES ANIMALES ET VÉGÉTALES PROTÉGÉES

Le droit de l'environnement *stricto sensu* attache, dans l'immédiat, la plus grande importance aux espèces animales non domestiques et aux espèces végétales non cultivées ; plus exactement, il résulte des articles 3 et 4 de la loi sur la protection de la nature (art. L. 411-1 du Code de l'environnement) que, parmi ces espèces, celles qui présentent un intérêt scientifique particulier ou celles dont « les nécessités de préserver le patrimoine biologique » commandent qu'elles fassent l'objet d'un traitement juridique particulier peuvent faire l'objet d'un « listage ».

§ 1. L'ÉTABLISSEMENT DE LISTES D'ESPÈCES

En vertu de l'article 1er du décret de 1977, des arrêtés du ministre chargé de la protection de la Nature pris après avis du Conseil national de la protection de la nature (1) et, le cas échéant, conjointement avec le ministre de l'Agriculture ou celui chargé de la Mer, peuvent énoncer les espèces qui feront l'objet de protections générales ou partielles.

La *protection générale* s'analyse (article 3, alinéa 2, de la loi de 1976) en une interdiction de destruction ou d'enlèvement des œufs ou des nids, de la mutilation, la destruction, la capture ou l'enlèvement, la naturalisation d'animaux morts ou vivants, le transport, le colportage, l'utilisation, la mise en vente, l'achat ou la vente des animaux ainsi protégés. C'est ainsi qu'un arrêté du 24 avril 1979 a fixé une liste

(1) Et s'il s'agit de gibiers, du Conseil national de la chasse et de la faune sauvage. V. la liste complète à partir du site http://inpn.mnhn.fr/inpn/fr/conservation/regl/index.htm.

de mollusques protégés, un second du même jour, modifié le 6 mai 1980, une liste d'amphibiens et de reptiles (2), un troisième du même jour aussi les mammifères protégés. Ce dernier surtout (3) a posé problème, car annulé pour vice de procédure sur requête du syndicat des naturalistes de France par le Conseil d'État (4). Un nouvel arrêté a été adopté le 17 avril 1981, et modifié le 15 avril 1985. Par la suite, un arrêté du 22 juillet 1993 a fait l'objet d'une annulation contentieuse et remplacé par celui du 10 octobre 1996, (5) qui concerne le loup, le lynx et l'ours, dont la présence fait l'objet de va-et-vient au fil des gouvernements (6). Les oiseaux font l'objet d'une protection édictée également par un arrêté du 24 avril 1979, lui aussi annulé par le Conseil d'État pour le même motif le 27 avril 1981, puis remplacé par un arrêté du 17 avril 1981, lui-même modifié le 29 septembre 1981, le 20 décembre 1983, le 31 janvier 1984 et régulièrement, encore par l'arrêté du 24/03/2006 (7) et par celui du 3 mai 2007 (8). Pour les insectes, un arrêté du 3 août 1979 remplacé par un arrêté du 23 avril 2007, un arrêté du 23 avril 2007 pour les mollusques, pour les mammifères marins un arrêté du 29 février 1980, un arrêté du 25 janvier 1982 pour les esturgeons et un arrêté du 12 février 1982 pour certaines espèces de poissons puis un arrêté général sur la « faune marine » (9) complètent par exemple ce dispositif. Ces arrêtés sont fréquemment réactualisés par petites touches, ce qui ne rend pas le dispositif très lisible.

Les dérogations ne peuvent être accordées, pour l'essentiel, que pour des motifs scientifiques par le ministre en charge de la protection de la nature : les articles 1er et 2 du décret de 1977 soumettent donc dans la réalité les activités scientifiques portant sur des espèces protégées à un système d'autorisation préalable, l'autorisation, accordée à titre permanent ou pour une période limitée, peut être assortie d'obligations et est incessible.

Les *espèces végétales* peuvent pour leur part être protégées au titre de l'article L. 411-1, 3°du Code de l'environnement, qui interdit « la destruction, la coupe, la mutilation, l'arrachage, la cueillette, ou l'enlèvement de végétaux ou de leurs fructifications, leur transport, leur colportage, leur utilisation, leur mise en vente, leur vente ou leur achat ». Un arrêté du 20 janvier 1982, modifié le 15 septembre 1982, a fixé une liste des espèces protégées sur l'intégralité du territoire national comptant plus de 400 espèces. Compte tenu de la variété spécifique de la flore de certaines régions excentrées, des listes régionales ont été adoptées dans un premier

(2) Par exemple, la vipère aspic peut être détruite, mais doit être laissée sur place. Pour le dernier état sur les mollusques, l'arrêté du 16 décembre 2004 (*JO* 29/12/2004) et pour les amphibiens et reptiles, l'arrêté du 29 juillet 2005.

(3) La protection en est totale à l'exception de la loutre, la martre, la fouine, la belette, l'hermine et le putois.

(4) 27 avril 1981 : certaines espèces peuvent « constituer des gibiers », ce qui rendait nécessaire la consultation du Conseil national de la chasse et de la faune sauvage.

(5) *JO* 12 octobre 1996, complété par un arrêté du 9 juillet 1999, *JO* 28 août 1999.

(6) Avec le dernier arrêté, celui du 19 février 2007, *JO* 19 avril, on voit revenir le lynx et le *lupus*...

(7) *JO* 26 mars 2006. Cette liste est d'ailleurs critiquée, en particulier par la LPO.

(8) Qui, notamment, réduit la protection des cormorans, des goélands et des mouettes.

(9) Arrêté ministériel du 20 décembre 2004 fixant la liste des animaux de la faune marine protégés sur l'ensemble du territoire (*JO* 7 janvier 2005) modifié par l'arrêté du 29 juillet 2005 (*JO* 8 novembre 2005).

temps pour la Corse (arrêté du 24-6-1986 : 62 espèces) et pour la Réunion (arrêté du 6 février 1987 : 61 espèces).

Dans un second temps, *des listes ont été adoptées pour de nombreuses régions*, au point que la protection des espèces végétales peut être considérée comme partiellement déconcentrée. Des listes régionales ont en effet été adoptées d'abord pour la Bretagne (arrêté du 23 juillet 1987 : 72 espèces), pour la région Champagne-Ardennes (8 février 1998 : 117 espèces), la région Poitou-Charentes (19 avril 1988 : 117 espèces), la Guadeloupe et le Martinique (26 décembre et 22 décembre 1988 : 36 et 42 espèces), la Picardie (17 août 1988 : 118 espèces), la région Limousin (1er septembre 1989 : 179 espèces), la région Auvergne (30 mars 1990 : 112 espèces), la région Haute-Normandie (3 avril 1990 : 73 espèces), la région Rhône-Alpes (4 décembre 1990 : 203 espèces) (10)... Mais une chose est d'adopter des mesures, une autre de les rendre effectives.

Le problème de l'indemnisation des charges provoquées par la protection des espèces : il se pose de manière de plus en plus pressante, mais le législateur a renoncé à le régler à l'occasion du vote de la loi *Barnier* ; reste la solution jurisprudentielle, quelque peu insatisfaisante. La jurisprudence administrative a inventé un système qui permet – rarement – que la responsabilité de l'État soit cependant engagée pour ces activités de souveraineté, ce qui est audacieux mais éthiquement normal : il s'agit d'éviter que ne se créent des inégalités flagrantes, ou trop flagrantes, des citoyens devant les charges publiques. Dans l'espèce *Société La Fleurette* (11), la loi concernée ne prévoyait pas d'indemnisation : ce silence n'interdit nullement, selon la Haute Juridiction, une indemnisation. Mais, s'il y a eu des applications de cette jurisprudence ensuite, elles ont été finalement peu nombreuses : soit que les juridictions considèrent – parfois à la lumière des travaux préparatoires – que le législateur avait entendu tacitement exclure toute indemnisation, soit en raison d'un défaut d'anormalité ou de spécialité du préjudice considéré. Soit, enfin, parce que l'intérêt général qui présidait à l'élaboration et à l'application de la loi était un intérêt général prééminent. Dans ce cas, les juridictions ont estimé dans une première période qu e les éventuels dommages ne sauraient être considérés comme anormaux, et l'on peut par extension considérer que le législateur a alors, par son silence, entendu exclure toute indemnisation (12). L'appréciation n'est pas exempte de subjectivité : elle ne peut pas l'être, parce que les juges sont des êtres humains, et que la société bouge autour d'eux. Elle est donc sujette à variation, au gré des rapports de force et de l'évolution de la société, et en fonction des juridictions qui se prononcent et de la formation de jugement. Un arrêt *Plan* rendu par la CAA de Lyon le 1er février 1994 – quoique infirmé par le Conseil d'État, cf. *infra* – sur les conclusions du commissaire du gouvernement Richer (13) semble le confirmer. La même juridiction avait en effet en 1989 (14), à propos de la même loi de juillet 1976 sur la protection de la nature, refusé l'indemnisation des dégâts causés à diverses exploitations par des castors, protégés au titre de cette loi et de ses dispositions d'application. La jurisprudence semblait d'ailleurs bien arrêtée en ce sens, depuis une décision rendue par le Conseil d'État le 14 décembre 1984 (15) ; la Haute Juridiction précisait que « eu égard à l'objet en vue duquel ont été édictées les dispositions législatives (et ses mesures d'application) relatives à la

(10) Dernière en date : l'arrêté ministériel du 30 décembre 2004 relatif à la liste des espèces végétales protégées en région Midi-Pyrénées complétant la liste nationale (*JO* 2 avril 2005).

(11) CE, Ass., 14 janvier 1938.

(12) V. D. Lochak, « Réflexions sur les fonctions sociales de la responsabilité administrative », *in Le droit administratif en mutation*, CURAPP, PUF, 1993, p. 275 et s., part. p. 310.

(13) *RJE* 2/3 1994, p. 264 et s.

(14) CAA, Lyon, 16 février 1989, *Bente*, *JCP* 1990, II, 21521, note J. de Malafosse ; même date, *Sabatier*, *LPA* 1990, n° 5, p. 9, obs. F. Julien Laferrière et M. Deguergue.

(15) *Rouillon*, *D.* 1986, IR, obs. Bon et Moderne ; *Rev. adm.* 1985, p. 45, note Pacteau ; *RDP* 1985, p. 1397.

protection de nature, le législateur a entendu exclure la responsabilité de l'État en raison de leurs conséquences sur les taxidermistes ». La cour administrative d'appel de Lyon a adopté une position différente : vérifiant que « rien, dans le texte même de la loi ni dans ses travaux préparatoires ne permet de penser que le législateur ait entendu exclure la responsabilité de l'État », constatant que les dispositifs d'effarouchement sont peu efficaces « en raison de l'accoutumance des animaux », la formation de jugement en conclut que les pertes subies « constituent pour l'intéressé une charge qui ne lui incombe pas normalement ». Les apparences laissent donc penser qu'il y a ici revirement de jurisprudence. Faut-il penser que les préjudices qui ne présentaient pas les caractères exigés de spécialité et d'anormalité jusqu'en 1994 les présentent désormais ? Et, si oui, s'agit-il d'une différence d'appréciation des juges, ou d'une modification des éléments de fait ? Ou s'agit-il d'une modification plus profonde, qui aboutirait à ne plus considérer la protection des espèces comme constitutive d'un « intérêt général prééminent » ? Il faut en premier lieu – ne pas le faire pourrait conduire à une estimation tronquée du changement introduit par l'arrêt *Plan* – prendre en compte que dans l'espèce Bente, les faits étaient extrêmement particuliers. Les dommages résultaient certes de l'action des castors, mais eux-mêmes avaient été en quelque sorte conduits à réagir par la réalisation de travaux de nettoyage des berges et du lit du cours d'eau qui constituaient leur lieu de vie. D'ailleurs, les requérants avaient en même temps avancé à l'appui de leurs prétentions le fondement de la responsabilité du fait des travaux publics et la responsabilité du fait des lois. Sur le premier terrain, tant le TA de Marseille (16) que la CAA de Lyon avaient estimé qu'il y avait en l'occurrence « absence d'un lien direct de cause à effet entre les travaux publics... et le préjudice allégué ». Sur le second, on l'a dit, l'irresponsabilité de l'État résultait de ce que le « législateur a entendu exclure la responsabilité de l'État à raison des conséquences dommageables » de la présence ou de l'activité naturelle des espèces protégées. En second lieu, l'appréciation du caractère anormal du dommage dépend évidemment d'éléments objectifs, mais aussi de l'air du temps, de l'efficience et de l'influence de réflexions plus ou moins théorisées, voire de pressions sociales orchestrées ou pas et plus ou moins bien relayées. Il en est de même de l'estimation du caractère spécial du dommage. Ces deux facteurs sont donc sujets, on l'a dit, à variabilité : la décision *Plan* ne doit pas *a priori* étonner. Le véritable problème – et le véritable risque est ailleurs ; il réside dans un éventuel changement d'orientation au fond, qui aboutirait à ne plus considérer la protection de la nature – et plus spécifiquement la protection des espèces – comme un intérêt général prééminent (17). Le Conseil d'État a, pour sa part, considéré le 21 janvier 1998 (18) que la CAA de Lyon avait, par cette innovation, commis une erreur de droit et infirmé la décision *Plan*, refusant l'engagement de la responsabilité de l'État sans faute. Mais, revenant, à propos de dommages causés par des cormorans à des pisciculteurs, sur ce premier refus, il a accepté l'indemnisation sur le fondement de la responsabilité sans faute (19)... La CAA de Bordeaux, dans la même espèce, a tranché dans le même sens après le renvoi par le Conseil d'État (26 février 2004, n° 03BX01757, *AJDA* 22 mars 2004, note S. Blondel : condamnation de l'État à payer 1 490 340 €).

Il ne faut pas s'arrêter aux conclusions faciles : la protection d'intérêts généraux peut s'accommoder de mécanismes d'indemnisation, tout comme la protection d'intérêts, dont le caractère d'intérêt général peut être mis en cause, peut être bannie en raison de présupposés économiques et sociaux plus ou moins justifiables (20) – ou en tout cas sujets à discussion. Dès lors, ces appréciations sont naturellement évolutives...

(16) 21 mai 1987, inédit.

(17) Ce type d'appréciation, général, se traduit souvent par une appréciation qui porte sur le caractère anormal du dommage, et les deux appréciation sont souvent mêlées, l'une étant au moins en partie une traduction juridique et matérielle de l'autre.

(18) *Dr. adm.* avril 1998, note M. PAILLET, p. 26-28.

(19) CE, 30 juillet 2003, *Association pour le développement de l'aquaculture en région Centre*, *AJDA* 25 août 2003, note, p. 1414.

(20) Ainsi des servitudes d'urbanisme...

Dès 1989, J. de Malafosse (21) se prononçait pour l'application du principe d'égalité devant les charges publiques au problème ici considéré. Il y a en effet matière à application de ce principe, ne serait-ce paradoxalement qu'en raison des conséquences de l'absence totale de mécanismes d'indemnisation. Celles-ci peuvent être politiques et juridiques : au nombre de celles-ci, par exemple, l'arrêté du 2 novembre 1992 (22) ajoutant le grand cormoran et le goéland leucophée à la liste des espèces pouvant faire l'objet de destructions exceptionnelles : la prolifération – au demeurant relative – de ces espèces, la production de dommages aux élevages piscicoles et les pressions qui s'en sont ensuivies ont abouti à cette concession, peut-être nécessaire (23). Mais elles peuvent être aussi moins élégantes : ainsi, sur un terrain voisin, l'absence de prise en charge publique – ou collective – des dommages (réels ou supposés, d'ailleurs) des réintroductions d'espèces en voie de disparition (faisant l'objet d'une protection au titre de la loi de 1976 la plupart du temps, mais ce n'est pas toujours le cas) abouti à des abattages sauvages qui réduisent à néant les efforts de réintroduction. On notera aussi que l'existence de dommages aux cultures est l'une des motivations avancées par les tenants d'une modification de la directive de 1979 concernant la conservation des oiseaux sauvages, alors même que celle-ci intègre la possibilité de dérogations dans ces hypothèses (24) : il n'est pas exclu que certains chasseurs cherchent dans cette occurrence une légitimation de leurs remises en cause globales et systématiques des régulations cynégétiques internationales. Il faudra et il faut choisir, en clair, entre l'indemnisation ou la gestion par abattage exceptionnel, étant bien entendu que l'on pourrait bien avoir les deux... et si l'indemnisation doit être un palliatif à l'abattage, s'agissant d'espèces dont la fragilité est encore patente, et compte tenu des ambiguïtés de certaines revendications d'exceptions aux interdictions de chasse, la solution retenue par la CAA de Lyon constitue mieux qu'un pis-aller. On remarquera que le TA de Nantes (18 février 1997, *Association marais des Olonnes*), à propos des préjudices causés par des grands cormorans, a préféré pour sa part engager la responsabilité de l'État sur la base de la responsabilité pour carence (25). La dernière position en date est celle, nuancée, de la CAA de Bordeaux, qui, également dans une affaire de dommages aux piscicultures, fait application de la responsabilité pour rupture de l'égalité devant les charges publiques, en tenant compte de ce que les victimes ne connaissaient pas le risque encouru (CAA, Bordeaux, 26 février 2004, *Pommereau et autres*, *AJDA* 35/2004, p. 1941 et s., note C. Deffigier).

L'important est ailleurs ; est-il normal que ce rôle incombe au juge, et si oui, quelles sont les règles qui justifient qu'il se substitue au législateur déficient (26) ? Sur le premier point, force est de remarquer que nombre de pays ont mis en place des mécanismes législatifs réglant précisément – sur le plan juridique et financier – ce problème (27). À défaut, en France, se sont mis en place des mécanismes conventionnels, relayés par des associations et financièrement alimentés par des fonds

(21) Note sous l'arrêt *Bente*, *op cit.*

(22) *JO* 10 novembre 1992.

(23) Le système fait en tout cas l'objet d'attentions particulières de la part du ministère de l'Environnement, des pisciculteurs et des ornithologues : les prélèvements sont mesurés, et limités en fonction des pressions biologiques sur le milieu (v. la réponse à une question écrite de N. Forissier, n° 8347, *JOAN* Q. et R., 28 mars 1994, p. 1549).

(24) V. P. François, « L'Europe et la chasse, quelle réforme ? », Rapports du Sénat n° 402, 1993-1994, part. 16 et s.

(25) *Dr. env.* janvier/février 1998, p. 10 et 11, note R. Romi. Se situant sur le même terrain, la cour administrative d'appel de Nantes refuse pour sa part d'engager la responsabilité de l'État (CAA, Nantes, 3 novembre 1999, *Ponroy et autres et Association des marais d'Olonne et autres*, note R. Hostiou, *D.* 25 mai 2000, p. 437).

(26) V. R. Hostiou, « La responsabilité de l'État du fait des espèces protégées », *in* S. Maljean-Dubois (dir.), *L'effectivité du droit européen de l'environnement*, Documentation française, 2000, p. 151 et s.

(27) N. Linossier, *Les introductions et les réintroductions d'animaux d'espèces non domestiques*, th. dact., Lyon III, 1994, p. 276 et s.

publics quand ils ne sont pas organisés par des outils juridiques non publiés (28). Il ne serait pas mal venu que la chose soit officialisée. L'évolution actuelle du droit de la responsabilité devrait d'ailleurs aboutir à cette solution, qui constitue comme on a pu l'écrire une « nécessité imposée par l'impératif d'internalisation des coûts sociaux » (29). Sur le second point, si la fonction continue d'être assurée par le juge administratif, il convient d'espérer qu'il attachera vraiment de l'importance, espèce par espèce, à la réalité de la spécialité du dommage et à l'existence d'éléments objectifs laissant augurer d'une anormalité du dommage considéré.

C'est dire que la protection des espèces se heurte naturellement aux pressions économiques : la réglementation des activités économiques concernant les espèces protégées est donc un corollaire obligé de leur protection.

§ 2. LA RÉGLEMENTATION D'ACTIVITÉS CONCERNANT CERTAINES ESPÈCES

Il s'agit au premier chef de limitations concernant la *commercialisation* de certaines espèces : certains oiseaux (30), pourtant considérés comme des gibiers et dont la chasse est à ce titre autorisée, ne peuvent faire l'objet, sans autorisation, d'une commercialisation, d'une importation, d'un colportage, d'une mise en vente, de la vente ou de l'achat ; sont concernés les spécimens vivants ou morts, détruits capturés ou enlevés sur le territoire national, comme les produits dérivés, pâtés, conserves, nids ou œufs. Ce système n'est pas sans failles, et n'a pas fait l'objet d'un accord unanime : d'une part parce que ne sont pas concernées un certain nombre d'espèces dignes d'intérêt, parfois protégées par ailleurs (31), ensuite parce qu'il a touché, à partir de 1985, des secteurs alimentaires traditionnels (32) mettant en difficulté des industries agro-alimentaires dans des régions économiquement faibles. Dans le même esprit, la commercialisation de certains mammifères (arrêté du 4 mai 1983) de montagne, des grenouilles rousses (5 décembre 1983), des escargots (24 avril 1979) (33) fait l'objet de limitations ou d'interdictions diverses. Pour ce qui concerne les végétaux, les airelles (arrêté du 21 août 1981) et les champignons (arrêté du 24 avril 1979) peuvent faire l'objet d'arrêtés préfectoraux soumettant le ramassage, la récolte ou la cession à autorisation ou les interdisant.

Mais sont également visées des activités plus marginales ou *a priori* plus innocentes (articles L. 411-1, L. 411-2, R. 211-1 et R. 211-3 du Code de l'environ-

(28) En particulier circulaire du ministre de l'Environnement, 17 août 1978, concernant les déprédations causées par les lynx ; v. N. LINOSSIER, *Les introductions et les réintroductions d'animaux d'espèces non domestiques*, th., Lyon III, 1994, p. 256 et s.

(29) D. LOCHAK, *op. cit.*, p. 275.

(30) Arrêté du 20 décembre 1983, arrêté du 3 avril 1985 modifié par l'arrêté du 24/03/2006 (*JO* 26 mars 2006).

(31) Le canard col vert, l'étourneau sansonnet, le pigeon ramier, la perdrix grise, la perdrix rouge, les faisans de chasse.

(32) Conserves de merles et de grives.

(33) V. à propos d'un ramassage illégal d'escargots de Bourgogne, E. ALAUZE, « Écologie et braconnage, du droit de glane dans la nature au braconnage des escargots », *Gaz. Pal.* 20 juin 1985, 1er sem., p. 342-343.

nement) : la détention, le transport ou l'utilisation de rapaces diurnes pour la chasse au vol (arrêté du 30 juillet 1981) sont soumis à autorisation (la compétence appartenant au ministre chargé de la Chasse ou à son délégué) ; un arrêté du 31 janvier 1984 institue le même type de système pour le désairage et la capture des jeunes rapaces. La chasse photographique est également concernée (poursuite, recherche ou approche) par un système restrictif, comme la prise de son, en vertu de l'article 4, alinéa 6, de la loi du 10 juillet 1976 : un décret du 22 août 1979 réserve pour certaines espèces des périodes durant lesquelles ces opérations sont interdites, et interdit les procédés de nature à mettre en jeu la survie d'espèces protégées. L'autorité compétente est le plus souvent le ministre chargé de la protection de la nature (périmètres des réserves naturelles, ou des réserves nationales de chasse, mise en œuvre des protections d'espèces prévues par l'article 3 de la loi de 1976) (34).

La diversité biologique ne devant pas être le prétexte de déséquilibres biologiques, le transport de poissons, de grenouilles ou de crustacés dont l'introduction risquerait de créer de tels déséquilibres est soumis à un régime d'autorisation. La liste en a été fixée par des décrets du 8 novembre et du 9 décembre 1985.

Comme on le verra, ces règles peuvent être assorties de protections des écosystèmes nécessaires à ces espèces protégées, avec la réserve habituelle que les décisions qui ne seraient pas strictement adaptées aux exigences de protection – dont notamment les interdictions générales et absolues – sont entachées d'excès de pouvoir (35).

Enfin, pour des raisons d'éthique autant qu'écologiques, les établissements détenant des animaux non domestiques non gibiers font l'objet d'un régime particulier : l'article 6 de la loi de 1976 (art. L. 411-2) complété par le décret du 25 novembre 1977 ont prévu un mécanisme de contrôle de ces établissements, qui doivent faire l'objet d'une autorisation d'ouverture qui n'est accordée que si les exploitants sont titulaires d'un certificat de capacité pour l'entretien des animaux délivré après consultation d'une commission spécialisée. Un arrêté du 21 août 1978 leur impose la tenue d'un registre des effectifs et un livre de soins vétérinaires, et le respect de normes d'installations. Les manquements à cette réglementation sont pénalement sanctionnés (art. L. 415-3 du Code de l'environnement).

BIBLIOGRAPHIE

Adde : *L'environnement en France*, IFEN, 2006.

(34) La seule exception d'envergure concerne les parcs naturels nationaux : l'autorité compétente est le directeur du parc.

(35) CE, 6e et 1re sous-sections, n° 281812, *Fédération nationale des syndicats de propriétaires forestiers sylviculteurs*, 13 juillet 2006.

SECTION 2 L'ORGANISATION INTERNATIONALE DE LA PROTECTION

Ces réglementations ne peuvent logiquement être organisées par des seules mesures nationales. L'état des rapports Nord-Sud, en particulier, commande des corrections d'ordre international. De nombreux textes conventionnels ou communautaires visent à harmoniser le régime des espèces fragiles. Au nombre des premiers, la Convention de Washington sur le commerce international des espèces sauvages de faune et de flore menacées d'extinction et la Convention de Berne relative à la conservation de la vie sauvage et du milieu naturel de l'Europe. Parmi les derniers, la directive de 1979 figure parmi les textes les plus souvent évoqués en droit interne et les plus décriés par les chasseurs.

Un décret du 22 août 1990 (36) a porté publication de la Convention relative à la conservation de la vie sauvage et du milieu naturel en Europe (37). Il a fallu bien longtemps pour tirer les conséquences de la loi du 31 décembre 1989 (38) qui autorisait la ratification de ce texte par la France : alors que le Premier ministre venait juste de rappeler à ses collaborateurs (39) la nécessité d'éviter les retards dans l'adoption des décrets d'application de textes législatifs, six mois ont été nécessaires pour publier une convention dont on ne sache pas que la traduction ait posé de problèmes. Ce texte reconnaît au patrimoine naturel une « valeur intrinsèque ». L'on est maintenant habitué à ce langage (40), mais il est toujours bon de réaffirmer qu'il importe de préserver et de transmettre aux générations futures ce « patrimoine », ce qui suppose que l'on fasse en sorte – les États qui ont ratifié la convention, y compris la France, s'y engagent – de pérenniser sa valeur, au prix de quelques sacrifices dans le court terme. La convention établit donc un système de protection fondé sur une prise en compte globale de l'environnement, qui concerne au premier chef la faune sauvage – et donc la chasse... Les États parties s'engagent à assurer la conservation d'espèces et d'habitats, « notamment des espèces et des habitats dont la conservation nécessite la coopération de plusieurs États ». Certes, les mesures nécessaires pour maintenir ou adapter la population de la flore et de la faune sauvages « à un niveau qui correspond notamment aux exigences écologiques, scientifiques et culturelles » doivent être prises « tout en tenant compte des exigences économiques et récréationnelles ».

Il s'agit bien d'une perception qui subordonne l'économique à l'écologique mais qui n'interdit pas d'envisager une exploitation judicieuse, y compris par la chasse :

(36) *JO* 28 août 1990, n° 90-756. Il a fallu plus longtemps encore pour publier la Convention de Bonn (ratifiée elle aussi le 31 décembre 1989) !

(37) La Convention de Bonn, publiée au *JO* du 30 octobre 1990, paraît moins à même d'apporter des modifications dans les mœurs juridiques françaises que celle de Berne... Elle porte sur les espèces migratrices et énonce une protection totale d'espèces mentionnées dans une annexe I, tout en préconisant la protection d'aires d'habitats de ces espèces : v. C. DE KLEMM, « La gestion internationale des populations d'animaux migrateurs », *RJE* 3-4 1976, p. 118.

(38) N° 89-1004.

(39) V. *Le Monde* 2-6-1990, p. 8. C'est à la suite d'une intervention de F. Mitterrand au conseil des ministres du 30 mai que M. Rocard avait déclaré vouloir réparer cette carence.

(40) V. notre art. « Sur la notion de patrimoine commun de l'humanité en droit de l'environnement », *Quot. jur.* 9 septembre 1989.

c'est évident, et ce n'est pas sans rapport avec la logique cynégétique moderne ni avec le langage de certaine directive de 1979... Mais ce ne sont pas seulement les espèces qui sont protégées : ce sont aussi leurs habitats, tant il est vrai qu'il n'y a pas de réelle possibilité de protection des espèces sans prise en considération de *l'habitat* de ces espèces (v. *infra*, chapitre 2). En la matière, la Convention de Berne est plus complète que la Directive européenne sur les oiseaux de passage. Les États parties ne peuvent se dédouaner en se contentant d'édicter un encadrement temporel de la chasse, par exemple, et se doivent aussi d'interdire les activités susceptibles de nuire à l'existence ou à la reproduction des espèces protégées. Quant à son objet, la Convention est aussi plus large que la Directive de 1979 : partant du « général » au « particulier », le texte considère d'une part les espèces devant bénéficier d'une protection absolue (annexes I et II) celles qui bénéficient d'une protection relative (annexe III) ainsi que les moyens de chasse qui doivent être en certaines circonstances limités (annexe IV). Qu'il s'agisse de la protection des habitats, de la conservation de la flore ou des espèces animales, les États sont tenus à une obligation qui tient à la fois de l'obligation de résultat et de l'obligation de moyens : le but est par exemple pour ce qui concerne les habitats (article 4) de « protéger les habitats des espèces sauvages de la flore et de la faune, en particulier de celles énumérées dans les annexes I et II, et pour sauvegarder les habitats naturels menacés de disparition ». Pour atteindre ce but, les États doivent prendre « les mesures législatives et réglementaires appropriées et nécessaires ». Il s'agit bien, au sens où l'entend la Cour de justice de la CE pour la transposition des directives, d'une « obligation inconditionnelle et suffisamment précise » (41). On remarquera que les articles 6, 7 et 8 sont particulièrement clairs, pour ce qui concerne la faune sauvage. Y sont en particulier énoncées des interdictions formelles qui vont bien plus loin que la simple interdiction de chasser, et en particulier *l'interdiction de toute « perturbation intentionnelle de la faune sauvage*, notamment (42) durant la période de reproduction, de dépendance ou d'hibernation, pour autant que la perturbation ait un effet significatif eu égard aux objectifs de la présente convention ». Y est énoncée une obligation de réglementation pour les espèces de l'annexe III « de manière à maintenir l'existence de ces populations hors de danger... ». Ils devront aussi et par voie de conséquence – mais pour toutes les espèces végétales et animales et non seulement pour les oiseaux de passage – encourager les réintroductions « des espèces indigènes et de la flore et de la faune sauvages lorsque cette mesure contribuerait à la conservation d'une espèce menacée d'extinction » et « à contrôler strictement l'introduction des espèces non indigènes ». Ces mesures sont destinées à (et de nature à) limiter la banalisation des patrimoines génétiques des États parties. Il est surtout notable, dans cet esprit, que l'article 12 permette l'adoption par les États parties de mesures plus contraignantes (« plus rigoureuses ») que celles énoncées dans la Convention, qui ne sauraient donc être interprétées que comme posant des principes *minima* en matière de conservation des espèces. Comme

(41) Mais évidemment, quoique l'Union européenne soit partie en tant que telle à la Convention de Berne, cela n'en fait pas une directive pour cela.

(42) On notera l'usage récurrent de ce « notamment » qui laisse la porte ouverte à l'on ne sait trop quoi : l'on peut en déduire que certaines circonstances impliqueraient dans l'esprit de la Convention une protection dans d'autres périodes que les périodes sensibles que reconnaît en particulier comme telles la Directive de 1979...

l'explique M.-A. Rendu (43), c'est la publication de la Convention qui a permis à B. Lalonde « ... fort de cette obligation internationale, d'interdire toute chasse, de réduire la circulation et de modifier l'exploitation forestière sur les milliers d'hectares qui lui sont refusés par les montagnards » (44). Évidemment, à terme, une bonne compréhension, une lecture honnête de la Convention oblige le gouvernement français à opérer la réintroduction d'ours dans les Pyrénées (45) : outre un relatif changement dans la définition du rôle et des obligations de l'État en matière de réintroduction, ce texte a naturellement infléchi la gestion des populations réintroduites, en même temps que celle des espèces fragiles.

La réintroduction des espèces : Cette disposition de la Convention fournit l'occasion de toucher quelques mots d'un problème insuffisamment étudié : celui de l'encadrement juridique des réintroductions en France. Si l'on recense les acteurs de réintroductions en France, l'on est frappé par leur diversité et leur nombre : l'État et un établissement public d'État, l'ONCFS (des acteurs prudents), les parcs naturels régionaux, parfois aidés ou relayés par les départements, et les associations et les chasseurs. Pour résumer, il y a des réintroductions, mais sans que se dessine une politique globale – dont il n'est pas sûr qu'elle soit souhaitable, mais dont on pourrait croire à certains égards qu'elle est nécessaire. Il n'y a pas non plus distinction claire des réintroductions à des fins cynégétiques simples (espèces qui ne sont pas à proprement parler en voie de disparition, mais dont la population est en baisse et soumise à de fortes pressions, en particulier du fait de la chasse). Quant à la possibilité juridique de procéder à des réintroductions, le régime est différent selon que l'on désire réintroduire une espèce classée « gibier », une espèce « nuisible » (v. *infra*)... ou une autre. Plus exactement, le lâcher d'espèces chassables est organisé depuis la loi sur le développement des territoires ruraux de 2005 par l'article. L. 424-11 du Code : « L'introduction dans le milieu naturel de grand gibier et de lapins, et le prélèvement dans le milieu naturel d'animaux vivants d'espèces dont la chasse est autorisée sont soumis à autorisation préfectorale, dans des conditions et selon des modalités fixées par un arrêté conjoint du ministre chargé de la chasse et du ministre chargé de l'agriculture ». Le lâcher de « nuisibles » est soumis à autorisation (46). Les restrictions existent, plus sérieuses, en amont du lâcher. Certaines espèces ne peuvent être commercialisées (47) – et donc achetées pour lâcher – sans autorisation. Qui s'ajoute à l'interdiction de mettre en vente, vendre, acheter, transporter, colporter du gibier pendant la fermeture de la chasse, et le préfet peut étendre cette mesure pendant l'ouverture de la chasse, pour une période inférieure à un mois, à certaines espèces de gibier particulièrement menacées (48).

(43) *In Le Monde* vendredi 17 août 1990.

(44) Arrêté du 5 septembre 1990 « fixant des mesures prises pour prévenir la destruction et favoriser le repeuplement des ours des Pyrénées », *JO* 6 septembre, p. 10817. Il faut préciser cependant que le CE a refusé l'interdiction de la circulation des véhicules (CE, 26 mai 1995, *Comité intervalléen pour la sauvegarde de l'ours*). Cet arrêté a été abrogé par M. Barnier (arrêté du 22 juillet 1993, *JO* 11 septembre) au bénéfice d'une démarche contractuelle avec les collectivités locales qui peut laisser le juriste un peu dubitatif...

(45) Ce qui est effectivement tenté depuis 1995, non sans difficulté : cf. *infra*.

(46) Autorisation individuelle, accordée par le préfet. V. le décret n° 2007-15 du 4 janvier 2007 relatif aux espèces animales non domestiques ainsi qu'aux espèces végétales non cultivées et modifiant le Code de l'environnement, *JO* n° 4, 5 janvier 2007, p. 191, qui ne modifie pas grand chose aux conditions traditionnelles.

(47) Les espèces figurant sur les diverses listes d'espèces protégées sont pour une grande partie interdites de capture, de transport et de commercialisation... À cela, l'on doit ajouter les interdictions édictées par des textes internationaux ratifiés par la France, au nombre desquels la Convention de Washington-CITES, ratifiée en 1977 et en vigueur depuis 1978.

(48) Et en vertu de l'ancien art. 371, al. 1 du Code rural, un arrêté ministériel du 26 juin 1986 a rappelé l'interdiction de commercialisation du chamois, de l'isard et du lièvre variable.

Il faut par ailleurs, en dehors des temps de chasse, une autorisation préfectorale pour toute capture de gibier vivant, et cette autorisation n'est donnée que pour les opérations de repeuplement (arrêté du 1er août 1986). Et certaines réintroductions sont interdites par diverses dispositions du Code rural (49). Enfin, on remarquera qu'existent des protections particulières à certaines régions disposant d'un patrimoine animal spécifique (50). C'est bien, mais cela ne saurait occulter que l'État français n'a pas vraiment développé de véritable politique globale en matière de réintroduction d'espèces. L'introduction de la Convention de Berne dans le droit français pourrait lui donner l'occasion de le faire (pour l'instant, ce sont surtout les associations qui se sont attachées à favoriser des réimplantations et à étudier les conditions nécessaires pour une réussite de ces réintroductions). Un colloque tenu en 1988 a précisé les règles à respecter, et plusieurs expériences ont été menées (castor dans le parc naturel régional d'Armorique, vautour moine, bouquetin dans les parcs des Alpes, cerf corse en Corse, cerf et chevreuil dans le parc national des Cévennes). Pour mieux cerner le problème, l'on peut examiner rapidement le cas du lynx. En la matière, on assiste à « un retour sans tambours ni trompettes » (51) plus qu'à une réimplantation volontaire. Il est vrai que plusieurs individus ont été réintroduits dans les Vosges, mais pas dans le Jura ni les Alpes, et c'est dans ces régions, en particulier dans l'Ain, que la gestion des affrontements entre associations de protection de la nature et éleveurs (ou chasseurs) à propos des dégâts causés par des lynx aux troupeaux s'avère extrêmement difficile. Ces lynx-là viennent probablement de Suisse. C'est le WWF (*World Wild Fund*) qui a prélevé sur son budget les sommes nécessaires pour indemniser les éleveurs, aidé par la FRAPNA (52) qui a servi de relais financier et réalisé un travail d'expertise et par le ministère. Les choses ne se sont cependant pas arrangées pour cela... et la FRAPNA a même mis un temps fin à sa collaboration juin 1989, après qu'un éleveur ait piégé un jeune lynx et l'ait tué. Les conditions fixées par la Convention (étude préalable et considération des expériences d'autres parties contractantes pour « rechercher si une telle introduction serait efficace et acceptable ») sont évidemment des conditions minimales de réussite (53), mais il vaudrait mieux qu'un arrêté vienne réglementer strictement les introductions en prévoyant une étude d'impact en bonne et due forme et en organisant une prise en charge publique des indemnisations, assortie d'un contrôle sérieux et d'obligations à la charge des éleveurs de protéger leurs troupeaux moyennant le cas échéant une compensation et des aides. Les dispositions du Code de l'environnement ne règlent pas ce problème, soumettant seulement ces introductions à autorisation (art. L. 412-1 notamment).

La réintroduction d'espèces protégées ne pose pas vraiment moins de problèmes (54) que l'introduction d'autres espèces, mais la technique n'est pas réservée aux seules espèces protégées. La solution qui consiste à classer systématiquement toute espèce réintroduite parmi les espèces protégées est absurde : mais les problèmes irrationnels peuvent être traités par l'absurde... et le

(49) V. par exemple art. 473 ancien du Code rural, devenu depuis la codification du livre II du Code rural L. 232-10, qui concerne un certain nombre de poissons, en particulier « susceptibles de provoquer des déséquilibres écologiques ».

(50) Exemple : l'interdiction d'importer du continent des reines et colonies d'abeilles ainsi que des matériels apicoles en Corse (arrêté du 1er juillet 1982) : cette particularité est entre autres due aux dangers de pollution génétique de l'apis mellifera.

(51) L'expression, fort juste, est empruntée à Y. VERILHAC, « Lynx, y es-tu, que fais-tu ? », *Rhône nature, revue de la Frapna Rhône*, septembre 1989, p. 15-18.

(52) Fédération Rhône Alpes des associations de protection de la nature.

(53) De fait, des études préalables ont toujours été menées, en particulier par les associations : il n'empêche que l'édiction d'une obligation serait une bonne chose, et que l'État devrait logiquement couvrir, dans tous les cas, et ouvertement la majeure partie des frais induits.

(54) En particulier aux juridictions administratives, assez régulièrement saisies dorénavant : ainsi, à propos de la réintroduction d'une ourse dans les Pyrénées, le TA de Pau a rendu une décision très circonstanciée (2 juillet 1997, *Commune de Belle*, concl. PAGÈS, note C. H., *RJE* 4/1997, p. 537 et s.) : compte tenu de l'existence de textes internationaux préconisant les réintroductions et compte tenu des conditions de la réintroduction (territoire écologiquement suffisant, programme de suivi...) le syndicat mixte du Haut-Béarn n'a pas commis d'erreur manifeste d'appréciation en décidant cette réintroduction.

lâcher d'animaux susceptibles d'être « momentanément proliférants » quelques mois après le lâcher peut paraître irrationnel. Mais dans le contexte actuel, une telle systématicité paraît ne pas pouvoir être imposée, compte tenu de l'absence d'humour des uns et des autres sur le terrain. Il n'est pas sûr, par ailleurs et plus sérieusement, qu'elle soit adaptée à la diversité des motifs des réintroductions : ce n'est pas à un juriste de se prononcer. Au moins paraît-il indispensable – et plus rationnel parce que moins maximaliste – pour les espèces réintroduites dites chassables, qu'elles soient au moins un temps après le lâcher protégées par l'exigence d'un plan de chasse. L'article L. 225-3 le permet (55) ; mais le procédé du plan de chasse ne trouvera une quelconque crédibilité que quand le statut de la garderie sera réformée en profondeur pour en faire un véritable organe de contrôle autonome par apport aux fédérations. De fait, en attendant, cette seule protection est un pis-aller acceptable. Cependant, une décision du CE a rappelé que l'existence d'un plan de chasse permet la chasse en dehors des périodes d'ouverture et de fermeture générale de la chasse : dans cette espèce (56), le CE est très net : « ... cette période » (*id est* : la période durant laquelle la chasse de « chacune des espèces mentionnées au plan de chasse »)... « peut être différente de la période générale d'ouverture de la chasse dans le département ». Même si le plan de chasse est effectivement une alternative intéressante aux seules limitations temporelles de la chasse, il y a là un danger de débordement qu'il ne convient pas de négliger.

Dans ces conditions, quand il est saisi, le juge administratif – Conseil d'État, 20 avril 2005, *Association pour le développement durable de l'identité des Pyrénées et autres* – se prononce au coup par coup : ainsi, à propos de la réintroduction de trois ours slovènes, il cautionne la réintroduction, en s'appuyant principalement sur les textes internationaux, et suit son Commissaire du gouvernement en refusant d'annuler le refus du ministre d'autoriser la capture des ours (57).

Évidemment, la question est aussi de savoir, dès lors que l'on réintroduit en France une espèce parce qu'elle est menacée d'extinction, s'il est logique de la laisser chasser ? La confusion de régime entre les réintroductions d'espèces menacées d'extinction et la réintroduction à des fins cynégétiques (58) doit-elle continuer à être entretenue, au risque de laisser planer un doute sur la réponse à apporter à la première question ? La résolution de ce problème logique n'appartient pas qu'aux juristes, mais force est de constater que cette confusion génère plus de problèmes qu'elle ne contribue à en régler (59). Par ailleurs, c'est de façon plus large qu'il faut appréhender la chasse dans ses rapports au problème des réintroductions. On le dit surtout à propos de l'ours, mais ceci est valable pour toutes les espèces menacées, le fait que l'on chasse dans ou sur le territoire d'une espèce est nuisible à l'installation et à la reproduction de l'espèce. C'est un élément qui plaide pour qu'une solution radicale soit quand il le faut adoptée : la politique de réintroduction doit se mener en tenant compte de la nécessité d'une stratégie de biotope, et il est possible que la seule solution rationnelle soit, au moins dans certains cas, le couplage entre une mise en réserve ou l'édiction d'un arrêté de biotope et la réintroduction : le droit français en son état actuel n'offre pas d'autre solution, sauf à penser à confier la maîtrise foncière de territoires étendus à un organisme type conservatoire. Ce n'est pas d'ailleurs autre chose qu'implique la Convention de Berne, mais la levée de boucliers de la part des chasseurs serait telle que les pouvoirs publics ne peuvent imposer ou même proposer cette solution. D'autre part, la Convention implique la mise en place d'une procédure d'étude préalable : il y a là une occasion d'édicter un texte législatif d'application (un de plus, peut-être, mais qui, lui, ne sera pas de trop car il constituerait une première avancée vers une rationalisation du droit des réintroductions, et serait, pourquoi pas, l'occasion de faire se nouer un dialogue permanent entre associations et chasseurs, au niveau national). Ce texte est d'autant plus

(55) Pour les espèces de gibier autres que les cerfs, daims, biches, mouflons et chevreuils.
(56) CE, 2 mai 1990, *Truchot*, inédit, concl. DE SAINT-PULGENT.
(57) V. Les conclusions et des extraits de la décision : *Dr. env.* n° 129, juin 2005, p. 124-126.
(58) La frontière n'est pas si simple : mouflons, chamois, isards, chevreuils, cerfs élaphes ?
(59) Rappelons que la Convention de Berne n'« impose » que des réintroductions d'espèces « en voie d'extinction ».

nécessaire que la dimension « assurantielle » des opérations de réintroduction l'exige. Il n'est pas possible aux associations de jouer le rôle des pouvoirs publics au-delà d'un certain délai, d'une phase d'expérimentation, et sans cadrage juridique. Il est légitime de faire supporter aux fédérations une grosse part des indemnisations des dégâts causés par des espèces réintroduites par leurs soins et soumises à des plans de chasse, car il s'agit finalement des conséquences d'un acte dont ils profitent ; il est moins légitime de faire peser sur le budget des associations de protection de la nature le poids de réintroductions qui, au même titre que le patrimoine naturel dont ils sont partie intégrante, profitent à tous ; en la matière c'est la solidarité nationale qui doit jouer (60). Sur le plan juridique, deux solutions existent : soit user du produit des impôts soit créer une nouvelle ressource. L'on sait que cette seconde solution a les faveurs de quelques Verts, qui proposent (61) que soit prélevée sur tous les usagers de la nature une taxe, d'un montant indolore, mais qui servirait à dégager les financements nécessaires à des opérations diverses de protection et d'indemnisation : l'auteur avoue rester dubitatif sur l'opportunité et la légitimité de l'adoption de cette solution (62). Elle ôterait au moins aux chasseurs l'un de leurs arguments les plus forts (ils ne seraient plus « les seuls » à payer pour « l'entretien de la nature » (63)).

Enfin, on notera le cas particulier de l'ours, qu'un député socialiste ariégeois qui tenait absolument à rendre un hommage en forme de clin d'œil au regretté Cyrille de Klemm a particulièrement pris en considération. Après avoir hésité quelque temps entre les loups (64) et les ours, il décida de retenir les seconds comme complices. Plus accommodants (moins nombreux et moins baladeurs que les loups) et plus intéressants pour lui (ils partagent son territoire de chasse), les ours étaient de plus d'origine – *horresco referens* – slovène. « Compte tenu des perturbations que génèrent les ours de Slovénie réintroduits en 1996 dans les Pyrénées, il sera procédé à leur capture » : l'amendement à la loi chasse du 29 mars voté le 4 avril est réservé aux seuls six ours des Pyrénées. Les chiffres n'expliquent pas la phobie de l'ours qui s'est développée dans certains milieux. Le problème pourrait aussi être dû aux méthodes d'élevage et de gardiennage, mais il peut aussi être lié au fait qu'en Slovénie, la pratique du nourrissage des ours, élevés pour la chasse, est répandue. En regard de ces chiffres, il faut savoir que les éleveurs concernés sont aidés en cas d'attaque (au titre des dommages collatéraux). L'explication réelle de leur réticence doit en être recherchée dans une remarque d'un éleveur (65) : *« Le pastoralisme vit déjà à 60 % d'aides de toutes sortes : primes à l'herbe, indemnité spéciale montagne, ou indemnité compensatrice ovine.*

(60) Et qui doit jouer clairement ; car, si, en l'état actuel des choses, les associations reçoivent des subsides du ministère pour procéder à des réintroductions, la transparence n'y gagne pas, et les conflits s'en trouvent parfois exacerbés.

(61) La chose s'est discutée un temps au sein de la commission environnement des Verts sans qu'aucune position ne soit arrêtée.

(62) Le juriste n'a pas une approche très claire de la nature ; mais jusqu'à maintenant, l'avis quasi général est de ne faire payer – au nom du principe dit de compensation ou du principe dit « du pollueur-payeur » – que ceux qui la transforment en y portant atteinte. Selon une argumentation radicale, toute balade dans la nature est une transformation dégradante ; de là à penser que les hommes doivent se replier sur les villes et qu'il convient de lutter contre les implantations de néo-ruraux, il n'y a qu'un pas... Ce radicalisme de mauvais aloi néglige simplement que l'homme a sa place dans la nature ou qu'il doit la trouver... Traduction d'une philosophie pessimiste à l'excès, il aboutit de fait à refuser que l'homme participe de la nature.

(63) L'on sait que cette argumentation repose sur des affirmations largement fallacieuses... car les chasseurs ne payent que parce qu'ils prélèvent : ce n'est pas clairement le cas pour tous les promeneurs.

(64) Les loups étaient visés par un amendement de C. Estrosi qui n'a pas été retenu. Il faut préciser qu'avec le système actuel (*Le Monde* 4 avril 2000), le maintien d'un loup « coûte » actuellement cher à la collectivité en frais de gestion et d'indemnisation. Il faudrait, mais c'est actuellement impossible, les rapporter aux éventuels bénéfices : il faudrait pour cela chiffrer le gain biologique, préciser si la présence du loup représente un « plus » pour le tourisme, ce qui est difficile à envisager alors que c'est admis pour l'ours. Depuis 2004, l'action publique est organisée par un « plan d'action sur le loup », v. http://www.loup.org/spip/PLAN-D-ACTION-SUR-LE-LOUP-2004.html.

(65) *Idem.*

Accepter en sus d'être indemnisé pour les dégâts de l'ours, ce serait définitivement accepter de ne plus vivre du fruit de son travail. Et être seulement rémunéré comme un jardinier de l'espace ». C'est ce qui explique, par exemple, l'abondance des recours contentieux contre les réintroductions d'ours, qui aboutissent d'ailleurs naturellement à des rejets (v. CE, 20 avril 2005, *Association pour le développement durable des Pyrénées et autres*, req. n° 261564, précité, qui regroupait 107 requérants dont 57 personnes physiques (66)).

Pour en revenir à l'examen de la Convention de Berne, on notera enfin l'interdiction pour les espèces énumérées dans l'annexe II de « l'utilisation de tous les moyens non sélectifs de capture et de mise à mort et des moyens susceptibles d'entraîner localement la disparition ou de troubler gravement la tranquillité des populations d'une espèce, en particulier des moyens énoncés dans l'annexe IV » (au nombre desquels, nous le verrons, nombre de moyens utilisés par les adeptes des chasses traditionnelles : collets, gluaux, etc.) (v. *infra,* chapitre 2). Il est vrai que l'article 9 énonce des possibilités de dérogation, qui ressemblent à celles énoncées dans l'article 9 (67) de la directive de 1979. Ces dérogations peuvent être consenties seulement « à condition qu'il n'existe pas d'autre solution satisfaisante et que la dérogation ne nuise pas à la survie de la population concernée » (68) « dans l'intérêt de la protection de la flore et de la faune (69)..., pour prévenir des dommages importants aux cultures, au bétail, aux forêts, aux pêcheries, aux eaux et aux autres formes de propriété (70)..., dans l'intérêt de la santé publique, de la sécurité aérienne ou d'autres intérêts publics prioritaires (71)... à des fins de recherche et d'éducation, de repeuplement, de réintroduction ainsi que pour l'élevage » et « pour permettre, dans des conditions strictement contrôlées, sur une base sélective et dans une certaine mesure, la prise, la détention ou toute autre exploitation judicieuse de certains animaux et plantes sauvages en petites quantités » (72). Les États doivent fournir des rapports biennaux sur leur usage de cette possibilité. S'ajoutent à ces dispositions un article (l'article 10) plus spécialement consacré aux espèces migratrices et deux articles (11 et 12) précisant l'étendue des obligations et des engagements des États contractants. La Convention présente en dernier lieu l'avantage d'instituer un mécanisme international de concertation sinon de contrôle : le

(66) V. concl. Y. AGUILA, *Dr. env.* n° 129 juin 2005, p. 124 et s.

(67) Il y a des coïncidences curieuses.

(68) La directive CE de 1979 se contente d'un lapidaire « s'il n'existe pas d'autre solution satisfaisante ». Mais le souci de préserver l'existence de la population considérée se déduit logiquement des autres art. du texte.

(69) Dans la directive de 1979 – qui a certes un objet moins étendu que la Convention mais partage les mêmes préoccupations – la formule est un peu différente : « pour la protection de la flore et de la faune ». Il n'existe qu'une petite nuance sans grande importance.

(70) Selon la directive de 1979, la dérogation ne peut être obtenue que « pour prévenir des dommages importants aux cultures, au bétail, aux forêts, aux pêcheries et aux eaux » : la Convention est légèrement plus extensive, plus permissive.

(71) L'on ne trouve dans la directive de 1979 que « l'intérêt de la sécurité aérienne ».

(72) Toujours pour ce qui concerne les oiseaux de passage, la directive de 1979 utilise les termes suivants, fort voisins : « pour permettre, dans des conditions strictement contrôlées et de manière sélective, la capture, la détention ou toute autre exploitation judicieuse de certains oiseaux en petites quantités ». Par ailleurs, le mécanisme de dérogation suppose une demande de dérogation par le gouvernement : celui-ci avait promis de la faire pour rassurer les députés et sénateurs réticents ; en fait – d'après une communication téléphonique avec les services compétents du 1-12-1990 – il ne l'aurait pas fait, dans la mesure où, pour ce qui concerne l'exécution de la Convention, la Commission européenne se substituant aux États membres, il estimait ne pas avoir à le faire.

Comité permanent, qui est mis en place par l'article 13 de la Convention. En cela, elle n'est pas dans la mouvance des conventions traditionnelles (ainsi que cela sera exposé plus avant, elle ne se contente d'ailleurs pas d'émettre principes et vœux pieux). Ce Comité est composé par les délégations des États parties et d'une délégation des Communautés européennes, qui, ainsi que cela a été dit, est partie en tant que telle à la Convention ; les États membres du Conseil de l'Europe qui ne sont pas parties au traité sont représentés s'ils le désirent par un observateur, ainsi que tout État qui, ayant demandé cette faveur, se l'est vue accorder par le Comité à l'unanimité. Il suit l'application de la Convention et dispose pour ce faire du pouvoir d'émettre des recommandations aux États et des propositions ; il peut promouvoir des accords avec des pays tiers et proposer des adaptations de la Convention. Il est également compétent en vertu de l'article 16 pour examiner les propositions d'amendement à la convention introduites par un État ; il peut décider à la majorité des trois quarts des voix exprimées de saisir de la proposition le Comité des Ministres pour les modifications procédurales, les États s'il s'agit d'une révision d'articles « de fond ». L'article 17 prévoit que pour les amendements aux annexes la majorité des deux tiers est suffisante. Enfin le Comité adresse des rapports au Comité des Ministres après chacune de ses sessions. Au total, dans le cadre d'une Convention à objet spécifique, il n'est pas faux de dire qu'a été ainsi mise en place une structure de coopération et de coordination dans le domaine de l'environnement. Cependant, le Comité permanent, à défaut de règlement amiable des difficultés d'exécution des obligations de la Convention, n'a pas d'autre possibilité que de recourir à un arbitrage ou de susciter un arbitrage auquel aucun État partie ne saurait échapper par des procédés dirimants (article 18). Il s'agit donc d'un traité international qui tient certes un peu de la *soft law*... mais un peu seulement : car, de fait, il se pourrait que se développe si besoin est contre un État qui ne jouerait vraiment pas le jeu une contrainte juridique ; de plus, évidemment, l'application de certaines dispositions par les juridictions internes pourrait confirmer que cette Convention constitue bien un authentique texte de référence susceptible d'entraîner une modification en profondeur de certains systèmes juridiques nationaux de protection des espèces. Dans la mesure où l'introduction de la Convention de Berne dans notre droit interne est susceptible d'entraîner des limitations de l'exercice du droit de chasse, il n'est pas étonnant que les appuis des chasseurs au Parlement aient donné de la voix dès avant le vote de la loi autorisant la ratification (73). Et ils eu ont raison, dans leur perspective, de le faire.

(73) V. par exemple question écrite J.-C. GAYSSOT, n° 10194, 27 février 1989, *JOAN* 26 juin 1989 : l'auteur s'inquiète de ce que l'introduction de la Convention pourrait aggraver les restrictions au droit de chasser qui résultent des différents textes émanant de la CE ; selon lui « l'opposition soulevée par les dispositions de la directive de 1979 en France illustre les difficultés que peut entraîner une réglementation trop détaillée ». Il demande en conséquence « quelles dispositions il (*id est* : le ministre) compte prendre pour faire inscrire dans les Conventions de Bonn et de Berne les réserves nécessaires à la sauvegarde des traditions françaises et faire respecter par les autorités communautaires la législation nationale en matière de protection de la faune sauvage ». Passons sur les problèmes d'expression du député : il faut retenir la conception développée, selon laquelle c'est le droit international qui doit respecter le droit national. La réponse du ministre est sybilline et partiellement – partiellement seulement – exacte : « ... aucune des dispositions prévues dans la convention n'est plus contraignante que celles prévues par la directive »... En dehors de la réserve figurant dans le décret de publication, portant sur la tortue maine chelonia mydas, le

L'exemple du loup est à cet égard éclairant. Le loup, qui ne figure en France ni sur la liste des espèces chassables, ni sur celle des espèces susceptibles d'être classées nuisibles (74), est pourtant parfois chassé en France. C'est d'ailleurs ce paradoxe qui explique en partie que l'on se soit rappelé récemment que l'Union européenne avait approuvé la Convention bien avant que la France ne le fasse, par une décision du Conseil en date du 3 décembre 1981. En effet, le tribunal d'instance de Nice a eu à se prononcer sur le fait de savoir si cette approbation entraînait application de la Convention sur le territoire de la communauté, et donc sur le territoire français, même sans ratification expresse de la France. Dans l'espèce examinée par le TI de Nice, il s'agissait d'un chasseur qui avait tué un loup près de Fontan ; l'Association pour la sauvegarde du patrimoine naturel et des animaux sauvages (ASPAS) avait saisi le TI en signalant le paradoxe exposé ci-dessus, et demandé que le tribunal constate que l'on n'avait pas le droit de chasser un animal qui ne figurait ni sur la liste des espèces gibier, ni sur la liste des animaux classés nuisibles (75), et qui *a fortiori* était protégé par la Convention de Berne, dont elle soutenait que l'approbation par le Conseil de la CE la rendait applicable en France. Pour le TI, les choses sont claires : « ... on peut juridiquement soutenir que, par la seule existence de cette décision et sans autres formalités de ratification telles que celles prévues par le droit constitutionnel interne de chaque État membre, chacun d'eux, dont la France, s'est engagé à prendre « les mesures nécessaires et appropriées » prévues à l'article 6 de la Convention de Berne »,... « il faut relever que cette décision, particulièrement succincte, ne fixe en elle-même aucune norme précise à cet égard » ; et le TI précise que « si le droit communautaire s'intègre au droit national, l'applicabilité directe de ces dispositions, c'est-à-dire le droit pour toute personne de demander au juge national d'en faire application, suppose... que la disposition invoquée se prête, par sa nature même, à produire de tels effets directs, c'est-à-dire qu'elle doit être suffisamment claire et précise, complète, et juridiquement parfaite, et enfin inconditionnelle », que « tel n'est pas le cas en l'espèce, s'agissant d'une approbation de principe, qui renvoie de ce fait à l'article 6 de la Convention ». L'on remarquera d'une part qu'il était loisible au juge de développer l'opinion contraire, soutenue par les requérants, dans la mesure où son appréciation est tout à fait subjective : si le conseil de la CE a cru bon de renvoyer à la Convention de Berne, sans plus, l'on peut admettre qu'il a voulu en reprendre à son compte le texte entier, et, logiquement, les annexes qui en commandent la stricte application. L'on aurait pu en tout cas déduire de la décision du tribunal (76) – maintenant que la Convention est ratifiée et publiée – que les juridictions la prendraient en compte. Ainsi qu'on le verra (*infra*), il existe pourtant encore une forte résistance à la protection du loup (77), que les tribunaux ont quelque mal à imposer. À noter le retour du *lupus* parmi les autres espèces protégées avec l'arrêté du 19 février 2007 précité.

La Convention de Washington date du 3 mars 1973, et compte 171 parties (78), dont les pays de l'Union européenne (elle a été ratifiée par la France le 27 décembre 1977 et est entrée en vigueur le 10 mai 1978). Elle énonce des interdictions et des limitations du commerce d'espèces énumérées dans des annexes : les espèces

ministre mentionne que « de nouvelles réserves ont été proposées par diverses organisations » et qu'« elles feront l'objet d'un examen par le gouvernement ».

(74) V. R. Romi, « Chronique de droit de la chasse », *RJE* 1989, n° 2, p. 172-185, particulièrement p. 174.

(75) On notera que le tribunal donne raison à l'ASPAS quant au principe, mais reconnaît que les circonstances particulières de l'espèce justifiaient en quelque sorte que l'animal soit abattu.

(76) Le « faute de ratification distincte par la France à la date des faits... » utilisé par le tribunal montre bien que, si ratification il y avait eu, la situation eût été différente, même si dans les faits et compte tenu des circonstances particulières de l'espèce, il aurait sûrement pris le même type de décision indulgente.

(77) V. Les *Cahiers du PROSES*, mai-juin 2004 consacré au loup, « *Le loup, affaire d'État* », P. Degorges, A. Nochy.

(78) http://www.cites.org/fra/disc/parties/chronolo.shtml.

menacées d'extinction (79) figurent dans une annexe I, et ne peuvent faire l'objet d'importation ou d'exportation, sauf à titre scientifique et moyennant une autorisation spéciale d'une autorité scientifique du pays d'exportation. L'annexe II comprend des espèces vulnérables, et l'annexe II des espèces rares faisant l'objet de réglementations nationales ; pour ces espèces, importation et exportation sont autorisées moyennant un permis délivré par les autorités nationales, dans des conditions plus ou moins strictes.

Applicable en France depuis le 6 avril 1981, la directive communautaire relative à la conservation des oiseaux sauvages du 2 avril 1979, telle que modifiée par une directive du 25 juillet 1985, constitue le principal outil international applicable de conciliation de la chasse et de la protection des espèces en France. La portée de cette directive est assez limitée ; juridiquement d'abord, puisqu'elle ne concerne que les oiseaux (« toutes les espèces d'oiseaux vivant naturellement à l'état sauvage sur le territoire européen des États membres », précise l'article 1er) ; dans les faits ensuite, car elle a fait l'objet de nombreuses violations (sur ce dernier point, il est vrai, il y a eu quelques avancées notables – mais elles sont plus le fait du juge que du pouvoir politique). Il n'y a pas de raisons rationnelles, qui puissent justifier son refus virulent par les chasseurs ; elle présente l'avantage d'opérer un repérage des oiseaux menacés ; elle édicte ensuite à la charge des États membres de la CE une obligation de maintenir la population des espèces d'oiseaux à des niveaux écologiquement viables en sauvegardant les divers habitats (obligation est faite aux États de « préserver, maintenir ou rétablir une diversité et une superficie suffisantes d'habitats ») et en limitant chasse et commerce. Elle tient compte des réalités économiques : « considérant que, pour éviter que les intérêts commerciaux n'exercent une pression nocive éventuelle sur les niveaux de prélèvement, il est nécessaire d'instaurer une interdiction générale de commercialisation et de limiter toute dérogation aux seules espèces dont le statut biologique le permet, compte tenu des conditions spécifiques qui prévalent dans certaines régions ». Le langage utilisé n'est donc pas si loin de celui du droit de la chasse « moderne » et l'on peut penser que les auteurs de la directive ont entendu inclure dans les « conditions spécifiques » la prise en compte des traditions de chasse dans certaines régions : il s'agit là d'une ouverture visant à instaurer une conciliation. D'ailleurs la légitimité de l'acte de chasser n'est pas mise en cause : « considérant qu'en raison de leur niveau de population, de leur distribution géographique et de leur taux de reproduction dans l'ensemble de la Communauté, certaines espèces peuvent faire l'objet d'actes de chasse, ce qui constitue une exploitation admissible, pour autant que certaines limites soient établies et respectées, ces actes de chasse devant être compatibles avec le maintien de la population de ces espèces à un niveau satisfaisant ». Et après avoir énoncé (art. 4) les critères permettant de déterminer les espèces à protéger, le texte rejoint encore le langage utilisé par les adeptes de la « gestion cynégétique » : « considérant que les moyens, installations ou méthodes de capture ou de mise à mort massive ou non sélective ainsi que la poursuite à partir de certains moyens de transport doivent être interdits en raison de la pression excessive qu'ils exercent ou peuvent exercer sur le niveau de population des espèces concernées » et ajoute que

(79) Cf. C. DE KLEMM, « La gestion internationale des populations d'animaux migrateurs », *RJE* 3-4/1976, p. 118, et J. DE MALAFOSSE, « Les espèces migratrices », *idem*, p. 133.

« considérant que en raison de l'importance que peuvent revêtir certaines situations spécifiques, il y lieu de prévoir une possibilité de dérogation sous certaines conditions ».

Les États membres ont une marge d'appréciation pour choisir les territoires qui sont les plus appropriés à devenir des zones de « protection » : mais, une fois ces zones désignées, ils perdent naturellement cette marge, et ne peuvent en principe en réduire la surface. La Cour de justice considère que s'ils le faisaient, « ils pourraient unilatéralement se soustraire aux obligations » (80) que la directive leur impose ; seules des raisons exceptionnelles sont admises ; elles « doivent correspondre à un intérêt général supérieur à celui auquel répond l'objectif écologique visé par la directive » ; « n'entrent pas dans la justification possible les exigences économiques et récréationnelles ». Y rentrent au contraire la protection contre les dangers des inondations et la protection de la côte (81), dès lors que la prise en compte de ces nécessités n'engendre pas de nuisances excessives.

BIBLIOGRAPHIE COMPLÉMENTAIRE INDICATIVE

J. DE MALAFOSSE, Chroniques de droit de la chasse, *RDR*, part. « Le pavé de l'ours », octobre 1995, p. 439 et s. ▪ C. DE KLEM, *L'analyse comparative de l'efficacité des législations de protection de la flore sauvage en Europe,* Conseil de l'Europe, coll. « Sauvegarde de la nature », n° 88, 1997.

Surtout, voir, pour une actualisation permanente : http://www.cites.org/fra/index.shtml.

▪ (80) CJCE, 28 février 1991, *Commission c/ RFA* : la Cour examinait dans cette affaire la compatibilité de travaux d'endiguement dans le parc national de la Leybucht : pour la Cour, ces travaux correspondaient à une réduction de la zone. V. M. DE GUILLENSCHMIDT et J.-C. BONICHOT, « Jurisprudence commentée de la Cour de justice et tribunal de première instance des Communautés européennes », *LPA* 24 mai 1991, p. 25.

▪ (81) C'est pour cette raison que dans l'affaire préc. la Cour rejette le recours de la Commission. Elle considère en outre que les travaux devaient avoir des conséquences positives pour l'habitat des oiseaux, en supprimant des chenaux de navigation.

CHAPITRE 2

LA GESTION DES ESPÈCES

Il serait totalement illogique que soient considérés séparément par le droit les mesures de protection ci-dessus évoquées et les régimes juridiques organisant la gestion des espèces. De fait, c'est bien ce qui se passe en France, en raison d'une très forte tradition de chasse. Même si une « contamination » par des thèses plus modernes aboutit à une rationalisation écologique de la chasse, le droit de la chasse demeure encore partiellement rétif au droit de l'environnement ; ce n'est pas exactement le cas de la pêche.

La gestion des espèces suppose non seulement que ces deux régimes juridiques évoluent et s'adaptent aux exigences modernes, mais aussi que l'on tente de réguler la dissémination d'espèces que l'homme est tenté de modeler.

SECTION 1 LE RÉGIME JURIDIQUE DE LA CHASSE ET DE LA PÊCHE

Présentant naturellement des traits similaires, l'organisation juridique de la chasse et le régime juridique de la pêche semblent ne pas être marquées par la prise en compte de l'environnement avec le même esprit ni avec la même intensité. Le premier pose des questions très diverses : d'organisation, d'abord ; quant au respect des directives communautaires, ensuite ; quant à l'inclusion contemporaine de la chasse dans la logique de la protection de la diversité biologique, enfin. La pêche obéit à des règles moins discutées.

§ 1. L'ORGANISATION JURIDIQUE DE LA CHASSE EN FRANCE

Il est tout à fait compréhensible que des associations participent à l'administration locale de l'environnement. Cette participation devient plus critiquable quand elle devient obligatoire pour ceux qui veulent se livrer à une activité ayant un rapport avec la nature tout en excluant ceux qui sont concernés par cette activité sans vouloir se livrer à la gestion de cette activité ou se plier au mode de gestion dicté par le lobby le plus puissant. C'est parfois le cas pour la chasse. Il ne s'agit pas ici évidemment de traiter de l'organisation générale de la chasse (1), mais seulement de la gestion locale des problèmes de régulation des espèces. Elle repose sur une double structuration.

A. LA NATURE JURIDIQUE ET LES MISSIONS DES FDC

Les FDC sont les héritières des « sociétés départementales de chasse » créées en juin 1941. Une seule structure existe par département, qui obéit à des statuts types imposés par arrêtés, à laquelle l'on est obligé pour chasser d'adhérer, et qui réserve aux seuls chasseurs qu'elle regroupe la totalité de la gestion du produit financier de la taxe parafiscale liée au prélèvement autorisé de gibiers par les chasseurs dans le département ; elle permet aussi et par voie de conséquence de réserver la gestion de la faune sauvage aux seuls chasseurs (2). Les statuts qui se sont succédé – le dernier datant du 14 mai 1985 – font manifestement des FDC des structures juridiques *sui generis* : les FDC ne sont plus des associations de la loi de 1901, mais elles ne gèrent pas à proprement parler des services publics ou un service public.

Un propriétaire de bien rural ne peut adhérer à la FDC de son département que s'il possède un bien de plus de 20 hectares d'un seul tenant ; encore le propriétaire non-chasseur de plus de 20 hectares, s'il peut adhérer à la FDC, ne peut y exercer de fonction par la participation au CA (« ne peut être candidat au CA... toute personne non-détentrice d'un permis de chasser » (3)) ni d'ailleurs voter à l'assemblée générale (les participants – personnes physiques ou morales – « disposant d'autant

(1) On consultera à ce sujet avec profit tant le livre de M. GUILBAUD, *Le droit de la chasse*, éd. Litec, que le livre de R. MATHIEU, *La chasse à la française*, éd. Quelle est belle Company, 1987, ainsi que les art. L. 421-1 à L. 429-40 du Code de l'environnement, qui codifient l'essentiel des dispositions législatives en matière de chasse.

(2) Le problème de l'indépendance des gardes-chasses par rapport aux FDC revêt dans le contexte passionnel de la chasse en France une grande importance. On mentionnera pour mémoire la décision du CE, 3 juillet 1998, *Syndicat national de l'environnement CFDT et autres*. Les différentes mesures adoptées en 1995 octroyant ou renforçant l'autorité des fédérations de chasse sur les gardes-chasses et d'autres personnels de l'ONC ont fait l'objet, par les principaux acteurs eux-mêmes comme par les asociations de protection de l'environnement les plus intéressées de virulentes critiques de fond. Il s'agissait en effet principalement de permettre la délégation aux présidents de fédérations de chasse de l'exercice d'une « autorité d'emploi » sur certains personnels de l'ONC. S'agissant en particulier des gardes-chasses, il était à juste titre critiqué que les « contrôlés » aient une quelconque autorité sur les « contrôleurs ». Comme bien souvent, cet argument de fond – pourtant sérieux, on en conviendra – est évacué au bénéfice d'une discussion juridique formelle. Pour l'essentiel, en effet, les dispositions en cause auraient dû être prises en décret en CE, en vertu du principe bien connu du parallélisme des formes. Or, elles ont été adoptées par la voie et sur la base d'un décret simple ; les dispositions essentielles du texte étant de fait indivisibles, le décret et les actes subséquents se trouvent dépouvus de bases légales, ce qui permettra au gouvernement de reprendre l'ouvrage. Il y a donc fort à parier qu'en fait, ici comme dans d'autres affaires importantes, le simple contrôle du respect des formes pourra, par delà le principe de la « continuité de l'État », et en évitant des affrontements frontaux, favoriser un débat au fond jusque-là esquivé.

(3) Art. 7 de l'arrêté du 23 janvier 1981 modifié le 2 mars 1981, non modifé sur ce point en 1985.

de voix qu'elles ont de chasseurs ayant acquitté la cotisation fédérale qui chassent sur leur territoire » (4)). Le président (5) en est nommé pour trois ans par le ministre chargé de la chasse parmi les membres du CA et sa candidature doit être présentée par ce conseil (6).

Les FDC ont été créées – leur objet, voir *infra,* n'a été modifié qu'à la marge par la loi du 1er juillet 2000 – pour « représenter les intérêts des chasseurs, d'aider tous ses adhérents et de coordonner leurs efforts en vue d'améliorer la chasse dans l'intérêt général, de contribuer à la protection et à l'aménagement des milieux naturels servant à l'habitat de la faune sauvage, de participer à la conservation de la faune sauvage, en particulier des espèces chassables en équilibre avec son milieu et au suivi de ces populations, de favoriser une meilleure gestion des populations de gibier et des espèces faunistiques qui y sont liées, en particulier par des plans de gestion cynégétique, d'assurer la protection du gibier par la constitution, l'aménagement et l'entretien de réserves de chasse, et de participer à toute action d'intérêt général concernant cette protection, de promouvoir une meilleure organisation technique de la chasse par l'amélioration des territoires de chasse et l'implantation du gibier de repeuplement y compris par une aide financière, de développer la formation et l'information des chasseurs ».

C'est dans cette logique que la gestion de la police de la chasse, par l'intermédiaire du contrôle partiel des gardes-chasses, est confiée pour partie aux présidents des FDC (7). On a pu dire que cette puissance des FDC était contrebalancée par la création des conseils départementaux de la chasse et de la faune sauvage (CDCFS) (8). Ce serait vrai si la composition de ces conseils ne reflétait autant la domination des chasseurs (9)... Sur ce point, on notera que l'inclusion dans la loi sur la chasse du 1er juillet 2000 du principe 1 homme/1 voix pour les assemblées générales des FDC provient de plusieurs amendements PS et Verts. Mais en regard de cela, les fédérations voient leur rôle valorisé. Sur le plan des principes, puisque outre leurs fonctions traditionnelles, il est désormais dit (article L. 421-5) que leur vocation première est de participer « à la mise en valeur du patrimoine cynégétique départemental et à la protection de la faune sauvage et de ses habitats ». S'il ne faut pas accorder une valeur trop grande aux mots, il s'agit tout de même d'une reconnaissance symbolique de l'importance centrale de leur participation à une

(4) Art. 12 du même texte.

(5) Art. 8 du même texte.

(6) R. Mathieu n'a recensé qu'un seul cas de refus d'enregistrement par le ministre d'une proposition d'un CA.

(7) Ce que conteste le syndicat des gardes-chasses : v. R. Romi, « Chronique de droit de la chasse », *RJE* 2-1990*, in fine*, et ce à quoi la loi du 1er juillet 2000 ne change rien.

(8) Décret du 18 mars 1986, qui est principalement consacré à l'organisation de la déconcentration des pouvoirs de l'État en matière de chasse. Les CDCFS sont consultés par le préfet pour toutes les mesures propres à « préserver la faune sauvage, développer le capital cynégétique dans le respect des équilibres biologiques, améliorer les conditions d'exercice de la chasse ».

(9) 16 membres, dont : 8 représentants des chasseurs désignés par le président de la FDC, 4 représentants des intérêts agricoles et forestiers, 2 scientifiques, 2 représentants des associations de protection de la nature.

mission de service public. Sur le plan des moyens, leur participation à la mise en place de schémas départementaux de gestion cynégétique la confirme (10).

Les conditions de l'usage de leurs finances semblaient devoir faire l'objet d'un encadrement plus strict, même si le législateur les a un peu allégées par rapport à 2000 : les FDC (v. *infra*) reçoivent en la matière des missions dévolues avant la loi à l'Office national de la chasse. Sur ce sujet, la Cour des comptes (11) a dressé un tableau critique, transmis au gouvernement le 23 mars 2000 : la Cour reprochait au projet de loi de ne pas distinguer clairement les missions de l'établissement public et celles des fédérations – pour le coup, c'est fait, mais on verra que ce n'est pas exactement la formule que la Cour préconisait – et au gouvernement de ne pas se donner les moyens de contrôler de manière active les finances de la chasse, c'est-à-dire le produit des cotisations des chasseurs et l'usage de ce produit. Outre le fait que des fédérations sont soupçonnées d'avoir financé des campagnes électorales ou un mouvement qui s'est présenté à des élections, il est vertement souligné que les comptes des fédérations sont irréguliers et qu'ils ne reflètent qu'imparfaitement l'importance des réserves accumulées. Dès lors – et même si la discussion a été tendue – il n'eût pas été logique, ni acceptable, de supprimer le contrôle public sur les fédérations. Celles-ci ne sont pas de toute évidence des associations comme les autres (12). Le Conseil constitutionnel a rejeté d'ailleurs l'argumentation selon laquelle l'institution d'un contrôle public sur les fédérations était constitutive d'une violation de la liberté d'association. On remarquera simplement que ce contrôle est en premier lieu exercé par les préfets, qui doivent approuver le budget des fédérations, mais que pour le reste, outre la soumission aux contrôles juridictionnels, « le contrôle économique et financier » est exercé par « l'État », et pas par l'ONC : on verra *infra* que cela participe d'un mouvement qui semble être plus général.

Cette création, parce que cette Fédération nationale a de puissants moyens financiers (en particulier la gestion d'un fonds de péréquation entre les fédérations départementales alimenté par les contributions obligatoires des chasseurs), renforce à n'en pas douter la place des fédérations de chasseurs dans la gestion de la chasse. De manière quelque peu curieuse, alors que dans tous les autres articles de la loi, la chasse est soigneusement liée à la protection de la nature et que la vocation des fédérations départementales et régionales n'est pas de promouvoir la chasse mais de l'organiser en tenant compte d'autres pratiques et des impératifs de la gestion de la nature, il est affirmé que cette « association » nationale est « chargée de la promotion et la défense de la chasse ». L'Office national de la chasse y perd du coup, sans doute. Mais le législateur n'en a pas moins voulu le pérenniser et le faire évoluer. Sa nature juridique (c'est un établissement public administratif) ne change pas, mais son nom change : il devient Office national de la chasse et de la faune sauvage. Dans son conseil d'administration, où les représentants de l'État et les personnalités « appartenant aux milieux cynégétiques » seront encore largement majoritaires (ces deux catégories se partageant les trois cinquièmes des sièges), apparaissent des personnalités qualifiées « dans le domaine de la faune sauvage et

(10) Elle participe de la tendance à la généralisation des planifications en matière de gestion de la nature (le rôle des plans de chasse fait d'ailleurs l'objet de précisions dans le texte de la loi, art. 31).

(11) V. *Le Monde* 20 avril 2000, p. 8.

(12) CE, 4 avril 1962, *Chevassier*, *Lebon*, p. 244.

de la protection de la nature ». Il ne devrait plus avoir vocation – à concourir au développement de la chasse puisque cette mission est assurée désormais par la Fédération nationale ; l'article L. 421-1 dans sa nouvelle rédaction semble recentrer ses missions sur la « mise en valeur et la surveillance de la faune sauvage » et le « respect de la réglementation relative à la police de la chasse ». En revanche, le transfert de la gestion des dégâts de gibier de l'ONC vers les FDC, s'il délivre l'Office d'une gestion technique lourde, signifie la perte de son contrôle sur l'usage d'une somme de plus de 30 millions d'euros. Il faut dire que la lettre de la Cour des comptes citée mettait en exergue la « propension de l'Office à payer des dépenses étrangères à ses missions » (des rémunérations d'agents du ministère de l'Environnement, entre autres), et des subventions contestables à une association présidée par un chasseur influent pour des missions de recherche sur le Paléarctique occidental : la divulgation de ces problèmes n'est sûrement pas étrangère aux modifications des missions, du nom et de la structuration de l'ONC, dont il ne faut pas de toute manière exagérer la portée.

On ajoutera que la place de la chasse s'en trouve, parmi tous les usages structurants de la nature, survalorisée. Ce qui est confirmée par les précisions apportées à l'article L. 421-1 du Code de l'environnement concernant l'Office national de la chasse et de la faune sauvage par la loi sur le développent des territoires ruraux (loi DTR). Sa fonction n'est plus seulement de participer à la gestion de la faune sauvage et de ses habitats. À titre expérimental, le voilà aussi capable de « *diffuser des systèmes et pratiques de gestion appropriée des territoires ruraux* »...

Ancienne rédaction article L. 421-1	Nouvelle rédaction
I. – L'Office national de la chasse et de la faune sauvage est un établissement public de l'État à caractère administratif placé sous la double tutelle des ministres chargés de la chasse et de l'agriculture. Il a pour mission de réaliser des études, des recherches et des expérimentations concernant la conservation, la restauration et la gestion de la faune sauvage et ses habitats et la mise en valeur de celle-ci. Dans ces domaines, il délivre des formations. Il participe à la mise en valeur et la surveillance de la faune sauvage ainsi qu'au respect de la réglementation relative à la police de la chasse. Ses agents chargés de missions de police en département apportent leur concours au préfet en matière d'ordre public et de police administrative, dans leur domaine de compétence...	I. – L'Office national de la chasse et de la faune sauvage est un établissement public de l'État à caractère administratif placé sous la double tutelle des ministres chargés de la chasse et de l'agriculture. Il a pour mission de réaliser des études, des recherches et des expérimentations concernant la conservation, la restauration et la gestion de la faune sauvage et ses habitats et la mise en valeur de celle-ci **par le développement durable de la chasse ainsi que la mise au point et la diffusion de systèmes et pratiques de gestion appropriée des territoires ruraux**. Dans ces domaines, il délivre des formations. Il participe à la mise en valeur et la surveillance de la faune sauvage ainsi qu'au respect de la réglementation relative à la police de la chasse. Ses agents chargés de missions de police en département apportent leur concours au préfet en matière d'ordre public et de police administrative, dans leur domaine de compétence...

La place des chasseurs est, surtout, renforcée au sein du Conseil d'administration (13) : malgré une rédaction alambiquée, il est facile de constater, à la juxtaposition de l'ancien et du nouveau texte, que les chasseurs seront au moins 11 sur 22 dans ce conseil, et pourront être plus nombreux (« *au moins* »). Dans l'ancienne rédaction, les chasseurs ne se voyaient garantir que la moitié de 3/5 des sièges, soit 3/10 des sièges. La mention de la « *protection de la nature* » disparaît du texte, et les personnalités qualifiées, dont on peut penser d'ailleurs qu'elles pourraient être moins nombreuses, sont des personnalités qualifiées « dans le domaine de la chasse et de la faune sauvage »... ce n'est pas même « *ou* de la faune sauvage »...

Ancienne rédaction	**Article 160 loi DTR – article L. 421-1, II**
« Le conseil d'administration de l'Office national de la chasse et de la faune sauvage est composé de hauteur de trois cinquièmes de représentants de l'État et de personnalités appartenant aux milieux cynégétiques, notamment aux associations spécialisées de chasse désignées par elles, chacune de ces catégories disposant du même nombre de sièges. Il comprend des représentants d'usagers, des organisations agricoles et forestières et des gestionnaires des espaces naturels, notamment des parcs nationaux et des parcs naturels régionaux, des personnalités qualifiées dans le domaine de la faune sauvage et de la protection de la nature et deux représentants des personnels de l'établissement élus par ces derniers. »	« Le conseil d'administration de l'Office national de la chasse et de la faune sauvage est composé de vingt-deux membres dont la moitié sont des représentants issus des milieux cynégétiques. Il comporte des représentants des fédérations des chasseurs, des représentants des associations les plus représentatives de chasse spécialisée nommés à partir d'une liste établie par la Fédération nationale des chasseurs, des représentants de l'État, de ses établissements publics gestionnaires d'espaces naturels et forestiers, d'organisations professionnelles agricoles et forestières, d'organismes de protection de la nature, des personnels de l'établissement et des personnes qualifiées dans le domaine de la chasse et de la faune sauvage. »

B. L'ORGANISATION DANS LES DÉPARTEMENTS SOUMIS À LA LOI VERDEILLE (14)

Dans la trentaine de départements soumis à la loi *Verdeille*, la structure de base est l'ACCA (Association communale de chasse agréée) ou l'AICA (Association intercommunale de chasse agréée). La liste des départements pour lesquels la loi *Verdeille* s'applique obligatoirement est arrêtée par le ministre de l'Environnement sur proposition des préfets, sur avis conforme des conseils généraux, après consultation des chambres d'agriculture et des FDC. Pour les autres, le préfet fixe par arrêté les communes sur le territoire desquelles une ACCA est créée ; mais cette création suppose l'accord pour au moins 6 ans de 60 % des propriétaires représen-

(13) V. pour plus de détails le décret n° 2005-1238 du 30 septembre 2005 relatif à l'Office national de la chasse et de la faune sauvage et modifiant le Code de l'environnement, *JO* n° 229, 1 octobre 2005, p. 15720 : neuf représentants de fédérations et d'associations de chasse (7 plus deux) plus deux personnalités qualifiées dans le domaine de la chasse et de la faune sauvage...

(14) Loi du 10 juillet 1964, décret du 6 octobre 1966. 28 départements y étaient obligatoirement soumis fin 1987.

tant au moins 60 % de la superficie de la commune. Il ne peut y avoir alors qu'une seule ACCA agréée par territoire. Le conseil d'administration est composé au moins aux deux tiers de chasseurs (possédant le permis de chasser). Les propriétaires non chasseurs qui ont fait, volontairement ou contraints et forcés (15), l'apport de leurs terres sont de droit membres de l'association sans être tenus d'en couvrir les éventuels déficits. Le préfet exerce la tutelle sur les ACCA (16). Les ACCA peuvent déléguer à des AICA leurs pouvoirs ou une partie et s'en retirer à tout moment sans renier leur existence propre. Les AICA sont soumises (création et fonctionnement) aux mêmes règles que les ACCA.

Depuis que la Cour européenne des droits de l'homme (17) a condamné le système, le gouvernement français se retrouvait, pour ce qui concerne les ACCA, dans la même situation que pour les dates de chasse aux oiseaux. Le choix de supprimer la loi *Verdeille* n'ayant pas même été caressé, restait à l'aménager pour concilier liberté d'opinion, droit de propriété, liberté d'association et rationalité cynégétique. L'appartenance aux ACCA ne pouvait plus être imposée aux propriétaires non chasseurs. L'article L. 422-10 du Code de l'environnement adopté par la loi du 1er juillet 2000 ne permet une opposition qu'« au nom de convictions personnelles opposées à la pratique de la chasse ». Et en particulier, un propriétaire ne saurait faire le tri entre des terrains lui appartenant : l'opposition n'est recevable que si elle porte sur l'ensemble de ses terrains. Cette novation ne constitue pas une négation du système lui-même. Au contraire, la capacité des ACCA à « assurer une bonne organisation technique de la chasse » est réaffirmée ; dans le même temps

(15) D'une manière générale, ne pouvaient, jusqu'à l'intervention de la Cour européenne des droits de l'homme (décision *Chassagnou*, v. *infra*), faire opposition à l'incorporation de leurs terres au territoire de chasse que les propriétaires de terrains de plus de 20 hectares d'un seul tenant ou de terrains parfaitement enclos (100 hectares en zone montagne au-dessus de la ligne forestière, 3 hectares pour les marais non asséchés, un hectare pour les étangs isolés). Malgré l'espoir qu'avaient fait naître pour eux deux décisions rendues par le tribunal d'instance de Périgueux et le tribunal de grande instance de Valence en décembre 1989 et début 1990, il a longtemps semblé que les « petits propriétaires » ne pouvaient faire obstacle à leur adhésion forcée en raison de la contradiction entre ce sytème et certains art. de la Convention européenne des droits de l'homme et de ses protocoles : le CE et la Cour de cassation (Ch. crim., 16 mars 1994, *Chassagnou*, *Dr. Sociétés*, éd. Techniques, juin 1994, p. 5, note T. BONNEAU) n'ont pas considéré comme inadmissibles ou disproportionnées les atteintes à la liberté d'association ou à la liberté de conscience induites par le système de la loi *Verdeille* qu'ils contestaient. En revanche, la Commission européenne des droits de l'homme a favorablement reçu les griefs opposés par divers requérants (*Le Monde* 24 décembre 1997, v. comm. J.-F. FLAUSS, *AJDA* n° 12/1998, « Actualité de la Convention européenne des droits de l'homme », p. 999-1000) : elle a considéré, dans un rapport du 8 décembre transmis à la Cour européenne, que la loi *Verdeille* porte atteinte à la liberté d'association et à la liberté d'opinion, et constitue une discrimination abusive fondée sur la fortune. Elle a sur ce point été suivie par la Cour le 29 avril 1999, obligeant ainsi le législateur à amender la loi (v. J.-P. MARGUÉNAUD, « La loi dite *Verdeille* à l'épreuve de la CEDH, coup de semonce ou coup de grâce ? », *RJE* 4-1999, p. 517 et s.).

(16) Art. 53 du décret du 6 octobre 1966 : « en cas de violation de ses statuts ou de son règlement de chasse, de déficit grave et continu, d'atteinte aux propriétés, aux récoltes, aux libertés publiques et d'une manière générale, de violation de la loi du 10 juillet 1964 et des textes pris pour son application par une association communale, le préfet peut, par arrêté motivé, décider des mesures provisoires telles que suspension de l'exercice de la chasse sur tout ou partie du territoire, dissolution et remplacement du conseil d'administration par un comité de gestion nommé par arrêté pour un délai maximum d'un an pendant lequel de nouvelles élections devront avoir lieu ».

(17) CEDH, *Chassagnou c/ France*, 29 avril 1999 ; J.-P. MARGUÉNAUD, « La loi dite *Verdeille* à l'épreuve de la CEDH, coup de semonce ou coup de grâce ? », *RJE* 4-1999, p. 517 et s.

leur vocation est précisée (elles ont également pour objet « d'apporter la contribution des chasseurs à la conservation des habitats naturels, de la faune et de la flore »), ce qui manifeste une volonté claire de renforcer la liaison entre pratique de la chasse et protection de la nature. Cette opposition des non-chasseurs entraîne des obligations : de signalisation d'abord, ce qui était de toute façon pratiquée et est compréhensible. De prise en charge de la destruction des « animaux nuisibles », ensuite.

Sur tous ces points, on notera les apports de la décision du Conseil constitutionnel du 20 juillet 2000 (18). De manière apparemment paradoxale, les opposants à la réforme de la loi *Verdeille* avançaient à l'appui de leur demande au Conseil des arguments tenant, comme ceux des requérants ayant obtenu la décision de la CEDH, à la liberté d'association et au droit de propriété. Les réponses obtenues, qui portent aussi sur la liberté d'opinion, apportent un contrepoint heureux à la décision de la CEDH. Remarquant au passage que la mention d'usages non appropriatifs de la nature, avec lesquels l'exercice de la chasse doit être compatible (article 2 de la loi), ne porte pas atteinte au droit de propriété, la Haute Juridiction souligne la cohérence de l'exigence que l'opposition pour des raisons de conviction personnelle porte sur la totalité des terrains du propriétaire. Mais, compte tenu du mode d'inclusion de ces dispositions dans le Code rural, l'obligation porte seulement sur les terrains se situant sur le terrain de la même ACCA ou AICA, et il est loisible de moduler, finalement, l'opposition selon les ACCA ou AICA, car celles-ci n'ont pas toutes les mêmes pratiques. Cette « réserve neutralisante », selon les termes de J.-E. Shoettl (19), est à rapprocher de la précision selon laquelle la liberté d'opinion suppose que l'on n'exige pas de la part de l'opposant une motivation expresse de son opposition. La rationalité cynégétique, la liberté d'opinion, la liberté d'association sont ici conciliées, par une souplesse de bon aloi.

Le droit de non-chasse, revendication fort ancienne, porte aussi sur la demande du mercredi sans chasse. Sur ce point aussi, le Conseil constitutionnel a, en fonction de son interprétation fort logique de la structuration de la semaine – c'est le mercredi que vaquent les écoliers, et il n'y a pas de différence selon les départements – précisé, en procédant à une invalidation, que les possibilités de modulation préfectorale du jour de non-chasse n'étaient pas motivées par des considérations d'intérêt général.

L'organisation de la chasse dans les départements non soumis à la loi *Verdeille* et sur le domaine public maritime et fluvial est un peu plus respectueuse des sentiments des non-chasseurs, parce que par la force des choses respectueuse du droit de propriété – jusqu'à un certain point s'entend. Rien n'interdit aux chasseurs de se grouper en associations classiques ; les chasseurs ne chassent alors que sur leurs terres. L'autre formule utilisable est celle des « sociétés civiles de chasse » ; ces structures peuvent faire des bénéfices et en opérer une redistribution entre leurs membres. Elles fonctionnent sur les propriétés leur appartenant ou louées à elles. Quant à la chasse sur le domaine public maritime ou fluvial, la loi du 24 octobre 1968 et son décret d'application du 21 avril 1975 (bel exemple de retard dans l'édiction de textes d'application !) ne permettent qu'aux détenteurs d'un permis de chasser adhérent à une ACM (Association de chasse maritime) de chasser sur le domaine public maritime. Il peut y avoir plusieurs ACM sur une commune, mais toutes doivent adhérer à la FDC compétente. L'État loue le domaine public à une ACM, sans que cette location fasse l'objet d'une adjudication. En effet, si l'article 1er du décret de 1975 prévoyait cette possibilité mais par dérogation, l'article 5 du même texte autorise l'État à effectuer cette location à l'amiable aux ACM. Il ressort du décret du 29 juin 1987 que le

(18) *JO* 27 juillet ; v. comm. J.-E. SCHOETTL ; *LPA* 24 juillet 2000, p. 18 et s. ; et le dossier de la *RFDA* 2000, p. 663-679, consacré au rapport entre chasse et droit constitutionnel.
(19) Préc., p. 26.

mécanisme est le même pour le domaine public fluvial, sans que les associations de protection de la nature puissent entrer en concurrence avec elles dans une adjudication ouverte.

L'organisation de la chasse démontre donc parfaitement que le procédé d'administration par le biais d'une adhésion obligatoire à une association n'est pas vraiment synonyme de démocratie.

§ 2. LA CONCILIATION ENTRE CHASSE ET PROTECTION DES ESPÈCES

Elle n'est pas non plus étrangère, sans doute, à ce que l'application des directives communautaires soient si difficiles.

A. L'APPLICATION EN FRANCE DE LA DIRECTIVE EUROPÉENNE DE 1979

Le simple examen de la pratique française montre que les chasseurs, ne respectant pas les règles du jeu définies par la directive, ont obtenu des ministres successifs et des préfets des dérogations incompatibles avec la lettre et l'esprit des nouvelles normes. Alors même que la conciliation entre d'une part le poids des traditions et d'autre part une vision raisonnable de la chasse était à portée de main, il a fallu (20) que les juridictions administratives interviennent pour mettre le holà à ces manquements. Et cette intervention a encore aggravé les tensions entre tenants des chasses traditionnelles et protecteurs de la nature et suscité le mécontentement des uns comme des autres. Car, si, en effet, le Conseil d'État a bien, par exemple, annulé deux arrêtés ministériels du 20 avril 1982 concernant la chasse à la tourterelle dans la Gironde (21) pour violation de la directive, ce qui a mis en rage les chasseurs du Médoc... il ne l'a fait que le 7 décembre 1984, et ce délai n'a pas satisfait, on s'en doute, les protecteurs de la nature... Malheureusement, il ne s'agit pas d'un cas isolé, le Conseil d'État a dû par exemple intervenir une deuxième fois le 8 mars 1985 (22) pour annuler des arrêtés de la même eau concernant l'arrondissement de Lesparre et les communes de l'arrondissement de Bordeaux. Certes, la région concernée est une région à très forte tradition de chasse, mais cela ne saurait excuser que l'on accorde ainsi des passe-droits. Plus probant encore : en mars 1982, la chasse aux grives fut autorisée juqu'à la veille des élections cantonales ; comme le remarque un auteur autorisé (23), le ministre avait en cette occasion expliqué cette décision par le souci de « tenir compte des réalités sociales ». Il est vrai que M. Carignon, dans une conférence de presse du 6 mai 1986, avait déclaré ne pas

(20) Cf. par exemple TA, Marseille, 16 juin 1988, *D.* 6 avril 1989, p. 170 et s.

(21) L'un de ces arrêtés autorisait la chasse à la tourterelle courant mai dans les communes de l'arrondissement de Bordeaux. CE, 7 décembre 1984, *FFSPN*, rec. 410.

(22) *Sepanso et FFSPN*, *RJE* 3/1986, p. 264.

(23) C. DE KLEMM, « Oiseaux de passage », *RJE* 3-1986, p. 268 et s.

vouloir réitérer ces tentatives (24)... Son successeur et les préfets ne semblent pas pouvoir ou vouloir veiller au respect de ces promesses, puisqu'il a fallu que les tribunaux administratifs annulent en 1988, en 1989, en 1990 et en 1991 des arrêtés du même type, les préfets allant jusqu'à, d'une année sur l'autre et malgré les annulations, réadopter la même rédaction.

C'est que les pressions des chasseurs sont très fortes : comme le faisait remarquer M. Guilbaud dans une première édition de son traité de droit de la chasse(25) (opposé aux normes européennes), « la directive de 1979 a provoqué à juste titre (*sic*) le plus grand émoi sinon la plus grande colère dans le monde de la chasse ». S'il faut en croire cet auteur, assez représentatif de la sensibilité majoritaire chez les chasseurs (son livre est conseillé aux candidats à l'examen pour l'obtention du permis de chasser), « il semble bien... qu'à cette occasion la Communauté européenne, cédant aux sollicitations, aux pressions, et aux manœuvres des plus machiavéliques des adversaires de la chasse en France (*sic*), s'est emparée de pouvoirs et de droits autres que ceux qui étaient prévus par le Traité de Rome ». Il est évident que la directive est applicable en France et ces propos sont simplement le reflet d'une incompréhension volontaire et sciemment entretenue. Il ne faut donc pas s'étonner que le ministre compétent, à quelques mois des élections, ait cru bon d'élaborer de nouveaux arrêtés sur les espèces chassables (26), autorisant entre autres la chasse de huit espèces d'oiseaux protégées (27), en plein milieu de l'Année de l'environnement ! La CJCE a pris position sur ces réticences de la France par une décision du 27 avril 1988 qui mérite analyse (28) en ce qu'elle marque bien les nuances de la jurisprudence européenne et sa (très) relative fermeté, qui devrait amener la France à adopter plusieurs changements encore dans son droit de la chasse. Elle a été amenée à se prononcer à nouveau, sur le problème des oiseaux migrateurs, en 1994, puis le 7 décembre 2000.

La décision de 1988 : en premier lieu, il était reproché à la France son article 372 alinéa 10 du Code rural, qui n'interdisait « d'enlever les nids, de prendre ou de détruire... les œufs ou les couvées de perdrix, faisans, cailles et de tous les autres oiseaux... » qu'en « temps de fermeture » de la chasse. Alors que la directive, elle, édicte une interdiction « de détruire, d'endommager intentionnellement les nids et les œufs et d'enlever les nids » et « de ramasser les œufs dans la nature et de les détenir, même vides » (art. 5, a et b). Même si les oiseaux en général ne nichent pas pendant la période de la chasse, la Cour observe « qu'une protection ininterrompue de l'habitat des oiseaux est nécessaire étant donné que de nombreuses espèces réutilisent chaque année les nids construits pendant les années précédentes » ; on peut ajouter que la mauvaise volonté du gouvernement français et sa mauvaise foi sont patentes, en ce qu'il est connu que plusieurs espèces commencent leur nidification courant février, alors que la chasse était régulièrement et est encore aujourd'hui (quoique illégalement selon la plupart des TA) ouverte tout le mois de février. De plus, l'article 2 de l'arrêté du 17 avril 1981 qui fixe la liste des oiseaux protégés sur le territoire français n'interdit pas la destruction des nids et œufs de la mouette rieuse et du goëland argenté, concernés par l'article 5 de la directive ; si le texte européen prévoit bien des dérogations pour entre autres choses « prévenir les dommages importants aux cultures, au bétail, aux forêts, aux pêcheries et aux eaux » (article 9, a), il prévoit aussi des conditions pour que ces dérogations soient admissibles,

(24) *Actualités-Environnement*, avril-mai 1986, p. 4.
(25) *La chasse et le droit*, Litec, 1979.
(26) 26 juin 1987, *JO* 20 septembre 1987.
(27) Dont la bernache cravant et et le bécasseau variable.
(28) V. J. Untermaier, « Des petits oiseaux aux grands principes », *RJE* 4/1988, p. 455 et s.

conditions que n'avait pas respectées la France (29). L'article 5, e de la directive prévoit que l'interdiction de « détenir les oiseaux des espèces dont la chasse et la capture ne sont pas permises » doit figurer dans les droits nationaux des États membres. La législation française soumettait seulement à autorisation cette détention (30) ; pour le gouvernement français, ajoutée à l'interdiction de commercialisation et de transport concernant les oiseaux visés, cette mesure suffisait de fait à atteindre l'objectif de la directive. Pour la Cour, même si, selon l'expression consacrée et ici réutilisée, « la transposition en droit interne des normes communautaires n'exige pas nécessairement une reprise formelle et textuelle de ses dispositions dans une disposition expresse et spécifique et qu'elle peut se satisfaire d'un contexte juridique général dès lors que celui-ci assure effectivement la pleine application de la directive d'une façon suffisamment claire et précise », les termes de la directive, pour ce problème précis, sont impératifs (« les États membres prennent les mesures nécessaires... comportant notamment l'interdiction... de détenir »). On le voit, sur ces points, la condamnation est sans appel. Il en est autrement pour ce qui concerne la question des chasses traditionnelles.

Comme le signale J. Untermaier dans son commentaire de cette décision (31), l'interprétation donnée par la Cour contribue à clarifier ce que sont les principes du droit européen de l'avifaune, et partant, sur un plan plus technique, à relativiser la prétendue nature des directives européennes, qui n'édicteraient que des obligations de but et non de moyens (32). C'est là sans nul doute « une étape normale, sinon obligée, de l'évolution qui ne peut manquer d'aboutir à terme à la reconnaissance d'une pleine et entière légalité européenne » (33). En clair, en termes de politiques juridiques, c'est dans les domaines techniquement les plus avancés que peut s'élaborer par un jeu dialectique entre le « législateur européen » et le juge européen un authentique droit d'une effectivité qui ne serait plus réduite par les nationalismes juridiques des États membres : en fait, ainsi que le démontrent les réactions du législateur et du gouvernement français sur le sujet des chasses traditionnelles (34), le chemin jusque-là sera encore long et parsemé d'obstacles.

La décision de 1994 : pour l'application de la directive de 1979, le problème résulte de ce que les préfets ne s'accordent pas entre eux, et surtout avec les scientifiques et les écologistes, sur les dates de début et de fin de migration, ni sur les moyens de les fixer (faut-il considérer comme début des migrations le passage des premiers oiseaux, ou considérer des moyennes ?). Soumis à de fortes pressions des chasseurs, il leur arrive de fixer des dates jugées trop tardives en regard du début effectif des migrations.

Le Conseil d'État se fonde dorénavant systématiquement sur un rapport conjoint ONC-Muséum de mars 1989 (précisé par une note du Muséum de juillet 1992). Mais cela n'a pas, pourtant, réduit le contentieux des dates d'ouverture et de fermeture de la chasse. Le TA de Nantes (35), comme celui de Rennes ont en conséquence tenté de vider l'abcès par une décision portant renvoi, sous forme de question préjudicielle, à la CJCE du soin de préciser les trois points qui conditionnent l'application de la directive de 1979 sur les oiseaux migrateurs (36) : la date de la clôture de la chasse aux oiseaux de passage et des oiseaux d'eau doit-elle être prononcée au début – *stricto*

(29) Comme la Belgique ne les avait pas respectées pour les moineaux domestiques, les moineaux friquets et les étourneaux sansonnets (la capture et la destruction en étaient autorisées) : la Belgique a d'ailleurs été condamnée de ce chef le 8 juillet 1987.

(30) Loi du 10 juillet 1976, art. 5, et décret du 2 novembre 1977.

(31) « Des petits oiseaux aux grands principes », *op. cit.*, p. 470-478.

(32) Sur ce point, v. *infra*.

(33) J. Untermaier, « Des petits oiseaux aux grands principes », *op. cit.*, p. 474.

(34) V. sur ce point *infra*.

(35) TA, Nantes, 17 décembre 1992, *ROC c/ préfet Maine-et-Loire*.

(36) V. *JOCE*, 4 février 1993, et *Gazette de la chasse*, 12 février 1992, p. 7 et s.

sensu – de la migration prénuptiale ou à celle du début « moyen » de migration ? Les autorités nationales peuvent-elles fixer des dates échelonnées de clôture en fonction des espèces ? La fixation par le décret du 14 mars 1986 d'une date de clôture de la chasse au col-vert au 15 février et autres oiseaux migrateurs et gibiers d'eau au dernier jour de février et la faculté réservée par ce texte aux préfets de fixer une date plus précoce est-elle compatible avec cette directive ?

Curieusement, plusieurs ordonnances du président de la section du contentieux du Conseil d'État (37) ont suspendu plusieurs sursis à exécution d'arrêtés de fermeture de la chasse, au nombre desquels celui prononcé par le TA de Nantes sur les conclusions pourtant remarquablement étayées par des citations de la jurisprudence européenne du commissaire du gouvernement. Il y aurait donc eu, en l'espèce, « nécessité de rétablir dans l'intérêt général et dans le plus court délai la possibilité pour l'administration d'exécuter la décision prise », selon la formule utilisée par le CE dans l'arrêt d'assemblée le plus connu en la matière (38). Il est d'autant plus intéressant de considérer la décision de la CJCE : elle donne, contre la mauvaise volonté de l'époque du Conseil d'État, raison au tribunal de Nantes.

Elle est comparable à la décision du 17 janvier 1991 rendue pour l'Italie (39). L'arrêt de la Cour cerne les implications de la subsidiarité sur l'exécution du droit, c'est-à-dire la place laissée aux États-nations pour, en conformité avec leurs systèmes respectifs d'organisation décentralisée ou déconcentrée du territoire, plus ou moins accommoder les normes supérieures avec les pratiques locales réticentes, par une application adaptée, ou adaptable, souple ou tolérante de ce droit supérieur. Et, en matière de chasse, ce n'était pas rien...

L'objectif de la directive est une protection complète : « par conséquent, les méthodes qui visent ou qui aboutissent à ce qu'un pourcentage donné des oiseaux d'une espèce échappe à cette protection ne sont pas conformes à cette disposition ». Les possibilités de confusion entre espèces supposent que la chasse doit être interdite pendant toute la période de protection des espèces considérées.

Et, si les dates de clôture de la chasse peuvent varier d'une région à l'autre, ce n'est que si cette variabilité ne va pas à l'encontre de l'objectif (l'instauration d'un « régime complet de protection »). « La fixation pour les espèces concernées d'une date unique de clôture de la chasse, laquelle correspond à celle fixée pour l'espèce qui migre le plus tôt, garantit en principe la réalisation » de cet objectif. La formule de la Cour plaide pour une centralisation et une uniformisation du mode de fixation des dates de fermeture et d'ouverture de la chasse.

Et il faudra que l'État qui désire maintenir un système de dates échelonnées (en fonction des espèces et des lieux) apporte « la preuve, fondée sur des données scientifiques et techniques appropriées à chaque cas particulier, qu'un échelonnement des dates... n'empêche pas la protection complète des espèces d'oiseaux susceptibles d'être affectées par cet échelonnement ». Si la fixation de dates variant « selon les différentes parties du territoire » est admissible, ce n'est, qu'« à condition qu'une protection complète des espèces soit garantie ».

On assiste alors à une vraie fronde parlementaire contre la directive de 1979, avec les lois du 15 juillet 1994 et du 3 juillet 1998) : le vote du court texte de 1994 constitue une réponse à la décision de la CJCE (40). Les États membres doivent, dit

(37) CE, ordonnance portant suspension d'un sursis à exécution du 27 janvier 1993.

(38) CE, *Huglo*, 2 juillet 1982, *AJDA* 1982, p. 657 ; V. Pacteau, *Contentieux administratif*, PUF, « Droit fondamental », p. 248.

(39) Affaire C. 157/89. La CJCE répond à des questions analogues à celles posées par le TA de Nantes et apporte des précisions intéressantes : « la protection contre les activités de chasse ne saurait être limitée à la majorité des oiseaux d'une espèce donnée, définie d'après une moyenne des cycles reproductifs et des mouvements migratoires ». Si des dates échelonnées et une certaine déconcentration – v.e une décentralisation – ne sont pas inconcevables, « une réglementation nationale qui déclare la chasse de certaines espèces ouverte en principe, sans préjudice de dispositions contraires dictées par les autorités régionales, ne répond pas aux exigences de protection posées par la directive ».

(40) 19 janvier 1994, *LPA* 27 juin 1994, avec notre comm.

la Cour, garantir « ... par une réglementation générale et permanente que cette date sera fixée de manière à assurer une protection complète des espèces d'oiseaux visées par la directive pendant la période prénuptiale ». Le législateur était donc habilité à intervenir, tant il est vrai que l'autonomie laissée aux autorités locales paraissait ainsi réduite. La façon dont il le fait ne laisse pas pourtant de surprendre quelque peu le juriste naïf, qui croit encore que dans un « État de droit » la parole de la CJCE l'emporte sur les réactions épidermiques du législateur. La CJCE lui dit que l'échelonnement des dates est une exception : il en fait la règle. Elle précise que cette faculté d'échelonnement ne s'entend que si la protection des oiseaux visés par la directive est complète, et si des preuves scientifiques sont fournies à l'appui de la fixation de dates échelonnées : il ne s'en assure pas (41), sauf par l'article 2 qui prévoit un contrôle *a posteriori* par un rapport – « évaluant l'application de ses dispositions au regard notamment des connaissances scientifiques sur les populations de gibiers d'eau et d'oiseaux migrateurs et de l'évolution de la législation communautaire en la matière » – dans les deux ans suivant la promulgation du texte commenté. On lui explique que l'adoption de dates différentes selon les parties du territoire est également soumise à l'exigence d'assurer cette protection complète : il laisse la possibilité aux préfets d'avancer la clôture de la chasse, l'encadrant par cette curieuse obligation que cette clôture se situe alors avant le 31 janvier. Chacune de ces positions mérite un court commentaire : sur les dates adoptées, d'abord, on remarquera qu'elles sont différentes selon les espèces. Elles ne varient guère, c'est vrai, que de 20 jours au maximum (du 31 janvier, pour le canard col-vert, au dernier jour du mois de février pour les gibiers d'eau et oiseaux aux espèces non spécialement traitées). Mais c'est justement ce laps de temps qui fait l'objet des débats déjà anciens entre protecteurs de la nature et chasseurs : le début de la migration commence bien – et cela a été retenu par les juridictions administratives (42) – courant février, voire fin janvier (43). Sur la valeur de cette « technique du rapport », peu de choses à dire : la méthode est curieuse, alors qu'il existe un rapport du Muséum et de l'ONC (44) que le Conseil d'État a adopté – et les tribunaux à sa suite – comme référence (45). Enfin, sur cette curiosité qui consiste à encadrer le pouvoir des préfets par l'édiction d'une date butoir, c'est évidemment le choix du 31 janvier qui surprend. En elle-même, on l'a dit, la date semble acceptée et scientifiquement acceptable : mais alors, pourquoi ne pas la reprendre comme date unique et laisser aux préfets le soin de moduler jusqu'aux dates édictées par le législateur, ou ne pas laisser aux préfets le soin de moduler entre le 15 janvier et les dates fixées par le législateur ? Selon le rapport de F.-M. Gonnot (46), la fixation de cette possibilité et de cette date vise à respecter la jurisprudence de la Cour. Certes... mais le fait est que le résultat recherché est de permettre aux préfets de s'abriter

(41) Négligeant en particulier le problème né de la possible confusion entre les espèces.

(42) Cet affrontement est déjà ancien : v. J. de Malafosse, « Chasse au gibier d'eau et aux oiseaux de passage », fasc. *482, J.-Cl Env.* 1994. Selon l'analyse de la dernière jurisprudence du CE par ce dernier auteur, « la Haute Juridiction se rallie... au principe d'une fermeture unique de la chasse au gibier d'eau et aux oiseaux migrateurs le 31 janvier ».

(43) V. diverses jurisprudences concordantes, *in Dr. env.* avril 1990, p. 28 et décembre 1991, p. 93.

(44) Rapport ONC-Muséum de mars 1989, note du Muséum de juillet 1992.

(45) V. notre chron. de droit de la chasse, *RJE* 1-1994.

(46) AN Rapport n° 1380, 15 juin 1994, p. 34.

derrière la loi pour ne pas appliquer la directive. C'est sur une révision problématique du texte en cause que le législateur anticipe, et non sur une possible condamnation. L'esprit est le même, mais la nature de la réaction est bien plus vive. La Commission semble bien, comme on l'a dit, s'orienter vers une révision (proposée par le comité ORNIS) d'une des annexes de la directive, qui préciserait les critères de fixation par les États membres des périodes d'ouverture et de fermeture de la chasse par les espèces concernées, et réduirait notablement leur marge de manœuvre, dont on vient de voir qu'elle est pourtant, au moins juridiquement, faible : mais cette réduction irait dans le sens de la possibilité de chasser dans les jours qui suivent le début de migration, sauf pour les espèces dont il serait attesté qu'elles ne sont pas dans un bon état de conservation et qu'elles débutent leur migration après le 20 février (auquel cas la fermeture de la chasse précéderait de quelques jours cette date). L'ensemble serait extrêmement compliqué, et surtout astreignant pour les États : c'est ainsi – si cette révision était adoptée, que les partisans de la subsidiarité, à la suite d'une décision de la CJCE qui en éclaircissait les implications strictes, auraient obtenu que la part de la subsidiarité soit encore réduite en la matière, et qu'elle soit tout aussi mal définie... La part de la subsidiarité réside pour l'heure dans la possibilité pour les États d'apporter les preuves scientifiques du bien-fondé du choix de dates échelonnées ; il résulterait de la révision que cette part résiderait dans la possibilité pour les États de prouver que telle espèce est ou pas en bon état de conservation, selon qu'ils désirent opter pour une ouverture plus ou moins étendue de la chasse... Mais la complexité du système, comme le recul que la révision représente, expliquent les nombreux obstacles qui ralentissent son adoption. À défaut de compromis, la directive applicable demeure celle qui a servi de fondement à la décision de la Cour de février 1994. Et force est de reconnaître que les dates retenues constituent toutes des violations ouvertes de la directive, si l'on s'en tient à la position selon laquelle l'on doit entendre par début de la migration non pas une quelconque date moyenne, mais le début réel – soit la ou plutôt les premières migrations *stricto sensu*. Il suffit de se référer d'ailleurs aux dates utilisées par la Commission actuellement, dans le cadre du travail sur la révision de la directive de 1979, dates que n'ignorent pas les parlementaires puisqu'elles sont mentionnées sous la forme d'un tableau dans le rapport au Sénat de L. De Catuelan (47). Ainsi, pour l'oie cendrée, la date retenue est le 20 février, la date de début effectif de migration aux alentours du 1er février.

Il était naturel dès lors que les TA réagissent mal. Le TA d'Amiens, par exemple (*ASPAS*, 8 février 1996), n'a pas hésité à annuler un arrêté préfectoral au motif que celui-ci ne profitait pas de la possibilité de déroger aux dates incompatibles avec les objectifs de la directive. *De facto*, la loi postérieure contraire au droit communautaire dérivé doit logiquement être considérée comme inapplicable. Cela dit, le juge d'Amiens n'a pas eu à faire montre d'une telle radicalité. Il lui a suffi de considérer que le préfet était dans les circonstances de l'espèce tenu de fermer la chasse au 31 janvier – et non seulement autorisé à le faire. Ce faisant, le juge procède à une interprétation conforme au droit communautaire de la loi. Et, c'est vrai, cette lecture n'est nullement contraire à la lettre du texte. Mais l'affaire recélait pourtant quelques difficultés, qui auraient pu inciter le juge à plus de déférence envers le législateur. Il avait dans un premier temps une porte de sortie honorable qui aurait pu lui permettre de ne pas se prononcer ; le préfet soutenait que, dans les cas où il se contentait de reprendre les « dates standard », les arrêtés ne constituaient pas des décisions

(47) Rapport Sénat n° 552, 28 juin 1994, p. 10.

faisant grief, mais, comme le constate le TA d'ailleurs, des « mesures d'information ». Et ces mesures d'information ne constituent pas « en elles-mêmes » des décisions faisant grief. « En elles-mêmes », peut-être pas. Mais fort justement, les magistrats considèrent que ce non-usage de la possibilité de dérogation suppose une appréciation locale ; qu'en conséquence cette non-décision est une décision, car elle ne peut se prendre qu'en fonction d'une mesure intellectuelle de la situation. La part de liberté entraîne l'existence d'une décision faisant grief. Elle en prouve l'existence – le juge parle d'ailleurs de « décision de ne pas déroger » aux dates légales. Restait à savoir si le requérant apportait la preuve de ce que ce non-usage de cette compétence était un mésusage, et partant, était incompatible avec la directive et ses objectifs. Et c'est ici que le TA d'Amiens, définitivement, fait bien son travail de juge européen : la CJCE ayant précisé, comme dit ci-dessus, que la faculté d'échelonnement des dates ne s'entend que si la protection des oiseaux visés par la directive est complète, et si des preuves scientifiques sont fournies à l'appui de la fixation de dates échelonnées. Ce n'est donc nullement au demandeur de prouver, c'est à l'autorité compétente de le faire. Et pas par des argumentations purement intellectuelles, mais des comptages, des observations, des résultats d'études scientifiques. Le TA de Nantes (ASPAS, 21 mars 1996) aboutit, pour ce qui concerne les dates de chasse, aux mêmes résultats par un autre biais : il annule la décision du préfet de refuser la modification des dates légales, qu'il avait reproduites. Successivement, le CE (*ASPAS*, 14 janvier 1998, et *ASPAS*, 19 juin 1998) puis la CAA Paris, 24 septembre 1998 (*Ministre de l'Environnement et Fédération interdépartementale des chasseurs de Paris* (48)) ont entériné ces positions (49).

Le plus surprenant a été que le Parlement, loin de reculer, a réédité, en plus radical, sa tentative en fixant lui-même, en violation ouverte et volontaire de la directive, les dates d'ouverture (50) et de fermeture par la loi du 3 juillet 1998. La Commission a immédiatement réagi en annonçant la réactivation d'une procédure pendante devant la CJCE, demandant que soit prononcée une forte astreinte quotidienne. Et les TA de Pau et Grenoble (10 décembre 1998) ont considéré que cette loi était inapplicable et fait injonction, sous astreinte de 1000 F par jour, aux préfets de prendre des arrêtés de fermeture au 31 janvier pour les espèces concernées. Quant au Conseil d'État (51), il a considéré que « ... les dispositions introduites au second alinéa de l'article L. 224-2 du Code rural par la loi du 3 juillet 1998 sont, dans leur quasi-totalité, incompatibles avec les objectifs de préservation des espèces de l'article 7 § 4 de la directive n° 79-409/CEE du 2 avril 1979 telle que celle-ci a été interprétée par l'arrêt de la Cour de justice des Communautés européennes du 19 janvier 1994 ; que, ces dispositions du second alinéa de l'article L. 224-2 du Code rural étant ainsi inapplicables, elles ne pouvaient légalement justifier que, saisi d'une demande en ce sens, le ministre chargé de la chasse refusât d'exercer, dans le respect des objectifs de la directive, la compétence réglementaire qu'il tenait des dispositions combinées du premier alinéa de l'article L. 224-2 du Code rural et de l'article R. 224-6 du même code ».

Pour ce qui concerne les périodes d'ouverture et de fermeture de la chasse, le gouvernement n'avait donc guère d'espace de choix.

La nouvelle rédaction adoptée par la loi du 1er juillet 2000 – article L. 424-2 et s. du Code de l'environnement – réintroduit la compétence de l'autorité administra-

(48) V. comm. N. GIFFON, *DE* novembre 1998, p. 10-12.

(49) V. cependant pour des décisions contraires avec un comm. M. DAILLANT, *Dr. env.* janvier-février 1998, p. 22.

(50) La chasse au gibier d'eau est ouverte dès le troisième samedi de juillet dans quatorze départements sur le domaine public maritime. Quant aux dates de fermeture de la chasse, elles s'échelonnent du 31 janvier à fin février. Certaines espèces qui peuvent être en migration dès fin janvier peuvent être chassées jusqu'au 10 février : fugile, vaneau huppé, oie cendrée, canard chipeau, sarcelle, foulque, pluvier doré entre autres.

(51) Section du contentieux, sur le rapport de la 6e sous-section n° 199622, 200124, séance du 26 novembre 1999, lecture du 3 décembre 1999, Association ornithologique et mammalogique de Saône-et-Loire, Rassemblement des opposants de chasse et Association France Nature Environnement.

tive, dans des conditions définies par un décret en Conseil d'État. Aucune date butoir ne figure plus dans la loi, comme c'était le cas en 1994 et 1998, et les alinéas 2 et 3 du nouvel article visent à assurer une conformité parfaite de la loi avec la directive européenne de 1979 : les termes de ces alinéas sont d'ailleurs soigneusement pesés, le terme de « migration » n'y figurant pas.

La décision de la CJCE du 7 décembre 2000 ne concerne évidemment pas la loi d'août 2000. Mais elle pose un certain nombre de principes que l'exécution de la loi de 2000 par les préfets peut contrarier. La méthode « ORNIS » prise comme référence scientifique par la France autorise des chevauchements entre chasse et migration : pour 29 espèces, selon la Cour, « les dates de clôture sont fixées avec une, deux, voire trois décades de retard par rapport avec celle du début de migration de retour de l'espèce. Sont en particulier concernés le canard col-vert, l'oie cendrée, le pluvier argenté, l'alouette des champs ». Il résulte de cette interprétation, d'ailleurs en accord avec la rédaction littérale de la directive, que les arrêtés d'ouverture et de fermeture de la chasse ne pourront plus s'appuyer valablement sur les dates déterminées par rapport à la méthode ORNIS. Le ministre de l'Environnement aurait dès lors tout intérêt à prendre les mesures adéquates pour éviter tout contentieux interne, qui serait inévitablement perdant pour l'État. À défaut, il conviendra bien évidemment que sa responsabilité soit engagée. Le Conseil d'État, en annulant le 25 janvier une grande partie des dispositions contestées du décret du 1er août 2000 qui autorisait la chasse de certaines espèces migratrices à partir du 10 août et jusqu'au 20 février, pourrait bien à cet égard avoir lancé un dernier coup de semonce. Mais il faut noter que sa décision est plus nuancée que les précédentes pour ce qui concerne la possibilité d'échelonnement des dates : il l'admet dès lors que la protection exigée par les textes européens lui semble assurée de manière complète (52)... La tendance fréquente à favoriser les chasseurs promet quelques autres contentieux nationaux et européens qui permettront de clarifier encore mieux tout cela...

Le Conseil d'État tient en la matière une ligne devenue ferme, d'autant plus, et c'est une nouveauté, qu'il reçoit avec faveur les argumentations désormais assises sur le principe de précaution, qui a donc une fonction d'avenir en matière de protection de la diversité biologique (53).

B. LE PROBLÈME DES CHASSES TRADITIONNELLES

Le débat le plus important portait sur les chasses traditionnelles (54). Le premier paragraphe de l'article 8 de la directive interdit l'utilisation des « moyens, installations ou méthodes de capture ou de mise à mort massive ou non sélective ou pouvant entraîner localement la disparition d'une espèce, et en particulier ceux énoncés à l'annexe IV, sous a ». La réglementation française permettait de fait l'utilisation de gluaux et de filets, moyens qui figurent en bonne place parmi ceux

(52) V. comm. SAULNIER, *AJDA* n° 7/8 2002, p. 624 et s.

(53) V. CE, *Ligue pour la protection des oiseaux*, req. n° 283104, Juge des référés, 3 août 2005, inédit, *Lebon* : « Considérant qu'au regard de ces règles, compte tenu des données scientifiques disponibles telles qu'elles ont été discutées par les parties et ainsi d'ailleurs que cela ressort des décisions déjà rendues par le CE, le moyen tiré de ce que l'ouverture au 6 août de la chasse au limicoles sur les territoires déterminés par l'arrêté serait contraire aux objectifs de la directive oiseaux ainsi, et en tout état de cause, qu'au principe de précaution, n'est pas en l'état de l'instruction, de nature à faire naître un doute sérieux sur la légalité de cet arrêté... ».

(54) V. R. ROMI, chron. de droit de la chasse, « 1989 : l'année des rendez-vous manqués », *RJE* 2, 1989, p. 173.

énoncés dans la dite annexe, pour la capture des grives et des alouettes (55). Pour le gouvernement français, le maintien des chasses dites traditionnelles était conforme avec les possibilités de dérogations prévues par la directive, ne permettant que « dans des conditions strictement contrôlées et de manière sélective, la capture, la détention, ou toute autre exploitation judicieuse de certains oiseaux en petites quantités ». La Commission est sur ce point déboutée, « parce qu'elle n'a pas soumis de dossier aussi complet que possible à la Cour » (56), mais « il serait prématuré de voir, dans l'arrêt de la Cour, une reconnaissance explicite de la chasse traditionnelle en France » (57).

La Convention de Bonn, pour sa part, n'interdit l'emploi des gluaux, collets, filets, pièges trappes que pour les espèces protégées mentionnées aux annexes 3 et 2. Il semble que l'annexe III (espèces « relativement protégées ») concerne presque tous les oiseaux y compris des oiseaux qui font l'objet de chasses « traditionnelles », que cela soit dit ou pas... le libellé lapidaire de l'annexe III ne semble pas exclure les ortolans (58), les alouettes, les grives... donc, est interdite pour ces espèces l'utilisation des moyens « traditionnels de chasse ». Reste cette dérogation instituée par l'article 9 : il appartiendra aux tribunaux de juger si le résultat de l'usage, par exemple, de deux mille tenderies par tendeur et par an en Ardenne (59) constitue une « exploitation judicieuse » et un prélèvement « de petites quantités ». L'on nous objectera d'abord que la directive de 1979 pouvait déjà servir de support, ainsi que les textes législatifs français résultant du cavalier voté fin 1988. C'est vrai... mais ratifier cette Convention, c'est tout de même réaffirmer un certain état d'esprit qui n'est pas compatible, en pure logique sinon en droit, avec le maintien et le soutien des chasses traditionnelles. Et qu'on le veuille ou pas, bien que le mot « judicieux » soit susceptible de plusieurs interprétations, tout comme l'expression « petites quantités », c'est bien le diable s'il ne se trouve pas quelque juges pour accepter de jeter un œil critique sur le nombre et les conditions de prélèvement de certaines espèces ! Par ailleurs et surtout, ces « dérogations », selon la rédaction de l'article concerné, ne peuvent être consenties que « s'il n'existe pas d'autre solution satisfaisante... ». Voilà qui est à méditer : et si les chasses traditionnelles étaient illicites (60) ? Il est exact que l'expression figure aussi dans la directive de 1979. Mais qu'est-ce qui empêche d'en faire une nouvelle lecture, normalement restrictive ? Le caractère notoirement peu sélectif de certains procédés (61) pourrait au

(55) V. J. UNTERMAIER, comm. préc., « Des petits oiseaux aux grands principes », *op. cit.*, p. 465 et s.

(56) L. KRÄMER, P. KROMAREK, « Chronique de droit communautaire de l'environnement », n° 3, 1988, *RJE*, p. 307 et s.

(57) *Ibid.*, p. 307.

(58) Pour mieux mesurer les pesanteurs des traditions françaises de chasse en regard de l'évolution du droit contemporain de la protection des espèces, il faut signaler que l'ortolan n'est protégé en France que depuis l'arrêté publié au *JO* du 7 mars 1999, alors même que la France était « invitée » à assurer cette protection en 1988 par la CJCE...

(59) C'est la quantité qu'autorise sur la base d'un certain fameux cavalier législatif voté à la sauvette à Noël 1988 un arrêté du 17 août 1989 paru au *JO* 13 septembre, p. 11560 et s.

(60) Étant bien entendu que la théorie de l'écran législatif – même sans considérer la jurisprudence *Nicolo* – ne pouvait jouer ici, car le texte législatif en vigueur était antérieur à l'introduction de la Convention...

(61) Gluau, matoles.

moins être reconnu par les pouvoirs publics, à titre de première avancée vers une humanisation des pratiques anciennes.

La légalisation des chasses de nuit par la loi du 1er juillet 2000 est une concession aux chasseurs, et surtout aux élus locaux des départements de chasse. L'article L. 424-4 du Code de l'environnement permet la chasse à la passée deux heures avant le lever du soleil et deux heures après le coucher du soleil. Une jurisprudence classique interdisait aux préfets toute tolérance en cette matière, même inférieure (62) : en regard du principe selon lequel les chasses non sélectives sont interdites, on peut s'interroger sur la validité juridique de toute dérogation de ce type. Il peut en effet et par exemple s'avérer difficile d'assurer, de nuit, de ce qu'un gibier chassé ne sera pas en fait une espèce protégée... La question peut être posée aussi, de manière plus accusée encore, pour l'article L. 424-5 qui permet ouvertement la chasse de nuit, à partir de postes fixes, dans 21 départements. Certes, l'organisation des postes fixes est contrôlée par l'État – ce qui de fait interdit leur prolifération.

C. LA QUESTION DES ESPÈCES DITES « NUISIBLES »

Un décret du 30 septembre 1988 (63), précité, « relatif à la destruction des animaux classés nuisibles en application de l'article 393, alinéa 1 du Code rural », abroge diverses dispositions antérieures, tente de régler le problème de la définition des animaux nuisibles, et révise les modalités de destruction de ces animaux ; il est complété par un arrêté du 30 septembre publié au même *JO* fixant la liste des animaux « susceptibles d'être classés nuisibles ». Ces deux textes, s'ils ne sont pas à proprement parler contradictoires avec les textes européens, présentent l'inconvénient de ne pas relever fondamentalement d'un autre esprit que les anciens, et prêtent le flanc à la critique des associations de protection de la nature.

Le décret du 30 septembre 1988 effectue en premier lieu un « toilettage » des dispositions éparses du Code rural concernant le sujet, puis tente de régler de manière exhaustive tous les problèmes posés par l'existence d'un régime spécifique des espèces nuisibles ; il ne supprime pourtant pas, malgré ce louable effort, certaines contradictions logiques inhérentes au système français de traitement des espèces visées.

L'article premier du décret de septembre procède à la modification ou à l'abrogation des articles 372, 373, 393 et 395 du Code rural et à l'abrogation de la loi du 23 juillet 1907 permettant la destruction des corbeaux et pies « dans les contrées où le trop grand nombre de ces oiseaux occasionne des dommages aux ensemencements et aux récoltes » et de plusieurs dispositions réglementaires du Code rural introduites par des décrets du 27 avril et 25 septembre 1972. Cette remise en ordre a en particulier pour effet de retirer au seul ministre de l'Agriculture

(62) Était ainsi considérée comme illégale l'autorisation donnée par arrêté préfectoral de chasser une heure avant le lever et une heure après le coucher du soleil : TA, Grenoble, 28 novembre 1987, *Assoc. ROC*, *RJE* 1988, p. 333, concl. GARDREAU, note LEVY-BRUHL.

(63) Décret n° 88 940, *JO* 2 octobre 1988, p. 12437 et 12438.

(art. 372 ancien, al. 3 du Code rural) le soin de « réglementer la mise en vente, la vente, l'achat, le transport et le colportage des animaux classés comme nuisibles et régulièrement détruits »... après avis du Conseil national de la chasse ; un décret sera dorénavant nécessaire, la consultation du Conseil étant maintenue. Les autres modifications sont nécessitées par la mise en place du nouveau dispositif, et n'appellent pas de remarques spéciales. Hors l'article premier qui procède à ce « toilettage », le décret comprend 21 articles divisés en 4 chapitres : « classement des animaux nuisibles », « exercice du droit de destruction », « modalités de destruction », « transport et lâcher », plus trois articles composant un chapitre fourre-tout portant « mesures diverses ».

Les modalités de classement des animaux nuisibles ont apparemment pour but d'assurer la soumission du classement aux impératifs de la protection des espèces. Il revient au ministre chargé de la Chasse (donc, le ministre ou secrétaire d'État à l'Environnement) le soin de fixer une liste d'espèces susceptibles d'être classées nuisibles (art. 2), après avis du Conseil national de la chasse et de la faune sauvage « en fonction des dommages que ces animaux peuvent causer aux activités humaines et aux équilibres biologiques » ; protection de l'agriculture et régulation cynégétique sont ainsi – ce n'est pas vraiment nouveau – consacrées comme devant seules fonder d'éventuels classements. À cet égard, l'arrêté annexé du 30 septembre 1988 signé par le directeur de la protection de la nature au ministère de l'Environnement pour le compte de B. Lalonde pose tout de même problème.

Parmi les mammifères figurant sur la liste, on peut à nouveau compter depuis l'abrogation de l'arrêté du 21 mars 2002 (64) par l'arrêté signé par R. Bachelot le 6 novembre 2002 (65), la martre, le putois, la fouine et la belette, alors que ces mustélidés figurent sur l'arrêté du 15 avril 1985 modifiant l'arrêté du 17 avril 1981 fixant la liste des mammifères protégés (*JO* du 21 mai 1985) ; certes, sont seulement interdits par cet arrêté « la mutilation, la naturalisation..., le transport, le colportage, l'utilisation, la mise en vente, la vente des ou l'achat des spécimens détruits, capturés ou enlevés de ces espèces » ; il y a quelque contradiction à autoriser de fait par un arrêté ce que l'on interdit par un autre, et que les mesures de septembre auraient gagné en cohérence à rappeler solennellement le caractère exceptionnel des destructions autorisées, surtout à une époque où le braconnage se développe dangereusement, et dans la mesure où, trop souvent, les autorisations de destruction sont perçues comme de simples extensions du droit de chasser.

On remarquera par ailleurs l'absence prolongée du loup, espèce protégée par la Convention de Berne de 1979, dans la liste des mammifères susceptibles d'être classés nuisibles. De fait, cette espèce figure dorénavant au nombre des espèces protégées (66), même si elle peut exceptionnellement faire l'objet d'éliminations : mais avant l'arrêté du 10 octobre 1996, la codification effectuée en février 1996 (Code général des collectivités territoriales) avait réaffirmé (article L. 2122-21, 9°) que les maires disposaient du pouvoir de « prendre, à défaut des propriétaires,

(64) Arrêté 21 mars 2002, *JO* 4 avril 2002.
(65) Arrêté immédiatement visé par un recours de l'ASPAS : *Le Monde* 16 décembre 2002, p. 15.
(66) V. le dernier arrêté du 16 décembre 2004 modifiant l'arrêté du 17 avril 1981 fixant les listes des mammifères protégés sur l'ensemble du territoire *JO* n° 302, 29 décembre 2004, p. 22230.

toutes les mesures nécessaires à la destruction des animaux nuisibles... ainsi que des loups (67) et des sangliers remis sur le territoire »... Le TA de Nice a été conduit à prononcer – après avoir une première fois refusé de le faire – le sursis à exécution de délibérations de communes des Alpes-Maritimes fondées sur cette disposition. La CAA de Marseille a à ce propos confirmé la suprématie de la Convention de Berne sur la loi interne – en l'occurrence l'article L. 2122-21-9° du Code général des collectivités territoriales (v. CAA, Marseille, 28 décembre 1998, *Commune de Breil-sur-Roya* (68)). Le Conseil d'État a été également amené à se prononcer (notamment CE, 8 décembre 2000, *Commune d'Auvare*) sur des délibérations de conseils municipaux organisant la destruction des loups : annulation, en raison de l'absence d'énonciation du but et des limites de cette mesure, mais réaffirmation classique de ce que ni la Convention de Berne (qui ne produit que des obligations entre les États et pas des effets directs dans l'ordre juridique interne) ni la directive de 1992 (à la lumière de laquelle le CE interprète l'article L. 2122-21 9) du Code général des collectivités territoriales n'interdisent de manière absolue la destruction ou la capture des loups. L'inscription spécifique des loups (comme d'ailleurs des blaireaux) dans plusieurs articles du Code général des collectivités territoriales ayant trait à des « battues » ou à des « éliminations » n'en demeurait pas moins poser un problème juridique ; pour cette raison – mais il aura fallu attendre bien longtemps ! – un décret du 25 mai 2001 a réparé ces incohérences, en particulier en précisant que ces battues ou éliminations ne peuvent porter sur des espèces protégées (69) que dans les conditions énoncées dans les textes de protection. Le conseil d'État a d'ailleurs malencontreusement légitimé les réticences dominantes en faisant une interprétation restrictive du droit existant pour valider l'abattage de quatre loups – CE 20 avril 2005, n° 271218, 271339, *ASPAS* (70). Dans la foulée, Nelly Olin a autorisé, de manière extrêmement contestable, l'abattage par les bergers eux-mêmes de six loups. le 17 juin 2005 (71). Dans le protocole annexé à l'arrêté, des conditions sont énoncées ; détention du permis de chasse, autorisation du préfet, et plus de trois attaques de loup en trois semaines). Le Conseil d'État a encore accepté récemment dans des termes très clairs une autorisation d'abattage dans des circonstances il est vrai pénibles pour des éleveurs (CE 26 avril 2006, *ASPAS*, req. n° 274339 (72)).

En second lieu, on notera que le pigeon ramier figure parmi les oiseaux susceptibles d'être classés nuisibles. Le pigeon ramier, *colomba palombus* de son nom scientifique, figure sur l'annexe 11-1 de la directive du Conseil de la CEE du 2 avril 1979 concernant la conservation des oiseaux sauvages et peut donc faire l'objet de chasse, mais dans les conditions définies par la directive et plus particulièrement ses articles 4, 5, 7 et 9. Et le décret de septembre, article 16, permet que les arrêtés préfectoraux autorisent le tir à poste fixe des pigeons ramiers sans formalités jusqu'au 30 mars et avec autorisation individuelle jusqu'au 30 juin, c'est-à-dire en tout état de cause, pendant les périodes de migration vers les lieux de nidification (qu'il est possible de repérer du fait

(67) L'expression est claire : les loups ne sont pas des espèces nuisibles mais ils doivent ou peuvent être, au même titre que les espèces nuisibles, être détruits... Curieuse conception du droit des espèces protégées !

(68) *AJDA* septembre 2001, p. 775 et s. note J.-M. Février ; *Dr. env.* avril 1999, p. 10-11, comm. C. Bohbot ; du même auteur, « Les battues administratives aux loups mises en échec par la Convention de Berne », *RJE* 1999, p. 391 et s. ; M. Carius, « *Cave Canem Lupum !* », *RDR* novembre 2001, p. 545 et s.

(69) Et en modifiant l'un des alinéas les plus controversés du Code des collectivités territoriales sur ce sujet (« à l'alinéa 9 de l'art. L. 2122-21 du Code général des collectivités territoriales, les mots : « désignés dans l'arrêté pris en vertu des art. L. 427-8 et L. 427-9 du Code de l'environnement ainsi que des loups et sangliers remis sur le territoire » sont supprimés ». Par ailleurs, une nouvelle rédaction de l'art. R. 227-27 du Code rural énonce désormais que « Le propriétaire ou le fermier n'est pas autorisé à détruire les bêtes fauves mentionnées à l'art. L. 427-9 du Code de l'environnement lorsqu'elles appartiennent à une espèce dont la capture ou la destruction est interdite en application de l'art. L. 411-1 du même code. »

(70) V. comm. J. M. Pontier, *AJDA* 4 juillet 2005, p. 1400 et s.

(71) *Le Monde* 6 juillet 2005, p. 32.

(72) Conc. Y. Aguila, v. *Dr. env.* n° 140 juillet-août 2006, p. 198 et s.

que, au contraire d'autres espèces, le pigeon ramier effectue ses migrations en vols nombreux) : cette migration s'effectue en effet souvent (en Ardèche en particulier) dès janvier et en masse du 15 février au 31 mars – le fait a été même reconnu par le président de la Fédération départementale des chasseurs de l'Ardèche dans une lettre adressée au président de l'Office national de la chasse et publiée dans *Le Chasseur Ardéchois,* n° 13 de juillet 1981. Il conviendra donc que les arrêtés préfectoraux ne classent espèces nuisibles les pigeons ramiers que si (conformément à l'art. 9 de la directive) « il n'existe pas d'autre solution satisfaisante » et pour des motifs réels dûment vérifiés. Il est vrai que la situation née du décret de septembre représente un progrès par rapport à l'époque ou le pigeon ramier était classé nuisible sur tout le territoire (classement annulé par le Conseil d'État le 9 janvier a 1980 (73) au motif qu'il n'était « pas établi que l'espèce... constitue une menace pour les activités agricoles ou les équilibres biologiques sur l'ensemble du territoire ») mais ce progrès n'en représente pas moins un danger de non-respect de la directive mentionnée (74) ; ce risque peut certes être considéré comme inévitable... encore que le pigeon ramier ait en fait une alimentation très variée qui rend douteuse sa dangerosité pour les récoltes, sauf peut-être pour le colza.

On peut faire des analyses aussi critiques des termes et usages de l'article L. 427-7 du Code de l'environnement.

Il n'est pas sûr que la déconcentration effectuée des décisions effectives de classement soit la solution la plus adéquate pour concilier protection des espèces et destruction des animaux nuisibles... Bien sûr, les préfets sont à même, mieux que le ministre ou les fonctionnaires parisiens, de percevoir les spécificités de « leur » département, mais ils sont aussi soumis directement à la pression des chasseurs du terroir ; on peut même dire que le poids leur en incombera d'autant plus que la pratique des lâchers d'espèces nuisibles n'est nullement remise en cause et qu'il leur reviendra de l'organiser (art. 22 du texte) ; sont ainsi pérennisées ces situations paradoxales où le même préfet autorisera des lâchers d'espèces susceptibles d'être classées nuisibles puis les classera nuisibles, donnant ainsi aux chasseurs le droit, en toute impunité, s'ils sont « propriétaires, possesseurs, ou fermiers » ou « délégataires » de ceux-ci, de chasser en dehors des périodes de chasse. Évidemment, le fait que les arrêtés préfectoraux doivent être pris chaque année constitue un acquis, d'autant plus (art. 2 *in fine)* qu'ils doivent être pris avant le 1er décembre pour entrer en vigueur au 1er janvier suivant, ce qui laisse une chance aux associations intéressées d'en obtenir le retrait ou de négocier en vue d'un aménagement des arrêtés ultérieurs ; et cette « précarité » oblige – théoriquement – les préfets à adapter leurs listes en fonction des dangers réels représentés par les espèces animales considérées pour « les activités humaines » ou les équilibres biologiques durant l'année en cours. Dans cette optique, l'obligation de consulter les conseils départementaux de la chasse et de la faune sauvage est tout à fait normale, mais le fait que les membres d'associations agréées pour la protection de la nature siégeant au sein de chaque conseil en vertu du décret du 7 mars 1986 ne soient que deux, contre huit représentants des chasseurs et quatre représentants des agriculteurs et forestiers (les deux personnalités scientifiques, « inclassables », pouvant être soit proches des chasseurs, soit proches des agriculteurs soit sympathisantes des associa-

(73) V. J. Guilbaud, *La chasse et le droit*, Litec, 13e éd., p. 244.

(74) Pour une annulation d'une décision préfectorale classant le pigeon ramier parmi les espèces nuisibles au motif que celui-ci n'avait pas recherché d'autres solutions pour protéger les semis et cultures, v. CE, 23 mars 1998, *Société Fédération des sociétés pour l'étude, la protection, et l'aménagement de la nature dans le Sud-Ouest, section Béarn*, *Juris-Data* n° 050365.

tions de protection de l'environnement), laisse mal augurer de la part des réflexions écologiques dans le processus d'élaboration de l'avis.

Sur les modalités de destruction, quelques remarques suffiront. C'est pour se placer en conformité avec, en particulier, l'article 8, alinéa 1 de la directive relative à la conservation des oiseaux sauvages, que l'article 9 du décret pose le principe selon lequel les « pièges doivent être sélectifs par leur principe ou leurs conditions d'emploi ». Cette sélectivité est assurée par une procédure d'homologation, qui n'est pas nouvelle. L'on remarquera tout de même que – au moins pour ce qui concerne le pigeon ramier – l'annexe IV citée en référence par cet article 8 de la directive semble bien interdire formellement l'emploi des « collets, gluaux, hameçons... filets, pièges-trappes, appâts empoisonnés ou tranquillisants... », tous moyens susceptibles d'être agréés par le ministre s'il ne prend pas garde de distinguer, dans ses arrêtés portant agrément de pièges, gibiers à plume et gibiers à poil, ou s'il entend accepter au-delà de certaines limites ce que l'on appelle un peu abusivement les « chasses traditionnelles »...

On relèvera pour terminer, et pour marquer que la chasse ne présente pas un intérêt – aux yeux du juriste – tel en soi qu'elle ne puisse être conciliée, au besoin autoritairement, avec la protection de la nature, la décision de la Chambre criminelle de la Cour de cassation le 15 décembre 1987 (*JCP* G 1988, IV, p. 74) rendue à propos d'un acte de chasse dans l'enceinte du parc national des Cévennes. Le demandeur, qui n'avait pas demandé ni reçu d'autorisation, arguait de l'incompatibilité entre le décret du 7 août 1984 réglementant la chasse dans le parc avec le premier protocole additionnel de la Convention européenne des droits de l'homme : la Chambre, par un attendu très sec, se contente d'observer que le droit de chasse n'est pas au nombre de ceux protégés par la Convention européenne.

§ 3 LA RÉFORME DU DROIT DE LA CHASSE PAR LA LOI SUR LE DÉVELOPPEMENT DES TERRITOIRES RURAUX : UNE ÉVOLUTION FAVORABLE AU MAINTIEN DE LA DIVERSITÉ BIOLOGIQUE ?

On a pu mesurer que le fait que le droit de la chasse soit intégré dans le droit de l'environnement, par l'inclusion de ses dispositions dans le Code de l'environnement, ne garantit nullement qu'il soit orienté d'une manière qui tranche avec ses anciennes tendances, très critiquées par les associations de protection de la nature et souvent condamnées par les juridictions européennes. Particulièrement ici, le législateur se prend à jouer un jeu contrasté en allégeant des dispositions qu'il jugeait peu pratiques pour les chasseurs et en faisant le pari de renforcer leur mode propre d'organisation en ancrant leur légitimité dans une idéologie ruraliste, revendiquée comme fondatrice d'une nouvelle logique de développement des territoires ruraux. La principale critique qui a été faite par les associations de protection de la nature (75) a porté sur un nouvel alinéa de l'article L. 411-2 du Code de l'environnement qui énonce que *« La liste des espèces animales non domestiques prévue au 1° est révisée tous les deux ans »*. Cette liste est indirectement mais régulièrement revisitée (76) par le jeu des arrêtés pris sur le fondement de l'article R. 411-2 du code, et cette obligation, *de facto* peu utile, a à l'évidence pour objectif de satisfaire les revendications immédiates des agriculteurs qui ont maille à partir avec les loups (77). Mais cette novation, à portée communicationnelle autant que juridique, est moins importante que celle qui consiste à modifier notablement les dispositions concernant le transport des espèces (78).

Le législateur commence par modifier les dispositions générales de l'article L. 411-3 en renforçant la capacité de contrôle du gouvernement sur « *le transport, le colportage, l'utilisation, la mise en vente, la vente ou l'achat* » de certaines espèces animales ou végétales :

Ancienne rédaction	**Nouvelle rédaction**
I. – Afin de ne porter préjudice ni aux milieux naturels ni aux usages qui leur sont associés ni à la faune et à la flore sauvages, est interdite l'introduction dans le milieu naturel, volontaire, par négligence ou par imprudence : 1° De tout spécimen d'une espèce animale à la fois non indigène au territoire d'introduction et non domestique, dont la liste est fixée par arrêté conjoint du ministre chargé de la protection de la nature et, soit du ministre chargé de l'agriculture soit, lorsqu'il s'agit d'espèces marines, du ministre chargé des pêches maritimes ; 2° De tout spécimen d'une espèce végétale à la fois non indigène au territoire d'introduction et non cultivée, dont la liste est fixée par arrêté conjoint du ministre chargé de la protection de la nature et, soit du ministre chargé de l'agriculture soit, lorsqu'il s'agit d'espèces marines, du ministre chargé des pêches maritimes ;	[...]

(75) V. « Loi affaires rurales, les députés bradent la nature », *La lettre d'action pour la nature* n° 16, octobre 2004.

(76) V. C. Cans et P. Billet, *Code de l'environnement annoté et commenté*, Dalloz, éd. 2006, p. 1118 à 1119.

(77) Cette disposition est à rapprocher de l'autorisation de tir aux loups donnée par N. Olin aux éleveurs eux-mêmes. On notera aussi que pour le rédacteur de la loi DTR le jour commence avant le lever du soleil et finit après la tombée de la nuit : c'était déjà le cas pour la chasse à la passée (le jour commence deux heures avant son lever, et finit deux heures près, dit l'alinéa 2 du même texte) : dorénavant, selon l'art. L. 424-4 alinéa 1, *in fine*, « Le jour s'entend du temps qui commence une heure avant le lever du soleil au chef-lieu du département et finit une heure après son coucher. »

(78) Nouvelle rédaction de l'art. L. 424-8 du Code de l'environnement.

3° De tout spécimen de l'une des espèces animales ou végétales désignées par l'autorité administrative. II. – Toutefois, l'introduction dans le milieu naturel de spécimens de telles espèces peut être autorisée par l'autorité administrative à des fins agricoles, piscicoles ou forestières ou pour des motifs d'intérêt général et après évaluation des conséquences de cette introduction. III. – Dès que la présence dans le milieu naturel d'une des espèces visées au I est constatée, l'autorité administrative peut procéder ou faire procéder à la capture, au prélèvement, à la garde ou à la destruction des spécimens de l'espèce introduite. Les dispositions du II de l'article L. 411-5 s'appliquent à ce type d'intervention.	
IV. – Lorsqu'une personne est condamnée pour infraction aux dispositions du présent article, le tribunal peut mettre à sa charge les frais exposés pour la capture, les prélèvements, la garde ou la destruction rendus nécessaires. V. – Un décret en Conseil d'État précise les conditions d'application du présent article.	IV *bis*. – Lorsque les nécessités de la préservation du patrimoine biologique, des milieux naturels et des usages qui leur sont associés justifient d'éviter leur diffusion, sont interdits le transport, le colportage, l'utilisation, la mise en vente, la vente ou l'achat des espèces animales ou végétales dont la liste est fixée par arrêtés conjoints du ministre chargé de la protection de la nature et soit du ministre chargé de l'agriculture soit, lorsqu'il s'agit d'espèces marines, du ministre chargé des pêches maritimes. V. – Un décret en Conseil d'État précise les conditions d'application du présent article.

Mais la modification essentielle tient au transport du gibier vivant : la situation antérieure à la loi DTR énonçait une interdiction du transport vivant en tout temps, sauf obtention d'un permis de transport sur le fondement de l'article R. 224-14 du Code. L'article L. 428-3-IV prohibait pour sa part toute commercialisation en période de fermeture. La nouvelle rédaction pose une nouvelle rédaction de l'article L. 424-8 :

« Le transport, la vente, la mise en vente, la détention pour la vente et l'achat des animaux vivants d'espèces dont la chasse est autorisée ou des animaux licitement tués à la chasse sont :

1° Libres toute l'année pour les mammifères ;

2° Interdits pour les oiseaux et leurs œufs, sauf pour :

– leur transport à des fins non commerciales, y compris le transport des appelants et des escaps ;

– les espèces dont la liste est fixée par arrêté du ministre chargé de la chasse.

II. – Toutefois, des restrictions peuvent être apportées par l'autorité administrative à ces dispositions pour prévenir la destruction ou favoriser le repeuplement du gibier.

III. – Le transport, la vente, la mise en vente, la détention pour la vente et l'achat des animaux vivants ou morts d'espèces dont la chasse est autorisée et qui sont nés et élevés en captivité sont libres toute l'année.

IV. – Nonobstant les dispositions des I et III, la vente, le transport pour la vente, la mise en vente, la détention pour la vente et l'achat des animaux licitement tués à la chasse ou morts provenant d'élevages visés au III sont autorisés s'ils respectent les dispositions relatives à la traçabilité des produits prévues aux articles L. 232-1, L. 232-1-1, L. 232-2 et L. 232-3 du Code rural et si les animaux ont fait l'objet d'une inspection sanitaire conformément aux articles L. 231-1, L. 231-2 et L. 231-3 du même code. »

Il s'agit bien d'une libéralisation. Elle s'accompagne, il est vrai, d'une augmentation de la répression pénale : les articles L. 428-4-III et L. 428-5-1-II prévoient des peines plus importantes (emprisonnement de deux ans, amendes de 30000 € pour chasse de nuit, sur territoire d'autrui ou par engins prohibés), qui sont aggravées quand le transport porte sur des produits du braconnage (4 ans et 60000 €). Le reste semble affaire de commodité pratique, comme c'est le cas pour le transport du gibier tué par collision (79). Avec, tout de même une interrogation sur l'utilité et le sens de la modification de l'ancien article L. 424-11 :

Ancien article L. 424-11	Nouvel article L. 424-10
Il est interdit d'enlever des nids, de prendre ou de détruire, de colporter ou de mettre en vente, de vendre ou d'acheter, de transporter ou d'exporter les œufs ou les couvées de perdrix, faisans cailles ou tous autres oiseaux, ainsi que les portées ou petits de tous animaux sous réserve des dispositions relatives aux animaux nuisibles. Les détenteurs du droit de chasse et leurs préposés ont le droit de recueillir, pour les faire couver, les œufs mis à découvert par la fauchaison ou l'enlèvement des récoltes. »	Il est interdit de détruire, d'enlever ou d'endommager intentionnellement les nids et les œufs, de ramasser les œufs dans la nature et de les détenir. Il est interdit de détruire, d'enlever, de vendre, d'acheter et de transporter les portées ou petits de tous mammifères dont la chasse est autorisée, sous réserve des dispositions relatives aux animaux nuisibles. Les détenteurs du droit de chasse et leurs préposés ont le droit de recueillir, pour les faire couver, les œufs mis à découvert par la fauchaison ou l'enlèvement des récoltes. »

La simple analyse lexicale et contextuelle fait naître plus d'interrogations qu'elle ne livre de certitudes absolues. Passons sur le fait que les cailles, perdrix et faisans perdent ici une spécificité qu'ils ne devaient et ne doivent qu'à leur qualité de cibles préférées ou privilégiées des chasseurs... la disparition de la mention du colportage n'est rien : on ne peut pas colporter ce que l'on a pas le droit de détenir. Par contre, l'adjonction de la mention « *dans la nature* », si l'on admet qu'elle se rapporte bien à tous les actes énoncés, permet sans ambiguïté la commercialisation des produits d'élevage. Par ailleurs, l'usage du mot « *intentionnellement* » excuse les maladresses, qui ne peuvent plus faire l'objet d'une répression : la destruction d'œufs ou de nids ne peut plus en aucun cas être considérée comme une infraction matérielle, et certains excès pourraient en être rendus moins aisés à sanctionner...

(79) « Art. L. 424-9. – Le grand gibier tué accidentellement et en tout temps à la suite d'une collision avec un véhicule automobile peut être transporté sous réserve que le conducteur en ait préalablement prévenu les services de la gendarmerie nationale ou de la police nationale. »

Quant au nouvel article L. 424-11 (80), ses dispositions doivent être rapprochées des dispositions organisant la réintroduction des espèces en général, nuisibles ou protégées : toutes sont désormais placées sous des régimes d'autorisation, diversifiés selon la nature chassable, protégée ou « nuisible » de l'espèce (81).

Mais la loi DTR modifie beaucoup plus substantiellement l'image de la chasse que ne laisse supposer ces modifications qui peuvent être présentées – à tort, sûrement – comme marginales. La lecture de l'article 149 du texte, qui modifie les deux dernières phrases de l'article 420-1 du code, traduit la volonté officielle de modifier l'image de marque des chasseurs. Leur utilité écologique est mieux marquée, plus précisément, et leur utilité économique pour la première fois reconnue.

Ancienne version	Nouvelle version
... « Le principe de prélèvement raisonnable sur les ressources naturelles renouvelables s'impose aux activités d'usage et d'exploitation de ces ressources. En contrepartie de prélèvements raisonnés sur les espèces dont la chasse est autorisée, les chasseurs doivent contribuer à la gestion équilibrée des écosystèmes. »	... « Par leurs actions de gestion et de régulation des espèces dont la chasse est autorisée ainsi que par leurs réalisations en faveur des biotopes, les chasseurs contribuent à la gestion équilibrée des écosystèmes. Ils participent de ce fait au développement des activités économiques et écologiques dans les milieux naturels, notamment dans les territoires à caractère rural. »

L'article 153 de la loi DTR renforce le rôle des fédérations régionales qui (nouvelle rédaction du premier alinéa de l'article L. 421-13 du Code de l'environnement) « *... conduisent et coordonnent des actions en faveur de la faune sauvage et de ses habitats* ». D'une manière générale, la recherche de l'équilibre cynégétique est intégrée dans la poursuite d'un équilibre plus vaste (article 167 de la loi DTR), « *l'équilibre agro-sylvo-cynégétique* » que le nouvel article L. 425-4 du Code de l'environnement définit comme consistant « ... à rendre compatibles, d'une part, la présence durable d'une faune sauvage riche et variée et, d'autre part, la pérennité et la rentabilité économique des activités agricoles et sylvicoles. « Il est assuré, conformément aux principes définis à l'article L. 420-1, par la gestion concertée et raisonnée des espèces de faune sauvage et de leurs habitats agricoles et forestiers. « L'équilibre agro-sylvo-cynégétique est recherché par la combinaison des moyens suivants : la chasse, la régulation, la prévention des dégâts de gibier par la mise en place de dispositifs de protection et de dispositifs de dissuasion ainsi que, le cas échéant, par des procédés de destruction autorisés. La recherche de pratiques et de systèmes de gestion prenant en compte à la fois les objectifs de production des

(80) « Art. L. 424-11. – L'introduction dans le milieu naturel de grand gibier et de lapins, et le prélèvement dans le milieu naturel d'animaux vivants d'espèces dont la chasse est autorisée sont soumis à autorisation préfectorale, dans des conditions et selon des modalités fixées par un arrêté conjoint du ministre chargé de la chasse et du ministre chargé de l'agriculture. »

(81) V. le décret n° 2007-15 du 4 janvier 2007 relatif aux espèces animales non domestiques ainsi qu'aux espèces végétales non cultivées et modifiant le Code de l'environnement, notamment les nouveaux art. R. 411-8 et R. 411-32 et s. du Code de l'environnement.

gestionnaires des habitats agricoles et forestiers et la présence de la faune sauvage y contribue... ».

La chasse est cependant moins inscrite dans les pratiques écologiques que dans les pratiques rurales. Et c'est dans ce contexte, beaucoup plus marqué de la culture juridique du droit rural que de celle du droit de l'environnement, que l'article L. 414-8 résultant de l'article 159 de la loi DTR spécifie que « Dans chaque région et dans la collectivité territoriale de Corse, des orientations régionales de gestion et de conservation de la faune sauvage et de ses habitats sont élaborées en vue d'en promouvoir une gestion durable, conformément aux principes énoncés à l'article L. 420-1 et compte tenu des orientations régionales forestières mentionnées à l'article L. 4 du Code forestier et des priorités de la politique d'orientation des productions agricoles et d'aménagement des structures d'exploitation mentionnées à l'article L. 313-1 du Code rural. Les orientations régionales de gestion et de conservation de la faune sauvage et de ses habitats précisent les objectifs à atteindre en ce qui concerne la conservation et la gestion durable de la faune de la région, chassable ou non chassable, et de ses habitats et la coexistence des différents usages de la nature. Elles comportent une évaluation des principales tendances de l'évolution des populations animales et de leurs habitats, des menaces dues aux activités humaines et des dommages que celles-ci subissent. Les schémas départementaux de gestion cynégétique visés à l'article L. 425-1 contribuent à cette évaluation. Les orientations régionales de gestion et de conservation de la faune sauvage et de ses habitats sont arrêtées après avis des collectivités territoriales et des personnes physiques ou morales compétentes dans les domaines concernés, par le préfet de région et en Corse par le préfet de Corse. »

Ces instruments sont donc des outils étatiques élaborés selon une procédure de concertation dont on remarquera que les associations de protection de la nature font évidemment partie. Ce n'est pas le cas par contre, pour les schémas départementaux de gestion cynégétique prévus par l'article 168 (article L. 425-1 du Code de l'environnement) : « – Un schéma départemental de gestion cynégétique est mis en place dans chaque département. Ce schéma est établi pour une période de six ans renouvelable. Il est élaboré par la fédération départementale ou interdépartementale des chasseurs, en concertation notamment avec la chambre d'agriculture, les représentants de la propriété privée rurale et les représentants des intérêts forestiers. Il prend en compte le document départemental de gestion de l'espace agricole et forestier mentionné à l'article L. 112-1 du Code rural ainsi que les orientations régionales de gestion et de conservation de la faune sauvage et de ses habitats mentionnées à l'article L. 414-8 du présent code. Il est approuvé, après avis de la commission départementale compétente en matière de chasse ou de faune sauvage, par le préfet, qui vérifie notamment sa compatibilité avec les principes énoncés à l'article L. 420-1 et les dispositions de l'article L. 425-4. ». Ne sont pas associés à l'élaboration de ce schéma les usagers non chasseurs de la nature, qui ne sont donc que consultés *in fine* par le biais des commissions départementales de la chasse et de la faune sauvage au sein desquelles leur sous – représentation est patente.

§ 4. LE RÉGIME JURIDIQUE DE LA PÊCHE

La formulation d'exigences de gestion équilibrée des ressources piscicoles mais aussi de leur milieu de vie participe de la conciliation de la protection et de l'exercice de la pêche : la loi pêche de 1984 repose donc, très naturellement, sur le principe selon lequel « la préservation des milieux aquatiques et la protection du patrimoine piscicole sont d'intérêt général » (article L. 430-1 du Code de l'environnement).

Ce devoir est avant tout celui du détenteur du droit de pêche, mais il accompagne l'exercice du droit de pêche et en conséquence concerne les associations agréées de pêche dès lors qu'elles reçoivent à un titre ou à un autre ce droit (82). Cela n'exempte absolument pas les collectivités publiques de veiller à ce que ce devoir soit accompli. À et égard, la planification est une recette à l'efficacité avérée, et constitue un outil rationnel : les schémas départementaux de vocation piscicole et les orientations de bassin sont à même de remplir cette fonction. Les premiers relèvent d'une élaboration déconcentrée, menée en collaboration avec les fédérations départementales d'associations de pêcheurs et les professionnels de la pisciculture ; les secondes relèvent du ministre compétent, mais sont menées en collaboration avec les usagers dans le cadre d'une commission de bassin dont la composition fixée par l'article L. 433-1 du Code de l'environnement reflète les fragiles équilibres de forces.

L'on passe ainsi, subtilement, d'une obligation de gestion des peuplements à une gestion du milieu : la loi *Pêche* est désormais une partie du droit de l'eau (83). À et égard, la garantie du maintien d'un débit minimal – qui est bien une obligation de résultat – et l'instauration d'un système d'autorisation pour les travaux dans les lits des cours d'eau (84) ont constitué des novations, largement théoriques, et, en pratique, pas toujours passées dans les mœurs ni concrétisées dans les actes. Les ouvrages doivent comporter des « dispositifs maintenant dans le lit un débit minimal garantissant en permanence la vie, la circulation et la reproduction des espèces... » (85). Le texte institue un débit réservé, fixé en une proportion. Il s'agit d'une obligation de résultat, que devront progressivement satisfaire même les tenants d'installations existantes. N'en sont exemptées que les installations dont la « conception technique est telle qu'il n'y a pas possibilité d'appliquer les dispositions légales ».

Par ailleurs, rien ne sert d'instaurer un débit minimal si d'autres causes empêchent les poissons migrateurs de suivre leurs cheminements nécessaires et habituels. En conséquence, « Les ouvrages doivent être mis en conformité... dans un délai de cinq ans à compter de la publication d'une liste d'espèces migratrices par bassin ou

(82) C'est par exemple le cas quand des propriétaires riverains de cours d'eau non domaniaux reçoivent des subventions publiques : le droit de pêche est alors gratuitement exercé par l'association, le propriétaire ne le gardant qu'à titre personnel.

(83) V. R. LE MOAL, « Le partage de l'eau, commentaire de l'art. L. 232-5 du Code rural », *Mélanges Blaise*, Presses Universitaires de Rennes, 1995, p. 299 et s.

(84) L. 432-5 du Code de l'environnement. Il faut y ajouter l'exigence d'une autorisation de vidange (art. L. 432-9 du C. rural) pour tous les plans d'eau.

(85) Pour un exemple de sanction par les juridictions pénales du non-respect de cet article, v. CA, Aix-en-Provence, 7 décembre 1994, note S. DENIS-COURANT, *RJE* 1996/4, p. 441 et s.

sous-bassin fixée par le ministre chargé de la Pêche en eau douce et, le cas échéant, par le ministre chargé de la Mer ». Il aura fallu attendre un arrêté du 2 janvier 1986 (86) pour que le délai commence à courir, et donc le 2 janvier 1991 pour qu'entre en vigueur cette obligation.

L'énonciation d'une obligation de gestion du milieu piscicole est un prolongement naturel de cette philosophie nouvelle, et elle n'est pas sans conséquences. Selon l'article L. 432-1 du Code de l'environnement, les propriétaires de cours d'eau ne doivent pas qu'entretenir, ils doivent « gérer ». Cette obligation de gestion devra être précisée par les orientations de bassin (art. L. 433-1) et les schémas départementaux (art. L. 433-2).

L'article L. 432-3 soumet ainsi à autorisation les travaux présentant des risques pour les frayères, les zones de croissance, d'alimentation, ou de réserves de nourriture de la faune (87), et l'article L. 432-9 fait de même pour les opérations de vidange. Le tout est cumulé avec les dispositions organisant la police de la pêche (88) et rappelant ou instituant des pouvoirs de police du préfet en matière de protection des espèces et des écosystèmes, largement rénové par la loi sur l'eau de 2006 (v. *infra*).

L'article L. 432-3 du Code de l'environnement dans sa rédaction issue de la loi sur l'eau du 29 décembre 2006 spécifie par ailleurs que :

> « Le fait de détruire les frayères ou les zones de croissance ou d'alimentation de la faune piscicole est puni de 20 000 € d'amende, à moins qu'il ne résulte d'une autorisation ou d'une déclaration dont les prescriptions ont été respectées ou de travaux d'urgence exécutés en vue de prévenir un danger grave et imminent.
>
> Un décret en Conseil d'État fixe les critères de définition des frayères et des zones mentionnées au premier alinéa, les modalités de leur identification et de l'actualisation de celle-ci par l'autorité administrative, ainsi que les conditions dans lesquelles sont consultées les fédérations départementales ou interdépartementales des associations agréées de pêche et de protection du milieu aquatique.
>
> Le tribunal peut en outre ordonner la publication d'un extrait du jugement aux frais de l'auteur de l'infraction dans deux journaux qu'il désigne.
>
> II. – L'article L. 432-4 du même code est complété par un alinéa ainsi rédigé :
>
> Le tribunal peut également ordonner des mesures destinées à rétablir le milieu aquatique dans son état antérieur à l'infraction ou à créer un milieu équivalent. »

Cette jonction du droit de la pêche avec le droit de l'eau (v. *infra*) constitue la preuve de ce que le droit de l'environnement conquiert, mais lentement, une cohérence et une autonomie certaines.

ÉLÉMENTS DE BIBLIOGRAPHIE

SFDE, *La chasse en droit comparé,* L'Harmattan, 1999 ▪ V. le site de l'ONCFS, http://www.oncfs.gouv.fr et sa revue *Faune sauvage*.

▪ (86) *JO* 4 février 1986.
▪ (87) *Idem*, p. 1033.
▪ (88) *Idem*, p. 1034-1035.

J.-P. MARGUÉNAUD, « La loi dite *Verdeille* à l'épreuve de la CEDH, coup de semonce ou coup de déclaration de Rio grâce ? », *RJE* 4-1999, p. 517 et s. ▩ R. ROMI, « La loi sur la chasse », *AJDA* septembre 2000, p. 721 et s.

SECTION 2 LA PROBLÉMATIQUE DES ESPÈCES GÉNÉTIQUEMENT MODIFIÉES

Mais cette conquête ne va pas sans reculs et atermoiements. À cet égard, la manière dont on légifère en France constitue un exemple presque caricatural de la faiblesse de ce droit en formation. Le texte de 1992, paru au *JO* en pleines vacances d'été (89), a été adopté dans une période soumise à des pressions contradictoires. D'une part la Conférence de Rio marquait la volonté d'amorcer un tournant dans les modes étatiques d'appréhension des rapports entre économie et environnement ; d'autre part, et non sans rapports avec la Conférence de Rio, l'appel d'Heidelberg révélait les réticences de scientifiques plus scientistes qu'écologistes à admettre toute remise en cause des modèles productivistes. Le résultat eût pu être bien pire. Sous prétexte de transposer en France les principes édictés par deux directives européennes (90), ce qu'elle fait effectivement en partie, la loi sur les OGM institue certes un système d'agrément et un système d'autorisation (91), et consacre bien un principe d'information ; mais ce principe est sans consistance et ne peut s'assimiler de près ou de loin à une obligation ou à un principe de transparence. Pourtant, depuis les expériences d'épandage de rhizodium dans un champ de luzerne et de blé effectuées en 1987 par l'INRA de Dijon (92), le génie génétique avait créé de vives inquiétudes en France, avec un peu de retard sur d'autres États de la Communauté européenne (93). Ces inquiétudes sont loin d'être sans fonde-

▩ (89) *JO* 16 juillet 1992, p. 9523-9528. Les dispositions en sont codifiées aux art. L. 531-1 à 537-1 du Code de l'environnement.

▩ (90) N°s 90-219 et 90-220 (utilisation confinée pour la première, dissémination volontaire pour la seconde), *JOCE*, lég. 117 du 8 mai 1990, p. 1 et 15, modifiées par la directive n° 98/81 du Conseil du 26 octobre 1998 (*JOCE*, L. 330, 5 décembre). À noter : la transposition en Allemagne a été effectuée en 1990 (loi du 20 juin 1990, et décrets de 1990, v. A. HOCHREUTER, « La transposition des directives européennes en Allemagne », *in* J. SOUMASTRE, Actes du colloque *Droit et génie génétique*, Bordeaux, janvier 1993, Biofutur-Elsevier, 1995, p. 79 et s.).

▩ (91) Dont le CE a confirmé qu'il était distinct de celui des installations classées : CE, 18 décembre 1996, *Association France Nature Environnement*, *Dr. env.* septembre 1997, p. 4 et 5.

▩ (92) Benedikt Haerlin, député du groupe Arc-en-Ciel, s'était à cette occasion insurgée contre cette dissémination, en affirmant : « Si on libère de telles bactéries dans l'univers, il ne sera plus possible de les bloquer. Cela pourrait conduire à une catastrophe incroyable que personne ne pourra maîtriser » ; v. G. LEGLU, « Les gènes prennent la clé des champs », *Libération* 9 juillet 1987.

▩ (93) Des mouvements spécifiques liés à des expériences ont même été créés en Allemagne et au Danemark aux noms évocateurs comme « les pommes de terre en colère » ou « les citoyens surveillent les pétunias ». V. C. BENSIMON, « Les pétunias de l'angoisse », *Libération* 18 avril 1990 et C. VINCENT, « L'Europe des gènes verts », *Le Monde* 11 avril 1990, p. 16. Pour un examen du problème en Australie, v. V. TARDIEU, « Alerte virale en Australie », *Le Monde* 1er novembre 1995, p. 19.

ment (94) : l'étiquetage n'assure pas une parfaite transparence (95) pour ce qui concerne l'usage d'OGM en matière alimentaire, alors que, par exemple, Nestlé a reconnu user de composants génétiquement modifiés dans la confection des plats surgelés Findus, que l'on sait que les sojas utilisés dans de nombreuses fabrications peuvent être partiellement des sojas « génétiquement travaillés », et que l'on peut retrouver des traces de produits non autorisés dans des riz commercialisés en France.

La méfiance est susceptible d'augmenter encore au vu de résultats d'analyses, communiqués par un organisme d'expertise indépendant (la CRIIGEN) portant sur la toxicité pour les rats d'un maïs commercialisé (96).

À certains égards, on dirait bien que la réponse du législateur sur la question de la transparence a pourtant plus vocation à s'adresser plus aux inquiétudes des professionnels du génie génétique qu'aux associations de protection de l'environnement ou aux citoyens inquiets (97). Les compositions respectives des commissions créées par le texte ne laissent à cet égard aucun doute puisque, si les scientifiques se voient reconnaître du fait de la loi un tiers des places dans la commission de génie génétique et la moitié dans la commission d'étude de la dissémination des produits issus du génie biomoléculaire, les associations voient leur représentation réduite à la portion congrue – en fait, pour la première, elles ne sont pas même citées. On ne savait pas non plus à la seule lecture de la loi auprès de quel ministre ces commissions seraient placées (le décret du 18 janvier 1993 précité a précisé que ce serait auprès des ministres de la Recherche et de l'Environnement)... Il est vrai que le génie génétique est affaire de science, mais il est aussi affaire de conscience (98) : le fait est que le législateur l'a perçu – puisqu'il a légiféré –, pressé qu'il était par un délai européen déjà expiré ; mais dans son arbitrage entre secret industriel et démocratie, il semble avoir fait preuve, comme nous allons le voir, d'une relative timidité qui n'est pour le moins pas dépourvue de quelque ambiguïté. L'adaptation aux évolutions sur les fondements du droit communautaire aurait dû régler ces difficultés, mais elle semble bien difficile, et ce ne sont pas les décrets intervenus en mars 2007 (99) qui régleront toutes les difficultés.

(94) On notera par exemple qu'il est désormais avéré que les gènes des OGM peuvent transférés vers les bactéries (*Le Monde* 30 mai 2000, p. 40) ; de même les gènes de résistance aux pesticides peuvent être acquis par des espèces voisines de celles qui ont fait l'objet de manipulations génétiques, d'où un risque de résistance de mauvaises herbes à des pesticides parmi les plus courants...

(95) Même s'il est obligatoire depuis un règlement communautaire n° 139/98 de la Commission (*JOCE*, L. 159, 3 juin), modifié par un règlement du 10 janvier 2000, appliqué en France par le décret du 15 novembre 2001, *JO* 18 novembre 2001.

(96) G. E. SERALINI *et alii*, « *New analysis of a rat study with a genetacally modified maize reveals signs of hepatorenal toxicity* », *Archives of environnmental contamination and toxicology* n° 4, vol. 52, p. 596-602, trad. française disponible sur www.criigen.org.

(97) Sur les positions de celles-ci, v. Le dossier du Hérisson, « Alerte sur les biotechnologies », *in La lettre du Hérisson* (organe de presse de France Nature Environnement), mai 1992.

(98) Certains scientifiques ne manquent pas à cet égard d'évoquer le principe de précaution : v. l'appel signé par une centaine de scientifiques présenté par *Le Monde* 30 mai 1996, p. 27, qui réclame un moratoire sur les cultures transgéniques à l'initiative de J.-M. PELT.

(99) Décrets n° 2007-358 et 359, et plusieurs arrêtés.

§ 1. LA POLICE DE L'UTILISATION CONFINÉE D'OGM

L'utilisation confinée présente évidemment plus de garanties de contrôle que les expérimentations en milieu ouvert. Mais, en même temps, elle relève souvent d'une compétition où le secret est vécu comme absolument nécessaire.

A. UNE INFORMATION SANS RÉELLE PARTICIPATION

C'est sans doute en tenant compte de ce contexte que la composition de la Commission, que le décret n° 93-75 du 18 janvier 1993 (*JO,* 20 janvier) précise à peine par rapport à la loi, ne laisse aucune ouverture aux associations. Elle est vraiment conçue comme une commission d'experts scientifiques : il s'agit de « personnalités désignées en raison de leur compétence scientifique dans des domaines se rapportant au génie génétique et à la protection de la santé publique et de l'environnement », article 3-1 de la loi. La participation de quelques écologistes dépend donc uniquement du bon vouloir de l'autorité investie du pouvoir de nomination. On remarquera que l'Office parlementaire des choix technologiques et scientifiques ne dispose que d'une place : cela permet certes au Parlement d'être au fait de tous les problèmes graves, mais l'on peut légitimement se demander s'il n'y avait pas place dans cette commission pour plusieurs parlementaires, ne serait-ce que pour assurer une juste et équitable représentation des minorités. L'autorité de l'Office n'en sort pas grandie, car aucun rôle ni aucun pouvoir spécifiques ne lui sont réservés en ce domaine qui correspond pourtant parfaitement à sa sphère de compétences (100).

De toute manière, le rôle de cet aéropage est non décisoire : la Commission évalue les « risques que présentent les organismes génétiquement modifiés et les procédés utilisés pour leur obtention ainsi que les dangers potentiels liés à l'utilisation des techniques de génie génétique ». Elle contribue à l'instruction des demandes d'agrément. Elle est donc vouée à l'exercice d'une mission d'expertise et de conseil, alors même que l'on aurait pu penser en la matière, poussant la logique scientiste jusqu'au bout, lui confier une compétence décisoire pour la délivrance des agréments ou des autorisations, voire la qualité et les compétences d'une autorité administrative indépendante, ou celles d'un comité d'éthique. Manifestement, le législateur a préféré préserver la part du politique dans la prise de décision finale : il n'est pas sûr que le choix soit heureux, mais il a le mérite de la clarté (on saura clairement où se situent les responsabilités) et les vertus du classicisme (101). La Commission remplit également un rôle d'information à l'usage des responsables politiques, puisqu'elle aura à établir un rapport annuel adressé au gouvernement,

(100) V. H.-M. Crucis, « Le Parlement face aux sciences et aux technologies », *AJDA* juin 1991, p. 448 et s. (ce numéro de l'*AJDA* comporte un dossier spécial sur « Choix scientifiques et technologiques »).

(101) Le profil de cette commission ressemble – de très loin – à une des instances existant en matière phytosanitaire (la commission d'étude de la toxicité des produits antiparasitaires à usage agricole, qui examine les risques pour l'homme ou les animaux et les dangers pour l'environnement présentés par les produits soumis) ; v. M. Prieur, « La législation sur les pesticides en France », *RJE* 1987-2, p. 201 et s.

transmis aux assemblées. L'on doit à cet égard saluer le fait que des contributions personnelles des membres de la Commission sont possibles, ce qui ouvre un espace à d'éventuelles dénonciations de risques non perçus par la majorité : mais la valeur de cette disposition ne pouvant se mesurer qu'en fonction de la place laissée à quelques trublions au sein du collège des scientifiques.

L'article L. 532-1 du Code de l'environnement fixe que les organismes génétiquement modifiés obéissent à des régimes différents selon leur *classification*, qui s'opère « en fonction des risques qu'ils présentent pour la santé publique ou l'environnement, et notamment de leur pathogénéité » : cela correspond d'une part à une nécessité économique et à une rationalité écologique évidentes, d'autre part à la logique des directives européennes. Celles-ci établissent une distinction entre les OGM non pathogènes (groupe I) et les OGM pathogènes (groupe II), et envisage deux catégories d'utilisation : la recherche et le développement, et la production industrielle. On trouve dans le groupe I, les OGM couramment utilisés (dans la production de l'insuline, de l'interferon, de l'acide citrique à partir du sucre, de la présure à partir de la levure, entre autres) et dans le groupe II, on trouve au contraire les OGM dangereux repérés en fonction de leur pathogénéité. Il est naturel que le législateur ne s'engage pas dans la détermination précise de la nomenclature, et qu'il délègue à un décret le soin d'y procéder. L'on peut s'interroger cependant sur la portée reconnue à l'avis de la Commission de génie génétique : cette exigence d'un avis constitue certes un minimum, mais l'on aurait pu confier le soin de dresser cette nomenclature à la Commission, quitte à établir une possibilité de recours auprès du pouvoir politique. Ici aussi, le choix a été fait de laisser au pouvoir politique le soin et la responsabilité du choix : s'agissant d'un choix éminemment technique, l'on peut discuter du bien-fondé de cette option, mais il est vrai que l'actualité récente ne plaide pas vraiment pour une quelconque autonomisation du mécanisme de décision en matière de choix techniques et scientifiques. On regrettera qu'il n'ait pas été précisé que l'avis devrait être rendu public : tant qu'à re-responsabiliser le pouvoir politique, autant le faire jusqu'au bout et permettre au vulgum – ou plus sûrement aux associations – l'accès à toutes les données nécessaires pour engager cette responsabilité sur le plan juridique à défaut de pouvoir le faire sur le plan politique. Mais comme on le verra, ce n'était pas du tout la logique du législateur que d'opérer une recherche de la transparence effective, et cela explique la vivacité des réactions des personnes les plus motivées, frustrées de communication transparente.

L'évaluation des risques se fait au moyen du dossier mis à disposition par l'exploitant lors de la première utilisation dans une installation confinée. Le dossier d'évaluation doit livrer les « ... informations générales sur l'activité de l'installation et sur la finalité des recherches... toutes informations utiles sur le classement des organismes génétiquement modifiés qui pourront être mis en œuvre dans l'installation, ainsi que sur les mesures de confinement, les moyens d'interventions en cas de sinistre et les prescriptions techniques au respect desquels l'agrément est subordonné... ». On savourera que le texte prévoit que l'exploitant puisse joindre « le cas échéant le résumé de l'avis donné sur la demande d'agrément par la Commission de génie génétique » : il revenait à l'administration de joindre la totalité de l'avis, si l'on avait voulu généraliser sa communication au public... mais confier le soin de le faire ou de ne pas le faire (« le cas échéant » !) à l'exploitant équivaut à lui reconnaître la double qualité de juge et partie. Et le texte épargne les exploitants, puisqu'il prévoit et autorise « l'exclusion de toute information couverte par le secret industriel ou commercial, ou protégée par la loi, ou dont la divulgation pourrait porter préjudice aux intérêts de l'exploitant ». Passe encore pour les secrets « industriels et commerciaux » au sens des textes existants en la matière, mais à la limite, il est ainsi permis aux exploitants de déterminer eux-même ce dont la communication léserait leurs intérêts : les éléments permettant de croire à la dangerosité d'une expérimentation n'en feraient-ils pas partie, compte tenu de l'impact qu'ils peuvent avoir sur la population ? Encore faudrait-il, dans cette hypothèse – qui est peu plausible, nous le verrons, en raison des quelques précautions prises par le législateur – que celle-ci sache qu'elle peut et où elle peut trouver le dit dossier. La loi précise seulement que le dossier est déposé à la mairie de la commune d'implantation, visé par l'autorité administrative : à cela se résume la communication au public des documents nécessaires pour qu'il se forge une opinion sur la dangerosité des OGM utilisés, des modalités du confinement, de l'efficacité des mesures de précaution. Aucune conséquence concrète ne sera tirée des éléments de l'enquête et des remarques éventuelles du public, car sauf une vague obligation de les faire figurer, sous forme de synthèse, dans le rapport annuel de la Commission compétente, il n'y a aucune voie d'action ouverte aux protestataires. L'idée d'une enquête, réduite, d'un mois, avait pourtant été retenue dans un premier temps par l'Assemblée nationale, mais les sénateurs, à l'instigation du rapporteur au Sénat Pierre Lafitte (102), principalement au nom de la préservation d'une dense compétition économique, ont préféré le simple dépôt du dossier de l'exploitant, expurgé de tout – ou presque – ce qui pourrait le gêner sur le marché face à ses concurrents.

Cela donne une impression d'opacité désastreuse, et c'est pour cette raison que, faute de consensus sur une réforme d'ensemble par la voie législative, le décret du 7 novembre n° 2006-1347) (103) « relatif à certaines modalités de l'utilisation confinée d'organismes génétiquement modifiés et modifiant le décret n° 77-1133 du 21 septembre 1977 » vise à transposer en droit français la directive 90/219E relative à l'utilisation confinée de micro-organismes GM. Il définit précisément les informations devant figurer dans le dossier de demande d'autorisation et pouvant être couvertes par le secret industriel et commercial. Il faut motiver le refus et « ne peuvent être considérées comme confidentielles les informations suivantes : le nom et l'adresse de l'exploitant ; le lieu de l'utilisation et le but de celle-ci ; les caractéristiques générales des OGM ; la classe de confinement de l'utilisation et les mesures de confinement ; l'évaluation des effets prévisibles, notamment des effets nocifs pour la santé et l'environnement ». Le décret oblige à l'établissement d'un plan d'urgence par l'exploitant, « lorsqu'il apparaît qu'une défaillance des mesures de confinement pourrait entraîner un danger grave », et ce plan fait l'objet d'une publicité en mairie par un dépôt.

(102) Rappport n° 426, séance 18 juin 1992, p. 11-12.
(103) *JO* n° 259, 8 novembre 2006, p. 16775.

B. UN SYSTÈME D'AGRÉMENT

Reste que *l'exigence d'un agrément* est large puisque nécessaire pour toute installation publique ou privée : c'est bien le moins, mais, à bien des égards, les modalités d'octroi de l'agrément sont insuffisamment définies, et le décret en Conseil d'État prévu à l'alinéa 3 de l'article 6-I adopté le 18 janvier 1993 ne permet pas d'en savoir plus sur son efficacité. Il est calqué au plus près sur les dispositions européennes que la loi contribue à transposer. On l'a dit, pour une première utilisation dans une installation, « l'exploitant met à la disposition du public un dossier d'information » : mais le public, *a fortiori,* ne disposera pas des prescriptions projetées par l'autorité habilitée, ni d'un avis, ni d'une réelle étude d'impact ; l'information du public est déconnectée de l'octroi de l'agrément, tout au plus des courriers de citoyens particulièrement motivés peuvent-ils influer sur l'avis de la commission compétente.

L'agrément (délivré par le « ministre de la Recherche avec accord du ministre de l'Environnement » selon le décret du 27 mars 1993) est subordonné au respect de « prescriptions techniques définissant notamment les mesures de confinement nécessaires à la protection de la santé publique et de l'environnement et les moyens d'intervention en cas de sinistre » : l'article 6 alinéa 1 oblige à une utilisation confinée. Les modalités du confinement sont définies en fonction de la classification des OGM concernés. Le fait que l'agrément soit « subordonné au respect de prescriptions techniques » suppose et autorise l'existence d'un contrôle de ces prescriptions. Et le versement de frais d'instruction pour toute demande est à même de dégager les moyens financiers nécessaires pour un contrôle efficace. Toute modification notable des conditions d'utilisation nécessitera un nouvel agrément. Et, dans le cas où une nouvelle évaluation révélerait des risques non perçus à l'origine, ou dans le cas où des inconvénients non prévus étaient relevés l'autorité administrative « peut, après avis de la Commission... modifier les prescriptions », elle peut aussi prononcer la suspension de l'agrément pour un délai suffisant à la mise en œuvre de mesures « propres à faire disparaître ces dangers ou inconvénients ». Elle peut enfin « retirer l'agrément si ces dangers ou inconvénients sont tels qu'aucune mesure ne puisse les faire disparaître ». L'exploitant indélicat ou imprudent est passible de sanctions pénales, et le tribunal qui les prononcera pourra interdire le fonctionnement de l'installation jusqu'à la délivrance d'un nouvel agrément. Enfin, une publicité médiatique pourra être donnée aux sanctions.

Le mécanisme semble donc à première lecture performant. Dans la réalité, il est instauré comme un substitut libéral à la soumission en l'état des activités visées à la législation sur les installations classées. Et, dans cette perspective, il ne manquera pas d'être perçu comme représentant un recul des préoccupations d'environnement : le sens dans lequel la loi modifie la législation de 1976 sur les installations classées (v. *infra*, quatrième partie) est de nature à aggraver ces soupçons.

L'article 7 de la loi, portant nouvel article 4 de la loi de 1976, fixe que « la mise en œuvre, dans certaines catégories d'installations classées, de substances, de produits, d'organismes ou de procédés de fabrication, peut, pour l'application de directives communautaires relatives à la protection de l'environnement, être subordonnée à un agrément ». Cet article est paradoxalement placé dans le chapitre de la loi consacré à l'utilisation confinée des organismes génétiquement modifiés, alors qu'il est susceptible de concerner également la dissémination. Il s'agit d'une mise en conformité de la loi sur les installations classées avec la logique de la présente loi : l'article 15 al. 1 nouveau de la loi de 1976 permettra que soit prononcée la suspension d'une exploitation pour le délai nécessaire à la prise de mesures propres à faire disparaître les « dangers ou inconvénients... » (résultant de l'activité d'une installation autorisée) « ... qui n'étaient pas connus lors de son autorisation ou sa déclaration ». L'on peut légitimement se demander s'il n'eût pas été plus sain et plus rassurant pour la population de tout faire pour assurer la prévention en assurant l'information, et en ouvrant grand les dossiers aux associations et aux particuliers, par l'extension de la procédure de l'enquête publique aux agissements organisés par le législateur (v., sur les insuffisances du droit à l'information prévu par le présent texte, *infra*). Mais il ne s'agissait pas, manifestement, pour le législateur, d'adopter pour cette nouvelle loi et ces nouveaux produits la logique propre à la législation des installations classées ; il s'agissait au contraire de faire l'inverse et d'adapter l'ancienne logique aux nouvelles exigences de l'industrie et des savants. On comprend que France Nature Environnement ait décelé dans cette perversion de la logique l'embryon d'une déréglementation génératrice de dangers (104). C'est peut-être – à peine – exagéré. Elle constitue en tout cas une authentique régression de la protection juridique de l'environnement et du droit à la transparence. Il faut, pour bien s'en rendre compte, avoir présente à l'esprit la composition de la commission compétente, qui ne comptera pas, on l'a dit, de représentant associatif... L'accumulation d'indices aussi clairs prouve que le présent texte reflète une volonté délibérée d'éviter autant que faire se peut l'introduction des usages d'OGM dans la nomenclature « classique » des installations classées et l'extension des principes consacrés en 1976 aux expérimentations en ce domaine.

Certes, sur d'autres plans, l'on peut croire que l'on est en présence d'avancées de la logique de protection : l'article 5 de la loi de 1976 (nouvel alinéa) fixe que « si un permis de construire a été demandé, il ne peut être accordé avant la clôture de l'enquête publique. Il ne peut être réputé accordé avant l'expiration d'un délai d'un mois suivant la date de la clôture de l'enquête publique ». Le problème posé par l'indépendance des législations de l'urbanisme et des installations classées est classique : la loi n'instaure pas une subordination de l'octroi du permis de construire à l'octroi de l'éventuelle autorisation alors qu'un amendement sénatorial, repris par la commission compétente (105), avait préconisé cette voie. C'est le gouvernement qui a préféré la solution mi-chèvre mi-chou finalement retenue, qui laisse au maire le soin de préjuger des résultats éventuels de l'enquête publique et accélère sûrement l'octroi des permis de construire, mais au détriment de la plus élémentaire logique : on savourera de voir le gouvernement (106) plus girondin que le Sénat, sans comprendre pourquoi les riches enseignements de certain rapport du Conseil d'État n'ont pas été complètement suivis d'effets (107).

(104) V. le dossier « Alerte sur les biotechnologies », *La lettre du Hérisson*, mai 1992.
(105) Rapport Lafitte, préc., p. 17.
(106) Il est vrai que le rapporteur à l'AN D. Chevallier ne semble guère s'être battu pour faire prévaloir l'idée première : v. Rapport n° 2817, *Doc. AN*, séance 24 juin 1992, p. 11.
(107) *L'urbanisme : pour un droit plus efficace, Études du CE*, Documentation française, 1992 : mesure préconisée, p. 42 ; le choix finalement retenu par le législateur n'est proposé que comme un pis-aller par le rapport, p. 43.

§ 2. LA POLICE DES DISSÉMINATIONS VOLONTAIRES

La police des disséminations volontaires a vocation à réguler deux réalités différentes : *l'expérimentation* et la *mise sur marché*. Ces deux opérations sont, en France, régies avec une réserve critiquable marquant notamment le refus d'une information plus étendue, qui explique les prises de position très démonstratives des « faucheurs volontaires » (108).

Après une première condamnation, le 12 décembre, la Commission européenne a pour sa part (une seconde fois) renvoyé la France devant la Cour de justice européenne pour non transposition de la directive 2001/18. Elle demande la condamnation de la France à une amende de 38 millions d'euros et une astreinte journalière de 366 744 euros. En mars 2006, un projet de loi adaptant le droit français aux textes communautaires a été voté par le Sénat mais n'a pas été soumis à l'Assemblée nationale et son adoption a été différée compte tenu de l'encombrement du rôle des assemblées. Ce projet reposait sur quelques idées claires :

— déclaration obligatoire des cultures d'OGM sur un registre public ;

— information et consultation du public avant autorisation d'expérimentation ;

— fusion des instances consultatives existantes (v. *infra*) au sein d'un organisme unique, le Conseil des biotechnologies ;

— obligation de faire précéder les autorisations d'essai en plein champ par une phase expérimentale en milieu fermé et d'assortir toute autorisation de mise sur le marché d'un plan de surveillance ;

— autorisations de mise sur le marché accordées pour une durée de 10 ans ;conditions de coexistence avec d'autres cultures définies par voie d'arrêté ;

— refus d'autorisation des OGM comportant des gènes de résistance aux antibiotiques ;

— mise en place d'un régime d'indemnisation des préjudices économiques pouvant résulter du transfert d'OGM sur les produits d'autres exploitants, financé par une garantie obligatoirement souscrite par tout exploitant cultivant des OGM.

C'est finalement par décret que quelques dispositions antérieures ont été rénovées (décrets du 20 mars 2007, précités).

A. EXPÉRIMENTATION ET MISE SUR LE MARCHÉ D'OGM

L'article L. 533-3 du Code de l'environnement pose l'exigence d'une *autorisation préalable* pour toute expérimentation, après examen des risques : elle « peut être assortie de prescriptions » et « ne vaut que pour l'opération pour laquelle elle a été sollicitée ». Les articles L. 533-5 posent le même principe pour toute mise sur le marché. Une autorisation n'est accordée « que pour l'usage qu'elle prévoit ». Les

(108) Positions au demeurant courageuses, puisque les faucheurs risquent une partie de leur patrimoine et leur liberté (le 7 mars 2007, la Cour de cassation a validé la condamnation de J. Bové à quatre mois de prison ferme. L'ancien secrétaire national des verts G. Lemaire a fait l'objet d'une procédure de saisie portant sur son habitation principale. Auparavant, le tribunal correctionnel d'Orléans avait usé en mars 2006 du concept d'« état de nécessité » pour élargir des « faucheurs », ce qui avait lancé une controverse au sein de la doctrine).

autorisations délivrées par des États membres de la CE valent autorisation en France ; mais si se révèlent des « raisons valables de considérer qu'un produit autorisé par un autre État membre présente des risques », les pouvoirs publics peuvent « en limiter ou en interdire, à titre provisoire » l'utilisation ou la mise sur le marché. La fixation des normes communautaires n'interdit pas aux États membres de maintenir ou d'instituer des mesures renforcées, dès lors qu'elles seront compatibles avec les dispositions européennes, mais ce ne peut être au détriment de la circulation de produits industriels et commerciaux, comme l'a précisé plusieurs fois la Cour de justice des Communautés (109) : dès lors, cette solution était seule satisfaisante, car elle préserve la possibilité d'en référer à la Commission de la CE et est conforme à l'esprit des deux directives européennes sur les OGM.

Le cadrage européen : la directive européenne sur les disséminations de 1990, qui a fait l'objet d'une difficile refonte (110) par la directive 2001/18 CE du 2 mars 2001 (111) qui réaffirme la position européenne, a institué deux procédures d'autorisation. L'une pour la dissémination volontaire d'OGM dans un autre but que la mise sur le marché. L'autre pour sa mise sur le marché. Une évaluation des risques est obligatoire dans les deux cas. L'autorisation ne sera donnée qu'après une large consultation et pour une période maximale de dix ans. L'étiquetage sera rendu obligatoire à toutes les étapes de la mise sur le marché. Obligation complétée par des dispositions relatives à la traçabilité des OGM, permettant leur suivi durant toute leur durée de présence sur le marché.. Les autorisations de mise sur le marché des produits sont soumises à plusieurs conditions et doivent faire l'objet d'une procédure de consultation des douze États membres. Le texte européen prévoit, sur le modèle de celui mis en place pour les produits chimiques, une obligation de notification à l'autorité compétente de l'État membre sur le marché duquel le produit est commercialisé pour la première fois. Elle dispose de 90 jours pour rendre sa décision (112). Comme l'explique J. Boudant, « si l'avis de celle-ci est positif, le dossier est alors transmis, avec un avis favorable argumenté, à la Commission qui l'adresse aux autorités compétentes des onze autres États membres. Ceux-ci disposent alors de 60 jours pour faire part de leur accord ou de leurs objections (113). Si, durant ce délai, l'autorité compétente ne reçoit pas d'objection, celle-ci donne alors son consentement par écrit à la notification afin de permettre la mise sur le marché du produit concerné. Elle en informe alors les autres États membres. En revanche, si, durant ce même délai, un accord n'a pu être trouvé, la Commission confie alors la décision à un comité d'experts se prononçant à la majorité qualifiée. Ce comité, composé de représentants des États membres et présidé par le représentant de la Commission, donne son avis dans un délai déterminé par son président en fonction de l'urgence de la question en cause (114). Si les mesures envisagées ne sont pas conformes à l'avis du comité, ou en cas d'absence d'avis de celui-ci, la Commission soumet alors au Conseil une proposition relative aux mesures à prendre. Le Conseil dispose alors de trois mois pour arrêter, à la majorité qualifiée, les mesures proposées. S'il ne se prononce pas dans ce délai, il revient à la Commission d'arrêter ces mesures ». Il n'existe aucune raison plausible pour excuser l'absence de transcription directe, par la voie législative, de ce mécanisme communautaire, mais il est vrai que les décrets nécessaires ont été adoptés... On remarquera cependant qu'ils ne

(109) V. T. Lavoux, D. Pineau, « Protection de l'environnement ou protection des marchés », *Les Cahiers de l'Institut La Boétie*, 1991 ; C. London, « Environnement/Concurrence », *LPA* 6 janvier 1992, p. 4.

(110) Position commune du Conseil n° 12/2000 du 9 décembre 1999, *JOCE* n° C 64 du 6 mars 2000, p. 1.

(111) Qui remplace la directive 90/220 ; V. *JOCE* L. 106 du 17 avril, comm. M. Blumberg-Mokri, « Le régime modifié des organismes réglementairement disséminés », *LPA* 11 septembre 2001.

(112) Art. 11 et 12 de la directive.

(113) Art. 13, *ibid.*

(114) Art. 21, *ibid.*

l'ont été qu'en 1995 et en 1996 (115) ! Quant à la transcription du dernier texte, elle pose des difficultés telles au législateur qu'il n'est pas parvenu, à la date de mise sous presse de la présente édition, à voter le projet gouvernemental déposé en 2005.

Les modalités du contrôle du respect de l'autorisation sont organisées avec un soin relativement minutieux : l'article 535-1 énonce à la charge de l'exploitant une obligation d'information sur tout élément nouveau et celui-ci « le cas échéant,... prend les mesures nécessaires pour protéger la santé publique ou l'environnement ». On court cependant le risque, si l'on fait trop confiance à cette « auto-évaluation », de se retrouver à court terme pour les biotechnologies dans une situation analogue à celle du nucléaire. Il n'y a pas trace d'une obligation de prévention clairement exprimée : quand on sait que, selon l'INRA, l'on ignore tout des effets à moyen et long terme d'un relargage d'OGM sur l'environnement, cette absence est criante (116). Par ailleurs, la loi prévoit des pouvoirs de visite, leur exercice supposant une information du procureur de la République, qui pourra adresser des instructions. L'article L. 535-7 du Code de l'environnement prévoit qu'une nouvelle évaluation peut entraîner ou s'accompagner de la suspension de l'autorisation « dans l'attente d'informations complémentaires » (117). L'autorité administrative peut aussi ordonner le retrait de l'autorisation « s'il y a lieu », imposer des modifications des modalités de dissémination, ordonner la destruction d'OGM ou de produits en contenant, et en cas de carence y faire procéder d'office au frais des responsables. L'article 23 prévoit enfin la possibilité d'exiger une consignation, de prononcer une suspension de l'autorisation jusqu'à ce que les mesures prescrites soient exécutées, celles-ci pouvant également faire l'objet d'une exécution d'office. Le texte prévoit enfin des poursuites pénales adéquates, la possibilité de faire procéder à une destruction d'office aux frais des responsables, de fixer des mesures provisoires de prévention « en cas de menace grave » dans les cas où il y a eu dissémination volontaire sans autorisation, et fait de même pour toute mise sur le marché sans

(115) En particulier décret du 28 avril 1995 (*JO* 30 avril 1995) pour les organismes animaux – compétence principale du ministre de l'Agriculture et décret du 20 septembre 1996, produits « composés en tout ou en partie d'organismes génétiquement modifiés » – compétence principale du ministre de l'Environnement. La publication et l'adoption tardives de ce dernier décret (tout de même quatre ans après l'adoption de la loi, six ans après l'adoption de la directive européenne) bouclent le dispositif français de contrôle de l'usage d'organismes génétiquement modifiés. Celui-ci a le mérite d'exister mais il est marqué par un singulier et irrationnel éclatement des compétences : si, au titre du décret de 1996, le ministre de l'Environnement est principalement compétent, l'annexe de ce texte précise que cette compétence n'est en fait que résiduelle, puisque restent en vigueur, dans leur rédaction originelle, de nombreux décrets donnant en la matière compétence à d'autres ministres – dont ceux du 28 avril 1995 préc. pour les organismes animaux, compétence principale du ministre de l'Agriculture – et celui du 6 novembre 1995 pour les médicaments à usage humain, compétence principale du ministre de la Santé publique.

(116) Le législateur semble avoir oublié comment le doryphore de la pomme de terre avait été introduit en France...

(117) Le problème étant évidemment de savoir d'une part quand il y aura nouvelle évaluation, et ensuite et surtout si le principe de précaution aura une influence sur l'interprétation des résultats de la nouvelle évaluation. Le juge ne semble pas vouloir l'imposer : le CE, saisi par Greenpeace, a le 26 septembre 2001 validé la décision de refus opposée le 14 juillet 2000 par le gouvernement français à la demande de destruction de récoltes de maïs contenant à hauteur de 2 pour mille des semences génétiquement modifiées. Alors même que l'une des variétés n'était pas autorisée, il n'y a pas pu erreur manifeste, et le principe de précaution n'est pas méconnu, eu égard à la très faible proportion du maïs non autorisé (le fameux BT 11).

autorisation. Malgré les quelques réserves précédemment exprimées, le chapitre du contrôle serait le mieux adapté aux réalités des inquiétudes associatives... si le texte n'avait pas omis de préciser clairement de quel ministère dépendrait son exercice ! Ici aussi, donc, le législateur fait le choix de reculer pour mieux sauter (118). Le décret n° 358-2007 spécifie que « L'autorisation de dissémination volontaire à toute autre fin que la mise sur le marché de produits composés en tout ou partie d'organismes génétiquement modifiés, prévue par l'article L. 533-3 du Code de l'environnement, est délivrée par le ministre chargé de l'environnement, sauf lorsqu'il en est disposé autrement par des dispositions particulières à certains produits ». Dans ce dernier cas (c'est notamment le cas pour les semences, la compétence étant dévolue au ministre de l'Agriculture), l'autorité chargée de statuer sur la demande d'autorisation recueille l'accord du ministre chargé de l'environnement. Mais son accord peut résulter d'un silence gardé pendant quatorze jours... Le caractère très bref de ce délai laisse mal augurer des capacités d'expertise reconnues au ministre de l'Environnement. Il en est de même (décret n° 359-2007) pour les autorisations à fin de mise sur le marché.

L'autorisation de la commercialisation du maïs transgénique co-signée par D. Voynet en novembre 1997, malgré les virulentes critiques de son parti et malgré l'annonce d'un moratoire dans l'accord passé pour les législatives de 1997 entre les Verts et le PS, montre d'ailleurs à quel point ce dernier, si déterminé qu'il soit, a du mal à résister aux lobbies et à la logique libérale qui régit les marchés agroalimentaires (119).

L'arrêt de la CJCE du 21 mars 2000, ***Greenpeace contre France*** (120), est à la fois riche d'enseignements sur le droit des OGM et sur le principe de précaution, et précis pour ce qui concerne le rôle du juge interne en matière de contrôle des procédures européennes complexes qui mêlent des étapes nationales et des étapes communautaires. Le Conseil d'État français, le 25 septembre 1998 (sur recours de Greenpeace, de la Confédération paysanne et de l'association Ecoropa) (121) a été amené à poser une série de questions préjudicielles (122) à la CJCE sur la latitude d'action des autorités françaises, plus que, directement, sur la nature et les implications du principe de précaution. L'attendu 54 de l'arrêt recèle en fait deux affirmations différentes, qui n'ont plus rien de surprenant. La première rappelle qu'en ces matières de compétences partagées les requérants ont accès aux juridictions nationales : « Il y a lieu de rappeler... que, lorsque la mise en œuvre administrative d'une décision communautaire incombe aux autorités nationales, la protection juridictionnelle garantie par le droit communautaire comporte le droit pour les justiciables de contester, de façon incidente, la légalité de cette décision devant la juridiction nationale ». On

(118) Passons sur le fait que, en toute équité, l'art. 86-7 du règlement intérieur de l'AN (qui date du 15 juin 1990 et édicte une obligation de joindre un bilan écologique à tout projet ou toute proposition de loi qui est susceptible d'avoir un impact sur la nature) aurait dû être mis en œuvre, il ne l'a pas été apparemment ; mais il est vrai que l'Assemblée a très vite oublié cet art. (v., à propos de la loi sur les déchets radioactifs, M. PRIEUR, « Les déchets radioactifs, une loi de circonstance pour un problème de société », *RJE* 1992-1, p. 19 et s., particulièrement p. 26-27).

(119) Ce qui ne signifie pas qu'il n'y ait pas de résistance : dans le même temps qu'était autorisée l'introduction de maïs génétiquement modifiés sur le marché, l'annonce d'un moratoire sur les autres produits concernés était faite par le ministère.

(120) V. pour des développements plus substantiels notre manuel de *Droit international et européen de l'environnement*, dans cette collection, 2005, p. 123 et s.

(121) Contre les conclusions du commissaire du gouvernement STAHL, Req. n° 194348, *RJE*, 4-1999, p. 566 et s.

(122) V. C. HERMON, *RJE* 4-1999, p. 566 et s., part. p. 574.

notera que cette position est complémentaire de celle exprimée par le Conseil d'État le 27 septembre 1999 à propos de *Natura 2000* (123) et, dès avant, dans l'affaire *Région du Limousin* du 19 mai 1999, à propos des recours exercés contre des actes nationaux inscrits dans une procédure communautaire avant que cette procédure n'ait abouti à une décision finale. L'important est en premier lieu que le requérant ait accès au recours, qu'il puisse saisir une juridiction, et en second lieu que soit privilégié l'effet utile du recours, par-delà les pratiques juridiques nationales. Le Conseil d'État suit en la matière la jurisprudence (124) de la CJCE. Quand la validité d'un acte national de la procédure « mixte » est en cause, le recours doit pouvoir s'exercer, et le juge considérera la légalité de l'acte, tout au moins si celui-ci n'a pas déjà été cautionné par l'adoption d'un acte communautaire qui marque une étape ultérieure de la procédure. Car, dans ce cas (et c'est la deuxième affirmation de ce point 54), le requérant aura à « (...) demander à celle-ci de saisir la Cour de questions préjudicielles en appréciation de validité de la dite décision ». En effet, « dans un tel cas, la Cour est seule compétente pour constater l'invalidité d'un acte communautaire (v. arrêt du 22 octobre 1987, *Foto-Frost*, 314/85, Rec. p. 4199, point 20) ». Quand, donc, la validité d'une étape communautaire de la procédure est mise en cause, le recours au juge est garanti par l'accès au juge national, mais le jugement sur le fond est commandé par une question préjudicielle (v. *infra*). Il s'agit d'une affirmation de principe qui permet de situer au mieux le droit procédural dans la matière de ces compétences partagées, mais elle ne sert pas directement à la solution du litige. La réponse que doit apporter le juge national varie selon la nature de l'irrégularité que le contrôle juridictionnel aura permis de mettre à jour (point 107 des conclusions de l'avocat général Mischo) : « Si l'irrégularité est de nature formelle au sens large, par exemple si elle réside dans l'absence d'une signature au bas d'un procès-verbal, par ailleurs non contesté dans sa véracité (...) il y a lieu, à notre avis, de considérer qu'elle doit rester sans conséquences au regard de l'obligation de délivrer le consentement que pose la directive 90/220 » (point 108). Toutes proportions gardées, il en est ici de même que lorsque la procédure est strictement nationale.

Si les irrégularités constatées portent sur l'évaluation des risques elle-même, sur son exactitude et sa rigueur, et plus sur des formes ou procédures non substantielles, la transmission de l'avis est viciée au point qu'il est possible de dire que (point 55 de l'arrêt) »... celle-ci n'a pas pu valablement transmettre le dossier avec avis favorable à la Commission ». Le juge national est alors « ... tenu de saisir la Cour à titre préjudiciel s'il estime que ces irrégularités sont de nature à affecter la validité de la décision favorable de la Commission, en exposant les motifs d'invalidité qui lui paraissent devoir être retenus et, le cas échéant, en ordonnant le sursis à l'exécution des mesures d'application de ladite décision jusqu'à ce que la Cour ait statué sur la question d'appréciation de validité » (v., en ce sens, arrêt du 21 février 1991, *Zuckerfabrik Süderdithmarschen et Zuckerfabrik Soest*, C-143/88 et C-92/89, rec. p. I-415, point 24). Il résulte (v. les conclusions de l'avocat général, point 118) de la directive de 1990 que l'autorisation communautaire de mise sur le marché doit être considérée « comme obligeant le gouvernement français à délivrer son consentement écrit, sauf pour lui à faire usage de la possibilité ouverte par l'article 16 de la directive 90/220, s'il estime que les conditions d'application de cette disposition sont remplies ». C'est-à-dire que l'État membre qui a transmis à la Commission une demande d'autorisation de mise sur le marché d'un organisme génétiquement modifié ne dispose pas d'un pouvoir d'appréciation lui permettant de refuser de délivrer son consentement écrit (125) « sous réserve du recours de bonne foi à la clause de sauvegarde de l'article 16 de la directive 90/220/CEE du Conseil, du 23 avril 1990, relative à la dissémination volontaire d'organismes génétiquement modifiés dans l'environnement ». En conséquence : « Lorsqu'un État membre a des raisons valables de considérer qu'un produit qui a fait l'objet d'une notification en bonne et due forme et

(123) V. le texte et notre commentaire, *in LPA* 8 février 2000, p. 11 et s.

(124) CJCE, 3 décembre 1992, *Oleificio Borelli c/Commission*, *AJDA* 1993, chron. COMBREXELLE, HONORAT et SOULARD, p. 247.

(125) Cf. J. BOUDANT, « Principe de précaution et risques, l'exemple des OGM », *Revue européenne de droit de l'environnement*, 4-1998, p. 415 et s.

d'un consentement écrit... présente un risque pour la santé humaine ou l'environnement, il peut en limiter ou en interdire, à titre provisoire, l'utilisation et/ou la vente sur son territoire. Il en informe immédiatement la Commission et les autres États membres et indique les motifs de sa décision ». La compétence de l'autorité nationale est donc liée, sauf pour ce qui concerne la mise en œuvre du principe de précaution, qui la conduit nécessairement à un renvoi de la procédure au niveau communautaire. Il appartient désormais au Conseil d'État d'engranger les enseignements de sa nouvelle place dans le dispositif juridictionnel d'un État fédéral en devenir ; il devrait en avoir souvent l'occasion, même si au final dans l'affaire *Greenpeace* il a estimé que le principe de précaution n'avait pas lieu de jouer, l'évaluation du risque ayant été correctement faite (CE, 22 novembre 2000).

B. UNE INFORMATION SANS TRANSPARENCE

Sur le plan de l'information, en revanche, le législateur assure sans scrupules excessifs ses choix, qui ne sont pas à proprement parler des modèles de démocratie participative (126). Tout au plus, à l'occasion du vote de la loi d'orientation agricole de 2004, le Parlement a-t-il institué un dispositif de « contrôle et de surveillance biologique du territoire » des mises sur le marché et des disséminations de produits « ... composés ou issus d'OGM », par le service de surveillance des végétaux, doté pour la circonstance de pouvoirs de contrôle renforcés. « Toute personne qui constate une anomalie ou des effets indésirables susceptibles d'être liés à la dissémination ou à la mise sur le marché » d'OGM est invitée à informer « immédiatement ce service ».

La composition de la Commission compétente est, on l'a dit, plus ouverte, puisque, si elle compte pour la moitié au moins des « personnalités compétentes en matière scientifique » plus un membre de l'Office, « elle comprend... » également « ... des représentants d'associations de l'environnement agréées, des associations de consommateurs, des groupements de salariés et des groupements professionnels concernés ». Restait à savoir ce que le pouvoir réglementaire entendra par « moitié au moins », car il ne faut pas se leurrer : le renvoi effectué par la loi à des décrets simples permet toutes les modulations et accommodements que nécessiteront aux yeux des majorités successives leurs arrangements prioritaires avec telle ou telle catégorie professionnelle. Pourquoi ne pas avoir instauré une réelle parité ? Ne pas l'avoir fait reflète à quel point une conception ouverte vers une réelle co-gestion de la nature, qui fasse la part égale à toutes les parties concernées, est étrangère aux schémas de pensée des initiateurs du texte comme, malheureusement, des parlementaires, si bien intentionnés qu'ils soient pour certains d'entre eux.

Le texte précise que les missions de la seconde commission seront à peu près analogues à celles de la première, quoique se rapportant à son objet propre : participation à l'évaluation des risques « liés à la dissémination volontaire », contribution « ... à l'évaluation des risques liés à la mise sur le marché... ainsi qu'à

(126) Si l'on met à part la tentative de « conférence des citoyens » orchestrée par l'Office parlementaire des choix technologiques et scientifiques les 21 et 22 mai 1998 : un panel de citoyens a proposé, après une formation, des auditions et une discussion, une certain nombre de mesures, principalement axées sur la recherche d'une meilleure transparence : v. *Libération* 23 juin 1998. Les « candides » ne sont pas loin, à mots feutrés, de proposer le moratoire demandé par FNE et les écologistes. Mais il ne s'agit là que d'une consultation.

la définition de leurs conditions d'emploi et de présentation », présentation d'un rapport annuel dans les mêmes conditions que l'autre commission. Pour préciser le tout, la loi renvoie à des décrets. Mais le problème essentiel se situe plutôt en amont de l'intervention de cette instance.

L'article 12 (article L. 124-3 du Code de l'environnement) pose bien le principe que « toute personne a le droit d'être informée sur les effets que la dissémination volontaire peut avoir pour la santé publique ou l'environnement... », mais pour immédiatement nuancer : dans le respect de la confidentialité des informations protégées par la loi (127). Des décrets en Conseil d'État devant fixer les « modalités selon lesquelles l'autorité administrative assure l'information du public sur les effets » et les obligations qui « peuvent être imposées à ce titre » (128), notamment les conditions dans lesquelles les responsables pourront être amenés à couvrir les frais divers. Mais la loi ne prévoit ni étude d'impact sur l'environnement, ni enquête publique... Le toilettage de la loi de 1976 sur les installations classées réalisé par la loi OGM permet que soit éliminée cette possibilité : il est vrai que dans la foulée de l'appel d'Heidelberg, plusieurs savants français avaient cru bon, dans *Le Monde* de s'élever contre l'idée même au nom de la liberté de recherche. Ce même souci qui fait que, par exemple, mais pour des dangers que l'on connaît mieux, les expérimentations de pesticides obéissent à un régime parfois jugé laxiste par les spécialistes eux-mêmes (129). C'est l'idée même d'un contrôle social qui est ainsi repoussée (130) : ce choix négatif se situe aux antipodes des soucis affirmés par les ministres successifs de l'Environnement d'assurer une meilleure transparence en matière de protection de la nature. On notera avec intérêt que les sénateurs (131), par la voix de P. Lafitte, « ne voi(en)t pas de raison majeure de s'opposer... » à l'affirmation de principe, mais l'on sent bien que cette absence d'opposition n'est due qu'à son absence d'effets...

Pour le reste peu de remarques s'imposent : l'article 536-1 du Code de l'environnement prévoit classiquement que les officiers de police judiciaire, les fonctionnaires techniques de l'État et des agents habilités et assermentés à cet effet (les modalités de ces habilitations devant être également précisées par décret en Conseil

(127) À cet égard, les mésaventures du professeur Seralini, membre de la Commission, qui a rendu publique l'apparition sur les PV de la Commission de la mention « confidentiel » : http://www.infogm.org/breve.php3 ?id_breve=141.

(128) V. par exemple, pour les matières fertilisantes contenant des OGM, le décret n° 98-318 du 28 avril 1998, *JO* 29 avril 1998, p. 6528, comm. O. GULLI, *Dr. env.* octobre 1998, p. 3-4.

(129) Les expérimentations avant homologation sont possibles en vertu d'un arrêté du 7 octobre 1974 (art. 12). Elles doivent cependant être autorisées. L'autorité compétente est le ministre de l'Agriculture, après consultation de la commission d'écotoxicité et du comité d'homologation ; les conditions d'expérimentation doivent être précisées. L'autorisation, valable un an, suppose que les échantillons ne soient pas commercialisés : mais rien n'est prévu sur les récoltes obtenues. Cette négligence et le fait que des expérimentations puissent parfaitement être conduites dans des stations expérimentales, qui ne sont pas – *a priori* – des installations classées, contribuent à donner une nette impression de laisser-aller...

(130) Dans la pratique, les dossiers déposés en mairie ne peuvent même pas permettre de localiser les champs d'expérimentation ouverte ou de culture. Il a en conséquence été affirmé par plusieurs médias que « la France dissimule les informations sur les cultures transgéniques » (*Le Monde* 14 avril 2000, p. 2). Le rapport de la Commission pour 1999 n'est pas publié pour éviter de faire connaître les noms des communes concernées par les expérimentations de colza. On remarquera que le gouvernement anglais, au contraire et par exemple, publie sur internet la carte intégrale des sites d'expérimentation.

(131) Rapport Laffitte, p. 19.

d'État) pourront rechercher et constater par PV les éventuelles infractions (transmis au Procureur), et bénéficient d'un droit d'« accès aux installations et lieux », à tout moment quand des opérations sont en cours, entre 8 et 20 h le reste du temps. Si les associations agréées se voient reconnaître un pouvoir d'action (article 32 de la loi), et peuvent lancer une procédure pénale en se portant partie civile, il n'en demeure pas moins qu'elles risquent d'avoir quelque difficulté à rassembler les informations nécessaires pour étayer leur argumentation, et il faut (le sénateur Lafitte avait insisté sur ce point et il a eu gain de cause) pour qu'elles soient recevables que les infractions remarquées par elles portent « un préjudice direct ou indirect aux intérêts collectifs que ces associations ont pour objet de défendre » : il appartient aux juridictions de préciser leur interprétation du texte sur ce point... mais encore une fois, il est net à la lecture des textes que la participation des associations à la gestion des risques représentés par les OGM n'était pas l'objectif des initiateurs du texte.

Ceux-ci, en revanche, ont accordé, on l'a déjà dit, bien de l'importance aux susceptibilités des utilisateurs d'OGM. L'article L. 535-3 I du Code de l'environnement énonce en effet que « le demandeur d'une autorisation... peut indiquer à l'administration les informations fournies à l'appui de sa demande dont la divulgation pourrait porter préjudice à ses intérêts ou qui touchent à des secrets protégés par la loi ». L'on peut ici faire les mêmes remarques que pour ce qui concerne les usages confinés. Il convient cependant de ne pas dramatiser la puissance de dissimulation ainsi reconnue aux exploitants, car si « les informations reconnues confidentielles ne peuvent être communiquées à des tiers », il faut bien qu'elle soient reconnues telles par quelqu'un, et ce « quelqu'un » ne saurait être que l'administration....

Le texte tempère heureusement les risques de laxisme : ne peuvent être dites confidentielles les informations ayant trait à la demande de l'autorisation de dissémination, les « description synthétique, but, lieu, méthodes et plans de suivi et d'intervention en cas d'urgence, l'évaluation des effets et des risques pour l'homme et l'environnement », et pour les mises sur le marché, les informations ayant trait à la nature du produit, la description synthétique, aux conditions et précautions d'emploi, à l'« évaluation des effets et des risques pour l'homme et pour l'environnement ». C'est encore heureux, mais cela ne règle pas vraiment le problème de l'accès à ces données, dont un arrêté du 20 mars 2007 organise minutieusement la remontée vers les autorités étatiques.

Et il n'empêche que le droit du public à l'information est conçu, pour les disséminations, de manière très restreinte. L'administration est certes en possession des données, mais ne les divulgue pas en totalité ni même en majorité : selon, par exemple, l'article 13 du décret n° 358-207, article 13, « L'autorité administrative compétente transmet la fiche d'information destinée au public aux préfets des départements et aux maires des communes dans lesquels se déroulera la dissémination. Cette fiche est affichée en mairie aux frais du responsable de la dissémination et, par les soins du maire, dans les huit jours qui suivent la réception de cette fiche. Les fiches d'information destinées au public et le registre des localisations des disséminations sont mis à la disposition du public par voie électronique »... mais le contenu de la fiche n'est guère éloquent, et la localisation se résume souvent à des indications grossières.

Quant à l'information « officielle » (132), elle révèle un souci pédagogique. Quand sera effectivement mis en ligne, comme le promet le site, le « registre » que prévoit l'arrêté de mars 2007 précité, il permettra de situer au moins les cantons où ont lieu les expérimentations ou cultures et leurs nombre. Et les agriculteurs qui cultivent des produits avec OGM sont tenus d'informer leurs voisins et tenus de laisser une bande de 50 mètres, alors que la pratique est aujourd'hui de 25 (133).

Le pouvoir réglementaire a également innové en mettant en place pour les disséminations expérimentales (article 10 du décret n° 358-2007) une consultation électronique, mais dont les conséquences ne sont pas du tout considérées ni énoncées.

Sans doute, même s'il y a là des progrès, l'impression d'opacité relative qui a expliqué l'action des « faucheurs volontaires » subsiste-t-elle au total.

L'ambiance n'est en tout cas pas à privilégier la protection contre la production : significatif à cet égard est le fait qu'aucune des suggestions les plus affirmées du service juridique de France Nature Environnement n'ait été retenue. Ni enquête publique ni étude d'impact pour chaque dissémination expérimentale, ni observatoire à long terme, ni compétence liée par l'avis des commissions pour l'octroi des agréments ou autorisations, ni publication systématique et jonction aux dossiers d'enquête publique des avis des commissions, ni place correcte aux associations... On est bien loin de l'institution de cette « magistrature technico-scientifique » assurant le respect d'un principe d'expertise indépendante et contradictoire que S. Charbonneau, dans son beau livre « La gestion de l'impossible » (134), décrit comme la formule la plus apte à réconcilier les normes technologiques avec l'idéal de la démocratie.

C'est donc à juste titre que M.-A. Hermitte (135) signale qu'« ... une sorte d'autocensure sape à la base toute forme de pensée libre, le législateur comme la doctrine admettant dans une quasi-unanimité que l'on ne peut rien interdire qui soit permis ailleurs, sous peine de fuite des cerveaux et des consommateurs de techniques nouvelles ». Mais il faut bien dire qu'en la matière, le gouvernement voudrait-il faire plus qu'il ne le pourrait guère, lié qu'il est par les directives européennes qui ne laissent que guère d'espace aux autorités nationales (136). Tout dépend donc en fait et en droit de la plus ou moins grande sécurité européenne. Mais le contexte juridique international n'est pas non plus indifférent.

Le contexte international : Selon le préambule de la Convention sur la diversité biologique de 1992, « ... les États sont responsables de la conservation de leur diversité biologique et de

(132) Il s'agit d'un site interministériel – http://www.ogm.gouv.fr. Cela se défend, mais on peut aussi se demander s'il ne conviendrait pas bien plutôt de le situer dans l'orbite exclusive du ministère de l'Écologie, voire d'une Haute Autorité ou de l'Office des choix technologiques et scientifiques du Parlement. À noter qu'au 26 avril 2007, sur ce site, la page dédiée à la consultation du public était notée comme n'ayant été remise à jour que fin 2005 : http://www.ogm.gouv.fr/mise_marche/consultation_public/consultation_public.htm...

(133) http://www.agriculture.gouv.fr/spip/leministere.leministrelecabinet.communiquesdepresse_a6927.html.

(134) *Economica*, 1992, p. 147.

(135) « L'esprit des lois », dossier spécial de *La Lettre du Hérisson*, préc., p. 18.

(136) V. la décision de la CJCE dans l'affaire *Greeenpeace*, 21 mars 2000, comm. LEGAL et note ROMI, *AJDA* mai 2000, p. 448 et s. et analysée *supra*, p. 333 et s.

l'utilisation durable de leurs ressources biologiques » (137), c'est-à-dire, selon son article 2, de « l'utilisation des éléments constitutifs de la diversité biologique d'une manière et à un rythme qui n'entraînent pas leur appauvrissement à long terme, et sauvegardent ainsi leur potentiel pour satisfaire les besoins et les aspirations des générations présentes et futures ». C'est donc très logiquement que la circulation d'organismes génétiquement modifiés a été évoquée par la conférence des parties à la Convention. Après cinq ans de négociation et un échec (Carthagène), la signature du Protocole sur la bio-sécurité est finalement intervenue le 29 janvier 2000, non sans une opposition du groupe dit « de Cairns » (138) et des USA (qui n'ont pourtant pas ratifié la Convention sur la diversité biologique faute d'un accord du Sénat). Le texte concurrence l'OMC, qui s'estime compétente pour réguler les mouvements d'OGM. Il est prévu que le Protocole (article 37) entre « ... en vigueur le quatre-vingt-dixième jour suivant la date de dépôt du cinquantième instrument de ratification, d'acceptation, d'approbation ou d'adhésion, par les États ou les organisations régionales d'intégration économique qui sont Parties à la Convention ». L'économie générale en peut aisément être résumée. Tout repose sur la capacité des États de gérer les risques représentés par des OGM en interdisant si besoin la pénétration de certaines productions sur leur territoire. Le principe de précaution inspire la gestion courante des mouvements d'OGM comme toute mesure d'urgence en cas d'apparition d'un risque nouveau. Le texte prévoit, non sans ambiguïté, les modalités d'articulation entre les nouvelles obligations et compétences qu'il énonce sur cette base et les autres textes internationaux. Il bâtit par ses articles 11 (139), 12 (140) et 17 (141) un système de collaboration des États à base d'obligation d'informations réciproques, mais introduit surtout une dimension démocratique nouvelle dans la gestion des mouvements économiques internationaux ; la probabilité d'une généralisation de l'étiquetage des OGM en représente la concrétisation la plus marquante. Les États sont compétents pour assurer une gestion des risques présentés par les OGM (142). Comme dans le droit européen, prévention et précaution

(137) V. J.-P. Beurier, « Le droit de la biodiversité », *RJE* 1996, n° 1/2, p. 5.

(138) Australie, Nouvelle-Zélande, Malaisie, Argentine, suivis par quelques autres : il s'agit des pays les plus radicaux dans la recherche du libre échange.

(139) « Toute Partie qui prend une décision définitive concernant l'utilisation sur le territoire national, y compris le lancement sur le marché, d'un organisme vivant modifié qui peut faire l'objet d'un mouvement transfrontière et qui est destiné à être utilisé directement pour l'alimentation humaine ou animale ou à être transformé, doit, dans les quinze jours qui suivent, en informer les autres Parties, par l'intermédiaire du Centre d'échange pour la prévention des risques biotechnologiques. Cette information doit contenir au minimum les renseignements demandés à l'annexe II... »

(140) « Une Partie importatrice peut à tout moment, au vu de nouvelles informations scientifiques sur les effets défavorables potentiels sur la conservation et l'utilisation durable de la diversité biologique, compte tenu aussi des risques pour la santé humaine, reconsidérer et modifier sa décision concernant un mouvement transfrontière intentionnel. En pareil cas, dans un délai de trente jours, elle en informe les auteurs de notifications antérieures de mouvements de l'organisme vivant modifié en question, ainsi que le Centre d'échange pour la prévention des risques biotechnologiques, en indiquant les raisons de sa décision. »

(141) Chaque Partie prend des mesures appropriées pour notifier aux États effectivement touchés ou pouvant l'être, au Centre d'échange pour la prévention des risques biotechnologiques et, au besoin, aux organisations internationales compétentes, tout incident dont elle a connaissance qui relève de sa compétence et qui a pour résultat une libération entraînant ou pouvant entraîner un mouvement transfrontière non intentionnel d'un organisme vivant modifié susceptible d'avoir des effets défavorables importants sur la conservation et l'utilisation durable de la diversité biologique, et de comporter également des risques pour la santé humaine dans ces États. La notification est donnée dès que la Partie concernée prend connaissance de cette situation.

(142) Art. 2, alinéas 2, 4 et 5 : « ... Les Parties veillent à ce que la mise au point, la manipulation, le transport, l'utilisation, le transfert et la libération de tout organisme vivant modifié se fassent de manière à prévenir ou à réduire les risques pour la diversité biologique, en tenant compte également des risques pour la santé humaine... »

4. « Rien dans le présent Protocole ne doit être interprété comme restreignant le droit d'une Partie de prendre des mesures plus rigoureuses pour la conservation et l'utilisation durable de la diversité

sont conjuguées (143). Les méthodes d'évaluation et de gestion des risques de l'article 15 (144) et de l'article 16 (145) ressemblent à celles adoptées par l'Europe. Il résulte de l'ensemble qu'à l'égard des OGM, le Protocole peut juridiquement permettre de contourner les règles de l'OMC. Le Protocole s'applique en effet « ... aux mouvements transfrontières, au transit, à la manipulation et à l'utilisation de tout organisme vivant modifié qui pourrait avoir des effets défavorables sur la conservation et l'utilisation durable de la diversité biologique, et comporter également des risques pour la santé humaine », il est susceptible d'entrer en contradiction avec les textes de l'OMC. Certes, il y a un air de familiarité entre l'article 8 du Protocole, qui repose sur un système de notification des décisions et l'accord sanitaire et phytosanitaire (dit accord SPS) de l'OMC. Mais le nouveau devoir de notification ne se substitue pas à l'exigence de notification de l'accord SPS, mais s'y ajoute évidemment (146) ; et les fondements des décisions qui seront prises dans l'un et l'autre cadre ne seront pas les mêmes. Il pourra y avoir contradiction entre les deux décisions. Mais l'article 14 (147) du Protocole prévoit que les États ne sauraient accepter un « degré de protection moindre que celui prévu par le Protocole ». Il reste à savoir alors comment devront être réglés les éventuels litiges. L'Europe peut donc, compte tenu de ces éléments, s'appuyer sur la logique du Protocole pour se justifier d'avoir rendu obligatoire l'étiquetage des produits issus de modifications génétiques (à hauteur de 1 % des ingrédients pris individuellement (148)). Elle peut surtout se targuer – et ce n'est pas rien – d'avoir exporté son schéma juridique de régulation ; celui-ci va – modérément – à l'encontre de la mercantilisation ambiante de la nature, et le Protocole constitue en ce sens un des premiers prolongements concrets et effectifs de l'ambition de la déclaration de Rio d'assurer une certaine « écologisation » des échanges économiques (149). Reste à savoir combien pèsera, au sein de l'OMC et face aux États du groupe de Cairns et des États-Unis, cette nouvelle manifestement fragile détermination. Pendant longtemps la seule affaire enregistrée à l'OMC est restée à l'état de consultation (plainte de l'Egypte, 2000). Les plaintes simultanées des États-Unis (affaire WT/DS291), du Canada (affaire WT/DS/292) du 20 mai 2003 et de l'Argentine (affaire

biologique que celles prévues par le Protocole, à condition qu'elles soient compatibles avec l'objectif et les dispositions du Protocole et en accord avec les autres obligations imposées à cette Partie par le droit international. »

5. « Les Parties sont encouragées à tenir compte, au besoin, des compétences disponibles, des instruments existants et des travaux entrepris par les instances internationales compétentes s'agissant des risques pour la santé humaine ».

(143) Directive européenne 90/220, CEE du 23 avril 1990, *JOCE*, L. 117/15 du 8 mai 1990.

(144) Art. 15 : « 1. Les évaluations des risques entreprises en vertu du présent Protocole le sont selon des méthodes scientifiques éprouvées... 2. La Partie importatrice veille à ce que soit effectuée une évaluation des risques pour prendre une décision au titre de l'art. 10. Elle peut exiger que l'exportateur procède à l'évaluation des risques. 3. Le coût de l'évaluation des risques est pris en charge par l'auteur de la notification si la Partie importatrice l'exige ».

(145) Art. 16, alinéa 2 : « ... Des mesures fondées sur l'évaluation des risques sont imposées dans la mesure nécessaire pour prévenir les effets défavorables de l'organisme vivant modifié sur la conservation et l'utilisation durable de la diversité biologique, y compris les risques pour la santé humaine, sur le territoire de la Partie importatrice... ».

(146) Pour un État membre de l'OMC et partie à la Convention sur la diversité biologique qui prendrait des mesures de restriction de la circulation des OGM, il faudrait donc procéder à une notification auprès du secrétariat de l'accord SPS et à une seconde auprès du secrétariat de la Convention.

(147) Art. 14, alinéa 1 : « Les Parties peuvent conclure des accords et arrangements bilatéraux, régionaux et multilatéraux concernant les mouvements transfrontières intentionnels d'organismes vivants modifiés, si ceux-ci sont compatibles avec l'objectif du Protocole et à condition que ces accords et arrangements n'aboutissent pas à un degré de protection moindre que celui prévu par le Protocole... ».

(148) Règlements n° 49/2000 et n° 50/2000.

(149) Sur le concept d'écologisation du droit économique, v. notre art. « L'écologisation du droit économique », *Dr. et société* 2-1998. Pour une analyse spécifique au problème des OGM, v. L. BOY « Les organismes génétiquement modifiés entre le principe de précaution et l'ordre " scientifico-concurrentiel " », *Philosophie du droit et droit économique, quel dialogue ?, Mélanges en l'honneur de G. Farjat*, éd. Frison-Roche, 1999.

WT/DS/293) du 21 mai 2003 puis une demande du 8 août 2003 tant les États-Unis que l'Argentine ont demandé la constitution d'un groupe spécial. Le protocole de Carthagène est certes entré en vigueur le 13 septembre 2003, mais si l'Union européenne a signé et ratifié le protocole le 27 août 2002, l'Argentine et le Canada l'ont bien signé (respectivement le 24 mai 2000 et le 19 avril 2001) mais ne l'ont toujours pas ratifié. Quant aux États-Unis, ils ont refusé toute signature. L'ORD n'a rendu le 10 mai 2006 qu'une décision peu lisible, d'où il ressort que l'Europe est habilitée à réglementer, que l'évaluation des risques européenne est un peu trop rigoureuse, que le moratoire institué est exagéré, et surtout que les États vont un peu loin dans leur application de la réglementation européenne (150). Il faudra en conséquence voir comment évoluera la situation dans ce contexte mi-figue, mi-raisin...

BIBLIOGRAPHIE ADDITIONNELLE

A. Apotecker, *Du poisson dans les fraises : notre alimentation manipulée,* La Découverte, 1999 ■ *Le commerce international des organismes génétiquement modifiés »,* Documentation française, CERIC, 2002 ■ N. Linossier, *Les introductions et réintroductions d'espèces non domestiques,* th. dact., Lyon III, 1994 ■ Numéro spécial de la *RJE,* 3/1993 (Actes de la journée d'études consacrée par la SFDE à la loi OGM en décembre 1992) ■ J. P. Beurier, « Les OGM et l'évolution du droit international », *Mélanges en l'honneur de J. C. Hélin*, Litec, 2004 p. 89-98 ■ S. Bonny, « L'emploi d'organismes génétiquement modifiés en agriculture : quel intérêt et quelles limites au niveau économique ? », *Le courrier de l'environnement* de l'INRA, juillet 1998, p. 75 et s. ■ G. Bossis, « Les OGM entre liberté de circulation et précaution », *REDE,* 4/2001 ■ D. Bojic Bultrini, « La directive européenne sur la protection des inventions biotechnologiques : la vie enfin dans le filet européen », *RJE* 1998-4, p. 463 et s. ■ M. A. Hermitte, « L'accès aux ressources biologiques », *Mélanges en l'honneur de J. C. Hélin*, Litec, 2004 p. 333-344 ■ F. Trébulle, « OGM, une illustration de la mise en œuvre du principe de précaution », *J.-Cl. Env.* octobre 2004, p. 14 et s.

■ (150) V. sur ces sujets S. Maljean Dubois (dir.), « Droit de l'organisation mondiale du commerce et protection de l'environnement », Bruylant et CERIC, 2003.

TITRE II
... À LA CONSERVATION DES HABITATS

Rien ne sert évidemment de protéger des espèces si l'on rend leur vie impossible en supprimant, en réduisant ou en laissant péricliter leurs milieux de vie : cette logique élémentaire se heurte aux développements de la vie moderne (industrialisation et urbanisation, agriculture intensive). Elle est aussi mise à mal par l'état des rapports entre États riches et États pauvres, ce qui implique une forte – mais encore insuffisante – prise en charge par le droit international de la détermination des espaces à protéger, et des contraintes économiques qu'implique la protection des espaces de valeur.

CHAPITRE 1
LA PROTECTION DES ÉCOSYSTÈMES SENSIBLES

Une chose est de désirer protéger, une autre, compte tenu des nécessités de faire des compromis, de déterminer les espaces qui seront à protéger ; la détermination écologique – quoiqu'elle ne soit pas toujours simple ni suivie d'effets – commande au moins pour partie la détermination juridique. Ce n'est qu'une fois accomplie cette détermination juridique que s'effectue – ou pas – une mise en protection.

SECTION 1 LA DÉTERMINATION DES ESPACES SENSIBLES À PROTÉGER

Celle-ci se réalise souvent, à l'époque moderne, du fait des conventions internationales ou des directives européennes : d'une part, dans une atmosphère de compétition économique, il est logique qu'à côté des régulations économiques et les accompagnant, existent des régulations de l'espace ; d'autre part, le caractère souvent transfrontalier des problèmes écologiques le justifie à coup sûr.

§ 1. LES DÉTERMINATIONS INTERNATIONALES

La vraie difficulté est de savoir si les déterminations internationales ont une effectivité en elles-mêmes : la réponse peut varier selon les pays et surtout – pour ce qui concerne la France – selon les termes de la convention visée et peut-être les juges.

A. LES CONVENTIONS INTERNATIONALES

1. La Convention de Berne (1)

L'interdiction qui figure dans l'article 6 de la Convention de Berne (2), de « détérioration des sites de reproduction ou des aires de repos » et de « perturbation, notamment durant la période de reproduction et d'hibernation » pour toutes les espèces strictement protégées est tout à fait claire. Elle concerne en particulier 500 espèces de flore et 580 espèces animales devant être strictement protégées. Les particuliers peuvent en réclamer, indubitablement, le respect, même si ils auront quelque mal, compte tenu des insuffisances de notre système contentieux, à obtenir raison devant les juridictions administratives. Pourtant et surtout, l'État ou les autres autorités publiques sont désormais tenues de faire le nécessaire pour la faire respecter. Or, au nombre des espèces concernées figure par exemple l'ours (3). Et l'on sait qu'autour des ours des Pyrénées, de leur habitat, se sont noués des conflits très durs entre les chasseurs, les élus locaux et les dirigeants du parc naturel régional qui soutiennent les premiers, d'une part, et les associations et le ministère d'autre part (4).

Il faut dire que si l'on ne tire plus les ours dans les Pyrénées depuis 1981, des pistes continuent à être tracées et toutes sortes d'activités économiques menées, qui les perturbent, au point de susciter des comportements traduisant des troubles certains chez les derniers ours (5). Et il faut au minimum à ceux-ci un territoire de 8 000 ha par individu à titre d'espace vital... De quoi, évidemment, compte tenu du rétrécissement des espaces naturels et donc des espaces chassables, inquiéter les chasseurs : car toute mesure de protection des habitats de l'ours mettra en jeu « leur » espace (en particulier pour l'exercice des battues aux sangliers avec chiens)... ainsi que bon nombre d'autres activités, dont on se demande d'ailleurs si elles doivent vraiment être menées dans l'enceinte d'un parc naturel régional (6).

2. La Convention de Ramsar

Le 3 février 1971, a été signée à Ramsar (Iran) la Convention internationale « relative aux zones humides d'importance internationale particulièrement comme habitats de la sauvagine » (7). Cette Convention est entrée en vigueur en 1975

(1) À laquelle il conviendrait d'ajouter la Convention de Bonn, surtout compte tenu de ses derniers prolongements (accord de La Haye du 16 juin 1995 sur la conservation des oiseaux migrateurs d'Afrique-Eurasie ; v. comm. C. De Klemm et S. Maljean-Dubois, *RJE* 1-1998, p. 5 et s.).
(2) Ratifiée à la date du 31 décembre 1994 par 26 États membres et par l'Union européenne.
(3) Ce que remarque avec délectation M.-A. Rendu, *Le Monde* 31 août 1990, p. 18.
(4) V. L. Mazzella, « Au chevet de l'ours des Pyrénées », *Le Chasseur français* mai 1990, p. 51 à 55 et V. Lévy-Bruhl, « Le droit bute sur l'ours », comm. sous CE, 26 mai 1995, *Comité intervalléen pour la sauvegarde de l'ours*, *RJE* 4/1996, p. 451 et s.
(5) L'on a pu se demander si les ours n'auraient pas adopté une attitude « suicidaire » en ne se reproduisant plus faute d'être assez tranquilles sur leur territoire : v. L. Mazzella, cité note précédente.
(6) Mais il est vrai que l'ambiguïté de la formule « PNR » est soulignée depuis longtemps : v. le n° spécial de la *RJE* 3-1985.
(7) V. C. De Klemm, « La Convention de Ramsar et la conservation des zones humides côtières, particulièrement en Méditerranée », *RJE* 4-1990, p. 577 et s.

seulement, et a été amendée en 1987 (8). Elle réunissait en 1996 93 États. Elle définit les zones humides comme (art. 1-1) « des étendues de marais, de fagnes, de tourbières, ou d'eaux naturelles ou artificielles, permanentes ou temporaires, où l'eau est stagnante ou courante, douce, saumâtre ou salée, y compris des étendues d'eau marine dont la profondeur à marée basse n'excède pas six mètres » ; les parties à la Convention peuvent ajouter à ces étendues protégées des « zones de rives ou de côtes, adjacentes à la zone humide et des îles ou étendues d'eau marine d'une profondeur supérieure à dix mètres à marée basse, entourées par la zone humide, particulièrement lorsque ces zones, îles ou étendues d'eau ont de l'importance en tant qu'habitat des oiseaux d'eau » (9) 800 sites sont aujourd'hui notifiés, pour 500 000 km 2 de zones humides. La France n'a pas immédiatement ratifié cette Convention ; les motifs invoqués étaient de pure forme, le texte ayant été adopté en anglais par des experts et non par des plénipotentiaires ; un protocole signé à Paris le 3 décembre 1982 a réglé ces problèmes (10), et la France est partie à la Convention depuis 1986. Cependant, lors de la signature du protocole de 1982, elle n'a signalé pour inscription sur la liste des zones humides d'importance internationale que la seule Camargue, déjà bien protégée par des dispositions de droit interne, ajouté quinze autres sites pouvant être ultérieurement inscrits, tous déjà protégés, et non quelques-unes des zones situées en Corse autrement plus menacées et au moins aussi riches en espèces rares· Il a fallu attendre juillet 1990 (11) pour que soient inscrites à titre complémentaire sur la liste sept zones (Biguglia, marais du Cotentin, rives du lac Léman, Brenne (12), étangs de la Champagne humide, golfe du Morbihan, et Petite Woevre (13)). Lors de la Conférence des pays membres qui s'est achevée le 16 juin 1993, six sites français supplémentaires ont été classés par les parties : lac de Grandlieu, marais salants de Guérande, Grande Brière, Grand Cul de Sac Marin (Guadeloupe), marais de Kaw et de Basse Mana en Guyane. L'ambition de la Convention de Ramsar est relativement modeste : selon C. de Klemm (14), ses « effets semblent assez limités puisque la seule obligation des États... est de faire en sorte que, lors de l'élaboration et de l'extension de leurs plans d'aménagement du territoire, il soit tenu compte de la nécessité de conserver les zones humides figurant sur la liste.... Une autre faiblesse de la Convention est qu'il n'y figure aucune disposition relative à la constitution d'un réseau de zones humides protégées le long des voies de migration des oiseaux d'eau ». L'obligation plus générale énoncée à l'article 3.1 de la Convention est par ailleurs imprécise et ses effets sont en conséquence douteux (15)...

(8) Comme le signale C. De Klemm, *op. cit.*, p. 577, il s'agissait de mettre en place une structure (en l'occurrence, une « conférence des parties ») et un financement permettant un suivi de l'exécution par les parties de leurs engagements.

(9) Art. 2-1.

(10) En établissant tout simplement une version française faisant foi.

(11) V. le dossier spécial « Zones humides » du *Chasseur français* février 1991, p. 101 et s.

(12) Région Centre.

(13) Lorraine.

(14) « La protection internationale des zones humides », *Naturopa* n° 24, 1976, p. 7-9.

(15) On notera cependant que pour le juge administratif français, la notification d'un site emporte des effets : le TA de Caen a par exemple (9 avril 1996, *Manche nature*, *RJE* 3/1996, p. 339) considéré que constituait une erreur manifeste d'appréciation l'autorisation accordée par un préfet à un SIVOM

Les zones humides représentent cependant souvent des écosystèmes fragiles à protéger au sens de l'article L. 146-6 du Code de l'urbanisme issu de la loi *Littoral.*

Ainsi le TA de Caen a-t-il annulé la création d'un golf à Fontenay-sur-Mer, dont l'emprise touchait pour partie le marais du Taret. On remarquera que le TA, dans la même décision, prend soin d'affirmer – ce que nul n'ignore mais qui est regrettable pour la protection des zones humides – que la Convention de Ramsar est inopposable aux décisions individuelles (TA de Caen, *Manche-Nature,* 12 mai 1998). En revanche, que la zone concernée ait été identifiée par la France au titre de cette convention, qu'elle ait été proposée au titre de la directive Habitats pour être intégrée au réseau *Natura 2000* et qu'elle soit partiellement située en ZNIEFF a manifestement fortement influencé le juge. Dans l'affaire *Syndicat mixte du Point Fort et ministre de l'Environnement* (CAA, Nantes, 4 février 1998 (16)) la question posée était la suivante : la localisation dans un PNR, à proximité de zones humides inscrites au titre de la Convention de Ramsar, et dans un site partiellement situé en ZNIEFF, d'un centre d'enfouissement de déchets ultimes est-elle possible ? Si oui, on est en droit de se poser la question de savoir si les parcs naturels régionaux garantissent vraiment la protection de l'environnement ! Le PNR concerné a pour vocation essentielle la protection de zones humides inscrites par la France au titre de la Convention de Ramsar· Le TA de Caen avait estimé dans la décision déférée en appel que cette inscription emportait des effets matériels, au même titre que d'autres inventaires : elle sert d'indicateur pour repérer l'existence d'une erreur manifeste d'appréciation. Le TA de Grenoble (17) a procédé de la même manière pour ce qui concerne la valeur des étapes « scientifiques » de l'élaboration des inventaires de sites concernés par la directive Habitats. L'affaire est d'ailleurs entendue pour ce qui concerne les ZNIEFF (18). La CAA de Nantes ne refuse pas de se situer par rapport à ce mode de raisonnement : mieux, elle l'accepte ouvertement, mais, au vu de l'espèce et des éléments de fait, ne tire pas du contexte les mêmes conclusions que le TA de Caen, peut-être plus attaché à la valeur symbolique de la décision de création (car, de fait, autoriser cette localisation au cœur d'un PNR et à proximité de zones inscrites au titre de la convention de Ramsar peut paraître ouvrir la voie à des dérives). Elle n'en autorise pas pour cela la création du centre d'enfouissement... mais l'annulation est prononcée en raison de l'insuffisance de l'étude d'impact : l'arbitrage est plus formel puisque procédural· Les apparences sont préservées, les arguments de pure légalité sont mis en avant... Il n'en demeure pas moins que le résultat pourrait être de fait l'impossibilité de localiser le centre sur le lieu choisi. La reprise des déchets, et la remise en état du site après exploitation qui l'exige, difficiles en milieu humide quel que soit le conditionnement retenu pour les déchets, devront pour cela être garanties par l'éventuelle nouvelle étude d'impact.

Poursuivant le même objectif, la recommandation du Comité des ministres du Conseil de l'Europe (19) n'est guère plus efficace : elle invite les États membres à incorporer les tourbières menacées dans le réseau de réserves naturelles en les entourant d'une zone-tampon. Mais elle ne prévoit ni sanctions ni mesures de rétorsion contre les États qui, comme la France, n'ont pas adopté cette démarche systématique ; le système juridique du Conseil de l'Europe ne se prête pas à l'édiction de telles mesures. De plus, comme le rappelle M. Prieur, cette recommandation s'appuie sur la Convention de Berne (20) relative à la conservation de la vie

d'exploiter une décharge de déchets ménagers incluse dans le PNR du Cotentin et du Bessin. Le fait que des zones humides notifiées soient à proximité du site avait été expressément pris en compte.

(16) V. TA, Caen, 9 avril 1996, *Association Manche Nature*, *RJE* 3-1996, p. 339.

(17) TA, Grenoble, 8 juillet 1997, *FRAPNA*, *Dr. env.* n° 52, 1997, p. 7.

(18) V. A. Noury et L. Lecorre, « Un inventaire du patrimoine naturel : les ZNIEFF », *RJE* n° 4/1996, p. 389.

(19) N° R. 81-11 adoptée le 26 mai 1981.

(20) Du 19 septembre 1979.

sauvage et du milieu naturel en Europe ; celle-ci ne se réfère qu'implicitement (21) aux zones humides (22).

Tout cela suppose néanmoins à l'évidence qu'il en fasse un inventaire précis, et fait en tout cas des zones humides repérées comme devant faire l'objet de protections autrement plus radicale que cela n'a été le cas jusqu'à maintenant. Mais les dispositions de la loi sur le *Développement des territoires ruraux* de 2004 (v. *infra*) ne font que donner aux préfets la possibilité de dresser des inventaires.

B. LES DIRECTIVES EUROPÉENNES

La directive 79/409 du 2 avril 1979, et en son sein les dispositions concernant la protection des zones humides et des habitats, ont été examinées à de nombreuses reprises par la Cour de justice des Communautés européennes. Elle a notamment tranché sur nombre de points de droit dans un arrêt *Commission des Communautés européennes c/ Royaume d'Espagne* du 2 août 1993 (23). Aux termes de cet arrêt, « les articles 3 et 4 de la directive obligent les États membres à préserver, à maintenir et à rétablir les habitats en tant que tels, en raison de leur valeur écologique. Il résulte d'ailleurs du neuvième considérant de la directive que la préservation, le maintien ou le rétablissement d'une diversité et d'une superficie suffisantes d'habitats sont indispensables à la conservation de toutes les espèces d'oiseaux. Les obligations à la charge des États membres découlant des articles 3 et 4 de la directive existent dès lors dès avant qu'une diminution du nombre d'oiseaux ait été constatée ou qu'un risque de disparition d'une espèce protégée se soit concrétisé » (24). Il en ressort que, pour la Cour, la directive oiseaux, en ce qui concerne la protection des zones humides et des habitats, est incontestablement applicable dans l'hypoth. d'un défaut de transposition après expiration des délais. Dès lors, une question subsiste : la protection communautaire s'applique-t-elle systématiquement à tous les sites remplissant les conditions susmentionnées ou chaque État dispose-t-il d'un pouvoir discrétionnaire quant au choix des zones devant être protégées ? L'arrêt du 2 août 1993 de la Cour de justice des Communautés européennes répond fermement à cette interrogation. Selon la Cour, « s'il est vrai que les États membres jouissent d'une certaine marge d'appréciation en ce qui concerne le choix des zones de protection spéciale, il n'en demeure pas moins que le classement de ces zones obéit à certains critères ornithologiques, déterminés par la directive, tels que la présence d'oiseaux énumérés à l'annexe I, d'une part, et la qualification d'un habitat comme zone humide d'autre part » (25). La Cour précise ici le sens de la jurisprudence *Commission c/ Allemagne* aux termes de laquelle « les États membres jouissent d'une certaine marge d'appréciation lorsqu'ils doivent choisir les territoires les plus appropriés pour un classement en zone de protection

(21) Art. 4.

(22) V. R. Romi, « Convention inutile ou convention révolution, premières réflexions sur l'introduction en droit français de la Convention de Berne », *LPA* 29 octobre 1990.

(23) V. texte et comm. J. Bouckaert, *RJE* 1995, p. 59 et s.

(24) *Rec. CJCE*, p. 4276.

(25) *Ibid.*, p. 4278.

spéciale conformément à l'article 4, paragraphe 1, de la directive » (26). Selon l'avocat général M. W. Van Gerven, dans ses conclusions sur l'affaire *Commission c/ Royaume d'Espagne*, « un État membre qui se trouve confronté à des éléments de preuve, scientifiquement établis, qui démontrent de manière convaincante l'intérêt unique ou très particulier d'un habitat pour la conservation d'une espèce d'oiseaux qui est reprise en annexe I à la directive ou qui constitue un éventuel oiseau migrateur dont la venue est régulière, manquerait à ses obligations en ne classant pas cet habitat en tant que zone de protection spéciale » (27). Dans cette affaire *Commission des Communautés européennes c/ Royaume d'Espagne*, la Cour a condamné l'Espagne pour transposition insuffisante de la directive *Oiseaux* à la zone humide des Marismas de Santona. Selon ses propres termes, « quant au classement des Marismas de Santona comme réserve naturelle, établi par la loi n° 6 du 27 mars 1992, il ne saurait être considéré comme satisfaisant aux exigences posées par la directive, tant en ce qui concerne l'étendue territoriale de cette zone que pour ce qui est de son statut juridique de protection » (28). La marge d'appréciation laissée aux États membres est donc doublement limitée puisque la Cour de justice des Communautés européennes exerce son contrôle tant sur la matérialité des espaces protégés par les normes internes que sur la rigueur juridique de cette protection. De sorte que, dès lors que la preuve est incontestablement établie qu'une zone satisfait aux critères posés par la directive du 2 avril 1979, le pouvoir discrétionnaire des États membres est singulièrement réduit, même s'il n'est pas inexistant.

C'est ce que confirme l'arrêt rendu par la Cour le 19 mai 1998 dans l'affaire *Commission c/ Royaume des Pays-Bas* (29) : l'insuffisance du nombre de sites classés en ZPS par les Pays-Bas n'est pas admise, du fait que le défendeur n'a pas apporté les preuves scientifiques nécessaires à l'appui de ces choix. La Cour réaffirme que « ... la marge d'appréciation dont jouissent les États membres lors du choix des territoires les plus appropriés pour le classement en ZPS ne concerne pas les territoires qui apparaissent comme étant les plus appropriés selon des critères ornithologiques, mais seulement la mise en œuvre de ces critères en vue de l'identification des territoires les plus appropriés à la conservation des espèces énumérées à l'annexe 1 de la directive ». On notera, concernant la France (30), la condamnation symbolique par la Cour de son inaction dans le marais Poitevin, le 25 novembre 1999 (31), comme celle subie dans l'affaire de l'estuaire de la Seine (32). Dans les deux cas, il est spécifié que les mesures qui ne protègent que les espèces sans protéger strictement les habitats nécessaires ne constituent pas une

(26) CJCE, 28 février 1991, *Rec. CJCE*, p. 925.

(27) *Rec. CJCE*, p. 4247/4248.

(28) *Ibid.*, p. 4279.

(29) V. texte de la décision et note L. LE CORRE, *Dr. env.* juillet 1998, p. 11 et s.

(30) Outre nombre de décisions des juridictions administratives françaises, qui vérifient le respect des « désignations » des zones à protéger par les autorités administratives chargées de les mettre en œuvre. Ainsi, pour l'annulation de la détermination du périmètre d'un arrêté de protection des biotopes (v. *infra) ;* v. TA, Poitiers, 8 octobre 1998, *Fédération départementale des syndicats d'exploitants agricoles de Charente Maritime c/ Préfet de Charente-Maritime*, *RDR* août-septembre 1999, p. 410, concl. RAYMOND.

(31) V. note L. LE CORRE, *Dr. env.* janvier-février 1999, p. 5 et s.

(32) V. CJCE, 18 mars 1999, texte et comm. *in Dr. env.* juillet-août 1999, p. 10 et s.

transcription pertinente. De même, les mesures agri-environnementales ne sont pas des mesures de transcription correctes, en raison de leur caractère « volontaire et purement incitatif ». La France s'est pourtant encore fait condamner le 7 décembre 2000 parce qu'elle n'a désigné aucune zone dans les Basses Corbières.

À cette directive, qui concerne donc également, on l'a vu, les habitats des oiseaux concernés, est venue s'ajouter la directive de 1992 visant spécifiquement à protéger les habitats. La recherche d'une conservation d'habitats naturels vise à « favoriser le maintien de la biodiversité », en ce qu'« elle contribue à l'objectif général d'un développement durable », par la mise en place d'un réseau européen d'espaces protégés (33), *Natura 2000*, composé d'espaces dignes de protection. La vulnérabilité de certains espaces et de certaines espèces, énoncés en annexe sous la forme de listes (34), sert de critère à la définition de ces habitats naturels dignes de protection. Un recensement précis, sinon exhaustif, des habitats sélectionnés (35) pour tous les États, lesquels sont associés à leur détermination devra aboutir à une liste de sites d'importance communautaire et de zones spéciales de conservation (36). La France a d'ailleurs fait l'objet d'une condamnation très ferme sur ce point le 11 septembre 2001 (37) : un inventaire exhaustif doit être transmis dès la première étape du processus ; les critères qui président à l'élaboration sont stricts et ne peuvent faire l'objet de négociations (CJCE, 7 novembre 2000, *First Corporate Schipping LTD* (38).

Les États membres sont tenus d'établir les « mesures de conservation nécessaires » pour protéger les sites sélectionnés, et doivent faire en sorte que tout projet ayant des incidences sur les espaces ainsi protégés fasse l'objet d'une « évaluation appropriée ». Ils ne peuvent donner leur accord à ces projets que s'ils ne portent pas atteinte à l'intégrité de sites, sauf pour « des raisons impératives d'intérêt public majeur » ; et même dans ce cas, ils se doivent de « prendre toute mesure compensatoire nécessaire pour assurer la cohérence globale de *Natura 2000* ». L'octroi de ces dérogations est limité dans les cas où les zones considérées abritent un habitat ou une espèce prioritaire : « ... seules peuvent être évoquées des considérations liées à la santé de l'homme et à la sécurité publique ou à des conséquences bénéfiques primordiales pour l'environnement ou, après avis de la Commission, à d'autres raisons impératives d'intérêt public majeur ». L'obligation d'instaurer un système de protection stricte des espèces est plus sévère (article 12 de la directive). Elle ne souffre que peu de dérogations (article 16). La Commission se voit de fait reconnaî-

(33) La notion de réseaux internationaux d'espaces protégés tend à se répandre dans la pratique du droit international. Elle est mise en œuvre dans la Convention de Ramsar, et fait l'objet d'une attention particulière de la part du Conseil de l'Europe et du PNUE.

(34) Listes d'habitats, d'espèces végétales et d'espèces animales, listes de méthodes ou de moyens de capture interdits.

(35) En dernière instance, après une procédure assez longue, en cas de différend, le Conseil statue à l'unanimité : l'État considéré possède donc un droit de veto. La communication des sites et le lancement de la procédure doivent se faire dans les trois ans suivant la publication de la directive.

(36) À l'issue de la procédure de fixation de la liste d'espaces d'intérêt communautaire, les États disposent de six ans pour désigner ceux de ces espaces qui sont sur leur territoire en zones de protection spéciale et pour adopter les mesures de gestion nécessaires et les plans de gestion requis par l'art. 6 de la directive.

(37) CJCE, Aff. C. 220/99, *Dr. env.* décembre 2001, note S. BELIER.

(38) Aff. 371/98, note L. LECORRE, *Dr. env.* n° 84, p. 12.

tre un pouvoir de contrôle du respect des objectifs de la directive. Les dispositions sur la réintroduction des espèces, visant à en rationaliser la pratique (article 22) obéissent évidemment aux mêmes objectifs.

Cette directive vise à instaurer une gestion rationnelle et offensive de la nature, dont l'efficacité dépendra de la légitimité de la Commission qui a à la mettre en œuvre. Il convient à cet égard de remarquer que, si l'unanimité est en général requise pour toute décision ayant trait à la détermination des espaces à protéger au titre de la directive – ce qui octroie un droit de veto à chaque État – il suffira – sauf modification générale des règles du « jeu européen » en la matière – de la majorité qualifiée pour modifier les diverses annexes (39). Cette entorse à la règle de l'unanimité en matière d'environnement est d'autant plus notable que sur ce point le traité de Maastricht est moins audacieux qu'il n'aurait pu l'être.

§ 2. LES DÉTERMINATIONS NATIONALES

Ces déterminations épousent nécessairement les contours dictés par les conventions internationales et les directives, non sans parfois quelques difficultés nées de « frottements culturels ». Mais il est loisible et sans doute nécessaire qu'en fonction des besoins spécifiques, les États, et donc la France, puissent faire mieux que ce que dicte la stricte observance du cadrage international et européen.

A. LES DÉTERMINATIONS LÉGISLATIVES

Elles concernent d'abord la montagne : « la variété de la flore et de la faune, la qualité des paysages... conduisent à rechercher une harmonie entre le développement et la protection des espaces montagnards », constatait le sénateur J. Faure dans un rapport fait au nom de la commission des affaires économiques et du plan au Sénat (40). La loi de 1985 a repris à son compte cette exigence (ce qui ne signifie pas que la façon dont elle le fait soit exempte de critiques (41)). Bien que les communes aient maintenant compétence en matière de POS et de délivrance des autorisations d'occupation des sols, elles sont assujetties au respect des prescriptions nationales d'aménagement et d'urbanisme au nombre desquelles celles fixées par la loi *Montagne*. Selon le nouvel article L. 145-3 II du Code de l'urbanisme, ces « documents et décisions relatifs à l'occupation des sols comportent les dispositions propres à préserver les espaces, paysages, et milieux caractéristiques du patrimoine naturel et culturel montagnard ». Au-delà de cette affirmation de principe, la loi *Montagne* énonce des limites précises à l'urbanisation et à l'aménagement en montagne.

(39) À l'exception, notable, de l'annexe 4, énonçant les « espèces animales et végétales d'intérêt communautaire qui nécessitent une protection stricte ». Toute adaptation de cette annexe nécessitera l'unanimité.

(40) Doc. n° 40, 1985, Sénat, p. 28.

(41) Cf. M. PRIEUR, « La protection de l'environnement en montagne », *RFDA* 1985, 6, p. 798 et s.

La loi *Littoral* répond au même esprit (v. *infra*). Les PLU, non plus que les autres documents d'urbanisme, ne peuvent autoriser des atteintes « aux espaces remarquables ou caractéristiques du patrimoine culturel ou naturel du littoral » et des « milieux nécessaires au maintien des équilibres biologiques ». Cette interdiction supposait l'intervention d'un décret précisant la nature de ces espaces et milieux : dans plusieurs arrêts, les juridictions administratives ont refusé d'en faire application, y compris dans des cas critiques (42) tant que ce règlement ne serait pas pris. Il n'a été publié – de tels retards, blâmables, sont, on l'a vu et le reverra, courants en matière de droit de l'environnement – que le 20 septembre 1989 (43). L'énumération des milieux et espaces à protéger « s'ils sont nécessaires au maintien des équilibres biologiques ou présentent un intérêt écologique », ou constituant « un site ou un paysage remarquable ou caractéristique du patrimoine culturel et naturel du littoral » est assez longue : « dunes, landes côtières, plages, lidos, estrans, falaises et abords de celles-ci, forêts et zones boisées proches du rivage et des plans d'eau, îlots inhabités, parties naturelles des estuaires, des rias et des abers et caps, marais, vasières, tourbières, plans d'eau, zones humides, milieux temporairement immergés, milieux abritant des concentrations d'espèces animales ou végétales telles que les frayères et nourrisseries, gisements naturels de coquillages vivants, espaces délimités pour conserver les espèces en application de l'article 4 de la loi du 10 juillet 1976, zones de repos et de gagnage de l'avifaune désignées par la directive européenne du 2 avril 1979 concernant la conservation des oiseaux sauvages, parties naturelles de sites inscrits ou classés, réserves naturelles, formations géologiques telles que gisements de minéraux ou de fossiles, stratotypes, grottes, accidents géologiques remarquables, récifs coralliens, lagons, mangroves » dans les DOM.

On notera aussi que le retard du pouvoir réglementaire peut avoir comme effet paradoxal d'étendre les pouvoirs du juge : pour les estuaires, le décret nécessaire pour définir quelles communes étaient concernées par la loi *Littoral* n'a finalement été adopté que le 29 mars 2004, huit ans après la promulgation de la loi. Saisi d'une demande par France Nature Environnement, le gouvernement n'avait dans un premier temps pas répondu. Le Conseil d'État a le 28 juillet 2000 annulé ce refus implicite du Premier ministre et assorti cette annulation d'une injonction de prendre ces décrets dans les six mois, sous peine d'astreinte. Le TA de Nantes a pour sa part le 29 juin 2000 (*Bretagne vivante*) (44) sursis à l'exécution d'une décision administrative qui aurait permis une destruction de zone humide littorale pour la construction d'une route dans la zone estuariale, appliquant ainsi tacitement la loi *Littoral* aux communes estuariales sans considérer que le décret d'application en retard soit nécessaire... On est bien en présence d'un cas où, en raison de la carence du pouvoir réglementaire, le juge a fait application de ses propres critères pour interpréter la loi, alors que le pouvoir réglementaire aurait pu imposer une autre lecture s'il était intervenu avant.

(42) Par exemple à propos de la création d'un port à Golfe Juan Vallauris qui mettait en cause un herbier de posidonies : cf. TA, Nice, 7 avril 1988, *RJE* 4-1988, p. 485 et s.

(43) V. R. ROMI, « Un règlement d'application trop attendu », *Quot. jur.*, 9 décembre 1989, p. 9 et s. Le TA de Nantes s'est prononcé – favorablement – sur la légalité de ce décret, dont le département de la Vendée l'avait saisi par voie d'exception au motif que le pouvoir réglementaire aurait indûment ajouté à la loi les « sites présentant un intérêt écologique » (14 mars 1991, *Département de la Vendée c/ Préfet de la Vendée*).

(44) Note LECORRE, *Dr. env.* octobre 2000, p. 9 et 10.

B. ZNIEFF ET INVENTAIRES

L'objectif des ZNIEFF est dès l'origine beaucoup plus général. C'est en mars 1981 que le conseil de gestion du secrétariat à la faune et à la flore du Muséum d'histoire naturelle a jugé que les inventaires des zones présentant un intérêt de la faune et de la flore devaient être prioritaires et la DPN du ministère a obtenu que soit lancée le 6 mai 1982 une campagne ayant deux objectifs : l'évaluation des richesses patrimoniales et l'aide à la décision des élus et des administrations en matière d'aménagement de l'espace.

La méthodologie de l'inventaire repose sur la recherche d'une identification des ensembles les plus riches en faune et en flore : dans ces zones, dites « de type II », toute modification des conditions écologiques doit être évitée et leur exploitation éventuelle doit être limitée. Les zones dites « de type I » sont, elles, des zones homogènes d'intérêt remarquable, notamment en raison de la présence d'espèces rares ou menacées, caractéristiques ou indicatrices, qui nécessitent des mesures de protection renforcées. Ces zones sont établies à partir d'une enquête lancée dans chaque région sur la base d'un document préliminaire fourni par le secrétariat faune flore, sur la base d'un formulaire d'enquête établi selon des normes acceptées par le ministère. Un volet concerne les divers éléments de la localisation et la description des zones, un deuxième volet recense les espèces présentes dans chaque zone. Sont annexés un extrait de carte IGN permettant un repérage exact des zones et une liste des documents publiés ou non ayant servi de base à l'inventaire. Une équipe responsable collecte les informations, un comité régional d'enquête assure, en liaison avec les services du ministère de l'Environnement, la transmission au secrétariat faune flore des formulaires validés ; un comité national composé d'un responsable par région administrative et de représentants du ministère et du secrétariat faune flore assure l'organisation et le suivi de la collecte au niveau national, et la centralisation des inventaires régionaux. On évalue en 1996 que 23 % de l'espace français, soit 14 000 sites, étaient concernés par l'inventaire (voire plus – 30 % selon certains auteurs (45)).

A priori, les ZNIEFF fournissent des bases solides de raisonnement en matière de protection de l'environnement, mais leur établissement s'est réalisé sans aucun fondement réglementaire ou législatif : il ne s'agissait et il ne s'agit toujours que d'un simple programme ministériel. C'est la raison pour laquelle, profitant du vote de la loi paysage, le législateur a créé des « *inventaires faunistiques et floristiques* », puis l'article 30 de la loi *Barnier* a énoncé pour sa part qu'« il est établi par l'État, dans chaque département, un inventaire départemental du patrimoine naturel.

Enfin – dernière rédaction en date – l'article L. 411-5-I du Code de l'environnement issu de la loi sur la démocratie de proximité précise que « *L'inventaire du patrimoine naturel* est institué pour l'ensemble du territoire national terrestre, fluvial et marin. On entend par inventaire du patrimoine naturel l'inventaire des richesses écologiques, faunistiques, floristiques, géologiques, minéralogiques et paléontologiques. L'État en assure la conception, l'animation et l'évaluation. Les régions peuvent être associées à la conduite de cet inventaire dans le cadre de leurs

(45) V. le très complet panorama des questions posées par les ZNIEFF dressé par A. Noury et L. Lecorre, « Un inventaire du patrimoine naturel : les ZNIEFF », *RJE* n° 4/1996, p. 387 et s.

compétences. En outre, les collectivités territoriales peuvent contribuer à la connaissance du patrimoine naturel par la réalisation d'inventaires locaux. Le préfet de région, les préfets de départements et les autres collectivités territoriales concernées sont informés de ces élaborations. Ces inventaires sont conduits sous la responsabilité scientifique du Muséum national d'histoire naturelle. Lors de l'élaboration d'un plan, programme ou projet, le préfet communique à la commune ou à l'établissement public de coopération intercommunale compétent toutes informations contenues dans ces inventaires utiles à cette élaboration ».

Ces inventaires devraient remplir l'office des ZNIEFF de manière plus efficace puisque tenant un compte des protections effectives, et étant remis en chantier régulièrement. Mais il n'est pas dit qu'ils les remplacent (46). Ils sont par ailleurs dénués de valeur juridique (certes, ils devraient – cela s'est produit pour les ZNIEFF (47) – se voir reconnaître par la jurisprudence une valeur d'expertise, comme les inventaires paysagers). On peut leur faire plusieurs critiques : ils ne semblent couvrir que les données naturelles, au sens strict, et pas, par exemple, l'état de l'environnement urbain ; d'autre part, il n'est pas dit si et comment l'inventaire pourrait tenir compte des divers documents de planification (SDAGE et les SAGE, plans de gestion des déchets), alors que ces plans ont une influence sur la protection de l'environnement, sans constituer pour cela des « mesures de protection de l'environnement ».

La confusion est d'autant plus grande que, en second lieu, l'article 31 de la loi *Barnier* prévoit qu'« un rapport d'orientation, élaboré par l'État, énonce les mesures prévues, dans le cadre de ses compétences, pour assurer la protection et la gestion des sites, paysages et milieux naturels. Le projet de rapport d'orientation est soumis pour avis au conseil général et au conseil départemental de l'environnement. Le projet de rapport d'orientation est ensuite mis à la disposition du public pendant deux mois. Il est approuvé par arrêté préfectoral et publié. Le rapport d'orientation est révisé à l'initiative du représentant de l'État dans le département à l'issue d'une période de cinq ans au plus selon la procédure prévue pour son adoption. Un décret en Conseil d'État précise les conditions d'application du présent article ». Le but est sans nul doute louable ; les politiques publiques d'environnement doivent comme toute autre faire l'objet de planifications programmatiques. Il y a pour le moins risque de double emploi, mais aussi risque de contradiction entre les « rapports d'orientation départementaux » d'une part, les inventaires du patrimoine naturel d'autre part (même si leur nature est différente) : l'éventuelle correspondance entre ces documents n'est pas juridiquement garantie... La logique voudrait que soit

(46) Tout au plus leur donne-t-elle, comme l'affirme H. Coulombie (*Les règles d'aménagement et de protection du littoral*, éd. Hôtel de Ville, 1996, p. 73), un fondement juridique plus certain.

(47) V. par exemple Cour administrative de Bordeaux, 3 juillet 1996, Comité de défense de Vingrau (*Dr. env.* janvier 1997) : l'octroi d'un permis de construire pour une gestion de carrière en zone de vignes AOC, au bord d'un cirque naturel abritant des aigles de Bonelli, classée en ZNIEFF 1, constitue une erreur manifeste d'appréciation. De même, pour le CE (22 mai 1996, *Soc. Dacheux*), commettait une erreur manifeste d'appréciation le préfet qui autorisait une carrière dans un site (lieu-dit « le marais d'Unzeville ») remarquable faisant partie d'une ZNIEFF. Même cause, mêmes effets, dans le cadre d'une demande de sursis à exécution, pour une ouverture de carrière dans un site situé dans un parc naturel et une ZNIEFF en raison de l'atteinte au paysage que représentait cette ouverture éventuelle (CAA, Nantes, 30 mai 1996, *Société carrières des Noés*, sur appel TA, Caen, 19 décembre 1995, *Association Faune et Flore de l'Orne*, rep. *in RJE* 1996/4, p. 485, note R. Schneider).

généralisé le mécanisme mis en place pour la Corse, où les inventaires sont de la compétence de la collectivité de Corse, mais où l'État peut imposer des compléments pour assurer le respect de ses engagements européens ou internationaux.

L'établissement d'une *liste nationale des sites destinés à faire partie du réseau Natura 2000* a fait d'abord l'objet d'un décret du 5 mai 1995, plusieurs fois modifié (48). Sa réalisation, sous l'égide du ministre de l'Environnement, pilotée par le Muséum d'histoire naturelle, a été assurée en collaboration avec les préfets de région, qui y ont associé les conseils scientifiques régionaux du patrimoine naturel (responsables de la proposition finale à destination du préfet), mais aussi les acteurs locaux et sociaux, réunis au niveau de chaque région dans une « conférence régionale d'information et d'échanges désignée sous le nom de conférence *Natura 2000* », réunissant « ... notamment les préfets de départements, les services et établissements publics de l'État, les représentants des collectivités régionales, départementales et locales, les organismes publics et privés, les organisations professionnelles, les organisations représentatives des autres usagers des milieux naturels, les associations de protection de la nature ».

Dans une seconde phase, les maires ont été également, comme les « services et établissements publics de l'État et les organisations consulaires concernés », consultés sur la détermination des périmètres, « ... les dispositions envisageables et les difficultés éventuelles », par les préfets de département qui ont fait la synthèse de leurs avis. Cette démarche n'a abouti qu'à de maigres résultats en matière de détermination : sur quatre millions d'hectares jugés importants pour la protection des oiseaux (ou ZICO : 8,1 % du territoire), seuls 707 000 hectares (qu'il faut mettre en rapport avec les 900 000 hectares consacrés aux aménagements routiers) avaient en 1998 fait l'objet d'une désignation comme ZPS (soit 15 % des zones repérées, et 1,3 % du territoire seulement). Les sites protégés au titre de la directive « oiseaux – zone spéciale de conservation, en abrégé ZSC – et au titre de la directive habitats – zones de protection spéciale ou en abrégé ZPS, désignés sous l'appellation « sites *Natura 2000* », ont vocation à faire l'objet, conformément aux exigences de la directive habitats, de plans de gestion (49). Plusieurs députés inquiets (50) ont obtenu au cours de l'été 1996 le report de la procédure au niveau français, dans l'attente de précisions de la part de la commission sur les financements nécessaires pour la gestion des sites *Natura 2000*. C. Lepage a, compte tenu de ces réticences, accepté (circulaire du 12 février 1997) (51) de ne développer qu'une conception minimaliste de la directive en cause, la notification à Bruxelles ne couvrant plus que 2,5 % du territoire au lieu d'environ 13 % précédemment (52). Mais la situation a évolué dans le sens d'une protection plus étendue avec D. Voynet. Malgré des

(48) Décret n° 95-631 relatif à la conservation des habitats naturels et des habitats d'espèces sauvages d'intérêt communautaire (*JO* 7 mai). Dernière modification en date, décret n° 2006-922 du 26 juillet 2006 relatif à la gestion des sites *Natura 2000* et modifiant le Code de l'environnement, *JO* 172 du 27 juillet 2006.

(49) Ministère de l'Environnement, *Natura 2000 infos*, lettre d'information et de liaison du réseau de la diversité biologique, premier trimestre 1996.

(50) V. par exemple réponses à question orale J. Le Nay, 26 juin 1996, *JOAN*, Débats, 27 juin, p. 4949-4950, et à question orale de M. Roques, 25 juin 1996, *JOAN*, Débats, 26 juin, p. 4851 et 4852.

(51) *JO* 14 février 1997 ; v. *Le Monde* vendredi 7 mars 1997.

(52) V. C. M. Vadrot, « Après la guerre, la concertation », *L'Environnement Magazine* juin 1998, p. 22-23.

maladresses juridiques (53), la concertation a été relancée, avec pour objectif des notifications plus ambitieuses. Il faut dire que la France a fait l'objet d'une condamnation par la Cour de justice européenne le 6 avril 2000. Le gouvernement en est venu à inclure la transcription de la directive habitats parmi ses objectifs prioritaires, ce qui implique l'adoption du texte de transcription, avec d'autres textes du même type portant sur d'autres directives, par ordonnance. La loi d'habilitation nécessaire a été adoptée, non sans débats, le 13 décembre 2000. Le législateur précise qu'il s'agit de donner une existence juridique aux ZSC ET ZPS, « *désignées sous l'appellation commune de sites Natura 2000* » et d'assurer leur conservation contractuelle ou réglementaire. L'exigence de concertation tant au stade de la détermination du périmètre qu'aux éventuels stades ultérieurs (demandes de dérogation) est réaffirmée (54). L'ordonnance adoptée sur cette base le 11 avril 2001 (55) permet donc de donner une existence juridique aux sites *Natura 2000* de façon à ce qu'un régime de protection contractuel ou réglementaire puisse s'appliquer dans tous les cas. Un document d'orientation pour chaque site devra être adopté. Des « *contrats Natura 2000* » permettront aux personnes concernées et éventuellement lésées de percevoir des compensations et des rémunérations des services rendus. Une évaluation est évidemment prévue. Le décret n° 2001-1031 du 8 novembre 2001 relatif à la procédure de désignation des sites *Natura 2000* (56) et le décret n° 2001-1216 du 20 décembre 2001 relatif à la gestion des sites *Natura 2000* (57) puis le décret n° 2006-922 du 26 juillet 2006 relatif à la gestion des sites *Natura 2000* – examiné *infra* – concrétisent ce dispositif.

Situation des sites *Natura 2000* en France

Sites notifiés au titre de *Natura 2000* (France) au 30 avril 2006	**Sites notifiés au titre de la directive *Oiseaux* au 30 avril 2006**
1307 sites – 4 887 272 ha	367 – 4 477 962 ha

Mais même avant que le dispositif ne soit ainsi stabilisé, les juridictions administratives ont commencé à tenir compte des déterminations effectuées à l'occasion des concertations menées dans le cadre de *Natura 2000*.

Le TA de Grenoble a par exemple fourni le 8 juillet 1997 (58), concernant les sites de montagne, une décision significative sur la valeur des étapes « scientifiques » de l'élaboration des inventaires de sites concernés par la directive habitats : le repérage de zones remarquables, dans le cadre de la

(53) Qui ont abouti à la décision du CE n° 194648, *Association Coordination nationale Natura 2000*, 27 septembre 1998, portant annulation d'une circulaire par laquelle le ministre préconisait imprudemment que le décret adopté en 1995 ne soit pas respecté.

(54) On remarquera d'ailleurs que la loi d'habilitation pose le principe de la consultation des organes délibérants des collectivités locales, là où, souvent, seuls les maires étaient consultés auparavant. Leur avis est motivé et les préfets ne peuvent s'en écarter que de « façon motivée ». La délégation est ici très précise et va dans le sens de la recherche d'une meilleure acceptabilité des divers actes nécessaires ; cela dit, les critères scientifiques, au stade de la détermination, ne peuvent que demeurer essentiels, compte tenu de l'interprétation stricte de la CJCE.

(55) *JO* 14 avril 2001.

(56) V. pour un comm. C. CANS, *Dr. env.* décembre 2001, p. 268.

(57) *JO* 23 décembre 2001.

(58) *Dr. env.* octobre 1997, p. 7 et s.

procédure de mise en œuvre de cette directive, et alors même que celle-ci n'est pas achevée, produit de fait les mêmes effets que le classement en ZNIEFF. Sans qu'il y ait de sanctuarisation de la nature en France, l'aménagement du territoire se trouve encadré par la détermination d'îlots de nature que, pour des raisons diverses, l'administration considère plus que d'autres. La simple définition – qui est œuvre juridique – de ces îlots constitue une régulation de l'aménagement du territoire, et le juge enregistre naturellement la vocation de ces espaces, même quand ceux-ci ne font pas l'objet de protections juridiques. En montagne (59), des limites précises à l'urbanisation et à l'aménagement en montagne sont énoncées, et le juge est donc habilité à annuler les décisions qui mettent trop gravement en jeu l'équilibre naturel des sites remarquables : il est donc logique qu'il utilise, pour déterminer d'abord les écosystèmes remarquables, les inventaires qui lui sont fournis. Par delà et en attendant la mise en œuvre effective et définitive de la directive habitats, négliger ceux qui lui sont fournis dans la procédure qui conduira à cette mise en œuvre reviendrait à contrarier les objectifs mêmes de cette directive. Par ailleurs, et en définitive, cete décision montre à quel point ce que P. Lascoumes nomme « l'objectivation de l'environnement » (60) constitue une tendance lourde ; ne peut-on dire que l'intervention du juge – et à travers lui, des acteurs sociaux – en aval de la confection et des adaptations des inventaires, qui redresse la situation en faveur d'une recherche de la légitimité scientifique des inventaires (61), en est la meilleure traduction ? Une ordonnance rendue le 9 juillet 2001 par le Conseil d'État (association de défense de l'environnement « Alsace nature ») semble en tout cas accepter ce rôle : le Conseil d'État suspend une autorisation par arrêté du Ministre de l'économie autorisant la plantation de vignes dans une zone figurant sur la liste des sites transmis à la Commission le 5 juillet 1999. Cette décision est d'autant plus intéressante que cette communication a été annulée pour vice de forme le 22 juin 2001 par le même Conseil d'État... Et par ailleurs, plusieurs tribunaux administratifs, en considération de la jurisprudence de la CJCE portant condamnation de la France, ont annulé des décisions du ministre de l'Environnement refusant l'inclusion de sites dans ceux communiqués à la Commission, au motif que ces refus avaient été prononcés sur des informations scientifiques insuffisantes. Notamment dans une décision du 17 novembre 2005, le TA de Caen, *Association Manche nature*, fait un tri entre les sites pour lesquels l'administration était tenue de réunir des informations supplémentaires et celles qui, malgré leur intérêt relatif en termes d'espèces, compte tenu de la présence d'installations lourdes et de la situation de discontinuité qu'elle implique avec un ensemble plus vaste et mieux conservé de zones côtières, pouvaient ne pas être inclues dans la liste. Comme le confirme par exemple la décision de la CCA, *Nantes association Manche Nature* du 30 décembre 2005 (req. n° 04NT00958) infirmant le jugement sur ce point du TA de Caen (62), on notera que le refus du préfet de reconsidérer une non-transmission et d'assurer la communication de sites correspondant aux critères scientifiques de la directive *Natura 2000* n'est pas un acte préparatoire, ou, en tout cas, est susceptible de recours. On verra *infra* que les documents d'objectifs, plus naturellement, sont eux aussi des documents effectifs et susceptibles de recours.

(59) Pour un tableau d'ensemble, v. les interventions de C. VIGOUROUX, N. CALDERADO et M. HEINIS, concernant le contentieux devant le CE, devant le TA de Nice et celui de Pau, *in* « Montagne et droit, dix ans d'application de la loi *Montagne* », Actes du colloque de Pau des 21 et 22 septembre 1996, *LPA* 21 février 1996. V. la conclusion de P. TERNEYRE à son commentaire de l'arrêt rendu par le CE dans l'affaire du lac de Fabrèges, *RJE* 2-1990, p. 263.

(60) P. LACOUMES, J.-P. LE BOURHIS, *L'environnement ou l'administration des possibles*, L'Harmattan, 1997, p. 145-146.

(61) L'importance juridique des inventaires mérite bien en ce sens une étude approfondie : la SFDE lui a consacré pour cette raison son colloque 1997 (Lyon III, 10 et 11 octobre).

(62) *Dr. env.* mai 2006, comm. X. B.

BIBLIOGRAPHIE

Ministère de l'Environnement, *Natura 2000 infos*, lettre d'information et de liaison du réseau de la diversité biologique.

S. Charbonneau, « *Natura 2000* : une opportunité de dialogues à saisir », *Natures Sciences et Société*, n° 2-1997 ▪ L. Le Corre, A. Noury, « Un inventaire du patrimoine naturel : les ZNIEFF », *RJE* 1996, p. 387 et s. ▪ S. Maljean-Dubois, J. Dubois, « Vers une gestion concertée de l'environnement, la directive habitats entre l'ambition et les possibles », *RJE* 1999-4, p. 531 et s. ▪ « Sur la transposition de la directive *Natura 2000* : de l'inconscient au travail », *in La directive Natura 2000,* livre collectif sous la direction de S. Maljean-Dubois, CERIC, 2005 ▪ N. De Saadeler, « L'étendue de la marge de manœuvre dans la transposition des règles communautaires : de nouveaux défis pour le droit public (à propos de la conservation des espaces naturels », *RFDA* mai-juin 2000, p. 612 et s.

SECTION 2 LES MÉTHODES DE PROTECTION

Les divers régimes juridiques – qui peuvent porter protection générale et permanente d'espaces, ou n'être que des procédures d'usage ponctuel – sont souvent surdéterminés par des mesures internationales, ou européennes, mais restent pour l'essentiel de la compétence des États. L'usage qu'en a fait la France, sans être anecdotique, ne reflète pas une position radicale.

§ 1. LES PROTECTIONS PERMANENTES

La ratification des Conventions de Bonn et de Berne par la France et leur publication ont beaucoup tardé, comme on a vu. Mais il n'y avait pas à espérer que ces textes opèrent comme par magie une révolution. En dehors de la loi *Paysages*, et du texte du 2 janvier 1991 relatif à la circulation des véhicules terrestres dans les espaces naturels (63) (v. *supra)* peu de choses ont d'ailleurs, en définitive, été faites dans les vingt dernières années, y compris durant le dernier quinquennat, pour que le droit réel colle aux discours enflammés des responsables politiques français dans les enceintes internationales(64). Mais il est vrai qu'une utilisation rationnelle et un peu plus audacieuse des dispositions de droit commun suffirait à mettre en œuvre l'esprit de ces conventions.

A. LA PROTECTION EN MONTAGNE

Ce n'est pas d'aujourd'hui, bien sûr, que date l'existence de conflits entre tourisme et environnement. À bien des égards, les lois montagne et littoral visaient

(63) L. n° 91-2 du 3 janvier, *JO* 5 janvier 1991, p. 234-236.
(64) Encore que l'inventaire des actions locales laisse à désirer.

à les résoudre, dans le sens d'une extension de la protection. Mais, depuis, les choses se sont aggravées. Quelques hivers sans neige ont démontré la fragilité du tourisme « univoque » adopté en montagne, mais – ce n'est un paradoxe qu'en apparence – cela n'a pas calmé la soif d'espace des promoteurs. Les golfs, en particulier, tout comme l'exploitation et la création de plans d'eau, offrent à leurs yeux une possible alternative. Quant aux problèmes du littoral, il faut bien se rendre à l'évidence : ni les espaces déjà « grignotés » par le béton (Corse) ni ceux qui jusque-là étaient en partie épargnés (Bretagne) ne sont suffisamment protégés par la loi *Littoral*, quoi qu'ait pu en dire le premier bilan officiel présenté le 24 février 1999 (65).

Dès avant 1985, le Code de l'urbanisme en son article L. 123-1 et la directive montagne de 1977 prévoyaient – pour protéger les espaces à vocation agricole – que les parcelles de faible déclivité pouvaient être interdites de construction. La loi de 1985 semblait plus radicale : outre que l'article L. 145-3 (art. 72 de la loi) énonce le principe selon lequel « les terres agricoles... sont préservées » ; il est précisé (même article, III) que « l'urbanisation doit se réaliser en continuité avec les villages et bourgs existants » ; évidemment, tout dépend de l'interprétation que l'on donne de ces principes, et celle donnée par la jurisprudence administrative n'a pas eu l'heur de plaire aux grands aménageurs et à certains édiles locaux, qui ont obtenu qu'avec la loi du 2 juillet 2003 (66) la liste des exception soit étendue au point de vider d'une grande partie de sa substance l'interdiction (échappent désormais à l'interdiction les extensions et créations d'équipements publics, mais surtout les travaux destinés au changement de destination de ces voies). Quant au sens exact de l'obligation, il faut entendre par là, selon le même texte, que l'existence de « groupes de constructions traditionnelles ou d'habitations » suffira à fonder une extension, dans le respect des règles énoncées par les PLU : ici aussi, la jurisprudence a déplu, qui donnait une interprétation plus restrictive. Cela dit, les « hameaux nouveaux » doivent être « intégrés à l'environnement ».

Par ailleurs, « la localisation, la conception et la réalisation des équipements... urbains » doivent « respecter la qualité des sites et des grands équilibres naturels » (*idem*, IV) (67). Dès lors, les aménagements touristiques ordinaires sont limités. Mais les vrais problèmes posés en montagne par le tourisme le sont par la volonté d'aménager des équipements entièrement nouveaux dans des espaces jusque-là vierges. Une procédure de création d'unités touristiques nouvelles (dite procédure UTN) avait été mise en place par la directive de 1977 ; la loi de 1985 l'aménage en tenant compte des modifications induites par la décentralisation, mais sans trop réduire la place de l'État. En l'absence de schéma directeur approuvé, la création d'une UTN est soumise à l'autorisation du préfet désigné pour assurer la coordination, dans le massif (art. L. 145-1 du Code de l'urbanisme) ; le projet est mis à la disposition du public et soumis pour avis à une commission spécialisée désignée en son sein par le comité de massif ; l'autorisation est caduque si l'opération n'est pas réalisée sous cinq ans. Il ne s'agit là que d'une mesure de « déconcentration »

(65) *Le Monde* 25 février 1999, p. 13.

(66) Dont l'adoption confirme que tout législateur, en matière d'urbanisme, a tendance à complexifier le droit issu de la législature précédente : v. le tableau qu'en dresse Y. JEGOUZO, *AJDA* 15 septembre 2003, p. 11607 et s.

(67) La directive de 1977 limitait cette exigence aux zones de haute montagne.

concertée ; mais les communes peuvent cependant influer sur la création d'UTN car l'article L. 145-9 fixe qu'une « unité touristique nouvelle ne peut être réalisée que dans une commune disposant d'un plan d'occupation des sols opposable aux tiers ». Les projets de schéma directeur comportant des projets d'UTN sont soumis à la procédure de droit commun. D'entrée, il n'était pas sûr que cette procédure garantisse la protection des milieux naturels de façon satisfaisante. Elle représente d'abord un recul par rapport à l'ancienne procédure qui organisait un examen en deux temps des projets d'UTN, la première phase consistant en un examen des autorisations préalables d'étude en vue des futures implantations. Surtout, il n'existe en définitive qu'un seul garde-fou, mis en place par l'article L. 143-3-IV du Code, qui fixe que la localisation, la conception, la réalisation des UTN « doivent respecter la qualité des sites et les grands équilibres naturels ». Par son extrême généralité, cette prescription est insuffisante. Le législateur en était conscient, qui avait prévu que des prescriptions particulières pourraient en haute montagne être adoptées pour « désigner les espaces, paysages et milieux les plus remarquables » et « définir les modalités de leur préservation » : on les attend encore (68). Il est vrai que la loi est plus précise pour ce qui concerne la pratique du ski et l'installation de remontées mécaniques, sans pour cela être satisfaisante sur ce point non plus. Dans la mesure où la décentralisation a entre autres pour objectif un accroissement de la planification de l'espace, l'édiction de POS devrait devenir la règle. Il n'est pas étonnant dès lors que l'article L. 445-3 du Code de l'urbanisme (introduit par la loi *Montagne*) ait fixé que « dans les communes pourvues d'un POS... les équipements et aménagements destinés à la pratique du ski alpin et les remontées mécaniques ne peuvent être respectivement réalisés qu'à l'intérieur des zones ou à l'intérieur des secteurs délimités » (cette disposition n'est pas applicable aux servitudes instituées en vue de faciliter la pratique du ski nordique). Les communes sont donc responsables des autorisations délivrées sur leur territoire : comme l'a noté un critique (69), « il n'y a là sans doute que la conséquence normale du transfert de compétences réalisé par la loi du 7 janvier 1983, mais dans ce domaine on avouera n'être pas convaincu de la parfaite adéquation de cette maîtrise locale aux exigences bien comprises de la préservation du milieu agricole et sylvo-pastoral ». La remarque vaut aussi pour les milieux naturels. Plus gênant encore : jusqu'en 1985 (70), l'institution de servitudes sur les propriétés n'était possible que dans les stations classées de sports d'hiver et d'alpinisme, et aucun texte n'existait qui les permette pour la construction de remontées ; tout au plus les emplacement prévus pour celles-ci pouvaient-ils être réservés dans les POS. La loi de 1985 fixe que « les propriétés privées... peuvent être grevées d'une servitude destinée à assurer le passage des pistes de ski, le survol

(68) La loi du 4 février 1995 d'orientation pour le développement et l'aménagement du territoire réformée à plusieurs reprises depuis a substitué aux prescriptions particulières qui eussent pu être adoptées des « ... directives d'aménagement et d'équilibre entre les perspectives de développement, de protection et de mise en valeur des territoires » ; d'un champ d'application plus large, elles « ... peuvent fixer, sur certaines parties du territoire, les orientations fondamentales de l'État en matière d'aménagement... Elles fixent les principaux objectifs de l'État en matière de localisation des grandes infrastructures de transport et des grands équipements, ainsi qu'en matière de préservation des espaces naturels, de sites et paysages » (art. L. 111-1-1 Code de l'urbanisme modifié).

(69) P. SUBRA DE BIEUSSES, « Développement et protection de la montagne : la protection négligée », *RJE* 1985 2, p. 166.

(70) Décret *Ravanel*, 14 novembre 1968, *JO* 17 novembre 1968, p. 11145.

des terrains où doivent être implantées des remontées mécaniques, l'implantation des supports de lignes... le passage des pistes de montées ». C'est pour le moins un recul... Comme l'a fait remarquer dans un commentaire du projet de loi (71) la Fédération française de la montagne, la loi *Montagne* est aussi en retrait, pour ce qui concerne la protection des plans d'eau et rivières, sur au moins trois points par rapport à la législation antérieure. La loi édicte bien une interdiction de toutes constructions, installations, routes nouvelles, extractions sur une distance de trois cents mètres à compter des rives des plans d'eau de plus de mille hectares. La directive de 1977 ne limitait pas cette interdiction à ces seuls plans d'eau, mais l'édictait pour tous. Elle ne prévoyait d'exemptions que pour « les refuges et les gîtes, les établissements à caractère scientifique et les établissements nécessaires à la pratique de la baignade et des sports nautiques » ; c'était déjà beaucoup. La loi de 1985 y ajoute une possibilité d'exception (en l'absence de PLU) pour les bâtiments à usage pastoral, agricole ou forestier (72). En second lieu, si une commune édicte un PLU, elle peut prévoir une extension mesurée des agglomérations à moins de trois cents mètres des plans d'eau, ainsi que l'ouverture de terrains de camping. Cependant, l'article L. 145-5 du Code de l'urbanisme est formel : ces extensions ou implantations doivent se réaliser « dans le respect du paysage et des caractéristiques propres à cet espace sensible ». Et ce n'est – toujours si un PLU existe, ou un schéma directeur ou de secteur – qu'« à titre exceptionnel » que peuvent être créés des « hameaux nouveaux intégrés à l'environnement ». La porte était donc au moins fermée à l'implantation d'unités touristiques nouvelles dans cette « zone » surprotégée, pour peu que le juge développe une interprétation qui ne soit pas extensive de l'expression « hameaux nouveaux » : nous verrons que cela a été le cas (73). C'est bien là que réside le problème. Les partisans d'aménagements sont confrontés en montagne à la pénurie de neige. Ils peuvent toujours miser sur un retour à la régularité – et cela les conduit à une course aux extensions plutôt risquée – mais ne préfèrent le faire qu'en se préservant une alternative, fondée sur un tourisme d'été ou de printemps. Or, ce type de tourisme repose bien évidemment sur l'usage de plans d'eau... voire sur la création de plans d'eau artificiels. L'on assiste donc à un double phénomène, qui n'a rien d'étonnant : d'une part la loi *Montagne* est interprétée de manière très extensive, voire très allégrement transgressée par des édiles municipaux désireux de favoriser l'extension des installations de ski existantes et des équipements hôteliers qui les accompagnent bien évidemment, et le législateur, par des aménagements successifs cautionne ces dérives ; d'autre part, tout est fait pour qu'un tourisme alternatif – mais reposant sur une logique similaire à base d'équipements lourds (golfs, complexes hôteliers) – puisse se réaliser. On parlera à bon droit de « tensions » du droit... qui aboutissent à une multitude de tentatives de « clarifications », toutes plus favorables les unes que les autres aux urbanisations autour des plans d'eau (74) notamment.

(71) Note du 24 avril 1984.

(72) La loi SRU a sur ces points peu modifié les choses : les gîtes et refuges autorisés ne sont que ceux afférents à la promenade et à la randonnée.

(73) Comme l'a clairement expliqué J. MORAND-DEVILLER, *LPA* 20 juin 1990, à propos des affaires du lac de Fabrèges et du col du Somport, « chose jugée et fait accompli ».

(74) V. pour la dernière en date P. HOCREITÈRE, « L'abrogation partielle de la loi *Littoral* autour des lacs de montagne de plus de 1 000 hectares », *AJDA* 23 octobre 2006, p. 1930 et s.

Au total, même dans sa version initiale, la loi *Montagne* n'était pas loin de décevoir ceux qui avaient placé des espoirs en elle, et les effets pervers qu'elle induisait devaient apparaître assez tôt. La loi *Montagne* encourait certes le reproche de limiter la décentralisation, mais c'était pour la bonne cause. Elle consistait et consiste toujours bien en une rétention de compétences par l'État. Malheureusement, pour qui fait passer l'environnement avant le développement à tout prix, il a donc vite été incontestable que cette rétention était insuffisante. L'étude de la jurisprudence montre que, de plus, elle est souvent inopérante : triste constat. Et, comme de toute façons le législateur a peu à peu accepté le grignotage du noyau dur du texte initial, les protecteurs de la nature gagneront à accorder plus d'importance à la confection des SCOT et des PLU qu'aux jurisprudences d'un juge administratif qui n'en peut mais...

La dialectique permanente Juge/Législateur : Ce n'est pas que le juge fasse mal son travail, il le fait dans les conditions qui sont les siennes. J. Morand-Deviller a parfaitement expliqué (75) comment, de fait, il arrivait souvent que les choses jugées ne pèsent pas lourd contre les choses décidées. Dans son arrêt sur le lac de Fabrèges (76), le CE développe, à la suite des conclusions du commissaire du gouvernement, la conception restrictive de la notion de « hameau nouveau » que l'on attendait de lui, et qui seule relativisait la portée de l'exception consentie à l'interdiction de construction précitée. Cependant – comme le rappelle le professeur Morand-Deviller – « le sursis à exécution avait été refusé par le tribunal en 1986 et n'avait été accordé par le Conseil d'État qu'en janvier 1988, la ZAC du lac de Fabrèges avait eu largement le temps de se développer ». On pourra certes dire que la responsabilité en incombe au TA qui a commis en l'espèce une mauvaise appréciation des faits : c'est trop facile... Tout le monde commet des erreurs, et il n'est guère facile de s'abstraire d'un contexte nourri de pressions et d'intoxications habiles et diverses. Si, d'un côté, les TA sont souvent proches du terrain (et cela permet parfois qu'ils prennent leurs décisions en les modulant selon le contexte, quand il le faut, s'ils le veulent et quand ils le peuvent), il n'est peut-être pas toujours de bonne justice qu'ils le soient trop. Cela ne doit pas obérer la qualité de certaines décisions parfaitement en accord avec les impératifs de la protection de l'environnement (77). On citera par exemple le jugement du tribunal de Grenoble en date du 24 mai 1990 sur l'affaire du complexe touristique de Cruseilles (78) (Haute-Savoie). L'espèce est symptomatique : 71 000 m^2 de résidences hôtelières et un centre de conférences, desservis par un héliport, agrémentés par deux golfs (79), le tout autour d'un château de rêve, construit – ça ne s'invente pas – par un maharadjah indien au siècle dernier. Le préfet de région avait signé, après avis favorable du comité UTN, le 13 février 1989, un arrêté d'autorisation. Le TA annule cette autorisation,

(75) Art. préc. ci-dessus.
(76) CE, 9 octobre 1989, *Sepanso*, v. le texte de la décision *in LPA* 20 juin 1990, p. 19.
(77) Nous hésitons à écrire : « en accord avec la logique de la loi *Montagne* ». En effet, celle-ci en recèle, en reflète plusieurs. Incontestablement, une logique de protection, mais aussi – cf. les dispositions analysées sur la vocation de développement économique des parcs naturels – une logique de développement économique qui n'est pas assez rigoureuse, et ne saurait éviter, puisqu'elle n'est pas faite pour cela, les dérives maximalistes ou la mégalomanie de certains maires.
(78) Complexe touristique du château des Avenières, sur le plateau de Salève.
(79) La mystique des golfs et la « stratégie » des golfs mériteraient à elles seules un gros article. Le golf donne l'impression d'un loisir naturel. Il est en fait tout à fait anti-écologique. Le coût d'installation d'un golf est en moyenne de 2 millions d'euros d'après France Nature Environnement. L'entretien coûte, par an, jusqu'à 800000 €. Il n'y a donc pas moyen de rentabiliser de tels investissements autrement que par des complexes immobiliers : un projet de golf ne vient jamais seul. Il apparaît par ailleurs que l'installation d'un « green » consiste en la destruction d'un site pour le remplacer par un site artificiel nourri d'engrais et nettoyé (on devine comment...) de toute herbe folle ou fleur parasite. Enfin, ce green doit être arrosé (25 000 m^3 par an pour un golf de dix-huit trous, soit la consommation annuelle d'une petite ville). Voilà des choses que l'on oublie trop souvent...

qu'elle juge contraire à l'article L. 145-3 du Code de l'urbanisme : cet aménagement « impliquait un bouleversement du site par des déboisements massifs et ne garantissait plus la préservation des grands équilibres naturels ». Cela dit, malgré quelques annulations exemplaires, souvent d'ailleurs prononcées pour vice de forme, le contentieux de la protection de l'environnement en montagne est assez insatisfaisant quant à ses résultats pratiques : et le Conseil d'État, par exemple dans l'affaire de Cruseilles pour laquelle il n'a pas suivi le TA de Grenoble (!), fait parfois preuve d'une certaine mansuétude face à des projets pourtant disproportionnés (80). Et d'une manière générale, la timidité du juge dans l'emploi du sursis à exécution est inquiétante (81). Pourtant, il a été jugé scandaleux par quelques parlementaires que l'on ne puisse pas impunément nommer « hameaux nouveaux » des ensembles de 2 000 ou 3 000 lits. Dans la ligne d'une première tentative avortée (82), la réforme de la loi *Montagne* initiée par la loi *Bosson* obéit à une ligne de conduite claire : s'opposant à la décentralisation des pouvoirs d'urbanisme, la loi *Montagne* est ressentie par les opérateurs locaux comme une entorse inadmissible à leurs nouveaux pouvoirs. D'où, évidemment et sauf exception, un refus de comprendre l'évolution de la perception écologique de l'économie dont le texte contesté est un signe, d'ailleurs fort conciliant. Le changement de majorité aidant, il fallait s'attendre à ce que les responsables de telles opérations fassent pression pour se débarrasser des dispositions gênantes, à défaut de se débarrasser des juges et des requérants. La correspondance entre l'opération de Fabrèges et l'instauration de la dérogation à la loi *Montagne* est rendue plus patente encore par le seuil plafond retenu pour ces dérogations (30 000 m^2, soit exactement la dimension de la ZAC annulée). Cependant, les commentateurs ont eu raison de souligner que cette entorse portée à la loi *Montagne* ne constituait pas une remise en cause mais seulement une dérogation. Les élus locaux qui voudront satisfaire les pressions touristiques devront obtenir une autorisation conjointe du ministre de l'Environnement et du ministre de l'Équipement après avis de la commission départementale des sites. Si bien que, d'une part, en une période où l'on ne jure que par la décentralisation et par la subsidiarité, la loi *Bosson* est un texte authentiquement centralisateur. Et que, d'autre part, il met à la merci des amitiés politiques les décisions d'aménagement des élus locaux qui rentrent dans son champ d'application, en remplaçant l'arbitrage du juge et de la loi par un arbitrage ministériel. Singuliers résultats... L'extrême fragilité de la protection légale des milieux fragiles contre les dérives touristiques est en tout cas révélée aux yeux de tous. Malheureusement, elle ne concerne pas que la montagne...

B. LA PROTECTION SUR LE LITTORAL

Le législateur a pris en compte, en 1986, le fait que les problèmes du littoral ne sont pas dus comme ceux de la montagne au dépeuplement mais plutôt à des différences de flux de peuplement dans le temps. Les zones de littoral (soit environ 5 500 kms de côtes représentant 3 % du territoire) abritent à titre permanent 10 % de la population (ce qui est déjà beaucoup), mais cette population double ou triple dans les périodes de vacances et les activités économiques sur le littoral sont conflictuelles. L'une des particularités du texte réside, cela a déjà été trop souligné pour que l'on s'y étende encore, dans la reconnaissance de la complémentarité entre économie et protection du littoral. Cette reconnaissance est cependant nettement

(80) Il est vrai cependant qu'il n'hésite pas non plus à prononcer des annulations : v. CE, 4 juillet 1994, *Commune de Vaujany*, *RJA* 4/1994, p. 451-452. Pour un tableau d'ensemble, v. les interventions de C. Vigouroux, N. Calderado et M. Heinis.

(81) V. la conclusion de P. Terneyre à son commentaire de l'arrêt rendu par le CE dans l'affaire du lac de Fabrèges, *RJE* 2-1990, p. 263. À la limite, on se contenterait de l'attitude actuelle des TA si d'une part ils rendaient plus souvent des décisions de sursis et surtout si elles étaient respectées... ce qui est bien loin d'être le cas !

(82) V. art. M.-A. Rendu, 6 juillet 1990, p. 11.

moins affirmée qu'elle ne l'avait été pour la montagne. La loi *Littoral* donne plus l'impression de rechercher l'instauration d'un point d'équilibre que de favoriser une interdépendance, qui, il est vrai, est problématique. La subordination des activités économiques – en particulier touristiques – aux impératifs de protection en découle apparemment. L'on a donc pu croire – et l'auteur des lignes qui suivent l'espérait aussi – qu'à la fin de la décennie correspondrait un ralentissement de la « bétonnisation » du littoral, et que le tourisme ravageur serait plus facilement limité sur le littoral qu'en montagne. Force est de reconnaître qu'il n'en a rien été, et peut-être bien au contraire. L'essentiel est de savoir pourquoi et s'il est possible d'arrêter les frais avant que le moindre grain de sable ne devienne hors de prix.

Les mesures de la loi *Littoral* en matière d'urbanisme (83) semblent à première lecture limiter tout essor touristique de type « industriel », et donc, *a fortiori*, toute implantation d'infrastructure de loisir. Le texte cherche avant tout à limiter l'urbanisation et s'impose à toutes les personnes privées ou publiques et vise jusqu'aux installations de camping et de caravaning. Il énonce tout d'abord de nouveaux critères de référence pour la confection ou la modification de documents d'urbanisme, qui « doivent tenir compte de la préservation des espaces et milieux... de la protection des espaces nécessaires au maintien et au développement des activités agricoles, pastorales, forestières et maritimes » et « des conditions de fréquentation par le public des espaces naturels du rivage et des équipements qui y sont liés ». L'urbanisation qui peut se mener ne le peut, logiquement, qu'en continuité avec l'urbanisation existante et de manière limitée (art. L. 146-4-II du Code de l'urbanisme) (84).

L'institution de cette exigence venait heureusement compenser les carences des anciens textes : la directive d'aménagement du littoral énoncée par le décret du 25 août 1979 (85) fixait bien des références et obligations voisines mais n'était pas opposable à un POS, alors même qu'elle prévoyait expressément que les documents d'urbanisme devaient se conformer aux prescriptions qu'elle édictait. Cette incohérence fut supprimée par l'article 26 de la loi du 7 janvier 1983 (art. L 111-1-I du Code de l'urbanisme) qui faisait obligation à tous les documents d'urbanisme de se mettre en conformité avec les directives nationales ; mais il valait mieux donner clairement forme législative aux obligations énoncées en les reformulant plutôt que

(83) Partiellement reproduites, selon la technique curieuse du « renvoi de code à code » par l'art. L. 321-10 du Code de l'environnement.

(84) Exigence que le juge doit évidemment interpréter : il le fait cas par cas, mais il semble que dans les derniers temps il ait été amené à considérer avec quelque hostilité les extensions d'urbanisation se situant en continuité de zones purement pavillonnaires : ainsi, pour la CAA de Marseille, *Commune de Bormes les Mimosas*, 17 mai 2001, la construction d'une ZAC en bordure d'un terrain proche de la mer, à l'état naturel pour l'essentiel, ne peut être considérée comme une extension limitée même si elle est en continuité avec des zones pavillonnaires. De même, pour la CAA de Nantes, 28 juin 2002, *Bretagne vivante*, a-t-elle considéré qu'un projet d'urbanisation se situant à 800 mètres du rivage de la mer doivent être considérés comme des espaces proches du rivage, même s'ils sont séparés du rivage par un secteur urbanisé, et que l'exigence du caractère limité de l'urbanisation doit se mesurer en fonction des circonstances de lieu : en l'espèce, le projet se situa dans un secteur dépourvu d'urbanisation et surtout se situe à 'entrée de fameux marais salants de Guérande. La pression qu'eût pu faire peser sur ces marais, en permanence menacés et fragilisés par la marée noire de l'Erika n'a bien entendu pas été indifférent à l'appréciation du juge.

(85) *JO* 26 août ; ce paradoxe avait été rappelé par la décision du CE du 24 juillet 1981, *Association pour la sauvegarde du pays de Rhuys*, *AJDA* 1982, p. 173, concl. GENEVOIS, note J. CHAPUISAT.

de se contenter d'y faire référence. Cela dit, la loi du 2 juillet 2003 a considérablement réduit ces protections. Ce sont désormais par les schémas de cohérence territoriale et les Plans locaux d'urbanisme que seront opérés les nécessaires « coupures d'urbanisation » et repérés les « espaces naturels » à protéger.

Par ailleurs – marque d'une volonté de fixer, au moins en partie, l'étendue de l'urbanisation en l'état – les rénovations et réhabilitations de constructions existantes sont privilégiées, car les limitations d'urbanisation « ne font pas obstacle » à ces améliorations. D'autres dispositions, prohibitives, figurent dans le même chapitre, qui s'inspirent clairement de celles de la loi *Montagne* tout en étant adaptées au milieu littoral. L'obligation de respecter une bande de littoral figurait déjà dans la directive : elle est réaffirmée, la zone interdite à l'urbanisation étant fixée à 100 mètres à compter de la limite haute du rivage ou des « plus hautes eaux pour les plans d'eau intérieurs » (86) concernés par la loi (art. L. 146-4-III) et peut être changée par les PLU « lorsque des motifs liés à la sensibilité des milieux ou à l'érosion des côtes le justifient ». La loi prévoit cependant qu'une exception peut être consentie, sous réserve de la réalisation d'une enquête publique pour des « constructions ou installations nécessaires à des services publics ou à des activités économiques exigeant la proximité immédiate de l'eau ». L'article L. 146-5 subordonne « l'ouverture de campings ou de stationnement de caravanes en dehors des espaces urbanisés » à la prévision par les PLU de secteurs à cet effet ; elles sont en tout état de cause interdites sur la bande « des cent mètres ». Les documents d'urbanisme ne peuvent autoriser des atteintes « aux espaces remarquables ou caractéristiques du patrimoine culturel ou naturel du littoral » et des « milieux nécessaires au maintien des équilibres biologiques », énoncés dans la loi et dans le décret du 20 septembre 1989 (87).

Dans le décret de 1989, le tourisme, s'il est surveillé, n'est pas négligé, car il n'est pas question d'oublier les contraintes économiques ou de les nier. C'est aussi dans cet esprit que le décret du 29 mars 2004 procède pour concilier développement et protection sur les espaces remarquables du littoral (88). Si des aménagements légers peuvent être implantés dans ces zones protégées, ce n'est que s'ils « ne dénaturent pas le caractère des sites », que s'ils ne portent pas atteinte à la qualité architecturale et paysagère et à la préservation des milieux,s'ils correspondent à une utilité générale quand il n'y a pas d'autre solution, et ils doivent toujours « être conçus de manière à permettre un retour du site à l'état naturel ». Toute réalisation de travaux doit de plus être précédée d'une enquête publique. L'article L. 146-7 du Code de l'urbanisme, pour sa part, minimise les possibilités de nouvelles atteintes au littoral par la création de voies de communication. Les « nouvelles routes de transit » sont localisées à plus de 2 000 mètres du littoral, la création de nouvelles

(86) On notera que la loi du 2 juillet 2003 a supprimé pour ces plans d'eau l'interdiction de réalisation des routes de transit... sur l'amendement d'un sénateur savoyard, qui cherchait à aider au règlement du problème très particulier du lac du Bourget : le Sénat, en cette affaire, s'est encore une fois révélé comme l'auxiliaire incontournable des intérêts locaux. Comme l'énonce Y. JEGOUZO dans son comm. préc., c'est sûrement parce que « ce qui est bon pour le Bourget est bon pour la France » !

(87) V. R. ROMI, « Un règlement d'application trop attendu », *Quot. jur.* 9 décembre 1989, p. 9 et s.

(88) V. B. BUSSON, « Le nouveau régime de protection des espaces littoraux sensibles », *Dr. env.* mai 2004, p. 90 et s. et R. HOSTIOU, « Espaces remarquables sur le littoral : le changement dans la continuité », *AJDA* 21 février 2005, p. 370 et s.

routes sur les plages, cordons lagunaires, dunes, ou en corniche est interdite ; les nouvelles routes de desserte locale ne peuvent être établies sur le rivage ou les longer. Des exceptions sont cependant consenties, toujours en faveur des services publics et des entreprises dont les activités exigent la « proximité immédiate de l'eau ». S'y ajoute (et la chose n'est pas peu importante en Corse, par exemple) une dérogation en cas de « contraintes liées à la configuration des lieux ou le cas échéant à l'insularité » et dans les espaces urbanisés.

Il est tout à fait évident, donc, qu'en matière d'urbanisme sur le littoral, la décentralisation s'arrête théoriquement là où commence la protection de l'environnement : mais le jeu des exceptions et dérogations préserve une certaine marge de manœuvre pour les communes, justement parce qu'elles ont, économiquement, besoin pour vivre de la manne touristique. Elles ont fait un usage nettement abusif, ainsi que nous le verrons, de cette « marge de manœuvre ». Mais la loi *Littoral* contient aussi – toujours au seul plan de la protection de l'environnement – des dispositions sur la pollution des eaux dont les influences sur la décentralisation sont moins nettes et moins considérées (89).

Il faut bien remarquer que la subordination de toute urbanisation (art. 17 de la loi) à « l'existence ou à un début de réalisation d'un équipement de traitement et d'évacuation des effluents » limite l'autonomie locale... d'autant plus qu'elle s'applique aux ouvertures de camping et de caravaning, ce qui concerne au premier chef l'objet de la présente étude. Le tourisme nautique est lui aussi limité : l'article 20 de la loi édicte une obligation d'intégration aux sites des ports de plaisance ; l'ensemble des articles 19 à 21 reconnaît une certaine latitude aux communes et aux groupements de communes en la matière, mais, par exemple, l'obligation édictée par l'article 21 d'une « reconstitution d'une surface de plage artificielle ou d'un potentiel conchylicole ou aquacole équivalent à ce qui aura été détruit par les travaux de construction » d'un port de plaisance d'une part concerne les communes en ce qu'elles doivent la faire respecter, d'autre part, semblait (semblait : tout est là !) de nature à gêner celles qui voudraient à tout prix (au sens exact de l'expression « à tout prix ») favoriser l'implantation de ports de plaisance sur leur territoire.

Par ailleurs, les droits et obligations des pouvoirs publics sur et envers le littoral tels qu'ils sont fixés par la loi *Littoral* semblent également destinés à limiter l'implantation d'infrastructures lourdes. La proclamation de droits du public sur le littoral constitue une limitation de la décentralisation en ce que les autorités locales doivent les respecter et en faire assurer le respect... tout comme elles doivent veiller à ce que le public, dans l'exercice de ses droits, en accepte les règles d'exercice définies par la loi *Littoral*. En effet, les droits et devoirs du public sur le littoral limitent apparemment la compétence des communes. L'article 30 de la loi stipule que « l'accès des piétons au rivage est libre » (90). Des exceptions au principe ne peuvent être instituées que si « des motifs justifiés pour des raisons de sécurité, de défense nationale ou de protection de l'environnement nécessitent des dispositions

(89) V. J.-M. BECET, *L'aménagement du littoral*, PUF, coll. « Que sais-je ? », 1987.

(90) On savourera à sa juste valeur le fait que le décret 90-481 du 12 juin 1990 (v. D. FONTAINE, comm., *LPA* 18 juillet 1990) soit venu (plus de quatre ans après la loi !) instituer la « servitude de passage des piétons transversale » qu'avait en quelque sorte promis l'art. 5 de la loi *Littoral*.

particulières ». Les collectivités locales sont évidemment liées et doivent respecter et faire respecter le principe énoncé... sauf dans les cas, et seulement dans les cas prévus par la loi. Au premier chef, les communes sont évidemment concernées. On remarquera que, de toute évidence, la latitude de décision pour ce qui concerne l'accès des véhicules demeure régie par les règles traditionnelles en la matière. L'article L. 160-6 du Code de l'urbanisme issu de la loi du 31 décembre 1976 instituait d'office le long du littoral une servitude permettant « le cheminement parallèle au rivage sur une bande de trois mètres de largeur destiné exclusivement au passage des piétons ». Cette servitude est modifiée par l'article 4 de la loi *Littoral* ; l'alinéa 2 modifie quelque peu l'objectif de cette servitude : elle devait favoriser le « libre accès », elle favorisera « la continuité du cheminement des piétons et leur libre accès ». L'article 5 (article L. 160-6-1 du Code de l'urbanisme) ajoute qu'une autre servitude « peut être instituée » (ce qui élargit les compétences des communes), qui aura pour but de relier « la voie publique au rivage de la mer ou aux sentiers d'accès immédiat à celui-ci, en l'absence de voie publique située à moins de 500 mètres et permettant l'accès au rivage » (91). S'agissant du problème de la libre utilisation des plages par le public, l'article 30 précise que « l'usage libre et gratuit par le public constitue la destination fondamentale des plages au même titre que leur affectation aux activités de pêche et de culture marine ». Il est tout à fait clair que ce principe dicte aux collectivités locales et particulièrement aux communes un certain type de comportements...

Les communes sont donc – apparemment – limitées dans leurs choix concernant l'exploitation du littoral. Et il « ne peut être porté atteinte à l'état naturel du rivage de la mer » (art. 27 de la loi). Il existe bien trois types d'exception, le principe ne s'appliquant ni aux « zones portuaires et industrialo-portuaires », ni à l'exécution des « opérations de défense contre la mer et la réalisation des ouvrages et installations nécessaires à la sécurité maritime, à la défense maritime, à la saliculture et aux cultures maritimes », ni à l'édification d'ouvrages ou installations liés à l'exercice d'un service public ou l'exécution d'un travail public dont la localisation au bord de la mer s'impose pour des raisons « topographiques ou techniques impératives » et « qui ont donné lieu à une déclaration d'utilité publique » : n'en restent pas moins extrêmement limitées la construction de routes (de toute manière interdite dans certaines circonstances, ainsi que cela a été signalé), l'urbanisation, et surtout l'industrialisation et la construction d'installations touristiques. Le fait que « les décisions d'utilisation du domaine public maritime » doivent tenir « compte de la vocation des zones concernées et de celles des espaces terrestres avoisinant » ainsi que « des impératifs de préservation des sites et paysages du littoral et des ressources biologiques » est également contraignant pour les communes, ainsi limitées dans leurs choix d'aménagement de l'espace. Et ce même si les communes ou groupements de communes se voient reconnaître une vocation prioritaire pour toute exploitation du domaine public maritime, ainsi qu'une « compétence consultative préalable ». En effet, la délivrance des autorisations d'exploitations appartient à l'État dès lors que les dépendances du domaine public maritime sont en jeu (art. 29 de la loi). Elle suppose un « accord de la collectivité locale gestionnaire des dites dépendances », c'est vrai : mais à défaut de « co-décision », il y aura au moins

(91) Cette servitude est « transversale au rivage ».

collaboration, et les collectivités locales ne se voient reconnaître qu'un droit de veto et non la pleine disposition des lieux. Même les compétences des maires en matière de police de la baignade, si elles sont étendues, sont assorties de contreparties (publicité des zones réglementées, de la qualité des eaux, etc.). C'est donc un fait : il résulte logiquement de la loi *Littoral* que les orientations des communes en matière touristique sont soumises à un certain nombre de contraintes et – surtout – doivent être élaborées dans un certain esprit.

On en regrettera d'autant plus la dérogation initiée par la loi *Bosson* : cette proposition d'amendement, portant aménagement de la loi *Littoral* (92), constitue la réponse à une jurisprudence du Conseil d'État (19 mai 1993, *Les Verts-Var* (93) annulant à la demande d'associations varoises l'implantation de la station d'épuration de Toulon au cap Sicié. La loi *Littoral* autorise bien des implantations dérogatoires au droit commun du littoral d'activités de service public ou d'activités économiques, dès lors qu'elles nécessitent impérativement une localisation au bord de l'eau. Ce n'était pas le cas, au gré du juge, pour une station d'épuration, qui, au demeurant, dénaturerait définitivement un site remarquable. Il apparaît évident que la loi *Littoral* a tenu compte, dans sa version initiale, des nécessités économiques ; et, en l'espèce, il fallait trouver une autre localisation pour la station d'assainissement, c'est tout. Ainsi, pour régler un cas d'espèce (difficile à résoudre, il est vrai, car les sites d'implantation étaient rares), l'on porte atteinte à l'équilibre global du dispositif, tout en créant un précédent. Il est vrai que le député Trucy, maire de Toulon, avait annoncé la couleur lors d'un colloque sur la loi *Littoral*, le 22 avril 1993 à Toulon. « Cette loi, déclarait-il, est mal adaptée à notre littoral puisqu'elle entrave ce qu'on nous demande, ce qu'on attend de nous : faire vivre le BTP, développer le tourisme, résorber le chômage, faire face à la plus forte croissance démographique du pays » (94). Les élus locaux qui voudront satisfaire les attentes sociales exprimées en particulier par le maire de Toulon devront obtenir une autorisation conjointe du ministre de l'Environnement et du ministre de l'Urbanisme. En guise de maigre consolation, il est vrai que l'amendement Cap Sicié ne peut s'appliquer aux nouvelles opérations d'urbanisme, et qu'il ne saurait servir qu'à la réparation des erreurs du passé en matière d'assainissement.

La loi SRU introduit pour sa part une possibilité (95) susceptible d'amener des effets pervers : l'adoption d'un schéma d'aménagement des plages (art. L. 146-6-1) dans des conditions fixées par décret permet de requalifier des espaces construits avant l'adoption de la loi, y compris dans la bande des 100 mètres, sous réserve de concilier la protection de l'environnement et la fréquentation touristique.

Quant à la loi DTR (loi sur le développement des territoires ruraux (96), l'article L. 146-4 du Code de l'urbanisme énonçait que « I – L'extension de l'urbanisation doit se réaliser soit en continuité avec les agglomérations et villages existants, soit en hameaux nouveaux intégrés à l'environnement. Par dérogation aux dispositions

(92) V. R. Romi, « Le droit de l'environnement à l'épreuve de l'alternance », chron. de droit public de l'environnement, *RDP* 1994-3, p. 464 et s.
(93) 19 mai 1993, *Les Verts-Var*.
(94) Cf. compte rendu *in Combat Nature*, août 1993, p. 16.
(95) Qui s'ajoute à celles mises en place pour la Corse par le statut de 2002, v. *supra*.
(96) V. R. Romi, « Le droit de l'environnement à l'heure de la ruralité, à propos de la loi sur les territoires ruraux, *RJE* octobre 2005.

de l'alinéa précédent, les constructions ou installations liées aux activités agricoles ou forestières qui sont incompatibles avec le voisinage des zones habitées peuvent être autorisées, en dehors des espaces proches du rivage, avec l'accord du préfet après avis de la commission départementale compétente en matière de nature, de paysages et de sites. Cet accord est refusé si les constructions ou installations sont de nature à porter atteinte à l'environnement ou aux paysages ». À ces premières dérogations, le législateur ajoute que « Les dispositions du premier alinéa ne font pas obstacle à la réalisation de travaux de mise aux normes des exploitations agricoles, à condition que les effluents d'origine animale ne soient pas accrus ». S'il est bien entendu que ces dispositions ne sont pas de nature à permettre l'installation dans les espaces protégés sur le littoral de nouvelles exploitations, elles pourraient aboutir *de facto* à ce que, sous couvert de mise aux normes, certains exploitants se croient autorisés à reconstruire des bâtiments... ce qui devrait entraîner une nouvelle espèce de contentieux. Et de toute manière, la mise en place d'une fosse, par exemple, ne sera plus une extension d'urbanisation. Autant cette dérogation, même si elle peut poser des problèmes écologiques (97) et, donc, contentieux, peut sembler logique puisqu'elle doit normalement améliorer la protection de l'environnement en réduisant les rejets dans les eaux, autant, par contre, la précision concernant les étiers et les rus peut être critiquée en regard de la nécessité d'assurer globalement la protection des écosystèmes littoraux.

La nature a ses lois : rien ne sert de protéger les eaux littorales en aval si, en amont, les cours d'eau qui s'y jettent peuvent charrier leurs quotas de nitrates ou de tout autre produit nocif !

On comprend bien, surtout dans le contexte d'une élaboration d'un texte qui, répétons-le ne se réclame pas du développement durable, que le législateur se range aux arguments de certains forces de pression : mais les arguments écologiques plaidaient pour qu'on ne le fasse pas, ou en tout cas moins facilement ! D'abord, un argument tenant aux marais littoraux, dont la saveur ne peut s'apprécier qu'en regard du fait que la même loi sur le développement des territoires ruraux accorde un assez long développement à la protection des zones humides... Tout est venu (98), comme souvent, de ce qu'une décision de la juridiction administrative a déplu : la Cour administrative de Nantes a décidé le 26 décembre 2003 (99), sur la demande de l'Association des amis du pays entre Mès et Vilaine, que, dès lors que les plus fortes marées remontaient par le lit d'un ru, le ru de Lienne, on devait considérer comme la limite du rivage de la mer était située au plus près des zones urbanisées. Cette conception, sur le plan écologique et sur le plan juridique, si l'on s'en tient à la volonté du législateur de 1986, obéissait à une certaine logique, dans la mesure où, d'une part, lors de ces hautes marées, l'eau couvrait des zones humides intéressantes, et, d'autre part, où l'étier perpendiculaire à la mer traversait un cordon dunaire. La bande des 100 mètres, entendue très largement de cette manière, assurait la protection de l'ensemble littoral *stricto sensu*, étier, zones humides et cordon lagunaire... mais au prix de l'impossibilité de toute extension

(97) Il y aura toujours des risques de ce que ces « mises aux normes » entérinent des extensions d'exploitation qui, elles, étaient juridiquement critiquables.

(98) V. S. Le Briero, *op. cit.*, p. 12

(99) Req. n° 03NT01231.

horizontale de l'habitat sur cette agglomération-là ! En admettant que, dans cette espèce localisée, cette impossibilité puisse être jugée difficile à supporter, la solution avait l'avantage, comme le souligne S. Le Briero dans son commentaire, d'offrir une protection efficace de bon nombre de marais salants ! L'intérêt général commandait donc que les quelques intérêts particuliers paralysés passent au second rang. Ce n'est pas parce qu'une décision déplaît que l'on doit défaire le droit !

Et, hélas, le législateur va plus loin encore : l'exclusion des étiers s'accompagne de l'exclusion des rus (100). Or, au titre de l'article L. 146-2 du Code de l'urbanisme, la plupart des rus étaient, comme les étiers, considérés comme des coupures d'urbanisation et constituaient donc des remparts au grignotage de la nature littorale par l'urbanisation... C'est bien cher payé pour la mise en place d'un Conseil ! D'autant plus que, encore une fois (101), comme signalé *supra*, le législateur s'est attaqué, mais cette fois-ci de front et de manière globale (102), aux grands lacs. Il résultait de la version originelle des lois *Montagne* et *Littoral* une application conjointe des deux textes aux lacs de plus de mille hectares se situant en zone de montagne. L'article 185 de la loi DTR modifie par un ajout l'article L. 145 du Code de l'urbanisme, qui devient : « Les dispositions du présent chapitre sont applicables dans les zones de montagne définies aux articles 3 et 4 de la loi n° 85-30 du 9 janvier 1985. Toutefois, autour des lacs de montagne d'une superficie supérieure à 1 000 hectares, un décret en Conseil d'État délimite, après avis ou sur proposition des communes riveraines, en tenant notamment compte du relief, un secteur dans lequel les dispositions particulières au littoral figurant au chapitre VI du présent titre s'appliquent seules. Ce secteur ne peut pas réduire la bande littorale de 100 mètres définie au III de l'article L. 146-4. Dans les autres secteurs des communes riveraines du lac et situées dans les zones de montagne mentionnées au premier alinéa, les dispositions particulières à la montagne figurant au présent chapitre s'appliquent seules ».

On verra à l'usage si, comme cela a été indiqué lors des débats parlementaires et dans le rapport de P. Gélard (103), ces opérations de répartition entre application de la loi *Littoral* et application de la loi *Montagne* ne viseront vraiment qu'à des implantations de stations d'épuration. On peut se douter que sur des espaces aussi convoités pour des aménagements touristiques plutôt lourds (comme Le Bourget, le lac Léman, le lac d'Annecy) les pressions existeront pour intégrer à ces décrets des possibilités plus larges... Une plus grande précision était requise, en tout cas, d'une part pour éviter que la boîte de Pandore ne soit ainsi ouverte et d'autre part pour éviter des disparités de protection entre les grands lacs du territoire.

L'interprétation jurisprudentielle des dérogations prévues par la loi *Littoral* : un bilan partiellement satisfaisant, mais qui illustre les orientations des communes. La jurisprudence administrative a dès le départ pris des précautions dans l'interprétation des dérogations consenties par le texte. Ainsi, l'on ne saurait considérer qu'un centre de thalassothérapie constitue une

(100) Le législateur ajoute à l'art. L. 146-6 un alinéa V : « V. – Les dispositions des II et III ne s'appliquent pas aux rives des étiers et des rus, en amont d'une limite située à l'embouchure et fixée par l'autorité administrative dans des conditions définies par un décret en CE ».

(101) Il l'avait déjà tenté en particulier par la loi dite loi.

(102) Il ne s'agit plus de permettre au coup par coup, des dérogations ministérielles pour des projets, mais d'exemptions pour des territoires.

(103) Commission des lois de l'AN n° 421, 2003-2004.

« installation exigeant impérativement la proximité immédiate de l'eau » (104). L'on remarquera que le texte de la loi *Littoral* instaure une exception aux principes énoncés à l'article L. 146-4 pour l'accueil d'activités économiques exigeant la proximité immédiate de l'eau, et non « exigeant impérativement... ». Le TA de Nice n'entend pas se montrer laxiste, ce que prouve également le fait qu'il effectue un contrôle au fond des conditions réelles de l'installation projetée (c'est « eu égard aux possibilités techniques » qu'il considère que l'on peut faire de la thalassothérapie ailleurs que sur le littoral non urbanisé...). Cette relative sévérité n'est pas le propre du TA de Nice (105) : le TA de Nantes (106) a pour sa part considéré que les « constructions à usage d'hôtellerie, de para-hôtellerie et de commerce ne sont pas au nombre des activités économiques exigeant la proximité immédiate de l'eau ». La complexité de la situation vient de ce que la loi *Littoral* doit être conjuguée avec d'autres textes nationaux et internationaux : ainsi, par exemple, le TA de Caen (*Manche Nature*, 9 juin 1998), dans une affaire concernant la modification du POS de Cosqueville (instituant une zone IINAA autorisant l'implantation d'activités artisanales industrielles et commerciales liées à la mer » et des constructions annexes à ces activités, une zone IIND autorisant l'aménagement ou l'extension mesurée des bâtiments existants et l'édification d'annexes non contiguës à ceux-ci sous réserve d'une bonne intégration dans le site et une zone UBL permettant l'installation de campings) développe pour sa part une interprétation normalement restrictive des dispositions de l'article L. 146-6 et de l'article L. 146-4 du Code de l'urbanisme. Mais, même s'il rejette les prétentions des requérants, il prend en compte l'inclusion des sites considérés dans le projet de réseau *Natura 2000*, tout en livrant une conception restrictive de ses conséquences. En premier lieu, l'ensemble de l'espace concerné par la zone IIND constituant un espace remarquable au sens des dispositions de l'article L. 146-6 et se situant pour l'essentiel dans la bande des cent mètres, qui, quoique comportant quelques constructions, n'est pas urbanisée, ne saurait supporter que des « aménagements légers », et non des extensions ou des annexes dont il n'est pas précisé la nature, l'étendue ni la densité. En second lieu, la commune ne pouvait se contenter de prévoir une consultation du préfet et de la commission des sites pour chaque construction, mais devait procéder à cette consultation pour l'institution de la zone elle-même. Par ailleurs, seules les installations exigeant la proximité immédiate de l'eau pouvaient être autorisées, et non les activités « liées à la mer » : le tribunal relève l'imprécision du critère, incompatibles avec les dispositions de la loi *Littoral*. En dernier lieu, le TA de Caen considère que la seule inclusion des sites considérés dans le projet de réseau *Natura 2000* ne saurait à elle seule induire qu'ils soient assimilés à des « espaces remarquables » au sens de l'article L. 146-6. Cela confirme s'il en était besoin que cette inclusion emporte tout au plus les mêmes effets que l'inclusion dans une ZNIEFF (107) : il ne s'agit pas d'une mesure normative, mais d'un inventaire permettant, parmi d'autres critères, une appréciation de la valeur de sites ou d'espaces (108). De même le Conseil d'État estime que la construction de parkings ne rentre pas dans les exceptions énoncées par l'article L. 146-6 (CE, 10 mai 1996, *Commune de Saint-Jorioz c/ Société civile immobilière « La tuilerie »*). Il est tout à fait évident que cette rigueur respecte l'esprit de la loi et protège contre eux-mêmes les promoteurs en leur évitant

(104) TA, Nice, 17 décembre 1987, *Mouvement niçois pour la défense ds sites et du patrimoine*, req. 1452, 87, II.

(105) Bien que celui-ci se soit particulièrement distingué en réfrénant la main-mise des promoteurs sur le massif des Maures : le 21 septembre 1988, sur recours de l'Union des contribuables londais pour l'intérêt public, il a en effet refusé le passage en zone NA d'une ancienne portion de zone ND au motif que « la poche distraite de la zone ND fait partie de la première frange des collines du massif des Maures très perçues à partir des plaines et du littoral et que la présence d'habitations aurait un impact visuel très préjudiciable à l'unité paysagère de ce versant boisé... que cette poche, en dépit de son boisement épars ou meurtri par les intempéries, fait partie intégrante de l'ensemble boisé du massif des Maures, lequel doit conserver son caractère forestier, comme il est dit à l'art. L. 146-6 ». Art. L. 146-6 qui, donc, empêche les promoteurs de manger leur capital, alors qu'ils ont une singulière propension à le faire.

(106) 21 avril 1987, *Époux Angibeaud*, req. 1062-87.

(107) V. A. NOURY et L. LECORRE, « Un inventaire du patrimoine naturel : les ZNIEFF », *RJE* n° 4/1996, p. 389.

(108) V. TA, Grenoble, 8 juillet 1997, *FRAPNA*, *Dr. env.* n° 52, 1997, p. 7.

de tuer la poule aux œufs d'or. C'est bien ici de protéger l'intérêt général et l'intérêt collectif des professionnels du tourisme contre les égoïsmes aveugles des intérêts particuliers dont il s'agit. Nous ne prétendons pas – loin de là – que la jurisprudence soit toujours parfaite dans l'absolu : mais quelques décisions prouvent que – quand les textes le permettent – il est des juges qui savent faire la part des paysages contre les intérêts économiques : c'est bien de la logique de la loi *Littoral* qu'ils s'inspirent, et, si leurs décisions sont souvent insuffisantes, et laissent quelquefois perplexes, c'est bien au législateur qu'il faut la plupart du temps s'en prendre : il n'aura pas su être assez audacieux, voilà tout, et cela ne saurait étonner dans la mesure où parmi les sénateurs et députés figurent un grand nombre de notables locaux préférant l'aménagement immédiat plutôt que l'intérêt réel de la population et des touristes. Pourtant, en matière de camping et de caravaning, peut-on rétorquer, le législateur a été d'une extrême sévérité, comme en témoigne la rédaction littérale de l'article L. 146-5 : « en tout état de cause » les campings « ... ne peuvent être installés dans la bande littorale définie à l'article L. 146-4 ». Il y a fort à parier que beaucoup d'élus avaient entendu par là que, en dehors des espaces urbanisés, de telles implantations étaient interdites, et seulement en dehors des espaces urbanisés, par référence à l'article L. 146-4-III du Code qui ne limite les constructions dans la bande des cent mètres que sur le littoral encore préservé du béton. Ils négligèrent, peut-être fatigués, le « en tout état de cause ». Certains TA ne s'y sont pas trompés. Le TA de Rennes a prononcé par exemple un sursis à exécution d'un arrêté du maire de Penvennan autorisant l'aménagement d'un terrain de camping et accordant un permis de construire pour deux bâtiments (109), suivant les conclusions du commissaire du gouvernement Bertrand qui soulignait l'existence d'une volonté du législateur d'instaurer pour ces installations « légères » un régime restrictif spécifique, le renvoi à l'article L. 146-4 opéré par l'article L. 146-5 ne visant que la définition de la bande inconstructible, sans qu'il y ait renvoi aux exceptions instituées pour des bâtiments. Si nous souscrivons sans aucune réserve à l'argumentation du dit commissaire du gouvernement, comment ne pas voir qu'elle peut parfaitement ne pas être retenue ? Telle imperfection législative donnant – dans l'optique des protecteurs – des bons résultats peut parfaitement en donner des mauvais ailleurs et dans une autre époque ou un autre contexte. Ici aussi, c'est au législateur de parfaire son travail. Et l'on est en droit de se demander s'il travaillera assez vite pour lever le discrédit qui pèse de plus en plus sur le système de protection de l'environnement et en particulier de l'environnement sur le littoral.

L'impression générale qui se dégage des aménagements sur ces vingt dernières années des littoraux corses, bretons et méditerranéens est, malgré la loi, plutôt mauvaise : la loi *Littoral* n'est souvent pas respectée, certains maires ayant appris – mauvaise habitude, qui devrait conduire à l'engagement de leur responsabilité politique – à jouer des délais que met le juge à statuer. Et ils continuent souvent leurs aménagements malgré les décisions de justice... Comme ils sont parfois pris d'une frénésie entrepreneuriale, l'on ne voit guère, à moins de réformes drastiques des modes de contrôle, comment les stopper si l'État n'agit pas.

On remarquera que malgré les réformes d'allègement, si le local propose, c'est – encore – le national qui dispose, ce qui est conforme à l'esprit de la loi *Littoral* ; mais, même si l'on comprend bien, par exemple, le souci de réalisme des rédacteurs de l'amendement de l'article L. 146-6-1 du Code de l'urbanisme permettant la possibilité pour l'État de légaliser des paillottes (il est sûrement préférable de les légaliser plutôt que de les faire incendier nuitamment par des agents de l'État) il conviendrait qu'à défaut de promouvoir clairement la protection des écosystèmes littoraux, le droit de l'urbanisme participe plus clairement au développement du

(109) 7 décembre 1989, *Robert André*, n° 891849.

tourisme durable... ce qui correspondait à une attente certaine des français, telle que reflétée par les derniers sondages.

Les opinions des Français sur la loi *Littoral*

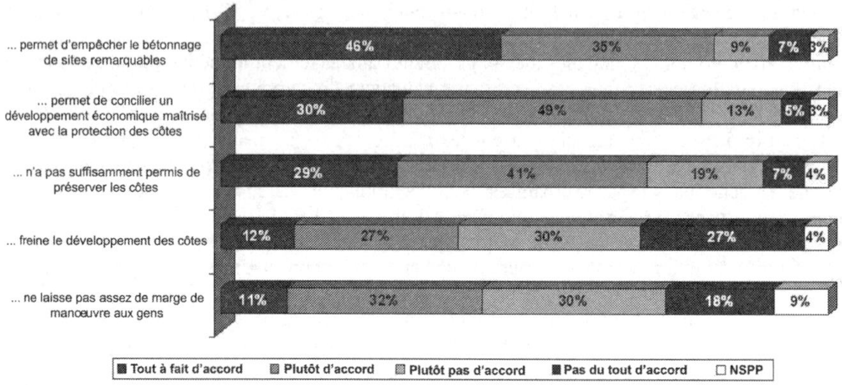

Base : ensemble des répondants

http://www.ecologie.gouv.fr/emeddiat/article.php3?id_article=249

§ 2. LES MOYENS DE LA PROTECTION

Les trois options principales sont claires : soit on retient le recours à des institutions, qui, ponctuellement, font peser leur effort ici ou là, sur des terres quelquefois appropriées, quelquefois pas ; soit des arrêtés de police viennent organiser sur des zones repérées un régime restrictif du droit de propriété et des libertés de circulation et d'entreprendre, soit la puissance publique achète. Il arrive que toutes ces options soient ouvertes en même temps, ou conjuguées tour à tour ! À ces trois options, l'alternative contractuelle ou le complément contractuel apportent un supplément d'âme sinon d'efficacité. C'est le souci de respecter cette variété qui inspire et explique le régime juridique des sites *Natura 2000*.

A. L'INSTITUTION D'UN PARC NATUREL NATIONAL OU D'UN PARC NATUREL RÉGIONAL, LE CONSERVATOIRE DU LITTORAL (RAPPEL)

La prise en main par le Conservatoire du littoral ou la création d'un parc naturel national ou régional (v. *supra*) constituent des moyens privilégiés de protection d'espaces (110). Mais ces choix sont des choix d'administration lourds : d'une part

(110) Surtout si on les utilise à plein : il faut noter qu'il aura fallu attendre 1995 pour que la possibilité d'instituer une réserve intégrale dans un parc naturel régional soit enfin utilisée (parc national des Écrins – réserve intégrale de 700 hectares) et elle ne l'a pas été depuis.

parce que le choix de ces formules nécessite des procédures longues et conflictuelles ; d'autre part, l'on ne saurait imaginer la généralisation de leur emploi, pour des raisons évidentes.

Si elles demeurent donc essentielles, elles doivent être relayées ou remplacées selon les cas par des formules plus légères et spécifiques, ou par des politiques qui, au contraire, sont plus générales et ne marquent pas du sceau de la spécificité ou de l'exceptionnel les espaces concernés. L'on aurait garde d'oublier par ailleurs que l'emploi des formules « secondes » de protection ci-après exposées comme la mise en œuvre des politiques publiques transversales qui peuvent être mises en place (politique de la montagne, politique du littoral, mais aussi et surtout politique agricole, etc.) ne sont pas incompatibles, au contraire, avec l'existence de parcs naturels régionaux et nationaux, ou avec l'action du Conservatoire.

B. LES ARRÊTÉS DE BIOTOPES ET LES RÉSERVES NATURELLES

L'article R. 111-14 du Code rural, introduit par le décret du 25 novembre 1977 et devenu l'article L. R. 411-15 du Code de l'environnement permet au préfet d'adopter un *arrêté de protection de biotope* « afin de prévenir la disparition d'espèces » protégées ; il s'agit, par cet arrêté, « de fixer... les mesures tendant à favoriser sur tout ou partie du territoire d'un département, à l'exclusion du domaine public maritime où les mesures relèvent du ministre chargé des Pêches maritimes, la conservation des biotopes tels que mares, marécages, marais, haies, bosquets, landes, dunes, pelouses, ou toute autre formation naturelle peu exploitée par l'homme, dans la mesure où ces biotopes ou formations sont nécessaires à l'alimentation, à la reproduction, au repos, ou à la survie de ces espèces ».

Il peut donc et aussi interdire ou réglementer les actes portant atteinte à des milieux, tels l'écobuage, la destruction des haies, l'usage de produits antiparasitaires. Il lui incombe de définir les activités économiques compatibles avec une mesure de protection ; ainsi le TA de Montpellier a-t-il admis (111) que le préfet de l'Hérault, s'agissant d'un biotope servant de lieu de nidification à des oiseaux protégés, n'autorise que le pâturage extensif de taureaux et chevaux, et pas des activités « annexes » de nature touristique et commerciale. De la même manière, le TA de Lyon a estimé que le préfet de l'Ain n'avait pas commis d'erreur manifeste d'appréciation en soumettant à autorisation préalable, dans le marais des Bidonnes (pays de Gex), les défrichements, les coupes d'arbres et plusieurs activités agricoles (112). Pour la CAA de Nancy, l'interdiction de créer des plans d'eau, de déposer des détritus, de camper et de pratiquer la cueillette de plantes ne constitue pas une atteinte excessive à la propriété (28 janvier 1999, *Jean Tetu*, req. 95NC00371). Enfin, selon le Conseil d'État (*De Sinéty*, 21 janvier 1998), qui prend le contre pied d'une décision du TA de Versailles du 28 novembre 1989, le préfet compétent était habilité à interdire les activités de nature à modifier les lieux et à

(111) 15 novembre 1988, *Lhoustau c/ Préfet de région Languedoc-Roussillon*, préfet de l'Hérault, v. *Dr. env.* janvier 1990, p. 15.
(112) TA, Lyon, 27 septembre 1995, *Deharte*, chron. jur., *RJE* 1-2/1996, p. 184.

soumettre à autorisation la coupe des arbres pour protéger une zone de nidification de hérons cendrés, empêchant l'exploitation d'une carrière à proximité du site. Cependant, il doit être précis dans la détermination des espèces protégées et du périmètre de la zone protégée (113), et, s'il s'agit de permettre la reconstitution de populations naturelles, limiter dans le temps les mesures d'interdiction éventuelles (114).

La procédure est souple (115), mais elle n'est prévue que pour protéger un biotope de faible étendue, au contraire de la formule des réserves naturelles. L'adoption d'un arrêté peut cependant être tout aussi astreignante que l'institution d'une réserve, même si les éventuelles contraventions aux dispositions d'un arrêté ne sont susceptibles d'entraîner que des peines relativement peu dissuasives. L'adoption d'un arrêté de biotope ne s'accompagne en effet pas d'une indemnisation.

Curieusement, le bilan – 608 arrêtés pour 300 000 hectares au 1er juin 2005 – est contrasté selon les régions. L'attitude du juge administratif, appelé à préciser l'étendue des pouvoirs des préfets, est en partie à même d'expliquer cela (116). Il n'y a naturellement nulle obligation pour l'administration de préserver un habitat au moyen d'un arrêté de biotope même si celui-ci remplit les conditions pour qu'un arrêté puisse à bon droit être pris : le Conseil d'État se contente de vérifier que l'autorité administrative compétente ne commet pas d'erreur manifeste d'appréciation en refusant l'adoption d'un arrêté (117). Et quand un arrêté est pris, il ne permet pas l'édiction d'une interdiction générale et absolue, ni des prescriptions aussi importantes que celle que permet l'institution d'une réserve naturelle (118). Enfin, les effets pervers du principe de l'indépendance des législations induisent des dysfonctionnements graves dans l'articulation entre les arrêtés de biotopes et d'autres mesures de gestion des sols : c'est ainsi que le tribunal administratif de Strasbourg (119) a par exemple refusé d'annuler un permis de construire du seul fait qu'il était contraire à un arrêté de biotope interdisant les constructions dans la zone concernée : le tribunal applique restrictivement l'article L. 421-3 du Code de l'urbanisme, alors qu'il résulte d'une lecture sans *a priori* de cet article que les arrêtés de biotopes peuvent être considérés comme faisant partie des « dispositions législatives et réglementaires concernant l'implantation des constructions, leur destination, leur nature, etc. » (120). Par ailleurs, un arrêté de biotope ne saurait être

(113) TA, Versailles, *Société logement et patrimoine c/ Préfet de l'Essone*, *Gaz. Pal.*, 29-31 mars 1998, panorama p. 42 : le préfet ne peut légalement prendre un arrêté couvrant une superficie de 14 hectares pour la protection d'une seule espèce qui n'a fait l'objet ni d'un dénombrement ni d'une localisation.

(114) TA, Versailles, 5 juillet 1994, *SCI du Planet*.

(115) Avis de la commission départementale des sites, et de la chambre d'agriculture, plus pour les terrains soumis au Code forestier celui de l'ONF. Il n'est pas prévu d'enquête publique, et c'est tout à fait regrettable.

(116) V. V. LÉVY-BRUHL et R. ESTÈVE, « Les arrêtés de biotope à l'épreuve des tribunaux », *Combat Nature* mai 1993, p. 47-49.

(117) CE, 17 mai 1991, à propos d'un herbier de posidonies dont il n'était pas établi qu'il fasse l'objet d'une menace grave (cité par V. LÉVY BRUHL, *op. cit.*).

(118) TA, Bordeaux, 2 décembre 1982.

(119) 21 décembre 1992, *Association fédérative régionale pour la protection de la nature, en Alsace*, *AJDA* avril 1993, p. 318 et s., note H. JACQUOT.

(120) Comme souligné par H. JACQUOT (note préc., p. 320).

considéré, apparemment et selon la jurisprudence, comme constituant une servitude d'utilité publique affectant l'utilisation des sols, ce qui favorise cette interprétation de l'article L. 421-3 (121), mais qui devrait conduire systématiquement les communes à inscrire dans leurs PLU les servitudes créées pour les rendre opposables aux tiers.

L'institution d'une *réserve naturelle* (article L. 331-10 du Code de l'environnement) est à même d'être plus contraignante, mais mieux acceptée du fait qu'elle fait l'objet d'une compensation (122). Elle n'est guère facile à mettre en œuvre et cette difficulté représente une garantie pour le propriétaire de ce que seuls des motifs sérieux justifient la mise en réserve.

Jusqu'en 2002, la création d'une réserve naturelle devait être le fait d'un décret simple ou d'un décret en Conseil d'État (123) s'il y avait opposition d'un propriétaire ; elle supposait – c'est toujours le cas – une enquête publique (124). Selon l'article L. 332-2 issu de la loi sur la démocratie de proximité mis en œuvre par le décret n° 2005-491 du 18 mai 2005 (125), la région est présentée comme l'autorité de droit commun en matière de création de réserves naturelles (126) (v. *supra*), mais l'État demeure le garant du respect et de la mise en œuvre des conventions internationales et surtout des directives communautaires, et, en conséquence, « La décision de classement d'une réserve naturelle nationale est prononcée, par décret... » quand elle constitue « ... la mise en œuvre d'une réglementation communautaire ou d'une obligation résultant d'une convention internationale. » L'État garde une marge de manœuvre non négligeable en dehors même de ces hypothèses, puisqu'il en pourra en être de même « ... pour assurer la conservation d'éléments du milieu naturel d'intérêt national ». La définition de « l'intérêt national » de la conservation d'éléments du milieu naturel est pour le moins largement politique, d'autant plus que, pour cela justement, l'on voit mal le juge administratif exercer en la matière plus qu'un contrôle de l'erreur manifeste d'appréciation...

Quant aux motifs qui justifient un classement par une région, ils sont énoncés de manière très large, puisque pourront être classés les « ... propriétés présentant un intérêt pour la faune, la flore, le patrimoine géologique ou paléontologique ou, d'une manière générale, pour la protection des milieux naturels ». Il existe donc – même si l'article R. 332-31 marque clairement que la compétence de création régionale est

(121) V. Rép. à la question écrite n° 1957 de P. Albertini, AN, 7 juin 1993, *JOAN*, 9 août 1993, p. 2453-2454 : le motif en est qu'une servitude d'utilité publique ne peut être créée qu'après enquête publique ; le paradoxe est souligné dans la réponse préc. : « au vu de l'art. 649 du Code civil, les servitudes d'un arrêté de biotope ont un caractère d'utilité publique, mais elles ne figurent pas sur la liste limitative des servitudes d'utilité publique affectant l'utilisation du sol, annexée à l'art. R. 126-3 du Code de l'urb. (à l'inverse par exemple des servitudes établies par une réserve naturelle ou un parc national, qui doivent être annexées au plan d'occupation des sols) »...

(122) Pour un tableau à jour, v. http://www.reserves-naturelles.org/accueil/accueil.asp.

(123) Mis en part en Corse où la procédure a fait l'objet (v. *supra*) d'une décentralisation qui s'apparente plutôt à un partage des compétences largement favorable à la collectivité territoriale.

(124) La création de la réserve peut s'accompagner de l'institution de servitudes dans une zone-tampon (« périmètre de protection »), par arrêté du préfet après enquête publique et accord du conseil municipal concerné. Les dispositions administratives et pénales s'appliquant dans ces zones sont les mêmes que celles qui s'appliquent pour les réserves naturelles.

(125) V. C. Cans, « Réserves naturelles » une mauvaise loi ne pouvait pas donner lieu à un bon décret », *Dr. env.* juillet/août 2005 n° 130, p. 166 et s.

(126) La première RNR a été créée le 30 juin 2006 par la région de Lorraine.

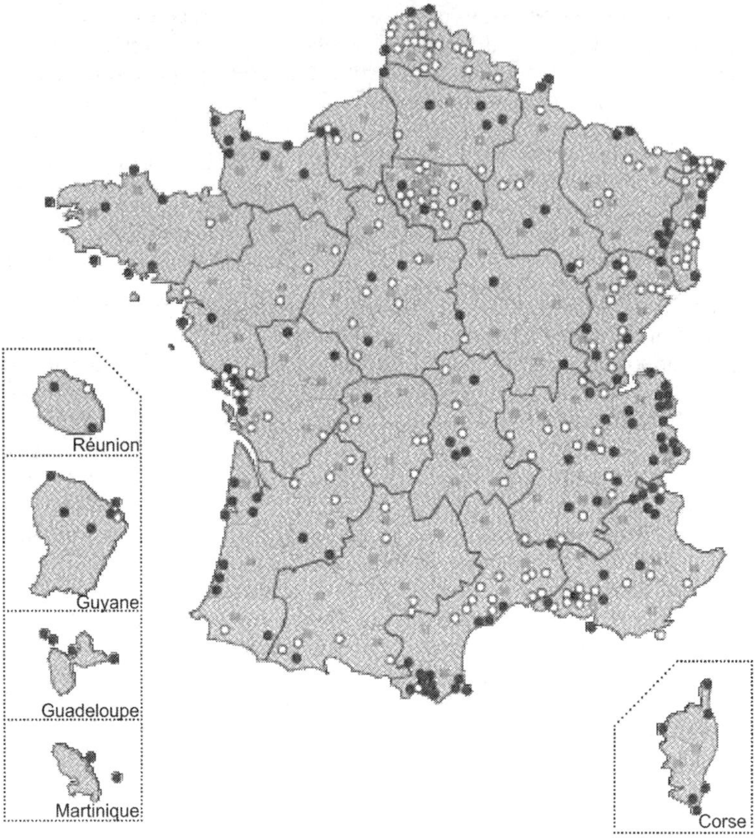

http://www.reserves-naturelles.org, 17-02-2007.

subsidiaire, puisque le conseil régional doit commencer par notifier au préfet son projet, et que celui-ci doit indiquer si l'État n'entend pas créer une réserve nationale – de fortes chances pour que la place de la région soit encore élargie, comme le laisse de toute manière penser la spécificité corse en la matière, qui augure sûrement d'une évolution (127).

En effet, si dans les régions de droit commun, l'État dispose toujours de son pouvoir propre de classement, en Corse (v. *supra*), il doit en passer par une demande à la collectivité territoriale, et ce n'est que si la demande n'aboutit pas que l'État récupère sa compétence (128). Le dispositif, tout en maintenant les mêmes garanties que celui qui est mis en place pour les régions de droit commun, est beaucoup plus

(127) Bien en deçà de ce que désiraient certains : en fait, l'adoption du modèle de partage actuel résulte d'un compromis de dernière minute, en particulier à l'instigation de l'unique sénatrice verte M. C. Blandin (courrier personnel à l'auteur de ces lignes ; v. en outre Déb. Sénat).

(128) L'État « ... peut demander à la collectivité territoriale de Corse de procéder au classement d'une réserve naturelle afin d'assurer la mise en œuvre d'une réglementation communautaire ou d'une

conforme, par sa conception équilibrée de la subsidiarité, à l'esprit de la décentralisation, et pourrait constituer un modèle.

Il n'en reste pas moins que dans le système actuel, ces deux premières hypothèses de « remontée » de compétence vers l'État peuvent donc être considérées comme à la discrétion de l'État. Ce choix constitue un choix médian entre les diverses solutions envisageables.

Compétence unique de l'État	**Compétence concurrente**	**Compétence partagée**	**Compétence régionale de droit commun, compétence étatique de garantie**	**Compétence totalement décentralisée**	**Compétence déléguée (système quasi-fédéral ou fédéral)**
Ancien système, maintenu si opposition des propriétaires à la détermination du périmètre ou aux prescriptions	Non envisagé	Situation nouvelle des régions de droit commun	Situation de la Corse	Proposée, non retenue	Non envisagé

Plus compréhensible, peut-être, et inévitable, la troisième hypothèse de « remontée vers l'État » est le fruit de l'exigence de respect de la propriété privée : l'opposition d'un propriétaire au classement ou à la nature des prescriptions aboutit à ce que le classement ne pusse plus être fait que par décret en Conseil d'État. Cette limite est de taille, car elle aboutit en fait à ne confier aux régions que le soin de négocier » ne pouvant lever le blocage des propriétaires, elles ne devraient guère s'engager que dans des procédures dûment travaillées... dans les cas où l'opposition des propriétaires n'aura pas été levée par un concertation, la compétence des régions ressemblera à s'y méprendre à un simple droit d'initiative.

L'article L. 332-16 du Code, dans sa réaction issue de la loi sur la démocratie de proximité, précise que « Le conseil régional, pour les réserves naturelles régionales, ou le représentant de l'État, pour les réserves naturelles nationales, peut instituer des périmètres de protection autour de ces réserves ». En Corse, la décision relève de l'Assemblée de Corse lorsque la collectivité territoriale a pris la décision de classement.

Pour ce qui concerne l'ancien classement volontaire sur demande de particuliers, la formule a *stricto sensu* disparu, et le classement sur demande des particuliers

obligation résultant d'une convention internationale. S'il n'est pas fait droit à cette demande, l'État procède à ce classement selon des modalités définies par décret en CE ».

semble être à la discrétion des régions, comme l'a souligné par exemple une décision du TA de Dijon du 27 juin 2006, *Association Cercle vert* (129).

On ajoutera pour terminer sur le classement lui – même, que les décisions régionales doivent avoir une assise scientifique valide : c'est l'occasion pour l'État d'asseoir encore plus son contrôle, car, au lieu de laisser le soin aux régions de prouver par tout moyen cette assise, le législateur impose le passage par la consultation des collectivités intéressées et surtout du région un conseil scientifique régional du patrimoine naturel, institué pour l'occasion (130).

Naturellement, le déclassement obéit à la règle du parallélisme des compétences. L'article L. 332-10 du Code de l'environnement confie le déclassement des réserves naturelles de l'État à l'État, et le gouvernement dispose d'une large latitude d'appréciation. Le Conseil d'État estime cependant que l'obligation de déclasser un site n'existe que dans le cas où le changement des caractéristiques du site a eu pour effet de retirer son fondement au classement initial (CE 23 juin 2004, n° 208297, *Association Les Amis de la Berarde et du Haut Veneon*).

Les espaces classés font l'objet d'une protection spécifique contre les modifications (Art. L. 332-9. – « Les territoires classés en réserve naturelle ne peuvent être ni détruits ni modifiés dans leur état ou dans leur aspect, sauf autorisation spéciale du conseil régional pour les réserves naturelles régionales, ou du représentant de l'État pour les réserves naturelles nationales. En Corse, l'autorisation relève de l'Assemblée de Corse lorsque la collectivité territoriale a pris la décision de classement »).

Pour les réserves de chasse approuvées (131), l'approbation émane du ministre chargé de la Chasse, sur présentation d'un dossier transmis par le préfet, avec avis du président de la fédération départementale de chasse et du directeur départemental de l'agriculture et de la forêt. Pour les réserves nationales de chasse (132), le classement est opéré par arrêté du ministre chargé de la Chasse (c'est-à-dire celui de l'Environnement) à l'initiative de l'ONC, de l'ONF ou des propriétaires ; une convention est de plus passée entre ces derniers et l'ONC ou l'ONF, qui est soumise à l'approbation du ministre de l'Agriculture. Pour les réserves biologiques domaniales (133), le projet élaboré par l'ONF doit être soumis pour accord au ministre de l'environnement par le ministre chargé de l'Agriculture et de la Forêt, qui prend l'arrêté d'aménagement. Pour l'institution de forêts de protection (134), même si l'essentiel de la procédure se déroule au plan local, le classement est opéré par décret en Conseil d'État. En ces matières donc, il n'y a pas – théoriquement – de

(129) *Dr. env.* décembre 2006, note R. R.

(130) Art. L. 411-5 III. « Il est institué dans chaque région un conseil scientifique régional du patrimoine naturel. Ce conseil est constitué de spécialistes désignés *intuitu personae* pour leur compétence scientifique, en particulier dans les universités, les organismes de recherche, les sociétés savantes, les muséums régionaux. Il couvre toutes les disciplines des sciences de la vie et de la terre pour les milieux terrestres, fluviaux et marins. Ses membres sont nommés par arrêté du préfet de région après avis du président du conseil régional.

Il élit en son sein un président. Il peut être saisi pour avis par le préfet de région ou le président du conseil régional sur toute question relative à l'inventaire et à la conservation du patrimoine naturel ».

(131) Arrêté du 2 octobre 1951, modifié par arrêté du 17 avril 1979 (*JO* 10 octobre 1951 et 9 mai 1979).

(132) Arrêté du 19 mai 1982 (*JO* 13 juin 1982) et arrêté du 26 février 1986 (*JO* 14 mars 1986).

(133) Convention générale concernant les réserves biologiques domaniales entre le ministère de l'Environnement, le ministère de l'Agriculture et l'ONF du 3 février 1981.

(134) Art. L. 411-1 et suivants du Code forestier et R. 411-1 et suivants du Code forestier.

place pour l'exagération ; les délais – très longs – des procédures de classement les plus fondées qui soient le prouvent à l'évidence : les propriétaires sont bien touchés, mais ils ne le sont pas sans réflexion ni garanties. Et, encore une fois, ils ne perdent pas leur bien, mais en voient réduit l'usage, ce qui n'est tout de même pas la même chose.

De la même manière que pour les arrêtés de biotopes (135), le juge exerce sur les décisions de classer en réserves naturelles un contrôle de proportionnalité. On remarquera cependant (136) que la notification aux propriétaires et titulaires de droits réels de l'instance de classement, prévue par les textes, n'a pas selon le CE d'autre fonction que de permettre à ceux-ci de donner leur consentement ; mais dès lors que celui-ci est rendu inutile par le fait que le classement se fait par décret en Conseil d'État, la notification n'aurait pas à être faite parce qu'elle ne serait pas d'après la lettre du texte obligatoire. S'agissant d'un problème de propriété privée, on est en droit d'être surpris de cette interprétation restrictive, mais elle est logique dans la mesure où le décret en Conseil d'État est réputé utilisable « à défaut de consentement » d'un propriétaire et non « en cas d'opposition » d'un propriétaire... il n'est jamais vraiment obligé d'instituer une réserve naturelle, mais certaines formulations du juge laissent à entendre que, dans certains cas extrêmes, le fait de ne pas en instituer une pourrait en constituer une : ainsi le Conseil d'État énonce-t-il le 26 mai 1995 (137), à propos de la protection de l'ours, qu' « il ne résulte pas des pièces du dossier qu'en estimant que les mesures de protection de l'ours déjà intervenues... ne rendaient pas nécessaire l'institution de réserves naturelles, le Premier ministre ait pris, à la date où il s'est prononcé, une décision qui soit entachée d'une erreur manifeste d'appréciation ». Le fait que d'autres protections soient intervenues entre en ligne de compte dans le refus du juge, qui semble porter une certaine attention au respect des objectifs et de l'esprit de la loi de 1976.

Pour ce qui concerne la gestion des réserves naturelles, dès une circulaire du 7 octobre 1997 (138), il était précisé que cette « mission de service public » peut être confiée à un propriétaire, une association, une collectivité locale ou un établissement public (139), ce qui correspond aux pratiques courantes Dans tous les cas, la gestion doit être cadrée au moyen d'une convention. L'article L. 332-8 du Code, dans sa formulation issue de la loi sur la démocratie de proximité précise désormais que « La gestion des réserves naturelles peut être confiée par voie de convention à des établissements publics, des groupements d'intérêt public ou des associations régies par la loi du 1er juillet 1901 relative au contrat d'association, ayant pour objet statutaire principal la protection du patrimoine naturel, à des fondations, aux propriétaires de terrains classés, ou à des collectivités territoriales ou leurs groupements. »

(135) V. Par exemple, TA, Versailles, 5 juillet 1994, *SCI du Planet*, *Dr. env.* n° 29, p. 15.
(136) CE, 21 février 1996, *Société immobilière Le Lac.*
(137) Fédération d'intervention éco-pastorale, req. n° 118119.
(138) *Dr. env.* janvier février 1998, p. 11 et s.
(139) Ou une fondation, en Alsace. 35 réserves seulement sont gérées par des établissements publics, mais il est à noter que rien n'interdit que par facilité l'on confie la gestion d'une réserve à un établissement public préexistant, alors même que celui-ci n'aurait pas été institué pour cela (CE, 13 novembre 1998, *Syndicat intercommunal des gorges de l'Ardèche*, req. n° 169515).

Pour ce qui concerne les conséquences du classement, une différence tient peut-être à l'étendue des restrictions que peuvent respectivement imposer l'État ou les régions de droit commun et la Corse : il n'y a pas à première lecture identité des énoncés. Sans être identiques, ces énoncés peuvent – ils être considérés comme similaires ?

Ancienne rédaction	**Classement par l'État**	**Classement par régions et Corse**
Article L. 332-3 L'acte de classement peut soumettre à un régime particulier et, le cas échéant, interdire à l'intérieur de la réserve toute action susceptible de nuire au développement naturel de la faune et de la flore et, plus généralement, d'altérer le caractère de ladite réserve, notamment la chasse et la pêche, les activités agricoles, forestières et pastorales, industrielles, minières et commerciales, l'exécution de travaux publics ou privés, l'extraction de matériaux concessibles ou non, l'utilisation des eaux, la circulation du public, quel que soit le moyen employé, la divagation des animaux domestiques et le survol de la réserve.	Art. L. 332-3. – I. – L'acte de classement d'une réserve naturelle nationale peut soumettre à un régime particulier et, le cas échéant, interdire à l'intérieur de la réserve **toute action susceptible de nuire au développement naturel de la faune et de la flore et, plus généralement, d'altérer le caractère de ladite réserve**, notamment la chasse et la pêche, les activités agricoles, forestières et pastorales, industrielles, minières et commerciales, l'exécution de travaux publics ou privés, l'extraction de matériaux concessibles ou non, l'utilisation des eaux, la circulation du public, quel que soit le moyen employé, la divagation des animaux domestiques et le survol de la réserve.	II. – L'acte de classement d'une réserve naturelle régionale ou d'une réserve naturelle de la collectivité territoriale de Corse peut soumettre à un régime particulier ou, le cas échéant, interdire : les activités agricoles, pastorales et forestières, l'exécution de travaux, de constructions et d'installations diverses, la circulation et le stationnement des personnes, des animaux et des véhicules, le jet ou le dépôt de matériaux, résidus et détritus de quelque nature que ce soit pouvant porter atteinte au milieu naturel, **les actions de nature à porter atteinte à l'intégrité des animaux non domestiques ou des végétaux non cultivés de la réserve ainsi qu'à l'enlèvement hors de la réserve de ces animaux ou végétaux.**

Il ne faut pas exagérer la portée probable de ces différences : l'on peut certes considérer que *« les actions de nature à porter atteinte à l'intégrité des animaux non domestiques ou des végétaux non cultivés de la réserve ainsi qu'à l'enlèvement hors de la réserve de ces animaux ou végétaux »* qui peuvent être interdites ou réglementées par les régions recouvrent à peu près toutes les hypothèses formulables d'*« ... action susceptible de nuire au développement naturel de la faune et de la flore et, plus généralement, d'altérer le caractère de ladite réserve »*. Mais la formulation retenue pour l'État a été voulue plus large que pour les régions, et sauf à considérer que la différence n'est due qu'à l'impéritie du législateur, elle ne saurait *a priori* être considérée comme nulle...

Sur tous ces points, il faudra attendre un éventuel retour d'expérience ou un nombre suffisant de contentieux pour en connaître l'étendue réelle de ces changements de logique...

C. L'APPROPRIATION PUBLIQUE

La portée des systèmes qui prévoient des dépossessions radicales est évidemment différente. Encore qu'il soit nécessaire de distinguer préemptions et expropriations. Car la procédure de préemption ne prévoit pas une dépossession autoritaire : elle ne supprime pas l'*abusus*, elle le restreint quant au choix de l'acheteur. Et cette restriction est légitimée par l'assignation d'une fonction sociale et publique au bien aliéné. Pour l'essentiel, en effet, en matière de protection de l'environnement, la capacité de préemption existe dans le cadre de la procédure dite des « périmètres sensibles », qui a été instituée au bénéfice des départements (v. *supra*). Elle est d'un usage limité, et ne met pas en cause le droit de propriété : elle substitue – et à l'occasion d'une manifestation de volonté du vendeur – à la propriété privée une propriété publique, qui est jugée comme ayant plus de facilité à intégrer la protection de l'environnement dans la fonction sociale de la propriété.

L'expropriation exclut cet élément volontaire. Mais les possibilités en sont rares à n'avoir que pour objet la protection de l'environnement. Principalement, trois textes peuvent servir de support à l'achat d'espaces naturels (140) : Code de l'urbanisme (procédure des « emplacements réservés »), compétences du Conservatoire du littoral, possibilités ouvertes par le Code rural (141), le Code forestier (142) et la législation sur les monuments historiques (143), ainsi que celles ouvertes par le droit de l'eau, en particulier pour instituer des périmètres de protection autour de captages, qui ne concernent pas le présent propos). L'utilité publique de l'expropriation, en matière d'environnement, se mesure à l'existence d'un intérêt général suffisant et à l'inexistence d'autre moyen équivalent et ne mettant pas en cause la propriété privée : l'appropriation publique n'a vocation qu'à être l'« ultime recours dans la protection de l'environnement » (144). Ainsi, le tribunal administratif de Rennes a, le 5 mars 1992, annulé une expropriation au bénéfice du Conservatoire du littoral au motif que la propriété du requérant faisait l'objet de protections suffisantes en regard de l'intérêt avancé pour justifier l'expropriation, que l'appropriation publique n'y ajouterait rien, et qu'en conséquence celle-ci « ... ne présent(ait) pas, eu égard à l'atteinte grave apportée à la propriété... le caractère d'utilité publique ». Il est vrai que le CE a pris, pour sa part, le contre-pied de cette position, en partie, justement, parce que l'atteinte portée au droit de propriété devait être appréciée en rapport avec les limitations déjà existantes du fait des protections antérieures (145)... Il n'en est pas moins possible de considérer que, si la propriété

(140) V. V. Brisset, *Propriété publique et environnement*, th., LGDJ, 2001.

(141) En particulier pour les terres incultes, ou manifestement sous-exploitées en montagne.

(142) En particulier pour des raisons tenant à la lutte contre les incendies, art. L. 413-1.

(143) Art. 9-1 de la loi du 31 décembre 1913, après mise en demeure d'effectuer les travaux nécessaires à l'entretien d'un monument classé.

(144) V. Brisset, « L'appropriation publique comme ultime recours dans la protection de l'environnement », note sous TA, Rennes, 5 mars 1992, *Richepin*, *RJE* 2-1992, p. 257 et s.

(145) CE, 12 avril 1995, concl. Sanson, note F. Rouvillois, *LPA* 19 juillet 1995. On notera que le CE accepte l'expropriation alors même que le Conservatoire pouvait ici bénéficier d'un pouvoir de préemption. Il reconnaît ainsi au Conservatoire une large capacité de choix des moyens. Enfin – contrairement à ce qu'affirme l'auteur de la note préc. – c'est en raison de l'insuffisante protection que représentent les mesures existantes, du fait de leur absence de pérennité, que l'appropriation publique paraît ici nécessaire, s'agissant d'une île, l'île Tristan, susceptible d'une forte pression touristique.

privée est certes concernée par l'existence de ces possibilités, et le droit de propriété mis en cause, 1) ce n'est jamais qu'à titre exceptionnel, 2) ce n'est jamais que la conséquence des carences de la propriété – et en l'occurrence des propriétaires concernés – dans la gestion de leurs biens, 3) ce n'est jamais que la simple application en faveur de la protection de l'environnement de possibilités à l'existence desquelles l'on ne trouve que rarement à redire quand elles permettent par exemple l'érection d'ouvrages qui portent sérieusement atteinte à l'environnement...

D. LES PARTICULARITÉS DE LA GESTION DES SITES NATURA 2000

Les objectifs de la directive *Natura 2000* doivent être, de toute évidence, poursuivis par tout moyen. La France peut user de tous les instruments juridiques existants pour protéger les sites désignés.

Mais, depuis le décret du 20 décembre 2001 relatif à la gestion des sites *Natura 2000* (modifié notamment par le décret n° 2006-922 du 26 juillet 2006 relatif à la gestion des sites *Natura 2000*), on aura l'assurance que toutes ces zones feront l'objet d'une gestion minimale, organisée par un document d'objectifs, mise en œuvre par des contrats, et impliquant une surveillance des changements des activités dont elles sont les supports, par le biais d'une évaluation des incidences.

Cette gestion fait l'objet d'une organisation négociée au sein d'un comité *ad hoc*. Ces comités de pilotage, qui peuvent être communs à plusieurs sites, sont présidés par le préfet. Il comprend des représentants des collectivités locales et des propriétaires et exploitants de ces sites. Le comité « peut être complété » – la composition est définie par le préfet – par d'autres acteurs, dont des représentants d'associations de la nature – la présence des associations n'étant nullement obligatoire, ce qui est évidemment très critiquable.

Désormais, le décret n° 2006-922 du 26 juillet 2006 relatif à la gestion des sites *Natura 2000* et modifiant le Code de l'environnement précise (article 1er) la composition du comité de pilotage en ajoutant aux membres énoncés par l'article l'article L. 414-2 du code (les collectivités territoriales intéressées et leurs groupements concernés ainsi que, notamment, des représentants de propriétaires et exploitants des terrains inclus dans le site *Natura 2000*. Les représentants de l'État y siègent à titre consultatif) des représentants :

— de concessionnaires d'ouvrages publics ;

— de gestionnaires d'infrastructures ;

— des organismes consulaires ;

— des organisations professionnelles et d'organismes exerçant leurs activités dans les domaines agricole, sylvicole, des cultures marines, de la pêche, de la chasse, du sport et du tourisme ;

— d'organismes exerçant leurs activités dans le domaine de la préservation du patrimoine naturel ;

— d'associations agréées de protection de l'environnement.

La présence de ces nouveaux représentants des différents acteurs intéressés est à la discrétion du préfet et n'exclue pas la nomination par celui-ci d'autres acteurs (le texte précise que les comités comprennent *« notamment »...)*.

Le *document d'objectifs* comprend une description du site et des activités humaines dont il est le support. Il doit bien sûr énoncer les objectifs de gestion « de développement durable » du site. Il est précisé que la « sauvegarde » des activités humaines sur le site doit être assurée : c'est normal et prudent si l'on veut assurer l'acceptabilité du projet de protection, mais il aurait été bienvenu de préciser ne pouvait s'entendre que pour autant qu'elle était compatible avec la protection du site... on peut certes considérer que cette limite découle de la logique du texte et du processus initié parla directive dont le décret est une transposition (le décret devant se lire à la lumière de la directive). Il doit ensuite contenir deux types d'énoncés différents : les propositions de mesures visant à ce que les objectifs soient satisfaits et les cahiers des charges des contrats *Natura 2000*. Pour ce qui concerne l'élaboration et la modification éventuelle du document d'objectifs, l'article R. 414-9 du Code introduit par ce décret précise que l'élaboration est toujours le fait du Comité, mais que le préfet doit le valider et peut en demander la modification en fonction des exigences de la directive *Natura 2000*. Il est précisé que « Le document d'objectifs d'un site *Natura 2000* est tenu à la disposition du public dans les services de l'État indiqués dans l'arrêté d'approbation ainsi que dans les mairies des communes mentionnées à l'alinéa précédent ». Sans doute aurait-il été plus logique, démocratiquement et juridiquement d'avoir recours à une enquête publique. L'article R. 414-11 introduit par le décret précise le contenu et le statut du document d'objectifs qui comprend précisément :

« 1° Un rapport de présentation décrivant l'état de conservation et les exigences écologiques des habitats naturels et des espèces qui justifient la désignation du site, la localisation cartographique de ces habitats naturels et des habitats de ces espèces, les mesures et actions de protection de toute nature qui, le cas échéant, s'appliquent au site et les activités humaines qui s'y exercent au regard, notamment, de leurs effets sur l'état de conservation de ces habitats et espèces ;

2° Les objectifs de développement durable du site permettant d'assurer la conservation et, s'il y a lieu, la restauration des habitats naturels et des espèces qui justifient la désignation du site, en tenant compte des activités économiques, sociales, culturelles et de défense qui s'y exercent ainsi que des particularités locales ;

3° Des propositions de mesures de toute nature permettant d'atteindre ces objectifs indiquant les priorités retenues dans leur mise en œuvre en tenant compte, notamment, de l'état de conservation des habitats et des espèces au niveau national, des priorités mentionnées au second alinéa de l'article R. 414-1 et de l'état de conservation des habitats et des espèces au niveau du site ;

4° Un ou plusieurs cahiers des charges types applicables aux contrats *Natura 2000* prévus aux articles R. 414-13 et suivants précisant, pour chaque mesure contractuelle, l'objectif poursuivi, le périmètre d'application ainsi que les habitats et espèces intéressés, la nature, le mode de calcul et le montant de la contrepartie financière ;

5° La liste des engagements faisant l'objet de la charte *Natura 2000* du site, telle que définie à l'article R. 414-12 ;

6° Les modalités de suivi des mesures projetées et les méthodes de surveillance des habitats et des espèces en vue de l'évaluation de leur état de conservation. »

Les documents d'objectifs sont considérés par le Conseil d'État – et cela correspond bien à la réalité et assure aux zones une protection effective – comme produisant des effets juridiques, puisqu'il s'agit de « véritables actes réglementaires » (CE, 19 juin 2006, *Fédération départementale des syndicats d'exploitants agricoles de la Vendée*, req. n° 26435 (146) : l'espèce a une valeur symbolique forte car concernant le marais poitevin, principal échec de la protection de la nature en France des cinquante dernières années !).

Cédant à la mode des « chartes », le pouvoir réglementaire en a introduit aussi dans le régime des zones *Natura 2000*. En effet, la mise en œuvre de ce document d'objectifs peut passer par la conclusion de « chartes », dont les effets juridiques semblent contractuels :

« Art. R. 414-12.

I. – La charte *Natura 2000* d'un site est constituée d'une liste d'engagements contribuant à la réalisation des objectifs de conservation ou de restauration des habitats naturels et des espèces définis dans le document d'objectifs. Les engagements contenus dans la charte portent sur des pratiques de gestion des terrains inclus dans le site par les propriétaires et les exploitants ou des pratiques sportives ou de loisirs respectueuses des habitats naturels et des espèces. La charte *Natura 2000* du site précise les territoires dans lesquels s'applique chacun de ces engagements.

II. – Le titulaire de droits réels ou personnels qui adhère à la charte *Natura 2000* du site s'engage pour une durée de cinq ans ou dix ans à compter de la réception du formulaire d'adhésion par le préfet qui en accuse réception.

L'adhésion à la charte *Natura 2000* ne fait pas obstacle à la signature par l'adhérent d'un contrat *Natura 2000*.

« Art. R. 414-12-1

I. – Le préfet, conjointement avec le commandant de la région terre pour ce qui concerne les terrains relevant du ministère de la défense, s'assure du respect des engagements souscrits dans le cadre de la charte *Natura 2000*. À cet effet, les services déconcentrés de l'État peuvent, après en avoir avisé au préalable le signataire de la charte, vérifier sur place le respect des engagements souscrits. Lorsque le signataire d'une charte *Natura 2000* s'oppose à un contrôle ou ne se conforme pas à l'un des engagements souscrits, le préfet peut décider de la suspension de son adhésion pour une durée qui ne peut excéder un an. Il en informe l'administration fiscale et les services gestionnaires des aides publiques auxquelles donne droit l'adhésion à la charte.

II. – En cas de cession, pendant la période d'adhésion à la charte *Natura 2000*, de tout ou partie des terrains pour lesquels des engagements ont été souscrits, le cédant est tenu d'en informer le préfet. Dans les conditions prévues au II de l'article R. 414-12, le cessionnaire peut adhérer à la charte pour la période restant à courir de l'engagement initial. »

Les chartes peuvent être mises en œuvre par des contrats *Natura 2000*, mais des contrats *Natura 2000* peuvent être aussi conclus en dehors de toute charte, ce qui fait de ce mécanisme un modèle d'absence de clarté assez stupéfiant :

« Art. R. 414-13.

I. – Le contrat *Natura 2000* est conclu pour une durée minimale de cinq ans par le préfet et le titulaire de droits réels ou personnels portant sur des parcelles incluses dans le site. Lorsque le contrat porte en tout ou partie sur des terrains relevant du ministère de la défense, il est contresigné par le commandant de la région terre. Le préfet est chargé de l'exécution des clauses financières du contrat.

II. – Dans le respect des cahiers des charges figurant dans le document d'objectifs mentionné à l'article R. 414-9, le contrat *Natura 2000* comprend notamment :

1° Le descriptif des opérations à effectuer pour mettre en œuvre et atteindre les objectifs de conservation ou, s'il y a lieu, de restauration définis dans le document d'objectifs, avec l'indication des travaux et prestations d'entretien ou de restauration des habitats naturels, des espèces et de leurs habitats et la délimitation des espaces auxquels ils s'appliquent ;

(146) *AJDA* 30 octobre 2006, p. 2015 et s. note X. BRAUD.

2° Le descriptif des engagements identifiés dans le document d'objectifs qui donnent lieu au versement d'une contrepartie financière ainsi que le montant, la durée et les modalités de versement de cette contrepartie ;

3° Les points de contrôle et les justificatifs à produire permettant de vérifier le respect des engagements contractuels. »

Quant à l'évaluation des incidences (147), elle porte – application bienvenue des évolutions européennes – non seulement sur les projets et travaux mais aussi sur les programmes portant sur le site s'ils sont soumis à une autorisation administrative au titre des dispositions du Code de l'environnement sur l'eau (v. *infra*), sur les parcs naturels nationaux, ou sur les réserves naturelles, s'ils sont soumis à l'exigence d'une étude ou d'une notice d'impact, ou s'ils sont soumis à un autre type d'autorisation et figurent sur une liste que peut dresser le préfet en fonction des caractéristiques « écologiques » du site et des espèces qu'il abrite (liste affichée dans chaque commune concernée). Elle porte aussi sur les programmes, projets et travaux qui, quoique ne portant pas sur le site, le concernent parce qu'ils sont susceptibles de l'affecter « de façon notable ». Évidemment, le sérieux du dispositif dépend du contenu de cette évaluation. Elle se fait par le biais d'un dossier d'incidences, à la charge du pétitionnaire, comprenant une description « accompagnée d'une carte », une analyse en gros analogue à celle figurant dans les études impact (effets « notables » temporaires ou permanents) et les mesures « de nature à supprimer ou réduire » les éventuels effets dommageables et « l'estimation des dépenses correspondantes ». Si malgré ces mesures, des effets dommageables « notables » demeurent, le dossier doit exposer « les raisons pour lesquelles il n'existe pas d'autre solution satisfaisante », les éléments de justification, et les mesures de compensation ainsi que l'estimation du coût de ces mesures.

E. LES AUTRES MÉTHODES (LES PROCÉDÉS CONVENTIONNELS ET LA GESTION PAR DES ASSOCIATIONS)

Il ne peut être de meilleure participation que la prise en main directe de la gestion de l'environnement. Il en existe plusieurs exemples, qui, tous, montrent que la gestion par une association peut faciliter l'intégration par la population comme par les collectivités locales de l'impératif de protection. Sans entrer de trop dans les détails, il est possible de considérer les quelques hypothèses de prise en main directe par des associations, dans l'intérêt général, de certains espaces. Ainsi que cela a déjà été expliqué, l'article 2 alinéa 5 de la loi de 1975 sur le Conservatoire lui permet de confier la gestion de ces biens à des associations spéciales agréées à cet effet, ou à des personnes privées ou publiques. De même, les départements peuvent confier la gestion des espaces naturels sensibles à des associations : l'article L. 142-10 du Code de l'urbanisme fixe en effet que « la personne publique propriétaire est responsable de la gestion des terrains acquis ; elle s'engage à les préserver, à les

(147) À laquelle échappent les mesures qui sont prévues par les contrats *Natura 2000*, ce qui peut être critiqué : ces contrats peuvent faire l'objet d'un contrôle insuffisant, et il n'y aura donc pas de « session de rattrapage »...

aménager, et à les entretenir dans l'intérêt du public. Elle peut éventuellement confier la gestion des espaces aménagés à toute personne publique ou privée y ayant vocation ».

Les zones soumises à un arrêté de biotope comme les réserves naturelles peuvent être confiées à des associations aussi. Pour ces dernières, l'article 25 de la loi du 10 juillet 1976 prévoit la possibilité de passer des conventions avec des personnes publiques ou privées ; et la réserve naturelle de Camargue, qui est une des réserves les plus connues et les plus anciennes, est gérée par une association (la Société nationale pour la protection de la nature) (148).

Il est d'autres cas où les associations prennent le relais d'une administration ou d'une collectivité déficiente : A. Holleaux (149) citait en exemple en 1978 l'association Espaces pour demain qui visait à sauvegarder des espaces naturels sur tout le territoire par l'acquisition de ces territoires ou en favorisant l'action du Conservatoire du littoral. L'on peut également retenir l'action de la Ligue pour la protection des oiseaux, qui a acheté 473 hectares de marais bretons, poitevins et rochefortais, en recherchant à établir un maillage entre les diverses zones protégées à un titre ou à un autre (réserves naturelles, opérations OGAF). Mais l'exemple le plus étonnant est constitué par le Conservatoire des sites alsaciens, créé en 1976, qui a une assez longue et riche histoire (150) : c'est en effet dès 1972 que l'Association fédérative régionale pour la protection de la nature a commencé à acheter des terrains riediens puis loué des pelouses d'orchidées. Il fallait pour cela des moyens financiers qui ne pouvaient être obtenus qu'en demandant des subventions aux collectivités locales, auxquelles s'opposait souvent l'Association... C'est pour gérer cette contradiction que le Conservatoire a été créé, sous la forme associative, comme une institution de gestion « doublant » la première Association, structure de « contestation », et indépendante d'elle.

Ces créations associatives (151), à terme, pourraient jouer le rôle que le Conservatoire du littoral joue pour le littoral, mais à cette différence près que la liaison collectivités locales/secteur associatif n'a pas été dans ces hypothèses impulsée par l'État... ce qui présente l'intérêt de placer sans ambiguïté l'institution dans l'orbite de la décentralisation sans en endosser ni cautionner les perversités. Les créations associatives de ce type (21 conservatoires régionaux et 8 départementaux, fédérés par Espaces naturels de France), à terme, pourraient jouer le rôle que le Conservatoire du littoral joue pour le littoral, mais à cette différence près que la liaison collectivités locales/secteur associatif n'a pas été dans ces hypothèses impulsée par l'État... ce qui présente l'intérêt de placer sans ambiguïté l'institution dans l'orbite de la décentralisation sans en endosser ni cautionner les perversités. Près de 80 000 hectares sont ainsi gérés pour 1 821 sites (152).

Il convient d'accorder beaucoup d'importance à la qualification des contrats considérés, car elle n'est jamais innocente ; elle entraîne non seulement des conséquences en matière de compétence juridictionnelle, mais aussi des compé-

(148) On peut également citer la réserve des Sept îles, dans les Côtes d'Armor, gérée par la Ligue pour la protection des oiseaux (LPO).

(149) « Le phénomène associatif », *RF adm. publ.*, oct.-déc. 1978, p. 35-36.

(150) V. C. Romec, « Le Conservatoire des sites alsaciens », *Combat Nature* février 1987, p. 4-5.

(151) 21 conservatoires régionaux et 8 départementaux, fédérés par « Espaces naturels de France ».

(152) V. le site d'Espaces naturels de France http://www.enf-conservatoires.org/Fede_CREN.htm.

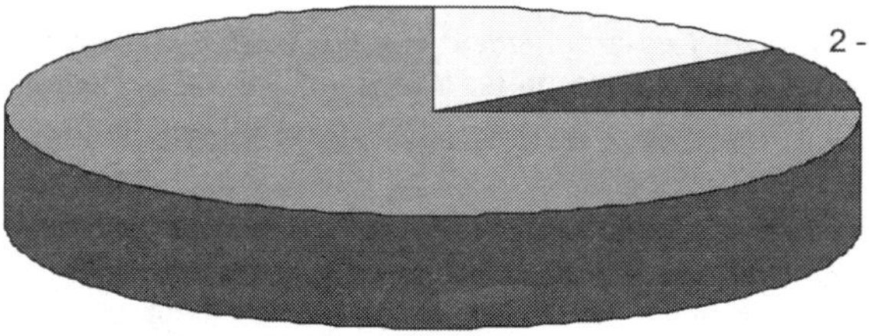

Source : Espaces naturels de France.

tences, bien évidemment, quant au régime juridique applicable. Certaines de celles-ci sont d'ailleurs peu évidentes : ainsi, dans l'affaire tranchée par le TA d'Amiens (*Association espace littoral c/ Conservatoire du littoral*, 9-11-1993, inédit) précitée à propos du Conservatoire du littoral, quoiqu'étant en la forme un contrat et quoique les litiges susceptibles de se nouer entre les deux parties, de ce fait, soient d'ordre contractuel, la convention considérée doit, selon le tribunal, s'analyser comme un « acte administratif autorisant un particulier à occuper le domaine public pour y effectuer des travaux ». De ce fait, des tiers peuvent contester l'acte par le biais d'un recours pour excès de pouvoir. Si cette conséquence peut être perçue comme positive, en ce qu'elle participe de la démocratie, d'autres conséquences peuvent être perçues plus négativement : ainsi, le fait que l'article L. 84 du Code des domaines interdise de constituer des droits réels sur le domaine public ôte à tout exploitant privé titulaire d'un contrat des chances d'obtenir des crédits bancaires, comme des aides à l'installation de jeunes agriculteurs (les surfaces couvertes par ce type de titre d'occupation n'étant pas pris en compte par les services attributaires). Il faut y ajouter évidemment – rançon de la qualification en contrats administratifs – la mutabilité, le pouvoir de contrôle et de direction, les possibilités diverses et variées de modification unilatérale des termes du contrat, mais aussi le pouvoir de sanction.

L'on aurait garde de négliger cependant que le droit commun des contrats peut permettre d'organiser la protection et la gestion de la nature (153), encore que sur ce point le droit français traîne quelques scories de l'idéologie productiviste... et que

(153) V. J.-M. GILARDEAU, « Les contrats naturels », *JCP* 1994, p. 289 et s. Il faut mettre à part les cas où l'usage du droit des *contrat*s est obligatoire dès lors que l'institution publique concernée veut agir » par exemple, pour l'institution de plans départementaux de promenade et de randonnée – qui constitue un moyen trop négligé d'inciter à une protection raisonnée de la nature – il est nécessaire de conclure des conventions dès lors que le plan emprunte des passages privés (art. 56 de la loi de 1983 préc.), v. Bibl. M.-P. GREVÈCHE, « Le plan départemental des itinéraires de promenade et de randonnée », rapport dact., ministère de l'Environnement – Fédération française de la randonnée pédestre, 1995.

« ... la négociation contractuelle en matière d'environnement » risque de générer un « déficit démocratique », inhérent à une « intervention publique privatisée » (154).

Les *contrats de protection de l'environnement dans les espaces ruraux*, dernier avatar original de cette inventivité contractuelle à la française, ne présentent pas ce risque, car ils demeurent extrêmement cadrés par l'intervention du préfet et les sanctions prévues en cas d'inexécution.

_JO_ n° 175 du 30 juillet 2007 page 13591
Décret n° 2004-762 du 28 juillet 2004 relatif aux opérations de protection de l'environnement dans les espaces ruraux
NOR : AGRF0401414D

Le Premier ministre,
Sur le rapport du ministre de l'agriculture, de l'alimentation, de la pêche et des affaires rurales,
Vu le règlement (CE) n° 1257/1999 du Conseil du 17 mai 1999 modifié concernant le soutien au développement rural par le Fonds européen d'orientation et de garantie agricole (FEOGA) et modifiant et abrogeant certains règlements, ensemble le règlement d'application (CE) n° 817/2004 du 29 avril 2004 de la Commission ;
Vu le règlement (CE) n° 2419/2001 de la Commission du 11 décembre 2001 modifié ;
Vu le Code de l'environnement, notamment les articles L. 414-1 à L. 414-3,

Décrète :

Article 1 – Les mesures inscrites dans le plan de développement rural national ... au titre du onzième tiret de l'article 33 du règlement (CE) n° 1257/1999 du Conseil du 17 mai 1999 concernant le soutien au développement rural par le Fonds européen d'orientation et de garantie agricole, peuvent être mises en œuvre dans le cadre d'opérations de protection de l'environnement dans les espaces ruraux dans les conditions et suivant les modalités prévues au présent décret. Les caractéristiques de chaque opération de protection de l'environnement dans les espaces ruraux sont arrêtées par le ministre chargé de l'agriculture. Dans chaque département, le préfet détermine les territoires sur lesquels une opération de protection de l'environnement peut être mise en œuvre. Les opérations de protection de l'environnement dans les espaces ruraux sont mises en œuvre à travers des contrats de protection de l'environnement dans les espaces ruraux passés entre un souscripteur et l'État, qui définissent les engagements du souscripteur ainsi que la nature et les modalités des aides publiques accordées en contrepartie.

Article 2 – Peuvent conclure un contrat de protection de l'environnement dans les espaces ruraux :
1° Toute personne physique exerçant une activité agricole au sens de l'article L. 311-1 du Code rural, et qui, à la date de signature du contrat, est âgée de plus de dix-huit ans et n'a pas fait valoir ses droits à la retraite dans un régime d'assurance vieillesse obligatoire de base ;
2° Les sociétés dont l'objet est la mise en valeur d'une exploitation agricole, sous réserve qu'au moins un associé exploitant remplisse les conditions prévues au 1° du présent article ;
3° Les fondations, associations sans but lucratif et les établissements d'enseignement et de recherche agricoles lorsqu'ils mettent directement en valeur une exploitation agricole ;
4° Les personnes morales qui mettent des terres à disposition d'exploitants agricoles de manière indivise.
Pour chaque opération, des conditions d'éligibilité plus restrictives peuvent être arrêtées par le ministre chargé de l'agriculture.

(154) F. Ost, *op. cit.*, p. 124.

Article 3 – La durée maximale du contrat de protection de l'environnement dans les espaces ruraux est fonction de la nature des mesures souscrites, dans la limite de cinq ans. Les contrats pluriannuels peuvent faire l'objet d'avenants.

...

Article 5 – Le préfet s'assure du respect des engagements prévus dans les contrats de protection de l'environnement dans les espaces ruraux. À cet effet, ces engagements font l'objet de contrôles administratifs et sur place par les services déconcentrés de l'État ou par les organismes payeurs, dans les conditions prévues par les articles 59 à 61 du règlement (CE) n° 817/2004 du 29 avril 2004 susvisé.

...

Article 6 – Si le bénéficiaire ne remplit plus les conditions prévues à l'article 2 pour bénéficier des mesures arrêtées par les opérations de protection de l'environnement dans les espaces ruraux, le contrat est résilié par le préfet. La résiliation s'accompagne du remboursement de la totalité des aides perçues au titre du contrat, majorée des intérêts calculés au taux légal en vigueur. Lorsque le bénéficiaire ne se conforme pas à un ou plusieurs engagements pris dans le cadre des mesures souscrites, les subventions sont suspendues, réduites ou supprimées dans les conditions prévues aux articles 62 à 64 du règlement (CE) n° 817/2004 du 29 avril 2004 susvisé. Ces réductions et suppressions sont proportionnées à la gravité du non-respect et ne peuvent aller au-delà du remboursement de la totalité des aides perçues, sous réserve des dispositions des articles 7 et 8. Les suspensions, réductions et suppressions résultant de l'application du présent article sont décidées par le préfet.

Cela dit, il n'est guère satisfaisant de se contenter de constituer, à l'aide de ces mesures et actions, des « musées verts », ceinturés de voies de transports, de friches perdues, et grignotés par des connurbations démesurées, ce vers quoi, en un sens, la France s'oriente depuis cinquante ans. L'on peut se demander dans ce contexte si la préservation des habitats naturels n'est pas digne d'une certaine banalisation, que peut seule emmener une préservation et une réorientation de l'agriculture.

BIBLIOGRAPHIE INDICATIVE

J. Dubois et S. Maljean-Dubois (dir.), *Natura 2000, de l'injonction européenne aux négociations locales*, coll. « Monde européen et international », La Documentation française, 20050

C. Cans, « La protection des espaces naturels dans la loi du 16 juillet 1976 relative à la protection de la nature : une symphonie inachevée », *20 ans de protection de la nature, Hommage à M. Despax,* PULIM, 1998, p. 37 et s. ▪ J.-P. Colson, « Les contrats et la protection de l'environnement », *in Le droit supranational et les techniques contractuelles*, Institut québéquois des hautes études internationales, Laval, Québec, 1997 ▪ J.-M. Gilardeau, « Les contrats naturels », *JCP* N, 1994, p. 289 et s. ▪ C. Giraudel et L. Lorvellec, « Gestion conventionnelle des espaces naturels », *20 ans de protection de la nature, Hommage à M. Despax*, PULIM, 1998, p. 91 et s.

Adde : voir http//www.reserves-naturelles.org.

CHAPITRE 2
AGRICULTURE ET ENVIRONNEMENT

Pour l'essentiel, la protection des habitats naturels se conjugue avec la préservation de l'espace rural. En admettant que l'urbanisation ne mette pas radicalement et irréversiblement en cause cette préservation, il n'est pas cependant sûr que les modes dominants d'agriculture aboutissent à une préservation des habitats naturels et des espèces.

SECTION 1 L'AGRICULTURE CONTRE L'ENVIRONNEMENT ?

Même si l'on a pu se réjouir de voir la loi de modernisation de l'agriculture (loi 95-95) du 1er février 1995 formuler que la vocation de l'agriculture est de « contribuer à l'aménagement et au développement du territoire et à l'équilibre économique et social des espaces ruraux, en prenant notamment en compte les activités pastorales, de chasse et de pêche, dans le respect de la protection de l'environnement », et les différents textes agricoles reprendre depuis cette logique officielle, l'on ne saurait en la matière se contenter de ces simples affirmations de principe dont le législateur français est décidément friand.

La législation des baux ruraux n'est, par exemple, toujours pas franchement réceptrice à la protection de l'environnement. Le preneur a plus l'obligation d'être un agriculteur moderne que l'obligation de traiter écologiquement sa terre (encore que la jurisprudence se soit orientée dès la fin des années 80 vers la reconnaissance d'un droit au preneur à une terre non polluée (1)). Le prouve le maintien sans nuances, jusqu'en 1995, de l'article L. 411-28 du Code rural : « pendant la durée du bail, le preneur peut, pour réunir et grouper plusieurs parcelles attenantes, faire disparaître, dans les limites du fonds loué, les talus, haies, rigoles et arbres qui les séparent ou les

(1) V., par exemple, TGI Béthune, 7 février 1989, Code permanent env. et nuisances, p. 2632 : indemnisation d'un agriculteur pour les pertes de rendement résultant d'une pollution de la terre.

morcellent, lorsque ces opérations ont pour conséquence d'améliorer les condition de l'exploitation ».

Le législateur, lors du vote de la loi paysage, a refusé de traiter au fond ce problème majeur : si l'article 17 de la loi, 2e alinéa (art. L. 126-6 du Code rural), donne au préfet le droit de « prononcer la protection de boisements linéaires, haies et plantations d'alignement », ce n'est que si le propriétaire le demande. Il aura fallu finalement attendre la loi n° 95-101 du 2 février 1995 relative au renforcement de la protection de l'environnement (article 33) pour que l'accord du bailleur soit exigé pour tous les travaux de ce type. Il existe certes par ailleurs des possibilités conventionnelles d'introduire des éléments de gestion écologique (en particulier, par l'usage orienté des conventions pluriannuelles de pâturage et d'exploitation prévues par l'article L. 481-1 du Code rural, qui peuvent permettre d'échapper au statut du fermage) ; mais aucune obligation, et plutôt, comme on a vu, des incitations à agir à l'inverse. On prendra comme exemple l'état du régime juridique de la valorisation de l'aménagement agricole par assèchement :

« Le fait que le preneur applique sur les terres prises à bail des pratiques ayant pour objet la préservation de la ressource en eau, de la biodiversité, des paysages, de la qualité des produits, des sols et de l'air, la prévention des risques naturels et la lutte contre l'érosion ne peut être invoqué à l'appui d'une demande de résiliation formée par le bailleur en application du présent article. Des clauses visant au respect par le preneur de pratiques culturales mentionnées au troisième alinéa peuvent être incluses dans les baux, lors de leur conclusion ou de leur renouvellement, dans les cas suivants :

— lorsque le bailleur est une personne morale de droit public ou une association agréée de protection de l'environnement ;

— pour les parcelles situées dans les espaces mentionnés aux articles L. 211-3, L. 211-12, L. 322-1, L. 331-1, L. 332-1, L. 332-16, L. 341-4 à L. 341-6, L. 411-2, L. 414-1 et L. 562-1 du Code de l'environnement, à l'article L. 1321-2 du Code de la santé publique et à l'article L. 114-1 du présent code ayant fait l'objet d'un document de gestion officiel et en conformité avec ce document. »

La loi d'orientation agricole n° 2006-11 du 5 janvier 2006 ajoute pour sa part à l'article 411-27 la possibilité d'inscrire « le cas échéant, l'obligation faite au preneur de mettre en œuvre des pratiques culturales respectueuses de l'environnement en application de l'article L. 411-27 ».

Ces nouvelles possibilités n'ôtent pas grand chose au fait que l'augmentation des surfaces agricoles utilisables demeure encore l'élément moteur pour beaucoup. Elle était déjà (2), lors de l'adoption de la loi du 16 septembre 1807 (3), considérée comme une tâche susceptible et digne d'être accomplie par l'État. L'article 152 du Code rural (dans sa rédaction résultant du décret du 27 septembre 1955) prévoyait que des « travaux d'assainissement, d'aménagement ou d'exploitation en vue de la remise en culture du sol peuvent donner lieu à des concessions collectives de domaines ou de parties de domaine... », le partage des frais, la réalisation des opérations et le sort des parcelles destinées à la remise en culture sont définis par les articles suivants (153 à 174) ; ces travaux peuvent être engagés à l'initiative du ministère de l'Agriculture, sur « proposition des collectivités locales ou des établissements publics qui auront souscrit l'engagement préalable de prendre en charge l'exploitation et l'entretien des ouvrages qui leur seront remis en pleine propriété et de rembourser à l'État une fraction des dépenses... ». La loi n° 63-233 du 28 décembre 1967 (ancien article 151-3 du Code rural) ajoutait que « sur proposition du préfet, la chambre d'agriculture consultée, le ministre de l'Agriculture peut décider l'exécution par l'État de travaux de

(2) En fait, pour être tout à fait exact, cette tendance existait déjà sous l'Ancien Régime : v. J.-P. TOMASI, *Droit rural et protection de l'environnement*, th. dact., Lyon III, 1990, p. 170-190. Les révolutionnaires eux-mêmes avaient développé un projet très ambitieux d'assèchement généralisé (loi des 26 décembre 1790-5 janvier 1791) ; v. J.-P. TOMASI, *op. cit.*, p. 190 et s.

(3) Dont J.-P. TOMASI (*op. cit.*, p. 194) souligne fort justement qu'« elle demeure aujourd'hui encore dans ses dispositions essentielles toujours en vigueur ».

drainage limités à leur infrastructure et complétés, s'il y a lieu, par des éléments de réseaux expérimentaux ». La même loi mentionne (ancien article 175 du Code rural) parmi les travaux que « les départements, les communes ainsi que les groupements de ces collectivités et les syndicats mixtes sont autorisés à exécuter et à prendre en charge... lorsqu'ils présentent pour eux, du point de vue agricole ou du point de vue de l'aménagement des eaux, un caractère d'urgence... » le « dessèchement des marais » et « l'assainissement des terres humides et insalubres ». L'adoption de ces textes montre à quel point la recherche de surfaces agricoles utiles a toujours été un moteur du droit rural... qui ne prend guère en compte, par définition, l'impératif de protection des zones concernées. L'examen des lois d'orientation agricole successivement votées à l'époque moderne le confirme s'il en était besoin : le mouvement de modernisation environnementale est lent. L'article 2, alinéa 7 de la loi de 1960 assignait pour objectif à la politique agricole de l'État de « promouvoir et favoriser une structure de type familial susceptible d'utiliser au mieux les méthodes techniques modernes de production » ; pour ce faire (art. 7), le ministre « fait procéder, par région naturelle et par nature de culture... ou type d'exploitation... aux études nécessaires à l'appréciation d'une superficie que devrait normalement avoir une exploitation mise en valeur par deux unités de main d'œuvre... « . Cette définition d'une « superficie normale » d'exploitation est par essence de nature à favoriser à tout prix la recherche de surface agricole utile. C'est fort logiquement en un sens en fonction de cette définition qu'ont été rédigés les articles 1 et 1 *bis* organisant l'aménagement foncier et lui fixant entre autres comme objectifs « la mise en valeur des terres incultes récupérables.... « Pour si compréhensible que cet objectif soit, il convient tout de même de remarquer que l'attribution d'aides et l'aménagement de procédures ou l'attribution de compétences aux SAFER pour en faciliter la réalisation a pu et peut encore conduire à des recherches de surfaces agricoles sans que soient pris en compte d'autres facteurs (dont la valeur des écosystèmes menacés). Les procédures d'aménagement foncier agricole présentent des traits similaires. Le remembrement, en particulier, peut aboutir à une minorisation des préoccupations de protection des écosystèmes. Les commissions communales d'aménagement foncier (4) ne comprenaient avant la loi *Paysages*, sur 13 membres, qu'un seul qui présente des garanties pour la prise en compte d'objectifs écologiques (« une personne qualifiée pour la protection de la nature désignée par le préfet ») et n'en comprennent depuis que deux ; la commission départementale d'aménagement foncier, qui statue sur les réclamations formulées contre les projets des commissions communales, n'en comprend pas une ! La vocation du remembrement est d'améliorer l'exploitation agricole des terres rurales non bâties à vocation agricole par « la constitution d'exploitations rurales d'un seul tenant ou à parcelles agricoles bien groupées ». L'objectif est louable si l'on ne se place que du point de vue de l'agriculteur. Mais, soit que les espaces fragiles considérés fassent déjà l'objet d'une exploitation (auquel cas ils peuvent être inclus dans le périmètre sans problèmes), soit qu'ils gênent l'aménagement (auquel cas elles peuvent être concernées par le remembrement dans la mesure où « l'amélioration de l'exploitation agricole n'est que le but principal » du remembrement, ce qui n'exclut pas que l'on poursuive d'autres buts et justifie que l'on poursuive ce but même si le résultat est de créer une surface agricole utile là où il n'en existait pas), tout remembrement peut mettre en péril des écosystèmes constituant des habitats remarquables dès lors que ne sont pas formulées dans le Code rural ou ailleurs de dispositions qui l'interdisent. Si les commissions communales peuvent décider d'assortir le remembrement de travaux « tels que ceux qui sont nécessaires à la sauvegarde des équilibres naturels... », si, depuis 1978, une étude d'impact est exigée quel que soit le coût du remembrement, si cette étude constitue une des pièces du dossier soumis à enquête publique, ces précautions sont souvent sans valeur réelle en raison de la nature du processus décisionnel en la matière : en dehors du fait que certains ingénieurs des DDA ont un intérêt financier sérieux à la réalisation d'opérations de remembrement (rémunérations accessoires substantielles), comme le signale M. Prieur (5), « la réglementation des études d'impact s'adapte mal aux particularités des procédures de remembrement... en effet lorsque l'étude d'impact est

(4) Compétentes, selon l'art. 2 du Code rural, pour se prononcer sur le périmètre des remembrements.
(5) Manuel, p. 920.

exigée, les phases préparatoires sont terminées et la nouvelle distribution parcellaire ainsi que le programme des travaux connexes sont dans l'ensemble déjà établis ». La détermination des compétences des SAFER (6) correspond à la même logique ; il n'est jusqu'à leur droit de préemption qui ne puisse aboutir à la mise en cause d'écosystèmes intéressants (ce droit peut s'exercer – dans le cadre d'un périmètre défini – pour des terrains « à vocation agricole »... ce qui n'exclut pas les zones humides ou plus exactement les pourtours de zones humides, susceptibles de valorisation assez rapide) : ce n'est pas tant l'existence des SAFER qui est en cause que le complet cloisonnement – dans les faits – entre leurs activités et les activités de protection de l'environnement.

À vrai dire, le plus souvent, dans la logique de cette agriculture pour laquelle la productivité compte plus que les écosystèmes (7), il n'y a que peu de place pour les espaces naturels improductifs ou peu rentables : l'agriculteur reprochera aux habitats naturels, et en particulier aux terres humides, leur moindre capacité d'exploitation. Cela ne signifie pas que tout aménagement – assèchement ou autre – soit objectivement rentable... mais il y a toutes les chances pour qu'il le soit pour l'agriculteur, ou qu'il le croit ; c'est là l'important, et les décisions d'aménagement sont le plus souvent inspirées principalement par des « considérations agricoles » quand elles ne le sont pas par les considérations d'urbanisme, même si sont en premier lieu avancées d'autres considérations d'apparence plus altruiste ou moins subjective.

On considérera par ailleurs le sort particulier réservé aux zones humides (8) – qui constituent souvent les habitats les plus utiles aux espèces protégées – par l'ensemble de mesures permettant et favorisant leur assèchement – en vigueur malgré les dernières évolutions législatives (v. *infra*). Elles sont étroitement liées, même si cela n'est pas dit, aux velléités d'agriculteurs d'étendre leurs surfaces agricoles utilisables, quand ce ne sont pas des promoteurs qui sont à l'origine de projets d'assainissement. Le motif évoqué officiellement est « la salubrité publique » : jusqu'à leur abrogation partielle, les dispositions de la loi du 21 juin 1898 sur la police rurale, par exemple, autorisaient « ... les maires ou préfets à prendre, à l'égard des mares insalubres, diverses mesures de police allant jusqu'à leur suppression » (9). L'article 22 de la loi constituait même une obligation à la charge du maire : « le maire doit assurer les mesures nécessaires... » pour assurer « la suppression des mares communales... toutes les fois que ces mares compromettent la salubrité publique ». Il s'agissait là pourtant d'une sérieuse entorse à la propriété privée, largement admise par les juridictions administratives (10). La loi de codifi-

(6) Loi du 5 août 1960, art. 15 : « ... améliorer les structures agraires, accroître la superficie de certaines exploitations agricoles et faciliter la mise en culture du sol et l'installation d'agriculteurs à la terre ».

(7) Le bilan en a été établi récemment par un rapport effectué pour le compte du ministère de l'Environnement et du ministère de l'Agriculture, qui a fait l'objet d'une présentation au Conseil des ministres le 9 mars 1999 (*Le Monde* 12 mars 1999, p. 13). Est particulièrement soulignée la situation générée par les nitrates (40 % des cours d'eau dépassent les 40 mg de nitrates par litre d'eau). Le rapport préconise une taxation de l'utilisation des engrais et produits phytosanitaires, au nom du principe pollueur/payeur.

(8) V. L. LECORRE, « La construction progressive d'un droit de l'utilisation durable des zones humides », *Dr. env.* décembre 1999, p. 15 et s.

(9) D. DESPAX, *Droit et environnement,* Litec, 1980, p. 181.

(10) V. par exemple CE, 13 juillet 1943, *Veuve Bec*, req. p. 379, et CE, 5 novembre 1958, *Époux Gauthier*, req. p. 523.

cation des dispositions concernant les collectivités territoriales (11) a abrogé cette disposition... mais elle a été inscrite de manière inchangée sous l'article L. 2213-30.

Article L. 2213-30

« Le maire doit ordonner les mesures nécessaires pour assurer l'assainissement et, s'il y a lieu, après avis du conseil municipal, la suppression des mares communales placées dans l'intérieur des villages ou dans le voisinage des habitations, toutes les fois que ces mares compromettent la salubrité publique.

À défaut du maire, le représentant de l'État dans le département peut, sur l'avis du conseil d'hygiène et après enquête de *commodo* et *incommodo*, décider la suppression immédiate de ces mares, ou prescrire aux frais de la commune les travaux reconnus utiles. »

Article L. 2213-31

« Le maire prescrit aux propriétaires de mares ou de fossés à eau stagnante établis dans le voisinage des habitations d'avoir soit à les supprimer, soit à exécuter les travaux, ou à prendre les mesures nécessaires pour faire cesser toutes causes d'insalubrité. En cas de refus ou de négligence, le maire dénonce au représentant de l'État dans le département l'état d'insalubrité constatée. Le représentant de l'État dans le département, après avis du conseil d'hygiène et du service hydraulique, peut ordonner la suppression de la mare dangereuse ou prescrire que les travaux reconnus nécessaires seront exécutés d'office aux frais du propriétaire, après mise en demeure préalable ».

D'autres dispositions permissives subsistent, qui ont pu échapper à la vigilance du législateur lors de la mise en cohérence partielle des textes à laquelle il a procédé lors du vote de la loi *Barnier* (12). Les dispositions de la loi sur l'eau – voir *infra* – relatives à la protection des zones humides sont évidemment bienvenues, mais elles soulèvent des problèmes de qualifications juridiques inattendus concernant la caractérisation des zones humides et la définition des opérations prévues à la nomenclature.

Le TGI de Rochefort/Mer avait dans un jugement du 23 janvier 1996 (*Min. Public et autres c/ Vinet et autres*, n° 72/96) considéré que des parcelles incluses dans le marais de Moëze ne pouvaient être qualifiées de zones humides et que par ailleurs ne pouvaient être assimilés à des remblais des travaux de grattage des bosses existantes sur les parcelles concernées sans apport extérieur de matériaux. Pour ces raisons, deux agriculteurs poursuivis pour destruction de zones humides sans autorisation par le ministère public et trois associations de protection de la nature ont été relaxés. La cour d'appel de Poitiers (13) n'a que partiellement invalidé ce jugement. La cour a ainsi requalifié les parcelles en cause de zones humides. Après avoir mentionné les définitions données par la loi sur l'eau et la Convention de Ramsar, la cour rappelle l'absence de « définition unique, universellement reconnue d'un point de vue scientifique et écologique de la notion de zone humide, plusieurs définitions existant de par le monde pour caractériser un écosystème complexe formé par le mélange intime entre l'eau et la terre. » Pour qualifier de zones humides les marais de la Moëze, la cour utilise plusieurs indices tels la définition des zones humides élaborée par un

(11) *JO* 24 février 1996. Il résulte de la loi du 21 février 1996 relative à la partie législative du Code que l'art. 52 de la loi du 16 septembre 1807 sur le dessèchement des marais, tout aussi décalé par rapport à la logique écologique, est abrogé.

(12) On est loin du modèle danois : la loi danoise du 3 janvier 1992 sur la protection de la nature interdit de modifier l'état des lacs et mares naturels de plus de 100 mètres carrés, des prés salés, prairies humides, marais, tourbières, landes à bruyère, et pelouses sèches de plus de 2 500 mètres carrés (V. C. De Klemm, « La conservation de la diversité biologique et l'aménagement de l'espace rural », *RDR* juin-juillet 1995, p. 277 et s.).

(13) CA, Poitiers, 9 janvier 1997, *Couvert Claude et Vinet Ferdinand*, n° 96/00144, *Dr. env.* n° 50, p. 6.

groupe d'écologues à la demande du ministère de l'Environnement ; la référence faite à ces marais (au sein de l'ensemble marais de Brouage) dans le rapport d'évaluation sur les politiques publiques concernant les zones humides de 1994 et le fait que les marais de Brouage sont considérés par le plan d'action pour la reconquête et la sauvegarde des zones humides comme zone d'importance nationale ; les conclusions d'une étude de l'INRA montrant l'inondation régulière du site et enfin la présence dominante de plantes hygrophiles. L'arrêt soulève la question de la pertinence de l'élaboration d'inventaires exhaustifs des zones humides pour résoudre la question de la caractérisation des zones humides. L'élaboration de tels inventaires se heurte à l'existence de résistances socio-politiques articulées autour de questions méthodologiques et de leur portée juridique (14). En revanche la cour considère qu'il n'y a pas eu assèchement, les travaux en cause n'ayant pas modifié la maille hydraulique des terres concernées puisque la création de fossés permet « une circulation d'une quantité d'eau au moins égale à celle qui existait avant la réalisation des travaux ». Sur l'existence de remblais, la cour se livre à une redoutable explication sémantique :

« Le mot "remblai" vient de "remblayer" lui-même produit de "emblaer", ancienne variante de "emblaver", c'est-à-dire ensemencer en blé, ce qui correspond curieusement à l'opération réalisée en l'espèce alors que le mot a perdu tout rapport autre qu'historique avec "blé" et qu'il exprime l'action d'apporter des terres, des gravois pour combler un creux ou exhausser un terrain. Le déverbal "remblai" de nos jours a deux sens : il sert d'abord de substantif d'action et dans cet emploi il a été remplacé par "remblayage", dans sa deuxième acceptation il a pris le sens concret de la masse de matière rapportée pour remblayer. Sous sa forme actuelle ou sous sa forme historique, le "remblai" suppose un apport de matière extérieure. »

En l'espèce, les prévenus n'ayant fait que réutiliser des matériaux déjà présents sur la parcelle, ils n'ont pu procéder à un remblayage de zones humides. Cette interprétation restrictive ouvre une brèche béante dans le dispositif protecteur de la loi de 1992. Si la Cour de cassation avait confirmé cette jurisprudence, le pouvoir réglementaire devrait alors obligatoirement élaborer une définition juridique du remblai permettant de préserver l'effet protecteur de l'article 10 de la loi. On peut d'ores et déjà proposer que soit qualifiée de remblai toute masse de matériaux, quelle qu'en soit la nature, issue d'un apport extérieur à la parcelle concernée ou non, et déplacée vers une zone humide. Concernant les marais de Moëze, il faut encore souligner que l'absence de mesure réglementaire de protection – dont l'adoption est pourtant prescrite par un classement en ZPS – laisse les protecteurs de l'environnement démunis face à de tels arguties sémantiques.

Il est donc heureux que la chambre criminelle de la Cour de cassation, par une décision Sepronas du 25 mars 1998 (15), ait pris l'exact contre-pied de la décision de la cour d'appel. D'une part, les opérations d'assèchement sont soumises à autorisation, y compris s'il est prévu une mesure compensatoire, comme en l'espèce un fossé rétablissant la circulation hydraulique ; d'autre part, les juges du fond se voient reprocher de ne pas avoir eu une approche écologique de la zone humide. Ils devaient rechercher « s'il y avait assèchement par disparition du caractère inondable et des plantes hygrophiles pendant au moins une partie de l'année (l'existence de ces espèces, soumise au caractère inondable, étant constitutive d'une des richesses caractéristiques de ces milieux uniques que sont les zones humides) ». Par ailleurs, si les juges du fond ont pris en compte la surface de la zone des travaux, ils ont insuffisamment pris en compte les effets de l'opération et auraient en tout état de cause dû prendre en compte la surface de la zone humide « effectivement asséchée ». La seule prise en compte des fossés constitue par ailleurs une mauvaise interprétation de la loi : l'intégralité des zones inondables devait être prise en compte.

Sur un deuxième plan, le rétablissement de la maille hydraulique par la réalisation d'un fossé n'est pas exactement avéré du fait que l'évacuation des eaux s'en trouvait accélérée, cela ayant des effets négatifs sur le niveau de la nappe phréatique.

(14) Sur ce point, lire la stimulante contribution pluridisciplinaire de G. Barnaud et L. Mermet : « Les systèmes de caractérisation des zones humides : construire l'expertise sous pression politique », *Nature, Sciences et Sociétés*, dact., vol. 5, n° 2/1997, p. 31.

(15) Suivie par la cour d'appel de Rennes, 9 septembre 1999.

Enfin et surtout, c'est sur la notion de remblai, dont la cour d'appel avait donné une définition restrictive, que la portée de la décision s'avère la plus intéressante. La Chambre criminelle considère, au contraire de la cour d'appel, qu'il n'est pas nécessaire qu'une opération nécessite l'apport de matériaux extérieurs à la zone humide pur qu'il y ait lieu de considérer qu'il y ait bien remblai. Il y a remblai dès lors que l'apport de matières est « extérieur à l'assiette de la cavité humide considérée ». Un remblai est constitué dès lors qu'« un déplacement de terres en direction d'un espace humide où elles étaient absentes suffit à caractériser une opération de remblai... ».

D'une manière générale, enfin, il est reproché à la cour d'appel de ne pas avoir produit son argumentation en accord avec les objectifs et des principes énoncés par les articles 2 et 10 de la loi sur l'eau : la cour d'appel a pris sa décision en fonction d'éléments étrangers à la loi qui servait de support aux recours et plus particulièrement à la mise en œuvre de cultures modernes. Les opérations concernées, ayant eu pour objet d'entraver le libre écoulement des eaux, ont produit des effets graves sur les écosystèmes aquatiques considérés. L'objet même des articles interprétés est de protéger les écosystèmes aquatiques, et sur ce point, d'une manière générale, la cour de Poitiers a au gré de la Chambre criminelle insuffisamment motivé sa décision, empêchant la Chambre, dès lors, d'exercer un contrôle effectif du respect de la loi.

Il s'agit bien là d'une décision de principe qui devrait rendre plus effectif l'objectif de protection des zones humides énoncé par la loi sur l'eau.

Le chapitre III de la loi DTR (16), qui porte « *Dispositions relatives à la préservation, à la restauration et à la valorisation des zones humides* » était supposé régler ces difficultés.

L'article L. 211-1 de l'environnement inscrit les zones humides au rang des écosystèmes que le droit de l'eau doit contribuer à préserver. L'obligation est claire, mais pas assez au gré du législateur, puisqu'il profite de la loi DTR pour énoncer qu'un décret devra intervenir pour préciser le contenu et les modalités de cette obligation. Mais c'est surtout le nouvel article L. 211-1-1. du Code de l'environnement qui marque la volonté publique de mieux affirmer la valeur des zones humides : « La préservation et la gestion durable des zones humides définies à l'article L. 211-1 sont d'intérêt général. Les politiques nationales, régionales et locales d'aménagement des territoires ruraux et l'attribution des aides publiques tiennent compte des difficultés particulières de conservation, d'exploitation et de gestion durable des zones humides et de leur contribution aux politiques de préservation de la diversité biologique, du paysage, de gestion des ressources en eau et de prévention des inondations notamment par une agriculture, un pastoralisme, une sylviculture, une chasse, une pêche et un tourisme adaptés. À cet effet, l'État et ses établissements publics, les régions, les départements, les communes et leurs groupements veillent, chacun dans son domaine de compétence, à la cohérence des diverses politiques publiques sur ces territoires. Pour l'application du X de l'article L. 212-l, l'État veille à la prise en compte de cette cohérence dans les schémas d'aménagement et de gestion des eau ».

Recommandée par les quatre équipes transversales du Programme national de recherche sur les zones humides (PNRZH) mis en place par le ministère de l'Environnement et le CNRS en 1997-1998 (17), cette reconnaissance de la valeur d'intérêt général des zones humides n'a pas qu'un intérêt symbolique. Il s'agit de

(16) Loi relative au développement des territoires ruraux.

(17) Programmes : 17. Les conditions de l'adhésion sociale à la politique de conservation des zones humides, 18. Estuaires et développement soutenable, 19. Prospective des zones humides à l'échelle micro-régionale « méthodologie de mise en œuvre, problématique de l'agrégation des résultats, applica-

permettre et de favoriser les interventions publiques orientées vers la protection des zones humides. Les choix qui sont ici faits rejoignent les propositions faites dès avant 1998 et abondamment reproduites depuis (18). Il s'agit principalement de confier aux préfets le soin de délimiter les zones à protéger particulièrement – ce qui exclut une obligation de délimitation juridique globale (19).

D'abord, en vertu du nouvel article L. 214-7-1. du Code de l'environnement, « Lorsqu'il l'estime nécessaire pour l'application des articles L. 214-l et L. 214-7, le préfet peut procéder à la délimitation de tout ou partie des zones humides... en concertation avec les collectivités territoriales et leurs groupements. Un décret en Conseil d'État fixe les conditions d'application du présent article ». Il s'agit surtout de protéger la ressource en eau : l'article L. 214-1 et l'article L. 214-7 définissent le régime d'autorisation pour les prélèvements en eau les plus importants. En second lieu, l'article L. 128 de la loi DTR énonce un nouvel alinéa 4 du paragraphe II de l'article L. 211-3 du Code de l'environnement qui donne la compétence au préfet pour « Délimiter des zones dites "zones humides d'intérêt environnemental particulier" dont le maintien ou la restauration présente un intérêt pour la gestion intégrée du bassin versant, ou une valeur touristique, écologique, paysagère ou cynégétique particulière. Ces zones peuvent englober les zones humides dites "zones stratégiques pour la gestion de l'eau" prévues à l'article L. 212-5 ». L'article 132 de la loi DTR précise pour ces dernières qu'« Il peut délimiter, en vue de leur préservation ou de leur restauration, des zones humides dites "zones stratégiques pour la gestion de l'eau", situées à l'intérieur des zones humides définies à l'article L. 211-1 et contribuant de manière significative à la protection de la ressource en eau potable ou à la réalisation des objectifs du schéma d'aménagement et de gestion des eaux en matière de bon état des eaux. Les modalités de délimitation de ces zones stratégiques sont définies par décret ». On l'a dit, il ne s'agit pas là d'un inventaire juridique exhaustif et systématique. Le préfet « *peut* »... et ces inventaires n'ont trait par ailleurs, eux aussi, qu'à l'utilité des zones humides pour la préservation de la ressource en eau.

C'est ce que confirme la liste des outils mis à la disposition du préfet : il peut, selon l'article L. 211-3 du Code de l'environnement :

« ... b) Établir, en concertation notamment avec les collectivités territoriales et leurs groupements, les représentants des propriétaires ou leurs groupements, les exploitants des terrains ou leurs représentants, les associations agréées de protection de la nature, les fédérations des associations agréées de pêche, les fédérations des chasseurs, les associations agréées de pêcheurs professionnels, réunis en comité de gestion de la zone humide, sous l'égide de la commission locale de l'eau lorsqu'elle existe, un programme d'actions visant à restaurer, préserver, gérer et mettre en valeur de façon durable les zones définies au a ;

c) Préciser dans ce programme les pratiques à promouvoir ainsi que les moyens prévus pour favoriser leur généralisation, rendre obligatoires certaines de ces pratiques et préciser les modalités selon lesquelles ces pratiques peuvent, le cas échéant, bénéficier d'aides lorsqu'elles induisent des surcoûts ou des pertes de revenus. »

tion au suivi des zones humides, 20. Évaluation économique des services rendus par les zones humides : des données scientifiques aux éléments de décision, quelle démarche, quelle traduction ?

(18) R. Romi, *Les espaces humides, le droit entre protection et gestion*, L'Harmattan, 1992 ; P. Le Louarn (dir.), *Les zones humides et le droit*, CNFPT et SFDE 1999.

(19) L'inventaire *stricto sensu* a été opéré par l'Observatoire national des zones humides et est suivi par l'IFEN (http://rdb.eaurmc.fr/Zones_humides/html/ZH_plan_action.html).

Ces programmations, susceptibles de se traduire par la définition de pratiques obligatoires, s'apparentent toute proportions gardées à celles qui sont mises en œuvre dans le cadre de l'application de la directive *Nitrates*. On peut se demander, d'ailleurs, comment s'articuleront, le cas échéant, ces programmes avec des dispositions de SAGE (20) qui leur seraient contraires, soit pour ce qui concerne le dispositif de protection, soit sur le plan de la délimitation, ce qui peut tout de même se produire.

Les préfets sont aussi incités à intervenir plus généralement sur les modes d'usage, par une extension de leur compétence de police (article L. 211-12 V *bis* du Code de l'environnement) : « Dans les zones humides dites "zones stratégiques pour la gestion de l'eau mentionnées" au 3° du II, le préfet peut par arrêté obliger les propriétaires et les exploitants à s'abstenir de tout acte de nature à nuire à la nature et au rôle ainsi qu'à l'entretien et à la conservation de la zone, notamment le drainage, le remblaiement ou le retournement de prairie ». Il faut cependant nuancer l'importance de cette possibilité d'extension : il faut en effet se souvenir que, trois mois après le vote de ce texte, l'ordonnance n° 2005-805 du 18 juillet 2005 (21) préconise (22) qu'« En contrepartie, d'une refonte, à l'initiative ministérielle, de la nomenclature annexée au décret n° 93-743 du 29 mars 1993 tendant à diminuer par effet de seuil le nombre d'opérations soumises à une autorisation au titre de la police de l'eau, l'article 3 donne au préfet la possibilité de s'opposer à une opération soumise à déclaration, par décision motivée dans un délai fixé par décret en Conseil d'État, lorsque celle-ci s'avérerait incompatible avec les dispositions du schéma directeur d'aménagement et de gestion des eaux ou schéma d'aménagement et de gestion des eaux ou porterait gravement atteinte à la ressource en eau ou au milieu aquatique sans qu'il soit possible d'y remédier. Le délai proposé pour l'opposition sera de deux mois ». Il n'est pas sûr, dans ce contexte marqué par un mouvement de restriction du champ des autorisations, même s'il est compensé – ce dont on peut douter (23) – par la nouvelle procédure d'« opposition à prélèvement déclaré », que ces innovations incitent les préfets à se réapproprier une compétence d'autorisation nationalement amoindrie du fait de la modification de la nomenclature... En regard de cette compétence qui s'avèrera donc délicate à utiliser, l'article L. 211-13 lui donne une capacité d'orientation des baux ruraux, sûrement plus intéressante :

« I *bis*. – Nonobstant toutes dispositions contraires, l'État, les collectivités territoriales ou leurs groupements, ayant acquis des terrains situés dans les zones stratégiques pour la gestion de l'eau mentionnées à l'article L. 211-12 peuvent, lors de l'établissement ou du renouvellement des baux ruraux visés au titre Ier du livre IV du Code rural portant sur ces terrains, prescrire au preneur des modes d'utilisation du sol afin d'en préserver ou restaurer la nature et le rôle. » Enfin, cette action du préfet peut être complétée par celle du Conservatoire du littoral (article L. 322-1 III. du Code de l'environnement) dont l'intervention « ... peut être étendue par arrêté préfectoral et après avis de son conseil d'administration à des secteurs géographiquement limitrophes des cantons et des

(20) Les SAGE sont sensés énoncer les « *objectifs généraux d'utilisation, de mise en valeur et de protection quantitative et qualitative des ressources en eau superficielle et souterraine* » (art. L. 212-3 et 4 du Code de l'environnement) mais aussi de préservation des systèmes aquatiques et des zones humides.

(21) *JO* n° 166 du 19 juillet 2005, p. 11759.

(22) Rapport publié au *JO* préc.

(23) D'une part, les services des préfectures des départements, non plus que les DIREN, n'ont partout les expertises ni les moyens humains d'intervenir très vite. D'autre part, le délai de deux mois est largement suffisant pour qu'une nappe ou une zone humide soient asséchées !

communes mentionnés au I et constituant avec eux une unité écologique ou paysagère ainsi qu'aux zones humides situées dans les départements côtiers ».

Face à ces nouvelles possibilités d'action des autorités de l'État, l'article L. 213-10 du Code de l'environnement ouvre aux collectivités locales pour « la préservation et la gestion des zones humides » les mêmes possibilités que celles dont elles disposent depuis 2003 pour « la prévention des inondations et la gestion équilibrée de la ressource en eau » (24).

Enfin, l'article 1395 du Code général des impôts fait l'objet d'une révision qui était attendue et préconisée, en particulier dès 1990 par Guillaume Sainteny. Cette disposition a longtemps exonéré de taxe foncière sur les propriétés non bâties les marais desséchés pendant vingt ans à compter de leur dessèchement. La tendance naturelle de l'agriculteur a été naturellement de rattraper le manque à gagner par une intensification de l'exploitation des pourtours du marais ou de la zone humide qui le conduira à une utilisation accrue d'engrais et à un défrichement systématique, souvent par brûlis. La tendance naturelle de l'agriculteur a été naturellement de rattraper le manque à gagner par une intensification de l'exploitation des pourtours du marais ou de la zone humide qui le conduira à une utilisation accrue d'engrais et à un défrichement systématique, souvent par brûlis. Cette exonération été abrogée par l'article 107 de la loi de finances pour 1991 (25). L'article 137 de la loi DTR va plus loin, puisqu'elle introduit dans le Code général des impôts un article 1395 D qui énonce que :

« – Les propriétés non bâties classées dans les deuxième et sixième catégories définies à l'article 18 de l'instruction ministérielle du 31 décembre 1908 et situées dans les zones humides définies au 1° du I de l'article L. 211-1 du Code de l'environnement sont exonérées de la taxe foncière sur les propriétés non bâties perçue au profit des communes et de leurs établissements publics de coopération intercommunale à concurrence de 50 % lorsqu'elles figurent sur une liste dressée par le maire sur proposition de la commission communale des impôts directs et qu'elles font l'objet d'un engagement de gestion pendant cinq ans portant notamment sur la préservation de l'avifaune et le non-retournement des parcelles. L'exonération est applicable pendant cinq ans à compter de l'année qui suit celle de la signature de l'engagement et est renouvelable. ... Pour bénéficier de l'exonération, le propriétaire doit fournir au service des impôts avant le 1er janvier de la première année au titre de laquelle l'exonération est applicable ou renouvelable, l'engagement souscrit pour les parcelles lui appartenant inscrites sur la liste dressée par le maire. Pour les parcelles données à bail en application des articles L. 411-l et suivants du Code rural, l'engagement doit être cosigné par le preneur. Les modalités de cet engagement sont définies par décret en Conseil d'État. »...

« II. – ... L'engagement de gestion pendant cinq ans porte sur le non-retournement des parcelles en cause et sur le respect des chartes et documents de gestion ou d'objectifs approuvés au titre des

(24) « Pour faciliter, à l'échelle d'un bassin ou d'un sous-bassin hydrographique, la prévention des inondations et la gestion équilibrée de la ressource en eau ainsi que la préservation et la gestion des zones humides, les collectivités territoriales intéressées et leurs groupements peuvent s'associer au sein d'un établissement public territorial de bassin. Cet organisme public est constitué et fonctionne, selon les cas, conformément aux dispositions du Code général des collectivités territoriales régissant les établissements constitués en application des art. L. 5421-1 à L. 5421-6 ou des art. L. 5721-1 à L. 5721-8 du même code. Le préfet coordonnateur de bassin délimite, par arrêté et après avis du comité de bassin et des collectivités territoriales concernées et, s'il y a lieu, après avis de la commission locale de l'eau, le périmètre d'intervention de cet établissement public. Un décret en CE fixe les modalités d'application du présent article ».

(25) *JO* 30 décembre 1990, p. 16367.

réglementations visées précédemment... L'État compense les pertes de recettes supportées, l'année précédente, par les communes et les établissements publics de coopération intercommunale à fiscalité propre en raison de l'exonération de taxe foncière sur les propriétés non bâties accordé en application du I. La compensation n'est pas applicable aux établissements publics de coopération intercommunale qui font application du II de l'article 1609 *nonies* C du Code général des impôts. »

On retiendra qu'ici naturellement le contrat – c'est-à-dire un engagement qui est de la nature d'un contrat d'adhésion – décline les spécificités d'un lieu qui fait l'objet de ce que l'on peut nommer une protection « générique ». Et, sur le plan technique, on a retenu, fort justement, un dispositif parmi les plus simples, qui consiste à garantir surtout « la conservation du caractère humide des parcelles ainsi que sur leur maintien en nature de prés et prairies naturels, d'herbages, de pâturages, de landes, de marais, de pâtis, de bruyères et de terres vaines et vagues » et secondairement, quand c'est nécessaire, c'est-à-dire quand les écosystèmes en cause se situent dans une zone *Natura 2000*, s'inscrivent – c'était juridiquement inutile mais cela va peut-être mieux en le disant – dans les documents déjà existants en raison de ce classement. Cela garantit à tout coup, au moins, que l'articulation entre les documents *Natura 2000* et les engagements ici concernés sera « travaillé » par les services de l'État avant signature des seconds... voire en même temps si possible.

Par ailleurs, comme déjà signalé, sans qu'on puisse en mesurer les effets tout de suite, la loi n° 2006-11 du 5 janvier 2006 d'orientation agricole (26) énonce dans son article 88 que « Le Gouvernement s'attache à soutenir le maintien des activités traditionnelles et économiques dans les zones humides qui contribuent à l'entretien des milieux sensibles, notamment les prairies naturelles et les marais salants. En s'appuyant sur la politique de développement rural de l'Union européenne, il contribue à soutenir durablement les activités, notamment d'élevage, s'exerçant sur ces territoires »...

Cela dit, toutes les réformes nationales ne régleront pas les conséquences de ce que développement d'une politique agricole communautaire n'a pas joué en faveur de l'abandon de la recherche productiviste : ce qui explique largement que la réputation de l'action de l'Europe en matière agricole n'est pas excellente aux yeux des protecteurs de l'environnement. Mais la PAC est appelée à évoluer en fonction de nouvelles contraintes. Elle en profite depuis quelques années pour tenter de se doter d'une nouvelle image de marque (27)... même si ce n'est guère une réussite, comme le prouve l'affaire des farines animales, et la réforme projetée peut être l'occasion d'aller beaucoup plus loin.

Il est en tout cas devenu inutile de faire le constat : la surproduction n'est pas le seul aspect à retenir ; la PAC a contribué – pour le moins – aussi, de fait, à un important exode rural (la population active agricole est passée de 20 % à 7 % de la population active totale en France ; en Grande-Bretagne, elle n'est plus que de 2 % !). Le mode d'agriculture retenu – principalement pour ne pas dire exclusive-

(26) *JO* n° 5 du 6 janvier 2006, p. 229.
(27) V. P. ALPHANDÉRY, P. BITOUN, Y. DUPONT, *Les champs du départ*, La Découverte, 1989, p. 71 et s.

ment fondé sur un modèle idéal « intensif » – entraîne pour sa part des phénomènes inquiétants de pollution et d'appauvrissement des terres, qui sont incapables de se reconstituer sans aides chimiques. L'uniformisation des zones abandonnées par l'agriculture va de pair avec la recrudescence des incendies dans certaines zones... d'où la remise en cause du soutien univoque accordé par l'Europe au modèle productiviste. Mais il a fallu pour cela que l'Europe réalise combien lui coûtait de soutenir son agriculture : comme le soulignent les auteurs d'un excellent petit livre sur le problème agricole français, *Les champs du départ*, « les dépenses destinées à l'aide à l'exportation vers les pays tiers et au stockage des excédents se sont ainsi fortement accrues depuis les débuts de la décennie... entre 1981 et 1986, les premières ont doublé, les secondes triplé et, à elles seules, ces deux catégories de dépenses s'élevaient en 1986 à 12 milliards d'écus, soit plus de la moitié du budget de la section garantie du FEOGA qui représente aujourd'hui environ les deux tiers du budget total de la Communauté » (28). Aussi, sans même prendre en compte les soucis environnementaux, la Commission a été obligée de reconnaître que la politique agricole commune est parvenue à un tournant. En un sens désastreuse, puisque permettant et même incitant à des utilisations massives de produits fertilisants, la politique productiviste soutenue par l'Europe risque de le devenir aussi parce que permettant une désertification de zones qui, non entretenues, pourraient bien se dégrader, tant il est vrai que le retour à la nature n'est pas toujours facile quand la dite nature a été polluée et surexploitée pendant des décennies (29).

SECTION 2 — LA RECHERCHE D'UNE AGRICULTURE RESPECTUEUSE DE L'ENVIRONNEMENT (30)

Le gel des terres est à même de permettre une réorientation de terres, dans la mesure où les terres « retirées » peuvent être utilisées cependant « à des cultures ou des plantations qui participent au maintien des ressources naturelles, qui valorisent l'espace et qui contribuent à la gestion de la faune sauvage » ou pour le pâturage en vue d'un élevage extensif. Mais il peut aussi, dans certains cas, aboutir à un enfrichement économiquement et écologiquement fort critiquable (31).

(28) *Ibid.*, p. 75.

(29) Commission CEE, « Perspectives de la PAC... », juillet 1985, p. 1.

(30) Les développements qui suivent sont, on nous en pardonnera, très largement inspirés de la troisième éd. de *L'Europe et la protection juridique de l'environnement*, à laquelle nous renvoyons pour plus de détails.

(31) Déclaration du professeur Lefeuvre, du Muséum d'histoire naturelle, cité par F. PARIZOT, « Des millions d'hectares vont retourner à la friche », *Combat Nature* nov. 1987, p. 28. Pour un excellent résumé de l'état de la réflexion à ce propos, cf. J.-P. TOMASI, *Droit rural et protection de l'environnement*, th. dact., université Lyon III, 1990.

La Commission européenne en est parfaitement consciente. Dès son règlement du 29 avril 1988, si elle a certes énoncé un certain nombre de principes comme l'interdiction de l'épandage de « déchets organiques, sauf sur les sols où il est nécessaire pour l'amendement du sol en vue de combattre l'érosion ou maintenir la fertilité » et « d'employer des produits phyto-pharmaceutiques, y compris les herbicides, sauf ceux de faible rémanence sans autorisation expresse de l'autorité compétente », elle a cru bon de préciser que les agriculteurs pratiquant un gel sont de plus tenus de « créer ou maintenir un couvert végétal approprié, notamment pour prévenir l'érosion et le lessivage des nitrates... d'assurer un entretien minimal... d'effectuer les travaux mécaniques nécessaires notamment pour conserver la réserve hydrique et pour lutter contre les mauvaises herbes »... Par ailleurs et surtout la demande par l'agriculteur candidat à un gel de terres doit comprendre des renseignements sur « les mesures destinées à maintenir les bonnes conditions agronomiques et, le cas échéant, à protéger l'environnement ». Dans la réalité, compte tenu de ces précautions et du flou relatif qui subsiste en la matière malgré elles, tout dépend de l'application en droit interne des dispositions communautaires. Pour ce qui concerne la France, un certain nombre de précautions ont été prises tout d'abord pour les départements sensibles en matière d'incendies, le retrait des terres ne s'y appliquant pas. Mais le seul gel des terres ne saurait remplacer une remise en cause des principes de l'agriculture productiviste. Il peut favoriser la mise à l'écart de terres de rentabilité marginale, et n'interdit pas à l'agriculteur, au contraire, de pratiquer des formes d'agriculture intensive sur ses autres parcelles ! Il n'y a pas eu tournant, tout juste infléchissement.

La réforme des fonds structurels n'a pas « écologisé » l'action financière de l'Union européenne, car ce n'était pas son but. Sauf pour les zones de montagne, les aides européennes aux agriculteurs n'ont jamais été orientées vers des activités de protection de l'environnement, et la réforme des fonds structurels ne contribue pas à inverser cette tendance. En revanche, par opposition au gel des terres (32), trop ambigu, l'action de la CE pour favoriser une extensification de l'agriculture paraît porter les germes d'une nouvelle logique qui pourrait aller dans le sens d'une protection de l'environnement par les agriculteurs. Le règlement du Conseil du 15 juin 1987 (33) puis le règlement de la Commission n° 4115/88 du 21 décembre 1988 (34) ont entendu mettre en place un régime d'aides visant cet objectif. Ces aides sont conditionnées par un engagement des agriculteurs qui désirent en bénéficier de réduire une ou plusieurs productions parmi celles visées (35) pendant 5 ans – période un peu courte pour résorber les pollutions existantes. Le règlement de la Commission précise que « les États membres prennent les mesures nécessaires afin que la mise en œuvre du régime de l'extensification tienne compte des exigences de protection de l'environnement et des ressources naturelles, ainsi que de l'intérêt des consommateurs vers l'amélioration de la qualité des produits agricoles

(32) Plus justement et plus intelligemment dénommé désormais « retrait des terres arables », le procédé est retranscrit en France dans les art. R. 332-1 et s. du Code rural.

(33) *JOCE* L. 167/1 du 26 juin 1987.

(34) Entré en vigueur le 1er janvier 1989, *JOCE* L. 361/13 du 9 décembre 1988.

(35) Il s'agit de productions excédentaires, au premier chef d'entre elles figurent les céréales, mais aussi le vin.

tout en veillant à éviter d'éventuelles perturbations du marché ». Le règlement n° 2328/91 du 15 juillet 1991 a relancé l'ensemble du dispositif : la France y a semblé réceptive, et de nombreux programmes font l'objet d'un cofinancement communautaire, en particulier dans des zones de marais (Cotentin, Basse-Normandie entre autres). Le règlement 2078/92 du 30 juin 1992 (36) établit plus clairement un lien direct entre politique agricole et politique environnementale, affirmant en particulier que « sur la base d'un régime d'aides approprié, les agriculteurs peuvent exercer une véritable fonction au service de l'ensemble de la société par l'introduction de méthodes de production compatibles avec les exigences accrues de la protection de l'environnement et des ressources naturelles ou avec les exigences de maintien de l'espace naturel et des paysages ». Il s'agit d'« encourager une diminution sensible de l'utilisation des engrais et des produits phytopharmaceutiques ou la mise en œuvre des méthodes d'agriculture biologique »... dans le but de « contribuer non seulement à une diminution des pollutions mais également à l'adaptation des divers secteurs de production aux besoins des marchés ». Par ailleurs, le règlement n° 2078/92 du 30 juin 1992 a prévu que les États membres doivent mettre en place des mesures d'accompagnement de la réforme des mécanismes de soutien des marchés agricoles « incitant à l'adoption des pratiques de production moins intensives et plus respectueuses de l'environnement et de l'entretien de l'espace naturel ». Ces mesures sont donc obligatoires pour les États membres, même si la mise en œuvre est fonction des besoins spécifiques de chaque État membre. Cette nouvelle orientation sélective des aides doit s'accompagner de la mise en place par les États de « programmes zonaux pluriannuels » intéressant des « zones géographiques homogènes du point de vue de l'environnement » soumises à l'approbation à la Commission. Les agriculteurs de ces zones désireux de s'engager dans le processus souscrivent à un ou plusieurs engagements permettant d'établir des contrats avec l'administration. Ils doivent s'engager à procéder à (article 2 du règlement) une réduction de l'utilisation des engrais et des produits phytosanitaires ou maintien d'un niveau faible d'utilisation et introduction ou maintien des méthodes de l'agriculture biologique, une extensification des productions végétales y compris fourragères ou maintien de la production extensive déjà entreprise dans le passé ou reconversion des terres arables en herbages extensifs. Ils doivent également diminuer la charge du cheptel bovin ou ovin par unité de surface fourragère et utiliser d'autres méthodes de production plus compatibles avec la protection de l'environnement et les ressources naturelles. Ils doivent contribuer au maintien de l'espace naturel et du paysage, à l'élevage des races locales en voie de disparition, à l'entretien des surfaces agricoles ou forestières abandonnées, procéder à des mises en jachère pour vingt ans en vue d'une utilisation à des fins liées à l'environnement (réserves de biotopes et parcs naturels) et contribuer à la gestion des terres pour l'accès du public et des loisirs. Dans cette logique, la décision de programmer des OGAF (opérations groupées d'aménagement foncier) a permis à la France de mener (sur soixante-trois sites en 1993 (37)) une politique expérimentale

(36) *JOCE* L. 215, 30 juillet 1992, p. 85. V. pour une excellente présentation de détail, S. LECLERC, *Politique agricole commune et environnement*, Éditions Apogée, 1993.
(37) Mais qui ne représentent que 0,3 % de la surface agricole utile !

en quatre directions : réduction des pollutions dues à l'agriculture intensive, adaptation de l'agriculture à certains biotopes fragiles, prévention de la déprise, et prévention des incendies (38). L'aide est annuelle, l'engagement valable, on l'a dit, pour cinq ans. La loi de 1990 a été relayée par la loi d'orientation agricole du 9 juillet 1999 dont la mesure la plus connue est la création des contrats territoriaux d'exploitation (CTE) : il s'agissait d'un contrat administratif par lequel les exploitants s'engageaient à privilégier des méthodes non intensives et plus généralement une agriculture durable (39).

Enfin, un décret (40) – suite à un déclassement des dispositions législatives de référence (art. L. 311-3 et s.) – a remplacé le contrat territorial d'exploitation (CTE) (41) par des « *contrats d'agriculture durable* » (CAD) (42). Ces contrats portent d'abord « sur la contribution de l'activité de l'exploitation à la préservation des ressources naturelles, à l'occupation rationnelle et à l'aménagement de l'espace rural en vue notamment de lutter contre l'érosion, de préserver la fertilité des sols, la ressource en eau, la diversité biologique, la nature et les paysages », mais ils peuvent « ... également comprendre des objectifs économiques et sociaux, notamment en matière de diversification d'activités agricoles, de développement de filières de qualité et d'emploi. »

Les mesures agri-environnementales sont remplacées par des « *engagements environnementaux* » (43) et la prime au maintien des systèmes d'élevage extensifs devient la « *prime herbagère agro-environnementale* » (44) : mais au-delà des mots, il n'y a pas grand chose qui change, et on ne comptait en 2004 que 74 000 bénéficiaires de cette prime, pour un peu moins de cinq millions d'hectares (45).

La réforme de la PAC (46) s'oriente dorénavant plus nettement vers une éco-conditionnalité écologique – générale à partir de 2007 – des aides directes (47) et vers une augmentation des aides aux mises à niveau pour le respect des normes.

(38) Cf. J.-L. REDAUD, « Agriculture et zones humides », *Courrier Environnement* de l'INRA, décembre 1995, p. 50 et s.

(39) V. C. LONDON, « Agriculture et environnement, une intégration délicate ? », *LPA* 1er juin 2000.

(40) V. L. BODIGUEL, « Comment faire du neuf avec du vieux ? Les contrats d'agriculture durable », *Dr. env.* novembre 2003.

(41) Art. L. 311-3 et 4, L. 341-1 et s., R. 311-1 et 2, R. 341-7 et s. C. rur. Les CTE n'ont cependant pas totalement disparu : selon l'art. 6 du décret n° 2003-675, ceux qui ont été « *souscrits avant l'entrée en vigueur du présent décret demeurent régis jusqu'à leur terme par les dispositions (...) en vigueur à la date de leur signature.* » Toutefois, ils ne pourront être prorogés et les « *demandes de contrat territorial d'exploitation déposées (...) sont, sauf retrait de la demande, instruites en application des dispositions du présent décret et de ses arrêtés d'application.* »

(42) Le CAD a d'abord fait l'objet d'une circulaire (Circ. DEPSE/SDEA/C 2003-7007, 12 mars 2003) puis a été consacré par le décret n° 2003-675 du 22 juillet 2003 relatif aux CAD et modifiant le Code rural, *JO* n° 170, 25 juillet 2003, p. 2594.

(43) Décret n° 2003-774 du 20 août 2003 relatif aux engagements agro-environnementaux et fixant les conditions de souscription des personnes physiques et morales, *JO* n° 192, 21 août 2003, p. 14284 ; Arrêté du 20 août 2003 relatif aux engagements agro-environnementaux, *JO* n° 192, 21 août 2003, p. 14286.

(44) Organisée par les engagements agro-environnementaux.

(45) Le montant est faible : de 40 € pour la prime à l'herbe, il a été porté à soixante-huit puis 76 €.

(46) V. I. DOUSSAN, « L'environnement et la réforme de la PAC, de la multifonctionnalité à la schizophrénie agricole », *Dr. env.* mai 2004, p. 93 et s.

(47) Règlement 1/2004 du 23 décembre 2003, concernant les aides d'État accordées aux PME dans le secteur de la production, de la transformation et de la commercialisation de produits agricoles », *JOCE* L. 001 du 3 janvier 2004.

Le règlement 1698/2005 du 20 septembre 2005 concernant le soutien au développement rural par le fonds européen agricole pour le développement rural (FEADER) (*JOUE* L. 277 du 21 octobre 2005) et qui abroge le règlement 1257/1999 à partir du 1er janvier 2007, énonce que « *le Feader contribue à la promotion d'un développement rural durable dans l'ensemble de la Communauté* » (art. 3) et il a entre autres pour objectif (art. 4 b et c) « *l'amélioration de l'environnement et de l'espace rural par un soutien à la gestion des terres* » et « *l'amélioration de la qualité de la vie en milieu rural et la promotion de la diversification des activités économiques* ». Le considérant 21 du règlement spécifie que « *l'aide communautaire à l'investissement agricole a pour objectif de moderniser les exploitations agricoles et d'améliorer leurs performances économiques en améliorant l'utilisation des facteurs de production notamment par l'adoption de nouvelles technologies et par l'innovation, en privilégiant la qualité, la production biologique ainsi que la diversification à l'intérieur et/ou à l'extérieur de l'exploitation, y compris le secteur non alimentaire et les cultures énergétiques (...)* ».

Le Feader n'« *intervient (qu') en complément des actions nationales, régionales et locales qui contribuent aux priorités de la Communauté* » (art. 5 § 1). L'article 36 du règlement prévoit des mesures axées sur l'utilisation durable des terres agricoles (paiements destinés aux agriculteurs situés dans des zones de montagne visant à compenser les handicaps naturels, paiements agro-environnementaux, paiements en faveur du bien-être animal, ou encore aide pour les investissements non productifs).

Pour ce qui est des paiements agro-environnementaux (art. 39), ils sont accordés aux agriculteurs qui prennent volontairement des engagements en faveur de l'agro-environnement, pris en général pour une durée de cinq à sept ans. Les paiements sont accordés annuellement et couvrent les coûts supplémentaires et la perte de revenus dus aux engagements pris ; le cas échéant, ils peuvent également couvrir les coûts induits. L'aide est limitée. Pour l'axe 2 (amélioration de l'environnement et de l'espace rural), le taux est soumis à des plafonds (art. 70b) :

– 80 % des dépenses publiques éligibles dans les régions pouvant bénéficier de l'objectif « convergence » (il s'agit de l'objectif de l'action pour les États membres et les régions les moins développés conformément à la législation communautaire) ;

– 55 % des dépenses publiques éligibles dans les autres régions.

Des aides d'État destinées à soutenir les agriculteurs qui s'adaptent à des normes contraignantes fondées sur la législation communautaire dans les domaines de la protection de l'environnement, de la santé publique, de la santé des animaux et des végétaux, du bien-être des animaux et de la sécurité sur le lieu de travail peuvent être accordées pour aider les agriculteurs à se conformer à une législation nationale allant au-delà des normes communautaires (art. 89).

C'est dans ce cadre que doivent être comprises les différentes mesures françaises.

Le décret no 2004-1429 du 23 décembre 2004 (48) et l'arrêté du 12 janvier 2005 portant application des articles R. 615-10 et 615-12 du Code rural et relatif aux règles de couvert végétal et d'assolement (49) tirent les conclusions de cette logique

(48) *JO* 29 décembre 2004, p. 22228.
(49) *JO* 19 janvier 2005, p. 924, v. comm. I. Doussan, *in Dr. env.* no 126 mars 2005, p. 46, 48.

européenne et définissent ainsi les *« bonnes conditions environnementales »* dont, à l'évidence, le respect doit conditionner l'octroi des aides publiques.

L'article R-615-10 résume au mieux la « nouvelle » logique :

« Les agriculteurs qui demandent les aides mentionnées à l'article R. 615-9 sont tenus de mettre en place une surface consacrée au couvert environnemental égale à 3 % de la surface aidée de leur exploitation en céréales, oléagineux, protéagineux, lin, chanvre et gel. L'utilisation de fertilisants minéraux ou organiques ainsi que de pesticides chimiques sur les surfaces consacrées au couvert environnemental est interdite. Lorsqu'un cours d'eau traverse ou borde la surface agricole de l'exploitation, le couvert environnemental mentionné au premier alinéa est implanté en priorité le long de ce cours d'eau, à l'exception des parties bordées par des cultures pérennes ou des surfaces boisées.

II. – Par dérogation au I, pour les agriculteurs utilisant conformément au 1 du 3 de l'article 107 du règlement du 29 septembre 2003 susmentionné une partie de leurs terres gelées pour la production de cultures industrielles, l'obligation posée au I est réputée satisfaite après application éventuelle du deuxième alinéa de ce paragraphe, dès lors que la superficie en gel non utilisée pour la production de ces cultures est consacrée au couvert environnemental ou qu'une superficie équivalente y est consacrée. Les dispositions qui précèdent ne peuvent avoir pour effet d'imposer à l'agriculteur de consacrer au couvert environnemental plus de 3 % de la surface aidée de son exploitation en céréales, oléagineux, protéagineux, lin, chanvre et gel.

III. – Un arrêté du ministre chargé de l'agriculture précise les conditions et modalités d'application du présent article, notamment les dates d'implantation ainsi que les périodes de maintien du couvert environnemental, les dimensions des surfaces consacrées au couvert environnemental, les types de cours d'eau et de couverts environnementaux. Cet arrêté définit également les cas dans lesquels le préfet peut déroger à certaines des dispositions qu'il fixe ou les compléter en raison des particularités locales. Dans chaque département, le préfet établit la liste des couverts environnementaux autorisés, les normes locales relatives aux éléments fixes du paysage pouvant être prises en compte au titre des surfaces consacrées au couvert environnemental, ainsi que les cours d'eau pris en compte dans le département pour l'application des obligations mentionnées au deuxième alinéa. Lorsque la protection de la faune le justifie, le préfet peut, par dérogation à l'interdiction de traitement mentionnée au premier alinéa du I, autoriser pour certains couverts environnementaux des techniques spécifiques de maîtrise des adventices, en prenant en compte les différents enjeux environnementaux. Les surfaces mentionnées au deuxième alinéa du I ne peuvent faire l'objet de cette dérogation. »

BIBLIOGRAPHIE ADDITIONNELLE INDICATIVE

M. Cornu, J. Fromageau (dir.), *Le patrimoine culturel et la mer*, L'Harmattan, 2002 ■ J. C. Dauvin (dir.), *Gestion intégrée des zones côtières : outils et perspectives pour la préservation du patrimoine naturel*, Muséum d'Histoire naturelle, 2002 ■ M. Falque, H. Lamotte (dir.), *Droits de propriété, économie et environnement : le littoral*, Bruylant, 2003.

Adde, M. Bodiguel (dir.), *Gouvernance et partage de l'eau, le Bassin versant de Grand-Lieu*, Presses Universitaires de Rennes, 2007.

L. Bodiguel, « Comment faire du neuf avec du vieux ? Les Contrats d'agriculture durable », *Dr. env.* novembre 2003 ■ L. Bourhis et A. Choquet, « Vers une stratégie publique de protection des zones humides », *RDR* décembre 1997, p. 599 et s. ■ J. Caillosse, « Qui a peur du droit littoral ? », *RJE* 4/1993, p. 513 et s. ■ C. Cans, « Les réserves naturelles en 45 ans et deux mouvements : évolution, involution », *RJE* 4/2002, p. 551 et s. ■ I. Doussan, « L'environnement, objet de contrat entre l'agriculture et la société ? », *Natures, Sciences et Sociétés* 8/2000, p. 5-16 ■ J. M. FEVRIER, « La gestion des sites *Natura 2000* », *AJDA* 12 juillet 2004, p. 1394 et s. ■ S. FRÉMAUX, « La crédibilité de l'agriculture biologique et le droit », *RDR* mars 1998, p. 139 et s. ■ J.-M. GILARDEAU, « Les contrats naturels », *JCP* N n° 18-19, 1994, p. 289 ■ M. GJIDARA, « Les rapports agriculture environnement et l'impact des contraintes publiques », *LPA* 15 et 21 septembre 1992 ■ C. DE KLEMM, « La Convention de Ramsar et la conservation des zones humides côtières, particulièrement en Méditerranée », *RJE* 4-1990, p. 577 et s. ■ P. LASCOUMES, « Les arbitrages publics des intérêts légitimes en matière d'environnement », *RFSP* juin 1995 ■ E. LE CORNEC, « La défense du littoral a besoin de la loi », *Études foncières* décembre 1995 ■ V. LÉVY-BRUHL, « La réglementation de la pratique des sports motorisés en pleine nature », *RJE* 2-1989, p. 121 et s. ■ S. MALJEAN-DUBOIS, J. DUBOIS, « Vers une gestion concertée de l'environnement, la directive "habitats" entre l'ambition et les possibles », *RJE* 1999-4, p. 531 et s. ■ G. MARTIN, « Loi *Littoral* : identifier les espaces remarquables », *BJDU* 1998, p. 322 et s. ■ A.-H. MESNARD, « L'intégration des politiques du littoral », *Annuaire de droit maritime et océanique*, t. XIV, 1996 ■ A.-H. MESNARD, « Maîtrise du littoral et activités touristiques », *Annuaire de droit maritime*, t. XV, 1997, p. 159 et s. ■ A.-H. MESNARD, « Maîtrise du littoral et activités touristiques », *RJE* n° spécial 1998, p. 45 et s.

Adde : dossier spécial sur la montagne, *AJDA 20 juin 2005,* notamment M. CARAUD, « La montagne entre aménagement et protection », p. 1278 et s. et Y. LEBAHY et R. LE DELEZIR, *Le littoral agressé*, éd. Apogée, 2007 ■ http://france.mountainwilderness.org et http://bibliothequeenligne.espaces-naturels.fr/outilsjuridiques/ ?arbo=les_fiches&sel=reste:fiche&val=22:14.

QUATRIÈME PARTIE
LE DROIT DES POLLUTIONS ET NUISANCES

TITRE INTRODUCTIF
LA DÉFINITION DES OBJECTIFS : LA RECHERCHE D'UN DÉVELOPPEMENT SOUTENABLE

Cette notion est apparue au moins en 1972, à travers le rapport publié par le Club de Rome sur les limites de la croissance, on la retrouve clairement exprimée dans le rapport Bruntland *Notre avenir à tous*, certes publié en 1987 mais qui constitue un prolongement de la Conférence de l'ONU tenue en 1972 également, à Stockholm. Le problème en la matière est de savoir si c'est le système du marché qui est en cause, ou seulement ses dysfonctionnements.

Il arrive que les tenants des analyses les plus radicales – proches des thèses des écologistes politiques – tiennent plutôt à utiliser l'expression la plus proche de la traduction littérale de l'expression anglaise « *sustainable development* » et parlent de « développement soutenable ». La traduction la plus courante, celle de « développement durable », s'avère critiquable, il est vrai, en ce qu'elle « ... met en avant la préoccupation de développement, qui prend le pas sur celle de la protection » (1). Elle constitue, pour reprendre l'analyse de Serge Latouche (2), à la fois un « oxymore » et un « pléonasme », ce qui, sur le plan terminologique, est gênant et qui, sur le plan philosophique, peut prêter à sourire...

Sans entrer directement dans ce débat, il convient de souligner quelques-uns des points communs des tenants de ces deux grandes façons de comprendre l'expression et la notion de développement soutenable (à l'intérieur de chaque catégorie, les variantes, radicales ou moins radicales, sont évidemment multiples) (3). Le fait est que tous s'accordent sur le diagnostic premier, qui porte sur les symptômes du mal : le maintien de systèmes productifs est compromis par l'absence d'internalisation des

(1) Ainsi que le souligne dans le meilleur art. sur la question C. Cans, « Le développement durable en droit interne : apparence du droit et droit des apparences », *AJDA* 10 février 2003, p. 211. V. aussi S. Brunel, 2004, « Le développement durable », Paris, PUF, coll. « Que-sais-je ? ».

(2) S. Latouche, « *Le pari de la décroissance* », Fayard, 2006, p. 114-118.

(3) V. G. Pieratti et J.-L. Prat, « Droit, économie, écologie et développement durable : des relations nécessairement complémentaires mais inévitablement ambiguës », *RJE* 3/2000, p. 421 et s.

coûts naturels et humains (4) des productions polluantes, qu'il s'agisse d'ailleurs des coûts présents, des coûts passés ou des coûts futurs.

On a vu que les juristes de l'environnement et le monde juridique dans son ensemble en ont tiré quelques conclusions sous forme de quelques principes, au nombre desquels le principe pollueur/payeur, et qu'ils s'interrogent sur les méthodes de prévision à long terme des catastrophes, par un travail de longue durée à base de tâtonnements juridiques, par exemple sur la biodiversité.

Le point 4 de la déclaration de Rio proclame que « ... pour parvenir à un développement durable, la protection de l'environnement doit faire partie intégrante du processus de développement et ne peut être considérée isolément ») (5). Placé sous le signe du « développement durable », le Ve programme (V^{e} programme d'action sur l'environnement 1992-2000) adopté par la Commission de la CE le 18 mars 1992, reflétant cet esprit, tenait compte à la fois des engagements et discussions de Rio et des perspectives positives et négatives de l'achèvement du Marché intérieur. Axé sur cinq secteurs (industrie, énergie, transport, agriculture et tourisme), il traduisait une volonté de développer plus les outils financiers, fiscaux et contractuels que les normes « législatives ». En raison des fragilités de la construction européenne, ce programme ne s'est pas concrétisé par des mesures vraiment révolutionnaires, mais il a constitué au moins la première transcription dans un programme politique et juridique du parti pris de rechercher un développement soutenable : peut-être, dès lors, et même s'il ne faut pas exagérer l'importance des programmes d'action de la CE en matière d'environnement, a-t-il été l'occasion ou le signe d'un passage de l'incantation à la décantation. Le sixième programme d'action en faveur de l'environnement (« Environnement 2010, notre avenir, notre choix ») va dans le même sens : il énonce que toutes les politiques économiques doivent converger dans le respect des priorités définies (la lutte contre le changement climatique, la protection de la nature et de la biodiversité, la liaison environnement/santé, l'utilisation durable des ressources naturelles et la gestion durable des déchets). S'il faut en croire son « programme de travail... pour 2001 » (6), la Commission a choisi de tenir une « stratégie de développement durable », qui « vise à concilier la croissance économique, la cohésion sociale et la protection de l'environnement ».

Évidemment, cela passe principalement par une action internationale, mais Il n'en faudrait pas pour cela négliger que la mise en place d'une nouvelle croissance se modèle aussi sur le plan national (7) : à cet égard, l'intégration par les acteurs

(4) Car il ne faut pas négliger les « aspects sociaux du développement durable », sur lesquels il y a peu de travaux universitaires (V. G. Bossis, « Les aspects sociaux du développement durable, vers une définition communautaire ? », *RMCUE* mars 2002, p. 165 et s.).

(5) V. les art. de M. Kamto, J. Piette, M. Prieur, S. Doumbé-Billé, A.-C. Kiss sur « L'après-Rio, perspective nationale et internationale », *RJE* 1, 1993, p. 5 à 74, et le rapport de R. Nungesser et S. Royal, « Rio, deux ans après : un espoir déçu, un sursaut attendu », *AN Rapport d'information*, n° 1362, 1994.

(6) 31 janvier 2001, Com. (2001) 28 final.

(7) Et cela ne saurait bien évidemment se faire par la création d'une « commission française du développement durable » qui, sans envergure, n'est ni une instance de consultation ni un comité de sages (v., sur le décret du 29 mars 1993 instituant cette commission et sur le décret du 21 janvier 1994 réduisant sa composition en évinçant les ONG, le rapport à l'AN de S. Royal, *in* R. Nungesser et S. Royal, *Rio, deux ans après*, préc., p. 37-38). V., pour ce qui concerne son éventuelle « relance », le

industriels des préoccupations d'environnement constitue le soubassement nécessaire d'un travail politique et juridique à l'échelle internationale. Cette intégration doit se traduire tant dans la mise en place et le perfectionnement de mesures très traditionnelles d'encadrement que dans l'introduction de nouvelles techniques aptes à favoriser un couplage, au sein de l'économie d'un pays – en l'occurrence la France – entre économie et environnement. Il est clair que l'objet de la recherche, et partant l'objet du droit de l'environnement, est d'arrêter la consommation d'un bien naturel, la destruction d'éléments d'écosystèmes avant que la disparition ne soit irréversible, et mieux avant que la reconstitution de la ressource soit difficile. Comme l'explique M. Rémond-Gouilloud (8), « hormis la lutte contre les nuisances, tribut au bien-être des populations vivant actuellement, ce droit tend tout entier à créer des réversibilités ». Ajoutons qu'en l'état des mœurs et du droit en général, le moins que ce droit particulier puisse exiger est, pour l'adoption de mesures potentiellement irréversibles, qu'un débat ait lieu, qu'une transparence soit assurée et qu'autant que possible la décision soit prise en connaissance de cause. On conviendra qu'au minimum et à défaut d'enrayer l'irréversibilité d'une décision, le droit de l'environnement ait pour tâche, pour objectif et comme soubassement, de travailler à son acceptabilité et donc à sa connaissance (v. *supra,* première partie). Pour réussir ce pari, réaliste parce que mesuré, il lui faudra devenir un droit plus offensif, intégrant la problématique démocratique parmi ses interrogations fondamentales, encore plus qu'il ne l'a fait... et ni le « monde de la production » ni « l'entreprise » n'en sauraient être exemptés, le respect du droit de la concurrence (9) et de la liberté d'entreprendre ne pouvant se considérer hors d'un contexte où ressources naturelles et conditions de vie décente pour le plus grand nombre sont assurées ou au moins véritablement recherchées.

En tout cas, l'exigence de développement soutenable implique au moins, qu'on aille plus loin que ce qu'énonce la Charte pour l'environnement (« Les politiques publiques doivent promouvoir un développement durable. À cet effet, elles prennent en compte la protection et la mise en valeur de l'environnement et les concilient avec le développement économique et social. »). On peut se demander si le rôle du droit ne devrait pas plutôt être, d'ailleurs, de conduire les citoyens à adopter des comportements moins consommateurs d'espaces et d'énergie, par le recours à des

décret modifiant sa composition du 23 janvier 1996, *JO* 25 janvier ; R. CANS, « la France va relancer son programme de développement durable », *Le Monde* 27 janvier 1996. Cela ne passe pas non plus par l'institution d'un « Conseil national du développement durable » (décret n° 2003-26 du 13 janvier 2003) ni par la création du « Conseil interministériel du développement durable » par le décret n° 2003-145 du 21 février 2003 – v. C. CANS, « Naissance d'une nème instance du développement durable », *Dr. env.* avril 2003, p. 64-65) » ces instances ne servent objectivement pas à grand chose. Quant à l'inclusion de l'expression développement durable dans la dénomination officielle du ministère de l'écologie, il est évident qu'elle n'a rien apporté tant que les découpages de compétences n'ont pas suivi le mouvement » c'est fait maintenant, et il faudra évaluer les implications de ces changements sur la réalité des choses à moyenne échéance.

(8) « À la recherche du futur. La prise en compte du long terme par le droit de l'environnement », *RJE* 1-1992, p. 5 et s.

(9) Problématique singulièrement ignorée des assez nombreux écrits sur le sujet ; v. cependant les actes des Ateliers de la concurrence du 6 juillet 2005, « Droit de l'environnement et droit de la concurrence », numéro spécial, *LPA* 15 juin 2006.

objectifs plus radicaux que ce qui apparaît en définitive comme un simple accompagnement – pour ne pas dire un compagnonnage – avec une société libérale qui tourne le dos à son avenir et se cache les yeux pour ne pas voir les dégâts qu'elle cause ou promeut (10).

(10) V. la présentation décapante de J. STYGLITZ, « *Un autre monde contre le fanatisme du marché* », Fayard, 2006.

TITRE I
L'ENCADREMENT DE LA PRODUCTION INDUSTRIELLE

La liberté d'entreprendre est une liberté fondamentale au sens des dispositions de l'article L. 521-2 du Code de justice administrative. Cette liberté consiste à pouvoir exercer une activité économique dans le respect de la législation et de la réglementation en vigueur et, donc, conformément aux prescriptions qui lui sont légalement imposées, tout spécialement lorsqu'elles poursuivent une exigence aussi impérieuse que la protection de la santé publique. À cet égard, la décision Conseil d'État, référé, 25 avril 2002, n° 245414, Société Saria Industries a heureusement rappelé que les préoccupations de santé publique permettaient de réguler les activités économiques en portant atteinte de manière légitime aux capacités de production industrielle (1) : dans notre société, les préoccupations de santé publique et d'environnement sont intégrées à la liberté d'entreprendre.

L'encadrement de la production industrielle est donc légitime. Il repose avant tout sur le régime de police administrative spéciale des installations classées : mais il ne saurait se résumer à ce seul point.

SECTION 1 LE DROIT DES INSTALLATIONS CLASSÉES

Le régime actuel (2) n'est pas vraiment une nouveauté : dès 1810 (3), un régime d'autorisation existe pour les établissements dangereux, insalubres et incommodes, et la loi de 1917 (4) y a ajouté le deuxième volet, à base de

(1) Ce qui est à nouveau réaffirmé, à propos de la lutte contre le changement climatique, par le CE Ass., 8 février 2007, req. n° 287110, *Société Arcelor Atlantique et Lorraine et autres.*

(2) Codifié, pour les dispositions législatives, aux art. L. 511-1 à L. 514-20 du Code de l'environnement.

(3) Décret du 15 octobre 1810.

(4) Loi du 19 décembre 1917.

déclaration, qui compose le système français. La loi du 19 juillet 1976 (5) se borne en fait à « renforcer les pouvoirs de l'administration par rapport aux installations classées » et d'en étendre le champ d'application (en particulier aux installations agricoles (6). La loi du 3 juillet 1985 est venue par la suite aggraver les sanctions pénales attachées au régime traditionnel, et la loi du 22 juillet 1987 (v. *supra*) a accru les possibilités d'instituer des servitudes. Mais pour l'essentiel, le système semble bien ancré dans nos mœurs juridiques, quoique sur certains points (contentieux en particulier) il soit fortement spécifique.

Il s'agit d'un régime très classique de police administrative spéciale – assortie d'obligations de garanties financières (7) : une demande d'autorisation ou de déclaration doit être faite, en général auprès du préfet, dès lors qu'une installation entre dans la nomenclature fixée en application de la loi du 19 juillet 1976 par décrets en Conseil d'État.

La décision de refuser une autorisation ou de l'accorder appartient en propre au préfet (8), sauf quatre exceptions :

1) si l'installation visée est déjà en fonctionnement et si le conseil départemental d'hygiène a donné un avis défavorable, le préfet est tenu de refuser l'autorisation ;

2) quand les installations soumises à autorisation présentent des risques pour plusieurs départements ou régions (9), c'est le ministre de l'Environnement qui doit alors statuer ; la procédure est différente et suppose une consultation du conseil supérieur des installations classées ;

3) certaines installations figurent sur une liste spéciale : le ministre de l'Environnement est alors compétent ;

4) pour les installations militaires, le ministre de la Défense est compétent (étant alors et comme trop souvent juge et partie).

D'autres entreprises ne sont soumises qu'à déclaration : le préfet reçoit cette déclaration, dont il délivre récépissé (10). Pour les établissements de la défense nationale, un dossier de déclaration est communiqué au préfet (11) mais la décision de création remplace la déclaration.

Quand elle est requise, le préfet n'accorde l'autorisation que si les « dangers ou inconvénients... peuvent être prévenus par des mesures (12) que spécifie l'arrêté préfectoral » (art. L. 512-1 du Code de l'environnement). Le préfet est donc tenu de

(5) *JO* 20 juillet 1976.

(6) Mais toujours pas aux installations nucléaires, que la loi du 13 juin 2006 continue à faire échapper au droit commun : la création ou les modifications substantielles des INB sont soumises à autorisation après avis de l'Autorité et enquête publique, mais il n'est pas fait obligation d'une étude de dangers, et pour ce qui concerne les éventuelles servitudes, leur institution est facultative (art. 31 de la loi) et le régime échappe donc au régime de droit commun des installations Seveso. V. Le Commentaire de la loi de S. CHARBONNEAU, « Préventique Sécurité », juillet-août 2006, p. 52 et s., et M. B. LAHORGUE, *Dr. env.* mai 2007, p. 125 et s.

(7) V. F. BAVOILLOT, « Les garanties financières prévues au titre de la législation sur les installations classées pour la protection de l'environnement », *LPA* 1er juillet 1994.

(8) Au préfet de police à Paris, en vertu de l'art. 13 du décret du 21 septembre 1977.

(9) Art. L. 512-2 du Code de l'environnement.

(10) Art. 27 du décret du 21 septembre 1977.

(11) Art. 4 du décret du 15 octobre 1980.

(12) Elles sont énoncées dans le même art. : « notamment... éloignement des habitations,... cours d'eau, voies de communication, captages d'eau... », etc. Le notamment est important, qui confirme que le préfet détient un pouvoir d'appréciation réel.

prendre ces mesures sous le contrôle du juge administratif (13). Dans le cas où « la demande d'autorisation concerne une installation classée à implanter sur un site nouveau et susceptible de créer, par danger d'explosion ou d'émanation de produit nocif, des risques très importants pour la santé ou la sécurité des populations voisines et pour l'environnement », la loi du 22 juillet 1987 sur la prévention des risques majeurs donne au préfet un droit d'initiative (14) qui peut aboutir à la détermination d'un périmètre soumis à des servitudes d'utilité publique (15), après enquête publique, et si le conseil municipal concerné et le demandeur ont manifesté qu'ils étaient favorables à cette institution (16). Dans le cas contraire, un décret en Conseil d'État devient nécessaire.

De fait, les prescriptions qui sont contenues dans l'acte d'autorisation ne sont pas les seules qui s'appliquent aux installations classées ; les textes sur l'eau, l'air, les déchets, peuvent conduire les autorités compétentes (*id est*, pour l'essentiel le préfet, comme en matière d'installations classées) à adopter d'autres mesures. La complexité qui en résulte a été correctement perçue par le pouvoir réglementaire, qui a essayé de simplifier le *corpus* normatif à partir d'une nouvelle politique d'application de la loi de 1976 sur les installations classées. L'arrêté du 1er mars 1993 relatif aux prescriptions applicables aux installations soumises à autorisations, prélèvements et consommation d'eau, rejets de toute nature, dit arrêté rejets intégrés, publié au *JO* le 28 mars 1993, pouvait préfigurer ce que devrait être la nouvelle politique juridique de traitement des rejets industriels en France, menée sous l'égide du ministre de l'Environnement. Les soixante-quinze articles et huit annexes de ce texte ne réussissaient pas cependant à simplifier la compréhension du système, malgré les explications données par les circulaires explicatives du 26 mars 1993 et du 9 juin 1994 (17). Mais le texte obéissait – par anticipation – à la logique du système européen de normalisation des rejets, dit « integrated pollution prevention and control », consacrée par la directive adoptée par le Conseil de l'Union européenne le 24 septembre 1996 (18). Le problème majeur de cet arrêté était son défaut de base légale : le Conseil d'État l'a annulé le 21 octobre 1996 (UIC, req. n° 153782), considérant que le ministre de l'Environnement n'était pas habilité à prendre des prescriptions aussi générales sur la base de la loi de 1976 (19).

(13) On remarquera en particulier qu'il ne peut pas, par exemple, autoriser l'ouverture d'une décharge présentant des risques de pollution chimique pour une nappe phréatique : cf. TA, Bordeaux, 2 octobre 1986, *SEPANSO*, *RJE*, 3-1987, p. 368, avec une note de S. CHARBONNEAU (« Les aventures juridiques d'une décharge dite contrôlée », p. 369 et s.). Mais l'esthétique peut aussi compter : ainsi, une installation de stockage d'épaves automobiles fonctionnant sans autorisation ne peut faire l'objet d'une régularisation, en raison des atteintes portées au site rural avoisinant : CAA, Lyon, *SARL Mestre*, 14 mai 1996.

(14) Il le partage avec le demandeur de l'autorisation et le maire de la commune concernée.

(15) Le régime juridique de ces servitudes a été réorganisé par le décret du 9 juin 1994 (*JO* 12 juin), titre IV.

(16) Art. 7-2 de la loi de 1976, tel qu'introduit par la loi de 1987 préc.

(17) *JO* 12 juin ; v. particulièrement le point 1.3, p. 8523 ; il y est clairement affirmé que l'application simultanée de plusieurs nomenclatures (en particulier au titre des législations sur les installations classées et sur l'eau) peut aboutir à la soumission de plusieurs activités d'un même exploitant à des « régimes juridiques variables ».

(18) *JOCE* L. 257, du 10 octobre 1996 ; v. C. LONDON, « Le contrôle de pollution intégré en droit communautaire », *LPA* 28 octobre 1996.

(19) V. le texte de la décision avec comm. LCP, *Dr. env.* novembre 1996, p. 8-9.

L'essentiel de la philosophie de l'arrêté était correctement résumé dans son article 2 (« Les installations doivent être conçues de manière à limiter les émissions de polluants dans l'environnement, notamment par la mise en œuvre de technologies propres, le développement de techniques de valorisation, la collecte sélective et le traitement des déchets et effluents en fonction de leurs caractéristiques et la réduction des quantités rejetées ») et dans son article 21 (20) (« Les valeurs limites de rejet sont fixées dans l'arrêté d'autorisation sur la base de l'emploi des meilleures technologies disponibles à un coût économique acceptable, et des caractéristiques particulières de l'environnement »). Il s'agit clairement d'un « abandon des approches sectorielles », les valeurs limites étant fixées dans le même acte pour tous les types d'effluents. L'introduction de ce nouveau système ne constitue une avancée positive que pour autant que la fixation nationale de valeurs limites admissibles pour chaque polluant demeure (elle était énoncée dans l'arrêté du 1er mars, ce qui explique sa longueur inhabituelle) et n'est pas trop faible : le pouvoir réglementaire serait-il, d'ailleurs, tenté par une déréglementation en la matière qu'il ne serait pas en mesure de la mener impunément, tant que demeurent en vigueur les différentes directives européennes sectorielles, figurant toutes dans les visas de l'arrêté du 1er mars· La technique s'inspire d'ailleurs de la technique propre aux directives européennes, puisque la fixation de valeurs limites particulières par chaque acte d'autorisation ne constitue qu'une obligation de résultat, chaque titulaire demeurant libre – dans le respect des autres normes s'appliquant au cas d'espèce, et particulièrement des valeurs énoncées par l'arrêté du 1er mars – des moyens qu'il désirera utiliser. L'essentiel est qu'un contrôle soit effectué, ce que l'article 61 de l'arrêté, qui établissait une obligation de bilan annuel des rejets – pour certains produits parmi les plus dangereux – ainsi que des déchets faisant l'objet d'une élimination à l'extérieur de l'établissement, était à même de favoriser.

L'arrêté du 2 février 1998 – pris sur une habilitation législative élargie – relatif aux prélèvements et à la consommation d'eau ainsi qu'aux émissions de toute nature des installations classées pour la protection de l'environnement soumises à autorisation (21) comble le vide juridique provoqué par l'annulation de l'arrêté du 1er mars 1993. À de très larges égards, il en reprend la philosophie et le dispositif. Il vise à prévenir les accidents et la pollution industrielle de certaines installations nouvelles et existantes en imposant l'utilisation de technologies propres ainsi que la valorisation, la collecte sélective et le traitement des effluents et déchets. Des dispositions techniques réglementent les conditions de traitement des effluents et des rejets de toute nature, et des valeurs limites d'émission et de rejet dans chaque milieu naturel sont fixées, l'objectif étant de réduire la pollution à la source. S'il est impossible pour l'exploitant de respecter les dispositions énoncées, celui-ci devra réduire, voire même arrêter le fonctionnement de son installation. La surveillance permanente des émissions et rejets est préconisée, les résultats devant être communiqués à l'inspection des installations classées, de même qu'un bilan annuel des émissions de gaz à effet de serre doit être transmis au préfet. La mise en application de cet arrêté a été

(20) V. Y. RAZAFINDRATANDRA, « L'arrêté rejets intégrés, instrument d'un regroupement et d'un approfondissement des polices de l'environnement autour de la police des installations classées », *Dr. env.* juillet 1993.

(21) *JO* du 30 janv. 1998, p. 3247. Commentaire Y. RAZAFINDRATANDRA, *Dr. env.* avril 1998, p. 8 et 9.

progressive, certaines dispositions devant être d'ores et déjà respectées par les installations existantes (et notamment les valeurs limites d'émission et de rejets), les autres étant applicables dans un délai d'un an.

Le décret du 9 juin 1994 (22) relatif aux installations classées, non content de s'inscrire dans cette évolution conforme aux évolutions du droit européen, articule le droit de l'eau et le droit des installations classées, aligne l'étude d'impact exigée en matière d'installations classées sur celle existant exigée en matière d'aménagement, continue le mouvement vers une meilleure information des administrés, clarifie les rapports entre droit des déchets et droit des installations classées et entérine la connexion entre ce droit et le régime juridique des organismes génétiquement modifiés. Pour ceux qui n'auraient pas bien saisi la parfaite synchronisation qui est en train de s'opérer entre ces législations, il est clairement affirmé dans la circulaire du 9 juin 1994 (*JO* 12 juin). La complexité de ces combinaisons est présentée comme normale, dans la mesure où elle est déjà pratiquée, nombre d'exploitants voyant certaines de leurs activités soumises à déclaration et d'autres à autorisation alors même qu'elles peuvent s'exercer dans le même établissement. Le décret n° 2000-258 du 20 mars 2000 achève la transcription de la directive IPPC, en ajoutant en particulier aux exigences de l'étude d'impact une analyse des effets directs ou indirects sur la santé.

Après le démarrage de l'installation considérée, le cas échéant, « des arrêtés complémentaires peuvent être pris sur proposition de l'inspection des installations classées et après avis du conseil départemental d'hygiène... » (article 18 du décret de 1977, complété par le décret n° 86-1289 du 19 décembre 1986), et « toute modification apportée par le demandeur à l'installation, à son mode d'utilisation ou à son voisinage, et de nature à entraîner un changement notable des éléments du dossier de demande d'autorisation, doit être portée avant sa réalisation à la connaissance du préfet avec tous les éléments d'appréciation » (article 20, alinéa 1 du même décret, complété par le décret du 9 juin 1994). De même, en cas de changement d'exploitant, déclaration doit être faite au préfet... Il est de la compétence du préfet de fixer des prescriptions complémentaires, voire d'inviter l'exploitant à déposer une nouvelle demande d'autorisation (23).

Et, quand une installation classée cesse d'être exploitée, c'est encore au préfet que l'exploitant doit signaler, dans le mois, cette cessation. Le préfet doit faire respecter l'obligation énoncée par le dernier alinéa de l'article 34 du décret de 1977 : « l'exploitant doit remettre le site dans un état tel qu'il ne s'y manifeste aucun des dangers ou inconvénients » qui avaient motivé l'exigence d'une autorisation ou d'une déclaration (24). Il est à ce titre compétent par exemple pour

(22) *JO* 12 juin 1994.

(23) C'est en particulier le cas (art. 39 du décret de 1977) lorsqu'une installation a été mise hors d'usage par un incendie, une explosion ou « tout autre accident ».

(24) Et, si le préfet est obligé de donner récépissé des déclarations de cessation d'exploitation d'installations classées ou déclarées, la délivrance de ce document ne met pas fin aux obligations de l'exploitant, « même si l'exploitation a été détruite ou démantelée » (Réponse à une question écrite n° 10592 de M. E. Pinte, déposée le 13 mars 1989, publiée au *JOAN, Débats* 3 juillet 1989 donnant la jurisprudence du CE en la matière).

mettre en demeure le propriétaire d'un terrain, solidairement avec l'ancien exploitant, de procéder au retrait des déchets et produits toxiques abandonnés (25). Le décret du 9 juin 1994 a même mis en place un mécanisme de garanties financières obligatoires, pour les installations jugées les plus dangereuses, permettant d'éviter l'abandon de sites contaminés sans propriétaires ni responsables apparents ou solvables. Alors que l'obligation de garantie devait entrer en vigueur au 15 décembre 1995, un décret du 5 janvier 1996 (*JO*, 11 janvier) a reporté, pour les installations concernées par la directive *Seveso*, ce délai au 14 juin 1997, marquant les réticences des différents gouvernements à rendre effective cette obligation.

On remarquera que par une jurisprudence très malheureuse, le Conseil d'État (17 novembre 2004, *Société nationale d'archives*) (26) a estimé que l'obligation de remise en état du dernier exploitant se limite aux effets de sa seule activité. Par une autre jurisprudence tout aussi critiquable, il estime (CE Ass., 8 juillet 2005, *Société Alusuisse-Lonza-France*, n° 24976), en « découvrant » un principe général du droit (27), que cette remise en état est concernée par la prescription trentenaire, ce qui fait reposer sur le seul contribuable d'aujourd'hui l'irresponsabilité des acteurs économiques et des autorités publiques d'hier.

Le décret n° 2005-1170 du 13 septembre 2005 (28) clarifie en conséquence l'obligation de remise en état de l'exploitant, sur qui pèse l'évacuation ou de l'élimination des déchets et produits dangereux. Le propriétaire n'est pas concerné par cette obligation, sauf à travers le fait qu'il aura à supporter la charge des frais liés à un éventuel changement d'usage de son terrain.

Quant à l'inspection des installations classées, elle est assurée sous l'autorité du préfet du département concerné que le directeur régional de l'industrie, de la recherche et de l'environnement (DRIRE) organise (art. 33 du décret de 1977, tel que modifié par le décret du 16 avril 1987). Le corps français des inspecteurs (29) compte un nombre ridicule de membres, pour 64 600 installations classées soumises à autorisation, 500 000 installations classées au total, 1 249 concernées par la directive *Seveso II*, dont 680 à haut risque. Le rattrapage de 2002 (152 postes prévus, moins en définitive) n'a manifestement pas été au niveau des exigences.

(25) V. à titre d'exemple, CAA, Paris, *Ministre de l'Environnement c/ SCI Les Peupliers*, 14 juin 1994 ; v. P. Steichen, *Les sites contaminés, de la police administrative au droit économique*, th., LGDJ, coll. « Bibliothèque de droit de l'environnement », 2002.

(26) Req. n° 252514, *AJDA* 28 mars 2005, p. 675 et s., note F. Braud et A. Moustardier.

(27) V. *AJDA* 3 octobre 2005 et s.

(28) *JO* 16 septembre 2005, p. 15017. Comm. F. G. Trebulle, *Dr. env.* novembre 2005, p. 264 et s.

(29) *Le Monde* 5 octobre 2001, p. 15.

Activités d'inspection

	2000	**2001**	**2002**	**2005 (bilan rendu public en 2006) (30)**
Procès-verbaux	800	1 250	1 354	1 325
Nombre d'inspections	15 000	32 000	24 628	28 593
Sanctions administratives (total)	2 450	4 500		
Mises en demeure par le préfet	2 000		3 050	2 981
Consignations de sommes avant régularisations	300		439	260
Fermeture administrative	150		221	83 (fermetures ou suspensions)
Nombre d'inspecteurs	870 (plus 152)			1 450 (1 170 équivalent emplois plein temps)

L'article L.514-5 du Code de l'environnement énonce que les inspecteurs peuvent visiter à tout moment les installations soumises à leur surveillance – mais depuis la loi n° 2006-11 du 15 janvier 2006, ils doivent avertir (« sauf contrôle inopiné »... la rédaction est curieuse) 48 heures à l'avance l'exploitant... Les inspecteurs ont la possibilité de dresser un PV notamment pour obstacle à l'exercice de leurs fonctions. Il s'agit alors d'une infraction constitutive d'un délit correctionnel. La peine est de 10 jours à un an d'emprisonnement et d'une amende de 15000 € au plus. Cette mission de surveillance s'exerce sur toutes les installations. Selon la circulaire du 12 juillet 2000 relative au programme triennal d'action de l'inspection des installations classées des DRIRE, les établissements prioritaires sont les établissements SEVESO, les installations de stockage ou d'élimination de déchets d'une capacité autorisée de plus de 20 000 tonnes par an pour les déchets industriels spéciaux et de plus de 40 000 tonnes pour les ordures ménagères, les installations à rejets importants dans l'atmosphère et les installations dont le rejets dans le milieu naturel ou vers une station d'épuration collective dépasse certaines valeurs spécifiées dans le texte.

Le préfet peut mettre en demeure tout exploitant d'une installation fonctionnant sans autorisation quand l'autorisation est requise, et ordonner la suspension de l'exploitation ou la fermeture de l'installation, sous le contrôle du juge (31). L'exploitation dans des conditions non conformes aux prescriptions fixées dans l'arrêté d'autorisation peut le cas échéant engager sa responsabilité, ou plus exactement celle de l'État. Ainsi, dans un arrêt *Michallon* du 11 juillet 1986, le CE a décidé que la pollution d'un étang directement causée par l'exploitation d'une porcherie contraire aux prescriptions énoncées dans l'acte d'autorisation engageait

(30) V. http://160.92.130.69/IMG/pdf/brochure_stats-05.pdf.

(31) V. par exemple CE, 6 mars 1987, *Valéry Sainte-Rose*, *RJE* 2 1988, p. 171 et s. (à propos d'une exploitation sans autorisation d'un établissement de récupération et de stockage des véhicules en Martinique). V. M. Prieur, « Le recours devant les juridictions administratives en matière d'installations classées », *RJE* 1978-2, p. 121.

la responsabilité de l'État, le préfet ayant laissé se poursuivre l'exploitation (32). Compte tenu de la difficulté fréquente des inspections, cependant, il peut se produire – c'est semble-t-il rare – que le juge ne sanctionne que les fautes lourdes (CAA, Bordeaux, 21 mai 2002, *Ministère de l'Aménagement du territoire et de l'environnement c/ Gandon* (33)). En général, il considère que les insuffisances des préfets dans leur usage de leurs pouvoirs de police en matière d'installations classées constituent des fautes engageant la responsabilité de l'État. Dans sa décision du 5 juillet 2004, *Lescure c/ préfet de la Corrèze*, req. n° 243801, le préfet de la Corrèze se trouve ainsi sanctionné pour n'avoir pas pris des prescriptions suffisamment sévères pour parer au bruit d'une une station de concassage, criblage, broyage et lavage de cailloux et produits minéraux naturels. Le Tribunal administratif de Limoges avait, par un jugement en date du 8 janvier 1987, modifié les prescriptions de l'arrêté susvisé car il les trouvait insuffisantes, et a fixé à un maximum de 50 db en période diurne le niveau acoustique de l'installation. Le préfet a refusé de faire usage de l'article L. 514-1 du Code de l'environnement et n'a pas fait appliquer ces prescriptions. Un riverain de l'installation litigieuse a demandé réparation du préjudice qu'il estimait subir du fait du fonctionnement irrégulier de l'installation, ce qui a été refusé par le ministre puis par le Tribunal administratif de Limoges et par la Cour administrative de Bordeaux. Le Conseil d'État considère pour sa part que « le préfet de la Corrèze a commis une faute de nature à engager la responsabilité de l'État ; que M. X est par suite fondé à soutenir que c'est à tort que, par le jugement attaqué, le Tribunal administratif de Limoges a rejeté sa demande tendant à être indemnisé du préjudice résultant pour lui du fonctionnement irrégulier de l'installation classée en cause et des troubles dans ses conditions d'existence qui en ont été la conséquence » (34).

Le préfet peut par ailleurs, sur la base de l'article 26 de la loi du 19 juillet 1976 (article L. 514-4 du Code de l'environnement), pour faire cesser une pollution produite par une installation non classée, après avis du maire et du conseil départemental d'hygiène (sauf urgence), mettre en demeure l'exploitant de remédier aux inconvénients et dangers en cause, puis, en cas de non-respect, lui infliger les mêmes sanctions administratives (35).

Le contrôle juridictionnel exercé par le juge administratif est très spécifique. Au plan de la procédure, par exemple, les tiers disposent d'un délai de quatre ans pour intenter un recours et ni le recours hiérarchique ni le recours gracieux ne conservent le délai de recours (36) ; l'appréciation de la légalité des actes en la matière se fait au jour du jugement. Quant au fond, cette spécificité est fortement accusée : le juge, « lorsqu'il statue en vertu de l'article 14 de la loi de 1976 (37)... a le pouvoir d'autoriser la création et le fonctionnement d'une installation classée pour la

(32) V. *RJE* 4-1986, p. 466-467.
(33) Comm. F. Delliesshe, *Dr. env.* mai 2003, p. 85-86.
(34) V. Comm. F. G. Trebulle, *AJDA* 21 mars 2005.
(35) Normalement le maire devrait en ce cas agir le premier.
(36) Avis du CE, 18 juin 1985, *RJE* 1986. 2, p. 350.
(37) Art. L. 514-6 du Code de l'environnement.

protection de l'environnement en l'assortissant des conditions qu'il juge indispensables à la protection des intérêts mentionnés à l'article 1er de la dite loi » (38).

Comme le remarquait Philippe Terneyre dans un commentaire d'une jurisprudence marquante, il y a en fait deux administrateurs compétents en matière de police des installations classées : « en amont, le préfet et en aval, en cas de contestation des décisions de ce dernier, le juge administratif » (39). La preuve en est que, selon le Conseil d'État, le jugement *ultra petita* est pour le juge des installations classées non une faculté mais une obligation, celui-ci ne pouvant se contenter de se prononcer sur la seule validité d'une autorisation, mais devant considérer si les prescriptions dont l'autorisation était assortie étaient suffisantes à protéger les intérêts définis par la loi (40).

Par ailleurs, l'exploitant peut en même temps faire l'objet de mesures administratives et être traduit devant les tribunaux de l'ordre judiciaire, qu'ils soient pénaux ou civils. Cette profusion d'actions simultanées peut être problématique, les juges judiciaires pouvant se prononcer sur une situation administrative appelée à évoluer.

Le régime pénal des installations classées a été remanié par la loi du 31 juillet 1985. L'ancien outil répressif était peu et mal utilisé, et le législateur a entendu le réformer sur trois points : l'augmentation des peines, la création d'un nouveau délit, une augmentation des pouvoirs du juge. En effet, si de nombreuses infractions existaient, leur sanction était, par leur faiblesse, dénuée de toute efficacité. L'article 18 de la loi de 1976 (délit d'exploitation sans autorisation) ne prévoyait par exemple qu'une amende maximale de 30 000 F. La peine encourue (41) est aujourd'hui une amende de 76224 € et/ou un emprisonnement d'un an. Ces peines sont doublées en cas de récidive et peuvent être écartées au profit de peines de substitution (interdiction d'exercer pendant 5 ans l'activité professionnelle lorsque le coupable l'a sciemment utilisée pour préparer ou commettre un délit, obligation d'exercer une activité d'intérêt général, paiement de jours-amende) prévues par le Code pénal. L'article 514-9 consacrant un délit d'exploitation en violation d'une mesure de fermeture ou de suspension administrative ou judiciaire l'assortit désormais de peines de 2 mois à 2 ans de prison et/ou 3035 € à à 152 450 €. L'entrave à la fonction d'inspecteur est un délit.

Le juge pénal peut recourir à des mesures d'accompagnement de diverses natures :

1) *La fermeture provisoire :* la loi de 1976 permettait déjà au juge judiciaire de prendre de telles mesures, mais de manière restreinte. Aujourd'hui son champ d'intervention est beaucoup plus large, puisque l'interdiction d'exploitation peut accompagner toute condamnation du tribunal correctionnel sur la base de l'article 18 ou du tribunal de police sur la base de l'article 19, dans ce cas l'exploitant devra continuer à verser à ses employés les sommes normalement dues. L'interdiction prendra fin avec la soumission aux dispositions violées.

(38) CE, 15 décembre 1989, *Spechinor*, *D.* 1990, IR 25. Cette jurisprudence confirme une jurisprudence ancienne (CE, 20 mai 1881, *Bridault*, rec. 519, et CE, 15 mai 1903, *Clerget*, req. 356).

(39) *Rév. adm.* 1990, p. 45.

(40) *Commune de Tonnay-Charente c/ Ville de Rochefort*, 8 février 1930, req. 84 288, v. fasc. *J.-CL. Env.* n° 1040, n° 121.

(41) Les dispositions pénales sont codifiées désormais aux art. L. 514-9 à 17 du Code de l'environnement.

2) *L'ajournement.* Si dans le cadre de l'article 18, la décision est immédiatement exécutoire, dans le cadre de l'article 19, le juge peut ajourner sa décision en enjoignant, sous astreinte s'il le veut et dans un certain délai, à l'installateur de régulariser sa situation. Si l'exploitant s'exécute, les peines pourront ou non être prononcées. Si l'exploitant s'exécute en retard il pourra y avoir perception de l'astreinte et prononcé des peines. Si l'exploitant ne s'exécute pas, il y aura liquidation de l'astreinte, prononcé des peines et exécution d'office aux frais de l'exploitant.

3) *La remise en état des lieux.* Le tribunal correctionnel, dans le cadre de l'article 18, peut exiger la remise en état des lieux. Cette faculté peut donner lieu à l'ajournement du prononcé de la peine avec l'obligation pour le juge de fixer une astreinte ou être exécutée d'office aux frais du condamné.

4) *La publication de la décision.* Elle suit les règles normales en cours avec une particularité de taille : le message pourra contenir les motifs et le contenu de la décision, sans se limiter à la peine.

Les autorisations ne sont accordées que sous réserve des droits des tiers. Cette disposition est dangereuse pour les exploitants qui ne peuvent donc associer respect des prescriptions et tranquillité juridique. En effet, aussi bien le juge judiciaire (42) que le juge administratif, lors de recours concernant des établissements relevant de sa compétence (43), ont affirmé, comme principe, qu'une installation fonctionnant en conformité avec les prescriptions n'était pas déchargée de toute responsabilité civile délictuelle.

Complément : La localisation des activités industrielles, des directives *Seveso* à la loi sur les risques de 2003. Orienter la production et le développement technologique de manière à ce qu'ils soient compatibles avec la protection de l'environnement... Prévoir les accidents pour mieux y parer et s'y préparer... rapprocher les législations nationales pour à la fois réguler la concurrence et protéger l'environnement (au sens large, y compris donc la santé de l'humain travailleur, consommateur ou vulgum pecus...). L'ambition de la directive Seveso était saine. Elle n'a pas apparemment été satisfaite, puisque la nouvelle directive adoptée les 22 et 23 juin 1995, vingt ans après, est motivée par le fait que « des disparités significatives persistent entre les pratiques nationales dans l'application de la directive de 1982 »... Le but du nouveau texte est de parachever l'harmonisation, mais dans le cadre du quatrième programme d'action pour l'environnement, et donc de la politique de l'environnement : c'est-à-dire en visant, conformément au Traité, un « niveau élevé de protection ».

La directive de 1982 définit le risque majeur comme un « événement tel qu'une émission, un incendie, ou une explosion de caractère majeur, en relation avec un développement incontrôlé, d'une activité industrielle, entraînant un danger grave, immédiat ou différé, pour l'homme, à l'intérieur ou à l'extérieur de l'établissement et/ou pour l'environnement, et mettant en jeu une ou plusieurs substances dangereuses » (art. 1-2c de la directive) : on ne voit pas du tout pourquoi le texte ne s'applique pas aux installations nucléaires, non plus qu'aux installations minières, militaires, de fabrication et de stockage d'explosifs et de munitions (art. 2)... Le nouveau texte, sur ce point, marque ses limites. On ajoute aux activités non couvertes les transports de substances dangereuses par route, rail, eau ou air, dès lors qu'elles sont couvertes par des réglementations nationales ou internationales, alors que seront couvertes les installations assurant l'élimination des déchets toxiques et dangereux, actuellement exclues du champ d'application de la directive dès lors que leurs activités sont couvertes par une autre réglementation communautaire. La nouvelle

(42) Cass. 2e civ., 19 janvier 1961, *Sté Demancel et Manestamp*, *JCP* G 1961, IV, 31.
(43) CE, 27 mars 1971, *Cie des eaux*, *Dr. adm.* 1971, n° 110, annexe.

directive vise à actualiser la directive *Seveso*, pas à passer un nouveau cap qui ferait fi de tabous désuets. Il semble cependant que nombre de produits non couverts le seraient dorénavant (en particulier des pesticides). Mais l'on parle désormais de « maîtrise des dangers liés aux accidents majeurs impliquant des substances dangereuses ».

La directive *Seveso* mettait en place un comité spécial (art. 15 de la directive) dont le rôle est de contribuer à une adaptation permanente du contenu de la directive (44) : le projet de nouveau texte le maintient. Il participerait toujours (art. 21.3 du projet) à la détermination des mesures que la Commission pourra prendre pour l'adaptation technique de la directive : à défaut d'accord, la Commission devrait avoir recours au Conseil, statuant à la majorité qualifiée, qui devrait se prononcer dans les trois mois faute de quoi la Commission se prononcerait seule. Situation inchangée sur ce point, donc, alors que les délais requis semblent longs.

La directive de 1982 prévoit que les États sont dans l'obligation de prendre toutes les mesures nécessaires pour prévenir les accidents majeurs, et instituer un contrôle sérieux. L'article 5 en est très précis – et bien plus astreignant que ne le sont les dispositions traditionnelles des directives – et assigne au fabricant une obligation de notification à l'autorité responsable désignée par l'État concerné des informations nécessaires à l'organisation de cette prévention (45). Le nouveau projet tranche uniquement sur un point par rapport à la directive actuelle : les États doivent introduire dans leurs législations les mesures nécessaires pour obtenir des responsables d'installations visées, non soumises à la directive *Seveso*, les renseignements nécessaires quelque temps avant le début de la construction, ou de l'opération dangereuses (entre 4 à 8 mois avant, selon l'art. 5.2. du projet). Pour les installations qui sont déjà soumises à la directive *Seveso*, les modifications importantes devront également et selon les mêmes modalités faire l'objet de notifications ; celles qui continueront à fonctionner en l'état devront notifier les renseignements requis dans un délai de 8 à 12 mois après l'entrée en vigueur de la nouvelle directive. De même, les plans d'intervention interne et externe devraient être testés et faire l'objet d'une révision tous les trois ans au moins.

Le droit à l'information est organisé par l'article 8-1 de la directive *Seveso*... mais il a fallu attendre la modification de 1988 (46) pour que cette information devienne vraiment (au moins théoriquement) accessible puisque communiquée d'office (tant aux nationaux qu'aux États concernés) et publiée. En clair, c'est à cause de la catastrophe de Sandoz, à Bâle (47), que cet élargissement a été obtenu. Mais – et surtout – les États membres ont, comme le soulignait M. Prieur, en 1989 « du mal à mettre en application une directive pourtant simple et justifiée par l'urgence ».

Or, depuis, est intervenue la directive 90/313 du Conseil (7 juin 1990 (48)) qui a principalement pour but d'harmoniser les conditions d'accès aux informations, et de diffusion des informations, en posant tout d'abord une obligation de principe, imposée aux autorités publiques mais aussi aux organismes contrôlés par des autorités publiques ou en ayant reçu des compétences déléguées. Il était donc logique que la directive *Seveso* soit mise en harmonie avec l'esprit de la directive de 1990 : la nouvelle directive, dite directive *Sévéso II* (49), est entrée en vigueur le 3 février 1997. Les États avaient deux ans à partir de cette date pour la transposer dans leur droit interne.

Elle ne s'applique plus seulement à certaines installations limitativement énumérées, mais à tout établissement où des substances dangereuses sont présentes en quantité suffisamment importantes pour créer un danger d'accident majeur. Le texte de1982 visait le fabricant, le nouveau vise

(44) Ainsi, une révision des annexes a eu lieu le 19 mars 1987.

(45) Et de fait, en France, la loi du 22 juillet 1987 sur la prévention des risques majeurs et le décret d'application du 6 mai 1988 relatif aux plans d'urgence, s'ajoutant aux « plans d'opération interne » prévus par le décret du 21 septembre 1977 et les « plans particuliers d'intervention » prévus par une instruction ministérielle du 12 juillet 1985 semblent offrir pas mal de garanties... V. M. Prieur, « Le nouveau dispositif de prévention et de lutte contre les risques majeurs », *RFDA* 3, 1987, p. 926 et s.

(46) Le 24 novembre, *JOCE* L. 366 du 7 décembre.

(47) V. A. Kiss, « Tchernobâle », *AFDI* 1987, p. 689 et s.

(48) *JOCE* n° L 158, 23 juin 1990.

(49) Directive 96/82 du Conseil, 9 décembre 1996, *JOCE* L. 10 du 14 janvier 1997.

l'exploitant, c'est à dire toute personne physique ou morale qui exploite ou détient l'établissement ou l'installation, ou si cela est prévu par la législation nationale, ou toute personne qui s'est vu déléguer à l'égard de ce fonctionnement technique un pouvoir économique déterminant. La directive oblige à la tenue d'un rapport de sécurité destiné à démontrer qu'une politique de prévention et de gestion de la sécurité est mise en œuvre. Il contient des éléments sur le système de gestion et d'organisation dans un but préventif, sur l'environnement de l'établissement, sur l'installation elle même, sur l'identification des risques, sur les mesures de protection et d'intervention pour limiter les conséquences d'accidents. Des plans d'urgence interne doivent être établis, énonçant les noms et fonctions des personnes habilitées à déclencher des procédures d'urgence, les mesures visant à limiter les risques et les conséquences des accidents. Les plans sont réexaminés, testés, et si nécessaire révisés et mis à jour par les exploitants et les autorités compétentes à des intervalles réguliers qui ne doivent pas excéder trois ans. Un système garantissant que ces plans sont appliqués sans délai lors d'un accident majeur doit être mis en place par les états. Les objectifs de prévention d'accidents majeurs et la limitation des conséquences de tels accidents doivent être pris en compte dans leurs politiques d'affectation ou d'utilisation des sols et/ou d'autres politiques pertinentes.

Pour ce qui concerne la France, un changement de nomenclature et un abaissement des seuils d'applicabilité aboutissent à élargir le champ d'application du texte : une quarantaine de dépôts et une vingtaine d'installations sont concernés en plus des précédents (50). L'article 18.2 du nouveau texte a eu des répercussions sur le système français : les installations concernées devront faire l'objet d'un programme d'inspection, les plus dangereuses d'entre elles devant être contrôlées chaque année, et chaque inspection devant donner matière à un rapport. Pour le reste, le système français actuel a été jugé satisfaisant (obligation de notification, exigence d'une prévention, plan d'urgence et droit à l'information), moyennant quelques modifications mineures des textes réglementaires. Mais la catastrophe d'AZF, à Toulouse, a conduit cependant à améliorer les système : il s'avérait de moins ne moins admissible de laisser s'urbaniser les espaces entourant les sites industriels.

Dans le titre premier de la loi du 30 juillet 2003, intitulé « risques technologiques », le premier thème abordé est celui de *l'information*. Il ne faut pas se gausser des deux avancées (timides ?) que représentent, en 2003, l'obligation pour le commissaire-enquêteur d'organiser au moins une réunion publique d'information avant de remettre son appréciation finale et la création de comités locaux d'information et de concertation sur les risques technologiques autour des principaux sites dits « Seveso à hauts risques », au nombre de quatre-vingts dans un premier temps. L. 123-9 du Code de l'environnement est complété par une phrase ainsi rédigée :

« Lorsque l'enquête publique porte sur une demande d'autorisation concernant une installation figurant sur la liste prévue au IV de l'article L. 515-8, cette réunion est obligatoire à la demande du maire de la commune sur le territoire de laquelle sera sise l'installation ou du président d'un établissement public de coopération intercommunale compétent en matière d'urbanisme ou de développement économique dont le périmètre comprend le territoire de la commune sur lequel sera sise l'installation. »

Deuxième thème traité dans ce titre : *la maîtrise de l'urbanisation*. Des outils juridiques existaient déjà mais c'était la volonté de les utiliser au-delà du minimalisme le plus absolu qui manquait tant au niveau de l'État qu'à celui des collectivités territoriales. Assiste-t-on à un changement ? Deux objectifs sont envisagés. On veut empêcher les situations existantes de s'aggraver mais aussi tenter de diminuer

(50) C. CLEMENTE, « *Sévéso II* : révolution, réforme ou révision mineure », *Préventique*, n° 30 novembre 1996 ; L. C. P., « Directive *Sévéso* acte II », *Dr. env.* février 1997, p. 5 et s.

l'intensité des risques encourus dans certains cas. À cette fin, l'article L. 515-8 du Code de l'environnement est modifié pour permettre l'adoption de servitudes d'utilité publique avec droit à indemnisation dans les cas de création d'installations nouvelles sur un site existant ou de modification obligeant à l'obtention d'une nouvelle autorisation pour des installations déjà en fonction. La préconisation de plans de prévention des risques technologiques inspirés des instruments mis en œuvre par la loi *Barnier* pour les risques dits « naturels » complète le dispositif, avec la création (parallèlement à la possibilité de préemption et/ou expropriation par les collectivités locales) d'un droit de délaissement :

> « Art. L. 515-20. – Les terrains situés dans le périmètre du plan de prévention des risques technologiques que les communes ou leurs groupements et les établissements publics mentionnés à la dernière phrase du II de l'article L. 515-16 ont acquis par préemption, délaissement ou expropriation peuvent être cédés à prix coûtant aux exploitants des installations à l'origine du risque. L'usage de ces terrains ne doit pas aggraver l'exposition des personnes aux risques ».

Troisième thème proposé en matière de « risques industriels » : la *participation des salariés et sous-traitants*.

Quatrième et dernier thème abordé dans ce titre premier, par le biais des articles 12 à 16, *l'indemnisation des victimes de catastrophes technologiques*. On sait combien l'enjeu est important aussi bien en raison des conséquences sur le quotidien des individus et des entreprises touchés que du fait des sommes à débourser pour les entités ayant généré la catastrophe ou/et les compagnies d'assurance, sans même parler des problèmes d'image qu'elles rencontrent à cette occasion. La lenteur et la lourdeur des diverses procédures possibles sont insupportables pour ceux qui ont souffert dans leur chair et dans leurs biens. S'inspirant là également du système existant en ce qui concerne les catastrophes dites naturelles, la loi vise à une accélération significative des réparations dues.

L'article L. 512-18 nouveau du Code crée en outre une obligation favorisant la *mémoire des lieux et des risques :*

> « L'exploitant d'une installation classée relevant des catégories visées à l'article L. 516-1 est tenu de mettre à jour à chaque changement notable des conditions d'exploitation un état de la pollution des sols sur lesquels est sise l'installation. Cet état est transmis par l'exploitant au préfet, au maire de la commune concernée et, le cas échéant, au président de l'établissement public de coopération intercommunale compétent en matière d'urbanisme concerné ainsi qu'au propriétaire du terrain sur lequel est sise l'installation. Le dernier état réalisé est joint à toute promesse unilatérale de vente ou d'achat et à tout contrat réalisant ou constatant la vente des terrains sur lesquels est sise l'installation classée. »

BIBLIOGRAPHIE INDICATIVE ADDITIONNELLE

J. P. BOIVIN, *Les installations classées*, Le Moniteur, 2e éd., 2005 ▪ D. DEHARBE, *Le droit de l'environnement industriel, 10 ans de jurisprudence*, éd. Juris-Classseur, 2001.

SECTION 2 L'INTÉGRATION DE LA PROTECTION DE L'ENVIRONNEMENT PAR L'ENTREPRISE

Si la police des installations classées constitue sans nul doute un outil puissant, l'intégration par l'entreprise des préoccupations d'environnement gagne néanmoins à passer par d'autres voies. Revenant sûrement peu cher à l'État (51), les audits et la normalisation sont à même de rapporter aux entreprises qui sauraient se bâtir une saine politique de communication en jouant le jeu de la protection de l'environnement. Mais ce « volontarisme » gagne à être incité par des aides publiques.

§ 1. LES AUDITS D'ENVIRONNEMENT ET LES ÉCO-LABELS

Il existe deux approches, complémentaires d'ailleurs : *une approche par l'entreprise et les processus* (les audits « environnement ») et une *approche par les produits* (les « écolabellisations »).

A. LES AUDITS

Il n'existe pourtant pas d'obligation générale d'audit « environnement », mais les motifs poussant les entreprises d'un certain niveau à en pratiquer ne manquent pas, et certaines obligations – limitées dans leur champ d'application – sont ou pourraient être énoncées.

Après plusieurs études et prises de position internationales (PNUE, Commission Bruntland), il semble bien que la CEE s'achemine vers l'organisation de pressions visant à la généralisation d'audits, la démarche visant à inciter les entreprises à adhérer volontairement à un système communautaire d'éco-audit (52) : une proposition de règlement communautaire en ce sens est restée longtemps à l'étude, qui n'a abouti que le 29 juin 1993 (règlement n° 1836/93) à un texte récemment rénové, sur les mêmes bases, qui prévoit que les résultats de ces audits soient rendus publics ; elle repose sur l'idée que les entreprises qui auraient, après une analyse environnementale du site, souscrit un engagement de prendre des mesures adéquates, auront à faire valider par un « vérificateur environnemental agréé » une déclaration environnementale comportant des éléments d'information sur les activités de l'entreprise,

(51) Il faut sur ce point lever une ambiguïté, souvent volontairement entretenue par des industriels : la soumission volontaire à des audits ne saurait dispenser du respect du régime juridique des installations classées (la jurisprudence l'a d'ailleurs récemment rappelé : TA, 29 septembre 1994, *Société Rhône-Poulenc*, Panorama de jurisprudence, *RJA*, 3/1995, p. 506.

(52) V. C. LONDON, *Environnement et stratégie de l'entreprise*, Apogée, 1993, p. 129 et s.

les problèmes pour l'environnement, les données relatives aux pollutions sur le site, et la présentation de la politique environnementale de l'entreprise. À ce prix, elles figureront sur une liste publiée au *JO* des Communautés sur la base des renseignements communiqués par les organes compétents de chaque État membre. Cette publication, conjointe à un droit d'usage d'un logo, constituerait un avantage suffisant pour persuader les entreprises de franchir ce pas...

Quelques pays européens ont déjà expérimenté ce type de pratique à base d'affichage et d'incitation. En particulier, l'Institut britannique de normalisation (53) expérimente une normalisation spécifique aux problèmes de gestion environnementale (norme BS 7750). La certification BS 7750 suppose de la part de l'entreprise la mise en place d'un système de gestion environnementale et la souscription d'une déclaration d'engagement. Selon C. London, à la date du 30 juin 1992, 160 entreprises avaient déjà anticipé en acceptant ce défi.

En tout cas, pour ce qui concerne l'éco-audit, la France serait la « lanterne rouge » (54). Le système français des contrats de branche, de programmes de branche et de plans sectoriels anti-pollution obéit à une autre logique, qui est à même, entre autres effets, d'en produire de similaires (55) : hors l'objectif de réduction des pollutions, il s'agit de conduire des secteurs économiques à se responsabiliser jusqu'à participer à la définition des méthodes d'application des politiques publiques.

L'affaire n'est pas sans risques : risques de recul du droit, évidemment ; risque de corporatisme, éventuellement ; mais aussi risque contentieux, la juridiction administrative n'acceptant pas que l'impression soit donnée qu'un pouvoir de police puisse être mis en œuvre – sous prétexte d'être relayé sous une forme négociée – par une voie conventionnelle (56). Plus exactement, et comme l'explique P. Lascoumes, « bien que le ministère de l'Environnement ait pour mission générale de prévenir, réduire, ou supprimer les pollutions de toute sorte », cela ne lui donne pas compétence pour agir « par des voies et des moyens différents de ceux fixés par la loi, en l'occurrence celle concernant les installations classées ». Il n'en reste pas moins fort intéressant que certaines entreprises se soient engagées non pas dans la conclusion de ce que E. Picard (57) appelle des *conventions de police*, mais dans la mise en place de *plans verts* (58). La technique relève plus de l'effort bénévole, par ailleurs utile à une politique de communication, que de l'outil juridique. Mais elle permet d'appliquer les réglementations, et peut-être de les anticiper. Elle présente l'avantage – au contraire de certains des contrats de branche des années 1970 cités et analysés par F. Caballero (*op. cit.*, p. 156-157) – de ne pas reposer « sur un gel du pouvoir de l'autorité locale ». La place des accords environnementaux participe en

(53) V. C. London, *op. cit.*, p. 139.

(54) V. Laramée, « La dernière chance de l'éco-audit », *L'Environnement Magazine* octobre 1997, p. 18-28.

(55) V. P. Lascoumes, *Un droit de l'environnement négocié, volet discret d'une politique publique*, PIREN-CNRS, 1990, t. 2. Figure, dans nombre de ces « contrats », un volet d'« autosurveillance ».

(56) CE, 8 mars 1985, *Amis de la Terre*. V. J. Moreau, « De l'interdiction faite à l'autorité de police d'utiliser une technique d'ordre contractuel », *AJDA* 1965, p. 2.

(57) *La notion de police administrative*, th. Paris II, 1978, LGDJ, « BDP », p. 895. V. les comm. Caballero, *op. cit.*, p. 154-155.

(58) V. dossier « Les plans environnement », *in L'Environnement Magazine,* juin-juillet 1992, p. 40-41.

tout cas du développement durable, mais on en est pas encore à « l'entreprise éco-citoyenne » (59).

À certains égards, l'article L. 512-11 du Code issus de l'article 65 de la loi *Barnier* (60) – article 10-2 de la loi de 1976 sur les installations classées – semble manifester une volonté plus générale de développer le *management environnemental des entreprises* : certaines installations déclarées seront soumises à des contrôles périodiques, assurés sous la responsabilité des exploitants par des associations agréées.

La *loi sur les nouvelles régulations économiques* (NRE), dans le même esprit, impose (art. L. 225-102-1 du Code du commerce) (61) aux sociétés commerciales françaises cotées de faire figurer, à partir de 2003, des informations sur leurs pratiques sociales et environnementales dans leur rapport annuel (destiné notamment aux actionnaires). Sur le social, l'entreprise devra par exemple fournir des informations sur les effectifs, les contrats, les licenciements et leur motif, les plans sociaux, les rémunérations et leur évolution, les conditions d'hygiène et sécurité, l'organisation de la sous-traitance et les relations avec les parties prenantes (dont les associations de défense de l'environnement et les populations riveraines). Sur l'environnement, les sociétés devront faire figurer les consommations de ressources et d'énergie, les rejets polluants, les mesures prises pour limiter les atteintes à la nature et à l'environnement et les dépenses pour prévenir les conséquences sur l'environnement et réduire les risques (62).

B. LES PROCÉDURES DE LABELS « ENVIRONNEMENT »

Les procédures de labellisation sont en quelque sorte le contrepoint des politiques d'audit. Si les initiatives en la matière ont été dans un premier temps nationales, la CE semble comme en matière d'audit décidée à harmoniser les attitudes des États.

Le label environnement allemand, dit « L'ange bleu », couvre environ 3 500 produits. Il n'est accordé que sur aval d'un jury indépendant après transmission de la demande par l'Office fédéral de l'environnement, et précise la raison pour laquelle il a été accordé.

La marque française « NF environnement » (63) a été déposée au printemps 1991 auprès de l'INPI, et est destinée à « promouvoir les produits présentant un impact négatif moindre sur l'environnement et une qualité d'aptitude à l'usage convenable par rapport à d'autres produits analogues ». Il s'agit d'une certification multicritères, sous le contrôle de l'AFNOR et de l'INERIS.

(59) V. M. P. Blin-Franchomme, « Le Droit, le développement durable, et l'entreprise éco-citoyenne : la place des accords environnementaux », *in* J. Krynen (dir.), « Le Droit saisi par la Morale », *Cahiers de l'IFR* n° 4, PU de l'Université des Sciences sociales de Toulouse, 2005, p. 217 et s.

(60) V. M. Durousseau, « Installations classées déclarées, nouvelle donne pour la prévention des pollutions ? », *RJE* 2-1995, p. 287 et s.

(61) Des sanctions civiles, toutes théoriques en réalité, peuvent frapper le contrevenant (art. l. 238-1 du Code du commerce).

(62) Décret n° 2002-221 du 21 février 2002.

(63) Selon C. London (*op. cit.*, p. 165), dès fin mai 1991, 500 demandes avaient été déposées.

Le Conseil des ministres de l'Union européenne a adopté le 23 mars 1992 un règlement créant un écolabel, pouvant être accordé à 21 catégories de produits (dont sont exclus les produits alimentaires, les produits pharmaceutiques et les boissons) : des critères devant être fixés pour chacune de ces catégories sous la forme de cahiers des charges, en fonction d'une approche multicritères. Concrétisé par le droit d'user d'un logo, l'octroi du label est géré par chaque État membre, dans le cadre d'une coordination communautaire, et les produits labellisés devront respecter des conditions fixées par contrat et donneront lieu au versement d'une redevance. La rénovation de ce texte initial par le règlement 1980/2000 du 17 juillet 2000 établit un système communautaire révisé, qui précise que les critères retenus doivent favoriser l'approche « multicritères » du classement des produits. Le Comité de l'Union européenne pour le label écologique (CUELE) est chargé de les établir et de les réviser par la suite ; un forum de consultation participe à ce processus de définition.

Le gouvernement français a annoncé sa volonté de lancer des campagnes régulières favorables à ces labellisations. D'une manière générale, les français semblent d'ailleurs assez réceptifs, et les industriels et distributeurs conduisent en la matière quelques politiques offensives, ce qui explique que la France se situe statistiquement dans le trio de tête en Europe sur ces sujets, même si ses résultats sont tout de même modestes (50 titulaires de l'écolabel européen sur 288, contre 64 au Danemark).

§ 2. LES AIDES « ÉCOLOGIQUES » ET LE « MIEUX-DISANT ENVIRONNEMENTAL » DANS LES MARCHÉS PUBLICS

Nécessairement, l'intégration éventuelle des priorités d'environnement dans l'entreprise passe, dans un pays comme le nôtre, par un travail juridique sur le *droit des aides* et sur la *demande publique*.

A. LES AIDES ÉCOLOGIQUES

Le commissariat général du plan avait procédé en 1994 (64) à une dénonciation des aides écologiques, au nom du principe pollueur/payeur (65). Il y était affirmé que « les subventions présentent des inconvénients substantiels... » et surtout que « un régime régulier de subventions est contraire au principe pollueur/payeur ». C'est sûrement souvent vrai. Mais la généralisation est abusive : comme il est d'ailleurs mentionné dans le texte (mais si brièvement, si discrètement !), la subvention peut être la juste compensation de l'accomplissement d'une activité d'intérêt général ou constituer le non moins juste accompagnement d'une politique de conversion écologique.

L'on ne peut pas même prétexter pour refuser cette évidence juridique et économique de l'existence du nouvel encadrement dû aux accords de Marrakech instituant l'Organisation mondiale du commerce (66). La conclusion des négociations de l'Uruguay Round implique certes une réorientation des systèmes d'aide publique. D'une manière générale, l'accord distingue trois catégories de subventions : les subventions prohibées, les subventions pouvant donner lieu à une action, les subventions non spécifiques. Dans la première, mis à part le secteur aéronautique qui bénéficie d'une dérogation permanente, entrent les subventions à l'exportation et les subventions liées à l'utilisation de produits nationaux de préférence à des produits importés, dites subventions spécifiques. Dans la deuxième, entrent les subventions susceptibles d'entraîner des effets défavorables pour un État membre,

(64) Commissariat général du plan, *Environnement, qualité de vie, croissance*, éd. de La Découverte, 1994, spéc. « L'économie face à l'écologie », p. 47 et s.

(65) Part. chapitre 4, « Les instruments des politiques publiques », et surtout p. 73-74.

(66) V. M. BENITAH : *Fondements juridiques du traitement des subventions dans les systèmes GATT et OMC*, Droz, 1998.

comme par exemple les subventions d'un produit dépassant 5 % de la valeur du produit ou des subventions couvrant des pertes d'exploitation ou d'annulation de dettes (art. 6.1), dès lors qu'elles entraînent une modification des parts de marché. Ne sont préservées – sous conditions – que les subventions aux entreprises en phase de démarrage. Dans la troisième catégorie entrent les subventions dites non spécifiques, c'est-à-dire non limitées à une entreprise ou à une branche d'entreprises, ainsi que les subventions spécifiques comportant une aide à la recherche industrielle (à hauteur de 75 % des coûts), une aide aux régions défavorisées, et certaines aides environnementales (adaptation à la réglementation environnementale). De ce fait, les subventions pour la protection de l'environnement – au sens large – demeurent, à la lecture du texte, acceptables, sous conditions. Elles peuvent être versées à des activités industrielles qui existent depuis deux ans au moment où les nouvelles prescriptions d'environnement le justifient, en raison du renchérissement de la production qu'elles induisent ; elles doivent être uniques et inférieures à 20 % des coûts d'investissement nécessaires à la nouvelle adaptation. Et pour l'agriculture, les aides sont possibles dans le cadre d'un programme national de protection de l'environnement. Elles peuvent couvrir le surcoût entraîné par le programme. L'aide pour des préoccupations d'environnement peut couvrir 100 % des coûts ; aucune aide déguisée à l'agriculture ne peut cependant être admise.

Ces subtilités restent en l'état actuel de la pratique juridique internationale largement floues dans la réalité : en effet, et sans que grand monde ne l'ait remarqué – officiellement – il semble que, ainsi que le souligne S. Maljean-Dubois dans le livre collectif *Droit de l'Organisation mondiale du commerce et protection de l'environnement* (67), ce régime était transitoire et ne devait s'appliquer que pendant une période de cinq ans à compter de la date d'entrée en vigueur des accords... période largement échue aujourd'hui !

Pour ce qui concerne le droit communautaire des aides, les choses sont claires· D'une part, nombre d'aides environnementales ne rentrent pas automatiquement dans le domaine d'application de l'article 87 du traité CE : ainsi des aides au consommateur, favorisant l'achat de produits « écologiques ». Pour le reste, les aides aux investissements sont admises dans certains quotas, compatibles pour l'essentiel avec les normes de l'OMC. Les aides au fonctionnement sont exceptionnellement acceptées au cas par cas, pour aider à l'acceptation des éco-taxes, sous des réserves qui les rendent potentiellement compatibles avec les normes de l'OMC.

On le voit, de plus, dans ce contexte restrictif, rien – sauf le respect des procédures et principes européens – n'interdit le maintien de subventions couvrant l'accomplissement d'activités d'intérêt général (68). Le problème de savoir si le maintien – ou la création – de telles subventions est contraire au principe

(67) Bruylant 2003, p. 66.

(68) De même qu'il n'est pas interdit de penser à une prise en charge collective des services publics industriels et commerciaux touchant à l'environnement : l'on peut se référer par exemple à la décision rendue par la Cour de justice des Communautés le 27 avril 1994, Commune d'Almelo et autres, en matière d'électricité. La Cour rappelle – pour ce qui concerne l'électricité – que l'art. 90-2 du Traité donne une certaine latitude d'action pour ce qui concerne les « entreprises chargées de la gestion de services d'intérêt économique général ». Le professeur HAMON remarque dans un commentaire de la décision suscitée – *AJDA* septembre 1994, p. 637 et s. – que « la fourniture d'électricité peut être considérée comme un service économique d'intérêt général puisqu'il s'agit d'une produit essentiel (comme l'eau) » ; il est d'avis que l'arrêt Commune d'Almelo et autres marque une étape importante dans l'évolution de la jurisprudence de la CJCE. Il confirme l'attitude plus favorable que celle-ci a

pollueur/payeur n'a juridiquement aucun intérêt : le poser comme essentiel, c'est idéaliser le principe en question, vraisemblablement parce que les économistes le comprennent mieux qu'ils ne comprennent les autres principes mobilisateurs du droit de l'environnement ; et ils le comprennent bien, tout aussi vraisemblablement, parce qu'ils peuvent en développer une acception économiste – au sens strict du terme.

Or, de cette acception, une dimension est totalement absente, qui doit pourtant être conjuguée avec le principe pollueur/payeur, par réalisme et par équité : la dimension de la solidarité. C'est que trop souvent l'analyse économique des politiques publiques ne retient pas clairement ou expressément parmi ses paradigmes la notion de « développement soutenable » ou « durable ». À croire que la notion est étrangère à l'analyse globale des politiques publiques par les thèses dominant l'économie contemporaine ! C'est d'ailleurs un peu normal pour une discipline qui considère souvent le droit en temps que « ressource économique » se passe de l'efficacité de la réglementation une image fonctionnant sur des critères fondamentalement libéraux, et développe au demeurant de la notion de réglementation une conception a-juridique (69) et tout à fait floue faute de définition juridique rigoureuse. Reste évidemment que de plus en plus nombreux sont en regard de cela les économistes qui substituent à ces conceptions-là des approches bien plus favorables aux thèses écologistes.

Sur un plan pragmatique, comme cela a déjà été dit, les politiques sectorielles demeurent, qui relaient, pollution par pollution et nuisance par nuisance, une politique générale d'aides écologiques. Pour l'essentiel, les régimes juridiques de la lutte contre le bruit, pour un meilleur traitement des déchets, pour une gestion des paysages, ou contre les pollutions aquatiques, concernent au premier chef les entreprises. Cela explique qu'elles fassent, quoiqu'elles soient soumises au droit commun, l'objet de mesures et régimes spécifiques (par exemple en matière de déchets).

B. LA PRISE EN COMPTE DES CRITÈRES ENVIRONNEMENTAUX DANS LES MARCHÉS PUBLICS

L'influence européenne aidant, la prise en compte de l'environnement gagne les marchés publics : la CJCE a levé les préventions bloquant les possibilités de sélection « environnementale » des offres en matière de marchés publics (70). Dans l'affaire tranchée par la CJCE, la ville d'Helsinki avait retenu une candidature à un marché pour la fourniture d'autobus sur la base de trois critères : le prix, la qualité du matériel et la gestion de l'entrepreneur en matière de qualité et d'environnement.

adoptée vis-à-vis des services publics dans l'arrêt Corbeau. V. CJCE, 19 mai 1993, *AJDA* 1993, p. 865 et s., note HAMON ; v. N. BELLOUBET-FRIER, « Service public et droit communautaire », *AJDA* 1994, p. 283 et s.

(69) Significatif, le fait que la « réglementation » est chez les économistes – apparemment radicalement – distinguée, dans les analyses économistes des politiques publiques, des « subventions ». Or, juridiquement, pas de subventions sans réglementation ! La confusion entre réglementation et régulation publique ajoute encore à l'ambiguïté des propos d'économistes sur le droit des interventions publiques.

(70) CJCE, 17 septembre 2002, aff. C-513/99, v. comm. S. PIGNON, *LPA* 23 décembre 2002, p. 4 et s.

Le juge fait état de l'article 6 du traité d'Amsterdam, qui peut influencer le choix des critères de sélection, et à la lumière desquels on doit interpréter les textes communautaires. Des conditions doivent cependant être respectées : il ne s'agit pas d'assurer à la puissance publique une « liberté inconditionnée de choix » ; l'importance des critères doit être clairement définie lors de l'offre ; la mise en œuvre des critères ne doit pas être contraire aux principes de non-discrimination et d'égalité de traitement. Enfin, et surtout, les exigences environnementales doivent être liées à l'objet du marché.

Malgré quelques réticences, il semble que la Commission européenne accepte (71) que les exigences en matière d'environnement soient incorporées au stade de l'offre, et pas seulement pour la définition des conditions d'exécution. Il faut que ces conditions aient un rapport avec l'objet du marché (72).

La situation française – si l'on s'arrête aux seuls textes – est en conséquence inutilement frileuse. Il est même tout à fait inutile de parler de la ridicule mention de l'article 1er, selon lequel les marchés publics « *... peuvent contribuer au développement durable* » : preuve supplémentaire de la logorrhée scripturale du législateur français, cette mention inutile n'entraîne à l'évidence aucune conséquence juridique.

L'article 53 du Code des marchés publics, pour sa part, est limitatif, puisqu'il ne prévoit pas de conditionnalité environnementale, même s'il fait la part aux « *performances environnementales* »... il ne l'exclut pas, c'est vrai, pourvu qu'elles soient liées à l'objet du contrat *ou* ses conditions d'exécution... et l'article 14 prévoit que *les conditions d'exécution d'un marché public peuvent être définies afin d'assurer la protection de l'environnement, pourvu qu'elles soient liées à l'objet du marché* et la jurisprudence du Conseil d'État est pour sa part rétive (73). Ni le code issu d'une action du décret n° 2004-15 du 7 janvier 2004 ni le « nouveau » Code des marchés publics de 2006 ne modifient la limite de l'article 14 du Code. Et il est peu probable que le législateur y puisse quelque chose de plus, s'il n'y a pas une intervention formalisée un plus volontaire de l'Union européenne, car le Conseil constitutionnel a fait sienne cette attitude restrictive, à propos des critères additionnels en général (et plus particulièrement de nature sociale) à propos de la loi MURCEF (décision 2001-452 du 6 décembre 2001).

À la vérité, il n'y a donc pas de « mieux-disant environnemental » au sens strict, mais tout au plus ouverture relative à une « écologisation » des cahiers des charges.

BIBLIOGRAPHIE ADDITIONNELLE INDICATIVE

N. HERVÉ, *L'entreprise et le droit communautaire de l'environnement*, Apogée, 2000 ■ C. LONDON, *Commerce et environnement*, DUF, coll. « Que-sais-je ? » n° 3592 ■ PINAUD,

(71) Communication interprétative sur les critères environnementaux dans les marchés publics, 4 juillet 2001, V. S. PIGNON, préc., p. 6, note 12.

(72) V. notre manuel *Droit international et européen de l'environnement*, cette coll., 2005, p. 304-306.

(73) V. T. GLIOZZO, « L'utilisation de critères additionnels dans la passation des marchés publics par appel d'offres », *AJDA* 24/2002, p. 1471 et s.

L'intégration des considérations sociales et environnementales dans les marchés publics, PULIM, 2003.

M. P. BLIN-FRANCHOMME, « Le droit des affaires saisi par le développement durable : de nouvelles obligations d'information pour les entreprises », *in La modernisation du droit des affaires*, coll. « Colloques et débats », Litec, 2007, p. 89 et s. ■ J.-Y. FABERON, « Entreprise et développement durable : le règlement communautaire sur l'éco-audit et le management environnemental », *LPA* 22 juin 1999 ■ M. P. LAVOILLOTTE, « L'environnement dans le nouveau Code des marchés publics », *AJDA* 8 novembre 2004, p. 2081 et s. ■ G. PARLEANI, « Marché en environnement », *Dr. env.* n° 126, mars 2005, p. 52 et s. ■ S. PIGNON, « La prise en compte des critères environnementaux dans les marchés publics », *LPA* 23 décembre 2002, p. 4 et s. ■ C. RIBOT, « La commande publique éco-responsable », *Mélanges en l'honneur de M. Guibal*, p. 283 et s., Presses Universitaires de Montpellier, 2006 ■ P. THIEFFRY, « Aides publiques à l'environnement : opportunités et risques nouveaux pour les entreprises bénéficiaires », *Environnement,* mai 2004 p. 6 et s. ■ P. THIEFFRY, « Mesures publiques de protection de l'environnement et concurrence », *AJDA* 29 janvier 2007, p. 170 et s.

Adde : D. BUREAU et M. MOUGEOT, *Politiques environnementales et compétitivité*, Documentation française, 2004.

TITRE II
LE DROIT DES POLLUTIONS

L'on entend par droit des pollutions l'ensemble des régimes juridiques s'appliquant aux pollutions des ressources essentielles fournies par la nature à l'homme : l'air, l'eau, le sol. Ces « éléments » – sauf peut-être les sols – sont dorénavant protégés par des textes globaux auxquels s'ajoutent des dispositions éparses. Le problème principal, ici comme ailleurs, demeure le défaut de lisibilité de ces régimes.

CHAPITRE 1
LA POLLUTION DE L'AIR

De la pollution de l'air, l'on n'a eu qu'une conscience partielle pendant longtemps ; au niveau local, telle pollution était perçue, telle autre cachée avec plus ou moins de succès. Le phénomène des pluies acides, médiatique s'il en est, a marqué les débuts d'une perception plus globalisante à laquelle le droit international, puis les droits nationaux ont dû accorder quelque importance (1).

SECTION 1 LE CONTEXTE ÉCOLOGIQUE ET JURIDIQUE GLOBAL

L'acidification des lacs scandinaves a servi de révélateur de l'existence du problème des pluies acides. On a estimé qu'au mois d'août 1979, par exemple, les zones les plus exposées de la Norvège – alors qu'il s'agit d'un pays assez peu industrialisé – avaient connu des dépôts de l'ordre d'une tonne de substances sulfureuses par kilomètre carré en moyenne (2). L'apparition dans les années 1980 du *Waldsterben* – le dépérissement des forêts en Allemagne (3) – a accéléré la prise de conscience européenne. Une commission d'experts de la Commission économique des Nations unies pour l'Europe, dans un rapport de juillet 1987, a officialisé l'idée d'une liaison entre ce phénomène de dépérissement et la pollution atmosphérique : cette idée découle d'ailleurs du simple examen du palmarès géographique en matière de dépérissement forestier (dans l'ordre, RFA,

(1) Remarquable est le fait que 70 % des Français se disent préoccupés par la pollution de l'air : La sensibilité écologique des Français, IFEN, 2000, p. 20.

(2) C. A Kiss, J.-P. Beurier, *Droit international de l'environnement*, Pédone, 2000, p. 200.

(3) V. sur le problème des pluies acides en général, J.-R. Mercier, *Un adieu aux arbres*, Syros, coll. « Alternatives économiques », 1986. V. également le rapport au gouvernement « Pluies acides et pollution atmosphérique », commission parlementaire présidée par le député Valroff, Documentation française, 1985.

Suisse, Pays-Bas, Tchécoslovaquie, avec cette particularité que les résultats pour ce dernier pays ne sont pas fiables). D'un côté, les gaz sulfureux sont en partie convertis en sulfate et en partie maintenus en acide sulfurique ; les précipitations restituent le tout au sol, les racines des arbres sont alors attaquées ; d'autres polluants se combinent de plus avec ces résidus, en particulier le dioxyde d'azote (NO_2) et les hydrocarbures imbrûlés (HC). Ces deux polluants sont à la base de formation d'ozone (NO_3) pendant les périodes d'ensoleillement, ozone qui est nocif aux conifères : d'où la concentration des ravages les plus importants en montagne, dans les huit cents mètres, sur les versants ouest et sud.

Ces polluants sont transportés assez loin de leur source pour que cette source ne soit pas aisément identifiable : on cite, comme proportion de pollution de l'air d'origine étrangère en Norvège, le chiffre de 92 %, celui de 82 % en Suède, 64 % au Danemark, 90 % en Suisse, 85 % en Autriche, 77 % aux Pays-Bas, 52 % en RFA. Pour la France, c'est moins de 50 %, tandis que le RU, l'un des principaux exportateurs, est protégé par le sens des vents dominants.

Les pluies sont des *res nullius* dans l'atmosphère ; une fois tombées, elles deviennent la propriété du propriétaire du fonds, qui ne peut se retourner contre le propriétaire précédent puisqu'il n'y en a pas... Aux difficultés techniques de la mise en cause de la responsabilité des fauteurs de pollution s'ajoute cette difficulté juridique, au moins aussi pénible à surmonter faute d'accord et de volonté politiques : le problème est insoluble sans règles spéciales qui permettent d'engager la responsabilité des États et/ou des industriels, sans qu'aient à être individualisées les responsabilités d'émission.

§ 1. L'IMPORTANCE DE LA DYNAMIQUE INTERNATIONALE ET EUROPÉENNE

À défaut de réformer les systèmes économiques – ce qui n'est pas le rôle du droit mais relève du politique au premier chef – le mieux était de chercher à fixer, plutôt qu'un système de responsabilité bien aléatoire, un système de normes que les États doivent faire respecter à leurs nationaux. C'est vers cette solution que la communauté internationale s'est orientée.

Le phénomène étant avant tout international, le terrain du droit international a très tôt paru comme le plus approprié à une action juridique : M. Kiss et J.-P. Beurier citent plusieurs conventions et recommandations internationales dans leur ouvrage sur le droit international de l'environnement (4). Parmi celles-ci, il faut isoler les actes de l'Union européenne, qui sont plus effectifs que d'autres normes internationales. Le problème d'une absence de légitimité de l'Europe ne s'est pas réellement posé, dès lors que les dangers sont devenus, si l'on peut dire, palpables (les pluies acides ont joué un grand rôle dans la prise de conscience européenne en matière de protection de l'environnement (5)).

(4) Préc., p. 206 et s.

(5) V. A. AUBIN, *La Communauté économique européenne face à la pollution atmosphérique*, éd. Apogée, 1992.

Le Conseil a d'abord contribué, dès 1975, à l'installation d'un réseau d'échange d'informations sur les données de la pollution par le soufre et les particules en suspension (6). Il s'agissait d'une première base, qui a facilité l'édiction de deux catégories de normes, les unes visant à établir ou rétablir une qualité de l'air, les autres, naturellement, visant à réduire les sources de pollution. L'on peut, au titre des dispositions de la première catégorie, citer par exemple : la directive de 1980 sur les valeurs limites et les valeurs guides de qualité atmosphériques pour l'anhydride et les particules en suspension (7), la Convention de Genève sur la prévention de la pollution atmosphérique transfrontalière à longue distance (8), qui, adoptée à Genève le 13 novembre 1979 n'est entrée en vigueur que le 16 mars 1983 après ratification par 24 États (c'était la condition fixée pour son entrée en vigueur), la décision publiée le 19 juillet 1982 visant à l'établissement d'un échange d'informations et de données provenant des réseaux et stations de mesure de la pollution atmosphérique (9). Et, pour ce qui concerne celles de la seconde catégorie : plusieurs règlements sur la protection des forêts, et la directive sur la lutte contre la pollution atmosphérique en provenance de certaines installations industrielles et tendant à soumettre leur exploitation à une autorisation préalable (10). La CE s'est en second lieu, non sans se heurter à la résistance de certains États membres, particulièrement attachée à réduire les pollutions résultant de la pollution automobile. Dès 1970, avait été émise l'idée de réduire la teneur en plomb (et en benzene) de l'essence. Le processus repose sur une harmonisation des législations nationales qui permette à terme l'usage généralisé de pots catalytiques d'oxydation et de réduction. Ces pots permettent de réduire le rejet des hydrocarbones imbrûlés, des oxydes de carbone et des oxydes d'azote, mais sont mis hors d'usage rapidement par le plomb. Il s'agit donc de réduire l'indice d'octane des carburants (actuellement, celui-ci atteint entre 98 à 95 pour le super, 91 pour l'essence ordinaire, donc moins polluante). L'inconvénient de la technique du pôt catalytique est son coût, car elle suppose (outre le coût du pot) la généralisation de l'injection électronique. En second lieu, l'abaissement de l'indice d'octane induit une surconsommation de carburant. Pour ces deux raisons, la Commission a donc rencontré des obstacles de nature économique. L'autre solution, dite du « moteur à mélange pauvre », n'est utilisable que pour les moteurs de cylindrée inférieure à deux litres, et présente l'inconvénient d'entraîner un rejet plus important d'oxyde d'azote. Le Parlement a rendu un avis sur ce sujet le 12 décembre 1984, favorable à l'accélération du processus et abaissant l'échéance de la généralisation à 1989, au lieu de 1995 pour la Commission. Il s'est prononcé pour une mise en œuvre échelonnée du programme, et s'est montré favorable aux mesures d'incitation fiscale et de limitation de vitesse. Le Conseil a tranché le 20 mars 1985 pour une mise à la disposition de l'essence sans plomb sur tout le territoire européen à partir du 1er octobre 1989. Mais l'opposition résolue du Danemark et de la Grèce, l'opposition mesurée de la France lui ont interdit d'aller plus loin et, pendant un temps, de formaliser sa décision. L'entrée en vigueur de l'Acte unique a débloqué la situation et la directive

(6) *JO*, L. 194 du 25.7.1975.
(7) *JOCE*, L. 229 du 30.8.1980.
(8) *JOCE*, L. 171 du 27.6.1981.
(9) *JOCE*, L. 210.
(10) *JOCE*, L. 188 du 16.7.1984.

n° 88/76 (11) a été adoptée à la majorité qualifiée sur la base de l'article 100 A (12). Il a été décidé d'en faire une application graduelle, à partir du 1er janvier 1988, la fin du processus d'entrée en vigueur des normes étant fixée à septembre 1993. Les normes retenues, conformément à ce qu'avait préconisé le Conseil en 1985, se rapprochent des normes américaines. La Commission a imposé dès 1992 et le Conseil et le Parlement ont fixé pour toutes les nouvelles voitures des normes plus draconiennes encore (13), en particulier avec la directive du 23 mars 1994 (n° 94/12 CE) ou encore la directive 96/69 du 8 octobre 1996 (14).

Des mesures analogues ont été négociées pour ce qui concerne le rejet des produits dangereux pour la couche d'ozone (15). La Convention de Vienne, qui date de 1985, a été ratifiée par la France le 27 novembre 1987 ; il ne s'agit que d'une convention-cadre, qui vise à établir une coopération interétatique à base d'échanges et d'harmonisation, et énonce une obligation générale de « prendre les mesures appropriées pour protéger la santé humaine et l'environnement ». Le Protocole de Montréal, plus connu, en constitue une suite ; signé le 16 octobre 1987 par une première série d'États, dont la France, qui l'a ratifié le 20 décembre 1988 (*JO* 23 février 1989), il consiste en un engagement des États industrialisés à réduire leurs émissions de chlorofluorocarbones de 50 % du niveau des émissions de 1986 d'ici à 1999. Cette réduction doit se faire en trois étapes : le retour au niveau de 1986 (en 1989), la réduction de 20 % par rapport à ce niveau (1993) et l'achèvement de la réduction en 1999. Le niveau d'émission des halons est gelé dès 1992 au niveau 1986. Les États en voie de développement font l'objet d'un traitement particulier – sans lequel ils n'auraient pas ratifié le Protocole – qui leur permet d'augmenter leurs productions de CFC, jusqu'au niveau maximum des États industrialisés (soit 0,3 kg par habitant et par an). Deux révisions de ce protocole ont été effectuées à Londres (20-29 juin 1990) puis à Copenhague (23-25 novembre 1992). La première était motivée par une pression de l'Inde et de la Chine, que les États parties voulaient voir ratifier le protocole. L'élimination accélérée des CFC réglementés devrait conduire à la suppression de leur production en l'an 2000 ; les autres devraient l'être selon un calendrier à peine plus souple ; enfin, les États en voie de développement se voient accorder des aides, un fonds ayant été créé pour ce faire, et les données nécessaires étant communiquées au PNUD qui assure le secrétariat. La France a ratifié cette modification le 21 décembre 1991 (*JO* 9 septembre 1992). La seconde a décidé l'accélération de la réduction de certains produits (en particulier les halons qui ne devront plus faire l'objet d'utilisations industrielles d'ici 1994), et favorisé l'alimentation du fonds (la France ayant pour sa part consenti en 1992 9 millions de dollars au titre des années 1991 et 1992). Les instances de la CE ont mis un point d'honneur à organiser le respect de ces décisions, en particulier au moyen du

(11) *JOCE*, L. 36/1, 9 février 1988. Elle est complétée par la directive n° 88/77 pour les moteurs diesel (*JOCE*, L. 36/33 du 9 février 1988).

(12) V. P. Kromarek, L. Krämer, *Chronique de droit communautaire de l'environnement*, 1987-avril 1988, *RJE* 3/1988, p. 317-318.

(13) Directive 91/441, *JOCE*, L. 242, 30 août 1991. Le texte prévoit en outre que le Conseil pourra adopter avant la fin 1993 des normes plus sévères qui ne pourront pas rentrer en vigueur avant le 1er janvier 1996, mais que les États pourront utiliser comme référence pour des incitations fiscales.

(14) *JOCE*, L. 282-64, 1-11-1996.

(15) V. R.-M. Stephan, « Les normes juridiques de protection de la couche d'azone », *LPA* 30 juillet 1993.

règlement n° 594-91 du 4 mars 1991, suivi par plusieurs décisions et avis de la Commission. Enfin, la Conférence de Berlin a adopté le 7 avril 1995 un compromis sur l'effet de serre, afin d'appliquer la Convention sur les changements climatiques issue du Sommet de Rio. Le protocole de Kyoto conclu en décembre 1997 porte sur les rejets de CO_2 après l'an 2000. 165 États ont participé à cette conférence au sommet : malgré l'opposition initiale des États-Unis, et grâce au front uni présenté par les États européens, elle a abouti à des engagements concrets.

Malheureusement, d'une part le système ne court que pour quelques années encore ; ensuite, il est manifeste que malgré les réactions de quelques États fédérés comme la Californie, les États-Unis refusent d'envisager facilement de fixer des objectifs chiffrés. Enfin, les États dits « émergents » considèrent comme injustes la fixation de ces objectifs.

§ 2. LES ALÉAS EUROPÉENS ET FRANÇAIS DE LA LUTTE CONTRE LE CHANGEMENT CLIMATIQUE

Selon les chiffres publiés le 15 mai 2006 par la Commission européenne pour 21 pays, dont la France, quelques 9 400 sites industriels grands consommateurs d'énergie de l'Europe ont rejeté, en 2005, 1 785 millions de tonnes de dioxyde de carbone (CO_2) sur les 1 829 autorisées. L'Europe des 25 a donc émis 44 millions de tonnes de CO_2 de moins que prévu par le protocole de Kyoto pour 2005.

Une directive du 13 octobre 2003 a confié à chaque État le soin de fixer les quantités de CO_2 que les sites industriels sont en droit d'émettre.

En France, le plan national d'affectation des quotas alloue, pour 2005-2007, un montant de quotas à 1 126 établissements. Pour assurer le fonctionnement du marché européen des permis à polluer, la France s'est dotée, depuis le 18 mai 2005, d'un registre national de quotas d'émission de gaz à effet de serre pour comptabiliser les quotas délivrés et d'enregistrer les transactions de quotas entre entreprises. Les entreprises qui émettent moins de CO_2 que ce que leur quota leur permet (par exemple, parce qu'elles ont investi dans des équipements plus performants sur le plan énergétique) de vendre leur surplus à une autre entreprise qui aurait des émissions de CO_2 plus importantes que son quota initialement alloué. Le marché de permis à polluer vise ainsi à promouvoir la diffusion des technologies propres et à maîtriser le niveau global d'émissions, à l'échelle européenne. Le Conseil d'État – Assemblée du contentieux, 8 février 2007 n° 287110 – saisi par la Société Arcelor Atlantique et Lorraine et d'autres entreprises a estimé, pour sa part, que :

> « Considérant que la seule circonstance que les entreprises du secteur sidérurgique soient incluses dans le système d'échange de quotas d'émission de gaz à effet de serre ne saurait être regardée comme portant atteinte aux principes généraux du droit communautaire qui garantissent le droit de propriété et la liberté d'entreprendre, dès lors qu'une telle atteinte ne pourrait résulter, le cas échéant, que du niveau de réduction des émissions de gaz à effet de serre assigné à ce secteur dans le cadre du plan national d'allocation des quotas prévu par l'article 8 de la directive et approuvé par un décret distinct du décret contesté...
>
> Considérant, toutefois, que les sociétés requérantes soutiennent en outre que l'article 1er du décret attaqué méconnaît le principe d'égalité au motif que les entreprises relevant de secteurs

concurrents, notamment du plastique et de l'aluminium, et émettant des quantités équivalentes de gaz à effet de serre, ne sont pas assujetties au système d'échange de quotas...

Considérant, toutefois, que les sociétés requérantes soutiennent en outre que l'article 1er du décret attaqué méconnaît le principe d'égalité au motif que les entreprises relevant de secteurs concurrents, notamment du plastique et de l'aluminium, et émettant des quantités équivalentes de gaz à effet de serre, ne sont pas assujetties au système d'échange de quotas...

Considérant qu'il ressort des pièces du dossier que les industries du plastique et de l'aluminium émettent des gaz à effet de serre identiques à ceux dont la directive du 13 octobre 2003 a entendu limiter l'émission ; que ces industries produisent des matériaux qui sont partiellement substituables à ceux produits par l'industrie sidérurgique et se trouvent donc placées en situation de concurrence avec celle-ci ; qu'elles ne sont cependant pas couvertes, en tant que telles, par le système d'échange de quotas de gaz à effet de serre, et ne lui sont indirectement soumises qu'en tant qu'elles comportent des installations de combustion d'une puissance calorifique supérieure à 20 mégawatts ; que si la décision de ne pas inclure immédiatement, en tant que telles, les industries du plastique et de l'aluminium dans le système a été prise en considération de leur part relative dans les émissions totales de gaz à effet de serre et de la nécessité d'assurer la mise en place progressive d'un dispositif d'ensemble, la question de savoir si la différence de traitement instituée par la directive est objectivement justifiée soulève une difficulté sérieuse » « que, par suite, il y a lieu pour le Conseil d'État de surseoir à statuer sur les conclusions de la requête dirigées contre le refus d'abroger l'article 1er du décret contesté jusqu'à ce que la Cour de justice des Communautés européennes se soit prononcée sur la question préjudicielle de la validité de la directive du 13 octobre 2003 au regard du principe d'égalité en tant qu'elle rend applicable le système d'échange de quotas d'émission de gaz à effet de serre aux installations du secteur sidérurgique, sans y inclure les industries de l'aluminium et du plastique ».

La CJCE aura donc à la fois à se prononcer sur le système européen et sur les critères français et les difficultés que leur choix reflète.

Les évolutions des négociations internationales (16), quoique houleuses et compliquées, laissent augurer une continuation de l'effort qui devrait quand même se traduire par de nouvelles mesures comme l'institution d'une taxe carbone.

Par ailleurs, ces concrétisations d'une prise de conscience internationale et plus particulièrement européenne, n'ont peut-être pas assez été clairement relayées en France par une action décidée des pouvoirs publics, tout au moins avant 1996 (17).

SECTION 2 UN RÉGIME JURIDIQUE INSTALLÉ

L'AEME a hérité des compétences et moyens dont disposait l'ancienne AQA, et en particulier des ressources propres fournies par une fiscalité

(16) V. http://www.pro-environnement.com/blogs/fil-infos,1/lutte-contre-le-changement-climatique-bangkok-un-accord-est-trouv,980.html.

(17) Mais en revanche tout s'est accéléré à partir des alertes à la pollution des étés 1994 et 1995, dans le même temps que des études scientifiques éclairaient le public sur le rôle de la circulation automobile en la matière : par exemple, une étude de la Société française de santé publique de 1996 évaluait que les conséquences de la pollution automobile en France chiffrait le nombre des décès qui lui seraient imputables à un millier par an (*Le Monde* 13 juin 1996, p. 9). Le rapport du Conseil national de l'air présenté par J. F. Bernard en décembre 2001 sur « L'évaluation de la mise en œuvre de la loi sur l'air » traite d'une probabilité d'une mortalité pour 1996 dûe à la pollution atmosphérique de 19200 à 44400, dont une mortalité attribuable à la pollution automobile cmprise entre 10700 et 24700.

assise sur les rejets de soufre : paradoxalement, quand son action rencontre un succès, et c'est le cas, elle perd de l'argent, pourtant indispensable à la poursuite de son action... Surtout, même si l'on trouvait dans le Plan national pour l'environnement quelques objectifs chiffrés (réduction d'un quart à un tiers des rejets de polluants classiques, réduction de 25 à 30 % des rejets de SO_2 d'ici l'an 2000, stabilisation des émissions européennes de CO_2 en l'an 2000 au niveau de ceux de l'an 1990, ou définition d'un quota de rejet par habitant), l'on est bien forcé de remarquer que la politique de développement des autoroutes ne prédispose pas à la confiance dans ces prévisions, d'ailleurs bien oubliées... Et la pollution industrielle (responsable de 37 % des émissions induisant des pluies acides d'après les études DEFORPA (18)) n'est pas toujours correctement réprimée, dans la mesure où l'effectivité du droit pénal de l'environnement laisse à désirer. Ce n'est pas l'augmentation, régulière mais très mesurée, du nombre des inspecteurs des installations classées qui va remédier à ce défaut.

§ 1. UN HÉRITAGE PORTEUR

Il n'en existait pas moins, avant même le vote de la loi sur l'air du 20 décembre 1996, plusieurs ensembles de normes françaises visant à limiter la pollution atmosphérique.

À commencer par la *loi du 2 août 1961* (19), relative à la lutte contre les pollutions atmosphériques et les odeurs, qui modifiait une loi du 19 décembre 1917 et qui a été plusieurs fois modifiée. Cette loi posait dans son article 1 le principe que « les immeubles, établissements industriels, commerciaux, artisanaux ou agricoles, véhicules ou autres objets mobiliers possédés, exploités, ou détenus par toute personne physique ou morale devront être construits, exploités ou utilisés de manière à satisfaire aux dispositions prises en application de la présente loi afin d'éviter les pollutions de l'atmosphère et les odeurs qui incommodent la population, compromettent la santé, ou la sécurité publique, ou nuisent à la production agricole, à la conservation des constructions et monuments ou au caractère des sites ». Pour l'essentiel, elle renvoyait pour la mise en œuvre de ce principe à des décrets et se contentait de prévoir des sanctions, plusieurs fois revues à la hausse de 1961 à 1996, en cas de violation. Le titre II en a été remplacé par la loi du 19 décembre 1990, portant attribution des compétences en matière de pollution atmosphérique à

(18) Sur le plan de la recherche, la France a lancé le programme DEFORPA (Dépérissement des forêts attribué à la pollution atmosphérique) fin 1983 ; ce programme portait sur le phénomène du dépérissement dans les Vosges. Il s'agit d'un programme pluridisciplinaire, qui visait d'abord à établir une surveillance de l'état sanitaire des forêts, une analyse de la pollution de l'air en milieu montagnard et forestier, et à mener de front des études sur les actions directes et les actions indirectes des polluants sur les écosystèmes forestiers. V. Brochure du ministère de l'Environnement, présentation de DEFORPA, SRETIE, 1986.

(19) Il est heureux que la loi de 1961 ait été actualisée. Son imprécision présentait de nombreux défauts : ainsi le décret du 11 mai 1990, pris pour son application, a été partiellement annulé en tant qu'il faisait rentrer le protoxyde d'azote dans les gaz dont l'émission sert d'assise à un prélèvement parafiscal au profit de l'AEME (Cour administrative d'appel, Paris, 2 avril 1998, *Société Hydro Agri France*, *Droit fiscal*, 1999, n° 2, p. 168, comm. 18).

l'Agence de l'environnement et de la maîtrise de l'énergie, et plusieurs décrets ont, dans la foulée, renforcé la politique publique en la matière.

Le décret du 25 octobre 1991 (20) a énoncé que les *niveaux de concentration dans l'air* pour certains produits (anhydride sulfureux, particules en suspension, plomb, dioxyde d'azote) doivent faire l'objet de mesures, ne pas dépasser des seuils énoncés par l'annexe de ce décret, et tendre vers des valeurs guides également énoncées dans l'annexe. Le décret instituait des réseaux de mesures « dans les sites où la pollution est présumée la plus forte » (art. 2 du décret), ces réseaux devant être gérés par des organes agréés par le ministre de l'Environnement, et être « indépendants ». Un décret du 18 avril 1996 (21) est venu pour sa part définir des seuils pour l'ozone : un seuil d'information de la population (22), un seuil de risque (23) pour la population. Quand ces seuils sont atteints, le préfet doit assurer une information par des moyens adéquats.

Le ministre de l'Environnement, qui dispose depuis 1973 (24) d'une compétence de coordination et de surveillance des mesures susceptibles d'avoir une incidence sur la pollution atmosphérique adoptées par les autres ministres, a sur la base de la loi de 1961 la possibilité par arrêté conjoint avec le ministre de la Santé, éventuellement contresigné par le ministre chargé de l'Énergie ou par celui des Transports (25), de délimiter des « *zones de protection spéciale* », en fonction de « l'importance et de la localisation de la population concernée » ; dans ces zones, il est possible de réglementer l'usage des sources de pollution, comme de dispenser du respect de certaines des normes pour certains produits. Cette dispense suppose que le préfet ait arrêté, après consultation du conseil départemental d'hygiène, un « programme d'action visant à améliorer la qualité de l'air », dans le but de ramener la situation à la normale dans la zone considérée.

Zones spéciales

Texte de création	Zone
Arrêté du 22 avril 1997	Paris, Haute-Seine, Seine-Saint-Denis, Val-de-Marne
Arrêté du 22 avril 1997	Yvelines, Seine-et-Marne, Essonne, Val d'Oise
Arrêté du 26 février 1974	Lille, La Madeleine, Loos, Lomme, Roubaix, Croix, Wasquehal, Wattrelos
Arrêté du 26 avril 1974	Lyon et Villeurbanne
Arrêté du 8 avril 1981 (reproduit en annexe)	Marseille
Arrêté du 12 juillet 1990	Agglomération de Strasbourg

(20) Pour une présentation systématique, et donc lisible, de ces textes, v. P. BILLET, C. CANS, Code de l'environnement, Dalloz, et C. HUGLO, J. DE MALAFOSSE, Code de l'environnement, Litec.

(21) *JO* 20 avril, p. 6083 et s. Son exécution effective pose problème : l'information n'est pas encore correctement assurée, et plusieurs organisations écologistes ont sur ce point entamé des démarches contentieuses.

(22) « ... au-delà duquel il existe des effets limités et transitoires pour la santé de catégories de la population particulièrement sensibles... »

(23) « ... au-delà duquel il existe un risque pour la santé humaine en cas d'exposition de courte durée ».

(24) Décret 23 février 1973, *JO* 27 février.

(25) Dès lors qu'il a des incidences sur les règles d'usage des combustibles ou qu'il en a sur les règles relatives à l'usage des véhicules.

Dans des *zones « sensibles »*, délimitées sur proposition du préfet après avis du conseil départemental d'hygiène, selon les mêmes conditions que pour les zones spéciales, peuvent s'appliquer des normes différentes des valeurs limites et des valeurs guides de droit commun : le but est alors « de limiter ou de prévenir un accroissement prévisible de la pollution atmosphérique à la suite, notamment, de développements industriels ou urbains et d'assurer une protection particulière de l'environnement et de préserver la santé de l'homme ».

Enfin, l'institution de « *procédures d'alerte* », définissant des mesures d'exception à prendre en cas de survenance de certaines conditions (niveau de pollution et conditions météorologiques particulières) était de la responsabilité des préfets (26).

Le décret de 1991 a procédé, pour ce qui concerne les *installations de combustion, d'incinération et de chauffage*, à une délégation au pouvoir réglementaire ; en l'occurrence, des arrêtés pris conjointement par le ministre de l'Environnement, ceux de l'Industrie et de la Santé publique, et celui chargé de l'Énergie ont fixé des normes, des spécifications techniques, des procédures d'homologation de matériels, des prescriptions et énoncer des procédures de contrôle de leur respect.

Il ne faut pas enfin négliger les *potentialités d'action des maires et des préfets*, au titre de leurs pouvoirs de police administrative générale ou spéciale. Les communes pouvaient dès avant 1996 user de leurs pouvoirs d'urbanisme, et toutes les collectivités locales qui en auraient eu la volonté politique pouvaient agir, et le peuvent encore, au besoin par des aides, sur la localisation des activités polluantes comme sur les efforts de dépollution (27). Les conseils généraux se sont vu offrir pour leur part par la loi de finances pour 1998 la possibilité d'exonérer de la vignette les véhicules propres.

On notera en la matière, pourtant, l'extrême difficulté du droit français à suivre le rythme des directives européennes : par exemple, la directive 82/884 du Conseil du 3 décembre 1982 fixant une valeur limite pour le plomb dans l'atmosphère a fait l'objet d'une transcription par une circulaire du ministre de l'Environnement du 20 juin 1985 : comme signalé par le professeur Lamarque, cette transcription était insuffisante en tant qu'elle ne permet pas aux administrés de s'en prévaloir, à supposer qu'ils puissent en avoir connaissance. La France a été condamnée de ce chef par la CJCE le 1er octobre 1991 (28). Il est certain que ce facteur, ajouté au malaise des populations des grandes villes et à la divulgation d'un certain nombre de données scientifiques, a joué en faveur d'une refonte du droit de l'air. Pour une fois, il semble que le législateur a manifesté sa volonté d'être en phase avec les institutions européennes, qui ont adopté encore récemment deux directives impor-

(26) Sur proposition du DRIRE, et après consultation du CDH, et le cas échéant du directeur départemental de l'équipement : le DIREN est curieusement absent des textes.

(27) V. D. Fontaine, « Les responsabilités locales dans la lutte contre la pollution de l'air », *LPA* 14 juin 1991.

(28) *RJE* 1992, p. 69 et s. Elle l'a été aussi, par décision de la même date, pour avoir usé du même procédé pour ce qui concerne les valeurs de dioxyde d'azote, l'anydride sulfureux et les particules en suspension. Elle partage cette condamnation avec les Pays-Bas et l'Allemagne (CJCE, 30 mai 1991, deux décisions).

tantes sur l'évaluation de la qualité et la gestion de l'air ambiant (29) et sur les émissions de véhicules à moteur (30).

§ 2. LA LOI DE 1996 : RÉNOVATION ET COMPLÉMENTS

La loi sur l'air (31) se veut un texte de rénovation, mais surtout de relance et de refondation de l'action publique.

Elle commence par énoncer les principes qui sous-tendent les politiques publiques et l'action juridique en matière de pollution de l'air. Plus exactement, au sens strict, l'article 1er énonce un principe et crée – par une « labellisation » – un *service public*. Du principe (« chacun a droit à respirer un air qui ne nuise pas à sa santé »), l'on dira d'abord qu'il est novateur. Ensuite, qu'il n'emporte pas en soi d'effets juridiques (32). « Chacun » : faut-il entendre par là que les valeurs limites n'ont qu'une valeur relative, et qu'en fait la responsabilité des autorités compétentes serait engagée dès lors que les personnes fragiles, menacées par des émissions normalement tolérables par des individus moyens, se verraient ouvrir un droit à une protection particulière, voire à une réparation des dommages qui leur seraient causés en raison d'une carence des pouvoirs publics en la matière ? Cette affirmation est à même de créer un « climat » favorable à la réception d'actions publiques, voire, pourquoi pas, d'actions contentieuses. L'article 1er alinéa 2 – article L. 220-1 du Code de l'environnement – affirme que la prévention, la réduction ou la suppression des pollutions atmosphériques et la préservation de la qualité de l'air sont d'intérêt

(29) 27 septembre 1996, *JOCE*, L. 296/55, 21.11.1996.

(30) 8 octobre 1996, *JOCE*, L. 282-64, 1-11-1996.

(31) Comme pour l'essentiel du droit des pollutions et nuisances, le droit de la pollution de l'air est désormais rendu plus lisible et accessible en raison de l'adoption de l'ordonnance portant codification du droit de l'environnement. Les articles qui concernent la lutte contre la pollution atmosphérique sont regroupés dans le titre II intitulé « air et atmosphère ». Ce titre comprend, après deux art. qui posent les principes essentiels de la loi sur l'air (art. L. 220-1 et 2) trois chapitres concernant la lutte globale contre la pollution de l'air : le chapitre 1er regroupe les dispositions sur la surveillance de la qualité de l'air (art. L. 221-1à 221-6), le chapitre 2 celles sur la planification (art. L.222-1 à L. 222-3 pour les plans sur la qualité de l'air et L. 222-4 à L. 222-7, plus l'art. L. 222-8 qui opère un renvoi concernant les PDU à la loi sur les transports intérieurs – ce qui n'est guère opératoire ni pratique), le chapitre 3 les art. sur les mesures d'urgence (art. L. 223-1 et 2). Le chapitre 4 concerne les mesures techniques nationales de prévention de la pollution atmosphérique mais aussi d'utilisation rationnelle de l'énergie ; après une section 1 sur les dispositions générales, la section 2 – art. L. 224-3 à 5 – concerne les dispositions touchant les véhicules automobiles, en opérant des citations ou reproductions d'art. qui demeurent dans le Code de la route (ce qui accroît la cohérence du Code de l'environnement même si le procédé peut surprendre au premier abord). Le chapitre 5 a trait aux dispositions financières et fiscales ; l'art. L. 225-1 renvoie de manière curieuse et peu justifiable, pour ce qui concerne les énergies fossiles et les énergies renouvelables, à l'art. 25 de la loi sur l'air, non codifié. Il renvoie aussi aux lois de finances pour le financement de la qualité de l'air. En revanche, l'art. suivant reprend le dispositif de remboursement ouvert aux gestionnaires de réseaux de transport qui opteraient dans certaines conditions pour des véhicules propres. Enfin le chapitre 6 a trait aux sanctions et contrôles. Quant au chapitre VII, il est hors sujet puisque concernant – il comprend un art. unique – les pollutions radioactives – pour les exclure, d'ailleurs, du champ de la loi.

(32) Ce qui n'empêche pas que certains aient exprimé la crainte que cette formulation ne soit le support de contentieux, et de faire remarquer qu'il est impossible de faire respecter ce « droit » ; P. Richert a proposé lors du débat au Sénat que l'on y substitue l'affirmation selon laquelle l'air fait partie du patrimoine commun de l'humanité (*JO* Débats Sénat, 24 mai 1996, p. 2816).

général : il y a là reconnaissance de l'existence réelle d'un « service public de la protection de l'air », qui est d'ailleurs organisé par le corps du texte.

Un effort est d'abord fait pour les *dispositifs d'alerte* : les deux nouveautés résident ici dans l'affirmation nette que « la surveillance de la qualité de l'air est une compétence de l'État », et que cette surveillance doit être étendue à toutes les agglomérations de plus de 25 0000 habitants au premier janvier 1997, de plus de 100 000 au premier janvier 1998 et au premier janvier 2000 pour tout le territoire (33). On remarquera que dans la première catégorie (34), quatre agglomérations sur dix-sept ne sont pas encore équipées (35), et que, surtout, dans le deuxième, 20 sur 41 ne le sont pas plus (36). Il est vrai par ailleurs que le seul respect de l'échéancier conduit, selon la commission des affaires économiques et du plan du Sénat, à l'engagement de 38 millions d'euros par an (37). L'article 3 de la loi – article L. 221-1 du Code de l'environnement – énonce que « l'État assure avec le concours des collectivités territoriales, dans le respect de leur libre administration et des principes de la décentralisation, la surveillance de la qualité de l'air et de ses effets sur la santé et sur l'environnement. Il confie à l'Agence de l'environnement et de la maîtrise de l'énergie la coordination technique de la surveillance de la qualité de l'air. Des objectifs de qualité de l'air, de seuils d'alerte et des valeurs limites sont fixés après avis du Conseil supérieur d'hygiène publique de France, en conformité avec ceux de l'Union européenne ou à défaut par l'Organisation mondiale de la santé. Ces objectifs, seuils d'alerte et valeur limites sont régulièrement réévalués pour prendre en compte les résultats des études médicales et épidémiologiques ».

La première *conséquence du dépassement éventuel de ces seuils d'alerte* (38) figure dans l'article L. 223-1 du Code de l'environnement : lorsque les objectifs de qualité de l'air ne sont pas atteints ou lorsque les seuils d'alerte et valeurs limites sont dépassés ou risquent de l'être, le public en est immédiatement informé. Les préfets se voient confier le soin de prendre les mesures propres à limiter l'ampleur et les effets de la pointe de pollution sur la population (39). Ces mesures peuvent comporter un *dispositif de restriction ou de suspension des activités concourant aux pointes de pollution*, y compris, le cas échéant, de la circulation des véhicules, et de réduction des émissions des sources fixes et mobiles : elles entraînent dès lors la

(33) V. décret n° 98-361 du 6 mai 1998 relatif à l'agrément des organismes de surveillance de qualité de l'air, *JO* 13 mai 1998, p. 7198.

(34) V. J.-F. MATTÉI dans son rapport à l'AN sur le projet de loi, au nom de la commission des affaires culturelles, familiales et sociales, n° 2849, 5 juin 1996, p. 37.

(35) Toulon, Valenciennes, Grasse-Cannes-Antibes.

(36) Selon J.-F. MATTÉI, Orléans, Angers, Brest, Le Mans, Avignon, Limoges, Perpignan, Nîmes, Bayonne, Pau, Saint-Nazaire, Troyes, Hagondange Briey, Valence, Lorient, Maubeuge, Saint-Denis de la Réunion, Pointe-à-Pitre, Fort-de-France, Saint-Pierre de la Réunion.

(37) V., sur ces problèmes de financement, Rapport J.-F. MATTÉI, *op. cit.*, p. 44-45.

(38) V. décret n° 98-360 du 6 mai 1998 relatif à la surveillance de la qualité de l'air et de ses effets sur la santé et sur l'environnement, aux objectifs de la qualité de l'air et aux seuils d'alerte et aux valeurs limites (*JO* 13 mai 1998, p. 7196 et s.), arrêté du 17 août 1998 relatif aux seuils de recommandation et aux conditions de déclenchement de la procédure d'alerte, *JO* 18 août 1998, p. 12573, et circulaire du 17 août 1998 sur les mesures d'urgence concernant la circulation des véhicules, *JO* 18 août 1998, p. 1271, comm. LCP, *Dr. env.* octobre 1998, p. 5.

(39) S'ajoutant à celles que ceux-ci peuvent prendre au titre de l'art. 10.

gratuité des transports en commun (40). Ces « mesures sont d'application immédiate », comme l'a confirmé C. Lepage, mais il ne faut pas exagérer leur portée (41) : ce n'est que si le préfet, dans le cadre d'une procédure d'alerte, suspend ou restreint l'usage des véhicules personnels que « l'accès gratuit » est assuré. Ce n'est ni quand, quoique la circulation automobile contribue aux pics de pollution, le préfet compétent préférera faire porter les mesures sur des secteurs industriels, ni quand des mesures préventives seront adoptées que cette gratuité s'imposerait...

Les premières hésitations dans l'application des pouvoirs d'alerte de la loi sur l'air laissaient mal augurer de l'avenir : une première application (l'interdiction de la circulation des poids lourds de plus de 7,5 tonnes sur les axes traversant Lyon les journées des 15 au 17 janvier 1997) a pu paraître spectaculaire. Dans la réalité, les préfets, à défaut de consignes gouvernementales rigoureuses, semblent avoir le plus grand mal à appliquer radicalement les mesures d'urgence en cas d'alerte, alors même que leur mise en œuvre n'aurait réellement d'utilité que si elle était effective avant le dépassement du « niveau 3 » (dioxyde d'azote). On a d'autant plus de mal à comprendre ces appréhensions que, le 17 janvier 1997, tandis qu'on hésitait à Paris, Rome, Florence, Udine et Bolzano, en Italie, interdisaient sans hésiter la circulation automobile en ville. Sans aller aussi loin, le 11 mars 1997 (*Le Monde* 13 mars 1997, p. 10), Corinne Lepage, alors ministre de l'environnement, a opté pour l'instauration de la circulation alternée à Paris dès franchissement du seuil d'alerte trois (soit 600 microgrammes par m^3 de dioxyde de soufre, 400 de dioxyde d'azote, 360 d'ozone). Sans devenir courantes depuis, ces mesures modérées sont assez souvent mises en place.

Le décret n° 98-360 du 6 mai 1998 relatif à la surveillance de la qualité de l'air et de ses effets sur la santé et sur l'environnement, aux objectifs de la qualité de l'air et aux seuils d'alerte et aux valeurs limites (*JO* 13 mai 1998, p. 7196 et s.), l'arrêté du 17 août 1998 relatif aux seuils de recommandation et aux conditions de déclenchement de la procédure (42) et la circulaire du 17 août 1998 concernant les *mesures d'urgence concernant la circulation des véhicules* (43) ont rassuré en complétant le dispositif institué par les articles 3 et 4 de la loi sur l'air. Les seuils sont fixés à 180 $\mu g/m^3$ d'ozone en moyenne horaire, 300 $\mu g/m^3$ de dioxyde de soufre en moyenne horaire et 200 $\mu g/m^3$ de dioxyde d'azote en moyenne horaire. Le système repose sur un double niveau : un niveau d'information des citoyens par les préfets, un niveau de déclenchement des mesures d'urgence, précisées par la circulaire. Elles doivent être mises en œuvre dans le cadre d'un « plan de circulation d'urgence ». Par ailleurs, le dispositif de la « pastille verte » (44) est de nature à permettre la mise en place des restrictions de circulation, y compris de péages sélectifs.

Des *plans régionaux pour la qualité de l'air* sont élaborés par les conseils régionaux (jusqu'à la loi sur la démocratie de proximité (45), ils devaient l'être à la discrétion des préfets de région). Le décret n° 2004-195 du 24 février 2004

(40) « En cas de mesures de restriction ou de suspension de la circulation des véhicules décidée par le préfet dans le cadre d'une procédure d'alerte, l'accès aux réseaux de transport public en commun de voyageurs est assuré gratuitement. »

(41) Même si une première application (l'interdiction de la circulation des poids lourds dans le centre de Lyon les journées des 15 au 17 janvier 1997) peut en paraître spectaculaire.

(42) *JO* 18 août 1998, p. 12573.

(43) *JO* 18 août 1998, p. 1271, comm. LCP, *Dr. env.* octobre 1998, p. 5.

(44) Décret n° 98-704 relatif à l'identification des véhicules automobiles contribuant à la limitation de la pollution atmosphérique, *JO* 18 août 1998.

(45) « L'art. L. 541-13 est ainsi modifié :
1° Le V est ainsi rédigé :

concrétise ce transfert de compétences en complétant le décret du 6 mai 1998 : pour les plans non encore approuvés, les présidents des conseils régionaux mènent la procédure à la diligence du préfet de région. Si le plan n'est pas approuvé par le conseil régional dans les dix-huit mois, la compétence repasse au préfet. Celui-ci semble ne pas pouvoir différer la procédure d'adoption – « le préfet élabore un projet de plan... ». L'usage du présent vaut impératif. Pour les plans déjà approuvés, s'il s'avère lors de l'évaluation quinquennale des plans que les objectifs de qualité n'on pas été atteints ou que ceux fixés par le décret de 1998 sont dépassés, et si la reconduction du plan à l'identique n'est pas de nature à permettre de satisfaire ces objectifs, le préfet de région saisit le président de région. Si dans les dix-huit mois, celui-ci n'a pas fait adopter le plan révisé par le conseil régional, la compétence repasse au préfet, qui ne peut différer la révision.

Il résulte de la combinaison de ces deux textes que les plans doivent comporter trois catégories de dispositions. D'abord, un inventaire des émissions et une évaluation de la qualité de l'air ; ensuite, des orientations visant à « prévenir ou réduire la pollution atmosphérique ou d'en atténuer les effets » ; enfin, des objectifs de qualité de l'air « spécifiques à certaines zones lorsque les nécessités de leur protection le justifient ». Les plans peuvent être révisés tous les cinq ans. Le principe de participation est concrétisé – bien timidement – par le fait que les projets sont mis à la disposition du public : le projet peut être « éventuellement modifié » pour tenir compte des observations du public ou des collectivités publiques consultées.

Plan	**Objet**	**Références réglementaires**	**Direction/ adoption**	**Échéance**
PRQA	Fixe des orientations pour atteindre les objectifs de qualité	L. 222-1 à 3 du Code de l'environnement, Décret du 6 mai 1998, *JO* 13 mai et décret n° 2004-195 du 24 février 2004	Conseil régional	Aucune

« V. – Le projet de plan est élaboré à l'initiative et sous la responsabilité du président du conseil régional. » ;

2° Dans la première phrase du VI, les mots : « au conseil régional et » sont supprimés ;

3° Au VII, les mots : « l'autorité compétente » sont remplacés par les mots : « délibération du conseil régional ».

B. – Le dernier alinéa de l'art. L. 541-15 est complété par une phrase ainsi rédigée :

« Ce décret détermine également les conditions dans lesquelles l'État élabore le plan prévu à l'art. L. 541-13 lorsque, après avoir été invitée à y procéder, l'autorité compétente n'a pas adopté ce plan dans un délai de dix-huit mois. »

Plan	Objet	Références réglementaires	Direction/ adoption	Échéance
PPA	Arrête des mesures pour le respect des valeurs limites et met en œuvre les PRQA	L. 222-4 à 7 du Code de l'environnement, Décret du 25 mai 2001, *JO* 28 mai	Préfet	30 juin 1998 pour les agglomérations de plus de 250000 habitants ou dix – huit mois après le premier dépassement de valeurs limites
PDU	Oriente les transports vers les modes les plus économes	Loi d'orientation des transports intérieurs, 30 décembre 1982, loi sur l'air du 30 décembre 1996, loi relative à la solidarité et au renouvellement urbain, 13 décembre 2000	Autorité responsable des transports publics	13 décembre 2003 : mise en conformité des PDU avec la loi SRU. Une évaluation des premiers PDU a été réalisée en 2004.

Ces plans, désormais arrêtés par les régions (46), doivent comprendre « une évaluation de la qualité de l'air... au regard notamment des objectifs de la qualité de l'air prévus à l'article 3 de la loi » sur l'air, une évaluation des « effets sur la santé, sur les conditions de vie, sur les milieux agricoles et naturels et sur le patrimoine ». Ils doivent comprendre un inventaire détaillé des substances polluantes et les sources des agents polluants, un recensement des organismes aptes à concourir à la satisfaction des objectifs de la loi. Les plans mettent en place l'information du public, la surveillance de la qualité de l'air et le cas échéant des recommandations sur « la maîtrise des émissions atmosphériques dues aux sources fixes... et aux sources mobiles ». Les plans peuvent promouvoir l'utilisation des meilleures techniques disponibles pour les sources fixes. Ils doivent définir pour ce qui concerne les sources mobiles les grandes lignes d'une politique des transports moins polluante. Le plan doit faire l'objet d'une évaluation quinquennale. Le plan peut alors être révisé ; il doit l'être si les objectifs de qualité n'ont pas été atteints. La compétence en la matière est confiée au préfet de région assisté d'une commission consultative comprenant des représentants d'associations de protection de l'environnement et des consommateurs. Pour ce qui concerne les conditions d'élaboration, particulièrement la participation du public, les décrets de 1998 et 2004 reprennent les dispositions de la loi.

(46) V. O. GULLI, « Le renforcement des moyens d'action au niveau régional : la planification », *Dr. env.* juin 1998, p. 3-6. Décret n° 93-862 du 6 mai 1998 et décret du 24 février 2004 relatif aux plans régionaux pour la qualité de l'air.

Le 16 juin 2004, l'Institut de Veille Sanitaire (InVS) a rendu public un rapport d'évaluation des Plans régionaux pour la qualité de l'air (PRQA), qui permet d'avoir un tableau précis de l'élaboration de ces plans fin 2003.

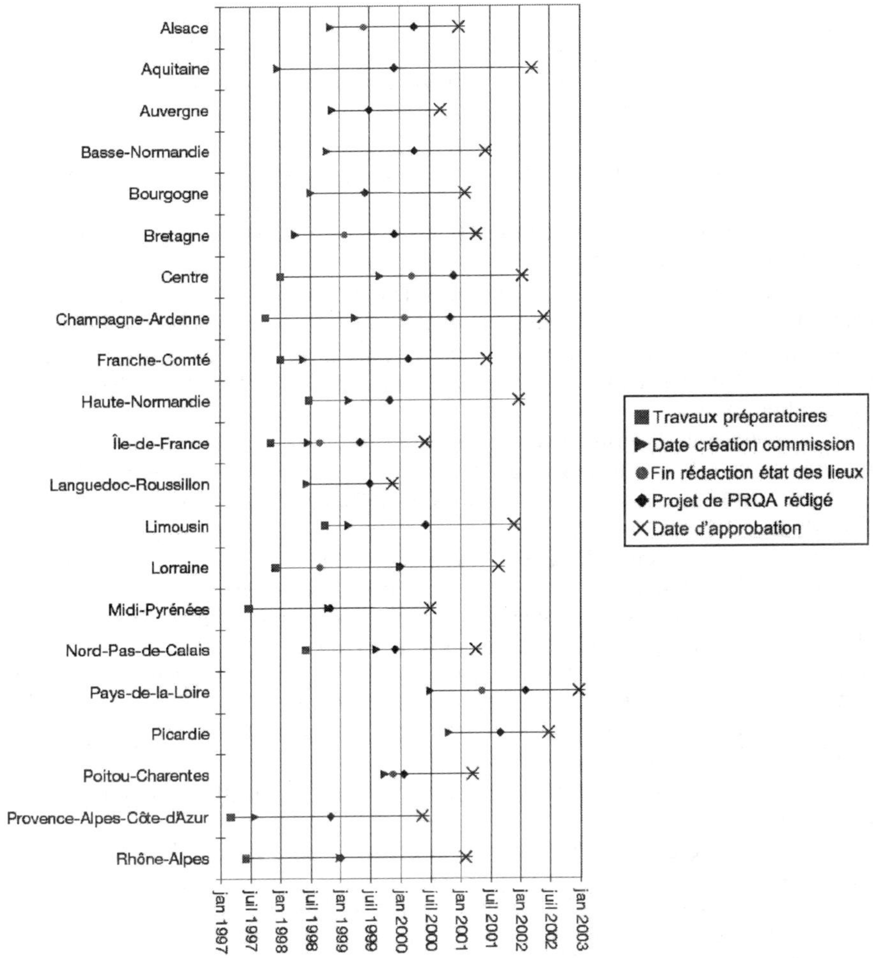

Régions ayant adopté leur PRQA au 31 décembre 2005 : Alsace, Aquitaine, Basse-Normandie, Bourgogne, Bretagne, Centre, Champagne-Ardenne, Franche-Comté, Haute Normandie, Île-de-France, Languedoc-Roussillon, Lorraine, Nord-Pas-de-Calais, Picardie, Poitou-Charentes, Provence-Alpes-Côte d'Azur.

Par ailleurs, le comité régional de l'environnement voit ici confirmer sa place centrale en matière d'administration consultative de l'environnement, puisqu'il est la seule institution consultative mentionnée dans le texte. De plus, au titre des dispositions diverses, est instituée une obligation de création de ces comités alors que la loi *Barnier* n'avait énoncé qu'une faculté.

Les *plans de protection de l'atmosphère* sont de droit (art. L. 222-4 du Code de l'environnement) dans les agglomérations de plus de 250 000 habitants et dans les zones où les valeurs limites sont dépassées. Ils devaient être édictés dans un délai de dix-huit mois à compter de la date d'entrée en vigueur de la loi, ou à compter du dépassement des valeurs limites. Le délai n'a pas été tenu : le décret du 25 mai 2001 (47) se contente de rappeler ce second délai. La procédure d'élaboration en est calquée sur celle des PRQA, à cette exception près qu'il est adopté par le préfet.

La circulaire du 12 août 2002 relative à l'élaboration des plans de protection de l'atmosphère souligne que dans le cadre de l'élaboration, les préfets doivent veiller à :

— « l'établissement d'une concertation ouverte avec tous les acteurs intéressés par la pollution atmosphérique ;

— l'évaluation de l'impact des mesures déjà mises en œuvre, notamment dans le cadre des zones de protection spéciale et la connaissance des émissions dans l'air ;

— une bonne connaissance de l'état de qualité de l'air et de ses évolutions prévisibles dans les zones concernées au regard des différentes valeurs limites lorsqu'il en existe ;

— l'application du principe de proportionnalité et la réalisation d'une démarche intégrée en vue de définir des objectifs de réduction des émissions polluantes ».

Le ministère recommande à ses services de veiller à élaborer des cartographies de la qualité de l'air et éventuellement des indicateurs sur l'occupation des sols (densité de population...) « afin d'évaluer l'exposition potentielle de la population aux polluants ». La circulaire précise que « la définition des objectifs de réduction des émissions de polluants atmosphériques doit tenir compte de la contribution de chaque secteur aux émissions polluantes mais aussi des meilleures techniques disponibles et des coûts correspondants ». Conformément à l'esprit du décret, les contextes techniques et économiques doivent donc être pris en compte, en particulier par les juridictions dans le cadre d'éventuels contentieux, pour apprécier la validité des PPA.

Outre l'avis du comité régional de l'environnement, le plan est soumis à une enquête publique.

L'article 10-2 du décret 2001-449 énonce que le dossier soumis à enquête doit, outre les exigences classiques (rappel des textes réglementaires) comprendre un résumé non technique de présentation du projet et le projet de plan. La population est avertie par un avis, publié en caractères apparents quinze jours au moins avant le début de l'enquête et rappelé dans les huit premiers jours de celle-ci dans quatre journaux nationaux, régionaux ou locaux diffusés dans le ou les départements concernés. Le Commissaire enquêteur désigné par le président du tribunal administratif est amené à rendre des conclusions sous la forme d'un rapport. Le rapport et les conclusions de l'enquête sont consultables dans les préfectures concernées pendant un an à compter de la date de clôture de l'enquête. Les conséquences de ces consultations n'en sont pas moins, malgré leur formalisme, aléatoires, puisque la

(47) *JO* 27 mai 2001.

formule utilisée est toujours la même : le préfet arrête le projet après l'avoir « éventuellement » modifié pour en tenir compte.

Quant au contenu, ces documents sont semble-t-il de rédaction assez libre. Ils peuvent en fait fixer des objectifs de qualité plus astreignants que ceux de droit commun et aggraver en conséquence les mesures techniques qui existent sur tout le territoire. Ils doivent énoncer, s'il existe un plan régional, les modalités d'alerte et les conditions de mise en œuvre des objectifs régionaux. La circulaire du 12 août 2002 relative à l'élaboration des plans de protection de l'atmosphère précise à propos des mesures énoncées dans les PPA que « Ces mesures seront pour certaines très proches de celles qui ont pu être arrêtées dans le cadre des zones de protection spéciale prévues par l'article 3-1 du décret n° 74-415 du 13 mai 1974 relatif au contrôle des émissions polluantes dans l'atmosphère modifié par le décret n° 91-1122 du 25 octobre 1991. Aussi, dans les agglomérations déjà concernées par une zone de protection spéciale, la mise en œuvre du PPA permettra, d'une part, d'étendre les dispositions prévues à d'autres polluants que le SO_2 et les poussières et, d'autre part, de réviser certaines mesures au regard des meilleures technologies disponibles à un coût économiquement acceptable ». Cette référence classique au coût et aux capacités technologiques du moment est limitative, mais elle implique aussi que si coûts et techniques évoluent, la lecture du PPA devra évoluer en conséquence et ce dès avant sa réécriture lors de la révision quinquennale.

L'article 12 du décret 2001-449 prévoit que le préfet doit présenter chaque année aux conseils départementaux d'hygiène un bilan de la mise en œuvre du plan de protection de l'atmosphère. À la suite de cette évaluation ou d'une demande quelconque, par exemple d'une collectivité locale ou d'une association, l'article 13 du décret permet, à la condition que cette modification ne porte pas atteinte « son économie générale », une modification par simple arrêté après consultation du conseil départemental d'hygiène. Une évaluation est aussi menée chaque cinq ans, et une révision de plus grande envergure peut être entamée ; mais dans ce cas, la procédure à suivre est celle exigée pour l'élaboration des plans. La Fédération nationale des associations de protections de l'environnement (FNE) a effectué un examen de l'avancée à la fin décembre 2004 des PPA.

Bilan des PPA – décembre 2004

Région	Agglomération	Périmètre du PPA	Début des travaux de la commission d'élaboration	Étape en cours et échéancier
Alsace	Strasbourg	Communauté urbaine de Strasbourg (CUS) + commune de Hoerdt	22 octobre 2001	PHASE 1 Début des consultations prévues pour septembre 2004 EP début 2005

Région	Agglomération	Périmètre du PPA	Début des travaux de la commission d'élaboration	Étape en cours et échéancier
Aquitaine	Bordeaux	Agglomération	Juin 2002	PHASE 1 rédaction du projet en voie d'achèvement. Approbation du PPA prévue courant 2e semestre 2005
Auvergne	Clermont-Ferrand	Agglomération		PHASE 1 réunion de la première commission (arrêtée) prévue à la rentrée 2004
Bretagne	Rennes	Agglomération + 36 communes	20 décembre 2001	PHASE 3 Mise à l'EP
Centre	Orléans	Communauté de l'agglomération orléanaise	Mai 2003	PHASE 1 Étude des propositions
Centre	Tours	Agglomération	Avril 2003	PHASE 1 Étude des propositions
Île-de-France	Paris	Agglomération	24 janvier 2002	PHASE 2 prévue pour juin 2004 Phase 3 prévue pour 2e semestre 2004
Languedoc-Roussillon	Montpellier	Agglomération	14 mai 2001	PHASE 1

Selon les chiffres de début 2006 annoncés par la ministre N. Ollin, 3 PPA seulement ont été approuvés, 14 autres devaient être finalisés avant la fin de l'année 2006, dont 9 durant le premier semestre, 12 ayant déjà été soumis à enquête publique.

L'article L. 222-6 du Code de l'environnement, surtout, charge les « autorités compétentes en matière de police » – il faut entendre par là les préfets mais aussi les maires – de prendre les mesures nécessaires à la réalisation des objectifs des plans de protection de l'atmosphère (v. *infra*).

Les *plans de déplacement urbain* constituent pour leur part une réitération des objectifs initiaux de la LOTI : mais ces plans, déjà prévus, n'avaient jamais vu le jour faute de décrets d'application. L'article 28 initial (48) est remplacé par une nouvelle rédaction plus précise (l'art. L. 222-8 du Code de l'environnement y opère un renvoi).

Les PDU sont obligatoires, dans les deux ans à compter de la publication de la loi (49), dans les agglomérations de plus de 100 000 habitants (50). Ils visent, dans les périmètres définis, deux objectifs principaux. D'abord, celui d'« assurer un équilibre durable entre les besoins en matière de mobilité et de facilité d'accès, d'une part, et la protection de l'environnement d'autre part ». Certes, dans le texte, ce but est énoncé en second rang... mais il est sûrement plus réaliste et partant plus efficace de ne pas limiter la vocation, comme certains sénateurs le désiraient (51), à la protection de l'environnement. En second lieu, le texte vise à instaurer un « usage coordonné de tous les modes de déplacements, notamment par une affectation appropriée de la voierie, ainsi que la promotion des modes les moins polluants et les moins consommateurs d'énergie » (52). Quant à l'élaboration (53) des plans, l'autorité compétente est l'autorité organisatrice en matière de transports ; les services de l'État sont associés. Le projet est soumis aux « associations agréées pour la protection de l'environnement » qui en font la demande. Après une consultation aux conseils municipaux, départementaux, régionaux intéressés (54), il est soumis à enquête publique. Il est ensuite adopté par l'autorité délibérante de l'autorité organisatrice (55).

(48) V. sur ces problèmes le *Journal des communes*, mars 1996, dossier « Transports et pollution ».

(49) Délai qui ne sera pas tenu : en mai 1999, soit cinq mois après l'expiration du délai, seules dix collectivités sur soixante-neuf avaient élaboré leur PDU. D'après le bilan publié le 25 mai 2000 (*Le Monde* 26 mai, p. 14), au final une trentaine d'agglomérations concernées ne pouvaient pas pouvoir publier leur PDU avant 2001, d'où l'idée de permettre aux préfets de se substituer au cas par cas aux collectivités défaillantes.

(50) On remarquera que la proposition de loi sur l'air déposée en 1995 par D. Julia à l'AN (art. 12) préconisait que ces plans soient obligatoires dans les agglomérations de plus de 100 000 habitants.

(51) Défendu en particulier par Mme Pourtaud et signé par M. Charzat, l'amendement 95 défendu au Sénat le 23 mai (Déb. Sénat, 24 mai, p. 2867-2868) présentait surtout un point fort : il prévoyait l'obligation pour les PDU d'affecter en priorité la voierie aux transports collectifs. Le ministre n'a pas trouvé d'autre argument contre cette mesure que de déclarer que « le mieux était l'ennemi du bien ». On comprend bien que dans la réalité, la radicalité de ce choix aurait réduit à néant le fragile compromis existant au sein des acteurs en matière de transport et surtout au sein du gouvernement. Il n'en subsistera pas moins, dans le texte définitif, comme effet non négligeable qu'à compter de 1998 toute nouvelle infrastructure routière devra être accompagnée d'« itinéraires cyclables pourvus d'aménagements »... Encore faudra-t-il observer ce qu'il adviendra de la précision qui suit (« en fonction des besoins et contraintes de la circulation »), susceptible d'interprétations fort diverses, on le devine.

(52) Disposition partiellement mise en œuvre par le décret n° 98-828 du 14 septembre 1998 relatif à la circulation des cycles et modifiant le Code de la route, *JO* 16 septembre 1998, p. 14136, comm. G. F., *in Dr. env.* octobre 1998, p. 5-6, que la CAA de Lyon vient de mettre en œuvre (28 juillet 2003, n° 99LY02169, *M. Dominique A. et Association Roulons en ville à vélo*), inédit.

(53) Une procédure adaptée à Paris et la région Île-de-France est prévue par l'art. 28-3 nouveau de la LOTI : la logique n'est pas différente de celle mise en œuvre sur le reste du territoire.

(54) Le silence gardé pendant trois mois vaut avis positif.

(55) « Art. 28-2 – Le plan de déplacements urbains est élaboré ou révisé à l'initiative de l'autorité compétente pour l'organisation des transports urbains sur le territoire qu'il couvre. Les services de l'État sont associés à son élaboration. Les représentants des professions et des usagers des transports, les

On trouve évidemment dans les PDU – et cela peut avoir un rapport étroit avec la qualité de l'air dans les villes – l'énoncé de plans de circulation qui dissuadent les automobilistes de s'aventurer dans les centre-ville. On y trouve des tracés de trajets protégés pour vélos et piétons, de rues piétonnes, de couloirs réservés pour les bus. La loi SRU ajoute (article 96) aux PDU un volet « sécurité » : elle réaffirme l'obligation d'établir un partage « modal équilibré » de la voirie (56). Une tarification et une billétique intégrées figureront désormais dans les PDU. La loi sur l'air visait à instaurer un « usage coordonné de tous les modes de déplacements, notamment par une affectation appropriée de la voierie, ainsi que la promotion des modes les moins polluants et les moins consommateurs d'énergie ».

Le décret n° 98-828 du 14 septembre 1998 relatif à la circulation des cycles et modifiant le Code de la route (*JO* 16 septembre 1998 p. 14136, comm. G.F., *in Dr. env.* octobre 1998, p. 5-6) permet des dérogations « *si les besoins et contraintes de la circulation... font... obstacle* » et « *si, le cas échéant, la création de tels itinéraires... (est) incompatible avec les orientations du plan de déplacements urbains* ». Le TA de Grenoble a, le 26 juin 2002, statué sur le PDU de Grenoble (*AJDA* 21 octobre 2002, p. 1030 et s., comm. C. Sagno), et estimé que le PDU est bien un acte susceptible d'un recours en annulation, mais qu'on doit le considérer comme un document d'orientation, qui n'énonce que « les principes de l'organisation des transports ». Le TA de Grenoble considère donc qu'un contrôle minimum, notamment, sur le respect de l'obligation d'équilibre, suffit. Par un arrêt du 28 juillet 2003, n° 99LY02169, *M. Dominique A. et Association Roulons en ville à vélo*, la CCA de Lyon suit le TA et tire les conclusions de l'absence de « besoins et contraintes de la circulation » qui auraient fait obstacle à des aménagements. L'obligation d'aménagement cyclable n'est donc pas une simple figure de style.

Dans la région Île-de-France, le PDU est élaboré par l'État, et à l'échelle de la région entière, même s'il peut être complété par des plans locaux de déplacement, dont le périmètre est arrêté par l'État et le contenu par des établissements publics de coopération intercommunale. Mais il ne s'agira jamais que d'un document d'orientation politique, dont les dispositions vraiment effectives, sans en être absentes (plan de circulation, implantation de circuits et trajets réservés), seront au final moins nombreuses que les déclarations d'intention.

On commence pourtant à voir des requérants attaquer des PDU par des recours pour excès de pouvoir, ce qui n'est guère étonnant compte tenu de l'existence de nombreuses associations de défense des piétons et vélos. Le juge hésite à sanctionner un PDU en raison de la faiblesse de son contenu. Le contrôle est donc un

chambres de commerce et d'industrie et les associations agréées de protection de l'environnement sont consultés à leur demande sur le projet de plan.

Le projet de plan est arrêté par délibération de l'autorité organisatrice puis, sous un délai de trois mois, soumis pour avis aux conseils municipaux, généraux et régionaux intéressés ainsi qu'aux préfets. L'avis qui n'est pas donné dans un délai de trois mois après transmission du projet de plan est réputé favorable. Le projet auquel sont annexés les avis des personnes publiques consultées, est ensuite soumis à une enquête publique dans les conditions prévues par la loi n° 83-630 du 12 juillet 1983 relative à la démocratisation des enquêtes publiques et à la protection de l'environnement.
Éventuellement modifié pour tenir compte des résultats de l'enquête, le plan est approuvé par l'organe délibérant de l'autorité organisatrice des transports. »

(56) V. O. Dupéron, « La réforme du régime des transports et des déplacements urbains », *AJDA* janvier 2001, p. 69 et s.

contrôle minimal, et le TA de Grenoble, par exemple, considère que l'obligation d'équilibre énoncée par la LOTI, article 28, ne doit être vérifiée que jusqu'à un certain point : il suffira que le PDU ne traite pas que de la circulation automobile... Dans ces conditions, comme le signale le commentateur, mis à part pour des vices de forme ou de procédure, il y a peu de chances d'annulation (57).

Les préfets peuvent désormais se substituer au cas par cas aux collectivités défaillantes, ce que permet l'article 28-2 *in fine* issu de la loi SRU (article 103-II), ce qui a apparemment accéléré les choses, et fin août 2002, 51 avaient été adoptés sur 72 qui normalement auraient dû l'être, et tous les autres l'ont été depuis ou sont en passe de l'être. Les statistiques récentes sont cependant difficiles à trouver.

Enfin, le principe de prévention est intégré dans le dispositif par certains des énoncés – auxquels on peut reprocher d'ailleurs l'absence de lisibilité (58) – figurant au titre V de la loi, curieusement intitulé « Urbanisme et environnement », alors même qu'il s'agit manifestement d'une orchestration de la prévention et de l'intégration des principes essentiels du droit de l'air par les politiques publiques, ce qui dépasse largement le champ de l'urbanisme.

Les mesures techniques confirment pour l'essentiel des compétences dévolues au pouvoir réglementaire (59) ; la novation la plus marquante concerne le Code de la route, dans lequel est introduite une possibilité de discrimination entre les véhicules en fonction de leur « contribution à la pollution atmosphérique ». Il s'agit ici, par une identification adéquate, de permettre des sélections. Dans le même esprit, les dispositions financières introduisent dans notre fiscalité une obligation de prise en compte de l'incidence des énergies fossiles sur « ... la compétitivité de l'économie, l'environnement et la sécurité d'approvisionnement » (60). De toute manière, la fiscalité sur les énergies fossiles devra financer la surveillance de l'air. C'est à la fois beaucoup – en regard des résistances qu'il a fallu surmonter – et peu – en regard du retard qu'a pris la France en matière de développement des énergies renouvelables (61).

Les études d'impact doivent comprendre une prise en compte des problèmes atmosphériques depuis le 1er juillet 1997 (62).

(57) *AJDA* 21 octobre 2002, p. 1030 et s., comm. C. Sagno.

(58) Il s'agit d'ajouts à des textes existants, qui ne sont pas repris dans leur intégralité. Il reste à espérer qu'ils seront rendus lisibles par un nouvel effort de codification.

(59) Selon les procédures les plus lourdes qui soient : il faudra des décrets en CE.

(60) « Art. 25. La fiscalité des énergies fossiles et celle des énergies renouvelables tient compte de l'incidence de leur utilisation sur la compétitivité de l'économie, la santé publique, l'environnement et la sécurité d'approvisionnement et vise, au regard de ces objectifs, un traitement équilibré entre les différents types de combustibles ou de carburants.

Le financement de la surveillance de la qualité de l'air, qui tient compte du produit de la fiscalité des énergies fossiles, est assuré dans les conditions prévues par les lois de finances. »

La loi de finances rectificative 1997 n° 97-1239 du 29 décembre 1997 (*JO* 31 décembre 1997, p. 19104) institue un nouveau régime fiscal des biocarburants, et la loi de finances pour 1998 permet en particulier aux conseils généraux d'exonérer totalement ou partiellement de la taxe différentielle sur les véhicules à moteur ceux qui fonctionnent à l'électricité, au gaz naturel ou au GPL.

(61) V. L. Grammaticco, *Les moyens juridiques du développement énergétique dans le respect de l'environnement en droit français*, th. dact., Montpellier, 2003.

(62) La cour administrative d'appel de Paris, 16 mars 2000, sur recours de l'Association de défense et de sauvegarde de l'environnement de la Pomponette (n° 97PA02510), a annulé une déclaration d'utilité publique portant sur un élargissement à deux fois trois voies d'une autoroute parce qu'entre autres

On l'a dit, les pouvoirs de police administrative du maire sont complétés par le droit de l'air. Dans la rédaction antérieure à l'adoption de la loi sur l'air, le maire disposait au titre de l'article L. 2213-2 du pouvoir d'interdire temporairement la circulation dans une rue ou l'interdire complètement, dans certaines conditions, pour créer une zone piétonne ; il peut interdire le passage des poids lourds sur certaines voies à certaines heures, limiter le tonnage autorisé, fixer des horaires de livraison, interdire la traversée d'une agglomération la nuit s'il existe un autre itinéraire « eu égard aux nécessités de la circulation ». L'article L. 2213-4 lui donne la possibilité d'interdire par arrêté motivé certaines portions de voies ou de secteurs de sa commune à diverses catégories de véhicules dont la circulation est de nature « à compromettre soit la tranquillité publique, soit la protection des espèces animales et végétales, soit la protection des espaces naturels, des paysages ou des sites ou leur mise en valeur à des fins esthétiques, écologiques, agricoles, forestières ou touristiques ». Il pourra dorénavant le faire aussi quand « la qualité de l'air » et la protection de l'environnement (63) l'exigeront, en vertu de l'article 10 de la loi sur l'air... Le problème est de savoir si ces ajouts créent clairement des obligations... L'article 11 de la loi (64) – art. L. 222-6 du Code de l'environnement – charge les « autorités compétentes en matière de police » – il faut entendre par là les préfets mais aussi les maires – de prendre les mesures nécessaires à la réalisation des objectifs des plans de protection de l'atmosphère. La rédaction (65) est claire à cet égard : ces autorités « arrêtent » – et il faut lire « doivent arrêter » – ces mesures, « pour atteindre les objectifs » énoncés par ces plans. L'on ne saurait négliger en effet que les juridictions ont bâti, sur des énoncés plus flous, toute une politique jurisprudentielle visant à engager la responsabilité des autorités administratives de police pour carence, dès lors qu'elles n'usaient pas de leurs compétences alors même que les faits auraient dû les conduire à les mettre en œuvre.

Enfin, les PDU peuvent être étendus : ce n'est pas parce que l'article 28 nouveau de la LOTI impose des plans de déplacement urbains dans les agglomérations de 100 000 habitants que les villes et agglomérations moins importantes ne pourront pas s'en doter. Et les conseils généraux ont la possibilité de mener des politiques fiscales sélectives en exonérant de la taxe différentielle les véhicules qui utiliseraient

insuffisances l'étude d'impact du projet ne comportait pas d'analyse des effets du trafic en matière de pollution atmosphérique.

(63) Ce qui n'est pas rien, car cela dépasse le seul champ de la lutte contre la pollution atmosphérique et globalise ou tout au moins complète les diverses compétences de police administrative – pas toujours clairement – dévolues au maire en matière d'air, d'eau, d'écosystèmes, de risques naturels et industriels (en cas d'urgence) – en créant une compétence générale de réglementation d'environnement du maire.

(64) V. décret n° 98-702 du 17 août 1998 relatif aux mesures de restriction et de suspension de la circulation propres à limiter la pollution atmosphérique, *JO* 18 août 1998, p. 12569.

(65) « Pour atteindre les objectifs définis par le plan de protection de l'atmosphère, les autorités compétentes en matière de police arrêtent les mesures préventives, d'application temporaire ou permanente, destinées à réduire les émissions des sources de pollution atmosphérique. Elles sont prises sur le fondement de la loi n° 76-663 du 19 juillet 1976 relatives aux installations classées pour la protection de l'environnement lorsque l'établissement à l'origine de la pollution relève de cette loi. Dans les autres cas, les autorités... peuvent prononcer la restriction ou la suspension des activités polluantes et prescrire des limitations à la circulation des véhicules ». On remarquera en outre que (art. 26) « les véhicules automobiles font l'objet d'une identification fondée sur leur contribution à la limitation de la pollution atmosphérique. Les véhicules ainsi identifiés peuvent notamment bénéficier de conditions de circulation et de stationnement privilégié ».

des carburants « alternatifs » : énergie électrique (66), gaz naturel, gaz de pétrole liquéfié.

C'est dire qu'au total, même si le texte aurait pu être certes plus radical, les possibilités qu'il ouvre et les compétences qu'il offre sont à même de faire évoluer, pour peu que s'exerce une pression sociale forte, les pratiques politiques, économiques et administratives ayant une influence sur la qualité de l'air.

BIBLIOGRAPHIE

C. G. MARTINASSO, *La responsabilité du fait des pollutions atmosphériques*, th. dact., Avignon, 2006 ■ M. MOLINER, *Le droit face à la pollution atmosphérique et au changement climatique*, th. dact., Lyon III, 2001 ■ S. ROUSSEAUX, *Étude sur la régulation juridique des émissions de gaz à effet de serre par des mesures internes*, th. dact., Nantes, 2001.

S. DELMAS-DELROZE, « Les plans de déplacement urbain, un instrument de lutte contre la pollution atmosphérique », *LPA* 8 septembre 1997 ■ J.-Y. FABERON, « La loi du 30 décembre 1996 sur l'air et l'utilisation rationnelle de l'énergie », *RJE* 2/1997, p. 133 et s. et 3, p. 355 et s. ■ J.-Y. FABERON : « Chronique des textes d'application de la loi sur l'air et l'utilisation rationnelle de l'énergie du 30 décembre 1996 », *LPA* 1er juillet 1998 et 7 janvier 1999 ■ D. GUIHAL, « Les dispositions répressives de la loi sur l'air », *Dr. env.* avril 1997 ■ R. LÉOST, « Les dispositions fiscales de la loi sur l'air », *Dr. env.* avril 1997 ■ M. W. MILLEREAU, « Principes généraux et poursuite des objectifs de la loi sur l'air : du déclaratoire aux effets juridiques », *Dr. env.* mars 1997, p. 14 et s. ■ J.-L. PISSALOUX, « La loi sur l'air et l'utilisation rationnelle de l'énergie, ou la gestation difficile d'un édifice inachevé », *LPA* 16 mai 1997 ■ Y. RAZAFINDRATANDRA, *Dr. env.* mars 1997, p. 4-6 ■ R. ROMI, « Contraintes atmosphériques », chronique de droit public de l'environnement, *RDP*, 1997-1.

■ (66) Alors même que les associations et les écologistes politiques font remarquer que l'encouragement aux véhicules électriques n'est qu'une fausse mesure écologique, en ce qu'elle constitue en l'état actuel de notre mode de production de l'énergie un encouragement indirect au nucléaire, qui n'est pas sans susciter des interrogations – en particulier quant au devenir des déchets et aux nécessaires démantèlements des centrales obsolètes (v. le dossier du *Monde*, « L'après-Tchernobyl », samedi 20 avril 1996).

CHAPITRE 2
LE DROIT DE L'EAU

En apparence le droit de l'eau est plus structuré que le droit de l'air. Il a des racines plus anciennes et correspond à une urgence plus cruciale. Mais il a fallu tout de même attendre 1992 pour que le droit de l'eau soit clairement lié au droit de l'environnement, dans sa philosophie comme dans son vocabulaire et ses techniques. L'un des avant-projets de la loi sur l'eau de 1992 couvrait 45 pages, structuré en 6 titres (1). Le débat parlementaire avait abouti à une loi moins ambitieuse, composée de trois titres, qui couvrait 9 pages du *JO*, en comptant visas et signatures. La loi du n° 2006-1772 du 30 décembre 2006 sur l'eau et les milieux aquatiques (2) a connu un sort similaire, et sa portée est moindre, contrairement à ce qui était annoncé. L'ensemble du droit de l'eau ainsi composé de strates successives est souvent hermétique, parce que nombre des dispositions législatives puis réglementaires n'opèrent que des renvois à des textes par ailleurs pas toujours codifiés, et parfois codifiés dans plusieurs codes.

SECTION 1 LA STRUCTURE GÉNÉRALE DU DROIT DE L'EAU

On peut le considérer cependant comme innovant, au plan des principes. Sans doute le principe de planification, en ce qu'il organise et permet la mise en œuvre des autres principes, est le plus prégnant. On traitera du principe d'information dans un développement spécifique.

(1) Commenté, *in* F. Ogé, R. Romi, « L'avant-projet de la loi sur l'eau, un nouveau droit en chantier », *LPA* 29 mars 1991.
(2) *JO* n° 303, 31 décembre 2006, p. 20285.

§ 1. LES DIFFICULTÉS DE LA CONCEPTUALISATION

L'obligation de prendre en compte la nécessité de protéger « les écosystèmes aquatiques (3), les sites (4) et les zones humides » est comprise dans les objectifs de la loi, au même titre que la protection de la qualité de l'eau et la lutte contre les pollutions. Il est cependant gênant que le législateur prône à la fois, sans établir de hiérarchie, « le développement et la protection de la ressource en eau » et « la valorisation de l'eau comme ressource économique », alors qu'*a priori*, les deux groupes d'objectifs peuvent se révéler antithétiques.

L'eau est à la fois considérée comme une ressource économique et une ressource environnementale, dont il convient d'assurer une gestion « durable » comme on dit pour céder à la mode, et surtout « équilibrée », comme le réaffirme avec sa notable maladresse le législateur de 2006 (5). On remarquera cependant que dans les activités dont il convient selon le droit de l'eau d'assurer la conciliation, figurent toutes les activités économiques, comme la lutte contre les inondations, que l'on peut donc considérer cependant comme subordonnées à la protection des écosystèmes aquatiques. L'important est que la valeur des zones humides et, plus globalement, des « milieux aquatiques », soit admise dans le même texte législatif que celui où est traitée la valeur de l'eau, et que soient un tant soit peu clarifiés les principes de gestion des eaux. À cet égard, que l'eau soit reconnue comme un « *patrimoine commun de la Nation* », et que l'usage de l'eau soit dit appartenir à tous ne peut bien sûr pas laisser indifférent, même si l'on connaît la relativité de ces affirmations, et même si l'usage collectif de l'eau s'exerce, selon la formule consacrée, « dans le cadre des lois et règlements » : « Dans le cadre des lois et règlements ainsi que des droits antérieurement établis, l'usage de l'eau appartient à tous et chaque personne physique, pour son alimentation et son hygiène, a le droit d'accéder à l'eau potable dans des conditions économiquement acceptables par tous » (art. L. 210-1 du Code de l'environnement). Il est critiquable que ce soit donc « dans le cadre des droits antérieurement établis », car il est un moment où il faut savoir rompre avec les « us et coutumes », qui sont susceptibles de ne plus être

(3) L'on entend par écosystème, tant en droit qu'en écologie scientifique, un « système écologique » : l'eau n'est donc plus considérée seulement comme une ressource, mais aussi comme un milieu, et la notion d'« écosystème aquatique » recouvre tant l'eau que ce qui y vit, et les diverses interactions entre tous ces éléments, que ce qui permet cette vie (et donc, pour une large part, des terres inondées ou inondables, servant de déversoir ou de zones d'épandage).

(4) La notion de site fait appel à une conception esthétique d'un lieu, et est couramment assimilée à la notion de paysage. Elle désigne aussi, parfois, la face apparente d'un écosystème.

(5) L'art. L. 211-1 du Code de l'environnement a été modifié par la loi du 29 décembre 2006 : 1° Le I est ainsi modifié : après le mot « équilibrée », la fin du premier alinéa est ainsi rédigée : « et durable de la ressource en eau ; cette gestion prend en compte les adaptations nécessaires au changement climatique et vise à assurer... la prévention des inondations... La gestion équilibrée doit permettre en priorité de satisfaire les exigences de la santé, de la salubrité publique, de la sécurité civile et de l'alimentation en eau potable de la population. Elle doit également permettre de satisfaire ou concilier, lors des différents usages, activités ou travaux, les exigences : 1° De la vie biologique du milieu récepteur, et spécialement de la faune piscicole et conchylicole ; 2° De la conservation et du libre écoulement des eaux et de la protection contre les inondations ; 3° De l'agriculture, des pêches et des cultures marines, de la pêche en eau douce, de l'industrie, de la production d'énergie, en particulier pour assurer la sécurité du système électrique, des transports, du tourisme, de la protection des sites, des loisirs et des sports nautiques ainsi que de toutes autres activités humaines légalement exercées. »

adaptés à nos besoins et priorités actuels. Pour l'essentiel, le droit de l'eau s'organise autour d'une « nouvelle » distribution des priorités et d'une « nouvelle » répartition des compétences, qui ne s'entendent que dûment planifiées au moyen de nouveaux instruments et organisées par de nouvelles obligations juridiques.

L'ensemble est codifié dans le Code de l'environnement aux articles L. 210-1 à L. 217-1, y compris les quelques modifications entraînées par l'application du droit européen en 2004 (loi n° 2004-338 du 21 avril 2004 portant transposition de la directive 2000/60/CE du Parlement européen et du Conseil du 23 octobre 2000 établissant un cadre pour une politique communautaire dans le domaine de l'eau (6)).

On notera cependant que les directives que l'Union européenne a édictées sont loin d'être respectées par l'État français. Les condamnations par la CJCE, en assez grand nombre (7), seraient de nature à accélérer le travail législatif si des lobbies, très efficaces, ne menaient un travail incessant de sape. Le sort du projet de loi de D. Voynet, qui a mis plus d'un an à aboutir à l'Assemblée nationale, sous une forme si édulcorée que son initiatrice s'en est dite peu fière, et qui n'a finalement pu être voté qu'en première lecture, illustre ces difficultés, comme son abandon définitif et la difficulté de ses successeurs à mettre en chantier d'autres textes. Si bien qu'à tout prendre, c'est plutôt par la voie réglementaire, et de manière pointilliste, que les choses avancent souvent. C'est dans ce contexte un peu désordonné et très conflictuel qu'il faut replacer la mise à jour de la loi de 1964 par la loi de 1992, qui demeure la colonne vertébrale du droit français de l'eau en attendant la réforme à laquelle la loi de 2006 ne procède pas.

§ 2. LE RECOURS AU PRINCIPE DE PLANIFICATION

La planification de l'usage des eaux (8) était à l'ordre du jour, et sa mise en place perçue comme un moyen de lever les blocages. Pendant longtemps, le système retenu paraissait devoir être unique et passer seulement par l'élaboration des SAGE. C'est finalement un système à deux étages qui sert à organiser la gestion de l'eau.

Il faut voir dans cette disposition la conséquence logique des insuffisances de la circulaire du 19 juillet 1978 relative à l'élaboration des schémas d'aménagement des eaux. On assiste ainsi à un cheminement tout à fait classique dans l'élaboration des normes administratives : l'on a commencé par une circulaire du 17 mars 1978, qui ne recommandait que l'étude d'objectifs de qualité à atteindre pour certains cours d'eau, puis l'on est passé, par la circulaire précitée de 1979, à un stade plus élaboré ; l'on a recommandé que soient dressés des schémas qui prennent en cause tous les paramètres qualitatifs et quantitatifs (9) ; enfin, une douzaine d'années plus tard,

(6) *JO* n° 95, 22 avril 2004, p. 732.

(7) On retiendra en particulier la décision du 8 mars 2001, à propos de la qualité des eaux en Bretagne, *REDE* 3/2001, p. 301 et s.

(8) Seul moyen rationnel d'assurer la cohérence de la gestion des eaux en évitant un trop grand désordre des usages de l'eau en différents points d'un bassin ou d'un cours d'eau.

(9) Mais évidemment, sans que le résultat en soit un document opposable.

l'on en vient à obliger à ce que soient mis en place ces schémas (10) : la démarche est un peu longue.

En premier lieu, pour chaque bassin ou groupement de bassin, des *schémas directeurs d'aménagement et de gestion* fixent les objectifs de qualité et de quantité des eaux « ainsi que les aménagements à réaliser pour les atteindre » (article L. 212-1 et 2 du Code de l'environnement)... Leur vocation est naturellement de définir les « orientations fondamentales... ». L'on remarquera que l'articulation entre les diverses décisions administratives et les schémas directeurs sera variable : les « décisions et programmes dans le domaine de l'eau » devront être *compatibles* (11) avec les schémas directeurs ; les autres devront seulement les *prendre en compte* (12) ; nous retrouverons ce même *hiatus* à propos des schémas d'aménagement et de gestion des eaux proprement dits.

L'initiative de l'élaboration du document appartient au préfet, sa réalisation au comité de bassin. L'association des représentants de l'État, des conseils généraux et régionaux ne peut paralyser ou ralentir sérieusement la procédure : en effet, si les avis des collectivités locales ne sont pas donnés dans les quatre mois à compter de la soumission du projet, ils sont tout simplement réputés favorables ; et par ailleurs, ce ne sont que des avis, *stricto sensu* ! L'adoption par le comité et l'approbation par l'« autorité administrative » peuvent donc être obtenues dans un temps record... *A priori*, ce mécanisme de co-décision, qui réserve aux représentants de l'État le soin de vérifier l'adéquation du schéma à la situation et sa conformité à la loi et aux directives européennes, ne saurait être considéré comme si lourd qu'il justifie un délai si long (13).

Les schémas, une fois approuvés, sont tenus à la disposition du public : ils fournissent ainsi des bases de références, mais aussi de possibles fondements à des contentieux.

Les *schémas d'aménagement et de gestion des eaux* sont définis par l'article L. 213-3 du Code de l'environnement, partiellement réécrit par la loi de 2006 (14). Ils constituent le deuxième type de documents de planification de la gestion de

(10) Qui deviennent, en plus de ce qu'ils étaient déjà, de véritables documents d'orientation et de coordination. De fait, point positif, les associations seront considérées au même titre que les organisations professionnelles et que les collectivités locales et participeront à la concertation préalable à l'établissement du document.

(11) Ce qui ne signifie pas « conformes ».

(12) Ce qui ne signifie pas « respecter », mais bien plutôt « considérer ». La portée exacte de cette obligation pourrait dépendre du juge.

(13) Par exemple, l'adoption du SDAGE Loire-Bretagne a eu lieu en décembre 1996, à l'issue d'une procédure de deux ans. Les autres l'ont été dans des délais sensiblement analogues : v. L. CHAUVEAU, « Les SDAGE, pour reconquérir une eau de qualité en France », *L'Environnement Magazine* avril 1997, p. 20-21.

(14) « Le schéma d'aménagement et de gestion des eaux institué pour un sous-bassin, pour un groupement de sous-bassins correspondant à une unité hydrographique cohérente ou pour un système aquifère fixe les objectifs généraux et les dispositions permettant de satisfaire aux principes énoncés aux art. L. 211-1 et L. 430-1. Le schéma d'aménagement et de gestion des eaux doit être compatible avec le schéma directeur d'aménagement et de gestion des eaux prévu à l'art. L. 212-1 ou rendu compatible avec lui dans un délai de trois ans suivant la mise à jour du schéma directeur. Le périmètre et le délai dans lequel il est élaboré ou révisé sont déterminés par le schéma directeur d'aménagement et de gestion des eaux ; à défaut, ils sont arrêtés par le représentant de l'État dans le département, sur proposition ou après consultation des collectivités territoriales et après consultation des établissements publics territoriaux de bassin et du comité de bassin. Dans ce dernier cas, le représentant de l'État dans le département peut

l'eau. Ils sont par définition des documents plus précis que les schémas directeurs ; pour une unité hydrographique, ils sont censés fixer les « objectifs généraux d'utilisation, de mise en valeur et de protection quantitative et qualitative des ressources en eau superficielle et souterraine » (art. L. 212-3 et 4) mais aussi de préservation des systèmes aquatiques et des zones humides.

Selon l'article L. 212-5-1 I du Code de l'environnement, en effet, « Le schéma d'aménagement et de gestion des eaux comporte un plan d'aménagement et de gestion durable de la ressource en eau et des milieux aquatiques définissant les conditions de réalisation des objectifs mentionnés à l'article L. 212-3, notamment en évaluant les moyens financiers nécessaires à la mise en œuvre du schéma. Ce plan peut aussi : 1° Identifier les zones visées aux 4° et 5° du II de l'article L. 211-3 ; 2° Établir un inventaire des ouvrages hydrauliques susceptibles de perturber de façon notable les milieux aquatiques et prévoir des actions permettant d'améliorer le transport des sédiments et de réduire l'envasement des cours d'eau et des canaux, en tenant compte des usages économiques de ces ouvrages ; 3° Identifier, à l'intérieur des zones visées au a du 4° du II de l'article L. 211-3, des zones stratégiques pour la gestion de l'eau dont la préservation ou la restauration contribue à la réalisation des objectifs visés au IV de l'article L. 212-1 ; 4° Identifier, en vue de les préserver, les zones naturelles d'expansion de crues. II. – Le schéma comporte également un règlement qui peut : 1° Définir des priorités d'usage de la ressource en eau ainsi que la répartition de volumes globaux de prélèvement par usage ; 2° Définir les mesures nécessaires à la restauration et à la préservation de la qualité de l'eau et des milieux aquatiques, en fonction des différentes utilisations de l'eau ; 3° Indiquer, parmi les ouvrages hydrauliques fonctionnant au fil de l'eau figurant à l'inventaire prévu au 2° du I, ceux qui sont soumis, sauf raisons d'intérêt général, à une obligation d'ouverture régulière de leurs vannages afin d'améliorer le transport naturel des sédiments et d'assurer la continuité écologique. »

Selon l'article L. 215-2, « Les décisions applicables dans le périmètre défini par le schéma prises dans le domaine de l'eau par les autorités administratives doivent être compatibles ou rendues compatibles avec le plan d'aménagement et de gestion durable de la ressource en eau dans les conditions et les délais qu'il précise ».

Les documents d'urbanisme, qui ne sont pas *stricto sensu* des décisions dans le domaine de l'eau, n'auraient donc qu'à tenir compte des SAGE, mais pas à les « respecter ». On imagine l'importance qu'accordera à cette obligation de « prise en compte » tel maire de grande ville qui désire à tout prix implanter une technopole en zone inondable et refuse déjà de respecter l'interprétation dominante du schéma directeur d'aménagement et d'urbanisme qui ne permet pas cette implantation (15) ! Tout au plus, le juge administratif effectue un contrôle de l'erreur manifeste d'appréciation (16). Comme l'illustre la décision du TA de Lille du 19 avril 2000 sur

compléter la commission locale de l'eau dans le respect de la répartition des sièges prévue au II de l'art. L. 212-4. »

(15) Certes, la sanction du TA est toujours possible : mais elle vient souvent trop tard pour les écosystèmes.

(16) Selon la logique qu'il suit pour vérifier la réalité de la prise en compte de l'environnement au sens de la loi de 1976 sur la protection de la nature en l'absence de norme de référence assez précise ; pour un exemple, v. CE, 23 avril 1982, *Société pour l'étude et la protection de la nature en Bretagne*, *AJDA* 1982, p. 587 et s.

le schéma directeur de l'agglomération lilloise (17), ce contrôle n'en est pas moins efficient, surtout quand le juge fait également application des principes généraux du droit de l'environnement – au nombre desquels le principe de précaution.

Les SAGE, selon l'article L. 212-6 dont la dernière rédaction est issue de la loi de 2006, sont lancés à l'initiative des préfets, qui conduisent la procédure, en commençant par une définition du périmètre. Celle-ci est en fait induite par le schéma directeur s'il en existe un ; à défaut, il est arrêté par un ou plusieurs préfets, selon que le périmètre touche un seul ou plusieurs départements. Il est à remarquer que les collectivités locales peuvent proposer un périmètre, et qu'en tout état de cause les projets leur sont transmis. Mais on ne leur laisse aucune chance de retarder l'échéance par leur immobilisme, puisque « faute de réponse dans les deux mois à compter du jour » où elles ont été saisies, « leur avis est réputé favorable » (18). L'avis du comité de bassin est également requis, mais nul délai ne semble lui devoir être imparti pour le donner. Ce n'est qu'après la définition de ce périmètre, qui fait l'objet d'une publicité, qu'une commission locale de l'eau, lieu de concertation et de rencontre des différentes parties intéressées, est créée.

La composition de la commission locale de l'eau, définie initialement par l'article 3 du décret 92-1042 et reprise en 2006 dans l'article L. 212-2 du Code, marque la volonté d'assurer une gestion plurielle de la ressource, du fait de la présence de trois collèges.

1) Le *collège des représentants des collectivités locales* comprendra au moins une moitié de « représentants nommés sur proposition des associations départementales des maires concernés » : il y aura donc une domination des communes – il n'est pas sûr que cela soit rationnel – et une représentation par nature non proportionnelle des différents courants de pensée : car ce ne sont pas en fait les conseils municipaux qui sont à l'origine de la désignation des membres de cette moitié-là, mais bien les maires.

2) Il est vrai que le *deuxième collège* pourra être présenté comme un contrepoids à l'absence de représentation proportionnelle : or le fait qu'il est minoritaire, sa composition fait voisiner des représentants d'intérêts divergents (19) ceux « des usagers, des propriétaires riverains, des organisations professionnelles, et des associations concernées »... mais l'article 3 alinéa 3 précise que ce collège devra comprendre « au moins un représentant des chambres de commerce et d'industrie, un représentant des associations ou syndicats de propriétaires riverains, un représentant des associations des autres usagers, notamment des fédérations de pêche et de pisciculture » ; il ajoute certes « et un représentant des associations de protection de la nature ». Ces associations seront donc au moins présentes... mais leur voix est trop souvent noyée au milieu des revendications catégorielles.

3) Le troisième collège, celui des *représentants de l'État*, comprend « obligatoirement un représentant du préfet coordonnateur de bassin et un représentant de

(17) *AJDA* septembre 2000, p. 752, note D. DEHARBE.

(18) La même technique est utilisée pour l'adoption des SAGE : l'on n'y reviendra pas.

(19) D'où, d'ailleurs, très rapidement, des contentieux : v. CE, 17 janvier 1994, *Fédération nationale des producteurs indépendants d'électricité et Fédération française de canoë kayak*, *RDR* avril 1994, p. 236 : les requérants s'estimaient, du fait que le décret ne prévoyait pas expressément leur représentation, victimes d'un manquement au principe d'égalité entre les usagers : le CE repousse leurs prétentions, l'énumération figurant dans le décret n'étant pas exhaustive.

l'Agence de l'eau ». L'on aurait préféré que ce siège soit expressément réservé au DIREN ou à son représentant. L'article L. 212-2 précise que le deuxième collège représente au moins un quart de la Commission.

Il est en revanche salutaire que soit exigée, pour toute délibération relative aux SAGE, une majorité des deux tiers : le premier collège ne peut donc pas imposer seul sa loi, mais il lui sera cependant peut-être trop facile de dégager une majorité en jouant sur les franges favorables pour des raisons diverses à des aménagements lourds dans les deux autres collèges. Certes, exiger plus aurait abouti quasi automatiquement à une situation de blocage... Les projets de SAGE sont eux aussi communiqués au public, par des moyens adaptés (dépôt dans les mairies pendant deux mois) et une publicité suffisante de cette mise à la disposition est assurée (art. 7 : affichage et publicité dans deux journaux huit jours au moins avant la mise à disposition). La commission locale de l'eau devra délibérer une seconde fois sur le projet, « éventuellement modifié pour tenir compte des avis et observations » des collectivités locales ou du public, mais le préfet approuve le schéma, et il peut le modifier, seule une exigence de motivation de ces modifications le limitant en droit, sinon en fait. Le SAGE est ensuite communiqué aux collectivités locales et tenu à la disposition du public. En fait de planifications négociées, l'on a donc un document étatique, adopté après diverses consultations dont l'État peut ou pas tenir compte : le nouveau droit de l'eau est donc un droit « concerté », tout au plus, pas un droit « négocié ». Cela se vérifie quand l'on examine les modalités d'établissement des SAGE. Le contenu du SAGE est défini de manière intéressante par l'article 11 : outre les renseignements sur la situation existante – recensement des usages de l'eau et analyse de la situation du milieu aquatique – il y faut inclure une analyse prospective, et y ajouter une analyse graphique. On peut tout de même relever qu'ici aussi, si la protection n'est pas absente, le parti pris aménageur n'est pas exclu : l'on sait ce que peut recouvrir la notion d'« équilibre entre le développement économique et la satisfaction des différents usages de l'eau et la protection du milieu naturel aquatique et de l'utilisation optimale des grands équipements existants ou prévus » : on aurait préféré, parce que plus en correspondance avec l'urgence, que la protection des écosystèmes aquatiques soit privilégiée par l'affirmation d'une priorité. On retiendra qu'alors que rien dans la loi de 1992 n'interdit l'édiction d'un tel principe (20), au contraire, le pouvoir réglementaire n'a pour l'instant pas cru bon de marquer cette priorité : conjointe à la faiblesse de la représentation associative au sein de la commission locale de l'eau, cette absence a fait naître des doutes sur l'efficacité des SAGE en matière de protection des écosystèmes aquatiques et surtout sur la volonté du pouvoir réglementaire de suivre la logique présentée officiellement comme étant celle de la loi.

On notera qu'en juin 2000 (*L'Environnement Magazine* juin 2000, p. 14-16), deux SAGE seulement avaient été bouclés, 49 au stade de l'élaboration (périmètre déterminé), 21 en instruction en vue de détermination du périmètre et 20 considérés comme en émergence. En août 2002, il n'y

(20) Qui eût pu s'appuyer sur l'art. 1 de la loi : « L'eau fait partie du patrimoine commun de la Nation. Sa protection, sa mise en valeur, et le développement de la ressource utilisable, dans le respect des équilibres naturels, sont d'intérêt général ». L'on peut certes considérer qu'en vertu de cet art. la priorité de la protection des écosystèmes aquatiques est suffisamment affirmée. Mais quel fonctionnaire, quel édile, se référera à la loi plutôt qu'au décret quand il s'agit de déterminer le contenu précis d'un SAGE ?

en avait que dix. Par contre, les six SDAGE étaient adoptés. En 2007, les résultats sont plus avancés, mais quand même décevants, 36 SAGE seulement étant mis en œuvre.

État d'avancement des SAGE au 13/02/2007

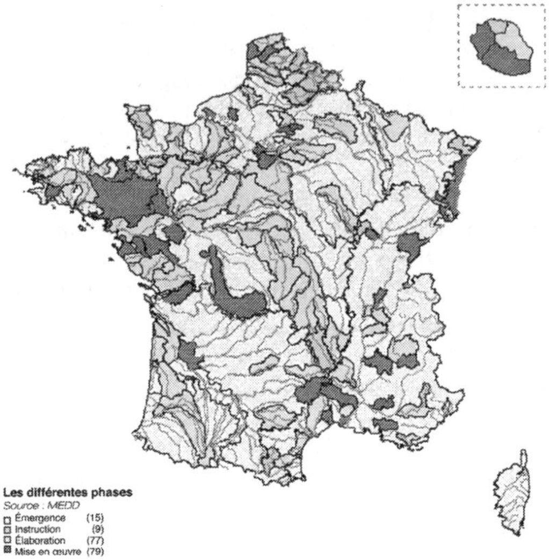

Quant aux *établissements publics*, leur programme d'intervention exige un avis conforme de la commission locale de l'eau, qui obtient ainsi un véritable droit de regard sur l'action des organes démembrés, quand bien même les collectivités locales représentées au sein de la commission ne seraient pas toutes parties prenantes de l'organisme ainsi contrôlé. Il s'agit ici d'introduire une possibilité d'harmoniser l'action de ces établissements, dont on a souvent pu voir qu'ils agissaient sans se soucier du long terme : leur action devra être intégrée aux planifications opérées au moyen des schémas directeurs et des SAGE.

La planification globale se double ainsi de *planifications exceptionnelles*.

Elles n'ont rien de bien original : l'article 16 prévoit que « dans les parties submersibles des vallées non couvertes par un plan d'exposition aux risques naturels prévisibles, l'autorité administrative peut élaborer, dans un bassin ou une fraction de bassin hydrographique, des *plans de surface submersibles* qui définissent les prescriptions techniques à respecter afin d'assurer le libre écoulement des eaux, la conservation des champs d'inondation et le fonctionnement des écosystèmes qu'ils constituent ».

La notion de plan de surface submersible n'est pas récente (21) : la pratique n'a pas été vraiment une réussite. Ainsi, selon J. Courtot, P. Gateau et B. Stephan,

(21) V. J. Untermaier, « Les crues. Lutte contre les inondations et protection de l'environnement », *in Dr. ville*, Actes du colloque sur les risques naturels et technologiques majeurs, n° 21, 1986, p. 10 et s.

auteurs d'un livre sur la Loire (22), « s'agissant des zones B (moins exposées que les zones A, mais qui le sont tout de même (23)), on constate... une indifférence à peu près totale des POS ». Se retrouve ici cette procédure courante, déjà présentée, qui consiste à instaurer des mécanismes peu à peu, en passant d'une situation de vide juridique à une situation régie par une circulaire, puis de la circulaire à un texte espéré effectif.

On peut et doit aussi signaler le rôle des *contrats de rivière*, qui ont une légitimité historique – cela fait longtemps que l'outil est connu – et une incontestable utilité pour les collectivités qui veulent ou doivent aller plus loin (24).

Un peu de droit comparé : La situation des pays d'Europe incite à penser que la planification est une tendance universelle : au Danemark, les *water supply plans* – plans de fourniture de l'eau – doivent décrire les conditions dans lesquelles l'eau est distribuée aux consommateurs, la situation des prélèvements privés d'eau (25), et les ouvrages nécessaires à la distribution de l'eau et à l'entretien des réseaux : leur élaboration est de la compétence des communes. Les conseils régionaux sont pour leur part responsables de la planification des ressources en eau : les plans des ressources en eau (qui concernent également le sable, les graviers et le limon) localisent les ressources, leur importance et leur vulnérabilité à la pollution. Ils prévoient les évolutions futures des besoins régionaux, évaluent les besoins interrégionaux, et énoncent les lignes de conduite à tenir pour assurer une protection quantitative et qualitative des ressources. La compatibilité de ces deux instruments de planification avec d'autres planifications ayant un rapport avec l'eau est assurée par les régions. Ces mises en compatibilité concernent surtout les plans agricoles et les plans d'extraction des matériaux – qui sont également de leur compétence – et les plans pour la protection de la nature. La planification espagnole dans ce domaine est également très élaborée : il résulte de la *ley de aguas* du 2 août 1985 qu'une loi doit approuver un plan hydrologique national (26). Des plans hydrologiques de bassin doivent être mis en place par les confédérations hydrologiques, en harmonie avec le plan national. Ces documents doivent, selon l'article 38 de la loi sur l'eau de 1985, « poursuivre l'objectif de la meilleure satisfaction possible des demandes en eau et harmoniser le développement régional et sectoriel, en augmentant les disponibilités de la ressource, en protégeant sa qualité, en économisant son emploi, et en rationalisant ses usages en harmonie avec l'environnement et les autres ressources naturelles ». Pour les pays de dimension réduite, la planification de la gestion des eaux existe aussi, mais est normalement confiée au gouvernement, sur proposition du ministre de l'Environnement : ainsi au Luxembourg, la loi du 22 juillet 1993 (articles 5 et 6) prévoit la réalisation d'un inventaire national de la qualité des eaux et d'un plan national de gestion des eaux.

(22) La Loire en sursis, éd. Sang de la Terre – La Manufacture, 1990, p. 273.

(23) La distinction en deux zones a été posée par une circulaire du 5 avril 1952 ; cf. J. UNTERMAIER, préc., p. 30-31.

(24) V. le site qui leur est consacré : http://www.gesteau.eaufrance.fr/contrats/index.html.

(25) Pour les prélèvements privés les moins importants, le respect des normes de qualité incombaient aux propriétaires jusqu'au 1er janvier 1989 ; dans la mesure où, dans la réalité, ce système n'a pas donné satisfaction, la responsabilité en a été transférée aux communes.

(26) V. A. EMBID IRUJO (dir.), *La planification hidrologica : regimen juridico*, Tecnos, Madrid, 1991 ; *Legislacion del agua en las comunidades autonomas*, Tecnos, 1993 ; *El plan hidrologico national*, Editorial Civitas, 1993, Madrid ; *Las obras hidraulicas*, Civitas, 1996.

SECTION 2 UNE POLICE

Quand on considère les textes, on est surpris de la richesse de la panoplie offerte aux pouvoirs publics, les modalités d'exercice n'étant pas toujours rendues faciles par la pluralité des textes.

§ 1. LA PANOPLIE DES COMPÉTENCES

Texte à l'origine ancienne, texte clair, telles sont les deux caractéristiques de l'article L. 432-2 du Code de l'environnement (27), qui incrimine « le fait de jeter, déverser ou laisser s'écouler dans les eaux (...) directement ou indirectement des substances quelconques dont l'action ou les réactions ont détruit le poisson ou nui à sa nutrition, à sa reproduction ou à sa valeur alimentaire... ». De cet ancien article du Code rural, issu en 1955 d'une adaptation d'un texte du 9 février 1949, lui-même issu d'un texte du 15 avril 1929, la loi du 16 décembre 1964 ne changera rien. La loi du 29 juin 1984 non plus, sauf la numérotation (art. 407 au lieu de l'art. 434). Le délit est quasi automatiquement établi : le déversement polluant suffit, peu importe en fait l'intention délictueuse ou le caractère fautif. La codification du 27 octobre 1989 fait de l'article 407 l'article L. 232-2 du Code rural, ensuite codifié dans le Code de l'environnement (art. L. 432-2).

La loi de 1964 et ses textes d'application instituent en outre un mécanisme préventif à base d'autorisation préalable : sont soumis à cette exigence les déversements, écoulements, jets, dépôts, directs ou indirects, d'eau ou de matière, et « plus généralement tous les faits susceptibles d'altérer la qualité de l'eau superficielle ou souterraine » (28). Sont cependant exemptés les opérations ne présentant manifestement pas de risques de nocivité autres que négligeables, et surtout, les rejets provenant d'installations classées, soumises à un autre régime déjà présenté.

Il existe toute une panoplie complémentaire de dispositions répressives, à la disposition du juge (des juges) ou de l'administration (29), partiellement revisitées par l'article 10 de la loi de 2006. En particulier, le Code du domaine public définit un certain nombre de contraventions de grande voirie (30). Mais l'abondance ne sert pas à grand-chose, ainsi que le soulignaient déjà en 1983 J.-H. Robert et M. Rémond-Gouilloud (31) ou M. Danti-Juan. Ce dernier attribue la relative inefficacité des textes répressifs à trois facteurs : le caractère de fait non dissuasif des peines en regard des avantage économiques des pratiques incriminées, la retenue

(27) V. A. GUCHAN, J. SOUMASTRE, « Pêche en eau douce et protection des ressources piscicoles », *RFDA* 6-1990, p. 1027 et s. ; v. M. DANTI-JUAN, « Droit pénal de l'eau », *RDR* octobre 1990, p. 433 et s.

(28) M. DANTI-JUAN, préc., p. 433.

(29) Ce que M. DANTI-JUAN résume fort justement (*op. cit.*, p. 434) en affirmant que le juge a « l'embarras du choix... ».

(30) V. G. BACHELIER, « Voierie, Contraventions de grande voierie », *Répertoire contentieux administratif Dalloz*, septembre 2006

(31) *Droit pénal de l'environnement*, Masson, 1983, n° 205 ; M. DANTI-JUAN, *op. cit.*, p. 434.

des juges à envoyer des entrepreneurs en prison, la complexité des règles en matière de police de l'eau.

Si le législateur de 1992 a avant tout misé sur la planification des ressources, ce qui est compréhensible, il n'en a pas négligé pour cela la nécessité de disposer d'un énoncé de règles générales, de normes, de moyens de contrôle.

Mais le fait est que, cédant à la facilité, il a renvoyé par l'article 8 de la loi à un décret en Conseil d'État l'essentiel des dispositions en la matière sans lui fournir d'autres pistes que grossières. Il appartient donc au pouvoir réglementaire de définir « les normes de qualité et les mesures nécessaires à la restauration et à la préservation de cette qualité, en fonction des différents usages de l'eau et de leur cumul... » et « les règles de répartition des eaux » ainsi que les détails de la police des déversements (conditions d'interdiction et de réglementation, prescription de mesures de surveillance, etc.). De même, l'article 9 prévoit bien que pourront être adoptées des prescriptions nationales ou locales, mais renvoie de même le soin de le faire à un décret en Conseil d'État.

§ 2. LES MODALITÉS D'EXERCICE DES POUVOIRS DE POLICE

Les modalités d'exercice des pouvoirs de police de l'eau par les préfets ne surprennent pas : tout au plus doit-on remarquer que leur exercice semble devoir être rationalisé par une planification (article 2 du décret 92-1041). Sans surprises, ce décret porte application de l'article 9, 1° de la loi sur l'eau en précisant les compétences en matière de limitation et de suspension provisoire de l'usage de l'eau et en organisant leur exercice. On notera aussi que les préfets, encore une fois, sont les mieux lotis : les commissions locales de l'eau et les associations n'auraient-elles pas pu être associées à ces décisions, au moyen d'une consultation ? L'urgence ne justifie pas que l'on oublie ainsi la logique des textes, et on aurait pu imaginer un mécanisme en deux temps, le premier consistant en des mesures d'urgence prises sans consultation, le second en une rapide discussion portant au moins sur la durée des mesures. Il n'est certes pas dans la tradition administrative française d'associer, fût-ce par des concertations des acteurs sociaux aux mesures de police, mais s'il est un domaine où une novation est recevable, c'est bien celui-là.

Un problème particulier se posait pour les engins de loisirs non motorisés (32). L'article 6 de la loi n° 92-3 du 3 janvier 1992 – article L. 214-12 du Code de l'environnement – précise que « en l'absence de schéma d'aménagement et de gestion des eaux approuvé, la circulation sur les cours d'eau des engins nautiques de loisirs non motorisés s'effectue librement dans le respect des lois et règlements de police et des droits de riverains ». Mais d'une part l'adoption des SAGE est laborieuse, et d'autre part la régulation peut être nécessaire sur des cours d'eau non couverts par des SAGE. La définition des pouvoirs de police du préfet gagnait en conséquence à être précisée, ce qu'a fait l'article 27 de la loi *Barnier* (article

(32) Problème qui est loin d'être réglé : v. J. SIRONNEAU, « Le contentieux des sports en eaux vives », *Dr. env.* juillet 1998, p. 15 et s.

L. 214-12, 2 du Code de l'environnement) : « Le représentant de l'État dans le département peut, après concertation avec les parties concernées, réglementer sur des cours d'eau ou parties de cours d'eau non domaniaux la circulation des engins nautiques de loisirs non motorisés ou la pratique du tourisme, des loisirs et des sports nautiques afin d'assurer la protection des principes mentionnés à l'article 2 de la présente loi ». Plus largement, l'usage des espaces de navigation par les engins de loisirs non motorisés, qui connaît un nouvel essor, pose également des problèmes de responsabilité qu'il convenait de clarifier. Le législateur ajoute que « la responsabilité civile des riverains des cours d'eau non domaniaux ne saurait être engagée au titre des dommages causés ou subis à l'occasion de la circulation des engins nautiques de loisirs non motorisés ou de la pratique du tourisme, des loisirs et des sports nautiques qu'en raison de leurs actes fautifs ».

L'article L. 214-3 du Code de l'environnement instaure une police administrative des « installations, ouvrages, travaux, et activités réalisés à des fins non domestiques... » susceptibles de modifier un tant soit peu, et même – le texte est net – sans conséquences nettement identifiées comme polluantes, la quantité ou la qualité des eaux (est concernée « toute modification du niveau ou du mode d'écoulement des eaux ou des déversements, écoulements, rejets, ou dépôts directs ou indirects, chroniques ou épisodiques, même non polluants »).

Le critère qui permettra de définir si une opération devra être soumise à autorisation ou soumise à déclaration sera sa dangerosité et la « gravité » de ses effets « sur la ressource en eau et les écosystèmes aquatiques », selon une nomenclature fixée par décret en conseil d'État.

Le décret nécessaire a été adopté le 29 mars 1993 (décret n° 93-742), puis complété par un décret du 2 février 1996 (n° 96-102 – *JO* 9 février). Ce texte – qui a fourni matière à décisions juridictionnelles (33) – définit ce qu'est un usage domestique, et surtout quelles « autres formes d'usage » ont un « impact sur le milieu aquatique... trop faible pour justifier qu'elles soient soumises à autorisation ou déclaration ». L'article L. 214-3 réduit cependant l'importance de cette nomenclature, en précisant que sont soumises à autorisation les opérations « susceptibles de présenter des dangers pour la santé et la sécurité publique, de nuire au libre écoulement des eaux, de réduire la ressource en eau, d'accroître notablement le risque d'inondation, de porter atteinte gravement à la qualité ou à la diversité du milieu aquatique ». Les autres ne sont soumises qu'à déclaration, mais doivent respecter évidemment les prescriptions fixées. Et, si elles ne suffisent pas à remplir les obligations définies par la loi, il est possible que soient par arrêté imposées « toutes prescriptions spécifiques nécessaires ». Quand une autorisation est requise,

(33) V. TA, Nantes, 23 mars 1994, *Association de protection du site de Luzan et Association Vivre l'île 12 sur 12*, concl. THOMAS, *RJE* 1994, p. 109 et s. Cette décision souligne la connection des différentes réglementations : l'art. 2 du décret sur les études d'impact de 1993 prévoit que l'incidence des opérations soumises à étude sur le milieu aquatique doit être évaluée par l'étude d'impact quand il en est exigée une, mais qu'un document mesurant cette incidence doit dans le cas contraire être fourni à l'appui d'une demande d'autorisation au titre de l'art. 10 de la loi sur l'eau. On relèvera en revanche que les déclarations d'utilité publique peuvent être accordées avant que les autorisations au titre de la loi sur l'eau ne soient obtenues (CE, 18 février 1998, *Association pour la sauvegarde de la région de Langeais*, req. 172050). Sur ces délicats problèmes, v. J.-L. GAZZANIGA et X. LAROUY-CASTERA, « Premier bilan jurisprudentiel de l'autorisation délivrée sur le fondement de l'art. 10 de la loi sur l'eau », *RJE* 4/1999, p. 503 et s.

elle est délivrée après enquête publique, et peut ne l'être que pour une durée déterminée.

Il est cependant extrêmement critiquable qu'un décret simple (34) puisse – article L. 214-4 – définir des exemptions pour les renouvellements d'autorisation, voire pour des autorisations, pour « des travaux, installations, ou activités présentant un caractère temporaire et sans effets importants et durables sur le milieu naturel ». Le retrait de l'autorisation sera possible dans un certain nombre de cas, au nombre desquels l'existence d'une « menace majeure pour le milieu aquatique, et notamment lorsque les milieux aquatiques sont soumis à des conditions hydrauliques critiques non compatibles avec leur préservation » : qui ne penserait ici au marais Poitevin ?

L'inquiétude sur une insuffisance des contrôles et des régulations est fondée, car, par exemple, l'ordonnance n° 2005-805 du 18 juillet 2005 portant simplification, harmonisation et adaptation des polices de l'eau et des milieux aquatiques, de la pêche et de l'immersion des déchets (35) limite le nombre de procédures d'autorisation, en contrepartie, c'est vrai de l'instauration d'une possibilité de s'opposer à une opération lorsque celle-ci se trouve seulement soumise à déclaration.

L'on remarquera, avec intérêt, qu'en vertu de l'article L. 214-7 du Code de l'environnement, les installations classées sont également soumises au respect des prescriptions du présent texte.

La connexion entre la police des rejets dans les eaux et la police des installations classées n'étant pas encore assez évidente, la loi *Barnier* l'a réaffirmée (36) : dorénavant, dans le droit fil d'une logique qui vise à unifier les procédures en matière de police des rejets, les prescriptions en matière de rejet dans les eaux devront être énoncées lors de l'adoption des arrêtés concernant les installations classées quand l'entreprise concernée relève à la fois de la police des installations classées et de la police des eaux. Pour les installations concernées par une autorisation au titre de la police des eaux mais non concernées par la police des installations classées, le droit des rejets aquatiques conserve, peut-on dire, son autonomie.

Les installations et prélèvements non soumis à autorisation ne sont pas exempts de contrôles. L'article 12 de la loi sur l'eau de 1992 a institué une obligation de disposer d'instruments de mesure pour toute installation de prélèvement de l'eau (que ce soit pour les eaux superficielles ou souterraines) ; les données ainsi collectées sont à la disposition des autorités administratives (elles doivent être tenues à leur disposition pour trois ans). L'article 13 du même texte prévoit la

(34) V. les décrets 93-743 du 29 mars 1993 et 94-1227 du 26 décembre 1994.

(35) *JO* n° 166, 19 juillet 2005, p. 11759.

(36) « Art. II. – Les installations soumises à autorisation ou à déclaration au titre de la loi n° 76-663 du 19 juillet 1976 relative aux installations classées pour la protection de l'environnement sont soumises aux dispositions des art. 2, 3, 5, 12, 22 et 30 de la présente loi. Les mesures individuelles et réglementaires prises en application de la loi n° 76-663 du 19 juillet 1976 susvisée fixent les règles applicables aux installations classées ayant un impact sur le milieu aquatique, notamment en ce qui concerne leurs rejets et prélèvements. »
II. – En conséquence, le début de la première phrase du I de l'art. 10 de la loi n° 92-3 du 3 janvier 1992 préc. est ainsi rédigé : « Sont soumis aux dispositions du présent art. les installations ne figurant pas à la nomenclature des installations classées, les ouvrages, travaux... » (le reste sans changement). V. R. ROMI, chron. de droit de l'eau, « La loi Barnier et l'eau », *RJE* n° 1-1996.

possible mise en place de périmètres de protection, pour les réservoirs et ouvrages existants à la date de publication de la loi de 1964, dès lors qu'ils ne bénéficieraient pas d'« une protection naturelle permettant efficacement d'assurer la qualité des eaux ». Et le législateur de 2006 a réaffirmé une obligation générale de déclaration (art. L. 2224-9 CGCT) – que l'on doit rapporter à l'article 10 de la loi de 2006 cité ci-dessus : « Tout prélèvement, puits ou forage réalisé à des fins d'usage domestique de l'eau fait l'objet d'une déclaration auprès du maire de la commune concernée. Les informations relatives à cette déclaration sont tenues à disposition du représentant de l'État dans le département et des agents des services publics d'eau potable et d'assainissement. Un décret en Conseil d'État fixe les modalités d'application du présent article ».

§ 3. INFORMATION ET RESPONSABILISATION DES PARTICULIERS

Le fait que soit affirmée une obligation de publicité et de communicabilité aux tiers des données mérite l'attention : cette obligation est de nature à mieux permettre à certaines associations d'exercer le droit qui leur est conféré de se porter partie civile moyennant certaines conditions (v. ci-dessous). Le décret du 26 décembre 1994 (*JO* 1er octobre 1994) énonçait déjà les modalités de cette information sur la qualité de l'eau distribuée en vue de la consommation humaine. Cette information doit être assurée, comme prévu, par un affichage en mairie, mais aussi par une note de synthèse annuelle publiée au recueil des actes administratifs dans les villes de 3 500 habitants et plus. En la matière, la situation juridique n'en sera pas tout à fait nette pour cela. D'une part, la CADA, pour ce qui concerne les données sur les eaux, avait déjà arrêté une position, que ne réduit pas à néant le présent texte : pour les analyses d'eau, « la CADA rend impossible la connaissance des effets réels d'un traitement anti-pollution. Les analyses réalisées avant ce traitement sont considérées comme des documents inachevés, des sortes d'ébauche qui ne sauraient être communiquées. Seuls sont donc accessibles les résultats des prélèvements effectués après le traitement contre la pollution, interdisant en pratique toute appréciation des effets de ce dernier » (37). Cependant, pour ce qui concerne les niveaux de pollution mesurés dans les installations classées, il résulte d'un avis du 19 avril 1982, entériné par une circulaire du 10 juin 1982, que les services de contrôle doivent entre autres communiquer aux demandeurs même les résultats dont « l'envoi serait de nature à porter atteinte au secret industriel » sous forme de moyennes mensuelles ou trimestrielles, la communication de l'intégralité des données étant de droit si les normes sont dépassées. La loi, donc, épargnera aux associations ou aux intéressés la procédure de demande à la CADA pour un certain nombre de données générales, mais le législateur n'a sûrement pas entendu aller au-delà. D'ailleurs et d'autre part, la loi laisse planer une ambiguïté sur la nature des documents publiés et communicables : ne sont déclarés publiables

(37) CADA, 7 juillet 1983, commune de Tours, CADA 20 octobre 1983, *Association des consommateurs tourangeaux et amis de la Terre*.

et communicables que les « données sur la qualité de l'eau destinée à l'alimentation humaine et notamment les résultats des analyses réalisées dans le cadre du contrôle sanitaire et les analyses réalisées chez les particuliers ». S'agira-t-il des données brutes, ou de données commentées ? Selon quelles grilles de présentation seront-elles livrées ? En tout cas, les restrictions retenues par la CADA valent probablement pour la livraison des données concernées.

Dans la même logique de « responsabilisation » des particuliers, il est précisé que « tout incident ou accident présente un danger pour la sécurité civile, la qualité, la circulation ou la qualité des eaux ». Absents de cette énumération, les écosystèmes aquatiques resurgissent heureusement quand il s'agit d'affirmer la responsabilité première de la personne qui est à l'origine de l'incident ou de l'accident et de l'exploitant, ou à défaut du propriétaire, « s'il n'existe pas d'exploitant » : ils sont tenus « de prendre ou de faire prendre toutes les mesures possibles pour mettre fin à la cause du danger ou d'atteinte au milieu aquatique, évaluer les conséquences de l'incident ou de l'accident et y remédier ». Le préfet reçoit des pouvoirs d'urgence (38) (pouvoir de prescrire les mesures nécessaires, en particulier analyses) et d'action en cas de carence, aux frais des responsables, « s'il y a un risque de pollution ou de destruction du milieu naturel, ou encore pour la santé publique ou l'alimentation en eau potable ». L'on remarquera qu'ici point n'a été besoin de renvoyer à un décret ou à un décret en Conseil d'État pour octroyer au préfet les pouvoirs nécessaires ! L'on notera aussi que l'allusion à la seule « destruction du milieu naturel » peut être jugée insuffisante ; une mise en cause grave, un déséqui-

▒ (38) Qui ne sont pas exclusifs de l'usage par le préfet et par le maire de leurs pouvoirs de police générale. Les modalités d'exercice des pouvoirs de police de l'eau par les préfets organisés en 1992 obéissent, pour ce qui concerne leur contrôle contentieux, aux règles classiques en matière de police administrative. Le juge exerce un contrôle sur la proportionnalité des décisions par rapport aux faits, comme dans la plupart des contrôles portant sur des mesures de police administrative (CAA, Nantes, 27 mai 1998, *Syndicat de gestion des eaux et de l'environnement du Gâtinais, deux espèces*). De même, il est soumis aux principes traditionnels du droit administratif : ainsi du principe d'égalité. L'arrêté contesté exemptait certaines cultures, particulièrement délicates (cultures fruitières, maraîchères et florales) en même temps que peu voraces en eau (au *contra*ire de certaines céréales). Cette distinction est admise, au motif classique que l'égalité ne s'impose qu'à des situations comparables, et que ces cultures n'étaient pas de même nature que celles concernées. On sait que le sens de la nuance des magistrats administratifs rend aléatoire le sort des interprétations trop extensives de la notion de situation différente. Mais la notion de « situation comparable » ou de « situation différente » n'a pas à faire l'objet en matière d'environnement d'appréciations particulières. L'opération de « catégorisation » du juge est ici tout à fait comparable à celle qu'il effectue en matière d'égalité devant les services publics. Pour mémoire, par exemple, le CE a jugé, pour une école de musique, que l'objet du service n'excluait pas que l'accès puisse en être réservé à certaines catégories d'usagers (ici, les élèves ayant un lien particulier avec la commune et se trouvant de ce fait dans une situation différente de l'ensemble des autres usagers potentiels du service) (CE, 13 mai 1994, *AJDA* 1994, op. 6652, obs. M. HECQUARD-THÉRON). Dans une espèce concernant les cantines municipales, le TA de Marseille a pu dans la même logique accorder le sursis à exécution d'une délibération du conseil municipal de Marignane réservant l'accès des cantines scolaires – service public également facultatif – aux seules familles dont les deux parents travaillaient : la rupture d'égalité générée par la décision constitue un moyen sérieux, et le préjudice causé était difficilement réparable (*FCPE et S. Déambrosis c/ Commune de Marignane*, 26 novembre 1996, v. comm. G. PÉLISSIER ; *Quot. jur.*, 11 février 1997, p. 6-8). En revanche, le CE (9 mars 1998, *Ville de Marignane*, *Quot. jur.*, 2 juin 1998) a considéré que la discrimination opérée en fonction du caractère permanent ou ponctuel des utilisations de la cantine était légale. Le juge adapte ainsi – et c'est son rôle – sa conception du principe d'égalité en fonction des contingences de l'époque, du lieu, et de l'espèce. En matière d'usage de l'eau, il est habilité à considérer les différences essentielles qui existent entre usagers et donc entre catégories de cultures.

libre certain ne sont pas clairement constitutifs d'un danger de destruction, et le préfet risque, si les juges développent comme c'est probable une interprétation stricte, de se trouver parfois dépourvu de moyens rapides d'action. Cette absence pourra être contrebalancée par l'usage de la pression, importante, que fournissent les sanctions pénales aggravées définies par les articles L. 216-3 à 13 du Code de l'environnement. Il est vrai que les associations « régulièrement déclarées depuis au moins cinq ans, se proposant par leurs statuts, la sauvegarde de tout ou partie des intérêts visés à l'article 2 de la loi » se sont vues conférer par l'article 42 de la loi (article L. 142-2 du Code de l'environnement) le droit de se porter partie civile en cas d'infraction aux dispositions de la loi et pourront accentuer cette pression : mais le temps que la procédure se déclenche, la pollution aura pu entraîner des effets irréparables.

Le décret n° 2001-1220 du 20 décembre 2001 relatif aux eaux destinées à l'alimentation humaine (39)

La protection des eaux destinées à la consommation humaine relève du Code de la santé publique en même temps que du Code de l'environnement. En particulier, sont punies de peines contraventionnelles en vertu de l'article L. 1324-4 les personnes qui « par négligence ou incurie, laisseront introduire des matières excrémentielles ou toute autre matière susceptible de nuire à la salubrité dans l'eau des sources, des fontaines, des puits, des citernes, conduites, aqueducs, réservoirs servant à l'alimentation publique », ou ceux qui « abandonnent des cadavres d'animaux, des débris de boucherie, fumiers, matières fécales... » dans les « failles, gouffres, bétoires, ou excavations de toute nature autres que les fosses nécessaires au fonctionnement d'établissements classés » (40). Le même acte, commis volontairement, est également incriminé et punissable des mêmes peines. Les distributeurs d'eau sont, eux, visés par des dispositions particulières (art. L. 1321-1 et s.). Que ce soit à titre gratuit ou payant, toute personne offrant de l'eau doit s'assurer de sa potabilité. Surtout, les distributeurs d'eaux minérales doivent satisfaire quelques conditions supplémentaires (41).

Mais après que l'État ait été condamné tant par des juridictions françaises que par la CJCE pour l'insuffisance de sa politique en matière d'eau potable (42), le moins était qu'un nouveau décret vienne en tirer les conséquences (43). Ce texte, long de 26 pages dont 7 pages d'annexes (très) techniques, énonce de nouvelles règles quant aux mesures de la qualité de l'eau, donne aux autorités publiques de nouvelles compétences ou précisent les anciennes, et leur assigne de nouvelles obligations. Pour l'essentiel, les dispositions de ce décret peuvent se résumer comme suit.

Selon l'article 3, la qualité des eaux doit s'évaluer à la sortie des robinets, ou au point de production des produits qui en contiennent comme les glaces. Les usages de l'eau sont soumis à autorisation sauf quand ils font l'objet d'un prélèvement dans le milieu naturel à l'usage personnel d'une famille : la demande d'autorisation est accompagnée d'un dossier qui contient en particulier les données sur la qualité de l'eau et une évaluation des risques susceptibles « d'altérer la qualité » de l'eau, l'indication des mesures prévue pour les maîtriser et pour respecter les obligations de qualité, notamment pour le plomb et le nickel. Les périmètres de protection peuvent porter sur des

(39) *JO* 22 décembre 2001, p. 20381 et s.

(40) M. DANTI-JUAN, *op. cit.* p. 434.

(41) D. FONTAINE, « Le régime juridique des eaux minérales », *LPA* 20 août 1990.

(42) En particulier celle prononcée le 2 mai 2001 par le tribunal administratif de Rennes à la demande de la Suez Lyonnaise des eaux, à l'encontre de l'État, du fait des carences dans l'instruction des dossiers concernant les installations classées agricoles et les manquements dans le contrôle de celles-ci, qui constituent, selon la formule consacrée, des fautes de nature à engager la responsabilité de l'État.

(43) Le fait que le nombre de français buvant l'eau du robinet soit passé de 72 % en 1989 à 58 % en 2000 ne peut laisser indifférent.

terrains disjoints des lieux de prélèvement, dès lors qu'ils interdisent « l'introduction directe de substances polluantes dans l'eau » ou la « dégradation des ouvrages ». Toute activité est interdite dans le périmètre de protection rapprochée, sauf si elle était prévue dans l'acte d'utilité publique. Dans le périmètre de protection éloigné, les activités peuvent faire l'objet d'une réglementation adaptée.

Dans un autre ordre d'idée, le préfet (art. 13-1) « peut imposer à la personne publique ou privée des analyses complémentaires », en particulier dès que l'eau montre un signe de dégradation. L'article 18-1 réaffirme que « la personne publique ou la personne privée responsable de la distribution de l'eau est tenue de surveiller en permanence la qualité des eaux destinées à la consommation humaine ». L'article 20-1 impose au gestionnaire de « prendre les mesures correctives nécessaires... le plus rapidement possible », dès que les limites de qualité ne sont pas respectées, et ce que le dépassement des limites soit le fait de l'exploitant « imputable à l'installation privée de distribution » ou pas. S'il n'y pas risque pour la santé humaine, l'exploitant peut demander au préfet une dérogation, limitée dans le temps (art. 24), que celui-ci peut accorder en s'assurant – selon une procédure détaillée par le texte – qu'il sera utilisé pour une remise à niveau. Le préfet peut selon l'article 22 demander à l'exploitant de restreindre ou d'interrompre la distribution dès qu'un risque pour la santé humaine se fait jour. Il doit « tenir compte des risques que leur ferait courir » ces mesures. L'article 30 ajoute à cela une obligation, à la charge de l'exploitant, de prendre « toute mesure technique appropriée pour modifier la nature ou l a propriété des eaux avant qu'elles ne soient fournies » pour réduire ou éliminer les risques de dépassement des limites. Les consommateurs doivent en être avertis (art. 23). Enfin, l'usage de matériaux adéquats est expressément rendu obligatoire, et tout élément en plomb (art. 35) interdit.

On notera que l'intervention de ce texte attendu n'a pas sensiblement changé la situation dans les quelques régions sinistrées où le taux de nitrate dans les eaux de consommation humaine dépasse la norme européenne, d'où des réactions contentieuses assez radicales, mais juridiquement inattaquables. Ainsi de la décision de la Cour d'appel de Rennes du 2 mai 2003 (*Raulier c/ Syndicat intercommunal d'adduction d'eau du Tregor*) : la Cour d'appel fait application de l'article l. 1321-1 du Code de la santé publique ; celui-ci oblige les distributeurs d'eau potable à livrer de l'eau propre à la consommation, et à s'assurer qu'elle l'est. Peu importe que cela ne figure pas au contrat ! Le Syndicat a vainement tenté de se prévaloir d'une cause étrangère, que constituerait le fait pour l'État de promouvoir une agriculture incompatible avec la réduction du taux de nitrates. Le taux de nitrate dans l'eau ne relève pas de l'imprévisibilité, et le fait même que le Syndicat se soit lancé dans des travaux de reconquête de la qualité montre l'absence d'irrésistibilité. La décision innove aussi en ne limitant pas l'indemnisation aux seuls jours de pollution effective : l'information est en mairie, mais l'on ne peut s'attendre à ce que tous les consommateurs vérifient jour après jour, avant d'aller acheter de l'eau minérale, si la pollution est effective. L'indemnité est évaluée sur la base de deux litres d'eau minérale par personne de la famille, alors même que le requérant ne justifie pas du volume effectivement acheté auprès de son fournisseur.

SECTION 3 **UNE GESTION**

Dans ce cadre, pas toujours aussi performant que le consommateur le voudrait, la gestion de l'eau est d'abord une gestion de territoires, ensuite une gestion d'un service public de distribution et d'assainissement d'une ressource qui est souvent traitée comme un produit marchand.

§ 1. UNE GESTION TERRITORIALE : LE PARTAGE DES COMPÉTENCES

Il appartient toujours à l'État de coordonner l'action des pouvoirs publics en matière d'eau : le préfet de région anime et coordonne la politique de l'État en matière de police et de gestion des ressources en eau et continue, après le transfert prévu de compétences aux départements, à jouer un rôle important, au moins nominalement. Mais, comme le prouve la multiplication des instances de l'eau (44), l'administration de l'eau demeure marquée par un particularisme institutionnel, encore accusé par la création des commissions locales de l'eau et des communautés locales de l'eau. Ces dernières sont en fait des établissements publics spécialisés dans la gestion des compétences reconnues par la présente loi aux collectivités locales. Il est assez paradoxal de voir ainsi à la fois créée une instance politico-administrative de co-décision et de concertation (la commission locale de l'eau) et une institution qui pourrait bien, ayant une vocation plus « active », se démarquer des orientations affirmées au sein des commissions locales de l'eau.

La volonté d'étendre les compétences des collectivités locales en la matière était partagée par les différents auteurs de rapports sur l'environnement, qui préconisaient que l'on privilégie les départements (modérément comme J. Theys et L. Chabason (45) ou radicalement comme M. Barnier (46)). L'option retenue ne le fait pas. Ce sont toutes les collectivités locales – y compris les régions, fait nouveau – qui se voient reconnaître clairement des compétences : elles sont habilitées (ainsi que leurs groupements) à « entreprendre l'étude, l'exécution, et l'exploitation de tous travaux, ouvrages ou installations présentant un caractère d'intérêt général ou d'urgence, visant : l'aménagement d'un bassin ou d'une fraction de bassin hydrographique, l'entretien et l'aménagement d'un cours d'eau non domanial, l'approvisionnement en eau, la maîtrise des eaux pluviales et de ruissellement, la défense contre les inondations et contre la mer (47), la lutte contre les pollutions, la protection et la conservation des eaux superficielles et souterraines, la sauvegarde des sites, des écosystèmes aquatiques et des zones humides ainsi que des formations boisées riveraines ». Le législateur octroie des compétences en matière de protection de l'environnement à des collectivités locales (qui n'en avaient pas tant et en revendiquaient (48)) et des compétences d'aménagement. Il est vrai que cette

(44) Dont la mise en place est assurée par le décret du 6 avril 1994, *JO* 13 avril 1994.

(45) Dans le rapport préparatoire du plan national pour l'environnement.

(46) Dans son rapport ; cf. R. Romi, « La place du département en matière de protection de l'environnement : vers une revalorisation ? », *LPA* 22 juin 1990.

(47) La loi du 10 juillet 1973 relative à la défense contre les eaux (v. J. Untermaier, *in Dr. ville* préc., p. 21) précisait que « les départements, les communes ainsi que les groupements de ces collectivités et les syndicats mixtes... sont autorisés à prendre en charge avec ou sans subventions de l'État, tous travaux de protection contre les inondations et contre la mer lorsque ces travaux présentent pour eux un caractère d'intérêt général ». Il n'est pas sûr que cette nouvelle disposition qui « rajeunit » cette formulation soit vraiment une bonne chose : elle pose plus de problèmes qu'elle n'en résoudra, dans les cas de construction contestée de barrages, par exemple.

(48) Elles pouvaient de fait s'en emparer, et ont commencé à le faire avant que par une manie bien française le législateur entérine ici cette situation de fait... en oubliant d'aller jusqu'au bout de sa logique et retrocède au pouvoir réglementaire le soin de parfaire son ouvrage par l'octroi de quelques compétences résiduelles de plus.

compétence ne s'étend pas aux cours d'eau domaniaux, et qu'elle n'est pas, on l'a dit, vraiment nouvelle. Mais la logique n'aurait-elle pas été d'exiger que cette attribution soit soumise à l'exigence de la mise en place d'un schéma d'aménagement et de gestion des eaux ? Le texte mentionne seulement que de telles opérations doivent se situer « dans le cadre du SAGE s'il existe »... Au contraire, et justement, la modification de l'article 5 de la loi du 22 juillet 1983 par la loi de 1992 octroyait aux régions la compétence pour « la création des canaux et ports fluviaux, et pour aménager et exploiter les voies navigables et les ports fluviaux situés sur ces voies navigables transférées par décret en Conseil d'État sur proposition de la région concernée » ; elle ne prévoyait le transfert de la compétence d'« aménager, entretenir, exploiter les cours d'eau, canaux, lacs et plans d'eau domaniaux rayés de la nomenclature ou n'y ayant jamais figuré », qui pourra s'opérer par décret en Conseil d'État, sur leur proposition, au bénéfice des régions, départements, communes ou de leurs groupements, que s'il existe dans l'unité hydrographique concernée un SAGE... L'article 26 de la loi *Barnier* modifie sur ce point l'article 5 de la loi n° 83-663 du 22 juillet 1983 en ajoutant que « les départements ou leurs groupements sont compétents pour aménager, entretenir et exploiter les cours d'eaux, canaux, lacs et plans d'eau domaniaux, rayés de la nomenclature des voies navigables ou n'y ayant jamais figuré, qui leur sont transférés par décret en Conseil d'État sur proposition du ou des conseils généraux concernés ». Une harmonie est ainsi réalisée – au détriment des régions : mais c'est encore l'État qui en fin de compte décide, s'il n'a pas ouvertement l'initiative ; et c'est encore un facteur de désordre dans le droit de l'eau qui vient brouiller les cartes : selon les départements, la gestion de cours d'eau de caractéristiques et d'importances comparables pourra être confiée à des collectivités différentes. L'ajout par la loi de 1992 d'un alinéa à l'article L. 142-2 du Code de l'urbanisme permettant « ... l'acquisition, par voie amiable ou par exercice du droit de préemption mentionné à l'article L. 142-3, l'aménagement et la gestion des chemins le long des autres cours d'eau et plans d'eau » paraît, lui, tout à fait rationnel, en ce que le cheminement le long des cours d'eau a toujours posé problème et que ce « droit de balade » est à tout prendre et entre autres l'un des possibles atouts du « tourisme vert ».

Mais le législateur n'opère pas que des transferts gratifiants... Les obligations mises à la charge des communes en matière d'assainissement, eu égard à leurs conséquences financières, pourraient bien, par exemple, leur faire oublier les avantages consentis par la loi... Il revient aux communes (art L. 2224-8 du Code général des collectivités territoriales) d'assurer l'intégralité des dépenses relatives aux systèmes d'assainissement collectif, mais aussi de « contrôle des assainissements non collectifs ». La directive communautaire 91-271 du 21 mai 1991 (49) fixait que les villes de plus de 2 000 « équivalents habitants » doivent se doter de stations d'épuration permettant un traitement physico-chimique et biologique des eaux résiduaires ; celles de plus de 15 000 habitants le devaient avant l'an 2000 ; ce n'est que pour les villes intermédiaires (soit entre 2 000 et 15 000 habitants) que l'échéance 2005 était fixée. L'émergence de contentieux n'était donc pas inenvisageable, si le législateur français n'avait fait preuve d'autorité.

(49) *JOCE*, L. 135 du 30 mai 1991 ; v. les observations de C. LONDON, *LPA* 10 juillet 1991.

L'obligation de procéder à un zonage (art L. 2224-10 du Code général des collectivités territoriales) obéit au même type de logique, qui veut que l'on oblige les communes à prendre leurs responsabilités, sans leur en préciser l'étendue exacte. Le décret du 3 juin 1994 impose pour sa part aux communes de plus de 2 000 habitants, en application de la directive CE du 21 mai 1991, d'assurer la fiabilité de leurs installations d'épuration à plus de 95 % la plupart du temps ; un arrêté du 23 novembre 1994 (*JO* du 24 décembre 1994) délimite à ce titre les zones sensibles au sens du droit communautaire : ces zones dont les rivières sont sujettes à eutrophisation devront faire l'objet d'efforts particuliers. Deux arrêtés du 22 décembre 1994 (*JO* du 10 février 1995) précisent pour leur part les modalités de surveillance des installations d'assainissement et les prescriptions techniques qui leur sont désormais applicables.

Les propriétaires ne sont pas oubliés, puisque – de manière traditionnelle – ils sont responsables de la gestion de leurs cours d'eau, dans les conditions principalement énoncées par le droit de la pêche (v. *supra*). Le législateur de 2006 a cru bon cependant de synthétiser cette obligation générale d'entretien (art. L. 215-14) : « – Sans préjudice des articles 556 et 557 du Code civil et des chapitres Ier, II, IV, VI et VII du présent titre, le propriétaire riverain est tenu à un entretien régulier du cours d'eau. L'entretien régulier a pour objet de maintenir le cours d'eau dans son profil d'équilibre, de permettre l'écoulement naturel des eaux et de contribuer à son bon état écologique ou, le cas échéant, à son bon potentiel écologique, notamment par enlèvement des embâcles, débris et atterrissements, flottants ou non, par élagage ou recépage de la végétation des rives. Un décret en Conseil d'État détermine les conditions d'application du présent article ».

Les collectivités locales peuvent être amenées à se substituer aux propriétaires défaillants (50).

§ 2. UN ENSEMBLE DE SERVICES PUBLICS : UNE RÉGULATION PUBLIQUE INACHEVÉE

Conjoint aux différents problèmes de qualité de l'eau, la tendance française à confier à des acteurs privés la gestion des services publics de la distribution et de l'assainissement a abouti à une situation bloquée : trois sociétés dominent le secteur, sans que cela se traduise, au contraire, par une baisse des prix pour les consommateurs (l'IFEN, dans un rapport de mai 2001, a conclu que les prix

(50) Art. L. 215-15-1 du Code de l'environnement issu de la loi de 2006 : « – L'entretien régulier peut être effectué selon les anciens règlements et usages locaux relatifs à l'entretien des milieux aquatiques pour autant qu'ils soient compatibles avec les objectifs mentionnés aux art. L. 215-14 et L. 215-15. Dans le cas contraire, l'autorité administrative met à jour ces anciens règlements ou usages locaux en les validant, en les adaptant ou, le cas échéant, en les abrogeant en tout ou partie. À compter du 1er janvier 2014, les anciens règlements et usages locaux qui n'ont pas été mis à jour cessent d'être en vigueur. » et art. L. 215-16. : « Si le propriétaire ne s'acquitte pas de l'obligation d'entretien régulier qui lui est faite par l'art. L. 215-14, la commune, le groupement de communes ou le syndicat compétent, après une mise en demeure restée infructueuse à l'issue d'un délai déterminé dans laquelle sont rappelées les dispositions de l'art. L. 435-5, peut y pourvoir d'office à la charge de l'intéressé. »

étaient de 20 % à 25 % plus chers quand il y avait délégation que quand il y avait affermage).

Société	Villes gérées (nombre ou exemples)	Personnes employées	Personnes desservies (distribution)	Personnes desservies (assainissement)	Filiales dans le secteur de l'environnement
Vivendi environnement / VEOLIA	Paris, Lille, Marseille, Nice, Toulouse	115 000	26 millions	17 millions	Onyx
Lyonnaise des eaux / SUEZ	7 500	8 300	14 millions	8 millions	
SAUR	7 000 (villes moyennes)		6 millions	6 millions	

Cela dit, la compétence communale est un choix assumé, réaffirmé par le législateur en 2006 (51).

A. LA TRANSPARENCE DES COÛTS ET DES PRIX

La loi relative au renforcement de la protection de l'environnement a fixé que (art. L. 2224-5 du Code général des collectivités territoriales) « le maire présente au conseil municipal ou le président de l'établissement public de coopération intercommunale à son assemblée délibérante, un rapport annuel sur le prix et la qualité du service public d'eau potable destiné notamment à l'information des usagers. Ce rapport est présenté au plus tard dans les six mois qui suivent la clôture de l'exercice concerné. Le rapport et l'avis du conseil municipal ou de l'assemblée délibérante sont mis à la disposition du public dans les conditions prévues à l'article L. 321-6 ». Cette disposition est à rapprocher de celle de l'article 2 de la loi du

(51) Art. L. 2224-7-1. CGCT : « – Les communes sont compétentes en matière de distribution d'eau potable. Dans ce cadre, elles arrêtent un schéma de distribution d'eau potable déterminant les zones desservies par le réseau de distribution. Elles peuvent également assurer la production d'eau potable, ainsi que son transport et son stockage. Toutefois, les compétences en matière d'eau potable assurées à la date de publication de la loi n° 2006-1772 du 30 décembre 2006 sur l'eau et les milieux aquatiques par des départements, des associations syndicales autorisées ou constituées d'office ne peuvent être exercées par les communes sans l'accord des personnes publiques concernées... Les communes sont compétentes en matière d'assainissement des eaux usées... Les communes assurent le contrôle des raccordements au réseau public de collecte, la collecte, le transport et l'épuration des eaux usées, ainsi que l'élimination des boues produites. Elles peuvent également, à la demande des propriétaires, assurer les travaux de mise en conformité des ouvrages visés à l'art. L. 1331-4 du Code de la santé publique, depuis le bas des colonnes descendantes des constructions jusqu'à la partie publique du branchement, et les travaux de suppression ou d'obturation des fosses et autres installations de même nature à l'occasion du raccordement de l'immeuble. » ; 6° Le même art. L. 2224-8 est complété par un III ainsi rédigé : « III. – Pour les immeubles non raccordés au réseau public de collecte, les communes assurent le contrôle des installations d'assainissement non collectif. Cette mission de contrôle est effectuée soit par une vérification de la conception et de l'exécution des installations réalisées ou réhabilitées depuis moins de huit ans, soit par un diagnostic de bon fonctionnement et d'entretien pour les autres installations, établissant, si nécessaire, une liste des travaux à effectuer... Les communes déterminent la date à laquelle elles procèdent au contrôle des installations d'assainissement non collectif ; elles effectuent ce contrôle au plus tard le 31 décembre 2012, puis selon une périodicité qui ne peut pas excéder huit ans. »

8 février 1995 sur les délégations de service public (art. 2), obligeant à la communication annuelle d'un rapport « comportant notamment les comptes retraçant la totalité des opérations afférentes à l'exécution de la délégation de service public et une analyse de la qualité du service... assorti d'une annexe permettant à l'autorité délégante d'apprécier les conditions d'exécution du service public ».

C'est dans le même esprit que, sans renoncer au principe du libre choix du délégataire, la loi du 8 février 1995 a entendu instaurer une transparence des conditions de la délégation, et plus spécifiquement des conditions d'accomplissement des prestations et de rémunération, qui devront dorénavant figurer dans la convention, ainsi que la durée de la convention. L'article 4 ajoute à ces mentions obligatoires celles du prix à payer par l'usager et des paramètres qui en gouverneront l'évolution. Par ailleurs – cela favorise aussi le contrôle politique des choix des collectivités locales – le rapport de la commission et un rapport explicatif des motifs du choix et de l'économie générale du contrat doivent être fournis à l'assemblée délibérante lors de sa délibération sur l'approbation éventuelle du contrat.

Le principe de transparence des coûts vaut également quand le service est régi directement par la puissance publique : il est établi en particulier que le consommateur doit pouvoir faire la part des choses entre ce que lui coûte sa consommation et ce que lui coûte l'assainissement ; mais les deux activités sont liées, parce que leurs coûts respectifs le sont à terme, d'où la rédaction de l'article L. 2224-6 : « Les communes et groupements de communes de moins de 3 000 habitants peuvent établir un budget unique des services de distribution d'eau potable et d'assainissement si les deux services sont soumis aux mêmes règles d'assujettissement à la taxe sur la valeur ajoutée et si leur mode de gestion est identique. Le budget et les factures émises doivent faire apparaître la répartition entre les opérations relatives à la distribution d'eau potable et celles relatives à l'assainissement. »

L'article L. 210-1 du Code de l'environnement énonce en outre, depuis 2004, que « Les coûts liés à l'utilisation de l'eau, y compris les coûts pour l'environnement et les ressources elles-mêmes, sont supportés par les utilisateurs en tenant compte des conséquences sociales, environnementales et économiques ainsi que des conditions géographiques et climatiques » (52).

La mise en place de l'Office national de l'eau créé par la loi de 2006 (53), comme la tentative précédente de mettre en place un observatoire de l'eau, participent d'une volonté d'assurer un suivi public de cette transparence.

(52) V. sur le sujet le numéro 169 décembre 2006/janvier 2007 de la revue *Hydroplus*, dossier « L'eau à tous prix ».

(53) « Art. L. 213-2. – L'Office national de l'eau et des milieux aquatiques est un établissement public de l'État à caractère administratif. Il a pour mission de mener et de soutenir au niveau national des actions destinées à favoriser une gestion globale, durable et équilibrée de la ressource en eau, des écosystèmes aquatiques, de la pêche et du patrimoine piscicole. À ces fins, il participe à la connaissance, la protection et la surveillance de l'eau et des milieux aquatiques ainsi que de leur faune et de leur flore, et contribue à la prévention des inondations. Il apporte son appui aux services de l'État, aux agences de l'eau et aux offices de l'eau dans la mise en œuvre de leurs politiques. Il assure la mise en place et la coordination technique d'un système d'information visant au recueil, à la conservation et à la diffusion des données sur l'eau, les milieux aquatiques, leurs usages et les services publics de distribution d'eau et d'assainissement. Les collectivités territoriales ou leurs groupements sont associés à leur demande à la constitution de ce système d'information. L'office garantit une solidarité financière entre les bassins, notamment vis-à-vis de ceux des départements et collectivités d'outre-mer ainsi que de la Nouvelle-

B. LA LIMITATION DES DÉLÉGATIONS DE SERVICE PUBLIC EN MATIÈRE D'EAU

Le droit commun des conventions de service public implique que les conventions doivent prévoir leur durée. Cette durée doit être fixée en fonction de la durée d'amortissement des investissements réalisés. Elles ne peuvent contenir de clauses permettant au délégataire de prendre à sa charge des prestations étrangères à l'objet de la délégation. De même, les montants des « droits d'entrée » et des redevances perçues par le délégant sur le délégataire doivent « être justifiés » dans la convention. Mais c'est sur ces points précis que les litiges les plus délicats en matière d'environnement se sont ces dernières années noués. La loi *Barnier* modifie donc en conséquence, pour ces seuls services, le premier alinéa de l'article 40 de la loi n° 93-122 du 29 janvier 1993 relative à la prévention de la corruption et à la transparence de la vie économique et des procédures publiques, complété par deux phrases ainsi rédigées : « Dans le domaine de l'eau potable, de l'assainissement des ordures ménagères et autres déchets, les délégations de service public ne peuvent avoir une durée supérieure à vingt ans sauf examen préalable par le trésorier-payeur général, à l'initiative de l'autorité délégante, des justificatifs de dépassement de cette durée. Les conclusions de cet examen sont communiquées aux membres de l'assemblée délibérante compétente avant toute délibération relative à la délégation. Le versement par le délégataire de droits d'entrée à la collectivité délégante est interdit quand la délégation concerne l'eau potable, l'assainissement ou les ordures ménagères et autres déchets ».

L'exemple – déjà ancien il est vrai, mais toujours significatif – de Saint-Étienne suffit à comprendre à quel point le législateur était dans l'obligation morale de procéder ainsi. Le choix de confier à une société « mariant » la Lyonnaise des eaux (50 %) et la Générale des Eaux (50 %) la concession de la distribution et de l'assainissement des eaux (54), moyennant un droit d'usage, une redevance d'occupation du domaine public et un droit d'exploitation (55), était motivé par la recherche d'un désendettement de la ville. Le prix de l'eau fixé permettait de couvrir des frais extérieurs à la distribution *stricto sensu* (financement d'équipements

Calédonie. Il conduit ou soutient des programmes de recherche et d'études qui sont communs à tous les bassins ou revêtent un intérêt général, en particulier sous la forme de concours financiers à des personnes publiques ou privées...

Art. L. 213-3. – L'Office national de l'eau et des milieux aquatiques est administré par un conseil d'administration composé de représentants de l'État et de ses établissements publics autres que les agences de l'eau et de représentants des comités de bassin, des agences de l'eau et des offices de l'eau des départements d'outre-mer, des collectivités territoriales ou de leurs établissements publics, des usagers de l'eau et des milieux aquatiques, des associations de consommateurs et de protection de l'environnement ainsi que du personnel de l'établissement. Le président du conseil d'administration propose à son approbation les orientations de la politique de l'établissement. Il est nommé par arrêté du ministre chargé de l'environnement.

Art. L. 213-4. – L'Office national de l'eau et des milieux aquatiques détermine les domaines et les conditions de son action dans un programme pluriannuel d'intervention qui indique les montants de dépenses et de recettes nécessaires à sa mise en œuvre ».

(54) V. « Chronique d'une privatisation sulfureuse », *Vie publique* octobre 1994, p. 24 et s.

(55) « Ni chiffrés ni justifiés et curieusement fondus en une seule masse », selon l'expression de D. Broussolle (note sous TA, Lyon, 14 décembre 1993, *Chomat et autres*, *AJDA* avril 1994, p. 350 et s.).

sportifs et culturels, d'après l'ancien maire démissionnaire F. Dubanchet). Il était inévitable que le TA de Lyon sanctionne ce détournement de pouvoir... et tout aussi inévitable que le législateur s'empare du problème.

Un peu de droit comparé. La situation française n'est pas si originale qu'on a bien voulu le dire, et il existe nombre de points communs entre la répartition française et celle qui existe chez nos voisins (56). Tout au plus, la décentralisation y est parfois plus poussée.

Au Danemark, les autorités municipales sont investies des compétences générales en matière de fourniture d'eau, mais aussi pour ce qui concerne le respect des dispositions du *Water Supply Act*. L'exercice de cette compétence générale suppose – on l'a dit – la réalisation d'une planification et l'organisation de contrôles. La responsabilité de la surveillance de l'observation des plans de gestion des eaux incombe également aux communes, ainsi que la réalisation des investissements et réparations des systèmes de distribution, le comptage des quantités d'eau prélevées, le respect des normes de qualité de l'eau prélevée (57). Sur ce dernier point, le Danemark a transposé la directive CE 80/778 sur la qualité de l'eau destinée à la consommation humaine par une loi du 4 janvier 1980, refondue par la loi n° 515 du 29 août 1988. L'harmonisation des modes de fonctionnement des différents systèmes locaux est assurée par le *Water Supply Act* : il définit un corps de droits et obligations, applicables à tous les projets ou travaux en matière d'eau concernant dix propriétés ou plus. Sur les trois mille installations danoises, cent quatre-vingts sont municipales, 2 800 sont des opérations coopératives, mutuelles ou privées. Il n'existe quasiment pas de compagnies privées, mais il résulte de toute manière que « l'industrie de l'eau » ne doit pas produire de profits, mais doit seulement équilibrer ses comptes. Il faut y ajouter quelque 115 000 systèmes privés de prélèvements ou de distribution, desservant moins de dix propriétés. Les deux catégories sont concernées par des réglementations standard, recommandées par l'Agence de la protection de l'environnement en 1981 sur la base de l'article 55 du *Water Supply Act*. Il revient aux régions d'approuver les plans de fourniture en eau dans la mesure où ceux-ci sont en accord avec le plan régional de ressource en eau. Il revient également aux autorités régionales de consentir à la localisation de nouvelles installations de prélèvement ou d'industries polluantes. Les licences pour relâcher les eaux usées dans les cours d'eau, les lacs et la mer sont accordées par les conseils régionaux, les conseils locaux étant compétents pour les autorisations concernant l'équivalent de trente personnes ou moins. Les conseils locaux sont compétents pour autoriser les connections avec les réseaux d'évacuation publics, dans le respect des termes des licences accordées par le conseil régional ; ils doivent mettre en place des plans d'assainissement mentionnant l'existence ou la précision d'installations de traitement et des mesures de traitement. En Norvège, chaque rejet, même pour une maison, nécessite une autorisation. L'octroi de ces autorisations est de la compétence du gouverneur du comté pour les rejets des municipalités, et de la compétence des municipalités pour les rejets concernant plus de 7 maisons. Le *Pollution Control Act* subordonne tout prélèvement desservant plus de cent personnes à une autorisation, qui doit respecter les termes de la législation sanitaire (« Act » sur le service de santé municipal). La gestion des cours d'eau se fait au niveau régional par le gouverneur du comté. Les travaux concernant plus de mille personnes sont de la compétence de l'État, les autres de la municipalité. La Grèce, en matière d'approvisionnement en eau, a adopté partiellement la même répartition : c'est toujours le premier niveau local d'administration (les communes) qui est responsable de la distribution après traitement. La seule exception concerne deux agglomérations, Athènes et Salonique, pour lesquelles interviennent deux établissements publics (58) placés sous la tutelle du ministre de l'Environnement. Mais l'essentiel du contrôle s'effectue au niveau préfectoral, sous la tutelle de quatre ministres (Santé, Industrie,

(56) V. J. Sironneau, « Droit et gestion de l'eau, grandes tendances mondiales et applications récentes », *RJE* 3/98, p. 301 et s.

(57) Art. 57, 58 et 60 du *Water Supply Act* du 29 octobre 1988.

(58) Entreprise *of water supply and sewerage of the capital* – EYDAP pour Athènes, et *the Water supply Organisation of Salonika-broader.*

Environnement, Intérieur (59)). Sauf pour les régions d'Athènes et de Salonique, pour lesquelles interviennent les deux établissements publics précités, la responsabilité de la construction, de la maintenance et du fonctionnement des installations d'assainissement incombe aux communes, le préfet définissant les conditions de traitement et délivrant les autorisations de fonctionnement. Mais les autorisations de création sont soit de la compétence des régions (installations desservant moins de 20 000 habitants) soit de la compétence des services centraux du ministre de l'Environnement. Ce dernier, conjointement avec son collègue de l'Intérieur, approuve les conditions de fonctionnement des installations. Dans la pratique, assainissement et distribution sont gérés dans les villes de plus de 10 000 habitants par des établissements publics – 61 municipaux, 5 dépendants de regroupements, et pour les autres en régies communales ou intercommunales. En Espagne, si la distribution de l'eau est généralement communale ou intercommunale, la situation en matière d'assainissement est variable : les installations peuvent être gérées par des communes, des groupements de communes, par l'État, par les Communautés autonomes, ou par les « diputaciones provinciales ». La définition de la politique générale en matière d'eau appartient constitutionnellement aux Communautés autonomes, avec une nuance due à la nécessité de gérer les cours d'eau en termes rationnels, au niveau de leur bassin hydrologique (la *cuenca hidrografica*). La loi sur les eaux a en effet posé le principe, en son article 13.2, que la gestion de l'eau doit se faire en termes de bassin. C'est à ce niveau inhabituel – il peut se produire évidemment que la *cuenca* porte sur le territoire de plus d'une communauté – que s'élaborent les planifications locales, au sein des conseils de l'eau, organes de planification des confédérations hydrauliques (60). La loi sur l'eau affirme le principe de la participation des communautés et des usagers aux instances délibérantes des confédérations (art. 13 et 23). Ce sont des organes de droit public de caractère commercial. Outre les conseils de l'eau, qui assurent la planification, plusieurs organes assurent la gestion des activités des confédérations ; organes de direction (*juntas de gobierno*), conseils de gestion (*juntas de explotacion*), conseils des travaux (*junta de obras*) et assemblée des usagers sont diversement composés. Ce sont également ces organismes de bassin qui délivrent des permis de prélèvement des eaux du secteur public, qui comprennent depuis 1985 les eaux souterraines. C'est l'État qui délivre les autorisations de rejets d'eaux usées. En Suisse, la loi du 24 janvier 1991 sur l'eau donne compétence à la Confédération pour l'édiction des prescriptions techniques et organisationnelles pour ce qui concerne les ressources en eau potable ; les cantons en assurent l'exécution, en délimitant en particulier des zones de protection des eaux souterraines ; pour ce qui concerne les eaux usées, la Confédération édicte des prescriptions sur le traitement et le contrôle des installations, et les cantons les appliquent sous le contrôle de la Confédération (planification (61) et construction des égouts, stations d'épuration). Certains États, en raison de la faible étendue de leur territoire, confient les activités les plus lourdes (assainissement) à des structures de regroupement. Ainsi, au Luxembourg, la réalisation du programme d'assainissement – impulsée par le ministre de l'Environnement – commandait des regroupements intercommunaux. L'article 15 de la loi de 1993 énonce la compétence de principe des communes qui sont tenues de « collecter, d'évacuer et d'épurer les eaux usées » et de « construire les installations » adéquates. Les autorisations de prélèvement et autres sont normalement de la compétence du ministre de l'Environnement (62). D'autres – Chypre – confient classiquement le traitement des eaux aux communes, mais la protection des eaux souterraines est de la responsabilité de l'État. Des pays dont l'organisation territoriale n'est pas achevée, comme le Portugal, confient naturellement aux communes l'essentiel des responsabilités en matière d'eau ; mais – depuis 1993 au Portugal – la possibilité de confier l'exploitation et la gestion des installations soit à des regroupements, soit à l'État, soit à des entités

(59) C'est ce dernier qui est compétent en matière de délivrance des autorisations pour la distribution de l'eau.

(60) V. « *El plan hidrologico national* », préc., p. 91. Malgré cette représentation des usagers et des communautés, les confédérations sont ressenties comme des administrations dépendantes de l'État (V. « *El plan hidrologico national* », p. 93).

(61) Art. 21 de l'ordonnance générale sur la protection des eaux, 19 juin 1972.

(62) Loi du 29 juillet 1993, art. 9.

publiques ou à des entreprises d'économie mixte dans lesquelles les entités publiques détiennent la majorité du capital se développe concurremment.

On assiste par ailleurs à un alignement des anciens pays communistes sur le schéma « classique » : ainsi la Pologne (loi du 8 mars 1990, article 7 et loi du 17 mai 1990 sur la répartition des compétences) confie aux communes les responsabilités en matière d'assainissement comme de distribution de l'eau. Ces activités sont gérées directement, souvent par le biais d'actions intercommunales (pour un cinquième des communes).

Enfin, on mettra à part la situation anglaise : les *Water Authorities*, compétentes en matière de gestion de l'eau, ont fait l'objet d'une privatisation en 1988 ; elles sont depuis juillet 1989 des sociétés anonymes qui peuvent être côtées en bourse. Ces nouvelles sociétés privées sont gérées par le *National Rivers Authority*, organe consultatif – puis administratif – créé en mai 1988. Il s'agit d'un service public indépendant placé sous la tutelle du ministère de l'Agriculture. Son conseil d'administration est composé d'un président (nommé par le secrétaire d'État à l'Environnement), d'un directeur général et de treize membres (dix nommés par le secrétaire d'État à l'Environnement, un par le secrétaire d'État pour le pays de Galles, deux par le ministre de l'Agriculture). Le NRA est depuis 1989 compétent pour délivrer la plupart des autorisations en matière de rejets.

BIBLIOGRAPHIE

B. Barraqué (dir.), *Les politiques de l'eau en Europe*, La Découverte, Recherches, 1995 ■ J.-L. Gazzaniga, J. Ourliac, X. Larouy-Castera, *L'eau, usages et gestion*, Litec, Administration territoriale, guide pratique, 1998 ■ F. Nowak, *Le prix de l'eau*, Economica, Poche Environnement, 1995 ■ R. Romi, *Les espaces humides*, L'Harmattan, 1992 ; B. Teissionnier-Mucchielli, *L'impact du droit communautaire sur la distribution et l'assainissement de l'eau en France*, Documentation française, coll. « Monde européen et international », 2003 ■ B. Barraqué, *Past and future sustainability of public water policies in Europe, in Natural Resources Forum (JNRF)*, Nations Unies, Blackwell Publishing, Oxford-Malden, vol. 27, n° 3, août 2003, p. 200-21 ■ I. Putas, « Le nouveau contentieux de l'eau », *LPA* 6 juin 1997 ■ R. Romi, « La loi sur l'eau et le droit de l'environnement : cent fois sur le métier remettez votre ouvrage », *ALD* avril 1992 ■ R. Romi, chroniques de droit de l'eau, *RJE* ; part. « La loi *Barnier* et l'eau », *RJE* 1995-4 ■ J. Sironneau, « Le contentieux des sports en eaux vives », *Dr. env.* juillet 1998, p. 15 et s. ■ J. Sironneau, « Prélèvements d'eau en période de pénurie, les pouvoirs contestés des préfets », *Pouvoirs Locaux,* juillet 1998, p. 17 et s. ■ J. Sironneau, « Droit et gestion de l'eau, grandes tendances mondiales et applications récentes », *RJE* 3/98, p. 301 et s. ■ « La gestion locale des cours d'eau », Actes du colloque du 12 octobre 2004, Metz, numéro spécial de *Dr. env.* janvier/février 2005 ■ « L'eau et le droit – la gestion équilibrée des cours d'eau », Actes du colloque de Montpellier, 7 et 8 avril 2005, *Environnement*, juillet 2005.

Adde : Conseil économique et social, « La réforme de la politique de l'eau », avis présenté par R. Boué, 2000 ■ le site des SDAGE et SAGE : http://www.gesteau.eaufrance.fr et dossier spécial sur l'eau, *Dr. env.* mars 2007.

CHAPITRE 3
LA POLLUTION CHIMIQUE

La particularité, sans doute, des pollutions chimiques est leur caractère totalement encombrant pour le juriste ! D'une part, elles touchent tous les milieux : au même titre que l'eau ou l'air, le sol subit également ce qu'il convient, faute de mieux, d'appeler des « agressions » du fait de l'usage souvent inconsidéré de produits chimiques, qui peuvent s'accumuler des années avant de resurgir. En second lieu, elles touchent ces milieux et portent atteinte à la santé humaine par des biais très divers et de façon souvent indirecte. Plus que les pollutions chimiques accidentelles, souvent massives, et que le droit traite par l'application des divers régimes déjà considérés, la difficulté est aujourd'hui de réguler les pollutions diffuses et bioaccumulantes.

On comprend mieux la dimension du problème quand on sait que la commission européenne estime que 100 000 des substances chimiques vendues en Europe n'ont jamais fait l'objet d'une évaluation des risques pour l'environnement ou la santé. Plus alarmant encore, le fait qu'entre 500 et 1000 nouveaux produits chaque année soient mis sur le marché sans que leur toxicité chez l'homme n'ait fait l'objet de la moindre étude, en tout cas rendue publique. Il convient d'ajouter à cela que l'OMS estime à 32 millions de travailleurs le nombre de personnes exposées à des agents cancérigènes, que cela représente un quart de la population active, et qu'il faut y ajouter le nombre sans doute plus important de personnes exposées à des produits dangereux non évalués dans leur vie quotidienne et à leur foyer. On comprend bien en conséquence que la question ici relève non seulement d'une réalité scientifique qui, pour si évidemment compréhensible qu'elle soit, peut surprendre, mais aussi et sans doute surtout d'une réalité sociologique potentiellement explosive.

C'est pour l'essentiel ce qui a justifié que soit lancé au niveau de l'Union européenne la réflexion sur le système global de contrôle et de prévention baptisé REACH (1). L'exigence d'un *enregistrement,* soubassement d'une connaissance par

(1) *Registration, Evaluation and Authorization of Chemicals.* V. le livre blanc intitulé *Stratégie pour la future politique dans le domaine des substances chimiques*, et P. CHEMIN, « Le projet REACH : un impératif pour la santé et l'environnement ou une contrainte excessive pour l'industrie chimique

les autorités d'évaluation des produits, constitue l'élément fondamental de REACH. Les données relatives aux propriétés, aux uti lisations et aux précautions d'emploi des substances chimiques fabriquées ou importés dans des quantités de plus d'une tonne par an et par fabricant/importateur doivent être disponibles dans un banque centrale (2). Les informations exigées sont proportionnées aux risques présentés par la substance, ainsi qu'aux volumes produits ou distribués. Toutes les données de sécurité doivent être, selon le système, transmises par la « chaîne d'approvisionnement ». Un mécanisme d'autorisation sert à réguler les utilisations des produits présentant le plus de risques. Pour la mise sur le marché ou des usages particuliers, seuls sont concernées les substances dites « extrêmement préoccupantes » : les substances cancérigènes, mutagènes et toxiques pour la reproduction (CMR), les substances *persistantes, bioaccumulables et toxiques* (PBT), les substances très persistantes et très bioaccumulables (VPVB) et les substances identifiées comme ayant des effets graves et irréversibles sur l'être humain et l'environnement. La preuve d'une *maîtrise parfaite du risque* implique l'octroi de l'autorisation. Si cette preuve n'est pas apportée, l'autorisation – qui peut comporter des restrictions – dépend du niveau de risque, de l'intérêt socioéconomique du produit et de l'éventuelle existence de substituts. C'est de cette exigence que dérive la présentation du système REACH comme constituant un *transfert de la charge de la preuve*. Cette présentation n'est pas fallacieuse, mais elle est un peu forcée. En effet, c'est vrai, il reviendrait ou reviendra aux industriels d'apporter les informations nécessaires à l'évaluation de la nocivité du produit qu'ils entendent introduire : mais elle n'est pas nouvelle, s'agissant par exemple d'une exigence pratiquée pour les nouveaux aliments, dans le cadre de ce qu'il convient d'appeler la « nouvelle approche ».

Dans l'attente de la nécessaire mise en œuvre nationale de REACH (3), on évoquera ici seulement, et pour exemple, les conséquences de l'usage de produits divers visant à faciliter l'augmentation ou la protection de la production agricole. La régulation juridique visant à prévenir ces conséquences s'applique tant aux produits

européenne ? », *Bulletin du droit de l'environnement industriel* n° 3/2004 ; P. VERDIER, « L'élaboration très controversée du projet de règlement REACH sur les produits chimiques », *Gaz. Pal.*, Doctrine, n° 32, 1er-3 février 2004, p. 3. ; R. ROMI, « À propos du projet REACH : quel rythme pour une révolution sanitaire ? », *Revue de droit sanitaire et social*, juin 2006

(2) REACH fixe, dans sa version originelle, un calendrier de 11 ans pour que soient terminés les essais de toutes les substances chimiques existant sur le marché. Et, déjà, dans sa version originelle, le système n'aboutissait pas à fournir « des informations suffisantes pour que les substances existantes et nouvelles d'un volume inférieur à 10 tonnes par an soient étiquetées correctement selon la classification et les systèmes d'étiquetage en vigueur actuellement dans l'Union européenne » (F. ACKERMAN et R. MASSEY, « Les véritables coûts de REACH », *Global Development and Environment Institute, Tufts University*, étude menée à la demande du Conseil des ministres nordique, janvier 2004). Le compromis devrait encore réduire ces exigences, et son adoption pourrait constituer sur ce point un recul par rapport à la situation actuelle, puisque outre la détermination des obligations d'information par rapport au tonnage de produit, s'ajoute une limitation du champ des exigences par un listage des produits soumis au système.

(3) Dès 2007 (2006 initialement), il est prévu de substituer l'application de REACH aux législations existantes, abrogées. L'Agence européenne, support institutionnel nécessaire, ne sera opérationnelle qu'en 2008. Dans l'intervalle, le projet SPORT (pour *Strategy Partnership on Reach Testing*), mis en place et conçu de manière partenariale par les acteurs du secteur chimique et par la Commission va permettre de tester le processus REACH sur 15 substances, à un rythme, donc, que ceux-ci estiment par définition supportable.

eux-mêmes (pesticides et biocides) qu'à certains de leurs effets (production de nitrates). Elle se heurte naturellement aux contraintes économiques d'un libéralisme triomphant. Mais ce libéralisme a, par exemple, également permis que soit ouvert un espace de liberté à un mode d'exploitation des sols susceptible de régler à la source les problèmes de la pollution chimique générée par l'agriculture, le principe d'intégration relayant ainsi – très partiellement – de manière performante le principe de prévention.

SECTION 1 LA RÉGULATION JURIDIQUE DE LA POLLUTION PAR LES PESTICIDES ET BIOCIDES

On englobe sous le terme « pesticides » plusieurs types de produits : herbicides, insecticides et fongicides. La pollution par les nitrates en dérive directement. Elle provoque ou se manifeste par une perturbation de l'équilibre biochimique et biologique des eaux, qui provoque un verdissement de l'eau, dû à la prolifération de certaines algues, ou « eutrophisation ». Quoique les nitrates ne sont, en eux-mêmes, pas toxiques, leurs dérivés peuvent l'être : les nitrites provoquent un trouble de l'oxygénation de l'organisme (la méthémoglobinémie), en particulier chez les personnes fragiles et les nourrissons, mais aussi chez les animaux.

§ 1. LE RÉGIME JURIDIQUE DES PESTICIDES ET BIOCIDES

Comme toutes les usines de produits chimiques, les installations de fabrication de pesticides et de biocides sont soumises à la police des installations classées pour la protection de l'environnement. Un décret du 6 février 1986 et un décret du 26 septembre 1986 ont modifié certaines rubriques concernant des activités de fabrication, formulation, conditionnement et stockage de produits phytosanitaires et, notamment, le stockage du mercure, des chlorures de soufre et de quelques autres produits. Certains de ces produits qui n'étaient soumis qu'à déclaration sont depuis soumis à autorisation. S'ajoutent à ces contraintes « classiques » celles qui résultent de la directive *Seveso*. Parmi les substances et installations soumises à la directive figurent de nombreux pesticides. Par ailleurs, toutes les dispositions relatives aux modifications de la procédure de déclaration de substances chimiques nouvelles sont regroupées aux articles L. 521-3 à L. 521-5 du Code de l'environnement depuis l'ordonnance du 11 avril 2001 qui a transposé plusieurs textes européens. Les dispositions communes aux substances et préparations sont fixées par les articles L. 521-6 à L. 521-11. Pour les substances et préparations chimiques visées à l'article L. 521-6, classées dangereuses ou présentant des risques inacceptables pour l'homme ou l'environnement ainsi que pour les produits manufacturés ou les équipements en contenant, l'autorité administrative peut prendre des mesures d'interdiction ou de réglementation.

La situation juridique des biocides et pesticides n'en est pas rendue plus lisible pour cela, car les compétences ministérielles sont nombreuses et concurrentes et l'énoncé des règles est éclatée entre le Code de l'environnement, le Code de la santé publique et surtout le Code rural, avec comme une sorte de course de vitesse ente ces codes et ces ministres, que le législateur cautionne par l'accélération de l'édiction de normes nouvelles et peu lisibles elles-mêmes. Une réforme d'ensemble gouvernée par l'efficacité sanitaire et la transparence en est rendue incontestablement nécessaire.

A. LES BIOCIDES

Conscient des insuffisances de la régulation, les pouvoirs publics ont pourtant bâti une nouvelle organisation de la mise sur le marché des produits biocides. Elle résulte du décret n° 2004-187 du 26 février 2004 portant transposition de la directive 98/8/CE du Parlement européen et du Conseil du 16 février 1998 concernant la mise sur le marché des produits biocides (4). Ce texte prévoit une sécurisation de la mise sur le marché et plus généralement de l'usage des produits biocides (5), qui doit être effectuée par étapes : pour respecter le règlement (CE) n° 1896/2000 de la Commission du 7 septembre 2000 concernant la première phase du programme visé à l'article 16, paragraphe 2, de la directive 98/8/CE du Parlement européen et du Conseil relative aux produits biocides et le règlement CE n° 2032/2003 de la Commission du 4 novembre 2003 concernant la seconde phase du programme de travail de dix ans visé à l'article 16, paragraphe 2, de la directive 98/8/CE, le gouvernement a réorganisé le contrôle des substances biocides (titre 1), et surtout leur mise sur le marché.

Pour ce qui concerne le *contrôle des substances*, la procédure énoncée dans les articles L. 522-1 et s. n'est pas fondamentalement modifiée par le présent texte, qui la précise et l'applique : il s'agit surtout de lier la définition française des produits interdits ou autorisés avec la définition européenne, et de préciser que la compétence est une compétence du ministre de l'écologie. En réalité cette liaison se réalise par une référence par la procédure française aux listes figurant dans les annexes I, IA et IB de la directive du 16 février 1998, qui doivent faire l'objet d'une publication par un arrêté du ministre chargé de l'environnement.

La liste IA contient les substances actives biocides qui peuvent être incluses dans des produits biocides à faible risque pour les êtres humains, les animaux et l'environnement. Ne peuvent pas y figurer des substances cancérogènes, mutagènes, toxiques pour la reproduction, sensibilisantes ou susceptibles de bioaccumulation et non facilement dégradables. La liste IB contient les substances de base qui sont principalement utilisées dans les produits autres que les pesticides, soit directement, soit dans un produit formé par la substance et un simple diluant, et qui ne sont pas directement commercialisées pour une utilisation biocide.

(4) *JO* n° 50, 28 février 2004, p. 4095.

(5) Les substances biocides sont définies par l'art. 522-1 du Code de l'environnement comme étant des substances « actives et aux préparations contenant une ou plusieurs préparations actives... destinées à détruire, repousser, ou rendre inoffensifs les organismes les organismes nuisibles, à en prévenir l'action ou à les combattre de toute manière par une action chimique ou biologique ».

La communautarisation de la procédure ne s'arrête pas à cette définition : la procédure française fait l'objet d'une interconnexion avec les procédures des États européens par le biais d'une procédure confiée au ministre de l'environnement, qui est « l'autorité administrative » compétente au titre des articles L. 522-2 et suivants du Code de l'environnement. L'article 4 précise la procédure. Le délai d'instruction est en général de trois à six mois au maximum :

« – Dans un délai de trois mois à compter de la réception de la demande, le ministre chargé de l'environnement, après avis de l'Agence française de sécurité sanitaire environnementale, fait connaître au demandeur si les informations figurant dans les dossiers sont suffisantes pour permettre l'évaluation des effets, des risques et des propriétés de la substance. Ce délai peut être prolongé, sans pouvoir dépasser six mois, si des consultations ont été engagées sur cette question avec un ou plusieurs autres États membres de la Communauté européenne. Dans des circonstances exceptionnelles, le ministre chargé de l'environnement peut fixer un nouveau délai pour la présentation des informations que, pour des motifs dûment justifiés, le demandeur n'a pas pu fournir à temps. Dans les trois mois suivant la communication du nouveau délai, le demandeur apporte au ministre chargé de l'environnement la preuve que des travaux visant à fournir les informations manquantes ont été commandés. S'il juge cette preuve suffisante, le ministre chargé de l'environnement procède à l'évaluation du dossier ».

L'évaluation est confiée par le ministre à l'Agence française de sécurité sanitaire environnementale. On remarquera – conformément au refus français de confier les compétences d'autorisation aux instances autonomes, cantonnées dans leur fonction d'expertise – que c'est le ministre qui « ... autorise le demandeur à en transmettre un résumé à la Commission européenne et aux autres États membres de la Communauté européenne. Cette autorisation, ou une autorisation semblable délivrée par les autorités compétentes d'un autre État membre de la Communauté européenne, entraîne l'autorisation provisoire de mise sur le marché prévue à l'article L. 522-2 du Code de l'environnement ». Le ministre chargé de l'environnement, sauf s'il estime nécessaires des informations complémentaires, saisit pour avis la nouvelle commission des produits chimiques et biocides (v. *infra*) de la demande et du rapport d'évaluation du dossier. Il transmet à la Commission européenne, aux autres États membres et au demandeur, dans un délai de douze mois à compter de la date à laquelle il a informé ce dernier du caractère suffisant du dossier, une proposition d'inscription, de renouvellement d'inscription ou de refus d'inscription de la substance active sur l'une des listes communautaires prévues à l'article 2, accompagnée de l'avis de la commission des produits chimiques et biocides et du rapport d'évaluation des dossiers. Le ministre peut proposer que le renouvellement d'une inscription ne soit prononcé qu'à titre provisoire.

Cette inscription qui permet l'autorisation de mise sur le marché peut être subordonnée à des prescriptions, en particulier par le biais de la détermination d'une dose journalière admissible ou tolérable pour l'homme et une ou plusieurs limites maximales en résidus.

L'article 8 spécifie que « *L'autorisation de mise sur le marché* d'un produit biocide prévue par l'article L. 522-4 du Code de l'environnement est délivrée par le ministre chargé de l'environnement, après évaluation par l'Agence française de sécurité sanitaire environnementale et avis de la commission des produits chimiques et biocides. Cette autorisation est délivrée de plein droit lorsque le produit est constitué uniquement d'une substance inscrite sur la liste IB mentionnée à l'article 2, associée le cas échéant à un diluant ». Le mécanisme pour l'instruction des demandes de mise sur le marché est identique : l'évaluation des informations données par le demandeur est le fait de l'Agence française de sécurité sanitaire environnementale. Le ministre chargé de l'environnement se prononce sur la demande dans un délai de douze mois à compter de la date à laquelle il a informé le demandeur du caractère suffisant du dossier. Il peut évidemment demander des compléments d'information. En réalité, le ministre de l'environnement ne décide pas toujours seul, et il peut avoir à piloter une procédure interministérielle : « Pour les produits biocides à *usage exclusivement professionnel*, la délivrance de l'autorisation de mise sur le marché est subordonnée à l'accord préalable du ministre chargé du travail. Cet accord est réputé acquis si le ministre chargé du travail n'a pas fait connaître au ministre chargé de l'environnement son opposition motivée à l'octroi de l'autorisation dans un délai de 14 jours à compter de la date à laquelle il a reçu l'avis de la commission des produits chimiques et biocides et, en tout état de cause, avant l'expiration du délai imparti au ministre chargé de l'environnement pour prendre cette décision ». L'autorisation est accordée pour une période maximale de dix ans et est assortie de conditions et de prescriptions le cas échéant. L'autorisation ni ses conditions ne sont définitives : « À la demande du détenteur de l'autorisation, ou lorsqu'il l'estime nécessaire, compte tenu de l'évolution des connaissances scientifiques et techniques et pour protéger la santé et l'environnement, le ministre chargé de l'environnement peut, après avis de l'Agence française de sécurité sanitaire environnementale, modifier les conditions d'utilisation définies dans l'autorisation de mise sur le marché d'un produit biocide. » (art. 9).

Le respect d'une « formulation-cadre » prescrite par le ministre peut permettre de faciliter la procédure de mise sur le marché d'un produit d'une catégorie déjà connue et commercialisée. Une autorisation délivrée dans les mêmes conditions dans un autre état membre permet la commercialisation dès lors qu'une preuve de l'autorisation a été fournie.

Il est spécifié que « Les autorisations provisoires de mise sur le marché prévues au 1° de l'article L. 522-7 du Code de l'environnement sont délivrées par le ministre chargé de l'environnement pour une durée maximale de trois ans. Elles peuvent être prolongées pour une période d'un an si l'évaluation des dossiers présentés en vue de l'inscription sur les listes I ou IA mentionnées à l'article 2 d'une substance active biocide contenue dans le produit n'est pas achevée ».

L'article 14 du texte spécifie que « Il est interdit de vendre au public non professionnel un produit biocide classé, en application des articles R. 231-51 du Code du travail et L. 5132-4 du Code de la santé publique, dans les catégories de produits toxiques, très toxiques, cancérogènes avérés, mutagènes avérés ou toxiques pour la reproduction avérés ».

L'article 15 précise que « Les mesures de limitation ou d'interdiction prévues au III de l'article L. 522-9 et au II de l'article L. 522-18 du Code de l'environnement sont prises par arrêté du ministre chargé de l'environnement ».

Enfin l'article 26 institue auprès du ministre chargé de l'environnement la « Commission des produits chimiques et biocides... qui peut être consultée sur tout projet de texte relatif au contrôle des produits chimiques et biocides, ainsi que sur toute question relative à ces produits que le ministre chargé de l'environnement lui soumet ». On notera que la Commission peut s'autosaisir, mais que ces avis

« peuvent » être publics. La commission est caractérisée par une sous-représentation des personnes susceptibles de privilégier la protection de l'environnement. Elle comprend en effet, selon l'article 27 :

1° Un président et un vice-président nommés par le ministre chargé de l'environnement ;

2° Deux représentants du ministre chargé de l'environnement ;

— un représentant du ministre chargé de la santé ;

— un représentant du ministre chargé de la consommation ;

— un représentant du ministre chargé de l'agriculture ;

— un représentant du ministre chargé de l'industrie ;

— un représentant du ministre chargé de la recherche ;

— un représentant du ministre chargé des transports ;

— un représentant du ministre chargé du travail ;

— un représentant du ministre chargé de l'intérieur ;

3° Deux représentants de l'Union des industries chimiques ;

— un producteur de substances chimiques ou substances actives biocides ;

— un formulateur de produits biocides ;

— un utilisateur industriel ou professionnel de produits biocides ;

— un distributeur de produits biocides ;

— trois représentants d'associations de défense de la santé, des consommateurs ou de l'environnement ;

— trois représentants des salariés, nommés par les syndicats les plus représentatifs du secteur ;

4° Un représentant de l'Agence française de sécurité sanitaire environnementale ;

— un représentant de l'organisme agréé par le ministre chargé du travail au titre du quatrième alinéa de l'article L. 231-7 du Code du travail ;

— un représentant de l'Institut national de l'environnement industriel et des risques ;

— un représentant de l'Agence française de sécurité sanitaire des aliments ;

— un représentant de l'Agence française de sécurité sanitaire des produits de santé ;

— un représentant des centres antipoison.

Le président, le vice-président et les membres de la commission énumérés aux 3° et 4° sont nommés pour une durée de trois ans renouvelable. En définitive donc, l'avancée majeure, dont la portée est très relative, est constituée par le fait que la compétence appartient clairement au ministre de l'Écologie.

B. LES PESTICIDES

La commercialisation des pesticides répond à des normes assez rigoureuses qui varient selon qu'il s'agit de substances classées toxiques ou non. Le Code de la santé publique français impose des normes sur les étiquettes et l'emballage qui doivent comporter des bandes de couleur conformément à la directive CE du 26 juin 1978 modifiée par celle du 18 avril 1984. De plus, ces substances ne peuvent être délivrées en nature : elles doivent être mélangées à des matières odorantes et colorantes suivant les formules établies par des arrêtés du ministre de l'Agriculture qui pourront aussi fixer les conditions de délivrance en ce qui concerne les concentrations.

Les pesticides non toxiques et dangereux sont soumis à des obligations de publicité. Concernant l'étiquetage et l'emballage, les emballages doivent avoir une étiquette où sont mentionnés la désignation du produit, sa provenance, le prix de vente, les coordonnées du fabricant et du vendeur, etc., et surtout les doses et modes d'emploi, les précautions à prendre par les utilisateurs et les contre-indications. La publicité commerciale doit reproduire *in extenso* l'ensemble de ces éléments. De plus, en vertu de la loi du 31 décembre 1975 relative à l'emploi de la langue française, cet emploi est obligatoire sur tous les pesticides vendus en France, aussi bien sur les publicités que sur les étiquettes et modes d'emploi.

Depuis la loi d'orientation agricole du 5 janvier 2006, l'article L253-1 du Code rural a la rédaction suivante : « Sont interdites la mise sur le marché, l'utilisation et la détention par l'utilisateur final des produits phytopharmaceutiques s'ils ne bénéficient pas d'une autorisation de mise sur le marché ou d'une autorisation de distribution pour expérimentation délivrée dans les conditions prévues au présent chapitre ». Le texte précise que : « L'utilisation des produits mentionnés au premier alinéa dans des conditions autres que celles prévues dans la décision d'autorisation est interdite ».

La portée de cette rédaction ne peut évidemment s'appréhender sans que soit examinée la définition des produits phytopharmaceutiques, qui sont « ... les préparations contenant une ou plusieurs substances actives et les produits composés en tout ou partie d'organismes génétiquement modifiés présentés sous la forme dans laquelle ils sont livrés à l'utilisateur final, destinés à :

a) protéger les végétaux ou produits végétaux contre tous les organismes nuisibles ou à prévenir leur action ;

b) exercer une action sur les processus vitaux des végétaux, dans la mesure où il ne s'agit pas de substances nutritives ;

c) assurer la conservation des produits végétaux, à l'exception des substances et produits faisant l'objet d'une réglementation communautaire particulière relative aux agents conservateurs ;

d) détruire les végétaux indésirables ;

e) détruire des parties de végétaux, freiner ou prévenir une croissance indésirable des végétaux... »

On notera surtout que l'autorisation de mise sur le marché n'est jamais définitive : dès lors qu'un produit s'avère avoir des effets négatifs sur l'environnement ou la santé humaine, le pesticide peut être retiré : l'application du principe de précaution pousse naturellement à une plus grande exigence en la matière ces dernières années. On citera comme exemple le retrait de l'insecticide « gaucho », qui avait pour défaut de rendre folles les abeilles, et qui a fait l'objet d'une décision le 22 janvier 1999. Le Conseil d'État a le 29 décembre 1999 rejeté un recours de la firme qui le fabriquait (6), puis son sort a été scellé par le Conseil d'État le 9 octobre 2002 (v. *infra*), et le retrait jusqu'en 2006 décidé le 27 mai 2004 (7).

(6) *Société Rustica Prograin génétique SA*, *RJE*, 2000/2, p. 229 et *Dr. env.* avril 2000, p. 12, note R. R.

(7) *Le Monde* 27 mai 2004, p. 34.

On l'a dit, l'outil d'évaluation, l'Agence de sécurité sanitaire des aliments créée par la loi du 1er juillet 1998, relative au renforcement de la veille sanitaire et du contrôle de la sécurité sanitaire des produits destinés à l'homme, n'a pour mission que d'évaluer les risques présentés par ces produits (8). Pour les produits phytosanitaires, l'article 70 de la loi d'orientation agricole (9) du 5 janvier 2006 étend la compétence de l'AFSSA à l'évaluation des risques et ajoute aux risques à prendre en compte les risques pour l'environnement (en plus de ceux présentés pour la santé publique).

Comme le remarque P. Billet dans son commentaire sur ce point (10), il n'y a guère là plus qu'une consolidation, une meilleure adaptation à l'esprit communautaire, et une meilleure information sans doute.

Une illustration des difficultés d'application du régime des pesticides : les aventures du purin d'ortie (11). C'est de manière assez radicale – puisque le législateur a retenu la formulation qui, en termes de sécurité sanitaire, est la plus favorable à une systématicité du contrôle public et plus spécifiquement d'un contrôle qui ne passe que par un régime d'autorisation – qu'est ainsi assurée une transcription de la directive européenne de référence. De manière tout aussi radicale, des agents de la Direction nationale des enquêtes de concurrence, de consommation et de répression des fraudes (DNECCRF), et du Service régional de la protection des végétaux (SRPV) sont intervenus pour saisir des pièces scientifiques et documents littéraires ayant trait à la fabrication de pesticides « naturels » couramment utilisés et conseillés tant pour l'agriculture biologique que pour les « jardiniers naturels », notamment à partir de la publication d'un livre récent (12). *A priori*, pour le purin d'ortie comme pour, par exemple, le pyrèthre naturel, cette « nouvelle » sévérité a pu choquer, notamment parce que de toute évidence la sévérité n'est au contraire pas toujours de mise quand certains pesticides interdits se retrouvent notoirement vendus dans des grandes surfaces... et, dans un premier élan, les protestations ont été, très naturellement si l'on ose dire, plutôt véhémentes. Le purin d'ortie est en effet un produit conseillé et utilisé depuis longtemps pour le « jardinage biologique » (13). On comprend cette agitation des esprits, dans la mesure où l'exigence d'une autorisation systématique suppose une évaluation systématique : d'une part des pratiques dont l'une des vertus est de ne pas être « standardisées » (pratiques de jardinage domestique « naturel », agriculture biologique de proximité) se retrouvent en quelque sorte frappées d'intrusion... et surtout, certaines filières craignent d'être à ce point être complexifiées et renchéries que leur survie peut être très aléatoire (c'est le cas, par exemple, du commerce – très limité et partant peu rentable – du « purin d'ortie » qui a ainsi acquis une valeur symbolique).

S'agissant de l'usage et de la facilitation de la circulation d'un produit, il est sûr que le purin d'ortie, qui correspond bien à la définition de la loi, est concerné. Il ne l'est d'ailleurs pas seulement pour ce qui concerne son *commerce*, mais aussi pour son *usage* par « l'utilisateur final », on en reparlera, et ce n'est pas anodin. Il faut à l'évidence dépasser les réactions épidermiques, et cela suppose que des nuances soient introduites, d'abord pour ce qui concerne la notion de « pratiques traditionnelles » ou « domestiques », ensuite et surtout pour ce qui concerne la

(8) V. le décret n° 2006-1177 du 22 septembre 2006 relatif à l'évaluation par l'Agence française de sécurité sanitaire des aliments des produits phytopharmaceutiques, matières fertilisantes et supports de culture, *JO* n° 221, 23 septembre 2006, p. 14029.

(9) V. comm. I. Doussan, *Dr. env.* avril 2006, p. 100 et s.

(10) P. Billet, « La consolidation des contrôles sur les produits phytosanitaires à usage agricole », *RDR* février 2006, p. 63 et s.

(11) V. I. Doussan, « De l'irruption du purin d'orties dans le champ du politique », *Dr. env.* décembre 2006, p. 393 et s.

(12) B. Bertrand, J. P. Collaert et E. Petiot, *Purin d'ortie et compagnie*, éd. Terran, 2006.

(13) V. par exemple le site internet de « Nature et santé » : http://www.naturosante.com/rubriques/jardinage_biologique/jardinage.php ?1.

spécificité de certains produits dont celui qui a ainsi acquis une image symbolique. En premier lieu, le seul fait qu'une pratique soit traditionnelle ne signifie pas qu'elle doive échapper à tout contrôle sanitaire... par exemple, l'usage de gas-oil pour lutter contre les taupes a beau être souvent une pratique « domestique », il n'en est pas moins nocif pour les écosystèmes, notamment aquatiques. Au contraire, l'usage d'eau bouillante comme moyen de désherbage n'a sans aucun doute aucune raison d'être concerné par la « sanitarisation » de toutes les pratiques agricoles. Mais ni l'une ni l'autre de ces *pratiques* ne sont concernées par la nouvelle « veille » qui ne concerne que les *produits*.

Dans ce contexte, comment faire la part des choses, sachant que la dynamique européenne en matière de contrôle de la nocivité des produits, par exemple illustrée par les débats sur le système REACH, a été ébranlée par les constats de plusieurs analyses prouvant qu'un grand nombre de produits nocifs étaient utilisés en toute opacité et en toute ignorance par des ménages et, donc, aussi par des jardiniers du dimanche ? Le parti a été pris de générer un contrôle des produits, et il y a une logique à ne pas faire le départ entre produits de synthèse et produits dits « naturels »... le tabac est un produit naturel, comme la cigüe, ce qui n'enlève rien à leur nocivité... par contre, il est vrai que certains secteurs professionnels dont celui de l'agriculture biologique ne peuvent se payer le luxe d'analyses chères sans risquer l'écroulement. Or, ces secteurs présentant des spécificités déjà formalisées font l'objet de régimes particuliers, et cela résulte évidemment d'une exacte compréhension du principe d'égalité, qui suppose que l'on puisse traiter différemment des situations juridiques différentes. Pour ce qui est très précisément des rapports spécifiques entre le purin d'ortie, l'agriculture biologique et le jardinage « naturel », donc, la question n'est sans doute pas de savoir s'il y a liberté d'usage, mais de savoir *si l'évaluation de l'innocuité ne doit pas dans l'intérêt général être prise en charge par les deniers publics*, en partant du principe que l'usage de produits « propres » est de nature à justifier cette discrimination positive car entraînant des avantages pour toute la collectivité au moins autant que pour le secteur professionnel spécialisé qui les commercialise. Ce qui gagnera d'ailleurs à être prouvé le cas échéant par une évaluation indépendante. Elle est aussi de savoir, mais c'est loin d'être une question uniquement juridique, pour quelle raison l'on trouve si facilement les moyens humains pour réprimer la publicité faite au purin d'ortie alors qu'on laisse notoirement commercialiser – ce qui pourrait bien engager la responsabilité de l'État – des produits interdits. Au moins, sur ce point, le zèle des agents de l'État aura-t-il eu la vertu de faire connaître plus largement le purin d'orties et surtout d'interroger plus subtilement des pratiques de sanitarisation qui peuvent tourner à l'excès. Mais en troisième lieu, il faut faire le départ entre la mise sur le marché de produits phytopharmaceutiques contenant une ou plusieurs substances actives destinées au traitement des plantes et l'usage particulier ou le conseil général dispensé dans un but non commercial. Saisi de l'affaire évoquée, le ministère de l'Agriculture a d'ailleurs souligné que telle était son interprétation, « recommandation et formation concernant les produits non-homologués sont autorisées, pour les professionnels comme pour les particuliers, dès lors qu'elles demeurent dans un cadre général et qu'elles ne font donc pas la promotion d'une marque spécifique ». Le même communiqué précise « qu'il y a environ 18 mois, en liaison avec la Commission européenne, un groupe de travail a été initié au niveau communautaire pour traiter cette question ». Un précédent groupe de travail mis en place en 2002 n'avait pas dégagé de solution, mais celui-ci sera pressé par l'urgence que fait naître le nouveau principe de contrôle systématique. En attendant, même la solution ouverte aux agriculteurs biologiques par l'autoproduction, tombe sous le coup de la lettre de la loi, et son usage transitoire ne saurait relever que de la *tolérance*, dont chacun sait qu'elle est une pratique fragile.

Certes, le communiqué cité fait une distinction entre les « *préparations effectuées par un particulier pour son usage personnel* » qui, ne rentrant « pas dans le cadre d'une mise sur le marché » n'ont pas à faire l'objet d'une autorisation préalable avant usage, et la distribution « même gratuite » de ces produits, car « dans ce cas une autorisation préalable est requise ». Or, cette différenciation ne tient pas. Elle ne tient pas en regarde de la lettre de la loi, contre laquelle un simple communiqué ne saurait garantir une ligne de conduite indulgente : la mise sur le marché sans autorisation préalable n'est pas seule incriminée, « l'utilisation et la détention par l'utilisateur final » le sont aussi. Peut-on raisonnablement entendre que le particulier qui fabrique son produit et l'utilise n'est pas un utilisateur final au motif que pour être un utilisateur final il faudrait, par exemple, qu'une phase antérieure à cette utilisation, et qui soit le fait d'un tiers, se soit déroulée, aboutissant à la détention par l'utilisateur final ? Il est vrai que le décret d'application, lui, semble ne vraiment développer d'exigence d'autorisation préalable que pour l'expérimentation, la distribution et la mise sur le marché (14). Rien en tout cas n'est certain. Elle ne tient pas en pure logique non plus. Le communiqué spécifie bien que « Cette procédure garantit que les produits phytopharmaceutiques mis sur le marché sont sans danger pour l'utilisateur, le consommateur et l'environnement, et efficaces dans la lutte contre les maladies contagieuses des plantes. Certains produits naturels (ciguë, belladone, nicotine...) sont en effet dangereux pour l'utilisateur et/ou le consommateur ». Pour quelle raison accepterait-on alors que ce danger soit couru soit par le jardinier ou l'agriculteur en tant qu'utilisateur, par les mêmes et leurs familles en tant que consommateurs pour leur « auto-consommation », et par les ressources naturelles situées sur ou sous ou à proximité de leur jardin ou de leur exploitation ? Dans quelque sens que l'on tourne la question, la solution de la « tolérance » ne saurait être que d'attente. Mais qu'attendre ? La prise en charge de ces « détails » qui peuvent n'en être pas pour la filière « agro-bio », et au-delà pour les libertés publiques et pour notre culture alimentaire par le droit communautaire ? On connaît la longueur et la difficulté des procédures, et on a dit que la discussion ouverte en 2002 n'a toujours pas porté ses fruits. Il serait peut-être préférable de prévoir expressément, comme on a dit *supra*, une procédure spécifique *d'homologation prise en charge ou aidée par la puissance publique pour les produits susceptibles d'être compatibles avec l'agriculture biologique*. Une autre solution, moins globale, mais plus respectueuse des libertés individuelles, serait de modifier l'article 70 de la loi pour supprimer l'incrimination de la détention et de l'utilisation sans autorisation préalable, pour ne laisser en l'état perdurer l'exigence que pour la mise sur le marché, en partant du principe que l'usage « domestique » (et le cas échéant la distribution gratuite) relèveraient des régimes traditionnels de responsabilité. Ce ne serait jamais que la reprise formelle – ou à peu près, la distribution gratuite mise à part – des termes du communiqué cité. Une solution plus simple et plus rapide serait de retoucher le décret n° 2006-1177 du 22 septembre 2006 relatif à l'évaluation par l'Agence française de sécurité sanitaire des aliments des produits phytopharmaceutiques, matières fertilisantes et supports de culture (15) pour exclure le cas échéant de la procédure d'autorisation préalable les produits d'usage courant en agriculture biologique reconnus par les cahiers des charges homologués de référence du secteur. À charge pour ceux-ci de traiter avec les autorités nationales – et européennes – du sort spécifique du purin d'ortie si leurs co-auteurs le désirent (16)... En attendant, à l'occasion du vote de la loi n° 2006-1772 du 30 décembre 2006 sur l'eau et les milieux aquatiques, et dans l'urgence, en attendant un travail de fond, il a été adopté l'amendement parlementaire suivant (17) : « l'article L. 253-1 du même Code est complété par un alinéa ainsi rédigé. Ces dispositions ne s'appliquent pas aux préparations naturelles peu préoccupantes, qui relèvent d'une procédure simplifiée, fixée, ainsi que la définition de ces préparations, par décret. » Il faudra d'une part attendre le dit décret pour savoir quel sera exactement le choix retenu. Et si on peut certes considérer – c'est peut-être prématuré – le problème du purin d'ortie comme ponctuellement réglé, d'autre part, les questions de principe n'en subsistent pas moins...

(14) Art. R.*253-2. du Code rural – « Le ministre chargé de l'agriculture délivre, après avis de l'Agence française de sécurité sanitaire des aliments, les autorisations de *distribution pour expérimentation* et les *autorisations de mise sur le marché* des produits phytopharmaceutiques... »

(15) *JO* n° 221, 23 septembre 2006, p. 14029.

(16) Celui-ci, en tout cas et sauf erreur ne figure pas en tant que tel dans les annexes du règlement (CEE) n° 2092/91 du Conseil du 24 juin 1991 concernant le mode de production biologique de produits agricoles et sa présentation sur les produits agricoles et les denrées alimentaires, ni au nombre des produits des annexes et donc d'usage autorisé en cas de « besoin reconnu par l'organisme ou l'autorité de contrôle », ce qui, pour le moins, ouvrirait une porte à une pratique plus pérenne que la tolérance administrative du simple usage privé. V. pour une version consolidée incluant les annexes des produits autorisés http://europa.eu.int/eur-lex/fr/consleg/main/1991/fr_1991R2092_index.html.

(17) *JO* n° 303, 31 décembre 2006, p. 20285.

D'autre part, l'épandage des pesticides fait également l'objet d'une organisation juridique : un arrêté du 25 février 1975 (modifié par arrêtés du 4 février 1976 et du 5 juillet 1985) précise les conditions d'épandage. L'utilisation des pesticides doit se faire en prenant toutes précautions pour éviter la dispersion des produits chez les tiers, quelle que soit l'évolution des conditions météorologiques. Une énumération des lieux à protéger est donnée par l'article 2 de l'arrêté (points d'eau, bâtiments d'élevage, littoral maritime, étangs, etc.). Si les produits présentent localement un risque exceptionnel, le préfet peut prendre des arrêtés spéciaux prévoyant des règles particulières d'épandage. En cas de traitement aérien, le chef de la circonscription phytosanitaire doit être avisé au moins trois jours avant ; les emballages et reliquats doivent être rendus non réutilisables puis détruits par incinération ou enterrés ; quant à l'emploi de pesticides contenant des substances vénéneuses, ils sont soumis à une autorisation spéciale du ministre de l'Agriculture et à des normes d'utilisation particulières. Ainsi des arrêtés spéciaux concernent l'utilisation du bromure de méthylène (18) ou des fumigants toxiques (19). Par ailleurs la Commission des produits antiparasitaires à usage agricole peut prendre des décisions d'interdiction d'utilisation de certains produits : ainsi, elle a interdit le 18 décembre 1997 l'emploi de la strychnine, à partir du 30 juin 1998, du lindane (dès le 18 décembre 1997) et l'atrazine (20) (sur les surfaces non agricoles).

Les denrées alimentaires susceptibles d'être exposées à des traitements pesticides font aussi l'objet d'une protection au titre des consommateurs. De façon générale est interdite la vente de fruits et légumes ayant subi des traitements antiparasitaires après la récolte par arrêté puis sur avis conforme du Conseil supérieur de l'hygiène publique. Ainsi deux arrêtés (21) ont autorisé le traitement en surface des agrumes et des bananes après récolte (les emballages doivent informer le consommateur du traitement du fruit). De même, une directive CE du 23 novembre 1976 fixe des teneurs maximales de résidus de divers fruits et légumes de certains produits antiparasitaires à usage agricole. En application de ces textes, des arrêtés interministériels fixent les teneurs tolérables sur et dans certains fruits et légumes (22).

Concernant l'eau, le décret du 3 janvier 1989 (23) définit une CMA dans l'eau potable de 0,10/l par substance individualisée et de 0,50/l pour le total des substances mesurées.

L'article 12 de l'arrêté du 7 octobre 1974 autorise un fabricant à expérimenter un produit en l'absence d'homologation. Il doit pour cela faire une déclaration spéciale, accompagnée d'un dossier biologique sur les conditions locales d'expérimentation et soumis pour avis à la Commission d'études de la toxicité et au Comité d'homologation. L'autorisation est accordée par le ministre de l'Agriculture pour un an à la condition que les échantillons pour essai soient distribués gratuitement. Cette

(18) Arrêté du 18 février 1981.

(19) *Idem.*

(20) Qui ne devait plus être commercialisée à partir du 30 septembre 2001, et plus du tout utilisée à partir du 30 juin 2003... on en trouve encore dans les supermarchés.

(21) Du 11 février et 11 août 1985.

(22) V. à titre d'exemple celui du 6 août 1992, concernant les céréales, *JO* 9 septembre 1992, p. 12410.

(23) Pris en application de la directive européenne du 15 juillet 1980, relative à la qualité des eaux destinées à la consommation humaine.

expérimentation, qui précède en général les demandes d'homologation, présente de grands risques pour l'environnement et les usagers, et devrait être utilisée avec beaucoup de précautions. Les récoltes résultant de ces essais devraient mondialement être détruites mais l'arrêté ne l'impose pas. Il peut enfin y avoir des expérimentations dispensées de toute autorisation lorsqu'elles sont effectuées dans les laboratoires, stations de recherche ou d'exploitation louées par contrat au fabricant en vue d'expérimenter des produits sous sa responsabilité. De nombreux fabricants possèdent ou louent des fermes expérimentales, échappant ainsi à tout contrôle. Cette situation est anormale compte tenu des risques pour la santé et l'environnement. Dans la mesure où des essais se font dans l'enceinte de l'usine, ils sont soumis au régime des installations classées. Mais les essais réalisés à l'extérieur des fermes expérimentales ne sont, à défaut de classement, pas soumis à un contrôle rigoureux.

La jurisprudence, consciente des dangers inhérents à ces types de produits, considère que le fabricant et le vendeur professionnels ont, non seulement une obligation de garantie totale en cas de vice caché de la chose, mais aussi et surtout une obligation « de mettre en garde, d'informer ou de conseiller l'utilisateur sur le mode d'emploi » (24). Ainsi, l'emballage et la notice d'instruction doivent contenir, au-delà des prescriptions réglementaires qui constituent un minimum, des précisions d'autant plus pertinentes que le produit est dangereux, même s'il a été autorisé. Le tribunal de commerce de Paris a pu affirmer, dans un jugement en date du 17 novembre 1980, que « la Société SEPPIC avait manqué à son obligation de renseignement en n'explicitant pas de façon détaillée sur la notice d'instruction d'un produit dangereux, les conditions atmosphériques particulières capables d'entraîner des conséquences nocives à l'emploi du produit ». La Cour de cassation, confirmant cette jurisprudence exigeante, a énoncé que le « fabricant d'un produit doit fournir tous les renseignements indispensables à son usage et notamment avertir l'utilisateur de toutes les précautions à prendre lorsque le produit est dangereux ». Elle a ainsi condamné à réparation un fabricant qui recommandait simplement dans la notice d'éviter un contact prolongé avec la peau en omettant de signaler la gravité du pesticide pour les yeux (25). De façon classique, le juge écarte les éventuelles et fréquentes clauses d'irresponsabilité figurant sur les étiquettes des produits, en cas de faute lourde du fabricant. Ainsi, le fait d'avoir fourni un pesticide qui s'est révélé nocif pour un pépiniériste sans indiquer les conditions locales d'utilisation et en s'abstenant de le mettre en vente dans la région, a constitué une faute lourde (26).

Interdiction du Gaucho : application du « principe de prévention » et « approche de précaution » en matière de pesticides (l'arrêt du Conseil d'État du 9 octobre 2002)

Le régime juridique des pesticides est très clair : l'innocuité du produit constitue donc le critère justifiant la mise sur le marché mais aussi le maintien sur le marché du produit considéré. Dès lors, le ministre devait chercher par tous moyens à disposer d'éléments scientifiques probants sur cette innocuité ou l'absence d'innocuité... encore devait-il le faire sans que des risques excessifs naissent durant la nécessaire période d'études. À la suite des plaintes des apiculteurs, le ministre de l'Agriculture avait en conséquence fort justement suspendu le 22 janvier 1999 l'autorisation de mise sur le marché. Quand ils ont reçu l'étude de l'AFSSA, de l'INRA et du CNRS livrée en 2000,

(24) CA, Aix, 25 septembre 1981.
(25) Cass. civ., 14 décembre 1982.
(26) Cass. civ., 22 novembre 1978.

les apiculteurs ont naturellement demandé à la ministre l'abrogation de l'autorisation. Le refus qui leur a été opposé reposait essentiellement sur le fait que le maïs n'était pas mellifère, au contraire du tournesol. Mais l'étude prouve la rémanence dans le sol durant au moins trois ans du produit polluant. Que le terrain ait donc servi à cultiver des maïs ou des betteraves, et la plantation de tournesols en sera inévitablement touchée. Par ailleurs, mais cela ne relève pas d'une étude, mais simplement du bon sens et d'une constatation aisée à faire pourvu que l'on quitte les bureaux ministériels parisiens pour aller de temps à autre à la campagne, les abeilles recueillent du pollen sur les maïs. Les différentes pressions des établissements producteurs ont aidé à la résistance du ministère, qui a laissé traîner en longueur pour ne pas répondre à la demande d'abrogation de l'autorisation formulée par les apiculteurs (27)... Ce qui a fait naître la décision attaquée devant le Conseil d'État. Le risque devenant certain, la décision que devait prendre le ministre relevait de la prévention. À cet égard, la décision du Conseil d'État dans l'affaire du Gaucho n'a rien à voir avec celle qu'il a rendue le 28 juillet 2000 sur recours de l'association Force ouvrière consommateurs et autres (28) ou avec la décision du TA de Strasbourg, 22 févier 2002 (29), cités *supra* à propos du principe de précaution ; dans ces affaires, le principe de précaution sous-tend la décision, étant visé dès le début de la rédaction. Ce n'est absolument pas le cas dans l'arrêt *Gaucho*, où le Conseil d'État n'avait aucune raison de viser le principe de précaution. Cette absence ne résulte pas d'une quelconque réticence à user de ce principe dans des domaines qui sont encore – fort artificiellement, mais c'est ainsi – considérés comme extérieurs au droit de l'environnement. Car il est évident que, sur le modèle du droit communautaire, droit de l'environnement et droit de la santé publique sont appelés à se croiser à partir, justement, d'applications de ce principe qui leur est devenu commun, et qui les oppose bien moins que ne le fait l'application des règles de la responsabilité, interprétées assez différemment par ces deux branches du droit. En effet, si la décision de suspension du Gaucho de 1999 relevait de l'application du principe de précaution, puisqu'à l'époque l'on avait quelques éléments sur le caractère rémanent du produit et sa dangerosité pour les abeilles, ce n'est qu'ensuite que les résultats de l'étude ont été délivrés, en 2000. Et, répétons-le, dès lors, le contexte étant un contexte de relative certitude, les pouvoirs publics devaient appliquer le principe de prévention et simplement appliquer le régime juridique des pesticides. Il faut donc bien comprendre que le principe de précaution ne joue qu'en contexte d'incertitude. Si l'incertitude persiste, faute d'avoir eu le temps ou de disposer des possibilités techniques d'acquérir des certitudes, l'on doit se poser le problème de continuer par application du principe de précaution à suspendre l'usage du produit litigieux, ou plus exactement à prendre ou maintenir des mesures adéquates et qui, en tout cas, ne soient pas disproportionnées. Si elle ne persiste pas, si le danger s'avère certain, si l'on passe dans un contexte de certitude, fut-il partiel, le problème devient un problème de prévention : c'est par application du principe de prévention que l'on prendra des mesures proportionnées. Si le danger s'avère ne pas exister, l'innocuité étant supposée prouvée, les mesures de précaution tombent. Qu'on ne s'y trompe pas : dans les trois cas, l'administration compétente « prend ses responsabilités », elle ne se trouve jamais dégagée de sa responsabilité, la décision est donc définitivement de l'ordre du calcul ou de la décision éminemment politiques, et il en est en matière de dangers des pesticides comme d'autres matières.

(27) Ce qui donne l'occasion de s'interroger sur ce qui justifie encore aujourd'hui le maintien de la compétence en la matière entre les mains d'une administration autre que le ministre de l'environnement : ce qui est valable pour les OGM ne le serait-il pas pour les pesticides ? Mais il est vrai que les pressions en matière d'OGM n'en sont pas pour cela inexistantes et dénuées d'effets...

(28) Note C. EOCHE-DUVAL, *Dr. env.* mars 2001, p. 45-48.

(29) *AJDA* 9/2002, p. 766 et s., concl. R. COLLIER.

§ 2. LE RÉGIME JURIDIQUE DES NITRATES

L'action juridique sur les nitrates est une action complémentaire de celles exposées ci-dessus. Elle repose sur une approche qui se veut plus souple que les approches réglementaires classiques. C'est cette logique qui inspire la directive européenne, adoptée le 14 juin 1991, dite « directive *Nitrates* » – premier texte relatif à la pollution diffuse –, qui vise à protéger les eaux contre la pollution par les nitrates d'origine agricole. Elle met l'accent sur la prévention et prévoit une application progressive. Les États membres doivent désigner des zones « vulnérables », en fonction de la qualité des eaux qui y sont présentes (c'est-à-dire par rapport à la valeur limite de 50 mg/l en nitrates, ou par rapport à l'eutrophisation) (30). Ils doivent élaborer des « codes de bonne conduite agricoles » et des programmes d'information et de formation visant à leur mise en œuvre par les agriculteurs. Il leur est loisible d'étendre ce type de pratiques hors des zones « vulnérables ». Les codes de bonne conduite agricoles doivent contenir des dispositions relatives aux périodes d'épandage des fertilisants et au stockage des déjections animales, des restrictions nécessaires à l'épandage, la définition des conditions d'épandage des fertilisants et déjections. Peuvent également y figurer des dispositions concernant l'utilisation des terres (rotations, maintien de couvert végétal en période pluvieuse, plans de fertilisation). Les programmes d'action prévoient en outre obligatoirement des périodes d'interdiction de certains épandages, des capacités de stockage renforcées des effluents d'élevage, un maximum de déjection animales à épandre de 170 kg d'azote par an et par hectare. Ce maximum peut être porté à 210 pendant le premier programme quadriennal (1995-1999). Les États membres pourront demander à la commission d'accepter un seuil différent, mais ils devront justifier cette fixation dérogatoire par des « critères pertinents ». Les délais maximum prévus par la directive sont de huit ans pour ramener les rejets en deçà des 210 kg d'azote par ha, et de 12 ans pour les ramener en deçà de 170 kg d'azote par ha.

Le décret du 27 août 1993, publié au *JO* du 3 septembre, reprend cette logique. Le texte impose, conformément à la directive, que soit dressé un inventaire des zones sensibles ; il énonce comme critère de pollution la présence des 50 milligrammes par litre et l'eutrophisation pour les estuaires, eaux côtières et marines et eaux superficielles. Une seconde catégorie de zones (« eaux menacées par la pollution ») est définie par la présence d'une quantité de nitrates comprise entre 40 et 50 milligrammes s'il existe une « ... tendance à la hausse », et pour les estuaires, eaux côtières et marines et eaux superficielles, une tendance à l'eutrophisation. Un programme de surveillance est établi par le préfet, et à partir de ce programme, l'inventaire, destiné à être rendu public, est discuté avec toutes les parties prenantes, y compris les usagers. Soumis au conseil général, au conseil régional et au CDH, le projet d'inventaire est transmis au préfet coordonnateur de bassin qui l'arrête.

(30) Durant les deux premières années suivant l'adoption de la directive, les États devaient désigner leurs zones vulnérables : ce seront celles où la limite des 170 kg d'azote par hectare est dépassée d'ores et déjà. Les deux années suivantes devaient être mises à profit pour mettre en place un programme d'action décrivant et incluant un Code de bonne conduite agricole et un dispositif visant à ramener les zones où il y a dépassement des 170 kg en deçà de cette limite.

Communiqué à la commission locale de l'eau, annexé aux SDAGE, l'inventaire sert de référence pour la soumission aux agriculteurs d'un code de bonne conduite (« code de bonnes pratiques agricoles »), d'application facultative. Le décret du 4 mars 1996 (*JO*, 5 mars) s'est voulu plus radical. Dans les zones définies comme vulnérables selon les critères du décret de 1993, un programme d'action, d'une durée de quatre ans, arrêté par le préfet (31), doit permettre par des prescriptions appropriées de descendre jusqu'à une charge de 210 kg de quantité d'azote par hectare et par an, et, au terme d'un second programme, de 170 kg par hectare et par an. Les infractions aux prescriptions des programmes sont des amendes (contravention de cinquième classe) et les personnes morales peuvent être déclarées responsables. Le décret du 10 janvier 2001 (JO 13 janvier) renforce ces prescriptions pour les cantons en excédent structurel et les bassins versants situés en amont des prises d'eau pour lesquelles des concentrations excessives de nitrates.

Le champ du décret n° 96-540 du 12 juin 1996 relatif au déversement et à l'épandage des effluents d'exploitation agricole (32) est plus large : l'article 1er de ce texte qui n'a pas été accouché sans douleur annonce une règle du jeu radicale : « le déversement direct des effluents d'exploitations agricoles dans les eaux superficielles, souterraines, ou les eaux de la mer est interdit ». Cette interdiction suppose une réglementation des épandages et des rejets, qui fera l'objet d'arrêtés conjoints du ministre de l'Environnement et de la Santé. Ces épandages et rejets ne peuvent se faire (art. 3) au-delà de la capacité d'épuration des sols concernés, et les exploitations agricoles doivent être équipées d'installations permettant un stockage des effluents (art. 3, *in fine*). Le décret du 13 janvier 2001 précité et l'arrêté « relatif aux programmes d'action à mettre en œuvre dans les zones vulnérables afin de réduire la pollution des eaux par les nitrates d'origine agricole » du 6 mars 2001 (33) durcissent les conditions d'épandage des produits azotés. Le contenu des « cahiers d'épandage » et les conditions d'extension des élevages sont dorénavant plus stricts que ceux qui ont valu à la France d'être condamnée pour son laxisme par la CJCE le 8 mars (pour la mauvaise qualité de l'eau en Bretagne) (34).

À côté de la répression pénale finalement classique, il convient évidemment – en raison de leur importance juridique et symbolique – de considérer les possibilités de contentieux civil : il n'est pas négligeable, ne serait-ce que sur le plan de la mobilisation de tous les acteurs, que la CGE ait par exemple été condamnée le 18 juillet 1994 à des dommages et intérêts pour avoir servi des eaux impropres à la consommation parce que trop chargées en nitrates (35). Ce faisant, elle a violé une obligation de résultat...

Mais c'est en définitive peu, car ce droit n'est que curatif. Il est à bien des égards plus rationnel de s'attaquer à la racine du mal, malgré les obstacles économiques et idéologiques, et de favoriser juridiquement des modes de production qui soient plus audacieux dans leur prise en charge intégrée des questions biologiques. À cet égard, l'agriculture biologique est un modèle.

(31) Selon une procédure énoncée par un arrêté du 4 mars 1996, *JO* 3 avril 1996, p. 5137-5138.
(32) *JO* 19 juin, p. 9126 et s.
(33) *JO* 25 mars 2001.
(34) V. *Le Monde* 20 avril 2001, p. 9.
(35) V. comm. C. GIRAUDEL, chron. consommation et environnement, *RJE* 4-1995, p. 590.

SECTION 2 UNE DÉMARCHE PRÉVENTIVE ET INTÉGRÉE : L'AGRICULTURE BIOLOGIQUE

S'il est évident que l'agriculture ne saurait être entièrement convertie – sauf révolution des mentalités un peu difficile à envisager – à une agriculture biologique, il est dans la logique de l'action amorcée par exemple en matière de nitrates que les agriculteurs biologiques soient aidés. Le régime de l'agriculture biologique, en cela, fait partie intégrante de la lutte contre la pollution des sols et des eaux. Selon le droit français, l'agriculture biologique est une « agriculture n'utilisant pas de produits chimiques de synthèse » (L. 4 juillet 1980 et D. 10 mars 1981). Elle n'utilise pas non plus d'OGM (36). Elle se caractérise par l'utilisation de pratiques spécifiques de production comme le choix de variétés, un programme de rotation, l'utilisation d'une liste positive de produits de fertilisation, de traitement et de stockage. Cela aboutit à une production de qualité, équilibrée, plus autonome, économe et non polluante. Il convient de remarquer à cet effet qu'il n'existe pas de définition du produit biologique en lui-même. Il n'y a que des « produits issus de l'agriculture biologique ». Cette subtilité de langage s'explique logiquement : l'on ne peut pas donner une définition précise de ce que doit contenir ou ne pas contenir un aliment pour avoir droit à l'appellation « biologique ». En revanche, l'agriculture biologique est un mode de production défini et codifié avec précision auquel les agriculteurs sont tenus de se conformer s'ils veulent vendre leur production avec l'appellation « culture biologique ».

L'agriculture biologique constitue évidemment encore un secteur économique restreint puisqu'elle correspond à 1 % du marché agricole, mais ce secteur semble aujourd'hui en pleine expansion. En effet, si 2 % seulement des consommateurs achètent régulièrement des produits biologiques, ils sont 27 % à se dire prêts à les acheter s'ils sont clairement certifiés et disponibles dans les circuits commerciaux classiques, même s'ils doivent les payer plus cher que les autres produits, et 4 à 5 % de la population déclare en acheter occasionnellement (37). Le fait que l'agriculture biologique soit réglementée semble important pour les consommateurs. En 2002, 65 %des français ont consommé un produit bio dans les douze derniers mois, contre 50 %en 2001 et 40 % en 2000. Mais la croissance n'est que de 15 % en moyenne

(36) Règlement communautaire n° 1804/1999, *JOCE*, L. 222-24, août 1999, p. 1, art. 9 et règlement 1073/2000 de la Commission du 19 mai 2000, *JOCE*, L. 119/27 du 20 mai 2000.

(37) Ces chiffres expliquent en partie que le plan présenté conjointement le 12 décembre 1997 par le ministre de l'Agriculture L. Le Pensec et par D. Voynet semblait vouloir aller dans le sens d'une politique volontariste : l'objectif, qui ne sera pas atteint, était que le nombre d'agriculteurs biologiques passe de 4 000 à 25 000 en 2005, le nombre d'exploitations de 600 à 2 000, et le nombre d'hectares de 120 000 à un million. On notera qu'un plan de relance de l'Agriculture biologique 2004-2008 en date du 2 février 2004 (qui correspond à la proposition européenne sur l'AB visant à modifier le règlement de base) réserve 50 millions d'euros sur 5 ans, soit 13 % de l'enveloppe nationale des contrats d'agriculture durable (CAD, v. *infra*) qui garantissent le respect de l'environnement par l'agriculture en échange d'une rétribution, aux agriculteurs AB. Enfin, la loi d'orientation agricole de 2005 met en place un crédit d'impôt favorisant la reconversion – les crédits nécessaires pour les payer se montaient à 25 millions d'euro pour 2006.

par an, là où elle avait été évaluée, dans certains secteurs, à 100 % lors d'époques fastes. Les produits coûtent entre 30 et 200 % plus cher pour le consommateur, mais les prix payés aux producteurs ne sont que de 10 à 50 % (*Le Monde* 8 novembre 2003 p. 14). La surface agricole cultivée utile en bio est de 1,4 % de la surface agricole totale utile (pour 11000 agriculteurs) (38), là où des experts assez nombreux estiment que la rentabilité de la filière exigerait 3 %. Mais d'autres estiment qu'il faudrait au contraire arrêter les conversions à l'agriculture biologique pour ne pas encombrer le marché : à ceux-là il est souvent objecté qu'alors les autres agriculteurs auraient toute latitude pour s'en emparer. Potentiellement concurrencée par une « agriculture raisonnée » (39) qui fait appel à des exigences moins radicales, mais qui fait mine de développer des valeurs identiques, l'agriculture biologique marque donc momentanément le pas.

§ 1. L'ORGANISATION DE L'AGRICULTURE BIOLOGIQUE

La loi d'orientation agricole du 4 juillet 1980 a donné le fondement du droit de l'agriculture biologique (*id est* : l'agriculture qui n'utilise pas de produits chimiques de synthèse). Le décret du 10 mars 1981 organise l'homologation des cahiers des charges par arrêté du ministre de l'Agriculture après avis de la CNAB (Commission nationale de l'agriculture biologique). La loi du 30 décembre 1988, enfin, renforce et consacre l'appellation « agriculture biologique » en rendant l'homologation des cahiers des charges obligatoire. Aujourd'hui, se met en place une législation européenne depuis l'adoption du règlement du 24 juin 1991 concernant le mode de production biologique de produits agricoles et sa présentation sur les produits agricoles et les denrées alimentaires (40).

L'attachement à une certaine hygiène de vie, la sensibilisation de la population aux problèmes de la protection de l'environnement, l'augmentation de la demande de produits obtenus de manière biologique par les consommateurs font que l'agriculture biologique représente un créneau porteur d'espoirs. Elle se heurte cependant à des difficultés sérieuses : la production biologique est atomisée, la confusion règne chez les distributeurs de par le grand nombre de cahiers des charges, de marques et de contrôles différents ; il faut de plus en plus de contrôles pour éviter les fraudes mais cela entraîne des coûts très élevés et l'agriculture biologique est un secteur bénéficiant de peu d'aides significatives des régions. En l'état actuel de la législation, cette agriculture respectueuse de l'environnement, dont la pratique est uniquement volontaire, est fondée sur une auto-discipline constituée par les cahiers des charges. Ceux-ci représentent aujourd'hui l'outil principal qui permet d'assurer une production qui soit au maximum respectueuse de l'environnement. Ils permettent de définir quelques critères, dont le respect peut faire l'objet de contrôles. Les agriculteurs biologiques ont adopté des méthodes

(38) La France se situe donc au 13e rang seulement, là où par exemple l'Autriche, premier pays bio en européen, y consacre 11,3 % de sa surface agricole...
(39) Décret n° 2002-631 du 25 avril 2002 relatif au référentiel de l'agriculture raisonnée.
(40) G. BOSSIS, R. ROMI, fasc. « Agriculture biologique », n° 438, *J.-Cl. Env.*

particulières, énoncées dans un cahier des charges soumis à homologation. En France, l'agriculture biologique est gérée par 14 organismes ayant déposé 14 cahiers des charges homologués, pour un nombre conséquent d'agriculteurs répartis sur tout le territoire.

Ces cahiers des charges font l'objet d'une homologation nationale. La loi n° 80-502 du 4 juillet 1980 d'orientation agricole prévoyait que les professionnels qui le souhaitaient pouvaient faire homologuer leur cahier des charges par arrêté interministériel. L'homologation n'était donc que facultative et la loi du 30 décembre 1988 a renforcé la législation antérieure en rendant l'homologation obligatoire. L'homologation obtenue par l'organisme gestionnaire, le cahier des charges pourra voir son contenu mis en œuvre par les agriculteurs (41). Cette procédure est uniquement régie par la législation nationale. Le règlement européen du 24 juin 1991 – non plus que la proposition de règlement relative à la production biologique et à l'étiquetage des produits biologiques, du 21 décembre 2005 (42) encore en cours de discussion – n'aborde ce point en aucune façon. La notion même de cahier des charges n'a pas été reprise dans le règlement CE. Les cahiers des charges sont des documents qui définissent les techniques de production et les procédés de contrôles qui doivent être mis en œuvre pour faire en sorte qu'un produit agricole transformé ou non soit obtenu sans l'utilisation de produits chimiques de synthèse.

Dans un premier temps, les cahiers des charges sont présentés à l'homologation du ministère de l'Agriculture par des organismes habilités, organismes sans but lucratif qui d'une part, offrent des garanties suffisantes d'indépendance à l'égard de toute entreprise de production, de transformation ou de commerce et, d'autre part, peuvent justifier en permanence des moyens nécessaires pour assurer le respect des contraintes qui figurent dans le cahier des charges (art. 3, décret n° 81-227 du 10 mars 1981). La loi n° 2001-6 du 4 janvier 2001 modifiant l'article L. 645-1 du Code rural consacre d'une manière générale le choix français de confier la certification et le contrôle du respect des cahiers des charges à des organes privés, en énonçant que « le contrôle des conditions de production, de transformation, et de commercialisation des produits agricoles et des denrées alimentaires issus de l'agriculture biologique est effectué par des organismes certificateurs agréés par l'autorité administrative ».

L'indépendance, l'impartialité et l'efficacité des organismes gestionnaires sont vérifiées en fonction des critères suivants :

— la structure de l'organisme où aucun adhérent ne doit avoir de position dominante ;

— les cotisations et l'ensemble des recettes du budget doivent être équitablement réparties et ne pas provenir en majorité d'un opérateur ;

(41) L'absence d'un cahier des charges homologué crée un vide juridique : la cour d'appel de Paris (ch. corr., 13e section, *Juris-Data* n° 97-05588) a estimé, au contraire de ce qu'avait décidé le TA de police de Paris le 5 juin 1997, qu'un producteur de fromage de chèvre était habilité à se prévaloir de l'appellation « Bio », sans pour cela violer l'art. L. 214-2 du Code de la consommation ; en effet, le fait qu'aucun cahier des charges homologué ne concernait le fromage de chèvre ou de brebis laissait donc la porte ouverte à l'utilisation du label Bio pour de tels produits.
(42) COM(2005)671 final.

— l'organisme gestionnaire doit être ouvert à tous ceux qui acceptent de respecter le cahier des charges. Tout refus d'admission doit être motivé et toute clause d'exclusivité entre l'organisme gestionnaire et un partenaire est interdite.

Il s'agit clairement de s'assurer que certains intérêts autres que la protection de l'environnement ne puissent lui être préférés. L'organisme gestionnaire doit donc requérir ces qualités et fournir les documents qui en administrent la preuve. Il doit fournir aussi, lors de la demande, le cahier des charges en question ainsi que le plan de contrôle.

Il existe en agriculture biologique différents organismes gestionnaires tels que Nature et Progrès, Biobourgogne (Biobourgogne est une marque régionale commune à la FNAB et à Nature et Progrès) qui établissent chacun des cahiers des charges. On peut aussi citer Terre et vie (FESA, Fédération européenne des syndicats d'agrobiologistes, 300 producteurs), Demeter (Syndicat d'agriculture bio-dynamique, entre 70 et 80), Biofranc (FNAB) et Simples (Association Simples) (43).

Jusqu'à l'adoption du décret du 13 juin 1994 (44), la CNAB donnait son avis sur les propositions d'homologation des cahiers des charges. Cette Commission, instituée par le décret du 10 mars 1981, a vu sa composition élargie par un arrêté du 27 octobre 1987 (*JO* 11 décembre). Cette modification a été contestée par les agrobiologistes,car aboutissant à ce que les organisations « bio » n'y soient plus majoritaires (étaient institués trois collèges : administration, consommateurs et professionnels (45)). La CNAB est dorénavant relayée par la *section « agriculture biologique » de la Commission nationale des labels.*

Avant de s'engager dans l'homologation des cahiers des charges, la commission – et la « section » s'y est tenue – avait demandé que soient établies les règles générales minimum sous forme de cahier des charges, c'est-à-dire par grands secteurs de produits :

— les produits végétaux non transformés ;

— les produits végétaux transformés ;

— les produits animaux et d'origine animale.

Ces règles s'appuient sur deux principes : la non-utilisation de produits chimiques de synthèse, et l'existence de méthodes d'élaboration spécifiques.

L'homologation du cahier des charges est accordée par arrêté interministériel. Mais cette homologation n'est, dans un premier temps, que provisoire et ne devient définitive qu'à l'issue d'une période probatoire dont cet arrêté fixe la durée. L'arrêté d'homologation est publié au *Journal officiel*. L'organisme qui a obtenu l'homologation de son cahier des charges doit faire apposer sur les produits, obtenus selon les règles de ce cahier des charges, la référence au décret du 10 mars 1981 accompagné du numéro d'homologation. La Commission, interprétant le décret, a décidé que chaque organisme gestionnaire ne peut être détenteur que d'un seul cahier des charges par catégorie de produits.

(43) V. C. GIRAUDEL, chron., *RJE* 1989-1, p. 63.

(44) v. C. GIRAUDEL, G. CAPLAT, « L'agriculture biologique et la qualité », *in L'agriculture biologique, une agriculture durable ?*, Presses universitaires de Limoges, 1996, p. 32.

(45) V. C. GIRAUDEL, chron., *RJE* 1989-1, p. 64.

Il est prévu à l'article 8 du décret du 10 mars 1981 que l'homologation ne devient définitive qu'à l'issue d'une période probatoire. Ainsi, la Commission peut vérifier le bon fonctionnement de l'ensemble du système. Il s'agit d'un stage probatoire généralement d'une durée d'un an, permettant de constater le fonctionnement de l'organisme gestionnaire et le respect des règles homologuées. D'autre part, par la suite, l'homologation n'est jamais réellement définitive, puisqu'elle peut toujours être remise en cause sur saisie de la Commission, de ses membres, des professionnels, des consommateurs, des pouvoirs publics pour mauvais fonctionnement de l'organisme gestionnaire, manque d'indépendance ou encore non respect du cahier des charges ou du plan de contrôle. En cas de constatation de l'un de ces faits, l'homologation peut être suspendue ou retirée. C'est le ministre de l'Agriculture qui, après consultation de la Commission, peut prononcer la suspension temporaire ou le retrait de l'homologation. L'organisme qui a obtenu l'homologation est alors invité à présenter ses observations devant la Commission. Enfin, en cas d'évolution des techniques et des connaissances, le ministre de l'Agriculture peut demander la modification du contenu du cahier des charges à l'organisme qui en a obtenu l'homologation. Si l'organisme ne donne pas suite à cette demande, là encore le ministre peut prononcer la suspension temporaire ou le retrait. Dans toutes ces hypothèses, les décisions de suspension ou de retrait de l'homologation du cahier des charges doivent être motivées. Elles font l'objet des mêmes mesures de publicité que les décisions d'homologation.

On peut donc considérer le cahier des charges comme un outil sérieux dans la mesure où son application fait l'objet d'un contrôle dès sa naissance et tout au long de son existence.

L'homologation n'est pas du tout une garantie de l'État quant à la qualité des produits issus des méthodes contenues dans les cahiers des charges homologués. L'utilisateur d'une mention reste entièrement responsable personnellement de la qualité de ses produits, de leur conformité aux normes officielles et de l'application effective par lui du cahier des charges. Il ne peut en aucune manière engager la responsabilité de l'association. En revanche, l'association est responsable des contrôles et du respect des règles. De façon générale, le cahier des charges indique les conditions de production, de transformation et de commercialisation des produits.

Pour les produits végétaux non transformés, la notice doit se conformer à la liste des matières fertilisantes et des supports de culture et à celle des produits antiparasitaires à usage agricole et produits assimilés, mises au point par la Commission nationale. Cependant, le cahier des charges peut être plus restrictif et exclure l'utilisation de certaines substances qui sont retenues dans la liste établie par la Commission nationale. Pour les produits végétaux transformés à base de céréales, produits assimilés ou dérivés à base de fruits et légumes, le cahier des charges doit se conformer aux règles d'élaboration approuvées par la « Section » dans ces secteurs.

Par ailleurs, le cahier des charges doit établir un plan de contrôle prévoyant les modalités de contrôle des agriculteurs biologiques qui adhèrent à l'organisme gestionnaire. Le cahier des charges doit également établir un descriptif des moyens mis en œuvre pour tenir à jour la liste des producteurs adhérents et des lieux de production ou d'élaboration de produits correspondants. Le cahier des charges comprend aussi un modèle de marquage ou d'étiquetage exposant la nature et le mode de présentation des informations portées à la connaissance des utilisateurs. L'étiquetage des produits issus de l'agriculture biologique, dont le cahier des charges aura été homologué, doit être lisible et clair.

Il doit séparer nettement :

— les mentions obligatoires relatives à l'étiquetage ;

— les mentions spécifiques à l'agriculture biologique.

Pour ce qui concerne la signalisation des produits propres à l'agriculture biologique, il existe des mentions obligatoires, dont le logo « Agriculture biologique », de couleur noire ou verte, qui a été adopté par la Commission et qui comporte le terme « cahier des charges » de « l'agriculture biologique », le numéro d'homologation et la référence au décret du 10 mars 1981. Cette marque est soumise au régime des marques de fabrique, de commerce ou de service. Après l'homologation, l'organisme qui a obtenu l'homologation du cahier des charges doit procéder à son enregistrement selon les formalités prévues par la loi du 31 décembre 1964.

D'autre part, sur l'étiquetage figurent des mentions propres à chaque organisme qui doivent aussi être prévues dans le cahier des charges :

— nom et adresse de l'organisme gestionnaire ;

— son logo éventuellement ;

— nom et adresse de l'organisme de contrôle ;

— les particularités propres aux méthodes de production, y compris les mentions plus restrictives.

Donc, jusqu'au 24 juin 1991, date du règlement communautaire, le cahier des charges devait comprendre au minimum les règles élaborées et approuvées par la Commission, plus des dispositions rajoutées par chaque organisme gestionnaire. Le règlement communautaire du 24 juin 1991 ne parle pas de cahier des charges. Dans un premier temps, il rappelle que « le mode de production biologique implique des restrictions importantes en ce qui concerne l'utilisation de fertilisants ou de pesticides qui peuvent présenter des effets défavorables pour l'environnement ou avoir pour résultat la présence de résidus dans les produits agricoles. Dans ce contexte, il convient de respecter les pratiques acceptées dans la Communauté au moment de l'adoption du présent règlement selon les codes de pratique en vigueur dans la Communauté à ce moment-là ».

Le règlement énonce les grands principes de la production biologique. Dans l'annexe I, il est prévu :

— une période de reconversion d'au moins deux ans. Cette disposition a le mérite d'harmoniser les cahiers des charges sur cette question ;

— un maintien et une augmentation de la fertilité de l'activité biologique ;

— des mesures contre les parasites, les maladies et les mauvaises herbes.

L'annexe II établit une liste de produits destinés à la fumure et à l'amélioration du sol et des produits pour la lutte contre les parasites et les maladies.

L'agriculture biologique, en France, doit en conséquence satisfaire à deux types de conditions :

— les conditions communautaires imposées par le nouveau règlement ;

— les conditions nationales imposées par les textes nationaux.

Les producteurs, pour utiliser le logo « AB », le terme « agriculture biologique » et l'indication communautaire de conformité au régime de contrôle, doivent donc s'engager à respecter un cahier des charges au minimum identique au règlement communautaire (il n'existe pas, à proprement parler de « cahier des charges européen » (46)), être certifiés par un organisme indépendant et notifier leur activité en agriculture biologique. Le cahier des charges doit au minimum respecter les règles établies par le règlement communautaire et les règles nationales. Tous les cahiers des charges des différents organismes ont donc ce même tronc commun. Mais le problème majeur des cahiers de charges est leur diversité ; il n'est pas résolu car, dans un second temps, tous les organismes gestionnaires peuvent rajouter des règles plus restrictives dictées par des préoccupations plus idéologiques que scientifiques. La réglementation communautaire vient donc se superposer à la réglementation nationale en fixant des règles communes à toutes les productions biologiques quel que soit le support de ce contenu.

Il convient de remarquer que le respect de l'environnement assuré par les cahiers des charges n'est pas total puisque certains produits issus de la chimie de synthèse sont autorisés quand il n'existe pas de « produits naturels » de substitution. L'autorisation suppose un avis favorable de la commission consultative et donne lieu à un arrêté conjoint des ministres de l'Agriculture, de la Consommation et de l'Industrie. Ces autorisations sont présentées comme étant dérogatoires et temporaires.

§ 2. LE CONTRÔLE DE LA QUALITÉ D'AGRICULTEUR BIOLOGIQUE

L'agriculteur biologique qui n'utilise pas de produits chimiques de synthèse pratique une agriculture qui se veut plus respectueuse de l'environnement. L'acquisition volontaire de la qualité d'agriculteur biologique est réglementée

(46) Encore que le règlement communautaire 1488/97 du 29 juillet 1997 ait modifié le règlement 2092/ 91 en apportant des précisions concernant les conditions des produits phytosanitaires dont l'emploi est autorisé sur les exploitations agrobiologiques. Les micro-organismes génétiquement modifiés sont, comme il était naturel, interdits d'emploi (*FNAB Infos*, 3e trimestre 1997, p. 19).

et contrôlée afin d'assurer un respect poussé, sinon maximal de l'environnement. L'acquisition de la qualité d'agriculteur biologique passe en général par une période de reconversion. La reconversion de l'agriculture biologique est souvent motivée par l'apparition de difficultés techniques ou économiques lors d'expériences d'intensification sur certaines exploitations. La reconversion est définie comme étant une période transitoire nécessaire au passage de l'agriculture classique dite « conventionnelle », utilisant des pesticides et des engrais chimiques, à l'agriculture biologique n'utilisant pas de produits chimiques de synthèse. Au cours de cette période souvent difficile, l'agriculteur doit mettre en œuvre les techniques de l'agriculture biologique. Mais avant d'être reconnu comme agriculteur biologique, il lui faudra franchir de nombreuses étapes. Il doit tout d'abord s'informer, rencontrer des agriculteurs biologiques et visiter des exploitations. L'agriculteur choisit ensuite un cahier des charges de l'agriculture biologique pour connaître les contraintes liées à cette production. Il lui faut commencer à mettre en œuvre les techniques de l'agriculture biologique en respectant ce cahier des charges. La reconversion, pour être réussie, doit être progressive, s'effectuer parcelle par parcelle, être raisonnée et suivre un programme de reconversion conçu au départ. Ce programme permet à l'agriculteur de se familiariser progressivement avec des pratiques nouvelles en réalisant d'abord des essais à petite échelle avant de passer à l'ensemble de l'exploitation. Il permet aussi de reconvertir les parcelles, chacune à leur rythme, en fonction de leurs contraintes propres, de s'insérer dans un nouveau marché, de répartir les investissements sur plusieurs années, d'assurer une transition des revenus. Ce programme doit être établi par un technicien après une réflexion avec l'agriculteur qui peut choisir d'aller plus ou moins vite. L'agriculteur peut décider de convertir une seule partie de son exploitation à l'agriculture biologique mais il lui est interdit de cultiver une même variété avec les deux modes de production différents, c'est-à-dire conventionnel et biologique. Cette période de transition est soumise à une condition de durée. La durée de la reconversion n'était pas précisée dans la législation française et elle dépend principalement de l'état du sol au départ et de la détermination de l'exploitant.

Certains organismes gestionnaires tels que Nature et Progrès avaient inscrit dans leur cahier des charges que les principes de l'agriculture biologique devaient normalement avoir été mis en œuvre sur les parcelles pendant au moins trois ans avant la première récolte pour que la production soit biologique. La CNAB n'avait, quant à elle, pas fixé de délai précis mais avait décidé que la reconversion était en moyenne de deux ans. Il en va différemment depuis l'entrée en vigueur du règlement communautaire du 24 juin 1991, qui a opéré en la matière une uniformisation des comportements. La période de reconversion doit être d'un minimum de deux ans et les produits ne pourront obtenir l'homologation biologique qu'à partir de la troisième récolte.

Outre les conditions de durée, l'agriculteur en reconversion doit se conformer à certains principes concernant l'étiquetage de ses produits pendant les trois premières années. En effet, la situation de reconversion marque seulement une étape dans le passage à l'agriculture biologique et ne correspond pas à ce qui est défini par l'agriculture biologique. La production en reconversion ne peut ni être qualifiée de biologique, ni bénéficier du logo officiel.

L'acquisition de la qualité d'agriculteur biologique va également passer par l'octroi d'une mention suite à l'intervention d'un organisme gestionnaire. L'organisme gestionnaire est titulaire et garant d'une marque de l'agriculture biologique. La mention est la marque commerciale de l'organisme gestionnaire décernée à un bénéficiaire adhérent de cet organisme. C'est également un système d'étiquetage informatif et une attestation de la qualité biologique d'un produit agricole, c'est-à-dire de sa valeur alimentaire comparée à celle d'un produit de même type mais obtenu par des techniques agricoles différentes. La mention est délivrée, après enquête approfondie sur les lieux de production et analyses éventuelles, aux agriculteurs membres d'un organisme gestionnaire et satisfaisant aux règles du cahier des charges. La décision d'attribution de la mention appartient toujours à l'organisme gestionnaire.

L'attribution de la mention pour l'agriculteur va s'effectuer en quatre étapes. Le producteur formule une demande. Il reçoit alors la visite d'un enquêteur indépendant qui compose un dossier. Au vu du dossier, l'organisme gestionnaire décide d'attribuer ou non la mention, c'est-à-dire sa marque. La mention est attribuée si le producteur biologique satisfait à la réglementation officielle en vigueur et aux règles définies par le cahier des charges. L'organisme gestionnaire publie la liste des titulaires de sa marque chaque année et les consommateurs peuvent adresser des réclamations ou des demandes de renseignements aux délégués techniques de l'organisation. Le plan de contrôle émanant de l'organisme gestionnaire impose un ensemble de mesures destinées à garantir au consommateur la qualité biologique et le respect de l'environnement. La mise en place de systèmes de contrôle, tant au niveau national qu'au niveau européen, a pour but de garantir aux consommateurs, dont le nombre s'accroît, l'origine des produits qui se prévalent de l'appellation « agriculture biologique ».

Les organismes gestionnaires sont des organisations titulaires de marques et détenteurs de cahiers des charges homologués. Au regard de l'article 3 du décret du 10 mars 1981, ils doivent justifier de moyens nécessaires pour assurer le respect des contraintes figurant dans le cahier des charges. L'article 5 dispose que le cahier des charges comprend une notice précisant la nature et les modalités des contrôles ainsi que des sanctions. L'organisme gestionnaire est donc chargé et responsable des contrôles. Il propose d'ailleurs un plan de contrôle qui prend en compte la totalité de la filière depuis la fabrication des matières fertilisantes et des produits antiparasitaires et leur utilisation par les agriculteurs, jusqu'à la distribution aux consommateurs des produits de l'agriculture biologique. Le contenu du plan de contrôle est le suivant : mention des personnes qui contrôlent, de leur qualification, précision du niveau des contrôles et de leur fréquence... L'organisme gestionnaire peut contrôler ses propres membres si l'organisme regroupe des producteurs, des transformateurs, des distributeurs. L'organisme gestionnaire, association ou syndicat, doit être indépendant par rapport aux entreprises de commercialisation et être impartial afin que les contrôles de la promotion des produits issus de l'agriculture biologique aient une réelle signification. L'organisme gestionnaire n'est cependant pas le seul à contrôler. Il peut se faire aider d'un organisme tiers de contrôle, organisme habilité par l'organisme gestionnaire à effectuer des contrôles quant à la bonne utilisation de sa marque. L'organisme gestionnaire va alors passer une convention avec l'organisme de contrôle qui opérera sur tout ou partie de la filière et s'assurera aussi du bon fonctionnement de l'organisme gestionnaire. Les agents de la DGCCRF (Direction générale de la consommation, concurrence et répression des fraudes) exercent, quant à eux, un contrôle de droit commun à tous les stades de la filière, de la production à la consommation. Évidemment, toute contrefaçon, assimilée à une fraude ou à une falsification, peut faire l'objet d'une condamnation pénale. Les condamnations sont souvent faibles sauf dans des cas exemplaires. Ainsi, on signalera qu'un éleveur a été condamné à deux ans de prison dont 6 mois fermes par le tribunal d'Épinal pour vente de « faux bio » (de la viande de bœuf) (47).

Le règlement communautaire du 24 juin 1991 a des conséquences sur l'organisation française des contrôles qui pèsent sur l'agriculture biologique. Les opérateurs (personnes produisant, préparant ou important des produits en vue de leur commercialisation) doivent obéir à deux conditions :

1) Chaque opérateur doit avoir notifié son activité en agriculture biologique à l'autorité compétente de l'État membre, ce qui conduit à la certification des produits garantissant au consommateur le respect des règles de production. Le contenu de la notification est fixé à l'annexe IV du règlement. En France, la notification de tous les opérateurs s'effectuera auprès des directions départementales de l'agriculture et de la forêt au mois d'avril de chaque année.

2) Chaque opérateur doit faire l'objet d'un contrôle régulier (article 9) par une autorité publique ou un organisme privé agréé et supervisé par l'autorité compétente de l'État membre (annexe III). La France a opté pour l'organisme privé agréé en matière de contrôle. Dans ce cas, l'agrément est soumis aux conditions de l'article 9-5.

La Commission publie la liste des organismes agréés dans chaque État membre. Les organismes de contrôle s'assurent que les mesures sont effectivement mises en œuvre dans les exploitations soumises à leur compétence et ils doivent respecter le caractère confidentiel des informations recueillies. La liste des opérateurs soumis aux contrôles doit être établie par l'autorité compétente. Les opérateurs soumis à un régime de contrôle régulier et respectant les dispositions du présent règlement pourront utiliser sur leur étiquetage une indication communautaire de conformité. Cette indication, pour la France, se présente sous la forme « Agriculture biologique, système de contrôle CE ».

Les produits transformés composés seulement de 50 à 95 % d'ingrédients d'origine agricole issus de l'agriculture biologique ne pourront pas comporter cette indication communautaire sur leur étiquetage. La France a donc choisi de confier le contrôle des opérateurs à des organismes privés, agréés et supervisés par les services officiels. Les organismes qui procèdent désormais aux contrôles doivent être indépendants, impartiaux, efficaces et compétents conformément aux dispositions de la norme NF/EN 45011. La vérification du comportement de ces organismes est désormais radicale : les organismes de contrôles étaient huit en 2000, mais à la suite d'un contrôle national, six d'entre ces organismes ont été légèrement sanctionnés (observations et mises en demeures – Adave, Agrocert, Certipaq, Ecocert, Qualité France, Ulase), un s'est vu retirer son agrément (QNPC) et un s'est retiré (Afaq-ascert international).

Les conséquences du contrôle sont de deux ordres suivant que le contrôle est positif ou négatif. Si le contrôle est négatif après analyse, il y a accord ou

(47) *Le Monde* 11 avril et 4 mai 2000.

renouvellement de la mention par l'organisme gestionnaire. Le cahier des charges est respecté, les produits ont la qualité biologique. Si le contrôle est positif, c'est-à-dire que des substances non autorisées par le cahier des charges homologué ont été décelées lors de l'analyse, il y a sanction. L'agriculteur peut être exclu de l'organisme gestionnaire et il ne peut alors plus commercialiser des produits faisant référence au cahier des charges de l'association pendant une durée déterminée par la commission des sanctions. Il existe cependant des tempéraments en cas de contrôle positif. Il arrive en effet, que la terre conserve des résidus de pesticides pendant 30 ans ou que, du fait d'une tempête et/ou de fortes pluies, il y ait saupoudrage d'engrais sur des parcelles en culture biologique. L'agriculteur n'en sera pas tenu pour responsable s'il est de bonne foi. La mention ne sera pas retirée. Il y a donc une possibilité de tolérance de la part de l'organisme de contrôle, qui peut se porter garant vis-à-vis de la DGCCRF.

Si l'agriculture biologique voit sa considération progresser parce qu'elle est respectueuse de l'environnement, procure une alimentation plus naturelle et permet de remédier aux problèmes écologiques actuels, il n'en demeure pas moins qu'elle se trouve pénalisée par trop de difficultés. Elle est en effet mal organisée (trop grand nombre d'organismes gestionnaires) et insuffisamment soutenue. À l'heure de la vogue de la « dépollution », en France et en Europe, il conviendrait de favoriser des activités qui justement ne polluent pas. À ce titre, B. Lalonde (dans son plan national pour l'environnement) avait proposé de favoriser une agriculture protégeant mieux l'environnement par une politique fiscale, sans cependant isoler des mesures spécifiques pour l'agriculture biologique. S. Royal, durant son ministère, a pour sa part été sensible au rôle que peut jouer l'agriculture biologique dans le développement d'une conception paysagère de l'espace rural. Mais ces prises de conscience sont restées discrètes. Il semble quand même que l'agriculture biologique sorte de son anonymat dans les vingt dernières années, en partie parce que, dans tous les pays d'Europe, le nombre des agriculteurs biologiques augmente ; la société politique, par force, la prend en compte en légiférant, ce qui est déjà un grand pas vers le développement d'une activité qui n'a finalement été reconnue officiellement que récemment. Le scandale des farines animales a, en France, sans nul doute assis sa légitimité, particulièrement pour les produits carnés.

À moyen terme, dans le cadre d'une rationalisation européenne de l'usage de labels écologiques, et en usant des moyens offerts par les textes européens sur l'extensification de l'agriculture, les pouvoirs publics français peuvent, en particulier dans des zones agricoles fragiles, jouer la carte de l'agriculture biologique en misant sur le fait que les agriculteurs opérant dans ce secteur sont idéologiquement aptes à admettre, mieux que d'autres peut-être, que la recherche de la qualité est plus rentable que la recherche de la quantité. Ils peuvent aussi assurer ou aider la promotion des produits issus de cette filière, en aidant à son auto organisation (48).

C'est dans cette logique que l'article 75 de la loi d'orientation agricole (n° 2006-11) du 5 janvier 2006 (*JO* n° 5 du 6 janvier 2006) soutient l'agriculture biologique

(48) Comme, par exemple, par la reconnaissance des structures de regroupement et d'aide technique, sur le modèle de l'arrêté du 9 novembre 2006 portant approbation de la prorogation et des modifications de la convention constitutive de l'Agence française pour le développement et la promotion de l'agriculture biologique, groupement d'intérêt public, *JO* n° 265, 16 novembre 2006, p. 17253.

au moyen d'un crédit d'impôt pour les agriculteurs ayant achevé leur conversion (40 % au moins de leurs recettes doivent provenir de l'agriculture biologique). Auparavant, seuls les agriculteurs en conversion pouvaient bénéficier d'une aide au titre des CAD.

L'« impossible réconciliation » entre agriculture et environnement ne peut que passer par là, et la pollution des sols et des eaux en être réduite d'autant par une véritable démarche préventive intégrée dans les politiques de développement économique et d'aménagement du territoire qui évite au maximum les pollutions chimiques directes et indirectes. Qu'à cet égard l'agriculture échappe encore au ministre de tutelle de l'Écologie, du Développement et de l'Aménagement durables peut être surprenant.

BIBLIOGRAPHIE INDICATIVE

ARMAND L. et LANGLOIS N., *Agriculture biologique : les grands principes de production*, éd. Éducagri, juin 2004 ■ G. BOSSIS, R. ROMI, *J.-Cl. Env.* n° 438 ■ C. DE SILGUY, *L'agriculture biologique,* PUF, coll. « Que sais-je ? », n° 2632 ■ S. FREMAUX, « La crédibilité de l'agriculture biologique et le droit », *RDR* mars 1998, p. 139 et s. ■ C. GIRAUDEL et G. CAPLAT, « L'agriculture biologique et la qualité », *in L'agriculture biologique, une agriculture durable ?,* Presses universitaires de Limoges, 1996 ■ V. C. LONDON, « Agriculture et environnement, une intégration délicate ? », *LPA* 1er juin 2000 ■ F.-X. MICHEL, « Production biologique, de l'environnement à la qualité », *RDR* 1999, p. 29 et s. ■ B. PEIGNOT, C. PETIT, « Le contrôle qualitatif et sanitaire du produit agricole et son organisation en France », *Revue de droit rural*, 1999, p. 446 et s. ■ Dossier « Un monde sans pesticides », *L'Écologiste* n° 21, décembre-mars 2007, p. 19-56.

Voir le site de la Fédération nationale de l'agriculture biologique : http://www.fnab.org.

TITRE III
LE DROIT DES NUISANCES

La cohérence des actions publiques – par-delà les alternances politiques – peut-elle se trouver dans un énoncé législatif des orientations et des principes de l'action publique ? Les dernières législatures, pour ce qui est du droit des nuisances, semblent avoir eu à cœur de prouver qu'à cette question une réponse positive pouvait être donnée, même si tous les gouvernements ont eu du mal à concrétiser la bonne volonté affichée, ainsi que l'a illustré en 2006 la triste et ridicule affaire du Clémenceau (1).

Non pas que les orientations retenues ne puissent être critiquées : comme toute politique publique, la politique des déchets, la politique du bruit, la politique des paysages, la gestion globale de l'environnement (2) reflètent des choix et l'on pouvait et l'on pourra en faire d'autres. Mais au moins ces textes obéissent-ils à une logique d'ensemble. Convenablement préparés par un travail de planification et de prospective, précédés par une restructuration de l'administration de l'environnement, ils présentent en effet l'avantage d'exposer clairement les contours des politiques publiques, à travers une énonciation des objectifs poursuivis, des principes qui les gouvernent, mais aussi des moyens créés pour les mener à bien. Il n'en demeure pas moins, évidemment, que les désordres (les « nuisances ») contre lesquels se mènent ces politiques publiques sont diffus, multiformes, et qu'il n'est pas sûr que le droit soit la seule voie à emprunter pour en assurer la régulation (3).

(1) V. les conclusions sous CE, 15 février 2006 de Y. Aguila, *in Dr. env.* mars 2006, p. 53 et s., v. comm. J. M. Pontier, *AJDA* 10 avril 2006, p. 762 et s.

(2) V. nos chron. de droit public de l'environnement, *RDP* 4-1993, 4-1994 et 2-1995.

(3) Même si, et on ne le dira jamais assez, les régulations juridiques ont cet avantage d'être transparentes et accessibles. Elles sont au moins, à ce double titre, susceptibles de connaître une pérennité suffisante et de permettre un contrôle social.

CHAPITRE 1
LE RÉGIME JURIDIQUE DES DÉCHETS

M. Barnier soulignait en 1992, dans son rapport d'information « sur l'emploi des crédits du ministère de l'Environnement » (1), que le dossier des déchets constitue un « ... dossier prioritaire sur lequel la France est en retard au sein de la Communauté européenne ». Il était donc naturel qu'après la loi sur l'eau, intervienne si vite une loi sur les déchets, et ce bien qu'une première réforme soit intervenue en 1988. La réforme de 1992 porte tant sur l'appréhension juridique des déchets que sur l'administration des déchets et le financement de la politique des déchets. Poursuivie en 1994 et 1995 à travers les décrets d'application de la loi et quelques articles de la loi *Barnier*, cet ensemble quoique cohérente, n'est cependant pas encore en rapport avec ce qu'attend l'Union européenne, d'où les condamnations fréquentes de la France par la CJCE (2).

SECTION 1 L'APPRÉHENSION JURIDIQUE DES DÉCHETS

Pour lui appliquer des objectifs (§ 2), encore faut-il que le droit appréhende correctement le déchet, encore faut-il donc qu'il le définisse (§ 1 (3)).

(1) Rapport déposé par la commission des finances, de l'économie générale et du plan, présenté par M. BARNIER, enregistré le 30 juin 1992, *Doc. AN* n° 2870, p. 37.

(2) Les principales d'entre elles datant de mai et juin 2002 : insuffisance des plans de gestion, des prévisions concernant les emballages, et les PCB (*La lettre de l'environnement – Lamy* n° 195, 4 juillet 2002 et *Dr. env.* juillet/août 2002).

(3) V. C. LONDON, « Déchet/non-déchet : un débat sans fin ? », *LPA* 17 juillet 1998.

§ 1. LA DÉFINITION DES « DÉCHETS »

La première définition, livrée par la loi du 15 juillet 1975, considère que constitue un déchet « tout résidu d'un processus de production, de transformation ou d'utilisation, toute substance, matériau ou produit, ou plus généralement, tout bien meuble abandonné ou que son détenteur destine à l'abandon ».

Mais la loi de 1975 n'entendait pas imposer une gestion « écologique » de ceux des déchets qui ne seraient pas « de nature à produire des effets nocifs sur le sol, la flore ou la faune, à dégrader les sites ou les paysages, à polluer l'air ou les eaux, à engendrer des bruits et des odeurs, et d'une façon générale, à porter atteinte à la santé de l'homme et à l'environnement » (4)), ni même vraiment des autres d'ailleurs.

La directive européenne du 15 juillet 1975 en livre une autre, fondée sur la technique du listage et tenant compte en un certain sens du principe de subsidiarité : « toute substance ou tout objet qui relève des catégories figurant à l'annexe I, dont le détenteur se défait ou a l'obligation de se défaire en vertu des dispositions nationales en vigueur ».

La loi du 13 juillet 1992 (5), par son article 1, II, ne renouvelle pas la définition donnée par la loi de 1975. Mais elle paraît adaptée aux évolutions européennes, qui considèrent comme incompatible avec les dispositions communautaires une définition du déchet qui en exclurait « les substances et objets susceptibles de réutilisation économique » (6). En effet, si seuls les « déchets ultimes » seront susceptibles – sans possibilité de dérogation après 2002 – d'être traités par les installations d'élimination, c'est bien parce que les autres devront faire l'objet d'un traitement de valorisation. D'où l'importance de la définition du « déchet ultime » retenue : « déchet, résultant ou non du traitement d'un déchet, qui n'est plus susceptible d'être traité dans les conditions techniques et économiques du moment, notamment par extraction de la part valorisable ou par réduction de son caractère polluant ou dangereux ». Il en découle que la définition juridique du déchet en France ne se résume plus à la seule formule de 1975 (7), mais que s'y ajoute une définition qui mêle économie et écologie : c'est l'impossibilité technique ou économique de réduire le déchet en réutilisant sa part potentiellement utile qui légitime son traitement ; d'une catégorie (le déchet, tel que défini en 1975) à l'autre (le déchet ultime), le passage est, peut-on dire, évolutif au gré de la technique et de l'économie. Il eût été bien plus radical d'interdire la mise en décharge de tout matériau recyclable, quitte à préciser et relativiser le qualificatif en fonction des

(4) Cette définition large a dû naturellement être précisée par la jurisprudence ; c'est ainsi par exemple qu'un arrêt du CE, Ass., *SA René Moline*, du 13 mai 1983 (rec. p. 191) a estimé que les huiles usagées constituaient un déchet, tant « qu'elles n'ont pas fait l'objet d'un traitement en vue de leur régénération et alors même que leurs détenteurs auraient l'intention de les céder en vue de leur vente ».

(5) Ces dispositions sont codifiées aux art. L. 541-1 à 50 du Code de l'environnement.

(6) CJCE, 28 mars 1990, *Pretura di San Vito al Tagliamenti c/ Zanetti*. V. P. BILLET, *J.-Cl. Env.*, fasc. 810.

(7) Pour être juste, il faut préciser que celle-ci prévoyait déjà que l'élimination des déchets devait être assurée « dans des conditions propres à faciliter la récupération des matériaux, éléments, ou formes d'énergie réutilisables » (art. 15).

contingences techniques et à laisser le juge – à la diligence des requérants associatifs ou autres – le soin de faire le reste : l'on comprend certes les raisons qui ont fait hésiter le législateur. Mais, par exemple, l'obligation d'instituer des collectes sélectives aurait été un moindre mal, dont on ne comprend pas que le législateur ait négligé d'envisager l'instauration progressive.

Le droit des déchets ne peut se satisfaire d'une définition globale des déchets, il suppose par ailleurs des catégorisations – dont la distinction entre *déchet recyclable* et *déchet ultime* constitue la première, et fondamentale – en fonction de leur dangerosité ou/et de leur provenance (8), qui puissent permettre d'affiner les normes de traitement : les déchets industriels obéissent pour l'essentiel à des régimes différents selon leur dangerosité. Les problèmes posés par les 100 millions de tonnes de déchets inertes et les 32 millions de tonnes de déchets banals (9) ont été quant à eux jugés longtemps comme moins importants et surtout moins urgents que ceux posés par les déchets « spéciaux ». Ceux-là sont pour l'instant jugés spécialement toxiques et dangereux ; les déchets radioactifs, qui obéissent à des règles particulières et sont d'une dangerosité supérieure (10), font également l'objet de normes spécifiques. La loi de 1992 ne sacrifie plus la gestion des déchets « ordinaires », mais continue à opérer des distinctions analogues : les déchets industriels spéciaux continueront à relever de régimes spécifique dans les décharges traditionnelles, leur liste devant être établie par décret en Conseil d'État (art. 1 de la loi de 1992, art. 2-1 nouveau de la loi de 1975).

§ 2. LES OBJECTIFS DE L'ADMINISTRATION DES DÉCHETS

La loi du 13 juillet consiste avant tout en une ferme et double déclaration d'intention : selon le nouvel article 2-1 de la loi de 1975, « à compter du 1er juillet 2002, les installations d'élimination des déchets par stockage ne seront autorisées à accueillir que des déchets ultimes » (art. L. 541-24, 2 du Code de l'environnement). Est-il besoin de dire que cette échéance ne pouvait être tenue ? Une circulaire du ministre de l'Environnement du 27 juin 2002 (11) en tire les conclusions en essayant d'accélérer l'action des préfets, mais en actant le fait que 43 % des déchets ménagers partaient encore à cette date en décharge. Une circulaire

(8) Déchets urbains, agricoles, industriels. Les déchets urbains, en majorité des ordures ménagères, sont évalués pour la France à 15 millions de tonnes par an. Les déchets agricoles, organiques, posent en fait de plus en plus de problèmes mais n'obéissent pas à un régime uniforme ; leur récupération et leur élimination obéissent souvent à des conditions restrictives.

(9) Jugés assimilables à des ordures ménagères, ce qui se discute.

(10) La nomenclature officielle est plus détaillée ; elle associe les deux catégorisations. Les déchets nucléaires font l'objet d'une législation spécifique, expérimentale et contestée. V. M. Prieur, « Les déchets radioactifs, une loi de circonstance pour un problème de société », *RJE* 1/1992, p. 19 et s. ; le traitement des déchets faiblement radioactifs fait l'objet d'une polémique, certains milieux industriels et certains députés militant pour un abaissement des seuils qui permettraient d'éviter des traitements spécifiques. V. Rapport J.-Y. Le Deaut, Office parlementaire d'évaluation des choix scientifiques et technologique, 22 et 23 avril 1992, *Doc. AN* 2624, et *Sénat* n° 309.

(11) *Le Monde* 2 juillet 2002.

du 24 février 2004 a enjoint aux préfets de refaire un comptage, qui livre le chiffre de 693 décharges non autorisées. Une circulaire du 4 juillet 2005 impose à nouveau aux préfets de fermer le plus vite possible ces sites. Un site du BRGM spécifiquement dédié au suivi de ces lieux à problèmes permet de situer la difficulté de déférer à l'ordre de fermer tous ces sites pour 2007 (www.dechargesillegales.fr) : il n'en recensait plus que 251 au 2 mars 2007.

L'essentiel est en tout cas, selon le nouvel alinéa 1er du nouvel article 1er de la loi de 1975, de « prévenir ou réduire la production et la nocivité des déchets, notamment en agissant sur la fabrication et sur la distribution des produits ». Il s'agit donc de « valoriser les déchets par réemploi, recyclage ou toute autre action visant à obtenir à partir des déchets des matériaux réutilisables ou de l'énergie » (art. L. 541-1, 3° du Code de l'environnement). Mais ce simple énoncé ne saurait suffire, en l'absence d'une politique volontariste des déchets (12). Or, la gestion française des déchets se caractérise par un certain éclatement des structures : le ministère de l'Environnement n'est pas le seul à intervenir. Quant au Comité national pour la récupération et l'élimination des déchets, mis en place par un décret du 25 mai 1976 complété par un décret du 28 mars 1977, il n'avait qu'un rôle consultatif et son utilité n'a pas été perçue, semble-t-il, puisque depuis 1983 (échéance du premier mandat de ses membres) il n'avait pas été renouvelé, et qu'un décret a en 1991 finalement entériné sa disparition. Au niveau local, ce sont les inspecteurs des installations classées – dépendant des DRIRE jusqu'en 1991, et sous la tutelle du ministère de l'Environnement à partir de 1991 – qui jouent le rôle essentiel. Évidemment, les six agences de bassin s'occupent des problèmes de pollution des eaux. Et les collectivités locales ont été déclarées responsables par l'article 2 de la loi du 15 juillet 1975 pour ce qui concerne l'élimination des déchets des ménages ; le décret du 7 février 1977 précise leurs obligations en matière de collecte des déchets (13).

Enfin, il est évident que l'ANRED, créée par l'article 22 de la loi du 15 juillet 1975 et installée par le décret du 25 mai 1976 sous la forme d'un EPIC, a joué un rôle plus important que l'on ne s'y attendait parfois. Devant « engager et faciliter des actions de récupération et d'élimination des déchets », elle a évolué, jusque dans sa dénomination (« les transformeurs »). Son conseil d'administration associant représentants des ministères (7), des collectivités locales (7), des « personnes intéressées » (7) et du personnel de l'Agence (5 membres) ne s'était pas montré frileux, aidé en cela par ses comités techniques (quatre). La qualification d'EPIC reflétait la logique de son action : pour une large part, l'histoire de la valorisation des déchets est associée désormais à cette Agence, dont on a pu regretter la fusion avec l'AQA au sein de l'ADEME.

Sur tous ces points, la loi de 1992 apporte quelques novations, mais ne contribue pas à réduire le nombre des intervenants : l'ADEME « hérite » des compétences de

(12) Qui semble en voie d'émergence : la loi de finances pour 1999, par exemple, a abaissé le taux de TVA sur le tri sélectif de 20,6 % à 5,5 %. Il n'empêche que l'on est encore loin du compte : si 90 % des Français se déclarent prêts à trier, 10 à 15 % seulement des ordures ménagères le sont. Pour un point récent, v. R. SCHNEIDER, rubrique « Déchets solides-énergie », *Annuaire 2000 des collectivités locales*, p. 521 et s.

(13) Il est évident que, ne pouvant souvent agir seules, elles sont amenées à collaborer ou à demander le soutien de l'État.

l'ANRED, mais agrémentées de moyens financiers dont celle-ci ne bénéficiait pas (elle en reçoit d'autres encore avec la loi de 1992, cf. *infra*), les régions peuvent désormais intervenir par des aides et participer à des SEM compétentes en matière de déchets, les départements et régions héritent d'une association à la planification des éliminations de déchets, et les maires peuvent en particulier (article L. 2224-16 du Code général des collectivités locales) « notamment fixer les modalités de collectes sélectives et imposer la séparation de certaines catégories de déchets » (14).

Recyclage. Le décret n° 92-377 du 1er avril 1992 (15) vise à renforcer l'intervention des collectivités locales dans le recyclage : les collectivités locales sont tenues de faire en sorte que les déchets d'emballage délaissés par les ménages fassent l'objet d'un recyclage. Les industriels eux-mêmes sont dans l'obligation de participer à la récupération préalable au recyclage, soit qu'ils y pourvoient eux-mêmes soit qu'ils aient recours à une société agréée pour ce faire (la première, la SA Éco-Emballage a fait l'objet d'un agrément par arrêté du 23 juillet 1992 (16)). Le décret du 18 novembre 1996 relatif aux plans d'élimination des déchets ménagers (v. ci-dessous) prévoit que les solutions de valorisation et de recyclage de ces déchets spécifiques doivent être énoncées par les plans et correspondre aux objectifs nationaux devant être respectés avant 2001 (17). Ce dispositif, qui distingue déchets d'emballages des ménages et déchets d'emballages industriels et commerciaux, a permis à la France de respecter les objectifs fixés par la directive emballages 94/62/CE pour le 30 juin 2001. L'objectif pour le plastique a été atteint en 2002. Tous matériaux confondus, le taux de valorisation globale (matière et énergie) des emballages en France était en 2003 de 70 % et le taux de recyclage de 48 %. Concernant plus particulièrement les déchets d'emballages ménagers, les sociétés agréées Éco-Emballages et Adelphe passent des contrats avec les collectivités locales pour les aider financièrement et techniquement à mettre en place des collectes sélectives et garantir la reprise des matériaux par les filières de recyclage. L'application du taux réduit de TVA depuis 1999 et la récente multiplication par 4 entre 1998 et 2003 de la contribution des producteurs aux sociétés Adelphe et Éco-Emballages ont marqué un certain tournant. En 2005, 95 % de la population était desservie par un dispositif de tri. Toujours en 2005, le total des soutiens apportés aux collectivités locales a été de 332 M€.

Chiffres du MEDD 2007

Nature	Tonnage valorisé	Dont recyclés
Papier et carton	722	424
Aluminium	21,4	14,1
Plastique	644	198

(14) Ils le faisaient déjà. V. le dossier « Que font les communes pour l'environnement », *L'Environnement Magazine* mai 1992. La base juridique de leur action est maintenant plus précise, peut-on dire. Cependant, la formule de l'ancien art. L. 373-5 (« Le maire peut régler la présentation et les conditions de remise des déchets en fonction de leur caractéristique ») les autorisait déjà à promouvoir les collectes sélectives.

(15) Théoriquement entré en vigueur le 1er janvier 1993. V. J.-F. Auby et A. Ekam, « La nouvelle politique des déchets d'emballage », *LPA* 14 avril 1993.

(16) V. une brève présentation par C. London, *LPA* 8 juin 1992.

(17) Valorisation de 50 % au minimum et 65 % au maximum en poids des déchets d'emballage, recyclage de 25 % au minimum et de 45 % au maximum en poids de l'ensemble des matériaux d'emballages entrant dans les déchets d'emballage, avec un minimum de 15 % en poids pour chaque matériau (art. 2,d, du nouveau décret).

Par ailleurs, outre les déchets d'équipements électriques et électroniques depuis 2006 et à l'instigation de l'Europe, un arrêté publié le 23 janvier 2007 au *JO* porte agrément d'une nouvelle société privée, Écofolio, créée par trente-trois associés fondateurs représentant tous les secteurs concernés. Son objectif est d'assurer le tri et le recyclage des imprimés non adressés, distribués gratuitement ou mis à disposition, que ce soit dans les boîtes à lettres ou dans espaces publics. Le choix est donné à ces « pollueurs » d'un genre particulier entre payer la TGAP (900 € par tonne) ou adhérer à Écofolio. La contribution est alors – pour 2007 seul un quart de la somme sera prélevée – de 35 € la tonne. Le montant total collecté fera l'objet d'un versement aux collectivités locales selon des modalités négociées entre Écofolio et elles.

Montant en euros par tonne recyclée	**Montant par tonne valorisée hors recyclage**	**Stockage**	**Transfert financier prévu**	**Coût prévu pour les collectivités**
65	30	2	25 M€	150 M€

L'incitation à adhérer à Écofolio est donc forte, comme l'incitation pour les collectivités locales à privilégier le recyclage... encore que sur ce dernier point, en regard des coûts, on puisse s'interroger sur la différence trop importante entre le coût de la TGAP et le montant transféré aux collectivités... La perception de la TGAP aurait peut-être permis soit une diminution de ces supports très dommageable pour l'environnement et un transfert financier plus important de l'État vers les collectivités locales.

La loi d'orientation agricole du 5 janvier 2006, par son article 46 (18), pousse heureusement la logique du recyclage en interdisant, à compter du 1er janvier 2010, la distribution au consommateur final, que ce soit à titre gratuit ou onéreux, de sacs à usage unique en plastique non biodégradable.

SECTION 2 LES PRINCIPES DE LA GESTION DE DÉCHETS

Il s'agit de promouvoir ce que la Convention de Bâle désigne comme une *« gestion écologiquement rationnelle des déchets »* (19), qui suppose une conjugaison fine des principes communs du droit de l'environnement (principes de prévention et de précaution et principe « pollueur/payeur ») et de principes spécifiques.

(18) V. comm. P. BILLET, *in Environnement* avril 2006, p. 24 et 25.

(19) Le principe de « gestion écologiquement rationnelle des déchets » figure dans la Convention de Bâle, et même quand celle-ci n'est pas considérée comme applicable – quand par exemple un des États concernés, comme l'Allemagne qui a signé mais pas ratifié ce texte, n'est pas partie à la Convention – le TA compétent veille, non sans détours ni prudence, à son application. V. TA, Strasbourg, 19 mai 1993, *AFPRN Alsace nature préfet du Bas-Rhin et autres*, *RJA* 4/1994, p. 429 et s. note Y. WINIDOERFFER, administrateur au Conseil de l'Europe.

§ 1. LE PRINCIPE DE PROXIMITÉ

L'énoncé du principe de proximité qui figure à l'article 1er de la loi, ajoutant à l'article 1er de la loi de 1975 un alinéa 1 – art. L. 541-1, 1° du Code de l'environnement – (qui fixe en particulier parmi les nouveaux objectifs de la politique des déchets celui « d'organiser le transport des déchets et de le limiter en distance et en volume »), n'emporterait pas d'effets sérieux (20) si le législateur avait omis de traiter réellement de l'organisation des transports de déchets. L'administration des déchets ne peut s'entendre comme pouvant être réglée sur le seul plan national : pour l'essentiel, le problème des flux de déchets, surtout internationaux, obéit à un régime détaillé réorganisé en 1990 (21), mais il importait de fixer des principes généraux de gestion. On peut certes critiquer le renvoi de la détermination des entreprises de transport de déchets qui seront soumises à autorisation et de celles qui seront soumises à déclaration (22) à un décret en Conseil d'État, mais l'obligation de respecter les objectifs de la loi de 1992 s'applique à toutes les entreprises, et elles seront toutes soumises à un régime de déclaration ou d'autorisation. L'affirmation peut paraître superfétatoire, elle pourrait l'être moins qu'il ne le paraît compte tenu des possibilités nouvelles d'action contentieuse ouvertes par la loi (23), et en particulier, des références fournies par les plans.

Par ailleurs, le texte renchérit le coût du traitement des déchets ultimes ayant fait l'objet de transport : les exploitants subiront, pour les déchets provenant de zones extérieures au périmètre déterminé par le plan d'élimination de leur département, une majoration de 50 % de la taxe spéciale à la tonne perçue jusqu'en 2022 (v. *infra*).

Malgré l'énonciation du principe de proximité par la loi, le choix d'un seul incinérateur pour un département ne méconnaît pas la portée de l'un des objectifs de la loi du 15 juillet 1975 (limiter en distance et en volume le transports des déchets), eu égard au trafic routier impliqué et à l'organisation de traitement par recyclage et valorisation matière (rejet des requêtes tendant à l'annulation du PDEDMA des Hautes-Alpes approuvé le 26 octobre 1994, TA Marseille, 4 février 1999, *M. Gasdon et autres*, n° 94-7181 à 83). Dans le même esprit, la circonstance qu'un plan départemental prévoit des capacités d'incinération desservant également les besoins d'un département limitrophe ne constitue pas une erreur de droit (en l'espèce, départements du Val-de-Marne et Paris, v. TA, Melun, 25 juin 1998, n° 97-4595, *Association Vivre au port à l'Anglais*). Même si le plan doit prendre en compte l'organisation du transport des déchets par application du principe de proximité, la juridiction administrative n'a pas, en l'absence d'éléments probants, à apprécier l'opportunité du choix de la localisation des unités d'éliminations des déchets ultimes ou non

(20) On remarquera que la question des effets réels de cette énonciation timide se pose néanmoins. Le principe de proximité s'entend comme un objectif plus que comme un « principe général du droit » qui aurait une valeur *supra* décrétale : v. TA, Melun, 17 mai 2000, *Préfet du Val-de-Marne c/ commune de Saint-Maur-des-Fossés*, *Dr. env.* septembre 2000, p. 7 et 8, note D. Deharbe.

(21) Décret du 23 mars 1990, v. R. Romi, « Le pouvoir réglementaire au chevet de Montchanin », *Quot. jur.* 9 juin 1990.

(22) Les entreprises soumises à autorisation en vertu du nouvel art. 10 de la loi de 1975 seront celles qui présentent de « graves dangers pour l'environnement ou inconvénients pour les objectifs » définis par la loi de 1992. Les autres seront soumises à déclaration.

(23) Dès lors qu'est exigée une compatibilité des décisions en matière de déchets avec les différents plans institués par la loi de 1992, ceux-ci pourront servir de référence pour des contentieux, entre autres pour des recours pour excès de pouvoir intentés contre des modifications ou des révisions de PLU.

(v. TA, Clermont-Ferrand, 10 octobre 1996, n° 951202, *Assoc. Comité de réflexion et d'information c/ préfet de l'Aisne*) (24).

§ 2. LE PRINCIPE D'INFORMATION

La réforme par la loi du 30 décembre 1988 avait introduit dans la loi de 1975 (article 3-1) un droit à l'information énoncé en des termes très vagues : « Toute personne a le droit d'être informée sur les effets préjudiciables pour la santé de l'homme et l'environnement du ramassage, du transport, du traitement, du stockage et du dépôt des déchets ainsi que sur les mesures prises pour prévenir ou compenser ces effets », mais un décret en Conseil d'État devait préciser les conditions d'exercice de ce droit et les modalités d'information du public. Il n'a jamais été pris – ce qui en dit long sur les dangers de ces renvois répétés au bon vouloir du pouvoir réglementaire. C'est désormais la loi qui le fait (art. VI de la loi de 1992), de manière très détaillée, en trois rubriques, non limitatives. Ce droit, dit le texte, « consiste notamment... » en la communication par l'exploitant des documents prévus par la loi sur les installations classées « permettant de mesurer les effets de son activité sur la santé publique et sur l'environnement et exposant les mesures prises pour supprimer ou réduire les effets nocifs des déchets ». Et comme, selon le nouvel article 7 de la loi de 1975, toutes les installations d'élimination des déchets sont soumises à la loi du 19 juillet 1976, qu'en particulier l'étude d'impact est soumise aux commissions locales d'information et de surveillance instituées par la loi de 1992 (v. ci-dessous) « avant l'octroi de l'autorisation d'exploiter », il y a de fortes chances pour qu'une certaine transparence s'instaure enfin. L'on peut évidemment regretter que l'autorisation d'exploiter ne soit pas conditionnée par un avis conforme de la dite commission.

La création de ces *commissions locales d'information et de surveillance* – vaguement prévues déjà depuis longtemps (25) –, « composées paritairement de représentants des administrations, des exploitants, des collectivités locales et des associations de protection de l'environnement concernées », se fait soit à l'initiative du préfet, soit à l'initiative du conseil municipal de la commune d'implantation, ou encore d'une commune limitrophe. Cette création est-elle de droit ? L'on pouvait le penser car la loi prévoit bien la création d'une commission « sur tout site d'élimination ou de stockage », ce qui semblait ne pas souffrir discussion. La chose est d'autant plus intéressante que ces organismes, présidés par le préfet, ont tout pour fonctionner correctement : financement (à parité par l'État, les collectivités locales et par l'exploitant en principe), moyens et compétences (droit à la communication des documents nécessaires, prescription d'opérations de contrôle – le préfet semble bien tenu de déférer à la demande de la commission : il est bien écrit que « le préfet fait effectuer à la demande de celle-ci les opérations de contrôle qu'elle

(24) P. BILLET, « Déchets ménagers et assimilés », fasc. 812, *J.-Cl. Env*.
(25) En particulier par une circulaire non publiée du 22 juillet 1983 ; quelques commissions ont été créées par arrêtés préfectoraux. V. P. BILLET, *op. cit.*

juge nécessaire à ses travaux »). Mais le décret du 29 décembre 1993 (26) (art. 5) a réduit la portée de la loi en limitant cette obligation aux cas où la demande lui est faite par une commune intéressée et « pour tout centre collectif de déchets ultimes ou de déchets industriels spéciaux ». Il est vrai qu'à terme cette différence devrait avoir peu de portée si les pouvoirs publics font ce qu'il faut pour que la loi remplisse son office, puisqu'il ne devrait plus y avoir alors d'autres stockages que ceux de déchets ultimes...

Enfin, les collectivités locales et les représentants de l'État sont conjointement tenus d'établir les documents « permettant d'évaluer les mesures prises pour éliminer les déchets dont ils ont la responsabilité ; ces documents peuvent être librement consultés ». Tout dépend évidemment du contenu réel et du sérieux de ces documents. À cet égard, le décret du 29 décembre 1993 fixant les modalités d'information en matière de déchets est de nature à rassurer : tous les renseignements nécessaires, y compris l'étude d'impact nécessaire pour l'ouverture du centre, doivent être tenus à la disposition du public (art. 2) sous la forme d'un dossier réactualisé chaque année et d'un document tenu à jour par les communes, comprenant le précédent dossier. Le dossier et le document peuvent être consultés dans chaque mairie concernée. Enfin, le préfet tient lui-même un document global retraçant tous les renseignements nécessaires pour l'appréhension de la situation de la gestion des déchets dans son département, document lui aussi tenu à la disposition du public.

§ 3. LE PRINCIPE DE PLANIFICATION

L'obligation était énoncée de manière beaucoup plus courte dans l'article 10 de la loi de 1975 issu de la réforme de 1988 (27) et ne semblait réservée qu'à « certaines catégories de déchets ». La loi de 1992 crée une obligation de planification (l'usage de l'indicatif semble éloquent) pour ces « certaines catégories », mais surtout l'impose dans tous les départements pour les déchets ménagers. Le mouvement a certes été initié sur le plan de la pratique administrative : deux circulaires des 17 novembre 1969 et 30 janvier 1975 avaient préconisé la mise en place de « schémas départementaux de collecte et de traitement des ordures ménagères », qui ne constituaient que des références en fait dénuées d'effets obligatoires (une circulaire du 18 mai 1977 prévoyant même expressément qu'on pouvait s'en écarter (28)) ; B. Lalonde avait pour sa part préféré s'orienter vers une politique fondée sur le principe de proximité en optant pour la confection de véritables plans départementaux d'élimination des déchets ménagers, par l'édiction d'une circulaire (29).

Leur consécration législative est à même d'aider à une modification, déjà amorcée, des pratiques des collectivités locales, d'autant plus que le législateur, ici

(26) *JO* 31 décembre 1993, p. 18703.

(27) « L'autorité administrative compétente, après consultation des collectivités territoriales concernées et enquête publique, établit un plan définissant les conditions dans lesquelles il doit être procédé à l'élimination d'un certain nombre de déchets... »

(28) V. P BILLET, *op. cit.*

(29) 8 janvier 1991. *Moniteur des TP*, 17 mai 1991, suppl. p. 40.

aussi, énonce que sous les cinq ans toutes les « décisions prises par les personnes morales de droit public ou leurs concessionnaires doivent être compatibles ou rendues compatibles avec ce plan ». Son élaboration relève de l'administration concertée, comme l'a confirmé le décret du 18 novembre 1996 relatif aux plans d'élimination des déchets ménagers (30) : l'initiative appartient au représentant de l'État, sauf si le département a demandé le transfert de cette compétence (31). Les départements ont reçu dans une premier temps, avec la loi relative au renforcement de la protection de l'environnement, à leur demande, recevoir une compétence en matière d'élaboration de planification des déchets ménagers (« Le projet de plan est élaboré à l'initiative et sous la responsabilité de l'État. Toutefois, cette compétence est transférée, à sa demande, au conseil général ») (32). Ces transferts pouvaient être risqués, dans la mesure où l'une des principales garanties instaurées par la loi sur les déchets (l'obligation de respecter un délai étaient – voir ci-dessus – en même temps supprimée). En mars 1996, seuls quatre départements (Savoie, Charente, Lozère, Tarn-et-Garonne) avaient demandé ce transfert. Aussi les plans d'élimination des déchets ont-ils l'objet d'une réorganisation par la loi sur les responsabilités locales de 2004 (art. 45 – art. L. 541-13, L. 541-14 et L. 541-15 du Code de l'environnement).

L'Île-de-France est dorénavant couverte par un plan régional, élaboré à l'initiative et sous la responsabilité du président du conseil régional, avec une association des départements. Ailleurs, la compétence départementale est confirmée, et les collectivités gestionnaires de sites de stockage et d'élimination consultées. Partout, à la « consultation des professionnels concernés », s'ajoute désormais celle des associations agréées de protection de l'environnement et des associations agréées de consommateurs ainsi que, dans la région d'Île-de-France, du conseil régional et des conseils généraux. Les plans sont désormais adoptés « par délibération du conseil général ou, pour la région d'Île-de-France, par délibération du conseil régional ». L'obligation pour l'État de s'assurer de l'adoption et de l'adéquation des plans subsiste dans l'article article L. 541-15 du Code de l'environnement, dans des conditions fixées par décret : « Ce décret fixe... les conditions dans lesquelles le représentant de l'État peut demander au président du conseil général ou au président du conseil régional une nouvelle délibération sur les projets de plans visés aux articles L. 541-13 et L. 541-14 ou l'élaboration ou la révision de ces plans, puis les élaborer ou les réviser lorsque, après avoir été invités à y procéder, les conseils régionaux ou les conseils généraux ne les ont pas adoptés dans un délai de dix-huit mois ».

Les plans font l'objet d'une élaboration collective au sein d'une commission de plan regroupant des représentants des collectivités locales, des établissements publics, des professions, des associations ; le projet de plan est soumis – le cas

(30) *JO* 24 novembre.

(31) Il faut mettre à part la Corse, pour laquelle la collectivité territoriale détient cette compétence depuis la loi de 2002.

(32) Il en est de même, en ce qui concerne les déchets industriels, pour les régions (« chaque région doit être couverte par un plan régional ou interrégional d'élimination des déchets industriels spéciaux... Le projet de plan est élaboré à l'initiative et sous la responsabilité de l'État. Toutefois, cette compétence est transférée, à sa demande, au conseil régional »). En Corse, le transfert à la collectivité territoriale a été opérée par la loi.

échéant – pour avis aux collectivités intéressées, puis fait l'objet d'une enquête publique avant d'être approuvé par « l'autorité administrative compétente ». Le plan sera de droit interdépartemental si les conseils généraux concernés en font la demande. Le point le plus frappant dans ce mécanisme est que, encore une fois, rien ne garantit que les avis ou l'enquête publique aient une influence sur les décisions finales (33). Sous prétexte d'élaboration concertée, l'on n'offre guère aux collectivités locales et aux populations et associations qu'une procédure administrative classique – qui peut, c'est vrai et c'est un progrès, être décentralisée à l'initiative des départements – décentralisée, mais pas une authentique administration négociée. Les modalités de révision des plans prévues par la loi ont paru insuffisantes : l'initiative n'appartient qu'à « l'autorité compétente », les conseils généraux et régionaux peuvent certes « en faire la demande » (art. 10-3 nouveau). Aussi l'article 10 du décret du 18 novembre 1996 a-t-il instauré une obligation de révision tous les dix ans. Enfin, pour ce qui concerne le contenu des plans de déchets ménagers, l'article 2 de ce décret prévoit de manière détaillée les obligations de l'autorité compétente (34). Les plans ne peuvent se borner à recenser les sites de décharges existants (35) mais doivent entre autres comporter un « inventaire prospectif par catégories des déchets qui... seront à terme recyclés, valorisés, détruits ou stockés ». En revanche, et c'est regrettable, si les décisions prises en matière de déchets doivent être compatibles avec les plans, ceux-ci n'impliquent pas par eux-mêmes « ... la construction d'aucune installation, ni l'aménagement ou la transformation d'aucun site » (36).

Le projet de plan est soumis à enquête publique et approuvé par arrêté préfectoral ou délibération du conseil général (37). La désignation par le préfet des membres de la commission départementale (38) a donné lieu à des litiges contestant le choix des

(33) Il est à noter d'ailleurs que celle-ci, quoique se menant « dans les formes » de l'enquête Bouchardeau, n'est pas exactement une enquête Bouchardeau : cela a une influence, en particulier, sur la procédure du sursis à exécution, qui obéit au droit commun et non à la procédure spécifique de l'enquête Bouchardeau : cette conception restrictive est d'origine jurisprudentielle (v. CE, 6 mai 1996, *Fare-Sud*, note X. Braud, *Dr. env.* juin 1997, p. 3 ; TA, Clermond-Ferrand, 10 octobre 1996, *Association Comité de réflexion et d'information c/ préfet de l'Allier* ; TA, Caen, 21 janvier 1997, *Association Manche Nature*). Sur les aspects critiquables de cette conception restrictive, v. R. Hostiou, chron. jur. « Enquêtes publiques », *RJE* 1998, p. 116.

(34) En particulier sous forme de délais (art. 2, c) : « la fixation, pour chaque catégorie de déchets qu'ils définissent, des proportions de déchets qui doivent être à terme de cinq ans, d'une part, et à terme de dix ans d'autre part, soit valorisés par réemploi, recyclage, obtention de matières réutilisables, ou d'énergie, soit incinérés sans récupération d'énergie, ou détruits par tout autre moyen ne conduisant pas à une valorisation, soit stockés ». On remarquera cependant que la trop grande part laissée à l'incinération dans les plans adoptés a incommodé D. Voynet, et qu'une circulaire du 28 avril 1998, rappelant aux préfets les délais impartis par la loi, fixe en outre un objectif de 50 % de valorisation des déchets (v. V. Laramée, « Déchets, une réforme douce et floue », *L'Environnement Magazine* septembre 1998, p. 20-21). L'incinération est trop souvent considérée, un peu facilement, comme une valorisation. Cela dit, selon le ministère de l'Ecologie, au moins, tous les incinérateurs sont-ils aux normes depuis le 28 décembre 2005.

(35) D'où l'annulation du plan départemental du Cher par le TA d'Orléans, 6 décembre 1994, Saillard, *Revue de droit immobilier*, 1995, p. 529 et s., note Jegouzo.

(36) TA, Rouen, 28 mars 1997, *Assoc. de sauvegarde de l'environnement*, req. 96647.

(37) V. D. n° 96-1008, 18 nov. 1996, art. 8 et 9 ; *JO* 24 nov. 1996 et rect. *JO* du 11 janv. 1997.

(38) Il est à remarquer que la commission consultative est – implicitement – instituée de manière permanente : l'autorité compétente doit lui fournir au moins une fois par an un rapport sur la mise en œuvre du plan ; secrétariat plus autonome.

représentants des associations de défense de l'environnement (39). Ces litiges ont souvent rapport avec l'absence de critère quant à la détermination de la représentativité des associations. Le préfet n'est en outre pas tenu de prendre en considération les options proposées par les associations non représentées sur tous les aspects de la gestion des déchets ménagers (40) ou celui des organismes intercommunaux (41).

Plans	Contenu	Textes	Compétence
Plans régionaux d'élimination des déchets industriels spéciaux	Inventaire des déchets, recensement des installations, projections de celles qui restent à créer	Décret du 3 février 1993 abrogé par le décret du 18 novembre 1996, loi démocratie de proximité du 27 février 2002	Compétence conseil régional ou préfet si la région n'a pas rempli ses obligations en dix-huit mois (après mise en demeure)
PDEDM	Inventaire des déchets, mesures à prendre pour respecter les orientations nationales	Décret du 18 novembre 1996, circulaire du 28 avril 1998	Préfet ou conseil général

L'importance du contentieux. Concernant l'enquête publique, on relève bien des insatisfactions, qui sont souvent matérialisées par des contentieux. L'enquête sur le projet de plan ne relève pas des opérations pour lesquelles doivent être respectées la totalité des modalités prévues par la loi du 12 juillet 1983 et le décret du 23 avril 1985 (TA, Caen, 21 janv. 1997, n° 961871, *Association Manche Nature*). Il n'y a pas nécessairement organisation de réunions publiques d'information, leur opportunité étant appréciée par le commissaire-enquêteur (v. TA, Clermont-Ferrand, 10 oct. 1996, n° 951202, *Assoc. Comité de réflexion et d'information c/ préfet de l'Aisne*). Par ailleurs, dans les faits, on peut remarquer que la croissance de la production d'ordures ménagères est plus importante que prévue depuis 1996 (42), et qu'en conséquence, leur révision est devenue indispensable, ce qui a d'ailleurs été reconnu (43) et préconisé dès 1997 (44). Ce sera l'occasion, également, de réviser les plans quant au fond...

Les plans sont l'occasion de faire un point exact sur les installations existantes ou en cours de réalisation (montage) et énoncent, selon les priorités et objectifs qu'ils définissent, les installations nouvelles nécessaires et leur localisation préférentielle. Ils prévoient obligatoirement des centres de stockage de déchets ultimes issus du traitement des déchets ménagers et assimilés. Ces obligations ne sont pas que de pure forme, dans la mesure où les juridictions se sont montrées attentives à leur respect : la mention du nombre total d'installations recensées dans un département sans distinguer leur nature, ou encore l'absence d'inventaire prospectif sur la part des déchets à valoriser ou à stocker, entraînent l'illégalité d'un plan (v. TA, Orléans, 6 déc. 1994, *Saillard c/ Association de protection du confluent Loire et Allier et env.*, n° 94-635 et 823) (45). Le plan doit également

(39) TA, Marseille, 21 nov. 1996, n°s 935796 et s., *Union pour l'écologie et autres c/ préfet des Bouches-du-Rhône*.
(40) P. Billet, « Déchets ménagers et assimilés », fasc. 812, *J.-Cl. Env.*, préc.
(41) TA, Lyon, 22 janv. 1993, n° 9601942, *Syndicat intercommunal Teruay-Deume*.
(42) V. S. Musso-Gabai, « Plans départementaux d'élimination des déchets ménagers et assimilés : l'échéance légale du 4 février 1996 ne sera pas respectée », *Environnement et techniques*, mai 1996, n° 156, p. 67.
(43) Rép. min. Env. quest. orale, *JOAN* CR, 19 nov. 1997, p. 61146.
(44) Rapport *Guellec* (A. Guellec), « Déchets ménagers : pour un retour à la raison », *Doc. AN*, n° 3380, 25 février 1997, p. 31-39.
(45) P. Billet, « Déchets ménagers et assimilés », fasc. 812, *J.-Cl. Env.*, préc.

procéder au recensement de toutes les installations de recyclage, de valorisation et d'élimination en décharge des déchets, même si la fermeture de certaines unités est envisagée, dès lors que cette fermeture est simplement conditionnelle dans l'hypothèse d'une absence de mise en conformité avec la réglementation (TA, Lyon, 22 janv. 1997) (46). L'éventuelle absence de données actualisées ne saurait être excusée en tant qu'elle fausse les perspectives retracées par un plan (annulation du plan de l'Essonne, TA, Versailles, 24 octobre 2000, *Association Essonne Environnement*). Ils ont surtout une utilité en raison de leur caractère prospectif. La sévérité du juge a abouti à ce que dans l'ensemble cette prospective ne soit pas que de pure forme. Ainsi, le TA de Toulouse a prononcé l'annulation du plan de l'Aveyron, approuvé le 1er octobre 1996, car celui-ci, en renvoyant à des études ultérieures l'examen approfondi de questions telles que celles relatives aux transports, à la localisation de centres de tri et à l'incinération des déchets, ne pouvait être considéré que comme un document préparatoire et inachevé et ne répondait pas aux exigences fixées à l'article 10-2 de la loi du 15 juillet 1975 (TA, Toulouse, 17 juin 1999, *M. Berardi et autres c/ Préfet de l'Aveyron*, n° 96/2987). Par ailleurs, la juridiction souligne qu'aucune réglementation n'impose de pourcentage respectif pour les filières d'incinération et de valorisation matière (v. TA, Caen, 18 déc. 1997, n° 96-1533, *Association Manche Nature et autres*).

Pour ce qui concerne les déchets industriels, contrairement aux plans d'élimination des déchets ménagers, les plans régionaux sont peu avancés, et ce délai n'aurait pas pu être tenu (47). La volonté de dynamiser leur confection explique le transfert à la région – plus exactement au Conseil régional – par la loi sur la démocratie de proximité (48) du soin d'adopter le plan d'élimination des déchets industriels spéciaux (art. L. 541-13 nouveau du Code de l'environnement). Mais le maintien d'une possibilité de mise en demeure assortie d'un délai de dix-huit mois à l'issue duquel l'État peut reprendre la main illustre l'absence d'une confiance absolue dans la décentralisation (art. L. 222-1).

Méfiance que confirme le maintien d'une planification nationale pour un certain nombre de déchets, « à raison de leur degré de nocivité ou de leurs particularités de traitement et de stockage » (art. L. 541-11 du Code de l'environnement) : là encore, la liste est établie par décret en Conseil d'État. Compte tenu des réflexions en cours (en particulier sur les déchets faiblement radioactifs) et des textes déjà adoptés (en particulier la loi sur les déchets nucléaires), on peut légitimement penser que ces planifications nationales seront réservées à un faible nombre de catégories : il y a en effet moyen, avec le texte de 1992, de laisser reposer sur les régions l'impopularité du choix des décharges industrielles.

Pour ce qui concerne les déchets nucléaires, la planification, qui ne saurait être que nationale, se heurte à une méconnaissance de l'étendue exacte des problèmes – ce qui en soi, en regard du principe de précaution, est déjà critiquable. Pour cette raison, la loi du 30 décembre 1991 relative à la recherche sur la gestion des déchets radioactifs a confié à l'ANDRA (Agence nationale pour la gestion des déchets radioactifs) le soin de collecter les informations nécessaires à un inventaire des sites : un rapport de 238 pages recensant 120 sites – toutes catégories confondues – a été remis en avril 1993, qui permettra une rationalisation de la gestion (nécessaire eu égard aux dangers que représente le nombre de petits producteurs – 550 – et la longue durée de vie de ces déchets). La loi de programme n° 2006-243 du 28 juin 2006 relative à la *gestion durable des matières et déchets*

(46) P. BILLET, « Déchets ménagers et assimilés », fasc. 812, *J.-Cl. Env.*, préc.

(47) On constatera à cet égard que la CJCE a condamné la France (2 mai 2002, aff. 292/99) pour n'avoir pas établi des plans de gestion sur tout le territoire. Lui est aussi reproché d'avoir négligé la planification concernant les PCB et de ne pas avoir inclus un chapitre sur les emballages dans tous les plans adoptés.

(48) Loi du 27 février 2002, *JO* 50, 28 février 2002, p. 3808.

nucléaires fait l'impasse sur les solutions transitoires proposées par les écologistes tout en prévoyant des modalités prudentes de financement des charges futures (49).

Enfin, on notera avec intérêt l'article 3-1 nouveau de la loi de 1975, qui réserve le droit au ministre de l'Environnement d'imposer à des exploitants déterminés d'éliminer des déchets que le détenteur n'aurait pas trouvé à faire éliminer « ... en raison de refus opposés par les exploitants d'installations autorisées à cet effet », les frais étant à la charge du détenteur. Cette disposition est à même, correctement appliquée, d'éviter que ne se produise une affaire de « fûts baladeurs », comme de limiter les exportations plus ou moins clandestines de déchets. Tout au plus peut-on regretter que le ministre, selon les termes de la loi, ait seulement la possibilité d'agir, et qu'il ne soit pas dans l'obligation de le faire (v. *infra*)...

SECTION 3 **LES MOUVEMENTS DE DÉCHETS**

Des fûts baladeurs de Seveso aux épopées du Zannobia, l'actualité a amplement démontré que les problèmes les plus graves que puissent poser des déchets sont ceux de leurs transports. La France est paradoxalement plus un « destinataire » de déchets qu'un « exportateur » : elle avait importé en 1987 250 000 tonnes de déchets en provenance de la RFA, de Belgique, des Pays-Bas et de Suisse (50) mais n'en avait exporté que 25 000 tonnes. Elle a confirmé avec l'épopée du Clémenceau qu'elle n'en a pas fini avec les maladresses et les hypocrisies.

§ 1. DE L'APPRENTISSAGE DES DÉCHETS À LA LOI DE 1988

La loi de 1975 ne traitait que des obligations des importateurs, pas de celles des exportateurs. Pour l'essentiel, le régime reposait sur la confiance : le décret du 19 août 1977 prévoyait une information par les industriels à propos de « leurs » déchets toxiques. D'où un arrêté interministériel du 5 juillet 1983, obligeant pour toute importation à une déclaration et mettant en place un système (dit système Arthuit) de contrôle des circuits d'élimination. La déclaration signée par le producteur, l'importateur ou le transporteur devait aboutir entre les mains du préfet du lieu de destination des déchets. L'administration disposait de deux mois pour le cas échéant interdire pour des motifs de sécurité l'importation. Une circulaire du 13 octobre 1983 a permis un groupage des déclarations par les importateurs désireux de réaliser plusieurs importations successives. La directive de la CE en date du 28 mars 1978 se montrait plus sévère, qui préconisait la mise en place d'un système d'autorisation des installations de traitement ou de stockage de

(49) V. M. B. Lahorgue, « Les provisions et le financement des charges futures du nucléaire : qui va payer la facture ? », *Dr. env.* mai 2007, p. 125 et s.

(50) Et encore seuls les déchets européens étaient-ils décomptés.

certains déchets dangereux. La directive du 6 décembre 1984 (51) a imposé à la France la mise en place d'une législation plus rigoureuse (52) ; il est vrai que les scandales se succédant, l'État français ne pouvait guère faire autrement. La loi du 30 décembre 1988 (53) (art. L. 541-40 à L. 542-2 du Code de l'environnement) étend notablement les obligations juridiques des responsables de déchets. Mais il a fallu attendre quelque temps pour qu'un décret vienne rendre l'application de cette loi effective. Par la suite, la mise en œuvre de la Convention de Bâle par des règlements européens (règlement n° 259/93 du Conseil, du 1er février 1993, actualisé en 2006 (54) ont contraint l'État français à parfaire encore son dispositif.

§ 2. LE DÉCRET MONTCHANIN (55)

Le décret du 23 mars 1990 relatif à l'importation, à l'exportation et au transit de déchets générateurs de nuisances est né dans un contexte politique bien délicat : empêtré dans l'affaire de Montchanin (56), le gouvernement se devait de faire vite. Le passage d'un système fondé sur la seule responsabilité pénale des détenteurs de déchets institué par la loi de 1975 à un système de police administrative plus astreignant était dans la logique. Le décret 77-974 du 13 août 1977 n'imposait aux entreprises « qui produisent, importent, transportent ou éliminent certains déchets dangereux » que la fourniture de renseignements ; la priorité de l'information avait d'ailleurs été affirmée par la CE, dans la directive relative aux déchets toxiques et dangereux du 20 mars 1978 (57). Mais cette affirmation était restée de pure forme en France, jusqu'à ce que l'affaire des fûts éclate fort opportunément (58), entraînant avec retard au plan interne ce que la catastrophe de Seveso avait entraîné au plan européen. Les pouvoirs publics s'étaient contentés dans un premier temps, réponse bien timide, d'instituer l'exigence d'un bordereau censé suivre les déchets dans leurs pérégrinations françaises, chaque intermédiaire

(51) Complétée par une directive du 18 juin 1986, elle repose sur un mécanisme à base de réelles obligations juridiques (en particulier : réelle capacité de traitement d'accueil, accord du pays destinataire, etc.).

(52) Non sans mal, puisque l'introduction dans le droit interne des dispositions de la directive aurait dû se faire avant fin 1987 ; il est vrai qu'à cette date seuls la Belgique et le Danemark avaient réalisé une adaptation de leur droit interne.

(53) *JO* 4 janvier 1989, p. 113.

(54) Règlement 1013/2006 du Parlement européen et du Conseil, du 14 juin 2006, *JOUE*, L. 190 du 12 juillet 2006.

(55) V. R. Romi, « Le pouvoir réglementaire au chevet de Montchanin », *Quot. jur.*, 9 juin 1990.

(56) Encore relancée par les révélations de F. Nicolino dans *Politis* n° 100, 12-24 avril 1990, qui retranscrit les aveux d'un des protagonistes de l'affaire des « fûts baladeurs » de Seveso.

(57) *JOCE*, L. 084, du 31 mars 1978. Mais la CE a évolué vers une sévérité mieux en rapport avec la réalité. V. les directives : du Conseil 84/631 du 6 décembre 1984 relative à la surveillance et au contrôle dans la Communauté des transferts transfrontaliers de déchets dangereux (*JOCE*, L. 326/31 du 13) ; de la Commission, n° 85/469 du 22 juillet 1985 portant adaptation au progrès technique de la précédente, *JOCE*, L. 272/1 du 12 octobre 1985 ; du Conseil n° 86/279 du 12 juin 1986 modifiant la directive 84/631, *JOCE*, L. 181/13 du 4 juillet ; et de la Commission n° 87/112 du 23 décembre 1986 portant deuxième adaptation au progrès technique de la directive 84/631, *JOCE*, L. 48/31 du 17 février 1987.

(58) Grâce à une courageuse et opiniâtre enquête de J. Lempereur de *Science et Vie*, qui fut publiée dans cette revue le 25 mars 1983.

en gardant un exemplaire (arrêté du 4 janvier 1985). Sur le papier au moins, cela aboutissait à faciliter l'établissement d'une responsabilité cumulative des différents acteurs de l'élimination de déchets dangereux. Les services des installations classées pouvaient procéder à des contrôles ponctuels et être informés des problèmes d'élimination ou de prise en charge (59). Manifestement, ce mécanisme libéral n'a pas suffi, face à un phénomène d'une envergure économique sans commune mesure avec ce que l'on soupçonnait à l'époque. D'où le changement de cap de 1988-1990. Le décret du 23 mars 1990 est on ne peut plus clair. Occupant sept pages du *JO*, il traite de tous les aspects du problème envisagé.

En premier lieu, l'importation d'un des déchets figurant en annexe I du décret (60) est soumise à autorisation. L'autorité compétente est le préfet du département « sur le territoire duquel est située l'installation d'élimination du déchet... » (article 3) : il s'agit clairement de permettre de repérer à coup sûr si l'installation est véritablement habilitée à recevoir et à traiter les dits déchets (61). Ce qui suppose que l'on connaisse exactement la nature du déchet, et donc son producteur, d'où l'exigence de mentions précises concernant (article 4) « l'identité de l'auteur de la demande, du destinataire... de la personne qui a créé le déchet, du détenteur initial, du ou des transporteurs prévus... » ainsi (c'est ici le rôle joué par B. Parringaux et ses complices qui est visé) que celle « ... de toute autre personne intervenant à titre commercial ou technique dans l'envoi du déchet du détenteur initial au destinataire... » plus des indications sur « ... la nature, le fait générateur, la composition, la quantité, les caractéristiques du danger, la destination et le mode d'élimination du déchet... » et sur « ... les conditions de transport et l'itinéraire ». Un document de suivi, analogue au bordereau imposé auparavant, doit être visé par tous les intermédiaires et les acteurs du transport et du traitement, qui en gardent tous copie (article 8). L'article 6 du décret ne laisse que peu de latitude d'appréciation au préfet, qui « refuse l'autorisation par décision motivée si le dossier de demande est incomplet ou si l'élimination du déchet n'est pas compatible avec les dispositions législatives et réglementaires en matière de protection de l'environnement ou de la santé ». Le décret n 92-798 du 18 août 1992 (62) a ajouté que le préfet doit – car il n'y a pas en la matière de choix, la compétence du préfet semble être une compétence liée – également refuser l'autorisation lorsque « l'élimination n'est pas compatible avec les prescriptions édictées par un plan d'élimination des déchets »... et qu'il peut – on remarquera la différence de termes – « refuser l'autorisation d'importer un déchet destiné à être mis en décharge lorsque celui-ci peut faire l'objet d'une valorisation ou lorsqu'il existe, dans le pays d'origine du déchet, une installation de décharge appropriée plus proche du lieu de production du déchet que celle portée sur la demande ». Encore faudra-t-il qu'auprès des préfets, soient

(59) Dans plusieurs hypothèses : soit en cours de « circuit », l'art. 6 de l'arrêté consacrant le droit des services de « prescrire des prélèvements et analyses pour vérifier la conformité du chargement au bordereau » ; ensuite, en fin de circuit, dans le cas de refus de l'exploitant final de traiter des déchets (obligation d'information du producteur des déchets et du service des installations classées, art. 3 *in fine* et art. 4).

(60) Y figurent bien entendu en bonne place les polychlorobiphényles et les polychloroterphényles.

(61) Ce décret, ne serait-ce que pour cela, mériterait d'être dénommé « décret Montchanin »...

(62) Quant à la légalité du décret de 1992, sa conformité avec la logique du droit communautaire et ses conséquences, v. concl. PIVETEAU sous CE, 15 avril 1996, *Freymuth*, *AJDA* 6-1996, p. 440 et s.

affectés des techniciens compétents en assez grand nombre pour les conseiller : l'efficacité réelle de ces dispositions risque bien de dépendre de la réorganisation des structures de l'administration déconcentrée de l'environnement... L'on serait tenté de suivre M. Barnier, car, si les services ne sont pas étoffés, l'on ne voit guère comment le préfet pourra utiliser son pouvoir de suspendre l'autorisation (article 12) : à moins de compter sur les associations ou les journalistes pour savoir quand « les conditions au vu desquelles... l'autorisation a été délivrée ne sont pas réunies ou ont cessé de l'être » !

L'importation de déchets ménagers ou assimilés à fin de mise en décharge (article 34-1 du décret de 1990 modifié par le décret du 18 août 1992) est en principe interdite, sauf si cette importation est prévue par un accord avec l'État concerné (États hors CE) ou si (États CE) elle est prévue par un plan d'élimination ou par un accord. L'importation des déchets inscrits à l'annexe III en vue de leur élimination par d'autres procédés que la mise en décharge est soumise à autorisation, délivrée par le préfet du département sur le territoire duquel est située l'installation de traitement, celui-ci pouvant l'assortir de prescriptions (art. 34-2 du décret de 1990 modifié par le décret de 1992).

Pour ce qui concerne les exportations des déchets figurant en annexe du décret, le système est un système de simple déclaration si les déchets sont exportés vers un pays de la CE ; la déclaration doit être souscrite (art. 13) auprès du préfet du département sur le territoire duquel se situe l'installation qui a produit le déchet ou l'a pré-traité. Mais à cette déclaration doit être jointe entre autres documents (63) une preuve de ce que le pays d'accueil ou de transit a été averti de l'exportation ou du transit. En fait, le système n'est pas si éloigné du précédent car l'article 15 précise que « le préfet s'oppose par décision motivée à l'opération envisagée si le dossier de déclaration est incomplet, si l'exportation compromet l'exécution d'un plan d'élimination des déchets... » ou « si un État de transit a fait connaître son opposition ». Certes, « la décision d'opposition du préfet doit être notifiée au déclarant dans un délai de vingt jours courant à compter de la réception de la déclaration, faute de quoi le préfet est réputé ne pas s'être opposé ». Certes, il ne dispose pas de pouvoir d'appréciation, les motifs d'opposition n'englobant pas la non-conformité « aux dispositions législatives et réglementaires en matière de protection de l'environnement et de santé », ce qui est d'ailleurs tout à fait

▒ (63) En fait, les pièces qui doivent être fournies sont en gros les mêmes que celles qui sont exigées pour l'importation et visent le même office. Doit être produite, surtout, une pièce prouvant un accord entre le détenteur et le destinataire « quant à la prise en charge du déchet dans l'installation prévue aux fins d'élimination » (art. 14, d), 2°). Il s'agit toujours d'arriver à ce qu'une affaire de fûts baladeurs ne puisse plus se reproduire, quitte à porter atteinte à la liberté de la concurrence, ce qui est pour le moins normal. Il n'empêche que, dans un contexte d'ouverture des frontières, le mécanisme risque d'être insuffisant. Au niveau européen, d'ailleurs, les autorités voient d'un mauvais œil l'institution de contrôles par les autorités nationales ; ainsi, C. Ripa de Meana, alors membre de la Commission chargée de l'environnement, n'a-t-il pas craint de répondre à une question écrite du parlementaire européen F. Roelants du Vivier (QE, n° 2212/88, réponse publiée au *JOCE* 89/C du 7 août 1989) que « ces mesures » (*id est :* les mesures en matière de déchets) devront être prises au niveau communautaire et que « ... de toute façon il ne faudra plus s'attendre à des contrôles de déchets au niveau des frontières nationales ».

regrettable... Mais le résultat est bien que la déclaration n'est plus de simple forme comme avant, le préfet pouvant, normalement, agir avant que les déchets litigieux ne s'évanouissent dans la nature... Depuis le décret de 1992 (art. 34-3 et s.), « le ministre de l'Environnement peut interdire une opération d'exportation ou de transit à la demande des autorités compétentes de l'État destinataire ou de transit ». Pour les exportations vers des pays n'appartenant pas à l'Union européenne (64), le système est ouvertement un système d'autorisation, le pouvoir appartenant alors au ministre chargé de l'Environnement qui ne peut la délivrer qu'« au vu de l'accord préalable de l'État de destination et des États de transit n'appartenant pas à la Communauté » (art. 18). Les pièces qui doivent être en outre présentées permettent de vérifier par où et comment les déchets transitent. Le ministre (article 20) « refuse (65) l'autorisation par décision motivée »... « si le dossier de demande est incomplet (66)... », « s'il n'est pas établi que le destinataire possède la capacité et les compétences pour assurer l'élimination du déchet dans des conditions qui ne présentent pas de danger ni pour la santé humaine ni pour l'environnement (67)... », « si l'exportation prévue compromet l'exécution d'un plan d'élimination des déchets... » et « si un État de transit appartenant à la Communauté a fait connaître son opposition ».

Les transits de déchets de frontière à frontière sont organisés selon le même principe (art. 23). Tout stockage intermédiaire, sauf sous douane, est en outre interdit. Ils sont soumis à autorisation du ministre si les États d'expédition et de destination sont des États tiers à la CE, et que le déchet ne transite pas par un État de la CE (art. 24) ; la demande d'autorisation est assortie des pièces nécessaires pour opérer les mêmes vérifications que précédemment. Dans les autres cas, le décret (art. 29) institue un système de déclaration préalable, la demande devant être assortie de la preuve qu'une autorisation a été délivrée par l'État de destination, par l'État d'expédition ou « à défaut » par le « dernier État membre de transit ». On peut craindre que des États désireux de se débarrasser de déchets dangereux produits sur leur territoire ou transitant à leur corps défendant sur leur territoire ne soient enclins à délivrer un peu rapidement de telles autorisations. Mais le ministre de l'Environ-

(64) Les États parties à la Convention de Bâle ont adopté lors d'une conférence à Genève une résolution visant à l'interdiction de tout déchet toxique de pays membres de l'OCDE vers des pays non membres, à partir du 31 décembre 1997.

(65) Il a donc compétence liée : autant pour la raison d'État...

(66) Et donc, logiquement, si les États de transit et de destination n'appartenant pas à la CE n'ont pas donné leur accord.

(67) On remarquera qu'ici, il s'agit bien de la santé humaine et de l'environnement de pays étrangers – du tiers monde *a priori* – dont jusqu'ici l'on ne se préoccupait guère. Mais l'on voit assez mal comment, concrètement, pourront s'exercer de réels contrôles ; au demeurant, le respect de la souveraineté nationale des pays du tiers monde serait mis à mal par de tels contrôles... D'autre part, faut-il comprendre que l'élimination des déchets devient une exigence ? *Quid*, alors, des pays qui auraient « vendu » ou pourraient vendre une partie de leurs déserts pour permettre l'enfouissement de déchets dangereux (on en parle beaucoup ces temps-ci) ? Faudra-t-il considérer, alors, que « l'enfouissement » est une « élimination » ? Dans le cas contraire, l'on va tout droit vers une interdiction pure et simple de l'exportation de déchets vers les pays du tiers monde, eu égard à leurs faibles capacités techniques ; ce ne sera certes pas un mal, au contraire. Il est vrai aussi et par ailleurs que ces dispositions s'appliquent aux sociétés contrôlées par les pouvoirs publics (la COGEMA en particulier) dont, à en croire le secret qui entoure les modes de gestion de leurs déchets, on est fondé à craindre qu'ils ne se soient livrés au genre de « trafic » ici incriminé... Faute de transparence absolue en ce domaine, l'observateur profane peut croire au pire.

nement (art. 31), toujours selon le même schéma, peut s'opposer par décision motivée au transit si « le dossier de déclaration est incomplet, ou s'il n'est pas établi que le destinataire possède la capacité ou les compétences pour assurer l'élimination des déchets dans des conditions qui ne présentent pas de danger ni pour la santé humaine ni pour l'environnement », sa décision devant être notifiée dans les quinze jours de la demande faute de quoi il sera réputé ne pas s'opposer. On remarquera en outre que le détenteur initial (pour les exportations et les importations) doit informer le ministre ou le préfet selon les cas de la réception du déchet par le destinataire, que le destinataire doit faire de même pour les transits, que les uns ou les autres doivent informer de tout incident compromettant l'opération, sous peine de sanctions. C'est bien là que le bât blesse (mais est-ce évitable ?). Les auteurs étrangers d'infractions à ce décret seront difficiles à atteindre ! La peine prévue par l'article 37 est évidemment faible (amende prévue pour les contraventions de cinquième classe) et d'autant moins dissuasive que le marché de l'élimination clandestine des déchets dangereux est très lucratif.

Cette dernière adaptation du droit concernant les mouvements de déchets a fourni l'occasion de réaliser que la « communautarisation » du droit administratif français peut rendre la protection de l'environnement plus difficile parce que plus coûteuse : le TA de Strasbourg (8 décembre 1994, *Freymuth c/ ministre de l'Environnement*) a fait application du principe communautaire de « confiance légitime » et engagé la responsabilité de l'État, coupable en l'occurrence de ne pas avoir ménagé une période transitoire avant l'entrée en vigueur de l'interdiction d'importation de déchets. Comme le souligne l'un des commentateurs de cette décision (68), sous couvert du « souci d'éviter la précipitation dans l'élaboration de nouvelles politiques ainsi que l'application brutale de ces dernières », le TA de Strasbourg a ouvertement choisi d'engager cette responsabilité pour faute, alors même que les règles de la responsabilité sans faute paraissaient laisser plus de souplesse à l'administration et au juge.

On notera que la circulation des déchets non dangereux est désormais soumise à déclaration : le décret n° 98-679 du 30 juillet 1998 relatif au transport par route, au négoce et au courtage des déchets constitue la suite logique de la condamnation de la France par la CJCE le 5 juin 1997. Mais quatre exceptions limitent la portée de la déclaration : elles concernent les entreprises soumises à la législation sur les installations classées pour le transport des déchets qu'elles produisent, les transporteurs d'ordures ménagères pour le compte des collectivités locales, les transporteurs de terres non souillées, de béton, de déchets de briques, de tuiles, de céramiques, et autres matériaux de démolition propres et triés, gravats et pierres, et les transporteurs agréés d'huiles usagées.

(68) M. Heers, *RFDA* septembre-octobre 1995, p. 963 et s. V. également *AJDA* juillet 1995, p. 555, concl. Pommier. Sur le problème de la sécurité juridique en droit administratif, v. P. Pacteau, « La sécurité juridique, un principe qui nous manque ? », *AJDA* numéro spécial du cinquantenaire, juillet 1995, p. 151 et s. On notera que cette décision qu'avait infirmé le CE devrait connaître une certaine actualité désormais, dans la mesure où le CE a intégré le principe de sécurité légitime (CE Ass., 24 mars 2006, *Société Kpmg et autres,* n° 288460, 288465, 288474, 288485).

L'arrêté du 30 décembre 2002 relatif au stockage de déchets dangereux* (69) *: la gestion intégrée des déchets dangereux

Cet arrêté remet à plat en 7 titres la gestion des déchets dangereux en la remplaçant dans la logique de la gestion intégrée des pollutions. Il organise– chaque problème se voyant consacrer un titre – l'admission des déchets, l'implantation et les caractéristiques du site de traitement, l'exploitation du site, la remise en état du site, la vérification et le suivi des déchets, la gestion particulière des déches amiantés, la mise en conformité des installations existantes. Trois annexes précisent les caractéristiques admissibles des déchets, les exigences en matière géologique et hydrogéologique des sites, et les règles générales applicables.

En premier lieu, s'ajoutant à toutes les précautions qui sont depuis quelques années prises pour éviter les errances anonymes de déchets baladeurs, le principe est fixé qu'un déchet dangereux ne peut pas faire son entrée sur un quelconque site si un contrôle efficace de ses caractéristiques ne sont pas opérées (article 8) : « La procédure d'acceptation en centre de stockage pour déchets dangereux comprend trois niveaux de vérification : la caractérisation de base, la vérification de la conformité, la vérification sur place ». Le producteur ou le détenteur du déchet doivent tenir à disposition et donc connaître les caractéristiques du déchet. C'est sa « caractérisation » qui permettra son entrée sur le site ; elle doit avoir été opérée moins d'un an avant l'entrée ; si ce délai a été dépassé, outre la vérification sur place qui a lieu pour tous les déchets entrant sur le site, le responsable du site s'assurera de la conformité des caractéristiques du produit qui pénètre sur son site et des caractéristiques réelles du produit.

L'article 38 précise le moyen essentiel de cette connaissance : la tenue d'un registre. Ce registre ne concerne pas seulement les déchets admis sur le site, mais constitue aussi un outil de contrôle des déchets « baladeurs » ou trop dangereux : « L'exploitant consigne sur un registre (ou sous forme électronique) tenu à la disposition de l'inspection des installations classées la liste des déchets non admis dans l'installation de stockage et les raisons du refus. »

Cette connaissance doit être permanente : le site doit être soumis à une « surveillance performante et fiable de la qualité » (art. 26), pour lequel « Un laboratoire est installé à l'entrée de l'installation de stockage afin de réaliser les analyses de caractérisation nécessaires à l'identification des déchets dangereux » (art. 28). Les analyses sont régulières : « Dans le cas d'un rejet en continu des lixiviats dans le milieu naturel, un prélèvement continu proportionnel au débit, une mesure en continu du pH et du débit au minimum et une analyse journalière du COT et des MEST sur un échantillon représentatif de la qualité de ces rejets sont effectués. Une analyse hebdomadaire est effectuée sur les paramètres » (art. 31).

Le site doit correspondre à des critères précis : l'article 11 prévoit que ses caractéristiques géologiques doivent constituer une barrière naturelle, et l'article 14 exige « une étude géologique et hydrogéologique approfondie ». Le site ne doit évidemment pas être implanté en zone inondable. L'exploitation doit se réaliser en casiers hydrauliquement indépendants, deux ou exceptionnellement trois pouvant être exploités en même temps au maximum. L'article 25 du texte précise à ce sujet que « Lorsque la cote maximale autorisée pour le dépôt de déchets est atteinte et cela quel que soit le nombre d'alvéoles superposés, une couverture finale (70) est mise en place pour empêcher l'infiltration d'eau de pluie ou de ruissellement vers l'intérieur de l'installation de stockage ».

(69) *JO* n° 90, 16 avril 2003, p. 6752.
(70) Dont la description est très précisément effectuée par cet article.

Concernant la date d'application de ces exigences, on notera que selon l'article 12, « Pour les installations autorisées après le 1er janvier 1994, la zone d'exploitation sera à plus de 200 mètres de toute habitation, établissement recevant du public ou zone destinée à l'habitation par des documents d'urbanisme opposables aux tiers ».
Mais l'on exige plus des sites implantés à partir de la publication de l'arrêté : « la zone d'exploitation doit être implantée et aménagée de telle sorte que son exploitation soit compatible avec les autres activités et occupations du sol environnantes » et qu'« elle ne génère pas de nuisances qui ne pourraient faire l'objet de mesures compensatoires suffisantes et qui mettraient en cause la préservation de l'environnement et la salubrité publique. »
L'article 47 spécifie que « La mise en conformité des conditions d'aménagement, d'exploitation et de suivi des installations de stockage continuant à recevoir des déchets à la date de publication au Journal officiel de la République française du présent arrêté est obligatoire ».
Cette mise en conformité est modulée : obligatoire en entier et immédiate pour les installations ouvertes après 1994, elles peuvent connaître quelques atténuations pour celles qui ont été ouvertes avant et doivent être fermées en 2009, et devra être totale pour les autres en 2009, qui de toute manière doivent faire l'objet d'une dérogation, mais à la condition que « les dispositions proposées apparaissent apporter une garantie équivalente ».
Sur un autre plan, rien ne sert d'éliminer l'usage de l'amiante et de préconiser le désamiantage si, à l'occasion de ces opérations, se crée un risque second, à partir de la « perte » de déchets. C'est l'objet du titre VI du texte commenté de l'éviter.
L'article 44 spécifie que « En cas de non-présentation de l'exemplaire original d'un des documents de suivi ou de non-conformité du déchet reçu avec le déchet annoncé, le chargement est refusé. L'exploitant du centre de stockage adresse dans les meilleurs délais, et au plus tard 12 heures après le refus, une copie de la notification motivée du refus de chargement. Cette notification est à envoyer au préfet du département du centre de stockage, au préfet du département du producteur du déchet, au producteur (ou détenteur) du déchet et, si nécessaire, aux différents intermédiaires notés sur le bordereau de suivi ».
Les déchets amiantés doivent faire l'objet d'une entreprosage spécifique, ce qui suppose que « L'exploitant vérifie que les déchets contenant de l'amiante arrivent sur son site en double conditionnement étanche et étiqueté « amiante », puis que (art. 45) « Les déchets contenant de l'amiante ne sont pas mélangés avec d'autres déchets dans une même alvéole si ce n'est au-dessus et au-dessous. L'alvéole destinée aux déchets contenant de l'amiante est entourée d'alvéoles de déchets solidifiés. Les techniques de mise en œuvre permettent de garantir la traçabilité et la stabilité de cette alvéole. Il n'est pas exploité plus d'une alvéole de déchets contenant de l'amiante à la fois. Les déchets conditionnés sont manipulés et stockés de manière à éviter au maximum les risques de dispersion des fibres. Des consignes sont données aux employés du centre de stockage dans ce sens ».

BIBLIOGRAPHIE ADITIONNELLE INDICATIVE

J. P. COLSON (dir.), *Gestion des déchets et développement durable*, journée d'études franco-marocaine, 10 octobre 2002, Université Montpellier I, L'Hermès, 2003 ■ J.-Y. FABERON, « La notion de déchet ultime », *LPA* 26 avril 2000 ■ M. PRIEUR, « Les déchets radioactifs, une loi de circonstance pour un problème de société », *RJE* 1/1992, p. 19 et s. ■ L. RICHER, « Les déchets dans le titre IV de la loi du 2 février 1995 sur l'environnement », *RFDA* 2-1996, p. 236 et s. ■ G. SÉBASTIEN, « Décryptage du décret du 13 juillet 1994 sur les emballages industriels et commerciaux », *Dr. env.* décembre 1994, p. 21 et s. G. SÉBASTIEN, « Le droit à l'information en matière de déchets », *LPA* 29 juillet 1996.

CHAPITRE 2
LE RÉGIME DU BRUIT

Selon une étude du CREDOC de 1990, 56 % des Français avaient le sentiment de souffrir du bruit (1), et selon l'OCDE, 13 % des Français étaient exposés à des bruits supérieurs à 65 décibels (2) ; en 2002, le bruit demeurait la première nuisance dont se plaignaient encore les Français (étude INSEE 2002). Sur ces points, la loi la plus récente, celle du 31 décembre 1992 n'a apporté que des corrections à la marge. Elle ajoute au droit antérieur, il est vrai assez copieux (3) plus qu'elle ne le restructure, même si elle introduit la notion d'atteinte à l'environnement qui n'était pas ouvertement formulée auparavant (4). Le droit du bruit n'en est pas moins un droit d'origine juridictionnelle (5), sans doute parce qu'il est plus commode au juge d'adapter la décision en matière de bruit que cela ne l'est au législateur !

L'ordonnance n° 2004-1199 du 12 novembre 2004 (6), qui assure la transcription de la directive 2002/49 du 25 juin 2002 sur l'évaluation et la gestion du bruit dans l'environnement (7) prélude sans doute à une remise en ordre nécessaire, en mettant en avant l'obligation d'évaluer le bruit (art. L. 572-1 du Code de l'environnement) et de dresser une cartographie du bruit et de mettre en place des plans de prévention des bruits (art. L. 572-2 du code). Elle ne modifie pas – ou pas encore – la géographie juridique assez complexe du droit français du bruit, axée sur des

(1) Rapport B. Hugo, Sénat, sur le projet de loi relatif au bruit, *Doc. Sénat*, annexe, séance 2 décembre 1992, n° 75.

(2) Rapport R. Lerron, sur le projet de loi relatif à la lutte contre le bruit, *Doc. AN*, annexe n° 3133, séance 11 décembre 1992.

(3) Influencées par le droit européen ; il y en aurait à peu près deux cents (décrets et arrêtés).

(4) L'art. 1 de la loi est à cet égard clair, qui précise que « les dispositions de la présente loi ont pour objet, dans les domaines où il n'y est pas pourvu, de prévenir, supprimer, ou limiter l'émission ou la propagation sans nécessité ou par manque de précautions des bruits ou des vibrations de nature à présenter des dangers, à causer un trouble excessif aux personnes, à nuire à leur santé ou à porter atteinte à l'environnement ».

(5) V. F. Cuillandre, « Le maire et le bruit, compétences, actions et responsabilités », *RJE* 1-2/1996, p. 67 et s.

(6) *JO* 14 novembre 2004, p. 19200 et s.

(7) V. *Droit international et européen de l'environnement*, cette collection, 2005.

collaborations pas toujours travaillées entre les différents ordres de juridiction et diverses autorités de police.

SECTION 1 L'ACTION ADMINISTRATIVE ET LE BRUIT

Cela peut surprendre, mais le premier administrateur du bruit est le maire. L'article L. 2212-2, 2° du Code général des collectivités territoriales (ancien art. L. 131-2 du Code des communes) précise qu'incombe entre autres au titulaire du pouvoir de police municipale (8) « le soin de réprimer les atteintes à la tranquillité publique, les bruits et rassemblements nocturnes qui troublent le repos des habitants et tous actes de nature à compromettre la tranquillité publique ». Mais le droit du bruit est aussi une branche du droit de la santé (§ 2) qui a prouvé son efficacité. Mais c'est à tout prendre sans doute par l'urbanisme que le bruit peut plus efficacement être jugulé par l'administration (§ 3).

§ 1. LA POLICE DES NUISANCES SONORES

Ces pouvoirs sont utilisables alors même qu'il existe des textes créant des polices administratives spéciales en matière de bruit (v. ci-dessous) (9). Le juge administratif vérifie simplement si l'usage de ces pouvoirs est proportionné et si l'interdiction n'est pas générale ni absolue. On notera que le juge administratif se contente d'une faute simple pour engager la responsabilité d'un maire du fait de sa carence en matière de lutte contre les troubles de voisinage (10).

De manière plus générale, le préfet dispose d'un pouvoir dans son ressort de compétence (le département) en vertu de l'article L. 2215-1, 1° du Code général des

(8) Qui peut être le maire ou le préfet, dans la ville dont la police est étatisée. Dans ce dernier cas, le transfert de la police à l'État est exclusif de toute compétence municipale en matière de bruit. Cependant, comme le signale le professeur LAMARQUE (« La décentralisation et les pouvoirs de police du maire », revue *Écho-bruit*, ministère de l'Environnement, mars 1986), le maire demeure chargé, dans ce dernier cas, du « maintien du bon ordre dans les foires, marchés, réjouissances et cérémonies publiques, spectacles, jeux, cafés, églises, et autres lieux publics ». On remarquera que la police des bruits nocturnes causés par ces manifestations appartient cependant dans les communes à la police étatisée et au préfet : une certaine simplification ne ferait pas de mal.

(9) V. CE, 2 juillet 1997, *Bricq*, *Dr. env.* janvier/février 1998, p. 4, note R. LÉOST : un maire a pu à bon droit interdire les dimanches et jours fériés du 1er mai au 31 octobre l'usage des tondeuses.

(10) CE, 28 novembre 2003, *Commune de Moissy-Cramayel*, req. n° 238349, *AJDA* 10 mai 2004, p. 989, comm. C. DEFFIGIER. Il convient cependant de nuancer : en l'espèce, la régulation des troubles de voisinage incombait directement au maire, s'agissant d'un terrain de sports pour lequel le maire pouvait aisément instaurer une limitation d'accès. Reste à savoir si le juge sera aussi sévère quand il s'agira d'espèces où le maire devra intervenir sur le comportement d'acteurs privés. Il n'est pas exclu que s'opère alors une hiérarchisation entre les exigences : le juge sanctionnera aisément en se contentant d'une faute simple les carences du maire face aux services qui sont directement sous sa dépendance, et continuant à exiger une faute lourde pour les acteurs privés (le cas échéant en opérant un tri entre les acteurs économiques et les personnes privées produisant du bruit en dehors de toute activité économique). Dans certaines affaires, la responsabilité est prononcée manifestement dans des cas où la faute peut être qualifiée de lourde, et le juge use de l'expression « faute de nature à », qu'il utilise en général

collectivités territoriales. Il lui est loisible de prendre un règlement s'appliquant à tous les bruits ou à certains sur le territoire départemental (soit pour toutes les communes, ou certaines seulement, qu'elles soient à police étatisée ou pas) ; en outre, il continue à disposer en matière de police administrative d'un pouvoir de substitution – quand il s'agit d'une carence limitée à une commune seulement – moyennant une mise en demeure préalable.

De même, quand la nuisance touche plusieurs communes limitrophes, moyennant un arrêté motivé. Si bien qu'en fait, plus ou au moins autant que le maire, le préfet peut intervenir en matière de bruit. La circulaire sur le bruit du 7 juin 1989 n'a en la matière que rappelé les textes ci-dessus énumérés. Il n'en subsiste pas moins quelques problèmes quant à l'étendue territoriale des pouvoirs du maire dans sa commune. La jurisprudence a ainsi été amenée à préciser, par exemple, que ses pouvoirs ne permettaient pas à un maire d'interdire le franchissement du mur du son au-dessus de sa commune (11) ou de réglementer les survols de sa commune (12) mais il lui est loisible d'agir sur le domaine public maritime (13). La loi n° 90-1067 du 28 novembre 1990 – qui avait un tout autre objet, puisqu'il s'agissait d'un texte relatif à la fonction publique territoriale – a donné compétence à tous les maires – y compris dans les communes dotées d'une police d'État – en matière de bruits de voisinage, sans tout à fait résoudre ces problèmes.

La loi du 31 décembre 1992 semble élargir assez considérablement les pouvoirs des autorités administratives compétentes en matière de bruit. L'article 9 de la loi – article L. 2215-3 du Code général des collectivités territoriales – énonce que les maires peuvent limiter dans le temps et dans l'espace les bruits sur la voie publique et fixer pour ces bruits des seuils admissibles (14) dans les secteurs où la loi du 3 janvier 1991 sur la circulation des véhicules à moteur dans les espaces naturels l'autorisait à restreindre la circulation (il s'agit des voies ou secteurs dans lesquelles la circulation – et maintenant, donc, les bruits intempestifs – sont « de nature à compromettre soit la tranquillité publique, soit la protection des espèces animales ou végétales, soit la protection des espaces naturels, des paysages ou des sites ou leur mise en valeur à des fins esthétiques, écologiques, agricoles, forestières ou touristiques »). Il en résulte également que le préfet peut, pour ces mêmes voies et secteurs, faire de même pour une commune ou plusieurs de son département, après mise en demeure adressée au(x) maire(s) concerné(s) restée sans effet.

dans les as où il exige une faute qualifiée. Ainsi, CAA, Bordeaux, 29 mars 2005, *Ville de Pau c/ M. et Mme Asnar*, n° 00BX02318 et 00BX0219 : pour le juge, la responsabilité du préfet est engagée du fait qu'informé en 1993 des nuisances liées à la multiplication des débits de boisson, il n'était pas encore intervenu en 1996 par une réglementation des horaires de fermeture ; de même la tardiveté avec laquelle le maire a pris des mesures de police de la circulation constitue une « faute de nature à ».

(11) TA, Bordeaux, 7 avril 1967, *Maire de Passage d'Agen*, rec., p. 767.

(12) CE, 10 avril 2002, *Ministre de l'Équipement*, req. n° 238212 : le maire ne peut pas interdire sur la base de ses pouvoirs de police générale ou réglementer les exercices de « tour de piste » (enchaînement de décollages et d'atterrissages), ce pouvoir appartenant en propre au ministre chargé de l'Aviation civile, art. L. 131-3 du Code de l'aviation civile).

(13) TA, Nice, 2 avril 1969, *Société Virginie*, rec., p. 627.

(14) La seule exception à cete faculté est destinée à favoriser l'accomplissement des missions de service public, qui échappent à cette compétence : il n'est pas sûr que cette dérogation soit bien légitime.

Cette loi, et plus particulièrement son chapitre II consacré aux « dispositions relatives aux activités » (15), institue une police administrative spéciale, à base d'autorisation (pour les activités bruyantes visées à l'article 1 de la loi, qui font l'objet d'une énonciation par une nomenclature spéciale fixée par un décret en Conseil d'État pris après consultation du Conseil national du bruit) et de prescriptions générales (pour toutes les activités bruyantes autres que celles soumises à autorisation (16)) pour des activités non couvertes par la police des installations classées parce que non inscrites dans la nomenclature *ad hoc*.

Lieux musicaux et *rave-parties*. Le préfet est compétent en vertu de l'article L. 2215-7 du CGCL pour décider la fermeture des lieux musicaux trop bruyants. Ceux-ci doivent limiter le niveau sonore de l'émission de la musique, d'après les normes fixées par le décret 98-1143 du 15 décembre 1998, qui (art. 2) prévoit que le niveau ne doit pas dépasser le niveau sonore moyen de 105 décibels (A) et le niveau de crête de 120 décibels (A). Une étude d'impact des nuisances sonores est exigée. Le propriétaire doit ainsi prendre en compte les nuisances provoquée par son activité pour pouvoir prendre toutes mesures utiles pour éviter un trouble de voisinage. La réalisation d'une étude acoustique permet d'estimer le niveau sonore à l'intérieur et à l'extérieur des locaux et de prévoir ainsi les travaux d'isolation acoustique nécessaires. On notera que de fait, bon nombre de litiges dus à des activités musicales menées dans des lieux musicaux se règlent de manière très classique par le biais des recours en responsabilité civile sur la base de la théorie des troubles de voisinage.

Les *rave-parties* ont fait l'objet d'un traitement politique ponctuel et plus innovant : elles font l'objet d'un encadrement juridique spécifique, qui doit être considéré cependant comme s'appliquant à toutes les fêtes musicales en plein-air susceptible d'émettre des sons trop puissants : le décret d'application de la loi du 31 octobre 2001 (décret n° 2002-887 du 3 mai 2002 2002, *JO* 7 mai 2002) décrit en effet les manifestations concernées comme « les rassemblements exclusivement festifs à caractère musical » dès lors qu'ils se déroulent dans des lieux qui « ne sont pas au préalable aménagés à cette fin » et rassemblent plus de 250 personnes. Cet encadrement résulte d'un amendement à la loi sur la sécurité du 31 octobre 2001. Une déclaration en préfecture est exigée (quinze jours avant la manifestation). Les déclarants doivent faire état des « mesures envisagées pour garantir la sécurité, la salubrité, l'hygiène et la tranquillité publique ». Elle doit être accompagnée d'une autorisation du propriétaire. Le préfet a la compétence d'imposer « toute mesure nécessaire au bon déroulement du rassemblement », ce qui d'après le décret) peut passer « notamment » par la « mise en place d'un service d'ordre ou d'un dispositif sanitaire ». Si la « concertation » ouverte par le préfet en cas de désaccord sur le choix du site n'aboutit pas à une prévention correcte des nuisances, le préfet a le droit d'interdire la *party*. Les organisateurs de *rave-parties*, « soucieux de promouvoir l'expression de la culture et des musiques issues du mouvement techno » ont le loisir de s'engager par une charte de bonnes pratiques : ils obtiendront des facilités (le délai minimum de la déclaration, par exemple, est réduit à huit jours) en échange d'engagements sur les assurances, la manière de traiter déchets et problèmes sanitaires, etc. La police a la possibilité de saisir à titre conservatoire le matériel « pour une durée de six mois ». La saisie définitive peut être prononcée par le tribunal, qui peut prononcer une amende de 1500 € maximum. Mais il faut bien dire que le droit pénal offre bien d'autres moyens : inculpation pour mise en danger de la vie d'autrui, par exemple, qui permettent de traiter du problème du bruit en même temps que des autres nuisances générées par les fêtes de plein air (*Le Monde* 31 janvier 2002, p. 10, part. à propos de la décision du Tribunal correctionnel de Reims, 29 janvier 2002).

(15) Précisé par le décret 95-79 du 23 janvier 1995, *JO* 25 janvier 1995.

(16) Il semble bien s'agir là d'une pleine et entière délégation au pouvoir réglementaire, alors même que le législateur aurait pu, et peut-être aurait dû, se montrer plus précis, car sont en cause des principes généraux de valeur législative, comme la liberté du commerce et de l'industrie ou la liberté d'aller et de venir.

§ 2. LA PRÉVENTION DES BRUITS DE VOISINAGE

Le décret de 1988 a pu être présenté comme un embryon de prise en charge normative globale des problèmes du bruit. La loi *Bruit* est présentée comme assurant cette prise en charge normative : c'est un peu exagéré, en ce qu'il ne s'agit que d'un texte supplétif, et non d'un texte de refonte totale des dispositions en la matière. À tout le moins met-elle les choses au clair, en complétant le dispositif de prévention dont le décret de 1988 fut une première pièce maîtresse, mais bien insuffisante.

Les nuisances sonores peuvent être considérées comme des problèmes d'hygiène. Le Code de la santé publique avait imposé l'édiction dans chaque département d'un règlement sanitaire départemental, adapté d'un texte type. Les articles 101 à 104 (titre V) du règlement type étaient censés régler les problèmes dus au bruit : les bruits émis sur les lieux accessibles au public étaient en partie interdits (pour tout bruit « gênant par leur intensité ou par leur forte charge informative ») ; des dérogations pouvaient être données en raison de circonstances particulières (journées commerciales, fêtes) ; les autres bruits pouvaient faire l'objet d'une réglementation et le cas échéant d'une interdiction en fonction des lieux et heures. Ces dispositions pouvaient être aggravées par des règlements adoptés par les maires après avis des conseils municipaux.

Les choses ont été modifiées par la loi n° 86-17 du 6 janvier 1986. Des décrets en conseil d'État « fixent les règles générales d'hygiène et toutes autres mesures propres à préserver la santé de l'homme, notamment... en matière de lutte contre les bruits de voisinage ». L'un de ces décrets a été adopté le 5 mai 1988, qui modifiait l'état du droit. Il s'appliquait à « l'ensemble des bruits auxquels sont susceptibles d'être exposées des personnes dans les lieux qu'elles peuvent fréquenter, à l'exception de ceux visés par une législation ou par une réglementation spécifique ».

Le décret instituait un mécanisme de répression – ou plus exactement de responsabilité – qui repose sur la double notion de seuil et de faute. Le décret du 18 avril 1995 (17) (*JO* 19 avril), qui abroge celui de 1988, ne modifie pas cette approche. L'élément fautif existe dès lors que des normes ne sont pas respectées, ou dès lors que des précautions suffisantes pour éviter une nuisance n'ont pas été prises, et enfin si une activité est anormalement bruyante, par son intensité, sa durée et sa répétition. Quant au seuil, il s'agit en fait d'un dépassement maximal (une « émergence ») autorisé de 5 décibels le jour, de trois la nuit, au-dessus d'une norme de milieu ambiant (c'est le niveau de bruit ambiant qui sert de référence). Le décret de 1995 reprend, sensiblement dans les mêmes termes, ces valeurs et le terme correctif (également défini par le décret de 1988), « fonction de la durée cumulée d'apparition du bruit particulier », qui minore ces exigences pour les bruits brefs ; il précise en outre – à peu de choses près comme le décret de 1988 – que « l'infraction n'est pas constituée lorsque le niveau de bruit ambiant mesuré, concernant le bruit particulier, est inférieur à trente décibels ». Le décret du 31 août 2006 (18) détermine dans quels cas une nuisance sonore de voisinage n'est pas jugée

(17) Qui modifie en outre, à la hausse, les sanctions pénales en cas de violation des normes.
(18) *JO* 1er septembre 2006, codifié dans le code de la santé publique.

excessive : si le niveau de bruit ambiant est inférieur à 25 décibels à l'intérieur d'une habitation ou à 30 décibels dans tout autre lieu (R. 1334-32). Un bruit continu d'une durée supérieure à huit heures cesse d'être un trouble de voisinage pour devenir un bruit ambiant : il ne constitue alors plus une nuisance de voisinage excessive au sens des articles R. 1334-30 et suivants. Les préfets et les maires peuvent compléter ces dispositions.

Reste à savoir, d'une part, comment se détermine le niveau de bruit ambiant. D'autre part, comment ne pas voir que l'adoption de cette norme de milieu ambiant légitime, au moins sur le court terme, les nuisances existantes ? Il y a là une reconnaissance – mais est-ce évitable ? – de l'inégalité entre les privilégiés du bruit et ceux qui souffrent de nuisances sonores du fait de la localisation de leur habitation. Enfin, il n'y a pas plus mouvant – ne serait-ce qu'en raison du nombre de paramètres qui aboutissent à la situation sur le lieu et au moment considérés – qu'un niveau de bruit ambiant – la seule valeur fixe étant constituée par le seuil exonératoire de 30 décibels. D'où une importance accrue des normes qui, dans le droit de l'urbanisme, sont de nature, par un zonage approprié, à lier habitation et niveau sonore ambiant faible (v. ci-dessous).

La loi de 1992 consacre un titre III à la protection des riverains des grandes infrastructures, qui concerne les bruits des transports terrestres et aériens. L'article 15 a obligé à dresser un état des nuisances existantes « résultant du transport routier et ferroviaire et les conditions de leur réduction ». L'idée de dresser un « point zéro » permettant de donner une base sérieuse de travail aux parlementaires comme aux administrations est une excellente chose, mais qui intervient bien tardivement, et à une date charnière où le changement de législature s'accompagnant d'un changement de majorité, l'on ne peut être certain que le délai sera tenu. Le but recherché est d'« évaluer les travaux nécessaires à la résorption des points noirs et à la réduction de ces nuisances à un niveau sonore diurne moyen inférieur à soixante décibels ». Cette réduction devant se faire dans un délai de dix ans.

Mais l'article 16 de la loi de 1992 (art. L. 571-14 et s. du Code de l'environnement) qui avait rétabli une taxe pour l'atténuation des nuisances sonores au voisinage des aéroports, due par les exploitants, et destinée à dégager les fonds nécessaires à aider les riverains des aéroports, avait impulsé la mise en place de planifications spécifiques, dont on doit remarquer qu'elle fait l'objet d'une définition négociée : en effet, les « plans de gêne sonore » (19) font l'objet d'une consultation, pour chaque aérodrome, d'une commission composée (art. L.571-16 du Code de l'environnement) par « des représentants de l'État, des collectivités territoriales intéressées, des exploitants d'aéronefs, des associations de riverains, et du gestionnaire de l'aérodrome ». Dans la réalité, l'efficacité de cette consultation pour augmenter « l'acceptabilité » de la présence des aéroports dépend de la proportion réservée à chaque catégorie de représentants (20), que ne précisait pas le décret d'application adopté le 18 mars 1994 et que ne précise pas plus le décret n° 2000-128 du 16 février 2000.

(19) Qu'il faut rapprocher des SAGE, des SDAGE, des plans « déchets », et qui prennent la suite des plans d'exposition aux bruits des aérodromes. Les modalités d'établissement en ont été définies par le décret du 18 mars 1994 publié au *JO* du 5 mai 1994.

(20) Qui est déterminée par un arrêté conjoint de 5 ministres (Intérieur, Transports, Finances, Budget, Environnement).

Il résulte, enfin, des articles L. 572-1 et 2 du Code, issu de l'ordonnance de 2004 et de la loi n° 2005-1319 du 26 octobre 2005, que ces évaluations doivent désormais être systématiques, du fait de la mise en place de cartes du bruit et de plans de prévention, tant pour ces infrastructures de transport que, désormais, pour toutes les unités urbaines de plus de 100000 habitants. Les cartes et les plans seront de la compétence des représentants de l'État pour les infrastructures de transport les plus importantes (21).

§ 3. L'URBANISME ET LE BRUIT

À cet égard, les PLU jouent évidemment un rôle non négligeable. Mais si l'on ne considère que les dispositions du Code ayant directement et expressément un rapport avec les nuisances sonores, abstraction faite des normes d'exception (v. ci-dessous), organisant par exemple l'urbanisation à proximité des aérodromes, il y avait jusqu'à l'adoption de la loi *Bruit* peu à glaner.

L'article R. 111-3-1 fixe que « le permis de construire peut être refusé ou n'être accordé que sous réserve de prescriptions spéciales si les constructions sont susceptibles, en raison de leur localisation, d'être exposées à des nuisances graves, dues notamment au bruit ». Mais, en vertu de l'article R. 111-1, cet article ne s'applique plus s'il existe un plan d'urbanisme rendu public ou approuvé ou « un document d'urbanisme en tenant lieu ». En la matière, il faut noter que le juge effectue seulement un contrôle réduit consistant en la recherche d'une erreur manifeste d'appréciation. *A priori*, ce choix contentieux ne joue ni systématiquement en faveur de la protection de l'environnement ni contre : ainsi, pour le CE, ne constitue pas une erreur manifeste le fait d'avoir autorisé une construction à moins de 50 m d'une porcherie (22). Tout dépend évidemment de l'appréciation du préfet puis de celle du juge (23).

La loi de 1992, pour ce qui concerne les bruits des infrastructures de transports, urbanisme et construction, inscrites dans une nomenclature (énoncée par un décret du 9 janvier 1995 – *JO* du 10 janvier), induit une prise en compte des nuisances sonores lors de « la conception, l'étude et la réalisation des aménagements de

(21) Le texte concerne toutes les grandes infrastructures de transports terrestres et aériens. Les autorités responsables de la cartographie du bruit et de l'établissement des plans de prévention et de réduction du bruit sont le préfet pour ce qui concerne les cartes relatives aux grandes infrastructures situées hors des agglomérations de plus de 100 000 habitants et le maire ou l'établissement public de coopération intercommunale compétent en matière de lutte contre les nuisances sonores pour ce qui concerne les cartes et les plans relatifs aux agglomérations de plus de 100 000 habitants. Les premières cartes devraient être publiées avant le 30 juin 2007 et les premiers plans le doivent avant le 18 juillet 2008. Les cartes et les plans seront réexaminés et le cas échéant révisés au moins tous les cinq ans. Plans et cartes seront élaborées dans le cadre d'un processus ouvert au public, et les informations qu'ils contiennent devront leur être accessibles.

(22) CE, *Min. de l'Environnement c/ Simon*, req. 16920.

(23) Qui se prononce parfois sur le caractère de gravité des nuisances : TA, Nantes, 10 juin 1983, *Delafoy*.

transports terrestres » (24). Il est à remarquer que cette obligation s'accompagne d'un certain nombre de prescriptions fixées par des décrets en Conseil d'État (v. *infra*). Mais elle se concrétise aussi, en dehors de ces prescriptions, de deux manières ; d'abord, par l'introduction dans le dossier soumis à l'enquête publique de l'énoncé des « mesures envisagées pour supprimer ou réduire les conséquences dommageables des nuisances sonores ». Ensuite, par une détermination précise – que le préfet est compétent mettre en œuvre – et un classement des infrastructures existantes et des secteurs exposés à leurs bruits, puis « les niveaux sonores à prendre en compte pour la construction de bâtiments et les prescriptions techniques de nature à les réduire » (25).

De fait, le préfet reçoit ici un pouvoir de plus par rapport aux communes, puisque tant ces secteurs que les prescriptions techniques qui y seront applicables feront l'objet d'un report dans les PLU (art. 13, al. 2). Les conditions d'élaboration des prescriptions et d'inscription dans les PLU, comme la loi le prévoyait, ont été précisées par un décret en Conseil d'État du 9 janvier 1995 (*JO* 10 janvier 1995). Ce décret donne la priorité à une correction à la source des nuisances sonores ; ce n'est qu'à titre subsidiaire que des mesures concernant le bâti pourront compléter cette première action. Enfin, l'article L. 111-11 du Code de l'urbanisme est complété par deux alinéas, permettant l'adoption par décret en Conseil d'État de prescriptions acoustiques pour les locaux autres que d'habitation (26) et pour les travaux soumis à autorisation ou à déclaration, ceux réalisés avec une aide de l'État, d'une collectivité publique ou d'un organisme exerçant une mission de service public pour des locaux autres que d'habitation.

Les cartes de bruit et les plans de prévention du bruit (27) sont, dans ce contexte, destinées à généraliser évaluation, prévention et partage des compétences en matière de bruit. Mais le fait qu'aucune prescription de ces documents ne puisse être considérée comme opposable aux administrés relativise à l'excès leur utilité. Quant à leur exactitude et les différentes difficultés de leur conception, il faudra attendre au moins 2008 pour avoir un premier bilan (28).

Les chartes, engagements et autres procédés incitatifs. Les nuisances sonores sont, comme d'autres, le résultat d'un mode de vie en société qui n'a pas su faire aux valeurs conviviales une place convenable... Régler ce type de problèmes ne peut se faire par la seule répression ; les normes ne suffisent pas à contenir tous les débordements. L'administration consultative est appelée à la rescousse du dialogue social. M. Crépeau a présidé à la mise en place, pour, selon ses termes, « répondre à l'absence d'instance nationale de consultation et de proposition en matière de bruit »,

(24) Prise en compte déjà effectuée par la jurisprudence en matière de responsabilité pour travaux publics : v. TA, Strasbourg, 23 septembre 1997, *Humbrecht*, *Dr. env.* janvier-février 1998, p. 7-8 : le supplément de bruit subi par les époux Humbrecht du fait de la nouvelle infrastructure est reconnu comme un « préjudice anormal et spécial ».

(25) V. la circulaire du 12 décembre 1997 relative à la prise en compte des nuisances sonores dans la construction de routes nouvelles ou l'aménagement de routes existantes, publiée dans *Dr. env.* mars 1998, p. 4 et s.

(26) Un décret d'application a été adopté le 9 janvier 1995 (*JO* 10 janvier 1995). Un arrêté du même jour prévoit des mesures de limitation du bruit dans les locaux d'enseignement (*JO* 10 janvier 1995 également).

(27) Décret n° 2006-361 du 24 mars 2006 et arrêté correspondant, *JO* 26 mars et *JO* 5 avril 2006), v. comm. SEYDOU TRAORE, *Dr. env.* mai 2006, p. 133 et s.

(28) Une certaine uniformité devant être assurée par le biais d'un guide de réalisation du ministère : http://www.ecologie.gouv.fr/IMG/pdf/Guide_carto_version_finale.pdf.

du Conseil national du bruit en 1982 (29). Cet organisme est purement consultatif ; il est saisi de tout texte ou de toute question relatifs à la lutte contre le bruit. L'on s'accorde à reconnaître que son influence n'a pas été à la mesure des espoirs que d'aucuns avaient placés en lui. À bien des égards, l'incitation peut réussir là où la contrainte échoue : d'où des tentatives de politique locale sous une forme contractuelle, mieux adaptées sûrement que des actions centralisées et unilatérales. Les contrats de lutte anti-bruit, lancés dès 1979, ont permis à des municipalités de s'engager dans des actions structurelles contre le bruit, en échange de et avec l'aide des DRAE puis des DIREN et du ministère. Dans la plupart des villes ainsi engagées qui n'en disposaient pas déjà, cette action conjointe a été l'occasion de mettre en place une commission municipale de lutte contre le bruit. La plupart de ces villes ont tiré de cette collaboration un bilan positif et manifesté l'intention de renouveler l'expérience. De toute évidence, l'idée de réaliser des cartographies des bruits comme celle d'élaborer des « chartes municipales » du bruit sont à mettre au crédit de ces tentatives d'administration concertée. En fait, la ville s'engage de manière unilatérale, par un processus qui n'a pas de force juridique, et fait appel à l'esprit citoyen des habitants pour que ceux-ci respectent termes d'un « contrat » qui n'en est pas juridiquement un puisqu'il ne crée pas d'obligations... Le citoyen n'en est pas moins parfois appelé à s'engager – moralement, donc – par sa signature individualisée. Les chartes des bars et des discothèques obéissent au même esprit : l'article L. 2212-2 du Code général des collectivités territoriales permet aux maires de réglementer le bruit émanant des lieux publics ou privés ouverts au public. Mais le fait est que nombreuses sont les villes, comme Nantes, dont les rapports avec les débits de boisson font l'objet d'une énonciation par des chartes. Des arrêtés existent, mais leur contenu est décliné de manière plus attrayante, et leur publicité plus largement faite par des outils présentés comme des outils contractuels, même si leur nature est en fait discutable. Ils ne créent pas d'obligation ni ne permettent de dérogations aux textes en vigueur : tout au plus permettent-ils au maximum des tolérances et eu minimum des conditions d'enclenchement des procédures pénales plus souples et plus transparentes. L'information des producteurs de bruit est mieux assurée, et ils ne peuvent prétexter de leur ignorance des textes et de leur contenu, car la charte fait l'objet d'une signature de leur part. Quoique rien ne les oblige, les maires consentent, en vérité, à négocier avec les gérants de discothèque et de débits de boisson les heures de fermeture. Cela étant, ils ne prennent aucun risque autre que de les mécontenter s'ils reviennent en arrière puisque la jurisprudence administrative refuse traditionnellement que l'exercice des pouvoirs de police administrative puissent faire l'objet de contractualisation. Tout au plus ces instruments présentés fallacieusement comme de nature contractuelle constituent-ils juridiquement des circulaires.

SECTION 2 LA GESTION JURIDICTIONNELLE DU BRUIT

Pour l'essentiel, le juge civil a usé et use des techniques les plus classiques ; le juge administratif sanctionne tant les bruits commis par les administrations que leur inaction face au bruit.

(29) Décret n° 82-538 du 7 juin 1982.

§ 1. LA RESPONSABILITÉ CIVILE ET PÉNALE DES FAUTEURS DE BRUIT

L'article essentiel en la matière semble bien être l'article 1382 du Code civil.

Les juges disposent d'une large latitude d'appréciation (30) pour déterminer si les troubles causés par les bruits considérés dépassent les charges ordinaires ou les inconvénients normaux de voisinage, constituant ainsi une faute. Que ces bruits résultent d'activités domestiques (31) ou soient le fruit de travaux réguliers (32) ou moins (33). Généralement, le juge s'attache à la constatation de l'existence d'un dommage et caractère excessif ou anormal ; la recherche d'une faute caractérisée n'est jamais effectuée ni son exigence mentionnée Et la Cour de cassation (34) va jusqu'à considérer que, même si les requérants ont mal argumenté ne prouvant pas clairement en quoi les inconvénients subis dépassaient la normale, le juge dispose d'un pouvoir souverain d'appréciation des éléments de preuve ; en l'occurrence, pour un kiosque à musique produisant des bruits d'une émergence dépassant d'une valeur de 6 à 7 décibels les valeurs admises suffisent à dire du dommage qu'il remplit les conditions pour être indemnisé.

Les juges doivent cependant tenir compte des circonstances de temps et de lieu, ce qui est naturel, mais aussi – quoique de manière moins marquée – des circonstances particulières liées à l'état des personnes auteurs du bruit (35).

Quant à la réparation, les juges disposent aussi d'une latitude non négligeable : la réparation peut consister en une somme d'argent, mais les juges peuvent aussi condamner l'auteur à insonoriser son installation.

Le privilège de préoccupation. Une exonération légale de responsabilité en cas de préexistence de troubles anormaux est prévue par l'article L. 112-16 du Code de la construction et de l'habitation, qui énonce que « les dommages causés aux occupants d'un bâtiment par des nuisances dues à des activités agricoles, industrielles, artisanales ou commerciales, n'entraînent pas droit à réparation lorsque le permis de construire afférent au bâtiment exposé à ces nuisances a été demandé ou l'acte authentique constatant l'aliénation ou la prise de bail établi postérieurement à l'existence des activités les occasionnant dès lors que ces activités s'exercent en conformité avec

(30) Ce que l'on aura pu constater avec la décision humoristique de la cour d'appel de Riom invalidant un arrêt du TGI de Clermont-Ferrand. V. M. Boutelet Blocaille, « La poule, le juge et les bruits de voisinage », *LPA* 8 janvier 1996, p. 16-17. V. également M. F. Delhoste, « De la juste appréciaiton des troubles de voisinage », *Dr. env.* mai 2007, p. 115 et s.

(31) Tels les bruits causés par des enfants (Cass. 2e civ., 24 mai 1971, *Bull. civ.*, II, n° 189, p. 135) ou ceux causés par des appareils (v. la note J. Mourgeon sous Cass. 2e civ., 3 janvier 1969, *D.* 1969, 323).

(32) Ainsi des bruits et trépidations provenant d'ateliers (grossiste en fruits et légumes, avec départs matinaux de camions, TI, Versailles, 27 janvier 1987, *D.* 1988, somm. 15).

(33) Tels que les bruits produits par des camions allant s'approvisionner dans les carrières à proximité de la propriété du requérant, Cass. 2e civ., 23 février 1977, *D.* 1977, IR 247.

(34) Cass. civ., 22 avril 2002, n° de pourvoi : 98-15785, *Association hygiène naturelle*.

(35) V. par exemple T. de Versailles, 28 janvier 1987, *Dame Vézillier*, inédit : « doit être rejetée la demande présentée par une personne qui se plaint de ce que le chien de la voisine aboie au passage des piétons sur le trottoir bordant son habitation dès lors que le bruit ne cause pas de troubles de voisinage et que la propriétaire est malade, impotente et doit se protéger ». Le fait que certains voisins se félicitent de ce que la présence de ce chien est à même de limiter les atteintes causées aux propriétés et aux biens par les rôdeurs n'est pas indifférent au juge.

les dispositions législatives ou réglementaires en vigueur et qu'elles se sont poursuivies dans les mêmes conditions ». Le « privilège de préoccupation » ne joue plus si l'activité nuisible n'a pas été poursuivie dans des conditions identiques ; ainsi, par exemple, une société, en transformant son activité de restaurant en taverne de bière, accueillant une clientèle jeune et noctambule, est considérée comme ayant accru dans des proportions notables la gêne occasionnée à son environnement, et que le privilège de préoccupation ne jouait donc pas, surtout dès lors qu'il résultait du rapport d'expertise que l'activité de la société ne s'exerçait pas en conformité avec les dispositions législatives et réglementaires en vigueur, puisque l'isolation du local commercial aux bruits était très insuffisante, que les émergences constatées en basse fréquence demeuraient élevées, que les bruits d'impact, de voix et de musique étaient particulièrement gênants pour les occupants du premier étage et qu'un dépassement de vingt décibels par rapport à un bruit ambiant sans musique avait été relevé (36). Elle ne joue si pas l'activité polluante n'est pas exercée en conformité avec les dispositions législatives ou réglementaires qui lui sont applicables.

Le juge pénal dispose quant à lui des peines prévues à l'article 623-2 du Code pénal qui punit les « bruits ou tapages injurieux ou nocturnes troublant la tranquillité publique » : il faut donc soit que le tapage ait un caractère « injurieux », soit qu'il ait lieu la nuit. L'article 623-2 du Code pénal n'exige pas que l'acte soit à la fois offensant et nocturne. Un tapage injurieux diurne constitue donc une infraction (37), de même qu'un tapage nocturne même si celui-ci n'a pas de caractère injurieux. Il peut aussi, quoique plus rarement compte tenu des caractéristiques de l'incrimination, user de l'article 222-16 du Code pénal (38) : est punissable l'agression sonore visant à troubler la tranquillité d'autrui. Il s'agit d'un délit. Le texte est précis « Les appels téléphoniques malveillants ou les agressions sonores, réitérés en vue de troubler la tranquillité d'autrui, sont punis d'un an d'emprisonnement et de 15 000 € d'amende ». La réitération de l'agression et le caractère volontaire semblent donc être les seules conditions.

Interprétations jurisprudentielles – Le problème a pu cependant se poser de savoir si ce délit devait être retenu alors que la motivation des nuisances volontaires était toute autre que d'environnement (il s'agissait d'un problème de concurrence). Un requérant reprochait par exemple à la l'arrêt de la Cour d'appel de Paris, 13e chambre, en date du 18 octobre 1999, de l'avoir, pour appels téléphoniques malveillants et réitérés en vue de troubler la tranquillité d'autrui, condamné à 30 000 francs d'amende « alors que le délit d'appels téléphoniques malveillants n'est constitué que si ces appels ont été passés en vue de troubler la tranquillité d'autrui ; que les appels passés par le dirigeant d'une société en vue de bloquer le standard téléphonique d'un concurrent ayant mis en place un numéro vert destiné à accueillir les appels de ses clients, qui n'ont pas pour objet ni pour effet de troubler la tranquillité d'autrui, ne rentrent pas dans le cadre de ces dispositions ; qu'en retenant que X avait, à deux reprises, pendant une à deux heures, neutralisé par des appels téléphoniques le numéro vert de son concurrent L..., en vue de faire échec au libre jeu de la concurrence, la cour d'appel n'a pas caractérisé le délit susvisé ». La Cour de cassation (CCA 25/10/2000, pourvoi n° 99-87.371) considère au contraire que « Attendu que, pour condamner X pour appels téléphoniques malveillants et réitérés en vue de troubler la tranquillité d'autrui, l'arrêt attaqué retient qu'il a composé, pendant plusieurs heures, deux cents ou trois cents fois au cours de trois demi-journées, le numéro de la société L... ». Peu importe la motivation dès lors que les conditions de l'article 222-16 sont réunies.

(36) Cass. 3e civ., 23mai 2002, n° de pourvoi : 01-01586.
(37) Cass. crim., 24 fév. 1999, *Al. Refai*, n° 98-81.794, *Gaz. Pal.*, 14-18 mai 1999, p. 15.
(38) Ord. n° 2000-916, 19 septembre 2000, art. 3, *JO* 22 septembre 2000 en vigueur le 1er janvier 2002.

Les incriminations pénales énoncées par le Code de la santé publique en application de la loi de 1992 et l'échelle de sanctions diversifiées prévues par la loi sur le bruit, en cas de violation des diverses prescriptions acoustiques (39) complètent le dispositif : amendes et peines de prison pour qui empêche ou gêne la réalisation d'un contrôle et pour qui introduit sur le marché des procédés ne satisfaisant pas aux normes (art. 23). Un ajournement de peine peut être prononcé par le tribunal, assorti d'une injonction de se conformer « aux prescriptions qu'il détermine et qui ont pour objet de faire cesser l'agissement illicite et d'en réparer les conséquences ». Cette injonction pouvant elle-même se doubler d'une astreinte, le juge pénal se voit octroyer de sérieux moyens alternatifs à la seule répression. Pour donner un exemple, en vertu de l'article R 1337-6 modifié en 2006, les atteintes sonores excédant les seuils posés par le code, les infractions à une réglementation locale relative au bruit et le fait de ne pas respecter les règles de l'article R. 1334-6 s'agissant de travaux, sont punissables d'une contravention de 5e classe. Les activités qui ne sont pas exercées à titre professionnel ou habituel sont passibles d'une amende de 3e classe en cas de dépassement des seuils d'émergence de l'article R. 1334-32.

§ 2. LA RESPONSABILITÉ DE L'ADMINISTRATION

La responsabilité de l'administration peut être engagée en raison des bruits qu'elle produit, mais aussi, compte tenu de l'importance des compétences qu'elle a pour prévenir le bruit, du fait de son inaction quand celle-ci est inadmissible.

A. LA RESPONSABILITÉ DE L'ADMINISTRATION DU FAIT DES BRUITS QU'ELLE PRODUIT

L'administration est bien souvent, du fait de travaux publics et d'intérêt général, responsable de nuisances sonores. En la matière, le plus logique est, au plan contentieux, d'éviter de telles nuisances, par une action en excès de pouvoir contre, par exemple, les DUP pouvant aboutir à leur production. Dans le cadre de ce contentieux bien particulier, le juge considérera parfois le bruit comme l'un des inconvénients susceptibles, parce que se cumulant avec d'autres, d'annihiler les avantages d'une déclaration d'utilité publique ; force est cependant de constater que les quelques arrêts clairs en la matière sont des arrêts de rejet des recours. Ainsi, dans un arrêt rendu le 9 mai 1975, *Commune de Longvic* (40), la Haute Juridiction se contente-t-elle de relever que les gênes entraînées pour les riverains par la création d'une voie expresse ne sont pas excessives eu égard à l'utilité qui s'attache à sa création. C'est loin d'être le seul exemple d'une exquise timidité du juge...

(39) Le contrôle de leur respect est par ailleurs facilité par divers pouvoirs de contrôles et de surveillance. V. art. 21 et 22 de la loi.
(40) *AJDA* 1975, p. 526.

Sur le terrain de la responsabilité pour travaux publics, la situation est, si l'on ose dire, plus favorable aux requérants (41). La responsabilité est en effet, dès lors que le requérant est un tiers par rapport à l'ouvrage ou au travail public bruyant, une responsabilité pour risque. Mais le requérant rencontre des problèmes certains quand il s'agit de prouver au juge le caractère anormal et spécial du préjudice subi du fait du bruit. Où l'on retrouve les ambiguïtés de la référence au milieu sonore ambiant... Le Conseil d'État a ainsi refusé toute indemnisation, dans une affaire *Vénard* (42), aux riverains d'une autoroute... parce que celle-ci avait été créée dans un secteur déjà urbanisé ! Il est vrai que le juge n'a pas la tâche facile, mais les subtilités qu'il développe ne sont pas toujours aisément compréhensibles : dans le cas d'une voierie située à 37 mètres de distance, en hauteur (2 mètres) par rapport à la propriété du requérant, le dommage est anormal (43) ; il ne l'est pas si la voierie se situe à une distance de 40 m, mais en contrebas (44). Approchant de plus près la réalité du bruit, il est vrai que le CE a, dans une décision du 22 juin 1983, Société des autoroutes du sud de la France (45), constaté et reconnu que les habitations les plus proches n'étaient pas ni les seules ni les plus affectées par le bruit d'une autoroute... Dans la foulée, et pour la première fois à notre connaissance, il remarquait l'absence d'un écran anti-bruit et en tirait les conclusions (46). De même, le TA de Strasbourg a, le 22 septembre 1997 (*Époux Humbrecht*) (47), confirmé que constituait un préjudice anormal et spécial un bruit permanent d'une soixantaine de décibels avec des pointes à 90, et constaté, pour évaluer l'indemnisation due par l'administration, qu'un mur anti-bruit serait coûteux et n'aurait aucune influence, par définition, sur le préjudice déjà subi.

La loi de 1992 (art. 27) crée au bénéfice de l'administration un certain nombre de moyens de sanctionner l'inobservation de ses dispositions principales (mise en demeure, consignation de sommes, exécution d'office, suspension d'activité).

B. LA RESPONSABILITÉ DE L'ADMINISTRATION POUR CARENCE (48)

Il existe par ailleurs à la charge des personnes publiques investies de pouvoirs de police administrative un certain nombre d'obligations d'agir plus ou moins exprimées. Mais il n'est pas dans les habitudes du juge de reconnaître facilement que les carences administratives sont constitutives d'une faute... La faute lourde est le plus

(41) Pour une bonne présentation d'ensemble de la jurisprudence concernant les bruits causés par l'administration, v. F. GOLIARD, « Le juge administratif et le contentieux du bruit provoqué par la puissance publique », *Dr. ville* n° 40, 1995, p. 55 et s. Pour les bruits des infrastructures, v. SEYDOU TRAORE, « La réglementation des nuisances sonores dues aux infrastructures autoroutières anciennes », *Dr. env.* mai 2007, p. 135 et s.

(42) 13 novembre 1981, *Lebon*, tables, p. 957.

(43) CE, 5 novembre 1982, *Société des Autoroutes du sud de la France*, *Lebon*, tables, p. 747.

(44) CE, 1er décembre 1978, *Do Xuan Huy*, rec., p. 963.

(45) *Lebon*, tables, p. 864.

(46) Il a récidivé dans une décision *Société de l'Autoroute Estérel Côte d'Azur c/ Dame Julien*, req. 42-664.

(47) *RJE* 3/1998, p. 349 et s., note F. GOLIARD.

(48) V. R. ROMI, « La responsabilité pour carence des autorités de police administrative », *LPA* 10 décembre 1986.

souvent exigée, que le juge le dise ou pas (par l'usage de l'expression « faute de nature à... », le juge évite souvent de qualifier la faute commise par l'administration de grave et de se prononcer sur cette gravité). Il faudra que le trouble entraîné par l'inaction soit manifeste et particulièrement grave (49).

Le problème est encore plus délicat quand l'administration a agi, mais de manière inappropriée : la carence est alors qualitative. Évidemment, la préservation des libertés publiques suppose que les interdictions générales, permanentes et absolues prononcées par des autorités investies de pouvoirs de police administrative générale soient sérieusement limitées (50) : cela relativise les pouvoirs en matière de bruit des autorités de police administrative générale, et l'on ne saurait le regretter, car il faut faire la part des choses. L'on sait par ailleurs (ceci compense cela) que dans le cadre de polices administratives spéciales – en particulier dans le cadre de la police des installations classées – les pouvoirs de l'autorité administrative compétente et ceux du juge sont différents et plus importants. Le juge pourra en particulier compléter les mesures prises par l'autorité administrative.

Il n'empêche : même dans ce second cas, la faute lourde semble devoir être exigée par le juge pour que la responsabilité administrative de l'autorité compétente soit engagée.

La notion de faute lourde et le bruit : Sauf exceptions (CE, 13 février 1974, *Thuilliez c/ commune de la Flotte-en-Ré*, RA 1974 n° 106), le juge exige que l'autorité investie des pouvoirs de police semble exiger que l'administration ait commis une faute lourde pour engager sa responsabilité pour inaction ou insuffisance d'action. Tout dépend de l'appréciation que fera le juge de la difficulté de l'action administrative, et il reconnaît à l'administration une marge d'erreur et une marge d'appréciation. Il prend en considération, aussi, sa bonne volonté : ainsi dans une affaire (CAA, Nantes, 20 mai 1997, *Commune de Tiffauges*, n 95 NT 01306) où une aire de loisirs a été aménagée sur une commune en 1965, et complétée en 1987 par l'adjonction d'un bloc sanitaire et où des riverains se plaignent en 1991 des nuisances sonores que leur occasionnait l'utilisation de cette aire par ses visiteurs, le juge prend en considération le fait que le maire de la Commune a fait afficher sur les lieux un arrêté préfectoral du 20 juin 1990 relatif aux nuisances sonores, l'a fait distribuer aux occupants de l'aire de loisirs et a demandé à la gendarmerie d'organiser des rondes et de verbaliser les contrevenants. Le juge, malgré l'incontestable production de bruits, surtout l'été, considère que ces nuisances n'excèdent pas, par leur importance, celles auxquelles sont normalement exposés les habitants du voisinage le plus proche de cette aire, et conclut à l'absence de faute lourde.

Il semble cependant qu'une atténuation de l'exigence d'une faute lourde puisse se faire jour : c'est le cas quand l'autorité dont la responsabilité est mise en cause est celle qui est compétente en matière de police des installations classées. Le juge utilise alors l'expression « faute de nature à... » qui peut laisser présager de cette moindre exigence (v. CE, 5 juillet 2004, F. G. Trebulle, comm., *Lescure*, req. n° 24801 : malgré un jugement devenu définitif du TA de Limoges, inaction du préfet pour faire respecter par le gestionnaire d'une station de concassage une limite de 50 décibels de bruit perceptible des cours d'un château – *AJDA* 21 mars 2005, voir *infra*). Une décision de la CAA de Nantes du 27 avril 2004 (n° 00NT01606, *Min. intérieur c/ ville de Lorient*) considère, dans une affaire de fête foraine, que la carence du préfet dans l'application de l'article L. 2 du Code de la santé publique peut engager la responsabilité de l'État pour faute simple, et que le maire qui pouvait aussi agir a commis en n'agissant pas une « faute de nature à » engager la responsabilité de l'État.

(49) CE, 22 juin 1983, *Maignan*, rec., p. 281.
(50) V. CE, 4 mai 1984, *Préfet de police c/ Guez*, *AJDA* 1984, p. 393.

La méthode retenue par le juge pour rechercher si la responsabilité de l'administration doit être engagée se rapproche de plus de la méthode utilisée par le juge judiciaire en matière de troubles de voisinage : ainsi, la CAA de Nancy, n° 97NC01146, inédit, *Lebon*, le 26 juin 2003, *Société ALSAPAN* dans une affaire où les requérants s'étaient installés dans le voisinage des établissements à une date postérieure à l'autorisation d'exploiter accordée à une société ensuite reprise par une autre, repousse le recours des requérants au motif qu'il ne « ... résulte pas pour le voisinage une aggravation des dangers ou des nuisances et qu'elles satisfassent à la réglementation les concernant ». Il s'attache à vérifier, et cela influe sur son attitude, que « les rejets toxiques dans l'atmosphère et les bruits produits par l'installation se situent, pour une grande part, en deçà des valeurs limites autorisées par la réglementation » ; il vérifie si les nuisances causées à l'environnement se sont aggravées depuis la mise en service de l'installation soumise à autorisation, ce que les requérants ne prouvent pas.

Le Conseil d'État confirme que les insuffisances des préfets dans leur usage de leurs pouvoirs de police en matière d'installations classées pour faire cesser les bruits illégitimes constituent des fautes engageant la responsabilité de l'État. Dans sa décision du 5 juillet 2004, *Lescure c/ préfet de la Corrèze*, req. n° 243801, le préfet de la Corréze se trouve ainsi sanctionné pour n'avoir pas pris des prescriptions suffisamment sévères pour parer au bruit d'une une station de concassage, criblage, broyage et lavage de cailloux et produits minéraux naturels. Le Tribunal administratif de Limoges avait, par un jugement en date du 8 janvier 1987, modifié les prescriptions de l'arrêté susvisé car il les trouvait insuffisantes, et a fixé à un maximum de 50 décibels en période diurne le niveau acoustique de l'installation. Le préfet a refusé de faire usage de l'article L. 514-1 du Code de l'environnement et n'a pas fait appliquer ces prescriptions. Un riverain de l'installation litigieuse a demandé réparation du préjudice qu'il estimait subir du fait du fonctionnement irrégulier de l'installation, ce qui a été refusé par le Ministre puis par le Tribunal administratif de Limoges et par la Cour administrative de Bordeaux. Le Conseil d'État considère pour sa part que « le préfet de la Corrèze a commis une faute de nature à engager la responsabilité de l'État ; que M. X est par suite fondé à soutenir que c'est à tort que, par le jugement attaqué, le Tribunal administratif de Limoges a rejeté sa demande tendant à être indemnisé du préjudice résultant pour lui du fonctionnement irrégulier de l'installation classée en cause et des troubles dans ses conditions d'existence qui en ont été la conséquence » (51).

Il n'est donc pas faux de dire que pour l'essentiel, la lutte contre le bruit se mène au rythme du juge...

BIBLIOGRAPHIE INDICATIVE

V. CLAIR, *La lutte contre le bruit en droit communautaire*, Apogée, 1997.

▪ F. CUILLANDRE, « Le maire et le bruit, compétences, actions et responsabilités », *RJE* 1-2/1996, p. 67 et s. ▪ C. DEFFIGIER, « La responsabilité en matière de police des bruits de voisinage », *AJDA* 10 mai 2004, p. 988-991. ▪ F. GOLIARD, « Le juge administratif et le contentieux du bruit provoqué par la puissance publique », *Dr. ville* n° 40, 1995, p. 55 et s. ▪ R. ROMI, « Les chartes et engagements de bonne conduite en matière de bruit », *LPA* 20 août 2003 ▪ C. VIARD, « La croissance des nuisances routières, une source d'inégalités non reconnues », *RJE* 3/2003 p. 289 et s.

▪ (51) V. comm. F. G. TREBULLE, *AJDA* 21 mars 2005

CHAPITRE 3
LA PROTECTION DES PAYSAGES (1)

Le paysage peut-il être un objet de réflexion pour des juristes ? Cette « étude de pays qui s'offre à la vue » (2) ou « partie d'un pays que la nature présente à un observateur » (3) est difficile à définir au premier abord. Tout le monde parle en général de « paysages à défendre », et l'on ressent bien l'existence de « nuisances esthétiques », mais est-on capable d'appréhender plus ou moins objectivement la signification de cette « défense du paysage », qui occupe dans les mentalités une bien plus large place que l'élaboration de « nouveaux paysages », dont la nécessité commence seulement à être reconnue ? Certes, de nombreux géographes, philosophes de la nature, sociologues et ethnologues savent retracer *L'histoire des paysages français* (4) et s'inquiètent actuellement de la mise en place d'une « politique ségrégationniste du paysage qui attire les touristes nostalgiques dans les espaces musées et les investissements productifs dans les autres au mépris de toute considération esthétique » (5), autre face de la société duale annoncée depuis vingt ans... Ils invitent les responsables de l'État et toutes les collectivités territoriales à prendre conscience de l'agonie des paysages qui meublèrent leurs (et nos) pérégrinations d'enfants. Ils s'émeuvent devant le « mitage » pavillonnaire ou l'enfrichement des vallées et plateaux de moyenne altitude. Mais quel est celui qui peut donner une définition dénuée d'ambiguïté d'un « beau » paysage ou, au contraire, d'un paysage « enlaidi », permettant à un magistrat de statuer sans avoir trop d'états d'âme ? Comment quantifier, par exemple, le préjudice subi par les admirateurs d'un site qui serait « défiguré » ? Pourquoi d'ailleurs indemniser l'un ou l'autre parce que son horizon préféré est modifié ? S'il doit y avoir recours à une expertise en la matière, comment justifier la demande d'avis formulée auprès d'un architecte – si

(1) Ce chapitre est issu pour partie d'un art. écrit en collaboration avec F. Oge, et publié en son temps aux *LPA*.

(2) Définition proposée par le dictionnaire *Hachette* en un volume, 1980, p. 950.

(3) Définition du *Petit Robert*, 1980, p. 1383.

(4) Titre de l'ouvrage en deux volumes de J.-R. Pitte, éd. Tallandier, 1983.

(5) *Histoire du paysage français*, Tallandier, Paris, t. 2, p. 140.

renommé soit-il – et rejeter l'opinion d'un maçon qui est fier d'élever une cheminée de soixante mètres ? Y aurait-il de « bonnes » et de « mauvaises » analyses subjectives ? Ne doit-on pas s'interroger constamment sur « l'objet paysage » et relativiser les jugements portés au détour d'un chemin creux ou depuis un belvédère ? Réunissant de nombreux chercheurs pour qu'ils présentent leurs derniers travaux sur ce sujet au printemps 1988 à Toulouse, le professeur G. Bertrand, président de l'université de Toulouse II, évoquait en introduction la « quadrature du paysage », demandant comment et jusqu'où organiser une analyse scientifique en la matière, constatant que nous vivons dans une perpétuelle interrogation portant à la fois sur la notion de « paysage », mais aussi sur la profusion des « recherches paysagères ». Effectivement, si les méthodes d'analyse du paysage se multiplient, tout autant que les théories portant sur son passé et son devenir, la réflexion épistémologique sur ce thème ne paraît pas suivre. Certains concepts fondamentaux (le rapport sujet/objet, le poids de l'éducation dans la perception du beau, l'influence de la société sur l'appréhension du paysage par un individu, l'édiction des normes) sont toujours évoqués, sans jamais être remis en cause fondamentalement. Serait-ce parce que le paysage est un objet de méditation à la fois diffus et surdéterminé, permettant la superposition de pratiques sociales et institutionnelles éclatées, et un lieu d'interférence entre « savoir commun » et « savoir savant » ? Ou parce que notre interrogation sur le paysage n'est qu'une façon parmi d'autres de reposer l'éternelle question des rapports Homme, Société, Nature ? Comment, lorsqu'apparaissent des situations conflictuelles nées de l'évolution de ces rapports et des différences d'appréciation qu'elles engendrent obligatoirement au sein de notre société, proposer à un arbitre éventuel des éléments de jugement ? Si le paysage n'est que subjectivité, peut-il susciter l'intérêt des juristes ? Certains auront envie de répondre négativement. Il est vrai, comme l'écrivit Victor Hugo, qu'on ne fait pas un paysage avec de la géométrie. On peut donc comprendre cette réaction toute imprégnée de logique cartésienne. Pourtant, la référence au paysage ne peut laisser indifférent. Complexe, omniprésente, elle est devenue un fait social, argument de vente pour un lotissement azuréen, élément d'introspection pour un écrivain-randonneur... Le paysage est conservé ou au contraire remodelé au gré de la volonté des gouvernants ou bien en fonction des pressions exercées par des milliers d'amoureux de la nature qui vont jusqu'à transformer une forêt en « musée vert » (6).

SECTION 1 LE PAYSAGE DANS LE DROIT, LE DROIT DU PAYSAGE

La formation du droit du paysage et surtout son incorporation progressive dans le droit de l'environnement – qui n'est pas parfaite et ne le sera sans doute jamais – sont des phénomènes progressifs, extrêmement intéressants à considérer sur le plan intellectuel.

(6) B. KALAORA, *Le musée vert ou le tourisme en forêt*, Paris, Anthropos, 1981 ; v. aussi, du même auteur, « L'ordre et la nature : le vert endimanché », *Espaces et Sociétés*, 1978, n° 4-27.

§ 1. L'ÉMERGENCE DU CONCEPT DE PAYSAGE : LE « FAIT DU PRINCE »

Le désir de maîtriser le paysage n'est pas nouveau. Dès l'Antiquité les souverains ont voulu imprimer leur marque sur les territoires où ils exerçaient leur autorité, soit dans un but religieux, soit, tout au moins le suppose-t-on, pour satisfaire leurs goûts esthétiques : on rasait une colline, on détournait un cours d'eau pour créer un jardin édénique. La nature idéale prenait déjà le pas sur une « nature originelle » ou « vraie ». Fait du prince imposé à des peuples qui n'avaient plus qu'à se mobiliser pour que le grand-œuvre s'accomplisse et s'inscrive parmi les merveilles du monde.

Vision égoïste de la nature qui a perduré jusqu'à l'époque moderne. Avec l'affermissement de la monarchie absolue dans le royaume de France, en même temps que s'améliore un art des jardins dont l'importance est reconnue dès la Renaissance, demeure cette confusion entre bon plaisir d'un souverain de droit divin et aménagement « paysager » des villes et espaces (abords des châteaux par exemple) qu'il prend l'habitude d'honorer d'une présence plus longue entre ses pérégrinations. On ne peut affirmer que les heureux résultats obtenus (à quel prix ?) soient le fruit d'une réflexion générale. Bien souvent, c'est une volonté tenace secondée par des spécialistes de génie qui permet la construction d'une terrasse panoramique, comme à Saint-Germain-en-Laye, ou la totale transformation d'une forêt de loups autour d'un simple rendez-vous de chasse, comme à Versailles. Manants et bourgeois n'ont encore rien à dire. Le droit au paysage n'existe pas, non plus qu'un simple droit du paysage, mais se manifeste le pouvoir de créer un paysage. Parallèlement, architectes et autres artistes commencent à tenter de définir le « beau » naturel. Suivant les voies tracées par Nicolas Poussin et Claude Le Lorrain, on montre de plus en plus d'intérêt pour le « pittoresque ». De nos cinq sens, la vue acquiert sans doute la primauté durant cette époque où, tout en continuant de louanger les ordonnancements architecturaux empreints du plus pur classicisme, on ose trouver de la joliesse à des territoires qui n'ont pas ou semblent ne pas avoir été pervertis par l'intervention humaine. Au siècle des lumières, on s'essaye à produire des peintures où l'homme et l'objet ne sont plus essentiels mais deviennent secondaires quand ils ne disparaissent pas totalement, « se fondant dans le paysage » : Canaletto et Gainsborough sont les maîtres incontestables d'une école affirmant de nouvelles valeurs esthétiques auxquelles adhèrent les aquarellistes britanniques et la très grande majorité des voyageurs fortunés parcourant alors l'Europe latine. Certains sites, tant à Venise qu'à Rome (à défaut de ceux de la Grèce, encore sous la férule turque), sont hissés au même rang que les lieux de pèlerinage les plus célèbres ; l'on voit apparaître dans la littérature les premiers appels à les protéger contre les outrages des hommes et du temps. Avec le triomphe du romantisme, au tournant du dix-neuvième siècle, ce mouvement s'accentue. Chateaubriand, Lamartine et Hugo chantent les paysages de leur jeunesse ou louangent les grands cirques glaciaires de nos hautes montagnes. Les premiers alpinistes et pyrénéistes, qui manient plus facilement la plume que le piolet, s'extasient devant la « sauvagerie » de certains chaos rocheux ou narrent l'émotion qui les saisit face à un lac d'altitude ou une cascade : ces créations ont été fort bien analysées par A. Lasserre-Vergne présentant *Les Pyrénées centrales dans la littéra-*

ture française (Toulouse, Eché, 1985, 254 p.). À la suite des romantiques, Balzac, Giono, Colette nous font partager avec talent l'amour qu'ils éprouvent pour tel horizon balayé par le mistral ou tel panorama du val de Loire, tandis qu'en contrepoint d'autres écrivains dépeignent sans aménité noires usines et tristes banlieues prolétariennes. La description des paysages vus et/ou vécus devient un fait de société et s'accompagne de la constitution des premiers groupes de pression cherchant à « préserver » des territoires « pittoresques » (7) ; les imitateurs et admirateurs de Huet, Diaz de la Pena, Corot, Millet, Rousseau – pour ne citer que quelques chefs de file de l'école de Barbizon – se mobilisent pour obtenir le maintien tel quel de larges parcelles de la forêt de Fontainebleau. Ils participent ainsi, peut-être à leur corps défendant, à une redéfinition du « beau », qu'il faut donc sauvegarder, et du « laid », à éliminer, fortement inspirée par les milieux sociaux dominants.

Le temps n'est pas encore venu où le législateur va définir l'ensemble du territoire de la République comme « le patrimoine commun de la Nation », mais on commence à distinguer les « paysages artistiques » des « paysages industriels ». Alors que, pour reprendre la belle formule d'Y. Luginbühl, le « siècle paysagiste » s'achève, on se préoccupe de plus en plus d'affirmer la valeur des harmonies suggérées par la contemplation des paysages producteurs d'ordre et de bonheur. Encore faut-il savoir comment traduire cet intérêt, dont ont déjà pris conscience les responsables politiques des États-Unis en favorisant la création des premiers parcs nationaux comme Yellowstone.

§ 2. DU FAIT DU PRINCE AU FAIT DU JUGE : LE PAYSAGE DANS LE DROIT, LE DROIT DU PAYSAGE

Un premier pas est fait en France lorsqu'est adoptée le 21 avril 1906 la loi sur la protection des sites et monuments naturels. Mais ce texte, très contraignant, reste presque lettre morte. Personne ne peut, ou ne veut, l'appliquer et les juristes s'interrogent sur le critère du « pittoresque » alors avancé pour définir ce qui doit être protégé. La Conférence internationale de Berne, dont l'objectif annoncé est la « protection des paysages naturels », permet un large échange d'idées et d'expériences qui inspire partiellement le législateur français dans sa loi du 31 décembre 1913 (*JO* 14 janvier 1914). Au carrefour entre nature et culture, fruit paradoxal de politiques parfois contradictoires, vitrine de ces terroirs finissants si bien analysés par E. Weber, le paysage – dans son acceptation restreinte, le site – devient objet de réglementation mais de façon indirecte. Il n'apparaît que comme l'écrin d'un périmètre de cinq cents mètres (8), sertissant tel ou tel monument historique classé « dont la conservation présente au point de vue de l'histoire, de

(7) Rappelons que le mot vient de l'italien *pittoresco*, de la famille de *pittore*, peintre.
(8) Art. 1 de la loi de 1913.

l'art, ou de la science, un intérêt public » (9). La loi de 1913, améliorée le 23 février 1923, donne de très larges pouvoirs à l'Architecte des bâtiments de France pour intervenir dans le « champ de visibilité » des monuments classés ou seulement inscrits. Qu'il soit bâti ou non, tout autre immeuble visible dans le périmètre des cinq cents mètres ne peut être construit, rasé, reconstruit, clôturé, déboisé, transformé dans son aspect sans l'autorisation préalable de ce personnage clé qui n'a pas à motiver sa décision mais dont l'action reste soumise au contrôle de légalité du juge administratif (10). Au risque de paraître provocateur, il faut bien dire que, dès lors, pour être reconnu ou légitimé, un paysage « protégeable » – parce qu'à proximité ou entourant un monument – doit correspondre à un certain nombre de critères, qui sont loin d'être tous indiscutables en raison des variations d'échelle et de perception auxquelles ils peuvent être soumis, mis en œuvre par un « Monsieur Veto »... C'est tout le problème des pouvoirs et du rôle des experts qui pourrait être abordé par ce biais. En vérité, la loi du 31 décembre 1913 – dont l'application a été retardée par la guerre, qui n'a pas peu contribué à défigurer ou modifier nombre de monuments et paysages des « départements martyrs » de l'Est – n'est pas encore satisfaisante pour les défenseurs de la nature. Ils font part de leurs inquiétudes face à l'accentuation des atteintes portées à certains paysages (les barrages hydroélectriques se multiplient tandis que la ceinture des banlieues se dessine autour des métropoles) au cours du Congrès international de Paris, en 1923, qui a pour thème « la protection des sites et monuments naturels ». À défaut d'être véritablement écoutés ils sont au moins entendus : le 2 mai 1930 est promulguée la loi dite de « protection des monuments naturels et des sites de caractère artistique, légendaire ou scientifique » (11). Pour certains auteurs, alors que la loi de 1913 est surtout destinée à la conservation de monuments historiques ressortissant pour l'essentiel d'un patrimoine architectural, la loi de 1930 implique une définition plus large du paysage à protéger en faisant référence aux concepts de monuments naturels et de sites.

En 1930, comme en 1913, sont distinguées deux possibilités en matière de défense du paysage : le classement ou l'inscription (12). Un monument ou site classé reçoit un label de qualité qui, en quelque sorte, reconnaît son caractère exceptionnel. Ainsi, le classement implique l'interdiction de toute modification sans autorisation du ministre responsable et contraint le propriétaire à avertir l'administration quatre mois à l'avance de tous travaux autres que ceux relevant de l'entretien courant d'immeubles ou de l'exploitation normale de fonds ruraux. Par exemple, une coupe à blanc suivie ou pas d'un enrésinement n'est pas du domaine de l'exploitation normale d'une parcelle boisée normale. En fait, le classement entraîne des sujétions non négligeables : interdiction de publicité, interdiction de camping (sauf dérogation ministérielle accordée après consultation de la commission dépar-

(9) Parallèlement, la loi de 1913 définit le processus de l'inscription sur un inventaire supplémentaire des monuments « qui, sans justifier une demande de classement immédiate, présentent un intérêt d'histoire, d'art ou de science suffisant pour rendre désirable sa préservation ». La liste des monuments inscrits n'est publiée au *JO* que depuis 1972.

(10) Art. R. 421-38-4 du Code de l'urbanisme. Cf., par exemple, CE, 29 janvier 1979, *AJDA* 1971, p. 234 ; CE, 11 juillet 1986, *Dr. adm.* 8-9, 1986, n° 466.

(11) *JO* 4 mai 1930.

(12) Art. 12 de la loi de 1930.

tementale des sites), impossibilité de créer une servitude conventionnelle (sauf autorisation ministérielle). Quant aux monuments ou sites inscrits (c'est-à-dire ceux qui, sans présenter un caractère exceptionnel, méritent d'être surveillés attentivement dans leur évolution tant au niveau du bâti que du non-bâti), ils sont soumis aux mêmes interdictions que ceux qui sont classés, au moins en matière de publicité et de camping, et à une série de contrôles différenciés selon qu'ils nécessitent ou pas un permis de construire (v. l'actualisation des procédures, notamment par l'ordonnance n° 2005-1128 du 8 septembre 2005).

Une éventuelle transformation des lieux est impossible sans l'avis de l'Architecte des bâtiments de France (13).

Il est certain que pour les rédacteurs de la loi du 2 mai 1930, la « protection des monuments naturels et des sites de caractères artistique et pittoresque » a encore une signification relativement restreinte. Ils n'imaginent pas qu'un massif montagneux puisse être considéré comme un monument naturel et la notion de site à caractère artistique et pittoresque sous-entend une approche ponctuelle, très certainement influencée par le romantisme et ses succédanés. Certes, la valeur patrimoniale du paysage est enfin admise. Mais son essence – toujours imprécise car impossible à réellement systématiser du fait de l'extrême complexité des rapports objectifs et subjectifs entre l'individu, la nature et la société dont il est la traduction – est réduite à cette notion de « site » à protéger. Déjà confiné aux cimaises des musées dans sa représentation picturale, le paysage n'est plus – pour le législateur – soumis à l'aléatoire du devenir, mais réduit à un conservatoire sans avenir.

À cette fin, l'article 4 de la loi du 2 mai 1930 indique qu'« il est établi dans chaque département une liste des monuments naturels et des sites dont la conservation ou la préservation présentent, du point de vue artistique, historique, scientifique, légendaire ou pittoresque, un intérêt général ». Cette liste permet de guider l'action de la commission départementale des sites (qui ajoutera un peu plus tard à son domaine de compétence les perspectives et paysages) ; elle est proposée par cette même commission ou bien par des collectivités locales (commune, département), des individus, des associations... En fait, pendant des décennies, ce sont les pouvoirs publics qui vont – directement ou indirectement – jouer un rôle absolument essentiel en la matière, d'autant plus facilement que l'inscription sur la liste sans l'accord du propriétaire (14) peut être prononcée par décret en Conseil d'État (15). Dans ce cas, elle peut donner droit à une indemnisation dans la mesure où le préjudice subi par le propriétaire est direct, matériel et certain. Trois conditions dont la conjonction, nécessaire, est assez difficile à prouver : le problème de l'expertise resurgit...

Il se pose également pour ce qui est de la composition de la commission départementale des sites, perspectives et paysages et pour la commission supérieure dont les membres sont désignés, pour une large majorité, parmi des hauts fonctionnaires ou bien « en raison de leur compétence en matière de protection des sites ».

(13) On remarquera à cet égard que la loi du 28 février 1997 a institué au bénéfice des maires un droit d'appel des avis des ABF auprès du préfet de région ainsi qu'un pouvoir d'évocation au bénéfice du ministre compétent (*JO* 1er mars 1997) : signe d'un retour en arrière conséquent en la matière. V. E. Le Cornec, « Les pouvoirs contestés des Architectes des bâtiments de France », *Dr. env.* juin 1997, p. 19 et s.

(14) CE, 13 mars 1935, *Époux Moranville* ; CE, 12 mars 1948, *Commune de la Sallette*.

(15) Art. 8 de la loi du 2 mai 1930.

Or ces commissions peuvent largement influencer la politique paysagiste qui s'élabore. La première a en effet pour mission « de veiller sur les sites... d'étudier et de proposer... toutes mesures propres à assurer la conservation des monuments naturels et des aspects du paysage urbain et rural, de susciter et d'entretenir dans l'opinion publique un état d'esprit favorable à la défense des sites du département » tandis que la seconde doit « conseiller le ministre en vue de l'élaboration et de l'application sur l'ensemble du territoire d'une doctrine pour la protection, la sauvegarde et la mise en valeur des monuments naturels, des sites et des paysages urbains et ruraux ». Certes, ce ne sont là que des organismes consultatifs, intervenant à des niveaux différents et sans (trop) d'interférences. Mais les opinions émises dans ces commissions sont souvent prises en compte et contribuent à la définition d'un « paysagisme officiel », donnant dans un premier temps la priorité aux monuments ou sites « célèbres » et se désintéressant de la « beauté ordinaire ». Pendant près de quarante ans, prédomine une politique quasiment pointilliste, parcellaire, fragmentée, accordant surtout de l'attention aux châteaux et parcs plutôt qu'aux chaumières et garrigues. Gestion au coup par coup où la conservation, la défense, la sauvegarde conduisent l'action des pouvoirs publics, qui ne vont évoluer que lentement.

Prudence ou défaut d'ambition partagés par le juge administratif, qui décide en dernier lieu, au nom de l'intérêt général, de la valeur historique, artistique, scientifique, légendaire ou pittoresque du site ou de l'espace à protéger (16). Il faut reconnaître que la doctrine ne lui est pas d'un grand secours. Ainsi, P. de Gorsse, un des rares juristes à s'exprimer sur le sujet, reste vague : « par paysage, il faut entendre une portion du territoire dont les divers éléments forment un ensemble pittoresque ou esthétique par la disposition de ses éléments, ou les contenus de ses formes, ou l'effet de ses couleurs. Par site, il convient de désigner une portion de paysage d'aspect particulièrement intéressant... Un paysage peut renfermer des éléments purement naturels ou bien englober dans son ensemble des œuvres d'hommes telles que constructions, ruines, églises, silhouettes diverses et même ensemble urbain » (17). Mais, dans ce domaine, une définition peut-elle être plus précise ? N'y aurait-il pas d'ailleurs quelque danger à se conformer aux indications de P. de Gorsse à partir du moment où la politique paysagiste est réduite aux concepts de protection, sauvegarde, maintien en l'état ? Pour conserver l'effet des couleurs de telles ou telles cultures formant la trame du paysage admiré depuis un belvédère, va-t-on interdire assolement et introductions de nouvelles plantes ? Faudra-t-il proscrire le remplacement des prés-bois de feuillus par des enrésinements rectilignes ou empêcher le développement des tours de bureaux qui illuminent nos horizons nocturnes ? Questions aux réponses d'autant plus délicates que la rentabilité économique de la préservation des paysages qui attirent les touristes par milliers ne va être admise que progressivement.

(16) CE, 13 mars 1935, *Époux Moranville* ; 21 juillet 1937, *Dame Veuve Duval* ; 17 décembre 1952, *Dame Veuve Moskon* ; 29 juin 1955, *Société des usines Renault* ; 22 janvier 1971, *Dame Benoist d'Anthenay* ; 10 octobre 1973, *SCI l'Ajaccienne* ; 2 mai 1975, *Dame Ebri et Union syndicale de défense des propriétaires du massif de la Clape*.

(17) P. DE GORSSE, *Les lois d'esthétique*, th., Toulouse, 1945.

En fait, jusqu'à une époque récente, ces problèmes ont été largement éludés. Cela explique la timidité du juge en la matière. Timidité encouragée par la relative rareté et le flou des textes édictés par l'État : la loi du 12 avril 1943 destinée à régir la publicité des panneaux réclames, affiches et enseignes en est un exemple parmi d'autres. Laissant hors de son champ d'application l'affichage politique (dont, il est vrai, on ne pouvait prévoir alors l'expansion), elle est mise en œuvre sans vigueur et sans rigueur, tant en rase campagne que dans les agglomérations. Il faudra plus de trente ans pour qu'une réforme soit mise en discussion... Cette lenteur dans l'amélioration des procédés de sauvegarde des paysages s'explique peut-être par la difficulté qu'éprouvent les ministères concernés à se concerter, à défaut de définir une position commune quant à la doctrine à adopter : la protection reste la première préoccupation. Alors que la société française connaît une extraordinaire mutation économique dont les conséquences sur l'évolution des paysages sont très importantes (remembrement, « rurbanisation » des campagnes banlieusardes, engourdissement des villages, enfrichement des espaces dont l'exploitation n'est plus rentable), on tente de retarder l'agonie des paysages traditionnels par un zonage diffus et, diront certains, confus. Face à la progression de ce que d'aucuns qualifient à raison de « gangrène pavillonnaire et autoroutière » prévaut la politique de l'amputation, destinée à préserver des paysages témoins. On veut ainsi parer au plus pressé, souvent dans l'incohérence, sans réellement privilégier une approche globalisante où le maintien des terroirs céderait vraiment le pas à l'aménagement du territoire, affirmé comme enjeu patrimonial commun. On ne sait pas encore vraiment ce que l'on veut, ni ce que l'on peut.

SECTION 2 — DU « DROIT DES PAYSAGES » AU « DROIT AU PAYSAGE » ?

Le paysage s'est, juridiquement, « élargi » : il est perçu de façon plus dynamique, d'une part. D'autre part, la revendication d'un droit au paysage s'est fait jour, signe d'une perception sans doute plus revendicative – et peut-être plus démocratique, ce serait à discuter – du paysage.

§ 1. L'ÉLARGISSEMENT DU CONCEPT DE PAYSAGE

La loi *Malraux* ne constitue certes pas une rupture avec l'état antérieur : elle donne encore la priorité à la protection mais, traduisant une approche plus large du paysage, elle semble ouvrir la voie à une recherche prospective ; bientôt, il ne s'agira plus seulement de conserver ponctuellement mais aussi de concevoir (18). Les « secteurs sauvegardés » (et non plus les « sites », la terminologie a son importance) le sont parce qu'ils « présentent un caractère historique, esthétique ou de nature à justifier la conservation, la restauration et la mise en valeur de tout ou partie d'un ensemble d'immeubles ». Il y a perception de l'existence d'un paysage urbain en danger : de l'unité-centre d'une protection (le site classé ou inscrit, qui rayonne car le « champ visuel » qui l'entoure doit être préservé) l'on passe à un tout, à protéger en tant que tout composé de plusieurs unités indissociables. L'État en est le garant, même si d'autres sont associés à la tâche : de la délimitation du secteur (par arrêté interministériel ou par décret en Conseil d'État si la commune concernée n'est pas d'accord) à la publication du plan, en passant par l'enquête publique de rigueur, l'initiative lui appartient. Qu'une commission locale soit consultée (elle est composée pour moitié de représentants de l'État et pour moitié d'élus locaux), que la Commission nationale des secteurs sauvegardés soit ultérieurement interrogée n'y change rien : c'est l'œil de l'État qui juge de la qualité du paysage urbain, même si « les représentants des associations agréées peuvent se faire entendre » (19). Dans ces secteurs sauvegardés (20), le détenteur du « bon goût » est toujours l'Architecte des bâtiments de France (21).

Le souci de prospective est présent dans le texte, même si ce n'est que discrètement : les secteurs sauvegardés ne constituent que la pièce la plus importante d'un arsenal. La loi vise aussi à lancer une politique de restauration immobilière : le détenteur du « bon goût » sera alors le préfet, sous le contrôle de l'Architecte des bâtiments de France et des responsables communaux concernés. Sauf dans les secteurs sauvegardés, pour lesquels le plan détermine les critères à respecter, c'est le préfet qui ouvre une enquête publique et tente d'obtenir un avis conforme des communes pour instaurer un périmètre de restauration, après l'institution duquel tous les travaux sont soumis à son aval, qui devra être donné expressément (22), l'Architecte des bâtiments de France conservant un pouvoir d'opposition (23).

Est-ce l'édiction de ce texte qui pousse les juridictions administratives à développer une perception généreuse des paysages ? C'est possible... toujours est-il que la jurisprudence des années 1970, en matière d'application de la loi de 1930, semble marquée d'une perception plus globale de la notion de paysage, pour les « sites naturels » en particulier (attitude qui ressemble curieusement à un pendant – pour les « campagnes » – de l'attitude du législateur pour les villes). Dans l'arrêt *Dame Ebri*, rendu le 2 mai 1975, déjà cité (24), le juge admet l'application de la loi de 1930 à des « paysages naturels », d'une manière intéressante : il se pose en garant d'un « ordre visuel », comme l'énonce A. Heymann-Doat (25). Le massif de la

(18) V. A. Heymann-Doat, « La protection du patrimoine historique, développement et rôle du droit », *RDP* 1-1983, p. 169.
(19) Art. R. 313-5-4 du Code de l'urbanisme.
(20) Art. R. 313-19-2 du Code de l'urbanisme.
(21) L'octroi de permis de construire est soumis à l'avis conforme de l'Architecte des bâtiments de France comme les implantations d'installations classées, les autorisations de lotissement, l'exploitation des carrières, etc.
(22) Art. R. 313-25 à 32 du Code de l'urbanisme.
(23) Art. R. 313-19-2 du Code de l'urbanisme.
(24) Rec., p. 280 ; *AJDA* 1975, p. 311.
(25) *Op. cit.*, p. 180.

Clape est jugé mériter une mesure de protection parce qu'il présente un caractère pittoresque compte tenu de l'unité du paysage, sur les conclusions du commissaire du gouvernement Guillaume (26). Dans les hypothèses proches, le juge se rend sur les lieux : l'élément visuel est déterminant, comme dans l'espèce Lemarchand (27). Le juge tranche selon sa sensibilité, mais aussi selon celle – probablement – des autres : la proximité des centres urbains et touristiques est prise en compte (28). Dans l'arrêt du Conseil d'État, *SCI Marcelly*, du 29 novembre 1978, c'est le fait que l'ensemble de bois et de prés de la haute vallée de l'Eure concerné constitue un paysage « traditionnel » qui est pris en compte : il est considéré comme un héritage culturel (la sensibilité « visuelle » est étendue à une sensibilité « culturelle »). Certes, le juge fait mine – sans jeu de mots – de mettre des barrières à sa vision d'ensemble : pour le commissaire du gouvernement Guillaume (conclusions sous l'arrêt *Dame Ebri*, précité), « un site classé est un site que l'œil peut embrasser d'un seul regard »... Mais en la matière, tout dépend soit du point de vue adopté... soit de l'altitude du point d'observation ! Le rempart est bien fragile... Le concept d'unité visuelle adopté pour définir un paysage susceptible d'être protégé semble bien se rapprocher d'une « unité sociale », qui, selon l'expression heureuse d'A. Heymann-Doat, se définit « par identification à ceux qui savent quel est le bon goût » (29) ; ici le juge, là l'autorité administrative pèsent la sensibilité moyenne à un site pour se prononcer en équité. La même démarche est suivie, à la même époque, pour les sites urbains, perçus comme des paysages c'est-à-dire dans leur ensemble, comme un ensemble... on oserait presque dire « par secteur ». Dans l'affaire souvent citée ayant trait au marché Saint-Germain (30), ou dans celle de la Cité Fleurie (31), les conclusions des commissaires du gouvernement sont éloquentes, et proches l'une de l'autre, aussi « humanistes » que possible (32). Cette perception « globale » par le juge des nécessités de la protection des paysages passe par l'assimilation de ces nécessités à l'intérêt général. Significatif à cet égard, le fait que le juge, s'il vérifie la correspondance entre une protection et l'objet de la loi de 1930, n'appliquant pas la théorie du bilan comme il eût pu le faire, se refuse à apprécier les inconvénients représentés par les mesures de protection pour les propriétaires concernés (33). Cette perception est certainement plus de l'ordre du sensible que de l'ordre du

▪ (26) Qui explique son avis favorable par le fait que le massif est un « ensemble de paysages contigus présentant une certaine unité » malgré son morcellement entre presque un millier de propriétaires, morcellement qui « n'affecte pas l'unité du paysage » ; il y a bien développement d'une perception d'un ensemble, comme il y aura après la loi de 1976 sur la protection de l'environnement développement d'une prise en compte des écosystèmes, et non plus seulement prise en compte ponctuelle des pollutions.

▪ (27) CE, 17 novembre 1976, *Lemarchand*, rec. 1011 : intéressant car concernant une zone humide ; ces zones ont été longtemps négligées parce que marquées négativement par une image d'insalubrité... alors qu'elles recèlent des richesses écologiques considérables.

▪ (28) CE, 30 octobre 1980, *Association de défense de la vallée de Buzot*.

▪ (29) *Op. cit.*, p. 183.

▪ (30) TA, Paris, 5 janvier 1976, *Association de défense du marché Saint-Germain*. Dans ce cas, se reporter aussi à la loi de 1913. V. J. Morand-Deviller, « Protection du patrimoine architectural : le débat esthétique n'aura pas lieu », *RFDA* mars-avril 1994.

▪ (31) CE, 9 juin 1978, *SCI 61-67 boulevard Arago*, *JCP* 1979-II-19032.

▪ (32) V. les conclusions de Mme Portes dans la première espèce (citées par P.-L. Frier, *La mise en valeur du patrimoine architectural*, éd. du Moniteur, 1979, p. 79) et celles de M. Genevois, dans la seconde (*JCP* 1979-II-19032).

▪ (33) CE, 29 novembre 1978, *SCI Martelly*, *RJE* 1978-4, p. 394. V. Prieur, *op. cit.*, p. 956 et s.

rationnel : conséquence pratique, la décision de classement d'un site pittoresque ne peut être considérée comme une décision administrative individuelle au sens de la loi du 11 juillet 1979 et n'a donc pas à être motivée (34)... Le juge préfère ne pas rationaliser ce qui ne peut l'être !

En matière d'urbanisme, par ailleurs, la jurisprudence administrative a évolué, marquant volontiers une obligation de respecter les « paysages urbains ». Ainsi, le fait qu'un ensemble de voies inscrites ait déjà été dénaturé ne saurait faire obstacle à ce que le ministre refuse un permis de construire, justement « pour mettre un terme aux dénaturations successives » subies par cet ensemble.

Et l'on peut relever des indices concordant si l'on considère les décisions rendues en dehors du domaine « couvert » par la loi de 1930.

Le contrôle par le juge de l'usage de l'article R. 111-21 du Code de l'urbanisme constitue un bon exemple de cette évolution (35).

Il ne s'agit que d'un contrôle de l'erreur manifeste : le juge reconnaît à l'autorité administrative un pouvoir d'appréciation, mais lui substitue le sien si, par exemple, l'ouvrage autorisé a « un caractère détonant » dans le paysage considéré. La subjectivité du juge est à la fois respectueuse de celle des autres autorités administratives compétentes et considérée comme plus « objective » que celle-ci (36)...

Pour ce qui concerne le législateur, les années 70 constituent un tournant. Une loi du 28 juin 1967 fixe la durée de l'interdiction de porter atteinte à un site en instance de classement de six mois à douze mois. Mais c'est surtout sur d'autres terrains que le « visuel », le « paysage » font, directement ou indirectement, clairement ou en catimini, leur entrée (37).

En matière de publicité, la vieille loi de 1943 est remplacée par une loi mieux adaptée aux temps modernes le 29 décembre 1979. Ce texte, certes politique, est aussi un texte d'esthétique. Il institue un zonage (en même temps qu'il confirme un certain nombre de pouvoirs d'intervention classiques (38)) qui n'est pas sans rappeler la sectorisation instaurée par la loi *Malraux*. Il s'agit bien de conserver les paysages urbains qui peuvent l'être, en conciliant les préoccupations esthétiques et commerciales, et de préserver les sites ruraux. Mais apparaît aussi – timidement – le souci de ne pas laisser s'élaborer des paysages urbains insupportables pour la vue : une circulaire du 5 janvier 1982 (39) précise que, pour toute implantation de

(34) CE, 26 juillet 1985, *Dame Malgal*, inédit.

(35) Cet art. énonce que « le permis de construire peut être refusé ou n'être accordé que sous réserve de prescriptions spéciales si les constructions, par leur situation, leur architecture, leurs dimensions, ou l'aspect extérieur des bâtiments ou ouvrages à édifier ou à modifier sont de nature à porter atteinte au caractère ou à l'intérêt des lieux avoisinants, aux sites, aux paysages naturels et urbains ainsi qu'à la conservation des perspectives monumentales ».

(36) Cf. l'arrêt du TA, Poitiers, 11 mars 1987, *Association pour la sauvegarde de la Combie*, *RJE*, 3-1987. L'espèce est d'autant plus intéressante qu'intervient – sous la forme d'un rappel d'un art. du POS servant de référence – la notion d'« harmonie » du paysage...

(37) V., pour une perception d'ensemble de cette évolution multiforme, R. SAVY, « Construction et protection de l'esthétique, règles de droit public », *Dr. ville* 1976, n° 2, p. 45 et Y. RODRIGUEZ, « La protection administrative de l'esthétique », *Dr. ville* 1982, n° 14, p. 139.

(38) Cf. J. MORANGE « Publicité et esthétique », *Dr. ville* 1979, n° 7, p. 101.

(39) *MTP* 15 février 1982.

mobilier urbain, la consultation de l'Architecte des bâtiments de France est recommandée.

En matière d'environnement, la loi du 10 juillet 1976, si elle ne s'intéresse pas ouvertement aux paysages, paraît inclure l'élément visuel dans la dimension environnementale. En effet, dès lors qu'il « est du devoir de chacun de veiller à la sauvegarde du patrimoine naturel dans lequel il vit » (article 1, alinéa 2), l'apparence des sites compte évidemment. S'il ne s'agit pas de confondre esthétique et environnement, paysage et écosystème (40), il ne faut pas négliger que le « paysage » fait partie des écosystèmes, qu'un trouble d'un paysage s'accompagne très souvent, au moins en milieu rural, d'un trouble de l'écosystème considéré, que le premier entraîne ou traduit, indique, le second. Et, par ailleurs, les appréciations d'ordre visuel et esthétique doivent être présentes dans les études d'impact, même si, peut-être, le juge considère un peu trop souvent que l'absence de prise en compte des atteintes esthétiques n'est pas, seule, déterminante.

Par ailleurs, même si le terme « paysage » n'apparaît pas quand le texte traite des réserves naturelles (chapitre 3), la prise en compte des aspects paysagers s'impose le plus souvent dans le processus des prises de décisions de classement.

Est-ce vraiment un hasard si, la même année, ou presque, apparaît dans le discours législatif – pour les paysages urbains, principalement, mais pas seulement – une obligation de « bien fabriquer » le paysage, ou, tout au moins, de bien s'y intéresser ? Obligation qui s'impose sous la forme d'un contrôle par un « technocrate » de l'esthétisme : la loi du 3 janvier 1977 impose en effet au demandeur de permis de construire d'assortir sa demande d'un projet architectural complet soumis à ou élaboré par un architecte...

Ce texte institue bien un contrôle social du respect et de la fabrication des paysages en reconnaissant que l'architecture (telle que pratiquée par les architectes) « est une expression de la culture ; la création architecturale, la qualité des constructions, leur insertion harmonieuse dans le milieu environnant, le respect des paysages naturels ou urbains ainsi que du patrimoine sont d'intérêt public ».

La reconnaissance de paysages urbains était déjà acquise (sans définition – il va de soi !) et ne pose pas problème. Mais doit-on entendre que les paysages ne font pas partie du milieu environnant ? La redondance est voulue : c'est parce que dans les éléments qui composent le « milieu environnant », il n'est pas sûr que l'esthétique, le paysage, soient assez pris en compte que le législateur insiste et met à part – en fin de phrase comme pour en souligner l'importance – la préoccupation paysagère.

Certes, comme en matière d'étude d'impact, tout le monde n'est pas logé à la même enseigne, et la préoccupation paysagère ne s'impose pas avec la même force à tous (la responsabilité en incombe pour une part au législateur, pour une part au juge (41)).

(40) Selon le mot de M. Prieur (*op. cit.*, p. 957), « la tendance consistant à confondre l'esthétique avec l'environnement lui-même doit être écartée ».

(41) Cf. l'arrêt du CE, 26 juillet 1982, *Codol*, rec., p. 288 ; l'obligation ne vaut pas pour EDF dans le cas de pose de câbles ou de pylônes nécessaires à l'acheminement du courant.

Cette montée en puissance – relative mais réelle – de l'obligation de respecter les paysages et de soigner leur évolution se confirme dans les textes d'urbanisme.

La loi du 7 janvier 1983 est à cet égard claire : « les collectivités publiques harmonisent, dans le respect réciproque de leur autonomie, leurs prévisions et leurs décisions d'utilisation de l'espace » en vue, entre autres, « d'assurer la protection des milieux naturels et des paysages ». Les PLU et autres documents doivent assurer la protection des sites et paysages (art. L121-1) et les protéger ou mettre en valeur pour des motifs esthétiques, historiques ou écologiques (article L. 123-1-7e). Peut-on mieux définir les éléments qui composent un environnement que par le rapprochement de ces trois dimensions ?

L'appréciation paysagère est confiée comme l'appréciation historique ou écologique aux autorités municipales (cf. l'article L. 123-2 du Code) mais aussi au préfet (par le mécanisme du « porté à la connaissance » des prescriptions, servitudes et projets d'intérêt général, article R. 123-4 du Code de l'urbanisme), sous le contrôle, évidemment, du juge.

Mais il faut noter – signe d'une évolution démocratique, même si jugée insuffisante par les écologistes – l'institutionnalisation et la généralisation des consultations en ce domaine (preuve que, à côté de l'œil des « maîtres » et de leur bon goût, une place est faite, car ils l'ont imposé, peut-être, à l'œil et au goût critiques des membres des associations de protection de la nature (42)).

Les associations sont associées – c'est bien le moins ! – aux décisions en matière par les conseils municipaux. L'appréciation de l'esthétique ne leur appartient pas en propre mais on leur reconnaît un rôle dans la définition du bon goût. L'institution par le même texte des ZPPAU (43) renforce cette impression : la préoccupation « paysagère » est considérée comme faisant partie intégrante des préoccupations « patrimoniales » (44), quoique avec des réserves. La circulaire du 1er juillet 1985 énonce en particulier que « ... les espaces seulement agricoles ou naturels ne peuvent faire l'objet d'une zone de protection », ce sont les « particularités historiques, géographiques, archéologiques et urbaines » de la zone qui importent. Le rapport de présentation préalable à l'institution d'une ZPPAU doit les énoncer pour justifier les « règles générales et particulières qui lui seront applicables en ce qui concerne la protection des paysages, l'architecture et l'urbanisme » (à noter que les paysages viennent au premier rang... mais toujours sans définition, il va sans dire !).

C'est pourquoi, en Alsace, a pu à bon droit être instituée une zone « du patrimoine et du paysage viticole » (Hunawihr, Riquewihr, Zellenberg dans le Haut-Rhin) : un paysage peut avoir une valeur patrimoniale, le facteur culturel (le paysage est un « héritage » qu'il ne faut pas galvauder) s'ajoutant au facteur esthétique.

Sectorisation et patrimonalisation des espaces contribuent ainsi, de manière floue, à dégager les préoccupations paysagères des rets du passé. Si la coupure urbanisme/campagne est maintenue, elle est moins stricte ; le paysage urbain a droit de citer –

(42) Cf. A.-H. Mesnard, « Anciens et nouveaux lieux de concertation en matière d'abords des monuments historiques, des sites et des patrimoines », *RJE* 1-1989, p. 17 et s.

(43) Art. 70, rectificatif 6 mars 1983, décret du 25 avril 1984 (*JO* 27 avril) et circulaire du 1er juillet 1985.

(44) Cf. Prieur, *op. cit.*, p. 81 et s.

jeu de mots – comme le paysage rural. La définition du paysage n'y gagne rien, mais la protection des paysages en est mieux assurée.

Cependant, c'est encore sur un autre plan que le droit du paysage s'étend en droit au paysage, que la valeur patrimoniale de l'esthétique et de la mémoire paysagère est mieux perçue : depuis décembre 1985 et janvier 1986, la vieille coupure « urbain/rural » est remplacée dans l'imaginaire comme dans les codes par la coupure entre d'une part la montagne et le littoral, d'autre part... le reste. La territorialisation et la sectorisation prennent une autre dimension : c'est en grandes unités que l'espace est découpé, des pans entiers se voyant reconnaître une valeur particulière, historique, ethnologique, écologique... mais aussi, bien sûr, paysagère. L'accès à ces espaces devient – en théorie – un droit, comme le maintien de ces espaces.

On notera enfin la latitude introduite par l'article 40 de la loi SRU d'étendre le périmètre protégé d'un monument concerné par des protections antérieures.

§ 2. VERS UNE EXTENSION DU DROIT AU PAYSAGE ? LES LOIS MONTAGNE ET LITTORAL : UNE NOUVELLE PERCEPTION DU PAYSAGE ?

La loi *Montagne* se voit assigner comme objectif (art. L. 145-3 du Code de l'urbanisme), on l'a dit, la « préservation des terres agricoles, la protection des espaces, paysages, milieux caractéristiques du patrimoine naturel et culturel montagnard ».

Son originalité, pour ce qui concerne le présent propos, ne réside pas tant dans le fait qu'elle met la protection des paysages au même rang que la protection des espaces et milieux, que dans le fait qu'elle reconnaît que ces paysages puissent être « caractéristiques » d'un « patrimoine naturel et culturel ». L'on s'éloigne ainsi un peu du « perçu » subjectif pour en arriver à la définition d'un critérium plus objectif, ouvertement fondé sur la mémoire de l'homme.

L'appréciation n'est plus seulement esthétique, elle est aussi – si l'on peut dire – mémoriale. L'élément paysager est par ailleurs – alors que le paysage fait partie du milieu naturel et qu'il sert à décrire l'espace – isolé du milieu et de l'espace. Il est mis à part et doit être perçu à part. Enveloppe visuelle des écosystèmes naturels ou fabriqués, il favorise la perception visuelle du « milieu » considéré dans le même temps qu'il en synthétise la mémoire (constituée par les modes traditionnels d'occupation du milieu).

Reste que, dans les faits, cette approche qui se caractérise par l'apparition d'un droit au paysage montagnard, reconnu aux montagnards comme à la Nation, doit être conciliée avec le droit à l'accès à la montagne (par le tourisme en particulier). L'on sait que ce droit et la préservation des paysages et milieux vont moins rarement de pair qu'il ne le faudrait logiquement. La loi *Montagne*, si elle limite bien l'urbanisation et vise à discipliner le tourisme (procédure de création des unités touristiques nouvelles), laisse à désirer sur le plan pratique. S'opposant à la décentralisation des pouvoirs d'urbanisme, elle est ressentie par les opérateurs locaux et par les hobereaux du cru comme une entorse inadmissible à leurs nouveaux pouvoirs féodaux. D'où, évidemment et sauf exception, un refus de comprendre l'évolution de la perception paysagère dont le texte contesté est un signe. Très clair et à cet égard est le fait que les juridictions administratives hésitent encore à faire usage des dispositions de la loi *Montagne* (45).

Le même esprit, la même conception du paysage sont présents dans la loi *Littoral*, avec cette particularité supplémentaire – spécifique du droit du littoral avant même 1986 – que l'accès des piétons au littoral et leur libre cheminement le long du littoral sont des droits expressément proclamés, qui peuvent s'analyser comme constituant entre autres un « droit au paysage ». Le texte énonce en effet (article L. 146-6 du Code de l'urbanisme) que « les documents et décisions relatifs à la vocation des zones ou à l'occupation et à l'utilisation des sols préservent les espaces terrestres et marins, sites et paysages remarquables ou caractéristiques du patrimoine naturel ou culturel du littoral et les milieux nécessaires au maintien des équilibres biologiques. Un décret fixe la liste des espaces et milieux à préserver ».

La notion de site et la notion de paysage sont différenciées. Surtout, ce ne sont pas seulement les paysages « remarquables » mais aussi ceux qui sont « caractéristiques »... qui sont distingués : perception visuelle et perception « mémoriale » se valent ; coexistent dans ce texte comme dans la loi *Montagne* paysage « esthétique » et paysage « ethnologique ».

L'on remarquera également que, si un décret est prévu pour dresser la liste des espaces et milieux à protéger, le mot « paysages » ne figure pas dans cette partie de phrase... ce qui peut soit signifier qu'en matière de paysages l'on fait toujours confiance aux autorités locales et au juge et que l'appréciation de la valeur d'un paysage est trop subjective et trop variable d'une région à une autre pour faire l'objet d'un « listage », soit que le mot « paysages » n'a été inclus qu'à contre-cœur, par inadvertance ou sans volonté de tirer les conséquences de cette inclusion, dans l'article considéré.

Il apparaît pour l'instant que la première interprétation est la bonne ; pour ne citer qu'un exemple, l'arrêt rendu par le tribunal administratif de Nice le 21 septembre 1988 (46), sur recours de l'association La Londe Environnement, annule une disposition d'un POS classant en zone NA une ancienne zone ND comportant des espaces boisés appartenant à l'ensemble du massif des Maures : la présence d'habitations, dit le tribunal, serait préjudiciable au maintien de l'unité paysagère des collines des Maures. Rendue sur les conclusions conformes de N. Caldérado, la décision a sûrement autant tenu compte de la perception visuelle du paysage que de la valeur ancestrale du massif des Maures. On retrouve une approche similaire dans une décision rendue plus récemment par la même juridiction (TA, Nice, *Association Vivre dans la presqu'île de Saint-Tropez* (47)) : selon les conclusions du commissaire du gouvernement, le paysage considéré est un paysage « remarquable » au sens de la loi *Littoral* d'abord parce qu'il est naturel et situé en site inscrit, ensuite parce qu'il offre une perspective d'ensemble, enfin parce qu'il a un caractère unique,

(45) V. à ce propos P.-P. MUSCATELLI et R. ROMI, « Protection de l'environnement et contentieux de l'urbanisme ; sur les aspects frustrants des décisions d'annulation des mesures d'urbanisme », comm. d'un arrêt du TA de Bastia du 24 novembre 1988, *LPA* 14 avril 1989, p. 7.

(46) *RJE* 1-1989, p. 81 et s.

(47) *BJDU* 1996/4, p. 237 et s. avec concl. CALDERARO.

vérifié par le fait que le Conservatoire du littoral a souligné qu'il s'agissait pour lui d'un site d'intervention potentiel.

Au total, la notion de paysage semble – en droit public – être en permanente évolution.

Mais il serait faux de croire pour cela que les « beaux paysages » sont reconnus – pour reprendre l'expression de l'article 714 du Code civil – comme des « *choses qui n'appartiennent à personne et dont l'usage est commun* ». Les intérêts particuliers sont assez puissants pour que le précepte du Code justinien (Livre 8, Titre 11, 12, 6 : « il faut jeter bas tout ce qui en n'importe quel lieu public est reconnu avoir été édifié contre la beauté de la cité ») reste un souhait pieux.

L'administration elle-même (« Ouvrage public mal planté ne se détruit pas ! ») est restée longtemps au-dessus de ces contingences – et même si l'adage est aujourd'hui battu en brèche, la réalité change peu dans les faits, et le bilan est lourd : que l'on pense au pont de l'île de Ré, aux projets de barrages de Serre de la Fare et de la Borie (ce dernier sur un site qui englobe quelques-uns des sites camisards les plus célèbres, dont le « musée du Désert »)...

Le juge, inévitablement saisi par les associations, sera encore confronté à des revendications et appréciations qui le pousseront à compléter sa conception du paysage. Une conception qui, pour nos responsables politiques, reste encore largement conservatoire : de même qu'en matière de « protection du patrimoine monumental (48) », l'État, par ministre ou juge interposé, est en train de s'attribuer un nouveau domaine d'intervention. Avec la loi *Paysages*, il consacre ce que l'on pressentait à l'examen du « mouvement » décrit ci-dessus...

À nos yeux, dans le futur, mouvements associatifs se voulant représentatifs de la « vox populi » et État seront – de gré ou de force – les partenaires privilégiés de la définition d'une politique paysagère tant pour ce qui est de la conservation de paysages « sélectionnés » que pour l'accession à ceux-ci. Les problèmes à résoudre sont nombreux, par exemple celui de la valeur primordiale accordée actuellement aux paysages dits « naturels » (qui n'est peut-être que la perduration de concepts esthétiques hérités par crainte d'affronter de nouveaux concepts à créer), la remise en cause d'une politique partagée entre la conservation et l'innovation ou la tendance à la consommation du paysage. Tôt ou tard il est toujours fait appel aux juristes pour cerner tant le droit du paysage que le droit au paysage. La loi *Paysages* peut les y aider, sans plus.

(48) J.-M. Pontier, « La protection du patrimoine monumental », *RFDA*, 1989, n° 5, p. 757-775.

SECTION 3 LE DROIT ET LE PAYSAGE SELON LA LOI DU 8 JANVIER 1993 (49)

Contrairement à ce qui a pu être dit ici et là (quelquefois pour cultiver des effets d'annonce, jugés nécessaires, peut-être à juste titre, pour créer une dynamique nouvelle dans la gestion des paysages), les paysages ne sont pas ignorés par le droit : ni leur valeur, ni les difficultés de leur préservation ne sont oubliés par le juge, le pouvoir réglementaire ou le législateur (50). Mais il est vrai que juge, pouvoir réglementaire ou législateur n'ont jamais consacré ou édicté que des principes flous qui ne « prennent en compte le paysage que dans la mesure où il présente un intérêt artistique, légendaire, historique ou pittoresque » (51).

L'un des principaux apports de la loi *Paysages* est de définir plus précisément des compétences en matière d'appréciation paysagère, et d'élargir, peut-on dire, l'appréhension des paysages : au-delà du concept de « protection des paysages », c'est le concept de « gestion des paysages » qui est ici – fort prudemment certes – consacré. S'il n'était pas question (heureusement !) de faire du législateur l'unique juge du bon goût paysager, il lui revenait évidemment de définir des méthodes et des techniques d'approche du concept même de paysage (52) en même temps que de tracer les contours d'une volonté politique de traitement des paysages.

Il y a donc, avant tout, avec ce nouveau texte, apparition d'une nouvelle perception technique du paysage : l'État est le premier garant de l'insertion paysagère des aménagements, en particulier à travers les directives de protection et de mise en valeur des paysages (53). Cela ne signifie pas que les autres collectivités locales peuvent y être indifférentes : mais simplement qu'elles sont soumises, dans la définition et l'application d'une politique pour « leurs » paysages, au respect d'un certain encadrement normatif tant sur le plan de la forme (respect de techniques et procédures) que sur le plan du fond (encadrement politique de la gestion du paysage).

(49) Loi n° 93-24 sur la protection et la mise en valeur du paysage et modifiant certaines dispositions législatives en matière d'enquêtes publiques, *JO* 9 janvier 1993 ; ne seront pas ici commentées les dispositions sur les enquêtes publiques, qui n'avaient pas grand-chose à v. avec l'objet principal de la loi et auraient tout de même mérité un débat et un texte spécifiques.

(50) V. J. FROMAGEAU, « Les moyens juridiques d'une politique du paysage », *in Le paysage, patrimoine et enjeu de développement*, Actes du colloque du 4 juin 1992 organisé par la Commission de la production et des échanges de l'Assemblée nationale, éd. L'Environnement Magazine, 38, rue Croix-des-Petits-Champs, 75001 Paris, 1992.

(51) J. FROMAGEAU, *op. cit.*, p. 88.

(52) Ce qui ne saurait remplacer une politique du paysage : cf. par exemple ce qu'en disent L. CHABASON, « Peut-on paysager un pays comme la France ? », et B. KALAORA, « Les natures de paysage au ministère de l'Environnement », *in Le Débat* mai-août 1991, dossier « Au-delà du paysage moderne ».

(53) Cela ne signifie pas, encore une fois, que les valeurs paysagères aient été exclues des obligations d'urbanisme ou du droit de l'environnement jusque-là : ainsi, l'art. L. 110 du Code de l'urbanisme précise bien avant 1993 que les prévisions d'utilisation de l'espace ont pour but « d'assurer la protection des milieux naturels et des paysages ». Les autres exemples abondent (v. J. FROMAGEAU, *op. cit.*, p. 88).

§ 1. L'ENCADREMENT PAYSAGER DES POUVOIRS D'URBANISME

Les directives de protection et de mise en valeur des paysages, prévues par l'article 1er de la loi, art. L. 350-1 du Code de l'environnement, seront, quoique les collectivités locales aient le droit d'en prendre l'initiative et quoique, par une « concertation », elles soient associées à leur élaboration, des outils de l'État (54). On constatera que les pouvoirs d'urbanisme des collectivités locales font l'objet d'un encadrement de plus en précis, puisque ces « directives paysages » s'ajoutent aux divers schémas ou plans prévus par la loi sur l'eau, par la loi *Déchets* et par la loi *Bruit*. Ces directives, qui pourront être adoptées par décrets en Conseil d'État, peuvent être considérées comme des compléments des lois littoral et montagne ; elles ne seront que des instruments subsidiaires des directives adoptées, pour des territoires particuliers, sur la base de l'article L. 111-1-1 du Code de l'urbanisme (55).

Leur contenu est assez précisément défini (56) : elles devront préciser les orientations et principes fondamentaux de protection des structures paysagères. Leur valeur n'est pas insignifiante, puisque le législateur, sur le modèle traditionnel maintenant des directives d'aménagement (57), exige des plans et schémas qu'ils soient

(54) Et si le maître d'œuvre est apparemment le préfet, il y a fort à parier que la décision de doter un territoire d'une directive paysage ne peut clairement être prise au niveau ministériel, v. gouvernemental. En second lieu, l'incorporation de la protection paysagère dans les compétences du ministre de l'Environnement n'exclut pas le ministre de la Culture, non plus que par exemple et dans certains cas le ministre de l'Agriculture de ce type de décision... Si bien qu'au niveau local, l'opérateur pourra varier selon les cas, et qu'il pourra y en avoir plusieurs agissant de manière plus ou moins bien concertée : DIREN, DDAF et Architectes des bâtiments de France comme DDE, et évidemment DRAC.

(55) La loi du 4 février 1995 d'orientation pour le développement et l'aménagement du territoire (*JO* 5 février) a réaffirmé que des « ... directives d'aménagement peuvent fixer, sur certaines parties du territoire, les orientations fondamentales de l'État en matière d'aménagement... Elles fixent les principaux objectifs de l'État en matière de localisation des grandes infrastructures de transport et des grands équipements, ainsi qu'en matière de préservation des espaces naturels, de sites et paysages » (art. L. 111-1-1, Code de l'urbanisme modifié). Il est évident que des sites peuvent être couverts par plusieurs de ces instruments, avec les risques d'interprétation que cela emporte.

(56) Le décret du 11 avril 1994 (*JO* 12 avril) et une circulaire du 21 novembre 1994 énoncent d'ailleurs le champ d'édiction des directives et la marche à suivre pour les rédiger : cf. *Dr. env.* février-mars 1995, p. 16-20.

(57) Mais les directives d'aménagement présentent la particularité de s'imposer à l'administration sans être – au moins pour nombre de leurs dispositions – opposables aux tiers. Ainsi des anciennes directives sur la montagne (décret du 22 novembre 1977) et sur le littoral (décret, 25 août 1979). Légèrement différentes, les directives nationales d'aménagement – ancien art. R. 122-1 du Code de l'urbanisme – étaient censées fournir un cadre national à l'élaboration des documents d'urbanisme dans le cadre départemental et communal. Ce faisant, elles avaient une influence sur les moyens dont disposaient départements et communes pour réguler l'occupation de leurs territoires. Elles ont été supprimées par le décret du 9 septembre 1983. Les directives nationales d'aménagement rural – dont l'art. 72 de la loi d'orientation agricole du 4 juillet 1980 précisait qu'elles pouvaient être édictées par décret en CE – relèvent de cette même logique : l'État n'impose pas clairement, il ne se contente pas non plus d'inciter, ni ne délègue des pouvoirs d'édiction ou d'incitation, si bien que le citoyen moyen n'a aucune chance de comprendre rapidement des règles dont la substance et la valeur lui échappent. Les directives paysages seront plus astreignantes, et l'on peut regretter l'usage pour désigner ces nouveaux outils d'un terme – celui de directives – qui est finalement, dans le langage juridique fortement

compatibles (58) avec ces outils de référence, comme d'ailleurs « tout document d'urbanisme en tenant lieu ». Et surtout, il est précisé que leur opposabilité aux demandes d'occupation des sols, d'utilisation des sols et de défrichement n'est pas limitée au cas d'absence de plan, mais qu'elle est également de droit dans les cas où existerait un plan qui ne serait pas compatible avec elles. Même si un décret en Conseil d'État doit intervenir pour préciser les modalités d'application de ces dispositions qui attribuent donc une réelle valeur aux « normes » paysagères, leur caractère opposable est si fermement et si clairement exprimé qu'il devrait conduire rapidement les municipalités concernées à mettre en compatibilité leurs plans avant que de se voir condamner par des tribunaux administratifs sur recours de quelques particuliers bien informés ou d'associations.

Le fait est cependant que l'édiction de directives ne peut tout résoudre, et qu'il faudra bien que des acteurs institutionnels particulièrement motivés (59) conduisent des actions planifiées et volontaristes : la loi *Paysages* semble au premier chef réserver ce rôle aux parcs naturels régionaux, qui « constituent un cadre privilégié des actions menées par les collectivités publiques en faveur de la préservation des paysages et du patrimoine naturel et culturel ». Les orientations de l'action des parcs doivent être définies par leur charte, dont l'élaboration doit être conduite par les régions, avec l'accord des collectivités locales concernées et en concertation avec les différents acteurs intéressés. C'est sur cette base qu'intervient le décret de classement, toujours valable pour dix ans. Sur ces points, rien de vraiment nouveau, donc (60). Mais il en est autrement de la valeur des chartes, et en particulier des orientations paysagères qu'elles doivent contenir, car elles doivent dorénavant faire l'objet d'une « application par l'État et les collectivités locales », au moyen de « ... l'exercice de leurs compétences ». Et dans l'exercice de ces compétences, précise le texte, elles devront assurer « ... la cohérence de leurs actions et des moyens qu'elles y consacrent ». Sur ce point évidemment, la valeur de l'obligation dépendra de la volonté politique des élus locaux et des représentants de l'État, mais aussi des positions des juridictions administratives, en présence de recours de particuliers ou d'associations contre des décisions de personnes publiques qui ne seraient pas compatibles avec la charte. Ce rôle de référence dans le cadre de probables contentieux sera d'autant plus important que le texte de la loi énonce clairement que les documents d'urbanisme doivent être compatibles avec la charte.

Le décret du 11 avril 1994 (61) reprend la lettre et l'esprit de la loi. L'article 6 en est remarquable, dans la mesure où il permet d'aller plus loin que la protection, et où il concerne, à travers les paysages, les écosystèmes : « La directive peut être accompagnée d'un cahier de recommandations relatif notamment aux modalités de

dévalorisé. La réintroduction par la loi *Pasqua* des directives territoriales d'aménagement ajoute encore à la confusion.

(58) La notion de compatibilité, couramment utilisée en droit de l'urbanisme, est évidemment à distinguer de la notion de conformité : on n'entend pas retirer aux communes et aux départements toute latitude de choix, mais seulement encadrer ces choix.

(59) Mais d'autres acteurs sont peut-être oubliés : ainsi des organisations agricoles, artisanales et patronales, comme d'ailleurs des associations, que l'on ne trouve guère impliquées qu'à travers des participations aux organes consultatifs... Resterait d'ailleurs à inventer mieux... Ce n'est guère simple, sauf pour les associations, partenaires habituels en matière d'administration de l'environnement.

(60) V., pour ce qui concerne la création et la gestion des PNR, *supra*.

(61) Décret 94-283, *JO* 12 avril 1994.

restauration des espaces dégradés, de choix de certaines espèces végétales, d'entretien des éléments de paysages tels que haies, zones humides, chemins ou berges, arbres et plantations d'alignement ou d'utilisation de certains matériaux de constructions ». Malheureusement, les « recommandations » ne sont pas des prescriptions : cette manière de dire le droit (62) et de l'écrire sans l'assortir de sanctions est un véritable pari sur la conscience et l'intelligence esthétique, et ne paraît guère pouvoir offrir aux pressions urbanistiques ou, plus largement, aux urgences économiques une réelle résistance. Sauf si évidemment les collectivités locales – ou exceptionnellement les représentants de l'État par l'usage de leurs différentes compétences – assurent un relais efficace. Par ailleurs, cette possibilité peut contribuer à un détournement de la vocation des directives : le corps des directives – opposables aux documents d'urbanisme – pourrait parfois ne contenir que des dispositions protectrices – au sens strict – et les seules mesures de « mise en valeur » pourraient bien ne figurer que dans ces « annexes » – pour leur part non opposables. C'est en l'état la principale critique que mérite le texte.

La prise en compte des paysages par les outils d'urbanisme est de nature également à limiter certaines des perversions de la décentralisation des pouvoirs d'urbanisme soulignées par le Conseil d'État dans son rapport *L'urbanisme, pour un droit plus efficace* (63). Les plans d'urbanisme doivent désormais prendre en compte la préservation de la qualité des paysages et la maîtrise de leur évolution (art. L. 123-1, alinéa 2, du Code de l'urbanisme). Cette obligation est assimilable à l'obligation énoncée en 1976, puis à quelques autres reprises depuis, de prendre en compte l'environnement ; elle aura la même force, extrêmement relative (64), tout au moins en l'état actuel de la jurisprudence. La seconde obligation paraissait, dans sa rédaction originelle, plus sérieuse, parce que moins générale : ils devaient « identifier et délimiter les quartiers, rues, monuments, sites, éléments de paysage et secteurs à protéger ou à mettre en valeur pour des motifs d'ordre esthétique, historique ou écologique ». La réforme par la loi Bosson de cet article du Code de l'urbanisme fait perdre à cette novation un peu de sa substance. Les plans d'urbanisme ne pourront plus qu'« identifier » les éléments de paysage à protéger. Libre aux auteurs des plans de définir en la forme littéraire quels seront les paysages dignes d'intérêt : mais point de sectorisation ou de zonage. Le résultat sera bien entendu que le juge, conformément à la tendance en matière de paysages, sera plus souvent sollicité et, partant, mis dans l'embarras, que si des périmètres avaient été définis. Sur le plan théorique, il s'agit d'une atteinte à la décentralisation, puisque l'autorité décentralisée fixe moins bien la norme qu'il n'aurait pu le faire ; sur le plan pratique – il ne faut pas être dupe – les aménageurs, pour peu qu'ils ne répugnent pas à la politique du fait accompli, recouvrent une autonomie inespérée.

Enfin la loi SRU, qui remplace les POS par des « PLU », précise désormais que les PLU peuvent « identifier et localiser les éléments de paysage... à protéger, à mettre en valeur et à requalifier pour des motifs d'ordre culturel, historique ou écologique et définir le cas échéant des prescriptions de nature à assurer leur protection ».

(62) Déjà présente dans le décret nitrates et dans son arrêté d'application.
(63) *Études du CE*, Documentation française, 1992.
(64) Parce qu'exprimée en des termes trop généraux et dénuée de sanctions.

L'on remarquera d'une part que les collectivités locales devraient être aidées pour réaliser ces « identifications » et localisations par des inventaires faunistiques et floristiques, plus systématiques sûrement, dont la vocation est définie par l'article 23 de la loi *Paysages*, qui précise en outre – le point était discuté, mais une pratique s'était instaurée pour ce qui concerne les ZNIEFF – que lors de l'élaboration des PLU, ces inventaires font partie des documents que le préfet, par un « porter à la connaissance », doit communiquer aux collectivités locales. Celles-ci seront par ailleurs averties de ce que ces inventaires sont dressés. Sont de ce fait soumis à contrôle les travaux ayant pour effet de détruire un élément de paysage ainsi identifiés (art. L. 422-2 du Code de l'urbanisme).

Les autorités compétentes doivent en outre – et c'est là le plus important – définir, le cas échéant, des prescriptions de nature à assurer leur protection. Faut-il entendre par cette formulation qu'elles sont libres de prendre ou pas des prescriptions ? Ou faut-il au contraire considérer que, en fonction des circonstances, elles doivent réagir par l'édiction de prescriptions ? Que faut-il entendre par « le cas échéant » ? De fait, en l'état du Code de l'urbanisme, les zones ND ont vocation à assurer la protection des espaces à protéger en raison « de la qualité des paysages et de leur intérêt esthétique, historique ou écologique », et le juge veille, avec un sens certain des nuances qui peut être parfois interprété comme un manque de détermination, à ce que ce rôle soit vraiment joué (65). L'article L. 123-4 du Code de l'urbanisme précise que « dans les zones à protéger en raison de la qualité de leurs paysages... », la protection peut être assurée par le jeu d'un transfert de « coefficient d'occupation des sols » favorisant le regroupement des constructions dans des zones moins dignes d'intérêt.

La disposition n'est pas cependant tout à fait superfétatoire, car semblant permettre peut-être une plus grande souplesse dans le choix des techniques urbanistiques de protection des paysages en laissant une place à l'inventivité. Dans cet ordre d'idée, faire des ZPPAUP (zones de protection du patrimoine architectural, urbain et paysager) (66) est logique : même si de fait l'élément paysager était présent dans la procédure, comme cela est patent dans la plupart des ZPPAUP mises en œuvre, mieux vaut le préciser, ce qui pourra peut-être permettre d'ailleurs plus facilement l'inclusion de portions de territoires non urbanisés dans les périmètres des ZPPAUP (67). On remarquera d'ailleurs que l'ordonnance n° 2005-1128 du 8 septembre 2005 (*JO* 9, texte n° 22, p. 14666) transfère au maire ou au président d'un EPCI la compétence pour créer, avec l'accord du préfet, une zone de protection du patrimoine architectural, urbain ou paysager (ZPPAUP), et pour modifier ou réviser le régime d'une zone existante.

(65) Le juge sanctionne en la matière les erreurs manifestes d'appréciation : il reconnaît ainsi une latitude de choix aux communes.

(66) L'institution de ZPPAUP a été rendue possible par la loi du 7 janvier 1983 relative à la répartition des compétences entre les communes, les départements, les régions et l'État, art. 70. V. A.-H. Mesnard, *Droit et politique de la culture*, PUF, coll. « Droit fondamental », 1991, p. 445 et J.-C. Bouzely, « Les zones de protection du patrimoine architectural et urbain », *Rev. adm.* mai-juin 1986.

(67) Dorénavant, depuis l'ordonnance n° 2005-1128 du 8 septembre 2005, l'initiative de la création appartient au maire, après délibération du Conseil municipal, mais le préfet demeure le décideur réel.

Enfin, les permis de construire doivent désormais également comporter un volet paysager ; plus exactement, le projet doit préciser l'insertion « dans l'environnement et l'impact visuel des bâtiments ainsi que le traitement de leurs accès et abords » (alinéa 5 de l'article L. 421-2 du Code de l'Urbanisme). Dans la réalité, l'obligation constitue un prolongement naturel de l'obligation de définir « l'implantation des bâtiments, leur composition, leur organisation et l'expression de leur volume ainsi que le choix de leurs matériaux et des couleurs » et respecter les règles relatives à l'aspect extérieur des constructions qui doivent – article L. 123-1, 4° introduit par la loi SRU – « contribuer à la qualité architecturale et à l'insertion harmonieuse des constructions dans le milieu environnant ». Il ne s'agit pas de la création d'un permis paysager qui doublerait le permis de construire (68), mais seulement d'une formalité supplémentaire. La présence de l'étude paysagère conditionne la recevabilité de la demande, et son sérieux l'octroi du permis. Mais rien dans la loi ne précise comment et dans quelle mesure le contenu des études aura à et pourra tenir compte des desiderata et surtout des droits des voisins ou ayant-droits... L'on aurait pu attendre de voir quelle utilisation pouvaient en faire les décideurs, et peser les résultats esthétiques de la mesure avant que d'y toucher. Pour cela, il eût fallu l'appliquer, et les services de l'État, d'une manière générale, ont avancé l'idée qu'à défaut de précision, le texte n'était pas applicable. L'interprétation était contestable. Il résulte apparemment d'une décision du TA de Rennes (*Launois*, 23 septembre 1993) que certaines juridictions ne l'auraient pas admise : il ne s'agit là que d'une simple décision de sursis à exécution d'un permis de construire, dont le texte était comme d'habitude sibyllin. Mais elle mérite d'être signalée en ce que les conclusions des requérants, soutenant que la disposition énonçant cette obligation paraissait devoir être regardée comme directement applicable, semblent bien avoir emporté l'adhésion de la formation de jugement (69). La loi Bosson prend le parti des services de l'État et renvoie à un décret en Conseil d'État. Le pouvoir réglementaire s'empare ainsi d'une compétence que l'auteur de la loi originelle avait – expressément – exclu de lui confier. L'article R. 421-2 du Code de l'urbanisme n'apporte pas beaucoup de précision, ce qui n'empêche nullement les juridictions d'en faire respecter l'esprit (70).

§ 2. L'ENCADREMENT PAYSAGER DES AMÉNAGEMENTS RURAUX

Ce second aspect de la loi n'est certes pas le plus important. Moins nombreuses, moins audacieuses, plus classiques, les dispositions ayant trait à l'encadrement paysager des aménagements ruraux sont cependant à même d'accompagner juridiquement d'éventuels changements culturels quant à la gestion des milieux ruraux.

(68) Qui aurait complexifié à l'excès, peut-être, une procédure qui n'est déjà pas si simple.

(69) V. le comm. *in Dr. env.* décembre 1993, p. 128.

(70) V. par exemple TA, Rouen 6 juin 1996, *De Cossé-Brissac* ; *BJDU* 4/1996, p. 257-258 : malgré la qualité architecturale du bâtiment projeté, le fait de ne pas faire apparaître une situation dans l'environnement – « même par recoupement » – est de nature à vicier le permis.

L'introduction des représentants de la protection de l'environnement dans les structures d'aménagement foncier est discrète mais n'en représente pas moins une avancée indiscutable, parce qu'elle peut participer à la création d'une dynamique (71) : dans les commissions communales d'aménagement foncier, seront présentes trois personnes « qualifiées en matière de faune, de flore et de protection de la nature et des paysages », au lieu d'une seule. Dans les commissions départementales, deux au lieu de zéro auparavant ; et dans la Commission nationale, figurera un représentant du ministère de l'Environnement, au lieu de zéro auparavant. C'est un début, mais il est timide : d'abord en ce que rien ne préjuge du choix des dits « représentants », laissé à la discrétion des préfets, et qui pourra donc porter sur, par exemple, des chasseurs, des architectes, des pêcheurs – ce qui en soit est certes admissible – mais ce au détriment des associations de protection de la nature. Ensuite parce que, sur le nombre total de membres de ces commissions (14 pour la commission communale, plus d'une vingtaine – le nombre est variable selon les départements en raison des représentations syndicales – pour la commission départementale, 9 pour la Commission nationale), les « représentants de la protection » ne pourront guère que servir d'éveilleurs ou d'informateurs : dans les votes et les débats, ils ont toutes les chances d'être systématiquement minoritaires.

La modification de la composition de la commission départementale des sites, perspectives et paysages – qui devait selon la loi *Barnier* subsister comme section d'une commission unifiée – participe du même esprit ; toujours présidée par le préfet, elle compte 24 membres au lieu de 21, dont sept représentants de l'État, sept élus des collectivités locales (au lieu de quatre – deux conseillers généraux et deux maires), et dix personnalités qualifiées en matière de protection des sites, du cadre de vie, et de sciences de la nature, désignées pour moitié par le préfet compétent, et pour moitié par le président du conseil général concerné – au lieu de dix toutes nommées par le préfet. La Commission nationale est composée de douze représentants des ministères concernés (au lieu des membres de droit dans la composition précédente, qui ne laissait pas la place à une représentation de tous les ministères concernés – disparaissent dans l'affaire les « quatre architectes » et le « conseiller d'État » membres de l'ancienne commission supérieure), de quatre députés, quatre sénateurs (au lieu de deux députés et un sénateur) et dix personnalités qualifiées désignées par le ministre en charge des Sites (sans changement, sinon celui, peut-être critiquable, qui consiste à ne plus prévoir comme dans l'ancienne composition que cinq au moins doivent représenter les associations touristiques ou les groupements « qui se proposent d'assurer la conservation ou de favoriser la protection de l'esthétique urbaine et rurale de la France »).

Les préfets sont finalement, pour ce qui est des pouvoirs de décision en matière de protection paysagère en milieu rural, les principaux bénéficiaires de la loi : l'article L. 126-3 du Code rural – précisé par les articles 15, 16 et 17 du décret du 27 janvier 1995 (72) – précise que le préfet compétent « peut prononcer la protection de boisements linéaires, haies et plantations d'alignement existants ou à

(71) Accentuée par le fait que la loi (nouvel art. L. 121-1 du Code rural) impose pour tous les aménagements fonciers, aux départements, de faire procéder à une étude d'aménagement comportant une analyse initiale du site concerné et de son « environnement notamment paysager ». L'utilité, en particulier contentieuse, de ce type d'études reste à définir.

(72) *JO* 28 janvier 1995.

créer », et surtout que leur destruction est « ... soumise à autorisation préalable, donnée après avis de la commission départementale d'aménagement foncier... ». Il convient de souligner qu'il s'agit clairement d'une intégration de l'environnement dans la gestion de l'espace rural. Il n'est bien entendu pas sûr du tout qu'elle ait été volontaire (73), elle était à coup sûr relativement inévitable et tout à fait logique, et il convient en conséquence de n'en pas tirer de conclusion trop optimiste. Mais l'on peut se féliciter de ce que pour une fois la protection du paysage puisse fournir l'occasion d'également protéger, voire de recréer ou de réhabiliter des écosystèmes ruraux souvent de grande valeur, alors que trop souvent elle ne constitue – ou n'a constitué dans le passé – qu'un piètre substitut d'une protection du patrimoine biologique (74) jugée trop difficile à mettre en place (75).

Au total, les dispositions de la loi *Paysages* ont pu être vécues et présentées comme se situant dans un mouvement général de « recentralisation » larvée des compétences d'urbanisme et de préservation des compétences étatiques en matière d'environnement. Dans la réalité, elles ne sont jamais que le résultat d'un mariage de raison entre les techniques et tendances de l'aménagement du territoire des années 1970-1980 et les options planificatrices des textes d'environnement plus récents (lois sur l'eau, sur les déchets, sur le bruit). Fournissant un outil à l'État (les directives paysages), elles ne l'obligent pas à l'utiliser : sa seule possession vaut argument pour une négociation dont peuvent sortir des solutions concertées aux problèmes paysagers, concrétisées par des instruments contractuels qui existent (plans municipaux d'environnement par exemple). Imposant aux collectivités locales un cadre procédural, elles ne leur ôtent pas leur autonomie : elles sont même susceptibles de la relégitimer et elles ont bien tort de s'en plaindre.

Le Moulin de l'Abbaye,
La Jarrie
le 5 août 2007

(73) V., sur les ambiguïtés et les difficultés de l'intégration de la protection de l'environnement dans les politiques de gestion de l'espace rural, S. CAUDAL-SIZARET, *La protection intégrée de l'environnement en droit public français*, th. dact., 1993, Lyon III, particulièrement p. 172-178.

(74) Dont l'aspect paysager peut être l'élément « visuel ». Il existe certes des paysages qui ne recouvrent pas des réalités biologiques intéressantes, mais la coïncidence est fréquente en milieu rural ou peu urbanisé.

(75) Parce que coûteuse et génératrice de conflits, mais surtout – ou aussi – parce que plus difficile à faire accepter, à négocier.

INDEX

Les chiffres renvoient aux pages

TABLE DES MATIÈRES

COLLECTION DOMAT

DROIT PRIVÉ

Jean-Bernard AUBY et Hugues PÉRINET-MARQUET	**DROIT DE L'URBANISME ET DE LA CONSTRUCTION** ▪ (7e éd.).
Jean BART	**HISTOIRE DU DROIT PRIVÉ** de la chute de l'Empire romain au XIXe siècle
Alain BÉNABENT	**DROIT CIVIL** Les obligations ▪ (11e éd.).
Alain BÉNABENT	**DROIT CIVIL** Les contrats spéciaux civils et commerciaux ▪ (7e éd.).
Thierry BONNEAU	**DROIT BANCAIRE** ▪ (7e éd.).
Rémy CABRILLAC	**DROIT CIVIL** Les régimes matrimoniaux ▪ (6e éd.).
Gérard CORNU	**DROIT CIVIL** Introduction au droit ▪ (13e éd.).
Gérard CORNU	**DROIT CIVIL** Les personnes ▪ (13e éd.).
Gérard CORNU	**DROIT CIVIL** Les biens ▪ (13e éd.).
Gérard CORNU	**DROIT CIVIL** La famille ▪ (13e éd.).
Gérard CORNU	**LINGUISTIQUE JURIDIQUE** ▪ (3e éd.).
Françoise DEKEUWER-DÉFOSSEZ et Édith BLARY-CLÉMENT	**DROIT COMMERCIAL** Actes de commerce ▪ Commerçants ▪ Fonds de commerce ▪ Consommation ▪ Concurrence ▪ (9e éd.).
Jean DEVÈZE et Philippe PÉTEL	**DROIT COMMERCIAL** Instruments de paiement et de crédit
Michel FROMONT	**DROIT ALLEMAND DES AFFAIRES** Droit des obligations et des biens ▪ Droit commercial et du travail

Jean GAUDEMET	**DROIT PRIVÉ ROMAIN** ▪ (2e éd.).
Jacques HÉRON et Thierry LE BARS	**DROIT JUDICIAIRE PRIVÉ** ▪ (3e éd.).
Christian JUBAULT	**DROIT CIVIL** Les successions ▪ Les libéralités
Paul LE CANNU et Jean-Philippe DOM	**DROIT DES SOCIÉTÉS** ▪ (2e éd.).
Pierre MAYER et Vincent HEUZÉ	**DROIT INTERNATIONAL PRIVÉ** ▪ (9e éd.).
Antoine MAZEAUD	**DROIT DU TRAVAIL** ▪ (5e éd.).
Michel MENJUCQ	**DROIT INTERNATIONAL ET EUROPÉEN DES SOCIÉTÉS**
Roger PERROT	**INSTITUTIONS JUDICIAIRES** ▪ (12e éd.).
Frédéric POLLAUD-DULIAN	**DROIT DE LA PROPRIÉTÉ INDUSTRIELLE** ▪ (2e éd.).
Corinne SAINT-ALARY-HOUIN	**LE DROIT DES ENTREPRISES EN DIFFICULTÉ** ▪ (5e éd.).
Romuald SZRAMKIEWICZ	**HISTOIRE DU DROIT DES AFFAIRES**

DROIT PUBLIC

Pierre AVRIL et Jean GICQUEL	**DROIT PARLEMENTAIRE** ▪ (3e éd.).
Michel BORGETTO et Robert LAFORE	**DROIT DE L'AIDE ET DE L'ACTION SOCIALES** ▪ (6e éd.).
Jean BOULOUIS	**DROIT INSTITUTIONNEL DE L'UNION EUROPÉENNE** ▪ (6e éd.).
François BURDEAU	**HISTOIRE DE L'ADMINISTRATION FRANÇAISE** XVIIIe-XXe siècles ▪ (2e éd.).
René CHAPUS	**DROIT ADMINISTRATIF GÉNÉRAL.** **T. 1** (15e éd.) Service public ▪ Police ▪ Responsabilité ▪ Actes ▪ Organisation et justice administratives ▪ Séparation des autorités administratives et judiciaires ▪ Conflits d'attribution. **T. 2** (15e) Fonction publique ▪ Domaine public ▪ Travaux publics ▪ Expropriation.
René CHAPUS	**DROIT DU CONTENTIEUX ADMINISTRATIF** ▪ (12e éd.).
Jean COMBACAU et Serge SUR	**DROIT INTERNATIONAL PUBLIC** ▪ (7e éd.).
Louis DUBOUIS et Claude BLUMANN	**DROIT MATÉRIEL DE L'UNION EUROPÉENNE** ▪ (4e éd.).